宋會要輯稿

第八册

兵　原書第一百七十九至第一百八十六册

方域　原書第一百八十七至第一百九十五册

蕃夷　原書第一百九十六至第一百九十九册

道釋　原　書　第　二　百　册

除互移

清按四月七日為四年七月之誤

全唐文、

宋會要

便宜行事

太宗淳化五年正月命昭宣使王繼恩為劍南西川招安使討狂賊李順軍中事委其制置不從中覆管內諸州繫囚除十惡及官典犯枉法贓外悉得以便宜決遣

真宗咸平五年詔知永興軍向敏中兼管內秦州路行營都總管許以便宜行事　景德元年三月定州路駐泊行營都總管王超言戎入冦或誘擊其冦本軍不可輕動請至時分兵掩擊詔如冦至許便宜從事仍令押陣使臣稟超節度　十二月車駕北行遣樞密使陳堯叟乘傳往諭澶州北寨將帥整飾戎容以便宜從事

卷一千二百九十七

四月七日遣東上閤門使曹利用等討宜州叛兵詔許立功者所在以官物給賜即時選擢便宜從事　仁宗景祐二年五月詔知廣州兼廣南東路鈐轄知桂州兼廣南西路鈐轄以便宜從事時高賓雷化四州蠻獠冦邊以去朝廷遠事不可以中覆故有是命　康定元年九月詔知永興軍夏竦等凡係軍期急速及攻守進退方略應機制變奏覆朝廷不及者並許便宜施行訖以聞　慶曆二年七月詔廣南轉運司諸配軍有累犯情涉凶惡者許便宜處斬訖奏　十二月知永興軍鄭戩言關中多豪俠方邊事未寧不可以常法治之若情文深而法不止黥配者請以便宜從事　三年五〔正〕月詔陝西緣邊招討使韓琦范仲淹龐籍戒軍期中覆不及者聽便宜從事　四年正月十八日知亳州夏竦言乞降密旨付本州如有宣毅軍士扇於暨衆作賊盜情理重者許便宜處斷從之五年三月二十七日詔荊湖南路安撫使轉運使提點刑獄臣僚應干蠻冦公事如臨機急速奏覆不及許同共商量便宜施行訖奏遇分路同議不及亦許一面便宜施行九月詔判并州夏竦軍事不及中覆者聽便宜行之　八年二月罷陝西諸路經畧安撫都總管司便宜行事緩急賊馬入冦應機制變不及中覆者聽之　十月詔知廣州魏瓘與本路轉運使專提舉捕討猺賊若中覆不及者聽以便宜從事

卷一千二百九十七

八年正月詔參知政事文彥博奉詔討貝州軍賊以便宜從事　皇祐四年八月詔報廣南西路楊畋所請康定中行軍約束及賞罰格令降下其欲差官刪定模印事非應速及須檢法官亦可於轄下選之朝廷既令節制諸將其軍旅戰陣之事自當從長處決毋用中覆是月詔〔京東西荊湖南路江南路安撫使孫沔有奏邊事件聽從便宜行遣指揮詔〕許經制廣南盜賊公事余靖便宜行事令兩路兵官並受節制　十月詔以宣徽使狄青為荊湖南北路宣撫使都大提舉廣南經制賊盜應有臨機處置奏稟不及者聽便宜施行訖奏在彼將佐並受青節制如有經畫事件即與孫沔余靖分頭禦備即隨處將佐等各受遣官指揮至和六年三月詔知廣州劉湜捕擊蠻冦緩

急有不及奏覆者聽便宜從事　嘉祐五年五月淮南
西路兵馬鈐轄司言乞下所管淮南壽亳蘄黃光舒和
州無為軍八州自今應賊盜及兇惡軍民罪犯內有情
重法輕者並申取本司詳酌情理量宜裁斷所貴一路
兵民有所稟畏從之　英宗治平三年九月二十五日
同知諫院傅卞言風聞近知房州董經臣知曹州徐億
等皆專擅斬人乞今後惟諸路帥臣受特旨許便宜從
事及軍前或臨賊戰鬬其犯罪之人仍須委實情理不
可恕者方得臨時裁處仍限十日內奏聞此外諸處並
不得將不合死者任意斬決或處死如情理深重欲法
外行遣者並取中旨仍仰監司糾舉重行貶黜所貴威

卷一千二百九十七

福之柄一出朝廷詔除沿邊州軍依編敕施行外其近
裏及諸路州軍今後應罪人情理深重如欲於法外別
行重斷者並仰取旨若敢擅行重寘於法仍仰轉運提
刑司常切覺察以聞十月十一日詔陝西四路沿邊宣
撫使郭逵候到彼臨機處事奏稟不及者並許便宜施
行訖奏　四年十一月神宗即位未改元判永興軍府充陝西
路經略安撫使韓琦乞應本路有邊防軍馬處置事件
奏覆朝廷不及者乞許便宜施行訖具事由聞奏許之
神宗熙寧三年九月十二日詔許陝西宣撫使韓絳
如有事干急速奏報不及並便宜施行　五年四月十
八日詔令趙卨候地界了日繳納先許便宜行事劄之

赴樞密院始陝西河東帥臣唯郭逵趙卨嘗請以便宜
行事上以諸路邊事經略使自當隨宜處置況疆事漸
寧故命罷之　神宗元豐元年二月十四日鄜延路經略
使呂惠卿言近以軍馬分定九將已具條約奏乞早賜
指揮詔惠卿審度事機以團定將兵當取裁事逐急從
宜施行務在詳審　四年八月十二日涇原路經略司
言應副軍行戰守等事乞權許便宜指揮詔本路措置
事稍大奏候朝旨如小事礙常法許一面施行鄜□□
延環慶河東路經略司熙河路都大經制司指揮麟府
路兵馬司依此九月四日詔王中正高遵裕如行軍廠
事已就緒即相度乘機進討不許拘以元定期日十月

卷一千二百九十七

十七日詔近詔河東陝西諸路轉運司應副軍興事件
並仰聚議或公牒會定允當方得施行即不得獨用己
見逐急行下如委是事干機速移文計議不及即一面
施行仍須互相關報照會不得致有抵捂重復漏落十
一月二十一日鄜延路經略使沈括言順寧寨等處申
种諤下漢蕃軍馬四散各逐城寨不敢邀截詰問又种
諤至夏州索家平三軍無食皆號泣不行已失三萬餘
人即未敢擅招安詔括所奏事體皆邊防機速須刻不
可遲緩若帥臣不任為己責隨宜措置乃須俟中稟則
利害之間失之多矣如朝廷已降指揮外隨宜處置早
令妥貼仍酌度人情如將尚可為用即聽令斬捕境上

劉盜羌賊贖罪請根歇泊餘非朝廷所該者但以便宜
隨機處之勿一一中覆也五年八月四日權主管同經
制熙河蘭會等路邊防財用趙濟言七月二十四日西
賊五百餘騎至堡外殺漢蕃人口驅擄士馬而去及諜
知鉄牟山嘯聚已數萬欲以本路及涇原秦鳳漢蕃兵
約日出其不意會合掩擊詔涇原路經略制置司熙河
蘭會路都大經制司如覘候有實度兵力可勝即便宜
施行九月十四日趙濟又言準苗授關諜見分遣使臣
蒐取不係團結漢蕃弓箭手悉赴行營以禦賊衝詔苗
授所蒐取人如無益於事更不得追集指揮到日只據
邊情便宜施行并劄與李憲時以邊事急速不送門下

省覆奏十一月二日知誠州謝麟言接納安化州歸順
蠻人利害上執邊情在遠朝廷不見利害之實委謝麟
等便宜措置無致生事　六年六月十一日涇原路經
畧司言欲以照管修築故塞堡為軍形誘致賊馬近邊
令姚麟等掩擊或伺便出塞討襲詔塞內誘致賊馬或
出塞討擊並委經畧司盧秉便宜施行十一月十二日
趙卨乞便宜處置邊事詔邊鄙有警事有奏稟不及者
帥臣自當便宜施行　哲宗元祐六年十一月十六日
秦鳳路經略司言乞應沿邊事權許從宜措置庶免緩
急拘礙失事從之其陝西河東逐路經略司依此　元
符元年正月二十三日詔章楶候軍興即駐平夏城應

接諸軍如當赴軍前亦以便宜從事楶暨鍾傳俱在軍
前楶節制傳副之即楶留平夏城其軍前聽傳節制節
有斬獲傳首級楶覆之若分兵將佐各受所統節制餘
如前詔同日樞密院言涇原熙河秦鳳三帥緣朝廷在
遠敵情機會難以預度乞專責帥臣毋致誤事詔章楶
鍾傳軍興以便宜擇利計度先後措功二十四日樞密
院言已令鍾傳出塞日熙州付張詢應有本路軍馬事
宜必赴軍前申稟留滯悮事詔令張詢傳出界後事並
一面施行訖報傳照會其涇原路章楶起離渭州即州
事付劉何仰何依此　徽宗崇寧二年正月二十六日
中書省言成都府舊以便宜從事罷去已久乞軍民所

犯巨蠹者令酌情處斷從之　宣和三年七月三日詔
應軍前事務並令譚稹節制一面措置隨宜施行　七
年四月五日御筆詔蔡靖鎮撫新邦二年于茲政譽藹
然兵民畏服應結絕燕山府路宣撫使司及國信司職
事並專一行遣　欽宗靖康元年正月三日吳敏為親
征行營副使詔許便宜行事十一月十四日詔四道都
總管司已許便宜行事應諸州錢粮兵甲將佐自合即
時應副如敢有怯並從節制法以上續國朝會要　高宗建炎
元年五月二十七日詔昨緣軍興倉卒之際許便宜行
事諸路諸州及差委官往往陳乞便宜行事遂至擅補
官吏擅用官物擅劄良民擅聚師旅妄專生殺自今除

沿邊帥守并建炎元年五月一日以後被授便宜指揮
去處止許因邊事便宜措置仍不許擅支官物侵擾良
民外應已前許便宜行事指揮更不施行是年十月二
十四日詔諸路監司或州郡如敢循習故態尚用便宜
行事指揮行在及在京委臺官諸路委帥臣憲漕按察
具名聞奏原情行遣十一月十九日臣僚言外路有司
偶緣軍興乘意妄作得請便宜者大抵於國家無一毫
之益乞明詔應緣軍興除臨征對敵事涉機速理難待
報者施行訖以聞其餘監司州郡敢因軍事違犯條令
者加本罪一等從之　三年二月八日詔權差中書侍
郎朱勝非節制平江府秀州軍民控扼等事應申發行

遣並依申尚書省體例以禮部侍郎張浚為副事有奏
陳不及者聽便宜施行訖奏　十一日詔簽書樞密院事
呂頤浩充江淮兩浙制置使速往鎮江府防金人南渡
諸事更以便宜措置　四年七月三日臣僚言竊見比
年諸州守臣申請帶安撫使乞便宜指揮皆得任意不
可勝言甚失便宜之本意近者已罷諸州安撫使矣而
諸州便宜指揮未有明文合罷未審當時朝廷降便宜
指揮止為帶安撫使之人合行便宜惟復安撫使與便
宜指揮自是兩事望朝廷明降指揮罷去從之　二十六
日建康府路安撫大使司參謀官劉洪道言權知池州
并安撫職事續奉聖旨將帶張俊等人兵權聽洪道節

制乞許權依便宜指揮候呂頤浩到日罷詔遇軍期急
速待報不及權許便宜從事候呂頤浩到日罷　八月十
二日降授文州團練使神武前軍統制王𤩽奏得旨令
𤩽將帶所部軍馬前去信州駐劄措置防托把隘欲望
許令信州等并管下諸縣及鄉兵等並聽𤩽節制臨時
應有合行措置事件乞從𤩽一面便宜施行詔遇有盜
賊警急其本州管下巡尉捕盜官兵許權聽節制若有
軍期急速奏報不及事務亦許權暫便宜措置施行訖
具狀聞奏即不得因而搔擾生事　紹興元年九月六
日知樞密院事宣撫處置使張浚言恭依聖諭便宜黜
陟闕官去處差過監司守倅劉鎡等乞出給付身降下

詔從之　十月十五日兩浙西路安撫大使知鎮江府劉
光世奏本司有諸般合隨宜措置事務若申明朝廷事
有機速竊慮後時乞依宣撫處置使司並從便宜指揮
行事詔除臨陣出奇或事干機會難以候指揮許施行
外餘並申稟朝廷指揮　三年二月二十八日樞密院
奏李橫見進兵應援牛皋彭玘等收復陷沒州軍詔如
遇軍期待報不及許便宜施行　四年九月十五日明
堂赦諸路州縣捕獲姦盜往往不究情實假便宜之名
輒行殺戮及因統衆捕慝緣中軍違犯當誅者亦不分
事體緩急便加極刑深可矜憫自今應捕獲姦盜及因
中軍有犯罪當誅戮者須對衆研窮審取伏狀然後加

州仍即時報憲司驗實保明以聞如違當科徒三年不以失論及去官赦降原減其狀私者依本法坐罪憲司按驗不實及隱匿不奏者並坐違制之罪　五年九月二日知紹興府孟庾奏防秋在近乞以便宜從事詔如遇邊機調發軍馬不可待報權許便宜從事訖聞奏候過防秋日依舊

卷一千二百九十七

兵捷四

太祖乾德三年正月西川行營前軍兵馬都總管王全斌言收復劍州殺蜀軍萬餘人生擒偽命將帥等群臣稱賀於崇德殿　太宗太平興國元年十月夏州李獻上言率兵入賊境破吳保寨斬首七百級擒寨主牛羊鎧甲數千計　雍熙二年十二月定州駐泊都總管田重進等上言入虜界攻下岐溝關殺守城兵士千餘人及獲牛羊積聚器甲甚衆　是月代州兵馬副總管盧漢贇上言北虜南侵率所部兵於土鐙堡掩襲斬首二千級獲馬千餘疋車帳器甲馬甚衆　淳化五年四月河西行營言夏州平擒節度使趙保忠收獲牛羊鎧甲數十萬安撫其民留兵守之護送保忠詣闕下是日以夏州都指揮使趙光嗣為本州團練使崇儀使高文岯為綏州團練使權夏州觀察判官事吳祐之為右贊善大夫知夏州節度判官以府州觀察使折御卿為麟府兵馬都總管　是月西川行營言破賊五千衆於柳池驛斬首千六百級峽路行營言賊三千衆攻廣安軍擊定之斬首三百級　五月招宣使王繼恩遣小內侍馳奏四月十八日領大軍到綿州界據內殿崇班曹習言今月十日與高品朱繼榮等領軍馬起離葭萌至未時到青山賊已燒山逃去十二日辰時到老溪賊挨山寨

江下硬寨兩所約萬餘人燕寨內起砲兩坐曹習等一戰破賊寨趂賊衆上山入水四散奔走等截殺戮及擁入大江約三千餘人并奪下大小舟船四隻十三日寅時收取閬州尋入城奪得騾馬牛驢封占倉庫招安百姓一萬餘人點檢軍資庫錢帛鹽麹共計五十一萬貫斤兩匹石頭口兼據別狀奏十九日到綿州其賊已竄先差劍州充寧長行勾順等齎勑榜於綿州并外縣招召戶口其羅江縣百姓王華為賊殺其全家即點集鄉村子弟千人將以報賊十七日夜賊燒綿州粮草時王華領衆先入州城戰退賊千餘人乘勢擁入大江并奪到槍棹刀呈驗王華尋補充綿州衙前軍將兼神泉縣鎮將所有招到戶口不少已各復業安撫其捉到賊三百五十七人並各凌遲處死訖外招到百姓自首遮鋪軍人等並刺歸明字依舊祇應詔曰汝再膺朝寄出總戎旃擁武庫之戈矛討坤維之判渙而能克揚師律速震天聲驅大旆以抗威稜分銳兵而攻要害破其寨柵復我城隍由汝義貫神明志清亂畧策勳在近為慰良多十七日繼恩遣人馳奏川賊平斬獲賊首李順首級并獲偽樞密使計詞等及乘輿僭物點到錢帛一百四十餘萬貫匹尋安撫人民訖賜告捷高班內品周文質暈錦袍金塗銀帶銀器絹各五十兩匹十八日宰臣李文武官諸軍將校稱賀於崇德殿太宗召宰臣樞密使

示以蜀寇偽印僭服金銀鎖甲旗幟等物先是青城縣賊王小波聚徒數千掠邛州境內九州都巡檢使張玘率兵討之初與賊戰俘斬甚多殆晚俄命抽退返為賊衆所乘張玘馬倒戰歿諸軍敗衂賊因據邛州其勢由此大盛次攻蜀漢懷安軍等皆為賊下之遂入城都其從亂者泆辰閒僅數十萬王小波因鬪傷尋卒其妻弟順代領其衆因僭稱偽號置官司貪暴戚虐民甚苦之方欲盡文成都居民丁壯面以隸軍期以五月七日而前一日敗死　三十日峽路巡檢使白繼贇等遣殿直翟繼恩馳奏於五月十九日率軍士渡夔州西津與巡檢使解守顒等水陸相會掩殺下草寇二萬餘人奪到大小船千餘艘并獲弓弩槍劍旗鼓印篆騾馬等物稱是其五功將校騎卒已次第優賞訖詔賜翟繼恩紫羅衫塗金帶絹三十匹　至道元年正月寄班殿直王德鈞自府州馳奏今月五日契丹寇府州界節度使折御卿率蕃漢兵士掩襲之斬獲約五千人得馬五百匹突厥太尉司徒舍利死者二十餘人生擒吐渾首領號太保者一人至是御卿遣德鈞先押吐渾首領赴闕并以狀聞帝對於便殿詔德鈞口陳殺虜之（得勝）狀并畫地指其山川險隘蕃戎敗亡之處帝笑謂左右曰北戎小醜輕進易退朕常誡邊臣不與爭鋒待其深入則乘便掩殺必無遺類矣今果如其言左右皆呼萬歲又謂諸將校

曰趙保吉一孺子其謀主乃張浦耳朕常厚與錫賜遣其暫來令保吉已令張浦押馳馬入貢彼捨張浦如亡左右手今又聞殺敗契丹諒喪其魂膽矣因稱賞御卿之忠孝將士之勇敢者數四馬賜德鈞錦襖子塗金銀束帶絹五十匹補隨行安慶軍譯語一人充本營副兵使馬釋擒到者吐渾皆賜錦襖子銀帶絹一十匹翌日宰臣呂蒙正率文武官賀于崇德殿先是制授府州觀察使折御卿節度使而兵不滿數千帝戒曰北虜常小西戎必輕敵而深入或至境爾可先令近下蕃族以羸師而誘之伏精兵以擊之必在吾轂中至是御卿遵用聖算果勝焉帝因謂左右曰用兵之法古賢所著兵書已備無以越其規矩焉在人探討耳朕粗留心至若漢高祖以必戰而滅楚晉謝安以孤軍而敗秦此用兵之妙也夫文武之畧天不賜全備使張良有韓信之武勇韓信有張良之沉謀則高祖焉能駕馭之乎朕每出兵攻伐意頗精審將兵之人丁寧諭之不聽者多至敗事侍臣對曰陛下料敵制勝天之所授固非臣下所測度也將帥倘能上遵成筭則何往而不克矣二十一日帝又謂諸將曰契丹前犯府州衆約二萬敗績之日殆亡其半韓德成探知府州兵少將謂我師不設備所以率衆輕來折御卿果於尅敵能以少敵衆此亦天贊其勇使敗其醜類耳昨得奏報又稱奪得馬數百匹韓德威

一男死於鋒刃之下犬羊喪沮無似此時今後料應不敢輕議南牧矣侍衛馬步軍都虞候傅潜等對曰邊將用師皆稟宸筭非聖智深遠料敵如神亦不能致此尅捷

二年九月夏綏路馬步軍都總管王超延州馬步軍都總管范廷召等各遣入内高品岑保正入内高品貫繼隆等走馬入奏兩路大軍入賊界到烏田池會合掩殺蕃賊五千餘人生獲二千餘人殺來慕軍主一十人乞囉指揮使二十餘人獲馬二千匹衣甲器械粮儲老幼極多蕃部潰散賊首李繼遷遁走今月二日兵馬各分屯沿邊文武百僚詣崇德殿稱賀初繼遷居邊未甚為患及其兄趙保忠入朝繼遷得資財及攻掠邊上遂稍有物力及人衆又阻絶靈武糧運甚為邊患朝廷每加慰撫以懷來之終不復從欲興兵擊之議者異同帝察其情狀決意討之乃授以主將方畧閲兵於崇政按之及遇敵布陣攻擊一如所教故大敗賊黨焚蕩其巢穴收取其老弱無有遺者初帝諭令多以旅弩射之及遇賊射矢齊發賊無所施勇僅能一發而遁凡十六戰而抵其窟穴焉時帝閲之謂傅潜等曰朕授將帥方畧至於合戰還師之期悉如所料但不盡遵致漏此小賊況自即位未嘗如此殺戮夷狄蓋事不可容耳自師興已來歷春夏皆躬親謀度夏中嚴暑尤甚常用意軍事未敢寧息大抵行師布陣當務持重雖有勇者率

具當是貝

數十人以犯賊陣亦無能損益適足撓亂行陣是以朕深誡之令犯令者必斬果無人敢輕卒者布陣是兵家大法非常情所究而小人有輕議者甚無謂也朕自為陣圖與王超令勿妄以示人超回日汝可覓朕所授圖視之當知也傅潛等對曰聖謀深遠非臣下所及　真宗咸平二年九月鎮定高陽關都總管傅潛遣右侍禁郭筠馳奏先鋒田紹斌石普與知保州楊嗣敗虜衆於廉良路殺二千餘人斬首五百餘級獲馬五百匹兵仗鎧甲稱是從臣再拜稱賀翌日群臣詣崇德殿賀　三年正月母（高）陽關具冀州路都總管范廷召等遣寄班侍禁郭筠馳騎入奏今月十九日領兵追契丹至莫州東三十里大破之斬首萬餘級獲所虜老幼數萬鞍馬仗不可勝紀餘寇遁逃出境宰臣率百官稱賀　二月八日靈環等州馬步軍都總管李繼隆等差內品馮從順馳奏稱據熟倉族蕃官會州刺史癿遇口執稱蕃賊李繼遷親從軍主史癿遇部領手下人馬沿山巡欄尋差內員僚直都虞候田敏馬軍司軍頭龍衛副指揮使王全斌量部領馬步兵士并諸班使臣及諸內殿崇班劉承蘊應接準劉承蘊田敏等言今月二十四日部領軍馬就史癿遇變埠盤泊處一戰殺蕃賊二千餘人獲首級三百七十牛羊駝驢馬七千餘頭口及衣甲弓箭器械不少繼遷遁逃不知所止見襲[illegible]逐捕殺次其牛羊

等並給散諸軍并蕃部次者初賜熟倉蕃官會州刺史癿遇金腰帶暈錦襖子絲五十匹茶五十斤一行將校等第支賜賞銀諸軍得功員僚各轉一資劉承蘊轉西京作坊副使馮從順賜木帶錦襖子絹三十匹都總管李繼隆并策應得功人等並勅書獎諭同去蕃軍令李繼隆約量支與茶綵及賜酒食　三月西川七州都巡檢使張思鈞遣綿州司法參軍樊信明馳奏敗王均於漢州居民安堵各藏如故知益州雷有終遣其子太常寺奉禮郎李若馳奏敗均賊於彌牟鎮斬級千餘殘衆奔潰供奉官元繼明自劍門馳騎入奏知益州雷有終等敗王均賊黨獲其偽織蓋金槍等物　四年十月九日北面都總管王顯遣寄班夏守贇馳奏十月十六日前軍與契丹遇大破之戮二萬餘人獲其偽大王統軍鐵林相公等十五人首級得偽印二以羽林軍為文收甲馬甚衆首領遁去宰臣稱賀　五年正月二十六日環慶路總管張凝等上言正月一日領兵入賊界生擒帳族二百餘燬芻糧八萬數斬級五千餘獲牛羊器甲二萬　景德元年閏九月二十二日北面都總管王超等言北平寨田敏楊勳威虜軍魏能等合兵與虜戰大破之斬獲首帥奪其印莫州都總管石普等奏虜遁順安軍率所部擊走之餘人並降詔嘉獎　二十五日威虜軍保州寧邊軍北平寨莫州路總管等並言擊破契

升群臣奉賀　大中祥符九年九月知秦州曹瑋等言昨八月内偵知宗哥唃厮囉蕃部馬波叱臘魚角蟬等率馬銜山蘭州龕谷氊毛山洮河河州蕃兵至伏羌寨界三都谷下寨臣等尋於當月二十四日領兵召集熟戸防遏相次馬波叱臘等率蕃兵約二萬分為三隊來當官軍臣等與之角鬭數合逐北約二十餘里斬首千餘級生擒七人斬馘獲馬牛雞畜衣服器仗凡三萬三千計馬波叱臘等遁去官軍將士被傷者百六十人陣歿者六十七人其立功將校使臣凡百三十九人望加酬奬詔賜瑋泊駐泊鈐轄高繼忠都監王懷信錦袍金帶器幣立功者第遷一資仍賜金帛陣沒者卹其家

仁宗天聖四年正月涇原路走馬承受公事王從德言知鎮戎軍王仲寶本路都監李道史能破原州界康奴族楚巴溝首領逋訛等六門帳子七百餘所斬首九十七級獲牛羊馬驢器甲千計賜器幣有差　康定元年九月陝西經畧安撫副使范仲淹言環慶路副都總管任福等破賊白豹城燒廬舍酒税務倉草場偽李太尉衙及破蕩骨咩四十一族帳巢燒死土埪中所藏蕃賊不知人數又擒偽張團練及蕃官四人麻魁七人殺首領七人獲頭級二百五十馬牛羊橐駝七千一百八十器械三百三印記六官軍死者一人傷者六十四人初賊大領兵寇保安鎮戎軍福等自慶州東路華池鳳川

兵一四之一七

等鎮聲言巡邊召都巡檢任政寨主胡永錫鳳川監押劉世卿淮安鎮都監劉政監押張立同議入界以牽制賊勢九月十八日軍行至柔遠寨犒設熟戸蕃官且戒以不得離席遂與諸將分布地分以駐泊都監王懷正圍白豹城西面攻李太尉衙守神林都路北洛都巡檢范全圍城東面守金湯路柔遠寨主譚嘉震監押張顯圍城北面守葉市族路走馬承受石全正圍城南面駐泊都監武英入城任福押大陣居城南又遣别將部領所稿蕃官行馬前自柔遠至白豹七十里夜漏未盡至城下四面合擊平明城破縱蕃部軍人等大掠焚其巢穴委聚方四十餘里是日晚還軍　神宗熙寧六年三月四日熙河副總管高遵裕言得經畧使王韶牒已于二月二十二日領大兵收下河州先鋒斬首千餘級木征遁去生擒其妻瞎三牟并子續本洛言盡得六州之地二千六餘里至十月十三日宰臣率百官詣紫宸殿稱賀　元豐四年九月十二日李憲言八月二十六日駐安女遮谷遣漢蕃將士襲擊賊餘黨於山谷間斬首百級獲牛馬孳畜甚衆降龕波給家等二十二族首領凡千九百餘戸已剪髮刺手給歸順旗及錦袍銀帶賜物又言大軍過龕谷川東常借號御莊之地極有窖積及賊壘一所城甚堅固無人戍守惟有弓箭鐵杆極多已遣逐軍副將分兵發窖取穀及防城弓箭之類　十

兵一四之一八

月十五日种諤言九月二十七日西賊兵馬七八萬自無定河川南來欲救米脂之圍臣統率將士與賊接戰賊衆大潰斬八千餘級奪馬五千餘匹駝畜器甲萬計詔种諤將官等各傳宣撫問。二十三年日涇原路行營總管司言十月十二日離西界堪哥平十五里磨哆隘口逢賊約二三萬拒隘臣等分兵度葫蘆河奪隘與偽統軍國母弟梁大王戰敗退追奔二十里斬獲大首領沒囉臥沙監兵使梁格嵬等十三級小首領二百十九級生擒首領統軍姪紇多埋等二十二人斬二千四百六十級獲偽銅印漢印一詔劉昌祚姚麟及將官等傳宣撫問　十一月五日种諤言自十月十七日離夏州遣曲珍等領兵通黑水定安堡路搬運軍糧遇賊與之戰斬獲賊鈐轄首領以下千七十八級招降六百五十人七日熙河路都大經制司言軍行至天都山下營西賊僭稱南牟內有七殿其府庫館舍皆已焚之又至囉逋川追襲酋首嵬名統軍人多唆[illegible]丁人馬斬獲千級生擒百餘人虜牛羊孳畜萬計賊衆散之後再遣將士追襲斬獲五百級生擒二十餘人奪馬二百餘匹牛羊孳畜約七千　九日种諤言等三將楊進等破石堡城斬首領以下六十八級降生口大有首領業示歸埋　五年六月一日環慶經略司言斬西賊統軍嵬名妹精嵬副

統軍訛勃遇得銅印起兵符契兵馬軍書并獲蕃兵頭凡三十八級詔以印符契兵馬書來上　哲宗紹聖三年八月五日鄜延路經畧使呂惠卿言自六月以後五十日間第一至第七將前後十四次俘斬甚衆并獲副軍大小首領副鈐轄及得夏國起兵木契銅記旗鼓詔賜惠卿對衣金帶銀幣鞍勒馬　十月十四日鄜延路經畧使呂惠卿言獲西界蕃部皈唆詔令差使臣護送闕下　元符二年閏九月三日宰臣章惇奏熙河蘭會路經畧安撫使胡宗回申青塘新偽主攏拶及大首領結吪龊心牟欽氈率諸偽首領并在城蕃漢人落部子回鶻等并契丹夏國回鶻偽公主等並出城迎降臣欲與三省樞密院來日草賀初五日率百官稱賀從之　三年四月二日熙河路奏鄯州兵將已到湟州秦州刺史熙河蘭會路兵馬都監兼知河州管泚西沿邊安撫司公事兼第三將姚雄四戰獲二千餘級而亡失止三十八人詔以雄特除正任防禦使陞本路鈐轄依前知河州兼泚西沿邊安撫使　徽宗崇寧三年四月二十四日熙河蘭會路經畧安撫使王厚言臣等統率大兵自鄯州趋山南至結囉城主管郭州界蕃族大首領洛施軍令結迎降是日百官以收復鄯廓稱賀　四年三月二十一日樞密院言鄜延路奏復銀州　宣和元年四月十五日太師魯國公蔡京等言伏覩宣撫使童貫奏

進兵出塞由涇原路自蕭關入生界鬬敵進築八百步
寨一座又兩日共獲二千五百餘級奪到精野寨并糧
草孳畜物色等捉到生口外斬獲約二千七百級內有
首領五千餘人奪卽匣等續據何璀申擒捉五千餘人
又鄜延進兵入西界三會川斬獲數千又奏環慶路前
去西界殺到一百餘級降到西人百口又斬獲二千餘
級生擒僞宥州正監軍大小首領六十餘人及奪到衣
甲器械牛馬驢畜不知其數兼已蕩平城寨了當有旨
許拜表稱賀　五月十二日蔡京等又言伏覩宣撫使
童貫奏勾集兵馬六路出塞深入攻討西賊賊衆大敗
獲五千七百七十九級修築到蕭關一帶烽臺保寨招
降到五千人收到城內糧穀將城壁並行平蕩焚燒樓
櫓舍屋盡静自三月十九日後來攻圍震武軍下寨連
夜攻打臣星夜前來熙州差發涇原秦鳳兩路策應軍
馬及指揮隴右同都護辛叔詹先次擒那得力人馬及
令熙河統制何灌節次遣發近便將兵直至震武軍張
耀兵勢及追斬獲西賊共六千餘人前後燒毀族帳屋
宇及收獲到駞馬孳畜衣甲器械等萬數不少有旨十
四日御紫宸殿稱賀　五年八月二十一日河北河東
路宣撫司奏契丹四軍蘷離不率師犯景薊王師遇之
戰于烽山大捷追至盧龍嶺而還　高宗建炎二年正
月二十一日大名府路經畧安撫使河北東路制置使

鏖

杜充言準備差使總轄招撫司軍馬王前於建炎元年
十二月二十日到洛州西護城隄外殺退圍洛州蕃賊
卽時焚燒賊寨入城撫慰官民各得安居趙士晤稱在
磁州界結集招募到義軍首領李琮等并軍兵五千餘
人又有都統制軍馬兩頭項人兵共議併兵先解圍洛
州於建炎元年七月五日穿番塞鬬敵至六日平明方
到本州城下入南門駐劄金賊欲來攻城與李琮等分
頭出兵接戰金賊大敗詔令尚書省出榜曉諭　三年
二月二十九日江淮兩浙路制置使呂頤浩言今月二
十三日閤門祇候陳彥差人渡江先次前去揚州於五
更以來襲殺金賊後軍及奪老小一千餘人已收復揚
州訖　四年九月十五日兩浙西路安撫大使劉光世
奏金賊再入承州遣統制官王德酈瓊等輕兵直入承
州今月八日去承州西四五里賊軍迎敵王德引兵衝
賊殺軍頭首千餘人及擒女真契丹勃海簽軍等一百
餘人追至承州城外　紹興元年五月十七日提領海
船張公裕等言成忠郎翁昭於海洋五處分部控扼至
十一月末聞賊犯通泰賊船五十餘艘編髮露頂肆行
摽畧昭同使臣鄭旻等領兵鏖戰賊遂逃遁續收復海
門縣擒到僞知縣姚漢傑主簿錢德之縣尉王貴翁昭
等各轉一官資　十二月二十六日宣撫處置使張浚
言金賊於熙河秦雍盤泊自秋及冬遣發老弱輜重過

河悉存留精兵聲言回師臣察其詭計必謀窺伺川蜀以絕關陝尋措置關隘嚴為備禦專委秦鳳路經畧安撫使陝西諸路都統制吴玠指教將佐於鳳翔府大散關一帶先處戰地誘致其來痛行掩擊十月九日金賊偽四太子親統大軍於鳳翔府寶雞縣界渡渭河入谷自谷口至神岔初十日午時直犯駐兵處和尚原玠遣統制官吴璘雷仲統率將兵與賊拒戰展轉至晚殺敗三陣追襲過河金賊於神岔口分留一軍通運糧道尋遣將兵邀其歸路殺敗數陣十一日金賊欲出寶雞前去神岔口伏兵殺回奪到䭾糧驢畜是夜二更遣發諸將於二里驛東金賊偽四太子寨劫破賊寨追趕賊人入崖澗四更兵將會合西來換兵自大散關劫賊寨至十二日寅時賊衆拔寨遁走於二里驛東復來迎敵自寅至酉大小凡三十餘陣生擒江南四萬户羊哥孛堇偽國相黏罕女婿婁堇姪也不露孛堇等二十餘人其餘千户至甲軍生擒并殺獲墮落溪澗甚衆金賊偽四太子於後心連被兩箭其所遣諸將軍馬前後掩擊偽四太子所統大軍勦殺幾盡　三年三月十九日宣撫處置使張浚奏報金賊自去年九月於鳳翔長安團聚大兵窺伺川蜀至十二月初果分三路進兵一路自熙秦牽制一路屯駐鳳翔一路甲軍簽軍等衆至十萬自長安路直趨金商侵犯梁洋尋委王彦劉子羽吴玠嚴備戰守合謀破賊金商一帶並行清野於漢江南岸犄角駐兵相為外援二月五日都統制吴玠大破賊徒於真符縣饒風嶺生擒金賊千户首領一人活人一千餘人統制官楊皐破賊於枝溪生擒賊徒二百餘人追襲二十餘里奪牛羊器甲生擒漢兒女真簽軍百餘人前後俘獲五千人十七日吴玠親師諸將迎敵往復六十餘陣射金賊死傷不可計餘衆皆遁　五月四日河南府孟汝鄭州鎮撫使翟琮奏報正月一日同董震張玘董貴措置分路發兵商州斷絶糧道掩殺蕃偽賊黨收復西京潼關據權本鎮兵馬鈐轄趙通等今月三日率領人馬奪關併入西京分路與賊兵大戰殺敗賊衆生擒偽河南尹西京留守孟邦雄父子家屬斬獲賊頭一千餘級奪戰馬二百餘匹旗幟器甲等收復西京詔令翟琮疾速將孟邦雄等解押赴行在　四年四月七日川陝等路宣撫處置使王似言吴玠稱二月二十一日金賊四太子與皇弟郎君引領萬户千户七十餘人率大軍十餘萬衆半是馬軍前來僊人關對壘連珠劄四十餘寨於二十七日衝撞官軍凡三十餘戰至三十日殺退賊衆統制官田晟遣兵追趕入寨金賊别添兵約五十餘隊再來攻擊官軍戮力鬭敵金賊大敗官軍追趕至賊寨殺死金賊萬户千户并甲軍莫知其數　五月三日王似盧法原言吴玠稱三月二日劫破偽四太

子皇弟郎君大賽已拔寨遁走玠遣發諸頭項官兵追
襲掩殺統領張彥到横川店却破蕃寨殺死賊兵李到
馬牛器甲并生擒一百餘人斬獲五百餘級金人四太
子等因大兵累日勦殺大敗勢已窮蹙自焚燒寨柵驅
擁敗殘餘黨寅夜移寨退走　八月六日宰執言岳飛
分遣統制官王貴張憲等勦殺金賊劉合孛堇僞齊李
成賊馬已收鄧州上曰朕素聞岳飛行軍極有紀律未
知能破敵如此胡松年對曰惟其有紀律所以能破賊
若號令不明士卒不整方自治不暇緩急安能成功是
月九日岳飛奏到於是詔令學士院降詔奬諭仍遣中
使傳宣撫問賜銀合茶藥并撫問將士喝賜犒設第賞
以聞　十一月一日淮西安撫使仇悆言十月三十日
遣將收復壽府春十一月一日收復安豐縣各已撫定
共招降到簽軍將士三百餘人奪到槍甲七百餘副馬
十餘匹　二日淮東宣撫使司提舉一行事務董旼言
承州水寨首領孫康遣發義兵舟船布在運河應授官
兵截殺金人除殺死外擒到黄頭女真四十五人　二
十四日劉光世言統制王師晟收復壽春府奪門掩殺
賊兵殺死僞知府李撊寨并賊兵一千餘人其餘蕃人
掩入淮河渰死活捉到姚使相并僞知府王靖簽軍一
十八人及鞍馬旗槍器□燒毁糧船一百餘隻既而詔
令光世撫勞所遣將士仍先賜師晟袍帶　十二月二
十四日宰執言張俊報張宗顔過江擊賊馬獲捷事上
俊每言不敢虚奏邊功恐生冥報　二十九日川陝等
路宣撫使司言吴玠馳報金賊元帥四太子及都統皇
弟郎君撒離喝等領步騎十餘萬衆直來殺金平與官
兵對壘遣將楊政等血戰三十餘陣詔政特除承宣使
龍神衛四廂都指揮使　五年正月五日淮東宣撫使
司提舉一行軍務董旼言承州馳潭水寨首領仲諒掩
賊馬一發過淮收復楚州了當殺死蕃人斫到首級一
十二顆生擒到女真漢兒等一十餘人　二十六日劉
光世言金賊侵犯淮甸遣統制官酈瓊劉光輔統押軍
馬自廬州起發舉言過淮到蔺陂先摘輕兵由間道徑
到光州城下僞知州許約守城甚堅又添僞皇子府劉
麟差來統領官李知柔張聚并簽軍約三千餘人近城
説諭不肯順從遂掩全軍抵城攻打依前拒敵矢石併
下瓊等鼓率士卒攻擊欲破至正月二十日晚有董昱
馮琪二人并簽軍一百餘人先棄城投降許約自知勢
力窮迫率衆啓門投降收取光州了當除已嚴誡將士
各守紀律秋毫無犯撫定軍民各安舊業捉到僞知州
許約詔令劉光世撫勞所遣將士支錢二萬貫充犒設
外取索有功人保明聞奏其後二月二十六日詔酈瓊
於逐郡階官上各轉行一官劉光輔與轉行兩官　二
月二十二日江南東路淮南西路安撫使劉光世言金

兵一四之二五　兵一四之二六

賊重兵侵犯淮西人馬入滁州占據光世密遣統制官王德將帶軍馬過江攻奪王德到淮西地名桑根與賊血戰殺死一千餘人外生擒到女真二十餘人萬戶盧孛堇等一十一人詔劉光世備見措置有方仰撫勞所遣將士仍疾速取索功狀保明聞奏　二十九日吳玠言遣岳飛統率一軍前去秦隴以來深入僞地牽制賊勢統領官楊從義將官王顯十一月七日到僞地臈家城逢賊三千餘衆列陣鬬敵殺敗賊兵詔令宣撫司勞所遣將士疾速取索有功人保明聞奏　六年九月十四日湖北京西路宣撫副使岳飛言副將楊再興等統率軍馬前去收復西京長水縣了當即時招撫安業詔令岳飛撫存一行將士開具實有功官兵保明聞奏

十月十七日後殿進呈楊沂中捷奏俘戮甚衆上愀然曰此皆朕之赤子迫於兇虐勉強南來既犯兵鋒又不得不殺念之痛心顧趙鼎曰可更戒勅諸將爾後務先招降其陣歿之人亟爲埋瘞　紹興十年六月五日川陝宣撫使奏報金賊前來扶風縣驛店等處作過尋遣統制官吳璘等賈勇士卒戮力接戰金賊鶻眼郎君帶領五千餘人騎與官兵迎敵統制官李永奇楊政儀向起顧曹等掩殺退走入扶風縣賊寨再行劫破勦殺盡絶又有金賊馬軍策應並已殺敗掩入溝澗甚衆　十八日劉錡言順昌府累與金賊大兵接戰其酋首三路

韓將軍龍虎大王等皆緣敗衂往東京告急至今月九日四太子親率大兵諸頭項賊馬併力攻圍府城於當日激勵將士戮力血戰殺死約五千餘人及捉到活人供通傷中者一萬餘人往往身體黄腫皆用騾馬馱負北去馬中傷死者三千餘匹知賊每不利遂領兵於城西南相近一里以來創立硬寨謀爲攻打坐困官軍之計錡激勵將士密爲夜襲使不得安於十二日子時以來賊遂拔寨望西北遁已分遣軍馬追襲詔賜劉錡獎諭疾速開具立功人等第聞奏　同日川陝宣撫使司言探報金人侵犯陝西遣都統吳璘等前去鳳翔府會合陝西諸路軍馬併力捍敵五月二十八日賊馬直至鳳翔府石堡寨西地名底店遣將官劉海曹清宇文順楊晟賈卞范興國前去捍敵殺散前鋒戰兵折合孛堇傷中掩入汧渭河死傷無數斬獲人頭捉到活人　二十八日淮南宣撫使韓世忠言統制官王勝二十七日辰時到淮陽軍界離城二十餘里逢見淮陽軍都統周太師親自統押軍馬二千餘騎水陸轉戰約兩時辰勝等并背嵬將官成閔鼓率將士向前血戰金賊敗走掩殺入折河及城壕內塡塞盈滿殺傷及渰死者甚衆外活捉到女真漢兒共一百餘人並各傷重并水陸迎敵戰船除奪到二百隻外餘燒毀了當　閏六月十三日淮南西路宣撫使張俊言蕃賊來取蘄縣統制官王德

馬立等鼓率将士㱕力破賊除殺死不知数外生擒頭
領數人及蕃人五百餘人戰馬四百匹金鼓旗幟甚衆
追襲餘黨措置宿州沿路且戰且殺剿除蕃賊罄盡及
至城下有宿州同知蕃賊首領統率精鋭生力蕃兵前
來死戰德等㱕力掩殺大破賊衆除殺死外生擒頭領
并招降到知州馬秦并一州官屬及河北山東使效一
千餘人官軍入城收復宿州撫定軍民了當　同日川
陝宣撫司言吳璘等探鳳翔府金賊擺拽前去青谿嶺
路作過本司差發同統制姚仲向起樊彥鄭師正統率
軍馬應接郭浩其賊兵却來鳳翔府六月二十二日将
官郭仲孚等帶領馬軍絶早至鳳翔府西関城外踏斵
賊寨殺死金賊不知其数賊兵於本府東門北門擺拽
盡数出城賊首撒離喝及左監門等親擁賊衆直至百
通坊排拽擊陣勢二十餘里更番與官軍接戰姚仲等
告戒諸軍殺賊兵敗不得斫級争奪鞍馬自辰至未壓
戰数陣殺退賊衆追趕一十餘里掩入崖閒甚衆　十
四日節制陝西諸路軍馬郭浩奏報金賊悉兵前去鳳
翔府尋遣環慶總管鄭建充統領高英於十七日寅時
攻打醴州戰鬬至辰時活捉金賊千户三人内一名殺
死又剿殺金賊先點見五百餘人奪衣甲器械生擒從
兵奪到戰馬驢畜甚衆　六月三日淮南西路宣撫使
張俊年閏六月二十二日金賊會合南京等處分数路

兵一四之二九

前來直犯官軍并東京賊馬相繼前來策應俊躬親統
率軍馬分頭迎敵離城又縣西三十里遇賊交戰两時
辰賊馬敗走連夜追襲掩入河甚衆收到衣甲旗槍二
十六日收復亳州了當撫定安帖續次有三路都統再
率兵自東京前來番賊至渦河北岸俊又統軍馬㱕力
破敵除殺死外餘黨敗走　七日淮南東路宣撫使韓
世忠言中軍統制官王勝等探報蕃人萬户鶻十孛堇
千户聶兒孛堇花太尉馮觀察将帶軍馬解圍海州勝
於閏六月二十八日遣發王權王升将帶軍馬前去蔣
冢莊與賊見陣賊馬退去趕殺三十餘里活捉到女真
契丹一百餘人奪到戰馬三百餘匹衣甲器械旗槍将
海州懷仁縣撫定了當　十八日湖北京西路宣撫使
司言今月初八日有番賊酋首四太子龍虎盖天大王
韓将軍領親軍馬一萬五千餘騎取徑路離郾城縣北
二十餘里尋遣背嵬遊奕馬軍自申時後與賊鏖戰數
十合殺死賊兵滿野天色昏黑賊兵方退奪到馬二百
餘匹　八月一日川陝宣撫使司言權永興軍路經畧
安撫副使王俊收復永興軍管下興平武功縣醴州醴
泉縣長寧鎮統領官辛鎮七月九日領軍馬到長安西
南白塔寺與金賊交鋒追到長安城下其賊棄下器甲
旗鼓甚衆　十二日韓世忠言親率軍馬到淮陽軍探
得沂州滕陽軍劉冷莊三頭項蕃賊前來尋分遣統制

兵一四之三〇

官解元等將帶軍馬迎敵八月四日早到地名譚城逢
見金裹馬軍二千餘騎解元等極力戰鬭其蕃賊敗而
復合自早至巳賊方敗走追殺二十餘里殺死數百人
奪到鞍馬一百五十餘匹器械數多及捉到知淮陽軍
都統訛里七所差告急走馬天使二人　十六日韓世
忠言今月八日探得蕃賊自滕陽軍路前來離淮陽軍
西北九十里地名泇口鎮劉寨世忠躬親將帶軍馬前
去初九日拂明到賊寨十里以來逢賊綽路馬下活捉
十餘人問得滕陽軍金牌郎君青州總管三郎君沂州
高太尉等會合馬軍七十餘騎前來淮陽軍解圍其蕃
賊見世忠軍馬到一發回頭四散遁走世忠分頭追趕
三十餘里殺死數百人活捉到千戶原缺長等二十餘人
奪到鞍馬一百匹旗鼓軍器甚衆　十九日韓世忠言
八月九日千秋湖陵有蕃賊五千餘人并鄜瓊下使臣
效用等二千餘人水陸劄立硬寨擺布戰船劉寶等申
時分頭攻打至二更以來打破賊寨活捉到千戶郎君
郭太尉一名毛毛可四人契丹漢兒一百三十餘人外
奪到大小樓子戰船二百餘隻蕃馬五十三匹　二十
三日川陝宣撫使司言七月三十日未時有金賊小大
王係金賊鎮國上將軍左軍都統利涉軍路萬戶孛堇
鶻眼郎君引軍馬步入五千餘衆來盩厔縣東侵犯東
洛谷王俊親率軍馬迎接交戰及兩時辰破陣殺死女

真契丹漢兒射死戰馬縱橫甚衆并奪下器甲旗鼓鞍
馬追殺二十餘里　九月十七日川陝宣撫使司言都
統制楊政探金賊於鄜縣界作過差統領劉興前去措
置八月十四日一更直抵鄜縣城下分遣將兵攻破鄜
縣掩殺賊兵盡走竄穴奪到牛驢馬積寨金賊前來救
援遣兵遏伏軍馬邀擊敗走追過清河北其賊會諸寨
甲軍三千餘人有統軍一名千戶數人與官軍血戰自
二更將職兵戰馬殺死無數　十一日三京等路招撫
處置使劉光世言統領官王順賈睎等帶所部軍馬及
會合山寨鄉兵前去宿州解圍至今月十日辰時到符
離縣界地名周村濉河兩岸逢金賊馬步軍二千餘人
迎敵順等率軍馬與賊血戰移時殺死金賊三百餘人
掩入濉河活捉金賊二十三人及奪到戰馬　十月一
日知陝州兼節制陝西諸路軍馬統制吳琦言遣統制
官侯信統押忠義水軍并諸項官兵前去河南經營賊
寨八月七日過河於中條山劄寨探得山北柏梯谷口
有金賊大寨正當河解兩州要路初八日夜劫破上件
賊寨殺死蕃賊二百餘人捉到女真漢軍二百餘人奪
到鞍馬二十餘匹至天明探得有解州同知女真親作
天使會起河解兩州及諸處蕃賊共約七千餘人騎於
初十日早擺拽三頭項前來信率本部官兵向前迎敵
血戰數十合當陣殺死千戶一名毛毛罕頭領數人其

賊退走活捉到五百餘人戰馬五十餘匹器甲七百餘副弓箭旗槍甚衆　同日川陝宣撫使司言都統制楊政九月六日遣從儀前去鳳翔府措置金賊約三千餘人於鳳翔府城南蒲陂河劉寨從儀統率諸將軍馬二更到彼血戰一十餘陣殺敗賊兵乘勢劫蕃賊三寨棲櫓鹿角放火焚燒奪到戰馬五百餘匹衣甲器械至五更以來有賊生兵復來交戰至天明將賊殺敗追趕一十餘里　十一月二十七日吳玠言有金賊於河北會到人馬尋差撥正將李政等前去掩殺十月二十九日午時有烏魯不孛董等一千餘人前來政等放賊頭過舉號鼓率四下伏兵併起來攻使賊首尾不救掩殺擁落崖澗　續有賊首寧虎烈孛董等賊軍二千餘人救應交戰至酉時其賊退走殺死女貞千戶并毛毛孚頭領奪到戰馬器甲甚衆　十一年二月十四日淮西宣撫司言蕃賊在巢縣令統制官閭師古李橫進兵掩殺初九日夜將官潘儀等將帶官兵連夜渡河埋伏邀截閭師古李橫初十日早掩殺其賊竭寨迎敵戰鬥移時官兵四發擁掩賊兵入河甚衆生擒賊兵戰馬數多復奪巢縣　十六日淮西宣撫使張俊淮北宣撫副使楊沂中言自今月十四日進發軍馬前去含山縣閭口直搗金賊大寨掩殺賊兵俊等相繼躬統軍馬前去自未時與賊血戰一時辰其賊敗走奪戰馬器甲旗幟等收

復含山縣復奪昭關燒毀關東西賊了寨當官軍已占關北一帶下寨　十八日張俊楊沂中言金賊分兵侵犯滁濠州遂發軍馬前去將官戚方等今月十四日到青陽鎮遇金賊馬軍與賊轉戰兩時辰除殺死賊兵外生擒金賊并戰馬奪被虜老小牛畜數多　同日張俊楊沂中言統制官王德等今月十四日收復含山縣復奪昭關下寨十五日早有金賊重兵約厚十餘里馬軍侵犯關口德等貫率軍衆人人用命共力破敵戰鬥數陣其賊敗走追殺十五餘里　十九日三京等路招撫使劉光世言前軍都統制李顯忠吳錫過江掩殺金賊帶領軍馬前到九城鎮約有金賊五千餘人下寨分遣軍馬掩殺今月十五日將官張松等與賊兵戰鬥約一時辰其賊敗走追趕一十餘里殺死賊兵三百餘人捉到活人五十六人內一名係千戶五人係毛毛可一人係百人長奪到器械旗幟戰馬不少被虜人一千餘口牛畜二百餘頭保護南來放令逐便識認牛畜了當　二十三日張俊楊沂中言今月十八日楊沂中王德田師中等追趕賊馬至柘皋又逢五太子生兵及自廬州前來兀朮賊馬見陣自巳時戰鬥至未時凡經十餘陣其賊敗走殺死賊兵橫屍二十餘里追襲至二更以來趕殺出廬州收復廬州　三月十三日韓世忠言今月七日濠州探報兀朮賊馬欲來攻取本州即時選練馬

軍於當夜二更以來躬親將帶前去迎敵至五更到地
名閻賢驛與兀朮賊軍相遇追殺三十餘里除殺番賊
約一千餘人外生擒到女真吵環等一十二人并奪到
鞍馬軍器一千餘件賊馬直過淮北一發奔潰占據濠
州了當　十六日商州言正月二十八日至二月初四
日有金賊折合孛堇部領七千餘人騎撒离喝親兵破
敵軍馬女真契丹共萬餘人騎占據州城至初五日早
知州邵隆統率兵將等於城下極力與賊戰殺敗賊衆
其折合孛堇盡領番賊奔走掩殺追襲出界當日收復
商州　十七日淮東宣撫司言今月十二日早兀朮親
領軍馬步軍前來衝撞官軍世忠遣發舟船水陸轉戰
自早至申殺退射死兀朮所領萬戶千戶以下及當陣
落馬身亡幾二萬餘衆　三十一年六月二日知金州
武鉅奏報嵩州賊馬重大分遣官兵前去捍禦離嵩州
五里與賊相拒鉅自盧氏縣統率親兵前來嵩州至五
月十二日盡力死戰約兩時辰其賊敗走臨陣殺死總
管宣武將軍萬戶忽沙虎權總管千戶德壓孛堇三百
千戶兩名女真五百餘人旗頭一十餘人奪到衣甲器
械莫知其數領兵入城撫定軍民了當　十月十三日
四川宣撫使吳璘奏報遣統領官劉海等親擁所帶將
兵收復秦州賊兵迎敵掩殺賊衆退走入城今月二十
五日打破秦州除撫存軍民外捉到金人等斫到首級

兵一四之三五

奪到戰馬器甲莫知其數　十七日京畿淮北京東路
河北東路招討使劉錡奏報遣統制官王剛等十月十
三日於清河口與金賊鏖戰殺死不計數目又親率軍
馬於當日在淮陰縣十八里河口遣統制官樂超等駕
船過淮用剋敵弓等射殺金賊不計數目大賊向北前
去詔令學士院降詔獎諭仍令劉錡開具實立功人等
第保明聞奏　十八日浙西副總管李寶奏報十月五
日六日以來海州魏勝捍城北二十里地名新橋有金
賊不住前來躬親帶領官兵前去迎見賊馬約及七八
萬人騎用車載鵝載雲梯等前來遂率官兵乘其半渡
衝擊掩截剿殺血戰至申時以來凡經三戴殺死金賊
人馬又掩入新橋河上下流邀截剿殺斫到首級二百
餘顆及奪到衣甲弓箭旗鼓番槍軍器青涼繖五明銀
裹交椅等　二十日四川宣撫使吳璘奏報遣將官曹淋
等九月二十七日收復洮州及管下冷丁堡通岷堡招
撫到洮州同知昭武大將軍與屯蟬只一行官兵并老
小撫定軍民依舊安業及將官彭清張德九月三十日
及打破隴州與賊兵掩戰殺死賊兵捉到活人奪到鞍
馬有知州盧奉國同知劉昭武走上涼樓招撫不下用
火燒毀及將本州糧草場所樁糧草百餘萬盡行燒毀
二十四日知均州武鉅奏報金賊於鄂州管下內鄉
順陽淅川穰縣等人戶納到草捍七十萬并積順陽界

兵一四之三六

遣發前去本州巡檢趙伯适將帶人兵前去撫定順陽
縣即時將草盡行於火焚燒盡絕南北堆垜約十五里
共計六十三萬五千束又遣發總轄鄉兵苗琛等將帶
人兵前去收復鄧州　十一月一日劉錡奏報金賊數
萬係高萬戶統率犯揚州界地名皁角林衝突瓜洲渡
口親率軍馬迎敵先遣左軍領統員琦至揚子橋灣與
金賊大戰員琦陷在重圍下馬死戰二十餘陣首先破
敵掩殺金賊入運河及湖內約三千餘人金賊又添生
兵勢力加重又遣逝變中軍併力破賊錡數率諸將督
以死戰自卯時至申時殺敗金賊橫長二十里活捉到
番人并奪到番馬弓刀旗槍器甲及斫到首級甚衆詔
劉錡令學士院再降詔獎諭差中使前去賜金合茶藥
一就傳宣撫問仍令錡開具實立功人等第保明聞奏
六日京西路河北西路招討使成閔奏報金賊人馬
侵犯蔣州遣信陽軍屯駐親制官趙樽張彥達會合戚
方都統軍馬追襲掩殺到齊昌渡探得淮北真陽縣亦
有賊兵遣忠義軍將官袁清丁俊等先次殺敗真陽縣
賊馬撫定真陽縣　十一日知樞密院事督視江淮荊
襄軍馬葉義問奏十一月八日虜酋親統重兵侵犯采
石欲直奪渡口參謀虞允文專一監督官軍水陸進戰
大敗賊兵掩殺無數焚盡賊船致虜酋領兵逃竄取真
陽路去允文自采石回稱說虜首因初八日水戰大敗

兵一四之三七

次日官軍復進將賊船數百隻並已焚蕩虜主即時率
賊軍以次引去同日知均州武鉅奏報遣同統領趙伯
适將帶鄉兵十月二十五日於鄧州順陽縣東與金賊
見陣其賊大敗　十二日陝西河東路招討使吳璘奏
報中軍統制節制軍馬吳挺十二月十二日金賊軍馬
與官軍對壘直殺敗賊衆乘勢追趕掩殺崖澗當陣殺
死李千戶斫到首級及生擒到金人三百人百人長三
人捉到金賊活人斫到首級奪到鞍馬器甲甚衆　十
二日建康府駐劄御前諸軍都統制李顯忠奏報金賊
見在盧州一帶劄立硬寨遣馮晟將帶軍馬并招集出
戰人兵及差統領官張謹等即押軍馬策應躬親將帶
軍馬牽制接援於十一月五日直抵賊巢到盧州西十
八里地名蜀山逢見賊大隊人馬實率官兵布列陣勢
自巳時與賊血戰至酉時已來殺賊敗走除當陣殺死
外活捉到番賊鞍馬　十四日浙西李總管下沿海提
督提轄一行事務曾洋奏報七月二十七日於密州膠
西縣界陳家島與金賊見陣燒奪戰船六百餘隻殺死
番賊活捉到女真頭首三百餘人降到大漢軍三千餘
人海道肅清　詔李寶生擒至三百人可令用海舟載
頭首來揚杭處交割押來樞密院降到大漢軍令優與
犒賞便支錢糧如無錢令揚杭不以是何名色錢應付
十七日武鉅奏報十月二十八日收復虢州盧氏縣

兵一四之三八

二十六日武鉅奏報遣統領鄉義軍馬萠琛於今月十
三日夜攻下鄧州外城活捉到穰縣尉奉信校尉劉稽
等并奪到騾馬器甲攻擊內城女真棄城逃遁　二十
七日荆南駐劄御前諸軍都統制李道等奏報遣鄂州
副統制李勝等於十一月十六日於光化軍對岸番賊
乘船筏并沿岸分布馬步軍十五餘里不見厚薄勝等
統率會合諸軍將佐官兵等沿江與番賊水陸見陣用
命向前涉水死戰殺死番賊落水渰沒并奪到衣甲器
械旗幟舟船軍須等物及殺死真定府總管杜萬户并
字千户　二十八日江州駐劄御前諸軍都統制戚方奏
報右軍統制官李貴統領官張晟於十一月初四日部
領軍馬於穎河內將金賊諸路發到粮船六百餘隻粮
米五十餘萬碩燒毀了當及奪到銀八百鋌計二萬兩
絹一萬餘匹殺死防綱女真契丹數百人及捉到押綱
官盧萬户等并防綱簽軍四千餘人奪到驢騾駱駝羊
馬又生擒到泰和知縣夾谷阿海并妻男及親族等
十二月十三日王彥奏報遣發統制任天錫等十一月
十八日收陝州了當捉到知州同知等并活人　十四
日京東西路河北東路淮北泗宿州招討使成閔奏報
今月十一日遣統制官王選等收復高郵軍了當統押
軍馬并會合到水寨統領嚴寧并忠義人兵前去追殺
金賊於十二月八日到寶應縣至楚州以來趕上金賊

向前掩殺賊兵敗走擁入河湖活捉到番人番馬斫到
首級并奪到粮船二百五十餘隻倉粟米數萬碩衣甲
器械及燒毀糧戰船七百餘隻收復寶應縣并楚州了
當　十八日成閔奏報陳州忠義人陳亨祖於十一月
初五日將帶忠義人兵收復陳州了當捉到同知元（完）顏
耶魯等九人　同日京西北路招討使吳拱等奏報遣
發將官劉華等十二月初一日到鄧州新野鎮地名龍
鼻淑中番賊寨柵殺死番賊棄頭不斫其賊拔寨退走
入鄧州至十二月初六日番賊棄城逃遁收復鄧州了
當　二十日成閔奏報統率軍馬於十二月十二日收
復盱眙軍了當其泗州淮河岸下擺泊舟船數十隻金
賊數萬人隔河與官軍相拒閔遂將奪到金賊燒不盡
橋脚小船二十餘隻併工修整及於龜山以來奪到賊
船十餘隻并分遣統制官吳超楊欽部押人船於水路
邀擊賊船又差統制官劉銳陳敏王公述張師顏於十
二月十五日夜於泗州東城之東潛師渡淮有賊騎數
千於東城之東擺列前來與官軍相拒又分遣統領官
左淵張青魏金部押官軍攻奪泗州南門入城占據再
率官軍戮力掩殺賊兵敗走收復泗州了當奪到粟米
三萬餘石被虜老小數萬口並放令渡淮歸業　二十
一日李顯忠奏報十二月十六日收復和州金賊拔寨
北遁躬親統率諸軍追襲離和州三十里横山澗與金

按三十二年有閏二月，此三十一年當是三十二年之誤

賊見陣獲捷其賊取香林湯泉路前去尋再遣統制官張榮統率前全軍前去追襲至今月十九日未時至金椒縣界地名馬村後河楚湄溝趕上與賊鬥敵殺死番賊并擁掩入河收捉到被虜鄉民老少數千餘人即時撫恤各令逐便歸業奪到騾馬軍器等　三十一年閏二月二日吳璘奏報遣差前軍同統領惠逢會合權知洮州李進同知趙阿令各將帶軍馬正月三十日於寧河寨與熙州差來應接金賊首領小郎君等軍馬及會合到河州積石軍軍馬鬥敵殺敗賊衆至三月三日收復河州了當至初六日分遣軍馬前去收復積石軍及管下來羌城了當并獲到金賊同知宣均宣武將軍高偉

二十五日李寶奏報閏二月十三日海州城北有金賊青州總管會合十三州人馬一十餘萬衆直犯海州親率官兵自辰時鏖戰至二更蕃賊大敗殺死女真渤海契丹漢兒簽軍等及掩殺在河　三月十一日吳璘奏報閏二月廿六日夜將帶軍馬攻打大散關尋分委右軍等一正將楊大亨統領李安等攻打五鬼山賊寨及後軍同統制田昇與統領胡洪趙豐陳濤第六將馮超部領軍馬攻打散關正門水門御愛山賊寨自二更一擁上山併力攻擊與賊戰鬥至當夜四更以來打破散關占據了當繼續分遣官兵占奪和尚原其賊知覺棄掉本原遁走前去寶雞其和尚原亦行占據了當

四月四日吳璘奏報金賊元帥左都監及都統軍付統軍帶領萬戶五人統金賊五萬餘衆璘親統官軍三萬餘人於三月十七日至順德軍城下與金賊大戰殺敗賊兵其賊尚占據城池及於東山一帶修置硬寨相去三里以來與官軍對壘璘遣兵調引賊兵堅守不出遂差將兵晝夜驚擾其賊困窮至十二日夜並行遁走已差官兵追殺過六盤山收復德順軍約束官兵秋毫無犯撫定軍民安業　四月九日吳璘奏報忠義統領嚴忠帶領本將軍馬前去原州追襲金賊收環州了當捉到知州中憲大夫郭裔并管下城寨金賊一十餘員奪到鞍馬旗幟及帶到環州管下馬步軍四百餘人并一行官吏等又統領忠義軍馬段彥捉到原州同知鎮國上將軍統石烈訛魯古等官四員并女真家小三十餘口　六月十七日陝西河東路招討使吳璘言五月二十三日收復熙州　七月十三日淮南西路安撫司言已遣發沿邊都巡檢使顯忠率官兵并募到敢勇人前去沿淮等處掩殺金人又追水寨孫立等於潁河內燒毀糧船二百餘隻　二十五日陝西河東路招討使吳璘言是月三日收復鞏州　二十八日主管殿前司公事成閔言已遣中軍統制趙樽遊奕軍統制張孝達統領皇甫倜前等去迎捍金賊收復光州　八月二十一日荊南駐劄御前諸軍都統制李道言遣發統制官

張進董江於光化軍對岸湊湖出戰各捐軀戮力身先
士卒以到致劉等全軍不能侵犯　十月九日御前諸
軍都統制張子蓋奏統率軍馬於五月十四日到石湫
堰先次衝虜賊陣掩殺十五日海州西北三里堰沙河
及新橋見陣解圍海州　十一月七日知樞密院行府
奏報遣將十一月二十八日在和州東王家㐲與蕃人
見陣降到近侍局虜酋護背軍千戶定遠將軍統石烈
胡剌以下三千三百人殺死三百戶奪到戰馬器甲又
於廬州大路奪到金牌天使所齎告急蕃部族背叛虜
酋及盜賊群起等文字　同日江州駐劄御前諸軍都
統制戚方奏報遣統制官李貴等於今月二十六日早
奪壽春府門入城與金賊血戰殺死賊兵其賊敗走收
復壽春府了當及撫定人民并於壽春府城下淮河內
燒毀粮船一千餘隻　九日金房開達州駐劄御前諸
軍都統制王彥奏報統制官郭諶將軍邢進等於十一
月十七日華州城下率先賈勇士卒自寅攻打至巳時
打破華州捉到本州同知昭武大將軍韓端愿將官信
武將軍韓鎔并金賊到梧二十二人并奪到鞍馬器甲
等已即時將本州居民撫定了當以上中興會要　孝
宗隆興元年四月十九日通泰海州沿海制置使李寶
奏昨將帶海船到海州膠西縣唐島逢見金賊船六百
餘隻乘載女真渤海大漢軍水手等七萬餘人遂分布

主首往來掩殺焚毀賊船大獲勝捷　五月十日節制
淮東屯駐軍馬邵宏淵言奉指揮將帶軍馬措置招接
攻取虹縣於五月九日五更激勵諸軍與南城蕃賊鬥
敵其賊勢力不加奪路盡入北城閉門堅守緣北城盡
是塼壁城濠濶遠匱積汴水堅固圍遶未易攻打宏淵
扎縛雲梯安立砲座鑿格橋道召募敢死登城之人初
一日絕早下手攻城其賊自知決不可保遂投拜計招
降到蒲察徒穆大周仁并千戶趙受李公輔以下正軍
家人奴婢老小一萬餘人收到粮米一萬五千餘碩衣
甲四千餘付并弓弩箭鑿等鞍馬騾驢四千餘頭匹
十四日淮西路招撫使御前諸軍都統制李顯忠言依
聖旨親率軍馬前去招納偽都統蕭琦於五月初六日
到靈壁南逢見蕭琦統馬軍三千五百餘騎拒抗官軍
差都總管時俊等與賊交戰蕭琦敗走初七日直抵靈
壁賊一萬五千餘騎於城南布陣顯忠布分軍馬與賊
鏖戰自辰至未賊兵大敗殺降到蕃賊二千六百餘人
收復縣城所有奪到糧草鞍馬衣甲器械未知數目
十九日淮南西路招撫使李顯忠申依奉聖旨統率軍
馬過淮招納蕭琦琦自五月初七日敗後部領餘黨於
宿州城外下寨顯忠尋遣人招納琦遂以十三日將帶
家屬奴婢親信赤山千戶馬尾上千戶石盤千戶蕃軍
等前來投降已接納收管隨軍帶行前往宿州措置攻

取　二十一日淮西招撫使李顯忠御前諸軍都統制
邵宏淵申統率馬步軍於五月十四日到宿州城下探
得蕃賊馬軍二萬餘騎步軍一萬餘人於城西南十里
許先潛地利布列陣勢顯忠等與賊接戰轉鬭十餘里
往返分合鏖戰數十自辰至申賊兵敗走追逐二十餘
里横屍遍野堆積如阜餘黨遂遁　二十二日李顯忠
申令月十四日於宿州西南殺退蕃酋左右監軍賊遂
至城下尋投降奚軍諭以天時人事逆順之意其偽知
州女真輔國統二萬餘衆堅壁拒抗不降顯忠等於十
六日早遣馬軍四邊伺連蕃賊接戰於是分列軍馬東
南北一帶顯忠統率西南北一帶邵宏淵統率四圍擺
布真賊矢石如雨顯忠等以重賞召募先登士卒用命
遂涉濠水直抵城下不施攻城器具踴躍而上東北首
先登城拔旗貫衆與賊短兵相接續次西北中軍登城
次復四圍諸軍相應各於女口夾鬭交戰移時賊兵退
走下城諸軍官兵與賊鏖戰殺戮殆盡及殺降到女真
契丹渤海奚諸軍等三千餘人拘收到糧斛五萬餘碩
二十六日淮南京畿京東河北路招討使李顯忠申於
令月十六日收復宿州了當屯兵城下措置進取探得
歸德府偽元帥會合諸處蕃賊軍馬欲來復取宿州顯
忠預於宿州城外布列陣勢以待賊軍令月二十日辰
時偽元帥領五萬餘衆並係馬軍衝突官軍箭發如雨

東西陣脚二十餘里顯忠勸勵將士極力鬭敵馬步軍
既擁而上轉戰迴旋百餘合申時後賊兵敗北追十餘
里殺死不知其數　二年十一月二十三日主管步軍
司公事郭振言有蕃賊大隊人馬侵犯六合城下振遣
發軍馬出城迎敵殺死蕃軍追走一十餘里至午時其
賊人馬再來衝突振遣差本司後軍統制崔皋統率大
軍人馬首先破敵其賊敗走大獲勝捷　二十九日主
管馬軍司公事張守忠言近遣本司統制張師顏將帶
本軍人馬前去措置蕃賊張師顏遣將官陳志部押官
兵前往廬州設伏邀劫蕃賊於十一月二十四日夜乘
賊不備直入廬州劫中賊寨乘勢掩殺其賊潰亂棄城
遁走除已備據本州外委是獲捷　閏十一月二日都
督江淮軍馬和義郡王楊存中奏據主管侍衛步軍司
公事郭振申蕃賊大隊人馬侵犯六合縣城下有後軍
統制官崔皋率先引衆破敵大獲勝捷　四日江州駐
劄御前諸軍都統制戚方言近探得西路蕃賊要取羅
田路六安軍西界取蘄州東舒州西占據二州侵犯二
回方遣發統領官段安等部領軍馬前去沿淮措置掩
殺及燒毀淮河北潁河内糧船一千餘隻段安等十一
月二十七日到淮河南岸東正陽迎見呆和尚賊馬安
等分遣軍馬掩殺其賊踏淺過淮於河中流復回與官
軍當河死戰遂擁殺入河不知其數奪到蕃馬弓箭槍

刀等并被虜老小一萬餘人并牛畜等所有敗賊殘賊兵向北遁走委是獲捷　五日淮東招撫使節制本路軍馬劉寶言今月初一日據差去神勁右軍將官李德等將帶軍馬前去天長縣以來逢見蕃賊馬軍一颭接戰移時其蕃軍散走追逐一十餘里殺死女真李千戶蕃賊五十餘人奪到蕃鞍馬五匹其賊並各下湖奔走前去　八日戚方言據差去將官劉萬中將帶官兵到淮河南岸光州固始界雖北峽関五百餘里有金賊三省相公下呆和尚所管細軍一千餘人騎下寨萬貫率官兵於閏十一月初一日夜二更乘其不意突入賊寨殺死三百餘人奪到蕃馬二十匹外有殺不盡賊衆走竄取高塘路前去奪下被虜老小五千餘人牛畜等大獲勝捷　十日劉寶言探得蕃賊侵犯高郵界西北三十五里地名沛城下寨尋遣陳敏下將官潘明曾喜將帶人船前去設伏攻劫於閏十一月五日逢見蕃賊五百餘騎潘明等賈勇弩手一發攢箭射死蕃軍一百餘人外生擒到白撒宣武將軍一名蕃賊爲見捉到千戶向前追奪遂行斫到首級并奪到被虜老小一千餘口牛畜三百餘頭　十三日荆南將軍統制權知郢州李思齊言近據洪水村把隘人唐璋等狀有鄧州淅川縣界賊首程青等部領北軍前來侵犯本州思齊遣發統領官帶領鄉社人兵等到淅川縣界與賊戰鬪賊兵敗

走當陣獲賊首及本縣知縣主簿縣尉巡檢奪到鞍馬及招鄉民約三千餘口收復淅川縣撫定訖　十五日主管馬軍司公事張守言臣奉江都淮督府指揮蕃賊在定山後下寨令統率軍馬於定山一帶創立硬寨張耀兵勢剿殺蕃賊其賊遁走五十餘里於閏十一月十三日遣本司統制官秦佑等隨蹤追襲前去過滁河二十里外下寨與蕃賊對壘續令本司選鋒軍統制李彝舉遣差隊將傅青管押遊軍官兵八十人取閒路前去滁州以來打探青等潛伏探伺賊寨内虛實良久驢馬嘶喊青賈率所部官兵弓箭齊發併入賊寨攻劫殺死蕃賊五百餘人其賊大乱自相殺併青遂舉號帶領官兵即時出離賊寨委是獲捷　同日劉寶言遣發山水寨統制郭昇部押忠義并民兵共千餘人乘駕舟船三百餘隻於閏十一月初三日夜過淮深入賊境直入漣水軍城與金賊生甲人兵血戰殺死賊軍三百餘人殘賊遁走獲到女真知縣巡檢知海州萬戶男和尚郎君并撒八郎君蕃軍二名簽軍三名并奪到金賊裝載軍器糧綱舟船五十餘隻緣淮河水凍撑駕不行遂焚燒訖大獲勝捷　乾道元年二月十六日陜西河東路宣撫招討使司奏據都統制任天錫申探報得金人甲兵前來直犯盧氏縣白石谷天錫分遣統領張延等與金人交戰捉到女真活人騾馬等委是獲捷

蕃夷光堯皇帝建炎元年五月一日赦應因金人驅擄及差取過軍前官
員得還者並許依舊官職支破請給等或已別差人並令吏部先次別與
一般差遣 二年五月十一日曲赦河北陝西京東路應曾被虜剪刺頭
髮人能回省者仰經所在州縣自陳勘驗詣實百姓並給公據放令歸業
軍兵公人即依舊收管如係命官即驗實給公據津遣歸本任或本家仍
具職位姓名事因聞奏仍令監司帥臣州軍督責兵將捕盜官等常切照
管無致諸色人誤有傷害 七月五日宰臣奏楚州發來歸朝官事上曰
聞州郡多因禁歸朝官小有疑則加殘害或一郡戮至數百人朕甚憫之
覆燾間皆吾赤子偶生邊地視之遂異然豈可與金人一例待之金人與
吾戰初敵無罪之人又率諸國之衆藉肩鋒刃使肝腦塗地赤子亦何辜
朕欲發詔郡拘因歸朝官盡赴行在存撫之庶幾召和氣汪伯彥對曰
王者仁不異遠陛下如天覆燾無間遠邇皆與生全此帝王之舉也 十
一月三十日詔永州發遣到歸朝官段孝恭任簡道州發遣到歸朝官柘
立吳康李萬令元管押人部押赴逐州依舊收管其張子齡令王淵收管
使喚今後即仰諸州軍依元降指揮不得將歸明及因諜叛并劫掠財物

卷一萬八千九百七

一

編置人一例發遣 五年六月五日添差通判湖州趙民彥爲風土不
宜乞移漳州通判一次詔趙明彥係歸朝官特依所乞仍罷務 四年五
月四日樞密院言兩浙淮南路宣撫司申歸朝官武畧大夫添差監湖州
都酒務御營使司軍前使喚趙遇武功郎添差泰州兵馬都監御營使司
軍前使喚高允濟狀伏覩樞密院劄子奏起復承務郎張斛劄子訪聞淮
東西路尚有歸朝官見守官或寄居切慮人情猜忌妄生事端乞委本路
監司帥臣盡數發遣前來深入以南州軍各令陳狀願就是何州軍居止
令來並乞移任往溫州其添支請俸供給房錢等依舊勘給詔令移家小
前去溫州依舊御營使司軍前使喚餘依所申 七日詔馬欽陳皓王寬
張文亮劉興劉佺特各備舊官並聽劉光世使喚 紹興元年五月二十
二日詔江淮州軍如有自金國南歸之人仰子細詢問來歷辨驗詣實優
加存卹差人護送前來行在有稱齎到二聖密詔并文檄蠟彈之類不得
奉行縱申朝廷聽候指揮如違重寘典憲 二年四月十七日權發遣濠
州冦宏奏先擒到順著偽統制蕭通偽巡檢許言近據元在蕭通下宿州
偽都統吳青等將領人兵老小數千餘口渡淮從順蒙敕書獎諭并取會
職位姓名去訖今又據虹縣界先在許言下偽統領保義郎王資將帶一

行人兵二千餘人與許言老小亦乞歸復聖化除已渡淮於濠州西湖下
寨把截及路逐良田令葺治農業準備使喚詔本路宣撫使司差官前去
慰撫王資一行人兵老小餘並依奏 二十四日壽春府滁濠廬和州無
爲軍宣撫使司言宿州靈壁縣本朝官武畧郎栗宏率衆四百餘人又說
諭宿州柘塘巡檢周明等三百餘人前來投順願見栗宏忠義乞與推恩
詔栗宏將別給付身添差遣建康府兵馬都監 閏四月三日福建江西
荊湖東西路宣撫副使韓世忠據朝大夫充宣撫使司幹辦公事劉公義先
係本朝與遼國修好之日遼國進士及第至宣和四年歸明以來蒙樞授
承奉郎自出身以來並無贓罪今來欲乞依出身人帶左字從之 九月
四日赦勘會河北河東陝西京東西等路人民盡吾赤子昨緣金人脅虜
隨逐南來號爲簽軍近來往往後歸本朝並已存恤養濟至于軍兵亦已
優支請給仰所屬常加檢察無令失所日後更有似此之人亦仰依此施
行仍下沿江諸路宣撫安撫司及諸鎮撫使多出文榜曉示 三年二月
十八日襄陽府鄧郢州鎮撫使李横奏近有知汝州彭玘并東西北路提
刑牛皐各率所部背偽歸正併保明一行將佐委是忠節得用之人望賜
優恤詔彭玘牛皐下有功將佐候李横具到功狀給降恩命外可令學士

卷一萬八千九百七

二

院先降敕書獎諭其牛皐等令李横撫諭存恤候立功日優與推恩横又
奏彭玘等聽臣節制逐處應援殺散蕃兵已依例借轉官資乞給降空名
官告付臣候有立到奇功之人對衆書填庶可激勸詔李横所乞與尋常
出師事體不同難拘常制可特給降武翼郎已下空名官告三百道 二
十四日李横奏歸正將帥各係偽齊左降官品北移職任遂致離間復歸
陛下爲今日計宜因其所供官色更不窮治便以擬任使之北行今有淮
慶軍承宣使提點京西北路刑獄公事牛皐乞差蔡唐州信陽軍鎮撫使
知蔡州臣已牒牛皐先次繫銜庶得新還有人彈治并差武經大夫遂州
刺史趙起知信陽軍武功郎閤門宣贊舍人朱全知唐州武義大夫閤門
宣贊舍人牛寶充南陽縣界巡綽盜賊武翼郎閤門祗候朱萬成充南陽
縣界把隘官武功大夫吉州團練使彭玘知汝州逐官係初來歸附若待
奏報恐失機會臣已牒令管幹上件職事訖乞賜給降告敕昨來探報連
到偽齊招誘諸處文牓內牛皐係右武大夫和州防禦使仍派差充鄭州兵
馬鈐轄從之 三月二十一日劉光世奏徐州淮陽軍茭角山巡社正統
領王順副統領王集等狀爲久陷偽齊密結義兵殺併蕃人領人兵老小
前來歸朝臣已支給米糧今且在淮北把隘養種副聽使喚外乞推恩施

行詔王順補承信郎王集補進武校尉仍令劉光世常加存恤　四月二
日襄陽府鄧隨郢州鎮撫使李横具到潁昌府汝州界首先唱義率領軍
馬歸朝官乞賜旌賞忠翊郎呂瑋承信郎高歸武武翼大夫閤門宣贊舍
人解成武德大夫閤門宣贊舍人當立詔並特與補正見帶官職仍更轉
兩官同日權差充商虢州鎮副使兼知虢州董震奏今來率河南鎮與商
虢軍民等偽歸正有申奏文字已差借補修職郎本司幹辦官党尚友赴
行在投進緣水陸千里道路艱險乞量行推恩詔党尚友特補正修職郎
仍與循文林郎　十一日樞密院言拱衛大夫忠州團練使馬欽差充兩
浙西路兵馬都監不釐務平江府駐劄依舊從軍候事寧息日申取樞密
院指揮前去之任詔馬欽自歸朝後來累立勞効可特落歸朝字與釐務
餘依已降指揮　六月十八日樞密院言王林等五十二人自海州懷仁
縣殺戮劉忠來歸本朝除已等第補正官資外王林欲差充樞密淮備差
使從之　七月十三日詔田怡歸朝累年備見忠勤每月特支破米三石
八月十一日翊衛大夫成州防禦使楊忠憫奏祖父係太原府榆次縣
人昨任本府祁縣監税陷虜靖康年間挈家歸國子父三人蒙恩作歸朝
出身臣近落歸朝字注授差遣有男二人未曾減落乞將男武經郎祖輝

卷一萬八千九百七

三

保義郎祖粤改換出身差遣從之　九月二十五日詔金人自來多係驅
虜河北等路軍民號爲簽軍所當先衝冒矢石枉遭殺戮念皆吾民深可
憐惻兼自來招收投降漢兒簽軍等並皆優補官資支破請授可令岳飛
如遇外敵侵犯措置説諭有率衆來歸爲首之人仍優與推恩　四年二
月二十五日知金州薛安靖等奏自海州勤殺蕃酋等來歸朝廷茫然無
寓止之地詔薛安靖李彙令紹興府於官田内各撥賜上色田三頃　四
月十七日詔自今應有歸朝官陳乞再任添差差遣並許依歸明及蠻傜
人條法施行以吏部言勘會歸明人依條去替半年蠻傜人去替兩月並
依本資就注鄰近州城内見闕無見闕即添差替先滿人並應就注而無
闕願在任者聽緣條内無歸朝官許依歸明及蠻傜人例明文未敢施行
檢准紹興元年正月十四日指揮歸明歸朝文武臣等應添差不釐務差
遣之人候到實及十五年曾經兩任無遺闕過犯令三省樞密院同共銓
量如委有材幹可以倚仗即與添差釐務差遣如係從軍人立到功勛每
經轉一官資與理當在任一年注授本部勘會歸明及蠻傜人注窠闕其
條内即無分别釐務不釐務之文兼歸明歸朝官注授釐務差遣已有前
項所坐指揮及條内雖稱歸明人落蕃得還人同敍上條係元豐法詳定

自宣和年方自歸朝官乞將歸朝官陳乞再任添差差遣許依歸明及蠻
傜人法條故有是命　十一月二十三日宰臣趙鼎奏曰望降詔書開示
從偽齊之臣勢不獲已他日來歸亦不加罪如張孝純李鄴子弟服在近
條可見陛下恩德第曰中原陷沒士大夫不幸汙於僭逆皆朕之過朕偹
嘗艱難不忘恢復蓋欲拯之塗炭咸與惟新要使人人知朕此意　十二月
七日江東淮西路安撫司奏收接到偽齊劉麟則寨内逃出使臣劉遠張
清楊淮鄧全童保王海六人言在賊寨内結約得三十人投拜本朝遣見
蕃賊趕散劉遠等六人走脱前來並是同州人劉遠係偽保義郎鄧全偽
承信郎王海偽進武副尉張清偽進武副尉各有偽付身文字係出賊寨
後丟失童保楊淮付身解赴朝廷應所授偽齊官資並特與補正仍各更
與轉兩官資優給路費發回劉光世軍前使喚　八日詔宿遷知縣張澤
昨自偽境率衆來歸忠義可嘉理宜旌賞應所授偽齊官資並特與補正
更與轉一官資仍添差釐務差遣優給路費津遣之任　十二日詔曰朕
惟靖康兵革之難神氣裁墜天命有在屬于眇躬夙夜兢兢圖敵自速期
與薦士大夫共雪大恥還我兩宮保育黎元永底中土而疆敵侵軼迫朕
一隅叛臣乘時盜據京邑使我搢紳淪陷塗炭繇朕不德以至於斯北望

卷一萬八千九百七

四

傷心收涕無所亦惟爾士大夫蒙祖宗休澤服在周行其肯失身偽廷事
非其主頤驅脅使然有不得已者朕甚痛之甚苦之政若張孝純李儔等
內外親族不廢祿仕每錫有司常加存恤朕之於爾厚矣爾尚志之邪其
能洗心易慮束身以歸當復其爵秩待遇如初嗚呼逆順之理禍福之機
昭然甚明要知所擇朕方布大信以示天下言不爾欺有如皦日咸務自
省體朕至懷　二十日神武中軍統制楊沂中奏武功大夫忠州團練使
左軍左部統領官范溫原係山東福島統率鄉民涉海來歸自元統領累
年備見宣力乞與外任差遣詔范溫特添差江南西路兵馬鈐轄撫州駐
劄任滿更不差人　五年二月五日拱衛大夫淮西宣撫使司統兵副統制
馬欽上言祖係漢民幼承父母遺訓復歸漢土已久今來尚以虜界爲戶
欲望特賜欽中原祖貫詔馬欽特賜鳳翔府扶風縣爲貫　二十日新知
金州薛安靖新添差權通判秀州李彙奏先蒙指揮於紹興府管下各撥
賜上色田三頃緣安靖等陷虜三年先任海州知通首尾二年嘗立功勛
乞比類歸明官及陷蕃投歸人等例權行銷閣稅租從之　二十二日淮
南東路宣撫使韓世忠言偽齊押綱官成忠郎左恭等歸附一行大小船
一十五隻米一千五百二十五石老小七十餘口投淮陰縣詔左恭特與

補元官外更與轉三官　四月二十三日三省言淮北官吏軍民不忘朝
廷涵養之恩日來歸附深慮州縣不能撫存或致失所有違累降詔令之
意詔令淮東西宣撫使司多方存恤百姓願占閑田耕墾者州縣即時標
撥給付軍人於所至州陞一等軍分狀書舉人官員保明申尚書省審驗
舉人舉免將來文解一次官員於見今官資上轉一官資添差見闕差遣
仍仰行下所屬散出榜文招諭　同日樞密院言淮北來歸之人朝廷以
厚支給賞斟量推恩添差行在差遣及樞密院準備差使於內外安排今
先次放行請受內有告劄不全之人即與其地去失付身不同理宜措置
詔應自淮北來歸見充行在差遣使臣如陳乞告劄未了特與權依見今
官資日下放行本等驛券其餘請受候出到告身公據依條陳乞　七月
十九日詔淮北歸附人民所至州縣實計口數每人支錢一貫於提刑司
應干錢內支給所給耕種閑田開墾之初與免稅役五年外仰所屬州軍
中尚書省如尚未就緒即更與寬展年限軍人請給衣賜等依時支給不
得積壓舉人官員免罪解轉官差遣依已降指揮外如有闕少路費仰所
屬州縣應副津遣前來歸付人仰州縣嚴行約束如敢擾擾許人戶經本
路宣撫安撫提刑司越訴賞錢一百貫犯人並依軍法當職官失覺察取

歷萬八千九百

五

奇重行竄責令來凡恤事件如州縣奉行違戾朝廷體訪得實當職官重
寘典憲事件即仰隨宜措置先次施行訖申尚書省務使歸付之人早獲
安業並令逐路宣撫司多出文榜曉諭　八月四日都督行府言歸朝官
左通直郎張企曾添差權通判道州曾有許難務指揮令任欲令難務從
之　二十日樞密院言成忠郎康濟趙允民保義郎曾紹光趙寬陳安時
承節郎王璐毛瑛王居寔修武郎孫力大守闕進義副尉張公悅並係自
淮北來歸之人依優恤指揮於見今官上轉一官添差見闕差遣已取問
願就差遣添差了當除孫立大王居寔張公悅係特補官資并陳安時已
依指揮轉官外詔未經轉官人各與轉一官與請受文曆人並令戶部特
行出給　九月三日詔應淮北歸附官吏軍民願占逃絕空閑莊舍居止
者令所屬差官量度口數標撥給付仍依泰州邵彪申明召人請佃荒田
指揮如在五年外元業主歸識認官司辨認文契詣實別路逐逃絕屋依
數撥填虎知和州楊惇誰也　六年八月二十六日樞密院言薛安靖係
首先率衆還朝忠義顯著雖已推恩理宜增賞特詔更轉三官內一官與
轉行遙郡仍差充沿海制置使司參議官與李文淵同共措置海道事務
十二月一日內降淮南路德音訪聞陷賊百姓苦其殘虐多欲歸附仰

沿淮州縣多方接納如願耕佃官田令營田司標撥仍於已免租課年限
外更免三年其帶到物貨仰州縣給據經田場務驗認免稅　十九日樞
密院言偽境所授通直郎劉敏自耀州脫身遠赴行在投獻利害忠義可
嘉詔特與補修職郎　七年五月七日中書門下省言京西陝西路歸正
百姓已令岳飛同措置撥牛借種召募耕種尚慮失所詔岳飛於大軍糧
斛內支米一萬石撥付諸州專充賑濟仍多出文榜曉諭　三月十五日
樞密院言岳飛申先有偽界官兵李清等不肯順偽率衆歸正內秉義郎
閤門祗候李清係頭領乞與正補成忠郎依舊閤門祗候從之　九月三
日中書門下省言申友路真表章不從鄜瓊背叛詔各更與轉一官　十
二月十一日宰執奏偽境統制官王宗等率衆來歸上曰宜有以犒賞之
但來者既衆當使厚薄得宜庶幾一體趙鼎等奏所賜銀絹容使進入上
曰已令內帑辦賜叢中所有銀絹等未嘗一毫他用皆留賜將士爾是日
詔武畧郎兼閤門宣贊舍人王宗武義郎兼閤門宣贊舍人常淵各於見
今官上轉三官餘各轉兩官　八年正月十四日宰臣進呈知壽春府孫暉
奏有偽壽春府知州宋超率兵民來歸上曰此事於一朝廷無毫髮之益
但如人子來歸為父母者可卻而不受乎緣方遣使人與虜議事可行下
沿淮諸處不得遣人擅便過淮招納引惹事端　二十八日上宣諭宰臣

歷萬八千九百

六

曰昨日張俊入見朕常諭之聞馬欽於卿素懷不足卿必欲留軍中萬一
欽病死人必謂卿殺之於卿殺之於卿亦便乎俊憮然謝曰臣實思慮不
至此不敢復留欽矣先是以歸朝將官馬欽人馬隸張俊軍而上親筆差
欽充江南東路兵馬鈐轄俊堅欲留欽不遣故及之　二月一日主管淮
南西路安撫司公事兼制置副使劉錡奏武顯大夫前知壽州宋超料率
全城忠義歸明欲乞差充本路兵馬都監庶幾激勸詔特添差宋超權發
遣淮南西路兵馬都監廬州駐劄　五月十四日宰執奏廬州解到歸正
使臣張括等三人自言在西京關師古手下師古遣來中奏朝廷乞教之
罪自効來歸上曰昨背叛從偽之人若能束身自歸無功者朕以不死
待之若立功自効即隨高下推賞輔臣趙鼎已下退而讚曰大哉王言此
漢光武之畧也　六月十五日吏部言從義郎劉鐸陷在偽地結連到官
兵石哲等一百五十四人將帶骨肉渡淮歸正詔劉鐸先次轉一官　八
月十五日德安府奏左廸功郎本府節度推官張節夫以書招諭劉永壽
率衆來歸詔張節夫特與改承務郎　十月八日湖北京西路宣撫使岳飛
奏節次收接到歸正人徐崔虎等已供申朝廷外今續收到歸正偽知穎

順軍權知鎮江軍府統制官胡清等官兵一千一百八人委官般索逐人
真本付身照對計四百六十三道，已給降付身。詔胡清等下歸正官兵內有
僞補付身人，特與補正，董道聖與正補敦武郎閤門祗候，靳師顏遂俊鄭
宣並正補承節郎。　九年八月二十八日，詔閻師古除龍神衛四廂都指
揮使，其帶到一行官兵與歸正。　二十九日，樞密院言：昨廢齊差趙榮知
宿州，王威知壽州，屢抗官軍，及大金劃還地分，朝廷降赦，令各安職守
之後，却便驅率官屬百姓，擅離本任，致兩州吏民道路散亡，父子不能相
保。其趙榮、王威别作施行，及被散百姓歸業外，所有帶到官屬皆係被驅
率之人，理合優恤。詔令看詳司據馬軍司申到職位姓名，疾速換給。令所
屬注授合入差遣。　十一月四日，三省、樞密院看詳司言：河南新復諸路
官員所授廢齊等付身，見置司看詳換給外，其軍兵未有專降指揮。詔諸
路軍兵並漢蕃弓箭手已授行臺并廢齊省部、三衛、留府、總制、經府司補
轉資級，並仰逐路帥司取索元授付身，勘驗批鑿，並同真命。如有該載未
盡名色，比擬申三省、樞密院看詳司，若已到行在之人，令所屬曹部、三衛
依此施行。　十年七月一日，詔馬秦首先率衆來歸，與補正，見帶官資特
轉行右武大夫、除遙郡防禦使，仍賜袍笏金帶。　九月十日，明堂赦：河北、

河東、京東諸路人民本吾赤子，偶緣淪陷，遂致驅率，與官軍鬭敵。應今後
歸正之人，仰諸路帥司並加存撫，有官者還以官爵，仍加優轉。軍人、百姓
願從軍者，優補名目，厚支請給；如不願從軍者，聽令自便，仍給與空閑田
土，官借牛種，耕種蠲免役稅，各令安業。其女真今來再犯河南諸路州軍
內兵民有被驅脅同在行陣者，亦仰准此撫接。應諸路關隘攢子及諸色
等人引接赴官司，並依已降指揮所引接人數多寡等第推恩。其投降
人已解甲棄仗，别無姦詐，而關隘輒邀劫殺戮者，並行軍令。即臨陣之際
有倒戈歸投者，帥司常切戒約軍士，不得輒有殺害，亦當據招降到人數
多寡量與推恩。河南新復州軍官員軍兵等換給告劄付身，有司例皆聲
說陷僞事跡，即不曾分明開坐劃地之後心懷忠義、不肯渡河因依，可令
所屬將應河南新復州軍官員使効軍兵等換給告劄綾紙補帖等，並開
具心懷本朝、不願渡河因依，已給者許令自陳改給。　十一年三月七日
德音：應壽春府、廬、濠、滁州、和、舒州、無爲軍被虜曾經剪刺人，仰經所在自
陳，勘驗詣實，百姓給據放令歸業，軍兵公人依舊收管，命官即驗實給據，
仍令監司、郡守約束捕盜等官常切照管，無致傷害。　十二年二月十五
日，右武大夫、果州觀察使、新差權發遣福建路馬步軍副總管不釐務馬

秦奏：前蒙聖恩，差浙西副總管，職事皆係釐務，尚無尺寸之功補報朝廷，
今來改差福建路不釐務副總管，更無緣得効絲毫之力，乞許令釐務。從
之。　二十四年十二月五日，吏部言：欲將應承務郎以上歸正官，令今後
到部不許指射淮南、京西沿邊差遣，見任官令轉運司依避親法對移。不
係沿邊州軍，一般差遣。從之。先因臣僚上言，故有是命。　二十八年正月
二十九日，田師中言：本軍有歸正官兵六百四十七人，緣不曾帶到付身，
蒙朝廷存恤撫，所稱官資，更被請食錢米，自從軍後又行立功，乞斟量補
正。樞密院擬定：欲將武義大夫至承節郎軍兵，都虞候至都頭，並各與減
五官資補正；承信郎至進勇副尉，並兩資與補正；一資軍兵副都頭至押
官，緣無可減，並與補正押官，並出給付身。從之。　三月二十五日，吏部言：
今措置歸正歸附後來曾經曾用，雖以離軍添差了當，若未曾用過歸正
歸附恩例之人，許再行陳乞添差一次。內不曾從軍人，許陳乞添差兩次。
其已經差兩次數足之人，自合依條到部注授。內已添差過數見在任人，
令秩滿今任候滿日到部注授。樞密院勘會：切慮內有無力到部之人，理
宜優恤。詔不曾從軍兩經添差數足之人，令吏部取索干照，更與添差一
次。　五月十一日，田師中奏：中軍准備將領薛亨充領官二十年，職事

脩擧，實可倚仗，乞將廢齊從義郎已下付身并本朝立功授排換給真命。
令吏部將見存付身兩資與補一資，減折補正保義郎官職，求稱乞與免
減。詔薛亨特與補正秉義郎，餘人不得援例。　二十九年閏六月六日，詔：
歸正歸附人，並只用自歸本朝日所給付身照使。不曾帶到僞地補受文
字者，特與放行。令吏部出榜曉諭。吏部侍郎葉義問言：應歸正歸附未曾
減定官資，參部注擬差遣，奏薦致仕遺表恩澤，轉官酬賞封贈磨勘關陞
等，合行取索前後給到干照，並下文字所屬勘驗指實，保明申部，等候逐
處報應，是致遷延歲月。今參酌日後如有似此之人，赴部陳乞，更不取會，便
合遵依今降指揮，只用自歸本朝日所給付身照使，并照應正月二十九
日師中申請指揮放行。從之。　十月十九日，樞密院言：歸正歸附人已降
指揮添差差遣，其間有不曾帶到付身，及不関有合過減官資之人，若候
過減了日放行，切慮留滯。詔令吏部先次放行添差一次。　三十年十月
十九日，吏部言：歸正人元係本朝補授真命官資，後來陷僞，脱身前來歸
正，雖不曾帶到付身，却有給到干照，聲說本朝補授來歷，或有其他干照，
見得或不曾帶到付身，却有僞地印紙見得之人，兩項今措置，並免過減，
若無本朝補授因依干照，及不曾將帶到印紙之人，却有自歸本朝後來

立功之人不論官資曾經一次立功轉官與免遞減一官若曾經五次立
功轉官並免遞減五官自歸本朝後全不曾立功陞轉官資及無干照見
得本朝補授及不曾將帶到印紙之人令措置依田師中申請指揮施行
從之以翰林學士兼權吏部尚書周麟之奏言紹興二十八年二月田師
中申請指揮應歸正人不曾賫到付身並與減五官補正吏部方且遵用
續承紹興二十九年閏六月指揮令只用歸朝日所給付身照使其不曾
賫到僞命文字者特與放行吏部既與放行又承當年八月指揮令遵依
令降指揮只用歸朝日所給付身照使并照應田師中申請指揮放行切
詳前項指揮若曰特與放行則不離遞減補正若曰遞減補正則難以一
例放行二者自牴牾而不可並用今乃兼存之使姦吏得以出入有司無
所遵從實為弊之大者若於二者之中舉其一而行之則又不容無弊蓋
亦於放行則不問其功閥不計其久近而例得升進必至於汎濫一於遞
減則久在軍中立功官資類從毀抹將何以激勸乞令省部刷行者詳著
為定令於是詔下吏部條具故有是命　三十一年九月二日赦應歸附
副尉不曾從軍立功之人已降指揮共添差三次了當可更與添差一次
及昨降指揮諸軍揀汰大小使臣校尉副尉下班祇應內付身不圓之人

權許添差一次切慮無力整會却致失祿可令吏部更與添差二次昨降
指揮初補不經具鈔之人候到部審會詣實具鈔別給付身蓋欲杜絕冒
濫仰所屬今後似此之人如初補應得見行條法指揮令召本邑保官一
員委保與免具鈔振給諸軍揀汰雖已經添差一任到部許十注諸州准
備差使及獄廟差遣其間有實緣殘廢不能親身赴部令召本邑官一員結
罪委保正身許家人賫狀赴部陳乞差注以示優恤　十月九日詔朕念
中原赤子及諸國等人久為金虜暴虐役使科斂或世為奴婢已無生意
及指吾舊疆百姓為宋國殘民蹂藉殺戮無所顧惜朕閔之痛心疾首是
用分遣大軍諸道並進以救爾于塗炭想聞王師之來必相率歸順朕不
惜官爵金帛以為激賞若係有官之人並依見今元帶官職更不敘減其
有以土地來歸或能攻守城邑除爵外賞凡府庫所有盡以給賜朝廷所
留惟器甲文書粮草而已如女貞渤海契丹漢兒應諸國人能歸順本朝
其官爵賞賜並與中國人一般更不分別內燕北人昨被發遣歸國者蓋
為權臣所誤追悔無及今雖用事並許來歸當優加爵賞勿復疑慮朕言
不食有如皎日　十二日權發遣均州武鉅奏九月二十九日本州遣人
招納到北界忠義歸明二萬餘人并老小數萬口詔令成閔郝戚武鉅與

曾最同共措置支給錢米賑濟優加存恤如強壯人願充白身効用者令
隸軍中權行收管及破請給即不得彊刺手面餘人聽從其便內有願耕
者給與閑田借貸牛種無令失所合用錢米令總領所疾速應付如闕先
次就便支米　十六日中書門下省言淮北軍民老小不住歸正前來淮
南已委官支給錢米賑給外切慮有過還江南之人詔兩浙江東兩轉運
常平司行下所部州縣勸驗措置許於空閑官屋及寺觀內權行存泊優
加賑給無令失所　十一月六日鄂州駐劄御前諸軍都統制吳拱申先
結約鄧州豪戶孫儔脫身般家屬並客戶壯丁一千餘人老小三千餘口
馬一十五疋牛驢一千餘頭前來歸朝除將孫儔等收接多方存恤外本
人委實忠義可令先次權補修武郎差充忠武軍統領官招集忠義之人
隨軍使喚詔特與補正餘並依　十一日上諭宰臣曰應注上歸正官是
向化之人雖屢行下存恤恐州縣不切究心今令依元降指揮計口支給
錢米或營運或耕田或願充軍務使各安其業內有偽命之人即與對換
文武官資及使受差遣庶蚤得祿以脫羈旅窮餓之苦　十二月十八日
戶部言歸朝官敦武郎劉翼乞將偽地給到料錢文曆送太府寺換給行
下粮料院勘會合行換給毀抹偽地曆從之　三十二年二月四日四

川宣撫制置使司奏北官忠翊校尉張公順先因歸朝補進義校尉累與
金賊經戰轉從義郎後因陷偽受到偽正隆二年五月勑牒授換忠翊校
尉令來復歸本朝本司依例擬轉一資於下班祇應上補進義校尉乞許
酌於元受從義郎上補換推恩詔張公順特與補換忠訓郎繳到付身令
尚書省毀抹　閏二月十六日詔訪聞兩淮並業人戶及淮北歸正人將
帶老小前來往往暴露未能安業可令取撥常平義倉米賑給淮東令王
珏於所管米內支撥一萬石或不足於浙西米內湊數取撥交付王彥融
淮西令洪适於江東米內支撥一萬石交付向沟並專充應副賑濟仍逐
路計置合用人船疾速差人管押裝發其淮北歸正人如願耕種者給得
閑田應副牛種趁時耕種各具知稟申尚書省　四月七日太傅寧遠軍
節度使御營宿衛使和義郡王楊存中奏蒙縣倪震等部領壯夫一千餘
人并老幼共三千餘口皆已渡淮到花靨鎮本縣累經蹂踐並無屋宇安
泊兼不住有歸正人甚多又闕糧食不能存活日虞回歸復與誹謗其害
甚大乞就便於淮西總領所支給錢米以濟窮乏仍乞依已降指揮令江
東轉運司及建康府都統制司水軍差撥人船裝發棹梢水手日支錢一
百文米二升從之　五月十九日楊存中言孟照等將帶老小前來歸正見

在光州固始縣居住乞將孟照差充光州兵馬鈐轄具餘人給與官田耕
種從之　二十七日上宣諭輔臣曰自去秋完顏亮犯順中原之民不忘
祖宗涵養之德相繼歸正者不絕朕恐士大夫分南北彼此沒失招來之
意卿等可審度如有能辦事者與沿邊諸州軍差遣士人願入學者從便
教養及令應舉其餘隨宜收卹庶使以來者得安未來者欲來而至寧　臣
陳康伯等奏曰謹領聖訓　二十八日臣僚上言沿邊州軍過有自北來
歸之人置籍抄錄姓名出給公據使皆著業其願為農者許請官田立定
頃畝永為己業貸不能辦牛種農具者官給之仍免十年差科稅賦願為
兵者發赴軍前免刺面補為効用優支請給如材藝過人可備使令許主
帥量材錄用士人聽於所在州軍入學聽貢赴試官員換給外與不釐務
差遣一次或與屋宇可居聽於寺觀權暫安泊老疾孤獨別作存恤其有
率衆來歸人材可用乞加旌擢以示勸激從之　紹興三十二年六月十
三日孝宗即位登極赦書紹興三十一年以後歸正士人未有應取去處
竊慮失所理宜優卹可令於所在州軍附令秋解試其取人分數與依昨
流寓人例施行　同日登極赦書應陷沒州軍士民不忘本朝恩德遠來
歸正委是忠義內補換官資之人已行添差諸州軍合入差遣訪聞州軍
多不依時支給請受有失朝廷存撫之意可令諸轉運司行下州軍令後
須管按月支破毋令失所如有違戾去處按劾以聞　同日赦書應歸正
歸明大小使臣校副尉下班祗應累降指揮添差差遣竊慮尚有無力參
部之人理宜優恤可令吏部更與添差一次　同日赦書應諸國歸正人
等皆係忠義所激擧衆而來理宜優恤仰州縣長吏常切撫存毋令失所
內官員已令添差差遣候任滿日更與添差請給人從依元降指揮如留
滯道路棲止逆旅未曾推恩人所在州縣津發日下令詣樞密院自陳當
議即與依例施行　同日赦書北來歸正士民應有質之寄居在外州軍
之人深可憐憫仰守臣將歸士人八許赴學破食聽請常加存恤百姓賑
濟毋令失所　七月十九日淮東常平司言淮北人來歸甚衆見居楚州境
內轉運司均撥賑濟未間常平米即令給散其請種開田乞免稅役十年
如匠藝之類亦免願使戶部契勘歸正州新民耕田依湖北京西濩旨權
免稅賦即難定立年期其工匠手藝免差顧欲依所陳仍切存撫毋令失
所從之　八月十一日吏部言欲將新復州軍歸正換補大小使臣校尉
添差帥府不得過七員節鎮五員餘州軍監三員已添差溢數人許滿今
任與尚書右選通立額如後添差數足別措置從之　九月二日尚書省

卷一萬八千九百七

十五

言去年及今歲赦前歸正人遠來不易所該覃恩轉官合納綾紙錢理宜
優恤詔免送納　同日四川安撫制置司言歸正定遠大將軍秦弼差利
州西路副總管織所授金國付身換給武德大夫弼昨在鎮戎軍托疾不
受虜命挈家歸朝忠義可嘉理宜優別詔秦弼於已換官上轉親衛大夫
令四川宣撫制置司差沿邊知州軍依舊利州西路副總管　九月七日
江淮東西路宣撫使張浚言泰州被虜逃歸進士王轉陳世康並泰州學
教士人久在虜中種部楊伯傑家教館深知虜情辛勤遠來所言事宜實
皆詳悉乞各與免將來文解一次以為忠義之勸從之　十一月二十六
日江淮東西路宣撫使張浚言山東忠義人來歸不絕海州招募強壯義
軍已及四千餘人各有家小多至十餘口大率衣糧闕乏楚州忠義人
在外伏望廣普寬剩科降仍令有司疾速津發詔淮東總所施行行　二
十七日江淮東西路安撫司言海州漣水軍歸正忠義人有願請開田耕
種係閑荒置寬稅限欲自來年為始放免稅租十年谷責各肯安業從之
壽皇聖帝隆興元年正月十四日戶部員外郎奉使兩淮馮方言昨承指
揮淮北歸正人以東路所管常平義倉米賑給不足則取於西路山東義
兵取於浙西為石三萬五千已至海州流移人戶欲乞於浙西江淮東西
徑以常平義倉救給未到權假於總領所從之　二月五日江淮東西路
宣撫使張浚等言比高選歸正人往戍邊欲望賜支細甲弓箭作聖旨給
賜以為激勸詔內軍器庫支降　二十八日左正言周操言伏見朝廷推
招攜懷遠之誼歸正有官隨宜區處有釐務不釐務兩等注授令歸正釐
務官尚左侍右各十餘人類得兩浙江東西路州軍見闕差遣臣切思之
若添差歸正為釐務則兵從廩給與不釐務事體有別欲望自今並差不
釐務使之祿廩無闕庶矣候邊鄙平寧然後許赴部注擬從之　五月四
日中書門下省勘會歸正官乞給料曆已有旨並經戶部即日書付身照
驗書給本部今執用紹興三十一年十二月一時之制凡付身無前先二
字皆格不行忠義來歸理宜一體詔戶部歸正官陳給料曆並依行仍明
諭經部自陳　七月十八日四川宣撫制置司言拱衛大夫熙河路統制
王宏等率衆歸朝備見忠義依已得旨王宏差御前中軍同統制軍馬仍
舊熙河兵馬鈐轄統制本路將兵武功郎晉孝忠差御前中軍同統領軍
馬仍舊熙河路兵馬都監統領本路軍馬並從之　二十五日臣僚言臨
安府士庶服飾亂常聲音亂雅已詔禁止訪聞歸明歸朝歸正等人往往
承前不改胡服及諸軍又有効習蕃裝兼音樂雜以女真有亂風化詔刑

卷一萬八千九百七

十六

部檢坐條制申嚴禁止歸明歸朝歸正等人仍不得仍前左衽胡服諸軍
委將佐州縣委守令常切覺察　十一月二十二日樞密使都督江淮軍
馬張浚言諸軍所就歸正忠義勝兵其中口衆冬寒衣裝多闕慮或失所
欲將入隊伍口以上給絹布各一疋不入隊給布一疋入隊三口四口給
布一疋或闕布折支錢詔總領所契勘支給　十二月四日禮部言海
州歸正進士蘇三益乞免解推恩緣累累應舉有一時文書可驗年及五
十以上依已獲旨令一免解三益今稱被掠曾不一存無憑照驗勘會三
益雖無干照緣海州已經偽地得解因依擬詔與免解一次　十七日中
書門下省言懷遠驛見停歸正人擬寒理宜存恤詔歸正官戶部人給絹
五疋綿十兩老小并歸正百姓皆老小人各給絹三疋薪炭錢二貫綿絹
仍給本色　二十八日詔醴州武功縣鄉貢進士白師望特免文解一次
以師望歸正自陳從四川宣撫制置司奏請也　二年正月二十六日江
淮都督府參贊軍事陳俊卿言取會歸正人鄉貫姓名戶口凡數相度在
軍有体給外餘不過五千戶計口三萬普濟以常平米度費米萬石乞與
逐州主管官臨文務實惠均給從之上以歲欲賑濟恐成例湯思退等曰
歸正人多願耕令以其初到未曾撥田慮恐失所一例賑濟日後不須施

卷一萬八千九百七

十三

行上曰與之蓋屋成一聚落庶幾人皆樂附思退曰如東晉之南蘭陵南
豫州之類將來屋宇耕具皆辦各以其州郡僑置一所數少者附入上曰
甚善　三月十日吏部言新復州軍歸正大小使臣校尉今近襄州軍添
差員數並足二廣州軍雖有見闕道遠多不願往難欲承替近襄州軍見
任人祗未有許替指揮令乞願承替已差足人者聽注一任從之　十四
日江淮都督府言汴京百姓張慶祖等忠義遠來陳說事宜欲從朝廷特
與補授詔以慶祖未有功令候立功日補轉　十七日詔知光州皇甫倜
等且散招接歸正人令具如何存撫及事利害條奏黃州屯駐統制劉源
言順昌府汝陰潁上兩縣鄉民過淮於固始縣界渠安灘住約八百餘戶
四千餘人又知光州皇甫倜言左軍統制劉典祖招接新息縣人戶四十
餘家三百餘口歸正宰臣湯思退等奏累詔兩淮州軍未須於境外招納
歸正人兵將官毋得差人過界為國生事今此招納不已恐無以聽之乞
令皇甫倜具析故有是詔　十九日江淮都督府言趙不驕昨歸朝具說
虜情虛實擬承信郎令於北地結約忠義豪傑欲補上官再遣山東幹事
上令候有功正補論輔臣曰茲難出命宜被處置　四月十三日輔臣言
建安鎮江府歸正人欲以忠義軍為名詔以忠義忠順別之因命以千人

隸蕭琦七百人隸蕭鷓巴前詔石頭城建置營屋以處降卒令王琦選擇
見係副將即還正將正將即還統領至是又製為軍名　五月二十六日
輔臣言歸正人太平州添差通判劉蘊古以章祇臣求通未敢繳奏上不
許上因語蘊古誕妄亦類王高尚之徒信用之必大誤國事湯思退等曰
此徒多欲結約為國生事識不逃聖鑒上曰今日之事當內脩政事外治
邊防此須一切置之　二十八日詔淮東西歸正人在軍者計口給糧錢
撫外百姓安泊諸州所宜寬恤見僦官私屋屋住僦錢不以多寡並減十
有私輒增添以違制科罪許由所越訴戶下騾馬舟船官司並免差役見
差使者即日給還淮東西商販依立定省則稅並減半如係歸正興販特
全免三年令本路曹司大書文榜及諸處稅場咸使通知敢有違戾具名
案劾重責吏人配流施行　同日詔自今歸正大使臣丁憂依小使臣給
假百日外免持服　六月十二日詔　實錄　并都督府一時納歸正
人出給借補名目令離軍散居兩淮別無生計可令逐路帥守索見元借
補因依所補名目各若干人驗實經由三省樞密院當議優恤　七月三
日詔歸正官已授替闕並依已注州軍改作見闕其未曾注授於江東西
湖南路帥府節鎮其餘州軍各特更添差一次任滿注差令吏部照資格

卷一萬八千九百七

十四

即日擬給付身非朝廷合給付身闕給臨安府參照地里五百里已下給
錢十千五百里已上加百里增至十五千止仍依本等官給券曆以家
屬口數隨券曆人日支百錢米二升沿路批支到日津遣之任　九月二
十三日詔應歸正有差遣待闕並令吏部改添差見闕一次歸正在軍借
補官資並兩資補一資帶閣職吏增加一官凡在軍借補歸正忠勇帥司
闕具保明申尚書省仍令吏部榜諭　十一月二十三日詔歸正官任滿
具闕無力到部恐致失所失朝廷存恤之意令所在州軍按月支俸仍取
陳求差遣狀保明申尚書省　閏十一月十九日都督江淮軍馬楊存中
言北界歸正簽軍無家累之人欲取問如願婚娶者有官充職事人給錢
百千散軍三十千從主帥保明支給從之　乾道元年正月一日南郊赦
書應歸正歸附人已降指揮名與添差差遣限三日給降付身緣其間有
小節未圓見行取會之人所屬限十日注擬候蓋飾日具數奏聞　五月
十四日吏部言歸正官魏武郎孫過乞添差依紹興三十二年八月制旨
歸正官有干照虜地曾歷三任差遣比附本朝曾經關陞親民資序添差
親民都監不獲撥遷昨在虜曾歷三任以上合添差親民都監為允從之
同日海州歸正借補將仕郎徐子祥劉儀徐子說袁伯山借補海州文

學諭俊乂並充樞密院効士子祥等初求免文解以資援近旨自陳故有
是命其求免解公據令禮部拘收　七月八日禮部言昨登極赦書歸正
人令所在州軍赴今秋解試其取人分數依昨流寓人例施行契勘流寓
人試凡及十五人解一名餘分或不及十五人亦解一名今歸正人應有
不及五人處欲令豫牒本路運司類聚附試仍依立定人數取解從之
二年正月二十六日淮東安撫周淙言歸正人孫在不願歸乞改名孫安
仍與浙東西一指使差遣上因此人不願歸其誠可取宜更名仍與湖中
合入差遣　二月八日給事中兼權吏部尚書魏杞等言廬州進士劉惟
肖上書陳獻兩淮急務利便欲將歸正官不許授淮差遣令歸正百姓
悉移沿江給以官田為業者詳歸正人令處邊面實為非宜謂可還入近
裏州郡更乞朝廷裁酌從之　四月二十一日權刑部侍郎方滋言歸正歸
附副尉依見法添差諸州軍聽候使喚不釐務緣今來有立定員數州郡
多寡不均相度欲將副尉凡附吏部歸正小使臣差注員數立定帥司四
人節鎮三人餘州軍府監二人其已添差人許滿令任從之　二十七日
三省樞密院言歸正人因功補授或官司一時擬借官資乾道三年二月
有旨參定格目換給名目添差及許請効士糧廪緣其中有依格不得換

卷一萬八千九百七　十五

給及已換補名目未差注并在外未陳應無以贍因而失職令措置昨擬
借官資令換補或不應格人欲特與補正一資文臣經三省樞密院披陳
差樞密院効士指往江東西福建湖廣諸州軍其已陳未補正即具已繳
付身因依自言朝廷如依格目換給因循未陳即令速繳付身在兩月限
自陳非見從軍不願補正止欲填樞密効士士就便州軍廪給者聽應擬
借付身非從軍補正止係守闕進勇副尉進勇副尉特令兵部與添差江
東西福建湖廣諸司散祗候使臣一任詔並依如出令來所立日限不受
辭仍令榜諭　五月十四日三省樞密院言歸正人第降恩指換補官資
添差差遣及聽陳乞充樞密院効士指往江東西福建湖廣諸州軍或應
在旅程發無力詔臨安府歸正官以所授差遣州軍補充効士以指給錢
米州軍計程若干給券日支京官大使臣以上五百選人小使臣以下四
百沿路州縣撥日批請令臨安府五日津遣出門到本州拘收而已兵部
言本部所隸歸正其中有非從軍不授借補付身別因功授正補守闕進
勇副尉進勇副尉職名欲依借補人一體添差以近旨即不該述詔依借
補人已得指揮施行　二十三日三省樞密院言歸正人陳乞補正借補
及差効士添差差遣屢降恩旨及立定新格仍令臨安府等第給券津發

之任尚慮三省樞密院諸房行遣迂滯久旅狼狽詔三省樞密院諸房自
今應見在行在歸正有陳若借補乞補正亦許赴朝省繳元借補付身禮
送都丞檢正都司檢詳即日索驗翌日定擬差遣送合屬房分登時施行
効士亦即日追索文官辯驗無偽次日送繳連房給差劄追所陳人當官
面給尚書省送都司樞密院送都丞檢詳給發訖報臨安府疾速給券津
發仍令三省樞密院榜諭　七月四日武義大夫殿前司右軍統領閻超
乞賜姓閻并乞海州等賞詔階官遷都上各轉行一官　十三日詔楚州盱
眙軍見居歸正人盡實抄記委實乏不自存大人日給米一升丁小減半
三箇月止其米州縣於見備和糴米撥給　十四日臣僚言日歸正人許
賤貿往臨安建康府於諸路商販物貨乞用近旨下所屬給據照免沿路
淬稅臣未見制旨全文而心疑其濫尋檢隆興二年五月之制淮東西商
旅所販物貨依省則稅并減半如歸正人興販特全免三年乃知專指淮
東西分明為諸路奉行之失也今看定應所在歸正人興販物貨或自兩
販至諸路或自諸路販至兩淮在諸路則所過場務依舊一例放稅在兩
淮則全免庶使法簡而易行惠均而遍及從之　十七日詔貴州刺史高
復差樞密院統領官兼添差兩浙西路兵馬都監臨安府駐劄上謂輔臣

卷一萬八千九百七　十六

曰高復乃向來膠西首先歸正閑亦甚貧已令兼樞密院統領官并賜錢
千緡魏杞等曰陛下存撫遠人既優與官職又加以賜賚人非木石安得
不捐軀節以報陛下之恩也　二十六日詔歸正文臣窠闕帥府擬三員
節鎮軍事州二員借差大使臣未有差遣并以待闕人如願改注見闕者
聽以授狀先後依已注州軍撥填施行　十一月一日權尚書吏部侍郎
李益謙言紹興三十年以後新復州軍歸正人依條制換補承信郎以上
注監當差遣換補校尉注指使並不釐務帥府亦許注授替闕諸軍揀汰
不堪披帶使臣已授離軍添差人二年為任其中有稱係歸正相續披訴
不願就離軍添差恩例乞改注歸正添差恩例歸正添差係三年為任與
離軍年限不等其歸正人若就離軍添差任滿後更得歸正添差兩任不
就離軍止乞歸正任滿後止得歸正添差一任即不得離軍添差若不措
置恐詞訴不已欲將徽此之人若無的確干照可見來歷分明如願改注
即與依見條改注歸正合入窠闕一次如無見闕注替闕任回即不許更
陳離軍添差從之　十二月二日三省樞密院言江上諸軍應轄歸正忠義
初有借補名目各有等第權破衙官券錢其有已換給真命付身勘給俸
料視借補或反不及竊慮無以贍給沿江屯駐諸軍諸路總領所凡借補

付身換真命不及元請則例人與免鐫減並依舊條將來立功轉本等名目即依條支破　十三日禮部言海州歸正進士劉之華乞依蘇三益例换給金國鄉試文據理為舉數勘會劉之華披陳於金國正隆二年正隆五年曾請州解試下竊詳金國類試方為得解蓋今州縣試之類即難理舉緣昨有將偽齊阜昌年請解並後金國鄉試中選許理舉赴將奏名試致以後攀援未已詔自今若此鄉試之人不許理為舉數已放行人免改正　三年正月十六日權尚書吏部侍郎李益謙言歸正恩例陳乞添差皆從優厚並不召保參部復免書鋪繫書而法出姦生不無偽冒鎮江府歸正人忠翊郎張俊承信郎曾勢各見從軍輒令姓蔣人偽填魏勝軍中發遣文據仍令代名陳注歸正差遣法守命罪外恐尚多有之乞自今凡經朝廷陳乞歸正添差並召本邑保官二人結罪委保正身非承代及他人闌遺付身亦非見從軍人前連保狀並依見行條指注滿再乞添差准此從本部揭板明示貴絕冒濫從之　四月十二日主管殿前司公事王琪言先承詔旨招收山東歸正忠義充効用并續撥歸正官兵有丁口繁重食用不足之人昨蒙自四口以上據月增支三年今已滿期果罷恐還闕食詔展支二年馬步軍司此　二十六日建康府駐劄御前諸軍都統

卷一萬八千九百七

十七

制劉源言依已獲旨月增支歸正北軍并忠義人口食未契勘諸軍管歸正北軍并忠義八百二人其中有官資已高請給優厚若一例更等第添支恐無甄別令相度見充統領將佐并請衙官十二人及七十七人例各錢計六十二人更不增給衙官五人家錢已下并効用軍兵計七百四十人等第量增家九口十口見今月添支五斗今乞更增支二斗四口六口見今月增支三斗今乞更增支二斗從之　八月十四日歸正持服張居實言蒙恩添差婺州觀察推官再任方及歲餘忽老母傾喪飢寒迫切命在旦夕乞與免丁憂放行請給詔本州據所得請給之數特作贈家錢支給候服闋日罷　十八日知樞密院事四川宣撫使虞允文言京西歸正人自三十一年以來其頭首人屢立戰功如楊大同成琳曾朝杜海荀琛杜隱等又皆有謀為其部曲信服屬中亦知姓名今各無差遣京西帥漕司雖曾申明而吏部拘以滋邊格法諸司既不能收存以資其力緩急恐有意外之憂竊見京西帥漕都統司湖北漕司襄陽府各有酒務日收息錢浩瀚今欲於帥司都統司各添置使臣十員京西湖北漕司各添置五員以準備差使準備使喚為名準備差使忠義統領各一半立為員闕逐司量材計功參照資格擬差許先後更替月以酒務息錢供給不惟恩潤

沾洽各有隸屬可以備緩急之用從之　九月八日歸正人支邦榮援楊京雄通理偽界月日陳欲蔭補詔特放行自今不許援例　十月九日尚書省勘會近旨歸正借補官資人差樞密院効士往便郡月給錢十貫米一石錢於諸州軍公使庫酒息米於條省支給今聞州郡間以除與二年罷舊効士并令所差一槩沮遏甚失朝廷優恤之意詔逐路州軍按月放行錢米仍榜諭　四年三月二十三日臣僚言進勇副尉曾江稱自海州歸正曾立戰功乞再添差朝廷難之以如此等輩數日裹來恐援例而來重費供億兵部屢却其求而哀鳴之詞猶未已也欲望將其間守闕進勇副尉進武副尉人再添差一任散置江東西荊湖南北福建路每州不過一名或兩名已足許令待次庶塞其所求無使歸曲於上詔自今到部人令兵部銓量人材身貌強壯申樞密院令從軍如不願可與添差散祇候一次　二十五日新除司農少卿總領淮東軍馬錢糧呂擢言歸正之人數年以來痛加摩撫既有坐理所給錢米當至乾道三年五月罷支臣曾申明蒙更展一年今雖粗給須更加存恤若再假以一年則庶幾矣欲望將逐處歸正人所給錢米特更展一年庶有以見勞徠安集無窮之意從之　四月二日編敕所言殿前司乞立定歸正歸附人轉補資給格法今

卷一萬八千九百七

十八

照刑部自昨除歸明歸朝人依十資條格施行外歸正歸附人比附歸明歸朝十資條格其殿前司乃依効用八資格補轉各係先無分明條法不曾取裁止一時比附補轉今看詳既歸明人有十資格法歸朝人又已有紹興六年六月之制比附歸明格法其歸正歸附人不必別立法止依歸朝人比附歸明十資格法補轉施行仍移兵刑部殿前司日後參照從之　六日樞密院言三衙江上及荊襄諸軍揀汰官兵并歸正人朝廷已優恤與添差差遣及分送所在州軍安排養老并支破錢米養贍尚慮諸州運給勘官司非理沮難不為按月支給有失存撫之意詔諸路帥司行下所部州軍須按月先次支給毋得積壓仍委監司常切檢察如有違戾按劾以聞仍令戶部申嚴行下　五月二十日刑部言歸正歸附副尉係比附吏部歸正使臣差注員數今擬歸正歸附副尉陳依吏部續添差使臣員數注擬又承乾道二年七月吏部措置條格於歸正文臣窠闕撥半差注武臣卻令施行今員多闕少實滯差注欲望詳酌量增副尉員闕擬注施行詔刑部於諸州軍各更添一員　七月十四日中書門下省勘會諸色人詣撿院投進文字已有約束詔歸正人投進文字並許收接取責審狀即希求任妄亦依條論罪　二十一日吏部侍郎兼權尚書周操言紹興

三十一年以後歸正武臣已經添差兩任不許更陳又未有許半條到部
注授明文恐無以激勸遠來忠義之心今相度凡歸正官武臣已經添差
兩任並更與添差一次詔從之今任滿半條參選願從軍者赴承旨司呈試
軍馬　八月六日詔歸正官到部注授釐務差遣如在任有材業可稱首
政官職令狀諸路監司帥守依公薦舉其薦舉武臣陞陟準此　十九日
知鎮江府陳天麟言前守臣呂擢依奉詔旨根括歸正人得旨展支錢米
一年臣到任接續根括一體歸正人高琮等百餘戶四百餘口稱自紹興三
十一年以來歸正自淮南挈移抵此貧乏乞依例賑濟竊詳雖非無根括
人數望視其困於情可憐兼慮此去凝寒往往有似前歸正之人欲望特
降睿旨自臣到任後歸正續陳賑濟許以本府常平義倉米給庶遠來貧
民不至失所　詔鎮江府契勘琮等先處淮南何地作何營業州縣曾無賑
濟列具來歷供到府因依申尚書省其後陳天麟言琮等妄於紹興三十
二年以後從濟南東平府及萊蕪等州歸正各家貧乏別無生理　詔鎮江
府高琮等五十一戶許撥常平義倉賑濟至來年五月終　二十三日歸
正進武校尉李史言與弟坤於紹興三十一年首先歸正弟坤蒙恩補右
宣義郎換武功大夫忠州防禦使出疆隕沒地外無復近親遂罷請給止

卷一萬八千九百七　二十九

給錢二百緡念臣累重乞憫死事之家詔建康府李坤每月元請諸色請
給更展半年正月為始　二十五日詔兩淮歸正州軍心義有田產見耕
種之人與免戶下諸色差役五年　五年正月十七日權發遣無為軍徐
子寅言數請歸正頭首人傅昌等八名勸諭歸正願請田王琮等三百九
十四名相視楚州界寶應縣孝義村山陽縣大濱村等地水陸閑田耕種
欲每名給田一頃五家給甲推一名為甲頭就種田之所隨頃畝人數
蓋置為一莊每種田二名給借耕牛一頭犂杷鎌刀等各一事每家草屋
二間與半草屋一間各種田一名借種糧錢一十貫契勘歸正願請田人
全賴部轄勸率乞差元勸諭頭首人進武校尉傅昌等八名並充部轄先
加借轉一官資楚州並淮南諸州軍自後更有歸正願請田人欲乞並依
今措置施行從之　三月一日詔樞密州歸過省進士徐濟川特補下州
文學以濟川自陳在虜嘗發三解援青州鄭禩例乞推恩也鄭禩僞地三
發解紹興三十二年詔與第四等恩例　五月二日知樞密院事四川宣
撫使虞允文言昨紹興三十一年軍興陝西在事軍吏及一時奮發忠義
攜家歸正人數實繁其中有經戰立功後因病或創傷不堪披帶揀汰離
軍緣始自對境來歸未曉文法出身文書多不備具漕司具文不敢參注

令相度紹興三十一年以後歸朝歸正從軍揀汰離軍如付身不圓許依
紹興二十五年三月五日之制於運司未有合格法人及無人願就窠闕
通注添差如無員闕許籓府更添差二員餘州軍一員仍依吏部所朝旨
並降等請給即於州郡省計侵損不多仰副朝廷矜恤忠義未歸之人從
之　六月二十二日三省樞密院勘會陷沒歸正之人歸來既久事宜一體
凡有所陳難以用歸正人銜詔所屬申嚴行下恩例即仍舊　十一月二
日大理正措置兩淮官田徐子寅言被旨勸諭歸正人并効士置莊耕種
緣皆係流離全仰守令撫存俾之安業今聞全不仰體德意有追呼煩擾
而拘督課子者有因緣路田而輒收繫禁者或巡尉以捕盜為名而騷擾
者遂使披訴無路如日後守令更有若此違戾欲列上官吏姓名伏望重
作施行從之　十日大理正措置兩淮官田徐子寅言近降指揮武鋒軍
屯田官兵並罷其田并耕牛農具等交付諸郡募人請佃緣子寅被旨勸
諭歸正人耕種竊見所罷屯田其中楚州寶應縣一莊見以歸正人成忠
郎賈懷恩管轄楚州山陽縣馬梁一莊歸正人進義副尉王知彰管轄欲
乞下楚州并武鋒軍到具二莊所有耕牛農具屋宇種糧等畫數撥付官
田所仍就差賈懷恩王知彰管轄耕種從之　十二月三日鎮江府言右

卷一萬八千九百七　二十

宣教郎王守道乞磨勘勘會王守道係歸正白身補宣義郎堂除添差不
釐務已經兩任合依無出身初補京官到官四年須釐務二年磨勘無舉
主更展二年守道係歸正例止差不釐務即無舉主釐務月日委防磨勘
詔吏部凡歸正補授京官之人依奏補以添差不釐務日計理年限不以
有無舉主通理六年放行磨勘　六年二月十一日司農寺丞措置兩淮
官田許子中言竊見建康府都統司和州無為軍屯田軍兵並罷今欲以
此田均給歸正頭首林本等人及存留元管轄將官使臣等其林本等各
候已拘集人就耕依淮東例差充頭首人管轄詔許子中於揀汰使臣內
選擇存留餘從之　十九日知鎮江府陳天麟言被旨根括歸正人願政
等三百十二戶并續括責蘇全房典等二百四十九戶許本府於常平義
倉賑濟展支至乾道六年五月終類皆貧乏別無生業欲望特降睿旨更
展支一年庶幾小民始終得霑恩惠從之　五月二十七日詔陝西河東路
敢勇効用川陝宣撫司擬補効用川陝義兵及歸明歸朝歸正歸附等人
并陣亡及借補守闕進義副尉進義副尉守闕進武副尉進武副尉下班
祗應並隸兵部　六月二十六日三省樞密院言諸路州軍歸正大小使
臣校副尉下班祗應効士及無名目人各家長成子弟多有武勇材能少

壯願立功名之人，若不隨宜招集習閱，處無以激進。詔諸州軍守臣選擇招集，籍定，仍以衆所推伏統率教閱，等第支破錢米，仍月按閱事藝精強料量犒賞。先以籍定來歷因依、年甲、鄉貫、職次、姓名上三省、樞密院，候招收人數畢，守臣當職官優賞。　十月三十日，權尚書兵部侍郎兼侍講王之奇言：「伏見國家中原隔絕，迨今逾三十年，人心愛戴如昔，前後遠來歸正之人立功來歷不等。昨紹興三十一年，朝廷隨宜推賞，委實優重，後屢因有司且欲反臣僚奏請，裁減過當，所以輕重不倫，沮抑遠人懷化之心，恐非陛下覃及四海之本意。欲望詔三省、樞密院以前後歸正人以推賞補官科例及文武分為理年、士人、理舉并給田、支給口食等事，先次編類等第條目，列具參酌，經畫立為定制，有司得以遵守，可免推補不均、吏高下為弊及留滯之患。」詔所屬具申三省、樞密院。　十二月三日，右驍衛大將軍、殿前司選鋒軍統制趙良輔累遇郊恩加封贈，其父孝忠特贈親衛大夫、宜州觀察使，母王氏贈郡夫人，妻王氏封淑人，良輔仍照條封爵邑，從所乞也。　七年二月三日，權知泰州措置兩淮官田徐子寅上言：「賈懷恩嘗轄歸正諸莊，存恤有方，欲令統率。緣懷恩見任御前武鋒軍統領兼楚州鈐轄，恐緩二任，力分，或蒙免其軍職，止為鈐轄，俾專轄諸莊，則事任歸一。乞正差充楚州鈐轄，專一提點官田所諸莊。」從之。　同日，御前武鋒軍統領、提點官田所諸莊賈懷恩言：「歸正人朝廷已招收，給牛具、種糧，置莊耕種。竊緣其間猶有未處業者，乞下官田所，將歸正、歸附未業者給牛具、種糧，置莊耕種。如已有牛具，即令結甲，狀頭首人部轄，依已獲旨免稅役十年，庶廣招集，以備他日緩急使用。」詔徐子寅專委賈懷恩措置招集。　八日，詔應紹興三十一年前歸正、歸朝、歸附文學、選人、京朝官以上，如係差任數已滿，令吏部特與放行添差一任。　十四日，册皇太子赦書：應紹興三十一年以前歸正、歸朝、歸附文學、選人、京官以上，如添差任數已滿，令吏部特與放行添差一次。　四月二十五日，敷文閣直學士、降授左朝請大夫、新除知揚州晁公武乞勸諭歸正不諳農務之人充安撫司效用使喚，從之。臣虞允文等因言：「徐子寅以此輩若盡招募，不過百餘人，乞且以一百人為額，其錢米仍於淮東鹽司措收發息錢內支。」上曰：「甚善。」子寅時權知泰州、措置兩淮官田。　五月二十八日，樞密院言：「勘會已降指揮，除奏補及諸色出身人並於所歷考任內須實歷州縣職事或諸司官屬一任二考，方許通理前後關陞，注擬親民窠闕。其歸朝、歸正之人未有裁試。」詔歸朝、歸正之人依自來關陞資格施行。　六月一日，建康府駐劄

卷一萬八千九百七

二五

御前諸軍都統制李舜舉言：「近被旨，內外諸軍除合用將佐差置，餘剩差將佐之屬即日並罷。歸正忠義北軍統領將官并沿淮巡檢、屯田等官蕭整等八十員并不干預軍事，若一例令罷，恐失撫恤之意，欲且令依舊，自今更不別差。」從之。　九日，吏部言：「南郊赦書：歸正、歸朝官并與通本朝及偽地補授年月，照應年限，放行蔭補。今欲照應紹興三十一年已經虜地曾歷三任，比附本朝曾經關陞親民資序人注授差遣之制，理作關陞，遇赦放行蔭補。歸正官武功至武翼郎，虜地不曾經三任已上差遣，又不曾經本朝關陞親民資序，及自轉武翼郎後止該一遇大禮，所乞蔭補，難以依行。」從之。　十三日，祕書少監兼權兵部侍郎周必大言：「日摸歸正并曾從軍下班祇應年七十以上人陳求添差，緣宣和舊法一例不行。詳宣和前未有歸正及揀汰離軍之人，止謂在班年及七十，即與今日優恤歸正及從軍人事不相準。欲望將歸正并曾經從軍揀汰下班祇應年七十以上人，依大小使臣及校副尉見條放行注授添差，庶幾有以激勸忠義。」從之。　八月十八日，吏部言：「歸朝官每州添差六員，闕遠州郡多不指授，欲令歸正人將使歸朝官闕，以三分為率，借一分差一次。」從之。　同日，吏部言：「紹興三十一年以前歸正之人添差，即無立定員數，多寡不均。欲令吏部四選、兵部通立員額差注，帥府三人，節鎮二人，餘州一人，各選置籍榜示闕，會擬注。」從之。　同日，吏部言：「舊旨歸朝官每州不得踰六員，欲將紹興三十一年以後歸正副尉、下班祇應於歸朝官闕借使一員，止令副尉、下班祇應權通差一次。」從之。　十二月三日，觀文殿大學士、知紹興軍府事蔣芾言：「右宣義郎、添差通判紹興府王德誠身仕故，德誠紹興三十一年首先歸正，今男女稍小，素無生理，依乾道六年赦書，月賜常平錢米止得一年，恐未能上副朝廷存恤遠來歸正之意。竊見王德誠累獻文字方略可採，蒙聖慈循資轉文改秩，與尋常歸正格體有別。欲月給王德誠家錢米接濟，候兒孫長成罷給，庶不失所，亦使遠人有以激勸。」從之。　八年三月十三日，詔永免文解襲慶府進士徐中夔令赴特奏名試，以中夔係歸正人而經省試年分，法當特恩也。　十六日，詔南京免解進士宋翊特令赴特奏名試。翊在虜地當得解，後歸朝，累乞赴今試，禮部方特具事，翊自言已請六舉，而有是命。　二十一日，詔諸軍見管歸正忠義累重計口添支之人，更展支一年。　同日，歸正卓寔將補正兩資，陳進將轉兩資，以二人幹事忠勞，所乞換補難稽限，特命之。　二十三日，詔特奏名進士徐中夔、劉之華、宋翊、顧之古、郝密之各係歸正，依歸明人子孫條例陞等

卷一萬八千九百七

二六

四月十五日湖北常平司言鄂州有紹興十一年至建炎年歸正人年深
各已樂業有同土著今乃欲同三十一年以後歸正人指赦書求廉給恩
難以從詔紹興三十年以後歸正人照赦又賑濟　六月五日詔兩淮歸
正人所耕田土州縣撮收課子特與蠲放仍更展免稅役三年其見在淮
南居住校尉以下名目歸正人令帥司監司素見人數保明以聞各隨名
目高下添差近裏州軍聽候使喚　十四日詔大理寺薄薛季宣等安豐
軍壽春安豐等縣開田共撥一百八十七頃三畝給赴歸正人二百十
七戶爲業開耕自乾道九年始通免課子十年　二十四日權發遣和州
胡與可言和州屯田莊昨被旨招召歸正人耕種下馬監一莊給歸正林
本言七十六戶依淮南運判呂企中建請佃客六分官得四分竊詳林本
等遠來歸正無家可歸欲望惠利全免三五年庶仰稱朝廷優恤之意詔
免三年呂企中奏請屯田已見　七月三日上語輔臣曰歸正人元旨許
添差三任如已經三任別無生理必致狼狽更差一任　八日武節郎丁逵
等言各係紹興三十一年以前歸正依乾道六年十一月赦恩當添差一
次緣即今兩浙江東西並差足止餘二廣累重難挈乞依舊從便注授一
任從之　十四日直徽猷閣權知廬州主管淮西安撫司公事兼提措

卷一萬八千九百七　二十三

置屯田趙善俊言朝廷頃者修復舊制分兵屯田誠爲至計然有甚不可
者臣請罷屯田以歸正人居之詔廬州見差建康軍官兵屯田並罷田佃
斗具等令趙善俊盡數收籍許歸正人請佃　十八日三省樞密院勘會
軍器監丞趙果於紹興二十七年結約忠義石慶盛等遠赴朝廷陳獻虜
情虛實編隸嶺南今已身故忠義可憫詔趙果特與一子下州文學　二十
三日直徽猷閣權知廬州趙善俊言得旨廬州建康府屯田官兵并罷令
歸正人請如數少募人租種其田並極膏腴慮官吏士人冒名請佃欲望
特降睿旨官吏士人不許冒名承佃外專一均給歸正流移等人耕墾庶
幾絕冒濫之弊從之　八月二日權發遣安豐軍高夔言歸正人除給田
耕種外有一百五十七戶并借補官資二十四人既乏營生人無私田足
致不能自存今措置未有處業之人人戶給田五十畝牛一頭犂耙農具
之屬仍就行在擇借補官資一人爲首而統率之戶大約以六七十千爲
率伏望給降錢會二萬貫付臣措置施行從之　九月八日權戶部尚書
楊倓等言沿邊人自北來歸即與兩淮歸正事體同今欲一例給田耕種
依已行之制更展免稅役三年從之　二十二日歸正人王興偽造虜地
黃敕等冒換本朝官資差遣刑部約法比附詐冒廕補徒三年上曰歸正

人撫之不爲不厚雖偽造虜中文字然已行用冒取官錢並宜罷貸配隸
新州　十月一日中書門下省勘會歸朝選人循資改官已有定制緣歸
正選人未有該述詔歸正選人並依歸明歸朝人紹興五年十一月敕旨
施行　五日樞密院言紹興三十一年以後歸正添旨添差四任子孫復
因奏補或致仕恩澤補授名目即不得添差其間或父祖亡歿頓失濟給
理在優恤詔紹興三十一年以後年十五以上隨父祖同歸正子孫因奏
薦或致仕補名目人如父祖亡歿與放行添差兩次餘人參選注授　二
十七日兵部言去年八月詔本州所管歸正副尉下班祇應與吏部四選
通立員額今吏部武節郎丁逵等稱浙東西員足乞依舊注從便之所本
部所掌副尉下班祇應亦一例有陳契勘非所立員額大狹以致差注不
給若許一切從便必競往近便郡豈無偏重之弊欲乞以歸正歸附副尉
下班祇應立定員額帥府節鎮二人餘州一人從本部準條差撥一次從
之仍令吏部照兵部措置一體立額　十一月二十六日樞密使四川宣
撫使王炎言右承奉郎監潭州南嶽廟曹傳明先因陷虜收藏本朝告劄
不受偽命至軍興歸朝備見忠義令傳明乞添州鳳州推官望從其請詔
可　十二月九日四川安撫使司言紹興三十一年以後歸正無差遣及

卷一萬八千九百七　二十四

身故之家依建炎四年之例計口給以錢米昨軍興前宣撫吳璘隨宜措
置別立支例今四十餘家散處四川若遽裁損慮失初招徠之意欲更支
五年限滿一依舊例紹興三十一年以前歸正人歲月誠深宜罷錢從之
限滿照建炎四年九月紹興三年六月敕旨州不得過十戶戶不得過五
口一等計口支給賑濟　十月權京西運判張棟言兩淮歸正人所耕田
州縣撮收課子特蠲仍更展免三年竊詳京西沿邊與兩淮同亦乞展免
三年昨有旨歸正人許隨便占田表立頃畝爲永業沿邊閑田甚多恐州
縣違理抑遏望申嚴禁止即有縣爲舟船及能工作技藝等人乞並免役
從之　同日權京西運判張棟言歸正人已經十年雖有善於營運成立
家貲者其間豈無鰥寡孤獨飢寒不能自存之人欲乞五家爲保五保爲
一甲貧可矜者許甲頭保明白官驗實人支米一升候稍充給止戶部看
詳給甲支米不措所欲用者依所陳即當以常平義倉及不見以何時起
止乞下京西常平司契勘列具聞行從之

乾道元年閏正月四日，詔襄陽府歸忠義首領楊大同、前璪等三十餘人下京西湖北運司，將再任一次，以四川宣撫使虞允文言大同等向立功歸正，忠義顯著，理宜優恤也。　二月十五日，知揚州、淮南路安撫使王之奇言：「歸正人見任添差不釐務差遣，朝廷與之廩祿，不任以事，蓋欲優之也。其間有懷材抱藝，思欲自奮者，不無遺逸淹滯之嘆。欲乞所在州軍歸正添差不釐務官，自鈐轄、路分以下，許臣選擇量材器任，仍不妨所居職，貴人無遺才，事無不濟。」從之。　二十一日，知揚州、淮南路安撫使王之奇言：「近者措置寬恤民力，欲將見歸正有官無差遣人，素經四任添差人，在本路居止者，許列上，與添差一次。年老貧乏、鰥寡不自存之人，亦許斟量分送本路次邊豐實州軍，並以八口等第支散錢米，依元留合本州以糧留撥散三分錢子給。」從之。　三月十二日，詔諸軍歸正忠義累重，計口添支之人，特更展支一年。　七月二十八日，臣僚言：「近年以來，四方州郡無有遠邇，例皆窮匱，不能枝梧。紹興三十一年以前歸正從便，猶將州郡注授差遣，奉曾立額之下吏部立定員額施行。」吏部勘會：「紹興三十一年以前歸正官，大使臣自今立定員額，帥府三員，節鎮二員，餘州軍監一員，仍許以

今立定員數，依紹興三十一年以後歸正官差一政，待闕承替見一人。小使臣比大使臣員多，欲乞凡紹興三十一年以前歸正官，自今立定員額：帥府六員，節鎮四員，次州軍監二員。」從之。　九月一日，樞密院言：「建康府駐劄都統制郭剛等共見管北軍內願離軍人，有旨並罷從軍，將加轉官資，添差江西、湖北路州軍差遣。今欲湖南武岡、茶陵、永、郡、全、道、郴州、桂陽軍地遠處，艱數般挈。」朝廷優恤之意，詔湖南路除潭、衡州外，其餘州軍並免均差，以路遠處各分差員數，均入浙東、福建、江東、江西路，隆興府副都監一員，準備將領十二員，指使二十三人；贛州正將一員，指使二十四人；吉州正將一員，監當一員，指使二十四人；袁州、筠州監押各一員，指使三十三人；興國、建昌、臨江、南安軍指使各二十九人；其餘以是為差。從之。

九月十六日，詔歸正曾為首領僧董和尚、王智淵、陳守靖、劉法濟各特與紫衣師號。　十七日，秉義郎、利州後軍統領官王安國具歸正人姓名，詔四川宣撫司審實推恩。於是王去惡、王安國轉兩官，陞一等差遣；楊師中、劉卞、李戒、劉榮、元轉一官，陞一等差遣；賈洪、賈武、郭海、孫彥元、王勝、趙斌、尹輝、王俊、李宗道、李忠、賈師孟、馮輝、閻琪各轉一官，資王振等十三人各轉官資有差。王振等七人歸正，虜戮其親屬，優與陞擢，亡者官其子

二十八日，權發遣襄陽府、主管京西南路安撫司公事陳從古言：「歸正人焦彭年、高振、鄭皋、閻張、周茂思、寧琛、張清、陳資、陳琇、高仲等九百五十九戶已均賑濟，所存米六千餘石，度僅支三兩月，日復盡，無以給。欲望準例更支撥米二三萬石接續賑濟，以慰歸正士民之心。」詔於總管米更支萬石。

十月七日，樞密院言：「得旨，鎮江、建康府離軍歸正北軍，各補轉官資，添差陞等差遣。州郡多方安恤，應各州與官專行奉行齒葬，朝廷存恤之意。」詔逐路漕臣行下本路州軍，各差通判或簽判專一主掌，係給庫字等務，令按月使恒他課諸役，一從優免，月具已支員數并錢米名色，仍具所差職次姓名上樞密院。　十一月三日，樞密院言：「鎮江府駐劄御前諸軍有忠義歸正人見充軍職任文舊係頭首，至今闕無職事，泛居行伍，深恐未稱其才。」詔令統制常川一一審刷，來歷因依，見充職任，并舊係頭首，開於行伍，逐色人數、職次、姓名，申樞密院取自任使。　十一月十四日，樞密院言：「選鋒軍忠義將北軍歸正官兵，亦有筋力衰弱，并不願從軍之人。」詔並罷從軍，校尉以上各特轉兩官，進武副尉以下各轉三資，並於正職名上，被使無名目人並白身，効用各特補三資，軍兵改作白身効用，各特補三資，並依今均定州軍員闕添差正將、將與諸路正將、准備將，與安撫司

准備將、訓練官、隊將、押隊與諸州兵馬監押、鈐轄，令吏、兵部與歸正添差各陞一等差遣，仍各與併支請給兩月，所有原給付身，納樞密院，仍令殿前司量支路費，差人津送赴所逐州，常切存撫。

歸正官　淳熙元年正月四日，乞范溫昨不從偽命，將帶一行馬軍前來，已放行添差了當，所有范溫子孫，令吏部與添差合入差遣一次。　三月二十八日，詔歸正婦人尹氏特與封郡夫人，白宗願特與補承信郎，張彥直特與補進武校尉，令宣撫司並與將添差，見今居止州郡合入差遣。尹氏賊昨日進兵收復陝西日，尹氏夫千戶白沂密令尹氏將帶男女歸朝。白沂未來，被戮，男白宗願、婿張彥直自歸朝之後，來曾保奏推賞，故有是詔。　七月二十七日，詔保義郎、殿前司左軍權準備將聚昂與轉一官，罷從軍，特添差兩浙東州軍監押，以昂狀稱本貫南京，趾陷偽地，擬圖來歸，移次壽春府居止，結約到本州上豪李協與安豐水軍統領孫立等表裏相應，收復壽春府，率領在州軍民士庶萬餘戶，於當年七月首先歸正。蒙都督張浚收錄，偶太平州通判劉蘊古遺書詔臣，朝於協力同致功名，不意蘊古包藏禍机，令臣持書交通虜境。臣以忠義來歸，不容隱默，晨夜趨伏闕下，發其私書，逮繫詔獄，鞫得反狀。臣始蒙恩差充殿前司準備使喚，兩殿帥王琪將臣作從軍

附籍收使雖曾蒙本司訓練官自五充權準備將首尾十年既無供給又
無衣賜料錢乞與臣一體擢或添差外任差遣故有是命　八月二十八
日江西安撫使龔茂良言已降指揮應歸正忠義人嘗將借補官資令逐
路帥臣取索付身審驗元補因依先令帥司換給文帖候將來立到新功
與補正竊謂不若且令各據元得付身依舊收執候將來别立功勳并與
酌度换給從之　九月十四日詔朝廷優恤歸正忠義之人月支請給務
在養育以備使喚近有不循官守之人妄以省覲請假爲名擅離職任往
來邊淮妄言事端撰造邊報委是違戾不特楚州高郵軍盱眙軍照會如
托故在假或擅離職任委監司守臣按劾以聞　二年正月九日詔吏兵
部將已滿歸朝官闕許蟄替人一次　五年七月三日降旨亦如之　三
年四月十五日知襄陽府張子顏言武義大夫前利州兵馬都監孫倚元
是鄧州豪戶因紹興三十一年内歸正蒙朝廷補官後來任利州路兵馬
都監任滿後未有差遣見居襄陽其人料揀有謀習練邊事欲量材任使
詔孫倚差權發遣鄂州湖北路兵馬都監　五月二十五日詔秉義郎張德
元與轉修武郎除閤門祗候以德元狀昨任北界虜命授忠勇校尉挈
老幼前來歸朝蒙招討成閔將德元同銀牌傳聖發赴朝廷各蒙恩補授
官資德元補授成忠郎内白身人傅璧補授修武郎又蒙聖恩特轉正使
德元元授虜命忠勇校尉比附聖朝品格係武翼郎乞將德元比附忠勇校尉
補授官資故有是命　九月二十日淮南運判張士元言敦武郎閤門祗
候高顯累歸本朝其所管歸正人皆給田土並各著業高顯見居蘄州
家貧累重未嘗注授詔高顯添差權發遣淮南西路兵馬都監蘄州駐劄
不釐務請給人從並依正官例支破　十一月十二日南郊赦紹興三十
一年前後歸正歸朝歸附京朝官大小使臣選人文學校副尉下班祗應
如添差任數已滿之人可令吏部特與放行添差一次應歸正進勇副尉
守闕進勇副尉添差諸州軍監鎮祗候使臣任數已滿特更與添差一次
其有無力到部陳乞之人令召本色保官一員錄白付身經所在州軍陳
乞批書保官印紙取索付身委官點對保明繳申所屬添差施行　四年
二月十九日詔吏兵部將歸明歸朝人見餘窠闕内留三十闕注本
等人外其餘自今見闕權借差注紹興三十一年以前歸正合得歸正恩
例添差人一次仍先注歸正恩例添差任數任最少之人　九月十五日
詔自今承代歸正人名闕者必要有歸正干照所有恩數除進職外盡以
與之或無干照承代者止許於諸軍承代格法如數減至承信郎以下者

卷一萬八千九百　三

部依舊來歸正十資格陞轉　五年十一月十五日詔殿前馬步軍司見
從軍歸正歸附下班祗應歷過在職十年放行磨勘改轉兩官依十資格
法轉進義校尉如在職未及五年候及五年亦依歸明歸朝人磨勘體例
改轉進武副尉　六年二月二十七日詔歸正添差諸州差遣人其間事
故多有承代冒請令逐路帥漕司行下所部州軍自今遇有事故人口下
取索付身料錢文曆分明批鑿訖給還本家如無家累即行拘收繳申樞
密院　八年正月二十七日宰執進呈平江府添差歸正等官及揀汰使
臣等一歲請給自乾道八年以來每歲計支二十餘萬貫自淳熙七年一
年只共一十一萬貫緣經王佐覈實於法合支者方支所以歲減十餘萬
緡之費詔平江府自今依淳熙七年則例支給如有增差到員數别具申
奏　九年三月二十六日詔諸州軍保明到忠順官滿年曾居號等一百
五十一人並令再任自今諸州軍繳申到錄白文字劄付吏兵部日下出
給付身與出給到付身並赴檢詳所送納　七月二十四日詔薄處厚特
補承信郎先是處厚父武功大夫忠州刺史殿前司護聖步軍額外統制
薄彝稱歸朝日入同來歸朝千戶任壽書李元等各蒙恩與男補官了當
乞依例將補官資故有是詔　十二年十一月二十二日南郊赦紹興
三十一年以後歸正京朝官大小使臣選人文學校副尉下班祗應任數
已滿之人緣添差不釐務不許關陞將來有礙蔭補自今可令吏兵部依
官序人先次注授正闕差遣將副以上隨才擢用或願就宮觀嶽廟者將許
陳乞一次内任數未滿人願依舊添差者聽其諸州忠順官候滿七任日
一體施行　十五年明堂同　十三年正月一日慶壽赦歸正官添差任
數已滿人依郊祀赦文先次注授正闕差遣將副以上隨才擢用願就宮
觀嶽廟者將許陳乞一次内有待闕之人若已給到太府寺料曆其本身
料錢衣賜依條合行幫支并宮觀嶽廟亦有合得請俸尚慮州軍自立員
額不即放行未稱優恤之意可令所在州軍並與按月幫勘如或拖欠許
經監司陳訴　五月十二日部注授正闕差遣人將免短使一次餘一任回
依條施行　二月十二日詔歸正添差任數已滿之人如有智畧沈雄弓
馬精熟堪從軍者在内許侍從兩省臺諫三衙在外諸軍主帥及監司郡
守不限人數各具才能事藝保舉聞奏仍令樞密院置籍　五月十五日
詔前添差浙西馬步軍副總管閤趙忠義來歸憂居平江府可令本府每
月將支錢一百貫米二十石服闋日止士人　淳熙二年正月二日詔海
州進士王元法令詮免解追取進勇副尉文帖繳申毀抹却行出給理年

卷一萬八千九百八　四

免解公據王元佐狀昨於北界請到鄉試院文解所有北界得解公據昨準禮部取索換給到理舉公據訖緣元佐自歸正之後因措置守禦及陳利便係軍功補充進勇副尉元佐不願祗授今來淳熙二年省試卽係理一十八年免解故有是命　十二年十月十七日詔歸正歸朝歸明補官之人親子親孫願應舉者委的見隨侍在任所别無赴試去處令召陞朝官二員結罪委保令見任州軍陳乞本州勘驗得别無詐冒取索印紙分明批書事因從本州知通結罪保明送本路轉運司與類格有官及門客等人混試施行

軍兵　淳熙元年二月十三日詔沿淮歸正忠義內有武勇出衆材智過人曾充頭目者委官招集發赴樞密院審察量材使喚　三月十四日詔閤前步軍司建康鎮江府諸軍武鋒軍見管歸正忠義口累重大人計口添支米數將見與展支一年此後每歲展支　二年正月七日詔諸路帥漕司行下所部州軍令守臣將添差歸正北軍闕少住屋之人疾速措置修蓋屋宇限半年了畢應副一處居止毋致闕候　三月二十七日詔昨離軍北軍令諸路州軍自今並以離軍忠順官為名　七月三日臣僚言昨降指揮諸軍見管歸正北軍並與陞轉官資添差諸州軍路分都監正將準備將監押指使不曾立定歲年為任乞派見今其

卷一萬八千九百八

五

他歸正官例並以二年為任任滿別與其他州軍差遣詔並以三年為任任滿令逐州申發赴部與添差恩例注授　四年十二月二十四日詔歸正歸朝歸明忠順官內及揀汰離軍官見各添差諸州軍不釐務差遣別無管幹職事其間雖有藝能無以自見令諸路帥臣於本路逐州委近上兵官一員專切管轄依軍中階級法逐州各别置教場五日一次進赴教閱每常亦許習射擊毬內年六十以上及添差總管路分鈐轄州鈐轄並官至橫行以上者免教願赴京遞每歲春秋二季各赴本州教閱內有事藝精熟人優加犒賞若事藝傑出者守臣具所委兵官連銜保明申樞密院　十四年五月二十五日樞密院言內外諸軍管兵并歸正北軍各有立定揀汰年分唯江池州歸正北軍未曾具到深慮有年老病患願離軍添差外任等人合行優恤奉旨令主帥將離軍之人逐一契勘年甲姓名職次仍問願就是何州軍保明申樞密院　江州駐劄御前諸軍都統制趙永寧申歸正北軍年老病患一十六人願就江西等路州軍一十五人願減半請給在軍養老一名情願離軍及願就江西等路州軍安排一百二十四人於內多係入隊人數不願離軍五十五人池州駐劄御前諸軍副都統制李忠孝申歸正北軍願就江東軍六十二人願就江西州軍一百

四十六人不願離軍二人除不願離軍人外詔並與罷從軍校尉以上各特與轉兩官進武校尉各特與轉三資無名目人并白身効用各特與補三資軍兵改作白身効用各特與補三資令交兵部均撥江東西諸州軍歸正添差各陞一等差遣仍並支請給兩月　十五年正月九日戶部言行在州軍糧料院指定令來強勇軍効用元每日請錢二百文米三升轉授前項名目卽與殿前司射中鐵簾有馬効用事一同其効用元請一十五貫文米一石聽候使喚元請錢一十三貫文米一石照得殿前步軍司雖無似此則例今來既逐人射中鐵簾轉授前項名目難以即行減落錢米亦合照應舊請錢米批放詔並特與免減以淮南東路安撫司言強勇軍効用尹政等狀各係淮北土豪昨於紹興三十一年內前來歸正蒙收充安撫司歸正強勇軍効用各人日支食錢三百文米三升奉旨令強勇軍効士効用聽候使喚依江上諸軍體例射鐵簾一次數內除守闕進勇副尉強雲陳寶一名分擘發赴殿前司收管外實管七十六人內三人各補充進勇副尉七十三人各補充守闕進勇副尉比舊請各有合減落錢米乞下淮東總領所照依江上諸軍體例將政等補官資於券曆內擘說批放免行減落請授錢米送戶部勘當申故也

歸正人　淳熙元

卷一萬八千九百八

六

年七月十八日詔關外四川沿邊諸處及金州上津皆有歸正人令四川安撫制置司行下都統司常切存撫毋令失所　十一月十日詔昨來歸正之人竊慮其間遇有死亡人口無力營辦葬地可令諸州軍每州路逐城外附近寺觀空閑地段從便埋瘞專委同行一名看管候及三年給降度牒仍令支錢埋殯內大使臣以上支錢五十貫小使臣以下支錢三十貫父祖并母妻并各減半小口又減半文臣無力之家比附支給以為棺槨之費　淳熙三年六月十九日詔歸正人東南別無業雖已優補官資添差差遣其間慮有貧乏之人不幸身故無身埋瘞昨已等第支降錢物使其營辦葬事及優恤其家今來添差兩浙西路馬步軍副總管閻趙置到山地建造庵舍特賜名廣惠禪院仍令常平司撥賜係官田五百畝充常住以閻趙言昨來將帶忠義歸正人數頗多其間有死亡無地安葬趙已就平江府閶門外買到山地三百餘畝作義塚許西北忠義死事之人任便選葬又於山畔自備材植建造庵舍以奉釋氏乞賜院額故有是命　二年六月二十二日詔應歸正忠義人付身有冒名之人限一季許繳連真本從諸所屬自陳與依諸軍已得指揮遞減放行內忠義人若承代積來曾經親身立功卽依今降指揮施行　九月二十四日襄陽府守

臣張子顏言襄陽居民多係歸正人往往貧乏不能自存前後師臣陳乞
到米支給賑濟盡絶止有謝師稷陳乞米一萬石除支外見在四千六百
餘石會計可支一兩月乞於本州樁管米內支降米三二萬石接續賑濟
詔給米二萬石　閏九月二十一日詔楚州山陽淮陰縣歸附人戶張琳
等合納課子與依歸正人例蠲免　三年正月二十日詔訪聞見有西北
歸正歸朝人自乾道九年赦經部陳乞賑濟委官覆實保明方與放行竊
慮迂枉部數失所令州縣覈實保明申常平司先次放行賑濟　四年四
月二十五日詔歸正人令從便營生外兩淮江淛係官田土甚多每戶給田
十二畝三人以上給二十畝願備牛具種粮者與增一倍每戶給草屋
二間三人以上給三間人數雖多不得過四間其合用農具種糧從本州
措置應副仍擇委甲頭掌管輪流通融使用每遇發人之初猝未能耕種
養贍却恐闕食從本州計口先支錢米大人日支米二升半鹽菜錢五十
文小兒減半候及一年住支歸正官子孫見祖曾任差遣今已亡歿別無
廩祿養贍令所在州軍於合給田屋等數上以十分為率增給五分諸縣知
縣悉意遵守仍多方存恤勸諭力耕不得分毫追擾奉行勤恪績効顯
著當議先次推恩其或減裂違戾委監司按察撥遇田畝並與免諸般科

卷一萬八九百八　七

役租稅十年　五月六日詔諸州軍守倅各將部內歸正人從實審察如
果諳曉時務持身廉謹連銜保明申樞密院　十月二日詔四川制置司
總領所照應昨兩淮江淛給田指揮措置拘藉係官田畝給付歸正忠義
人及子孫無廩祿者　六年五月二十日詔凡係北界歸朝人不拘年限
放行養贍外有元係本朝陷偽歸正人自養濟後已請錢米及二十年者
委知通詢究若有子孫經營耕種及已請佃官田米無依倚之家即行住
罷將實係貧乏之人填闕　二十四日襄陽帥臣言管下歸正　忠義人
見有一千九百餘戶其間多少壯曾經戰闘之人今京西路多荒田欲隨
口數多寡給付各令依營田例耕種仍免十年差科稅賦使之各有所歸
從之　既而又言本州管下荒田多為土豪廣作四至占擱不令指射地
土廣闊不能開耕今除癃老殘疾并充保甲外已有歸正忠義一千一百
九十戶情願請佃官田耕種已將退下屯田照數給付條畫到逐戶單甲
姓名一本進呈詔京西轉運同襄陽府詳今來所奏事理照應淳熙六年
五月二十四日已降指揮施行　二十六日詔歸正人高允中忠義可嘉
令湖州支破勅士請給　九月二十一日臨安府根勘歸正人韓顯忠等
供證非冒捷官共一百一人詔為經大赦之後可令逐人限一月陳首改正

言

特與免罪淳熙十年九月十一日詔昨願忠首歸正冒名承代名目一百二
十餘人已行追官免罪內有曾經出戰堪披帶人可令承旨司審驗擂試
許令從軍支破進勇効用錢米　九年九月十三日明堂赦西北歸正歸
朝庶明不忘祖宗德澤遠來內有老弱孤貧無依倚不能自存之人仰州
縣覈實保明申常平司取見諸實特與賑濟一年　十二年十五年郊赦同
十年正月二十七日襄陽府言本府地臨極邊民多係西北唐鄧等
處歸正之人去秋旱傷今夏大雨廬舍漂蕩常平米止有二千餘石賑濟
盡絶乞於本府寄樁大軍米內支降應副賑濟詔支五千石　十三年三
月十七日宰執進呈知楚州錢之望申本州管下歸正三十五莊令來抽
摘強壯令在家閲習武藝乞令依忠勇効例於家許置弓矢上曰前此初
歸正其心尚可疑故禁置弓矢今其居已久可依所奏　六月四日戶部
言乞下江淮淛西荊襄四川路轉運司如歸正人瀨故將已前并今後請
射到官田典賣與人賣主及買人一例斷罪令官中奏取旨其田籍沒入
官買人價錢亦不追理仍許人告其官山不許借賃歸正人如有葬埋聽
買地安葬從之　利路提刑司申諸路歸正人請射田土多是轉手典賣
與人復來請射更有轉借或賃地人請佃官山田地將父祖葬埋部束論

卷一萬八九百八　八

奪似此擾民不一戶部勘當故也　十四年三月十一日詔歸正殿前司
前軍白身効用秘金為係遠人從軍日久特補承信郎　四月二日樞密
院言白身歸正及未有正補名目之人來歸日久令該遇射射鐵簾推賞
及日後功賞難以依歸正十資格法補授并陳乞恩數理宜措置詔將似
此之人依軍功八資格法補授并將來遇轉恩數之類並與諸軍一體施
行已上孝宗會要　淳熙十六年二月四日登極赦前後歸正歸朝歸附及
忠順官添差任數已滿之人昨來赦文許授正闕差遣或願就宮觀嶽廟
者將許陳乞一次今來該遇恩霈如願再就宮觀嶽廟者將更許陳乞一
次用示優恤三月二十九日詔忠順官今所在州軍照赦保明差注一次於本處就支祠祿請給　同日赦應歸正歸朝歸附及忠順官任添差宮
觀嶽廟之人其合得請受仰所在州軍按月支給　十五日詔敘故武郎
王格與馬軍行司將副差遣以殿前副都指揮使郭鈞　格首先歸正餘
赦敘官與殿前司將副差遣乞將格改充副軍將副以備朝廷使令故有
是命　二十九日詔仰惟至尊壽皇聖帝軫念歸正歸朝遠來之人優恤
備至朕嗣位之初自當遵守尚慮州郡或奉行不虔致令失所可照應
累降指揮并前後赦文務在安輯以稱朕意　紹熙元年四月二十二日

建康府言除淳熙十五年赦恩賑濟已滿一年外今乞將與更支一年詔
依過有事故人即行開落　五月十八日四川制置司言故知黎州劉師
顏昨來父子糾合忠義保護祖宗陵寢歸朝授官今官遭身死其家素貧
若不少加存異恐無以激勸詔令洋州每月支給兩文勁士錢米　閏五
月七日詔忠順官請給雖已通理滿七任月日若見任未滿將令所在州
軍且與接續幫勘候見任滿日住支從樞密院所請也　六月二十三日
江西運司言總領所將見昌軍忠順官任滿一季無過人接續幫支過錢
米理折月糧之數是致逐官不能養贍乞免行除豁詔照應淳熙十六年
閏五月七日已降指揮施行　二十九日樞密院言今具歸正守闕進勇
副尉進勇副尉添差數祇候使臣窠闕內六十闕下項一帥司浙東西江東
西湖南北福建路各差兩員廣東西淮東西京西路各差一員一節鎮明
婺江饒泉鄂舒州平江鎮江寧國建寧常德肇慶德慶府各差一員一次
州軍溫秀太平池徽信袁撫吉漳惠潮真楚滁泰蘄黃和州南康興化武
岡荊門高郵盱眙安豐無為軍各差一員詔將前項闕窠同作正闕差注
先注戰功次注陣亡恩澤補授次注歸正任數已滿人次注子弟所補授
候將來人數減少日申取朝廷指揮施行　紹興元年正月十三日樞密

卷一萬八千九百八

九

院言保義郎郎律據狀故父歸朝身亡臣雖受世賞方一十四歲乞送臨
安府權支勁士錢米養贍孤幼詔候年及二十即行住支　十七日福建
路安撫使高大同言歸正歸朝之人今後遇有身故之家不拘戶數即行
贍給其家不滿五口者則計口給之五口以上則至五口而止未滿二十
年且與養贍如此則朝廷實惠可以下究而州縣奉行不為虛文詔諸路
州郡照應施行　同日殿前司言昨令本司水軍統制范榮招收山東歸
正忠義人充效用并撥到歸正官兵分擘寨屋內有累重之人已蒙指揮
優恤每月添支米數養贍續準淳熙十六年正月二十四日奉旨特更與
展支一年今將及一年若行住支便見闕食乞依舊勘支充數先所詔將
更與展支一年以後每歲添有此請　二月十四日樞密院檢詳楊經言
歸正歸明歸附忠順官等除到部已有籍外其堂除人樞密院並吏兵部
未曾置籍今來添差任數已足注授正闕差遣自合一體乞下吏兵部
并本部照應條法指揮各置籍抄上以憑稽考仍行下所在州軍照會從
之　四月二日詔昨降指揮以歸正歸朝歸附及忠順官添差任數已滿
深慮不諳闕陞有妨奏薦許令注授正闕差遣隨才録用或願就宮觀嶽
廟者聽陳乞一次今來尚恐有貧乏未能前來注授或不得待闕之人當

臨御之初欲加優恤可將歸正歸朝歸附及忠順官添差前任一等不釐
務差遣一次願授宮觀嶽廟者聽候將來任滿日部仍舊照應節次已降
指揮施行　八月十九日樞密院進呈信陽軍申勘到郭沂等情犯事宜
王蘭奏郭沂元是虜界人為有親戚在淮南因而過淮其心亦是不忘中
國刑寺擬斷刑名太重上曰留得他一人在此亦何益於事不如令說諭
約回　二年六月十一日樞密院言乞行下諸路州軍日下開具見今在
任歸正歸明歸朝歸附忠義員數并已事故人數仍抄錄鄉色附籍日後
到任人準此如有事故之人令本州先次索真本付身鑿抹取朝廷指揮
從之　十一月二十七日南郊赦西北歸正歸朝民庶不忘祖宗德澤遠
來內有老弱孤貧無依倚不能自存之人仰州縣數實保明申常平司取
見諸實將與賑濟一年　同日赦淳熙十二年大禮赦文應紹興三十一
年以後歸正京朝官大小使臣選人文學校副尉下班祇應任數已滿之
人緣添差不釐務不許關陞將來有礙蔭補可令吏部依官序先次注授
正門差遣將副已上隨才擢用或願就宮觀嶽廟者將許陳乞一次內任
數未滿人願依舊添差者聽其諸州忠順官候滿七任日一體施行照得
紹熙元年四月五日先已將降指揮再與展一任訖竊慮在遠無力前來

卷一萬八千九百八

十一

陳乞之人仰赦到日於所居州軍陳乞即與疾速保明具申以憑給降付
身所有自今恭入合得請給並仰按月支給毋令失所　三年十二月八
日詔兩淮并沿邊州軍歸正人請占官田昨累降指揮與免差科稅賦今來
限滿理宜優恤可自紹熙三年為始更與展免三年已上光宗會要　淳
熙五年七月七日登極赦應歸正歸朝歸明及忠順官任添差宮觀嶽廟
之人其合得請受仰所在州軍按月支給　同日赦歸正歸朝歸明忠順
官等不以紹興三十一年前後合得添差任數已滿之人念其忠義來歸
理合優恤可將更與添差前任一等不釐務差遣一次仍令本州按月幫
支合得請給　九月十四日明堂赦已降登極赦文歸正歸朝歸明忠
順等官不以紹興三十一年前後合得添差任數已滿之人念其忠義來
歸理合優恤可將更與添差前任一等不釐務差遣一次仍令本州按月
幫支合得請給尚慮州軍奉行滅裂不即按月支給數有拖欠恐失朝廷
優恤之意仰監司常切覺察　慶元元年正月十九日殿前司言本司水軍
昨招收山東歸正忠義人充效用并撥到歸正官兵內有口累重大人
理宜優恤乞添支米養贍詔特支一年以後遞年準此　九月二十九日
宰執進呈蕭鷓巴遺表乞依蒲察火安利月給官錢二百緡以贍妻孥

端禮等及二人均為歸正而事體不同難以攀援若陛念其北來少加恩恤亦在聖意上曰比蒲察久安例減半與之余端禮曰謹遵聖訓於是詔每月將支贍家錢一百貫　三十日詔歸正人前進武副尉添差江南東路安撫司聽候使喚潘良輔特與支破効士錢米　良輔自言元係密州莒縣土豪紹興三十一年逆亮叛盟良輔糾集忠義七人隨鄭統領開波復日照縣并城陽軍及在海州與金人見陣蒙主帥魏勝將兄潘義陣亡進義副尉令良輔承授於隆興二年離軍到部累任添差建府安撫司聽候使喚紹熙二年有歸正人許志陳論冒名承代蒙枸収出身以來文字竊念良輔憤發忠義自備鞍馬出戰歸正立功實係無辜乞下建康府支破一効士錢米養贍血屬故有是命　四年四月十二日樞密院言歸正歸朝歸明并忠義官已經十一任添差任數已滿之人若令到部注授正闕差遣竊慮難待遠次因而失所理宜存恤詔歸朝歸明并紹興三十一年以後歸正官忠順官如已經十一任添差任數已滿之人委自守倅從公審量人材年貌參驗付身腳色别無詐冒委是正身保明以聞將吏與放行前任一等不釐務添差一次或十一任添差任滿已授正闕差遣之人如願就令來添差亦許赴州軍陳乞照應政授其請給並依紹興四年

十月九日指揮減半支給内供給錢十貫以下免減願就宫觀嶽廟者聽仍仰逐州軍每季置籍開具見任人職次姓名所支錢米等并已差下人申樞密院遇有政差事故隨即銷落及將事故人真本付身公據繳申吏兵部分明批鑿付身如無本宗親屬即行毀抹　嘉泰元年五月二日又詔更將與放行前任一等不釐務添差一次其請給並依紹熙四年十月九日指揮減半支給十貫以下免減願就宫觀嶽廟者聽並委自守倅審量人材年貌參驗付身腳色委無詐冒等仍照近降指揮置籍更令互相保明委係正身申樞密院餘從慶元年四月指揮施行　嘉泰元年三月二十四日宰執進呈何澹奏諸路州軍歸正并忠順官添差員數自來每月置册供申見任人數到任月日或有事故以憑銷除近來州郡多不申到竊[illegible]事故殁之人不曾開落虛破請給陳自強奏歸正人已是費耗州郡財賦豈可縱而作弊上曰可嚴行下　同日樞密院言諸路州軍歸正并忠順官見今添差之人自來每月置册供申見任人數到任月日或有事故以憑稽考旬銷簿籍竊慮所在事故之人其合干等人受囑不行開落因而虛破請給照令逐路安撫司行下所部州軍疾速開具歸正忠順官元額見管添差並事故人數須管每月置册逐人子細開具繳申樞密院

歸朝歸明歸附人不得漏落仍仰帥司常切檢點或有全年不申繳去處即開具當州官吏職位姓名申樞密院取旨施行　七月十七日知閬州劉甲言謹按承直郎添差在城監稅王永思初因偽地小吏歸正叨官八任在州監當見居羅城内累叨厚俸坐擁富貲廣置田宅凶悍之性老不知革父子三人動輒恣率其徒驅挾州郡凌辱平民為公私蠹壅占禁軍營舍居停娼婦以為遊宴之所其子侍官蔭尤為頑悖歸正官李安國等訴其在偽地本無官職妄稱有官憑緣受命及細問其初補付身係紹興三十一年隨忠義統領曹堅歸朝年止二十六却稱曾充偽地京兆府總管司孔目官已經出職補從事郎偽誥被焚别無一字干照又稱有曹堅出給公據亦不見繳進本人補牒内閣生吏部勘當不曾連到曹堅干照分明遂叨恩於文資上安排委係偽濫緣本州添差猥衆並係彼界投降之人凶獷之風不可復長其王永思難以存留本州令將任滿行赴運司擬授必是指射自代本身窠闕為害益深乞下制置司將王永思移向裏東州軍居住仍下部契勘如十任已足令後止與添差嶽廟差遣庶幾偽冒之人略知朝廷法令從之　嘉泰二年十月四日故檢少保保大同軍節度使贈太師蒲察久安孫忠翊郎蒲察居仁進狀言先祖久安先

父錢蔡親孝宗皇帝敕書宣諭率衆歸朝久安特蒙首建節鉞擢任帶御器械莫米優異竊見一般來歸蕭復係蕭琦之孫初任準備將領節次陞擢再任浙西副總管又先祖部下千户趙良輔男元已擢任浙西路鈐李元男邦王擢任臨安府正將重念臣叨受遺澤歲久尚未得禄自父職不禄之後每月蒙朝廷優恤支破贍家錢米一門方得存活臣已於去歲呈試中（原本缺）家錢米候出官住支緣臣東南產業素無若行住支立見失所乞降付樞密院與臣將添差準備將領臨安府駐劄所有贍家錢米仍舊永遠支破庶使忠義子孫溥霑無窮之恩從之　閏十二月十九日殿前司言本司水軍昨招收山東歸正忠義人充効用并撥到歸正官兵内有口累重大人理宜優恤乞添支米養贍詔將支一年以後逐年草此　三年十一月十一日南郊赦文歸正隨來子孫依指揮合得添差兩任任滿之人内有委係頭目子孫念其當來隨父祖忠義遠來特示優恤可令樞密院特與放行添差一次　又日赦歸朝歸正歸明忠順官雖添差任數已多緣具任滿深慮失所可照應第十三任指揮更特與放行前任一等不釐務添差一次以示優恤所有請給依紹熙四年九月九日指揮施行仍仰守倅保明委無詐冒逐旋申樞密院自後郊祀明堂大禮

敕亦如之同日赦西北歸正歸朝民庶不忘祖宗德遠來內有老弱孤貧
無依倚不能自存之人仰州縣叢實保明申常平司取見詣實特與賑濟
半年自後郊祀明堂大禮赦亦如之 開禧元年十二月十四日詔特支
故左武大夫濠州團練使耶律憲妻恭人郭氏每月贍家三十貫米五石
春冬衣絹各五匹冬加綿二十兩令糧料院按月幫支郭氏進狀故夫憲
元係遼國近族承襲世封任昭義大將軍於隆興元年以逆亮不道拋棄
墳塋家屬財產物業率領本部全軍人馬同招討蕭琦等奮發忠義萬死
一生來歸聖朝仰蒙聖恩換補武德大夫忠州刺史建康府中軍統領陞
充殿司統制身沒之後止有男孝純曾兩任添差臨安府將領自後緣足
疾不曾陳乞差遣別無人食祿乞依蕭奪里懶趙受等體例支給錢米有
司以非趙受之比故量給之 二年七月十六日詔偽明威將軍知縣王
立與換武義大夫偽地付身令承旨司毀抹將添差東南第五將蘄州駐
劄不釐務請給依正官例支破候二年滿日申取朝廷指揮 以江淮宣
撫司言立係偽明威將軍知縣并老小及齎偽地付身首闕兩門投拜迎
降故有是命 九月十六日詔偽將仕郎歸充歸德府寧陵縣主簿劉士
安換給廸功郎更循兩資偽地付身令承旨司毀抹 以江淮宣撫司言

卷一萬八千九百八

十三

士安係泗州土居百姓昨赴偽朝試過詞賦進士及第已偽補將仕郎差
充前仲差遣緣病日久未曾出官今遇聖朝大舉收復泗州士安齎偽朝
付身敕黄首先同本州閤良官歸順故有是命 二十七日詔泗州歸正
人史孫瓊與補承信郎 以山東京東路招撫使郭倪言宣因差送還泗
州知州至燕京得知本朝收復泗州遂來歸正乞復與推恩故有是命
三年三月十七日詔偽西路萬山一帶屯駐廣威將軍吾也萬戶男訓武
校尉謀克納合道僧康寧與補武翼郎 以京西北路招撫使趙淳言諜
克納合道僧父係右翼副統軍納合道僧自勸其父不可攻城偽折人衆
父既不從且欲殺之遂竊取右翼副統軍銅印一顆前來投拜納合道僧
本姓康淳為立名寧由是盡得萬山一路番軍虛實虜人於次日燒營盡
渡江北乞與推恩故有是命 二十三日詔借補承節郎前泗州煙火都
監黄天翼特與補下州文學 以權山東京東路招撫司職事畢再遇言
天翼自陳元係泗州宝長人事習詞賦進士舉業於虜界五獲解頒到省
一次到殿有終場付身照驗充州學正於虜界格法請赴御試舉人雖未
及第許就隨朝十貫石局分承應歷三考得軍防判差遣天翼緣毋親年
不曾願就於年前四月二十六日幸遇大朝恢復舊疆天翼即時具州學

事目首先迎拜王師於泗統制處歸正了當次後蒙招撫司差其忠義路
逆充泗州煙火都監借補承節郎官資幹當軍前大小事務及津發大軍前
進一行人從車仗牛馬等事正當著兩實歷苦辛不曾有模官中事務乞
給換正官故有是命 嘉定三年二月二十三日詔故忠順郎差濠東副
總管婺州駐劄張會寧男時敏與依一般歸正人趙受例支破錢米贍濟
以時敏言父會寧元係北界千戶管軍頭目同萬戶蒲察大安部領軍馬
前來宿州虹縣守把於隆興二年恭拜本朝宣諭誓文黄榜部率全軍
人馬遠來歸朝今來身亡乞依趙受例支給孤遺錢米故有是命 五年
二月十三日建康都統制莊松言昨准都省指揮勘會殿前步軍司建康
鎮江府諸軍武鋒軍見管歸正忠義口累重大之人計口添支米數得旨
特展支一年本司見管歸正忠義人指準每月添支養贍家屬乞且仍舊
接續接月照會批放庶免失所詔特展支一年 六年九月十八日詔今
後歸朝歸正歸明忠順官大小使臣校尉年及七十陳乞添差人並與添
差監當場務校尉添差指使並不釐務願作嶽廟者聽內曾任路分副都
監以上並止與降前任一等不釐務差遣所有請給若至第十一任人自
依紹興四年十月九日已降指揮施行仍令吏部今後遇有勘會似此陳

卷一萬八千九百八

十四

乞添差之人分明予決合入差遣申樞密院 以樞密院言歸朝歸正歸
明忠順官嘉定五年十一月郊祀赦恩施行前任一等不釐務添差間有
年及七十未曾該載緣曾經十三處戰功年及七十八依淳熙五年指揮
大小使臣與添差監當場務校尉添差指使並不釐務願作嶽廟者聽內
曾充正將以上在外曾任路分都監以上人並將與降前任一等添差不
釐務差遣其歸正等官年及七十者自合一體施行所有曾任路分副都
監以上人緣資歷稍高理合分別優異故有是命 八年二月二十三日
樞密院言殿前司摘遣麥步軍第二將訓武郎準備將耶律淑稱故父恭
遜係契丹頭領於隆興二年同少保蕭琦萬里歸朝蒙恩特補授武德大
夫忠州刺史差充殿前司忠義軍正將於乾道五年致仕恩澤補授承節
郎淳熙十三年從軍嘉定元年陞充準備將轉至上件名目念淑隨父歸
朝經今五十餘年係在聖朝長大照得契丹覆姓耶律係姓劉竊恐將來
出戍呼叫姓名不便乞改正姓劉依舊名淑本軍將隊契勘耶律淑委是
詣實從之 十年七月七日詔偽懷遠大將軍海州贛榆縣令夾谷秀特
補忠訓郎偽宣武將軍海州贛榆縣主簿權稅務都監馬禧特補承節郎
偽信武將軍海州贛榆縣尉權忠孝義軍都統徒單立特補保義郎昭信

校尉海州贛榆縣徐浦酒稅都監蒲察椎將補進義校尉分注福建州軍
合入添差不釐務差遣理任請給等並依前後添差歸正人則例按月幫
之偽地告劄令吏部毀抹　以江淮制置司言楚州忠義統轄高忠皎申捉
兵至贛榆縣城有夾谷秀等開門齎銅印并官告迎降本司照得逐人並
係投降歸順之人即與捉獲人不同乞將偽地官資換授正官故有是命
八月二十二日詔歸順官趙元登特補成忠郎令吏部差注福建州軍添
差不釐務準備差使理任請給依歸正人則例按月幫支　以江淮制置
司言忠義統轄沈鐸復漣水縣首有趙元登投降係偽武節將軍漣水縣
閭家莊巡檢為具本朝檄時即齎告劄等同老小歸附本司究問係道州
三河縣溪兒人地近事宜無不開知攻守之事言於可聽其人頗滑難信
除將家口六人發赴都統司安泊支破錢米外照得趙元登首先歸附與
執降降附等人不同合加推別乞照本人偽官換授與夾谷奴等一體添
差故有是命　二月二十八日詔偽宣武將軍華州華陰縣尉張玉特補
忠義郎偽武節將軍潁州潁上縣香林寨副巡檢劉進特補成忠郎偽忠
翊校尉蒲端仁張直張勝各特補進義校尉分注江西州軍添差不釐
務內張玉劉進充準備差使蒲端仁張直張勝充指使理任請給等並依

卷一萬八千九百八　十五

前後添差歸正人則例按月幫支偽地告劄令吏部毀抹　以淮西安撫
司言張玉等原係中原人陷蕃百年不得已而仕偽知本朝恢復觀檄書
感泣約候兵馬渡淮率軍民內應忽大軍未來攻取所謀敗露欲將結約
人誅戮玉等畏死星夜將帶老小歸順家産屋宇盡皆拋棄今齎偽地告
劄乞換給正官故有是命　十一年五月十九日詔前偽地白身宗子趙善
闓特補保義郎監潭州南嶽廟常州居住放行合得請給其家口抑住常
州照北來人體例支給錢米養贍　以江淮制置司言淮東安撫司據高
郵軍申解到北人趙善闓等本司未委緣河北來據善闓稱係大宋大宗
第七位從孫東京敦親北宅濮王宮長子平陽郡王位下子孫宣和年間
親祖士皷任京東淄州兵馬鈐轄曾祖仲集帶開府儀同三司追封魯國
公謚恭安係哲宗徽宗皇伯士皷係神宗皇兄金賊攻取京東知州孫立
順蕃其祖在後例換偽官誥命又不歸并善闓只在淄州居蕃國為見善
闓是大宋皇親拘收在官不令出入緣韃靼人馬再打淄州善闓將老小
出城入濟南東平府邳海州至沭陽縣宋超家住坐今知本朝軍馬進發
迎洗將軍帳前歸正了當今畫宋枝圖并齎到本朝誥敕明白本司已收
管贍養故有是命　八月九日樞密院言故武德郎淛西路副總管蒲察

鈞男端仁言臣故祖父安陰與二年蒙孝宗皇帝命魏王觀書招祖父安
陰發忠義糾率大閻仁等將金軍人馬及倉庫等歸朝宣賜臣家恩數係
是特旨不經銓選祖父安身故伯趙臨危陳乞贍家等錢蒙恩月給二百
貫米各衣絹續後月支錢一百貫米一十石緣伯趙父鈞坐前各居煙爨
所有月支錢米係臧男居仁支請臣兄弟並不得顆粒分文獨不霑被聖
澤乞付樞密院劄下戶部及堂兄居仁位將逐月支破贍家錢米等分與
臣位均養贍如蒙允所請依所乞　二十一日詔歸正人張時安趙巽
張瑜各特補進義副尉分注江西州軍添差不釐務聽候使喚理任請給
依歸正人則例按月幫支偽受告劄盡付兵部毀抹　以江淮制置司言
張時安等係大宋遺民陷蕃百年父祖以來有意歸順南北限隔不得
已仕偽今虜衰殘將墳塋財産拋棄於嘉定十五年踏雪立縣過淮歸順
蒙分撥無為軍養贍緣將安等偽官不曾陳乞換授近張玉劉進等齎元
授偽官換授訖今齎偽官誥劄乞換授正官使霑寸祿故有是命　十二
年七月七日詔前偽地白身宗子趙善長特補承信郎趙汝舟趙汝良並
將補保義郎差監潭州南嶽廟內善長與化軍汝舟汀州汝良漳州各居
住並放行合得請給仍將各人家口隨逐軍分撥照北來人體例錢米養

卷一萬八千九百八　十六

贍北直等人令江淮制置司契勘的實人數分隸別州軍亦照北來體例
支給錢米繳到告二十二段并宗圖公據令分椿庫寄收劄下泉州照會
以江淮制置司言揚州軍前知密州子詳申領兵至密州諸城縣有
趙善長等首領忠義人歸順取密州膠西縣城池稱係皇朝子孫陷沒偽
地今因韃靼侵擾偽差汝舟充義軍副都統把軍為見制司文榜首倡大
義將帶精兵千餘招伏宋山史五四千餘人前來東海欲效忠節本司審
驗得善長等曾高祖允昇賜平陽郡王高祖旦祖仲瓊父士綱見有神瓊
敕封五色綾誥及插畫宗枝圖及士綱東義郎官資於偽地倒換公據顯
證照得善長等係是宗室難以臨邊已差人伴送南外宗正司養贍外善
長汝舟汝良共五十八口白直老小七十一口乞將善長等補授官資賜
屬照北來人體例支給故有是命　十二月二日歸順人郝德將補副武
郎通判青州兼京東路兵馬鈐轄成江修武郎通判齊州兼提舉殘衆修
武知萊州統轄萊濰州兵馬王贇修武郎知齊州兼京東路兵馬鈐轄郝
全從義郎知濱州兼總轄本州軍馬寇習秉義郎簽書青州判官兼總轄
王安忠翊郎忠勇軍馬軍統制兼青州兵馬鈐轄劉江忠翊郎忠勇軍先
鋒統制趙澤忠翊郎忠勇軍中軍統制兼京東安撫司帳前總轄張彤成

忠郎忠勇軍統制兼知密州朱琛成忠郎忠勇軍統制兼知濰州衛穩成
忠郎忠勇統制兼知登州鄭堅成忠郎忠勇軍統制兼知淄州高顯承節
郎忠勇軍前軍統制張松承節郎忠勇軍左軍統制張山承節郎忠勇軍
後軍統制劉源張福崔欽並承節郎京東安撫司帳前統制　以京東路節
制司言郝德等本是遺民不忘舊主㪅心歸順忠節可嘉近準朝廷給降
空名誥命六十一道本司今先書填給付外乞照應　十四年正月二十
三日詔楊嗣興特補武脩郎王參從義郎　以四川宣撫安丙言嗣興先
在北界僞官至定遠大將軍驍虎軍統軍元係先朝名朝楊業之後雖世
受勇閤本營一日忘本朝恩欲自拔來歸今乘機會挽棄家屬捨逆歸正
參先因與韃靼經戰立功僞加至懷遠大將軍昨來虜人侵犯曾受制湖
制置趙方旗榜結約遣意㪅心南向屢犯虜機欲復見漢官威儀乘機勇
決棄家歸朝委見忠順故有是命　三月十九日詔張惠特補修武郎河
北東路兵馬鈐轄　以京東河北節制司言據盱眙軍忠義都統李全提
領人兵與泗州番軍見隊有僞大將輔國上將軍遙鎮兖州節度副使宣
差總領郡提控張惠將領部下頭目數人出陣投降歸正可見忠節故有
是命　四月二十六日詔成忠郎忠勇軍統制兼知濰州朱琛特補忠訓

卷一萬八千四百八

十七

郎差充京東路兵馬鈐轄兼管登萊州靜海軍盜賊兵甲公事借補承節
忠勇諸軍總轄統制兼滕州通判夏贇特補承節郎權通判滕州兼管忠
義軍事京東忠義諸軍都統制司準備差遣王世珍特補承信郎　以京
東河北節制司言琛安集居民捍禦日見委有勞勣鳩募義衆歸委集民
民捍禦有勞世珍鳩義衆歸附協贊軍事委有勞勣故有是命　十五年正
月十日玉寶赦文勘會歸朝歸正歸明忠順官添差任數已滿之人因該
嘉定十四年明堂大禮赦恩已令更將與放行前任一等不釐務添差一
次其年七十以上之人亦已照應嘉定六年九月十八日指揮施行尚慮所
在官司阻抑不即放行請給自今赦到日仰所在州軍即與按月㮣支
任嶽廟并待闕合得本身料錢衣賜人亦仰速與幫支毋得仍前違戾
二月五日詔李元特補從義郎充淮東制置司制勝軍鈐轄　以京東節
制司言忠義都統及路鈐張惠申有向洋河歸正頭目李元殺死沿河守
把蕃官并偽提控溫罕偽都統石林王奴萬戶獨吉本胡速奪到偽牌印
將帶部下前來歸正本司將李元差充應天府鈐轄兼帳前制勝軍統制
人兵剿充制勝軍發往盱眙軍捍禦照得李元捨逆歸順將帶人兵歸正
本朝可嘉忠赤故有是命　四月二十七日詔孟春特補武翼郎仍舊知

沂州兼京東路馬步軍副總管提舉沂滕單州兵馬盜賊公事　以忠義
都統李全言沂州知郡孟春久居京東係大家之遺為金人陷虜邇近百年
為殘金亡政春抱義先自嘉定八年聚集忠義招到沂滕兗單濟五州十
九縣歸正聖朝節次遣如春承信郎京東路鈐知沂州於十四年有石珪
盜賊妄稱韃人抵城下逼脅拜降春緣州城池累值兵寡少無糧難
敵大馬金銀供不得免石珪分付牌印令春充元帥未嘗行用後都統到
沂州給付詔書仰念國恩兼春係先歸正實無背棄及將元授金牌繳納
赴制司公參管下州縣亦各歸正今兵見管州縣沂州臨沂費縣滕州滕
鄒沛南陵縣兗州滋陽寧泗水曲阜單縣單州單父豐魚臺虞城成武楚丘
縣濟州任城金鄉嘉祥縣本司見得孟春莊民朴實逼於逼脅不得已隨
從石珪初無違背本朝之意故有是命　十六年八月二十四日詔制勝
軍統制陳智特與補承節郎　以京東河北鎮撫司言海州申智係寨州
謁城縣人務農為生嘉定四年經韃靼兵火隨李全紐合人兵在九傻山
混殺金賊十六年赤心歸順聖宋取東海次海州實復山東後攻取邳州
破招賢唐家二寨奪到牌印免畜軍頭目夏深等盡力催多見係借補承
節乞與推列補換真命故有是命　九月二日詔趙杜特補承信郎　以

卷一萬八千九百八

十八

淮西制置司言杜係遼東蓋州人女真馬軍千戶撥屬威軍南京屯駐因
虜界尋尚酷虐害軍民於嘉定十二年衆騎將軍老小歸順至唐州蒙
隨州借補承信郎充克敵軍訓練同康用攻打比陽縣立功補準備將虜
賊犯蘄黃京湖制司令隨應再與於馬鞍山林家店見陣陞補副將節次
先鋒血戰重傷今齎偽界付身宣武廣威將軍宣帖修武校尉敦黃武節
將軍官資比附換授真命故有是命　九月十三日詔偽宣差鎮國上將
軍邳州從宜經略使兼邳州判史知軍事徐邳現指使納合陸哥改姓康
名日碑特補武節大夫忠州團練使充淮東路馬步軍副總管知淮陽軍
事兼管內經略使　以京東河北節制司言納合陸哥舉城來歸忠誠可
尚除已便宜改姓康名日碑誥命乞從給降故有是命　十七年二月十
一日詔康日碑特贈保靜軍承宣使仍將與承節郎忠澤一道承信郎忠
澤二道更將支錢二千貫又給付其家令制置司於朝廷撥賞錢內支
破　以樞密院言勘會將授忠州團練使武節大夫淮南東路馬步軍副
總管知淮陽軍管內經略使康日碑捨逆從順挈地來歸備見忠赤方深
嘉尚旋為賊害殊可矜傷宜加贈卹以示國家懲忠不忘之意

全唐文　宋會要　歸明

太宗雍熙三年七月詔北界歸明人先令分處并代今遣容樞都承旨楊守一還於西京許州給閑田處之使爲永業仍免租役州縣常加安撫　仁宗天聖十年六月四日開封府言故侍禁劉日休妻自陳夫從契丹歸有男應沖求錄用　詔自今歸明子孫須自虜界携來方與錄用　慶歷元年八月以契丹歸明人趙英爲洪州觀察推官賜緋衣銀帶及錢五萬更名至忠　三年四月以歸明右侍禁蒙守中爲大理評事守中本乾寧人景德初陷契丹嘗舉進士及歸明右侍禁監和州商稅至是自陳不願爲武吏故改命之　五年九月詔河東經畧轉運司佃官地歸明人並蠲其差役其別自營創者如令　六年五月三日歸明舉人李渭言本化外溪洞人父在日補鶴繡州軍事推官逮臣長成取辰州進士文解試于南省乞特依歸明人例文資錄用詔補齋郎　七年二月二十八日詔歸明人守官處自今惟得幹本局事不許差出　四月二日供奉官閤門祇候李德用充荊湖南路都監詔以歸明人還內殿崇班仍前職　皇祐二年正月詔施州自今歸明軍校死者許其子孫代守邊仍先給食鹽具衣襖須三年乃給之　嘉祐五年三月詔流內銓自今歸明人年二十五以上聽

卷全百一

一

注官　初泗州司士參軍徐濟自陳歸明時八歲今年四十八不得注官因著此條　應大遼西蕃南蕃及羈縻等處歸投事迹可以分入逐門者已隨類分入外其不指一處總稱歸明者悉載於此　治平四年十一月二十三日神宗即位未改元上宣諭樞密使曰歸明子孫議立收恤之制以示來遠之意乃定恩例許之自陳　神宗熙寧元年五月二十三日詔今後歸明人子孫敘祖父乞恩澤者不以生長去處文武陞朝官以上給田三頃如在寬鄉即給五頃以下給田二頃如在寬鄉即給二頃曾給田者不得一例支撥如祖父元給請受並令承請無者依此給田　二年十月二十九日虞部郎中致仕趙至忠言本北來歸明之人自歷任並支實俸致仕亦蒙特恩令三司以祿令特減一半欲乞全給又昨致仕乞親堂姪慶長恩澤未蒙允許詔特支全俸見錢　三年八月七日詔歸明人除河北河東陝西京東川廣不差外餘路並許差注內京東路除北界歸明人外餘歸明蠻傜亦聽　八年二月詔免歸明人子孫爲義勇者止令附保　元豐四年六月四日詔歸明人相讐殺公事令所隸屬路分官司相度行遣不得交相侵越如已施行仍關牒照會　五年十月十八日詔歸明人應給官田者三口以下一頃每三口加一頃不足以户絕田充其價轉運司撥還　是年詔陝西河東經畧司閑

卷全百十

二

諸路蕃官雖轉大使臣並在漢官小使臣之下朝廷賞
功轉資以為激勸如此畀柳則孰知遷官之榮可宜定
漢蕃官序位以聞後河東經略司言蕃官部堡寨兵出
戰常以漢官驅策恐難與漢官序位而尚書兵部言乞
應蕃漢官非統轄者並令序官從之　六年十月十七
日廣南西路運轉使權經略司陳倩言遷徙歸明人給
田並易舊省戶熟田其舊人所得田不及舊業給屋宇
價錢又損其直乞以官錢貼還從之　十二月二十八
日詔恩賜歸明人田宅毋得質賣以編敕所言賜田宅
本款化外之人有業可歸不當許其質賣也　七年七
月二十一日詔陝西河東蕃官蕃部轉職名及因事酬
獎者書其實年於付身文字本路直補轉着准此　哲
宗元祐元年三月二十四日戶部言歸明人除三路及
緣邊不得婚嫁餘州聽與嫁娶并邕州左右江歸明人
許省地溪峒結親從之　四月十四日詔今後殿侍係
歸明御人尋醫侍養各不限年許三班內有已授差遣
或在任人依元路分與合入差遣　八月一日詔今後
蕃官不許充漢官差遣　先是河東提刑兼權管幹經
略司公事范子諒言國朝置蕃官必於沿邊控扼之地
賜以田土使自營處官資雖高見漢官用階墀禮所任
不過本部巡檢之類平居無事志氣懾服故緩急之際
易為驅策近歲蕃官有換授漢官而任內地沿邊去處

甚者擢為將副與漢官相見均禮於事體未順故有是
詔　三年正月十八日詔陝西河東經略司機察來歸
蕃族之軍特可疑者分徙近郡　十二月八日樞密院
言歸明人給田舊條堪耕種田不足給戶絕田元祐間
令堪耕種田不足給常平田緣常平田止人戶抵當場務
所折納等田土數目不多詔添入常平田不足給戶絕
田　四年十月二十三日詔歸明人任陞朝官以上合
丁憂除依式給假外特不許持服　五年八月一日戶
部言歸明人所給田如有妨礙及瘠薄不堪耕佃乞官
為驗實別給從之　六年九月十八日刑部言蕃官授
使臣若鈐轄蕃族寧靜不致引惹及無料率擾候及
七年三班差使借差殿侍及十二年無過犯與磨勘如
犯工條各計贓私公罪比展年法加一倍展年事理重
者奏裁從之　二十九日兵部請應蕃官去失付身告
敕文書之類不礙遷轉照使者借職已上展四年磨勘
差使已上展七年磨勘礙磨勘者借職已上七年差使
已上十二年其貸賣典當并受買各以違制論從之
十月二十一日河東路經略司奏請應沿邊蕃官蕃部
地土如係官給者並不許過相典賣熟戶蕃部祖父及
已業即聽自相典賣並從之　七年八月二十三日鄜
延路經略使范純粹言本路蕃官往日因歸順或立功
朝廷特賜姓名以示旌寵近來頗有無故自陳及私改

漢姓者未有禁約年歲積遠漢蕃弗辨非所以尊中國
别異類請今後諸路蕃漢除朝廷賜姓外不許陳乞從
之　十二月二日河東路經畧司言西界投來頭首異
浪昇崖是西界正鈐轄乞特與一諸司副使名目其從
人歲移曾差出探事鬬敵重傷詔異浪昇崖與内殿承
制給驛券差赴麟府路軍馬司使喚候别立勞効保明
以聞歲移為探事重傷與副兵馬使　紹聖二年六月
三日詳定重修敕令所修立到歸明人於所住州軍置
籍死亡者銷落申兵部條具從之　四年正月五日立
賞格募漢蕃官人及邊人招誘西差用事大小首領除
官自正刺史至殿直賜金帛三萬至五百　同日詔以

卷六千二百十　五

投降蕃官王屈輕為三班借職　二月十三日詔熙河
蘭岷路發遣到蕃官東上閤門使雍州防禦使李忠傑
添差越州兵馬鈐轄賀州刺史李世恭為婺州兵馬都
監並不僉書公事其請給人從依見任官條例逐州覺
察無令踈虞　九月一日詔今後歸明人未給田者權
舍以官屋　元符元年三月七日詔今後未經漢官差
遣歸明界蕃官使臣仍舊隸屬兵部如立功優異委經畧
司保明聞奏當議審察取旨　四月二十一日鄜延路
經畧使吕惠卿押到降羌米屈啾詔補内殿崇班　五
月十三日涇原路經畧司言歸順人部落子蒴山委是
赤心向漢詔特與副兵馬使　十八日熙河蘭岷路經

畧司言歸順部落子勃哆稱曾投夏國今復誘致親屬
三十餘人并首級馬等歸漢詔勃哆為三班借職仍賜
絹五十匹　二年正月四日詔給度僧牒三百付涇原
路經畧司回易應副新歸順蕃部　同日涇原路經畧
司言統軍嵬名阿埋妹勒都逋今押赴闕招納到生口
三千餘人於靈林鎮羌九羊通峽盪羌寨安泊詔令經
畧司存恤　六月三日鄜延路經畧使吕惠卿言詔降
羌葉石悖七補東頭供奉官仍賜銀絹緡錢各三百撿
准敕榜偽天使之類與崇班仍賜銀絹各百石悖七係
西界業令吴箇官與偽天使一般本司已支銀絹緡錢
各五百仍給公據許奏補内殿崇班若降等慮無以取

卷六千二百十　六

信詔從之今後有名目與敕榜不同人並奏聽朝旨毋
得一面支賜先許官職諸路准此　徽宗崇寧二年九
月二十三日詔歸明人如係納土歸明並與依條支破
職田内西北歸明人雖非納土亦與支破　三年五月
二十日兵部狀西京留守司狀據崔昌國狀伏為曾祖
鑾元是北朝歸明人祖元吉以曾祖鑾奏補下班殿侍
終供備庫副使父宏以亡祖元吉奏受三班借職終西
頭供奉官本家自曾祖歸明以來遞相緣父官資依海
行合該奏薦出官併未曾陳乞歸明恩澤亦不曾得官
中田土亦無給到請受本家無親屬食祿伏望推恩施
行本部契勘崔昌國所乞比類告示本人緣崔昌國本

家未曾授却歸明恩澤兼見今無人食祿今來若便依
歸明月給田條給與田土今後依此　大觀二年二月
十六日上批訪聞靖州西路道首領楊秀滿諸蠻有狀
乞歸化納土總管司既久未報不勞民窮兵緣其投誠
因而撫納亦足以爲新邊藩翰　三年三月二十八日
尚書省據兵部狀度支開唐州龍興寺北界歸明僧行
應狀元歸明僧行應狀元歸明准朝旨於有常住寺院
居住逐月破錢二貫五百文省春冬衣絹四疋綿二十
兩每月米麥兩石至元符三年正月內指揮依舒州歸
明僧李智廣例罷支常住錢帛於軍資庫逐月支錢一
貫文日費不能給却乞賜元舊常住錢絹等事木部契

卷八千二百十　七

勘上件北僧行慈所乞緣已有每月支錢一貫文朝旨
更乞取自朝廷指揮詔每月支錢三貫文應歸明北僧
支錢者並依此舊多者從多給　八月二十日樞密院
奏勘會歸明蕃部及因過犯編配或羈管之類元係外
界人近來逐處不切關防或有失安存致走失散在諸
處深爲不便詔逐州勘會內有上件之人仰當職官檢
察巡守不管輙有走失違者以違制論仍令後每旬具
見管及開收因依申樞密院　政和元年正月十日詔
應諸處見在鄉村歸明人並改正令依條州縣城內若
住令轉運司每季具見管歸明人姓名申樞密院以潁
昌府長社縣頓家村居住北界歸明人張潛私走上京

整會分田故有是詔　二十五日詔訪聞陝西河東諸
路州縣有元係歸明人數內有別無請給者雖有給賜
田土緣州縣失於檢察存恤照管多被本屬縣分吏人
承佃往往減刻租課致以贍數少食用不足可下逐路
轉運司契勘有從初歸漢口眷衆多而身分別無請給
所賜土田數少養贍未得周足者據的確數約定合給
田土頃畝申朝廷相度多寡給賜如歸明人不願自辦
力耕種即令佐當面取詣實狀許名有物力户立定租
課承佃至收成將租課赴官送納當官給付所責有以
防猾吏侵漁歸明人因致贍養不足仍令州縣存恤照
管及仰户部立法嚴行禁約州縣人吏不得巧作名目

卷八千二百十　八

移轉租佃歸明人田土庶可杜絶姦弊　三年正月二
十一日兵部尚書俞㮚奏伏見歸明遠人以州縣失於
機察或致逃竄近者樞密院申請令改正並居城中繼
而異降指揮除中國所生子侄然一門之中未必皆遠
人也未必皆中國所生也其在野外居者或二三十年
亦既安土樂業各得其所今使凡歸明者居城之中子
姪居城之外其父子兄弟且別籍而異居若子孫並令
入城則虛其室蕪其田僦居以學商賈又皆失其業矣
伏望聖慈特賜詳酌居城外十年以上已皆安土者聽
從便餘依前降朝旨施行從之　四年二月十一日中
書省言勘會新民子弟初被教養故立法稍優以爲激

勸若歸明已久自當依州縣學法緣未有立定年限詔新民歸明後經十五年並依縣學法施行雖限未滿而能依州縣學法呈試者依此　六年正月三十日中書省言勘會諸路歸新民向化未久若止限一年慮柢犯法禁在所矜憫宜寬其限續建州縣亦合一體從之　八月十五日詔播州管界都巡檢楊光文等已係歸明身為王民受爵命自當遵守令法尚敢擅相讐殺光文且貸命并惟聰並除名勒停今後如敢違犯並行處斬似此歸明人並依此先是夔州路轉運司奏光文令楊文泰射殺惟聰家人口燒倉穀取牛馬惟聰復將帶人馬燒光文米倉遞互讐殺不曾侵犯州縣恐別致引惹生事故有是命　七年正月七日歸朝官承議郎右文殿修撰李良嗣賜姓趙良嗣遼人嘗為光祿卿政和五年四月歸朝初授直秘閣　七月九日詔諸路歸明官已授漢官差遣仰所在處知通等常切體認朝廷待遇優加存卹無致失所其合支破供給料錢廨舍接送當直人從田土等仰即時應副如違並以違御筆論人吏決配廣南仰廉訪使者覺察以聞仍令尚書刑部遍牒施行　八年三月二十六日樞密院言契勘諸路見管編管羈管西界歸明及捉到人不少其無職名田土之人州郡止依乞丐例支給口食別無請受錢米難以存活至有逃竄作過之人詔令諸路州軍如有編管羈管

到西界歸明及捉到人無職名田土者取問如願投本處廂軍即許收刺仍令本處當職官及本營將級關機察不管走失踈虞不得差使出城月具存在及見已刺過人數申樞密院　四月八日朝奉郎新差權發遣利州路提點刑獄公事黃潛善奏臣竊見諸路所管歸明人各有父祖元授官資田土錢米至子孫皆許陳乞而歸明後所生不復拘籍人數既多散處州縣歲月滋久案牘不全遇有陳乞止合驗父祖元受付身名保保奏即未有立定年限亦無關防重疊之法至有自陳於數年之後者有非同時歸朝而忘陳請者有司勘會動經歲時偽冒者難於檢察當得者困於留滯若今比附叙述勞績及陳乞恩例之法寬立年限過限不許受理已經收使者將元授付身批鑿用印不唯可絕欺妄亦使應法之人早霑恩典奉御筆依所奏尚書省立法令立到諸叙歸明乞推恩及給田土錢米之類得收使者所屬取父祖元授文書批鑿用印即過七年而方叙述者官司不得受理　宣和二年十一月十六日樞密院言勘會日近諸州軍歸明人本處官司並不寬恤供給多是積壓往往私走上京陳訴詔兵部遍牒諸州軍今後常切存恤照管吏私走上京引惹詞訟當議重刑黜責　三年二月二十八日勘會歸明人合破供給人從請受田土舍屋等累降處分存恤應副訪聞州縣尚不依

時支撥累有陳訴可令諸路州縣遵依累降處分常切
存恤依時支撥應副仍仰監司嚴行覺察　三十日樞
密院言歸順蕃官武翼大夫康州刺史董承有自政和
六年内率領族屬納土得官至今已經三年並不曾請
俸廩嘗言承有已感謝國家異恩優加官爵情願更不
請受未有功効報答國恩詔董承有特於使額遥郡上
各轉一官　八月二十五日樞密院言荆湖南路安撫
鈐轄司申邵州狀見管歸明蕃蠻官七員連家屬八十
二人本州沿邊去處接連湖北武岡軍蠻洞今來諸處
編配移送到蕃蠻衆聚語言情偽不辨難以關防乞將
見管蕃蠻人與蕃官分移本路僻遠不係沿邊州軍拘

卷八千二百十　十一

管仍乞免將帶配移送蕃蠻人等前來本州羈管樞密
院送荆湖南路鈐轄司相度申本司勘契本路管潭州
邵永道郴衡全州武岡軍桂陽監各有見管并朝廷移
配到蕃部及歸明蕃官數内唯潭邵二州人數稍多今
若更行分配前來逐州實見難以關防今來邵州所乞
將見管蕃蠻人等分移本路僻遠不係沿邊州軍難以
施行外今相度潭邵州權行住配今後有移配之人即
乞分送道郴衡永全州武岡軍桂陽監羈管施行所貴
不致疏虞歆望朝廷更賜詳酌特降指揮施行詔依所
申　四年二月十五日詔鄭州趙從議亳州劉安甫等
竄去都下訴其窘闕及陵犯事端殆非存撫遠人之意

自今應歸明人合得請給仰按月同本州官一等支給
如合破舍屋田土及差當直人並如法給差依前違期
不支請給或不爲撫存以至迯竄具知通當職官並一
例重有行遣仍委廉訪使者覺察每季具有無上項事
跡報宣撫司聞奏　五年五六大日絳州奏先奉聖旨
歸明人内有習文武學藝者並依條法許赴科舉如所
難得保識有礙引試委自所居州縣審驗保明依條收
試庶幾說豫向化之心今據歸明進士李勿狀元係北
界中京惠州刺史金州防禦使李德麟親孫自來應詞
賦進士舉兩次得府解一次御試外有男裔孫亦習進
士舉今來歸明聖朝念勿父子是詞賦舉人未曉當今

卷八千二百十　十二

取士文範欲乞往本州學聽讀修習見行規矩文義以
預將來選舉本司契勘遠人嚮化志在務學當格其習
使知經訓已權令入學聽讀訖更合取自朝廷指揮如
更有似此之人依此施行詔依所乞　八月四日詔歸
明有官人應舉許於所在州投狀送轉運司收試依燕
山府雲中府進士近降指揮權試策論兩場後次科舉
合試經義仍與應就試人依公參定如更有似此之人
依此以濟州申到承信郎趙炳元係北界中京人隨父
歸明陳乞收試故有是詔　十七日河北河東燕山府
路宣撫使譚稹奏臣契勘虜人設官無度補受泛濫惟
吝財物而不惜名器雖有官之人類無請受止是任職

者薄有俸給臣謹參照立定比換補授格目伏望更賜詳察施行令定到歸明人補授換格下項未撫定以前歸朝人補換格王師入燕後歸朝人補換格文資僞官六尚書尚書左右丞侍郎給事中直學士諫議大夫少大監大卿少卿殿少將作少監少府少監左司郎中郎中員外郎檢校常侍殿丞一等官洗馬一等官司直秘書郎試評事校書郎試崇文館校書郎（太子校書郎、正字、文學同）比換朝散大夫朝奉大夫朝請郎朝散郎朝奉郎奉議郎通直郎宣教郎承事郎承奉郎承務郎修職郎迪功郎將仕郎文學助教武資僞官金吾衛上將軍節度使大將軍節度使留後觀察使觀察留後遥防遥團沼　商 兵一七之一三

卷八千二百十　十三

三州刺史禮賓洛苑六宅使奉宸（諸衛將軍、小將軍同）禮賓洛苑六宅副使率府率府副率左右翊衛校尉東西頭供奉官左右承制左右直殿（閤門祗候同）祗　東西班小底三六班奉職在班祗候比換武功大夫遥刺武德大夫遥刺武德郎武顯郎武節郎武畧郎武經郎武義郎武翼郎敦武郎從義郎忠訓郎保義郎承節郎承信郎進武校尉進義校尉詔並依擬積措置到事理施行　十二月八日中書省尚書省言勘會昨降指揮歸朝官添差在京及外路差遣並許釐務其請給從依見任人條例施行契勘内有不願釐務及不識字之人詔不願釐務言聽内不識字人更不釐務請給人從等並依已降指揮　十

八日河間府奏勘會已降指揮未撫定燕山府已前及撫定後投附百姓令所在州縣依見行居養法給錢米候滿一年具狀申尚書省情願投充廂禁者聽其有功合推恩人令所屬疾速申尚書省詔内僧道並仰所在州軍於有常住宫觀寺院養贍餘依已降指揮　六年閏三月二十八日工部狀京東東路提刑司申據登州申歸明官釐務已標撥職田詔燕雲路歸朝官係正任窠闕有職田外應添差釐務差遣並不合給職田　四月十五日中書省尚書省言令擬修諸歸朝僧道欲行遊者齋已換度牒武公據赴州呈驗給憑指定所詣即不得往川陝三路沿邊其自燕山府路諸河北接連新 兵一七之一四

卷八千二百十　十四

疆沿邊及雲中府路諸河東接連新疆沿邊者聽諸歸朝僧道未經換給度牒武公據欲行遊而官司輒給憑者杖一百應曾立功歸朝僧道及白身人并歸朝官不願換官願補換僧道已降指揮聽宣撫司斟酌比類補授詔依　三十日延安府奏據兵馬司申契勘客僧智圓係契丹上京路分慶州慧化寺令來本人到府居止緣智圓隸屬別路並無行遊文憑亦無於本府居止指揮詔發遣赴在京僧錄司令後新邊僧不許判憑至川陝西河東沿邊　七月二日詔應歸朝官差隨行撲使莊客之類往諸處勾當並令所在州縣給公據前去令所在官司及關津渡口驗實放行事畢繳納諸路依此

二十五日歸朝官散處諸路以丁憂去職者或至無
歸可將宣和三年已後歸朝官應合解官持服者特給
本官俸仍令所居州縣存恤選人亦給　七年二月六
日詔燕雲歸朝官非素習法令免釐務丁憂人免解官
持服以稱撫懷之意　四月十三日詔昨降指揮歸明
人初被官使未曾中朝法令見授職任權令不釐務其
或有明健通於吏治具曉法令可試以事之人許逐路
帥臣監司保明申尚書省取旨特聽使任　十四日詔
自今應歸明官陳乞換官並須依式開具處中元出身
歷任因依脚色及繳納出身已來至見今職位爲命付
身名非緦麻以上親并相容隱人本色保官二人委保
正身別無冒僞經所在陳乞如無元出身僞命文字即
不許換官所有詐稱亡失轉與他人妄託姓名及將付
身增改或詐承物故人僞命敕告宣劄冒濫補換之人
許限一月經所在官司首納如違許人告賞錢一百貫
犯人徒二年不以赦降原減如未經補換事發徒一年
賞錢五十貫　二十五日詔應歸朝僧尼只於見居寺
院就便寄攢僧帳所貴各得安存免致失所　六月八
日詔訪聞楚州全不存恤歸朝官如士曹掾劉方兵曹
掾王福各累月不支供給酒并食錢當直人亦不差破
顯是並不遵稟已降優加存恤指揮其當職官可各降
一官所有未支錢酒限一日支仍遍行下諸路軍州照

卷八千二百十　十五　一

會廉訪所覺察以聞　九月十五日詔應歸朝道士女
冠許於見居宮觀就便寄攢道帳　七日詔昨降指揮
歸朝官免釐務不任吏責蓋示特恩訪聞州縣多不應
副請給人從供給酒醋致或失所可疾速行下逐路州
委通判縣委縣丞專一照管依時應格差破請給人從
并本州合破供給等毋令稽優恤之意仍許監司廉訪
使者所至點檢具奏　十月八日詔河北東路發運養
濟歸朝人往諸併在一州有及千人者深慮人數太多
錢糧闕少養濟不足可令逐路安撫鈐轄司轉運司官
見養濟人從長措置量度州軍大小豐熟去處可以存
泊照管人數分擘往逐處安泊務要養濟足備即不得
併在一州亦不得令遠去仍分明說諭不嘗張皇生事
遣行日差有心力使臣兵級先後伴送不得別致疏虞
仍具分定人數聞奏　欽宗靖康元年十月十四日赦
歸朝官久在郡縣訪聞官吏過有猜疑非理拘囚或擅
行殺戮興言嗟痛應天下自燕山或山西歸朝官歸朝
人義軍並令所屬照管存恤優給盤纏差人訪護發遣
至河北新邊州軍交割　五月二十日歸朝人朝奉郎
直秘閣通判湖州趙民彥乞詣政事堂獻破虜機畫詔
令赴闕　光堯皇帝建炎元年十二月二十三日詔昨
降指揮罷添差官訪聞諸路却將宗室及歸明官一例
罷去可令逐路將州縣已罷添差宗室及歸明官各還

卷八千二百十　十六

舊任　二年六月一日詔諸軍有歸明官并羈管部落子發赴行在委知通看驗如有老弱殘疾之人依舊存留養濟不得一例發遣　十一月十五日樞密院言劉光世申近被旨應諸州軍歸明官并編羈管部落子令差使臣軍兵管押赴行在其部落子係熙河路吐蕃稱呼所有其餘陝西鄜延等路逐州並無吐蕃止有夏歸順蕃官因罪犯斷遣赴諸州軍羈管編管今來逐州軍爲見朝廷所降指揮内不曾該載未肯發遣詔諸州軍見管夏國歸順編管羈管蕃官蕃部並發遣赴劉光世下餘並依發遣部落子已得指揮施行内元編羈管情重不可發赴行在仍具因依申樞密院　四年七月一日知揚州張績言捕盜官馬佺等巡綽到蕃人千人長李委波百人長張馬佐千人長手下軍李永壽高菩薩李得壽張波乃田興兒投順差使臣管押前去所有乘騎到鞍馬六疋及隨身弓箭等送揚州甲仗庫寄納詔投降蕃人李委波等元乘騎鞍馬及弓箭等取押赴行在李委波等補修武郎張馬佐補承信郎李永壽高菩薩李得壽張波乃並補進義校尉田興兒補下班祗應並神武中軍收管使換　同日詔特差歸明官朝奉大夫趙四臣充合州通判不釐務依舊權主管赤心軍馬　九月二十日神武右軍統領淮南招諭軍民楊忠憫奏招到漢兒簽軍共一百六十五人内漢兒歸明人共

三人僉軍一百六十二人詔並送辛企宗選堪出戰人收管外餘撥與浙東都總管司收管　同日詔歸朝歸明白身効用無差使人并歸朝歸明官効用等身故之家老小人無倚仰寄居州軍計口數大人每口月支錢八伯文省米八㪷内十三歲已下各減半仍每家不得過五口並依時支給無致失所　二十六日臣寮奏前日劉光世等處解到降羌有旨分隸五軍出入自如更無疑阻非我族類其心必異望與執臣大臣熟議别有以處之詔令諸軍常切覺察　十一月十六日劉光世奏招到女真契丹渤海漢兒一十八人女真撒哥主係千人長契丹屈烈係糺官渤海高質係百人長漢兒千人長于坤糺官劉公亮百人長吕祥隊首張寛李用隊下鄭進盧順于安仁張彦楊蓋㲹春兒宋彦崔興李寔乞補授官資却發付光世使喚詔女真撒哥主與補秉義郎契丹屈烈補承信郎渤海高質補進武校尉漢兒于坤補承信郎劉公亮吕祥補進武校尉張寛李用並補進義校尉鄭進盧順于安和張彦楊蓋㲹春兒宋彦崔興李寔並補下班祗應僉軍張青元通並補進義校尉並送劉光世收管使喚内女真撒哥主契丹屈烈仍賜姓趙并先解到招降女真三寶胡都胡東永壽四人已賜姓李並改賜姓趙　紹興元年正月二十一日劉光世言招降到女真等自去年十二月二十三日至

令年正月三日又節次招收到六百六十六人內簽軍頭首申解前去乞驗實依例補授名目優賜犒設及支賜盤纏月糧乞付光世使喚詔女真等補官自中訓郎至下班祗應有差簽軍糺官並補效用甲頭內無姓人賜姓趙仍並送光世收管軍前使喚　六月二十四日劉光世言據知漣水軍吳誠申節次招諭到女真契丹漢兒簽軍共一百六十七人已得指揮吏不申解令子細辨驗開具姓名保明申樞密院乞依例犒設補授官資詔從之　七月十三日詔劉世光兼鎮海泗洲宣撫使所有海泗州歸明官吏令光世一面便宜與官資差遣申尚書省　九月一日劉光世言令年六月十六日以後節次據知楚州祝友并光世遣人過淮探事因使招收到女真渤海契丹漢兒簽軍等共一百九十四人乞依例推恩詔待補官資有差　二十八日樞密院言翟興解到歸順契丹歸奴等已等第補官賜姓外詔歸奴賜名懷順毒擷名懷義探裏八名懷忠擷烈名懷明濫臘名懷信怙臘名懷節月一名懷德　二年閏四月十六日樞密院言勘會劉光世節次招納到蕃軍漢兒及淮北州軍人民不少令又據葉得申差官招誘到宿州卩首領陸清等將帶老小前來歸本朝事體非便詔今後不許招納令逐路帥臣常切遵守各具知稟以聞　二十四日劉光世奏臣聞順蕃之地日思王化臣自

卷八千二百十

十九

前歲密遣人結約到五十餘寨已嘗彩畫圖本進呈續又招到二十四寨其餘屯聚寨柵尚有未盡從順者欲乞降詔書真本一道付臣遇有合用去處許臣用黃紙謄錄前去詔光世所奏備見忠力可且依今月十六日已降指揮施行　二十五日光世又言今月十六日指揮臣已遵依外如後來有虜中走出前來投拜蕃人漢兒簽軍及順蕃人民等復歸本朝臣未審合與不合令把隘官司收接唯復卻令約回詔如有自從虜中走出前來投拜蕃人漢兒順蕃人民許令收接餘依已降指揮施行　九月二十六日樞密院言已降指揮蕃軍漢兒令後更不許招納令逐路帥司遵守如有自虜中走來投拜蕃人漢兒許令收接令劉光世接納到人數不少深虜錢糧闕乏有失撫存之意詔劉光世遵依已降指揮今後有自虜中前來投附之人仰審驗來歷申解赴樞密院取旨收管　二十三日添差通判建康府史愿言伏緣本朝與遼國修好之日遼國進士及第至宣和四年納土歸明後蒙朝廷注授中山府司錄衢州通判及今任自出身以來並無贓罪乞依出身人帶左字從之　三年三月六日樞密院言楊忠憪係未收復燕山府已前歸明補官累經隨軍使喚忠義可嘉幹辦職事備見宣力詔特與落歸朝字　六月二十九日右宣義郎董渟狀元係歸明人累立戰功家貧累重乞陶鑄添

卷八千二百十

二十

差差遣詔添差溫州軍事判官不釐務任滿更不差人
十二月八日知潭州折彥質言右承議郎周棣係歸
明朝官昨充武安軍簽判係添差不釐務即不差替人
三年為任今已罷任别無所歸乞本路州軍一添差遣
吏部檢准元豐令諸歸明及讎倸人應就注而無闕願
再任者聽詔周棣令再任　十日右朝奉大夫鎮江府
建康府淮南東路宣撫使司中軍第一將准備差使酈
元吉狀自歸明從軍累立戰功乞添差不釐務差遣一
次詔酈元吉添差處州僉判不釐務依舊從軍餘依樞
密院劄子已降宣命特差　四年三月二十一日神武
右軍都統制張俊言張樞密帶到歸明女真萬户孛堇
羊哥等一十八人詔萬户羊哥依衛官七人例千户傅
懷等依衛官五人例五百户郭枝等依衛官三人例支
破券錢並送神武右軍收管　十二月七日隴右郡王
趙懷恩言自親兄隴撥納土歸朝蒙賜姓趙封安化郡
王雄武軍節度使河南蕃兵都總管於熙州安泊支破
請受兄沒後臣蒙朝廷授武功大夫因功轉封隴右郡
王昨來金賊侵犯熙河蕃漢官盡降臣棄離部族田宅
驅携老小前來川中蒙宣撫司將臣請受盡行細折川
錢念臣納土歸朝全家失所乞將臣請受依故兄例送
下宣撫司放行詔令宣撫司依條勘給不得細折務要
優卹無令失所　五年正月十二日知樞密院事張俊

卷八千二百十　二十一

言漢兒千户趙期等率衆歸趙顥係忠義兼數内授拜
人李明累差硬探事皆信實委有勞効乞千户趙期李
明各補承信郎百人長陳景禹之祐各補下班祗應從
之　十五日内降淮南路德音應投降女真漢兒渤海
奚家頭領甲軍除已等第補轉官資外其生擒萬户長
以下已行寬貸亦與支破請給仰諸軍並加生恤以稱
朝廷愛惜南北生靈之意　二十三日張浚奏解到投
降漢兒頭首萬户程師回元係安州團練使知遼州管
神山西路漢軍都統萬户張建壽元係銀青榮禄大夫
兼監察御史武騎尉潩州刺史知解州張議元係銀青
榮禄大夫兼監察御史洛苑使張忠茶元係銀青榮禄
大夫檢校國子祭酒禮賓使王從元係銀青榮禄大夫
檢校國子祭酒率副詔程師回補武功大夫忠州團練
使張建壽補武翼大夫貴州刺史張儀補武功郎兼閤
門宣贊舍人張忠茶補武德郎王從補武顯郎並令所
屬日下給降告命并料錢文歷　五月六日隴右郡王
趙懷恩奏乞依兄安化郡王趙懷德例别帶一職武乞
依前帶舊官恩州觀察使詔懷德可特除正任觀察使
餘依舊　七月四日詔諸州并諸軍將應歸朝歸明官
依時支破請給無致失所武有諸州得替流寓無差遣
之人仰守臣相度先次權與合入差遣抄錄出身以來
付身具職名申樞密院差注如有能通兵機及武藝出

卷八千二百十　二十二

衆之人具名聞奏其見在諸軍并令後遇到軍及三年
無過犯未有差遣人亦仰具申名樞密院餘依紹興四
年六月已降指揮又寄居歸明歸朝養濟人依時支給
合破錢米無令失所内再娶妻口之人亦仰支破錢米
即不得過元計口數六年三月二十六日成都府路制
置司乞收管趙懷恩事配下硯番 五月十三日戶部侍郎
王俣言歸朝歸明白身効用無差使并身故之家老小
無依倚人依節次指揮每家不得過五口每州不得過
十戶大人每月支錢八伯文米八㪷十三歲已下減半
近承樞密院劄子故廣南西路歸明人蒙世雨男文仲
乞改撥廣德軍或湖州養濟其元降指揮止爲養濟北

界歸明歸朝之家申明行下切緣未降指揮已前不曾
分别北界并廣南荆湖南北等處歸朝歸明身故之家
老小並依乞降節次指揮一槩支給錢米了當續降止
合養濟北界歸朝歸明之家指揮遵守施行外深慮其
餘遠來歸朝歸明别無支破錢米之家無以爲生未應
朝廷存養之意乞依節次已降指揮施行從之 二十
八日樞密院言北界歸朝歸明官添差差遣已降指揮
每州不得過六員今來諸官司往往却將西界及蠻猺
人過行差注委是闕少詔北界歸朝歸明每州不得過
六員餘依已降指揮其西界并蠻猺人每州不得過二
員 十一月二十一日樞密院言隴右郡主趙懷恩已

降指揮都總領河南諸兵緣前件差遣之任未得其將
帶老幼見在成都府居住理宜存恤詔令四川安撫制
置使司每月支供給錢一百貫 七年正月二十四日
川陝宣撫使言吳璘申舊來所管西蕃部族不少後各
逃避山谷及有迫脅從僞之人今說諭招誘到二十八
族近上首領趙繼忠等蒙前陝州宣撫司恭依便宜補
授官資並未曾承受朝廷告命詔蕃官修武郎趙繼忠
可特授武翼郎兼閤門宣贊舍人其餘特與補授官資
各有差 八年二月九日吏部言武翼郎李彥隆係歸
明人節次立功顯著乞換給付身詔依已行事理與轉
三官特授撫德郎 三月十六日兵部言吳玠申武經

郎屈立訛元係蕃弓箭手因功補授前件名目乞改作
漢官王超姓名出給付身本部即無似此條法詔特依
四月二十日樞密院言檢會紹興五年七月内指揮
應北界歸朝歸明官見任諸軍并令後遇到軍及三年
無過犯未有差遣人具名申樞密院餘依紹興四年六
月已降指揮若有過犯終身不許添差差遣緣其間已
有經甄叙及累該恩赦見在軍出戰之人若不别行措
置無人優䘏遠人乞除犯贓罪徒以上人外如曾犯贓
罪杖以下私罪流以上在軍吏展五年曾犯私罪杖公
罪徒以下吏展四年曾犯私罪笞公罪杖以下展三年
内曾經戰功轉官每一官理當一年如曾降官並須依

舊復元官，了具名申樞密院，從之。　九年九月五日，劉
光世越典起復，賜名忠輔，差充樞密院都統制，帶到一
行官兵各與轉歸正一官資。內鄜延立功人令忠輔等
等保明聞奏。　二十二日，明堂大禮，應北界歸明歸朝
人見在諸州軍養濟者，仰所在州軍應時支給錢米，多
方存恤，無致失所。　十年六月十八日，詔李顯忠下將
官崔皐、崔贊、拓跋忠、王全、武世雄等昨立功還朝，可特
賜金帶。　七月二十五日，詔淮南宣撫司降到契丹千
户耶律温特賜姓趙，補武翼大夫，除遥郡刺史，充殿前
司將官，仍賜袍笏、金帶。　十一年三月七日，內降德音：
壽春府、廬、濠、滁、和、舒州、無為軍應投降女真、契丹、勃海、

奚家、漢兒家頭領甲軍除已等第補轉官資外，其生擒
不殺見在軍下者，亦與支破請給，並加存恤，以稱朝廷
兼愛南北生靈之意。　七月二十二日，樞密院言：歸朝
并校副尉、下班祗應等陳乞添差、再任，或就移差遣，並
經所屬取索出身以來付身、家狀、脚色，保明供申。其間
有初補付身內無歸朝來歷，因依歸朝十資格法轉授
所屬執據近降指揮，並未放行差遣。又緣有自歸朝後
來以經注授差遣三兩任，及家狀供稱本貫北界人事，
兼節次補授轉官，並在近降指揮已前改轉之人，理宜
重別參酌。詔將上件曾經任歸朝、歸明官初補付身內
無歸朝因依，不依十資格法改轉之人，令名一般歸朝

官初補付身內有歸朝因依，保官二員結除名編置罪
狀，批書印紙，委保歸朝來歷因依，勘會詣實，令所屬給
據，依條銓注。內不依十依十資格法之人，仍候適減月
日及具初補付身內有歸朝因依，止是依八資格法改
轉之人，先次通減訖，放行差遣。　九月十八日，吏部侍
郎魏良臣言：勘會選人磨勘改官，在法承直郎至修職
郎六考，迪功郎七考，有改官舉主五員，內職司一員，方
為應格。若歷任雖多，舉主未足，或無舉終無改官之望。
本部契勘，昨承紹興五年十一月四日敕，歸明、歸朝官
選人無公私過犯，自降指揮日為始，三考循一資，至承
直郎，更五考，便改宣教郎，係為歸明、歸朝官選人監司

郡守薦舉不及，無緣改官，故以三考無過犯，循一資，謂
如元得將仕郎，歷一任三考，與循一資，理算至承直郎
前後歷六任一十八考，更滿五考，便改宣教郎，即係自
降指揮之後，歷任二十三年，不用舉主，得改宣教郎。不
為倖倖，今據歸朝官右承直郎馬中吉乞用五考改官。
契勘本官自歸朝之後，並緣賞循至承直郎，即不係用
考循資至承直。鄉人雖自降指揮後來任承直郎，已及
考通歷任才方一十一年，未應元降指揮，兼比常法用
考第舉主改官人事體大優。今欲將歸明、歸朝官選人
歷任無賞，用考循至承直郎，仍依元降指揮改官外，其
餘有賞之人，自降前項指揮之後，及十考，通歷任十五

考與改宣教郎庶免倖倖之弊從之　十三年十一月八日南郊赦諸軍發遣揀罷使臣及歸朝歸明官添差諸州不釐務差還節次約束逐州軍按月支行請給尚恐州軍財賦不足又令取撥經總制錢及將合破供約別作一項措置應副給散前後戒飭非不丁寧可令諸路監司常切約束務欲按月放行如違按劾以聞　二十年六月十三日樞密院言武德大夫忠州刺史添差淅東安撫司准備將領黃仕成昨隨李顯忠自西夏擒王樞萬里遠來歸朝今來添差將欲任滿乞依例再任一次從之　二十三年七月七日詔熙州觀察使特差充都總領河南蕃兵將隴右郡王趙懷恩可改授鼎州

卷八千二百十　二十七

觀察使添差成都府兵馬鈐轄不釐務成都府駐劄　二十六年五月八日詔李顯忠昨緣歸朝全家被害理宜優恤已除恩澤外五特與五資　三十年正月二十四日田師中奏鼎州觀察使添差成都府兵馬鈐轄隴右郡王趙懷恩係納土歸明忠義之人蒙添差前件差遣不釐務已及一年乞令再任從之　紹興三十二年十月二十三日壽皇聖帝即位未改元詔張子蓋招降契丹令江淮宣撫司厚加優恤無致失所候頭領入見等第廪給之　十一月一日詔自本國來歸契丹蕭中一特贈常德軍節度使男穎特補武翼夫人妻妾並加封邑中一仲虜任奉國上將軍武勝軍節度使枝屬歸

國道被殺京北招討使以閩故優以恩命後又擢穎榮州刺史賜錢二千緡促鄧州建中一廟　二日金國偽驃衛大將軍將軍西南路討招使蕭鵲巴左驍衛上將軍耶律適哩節度使耶律禿謀蕭邈舌及千户謀克等百餘人歸順皆契丹首領也　十四日詔蕭鵲巴耶律適哩各補武功大夫遙郡團練使耶律禿謀蕭邈舌各補武翼大夫遙郡刺史及千户謀克等以次悉官之從江淮宣撫使司奏擬也　壽皇聖帝隆興元年正月十八日臣僚言宣撫司解遣招降捕獲金人百餘人詣撥隸殿前司竊謂非我族類其心必異漢晉唐嘗處夷狄於外郡尚皆生患而況行闕之下周衛之中哉伏望特

卷八千二百十　二十八

加審斷以今所招并自今歸附人盡撥歸都督府處分庶幾銷患未萌詔依仍分撥江上諸軍使喚各家丁壯給閑田耕種常加伺察即不得令接近居住　五月十四日江淮都督府言建康諸軍統師郃宏淵攻圍虹縣偽知州蒲察徒穆及同知大周仁千户趙受李公輔等率軍萬餘人歸順　十九日江淮都督府言偽右翼軍都統蕭琦將帶家屬奴婢親信赤山千户夬山千户馬尾山千户石盤千户蕃軍等自宿州歸順　二十七日上語輔臣蒲察徒穆大周仁蕭琦並除節度使恐賞薄無以勸後故也　六月九日詔歸朝千户李公輔特補武德大夫果州團練使薄彝趙受任壽吉李元爲延謾

都軍並補武德大夫忠州刺史蒲察徒穆男越大周仁男思忠並特補修武郎閤門祗候司吏六人悉補保義郎　七月八日詔蕭琦宣撫司摽撥宅一所及於淮東係官田内撥賜二十頃　其後琦卒贈太尉家陳恩澤甚衆葬事百須致仕遺表恩澤以名二補異姓二名換度僧牒諸子次第仍管父兵子婿移便家職任舊破白直兵士仍留驅使凡所陳類格於法詔特從之蓋念其遠人歸順故恩有加焉非常制也大周仁卒恩數亦畧倣此　十二月十二日詔歸朝官僞明威將軍僕散烏魯特換補武義大夫男敦武校尉僕散汝翼特換補保義郎　乾道三年四月十五日詔建康府駐劄御前後

軍都統制耶律括哩每月支錢三百貫适哩援蕭鷓巴等例乞月支千緡故有是命　六年閏五月十四日四川宣撫使王炎言見管義勝軍二百餘人係招納契丹女真漢兒等雖日與舊管官兵一等教閲緣北人風俗情性不同竊見金川都統制下所管武翼大夫忠州刺史添差中軍統領蕭奪里懶武翼大夫忠州刺史添差前軍統領蕭爲也元係契丹寓斡下萬户添差别無職事已差蕭奪里懶權興元府駐劄義勝軍統領差蕭爲也權興元府駐劄義勝軍同統領專一訓練義勝軍及諸軍見管歸正北人亦乞許臣選擇抽差團結作義勝軍一將所貴人情相諳從之　二十三日詔故隴右郡

王趙懷恩章恩許回授懷恩申請稽期於吏部法有礙男寧國自陳歸明特有是命　二十四日詔故隴右郡王趙懷德家於成都府安撫司撥賜錢二千貫以懷德妻自陳家貧夫未葬也　七年正月十八日龍神衛四廂都指揮使和州防禦使耶律适哩言昨在虜地聚兵起義有元帶諸刺千户耶律适提兵攻擊數城誅戮金賊不知其數委係忠義欲望特降睿旨將耶律适更與量行陞補詔耶律适與轉一官　同日詔龍神衛四廂都指揮使和州防禦使耶律适哩男忠除閤門祗候以适哩自陳與蕭鷓巴同歸朝援鷓巴姪從仁除職例自乞也　五月十一日蕭鷓巴妻耶律氏特封國夫人中

書舍人趙雄以爲濫繳奏詔婦爵從夫固是常典鷓巴向化遠來耶律氏大遼宗族理宜優異可依前旨　二十八日西戎蕃部阿令結妻包氏特封郡夫人令宣撫司賜帛百疋初包氏之夫阿令結任虜僞洮州鈐轄紹興三十二年王師至洮州令結往彼界軍前未歸包氏率官吏軍民開門來歸特封令人後居西和州趙彦博到宕昌買馬令包氏招誘洮疊熙鞏一帶蕃商以致歲額增羨宣撫司以聞故有是命　八年四月一日詔所虜取會歸正契丹女真渤海漢兒名下元帶私身家人即令確實見在人數並特補守闕進男副尉支効用錢米候立新功依官資請給　五月六日詔新除檢校少

保大同軍節度使提舉萬壽觀蒲察久安特令張蓋

六月二十三日權馬軍司職事蕭鷓巴言蕭祁哥姚查等昨乞推恩蒙與武勇効用請給緣蕭祁哥係北界團練姚查係偽地宰相之姪今靈壁虹縣招降之家奴婢等屬尚補進勇副尉蕭祁哥若止付一武勇名目恐失懷遠之意欲望詳酌量與補授官資詔蕭祁哥姚查並特與補守闕進勇副尉　九年閏正月十三日輔臣言蕭鷓巴元同起事人有自荆南來歸者欲補轉仍乞陞擢引靈壁虹縣歸正有任統制官而此獨為統領并准備將上曰若彼此攀援何有紀極梁克家曰差遣當視其才固難以例求也　二月四日樞密院言蕭鷓巴一行官

卷八千二百　三十一

兵等七十一人向化遠來詔改作歸正　三月四日權侍衛馬軍司職事蕭鷓巴言歸正官郭樂高不迭二人具郭樂元係契丹官諸衛小將軍管西路達靼部竊見靈壁虹縣歸軟千户蒲察目令任武功大夫蕭整目令右武大夫並統制官郭樂高不迭二人皆隨鷓巴同來欲望比擬靈壁虹縣來歸蒲察蕭整等量加補授詔郭樂充殿前司忠毅軍額外正將高不迭充額外准備將領

宋續會要

紹熙二年三月十四日宰執進呈楚州申任押王敵僧葛邲奏曰王敵僧亦好人物曾在虜中做謀克上曰此等人着在軍中方有拘管葛邲又奏曰欲送殿前司剌効用上曰甚好　三年七月二十五日詔歸朝歸明歸正忠順等官朝廷念其遠來前後添差不釐務差遣優恤備至紹熙元年又特添差一任今第八任亦有已滿者依節次已降指揮合注正闕深慮其間有不能久待遠次不願注授正闕之人令吏特與添差前任一等不釐物差遣一次其合得請給令有司接續帮勘施行同日詔歸朝歸明歸正忠順官子弟身材彊壯武藝過

卷八千二百十一　一

人無以自奮者可並赴所居州軍自陳令守臣審驗人材武藝解赴本路安撫司如是身長五尺五寸射一石力弓三石力弩為上等日支食錢三百文米三升身五長尺五寸射九斗力弓二石八斗力弩為次等日支食錢二百文米二升委帥臣親拍試及格補充本司効用與免諸般雜役及防送差使　四年九月十六日樞密院言歸明添差十任以上之人從累降指揮任數已滿願就宮觀嶽廟差遣者聽竊慮居住州郡多以無闕未令赴上恐致失所取會到諸州郡各有歸朝歸明蕃官添差見闕理宜措置詔歸朝歸明任數已滿差宮觀嶽廟之人願就居住去處令吏兵部通使歸朝歸明蕃官添差見

闕仰本州便令赴上批放請給毋得留難違戾　十月十九日詔歸朝歸明添差已經十任以上之人更與添差前任一等不釐務差遣一次其請給依紹興三十一年以前歸正人例減半支給願就宮觀嶽廟差遣者聽內供給錢一項十貫以下者並免減以樞密院言吏部指定已經一十任已上已降指揮願就宮觀嶽廟令吏兵部通使添差見闕令有尚有陳乞添差之人念其忠義來歸理宜優恤故有是命　十一月十二日樞密院言福建路安撫司申准指揮歸朝歸明歸正忠順官子弟効用數內乞立定人額并案撥錢米續奉指揮令浙東西福建江東西湖南北路安撫司照已降指揮委守臣措置招收其合用錢令逐路總領所并安撫司各管認一半不隸總領所州郡去處仰安撫司截撥上供經總制錢一半合用米於置司所在州軍禁軍闕額米內應付本司照對所招子弟未曾立額竊恐其間有不係歸正等官子弟假借亡殁歸正等人付錢詐冒子弟投充官司無由辨別乞行諸州出榜曉示如有投充之人先詔承節郎以上保官一員保委索投募人父祖出身文字照驗別無詐冒合與招刺即批上保官印紙若有詐冒不實重作施行乞行下以憑遵守施行從之　慶元四年四月十二日樞密院言歸正歸朝歸明並忠順官已經十一任添差任數已滿之人若令到部注授正闕差遣竊慮難得遠次因而失所理宜存恤詔歸朝歸明并紹興三

十一年以後歸正官忠順官如已經十一任添差任數已滿之人委自守倅從公審量人材年貌參驗付身腳色別無詐冒委是正身保明以聞特更與放行前任一等不釐務添差一次或十一次(缸)添差任滿已授正闕差遣之人如願就令來添差亦許赴州軍陳乞照應改授其請給並依紹熙四年十月十九日指揮減半支給內供給錢十貫以下免減願就宮觀嶽廟者聽仍仰逐州軍每季置籍開具見任人職次姓名所支錢米等並已並下人申樞密院遇有改差事故隨即銷落及將事故人真本付身公據繳申吏兵部分明批鑿給付如無本宗親屬即行毀抹　嘉泰元年五月詔吏特與放行前任一等不釐務添差一次其請給並依紹熙四年十月指揮減半支給十貫以下免減願就宮觀嶽廟者聽並委自守倅審量人材年貌參驗付身腳色委無詐冒等仍照近降指揮置籍更令互相保明委係正身申樞密院餘從慶元四年四月指揮施行　嘉泰二年八月十九日詔訓武郎殿前司中軍額外統領李賞忠義歸朝應奉歲久可與依一般歸朝人張德元例特轉一官後人不許援例　三年二月十六日詔蕭拱為係忠義歸朝頭目之人故蕭奪里懶之子理宜存恤特與放行呈試餘人不得援例　十一月十一日南郊赦歸朝歸正歸明忠順官雖添差任數已多緣其任滿深慮失所可

照應第十三任指揮更特與放行前任一等不釐務添差一次以示優恤所有請給依紹熙四年十月指揮施行仍仰守倅保明委無詐冒違碍申樞密院　開禧二年明堂放行第十五任嘉定五年南郊放行第十六任八年明堂放行第十七任十一年明堂放行第十八任十四年明堂放行第十九任　嘉定十一年正月十日詔李全特補武翼大夫京東路兵馬副都總管劉全特補武翼郎京東路兵馬副總管楊友孝先各特補修武郎並京東路兵馬鈐轄以樞密院言勘會京東路李全劉全楊友孝先率衆歸附尅復東海漣水等縣備見忠義故有是命　十三年八月三日詔王福特補武畧大夫以京東節制司言福忠勇自奮挈地来歸故有是命　同日詔忠義軍統制孟春特補承信郎同統領曹平進武校尉以京東節制司言其各備糗糧保守山崗急節可嘉故有是命　同日詔王用陳明張貴王成各補承信郎並権忠義軍統制王用兼青州壽光縣令陳明兼青州樂安縣令張貴兼淄州高苑縣令王成兼齊州禹城縣令以京東節制司言用等慕義来歸究心捍禦安集流民俱有勞効故有是命　同日詔武昭特補承節郎充忠義軍統領以京東節制司言昭能奮忠勇戰禦有勞故有是命　十三日詔楊在特補經大夫知大名府以京東節制司言在忠勇自奮金石不渝故有

卷八千二百十　四

是命　九月二十一日詔吳佐特補武功郎知景州兼河北東路兵馬鈐轄以京東節制司言佐克奮忠節挈地来歸本司便宜借補武義郎権知景州緣係極邊之地本人屢與虜戰驍勇無前數獲雋功故有是命　二十九日詔武畧大夫閤門宣賛舍人知滄州兼河北東路馬步軍副總管王福特除吉州刺史以京東河北節制司言福繳到偽告牌印者倡義歸附備見忠誠捍禦邊方益著勞効故有是命　十四年正月二十三日詔王裕特補承信郎楊璘下班祗應張公裕趙鋭德進義副尉李顯進勇副尉蘇沂牛清李順張世興齊歸張進魏璜馬威王宋興王永興守闕進勇頭尉張文通于端同進勇副尉以四川宣撫安丙言裕等各係北界永寧寨主首頭目并歸附人或首先造謀糾合徒旅勦殺偽官或於利路都統司請領旗榜唱義去賊或奮勇隨義殺戮蕃軍皆能捨逆歸朝委見忠順合行旌賞故有是命　同日詔張恰僧特補進武校尉駕壽薛忠王和王浩下班祗應以四川宣撫安丙言恰僧等係河中府人事虜中偽官久欲歸附乘機奮發棄家率衆去逆歸朝委見忠順故有是命　同日詔蕭珝特補承忠郎張泰稷保義郎蘇鐸進義副尉以四川宣撫安丙言珝泰稷祖宗以来元係大宋臣子雖受偽官未嘗一日忘本朝珝係金國都統受偽明威將軍守終南縣令泰稷偽受威

卷八千二百十一　五

武將軍馮翊校尉鐸係北虜千戶先因戰西夏立功爲受進武校尉當夏兵會合之時歸朝各思欲自拔來歸爲志已久今乘機會捨逆歸朝且材傑膽勇故有是命　二十四日詔程瑭特補承信郎王忠進勇副尉以四川宣撫安丙言瑭忠久係北界秦州成紀人瑭素懷忠順願歸聖朝與弟僞都機察琮常來邊上報說金虜事宜昨來王師進發結約二千餘衆謀爲內應被首虜中全家與元約徒黨悉遭屠戮獨瑭拔身來歸丙照得瑭久抱忠懷灼明大義家既遭刑於逆裔身當受賞於本朝忠昨來官軍入界之時乘機奮發捨逆歸朝丙照得忠曾受僞官進義校尉遥授夕陽巡檢大軍入界曾與

程琮結集人衆勦殺蕃賊緣被告訐拔身來歸妻見各入忠順若不優加旌賞無以激勸故有是命　四月二日詔孫昱特補承信郎以京東節制司言泰安軍管下魏安寨統制孫昱赤心守節不肯從僞固護本寨又能捕殺逆黨忠亦可嘉故有是命　二十六日詔忠勇軍統制權知登州衛穩時補忠翊郎通判萊州孫才成忠郎忠勇軍統制兼棣州陽信縣令張榮權通州濰州劉海並承節郎忠勇軍統制兼齊州兵馬都監王揖忠勇軍統領兼濱州判官麻佩忠勇軍統制劉全並承信郎以京東河北節制司言各係京東東路郡縣頭目安集居民捍禦日久故有是命　七月十六日詔張禧房仙

特補修武郎特差充河北路兵馬鈐轄以樞密院言禧仙各係僞界頭目慕義歸順屢戰有功合議旌擢故有是命　十六日詔京東河北路歸復州軍應歸順立功已補轉至武翼大夫以上之人特與放行該遇嘉定十四年九月十日明堂大禮蔭補親男一次令京東河北節制司日下照應從實契勘仍依條式逐一保明奏申施行不許泛濫先具知稟申樞密院以吏部言准令諸通侍右武大夫已關陞每遇未關陞兩遇大禮聽蔭補又令諸衛大將軍武翼大夫入官二十年理親民資序聽蔭補子承節郎照得京東河北路新歸復州軍內有已補轉正使之人該遇嘉定十四年九月明堂大禮各

入官未及二十年若依條法未該蔭補合議指揮故有是命既而吏部又言准令諸衛將軍至武翼郎謂親民資序兩遇大禮軍班換授一遇親民滿三十年聽蔭補武功至武翼郎子承信郎照得京東河北路新歸復州軍內忠義頭目顯立軍功之人已補轉武翼郎以上亦以年限過數拘碍並未該蔭補合與照應特議指揮又詔京東河北路歸順忠義頭目人顯立軍功已補轉武翼郎之人特與放行該遇嘉定十四年明堂大禮蔭補親男一次　十月三日詔汝舟特補修武郎特差京東西路兵馬鈐轄王用特補從義郎特差京東西路兵馬都監以樞密院言汝舟慕義來歸故有是命尋又詔汝

舟特轉武義郎帶行合門宣贊舍人權知應天府用特轉訓武郎帶行閤門祗候權通判應天府　十六年正月七日詔陳存補授成忠郎依舊知勝州秉義郎權通判勝州兼管忠義軍事夏鑾仍舊管幹職事忠義軍鈐轄文義轉修武郎以京東河北節制司言忠義都統李全申青崖寨屯守總管彭義斌據勝州知州陳存權通判夏鑾賫到僞金銀牌虎頭素金牌僞札二十道及差鈐轄文義剋復勝兗二州招獲人兵等僞牌印乞與推恩故有是命　七月六日京東河北節制司言忠義都統李全據均州防禦使京東路馬步軍副總管知濟南府兼管内安撫崇贇申證應贇本姓崇昨授均州防禦使告上作种字乞改正換給本司昨據青州忠義都統李全申齊州知郡种贇追勦叛賊張林北遁前来歸順本司證得本人自張林拾順從逆常懷憤恨只候李都統提兵前来以爲内應遂遵便宜指揮將發下空頭均州防禦使告書填差种贇充京東路副管總知濟南府給付祇受今种贇本姓崇字乞行改正換給崇賫告名給付施行詔令吏部日下換給繳申樞密院　十七年六月二十八日詔蘇椿補授武功郎河北東路馬步軍副總管兼知大名府蘇元補授從義郎充河北東路兵馬鈐轄兼提舉本路諸軍人馬張俊補授訓武郎充河北東路兵馬鈐轄兼通判大名府谷廣補授承信郎

卷八千二百十一

四八

天雄軍節度推官李寬特授保義郎充濮州兵馬鈐轄兼知濮州劉成補授承節郎通判濮州梁仲補授保義郎充開德府兵馬鈐轄知開德府以京東河北節制司言京東西路副總管彭義斌申蘇椿等係北京大名府僞行首舉城歸順故有是命

卷八千二百十一

九

宋會要

軍賞

真宗景德元年閏九月四日詔河北諸州軍曰國家重慎戎事每誡邊臣常令固守封疆不得侵越境土蓋欲安民息戰豈思黷武窮兵而契丹唯務貪殘不遵理道有志但同寇賊無名輙犯邊陲想於人神皆所憤怒今已遣上將大益精兵命諸路齊驅尅期盡戮其間竊慮有漏其戎寇刼掠居民其逐處如有強壯及諸色人能為首領糾集願殺蕃賊者並仰所在官司策應照管覔便掩殺如活擒到契丹每人支錢十千斬其首級每人支錢五千如生擒十人已上梟十人已上首級計數賜與外仰所在給公據當議更加酬獎其得獲之物並給本人所在官司更不得輙行訊問如得近上首級職員者除行恩賜外仰官司以聞當議量所擒殺到蕃戎職位優與録用無致疑慮即不得緣此詔旨將不是契丹及北界賊人以邊旌賞輙便殺害並仰官司子細驗認犯者並仰依法斷之若官司不切明辨致有枉害平民因事彰露應干繫官吏重寘之法　十一月環慶等路摠管張斌等言沿邊熟户蕃部有活捉得賊人割到耳鼻幷奪得馬及放陣之後赴本屬呈納官中倒納下却量支價錢其捉到人幷斫到耳鼻亦倒支賞賜其衣甲納官乞自今如蕃部與蕃賊闘敵得馬却給與活捉到

人割到耳鼻亦別定賞給所有奪到衣甲器械即納官據色件多少支茶綵從之　三年八月二十七日詔自今沿邊斬獲蕃寇首級須問得寔當於殺戮者許依前詔給賞如其非禮即以軍法論先是真宗謂知樞密院王欽若等曰累有人言西路沿邊州軍有能梟取為患蕃族首級者賞賜等級素有條約然恐因此害及平人思之逐處雖有次第部轄之人豈容枉濫然言者既多亦宜過慎可遍指揮沿邊諸處故有是詔　四年七月十二日詔曹利用等將士立功者不須給帖付之第據功狀遷補内殊異者以名聞先是雷有終平西川給立功人數僅七千帝以行賞既廣即失於懲勸故申條約

仁宗康定元年十二月四日中書樞密院言請令陝府西都總管司今後應與賊兵闘戰有乞覔首級以冒恩賞者當行軍法從之　二年正月知慶州范仲淹請給樞密院空頭宣及宣徽院頭子各百道以備賞戰功從之　八月鄜延路總管司言近詔逐路總管司自受降下行軍賞罰敕命後如有捉殺西賊立功或所到人頭耳鼻及有傷中幷入賊界打奪人口燒蕩族帳但係得功者並仰析以中陝西都總管司緣本路至都總管司急遞亦往還踰旬乞依詔命外其傷中人數只就本司旋定輕重内禁軍人員兵士依近降例支給蕃漢弓箭手即依舊例更不申都總管所貴傷中之人早得支

賜詔陝府西都総管司詳所奏指揮　二十二日詔河東元昊入寇麟府所過城寨有能出奇設伏掩擊者量功優獎之軍馬或致傷折亦勿加罪　慶曆三年二月樞密院學士楊偕言竊見新定行軍約束貪爭財物背畜而不赴殺賊者斬又合戰而爭它人所獲首級者斬是知臨戰之際恐其錯亂行伍故爭財物與爭首級同然又有斬首受賞之條使其衆必爭之古者雖有斬首幾千級蓋是槩舉斬獲之數非賞所獲首級以誘士卒之亂也自劉平石元孫之敗多因爭首級之故請自今殺賊之後計所獲首級以本隊論賞從之　八年正月降空名告敕宣頭子三百道下河北宣撫司以備賞戰功

〔卷一萬一千六百六十六〕

神宗熙寧元年正月詔環慶經略司自來褱窟之之民及官員子弟門客舉人等依倚兵官倖此邊事託名効用欲求恩賞令陝西沿邊諸路每有戰獲並須體量寔狀結罪保明以聞如有諸色人潛行賄賂於兵官戰士處收賣首級虜獲或稱臨陣得力之類妄僥求恩賞者並須覺察聞奏乞行重斷亦許諸色人陳告妄冒之狀如得寔其告事人當優加酬賞　二月十二日宰臣韓琦言訪得延州東路都巡檢燕達等敗賊於懷寧其蕃官及首領等例各以親所到首級論功皆不知官員將校與蕃官首領並統計手下人殺獲與輸折人數較計賞罰所是人員兵士殺到首級惟得支賜其轉資

者只該說臨陣對賊先鋒馳入陷陣突衆為奇功及生擒賊人斫動賊寨之類此賞即不載主將親見陣前効命得力及全隊入賊因而得勝各與轉資明文望冉申明增立賞格下逐路經略司應得兵官將校與蕃官首領各知只以率衆破賊手下人都得首級計功長行兵士等亦以敵戰効命陣前得力全隊勝賊者各得轉資不爭首級動取勝捷從之一使臣人員兵士陣首用命出於衆人主將親見者具功狀姓名聞奏當議優與轉資一全隊率先用命入賊主將親見者具功狀聞奏全隊人員兵士並與轉資若因而破賊者優與轉資一臨陣對賊矢石未交先鋒馳入陷陣突衆賊徒因而破賊

〔卷一萬一千六百六十六〕

者為奇功或寇賊堅銳城池險固山林阻隘道路遥遠又欵兵不繼若此之類既勝勝尅敵難易相遠並不可以常格酬敘委主將臨時錄奏不次遷轉　二年二月十六日詔今後陝西諸路沿邊兵校如有因賊鬬敵斫到人頭合該轉補者並可於奏到三日內出給宣頭　三年十月二十五日陝西宣撫使司言近來諸路有得功將士多是不依元降賞罰格疾速依公定奪聞奏朝廷只憑逐處奏狀推恩慮逐路淹遲啓倖詔本司指揮逐路經略司並依行軍賞格施行立功將士應合酬敘者皆令主將於賊退後諸軍未散時對衆遂定直言斬獲中傷次第務從簡速一將士得功主將即時對定明

具姓名申奏不得以随身牙隊及親識移換有功人姓名致抑壓先鋒遠探及臨陣効命之人如士卒顯有功効為人移易抑壓者許經随處官司自言　六年七月十六日詔諸色人殺熟户以邀功賞者竝斬奏仍許人陳告每名轉一資賞錢百千無資可轉更支三十千竝先以官錢給後於犯人催理入官如軍人陳告事干本營者送别指揮先是邊吏多殺熟户詐為首級吏不能知而無辜死者衆故為之禁　十月二十九日詔樞密院重脩行軍賞格與中書詳定進呈　十二月三日詔諸奏賞功内將官使臣並具元將出戰兵甲若干隊每隊若干獲到首級及輸失之數聞奏　七年三月二十

卷萬一千八百六十六

九日熙州王韶言今月十七日走馬承受公事張佑齎到敕字黄旗付本司告諭熙河路將士如能協力一心用命大破賊衆廣有斬獲當此收復河州倍加酬賞士皆感舊軍声大振　七月三日詔破蕩踏白城一帶作過蕃部押隊使臣各計所部人數并獲到首級以十分為率九分以上為優等五分以上為第一等三分以上為第二等一分至不及分若無獲者竝為第三等優等遷六官餘推恩有差　十月一日中書樞密院言今年九月二十八日同奉詔取索諸軍自來出戰有殺獲功勞訣轉資之人委随處當職官子細呈驗如委是少壯各具姓名得功次數置簿抄錄訖仍别開坐保明以聞

八年五月十二日詔諸功賞未經酬敍違格改者若新格輕聽依立功時若重聽從重賞入編敕從中書刑房所定也　元豐二年八月二十二日審官西院言磨勘供備庫副使劉希奭歷任兩以邊功遷官在格當異常當調詔希奭與轉七資仍詔自今身經戰鬭酬獎遺官方理為戰功著為令　三年五月二十一日權發遣鄜延路鈐轄曲珍乞德順軍界祖父弓箭手地改正户名不可則乞輸錢詔曲珍素有戰功其地四頃半特賜之　四年三月十一日詔瀘州將官等第遷官或減磨勘諸軍弓箭手義軍勇敢效用招安將等獲級重傷遷資輕傷賜帛有差獲首領者遷兩資獲乞弟叔目蓦級遷

卷萬一千八百六十六

三資賜絹五十以韓存寶年明功狀也　五月二十七日都大經制瀘州夷賊林廣言差借者史利言齎文字付乞弟以取王宣下落蠻兵士及以說諭諭為名陰視近兵之路勇勁可嘉詔史利言遷一官　七月二十一日詔在京每年秋差官閲賞軍銀器宜以去年所用數為額自今更不差使臣止付管軍臣僚令於年内親依畫一閲賜所支銀器並以群牧同封樁支　二十三日詔鄜延環慶涇原熙河麟府路各給諸司使至内殿崇班敕告百東頭供奉官至三班奉職宣頭二百鄜延路别給三班借職至殿侍軍大將劄子百如軍前有効命奮奮力可以激勵衆心者随功大小補職書填給付　八月六

日上批西賊犯綏德城本城殺逐退散其有功之人速
依格推賞外獲級者每級加賜絹十匹自今應邊寨殺
獲準此　二十二日詔中書降勑牓西南蕃羅氏鬼主
下蠻酋領沙取若能諭乞弟早降朝廷當厚加爵賞如
未肯降能掩殺乞弟即賞真金五百兩銀五千兩錦五
百疋絲綃五千匹更當優加官爵其下得力蠻兵賞鹽
一百斤羊百頭如殺到乞弟下蠻兵每級賞絹二十匹
夷兵十五匹小頭領三十匹大頭領六十匹其逐處部
族都大頭領亦重賞　十一月九日内降賞功格一主
將計功大小聽裁一走馬承受公事計主將成功大小
聽裁一軍中掌機宜官計主將成功大小聽裁一逐軍
蓋萬一千八百六十六
將副通計所部之兵除亡失外以所獲分五等即斬級
計分及一千以上仍每百級加賜銀絹五十匹兩官各
轉銀絹兵賜九分以上第一等五官七分以上第二等
四官五分以上第三等三官三分以上第四等兩官一分以
上第五等一官七釐以上減四年磨勘五釐以上減三
年磨勘三釐以上減二年磨勘一釐以上減一年磨勘
不及釐支賜絹十匹一部隊將押隊諸色人應手下有
漢蕃兵馬計分推賞加賜惟將副例惟賜不共賊中任
事首首應裁大首領謂正監軍偽置郡守之類四官賜
絹五十疋次首領謂監監軍及賊中所遣偽天賜之類
匹官賜絹三十匹小首領謂鈐轄都頭正副寨主之類

兩官賜絹二十匹蕃丁一級轉一資賜絹二十匹二當
戰重傷一次轉一資賜絹一十匹一鬬敵捉獲疆壯蕃
丁一名轉一資賜絹二十匹一當戰輕重傷一次非鬬
敵獲賊強壯蕃丁一名各賜絹一十匹一新歸順之人
立功隨狀依格倍賞一五等雜功凡減年者並依條比
折下項為一等轉一資臨機獻謀致軍兵獲勝身先士
卒摧鋒陷陣率先入賊衝陣破賊苦戰力敵先鋒引路
爭險奪隘設伏邀截殺退賊衆最為得力率先奪渡過
河率先登城用命鬬敵倫亂賊寨首先得力之人躬親
督勵兵衆入陣破賊陣前賈勇士卒破賊得力催驅陣
隊攻破城池逢賊引人撞陣破賊驅擁人馬向前破賊
蓋萬一千八百六十六
下項為一等減四年磨勘無磨勘人支絹二十匹能獲
賊窖濟接糧草供饋不乏能預探賊馬下寨去處致大
軍掩擊成功燒蕩不順族帳首先得力之人下項為一
等減三年磨勘無磨勘一十五匹陣前及馬前使喚破
賊得力管押般運衆送催驅給納糧草別無不前應副
軍期事件隨軍諸般幹當事件得力陣前帳前主管金
鼓傳呼號令排布陣隊陰陽官占望尅課能獲應驗隨
軍主簿下項為第一等減二年磨勘無磨勘人支絹十
匹親兵使喚最是得力管幹下營壕寨製造攻城器具
橋梁船栰管幹官及作頭隨軍醫人出取箭頭并醫過
人數隨軍行遣人吏隨軍幹當事衙校主管隨軍器甲

什物別無散失部領照管運粮人夫別無逃避下項為
一等減一年磨勘無磨勘人支絹五匹踏白白旗子卓
望賊馬無虞小壕寨親兵急脚子傳送機密文字無虞
獸醫隨軍醫療鞍馬不致死損　二十五日种諤言米
脂川敗西賊有功人令學士院降詔賜諤銀絹各二千
匹兩其獲級諸軍等依格酬獎遣幹當御學院劉惟簡
往延州賜行營經畧副使以下茶藥傳宣撫問漢蕃將
士及等第支賜禁軍都指揮使錢七千絹七匹都虞候
以下有差其下軍卒支絹或紬一匹　十二月二十六
日涇原路經略司言右侍禁魯福隨彭孫至鳴沙川遇
賊凡三戰皆重傷乞優賜推恩上批授閤門祇候賜絹
卷一萬一千八百六十六
百匹　五年三月二十三日樞密院都承旨張誠一言
今後諸軍因功或捕賊換大小使臣者許帶舊請受從
之　四月二十七日詔討乞弟將校依本等推賞兼功
人並累賞初中書樞密院言姚兕當減磨勘四年緣皇
城使改官不用減年當至元豐六年七月遷遂郡防禦
使內殿承制秦世章當遷三官先坐打誓不實被劾及
破乞弟會遷一官如京副使張仲安劉甫各當遷一官
不能戢士卒殺人夫為賊級候奏功取旨王光祖當減
磨勘三年坐打誓不實被劾及昨破乞弟當減磨勘四
年供備庫使高遵治西京左藏庫副使張壽當減三年
東頭供奉官杜議當減四年各坐殺降人級作鬬敵被

劾詔姚兕遷遂郡防禦使秦世章張仲安劉甫並如前
詔王光祖通用減磨勘七年遷一官更磨勘二年高遵
治張壽杜議候案上取旨　同日降告七十五道敕三
十道宣四百八十七道劄子八十六道付沈括賞曲珍
出塞時立功將官有輕重未當者以聞　五月四日詔
引戰環州弓箭手都指揮王隱舊病在目因奮隘力戰
箭中左目與三班借職給俸祿終其身並與引戰支賜
仍許子孫承襲　五月七日都大經制瀘州夷賊林廣
上討蕩蠻賊軍員等部領獲首級并權隊將獲首級人
功狀詔成隊二十分與轉六資內一資支絹十五匹其
餘分釐並依部隊將例不成隊人依陝西格推賞　六
卷一萬一千八百卄六
月十四日林廣言準御前劄子封付臣賞軍功告身宣
等臣契勘隨軍出入與不顧死亡用命之人恩賞即無
等差并引戰擁隊將校等隊下獲級所得酬獎比韓存
寶奏功推賞不同詔引戰擁隊七級與遷一資每加等
推賞至五資止餘資止賜絹　十九日詔將兵皆計所
部多寡所亡所獲比折分釐定賞比聞諸將討賊多率
衆以自衛及至奏功即減數以就賞顯屬僥冒自今出
戰先以所部兵多寡奏若上功狀即計所部人所獲級
以聞　七月八日尚書司勳言梓州路轉運司保明瀘
州應副軍期官等出界冒險以至蕩平實有勤勞詔八
箐逐等並依林廣下幹當公事軍主簿劍優等不理選

限試監簿依特奏名同三禮推恩攝官出界入箐第降一等第三等廾半年名次界首逐等廾一季名次軍大將並比折減磨勘年內勒停人候敘用日準此入箐在夷界死各賜絹百匹入箐回死六十疋出界回死四十匹　二十三日詔彭孫功與罪相當其賞罰各不行時孫出界亡失正軍當降兩官斬獲首級當陞兩官以功贖過故也　二十九日詔應緣支給軍賞物帛乞取者論如河倉法與者不坐　八月二日涇原路制置司行營總管劉昌祚言昨本路兵出界每遇大敵常獲全勝後諸將聽高遵裕節制但聚為一軍不往來外援致師老退還臣蒙恩釋責累及諸將蓋各有亡失分數緣內

卷一萬一千八百六十六

有攻城傷殘飢殍拖後人數不少即非戰敗計失伏望矜察量推恩賞詔磨哆隘得功將副朝廷於賞格特加一等其亡失人兵會計分數等降罰　九月十五日熙河蘭會路經略司言定西城遣譯語彭保六人入界刺事得賞有勞詔並遷一資人賜絹二十匹　六年三月二十一日河東路經略司言左藏庫使薛義出界敗賊於葭蘆西嶺詔遷皇城使乙屈先降引路遷兩資賜絹五十奪印諸軍依輕傷格門下繳覆義所部三十三百四人除折亡失并老小外計履六十九級詔義止減磨勘三年　五月六日詔供奉官郭惟賢部九十騎獲級五十六身重傷及先鋒破賊左藏庫副使高永翼部五

十二騎獲級一百二各遷五官餘遷官賜絹有差賞從訾虎部兵出界功也又詔高永翼以兩員官遷皇城使貴州刺史餘三資許回授五服內親　閏六月五日詔熙河蘭會路安撫司近遣楊吉等出界討賊冒險過河兵火而斬獲多令制置司於賞格外優賜之其沈溺人厚加撫䘏給馬外賜絹十疋鄜延路經畧司上戰功也十四日涇原路經畧使盧秉上姚麟昧乙丑部諸將討堪哥平功狀詔斬獲一級遷一資重傷遷一資獲疆壯蕃丁一名遷一資賜絹二十匹主將東上閤門使英州刺史姚麟降敕獎諭賜銀絹六百陣將崇儀使張世矩等八十四人遷一官三人減磨勘三年一人減磨勘

卷一萬一千八百六十六

三年走馬承受二人各銀絹五十管機宜文字官一人銀絹二箇諸班直各絹十匹諸軍敢勇效用弓箭手蕃兵等絹五匹部隊將四十二人十一人遷一官三人遷兩官一人遷三官餘減磨勘年賜有差　九月十八日知延州劉昌祚言第二將彭孫所請獲級傷中賞絹準朝旨相度等第裁減事乞且依元立賞格施行上批軍賞之行所加者衆恩在數易以感士心如昌祚之言甚允宜依所奏他路可並準此　十二月三日蕃官左侍禁朱泥唆遷四資賜絹五十匹悖也乩尾遷三資絹三十匹乙麥乙唆遷兩資絹二十匹輕重傷並依格奪得馬給馬外賜絹十匹鄜延路經畧司上戰功也　七年

二月一日熙河蘭會路經畧制置使李憲上蘭州城守追敗西賊功狀詔保全一路有路〔勞〕降敕獎諭銀絹三千將校等遣資有差餘以格推賞陣亡諸軍賻絹軍員三十匹下至遞鋪二十匹　三月十一日詔劉祚昌本路士氣自永樂不守以來折索摧喪非往日之比近聞諸將互出頗獲賊級軍氣少振宜有旌別特以氣作之令賜御緊絲戰袍紅絲勒帛金線烏梢弓虎紋韔軒銀纏捍槍朱漆圍排金渡銀裝手刀各五十宜擇衆與之人量所宜賜之　十二日詔支內藏庫絹十萬付環慶路經畧司為軍兵賞　五月一日詔鄜延環慶涇原熙河蘭會河東路各給空名宣劄子二百　四日詔知延州

卷一萬一千八百六十六

劉昌祚去月癸巳西賊犯安塞堡第五將以少擊衆獲其酋豪除朝廷已特支外可以經撫庫金帛或御前降去銀器先賞衆所親見用命有功之人其諜知賊馬信驗者優予酬獎　十九日皇城使忠州刺史呂真領嘉州團練使西京作坊使米斌為內園使雄州刺史內殿崇班張仲元為內殿承制閤門祗候以上批安塞敗賊寔由呂真斥候明審米斌得以收漢蕃入保安寨被圍即領所部應援與副將合力驅除雖斬獲不多亡失過甚存心忠勇不以彼我為念宜獎之以勸協力國事者斌等單孤一寨守兵不滿千人却賊數萬斬獲著名兇悍酋豪十數賊喪氣逃遁與前後出寨俘斬老弱不同

可優厚推恩故也　七月九日鄜延路經畧司言种諤上大軍出界進討分遣諸將收夏州至上書平白池等處有功人內第一等將副乞推恩詔李浦遷一官趙守忠李思古已死遺〔遷〕官恩賞每資賜絹五十趙守忠百五十李師古五十給其家　二十三日給空名宣劄三百付熙河蘭會路經畧司　八月一日侍禁杜能自陳有還功御延和殿引見賜人馬甲一聯　九月一日給李元輔經制絹五千付秦鳳路經畧司以賞功　二十二日環慶路經畧司言殿直柴植等三人同討吴八章等寨獲三百級無亡失蕃官例各轉資詔令減磨勘二年　十月十二日詔定西城守城漢蕃諸軍并百姓婦女

卷一萬一千八百六十六

城上與賊鬭敵者人支絹十匹運什物者母七〔匹〕城下供饋雜役者男子五匹婦人三匹　十一月一日詔涇原熙河蘭會路賞功宣誥入急遞　八年七月二十八日前熙河蘭會經畧制置使司言昨朝廷所降空頭宣誥等有未書填乞回納從之河東陝西諸路經畧司依此令後得功人並自朝廷推恩　哲宗元祐元年閏二月六日樞密院言武臣戰功酬獎不以諸司使副大小使臣每一資於見任官上改一官內皇城使一資遂轉遥郡刺史或除入橫行并閤門使以上每一資亦轉一官比之使臣輕重未均詔閤門副使左藏庫副使以上每資轉一官客省副使及皇城使以上每三資轉一官以

上慮減年者並回授有服親應轉資每轉資一官或循一資不得轉至朝奉郎及諸司副使并幕職州縣官改官應減年人對減磨勘年限不同者依賞格準折 同日樞密院言元豐四年陝西河東兵進討權宜重立賞格誘激將士獲給重傷等第轉資外重加賜絹及捕獲分鑿雜功五等之賞並特優厚昨自還塞後來遇巡綽探事之類逢賊鬭敵尚用此格除所立功狀尤異合臨時取旨推恩外今別脩立捕獲賞格並從之 八日樞密院言走馬承受近年遇軍行多以親戚請託僥倖功賞欺罔百出欲乞隨軍出入人不以將功効大小不得陳乞推恩違者以違制論有能覺察軍中將帥賞罰不

卷萬一千八百六十六

當申奏功狀不寔並密具聞奏朝廷根究得寔當優與推恩及走馬承受親戚門客親隨等並不許隨軍効用雖著功勞亦不在酬賞之限如故隱匿因而酬賞者犯人決配走馬承受若知情官司並除名許人告以犯人所受恩澤充賞從之 二十四日詔今後蕃官立功優異者方取旨差充本族巡檢仍當三資令樞密院遵守

三月五日樞密院言脩定監司按土兵賞格從之

二年六月十二日熙河蘭會路經畧司言西賊寇定西城權監押吳猛等戰死詔猛及死事兵校等第推恩加賜其輕重傷中人令經畧司依條施行 七月四日樞密院言殿前馬步軍司每年按閱諸軍支賞銀未有定

限詔以十分為率選應賞人無過三分歲止一次 八月八日河州川寨戰守有勞漢蕃官兵遷官資賜帛有差 九月十五日涇原路經畧司言夏人夜遁賜將帥兵民銀錢絹袍帶有差仍提具功狀以聞 三年五月十六詔賜熙河蘭會路銀絹各五萬鄜延路緡八萬涇原路絹七萬環慶路絹五萬秦鳳路絹八萬並以防秋備軍賞也 四年八月六日詔戰陣立功人犯罪應追降及准例入重者品官并轉三官文臣與換武臣選人與改官未授品官人得奉職知令錄將校并轉三資軍人得正副指揮使為第一等併轉兩官及循兩資白身人得判司簿尉借差已下得借職殿侍大將已下得差

卷萬一千八百六十六

使將校併轉兩資軍人轉軍使都頭為第二等轉一官循一資殿侍大將轉借職借差轉差使白身得未入官名目文臣減三年武臣減四年磨勘將校轉一資軍人轉副都頭兵馬使為第三等第一人三次第二等人兩次第三等人一次有犯各取旨其逐等人即犯公罪徒已下私罪杖笞情輕者不以次數並準此 五年三月四日荊湖南路安撫鈐轄謝麟言處置卲州管下蠻賊畢詔第其功為五等轉官減年磨勘支賜有差所部人獲級更不推賞器械估價給直 九月二十二日措置荊湖北路邊事司言渠陽寨主李備申蠻賊犯邊借差楊晟經等掩獲有功詔與等第轉資及補軍校應該賞

人其借職已下令給降付身文字依陝西例　七年二月六日樞密院言諸探報多不寔緣賞輕無以激勸欲令陝西河東經畧司各以本司封樁或軍賞錢物給充探事支用其沿邊州城堡寨將副舊得支用者亦約數均給若探報有功或報不以寔並量事輕重隨宜賞罰事理極重合從朝廷賞罰者奏聽指揮從之　紹聖二年十月二十九日詔西經左藏庫副使賈宗元有戰功與轉七資　三年正月二十八日詔戶部於內藏庫支銀絹各五千匹兩度牒二千付鍾傳除賞激漢蕃弓箭手及往來幹邊事佗毋得關給　三月二十二日詔今後陝西河東路賞功並依元豐賞格推恩例經畧告諭

卷一萬一千八百六十六

漢蕃將士等　五月二日詔陝西河東路經畧司探事人所報有寔優與支賞如止於近邊探聽撰造事宜規圖恩賞嚴行懲誡　八月四日詔西賊寇順寧寨諸將獲級其合該賞人內尤異者當於新格外更與優恩　八日樞密院言元豐朝旨不得以老少婦人充級已錄送陝西河東經畧司照會日近諸路累有斬獲首級竊慮猶有夾帶致悞朝廷推賞無以激勸寔効之人詔逐路經畧安撫司子細識驗保奏違者依法施行　四月二月二十九日詔皇城使已上因戰功試轉資者許回授五服內有官親屬轉一官如功狀優異即取旨許回授白身親屬與借職　三月八日呂惠卿言教牓內招

招到鈐轄都頭正副寨主之類與左侍禁事體未便今欲於鈐轄都頭下隨所管或將帶人戶多少於右侍禁以下至副兵馬使相度等第安排仍依元豐年例降空頭宣劄赴本司候有投降一面書填給付詔今後應有似此之人仰經畧司勘酌合得名目等第安排并其餘招納到合該推恩首領除東頭供奉官以下至都頭兵馬使共賜空名宣劄二百道委帥臣一面書填給付訖以聞河東陝西諸路亦依此　十一月十五日詔自今陝西河東路隨軍官員使臣等非有經畧司文移差借者雖立功應賞者勿推如在軍顯有武勇人從經畧司審察有功効者依格推賞　元祥元年六月九日詔應

卷一萬一千八百六十六

輕重傷並令諸路走馬承受依條點檢覺察施行應以首級詐首領鈐轄之類妄求恩賞據所冒合轉資數並依以老幼婦人首級妄冒施行　十月四日鄜延路經畧呂惠卿言將兵入界或受降或戰殺全繫兵將官臨時處分若於陣前生降到人戶不優與推恩即恐他日討蕩之時不肯全活都致族帳盡為仇敵不肯歸降欲將出界陣前生虜到老小婦女每五人理一級轉資其生降到壯人每名依斬獲例推恩從之　二年三月十八日引見殿前馬步軍司揀到散祇候王貴射弓加力應法換左班殿直仍減磨勘三年賜袍帶貴自陳曾隨軍入西界眼下中箭得輕傷酬獎乞改作重傷上謂李

憲寺曰眼下中箭可得為輕傷邪詔送樞密院改正
四月二十四日樞密院言漢蕃官弓箭手并諸軍蕃兵等有功未賞而身亡或陣亡子孫若兄弟之子合皆承襲推恩者舊例漢弓箭手承舊職名蕃弓箭手蕃官承新職名理有未均欲自今悉因舊職名推恩應承襲准此其未授賞者每一資賜絹二十匹功狀優異者取旨從之　三年四月五日詔諸路賞功有大轉官資許舉覺改正人吏而支賞錢　二十二日詔熙河秦鳳西路冒賞功例降兩官外並與敘復路分以上降一等差遣
徽宗建中靖國元年八月二十九日鄜延經略司奏本路自紹聖以來前後所奏功賞例多妄冒其間有冒

卷萬一千八百六十六

二十資至一十資已上至有小使臣轉皇城使効用轉諸司使副者不少及環慶路勘會到自効用之類推恩最高者止於右班殿直上件詐冒功賞並係帥臣保奏不寔致僥朝廷推恩呂惠卿可落觀文殿學士劉安降充東閤門使饒州刺史張誠降充左藏庫使衛州刺史
崇寧三年八月七日樞密院劄子王厚奏去年十一月內河南蕃賊攻圍作過尋差兵馬前去逢賊鬬敵逐次斬獲乞推恩詔內減年人年限不同依條比折其蕃官未有磨勘年限人令經畧司寄籍候再立功通計推賞仍先次告知委　四年二月二十一日詔王厚夏賊不恭自陝西兵未得解諸路斬級動以千計雖兕虜離叛

義所當誅然四海生靈皆朕赤子鋒鏑之下各為其主膏身草野朕所盡傷累降指揮不吝金繒爵賞廣行招納廣保生全而有司論賞招降之格輕於斬獲是使人樂於殺人而息於生致甚非朕好生不殺之意其令諸路每遇出兵先以招納賞格說諭差人俾之投順自今招納到一名依斬獲一級推賞不分首級及蕃丁　大觀二年正月二十七日詔武士能立戰多以功次至使副者吏部尚書循常格未得親民甚失勸獎之意自今雖未歷監當並與親民以上差遣　政和六年四月二十五日詔邊庭之士有觸鋒冒矢義不反顧與敵人爭一旦之命獲級陷陣拓地伐國者自祖宗以來功居上

卷萬一千八百六十六

游著為甲令即與恤養惸獨收藏遺骸重輕有間矣今夏差弗庭西陲震武介冑之士宜有激勵所有前降因臣僚奏請民功在戰功之上指揮更不施行　七年八月二十日詔瀘南城寨招安把截將之類以年勞累遷都史并蕃官夷界巡檢等舊法須候立功方得遷轉及出官若不生事功何由立甚非綏靖之策今後如寔歷五年滿日能彈壓邊界別無生事將安將合出官者特與出官其蕃官巡檢等與轉一官量增鹽綵稍有生事重行典憲　八年六月二十六日詔淮西捉殺盜賊并擒獲賊首生致闕下一行捕盜官等經述冬夏宣力勞苦可依逐項推恩內見任人差遣依舊第一等統領捉

敍官 宣和三年二月二十九日尚書省言江浙淮南等路宣撫使童貫奏臣措置兩浙宼賊應遣發將兵並係宣撫司授以方畧所有逐路監司守倅并州縣官巡尉捕盜應合推恩人数浩瀚務曰要行賞均當若不紐由宣撫制置司考驗諸賞竊慮諸司將目前小劾張大事體便行保奏有害用命寔立功効之人兼恐泛濫別有夾帶希冒賞典伏望特降睿旨應諸司申奏今來捕賊功狀並從宣撫司覈寔保奏推恩如宣撫司巡歷別路措置即本司牒制置所保奏或諸司已有保奏見在朝廷者亦乞降下本司考驗施行所貴革去冒賞之弊從之 同日尚書省言威武軍承宣使同知入內內侍省事制置譚稹奏契勘青溪群賊燒刦州縣自大兵下江浙分布討殺隨賊所向朝多暴露用命舊身者蓋以今來賞典甚優平日撫養之厚激勵所致比年諸司多以總見少有殺獲便即鋪陳次第奏乞推賞先及守臣或職事官臣竊謂官有常職而士卒寔皆効命以今賊數宼逆動即拒敵若有殺獲理宜先賞戰士庶幾激勸衆心臣欲望聖慈特賜睿旨將今後有司應奏乞殺獲賊徒推賞之人並令宣撫制置兩司同共覈寔先賞戰士所有守臣命官等並次第具的寔取旨施行若有勞績顯著即令兩司先次保奏聽旨施行所貴爵賞不濫宼孽早平詔從之令三省樞密院遵守 閏五月十五

〔卷萬一千八百六十六〕

日詔江浙方賊等作過其官員軍兵并効用諸色人獲級重傷捕獲等功賞並依陝西河東見行條格體例施行 六月二十二日福建路轉運司奏乞準尚書省劄節文福建路提點刑獄俞向奏為本路不住分擘官兵於界首把隘及出界前去衢信州策應捉殺有獲功人乞出給空頭告勑下本司候事畢推賞所有已降賞格合給錢絹金銀乞下轉運司以諸司錢椿辦勘會立功人自合從宣撫司制置所保明推賞其合用錢絹金銀已降指揮委鄭可簡專一應副本官自合那融支撥契勘本路差那官兵召募槍仗手於本路界首把隘及出界前去所有往衢婺州獲功之人多是就近申信州壮給公據之類蓋緣諸處官司惟令具已功務殺獲數多更不審寔例皆給與照據若盡憑外路給到公據令本路依數支不唯見在錢物有限應副不足兼恐他路官司以支費不係本處財用各無勒借多有僞冒不寔除已奏聞欲乞應本路差出在別路立功之人並從元給據官司路分給賞施行詔應獲功人令所在官司子細勘驗諸寔給據不得稍涉詐冒如違當議重行典憲 九月二十九日江浙淮南等路宣撫使童貫奏近據劉韐中自睦寇猖獗杭州失守越州止隔一水有本州貢士錢則忠學生林知言陳狀乞部轄巡防召募到一千六百人自部領分頭守禦巡防使居民安堵顯見逐人用

〔卷萬一千八百六十六〕

心有勞効錢則忠擬補承信郎差充新昌縣尉兼主簿
林知言擬補承信郎差充嵊縣尉詔依所奏施行　四
年七月十五日詔東南功賞及陣亡恩澤限十日結絶
二十二日樞密院言宣撫司申統制王渙申前去收
復處州其獲級有功合轉資别作施行外其餘一級合
支絹七匹劉儀張彦忠各三級令比擬支絹共二十匹
何擇五級令比擬支賜絹三十五匹闕請施行從之
五年六月五日兩浙提刑王仲閎申伏覩昨收復樂清
縣日拘收到賊人遺下耕牛五千六百餘頭給與人戶
每頭錢一十貫文計錢五萬六千餘貫於條即係賊罰
之物欲將上件錢取會本路予給應陣亡軍民詔依

十五日陝西河東河北路宣撫使童貫河北河東路宣
撫副使蔡攸奏勘會河朔自兵興到今來撫定燕地寔
周一載委監司等分等應辦並無闕悞今分定等第伏
望特賜推恩奉御筆第一等陞一職轉兩官無職可陞
人轉三官第二等陞一職轉一官第三等轉一官已上
無職人除初品職有止法人轉行并轉可陞者比附施
行內不曾入燕官與比入燕官輕重稍異　十二月二
十九日樞密院言比來諸路差赴河北統押兵馬將官
多指射官司人吏充吏職使臣以管勾文字為名兼充
陣前使喚冒濫恩賞於軍情未便實害軍政契勘其河
北及諸路自來未有條禁兼使臣充吏職之人亦未有

該載不許差隨軍使喚約束詔遇軍行其人吏及使臣
充吏職之人止許隨軍行遣文字衙校隨軍勾當外即
不得差充陣前使喚部轄人馬雖立到功勞亦不得奏
推賞　六年四月三日樞密院奏諸軍出戰被傷合保
奏推恩訪聞將司隱落不為保明甚非勸功激勵之意
詔今後戰傷人並據實以輕重開具違者以違制論
十八日詔比年禁軍出戍因戰亡歿及有未知存亡人
本轄官司牒報住營去處只稱收身不到不即指定戰
歿或係逃走如委實戰歿其家合該支賜贈之類既無
明報使官司不能依條例支給昨雖降御筆處分令依
舊接續支破一季緣季限之外家屬即便失所誠可矜

恤今後應戰歿之人並須以寔勘驗戰歿或逃亡關報
住營去處更不得稱收身不到如違以違制論　八月
十八日收復燕雲赦應昨收復燕雲路命官等被差把
隘口之類别無透漏蹤虜與比附部押兵夫等例推恩
應昨撫定燕雲將佐官屬軍兵等立功應合推恩而有
司漏落之人仰赴所在自陳如有據驗并疾速保明聞
奏　七年五月九日德音京東河北路州縣昨平燕日
充効用人河北逐路各有立到功勞累及三資已上其
所補名目緣有司不通知祇各於効用上出給公據致
隔歲月未被恩澤許經所在自陳仰逐路帥臣互相關
會姓名具實審察類聚逐次所立功勞分明開說申樞

密院當議一併推恩　六月十四日詔比緣攻討西賊及江浙河北調發軍馬立功者衆雖已推賞尚慮其間有本路功狀未到攢造差舛會問稽留已隔歲月致竭力効命之人久阻陞遷可下逐路帥司詳具有功軍兵三年未經推賞者依元攢功狀別保奏有傷中未請支賜者限一月令逐州軍依數支給不得留滯庶稱勸獎激勵之意　十二月二十二日詔減掖庭用度侍從官以上月廩罷諸兼局有司據所得數撥充諸路犒本及募兵賞軍之用　欽宗靖康元年二月十二日赦書應將佐使臣軍員兵級有功或能著顯效者仰守禦宣撫使司疾速保明聞奏應今來召募差發人兵州縣官有率先辦集併人數最多去處及曾被攻圍州縣鎮寨官吏將佐等能防護城池糧草并安存民户不致散失者並仰逐路監司保明聞奏京城守具樓櫓脩全了當官吏作匠等令所屬疾速保明奏聞並議推恩京城守禦官兵仰守禦使司具有功人保明推恩　三月五日詔正月七日夜金賊攻宣澤門九日攻安肅通天景陽安泰門二月二日至八日攻咸豐門其逐處官吏當日分守禦者增倍推恩　十四日詔曰朕初嗣歷服適丁艱難賴天之靈敵人悔禍永惟士夫擐甲冑冒矢石捍寇勤王朕甚嘉之其令有司寔録立功將士以名來上毋以愛憎為高下務在必當庶幾賞不踰時感勵思奮協

卷萬一千八百六十六

圖康功今後非有軍功戰功及實有勞績外並無恩倖非泛轉官賞賜布告遠迩使明知朕意　二十一日詔扈從行宮將校軍兵齎銀絹前去等第支賜內在泗州駐劄人仍各與轉一官資扈從往還渡江人轉兩官資　九月十四日樞密院言諸路立功將士祖宗舊制並係帥臣或主將等畫時具將佐使臣下至兵卒所立功勞開列等第保奏樞密院既得旨即攢職次給降付身比年以來多因先以統制兵將官奏捷狀便行推賞逐官既已遷官其餘動經歲月方以上聞樞密院又將其間使臣劄下吏部副將下刑部軍人下軍馬司弓箭手之類下本路再行勘會或致經歷一二年間方以三兩名申院不唯寔立功者久不霑恩慮亦別生姦弊詔今後應戰功酬賞並仰帥臣等限五日內將應干立功人自將帥下至卒伍逐一開具所立等第職次軍分一時保奏即不得用情致有漏落不實候到令樞密院所奏功狀以立功等第取旨併推恩給付付身宣劄告命等類聚差使臣齎往軍前給賜　十八日樞密院言陝西河東立功將士自來諸路帥司具到功狀朝廷已降推恩指揮下吏部勘會緣本部各隨官分關諸案行遣多致散漫是以動經歲月有失朝廷激勵將士之意詔令吏部内選各摘那人吏專一置案行遣仍仰自今後每旬具承受到文字及給降過付身公據數目聞奏河北

卷萬一千八百六十六

遂路依此　閏十一月十三日選閤使齎蠟書徃諸道召亚王兵白身及有官人皆招募與官或帶閤職書詞云宜疾率衆不限萬數倍道前來南道總管張叔平率先勤王毡之一日而除延康又二日除資政又三日除資政院簽書諸路兵若能速來不以官職尊卑亦當優加勸賞監司帥守能奮力爲國之人即速結軍民以救國難其所用資粮逐急權那應副雖於法有礙亦許支用有能糾集差部轄之人許以便宜隨功等第借補文官自廸功郎至宣教郎武官自副尉至從義郎候到闕給告正授有官人令加借　十五日虜以洞子屋負土填壕募能焚之者賞絹二千疋銀五百兩白身補秉義郎有官人轉七官

卷一萬一千八百六十六

高宗建炎元年六月十四日詔自今有能收復河北河東兩路州郡及救解急保全一方功効顯著除本處節度觀察團練防禦使依方鎮法　九月十八日詔近來軍兵多因潰散及避逃罪逃竄却緣請處召募並不顯軍額逐急投充効用以應一時之選偶因功賞補授副校尉及使臣了當陳乞稱元係某處軍分職名情願不就校副尉及使臣名目只乞於已前軍額名目上一併改轉可將應今日以前似此投充校用獲功補轉之人願依舊軍額者每兩資止當一資收使其一資人更不許換如日後更有如此投充効用獲功之人更不推恩　十母月七日臣寮言累年以來

保奏功賞類多不實如江浙山東之捕盜關陝兩河之邊事有司出給文據冒濫不一今若一槩止絶恐有實立功績之人或生怨望若盡行推賞又恐冒濫既衆名器益輕願自建炎以前應干功賞照驗未經釐革未經施行者累遷不得過三官合循資之人亦以五資爲限其餘建炎以後並依條例施行從之　二年正月十三日臣寮言自數十年來保奏功賞例多不實或親戚之私或權貴之薦或醫巫卜祝之徒或工商皂隸之賤來嘗臨陣遇敵輙冒功賞軍士怨憤久矣乞戒諭差出并見今統兵將官務在體國盡忠如敢循襲前例輙保奏不實者官員坐欺罔之罪軍曹司等編配遠惡州軍許

卷一萬一千八百六十六

御史臺覺察彈奏所有沿邊州軍及應干保明功賞去處依此從之　二月十三日詔權發遣濮州楊粹中除直閣秘以粹中率官吏軍兵守城禦賊故也　三月十二日詔知江州陳彥文除龍圖待制以彥文遭賊兵張遇攻圍極力守禦故也　七月十六日詔諸帥臣并應統制統領兵將官今後遇攢功狀內有一名累次立功之人於本名下只作一項開排立功次數因依保明陳乞以兵部尚書盧益言功賞文字內有一名累次立功者却作數項開說致行遣差牙推恩名目重疊故也　三年二月十六日德音應州縣今來曾經金人攻圍能堅守不去致一州一縣保聚無虞仰帥臣或監司具狀

保明申朝廷元守城官吏等並各特與轉三官資若金
人經過去處雖不被攻圍而能保守不致殘破亦各與
轉一官資　四月八日赦書應舊行賞與除捕資軍功
戰功陣功殁於王事之家恩澤外並權住行遣一年其
未經推賞之人候到駐驛處委省官四員限一月施行
令後功賞應經歷處各限三日與次行下　四年正月
十五日詔兩浙東路制置使張俊本軍人馬在明州率
先出城與金人迎敵殺死金賊不知其數奇功軍兵各
與轉七資餘各有差　五月十七日臣寮言樞密院每
遣討賊即給印簿一面號曰功罪簿以授將臣凡有功
罪悉書于簿回日奏功即以其簿繳納于樞密院後不

卷一萬一千八百六十六

得續有添差姓名從之命尚書省行下諸路帥臣根究
死事之臣殺賊之民考驗詣實類申朝廷以加勸恤詔
令三省條具以次施行　二十九日詔金廬（房）州安撫使
王彥特補正右武大夫忠州防禦使以宣撫使司言永
興軍路部將似達結連軍兵殺害本將張順不捷部領
人兵作過至五月二十六日侵犯金州界王彥於黃岡
嶺沽捉似達等三人并叛兵四百餘人故也　七月八
日詔武經大夫榮州團練使孔彥舟生擒到僭號妖賊
鍾相等與落階官除利州觀察使　十一月一日詔諸
軍今後保明無照驗功賞不得更有保明令三省樞密
院遵守從臣寮請也　八日詔四川宣撫司參議官劉

子羽轉三官新除禮部侍郎指揮更不施行以臣寮言
夫春官貳師（卿）自非文學優長練達典故者不在茲選今
子羽以募府軍功得之於事不類望追寢優進子羽階
官故有是命　紹興元年正月二十五日詔京畿提刑
兼權京城副留守趙倫及京西南路提刑權知唐州胡
安中並在境內措置保守一方軍民安堵及奏報金人
動息各特轉三官內趙倫於橫行上轉兩官遙郡上轉
一官令學士院降詔獎諭　二月二十四日詔今後將
士立功量高下擬定合轉官資或初補名目先次給與
照會文字申朝廷審度遷轉補授庶得信賞有以激勸
　五月十日詔新差知廬州王亨除兼閤門宣贊舍人

卷一萬一千八百六十六

以和州無為軍鎮撫使言其奮發忠義生擒賊首李伸
故也　十九日兩浙西路安撫大使劉光世言忠勇統
制張榮與金賊大戰勦殺萬餘人并奪到衣甲等乞優
異推恩詔管轄修武郎李橫等二十四人各轉三官次
頭首有官借補從義郎呂莊等二百六十七人各兩官
將佐等無官借保保義郎陶仙等三千七百三十八人
各一官並于正職名上收使白身人依効用法　八月
三日山東統制忠義軍馬范温言金賊渡河温等遁居
牢山繼聞本路從逆遂率衆船入海據守福島每遇金
賊（張戩）獲功獲功無以激勸固當隨宜借補加轉望給降告
勅補正官資温不敢自行借補官資外元有正官加借

官資三員借補官資三百七十五人今差統領官王交參議官李植等齎表赴朝廷投進詔特依范溫補武翼郎閤門宣贊舍人李植補承務郎杜伯材補秉義郎曹綱補忠翊郎張十等七人並補忠訓郎喬信等三人並補忠翊郎李進等二人並補成忠郎劉旺等四人並補保義郎范晟等五人並補承節郎劉彥等四人並補承信郎段偉等三人並補進武校尉范雖等九人並補進義校尉劉勲等二（十）一人並補下班祇應韓存等以下一百四十人並補進義副尉陳適等以下一百六十五人並補守闕進義副尉劉德等一十二人並與補正仍降敕書獎諭　十八日兩浙西路安撫大使劉光世言

卷萬一千八百六十六

采防江委曾宣力及出戰立功人輕重分為三等乞推推恩第一等二千六百八十人兩處立功人各與轉三官一處立功人各與轉兩官內王德除遙郡觀察使依前拱衛大夫第二等七千九百七人各轉兩官第三等九百八十九人各與轉一官資內重傷人及陣亡並依格推恩詔特依選人比類施行礙止法人依條回授白身効用民義兵簽軍等並依陝西効用法遷（遷）轉陣亡軍民義兵等令本路帥司依自來條例施行　二十八日兩浙西路安撫司（大）使劉光世昨遣發統制官王德等前去揚州以北討殺金賊到邵伯以來逢金賊鬬敵殺敗棄頭不斫殺死掩入河湖不知其數再遣王德酈瓊等

過江令直入承州金賊知覺前來迎敵殺死金賊二千餘人及活捉到女真等詣第一等各與轉三資第二等第三等各與轉兩資令劄付尚書兵部疾速指揮施行

十月十八日都省言近降指揮權住收接常程文字其新立功賞自建炎三年十月以後實有軍功事狀明白無可疑者自合收接行遣外其餘不急之賞并無文書照驗難以取證於保任者並候來春考覈實偽行遣

十一月二日詔令尚書省出榜都門曉示應有勞績功賞並會疊轉授之人今後並仰經所轄官司陳訴從本處勘會諸實關中所屬施行即不得依前越訴如違重行典憲　十二月十四日詔兩浙西路安撫大使劉

卷萬一千八百六十六

光世可特與恩澤三資奏補本宗或異姓有服親以招安賊盜保護浙西一路故也　十七日制置山東忠義軍馬范溫言有登萊濰密四州差發大兵會鏖小高巢郭參寨北軍人馬來相攻擊溫親手斬獲番官首領一名敵人驚潰奪到甲馬差官屬李植等五十九人同齎謝恩表管押北軍千戶田幹并甲馬等詣行在詔范溫忠節顯著特與轉武功大夫遙郡刺史依舊兼閤門宣贊舍人其管押到蕃人參議統領官使臣各與轉一官資忠義長行梢工水手合轉兩官蕃人田幹送神武中軍收管參議軍事李植統領官楊闢使臣王保等一十九人忠義長行使臣王政等七人梢工姚士寧等二人

水手于世等三十四人　二十三日詔今後應保明功
賞及陳乞恩澤之類並仰保奏官司取索初補及見任
真本告敕宣劄等勘驗委非偽冒及借補人分明開說
逐次借補因依及是何官司借補并漢蕃歸明使臣効
用各隨名色聲說如不依今來開具未得推恩退送元
保明官司重別開具若隱匿不寔當職官重行竄責人
吏刺配仍令進奏院鎮板遍牒應干合屬去處今後每
月檢舉行下說申三省樞密院　三年二月一日詔均
房州鎮撫司(使)知金州王彥特除龍神衛四廂都指揮使
以宣撫處置使張浚言彥勦殺董先賊衆收復商州撫
定功也　三月十二日詔襄陽府鄧隨郢州鎮撫使李
卷萬一千八百六十六
橫鎮撫有功特與轉行右武大夫遙郡觀察使以橫捷
兵汝州潁昌府界敗蕃賊功也　九月十九日詔鳳翔
府和尚原立功統制將佐等並以節次除授官職尚慮
無以激勸令宣撫處置使司於逐路無人識認地土內
標撥給賜如今後更立奇功當議增數撥賜都統制吳
玠一十五頃永興軍路經略使郭浩一十頃統制官以
下一等各七頃統領鈐轄路分等各五頃將官一等各
三頃　十一月七日詔統領官武經郎高道脩武郎司
全各轉一官將官使臣校尉尉下班祗應劉廣孫遇等
各與減三年磨勘年限不同人依五年法比折効用公
據甲頭白身人民兵弓手士兵各與轉一資於正職名

上收使白身人依陝西効用法補授以江南西路安撫
大使司言道等破分寧縣群賊甯鐵龍故也　十二月
二十七日詔程昌禹除集英殿修撰以樞密院奏昌禹
掩殺王善劉超功也　四年十月七日沿海制置使司
(諸)戍防秋之際把截海道唯藉舟師以遏奔衝義當優立
賞格以勵戰士緣獲級雖有陝西効用格法理合增重
激勸効命之人詔遇緩急賊人侵犯如能生擒賊徒及
斬獲首級並當等第推恩有立到奇功之人格外優異
加賞其奪到賊船錢物之類並給所獲人若逆賊退避
並依軍法乃給降黃牓曉諭　二十六日詔董旼特除
正任觀察使陳桷特轉三官除秘閣修撰仍賜紫以韓
卷萬一千八百六十六
世忠言承楚獲捷功也　十二月三日樞密院言知樞
密院事張浚前往江上措置軍事緣諸將見與大敵對
壘緩急會合軍馬遇立功即與尋常不同理宜優賞詔
諸將士能戮力用命立功之人令張浚保明聞奏當議
優異推恩仍令樞密院牓示諸軍　五年五月二十九
日詔令諸將帥今後保明功狀須管將出戰并不入隊
(雜)役人各立項分明開說的實功効因依即不得衮同減
裂保明稍有違犯其受賞人并保明所部統領將佐並
一等重作施行　二月十一日詔荊湖南北襄陽府路
制置使岳飛下統制官徐慶牛皐人馬廬州以來與蕃
賊闘敵勝捷奇功各與轉五官第一等各與轉三官資

第二等各與轉兩官資第三等各與轉一官資並於正
名目上收使選人比類施行白身人依陝西効用法補
授　十二日浙西江東宣撫使張浚言近分遣統制領
將官將軍帶軍馬節次過江追襲掩殺賊馬獲捷立功
官兵見行勘量功力高下置策保明申奏推恩詔張宗
顏落階官特除正任防禦使楊忠憫王進李璋張宏項
展田泰璋張元顏暉鄭滿各與轉五官資王再興戚方
盧師廸各與轉三官　十三日詔拱衛大夫康州刺史
潘義與轉兩官一官於橫行上轉一官依條回授以都
督府言遣發潘義至天長軍與金人七斤太師見陣獲
捷故也　十九日詔收復襄陽府等處六州軍立功官
卷萬五千八百六十六
兵將第一等立功異衆之人各更轉一官資于正名目
上收使　二十二日詔江南東路淮南西路宣撫使劉
光世下統制官王德寄過江前去滁州地名桑根與賊
血戰寔曾向前立功官兵等立奇功人各轉五官資第
一等各轉三官資內係都虞候人令樞密院特與換授
第二等各轉兩官資第三等各轉一官資並於正名目
上收使　三十日詔武功大夫吉州團練使統領軍馬
孫琦武功大夫權淮南西路宣撫使司統領軍馬王存
敕授福州助教權淮南西路宣撫使司準備差遣劉悊
忠訓郎部將王寧下班祗應楊渥各與轉兩官資於正
名目上收使內孫琦王存劉悊各用上件兩官孫琦特

與轉行橫行一官王存特除遥郡刺史劉悊補中州文
學以淮南西路宣撫使司統制官酈瓊言收復光州琦
等首先入城說諭故也　閏二月十八日知廬州兼淮
南西路安撫使仇悆言蓄偽賊兵入寇淮西濠壽二州
官吏軍將同心備禦一百餘日晝夜防守今來解嚴乞
保奏推恩詔第一等各與轉一官減二年磨勘第二等
第三等各與轉一官資於正名目上收使白身人依陝
西効用法補授選人比類施行　三月八日詔吳玠保
明階州楊家崖等處把截捍禦金賊官兵共二十八百
三十七人推賞有差　四月四日淮西安撫司言本司
差撥兵將收復壽春府及安豐縣了當乞推恩詔奇功
卷萬五千八百六十六
各與轉一官資更與減二年磨勘軍兵與轉兩資第一
等各與轉一官資第二等各與減二年磨勘無磨勘人
及軍兵增倍犒設一次第三等各與減一年磨勘無磨
勘人及軍兵犒設一次內轉官資人于正名目上收使
借補人先次出給公據候有名目日收使白身人依陝
西効用法補授以上犒設並令本司支給內磨勘年限
不同人依五年法比折　五月二十五日殿中侍御史
張絢言比來諸軍保明到奇功之人止是開列姓名不
曾詳具立功之狀雖朝廷依所申給文歷往往與義不
平多謂冒濫乞下有司或差密院檢詳或委檢正都司
各令親加參考而吏部勿循其事差別高下等第優劣

拔其尤異者具名申三省取旨付之戶部然後出給文
歷以寵其勞詔依三省委都司檢正樞密院委檢詳
六年四月十七日詔統制官呼延通除正任防禦使諸
將王權劉寶樂超魚澤並特除遙郡觀察使許世安劉
銳並特除遙郡團練使趙潤於階官上轉三官仍特除
遙郡刺州李儀特除遙除遙郡刺史王勝王升崔德明
呂超單德忠各於階官上轉行三官吳超杜琳臣振石
世達各于階官上轉行兩官解元與轉三官依條回授
以淮南東路兼鎮江府宣撫處置使韓世忠言僞邳州
女真都統訛里孛堇（董）與劉令莊都統太一孛堇等會合
女真契丹漢兒同僞知邳州賈舍人侵犯淮南作過世

《永樂大典》卷一萬八千八百六十六

忠總率諸軍兵馬渡淮離僞鎮淮軍南三里聖女墪有
山寨拒抗王師遣發官兵力敵破城獲捷所有諸軍見
行別攢功狀外延通等身先將士直前破賊立到奇功
故也　二十六日詔令都督行府支銀絹各五千匹兩
應副淮南東路兼鎮江府宣撫使韓世忠支俵激勵將
士從世忠請也　五月十五日（詔）吳玠賜錢一十萬貫充
隨軍激賞等使用令趙開于責到戶（部）帖錢內支給　二
十五日詔副統制王師晟特與除遙（郡）團練使仍更
于橫行上轉行一官以劉光世言師晟引兵渡淮至僞
龍城率先破敵故也　十二月一日內降淮南路德音
訪聞自來保明功賞間以無功之人冒列其中致（無）以

激勵士氣可令逐路宣撫司聚集將士推排功狀具實
以聞不得泛濫近者賊馬侵犯其光世下女真契丹漢
兒訪聞內有用命出戰之人仰疾速保明聞奏當議優
異推恩　二十二日詔知光州敦武郎王萃與轉一官
除兼閤門宣贊舍人以淮南西路兼太平州宣撫使劉
光世言賊兵孔彥舟等數萬衆攻打光州保護一城無
虞故也　七年三月二日詔河（湖）北荊西路宣撫副使岳
飛下統制官王貴特除正任防禦使龍神衛四廂都指
揮使牛皐特除正任觀察使以樞密院言飛近遣貴等
總領官共掩殺逆賊五大王劉復李成等累立奇功故
也　十一月二十一日上謂輔臣曰諸軍使臣猥多歲

《永樂大典》卷一萬八千八百六十六

增俸廩因曰大將奏功率以所愛偏裨多轉官資而出
戰士卒往往不及不惟無以勸有功兼亦蠹國用朕常
謂行賞當先自下行罰當先自上且以諸將不能如此
為歎宰臣趙鼎等曰聖慮高遠豈諸將可及　十二月
十八日詔知泗州起復武功大夫兼閤門宣贊舍人劉
綱特除遙郡刺史以京東路宣撫處置使司言蕃僞賊
馬衝突泗州保全無虞故也　九年正月五日內降新
復河南州軍赦應兩淮荊襄川陝新舊宣撫使及三衙
管軍並特取旨優異等賞統兵官及將佐奏遣軍關具
等第推恩　十年六月三日詔比以金賊侵犯東京已
策用兵征討應諸軍將領有能建立奇功者推賞至于

使相建節仍不次任以職事將校士卒不以資級高下
但能立奇功並依前件推賞仍陞近上職任令吏部別
選一等官告旌別功賞自節度使至橫行以下並空名
臨軍給授不待保明申請不礙止法並與轉行所有將
來合得戰功恩數亦已於告前明白開說不須節次整
會仍比舊法更加優異仰將佐士卒等各思奮勵用命
殺敵以赴功名之會　十五日詔今後應將士臨軒戰
鬭捐軀之人並仰一一着實具奏有官人贈官及子
孫恩澤軍兵依舊支破請給存恤其家並比舊法增重
其重傷人合得支賜亦仰日下支給本色內有官人因
此不堪披帶與添差近便差遣軍兵不任役願放停及

卷一萬五千八百六十六

改換軍額者各聽從便仍支破請給以終其身不得循
襲前弊仍作名目使忠義之人有功不賴以樞密院言
將士戰陣捐軀只作逃亡不霑恩典故也　九月十日
明堂赦應命官因戰陣或捕盜傷中不堪釐務之人仰
經所在自陳驗實保奏承務郎大使以上當議特加優
恤選人小使臣與差充嶽廟一次　十一年五月十四
日淮南西路宣撫使張浚言金賊屯兵宿亳本軍官兵
迎冒暑雨奔涉長途深入賊境其統制官王德等雖蒙
推賞乞更賜優異推恩王德欲陞元符衛親軍馬軍都
虞候馬立欲除防禦使田師中欲除龍神衛四廂都指
揮使劉寶李橫欲各除正任觀察使張淵欲除正任團

練使唐汴欲與轉武功大夫王友欲與轉右武大夫詔
並依擬定　十二年三月十一日詔令戶部支銀絹一
萬匹兩付田師中充激賞　十六年九月二十七日詔
殿前司後軍統制官張淵與轉行一官第一等各與轉
行一官資第二等各與減三年磨勘以淵等將帶軍馬
前去福建措置盜賊令招捕盡靜故也　十九年五月
十七日詔殿前司統制官劉寶特與轉承宣使陞軍職
一等統領官劉順許用今次第一等功并檢舉昨淮西
立功一官特與轉遥郡團練使本軍立功將官使臣効
用軍兵義兵第一等各與轉一官資減一年磨勘第二
等各減四年磨勘第三等各減三年磨勘年限不同人

卷一萬五千八百六十六

依五年法比折實等勦殺福建盜賊妖孽殆盡故也
二十三年二月二十二日知贛州李耕言統率軍馬措
置贛州叛兵將勦殺盡靜推賞統兵官九員江西副總
管劉綱鄂州駐劄副統制張訓通池州駐劄統領官崔
定殿前司統制知循州張寧殿前司統制陳敏統領官
郭蔚呼延迪副將權江西安撫司統領周成右宣教郎
統押池州土豪鄉兵鄧酢詔劉綱等九人各轉行兩官
奇功各轉兩官資第一等各轉一官資減三年磨勘第
二等各轉一官資減一年磨勘第三等各轉一官資內
礙止法人並與轉行　二十五年正月二十三日鄂州
駐劄都統制田師中言武岡軍猺賊楊再興父子累年

作過差統制官李道領兵前去撥置收捕並已盡靜乞優與推恩統制官李道欲特與落階官除龍神衛四廂都指揮使奇功一十三人李勝王宣欲特與轉行一官使臣馬儀等九人軍兵張青等二人欲各與轉兩官資第一等李思齋張進并使臣王青等効用李政等軍兵王寶等欲各與轉一官資減三年磨勘第二等使臣宋德等効用范政等軍兵欒進等欲各與轉一官資減二年磨勘第三等使臣溫宏等効用趙辛等軍兵黃順等欲各與轉一官資從之　二十六年十月九日宰執言紹興四年給降空名官告綾紙補帖等付王瓆折彥質招收黃誠楊么等用自後並不曾申到書填過數目上

曰此非良法將士有功自合開具姓名聞奏候朝廷給降付見空名官告只為大將照顧親戚而已激賞將士合用財物何用告可令吏部取會書填過數目要之存在并事故之數　三十一年七月二十二日詔令禮部給降空名度牒五百道仍遣樞密院使臣一員管押前去淮南浙西江東西路制置使司交轄應副犒設戰士使用　八月二十二日兩浙西路馬步軍副總管李實〔寶〕言乞給降空名守闕進勇副尉守闕進義副尉進義副尉下班祗應帖進義校尉進武校尉綾紙承信郎承節郎告二道付寶開具立功因依書填給付從之令所屬疾速出給付身樞密院差使臣一員管押前去李寶處

收管專充激賞使用候有勞効人即行書填給付仍不得將無功之人妄行一例書填　二十五日權發遣濠州劉光時乞給降空頭守闕進勇副尉〔進勇副尉〕守闕進義副尉進義副尉下班祗應進義校尉承信郎付身各一道開具立功因依書填給付從之令所屬疾速出給付身充激賞使用候有勞効人即行書填給付仍不得將無功之人妄行一例書填樞密院差使臣一員管押前去　十月九日宰執進呈犒賞事上曰朕曩于內帑儲備邊錢士大夫不喻朕意者至指為瓊林大盈之比顧朕雖積此亦何嘗妄費一錢向來撥一千萬緡付外府而近日遣發軍馬及諸處犒設皆于是乎出豈不正資今日

卷萬千八百六十六

之用況方用兵國賊亦須得人經理士大夫恥言財利多事之時艱于選任亦今時之一病也宰臣陳康伯等奏曰誠如聖諭　十六日御史中丞充湖北京西宣諭使任〔汪〕澈言訪聞諸軍有前者累與金人見陣及于諸處收獲〔捕〕盜〔賊〕節次立功係逐處各自保奏推賞所轉官資致有重疊後來朝廷立限行下令于限內經本軍陳乞申朝省改正而于限內陳乞者或拘礙一時申請格法或省部阻難而立功之人身在軍旅無由到省部理會至今未與改正并有合改正而類多行阻〔伍〕不能通曉法意卻失于陳乞者如此之類往往各有公據照驗經今二十餘年未霑恩渥之人甚衆望令吏兵刑部疾速剳〔行〕

措置立條限格法行下諸軍分明曉示如向來重疊轉
受官資未曾改正者候事定日具狀經本軍陳乞保明
供申朝廷改正其今日以後立到新功恩賞即不相妨
從之　十一月四日左軍統領官員琦特與轉十官仍
賜金帶以劉錡言琦在揚州皂角林與金人見陣身陷
重圍下馬死戰二十餘陣首立奇功故也　五日詔權
統領東南第二將向琪與于階官上轉行一官遥郡上
轉行兩官以淮南西路安撫司公事龔濤言琪在巢縣
掩殺金賊併力血戰功也　十四日詔御前諸軍都統
制李顯忠累獲勝捷令學士院降詔獎諭差中使一員
前去賜金合茶藥一就傳宣撫問仍令李顯忠開具實
卷萬一千八百六十六
立功人等第保明聞奏　十七日詔御前遊奕軍統制
張振與轉翊衛大夫定江軍承宣使護聖軍統制王琪
與轉拱衛大夫宣州觀察使自餘立功將士令逐官開
具保明申行府以督視江淮荊襄軍馬葉義問言振等
采石渡有功故也　十二月二十六日詔御前遊奕軍
統制官張振時俊並特除正任承宣使以昨在采石親
與虜士見陣功也　三十二年正月二十一日詔四川
安撫制置使司統制官知文州向起轉三官特用一官
除正任觀察使吳挺特除正任刺史同統制梅彥髙海
各轉兩官統領三員各轉兩官內劉海傷中又攻打秦
州立功共轉四官貫士元攻打秦州共轉三官杜寔兩

官以四川安撫制置使司言起等德順軍治平寨有功
故也　二月十二日詔宿州亳州朱家村忠義人左軍
統領孟布特與補承節郎副統領謝師穎與補承信郎
淮北忠義人蔣均李迪梁經謝江孫景五人各特與補
守闕進義副尉元貴旗牓幹事人董文胡銓二人特與
補守闕進勇副尉以樞密院給降旗牓結連到忠義人
一萬八千餘人與金人見陣累有功故也　十六日詔
侍衛馬軍司中軍統制趙樽除正任防禦使成皐正任
團練使焦元正任刺史以樞密院言樽等近於泰州殺
退金賊立功故也　閏二月二十五日浙東西通泰海
州沿海制置使京東東路招討使江陰軍駐劄李寶言
卷萬一千八百六十六
將帶一行官兵入海內前去密州膠西縣界港口殺死
女真渤海不計其數奇功承節郎李寔等一十二人第
一等承節郎魏尚等五百五十五冊第二等守闕進義
副尉陳蕃等七百三人第三等効用黃松等二十六百
七十九人詔奇功各轉五官資第一等各特與轉四官
資內白身効用補下班祗應第二等各特與轉兩官資
白身効用補守闕進義副尉並與于正職名上收使
三月四日京畿河北西路淮北壽亳州招討使李顯忠
言采石見陣立功之人建康府駐劄諸軍欲奇功各特
與轉四官資第一等各特與轉三官資第二等各特轉
兩官資第三等各特轉一官資詔並依于正職名上收

使　四月五日，京畿、河北西路、淮北、壽亳州招討使李
顯忠言：「昨來統制官戴皐等一軍在尉子橋首先賈衆
與賊血戰，奇功重傷統制官武顯大夫張榮第一等統
制官、舒州觀察使戴皐，副統制官武略大夫王儀，佐領
兵、奇功武功大夫張辛等二百五十六人，重傷一百六
人，輕傷六十九人，無傷八十一人。第一等守闕進義副
尉郭弼等二十八十人，重傷二百八十人，輕傷四百七
百七十二人，無傷一千三百二十八人。第二等張武都
虞候路立等八百六十七人，重傷十人，輕傷二十七人，
無傷八百三十人。第三等並無傷承節郎大曹宣等一千
二百五十八名，除陣亡人已降指揮推恩外，詔奇功特
卷一萬八千八百六十六
各與轉兩官資，餘並特各與轉一官資，重傷人特各與
轉一官資，並于正名目上收使，礙止法人依條回授，白
身人依陝西効用法，輕傷人令本路總領所犒設一次。」
十三日，京西北路招討使吳拱言：「統制官李勝、張進
等賈勇，官軍水陸進發，過江掩擊，收復光化軍，立功官
兵史俊等一十八人，已書填空名告劄綾紙補轉官資
給付。候申照會外，今李勝等乞推恩。」第一等副統制左
武大夫、兼閤門宣贊舍人李勝等六百四十五人，第二
等訓練官、忠訓郎安清等二千二十四人，第三等統領
官、武功大夫、兼閤門宣贊舍人董奨等一千一百六十
人。詔第一等各與轉四官資，第二等各特與轉三官資，

第三等各特與轉兩官資，並于正職名上收使，礙止法
人許將一官轉行，餘依條回授，白身人依陝西効用法
補授。　十五日，四川宣撫制置使司言：「將官彭清等會
合軍馬打破方山原，部押官彭清等三人各擬轉兩官
資，首先上城都虞候王德等一十一人各擬轉兩官
有傷中人更與轉一資，一擁經戰王鼎等八百二十二
人各擬轉一官資，有傷人更轉一資。」從之。　二十二日，
都省言：「勘會諸軍功狀多係數處立功之人，攢類不一。
或所稱立功去處各色異同，前後難以照應，却致差互
重疊。兼今來止是據憑本軍所稱前銜官資擬立下項，便
行給降告命付身，即不見聲說逐人依與不係真命，有
卷一萬八千八百六十六
無隔間借補書填去失不缺，收使官資委是無以稽考。
今欲諸軍將合攢類功狀，須管着實于功狀內逐一聲
說前項因依，并逐人係幾處立功，各合如何累賞，今來
即無重疊詐冒，保明並是詣實，方得依已降指揮開具
供申。」從之。　五月十八日，三省、樞密院機速房勘會：吳
璘收復陝西州軍，備見忠勞，除諸軍已令總領所支激
犒外，詔令學士院降詔奬諭，仍賜金合茶藥，令入内内
侍省差官前去傳宣撫問。

㳂作沿

宋會要 軍賞

紹興三十二年六月十三日孝宗皇帝已即位未改元
勅勘會㳂邊諸州軍置立山水寨柜捍金人其間曾有
經戰立功之人仰逐州軍并師臣監司保明聞奏當議
參酌推恩昨起發兩浙東路西江東西湖南北福建路
諸州軍出禁軍弓弩手赴江上諸軍使喚後来並發歸
元来去處休息竊慮內有曾立戰功陣亡之人仰逐州
軍從寔開具申諸大師疾速保明推恩施行近緣軍興
立功將士除已節次推恩外尚慮有在遠方未曾保明
之人仰主師疾速開具聞奏內已申奏到者疾速定賞
勘會金人侵犯州縣在仕官有能結集屯聚保護居民
及應副軍期錢糧無曠闕之人仰本路監司監保明以

卷一萬一千八百六十七

聞當議旌賞　三十日檢正諸房公事余時言檢詳諸
房文書馬騏言得旨昨者視師江上應扈從及隨逐一
行官吏軍兵諸色人等除扈從禁衛軍兵已推賞外餘
依已降指揮並特與轉一官資仍令檢正檢詳審量實
有職事之人依此施行勘會今来該扈從推賞之人若
有該御營宿衛司推賞委是重疊欲依樞密行府已降
指揮從實推賞仍令所屬照依除豁不得重疊從之
七月十三日詔御前右軍遊奕軍統領劉端特與於見
任右武大夫上轉忠州團練使以端言先准本司水軍
統領日金人軍馬至瓜洲鎮端統率軍馬自鎮江府西

津渡江前去却見金人下馬報虜主元顏亮已被殺有
大金都督府牒大宋三省樞密院并押到先虜去使臣
張直前来投牒端拘收張直及所賫文牒渡江復回蒙
楊存中特唱與端於見任右武大夫上轉忠州團練使
緣行府無空頭告劄未曾書填祇授故有是命　同日
淮南西路安撫司言據知安豐軍兼㳂邊都巡檢使孫
顯忠申躬率官兵前去㳂淮等處掩殺金人又據水寨
孫立等申於潁河內燒毀糧舡二百餘隻及招奪到人
舡又兩見陣立功乞賜推恩第一等十八人第二等一
百三十六人詔并特與轉一官資白身人與補守闕進
勇副尉　二十八日主管侍衛馬軍司公事成閔言中

一萬一千八百六十七

中軍統制趙樽遊奕軍統制張彥達統領皇甫倜等前
去迎捍金賊已於十月十八日收復光州開具官兵等
職位姓名乞推恩詔出等各特與轉兩官資第一第二
第三等官屬醫官人吏轉一官資並於正名自上收使
同日主管侍衛馬軍司公事閔言得旨令保明清河
口及皂角林并再復泗州日在龜山夾淮實立功官兵
開具等第聞奏今科量功力高下分為四等委係過江
立功之人乞推恩出等二百二十一人第一等三百四
十八人第二等三百一十二人第三等十四人詔出等
各特與轉兩官資餘並轉一官資　同日主管侍衛步
軍司公事李捧言將帶策應軍馬於淮西追殺金賊過

淮及收復壽春府其官兵委有勞効乞推恩詔第一第
等并鄉義兵各特與轉官資第二等三等并屬官人吏
轉一官資並於正名目上收使　八月九日京西北路
招討使吴拱言今年二月内金人再攻汝州為官兵深
入北地結集忠義人收復永安軍并永寧福昌長水等
縣又金人攻蔡州發統制王宣等前去確山縣為聲援
於二月二十七日接戰解圍保明開具到實立功官兵
共二萬五千五十四人奇功一千四十八人第二等八
千九百八十七人第三等一萬一千七百四十七人詔
奇功各特與轉兩官資第一等二第三等並各轉一官
資於正職名上收使　十三日御前諸軍都統制邵宏
淵言得旨視師江上虜騎遠遁諸軍合行推賞應扈衛
人令御營宿衛司出戍暴露人令主帥開具的實人數
聞奏今開具到諸軍出戍暴露官兵等共一萬四千四
百三十九人詔特依已降指揮各與轉一官資於正名
上收使　十九日詔左武大夫忠州團練使盧士閔特
與階官上轉行一官以士閔言建炎間三立戰功蒙樞
密行府出給公據除解圍環州已轉三官外有却寨奪
到將官郝端及生擒金人首領郭浩異等兩項功賞乞
推恩故有是命　二十一日詔張進董江各特與轉
三官並依條回授以御前諸軍都統制李道言光化軍
對岸茨湖出戰立功人數内統制官左武大夫張進武

功大夫董江各捐軀戮力身先士卒致劉萼全軍不能
侵犯乞特推恩故有是詔也　同日詔翊衛大夫破敵
軍統制郝通特與轉兩官依條回授以京西北路招討
使吴拱言今年二月内汝州蔡州及收復永安軍實力
功人數内郝通於黄州武昌以来照應淮西一帶防扞
江西及應辦軍須無闕乞優異推恩故也　二十七日
詔武功大夫御前後軍統制賈淵特與轉右武大夫以
賈淵自陳屢出入行陣建立奇功大將劉錡張子蓋皆
嘗給據保奏故有詔　十月七日知荊南李道言開具
到收復汝州節次見陣及蔡州確山縣立功解圍蔡州
并該出戍暴露賞一萬五千九百四十四人奇功効用
白身鍾延壽等九十人内鍾延壽已書填承信郎周忠
顯等二十八人各已書填轉五官資第一等後軍統制
董江等三千七百三十三人第二等右軍第八將正將
翟青等四千五百五十六人第三等中軍副統制張進
等七千五百六十五人一止該暴露賞六百三十八人
畢兵韓德等八十九人中軍第三將副將郭忠信等四
百五十六人訓練官孟忠温等九十三人詔書填人依
已行事理餘該出戍暴露人並特與轉一官資内奇功
第一等特更與轉兩資第二等第三等特更與轉一官
資　九日御前諸軍都統制張子蓋奏五月十四日
石湫堰先次衝虜陣掩殺十五日海州西北三里堰沙

沙河及新橋高橋見陣解圍海州立功官兵出等立功并傷中人各特與轉三官資内礙止法人特與轉行一官餘依條囬授第一等人各特與轉兩官資内礙止法人特與轉行一官餘一官依條囬授第二等第三等人並各特與轉一官資從之　十一月十五日江淮西路宣撫使張浚江淮西路宣撫判官陳俊卿言臣契勘去歲和州雖曾留選鋒軍耿下葉選鋒周宏言兩軍於楊林渡與賊接戰緣係退師難以一槩推賞欲乞將兩軍奇功六百三十五人各轉一官資第一第二第三等五千六百四十五人犒設一次其餘官兵更不推賞詔依奏已降推恩指揮更不施行以右正言周操言去冬虜

一萬一千八百六十七

騎退歸淮上諸將節次奏功數目浩瀚采石推賞尉子橋和州却寨推賞三項總六萬七千七百七十一人大將之子數人皆各叨十數官資今月二日李顯忠再申到和州城下立功人及西采石楊林渡立功一萬五千三百人並行推賞契勘去歲十月内乃王權主兵顯忠此時未曾交割軍兵王權失陷和州既已貸命編管忽於半年之後無故添此一萬五千餘人再行陳乞其意謂何欲望將淮西采石推賞指揮特賜追寢詔令張浚陳俊卿覈實聞奏故有是命　十二月五日京東東路招討使李寶申昨於膠西及海州與金人見陣左從政郎主管羽檄軍書文字曹岠乞優異推恩得旨特與改

合入官仍更轉兩官楊存中申御營宿衛使司一行官屬等防托江面並依葉義問等例給賞數内左迪功郎衛傅右廸功郎陳紹各轉兩官吏部勘會比類軍功捕盜格衛傅將一官改轉左承奉郎陳紹將一官改轉右承務郎繼而中書舍人周必大言臣按曹岠以財雄於江陰方李寶膠西之捷蓋潜師涉險所致曾何羽檄軍書之有衛傅陳紹並爲宿衛使司準備差遣闕月甚淺勞効可見吏部輙引葉義問續取到時與改轉指揮曲爲申明比類軍功捕盜格何以勸有功之士從之　十二月詔令吏部兵部牒下三衙及諸路總領所開具自紹興三十一年十二月一日立功推賞之後至今降指

一萬一千八百六十七

揮日逐離軍人數官位姓名年甲申朝廷照驗仍將今來臣僚奏議牒下逐處逐一子細開説的實因依結罪保明申取朝廷指揮施行以樞密院檢詳諸房文字沈樞奏去歲諸軍保明到屯衛并暴露諸色功狀毋慮三十餘萬乞考其軍籍而爲之覈實在内三衛衙下吏戶兵部在外駐劄諸軍下諸路總領司取索諸軍自去年十二月内立功推賞之後給與公據離軍人姓名逐名開具元到軍年月係與不係入隊帶甲人數曾無立功以前經本軍曆内收請幇勘并名於甚處立功乞保明作第幾等功賞所有離軍之時係與不係年老疾病不堪披帶之人故有是詔　孝宗隆興元年正月九日詔

右承奉郎劉蘊古特與轉一官以蘊古自陳昨隨樞密行府督視江淮荆襄軍馬結局未推恩也　二十二日詔將諸軍加轉官資之人開具已給付身出榜分明曉諭仍令糧審院自揭榜日先次接續勘行合添請給不得妄有除尅主兵官嚴切覺察尚敢違戾作行遣以都省言紹興三十一年以後立功將士轉官請給被合干人隱匿留滯故有是命　二月五日詔前中軍第七正將許章等管押招撫及捉獲金賊一百人并家小五百九十三人口赴行在訖萬里防護委是艱辛各特與轉一官資並於正名目上收使以利州東路安撫使司申故有是命　同日詔右修職郎周洽再轉兩官左迪功

一萬一千八百六十七

郎劉甄夫添差指揮更不施行以臣寮言昨者江上諸軍功賞皆以施行其間屬官選人周洽自右修職郎改承務郎又轉承事郎劉甄夫自左迪功郎循從事郎又添差紹興府觀察推官則是循資之後又得陞等差遣也況洽端坐於家遥領醫藥飯食官比之親冒矢石者固有間矣甄夫不由銓部不待闕次遂得轉藩〃僚啓士夫躁進之念開選人添差之塗故有是詔　十三日詔劄下三衙并駐劄諸軍仰日下出榜曉示如將校軍兵等有重疊功賞付身並限一季經本軍陳乞牒所屬改正自祗受日為始仍約束本軍合干人不得亂有阻節非理掊歛乞覔錢物如有違犯在外許經都督府在

内經樞密院越訴當重作施行　二十三日詔去年海州三次立功人各特與轉三官資内已書填兩官資人更與轉一官資已書填一官資人更與轉兩官資兩次立功人各特與轉兩官資已書填一官資人更與轉一官資一次立功人各特與轉一官資並於正職名上收使以樞密院申去年閏二月初六日金賊侵犯海州見陣獲捷王剛下三等立功人自統制官以降二千四百五十一人張琛下一千六百四十五人四月十二日番賊圍合海州攻打城壁城上守禦出城鏖戰保守無虞三等立功并奇功王剛下三千七百三十三人張琛下三千六百八十九人五月十五日兩軍出城會合張子蓋與金賊見陣掩殺解海州圍三等立功并奇功王剛下一千七十二人張琛下二千八十六人故有是詔　二十九日詔權發遣閬州吴擴特與轉兩官以四川宣撫制置司言昨虜人犯邊兩司官屬應辦軍須協贊邊事而擴亦有勞故也　三月二十三日詔忠義忠勇軍保明劉的實立功孫諒等三百八十一人内當轉兩官資人並特補正一官資餘一官資亦與補正一官以馬軍司中軍統制趙樽申前年十月統押忠義人過淮到蔡州東地名滲堰村逢金人蕭總管鬬敵收復蔡州十二月一日再收復蔡州去年正月有裴滿相公圍攻州城遂行殺退及忠義軍副統制孫顯等前年十一月到

上蔡縣百赤村及去年正月劉栅村與金人血戰立功故有是詔　四月十二日都督江淮軍馬張浚言契勘御前諸軍都統制邵宏淵昨引兵三千人於真州六合縣迎遏金賊數萬之衆致揚州闔境百姓並獲濟渡本州見立生祠望賜褒嘉以為激勸詔邵宏淵特除正任承宣使　十九日詔江陰縣主簿姚渠特與循一資以沿海制置使李寶申昨將帶海船到海州膠西縣唐島逢見金賊船六百餘隻焚毀賊船大獲勝捷姚渠總轄海船委是勤勞也　二十二日詔江南東路計度轉運副使向子忞特復直祕閣淮南路轉運判官鍾世明特除直徽猷閣提舉常平茶鹽等公事奠濛江南東路轉運判官陳良弼户部郎中總領淮西江東軍馬錢糧李若川總領淮東軍馬錢糧洪适總領湖廣江西京西財賦王珏各特轉一官以都督江淮軍馬張浚奏宣撫司結局所有得力官吏令作優平兩等申奏量與減磨勘推恩故有是詔　二十四日樞密院言勘會諸軍立功將士所得轉官内礙止法人緣經戰與雜功事體輕重不同若令一例回授委是無以激勸今措置下項應經因戰内被賞所得轉官並合將所轉官重輕轉行有收使不盡官候別立新功日收使如願回授者聽武功大夫三官轉行横行一官舊用兩官轉五官轉行遥郡一官舊係三官轉已是防禦使即臨時取旨右武大夫并

見帶遥郡兩官轉行横行一官三官轉行遥行郡一官已是防禦使即臨時取旨一應該暴露普轉隨軍幹事把隘不經戰所得轉官並合回授一因戰功落階官武功大夫右武大夫以上見帶遥郡人合量功力重輕除授謂如遥郡承宣使君若落階官却合自正任刺史以上除授緣除正任係特恩旌賞臨時取旨不可為例一陳乞收使回授轉官人自合繳連回授公據陳乞其公據並合毁抹一逐次功賞已經轉行人自合依元降旨揮謂如一賞元得指揮轉兩官以上已經行餘官自合依已降指揮回授將来即不合陳乞轉官一今来措置係紹興三十一年已後立功之人得旨依擬定其後二年正月十二日吏部狀武功大夫王世旦乞將解圍海州立功重疊武功大夫依指揮轉行一官本部勘會昨據步兵司申王世旦元係武節大夫因該出戍暴露巵衛賞準告轉武功大夫又因解圍海州出等轉三官又於武節大夫上兩官轉武功大夫一官回授公據委是重疊乞改正揍排出給回授施行本部備前項因依申朝廷改正出給轉官依條回授公據指揮未下間又據本人狀乞依指揮將一官於見授武功大夫上轉行内兩官乞依條回授本部照得元降指揮内無本人姓名難以一例轉行又據本人將繳到回授一官公據并將重疊兩官依隆興元年四月二十四日指揮於階官上轉

行本部照得本人重疊兩官已承指揮改正本部出給公據令來本人乞將回授一官并改正重疊兩官依指揮於階官轉行伏乞指揮施行勘會吏部近申武功大夫朱進係將三百官於遙郡上轉行一官得旨王世旦與依朱進例轉行遙郡一官今後一切轉三官人依此施行乾道六年閏五月八日詔今後並依隆興元年四月二十四日立定格目指揮其續降一功轉三官方與轉行指揮更不施行　五月十九日詔王宣汝州立功可特除正任團練使依前主管荆湖前諸軍統制職事　二十八日詔興元府提點刑獄李邦猷特與轉行一官以陝西河東路招討使司言金賊侵犯本界利州路提刑李邦猷調發本路義士分屯守把並無透漏又應副糧運不擾兩辦故有是詔　二十九日督視湖北京西路軍馬汪澈言契勘全州軍兵擅刼兵杖刃傷守臣一路震恐臣於出戍選鋒軍內揀選百人委步軍第一正將牛信將之授以方略止以廣西取馬為名掩賊不備其牛信措置審密將首亂之人一夕俱擒欲望特賜旌賞詔牛信可授吉州刺史依前武功大夫　六月十九日宰執進呈臣僚劄子近宿州戰士宜被優賞如統制統領官不念推恩庶慰敢死之心上曰當歸功於下可催促張浚條具推賞　二十八日詔昨虜酋大軍臨邊江西水軍統制周明教閱人舡紀律嚴明未曾推

賞可特與出給料錢文曆　七月二十四日詔左軍後部帶甲軍兵孫俊攻取宿州率先用命挑統領官范卞認旗涉濠首先登城用旗四向招呼官兵一發上城與賊血戰收復州城特授修武郎差充本軍准備將　九月十九日詔宿州靈壁虹縣諸軍立功官兵已降指揮等第推賞其五月二十四日以前先次回程人更不推恩訪聞其間有出力苦戰曾立奇功之人竊慮無以激勸可特與轉一官資餘依已降指揮仍令江淮都督府取索姓名覈實聞奏　二十五日吏部言主管殿前司公事成閔奏金人侵擾湖襄直據淮甸諸將捍禦宣力欲乞將統制官等四十八員并出等八合得恩數令礙止法人特與轉行得旨該賞日礙止法人特用一官轉行已給回授公據令吏部繳申毀抹數內陳敏欲於階官上轉行又近降指揮因教閱葺治有勞於遙郡上轉行一官即於右武大夫成州團練使上轉拱衛大夫從之　十月六日戶部言江淮都督府關勘會已降指揮諸軍靈壁虹縣立功官兵先次等第推賞今來諸軍見調發出戍欲乞朝廷給降付身赴逐軍俵散其已授轉官資付身人不候料降先次放行添破請給本部欲下淮東西路統領兩將立功官兵轉添請給之人如委是諸實即先次放行合添破請給從之　十五日詔令諸軍主帥將重疊補轉之人取索付身開具保明繳申尚書

省給改付身其合得請給在内令户部在外仰統領所
照驗付身不候科降先次放行以都省劄子言軍事立
功官兵並據憑元保明功狀推恩給降付身了當其間
有因别賞補轉及磨勘重疊出給付身之人有司拘文
致礙批放請給故有是詔　二年二月二十五日樞密
院言勘會鎮江府駐劄御前後軍統領王佐昨於皂角
林策應員琦與金人戮力鬭敵立功異衆雖已轉兩官
尚慮未稱旌别之意詔王佐特與於横行上轉行一官
　三月二十七日德音應盜賊竊發逐處軍民曾因捕
盗實有勞効帥守監司未曾保奏或雖保奏而未經推
恩及應官吏軍兵等因捕賊勢力不加殁於王事並仰
本路安撫提刑司保明詣實以聞當議量功力推恩或
給復其家　五月十七日兼權中書舍人何俌奏比年
諸軍奏功人數十萬計臣謂暴露一切推賞最為無謂
上曰朕近日曰不推暴露賞所以犒賞正欲親勞將士
給散錢帛　七月八日臣僚言去夏符離之役士卒効
死屢以捷聞八月下詔俾有司第士卒之功行賞有差
而隊將以上則曰候過防秋取旨蓋貫其前愆而責其
後効欲望特降詔旨凡將佐之在符離有不曾遁逃檢
會推賞後來秋閒别無勞効者一槩寖賞候立到新功
而後加寵奨從之　二十七日詔諸軍甦會重疊功賞
已納綾紙錢者今來别給告命可免再納　九月十九

日詔李進特與横行上轉行一官郭剛特與除遥郡刺
史以進等昨於皂角林戰陣緣係奇功各轉七官無合
填告命止給公據轉兩官至是淮東宣諭使司保明來
上乞行貼轉故也　十月五日詔陳敏與遥郡上轉行
一官改差知高郵軍范榮與轉一官魏勝轉兩官改差
知楚州胡明夏俊各轉一官拱衛大夫陳敏可特授忠
州防禦使右武大夫范榮可特授忠州防禦使武功大
夫魏勝可特授右武大夫武翼大夫胡明可特授武經
大夫武經郎夏俊可特授武節郎皆以控制外侮軍聲
甚張故有是命　十一月十五日詔自隆興元年七月
以後至今年四月以前諸軍差發出戍官兵暴露勞苦
除已曾因功轉兩官資人外並特與轉一官資於正職
名上收使擬止法人依條回授白身民義兵依陝西效
用法補歸正人依旨來條例施行仍令逐軍主帥開具
職位姓名保明申三省樞密院　十九日詔令三省衙
并在外諸軍主帥子細契勘除已供申陣亡人數外如
實有漏落未保明之人開具申三省樞密院推恩不得
重疊泛濫仍令吏部將已申到人數疾速照應新格擬
申及出榜曉諭　閏十一月二日詔後軍統制官崔皐
特除正任觀察使以主管侍衛步軍司公事郭振申番
賊大隊人馬侵犯六合縣崔皐率先引衆破敵大獲勝
捷已特文金一百兩銀一千兩給賜牙牌特除正任觀

察使乞給降告故有是詔　十四日詔左軍第二將借
補進義副尉李成白身忠義効用秦飛告首王世隆作
過各特與轉七官資令總領所各支錢五百貫文仍與
本任陞權差遣　乾道元年正月一日赦應賞給除諸
軍已先次支給外其餘未經支賜人可依格例指揮支
給　七日詔郭振因守六合忠勇可嘉特與轉奉國軍
承宣使　二月二十六日陝西河東路宣撫招討使司
言都統任天錫分遣統領張延等與金人交戰捉到女
真騾馬等乞推賞詔任天錫於階官上轉明衛大夫依
前遙郡禦使　三月九日主管兵馬司公事張守忠申
到官橋立功官兵出等奇功統領官劉進等二十一人
第一等正將王成等一千四百八十八人乞推恩詔出
等奇功各特與轉兩官資第一等各特與轉一官資
十七日廣南東路經略安撫司奏去年湖南英韶州管
下莽山峒等處寇賊作過韶州通判權英州盧沂統率
官兵用弓箭攢射其賊遁走保全一州欲望特與優加
旌賞詔盧沂特與轉兩官差知英州填見闕立功人令
廣東帥憲司開具保明聞奏　四月二十五日詔知肇
慶府王衣與轉兩官以廣東路經畧保奏捉獲寇賊劉
十二等故有是命　六月八日詔内外諸軍立功官兵
有重疊轉授官資付身之人雖有指揮許立限陳乞改
正緣有司取會留滯動經歲月未能早霑恩命並仰類

聚申乞改正仍令所屬催督給附付身合給告并降宣
命人亦仰所屬即時申奏仍依揀汰官兵三衙差使臣
管押赴逐軍主帥當官給散　八月二十二日詔諸軍
功賞付身今後令樞密院差使臣管押赴總領所交割
仰總領官同主帥當官點名給散將不係本軍或改撥
軍并事故無家屬及逃亡人付身開具單申姓名繳申
三省樞密院其陣亡人贈告恩澤公據如家累已離本
軍依此施行不係總領官置司去處即仰總領所差人
分送逐州臣同主兵官依此給散　二十七日湖南路
提刑司言鄂州駐劄御前水軍統制楊欽統率大軍討
捕宜章寇賊至莽山何家洞生擒到賊首李金等詔楊
欽特與轉三官内兩官於遙郡上轉行一官於階官上
轉行湖南安撫司統制官田寶陳海各轉兩官内一官
轉行遙郡一官回授其後二年三月十四日詔楊欽特
更於橫行上轉行兩官田寶陳海各特更轉一官并將
回授一官並於橫行上轉行其餘官兵出等與轉三官
資第一等兩官資第二等一官資仍減三歲年磨勘第
三等一官資仍減二年磨勘礙止法人轉行是月三十
日執政汪澈等奏鄂寇已平官兵功賞已差人發去如
帥臣監司亦合推賞上曰知潭州劉珙可與敷文閣直
學士廣西提刑鄭安恭可與祕閣修撰王彥洪石敦義
各與初等職名　十月二十九日詔命官殺獲賊二名

減一年磨勘五名減二年磨勘七名減三年磨勘十名轉一官諸色人二名與補一資五名轉兩資七名轉三資十名轉四資　二年正月十日詔武顯大夫邉元昔在宿州力戰忠勇可嘉特除貴州刺史　二十一日詔壽春府守臣吳超於横行上與轉行一官以總領楊從言淮西諸州出戍軍馬錢糧惟濠州壽春府道里回遠最為勞費吳超和糴米斛應副支遣故有是詔　四月十二日臣僚言諸軍功賞内有漏落差錯重疊陳乞改正換給之人其當行人沮難留滯以致遷延歲月欲乞立限五日置簿勾銷如有違滯許從糾舉施行從之　八月二十四日詔諸軍將士曾與金人接戰及守御立功之人離軍到部一槩注授差遣其間功効顯著之人例皆衮同差注委是無以甄别今將戰功顯著去處共一十三項立定格目明州城下大儀鎮殺金平和尚原順昌府已上共五處依紹興十年九月二十二日指揮李寶密州膠西唐島劉琦楊州皂角林王琪張振等建康府采石渡邵宏淵真州胥浦橋吳拱李道光化軍茨湖張子蓋解圍海州趙樽蔡州王宣確山已上八處依紹興三十一年十一月十七日指揮紹興十年九月二十二日指揮明州城下大儀鎮殺金平和尚原見陳立功人並依戰功材武紹興三十一年十一月十七日指揮應諸軍等將士但與金虜戰鬬并守禦立功人並

與理為戰功　三年六月二十一日詔四川見從軍官兵未換付身昨已展限一年換給合將限滿更與展限一年陣亡之家收使恩澤合赴行在陳乞多有無力之人理宜優恤令總領公據經宣撫陳乞從本司將所陳承受之人照所得恩澤先次出給照劄與補合得名目繳申朝廷給降付身若本家無本宗人承受依行在諸軍見行指揮與不理選限將仕郎助教紫衣師號對換從四川宣撫使虞允文之請也　十一月十三日四川宣撫使虞允文奏四川駐劄御前諸軍官兵昨來於諸處經戰立功所授付身姓字官資職名往往差錯欲乞將上件大轉官資合行致減及偏傍姓名差錯付身之人從本司驗實一面批跨付身改正逓減合得官資給付說類申朝廷庶幾積年無力赴訴之人早得明白於日後補轉不致有礙從之　乾道四年二月七日吏部侍郎周操言本部昨據江州申據武功大夫高力狀乞將隨戚方出関南陽崗春秋山等處立功得轉一官礙止法吏部公據乞回授與男彥歌於見今承節郎上收使轉行照得該賞日已轉武功大夫係礙止法之人其公據内不曾聲說依條回授今來若不行回授又無許轉行之文乞特賜指揮下部遵守施行詔許回授今後礙止法人依此　六月十五日詔放履正大夫安德軍承宣使傅忠信於紹興三十二年三月德順軍與金人見

陣立功得轉一官緣礙止法於元降推恩指揮合行回授日後更有似此主前見陣立功已得旨轉官許回授之人亦依此施行　五年正月三日詔殿前司水軍統領官夏聚部帶兵船入海捕獲海賊特與轉一官更減二年磨勘從知明州張津請也　三月二十八日詔脩武郎鄭達可特授敦武郎以本人自備海船一隻面闊一丈三尺自備梢手工具器械於乾道二年七月内前去江平府許浦擺泊防托乞依賞格轉官故有是命

十一月一日權發遣隨州胡明申先措置擒捕桐柏山賊首謝璋等一十七人所有捕賊官兵實曾戮力戰鬭四十七人分作三等伏望推恩詔第一第二等各特與補轉一官資其借補人令所屬先次出給公據候將來補正日依令來資數收使白身人依陝西効用法補授第三等令本州犒設一次　六年四月二日詔諸軍暴露立功等轉資大教拍試轉資將校拈香恩澤川廣買馬賞兩淮捉獲私渡賞人戶起發海船賞軍兵防托海道賞諸州軍造鐵甲賞土豪召募强壯賞應前件賞格比附勞績應賞並以三年為限川廣展一年仍以文字到省部日為限以樞密院檢詳諸房文字張敦實言國家推恩立賞又為年限之法如大禮奏薦在京以一月在外以二月為限陣亡恩澤以十七年為限遺表致仕以十年為限勞績應賞以三年為限歸明恩澤以七年

為限非遇大禮應蔭補陳乞恩澤以五年為限出限釐革不在受理惟中興以來諸軍立功等賞未有立定年限故有是命　同日兵部申勘會先因軍興立功補授動以千計其所授付身空下鄉貫父名令本軍一面書填給付近來有續陳乞轉資差遣之人繳到元給付身其間鄉貫父名依舊並不書填兼恐有同姓名之人湊合收使接脚承代既無鄉貫父名年甲本部無從勘驗兼目今在部陳乞功賞已得指揮許與轉補之人欲乞取索家狀書填出給付身如陳乞人身不在此即先次出給公據繳牒本處收管取索本人鄉貫父名年甲開具保明供申以憑換補付身施行一令後諸處保明到功賞並要連粘家狀如或功狀内人數稍多難以一一連粘家狀欲令逐名下畧載本貫父名年甲供申一本部日前已給過空闕鄉貫父名年甲付身如目今未曾書填之人欲令所在官司以指揮到日曉示各令賫所授付身經官批鑿陳乞書填月日給付自後應官司並不得將空闕文帖供申已上三項或有忘記父名之人即將父行第書填兵級亦欲依此施行從之　七年正月三日詔令三衙并所屬曹部令後遇官兵收使轉資及改正重疊差錯並仰先次取會元承授申到功狀及降下敕黄去處子細點對於内有無姓名同異職次候報到從官吏保明所繳文帖公據委無昨冐申明朝廷

兵一九之二一

追冢文官辨驗印記真偽方得施行仍自今降指揮始日前功賞限一季行遣盡絶出限更不收使其日後功賞有合出給轉資公據文帖之人並未得便行給付仰繳申樞密院委都承檢詳置合同簿立號用印押訖行下所屬給付候收使日鑿簿銷鑿方行出給付身内合授文帖之人仰所屬照驗都承檢詳已批鑿印押字號方得施行請給職次人數申樞密院如稍有違戾取旨重作施行以樞密院言勘會諸處申到官兵收使日前功賞給付轉資公據并改正重疊及錯差文帖止據所申便作使行往往年歲深遠並不照對元申功狀及救黄内有無姓名同異職次又無立定期限近緣步軍司人

卷一萬一千八百六十七

吏偽造軍兵文帖已送所屬根究施行外理宜措置故有是詔　二月十四日敕勘會諸軍將校緣功賞合轉承信郎偶不曾繳到付身及綾紙錢米鈔及差滿三代名諱致妨給告止出職官公據後來因覃恩或他賞已轉承信郎以上方行陳乞吏部却引用八資法比折減三年磨勘甚失當時立法之意如有似此之人仰吏部特與作一官資轉行　三月三日詔昨來戰鬬立戰功士隨其功賞次數等第推恩令累年而内外諸軍所授付身尚有陳乞重疊者在内令三衙在外委逐軍主帥限半月躬親根刷本軍所授付身重疊之人盡一類聚不得漏落保明申朝廷改正如限内不行申發仰被賞之

兵一九之二二

人赴朝廷越訴將當職官取旨施行合干人吏重行決配　四月二日詔部押神武人兵郭諝王彥并將司墜人白直王鐸等二十三人各特與轉一官於正名目内收使内諸色人軍兵並比附不因本職轉資條例減半支賜令户部支給以王琪言郭諝等部押神武三百人并老小共七百餘口赴殿前司交割了當乞推賞故有是命　六月八日詔殿前馬步軍司江上諸軍四川諸軍諸路州軍將收使轉資人數令所屬契勘元陳乞日在限内並一月行遣盡絶其有未陳乞人内三衙再限一季江上諸軍并諸州軍廂禁止土軍再限半年四川諸軍再限一年陳乞施行出限更不收使以樞密院言

卷一萬一千八百六十七

已降指揮三衙兵江上諸軍收使轉資定限一年内類聚一併保明繳申樞密院出限更不收使續承指揮限一季今已限滿尚不住據三衙等處申到乞收使改正之人其間多是元陳乞日在立定限内緣道路往來所隔取會遲延致出元限故有是詔　二十四日詔將一十三處戰功顯著之人已經添差滿罷未著注授嶽廟與差注嶽廟一次已曾差注嶽廟別無差遣與差破格嶽廟一次其破格嶽廟依正差嶽廟請給料錢並行減半仍令吏部分定逐州軍員闕施行後九月二十四日吏部分定逐州員闕十三處經戰并守禦立功得轉官資之人並與差注嶽廟差遣除見循環使闕差注大小使

郭字下去與原缺一字

臣嶽廟寨闕即無破格嶽廟寨闕今措置每州軍吏各
添置破格嶽廟寨闕二員專差曾經十三處戰功大小
使臣校尉指射減半請給依條到部較量差注從本部
闕令來係朝置前項嶽廟寨闕候已差下人到任再行
使闕召官指射餘乞本部見行條法指揮施行從之
十月三日宰執進呈殿步司增加斗力激賞人數虞允
文奏曰兩司事藝并進者千餘人所費不過七千餘貫
昨有賜金碗者軍中歡呼無不歆豔上曰聞其載碗衆
馬而歸道路聚觀如此見者必勸矣　八年二月四日
樞密院言四川宣撫司差郭成光延并一行人兵部押
西兵到行在詔各特與轉一官於正名目上收使內諸

卷萬一千八百六十七

色人軍兵並比附不因本職轉資條例減半支賜令戶
部支給　三月二十三日詔特俊揔閣西路禁軍職事有
勞特與復龍神衛四廂都指揮使　四月八日詔春季
柏試事藝最高騎人王守信王皐合各特與補轉兩資
蓋良臣蔣允中曹安繆立王周劉辛王允各特與補轉
一官資虞允文等曰除事藝最高之人外尚有增加斗
力四十餘人若果有許多人須將本司兵官等畧與推
恩上曰所奏甚善軍中既有激賞人人肯學事藝何患
軍政不脩若更本軍官亦復推賞尤見激勵若柏試了
日以此遍劄在外諸軍咸使知之　五月二十六日詔
荊鄂軍解發到義勇總首王昇副總首孫奇副撥發馬

紳依元解發弓弩斗力試驗合格王昇特與補進義副
尉孫奇馬紳各特與補守闕進勇副尉　六月八日詔
軍班換授有立功許照之人與依軍功格法補授于軍
分職名上除落八資功出身外後來立功去處與比附
作使臣立功次數施行以吏部申據武功大夫殿前司
部將賀福狀元係白身節次立功轉授武經郎令來合
該陞改外任將任軍職日立到戰功比附轉承郎以後
挨排立功次數施行照得元除指揮乞陞帶自轉承信
郎并以後立功轉官理非次數以立功多寡合入路分
從朝廷依格法擬竊詳條劾用格法轉授小使臣之人
其軍班換授出身之人所有未換授以前與金人見陣

卷萬一千八百六十七

立功轉資即無許理作次數之文本部以換授使臣立
功次數陞帶令來若將軍班出身未換授以前立功勞
効不作立功次數又緣亦係與金人見陣或討蕩賊馬
等立功故有是命　九月二日樞密院言勘會諸軍將
佐在軍陞帶差遣若遇罷軍合隨元帶路分改作添差
前去之任緣諸軍駐劄去處與所帶路分雖有格法其
間立功最多却有地理遥遠不一理宜別行措置詔並
依今後諸軍陞帶差遣依此施行其已有隨帶離軍人
令本軍開具立功次數同歷任腳錄白身申樞密院給
降付身今措置下項一三衙平江府御前水軍同立功
五次以上兩浙西路立功四次三次兩浙東路立功兩

次以下福建路一建康府駐劄御前軍池州駐劄御前軍同立功五次以上江南東路立功四次三次江南西路立功兩次以下荆湖北路一鎮江府駐劄御前軍立功五次以上兩浙西路立功四次三次淮南東西路立功兩次以下福建路一江州駐劄御前軍立功五次以上江南西路立功四次三次江南東路立功兩次以下荆湖南路一鄂州駐劄御前軍荆南駐劄前軍同立功五次以上荆湖北路立功四次三次荆湖南路立功兩次以下并廣東路一武鋒軍立功五次以上淮南東路立功四次三次淮南西路立功兩次以下荆湖北路故有是命　十八日四川宣撫制置使司奏昨金賊與官

卷一萬一千八百六十七

軍對壘節次調發軍馬大戰並獲全勝隨軍轉運司官屬孫顯等二十九人應辦大軍錢糧乞特賜推恩詔特並依内趙不罴特與改合入官其餘選人并未出官人比類施行右迪功郎楊楙減一年磨勘比類合循一資

九年三月六日宰執進呈福建路安撫司差修武郎本路都監周忠厚等管押八州軍第一番起發禁弓弩手二千四十八人已到赴忠鋭軍收管沿路並無搔擾理官激賞上曰若使職事不前宜即被罪今既無擾當推恩庶幾可以激勵後人福州守臣是誰梁克家等奏曰見係提刑呂企中兼權知起發軍兵盡是企中津遣上曰亦宜旌賞可于職名上陞轉有旨統轄官與轉一

官正副將各減三年磨勘並候任滿與陞等差遣擬發訓練官並減二年磨勘統轄將司都教頭押教指教並與依押兵人例令左藏南庫各支犒設一十五貫文

續會要

淳熙二年閏九月十六日宰執進呈收捕江西茶寇陣亡官兵上曰可依乾道二年收捕李金陣亡人例推恩行下合屬去處限五日契勘開具的實陣殁因依及人數職次姓名結罪保明以聞不得重疊漏落徇情泛濫

同日詔武功大夫以上因與金人見陣或收捕盜賊立功并控扼暴露恩賞等礙止法轉官給到吏部回授公據人許于見今遥減官上收使改轉 從吏部請也 二

卷一萬一千八百六十七

十四日上謂輔臣曰江西茶寇已剿除盡皇甫倜雖有有節制指揮未及入境辛弃疾已有成功當議優與職名以示激勸自餘立功人可次第推賞　二十六日詔兩浙福建江東路諸州守臣因起發禁軍土兵赴逐處教閲並等第轉官及遥減磨勘内礙止法人特與回授是日因進呈諸處發人數上謂輔臣曰諸郡帥守應副錢糧整備器械部轄在道不擾而辦宜與遷官推恩乃有是命　二十七日詔江東路諸州軍所差管押禁軍土兵赴建康教閲官共二十七人沿路並無騷擾各與減磨勘有差内礙止法人令左藏南庫支會子二百貫 從樞密院請也 同日除授武功大夫吉州刺史充荆鄂

駐劄御前諸軍都統制鄂州駐劄李川叙復團練使是
日因執政進呈李川奏劾統制解彦詳統領梁嘉謀張
興嗣等收捕茶寇弛慢不職上謂輔臣曰人多庇其部
曲不能盡公李川奏劾之章獨能體國此為可嘉與叙
復團練使蓋欲激勵諸將使之赴功也　十一月二日
詔昨因收捕茶寇陣亡有家累官兵依收捕李金陣亡
人例並與批勘全分請給一年其中重傷𦁚中身死官
兵特與批勘全分請給半年從御前諸軍都統制李川請也　三年六月三十日詔江西收捕茶寇官兵將當陣
手殺賊級并親捕獲賊徒及隨黃倬入賊寨說諭人各
與轉一官資于正職名上收使餘令帥司各支折資錢
卷萬四千八百六十七
三十貫文陣亡人依例推恩　七月十七日詔摧鋒軍
昨捕茶寇經戰官兵共七百五人首先入賊寨立功并
當陣首殺賊級及躬親捕獲賊徒人各特與轉補兩官
資曾經戰陣殺退賊徒第一等官兵特與轉一官資並
于正職名上收使陣前金鼓手第二等官兵各支折錢
三十貫文內陣亡人依例推恩從知廣州周自強請也
九月十四日詔殺獲傜賊姚明敖等官兵立奇功人各
特轉補兩官資第一等特轉一官資白身人依陝西効
用法補授第二等有官資各特減三年磨勘無官資不
願轉資人各支犒設一次從湖州提刑周嗣武請也　四
年五月二十五日詔邕州巡檢朱興祖轉一官傅克復

減二年磨勘並與陞等差遣以救獲邕州洞賊凌謚功
也　十一月七日詔殿前兩軍統制統領官六人各特轉
一官更減二年磨勘正副將二十二人各賜一十兩金
椀二隻銀五十兩準備將一十一名各賜銀一百兩步
軍司三軍統制統領官十人各特轉一官更減二年磨
勘正副將一十五人各賜一十兩金椀二隻銀五十兩
準備將六人各賜銀一百兩其金銀並自內降出以軍
〔政〕嚴肅故有是賜　五年八月十七日詔文州經戰官兵
二百四十五人內竇彦賜等三人張順等二人減二年
磨勘土軍義兵張歡等二百四十八人犒設一次從四川
安撫使吳挺奏也　六年七月十二日詔湖南安撫司收
卷萬四千八百六十七
捕陳峒等賊徒官兵馮湛以下十四人各等第轉官出
等奇功人轉兩官資奇功轉一官資減三年磨勘軍効
磨勘比類折錢第一等與轉一官第二等支錢三十貫
第三等土軍弓手犒設一次從知潭州王佐請也　九月
十八日詔光州捕獲蔡州確山賊人曹斌等統領官張
孝忠等九人等第轉資賜錢銀有差　七年正月十二
日詔收捕李接賊徒立功官兵沙世聖以下等第推恩
犒賞有差從知靜江府劉焞請也　九年二月二十八日
詔掩捕鹽賊許浦水軍將官王彦舉特減三年磨勘効
用林壽特補進勇副尉輕重傷人令殿前司等第犒設
六月二十七日詔收獲沈師左翼軍立功人賴顯等

七人各特轉補一資白身人依八資法補授從福建帥
憲司請也　七月二十五日詔張善特轉兩官先是右諫
議大夫黃洽言廣東經略司已將沈師等賊徒處斷訖
究徒嘯聚至殺官兵固當萬死然誘而降之降而殺之
二者皆非也且以數十之兵躡數十之窮賊方其困蹙
時果能併力擒滅國有常典賞在必行今也不然豈容
輕賞乞將官軍之暴露若殺傷者反死事者當依次第
優恤及褒贈恩澤其巢湘張喜但可貰罪欲更不議賞
從之其後殿前副都指揮使郭缺言統制官張喜昨收
捕沈師緣張喜不敢失旗榜之信所以解赴帥司其帥
行遣于喜無與今因巢湘殺降一例未蒙推恩竊慮緩

卷萬一千八百六十七

急無以勸効死之士故有是命　十年五月二十五日
詔福州興化軍都巡檢使姜特立特轉兩官沿海制置
使司水軍統制林文特與遙郡上轉行一官水軍副將
董珍等一十一人各轉資有差王彥三百九人各與犒
設內明州水軍令本州于上供錢內撥錢四千貫充賞
先是海寇丁大等作過兩軍殺獲有功至是因經略制
置司之請乃有是命　十一年六月十四日詔延祥寨
副統領高石特轉兩官以捕獲海寇從知福州趙汝愚
之請也　八月二十七日詔沙世堅特轉一官減三年
磨勘官兵李道等推賞有差廣西經略安撫司言宜州
管下安化蠻人蒙先漸等出犯省地作過遣發官兵措

置收捕殺死蠻賊生擒蒙績收復思立寨所有立功官
兵權發遣廣西兵馬鈐轄　堅等及陣亡中傷將士
乞推恩故有是命　十月九日詔鎮江前軍步軍第二
將正將康寧馬軍行司中軍副將仇宗約建康右軍副
將楊法各特減二年磨勘支犒設銀三十兩鎮江左軍步
軍第一將準備將張興忠馬軍正將杜顯祖建康府水軍
正將李明各犒設銀五十兩以樞密院審察承旨司拍
試合格故也先是六月一日詔諸軍陞差蓋擇將之根
本必有智勇勞效乃能服衆今後宜精加選用毋得循
習苟且仍令樞密院自準備將以上至統制官每全軍
各為一籍逐月揭貼進入朕當間默三兩名審觀識畧

卷萬一千八百六十七

事藝隨其能否議主帥之賞罰　十二年正月十一日
詔江州右軍正將梁皐支犒設銀三十兩以樞密院審察
拍試合格故也　同日詔權發遣福建路提點刑獄公
事延璽與帶高州刺史以汀賊姜大老平定推賞故也
二月一日詔高進特減二年磨勘商世安減一年磨
勘江州駐劄御前諸軍副都統制趙永寧言諸軍入隊
馬步軍官兵並各輪摘射射比類得後軍弓弩手射中
箭數最多及槍手牌手事藝精疆本軍統制高進統領
商世安教練有方乞賜旌別故有是命　五日詔鄂州
選鋒軍正將韓忠顯支犒設銀五十兩以樞密院審察
拍試合格故也　五月七日詔福建左翼軍訓練官隊將

朱勝等一十五人各特與轉補一資其效用軍兵並令安撫司犒設一次以收捕汀賊姜大老立功推賞故也　七月二十二日詔權興州駐劄御前後軍統領兼成都府路兵馬都監王宗廉轉一官以制置使留正言宗廉生致奴兒結有功故也　十月十一日詔鎮江前軍正將張顯忠前軍準備將程霆瑞並支犒設銀三十兩内霆瑞特轉兩資江陵前軍統領傅汝楫遊奕軍權統領陶貴後軍正將成和並特轉一官資各支盤纏錢五百貫以樞密院審察柏試合格故也　十九日詔建康府駐劄御前軍正將劉全遊奕軍副將陳邦傑右軍準備將陳亮勤各特轉一官支銀三十兩以樞密院審察柏試合格故也

卷萬一千八百六十七

十三年二月十一日詔摧鋒軍將領吳亮等轉資推賞有差以廣東經畧安撫司言擒獲潮州桃山市賊徒故也　三月三日詔淮南東路安撫司準備將領楚州駐劄羊友諫水軍寨措置有勞特與轉一官　十日詔殿前馬步軍司將來射射鐵栥簾人弓箭手一石二斗力如射中鐵栥簾箭五隻與一石力射中五隻賞一同弩手四石力如射中鐵栥簾箭四隻與三石力射中四隻賞一同　四月三日詔金州駐劄御前諸軍前軍正將穆永昇特轉一資支犒設銀五十兩候統領官有闕申差以樞密院審察柏試合格故也　八日樞密院進呈四川制置使留正言前夔州瞿塘峽口駐劄兵馬監押成

鏞昨授敍州管界同巡檢因彊寇大婆浪打劫轉戰群賊中力盡血迸仆于戰地頭面手臂兩腿面共有重傷三十二處顱額拆裂唇口被傷乞下樞密院驗視錄用上曰戰雖無功其忠勇敢前豈可不賞以勵戰士特與轉一官與都統制司討議官差遣　同日詔中栥簾弓箭手一石二斗力十箭弩手四石力八箭依格補兩官資外各特賜錢一百貫弓箭手一石力十箭以上弩手石力八箭以上各特補轉兩官資内弓箭手一石二斗力六箭五箭人依一石力弩手四石力四箭人依三石力推賞餘並格補轉内未塡闕弁額外効用並特與依川陝効用十資格法轉補一次其付身令所屬日下出給并所賜錢繳申樞密院委都承同主帥就教場一併點名給散工部侍郎兼樞密院都承旨李昌圖殿前副都指揮使郭缺步軍都虞候梁師雄言柏試過殿前步軍司諸軍并馬軍司弓弩射射鐵栥簾合格官兵共一千八百四十三人故有是詔　十月七日淮西總領趙汝誼侍衛馬軍副都指揮使雷世賢言按柏到馬軍行司諸軍合格二千三百八十七人　十三日知平江府王希呂浙西提刑王尚之等言按柏到許浦水軍合格二百六十三人　十六日淮東總領吳琚鎮江都統制張詔等言按柏過鎮江諸軍弓弩手合格五千三百一十八人　二十七日湖廣總領趙彥逾鄂州都統制郭杲淮東安撫

趙子濚武鋒軍都統制嚴先知池州潘景珪池州副都統制李思孝知江州趙善志江州副都統制趙永寧等言按拍過合格鄂州駐劄諸軍二千五百三十人池州駐劄諸軍六百五十七人淮東安撫司強勇軍効用効士七千十七人十一月七日淮西總領趙汝誼建康都統制郭鈞等言按拍過建康諸軍合格一萬八百五十六人八日知明州耿秉湖南安撫林栗等言按拍到合格明州水軍二百二十八人潭州飛虎軍一百八十三人二十五日知襄陽府高夔言按拍過江陵諸軍襄陽神勁軍合格五百八十八人十二月十五日知泉州林枅言按拍到殿前左翼軍合格九十五人二十五日湖北安撫使趙雄江陵副都統閻世雄言按拍過江陵在寨諸軍并神勁軍合格九百三人十四年正月一日廣東提刑管鑑知韶州鄭公綱推鋒軍統制闕瓘言按拍到推鋒軍合格一十一人十八日興州駐劄都統制吳挺總領馮憲逐州軍知州楊緝統制官秦世輔等言按拍到興州等處屯駐軍合格共二千一百一十四人二月二十七日金州都統制田世卿權知金州秦嵩言按拍過本州屯駐諸軍合格二百五十七人五月二十六興元府都統制彭杲總領馮憲逐州軍知州閻蒼舒統制張詵等言按拍到興元府等處屯駐諸軍合格一千六百八十四人並依已降指揮推賞施行二十一日詔

卷萬一千八百六十七

射射鐵簾令下未久殿步諸軍應格者多已令等第推賞郭缺梁師雄訓齊有素可特與轉行一官　五月十三日詔興州駐劄御前踏白軍統制劉大年賜錢二百貫以樞密院審察拍試合格故也　二十四日詔建康府駐劄御前中軍統制劉忠特轉兩官左軍正將趙皐特轉一官建康府駐劄御前諸軍都統制郭鈞陞差得人可轉行遙郡一官以郭鈞津發到劉忠等赴樞密院審察拍試合格故也　同日詔鎮江府駐劄御前武鋒軍統制嚴先馭軍有方武藝精熟特轉一官前軍統領劉震右軍準備將党松特支犒設銀五十兩以樞密院審察拍試合格故也

卷萬一千八百六十七

四行以樞密院至故也止係小注
行以字至也字亦係小注下類此皆同

軍賞

續宋會要

六月十四日詔池州駐劄御前右軍統制劉定轉一官
中軍正將孔居仁減三年磨勘以樞密院審察柏試合
格故也七月九日詔鄂州右軍統領王欽減三年磨勘
支犒賞銀三十兩前軍副將梁執中支銀五十兩以樞
密院審察柏試合格故也八月十七日詔金州中軍統
制李言特轉一官仍支犒設銀五十兩以樞密院審察
柏試合格故也九月二十八日詔知太平州張子顏減
三年磨勘以江東安撫司言所管禁軍事藝精熟故也
十月十七日詔興州都統司選鋒軍統領李彥減三年

一萬一千八百六十八　一

磨勘支犒設銀五十兩以樞密院審察柏試合格故也
十一月七日詔馬軍行司右軍統領馮世顯特轉一官
仍支犒設銀三十兩以樞密院柏試合格故也九日詔
建康府駐劄御前左軍統領郭師彥特轉兩官支犒設
錢五百貫興州駐劄御前後軍統領米忠慶特轉兩官
差充殿前司護聖步軍統領以樞密院審察柏試合格
故也十五日詔興州駐劄御前踏白軍統制劉大年特
轉一官以生擒黎州土丁張佝祥等推賞故也十二月
二十六日詔江陵府駐劄御前後軍統制趙晟特轉一
官以樞密院審察柏試合格故也十四年四月八日詔
金州駐劄御前軍統領田寬特轉一官支錢二百貫以

樞密院審察柏試合格故也二十四日詔興元府駐劄
御前中軍第一將準備將周仲義減二年磨勘以樞密
審察柏試合格故也九月十七日樞密院進呈承旨司
柏試到鄂州統制官田舉等武藝上同田舉楨賦點到
審察武藝俱高可轉一官更減三年磨勘郭杲陞差得
人特於選郡上轉行一官　十月四日樞密院進呈建
康都統制郭鈞奏到高彊弓弩手王興等事藝上曰郭
鈞留意訓練軍兵逐人帶甲射硬弓弩各一百隻箭斗
力如此是亦難得可令承旨司柏試與補官資以示激
勸二十三日承旨司言柏試建康統制郭鈞選擇到弓
弩高彊子弟弓箭手王興等二十人弓弩斗力箭數並

卷一萬一千八百六十八　二

各合格詔王興等各特補一資更支錢二十貫部押副
將馮世顯支錢五十貫郭鈞訓練有方士卒精鋭可特
與轉一官既而郭鈞言本司副都統制閻仲職雖正副
事實同寅乞將閻仲特賜推恩詔閻仲特減三年磨勘
統制官每員支破五百貫統領官每員支錢三百貫餘
依　十二月四日詔左衛將軍趙濟特與帶遥郡刺史
以前任鎮江府御前游奕軍統制日射中鐵梁簾特轉
一官緣礙止法自陳故有是命　十五年五月十三日
詔趙汝誼閻仲將官旺等五百四十七人帶兩重甲射
一石三斗力并一石二斗力弓各射箭一百隻同共按
柏將合格人每名支犒設錢五貫殿前副都指揮使郭

鈞言建康諸軍馬軍精銳甚多於內按拍到官旺等有此武藝乞下所屬拍試庶幾有以甄別故也七月二十一日詔建康諸軍事藝高彊弓弩手劉信等二十人各特補兩資支錢二十貫以樞密院審察拍試合格故也八月十三日詔諸軍弓箭手八斗力能陞一石力射箭三十隻犒賞錢五貫九斗力能陞一石力射箭三十隻犒賞錢五貫弩手兩石五斗力能陞三石力射箭三十隻犒賞錢五貫兩石七斗力能陞三石力兩石八斗力能陞三石一斗力射箭三十隻各犒賞錢三貫從侍衛步軍都虞候梁師雄之請也十二月二十三日詔諸軍弓弩手射遠箭每人箭六隻一百七十步每隻支犒賞錢一貫五百一百八十步一百九十步每隻支錢三貫二百步每隻支錢四貫內有最遠者優賞一百七步以下為不合格每人支錢一貫五百弩手一百步射鐵簾每人箭六隻一隻二隻每隻支錢一貫五百三隻四隻每隻支錢二貫五隻六隻每隻支錢三貫白腳每人支錢壹貫五百從殿前副都指揮使郭鈞侍衛步軍都虞候梁師雄之請也十一月十一日詔步軍司後軍正將何守道支犒設一百貫以樞密院審察拍試合格故也十四日詔四川制置司總轄諸寨軍馬兇患常顯魏大壽各轉一官餘人推賞有差以收黎州羌賊故有是命二十一日詔興州遊奕軍正將馮興與轉兩資以興州

卷一萬一千八百六十八

三

都統司言收捕黎州作過土丁張伯祥等乞推賞　二十九日詔鎮江都統司諸軍事藝高彊胡允文十五人各特補轉兩資支錢二十貫以樞密院審察拍試合格故也十二月五日詔建康都統司右軍統領雷彥雄減二年磨勘更支犒設錢以樞密院審察拍試合格故也十四日詔臨安府嚴州津遣到弓箭手將兵王俊等三人合格各特補一資支賞有差餘不合格人令本處依格施行　二十三日詔衢州津遣到揀中中軍兵弓箭手江貴等一十人承旨司拍試江貴一名合格特補一資餘不合格人令本州依條施行見任路鈐皇甫貴州鈐轄王珂各降兩官守臣袁說友展三年磨勘前任守臣福建運判沈作礪降兩官路鈐權發遣江南西路兵馬鈐轄孟守忠權發遣常州兵馬鈐潘俊卿各降一官　二十五日詔明州津發到揀中軍兵弓箭手張安等二十人承旨司拍試合格張安特補兩資苗舉等各特補一資支賞有差　二十九日殿前司步軍言欲將逐司槍牌刀手搭對擊刺格打贏人支錢二貫輸人支錢一貫從之　三十日詔趙思減二年磨勘樞密院言勘會犒點諸州將兵拍試武藝數內湖州人數並皆合格前任守臣理宜旌賞故有是命　十六年正月二十日詔彭椿年柳大雅各減一年磨勘樞密院進呈處州解發到將兵拍試並合格兵官量與減磨勘上曰

卷一萬一千八百六十八

四

兵官既已推賞守臣亦不可不賞故有是命　二十五
日詔張子顔李師顔各減二年磨勘樞密院進呈承旨
司申鎭江府解發到將兵帶甲柏試弓弩並合格上曰
鎭江府將兵柏試乃帶射推賞更宜稍優賞外每名特
支犒設錢十貫其守臣兵官亦合推賞故有是命　十
六年七月二日西河州秦祐州縣所管地分界外洮州
鐵城界訥廝結族及疊州龐逋青廝逋心摟等三族蕃
部累次出没過遏掩殺五功官兵乞行推賞從之以統
領孫忠鋭將官成世忠寨官來晟各減三年磨勘右軍
統領田世榮副將王鉞各轉一官身死人兵依金人見
陣陣亡減半推恩輕重傷人犒賞有差　十月九日内

卷一萬二千八百五十八

五

殿進呈大閲犒賞上曰令次大閲所有犒賞錢可比舊
例曾十爲貫以示朕優卹之意詔郭鈞同趙濟公共照
應已合數等第則例逐一鈞定增支錢數申尚書省以
憑給降施行既而殿師郭鈞步帥趙濟增支錢數開具
下項馬步軍司諸軍舊司應管人二萬七千二百四十
六人犒賞錢乞降一十二萬二千八百九十貫馬軍司
一千八十一人計四千四百九十貫在寨一千五十二
人計四千四百三十八貫五百文擺列五百八十八人
計三千三百五十二貫正帶甲五百一十六人計三千
一百貫準備將一員錢一十貫軍兵五百一十五人各
元五貫今增一貫計三千九十貫輜重火頭七十二人

各元三貫今增五百文計二百五十二貫不起教存留
在寨潛火等四百六十四人計一千八十六貫五百文
準備帶甲一百人輜重火頭七十人計一百七十人各
元三貫今增五百文計五百九十五貫墜外二百九十
一人各元一貫今增五百文計四百三十六貫五百文
屬官三員計錢五十五貫幹辦公事一員錢二十貫點
檢醫藥飯食一員二十貫準備差使一員錢一十五貫
差出二十九人係押會子綱等計五十一貫輜重火頭
八人各元二貫今增五百文計二十貫隊外二十一人
各元一貫今增五百文計三十一貫五百文　二十三
日詔封椿庫支會子二萬貫付浙西提刑袁説友等第

卷一萬二千八百五十八

六

支散平江府許浦水軍支會子一萬貫付浙東提舉鄭
湜支散定海水軍如有散不盡錢仰均給士卒候畢具
已給散文狀申三省樞密院　紹熙元年七月七日詔
池州右軍統制劉定特與轉武顯郎依舊歸軍以殿前
副都指揮使郭鈞考試到武藝合格故有是命　八月
十一日前知横州孟舜良言兩廣去朝廷萬里之遠往
者猺人猖獗調發騷動及妖孽既平帶甲荷戈萬死一
生者俱無寸賞而居列肆曳華裾或主將因親之族或
師臣押熟之吏目未嘗覩旌旗耳未嘗聞金鼓皆冒奇
功而受上賞介胄之士鬱鬱不平至今未釋也乞下廣
西經畧司如日後遇有收捕盜賊攅功奏賞之時嚴加

殿賞或主帥將當行官吏輒敢仍前爲己私恩竄名奏功許人陳首皆以欺君罔上論其罪從之　十二月十二日宰執進呈郭杲奏收人材從軍葛邲奏云自不用兵後免非泛推賞軍中有官人極少如訓練官等皆不得差白身人胡晉臣奏曰見諸軍流比年因用射鐵簾推賞往往多轉得一兩資此亦是作成人材之一端上曰鐵簾不難射此法亦甚濫若專以武藝精熟推賞却廢幾卿等試以措置將上　二年八月十六日宰執奏事上曰昨所引兩兵官其俟與在軍中年深頗能諳練董世興亦平平爾俟與與轉一官賜五百緡董世興只賜錢五百緡候本軍有統制官與陞差　三年四月七日

卷一萬一千八百六十八

詔殿前步軍司拍試弓弩鎗手合格人已降指揮補轉兩資其額外效用特與依射鐵垜簾作川陝効用十資格法補轉一次內有元係白身額外効用今已撥充正額効用合依正額効用八資法補轉如元係額外効用因射鐵簾賞作川陝効用十資法補轉守闕進勇副尉上轉守闕進勇副尉今來已撥充正額効用格法於守闕進勇副尉上轉兩資　十一月二十四日詔瀘州軍兵聚衆作過殺害帥臣張孝芳等毅獲賊首軍兵卞進等各特補轉官資犒賞有差從四川安撫制置使京鏜請也　四年九月十七日詔特添差東南第二副將楚州駐劄魏昌特轉一官其招到効用常切如法教閱務要

武藝精熟以守臣陳損之言其教習効用紀律嚴乞加旌擢故也

軍賞

淳熙五年九月十日，詔江陵副都統司左
軍旗頭王虎特補承信郎，差充本司準備將，候有闕日
先次撥填。以京西安撫司言虎首說陳應詳等欲結連
軍人作過事有其實故也。十月十四日，詔進勇副尉劉
存特與轉三資，張亮等各特與補轉兩資，陳禮等各特
與補轉一資，李惠等令轉運司等第犒設一次，譚安等
令吏部照見行格法合得恩賞闕具申樞密院，王智等
令轉運司等第優支犒設，以給其家，從事郎宜州司戶
兼錄參注楚材特與循三資，候任滿與優官差遣一次，
進義校尉宜州思立寨同管轄兵甲公事王圭特與轉

卷一萬一千八百六十八

七

承節郎，與陞擢差遣，忠訓郎天河縣令對移宜山縣尉
鄭逵之特與轉一官，與陞擢遣，從事郎新南雄州始興
主簿李南强循其與占射差遣一次，借補承信郎權宜
州河翔縣尉張世明特補進義副尉，宜州守臣沙世堅
特與轉遥郡團練使。以廣東經畧安撫司言存等收捕
猺賊有功故也。閏十月二十一日，詔神勁軍權統領劉
信特與轉兩資，使臣劉松、韓誠各特與補資差使，並舊
以京西安撫司言信等捕獲賊徒陳應祥等故也。慶元
元年正月十九日，湖北安撫使王藺提刑陳謙言：辰州
猺人侵犯省界作過，已差遣處官兵土丁等討捕悉定，
乞將神勁步軍副將守闕進勇副尉王守忠特與轉進

武校尉，神勁馬軍準備將進勇副尉孔孝忠、神勁馬軍
訓練官守闕進勇于忠信、神勁步軍部將進勇副尉李
再立並特與轉進義校尉，鄂州都統司正將承節郎丁
順、副將降授成忠郎馬謹各特轉一官，減二年磨勘，江
陵副都統司正將進勇副尉張顯特與轉進義校尉，副
將承忠郎賈興特與轉忠翊郎，鄂州都統司訓練官黃
舉暴露身故，特與一子進勇副尉恩澤，第一等功神勁
步軍守闕進勇副尉王全、陳發效用吳建三人內王全
獨自手擒猺賊二人，特轉三資，吳建特與補兩資，陳發
特與轉兩資，第二等、第三等功神勁馬步軍隊將進勇
副尉喬橫等一十二人各特與補轉一資，李定等四十

卷一萬一千八百六十八

九

八人、鄂州都統司許欽等八人、江陵副都統司范琪等
十人各特與補一資，內軍兵特補將虞候，隨逐將官入
山討捕官兵神勁馬軍一十八人、神勁步軍六十二人、
鄂州都統司一百二十八人、江陵副都統司三百二十
六人令安撫司各特犒賞，敘浦縣義兵都總轄石子慶
特與補承信郎，副總轄黃汝為特與補進武校尉，鄉導
官軍入洞義兵土丁一千六百人節次軍前隨輕重支
犒，外及內有死事之家令安撫司斟酌各特支犒賞，其
死事之家於衆例支犒外各更倍支，並從之。　二年三
月四日，詔黎州守臣王闢禮特轉一官，義勇軍正將楊
師傑、準備將王全各特轉一官，與陞擢差遣，新榮州提

督軍馬趙翺特降一官放罷移近裏州軍居住知安靜
寨魏大壽特降一官令制置司斟酌移近裏州軍差遣
令後不得於黎州注授仍令制置司行下黎州精察賊
情動息嚴爲備約束官兵不得邀功生事以四川制置
司言翺大壽啓釁生事以致蕃賊曳夫索等入寇師傑
等率衆殺退閙禮究心邊事乞行黜陟故也　十一月
七日浙東提刑司言台州寧海縣臨門巡檢黄立獲到
賊首水軍指教官胡德首級乞行獎勵詔黄立特轉兩
官候任滿與陞等差遣　二年正月十一日詔摧鋒軍
第二將正將蕭輝特轉承信郎下班祗應經畧司効用
部將祝憲進勇副尉効用隊將彪暉效用白身充撥發

卷一萬一千八百六十八　十

采執中效力白身充都教頭江先首先破敵各特補轉
兩資進義效尉權瓊州水軍副將林彥等一百一名各
特轉一資承直郎象州推官苻昌言特減二年磨勘奉
義郎通判瓊州劉渙特減一年磨勘廣西經畧安撫司
言輝等前征討黎州勞績有差故也　五月七日詔摧鋒
軍統領成世忠特減三年磨勘軍兵李奕等六人並與
軍中合入優異差使其過伏駐隊等都統司斟量再與
支給犒設一次以四川制置司言世忠等収賊使張淵
等有功故也　元年三月四日樞密院言已降指揮三
衙江上四川諸軍令激犒射射一次並已支降數去訖
所有楚州武鋒軍見管效用軍兵約三十二百餘人係

用鎮江大軍闕額招置理合一體激犒詔令淮東安撫
司於元支降糴米本内支使未盡官會内支撥三千貫
付楚州守臣專充武鋒軍射射激犒使用　二年五月
十六日詔諸道官兵出戰立功自推恩體例令後忠義
等人立到戰功並與大軍一體施行如與官兵同力勞
效亦一等推賞　六月十四日御史中丞充江淮宣撫
使鄧友言漣水縣界海口土軍管營王舉等殺死海口
楊巡檢夾古阿打并巡夾古尚叔及提到婢夾古阿海
并器甲等照得王舉康源當王代之初能背戎嚮華爲
首率衆補殺夾古阿打等忠憤可嘉令欲各與補承節
郎從之其後三省樞密院計筭開禧用兵前後屬出給

卷一萬一千八百六十八　十一

過立功官轉官轉資告命宣劄綾紙文帖公據贈告并
借補下項一官告院文臣一百三十六人武臣三萬八
七百四十三人計三萬八千八百七十九人一樞密院
承信郎一百二十四人進武校尉八十四人計二百八
人一吏部右選進武校尉一萬二千九百七十四人進
義校尉三萬九千五百二十六人計五萬二千五百人
一兵部下班祗應一萬五千二百七十二人進義副尉
二萬二千三百八十七人守闕進義副尉三萬一千一
百七十六人進勇副尉四萬一千七百四十二人同進
勇副尉二萬五百四十四人攝進勇副尉二萬六百八
十三人守闕進勇副尉一十萬二千二百四人守闕進

武副尉四人計二十五萬四千一十七人都指揮使六百八十人都虞候四千六百六十七人指揮使八千九百二十七人副指揮使一萬五千一百三十九人都頭九千九百四十九人副都頭一萬三千二百五十四人軍使五千九百二十三人副兵馬使四千七百三十六人計六萬三千二百七十五人十將一萬四千九百六十五人將虞候七萬六百一十三人承局二萬四千四百一十人押官七萬七千四百七人計一十八萬七千三百九十五人一兵部十資一人八資四人七資一十九人六資二百五十八人五資二千一百七十九人四資三百七十八人三資三千二十九人二資二千三百

卷一萬一千八百六十八

十二

六人一資五千七十五人計一萬三千二百四十九人殿前司資公據一千八百五十八人步軍司出給未圓公據七百三十五人官告院借補公據進義校尉三十人一官告院文臣六人武臣四萬六百七十三人計四萬六百七十九人一司封承信郎至守闕進勇副尉四萬三千四百七十六人通計六十九萬六千三百一人詳見開禧功賞總類　七月七日詔忠翊郎呂渭孫特轉三官仍令當司更與陞擢以湖北京西宣撫司言其誅戮私作過點徒蔡飛等三十八人故也二十八日詔經郎安豐軍壢澗鎮沿淮巡檢汝霖特轉一官弓兵令（軍言至日正命係小校）本軍優支犒設一次軍言汝霖汲補結集攔路劫奪之

賊乞加旌賞故有是命　八月十五日詔臨安府抄估蘇師旦物業約及百萬貫多繫饋遺所積令封樁庫先次各兌三十萬貫付三宣撫司椿管專充激犒立功士使用以金會中半支降內四川宣撫司全金給降並照元納色及價直紐計互見職官門　十六日湖北京西宣撫司言出戍大軍多闕衣遂逐急計置責令鄂州水軍統制秉義郎柳脩穿脩舊甲打造刀鍋一月之內穿脩人甲一萬一千四百五十四副打造提刀五千口皮全熟鐵鍋八百口已接續發赴軍前了當委是効力辦事乞量行推賞詔柳世脩特轉一官　二十一日詔左軍統制兼知安豐軍王大方特轉一官　以山東京東

卷一萬一千八百六十八

十三

路招撫使郭倪等言具昨壽州城下應援親冒矢石委有勞効故也　九月二十八日詔武功大夫左驍衛將軍殿前司選鋒軍統制畢再遇特帶行遙郡刺史武藝大夫殿前司中軍統制何汝霖特轉武功大夫武翼郎殿前司前軍帯制耶律域特轉武功郎忠翊郎鎮江前軍統制劉元鼎保義郎鎮江前軍同統制郭撰各特轉兩官　以山東京東路招撫使郭倪言其昨於鳳凰山掩截番軍見陣立功內劉元鼎郭僕該暴露賞併行推恩故也　同日詔武功大夫忠州刺史鎮江武鋒軍統制陳孝慶特轉遙郡團練使　以郭倪言其技復泗州又在鳳凰山獲捷故也　同日詔秉義郎山東京東路招撫使

司叅議官吳衡特轉兩官 以郭倪言其前知盱眙軍悉力應助陳孝慶等收復泗州及進取靈壁虹縣等處故也 十一月二十八日詔江陵副都統制魏友諒身先士卒力戰拔圍特轉三官統制官馬謹統領官家琮各特轉兩官雍政特補承信郎 十二月十七日淮南運判兼淮西提刑提舉李洪言無為軍治素無城壁近者濠州安豐水寨丁壯老小數萬奔潰雜還而至所未免焚掠其他流徙之衆亦復因以假奴寢及近境闔郡駭懼亟委本司鐵冶幹辦公事儒林郎王漢往撫諭慨然肯行匹馬深入其屯聚之窟諭以赤心開以禍福誠意孚感羣皆退聽及詢其衆所歸心者民兵統制夏瓊曹

卷一萬一千八百六十八

十四

智通二人皆以為使臣已隨宜給以糧米責以保守關庭人心賴之以安臣頃被隨軍之命繳漢偕往忠義自許略無難色今所遇出於倉卒易於生變而漢能抗志自任奮身敢為其舉員雖未及格已為工部職司乞將漢特賜旌擢以示褒勸詔王漢特改合入官 同日詔承直郎淮南轉運司幹辦公事黃□特轉一官候改官了日收使從政郎添差監真州造船場趙希蔡特循兩資以淮南運判兼淮東提刑孟猷言其於楚州道梗之時津選糧食得達石梁應副支遣遂無闕之故也 十九詔招撫司主管機宜文字從政郎楊州推官陳壁特轉儒林郎準備差遣迪功郎楚州州學教授應鏞特轉文

林郎 以山東京東路招撫使郭倪言其合該暴露賞數內應鏞礙正法緣軍功暴露與捕盜運糧事體不同乞特與轉行故有是命 二十二日詔德安府守臣李師尹特與轉行右武大夫通判王允初統轄李誼各特轉三官立功人并守城官兵各令宣撫司開具軍分職次姓名保明申三省樞密院以憑推賞 三年正月四日詔知楚州節制出戍軍馬李郁堅壁禦虜奮勇可尚特轉遙郡觀察使仍疾速開具禦戰功兵將官等人職位姓名及已唱轉過官資申三省樞密院推恩 二月八日詔鄂州江陵府駐劄御前諸軍都統制兼京西北路招撫使兼知南陽府趙淳保守襄陽屢獲勝捷忠節顯著

卷一萬一千八百六十八

十五

備見勤勞特轉忠州團練使武經郎江陵副都統制魏友諒特轉武翼大夫 二十五日詔右軍統制武翼郎王大才特轉武功大夫忠州刺史 以權知楚州節制出戍軍馬李郁言虜城衝寇清河口侵犯本州大才節次立功共唱轉一十六官開具月日申乞施行故有是命 三月五日詔彭輅特轉正任刺史 依舊金州副都統制策應荊襄軍馬隨行軍兵各補轉三資各支犒設錢二十貫令湖北京西宣撫司支給內兵將官開具職位姓名申三省樞密院優異推恩 以輅係知金州兼管內安撫金州副都統制以吳曦謀叛欲招輅用之故輅棄城及全軍獨率帳下三百人拔與山路出歸州夔路運判

李奎同主江陵府自歸於朝廷時判襄宣撫使吳獵具
以奏聞故有是命十三日詔李淳堅守圍城忠節累勵
不假外援破賊立功特轉武安軍承宣使　十六日詔
右武大夫知德安府李師尹武德郎知郢州王宗廉堅
壁禦虜備見忠勞李師尹特轉遥郡防禦使王宗廉特
轉三官　二十四日詔承議郎京西隨軍轉運權運司
職事鄧豢特轉三官別與監司差遣以豢自陳去冬虜
騎圍閉襄陽豢親率官隸擐甲執兵堅守城壁群虜退
散今豢年踰五十心志早衰當此驚憂筋力彫耗虜騎
既退流民盜賊正賴撫集誠非養痾之所欲乞陶鑄一
宮觀發遣故有是命二十五日詔朝請郎隨軍轉運權

卷一萬一千一百六十八

十六

四川宣撫副使兼陝西河東招撫使安丙特轉中大夫
除端明殿學士知興州兼四川宣撫副使以誅吳曦之
功故也四月十二日詔興州中軍副將李好義踏白軍
統制王喜各特轉正任防禦使以三省樞密院言其與
安丙同謀剿殺逆曦之人理合先次推賞故有是命十
七日詔訓武郎興州駐劄御前踏白軍統制王喜特除
轉武軍節度使興州駐劄御前諸軍都統制以安丙言
其協謀誅戮逆曦備罄忠勞乞賜優異推恩故有是命
開禧三年五月一日建康都統權發遣廬州節制淮西
軍馬田琳言廬州被虜圍閉之特在城見任州縣文武
官未霑恩賞乞各量行循轉官資庶以激勵詔奉直大

夫淮西安撫司參議官轉元老武功大夫權發遣淮西
馬步軍副總管張玘奉議郎通判鮮耶俊奉議郎添差
通判何中實武節郎駐泊安馬都監柴安國各特轉兩
官淮西安撫司指揮使進武校尉李良臣承節郎施昌
祖承信郎梅檜承直郎節度推官吳千能迪功郎司理
參軍祝寬大脩職郎司戶參軍趙昌武經郎東南第二
副將李杓武經郎兵馬都監沈銳脩武郎添差兵馬都
監范堅武翼郎添差兵馬都監魏肇承信郎監在城都
酒務李熹保義郎准備差使沈勝洪濟陶榮吳昌林茂
承節郎前安豐軍安豐縣尉丁松各特轉一官内選人
比類施行礙止法人依條回授　二日詔進士楊巨源

卷一萬一千八百六十八

十七

官

特補朝奉郎仍賜緋與通判差遣兼宣撫副使司參議
成忠郎中軍馬軍正將李好義特轉承宣使敢勇軍士
李貴特補武功大夫遥郡團練使進士安煥安蕃特補
承務郎安癸仲特補通直郎賜錢三千貫馮與李好古
等四百一十四人無官者與官有官者增秩賞錢物有
差以權四川宣撫使兼陝西河東路招撫使安丙言其
各係元與同謀誅戮叛將吳曦之人故也　九日詔從政
郎和州歷陽縣令謝德輿特改次等合入官以權發遣
和州周虎言其自受圍閉之日應辦大軍糧食日逐帶
甲上城同為守禦故也　二十一日詔從政郎句龍公永
秉義郎楊叔虎忠訓郎陳昕各特轉兩官以金州副都

統制權發金州彭輅言其於逆曦僭叛之始與之同
謀出蜀故也六月十日詔儒林郎總領湖廣江西京西
路財賦所幹辦公事兼戶部分差襄陽府糧料院唐懿
特改合入官從事郎添差京西安撫司幹辦公事章時
可特改次等合入官借補承信郎特差京西招撫司準
備差遣徐之紀特補文學借補登仕郎權鄂州都統司
主管機宜文字蔡武子特補下州文學奉議郎通判襄
陽府周思謙迪功郎京西北路招撫司主管機宜文字
陳師文各特轉三官文林郎監襄陽府戶部大軍庫錢
大鼎從事郎監襄陽府戶部大軍倉李如瑩脩武郎權
發遣襄陽府兵馬鈐轄黎炳成忠郎襄陽府排岸王環
從義郎襄陽府兵馬監押張資脩武郎添差襄陽府兵
馬都監高鏜脩武郎鄂州江陵府副都統司計議吳沖
忠訓郎鄂州江陵府副都統司主管機宜文字程元鼎
武經大夫鄂州江陵府副都統司幹辦公字張鈞忠訓
郎鄂州駐劄御前前軍副將蕭京西北路招撫司進差
遣趙高年承節郎鄂州江陵府都統司隨提點醫藥飯
食張遂安各特轉兩官從事郎京西安撫司幹辦公事
朱儕承直郎奏辟添差京西轉運司幹辦公事王佐從
事郎襄陽府學教授姚朝佐從政郎觀察推官兼司戶
楊堯迪功郎司法參軍劉益之脩職郎穀城縣尉權司
理參軍折思學迪功郎錄事參軍孟叔獻迪功郎監在

城酒稅晏世臣脩武郎前峽州兵馬都監呂慶祖承信
郎襄陽郢州光化軍巡轄馬遞鋪夏晟各特轉一官內
選人比類施行以鄂州江陵府都統制兼京西北路招
撫使知襄陽府趙淳言懿自虜人圍城勾稽錢糧應辦
無闕時可嘗出城與虜人打話而虜人語言不遜時可
以大義責之而去之紀日夕擐甲上城守禦衝冒矢石
備極勞苦武子嘗掌機議論有取思謙自虜人圍城凡
需攻具隨即應辦措置賑糶流民得安及運司委以督
運悉無遺闕師文作自虜人侵犯襄陽請出求援往數
數千里勞苦備殫大鼎如瑩自虜人圍城恪守本職出
入錢米一意公勤炳環招集水手照管舟船凡百措置
悉得為用資鏜覺察姦細巡警備勤沖元鼎鈞分察四
隅盜賊烟火驅磨官兵券曆多寬心恪勤職務萬年被
甲上城身冒矢石凡委職事悉能辦集遂安醫治官兵
留意藥餌儕等守禦團閱各能效職未嘗少怠俱有勞
績故有是命既而隨軍轉軍卲家李直養及湖北京西
宣撫司言懿公勤盡職遇事有謀虜人侵犯襄陽能展
盡所長應辦措置畧無闕誤協助為多乞賜優賞故有
是命七月十一日詔鄂州都統司主管機宜文字保義
郎趙淏江陵府都統司隨軍提點醫藥飯食承節郎張
遂安京西北路招撫司準備差遣借補承信郎徐之紀
京西北路招撫司主管機宜文字迪功郎陳師文鄂州

都統司主管機宜文字蔡武子各特準兩官資以鄂州
江陵府都統司制兼京西北路招撫使趙淳言其合該
暴露賞故有是命　嘉定元年九月十二日詔秉義郎
鎮江府都統司書寫機宜文字畢勝之特轉兩官以其
凡都統再遇言其嘗機密裨贊軍事及參謀解圍楚州
令來結局乞行推賞故有是命　二年二月十日詔義
井寨忠義頭目人統制官承信郎楊緻統領官承信郎
謝思各特轉一官副將守闕進勇副尉秦順進勇副尉
路顯各特轉一資借補官資人王憲等十一人並特補
守闕進勇副尉無借補官資人周潤等三十六人令淮
西安撫司斟量借補名目仍具申樞密院以淮西安撫
卷一萬二千八百九十八　二十
司言已降指揮見令忠義頭目之人雖是部伍多有歸
農亦且存留令守舊職乞將有官之人各與轉官借補
之人量與補授故有是命　七月十四日詔保義郎武定後
軍統制下與特轉脩武郎仍賜金帶一條許令服繫以
淮西安撫司言其費率官兵擒殺賊首王泉委有勞效
乞行推賞故有是命　三年三月二十四日樞密院言
諸軍戰陣立功合得恩賞經隔日久陳乞收使源源不
已多是故意遷留公然貨賣作弊不一詔諸軍有戰功
合得補轉官資已給公據之人不以內外遠近除程並
限一月於所屬陳乞結罪保明申樞密院限外更不施
行　二十五日沔州都統司言權選鋒軍統制秉義郎

張威元係誅戮吳曦及隨李好古收復西河等州立功
承宣撫司節次陞差權選鋒軍統領又陞權選鋒軍統制
乞給降逐項付身詔特給權選鋒軍統領付身其統制官
候管幹年限及日保明取旨施行　四月四日詔進勇
副尉鎮江府前軍準備借班世興特補忠翊郎給賞錢
五千貫以鎮江都統淮東安撫畢再遇言其在崗門生
擒賊首胡海功績顯著乞依元降募賞指揮推恩故有
是命　二十三日詔義勇軍副將主父清特補忠翊郎小
旗軍呂昇特補承節郎減二年半磨勘敢勇軍兵承信
郎孫勝特轉兩官減二年半磨勘義勇軍正將劉緒特
補承信郎賜錢有差以淮東安撫畢再遇言清於亂軍
卷一萬二千八百九十八　二十一
中生擒賊首王傳令機所之昇等於都梁迎殺餘徒故
有是命　五月十三日詔安慶府討補光賊軍張大立功
官兵第一等三百五十人各特補轉兩資內準備將周
才等三人各特更轉一資第二等四百六十一人各特
補轉一資仍於江淮制置司支撥會子五千貫付淮西
安撫司等第支犒一次第三等八十人各特補轉一資
以淮西安撫司斟酌等第乞行推賞故有是命　二十三
日詔進勇副尉前光州忠義軍統制來明特轉兩資以
知光州傅誠言其捐萬餘緡招集忠義隨逐王師進取
繼回本州守禦蓄兵排日出戰不受光賊軍張大之餉
遺遂力戰潰散其徒及嘗剔肝救知州武舜忠之疾故

有是命　四年十二月十二日詔討捕崗門宮家莊疆
盜胡海等立功官兵第一等孫興等一萬五千一百七
十三人各特補轉一官資第二等董珍等五千四百九
十二人第三等湯德等八千二十六人各賜錢有差從
樞密院之請也　五年正月二十四日詔雅州碉門寨
免解進士鄧押鄉丁副將山鳴鳳特補進義副尉以本
州言蕃部寇掠邊面鳴鳳率領鄉丁析截蕃賊生致告
降乞與推恩故有是命　二月二日詔許定遠特與補
承信郎以節制江淮軍馬李珏言池州副都統制許俊
有子定遠嘗隨其父討捕李元勵等與賊鏖擊擒捕賊
衆乞借補受官資故有是命五月四日詔借補將仕郎
本　卷萬二千一百六十八　二十二
閻仲友特與補下州文學以四川制置大使安丙言其
差隨副帥李好義領兵收復四河州允隨軍措置糧運
并措置沿邊關隘及建置門內屯田首尾三年功績顯
著故有是命九月一日臣僚言往者江湖之寇皆深據
溪洞峻絕之地緣崖觸石人跡罕到惟有比近土豪隅
官之家所養義丁與之相習故能上下山坂闖窺巢穴
連年官軍雖暴露于外而每每假土人以為鄉導至於
死損人丁喪失生業亦可憐憫間有一家父子兄弟之
間連遭屠戮又因冒寒暑染疾癘與其隊伍相斃於軍
中者今上自主帥下至將校皆次第蒙賞而土豪隅官
之徒捐軀於兵間者尚有所遺乞下江西湖南安撫司

廣加體訪仍許各人自陳選委清彊有心力官覈實應
土豪隅官除曾係補賊立功已推賞外其餘實因討捕
受害陣亡之家並與保明具申朝廷量與賞犒從之
同日詔左翼權鋒軍統制王津特轉兩官副將王廷準
備將王達朱彥輔主將畢安世同巡檢蘇顯祖各特補
轉一官資每人更支錢二十貫準備將尹建主將巡檢
昌尭佐各特轉一官資每人更支錢一十五貫準備將
周世顯魏孝義姜仁各特轉一資每人更支錢一十貫
隅官譚鄂飛姚興祖各特補一資仍各支錢二十貫同
巡寨兵衆先等一十六名各特補一資鄂州等軍立功
官兵奇功一十四人各特補轉一官資各支錢一十貫
本　卷一萬二千四百六十八　二十三
第一等九百六十二人每名特支錢三十貫第二等一
千九十九人每名特支錢二十貫第三等六百二十三
人每名特支錢一十五貫暴露官兵副將邵斌特支錢
三十貫官兵八百三十九人每名特支錢一十貫權鋒
軍正將林政準備將彭添麥達林真各特轉一官資每
人更支錢一十五貫正將周興副將朱烈各特轉一官
資左翼軍副將蕭忠顯準備將王大同額外準備將張
宗顯各特轉一官資權鋒軍準備將曾彥陳煥各特補
轉一資迪功郎樂昌縣尉陶崇迪功郎新廣州錄參蘇
應龍各特循兩資進武校尉隨軍機兩官肇慶府指揮
使蘇可仁特轉一官待補太學生余樞特補一資親識

擬發劉明等一十名各特補一資隨軍弓箭手劉飛等一十九名各特支錢一十貫官兵義兵第一等一百五十九人各特支錢三十貫第二等二百三十六人各特支錢二十貫第三等五百六十八人各特支錢一十五貫不分等第一千九百四十五人各特支錢一十貫以廣東提刑司言收捕李元礪等立功推賞故也　十一月二十日南郊赦官兵昨因出戰陣亡等人除已節次推恩外其間尚慮主帥不肯從實盡數保明申奏或因一時漏落以至一等死事之人未霑恩賞仰主帥更切契勘諸實盡行限刷開具保奏如違許陣亡人家屬越訴八年十一月明堂赦並同　十二月十一日臣僚言應軍官及行伍以陣亡而得恩澤者許子孫或女婿承受近年受賞之家不體此意或無子孫親婿者以所得恩澤公然鬻賣同姓之人則作子孫異姓之人則作親婿多以資財計囑軍將經由去處遞相保明即補之官彼其冒受之人一受告命即赴部參註是致為弊愈衆乞下諸軍凡以陣亡軍功陳乞恩澤者應彼受人除親子親孫計令赴部照條參註外其女婿只許從軍支破請給若從軍及二十年後如筋力果衰不堪任使方許揀汰赴部注授離軍添差遣其已參部注授之人或已參未注者或有未到部者並仰元來保明軍分照籍拘回前後所保明已得官人各在本軍執役差使仍令吏部開

卷一萬一千八百十八

二十四

具已參注姓名銷落名闕及照元是何處軍分保明申到者分項行軍分照應施行從之　七年二月二日進勇副尉蒙文謂特轉兩資餘人等第犒設一次以宜州守臣劉湛之言其捕獲係峒賊徒韋顗故也　四月二十六日樞密院言昨來誅戮逆曦立功補授之人竊慮有司未嘗放行差注有失朝廷優恤之意詔將應誅戮逆曦立功補授人特與照嘉定五年十二月二日指揮并嘉定六年七月十三日指揮召保放行參部注授施行　二十五日臣僚言曩者兩淮之圍西蜀之變或以豪領統率民兵捍禦或以小官結習忠義俘斬逆賊茂著偉績事定之後命爵策勳理宜優厚然兩淮民兵之賞始以濫予而終以濫格使畢力用命與負緣僥倖者例無一品一級之升朝廷雖旋如考核表實去偽而奉行減裂遺恨尚多豪傑英雄誰不解體至若誅曦之功厚薄輕重尤有未稱竊以為兩淮西蜀立功之人除有功受責已登顯仕外其餘宜加褒獎或崇其官資厚其祿秩錄其子孫表其門閭圖形定謚立廟賜額隨其功之輕重以為報之隆殺乞下兩淮四川州軍更與從實保保先來立功之人再議褒獎施行從之　二十六日臣僚言比自邊陲息戍凡荆襄兩淮關外等處嘗立軍功補被授官資之人並免呈試參部注授諸路州軍添差使喚等闕賞非不當柰何姦弊百出頂名偽冒者有之

卷一萬一千八百六十八

二十五

故不得不為之限制，然懲創太過，真偽混殽。元在軍者
自有格法，已無可議。至於白身及忠義等人，初令就本
貫陳乞，召文臣陞朝官、武臣大使臣以上各一員，責追
勒文狀，保其非偽，而知通亦結追勒之罪，保明申部，然
後放行。令以嘉定六年七月續降指揮觀之，則令今後
所召保官并知通止照舊甘伏朝典保明，即前日之嚴
令固以寬之矣。而臣猶慮限制尚嚴，蓋保官以陞朝大
使臣及知通仍拘本貫，則新立功之人有係泗州、開封
府等處戶貫，則何從而保明？有襄漢間僻小邊郡素無
陞朝以上官，則亦何從而保明？乞下吏、兵部遍牒諸路
州軍，照元降指揮，軍功名色合該赴部叅注人，依舊法

卷一萬二千八百六十八

二十六

保明申部，所有保官只用小使臣。若本貫開封府等處，
即經見今所居州軍召保。使天下軍士知真賞之可慕，
莫不竭忠盡力以報效國家矣。」從之。八年七月十六
日，詔守閤進勇副尉陳朝卿特與加轉兩資。以朝卿招
集義丁收捕峒賊李元勵故也。十年十一月二十七日，
江淮制置司言：「北虜直犯光州，武鋒軍放散統制王辛
以廬州兵鈐自請于淮西帥司，首往安豐，糾集武定忠
義等共二百四十餘人，到光山縣以來，迎見番軍鏖戰，
殺死統軍元顏俺定，及斫到首級二十二顆，與他立功
不同。除王辛以蒙推賞外，所有一行人兵乞議推賞。」詔
上等一百三十八人內有資人特轉一資，無資人特補

一資，仍令江淮制置司更支錢三千貫給付王辛等第
犒設一次。嘉定十一年正月十日，詔從義郎沈鐸特
轉兩官。以樞密院言鐸統馭歸附人兵防拓勞，故推賞
之。是年四月以捍禦有勞，特轉武節郎；八月以淮陰獲
捷，特轉武翼大夫。同日，詔李全特補武翼大夫、充京東
路兵馬副都總管，劉全特補武翼郎、充京東路兵馬副
總管，楊友、季先各特補脩武郎、並充京東路兵馬鈐轄。
以樞密院言全等率衆歸附，尅復東海、漣水等處，備見
忠義，故有是命。三十日，詔鎮江都統司前軍統制王明
特轉一官，差充殿前司神勇軍統制，仍令封樁庫結賜
錢一千貫。以樞密院言明在楚州淮陰縣八里莊監督

卷一萬二千八百六十八

二十七

官兵築城捍禦有勞，故有是命。二月二十三日，詔承信
郎、信陽軍指揮使蕭 部轄義士緝捕盜賊袁海更特與
轉一官，特添差東南七將信陽軍駐劄，仍釐務，請給人
從並依正例支破。先是京湖制置司言海嘉定十年節
次立功，詔特轉兩官，賜錢二千貫，至是三省、樞密院復
以為言，故有是命。三月四日，詔忠翊郎、前棗陽軍使兼
知隨州棗陽縣事、彈壓戍守官兵、總轄忠義大保捷趙
觀，從義郎、權鄂州前軍統制、部押棗陽守禦官兵部彥
各特轉三官；第一等立功官兵張俊等各特轉兩官，有資
無資人各特補兩資；第二等傳顯等特轉一官資，無資
人特補一資，更各特支官會五貫；第三等郝清等各特

支犒一十五貫內兩次立功人添支五貫以京湖制置
司言觀等節次部押人兵出城在三清門北八十里及
五城門外河南泰山廟劉琪塚等處與虜賊見陣獲捷
立功故有是命十四日詔忠義統制劉世興特與轉三
官更特賜二十貫第一等韓興等各特轉兩官資無資
人各特補資第二等王安國等各特轉一官資無資人
各特補一資第三等劉康等各特支犒官會一十五貫
以世興等解圍棗陽於荆鄂落湖陂與虜見陣立功故
也四月三日守閤進義副尉忠義軍統領夏端仁特與
承信郎仍賜錢五百貫民兵統制王雲歸正統領周虎
各特與補下班祇應仍賜錢三百貫並令江淮制置司

卷一萬一千八百五十八

二十八

椿管會子內支撥以光州言端仁等設伏剿賊斫到番
官統軍首級及過淮燒毀彼界黃崗等處寨栅前後出
戰志勇乞行推賞故有是命七月十一日詔忠義統制
吳彥特與補承信郎令四川安撫制置司於降下空名
告命內書填給付其統領杜孝忠等一百一十一人各
特轉兩官資無資人特補兩資李顯等三百二十八人
各特轉一官資無資人各特補一資以金州副都統制
吳政言彥等部領忠義深入北境殺獲虜賊燒毀寨栅
乞行推賞故有是命二十二日詔知泉州真德秀特轉
一官以德秀遣發兵船出海擒捕賊首及徒黨百餘人
海道寧靜樞密院言其功故有是命八月十二日詔武經

兵二〇之二一

郎京東路兵馬鈐轄季先特與轉武郎以樞密院言先
舊勇獲捷故有是命同日樞密院言楚州申忠義等人
劉退虜賊解圍淮陽縣得功人數乞賜推賞詔陳秀等
三千八百二十八人各特轉三資無資人各特補三資
內重傷輕傷人更各與等第優加犒賞所有合支犒錢
銀亦仰於朝廷降下椿管錢銀內斟酌支撥給散嘉
定十二年正月十八日詔武翼大夫京東路兵馬副都
總管李全特轉三官賜金帶一條仍令楚州於椿管銀
絹內支銀五千兩絹一萬匹充激犒人兵以樞密言全
等收復密州乞加旌賞故也五月七日又詔武德大夫
密州刺史京東兵馬副總管李全特授右武大夫利州

卷一萬一千八百五十八

二十九

觀察使九月特除廣州觀察使左驍衞將軍京東忠義
諸軍都統制兼楚州駐劄同日詔武翼郎京東路兵馬
副總管劉全特轉兩官以京東節制司言全不從偽地
招誘備見盡忠故有是命二月二日詔京西路鈐轄兼
棗陽軍使孟宗政特轉五官與帶行閤門宣贊舍人仍
賜金束帶一條奇功何文虎彭興特補四資內彭興與
政刺效用補授第一等各特補三官資第二等各特補
兩官資第三等各特補一官資在城捍禦各特支犒官
會一十五貫本軍差職事官鄭天彝韓猷臣劉渠各特
轉兩官資以宗政等在城捍禦節與虜賊見陣故也
同日詔統領花遇春所部正將借承信郎郭彥借承信郎

兵二〇之二二

王悅副將借下班祇應茅文智守閤進勇副尉崇仲彬準備將守閤進勇副尉殷成各特與補轉五官資以虜入侵犯時昭青平山寨彥等分布四門戮力死戰殺退番軍勞效議賞故有是命三日詔京西神勁左右軍統制扈再興特轉四官仍賜金帶一條第一等各特轉三官資第二等并醫官楊師孟各特補轉兩官資第三等各特補轉一官以京湖制置司申係明到嘉定十一年正月九日至三月二十二日終在棗陽城北三清觀桐柏廟等處節次與虜賊見陣立功官民兵共五千九百九十二人乞行推恩故有是命同日詔權鄂州左軍統制隨州屯戍李珪特轉四官仍賜金束帶一條官兵四

卷萬一千八百五十八

百五十人內第一等各特補轉三官資第二等各特補轉兩官第三等各特補轉一官以京湖制置司言珪同所部軍馬於隨州鐵山追襲虜賊節次立功故有是命 二十日詔保義郎利州都統司右軍同統制張政等九十三人各特補轉一官資官兵一千五百八十八人犒設有差以四川安撫制置司言政等深入北境攻破鐵寨堡等處乞行推賞故有是命 三月四日詔從義郎四川總押諸關右軍統制陳立統領蕭建準備將元忠義總轄秦貴馬真各與補轉一官資立功官兵三百五十人各等第犒設以四川安撫制置司言虜賊侵犯大散關立等與之血戰獲捷保守無虞故有是命同日詔

忠義正將趙宣劉换馮世忠各特轉三官資官軍副將等各特補轉一官資軍兵秦雄等第支犒以興元都統司言宣等戰虜獲捷乞賜優賞故有是命 二十一日詔利州都統司準備將楊檜忠義統領路德許大椿李興正將黃鉞各特補轉三官資隊官李勇等一十五名各特補轉兩官資其餘官兵忠義等人各等第支犒以四川制置司言檜等攻打彼界剿敗金賊故有是命 二十六日四川制置司言據利路安撫丁焴申利路副總管李好古妄稱朝省指揮正除沔州都統請說兵官蔡佑李大享張鄂李義李世昌上官榮鄭千賀俊等擅斬統制張威發總所魚關官錢徑自喝犒妄作威福領兵二

卷萬一千八百五十八

千餘衆前來沔州仍出榜文謀害張威張虎等事意謀不軌焴已將好古斬首號令撫定諸軍遣回元來守把去處本司照得李好古妄立事端輒擅殺戮又驅引軍兵徑下沔州驚擾一城若非焴就近區處則必有意外之虞詔丁焴特轉朝奉大夫除直龍圖閣依舊制沔州主管利州西路安撫司公事節制本路屯戍軍馬 閏三月十一日詔沔州利都統張威特與轉武功大夫忠州團練使以樞密院言威節次調遣兵將前往大安軍金牛鎮等處剿敗虜賊尅復立功故有是命 五月七日推行功賞又詔特轉右武大夫楊州觀察使十三年六月十五日以威討捕潰兵張福莫簡賊徒就擒特落階

兵二〇之二五

官除楊州觀察使依舊沔州都統制兼知沔州四月三日詔京東忠義統制李福彭義斌劉慶福並特與補脩武郎以樞密院言福等出戰立功故有是命十三年六月李福又以制司調遣立功詔轉武經郎兼京東路兵馬鈐轄二十四日詔忠義于洋特補武義郎差充忠義統制兼京東路兵馬鈐轄以樞密院言洋累立戰功故有是命五月二十日詔借訓武郎京東路鈐權知海州王琳特補脩武郎借從義郎忠勇軍計議官權通判姜琛特補保義郎以琳等忠義來歸收復州縣屢戰立功從京東節制司之請也六月十八日詔脩武郎京東路鈐轄楊友特與轉武翼郎忠義軍統制徐福周岳並特

[illegible]

三十六

補承信郎統領王弼于水劉贇葛祐王全孔揮姜孝忠各特補進武校尉以京東節制司言友等屢與畨軍鬬戰獲捷故旌賞之七月二十日詔淮東路鈐轄梁昭祖特轉兩官軍兵李椿等一百六十四人各特補轉一資韓威等一千三人各特支犒官會一十五貫以淮東提刑司言照祖領兵攻打三大灘寨等處燒毁望樓舖屋見陣立功乞賜推恩故有是命八月二十一日詔石珪特轉武義郎依前京東鈐轄都提舉諸軍事統制夏全時青各特轉忠翊郎一行忠義人兵令京東節制司等第支犒一次以樞密言珪等近在嘉山劉雩獲捷乞議推賞故也十月十日以珪等揀刺三軍忠義了當又照

兵二〇之二六

珪特轉武略郎京東鈐轄全青各特轉修武郎並特陞差充京東路兵馬鈐轄各統率本部軍馬九月十九日詔沔州中軍步軍第一將〔正將〕權統領下班祗應李虎特轉保義郎先是叛卒張福莫簡嘯聚巴州作過招安免罪發遣上進後於中途糾合徒衆突入利州殺害總領楊九鼎劫奪公私錢物至是虎率部下捉獲制司乞以元立賞格推恩故有是命十月十一日詔漣水統轄人兵季先特轉武顯大夫特陞差充京東路馬步軍副總管仍特賜銀絹三百匹兩本部下人兵共犒交子一十萬貫以京東路節制軍馬司言先捍禦邊面有勞部下人兵各守紀律乞賜旌賞故有是命十二日詔忠義統制

[illegible]

三十三

兼京東路鈐陳孝忠鎮江遊奕軍統領張明范成進李世雄各特補轉三官資其部下軍馬人兵特支犒交子五萬貫以淮東提刑京東節制司言孝忠等往滁州解圍及淮西策應勞效故有是命十一月十三日詔武節郎張林特轉武翼大夫閤門宣贊舍人權知青州以從京東節制司之請也　六月又以林倡義歸附戰守有功特除忠州團練使知青州京東路安撫馬步軍都總管十四年三月京東河北節制司又言林忠勇知義李信反側遣總管邢德誅戮委有勞效詔除均州防禦使　十七日知閤門事李虔宗特與帶行武翼大夫以樞密院言虔宗昨任主管馬軍行司公事統率官軍

出戍滁州戰禦有勞未曾推賞故有是命　十三年五月
八日詔泗州中軍統制承節郎董炤特與轉脩武郎以
都統張威言炤在雙林子夕陽鎮白壁堡等處經戰獲
捷故也　六月二十四日詔武義郎忠勇軍統制兼知鄆
州嚴貫特轉武節大夫遙州刺史昌義歸順戰禦
有功故也　同日詔宣教郎京東安撫司幹辦公事張亞
夫特轉奉議郎特差充京東東路安撫司主管機宜文
字儒林郎京東安撫司幹辦公事馮垍特與轉宣教郎
以樞密院言其贊畫有勞故也　二十五日詔訓武郎通
判青州兼京東路兵馬鈐轄邢德特轉武畧郎以德暮
義歸順屢立戰功故也　十四年三月京東河北節制司

卷一萬一千八百七十八

三十四

言德誅戮李信勞效詔特轉武翼大夫差知淄州兼東
東路馬步軍副總管　同日詔承節郎京東安撫司帳
前統制崔欽特轉脩武郎以欽慕義歸順任責邏餉故
也　十二月八日詔武翼郎京東路兵馬鈐轄統制本部
軍馬時青近因剿虜屢曾獲捷忠勇可嘉特轉一官　十
六年正月京東河北節制司言青不時過淮剿虜破塞
屢獲勝捷又　詔特轉兩官　十四年二月九日詔朝奉郎
四川茶馬鄧孟卿承議郎四川宣撫司參議官張已之
各特轉兩官以叛賊張福莫簡作過孟卿任利州已之
任普州皆能隨宜措置賊徒迄就擒戮故有是命　十一
日詔朝奉郎直閟閣成都運判范仲武特轉一官以叛

賊作禍等作過制司委仲武督捕委有勞效故也　六月
十一日京東河北節制司言契勘于潭生輝鄭祥姜孝
忠武德見在淮陰守禦累次與賊鏖戰殺獲甚多清口
寧謐欲將于潭特與轉保義郎陞充京東東路兵馬鈐
轄生輝特與轉承節郎陞充忠義軍統制鄭祥特與轉
承節郎陞充忠義軍同統制武德姜孝忠各特與轉承
信郎仍舊忠義軍統領內于潭陞充淮東制置司帳前
路鈐並從之　十六日德音赦文蘄黃州諸軍捍禦官
兵及武定忠義人等剿逐賊虜立到戰功其有用命率
先斬獲首級賈勇出奇剿蕩殘寇委是戮力效忠合行
優加官賞仰淮西制置司從實保明申上當議推別施

卷一萬一千八百七十八

三十五

行　又赦文應蘄黃州并管下縣鎮官吏士民及鄉村
總首保伍赤心為國剿殺虜寇立到奇功忠勇顯著者
令本州從實具申淮西制置司保明聞奏當議優加推
賞　七月二日詔江陵副都統扈再興特與先次轉行
右武大夫帶行忠州團練使趙范特與轉通直秘閣依
舊京湖制置司主管書寫機宜文字趙葵特與轉承事
郎特免銓試特差充京西安撫司主管書寫機宜文字
以樞密院言虜犯蘄黃驅策未退制置趙方遣再興同
監軍趙范趙葵率兵至蘄州及黃州神馬岡連日繼夜
鏖戰獲捷遏面平靜乞加旌賞故有是命　十一日詔
承節郎淮西制置司帳前統制兼總轄歸附忠義祝文

尉特與轉脩武郎添差淮西路兵馬鈐轄廬州駐劄仍
釐務請給依正官例支破以文尉統兵直趨蘄州黄與
庖舟與擊虜敗潰故也十五年十月二日樞密院言京
東忠義都李全近親提所部將士人兵前去收復京東
州軍等處一行立功之人合議賞犒詔應立功頭目人
內總管路鈐計議統制統領以至將佐訓練官等各特
與等第補轉官資令京東河北節制司疾速從實契勘
有無官資人數并職位姓名等第保明具申推恩施行
仍仰本司日下先次於朝廷見樁管錢內取撥交子五
十萬貫將今來立功忠義人兵特與支犒一次　十七
年七月十日樞密院言武經郎右驍衛中郎將焦思忠
卷一萬千八百六十八　三十六
昨在淮西等處屢經劉虜戰功居多今見任環列之職
忽因箭瘡發動服藥無效申乞守本官致仕詔焦思忠
特與轉武翼大夫閤門宣贊舍人致仕　淳熙元年四
月二十六日宰執進呈興州駐劄都統制吴挺奏到任
點看軍馬乞依例犒設一次三省擬定支錢一十萬貫
上曰恐支散諸軍太少可依員琦例支二十萬貫　二
年九月十一日詔建康府於樁管銀內依省則紐支三
萬貫文付馬軍都虞候王明犒設馬軍行司支用以到
任點看軍馬故也　二十二日詔於建康府樁管銀會子
內中半支二萬貫付池州都統制魯安仁本軍犒設內
銀依省則紐折以到任激賞官兵也　二十四日詔鄂州

兵二〇之二九

於樁管會子內支六萬貫付荆鄂駐劄御前諸軍總制
李川支用以到任點看馬軍犒設也閏九月十四日執
政進呈江西茶寇官兵江州軍令皇甫倜鄂州軍令鮮
彦詳統押歸軍諸路禁軍弓兵令帥憲司各發歸元來
去處並令歇泊土豪鄉義丁等日下放散仍令都統帥
漕司等第優支犒設以剿除茶寇故也二十四日執政
進呈兩浙福建路起發禁軍土兵赴行在忠鋭忠武軍
教閱上曰可量地里遠近依例支犒設一次差編脩官
一員傳旨給散其福建路道途遥遠與依例倍支　二
十五日詔諸路起發禁軍土兵赴行在建康府其管押
官並與等第减年推賞內礙止法人特與犒設以部轄
卷一萬千八百六十八　三十七
整肅故也　三年正月七日詔明州擺泊諸處發到海船
令統制官林文犒賞一次押船主梢碇梢頭水手各給
錢有差以到岸日久故也　二十三日詔忠鋭軍人兵內
教已畢發遣歸逐州可依初發到行在日犒設一次忠
武軍依此　五年六月二十三日詔內外諸軍士卒有
家累重大之人可於朝廷封樁錢內每處各撥錢委兩
浙漕臣總領所措置營運將趂到息錢每月令諸軍開
具的實人數各與添支除軍中合添支外更與添支以
殿前步軍司御前水軍共二十萬貫馬軍行司建康府
池州諸軍共二十萬貫興州興元府金州諸軍共二十
萬貫鎮江諸軍武鋒共十五萬貫江州鄂州荆南諸軍

兵二〇之三〇

共十五萬貫　六年正月六日宰執進呈武功大夫平江府許浦水軍都統郭大用奏到任乞支犒軍錢上曰郭大用似麤勇而能謹細舊曾在水軍立功可令左藏庫支會子一萬二千貫充犒軍使用三月十七日詔淮東總領所支四萬貫付李思齊以到任點看軍馬并新併到武鋒軍犒設也二十八日詔岳建壽差權馬軍司職事令南庫以銀依省則紐支錢一千五百貫犒軍從所請也四月二十一日鄂州江陵府都統制郭鈞言收捕陳峒等賊陣亡官兵乞令湖廣總領所批勘全分請給一年從之　七月十九日詔兩淮總領所支降錢付馬軍行司建康府池州鎮江府都統司兩浙轉運司

叄萬千八百六十八　三八

支降錢付平江府許浦御前水軍令各添支五口以上人外更於御前椿管錢内降錢付逐處軍給賜口累重人一次以八月十四日詔湖廣總領所支降錢八萬一千貫付鄂州江陵府江州給散諸軍五口以上人十一月二十六日詔四川總領所支降錢五萬九千貫付與州興元府金州司委主帥給散諸軍五口以上人八年五月十八日臣僚言朝廷比年支降犒錢賜内外諸軍口累重者然其間有入隊不入隊逸之殊乞將諸軍入隊自五口以上依數支給不入隊並減半從之　十二月十四日詔廣西經畧司收捕賊徒李梭所遣官兵弓兵土豪義丁等令劉焞先次等第犒設一次　七年五

月七日詔廣州統領劉安統制張喜所將官兵一千九百九十六人令廣東安撫司犒設一次以知廣州周自強言收捕郴寇陳峒有勞也　八年正月二十一日宰執進呈諸軍犒設錢上曰此内外諸軍射射精熟人數也鄉來諸軍只習右手射近又教習左手射頗精各支犒設以示激勸　七月十三日詔左藏南庫支降會子一萬二千貫付殿前司委官前去犒設許浦水軍以其初撥隸本司故也十九日上謂輔臣曰江州副都統劉光祖極精細好兵官闕財賦甚窘乏無以激賞士卒可於鄂州總領所支錢三萬緡與之　十一年二月二日詔令後因病身故官兵本司具軍額職次姓名保明有

叄萬千八百六十八　三九

無家屬累聞報所屬即時大曆内開落名糧隨曆批勘請給兩月趂次旬宣限支給以樞密院言已降指揮殿前馬步軍司官兵因病患身亡其家累特與支破請給兩月訪聞所屬以會門為名動經月日方始批放有失存恤之意故也　五月二十七日詔四川駐劄御前諸軍將士戍邊滋久常軫朕懷可令總領所支撥椿管錢三十萬道特與犒設一次　六月二十四日詔兩浙轉運司淮東西湖廣四川總領所依淳熙十二年上半年已支過錢數付逐軍主帥充淳熙十一年下半年添支諸軍口累重大之家　十一年十二月二十三日至十五年十二月終上下半年添支諸軍錢皆如之　十二年九

月十九日淮東總領吳琚言本路先準已降指揮內外
諸軍差出牧馬并更戍官兵免分擘口券特令每人支
鹽菜錢三十文米二升半照對鎮江屯駐諸軍每遇差
出盱眙高郵軍梅楚州守戍所支鹽菜錢米自來糧料
院直候到戍守處方起支比其更替又自離戍日即便
住支往回並無支破錢米竊見步軍司差出六合縣守
戍人自出門日起支其更替到寨日方始住支理合一
體從之　十三年正月一日詔殿前司馬軍步軍
司官兵諸班直軍兵皇城司親從親事輦官等人並依
則例令主帥并所隸官司各日下從實開具所管人同
合支錢數報提領封樁庫所以樁庫所以樁管會子降付

卷一萬一千八百六十八

四十

逐處即時當官支給其出戍人依赦文仰主帥將降到
則例報所在州軍候到令知通同部轄兵將官給散馬
軍行司主帥開具所管人同合支錢數報建康府即時
於降去第七界會子內支給屯駐大軍於屯駐州府仰
知通同兵將官撥合支錢數以本處應樁管朝廷會子
支給如不敷或無樁管會子去處於上供并諸司不以
是何名色窠名內取撥給付州府軍監禁廂軍等準此
以尚書省言慶壽賞給則例殿前司馬軍舊司步軍司
統制七十貫統領四十貫正將二十五貫副將十五貫
撥發官同副將例準備將十二貫額外比正員下一等
謂如額外統制支統領四十貫之類至準備將不減使

臣至帶甲入隊官兵九貫傔人輜重火頭五貫隊外官
兵三貫班直行門二十五貫餘人十貫班直下軍兵三
貫皇城司親從親事官五貫院子三貫輦官五貫後苑
厨子御厨儀鸞司翰林司將校兵級四貫軍頭司將校
兵級四貫御藥院工匠御酒庫御絲鞋所內東門司內
藏庫內軍器庫脩內司御馬院騎御馬直左右騏驥院
將校兵級德壽宮擺鋪將校兵級并造作人三貫步軍
司廂軍并行在百司軍兵逐處自行招刺人一貫五百
差出人準此馬軍行司統制五十貫統領三十貫正將
二十貫副將十五貫撥官同副將例準備將十員額外
比正員下一等至準備將不減使臣至帶甲準備帶甲

卷一萬一千八百六十八

四十一

人入隊官兵六貫傔人輜重大頭四貫隊外官兵二貫
五百殿前司摧鋒軍左翼軍許浦水軍興州興元府金
州鎮江府鄂州江陵府池州駐劄大軍統制四十貫統
領二十五貫正將二十貫副將十五貫撥發官同副將
例準備將十貫額外比正員下一等至準備將不減使
臣至帶甲準備帶甲入隊官兵五貫傔人輜重火頭三
貫隊外官兵二貫諸州府軍監揀中禁軍二貫五百禁
軍土軍水軍二貫廂軍鋪兵一貫諸路安撫司忠義軍
親兵二貫五百　十九日鎮江府駐劄御前諸軍統制
張詔言出戍楚州高郵軍官兵請慶賞給錢以楚州四千
八百九十一人計請錢二萬三千一百一十八貫高郵

單六百八十七人，計請錢三千二百八十七貫。令據楚
州申："本州自來不曾有朝廷椿管錢物，兼係全行展免
上供去處，亦無諸司合撥窠名等錢，本州別無那兌支
撥去處。"又據高郵軍申："本軍目今未有錢支給，申轉運
司、提舉司取指揮，行下支撥。已上二項共二萬六千三
百九十六貫。乞下鎮江府於椿管會子內支給，本司差
官押發前去，逐處布押官支割，點名俵散。"從之。　二十
四日，詔平江府顧逕港擺泊當番海船，適輕雪寒，可令
守臣到岸，則例將總轄官、船主、梢上、招頭、矴手等特與
犒設一次。據合用錢數，日下於椿管會子內支撥，差官
同主兵官給散。　十二月二十一日，詔積雪沍寒，軍人
不易，其行在殿步司及諸軍，可依已支雪寒錢體例，再
支一次。令主帥并所隸官司各日下將見管人數從實
保明，報提領封椿所，並即時以見錢降付逐處，當官支
給。以二十四日權侍衛馬軍司職事梁師雄言："所有諸
處差出并在軍半分請給等共五百八十九人，糧料院
以無體例，不肯批放。竊詳逐人亦隸兵籍，各有家累，比
之在寨全分請給之人，尤不為易。乞下所屬，將前項差
出等有家累官兵，自今歲為頭，每年特與依例批放雪
寒錢，及下提領封椿庫所舟支一次，給付他家應付使
用。"從之。　二十八日，詔殿前司差出有家累及在軍半分
請給等官兵共一千六百四人，依軍司已得指揮施行

十四年正月二十三日，詔弓弩手、槍手並於鎮江府
椿管錢內各特支犒設一貫，其槍手擴數仰本軍斟酌
審驗訖，開具聞奏。以鎮江府都統制張詔等言："準御前
劄子，鎮江府駐劄御前諸軍今春所進兵帳等，一一躬
親審驗，並要實年甲、斗力，以備抽摘發赴行在引呈，恐
須犒設。却具奏來本司諸軍應管，如右弓箭手正帶
甲一萬六十二人，準備帶甲二千三百八十六人；弩手
正帶甲八千八百四十二人，準備帶甲一千八百二十
八人，計二萬三千一百一十八人。諸軍見管槍手正帶
甲五千六百八十人，準備帶甲一千四百六十四人，除
審驗年甲外，未審合與不合審驗擴數。"故有是詔。　又三
月六日，侍衛馬軍副都指揮使雷世賢言："已將本司兵
帳內弓箭手八千三百六十一人、弩手四千三百一十
七人躬親審驗的實年甲、各人斗力外，有見管槍手共
三千八百七十人，亦行審驗年甲、擴數了當，委實各人
少壯，武藝精熟。所有犒設，合取聖裁。"詔弓弩手、槍手並
於建康府椿管錢內各特支犒設一貫。　二月十三日，
詔封椿庫支會子五萬六千五十八貫四百，西上庫支
會子二十四萬八千四百六十四貫六百，充殿前馬步
軍司教閱犒設。　六月十九日，殿前副都指揮使郭言：貼黃
今年下半年累重官兵六千七百四人，合用添支錢四
萬八百六十六貫，三萬一百七十四貫年例漕司科降

一萬六百九十二貫未有支撥去處乞將四千八百二
十六貫令漕司貼科餘令本司自備從之　十二月十
五日詔歸正忠義人兵添支米特更與展支一年以殿
前司言昨承指揮遠來充軍理宜優恤每月添支米數
相兼養贍續準備指揮更特與展支一年今來將及一
年緣並皆家累重大指擬添支米相兼養贍乞下所屬
照應見請券曆依舊勘支照得逓年各降指揮更特與
展支故有是詔　淳熙十六年六月二十一日詔兩浙
轉運司淮東西湖廣四川總領所依淳熙十六年上半
年已支散錢數付逐軍充當年下半年添支口累重大
之家仍委主師一併點名支散紹熙元年至紹熙五年
終每年各分上下半年預於一月前樞密院檢舉取旨
添支諸軍錢亦如之　紹熙二年二月三日詔為雪寒
行在殿步司及諸軍可依已支雪寒錢體例更支柴炭
錢一次令主帥并所隸官司各日下將見管人實數保
明報提領封椿庫所並即時以見錢降付逐處當官支
給　十二月二十五日詔馬軍行官兵連日排立可依
淳熙十二年郊祀大禮體例使臣各特支錢三貫効用
軍兵各支二貫令戶部支給　二十六日詔為天寒應
從駕諸班直親從親事官并諸軍指揮軍兵將校等並
特依淳熙六年郊禮例增三分給賜柴炭願依例折錢
者聽　慶元元年七月二日樞密院進呈建康都統制

卷萬千八百七十八　四十四

吴義乞錢二十萬緡以為營運贍軍之資先是又乞全
支到任犒軍錢御筆已依所乞余端禮鄭僑同奏曰舊
例朝廷只是減半與犒軍錢上曰今若全支便為成例
後來必有攀援者宜别作名色與之端禮等曰陛下聖
明洞見他日利害於是别降指揮借撥并按例共支十
五萬貫　六年九月十七日詔馬軍行司軍兵連日排
立可依紹熙五年明堂大禮體例使臣各特支錢三貫
効用軍兵各支二貫令戶部支給　開禧元年十二月
三日詔行在諸軍依年例支雪寒錢內被差出戍官兵
之家特與信支一次自是歲有此命　二年正月十一日
詔雪寒軍人不易行在殿步司及諸軍可依自來雪寒
錢數再支柴炭錢一次令主帥并所隸官司各日下將
見管人數從實保明報提領封椿庫所並即時以見錢
降付逐處當官支給自是歲有是命　五月十四日詔內
外諸軍各有調發戰守之人並已支犒外在寨及自餘
差出未經支犒官兵令戶部四總領所日下每人各特
支犒設錢二貫毋致漏落　六月九日詔諸軍因出戰
間有陣亡及因傷歸栅身亡并出戍暴露病患身故之
人除推恩外陣亡人可並依舊放行全分諸般請給一
年因傷身死於栅中人支破半年曾經出戍暴露病患
身故人支破一季並令所屬按月幫勘給付各家贍而
樞密院言竊慮所立限滿老幼失所理宜存恤詔諸軍

卷萬千八百七十八　四十五

陣亾等人請給除今來已立年限幫支外候今限滿日
內陣亾人更特與展支半年因傷死於柵中人展支一
季出戍暴露病身故人展支兩月　三年正月十五日
三省樞密院言節次已降指揮隆冬已支出戍官兵犒
設又倍支戍兵口累雪寒錢并降錢賑給都城貧民外
行在諸軍不曾差出官兵亦宜優恤詔令封樁庫每名
特支犒設錢兩貫並已見錢支降　五月十四日詔三
衙所差更替屯戍官兵當此備邊之際即與常年更戍
事體不同起發犒設合行優異權依開禧三年殿司已
支等則數目支給一次以後更戍官兵卻依舊例支給
六月五日三省樞密院言諸處戍守軍兵當此隆暑

四十六　卷萬二千八百六十大

宜加優恤詔每人各特支犒設錢兩貫兩淮令行府湖
北京西四川令宣撫司各就便取撥有管官錢目下照
數分撥付逐軍主官兵照名給散　十五日三省樞密
院言諸軍擺鋪及諸路擺鋪兵級當此邊事未寧時方
暑伏傳送軍期文字委是有勞理宜支犒詔令戶部并
四總領所各隨所隸地分每人特支犒設錢三貫　十
二月十三日中書門下省言諸路宣撫都副統制及行
在三衙馬軍行司諸路都統司統制官以下並已各賜
金兩戰袍稀錢外所有同權額外未填闕降授統制以
下兵將官亦合等第支犒詔令封樁庫將同權額外未
填闕降授統制以下兵將依正官例減半支給內戰袍

不減外路都統制司馬軍行司等處依此施行不曾被
受朝廷付身之人止依本等給賜合用戰袍　嘉定三
年三月二十二日詔收捕峒寇陣亾官兵錢米已支半
年更特支半年內傷歸柵身死已支一季更特支一季
暴露因病身死已支兩月更特支兩月從臣僚之言也
四月十一日詔兵興以後旱蝗相仍物價踴貴都城尤
甚行在諸軍宜加優恤可於內藏庫撥錢會共二十萬
貫支犒一次照雪寒例倍支錢會中半給散如不敷於
封樁庫貼降　七年十月一日詔雨水連綿三衙軍人
內有口累重大之家理宜優恤令封樁支撥官會一萬
二千貫付殿前司一百二十貫付馬軍司龍衛等指揮

四十七　卷萬二千八百六十八

一千五百貫付步軍司各仰照應嘉定七年下半年添
支口累重大錢則例日下給散一次　八年四月十二日
以時雨未霽亦有是命　同日樞密院言雨水連綿殿前
司步軍司各有昨來陣亾并孤遺妻口老小及目今病
患官兵理宜存恤詔令封樁庫支撥會子一千五百貫
付殿前司六百貫付步軍司仰各司取見的實孤幼病
患人數斟酌照等例給散一次　八年五月八日樞密
院言近因時雨未霽令封樁庫支撥官會付三衙照應
嘉定八年上半年添支口累重大錢則例給散一次已
將見請累重官兵人數逐一照名條散訖今來竊慮各
司尚有不該請添支累重錢官兵其間豈無老小重大

貧乏之人合議矜恤。照得近據殿前司有散不盡錢一千一百一十六貫，馬軍司有支不盡錢三十四貫八百，詔令封椿庫月更支降會子一萬貫付殿前司，一百二十貫付馬軍司，龍衛等指揮並通椿見椿管散不盡錢數，并支降會子二千貫付步軍司，仰各將見管不該請添支累重錢貧乏之官兵特與斟量支犒一次。　九月十一日，知真州六合縣劉呂詩言：本縣屯戍歲一更替，去年豢撥到人馬逐名點揀，並無老弱殘疾，兼日逐教閱，頗諳事藝，亦熟地里，軍民之心上下和協。合（今若）僣循例更替，不唯徒費兩項起發錢米，且又往來迢遞，動涉月餘。乞權留人馬在縣守禦一年，緩急可使，誠為利便。照權

卷一萬二千八百六十八

行存留一年。統制官特支錢五十貫，統領官三十貫，正副將五員各一十貫，準備將七員入隊官兵每名各兩貫，不入隊人各一貫五百。令尚書省日下於戶部窠名錢內照數科降。　九年閏七月五日，京湖制置趙方言：江陵都統制史志辛苦奉職，明效可數，今不幸遂為病人。忠又至廉，家無餘財，乞褒賞而錫賚之，不特施恩於忠，且將以為奉職至廉者之勸。詔令京西湖北制置司於本司見椿管行在會子內支撥三千貫付史忠充起發盤費。　十二月九日，樞密院言：淮東西沿邊州縣各有見出戍官兵，目今隆冬，合議支犒。詔統制官特支錢三十貫，統領官二十貫，正將一十貫，副將七貫，準備將五

四八

貫，撥發訓練官三貫，部隊將合干人兩貫，官兵每名一貫。仰各州於有管官錢內以一色會子照數日下一併點名給散，續具的實支散過人錢數目申取指揮科降。撥還元借窠名，不得稍有泛濫減尅。仰更切契勘，如有見差開壕燒窯等的實工役別項官兵及民兵、忠義等人，並照今來所降指揮等則，更切斟酌，特與支犒一次，不得泛濫，續併具實支用過人數目各項保明開具申樞密院。　湖北、京西沿邊州縣亦頒是命。十年四月二十一日，樞密院言：諸處出戍官兵，舊例係分擘口券前去，訪聞在塞家口卻至贍給不敷，合宜優恤。詔諸軍見出戍官兵特與並免分擘口券，全給其家，所有本身每日

卷一萬二千八百六十八

合添支錢並與添作一百文，自今降指揮日為始，內更願依舊分擘者聽。　十一年三月十二日，樞密院言：諸軍擺鋪官兵及諸路擺鋪兵，給承傳往來軍期，遞角委是不易，理宜支犒。詔令戶部并淮東西、湖廣、四川總領所各隨所隸地分，將見在鋪執役人數每人特支犒設錢三貫。　十二年六月十七日，樞密院言：京東劉全首先倡義，率眾來歸，念其忠節，實可嘉尚，今雖見任淮東總管，宜加優異。詔劉全特與轉武翼大夫，特賜金帶一條，許令服繫，更特賜錢五千貫，於淮東轉運司朝廷椿管錢內支破。　十一月一日，樞密院言：殿前司見行擇日教閱本司諸軍馬軍官兵，呈使器械，并呈試驍騎，詔

四九

除本司自行支犒外，令椿庫日下支降官會二萬貫付
殿前司更特等第支犒一次。　十二月八日，詔盱眙軍
楚州光州濠州安豐軍淮陰縣光山縣固始縣安豐縣
霍邱縣出戍戰樂築城開濠等工役大軍并武定諸軍
人兵，又差出沿邊往來巡逴雄勝軍人兵，內統制官特
支錢五十貫，統領官三十貫，正將二十貫，副將一十五
貫，準備將一十貫，撥發訓練官七貫，部隊將合干人四
貫，官軍武定軍人兵每名二貫。其逐州縣屯駐兵效并
淮陰縣屯駐水軍內統制官特支錢三十貫，統領官二
十貫，正將一十貫，副將七貫，準備將五貫，撥發訓練官三
貫，部隊將合干人二貫，官兵每名一貫。合用錢仰各州

卷一萬一千八百六十八

縣於有管官錢內以一色會子照數日下一併點名給
散，續行開具的實支散過人錢數目申取指揮科撥還
元借寨名，不得稍有泛濫減尅。以樞密院言久戍極邊，
隆寒暴露，乞議支犒故也。十五年十二月亦有是命，併
入海州。　十四年三月七日，侍衛步軍司言：殿前司去
歲令收回司騎軍等帶甲教閱陣隊并呈試驍騎輪使
罷械，蒙降官錢二萬貫應副犒賞。本司今歲差發下菻
西溪牧放人馬，逐年於三月內呈有欲照例將騎軍教
閱陣隊呈試驍騎及使罷械一次，所是入教人兵合支
犒設，實緣本司財計素窄，別無寬餘錢物勞賞，乞降指
揮下所屬支降官錢付本司按教騎軍激犒。詔除本司

五千八

自行支犒外，令封椿庫日下特支降官會七千貫付步軍
司，更特與等第支犒一次。　十二月三日，樞密院言：汀
贛州解到寄招义鏢手共三百人，見在殿步兩司權管，
令來合行試驗支犒部押發遣前去淮西安撫司交管。
詔义鏢手每名特支官會一十貫，殿前司步軍司部押
將官每員三十貫，訓練官每員一十五貫，隊將每員一
十貫，教頭旗頭每人七貫，將司醫人每人五貫，白直每
人三貫，其錢令封椿庫日下照應支撥，仍令承旨司檢
詳所於試驗日逐一點名給散發遣。十五年七月十二
日，招發到一百人起發前去揚州。十月八日，九十一人
起發前去揚州。七月十四日，慶元府招發到水軍一百

卷一萬一千八百六十八

五十人起發前去池州，並如之。　十五年正月十六日，皇
帝受恭膺天命之寶，赦文：應內外諸軍將士等及忠義
官兵并沿邊創置軍分及拘集見今守禦民兵等，并諸
路安撫司神勁忠義軍、親兵、諸州府軍監禁軍、土軍、水
軍、廂軍、鋪兵，並特與犒設一次。仍令戶部檢照淳熙十
三年正月一日赦文則例行下合屬去處。既而戶部檢
具則例：內外諸軍并見今出戍軍兵、忠義官兵并沿邊
創置軍分及拘集見今守禦民兵去處，統制五十貫，統
領三十貫，正將二十貫，副將十三貫，撥發官同副將例，
準備將十二貫，額外比正員下一等，謂如額外統制只
支統領三十貫之類，至準備將免減。使臣至帶甲準備

五千八

帶甲入隊官兵各十貫，傔人、輜重、火頭各六貫，隊外官兵各四貫。諸路州府軍監揀中禁軍在寨人各兩貫五百，禁軍、土軍、水軍各二貫，廂軍、鋪兵各一貫。諸路總領所、忠義官兵及民兵等，令制置司、總領所並各照則例支撥，付部轄兵將官給散。所有諸路安撫司神勁等軍并諸州府軍監廂禁軍、土軍等，並令所在州郡知通照則例給散。其合用錢，許於逐處樁管或上供及諸司不以是何名色官錢內取撥充支。具數聞奏。詔：忠義官兵并沿邊措置軍分及拘集見守禦民兵等，令並照三衙內外大軍一體支犒。其諸軍統制、將佐等已該赦轉官外，併與詔赦支給犒設。三衙、江上安撫司、忠義親兵各二

卷一萬二千八百六十八

五千三十

貫五百，班直押行門三十貫，餘人十二貫，班直下軍兵各四貫，皇城司親從、親事官各七貫，院子五貫，輦官各七貫，後苑廚子、御廚、儀鸞司、翰林司將校兵級各五貫，軍頭司將校兵級各五貫，御藥院工匠、御酒庫、御絲鞋所、內東門司、內藏庫、內軍器庫、脩內司、御馬院、騎御馬直、左右騏驥院將校兵級、壽慈宮擺鋪將校兵級各四貫，樞密院親兵各三貫，省馬院、軍器所、牛羊司、金吾街仗司各二貫。令戶部今來立定則例遍牒合屬去處支犒施行。　十七年三月七日，詔紹興府五攢宮見管防守將校軍兵四百九十三人并諸色祗應人一百七名，每歲雪寒錢與照臨安府體例於本府經總制錢內支

給。具已支散數目申尚書省，以檢察宮陵所言：昭慈、永祐、永思、永阜、永祟陵五攢宮軍兵等元係步軍司差撥赴宮防守祗應，分擘支曆在紹興府經總制庫支請諸般請給，並依步軍司禁軍體例支破，數內每次雪寒各人一貫，未蒙支給，故有是命。

卷一萬二千八百六十八

五千三十

宋會要　監牧

牧養上下監二監大中祥符四年十一月羣牧制置使
奉請以在京諸坊監及諸軍病馬就京城西開遠門外
草地分作兩監量破草料牧放詔以為牧養上下監馬
重病者送下監輕者上監　太宗雍熙二年九月太宗
幸天駟監閱馬詔宰相樞密三司節度使上將軍翰林
樞密直學士軍校自選名馬既而帝親選賜之歷四監
而還　真宗景德二年二月以鄭州養馬務病馬於京
城置坊養飼之　大中祥符元年六月羣牧制置司言
內外廐牧月供馬籍未有懲勸之法今為定式以付之
違者欲差置其罪從之　二年五月詔在京養馬院務
坊監槽頭剗刷各依元舊軍例支給請受外槽頭每人
日別支口食米豆各一升剗刷日支米一升如闕剗刷
於長行內揀差闕槽頭於剗刷內不拘名次選小心勤
勞者依例奏補其節級即於槽頭內揀差委提調使臣
常切覺察如有慢易不得力者申羣牧司勘斷訖勒充
長行　九月詔左右騏驥院及諸坊監馬數自今旬奏
月日省日奏之繁也　三年正月詔左右騏驥院及諸

九

坊監馬官自今並以三年為滿如篤知馬事欲留者羣
牧司保薦以聞當徙涖他監　四年十二月詔羣牧司
在京兩院坊監自今病患馬數令醫獸人逐匹當監官
使臣前看驗排所患病名輕重分作兩等記號委羣牧
司官員點檢過轉送與養馬務養放醫療如本務人少
即於坊監押鄉差撥其醫較拋死馬數並令養馬務一
面官認比較施行每年所管醫療馬至年終據本務應
管病馬內拋死數目比較其使臣勾當二周年即將前
界醫較拋馬比較分數闕坐以拋馬一分至三分已與
改轉二分已下賞錢五十貫三分已上一十六四分五
分已上不支賞六分已上罰一月俸七分已上罰一季
俸八分已上勘罪以聞乞行嚴斷又兩院坊監止養好
馬如有轉却病馬并在坊監拋死數月候至年終比較
一處算數如比諸坊監最少即給賞錢若是數多即相
度第等科罰仍委兩騏驥院監官或羣牧官員逐時點
閱病患馬數逐旋轉送無致積壓候至十二月終須管
盡轉與養馬務醫療即不得公然啟倖藏隱留在坊監
致有隔年方始轉送如違其干繫人並劾罪科斷其使
臣三周年一度磨勘及獸醫人比較將轉却病篤與死
數一處組算分數並依元勑施行　五年四月羣牧制
置使言左右騏驥六坊監見飼馬萬七千匹所費芻粟
四百萬今請止留馬二千餘悉遣就淳澤監放牧或言

十

有給用可信宿而至歲省芻粟三百餘萬從之　七年
九月詔自今坊監兵士有會諸作工藝並令止絶不得
更於諸處交陳文狀有所規避　天禧二年六月詔應
内外臣僚自今有差出勾當公事若經馬監州軍路分
過往如不係管轄不得輒於坊監内安下如違仰羣牧
司具職位姓名以聞　神宗熙寧三年三月六日詔以
左右天駟四監併作左右天駟兩監　八年二月十一
日詔權廢罷左右天廐坊　八年三月詔牧養監裁減
兵員其將校妛步軍司比類軍分移隷兵士依廢左右
天廐坊例施行從羣牧司所請也以上國朝會要　高宗紹
建炎三年四月十三日詔左右騏驥院官吏減半　紹
興四年三月二十日詔左右騏驥院今後入殿供進衹
應御馬每匹每分支破十分草料　二十一年三月三日
詔交阯郡王大禮給賜馬二匹令廣南西路經畧安撫
司一面應副　二十六年八月二十一日詔騏驥院左
右教駿四指揮每指揮通見管人數權作一百人為額
先是在京日共二千九百四十八人紹興八年十月
十日詔每指揮權作五十人為額至是以本院言差使
不足故有是命以上中興會要　孝宗乾道九年五月十
八日詔左右騏驥院御前馬院近年諸處進馬數多闕
人照管養馬限一月叙招刺教駿一百五十人今後遇
闕於御前馬院馬監揀刷諳練鞍馬子弟招刺如不足

一面收刺御馬院同此制以上乾道會要　諸州監務諸
州牧馬監附　河南府洛陽監　舊曰飛龍院太平興國
五年改牧龍坊景德四年十一月陳堯叟奏請以東京
右養馬務人員兵士送河南府牧龍坊牧養在京送去
少嫩馬仍改為洛陽監天聖六年十一月羣牧司言廢
監見馬支配諸軍兵級充㕘京廂軍其地募民耕佃景
祐二年五月復置大名府大名三監　太平興國三年
内置養馬務改牧龍坊景德二年五月分為二坊七月
改為大名第一第二監大中祥符二年又置第三監於
洺州境　洺州廣平二監　建隆二年置養馬務改牧
龍坊景德二年七月改為廣平監大中祥符三年閏三
月羣牧置使言河北孳生馬多可更於邢洺趙州境標
地萬頃以廣放牧因詔增置第二監景祐二年廢其一
　衛州淇水二監　周顯德中置牧馬監建隆初增葺
後改東西牧龍坊景德二年七月改為淇水監後又分
為第一第二監熙寧七年四月省併為一　管城原武
監　舊曰馬務建隆初增葺後改為牧龍坊景德二年
二月分為第一第二牧監七月改為廣武監大中祥符
二年改原武監仍合為一熙寧七年四月廢併分孳羣
馬於洛陽單鎮兩監牧放　同州沙苑二監　建隆初
葺故地為監後改牧龍坊景德二年七月改為沙苑監
治平六年十一月分為二監每監牧馬四千五百匹

相州安陽監　周顯德中置馬坊建隆初增葺後改牧
龍坊景德三年七月改今名　澶州鎮寧監　建隆初
濮州置養馬務開寶八年移於澶州後改牧龍坊景德
二年七月改今名乾興元年十二月廢　白馬靈昌監
舊龍馬監後改牧龍坊景德二年七月改為靈昌監
天禧三年河決羣牧司請以監馬送大名淇水五監牧
放候水落別為規畫後遂廢　邢州安國監　大中祥
符二年河北諸監言邢趙草地甚廣宜置監牧遣羣牧
判官括視閑田得萬餘頃可牧馬萬匹其年八月置監
養放孳生鞍馬景德二年春廢後給充天慶觀莊田
鄆州東平監　大中祥符元年十一月置天禧五年正
十三
月廢羣牧司請以監馬分配諸處其地分募民佃之
熙寧七年二月六日廢　中牟縣淳澤監　大中祥符
四年置乾興元年四月廢　許州單鎮監　大中祥符
六年七月羣牧制置使言單鎮有牧地詔置監自天聖
五年凡再置而廢　同州病馬務　景德元年置初以
以沙苑監官兼主之別養本監及諸處病馬天聖二年
別差使臣勾當　真宗咸平六年十二月羣牧司言
牧龍坊兵士乞給皮毛裘牧放上曰迴野苦寒賜之可
也若郊野之內被毳牧馬有類胡服可令以皁紬表之
以賜　景德二年七月四日羣牧司言按唐六典凡馬
有左右監仍以土地為名欲將諸州牧龍坊改為監以

本州軍土地為名先是諸坊借用奉使印今請各鑄印
給用從之　大中祥符二年二月帝謂知樞密院王欽
若等曰諸州防監各有提點使臣唯京師監牧本司官
員無暇糾察可差使臣二人提點坊監仍隸本司虢轄
又羣牧制置使上言提點坊監使臣相度同州沙苑監
自來祇養牝馬乞改充孳生監緣無四時草地初冬即
須還廄與河北諸監不同自前亡失馬數甚多生駒皆
不壯健欲令羣牧副使閻承翰等相度如別有草地可
四時牧放即具以聞如須初冬還廄即罷經度從之
仁宗景祐元年三月二日定奪所言臣僚起請乞廢河
北馬監等事令勘會河北諸監所管鞍馬不少即未見
十四
逐色有無歲數過大及病患孳生馬數乞差官往彼揀
選編排各別立項申奏從之四月二十五日河北都轉
運使杜衍等言準敕同羣牧判官邊調相度將大名廣
平兩監見管馬數撥併就便牧放已將廣平兩監馬數
內第一監撥赴大名兩監其廣平第二監撥與安陽淇
水第一監就草地牧放去訖今點記下三歲大馬三千
一百四十匹乞令依撥赴左右廂大馬監收管從之
二年二月七日羣牧司言洺州廢罷廣平兩監緣此監
興置年深自來少有拋死今揀到好骨格馬一千九百
餘匹欲乞且存留廣平監以就養牧詔存留一監　慶
曆五年閏五月二十八日羣牧司言同州沙苑一監見

管草地一萬一千四百六十餘頃所管馬才及一千八
百餘匹請自本司郡官一員檢案從之　皇祐元年四
月二十五日羣牧司言許州長葛馬監乞更不令知縣
并都監管勾專令許州知州通判令後要兼同監牧事
仍令通判逐季往本監點檢諸般官物從之　治平四
年神宗即位未改元六月十七日詔同州沙苑監令隸
陝西提舉監牧司本監使臣亦令選舉更不屬左廂提
點　十九日羣牧司言欲令河北河東陝西有都總管
各於本路近環慶係官草地置監一所令陝西監牧司
將馬約定年額牽送上京外據餘數逐旋分撥與諸路
馬監久遠既成倫序即本路馬軍可以自辦從之　十
一月十四日環慶路經略使李肅之鄜延路經略使陸
詵陝西制置解鹽判官李師錫並言本路無係官草地
又密邇西界難以興置馬監其同州沙苑監近割屬陝
西監牧司可以增添馬詔陝西四路都總管司更不興
置馬監仰陝西監牧司廣市善種務令審息以備逐路
諸軍闕馬又詔河東路都總管司於太原府交城縣置
馬監　先是遣尚書比部員外郎崔台符往河北東路
根官田將以牧馬汾州得故牧馬地三千二百頃其中
有民先佃者令納芻豆以備寒月馬上槽秣飼仍俟明
年春於沙苑監移牡牝五百匹往本監牧養　熙寧元
年詔河南諸大馬監為孳生監仍量度宜畜牧地土在

十五

兵二一之七

外諸監馬地分屬兩使時分置河北河南監牧使仍有
是旨八月五日羣牧司言係牧馬監縣令逐縣主簿乞
兼令本監主簿同管勾帳籍官物從之仍令轉運提刑
司不得差出　二年五月河北監牧使崔台符言諸馬
監各有奇巧工匠及有會奇藝者不少欲乞盡揀送本
監換廂軍入監從之　八年閏四月五日詔沙苑監令
復屬羣牧司餘北京元城等八監並廢罷之時廢河南
河北兩監牧司故有是詔　九年三月七日詔河北已
廢諸監廨宇草場等並許人户租賃以上國朝會要高
宗紹興二年十月四日臣僚言乞置牧馬監詔令三
省樞密院措置既而樞密院言欲專委饒州知通於四
望山東西岸等處踏逐係官堪充孳牧羣馬地土置監
孳養蕃息羣馬知通專一提領每月各給茶湯錢十貫
令樞密院取旨差曾經馬事使臣五員前去饒州與本
州提領官同共措置其孳生馬毋令神武諸軍并諸路
州軍剗刷係官馬先次具數申樞密院差人管押前去
饒州交割候綱馬到却令支填其合行事件令提領官
疾速條具申樞密院從之　三年六月二十三日三省
樞密院進呈置監牧養馬事上曰馬政不可緩然須擇
人而任之殺馬之禁尤當嚴切頤浩等曰殺馬之罪與
牛等顧民間未知之上曰可令有司舉行犯者必捕之
則姦可戢矣　八月十九日提舉饒州孳生監牧事郝

十六

兵二一之八

漸言朝廷遵倣祖宗舊制置監鄱陽推行孳生之利牧地不可以不廣棚井不可以不備草料不可以不儲林木不可以不植烽堠壕壍不可以不置務在當職之吏公共辦集令主管監牧已委知通而責令佐未有明文樞密院勘會雙港置孳生監牧地去州不遠已降指揮專委知通兼行主管難以更責令佐詔孳生監牧司棚井及應合用物色如闕仰鄱漸一面移文知通應辦九月二十二日鄱漸言近降指揮監牧地踏逐係官地土緣雙港近下難得全係官田如有民田將係官田撥換如不足即支還價錢切詳所降指揮蓋欲使地土寬廣以便出牧緣搬置之初務在早獲就緒今來內有合行

十七

撥換官田肥瘠高下事須相當充置民田所估價直理須優厚以至給還之間無令減剋留滯方始易於充買仍出給公據付人戶收執照會庶幾公私平允無搔擾之患兵部勘當欲下江南東路轉運司依鄱漸所乞事理施行外戶部右曹契勘常平司所管田產依法並估價出賣如未售即量立租課權召人承佃其賣到錢并所收租課並係充常平賑濟等支用欲乞下江東提刑司及常平司取見置監牧地內有常平司所管田產令本監依實直價錢充買并行下提舉饒州監牧司照會詔依戶部勘當到事理施行　四年四月二十七日樞密院言提點臨安府孳生牧馬監楊志憫申得有臨安

府置孳生牧馬監差志憫兼充提點官所有合行事件條具申樞密院令先次條具下項　一契勘吏令諸處官馬甚多若不別立印號切恐無以辯別欲乞行下所屬打造篆文牧字火印於犀馬左跨上烙印記號仍乞本監添置如意郡記於馬尾靶上烙號所貴與諸處號記不同有所辯別亦隔弊倖　一合用等仗星拍子乞下所屬製造四尺一寸至四尺七寸七色等仗并拍子給降應付行使詔依工部行下所屬製造繳申樞密院給降八月十八日詔於餘杭縣南上下湖置孳生牧馬監知州充兼提舉官通判充兼同提舉二十一日詔孳生牧馬監已差官外其餘杭縣知縣尉並兼主管牧地

十八

十三年六月二十八日吏部言都大主管成都府利州熙河蘭鞏秦鳳等路茶事兼提舉陝西等路買馬監牧公事賈思誠契勘成都府裏外兩馬務監官依元祐六年勑令從本司辟差小使臣充自建炎三年宣司改差文臣主管今乞將上件員闕依法專差能幹事小使臣仍從本司選擇奏辟所有其他州府馬務監官亦乞依此本部勘當欲乞依本官所乞施行從之十二月二十一日江東安撫大使司參謀官觀國言瀕江沿海水草寬美之地皆可分置馬監以廣孳生之利然牧養之道亦必有方宜擇精明強幹之人先備行在馬監使令俾令習知其事然後委用分典監牧必能審寒暑之節

適飲飼之宜，羈𫏋調御皆得其所，量勞績等次以加旋賞，人人得盡所能，馬必至於蕃息矣。從之。　十六年九月十六日，宰執進呈四川茶馬司等處相度到馬監利害。上曰：「太祖皇帝初有天下，沙苑置監牧馬，就渭州水草。後來京師亦於門外置監。南方與北地水土不同，難得牧馬去處，更宜詳究利害。」　十九年四月六日，詔孳生牧馬以五百匹為一監，差置監官二員。每牝馬一百匹、牡馬二十三匹為一群，零匹付群。每群差軍兵醫獸七十人，將病别置監，差官一員，軍兵醫獸據馬數差破醫治養餵。如倒斃一羸以下，生駒五分，監官轉一官；倒斃三羸以下，生駒四分，減三年磨勘；倒斃六羸以下，生駒三分，減二年磨勘。軍兵醫獸全無倒斃，節級槽頭醫獸各轉一資，軍兵支錢一十貫；倒斃一羸以下，生駒五分，節級槽頭各轉一資，仍支錢七貫，醫獸支錢一十貫，軍兵支錢一十五貫，選牧放歲久依名次補二人充槽頭；頭斃三羸以下，生駒四分，節級槽頭各轉一資，仍支錢五貫，醫獸支錢七貫，軍兵支錢一十貫；倒斃五羸以下，生駒三分，節級槽頭各轉一資，醫獸支錢五貫，軍兵支錢七貫。倒斃及二分，生駒三分，監官罰俸一月；倒斃及三分，生駒二分，展一年磨勘；倒斃及四分，生駒一分，展二年磨勘；倒斃及五分，生駒不及一分，展三年磨勘。軍兵槽頭節級醫獸倒斃及二分，生駒三分，杖六十；倒斃

及三分，生駒二分，杖七十；倒斃及四分，生駒一分，杖八十；倒斃及五分，生駒不及一分，杖一百。從樞密院承旨司所請也。　八月二日，詔牧馬監孳生蕃息官吏推恩下項：武節郎、閤門宣贊舍人崔良輔特轉一官；武經大夫、閤門宣贊舍人班毅，從義郎、閤門祇候黄思齊各特轉兩官；白身人華安道、莊思永並特與補承信郎。以上中興會要

孝宗隆興元年九月十六日，樞密使、都督江淮軍馬、魏國公張浚奏：「承中使鄧從義傳旨，令置孳生馬監，欲乞於楊州踏逐水草穩便去處起蓋監屋，就委守臣向子固提舉，許差監官文武臣共二員，內先差一員幹置，餘候措置就緒日差。」從之。　十月十四日，詔支錢五萬貫與向子固措置馬監使用。　十二月三十日，詔茶馬司將歲額川陝綱馬差人管押至漢陽軍驛歇泊，仍令三衙及江上諸軍將合得綱馬差人前去就漢陽軍取押，委虞允文提領措置合用錢糧等項，御湖廣總領所應副。合行事件，令兵部看詳條具申樞密院。　二年二月十二日，知揚州向子固言：「准指揮於本州踏逐水草穩便處起置剗孳生監了當，令相度且以一千匹作一監。近緣江淮都督府拘刷過戶馬計四千餘匹，即目無可收買。令諸路大軍春揀，欲乞下鎮江、建康、江池州駐劄軍於揀退馬內選無肺疾四尺四寸以上堪充馬公馬毋發付本監。」詔馬雖有疾不妨孳生，但將不中披

帶發付揚州監五月十四日戶部侍郎淮東宣諭使錢
端禮言契勘揚州孳生馬監有名無實見令牧養馬一
百二十八匹皆駑駘下駟設有孳生亦不堪用枉費官
錢欲委本路招撫司相視堪披帶者分撥諸軍不堪者
估價出賣錢同見在錢椿管聽候指揮所有監屋乞存
留應副軍馬安泊從之 乾道三年十二月二十四日
樞密院言勘會川陝綱馬經由水路已降指揮發罷所
有陸路合行置監歇泊詔令方滋踏逐措置申樞密院
四年正月二十九日詔令趙撙於漢陽軍踏逐地段
修蓋馬監令綱馬歇泊專委趙撙提領以收發馬盜為
名仍於鄂州諸軍揀汰軍兵內選差五伯人養餵及於
統制統領官內選差一員提轄所有修蓋監屋槽具請
給草料等令總領所應副餘合行事件令趙撙條具申
樞密院五月十四日兵部言茶馬司差使臣自成都府
及興元府押馬至漢陽軍馬監全綱至倒斃不及二分
減二年半磨勘倒斃寄留及二分至不及三分展二年
磨勘倒斃寄留及三分降一官資每增及一分更展一
年磨勘餘分數准此遞展若綱中有瘡疥瘦瘠者亦合
除豁已行約束令寄留倒斃猶自數多詔令後綱馬到
監將寄留倒斃及四分以上押馬使臣并所押綱馬令
趙撙差人管押赴樞密院聽候指揮十二月七日四川
宣撫使虞允文奏京西荊南之地宜置孳生監於陝蜀

兵二一之一三

買騾馬四千歲率以二馬計一駒之數不五年可得萬
馬況草地豐餘馬食自足臣頃使京湖見荊南鄂州軍
亦以騾馬為用臣已撥錢十萬與張松年額外計置不
數月間已買到五百餘匹若得旨奉行不三數年可足
四千之數詔令張孝祥同馬倬趙撙張青同共相度措
置條具利害申樞密院 五年四月十四日樞密院奏
勘會近降指揮於漢陽軍收發馬監已選差統制官趙
宏提轄并漢陽知軍同提點合立賞罰以示懲勸詔令
趙撙歲終開具到監并倒斃綱馬匹數申樞密院比較
賞罰醫獸合干人一就具申施行 六年三月八日知
荊南軍府劉珙言得旨於荊南管下踏逐到地名龍居
山措置牧馬養五百匹合差官兵二百四十八人已行下
荊南等一十州軍於揀大離軍人內依數刷差尚慮不
足令又承鄂州都統趙撙備坐指揮所置馬監二十千
匹合用養馬官兵二百二十人切慮差撥不行必致誤
事欲望行下隣差浙西州事於揀汰人內選差從之六
月七日樞密院奏勘會昨趙撙於德安府應城縣置孳
生馬監乞用騾馬二千匹令茶馬司計綱起發前來詔
令茶馬司將年應付趙撙軍騾馬十綱盡數起發赴應
城縣馬監仍令趙撙照會措置施行九月八日三省樞
密院奏勘會三衙戰馬見於浙西州軍牧放緣地氣黒
蒸并餵飼茭草多致病瘦已降指揮移去建康府所有

兵二一之一四

衙日後取到綱馬理合一體詔令三衙行下取馬官并關沿路州軍徑赴建康府委總領同統制官審驗印烙日下放行草料交付逐司牧馬官其賞罰並依綱馬到建康府體例施行仍具收到馬毛色尺寸齒歲數目申樞密院　九年閏正月二十三日鄂州駐劄御前諸軍都統制吳挺言本司承準應城縣孳生馬監自置監至今三年收到監馬六百三十疋除倒斃外見管三百三十疋占破養馬軍兵三百三人用過錢米草料添支共約十萬餘貫收到駒子五十一疋除倒斃外見管三十五疋不唯委是虛費財用欲乞將本監截日廢罷馬撥歸軍中軍兵各歸元來去處從之　二月二十三日樞密院言勘會昨置漢陽軍收發馬監遇茶馬司發到綱馬並許歇泊一月將肥壯者撥發其病瘠者責令養餧醫治令來到監日久病瘦者甚多而方到監者有瘋無病顯是本監提轄有失督責已降指揮委鄂州都統制提領並差統制提轄漢陽知軍同提點切恐都統制軍務至重漢陽知軍權輕難以責辦理宜措置詔更令湖北漕臣每旬輪差到監提督依立定格法每旬與見今提領提點提轄官同御具申樞密院仍關牒茶馬司照會施行有每歲比較賞罰照應前後素降指揮施行　五月六日樞密都承旨兼知荊南府華衡言照得荊南龍居山馬監見在騍馬等一百二十疋置監數年止生

到駒子十餘疋不堪披帶乘騎見令差破官吏軍兵一百五十餘人歲費萬緡誠為無補乞將馬監廢罷馬撥歸荊南神勁軍官吏軍兵發歸元來去處及見管錢物草料馬監屋宇之類委自安撫司拘收申樞密院從之　十九日詔御前南蕩孳生馬監可罷見管馬令丞旨司驗火印訖均撥付殿前步軍司官兵發歸元來去處其所占地令轉運司拘收召人請佃內有侵占民地照契給還　二十日詔李楷馬監駒子內選留騎成大駒子二十疋撥付御馬院收養并合發軍兵內存留一百人　二十四日宰執進呈御前馬院開具到罷南蕩孳生馬監官兵并見管馬及草料等數上曰馬監所占田地極廣今既還之於民甚便宰臣梁克家奏曰此事出自聖慮斷然行之民受其利　十一月十二日樞密院言勘會四川綱馬已降指揮令三衙并江上諸軍差人前去取押所有漢陽軍馬監係歇泊去處將病馬權留醫治後痊可附綱起發全藉監官專一管幹醫牧排發詔令吳挺於本軍統兵官內選差官一員專一措置歲終比較賞罰以上乾道會要

宋會要

估馬司

在建隆坊咸平元年置掌納諸州所市馬估直驗記置收養以諸司使副一人內當真宗咸平元年十一月十十三日西京左藏庫使楊允恭言準詔估蕃部及諸色進貢馬價請印一鈕詔以估馬司印為文　六年七月詔自今蕃部中賣驟馬及諸班格尺者量與添錢收市　景德元年九月詔估馬司收到蕃部省馬將良駑中分與兩騏驥院收管　大中祥符二年十二月詔估馬司每省馬到京若軍士慢易失於揀擇不甚者量行區分或與免放　三年正月詔諸州差押蕃部省馬到京令逐處具肥瘠分數公文付之令估馬司據以交割點檢　四年五月詔應臣僚進馬委本司看驗如無病堪支遣即分送騏驥院若有病患及十五歲以上不堪支配即迴賜本官仍具因依牒報訖奏八月詔估馬司每收蕃部鞍馬須依久例相度兩平估計不得虧損官司　七年八月詔定押省馬上京綱官殿侍抛死寄留決罰條例　天禧元年十一月詔估馬司今後收納臣僚謝恩并節序進奉馬時監勒獸醫人子細看驗以上國朝會要續會要以下無此門

宋會要 牧馬官

監牧使河北河南各置一員以朝臣二人充舊有羣牧制置使以樞密使領之嘉祐五年八月以權陝西轉運

副使薛向專領本路監牧及買馬公事相度原州德順軍置買馬場其同州沙苑監并鳳翔府牧地句當使臣更不下羣牧司舉官並令薛向保薦熙寧元年詔河南河北置監牧使統領外監不隸羣牧制置八年詔廢河南河北監牧司沙苑監復屬羣牧司

政和五年五月二十五日樞密院言專功提舉京畿監牧司狀准令祠廟獻馬限一日申所屬州本州二日具牡牝毛齒歲尺寸差人依程牽赴提舉監牧司納本司契勘自來止是據憑諸處差人牽送到獻馬匹數送孳生監牧養即未有約束關防深

慮逐處及至京沿路不顧公法之人與差牽送馬人得以作弊隱匿貿易難以檢察本司相度欲乞今後合送納祠廟獻馬輒敢隱匿貿易者依條斷遣外並不以去官赦降原減庶革姦弊今檢會大觀三年十二月十四日樞密院修立下條諸州納到祠廟獻馬送孳生監牧養政和令諸祠廟獻馬限一日申所屬州本州三日內具牡牝毛色齒歲尺寸差人依程牽赴提舉京畿監牧司納本司看詳諸祠廟獻馬若盜詐或貿易雖有條斷罪誠恐未足禁戢況關防亦未嚴備理宜增立約束及注籍拘管其在官之人有犯既非緣公無用去官之理不須修立去官若以隱匿爲文亦似未至詳顯合明立盜詐之文今擬立如後諸盜詐或貿易祠廟獻馬者不以赦降原減諸承報祠廟獻馬計程不到者移文勘會諸祠廟獻馬本州依限差人牽納外別具馬記驗去處記驗謂吊星玉面前後脚白之類入馬遞預報專切提舉京畿監牧司仍歲終具獻馬人姓名逐匹字號供報本司詔依條修定　宣和二年九月二十二日兵部奏檢會已奉御筆罷給地牧馬置監去處並如舊制劄付兵部遵依已降御筆處分具今來合置監及官吏人兵等具狀申本部檢准政和三年四月二十日三省同奉聖旨罷鄆州東平監宣和二年九月二日三省樞密院同奉御筆政和二年十二月以後給地牧馬條法可並

不施行應祖佃牧地及置監去處並如舊制應合措置事件令逐路提刑司措置以聞勘會給地召人養馬條自政和二年十二月二十五日推行日只管同州沙苑監東平府東平監至政和三年四月內因給地牧馬廢罷東平監一所令條指揮給地牧馬條法更不施行應租佃牧地故置監去處並如舊制竊慮合以政和二年十二月未行給地養馬舊制置監去處施行所有差置官吏人兵等伏乞令本路提刑司依已降指揮疾速措置施行詔復置東平府東平監餘依兵部所申以上續國朝會要

禱馬祀

馬政

全唐文　宋會要

太宗太平興國五年十一月十日帝親征河東出京前一日遣右贊善大夫耿振詣馬祖壇用少牢行禱馬之祀

真宗景德二年六月二十五日群牧司言按周禮仲春祭馬祖天駟也仲夏祭先牧始養馬者仲秋祭馬社始乘馬者仲冬祭馬步災害馬者既載國經實助馬政雖有司常祀然而監牧之内因識舊儀望令騏驥院諸坊監務各置廟設四神像每四仲月委本司官以公錢致祭冀遵典禮之文用集宜主之禮詔崇文院檢閱故事以聞檢討官杜鎬等上言四神各有本壇以時致祀難別建廟但古禮用羊一今止用羊豕肉一斤八兩詔罷置廟祀用一羊

卷一萬一千六百七十二

全唐文　宋會要　牧地

太宗淳化五年十二月詔閱視通利軍等數十處牧馬草地圖　先是太宗以國馬多地窄處公私互有侵冒遣中官與使臣同往檢責洎進地圖指諸牧地甚寬不為民害也　至道二年閏七月詔邢州先請射草地並令撥歸牧龍坊自餘荒閑田土聽民請射　先是詔應荒閑田土許民請射充永業其間多有係牧龍坊草地者州與本坊互有論列久未能決乃遣中使相度而有是命仍俟秋收畢乃得取地入官　真宗景德元年四月命殿直姜遠乘傳往原渭儀等州及鎮戎軍案視放牧草地　先是垂遠上言四川軍界有白草可歲刈取百餘萬束以秣飼戰馬真宗曰西鄙未能罷兵飛芻最費民力償如所言甚濟民費故有是命　七月知并州王嗣宗言西面諸州軍所市馬可以給戰士者並即時送壯面軍前瘦弱者並趂(羣)赴闕汾州地凉樓煩諸監美水草望令於此處放牧暑月道遠免致死損從之　十月群牧判官王曉言准詔諸州不堪放馬閑田召牧户耕種不可許有田輸稅户棄業分房請占又緣浮客户多苦貧乏應募者少請依州縣職田例招主客户種蒔以沃瘠分為三等輸課其州縣官吏使臣如招得民力依元詔批曆為勞績從之　二年八月以開封府學

[illegible]之二萬四千一百九十九

兗鄆麟言衛州新鄉縣東有牧龍鄉草地百餘里為户民所占不輸租稅乃詔殿中丞祖昌世内侍高班石惟清同往按視凡得六百九十餘頃買佃者三之一並伏還官以麟補三班借職　三年八月令河北沿邊不得焚牧馬草地　四年十月群牧司言諸監以草地充屯田遣卒種蒔所入不充其費今馬數益多闕人牧放請廢屯田仍為草地委所屬州縣標其疆畛免公私侵占從之　大中祥符二年正月群牧制置使陳堯叟等言准詔旨群牧歲息馬及萬則分為兩監監標牧馬地令臣等規畫以聞望下京東京西河北陝西轉運使并知鄆州馬元方除舊係官草地外應古來坊監舊牧龍坊

卷一萬四千一百九十九

草地係官閑田即標立封堠其遠年逃土及今閑田有與民田相接者官利市之或易以沃壤無妨農種仍令判官李克勤田穀往來巡視俟標定訖本司上其勤課請行旌賞從之　三月群牧制置司言内外監牧所管草地雖已各起立封識委隨處檢校自今欲令每季具帳付群牧司管係從之　三月八日詔曰汶上輿區東巡所出比從行慶用慰來蘇苟芻牧之是資慮農桑之失業特敕朝旨永惠斯人其令侍御史裴宋元比部郎中袁逢吉群牧判官李克勤等所標鄆州牧馬草地並特給與見佃户為主所要牧放草地別經度以聞　四年十一月言西窯務停廢空閑地據元係官步畝封標

兗牧馬草地仍計會本係檢量起立封堠　七年三月侍衛馬軍司言雍丘等縣牧馬地多為民所盜耕詔遣官於本縣按籍參定立堠以表之　八月詔兗州管勾兗牧馬草地並給還本主其係官閑地亦許人請射耕佃群牧司不得指占　仁宗景祐元年六月二十五日三司户部副使王沿言乞令邢州更不供申群牧司洺州廣平監牧馬草地文帳其洺趙州先許人户佃牧馬草地亦依例施行從之　慶曆二年正月詔權以同州沙苑監牧馬地為營田　嘉祐四年五月十九日差都官員外郎高訪往河北路先與逐監官員標定合召人耕佃牧馬地土不得多占頃數凡得剩田三千三百五

卷一萬四千一百九十九

十餘頃歲課一十萬七千八百二碩絹萬三千二百五十一匹草十萬一千二百三十束　七年三月詔洺州廣平監牧地聽民請佃之以上國朝會要　神宗熙寧元年二月四日群牧司言樞密副使邵亢乞將監牧馬剩地各立田官仰專管耕種之政以成牧養之利勘會左右廂馬監草地實管四萬八千二百餘頃今約以馬五萬匹為額每匹占地五十畝大名廣平四監共一萬五千餘頃剩地不多并原武監所管鳳凰陂八百頃係自來與諸坊監共占牧放欲並且依舊外所有原武單鎮洛陽沙苑淇水安陽東平等監地三萬二千四百餘頃馬三萬六百匹額數占放外可以擇良田一萬七千餘

頃召人租佃收草粟以備寒月支用委是利便從之
十二月權河北監牧使崔台符言乞應係牧地人戶已
占佃者並令供析所出租税令後盡歸本路監牧司支
用從之　二年十月十四日詔令群牧司檢尋故也租
帳。　三年六月二十三日群牧司言知扶溝縣姚闢乞
自今永占馬牧地權給草欲令後院坊監牧永占草地
如去坊監地遠即令使臣等驅喝於近便州府縣鎮鄉
村係官屋宇或寺觀祠廟安泊支草七分粮五勝候晴
霽依舊所須什器所在官司應副仍同供照管從之
四年正月十九日樞密　言諸路見汀根括牧地頗聞
撓擾春耕失時慮妨農務欲權罷根括候將來農閑別

卷一萬四千一百九十九

聽朝旨從之　五年四月二十七日相度諸班直諸軍
牧地司言乞依勾當官董鉞狀將侵耕牧地分為三等
出租從之　七年二月四日詔廢鄆州東平監以其牧
地聽民出租　元豐元年六月四日詔牧地諸(租)課諸路
委提點刑獄開封府界委提點(司)催納每年秋科限滿次
季具納欠數上群牧司任滿無欠或欠不及二分令本
司保明取旨即及三分以上並奏劾　三年正月二十
八日詔郡牧廢監及諸軍班物地租課積年逋欠遣太
常博士路昌衡秘書丞王得臣與逐路轉運司開封府
界提點司按租地依鄉原例定租課據歲輸之物酌三
年價為準及合納見錢付逐司為年額若催趣違滯以

擅支封樁錢法論　六月十五日都大提舉淤田司請
以雍丘縣黃固等十棚牧地為官庄田從之　六年六
月十三日提舉河北路保甲狄諮言衛州遠年牧地乞
並撥屬牧地官司拘籍以租課責轉司從之仍令自元
豐元年管認送納　哲宗元祐元年二月十六日永興
軍等路提刑司言咋民庶狀興平縣璽寶鄉諸村地土
約二百四十餘頃並納二税熙寧五年本縣遍勸退為
牧地乞依舊耕種令本司定奪聞奏如本路更有將民
戶税地改為牧地亦依此令看詳欲免納租錢令依舊
從之　四年四月二十二日詔在京院坊監牧馬草地
近係太僕寺拘收者聽民間仍舊承佃從文彥博請也

卷一萬四千一百九十九

紹聖元年六月二十六日右正言張商英言先朝廢
河北京西等處馬監募民租佃而議養馬於涇汧隴之
間未及施行元祐初收已租之田復置監收行之九年
死生贏壯不足相補而又買馬官歷本失陷殆無文書
可攷太僕卿少卿制遏舊謬悠行遣望選官會計虧贏
熟講馬政以修武備詔送太僕寺　三年七月六日權
知邢州張赴等言據知任縣韓筠等申請應有牧地縣
分許第人戶投狀指請上色一頃給付人戶自得耕佃
而蠲其租令養官馬一匹各於所屬縣籍其毛色尺寸
齒歲給付每歲分番就縣令佐點若馬有死失許即時
申縣自備印給非點集日許私自乘騎不得出本州界

若干里如元佃地人户願養馬者祇令將文契批鑿除
其租數若請不盡并不願請者依條召人租佃赴等看
詳陝西沿邊置弓箭手授田不過一頃養馬一匹又役
一丁一年之閒備邊之日雖平時亦當過其半與今所
陳事理相類而又無身丁之役有利無害望朝廷詳酌
施行樞密院言先廢罷鄆州東平鄭州原武兩監及併
衛州淇水兩監爲一至熙寧八年詔河南北見管九監
內沙苑監令屬群牧司餘八監並廢後盡以牧地募民
租佃所收歲租計百餘萬元祐初興復監牧所費不貲
殊未見効議者或欲以牧地召人租賃官給草料令百
姓畜養或欲責以蕃息或欲令逐月赴官司閱視決責

卷一萬四千一百九十九

或欲分配義勇保甲或欲分配等第人户以此終不可
行今據張赴所稱體究得民閒願得牧地養馬但與蠲
其租課仍不責以蕃息俾養馬人户無追呼勞擾之患
并不願者不得抑勒可以施行今欲具爲條畫牓示令
太僕寺雕印施行應有監牧地分州縣曉諭人户如第
四等以上願請佃免納租課爲官養馬者聽實封於本
縣投狀逐縣置歷收接月終具若干狀送州州縣並不
得開拆具數申送太僕寺開拆申樞密院看詳取旨施
行從之　四年五月十四日詔衛州潁昌府馬監並廢
罷所有牧地仰太僕寺措置以聞詳見諸州監牧　徽
宗大觀元年二月二十五日提舉熙河蘭湟路牧馬司

奏據通判會州王大年申本城透僻地土據人户陳狀
情願逐相委保各養馬一匹只乞就撥見佃透僻地土
充養馬田土本司檢准崇寧牧馬令節文　諸說閑田
若已請射而無力耕許募人給養官馬即無人户已請
佃見出給租課地土亦許就撥充養馬明文本司未敢
施行契勘給地養馬與出納租課其利略等今來若將
人户見納租課地土亦許人情願回充養馬必當早見
就緒詔給地養馬一取人願當不限已佃未佃之數
四月二十八日都省劄子提舉熙河蘭湟路牧馬司奏
檢會崇寧牧馬令節文即是孳生戰馬皆合牧養行下
諸州縣檢養馬官取漢蕃人情願收養丞等官馬去後

卷一萬四千一百九十九

令據諸處點檢養馬官申召募到蕃漢人户往。往願養
騍馬出駒納官本司契勘熙河最出産戰馬之地若取
人户情願養騍馬收駒者聽從其便每匹收三駒以勘
收養二駒納官一駒給與馬户充賞其孳生到駒先撥
充養馬户死損之數有餘配本路闕馬兵士如係騍駒
本司別無支配即取朝旨撥付近裏孳生監有不堪披
帶出戰及不孳生騍馬乞就近撥與馬舖充填遞馬貼
黄稱兼體訪得諸州願養馬户例合設慮恐養戰馬緩
急朝廷別有差撥今若令願養騍馬者聽從其便即人
户不疑出息亦厚收馬早就緒伏望詳酌施行詔依所
奏仍每三駒以駒納官一駒充賞不限每匹之數其騍

馬户不得過堪出戰之半　二年四月一日詔追述先王寓馬於農之意募人給地免租牧馬行之暮年熙河煩就緒然徒法不能自行要在州縣協力赴功以底成績可令縣鎮城寨關堡官銜内並帶兼管句給地牧馬事佐官同管句庶使人各知任責　五月一日詔昨降給地養馬之法雖以推行而地之頃數尚少訪聞多緣土豪侵冒官司失實吏欺隱百不得一自今被差括地之官限一日起發親詣地所如違及不實不盡杖一百故隱落者以違制論　六月十八日臣僚上言河朔沿西山林木茂密爲遮逃囊橐良以經界未明州郡推避乞應諸路州軍有迂僻山林沮洳濼淀牧馬監地叢祠等並令監司通相關會明立封界各以圖上剖析利害以聞從之　政和四年十月二十三日刑部奏據秦鳳等路提舉（點）刑獄司狀今擬牧地人户久來租佃若已典當與人只以見今租佃人為業即元典當人以元錢收贖者聽仍依法養馬若業丁離户却係元業户租佃者令業户與佃户共養從之　五年八月二十五日尚書省劄子勘會河東給地牧馬尚中行施行一年方奏到文字尚足備及申乞改用鄰縣人户給請復只乞上三等擅欲改給地牧之法詔提舉河東路給地牧馬尚中行送吏部與（遠）小處監當　宣和二年九月四日詔給地牧馬議者本以蕃息國馬為言令諸路倒失率以千計

卷一萬四千一百九十九

兵二一之三一

自行法至今即無申到出駒匹數歲糜激賞既已浩瀚馬户輒蠲租稅科差致賦役日益不均因緣擾擾為害不一所有政和二年十二月以後給地牧馬條法可更不施行民户見養官馬令樞密院相度拘收支填見今闕馬禁軍仍令逐路守臣兵官專一鈐束應租佃牧地及置監去處並如舊制内牧地先問舊佃人如不願佃即令見佃人依舊法租佃又不願即依條別召人承佃應合措置事件逐路提刑司措置以聞　二十二日兵部奏召人養馬係自政和二年十二月二十五日推行當時只管同州沙苑監東平府東平監至政和三年四月内因廢罷東平監一所令承指揮置監去處並如舊制竊慮合以政和二年十二月未行給地養馬舊制置監去處施行詔復置東平府東平監餘依兵部所申　六年九月八日中書省言河北西路提點刑獄司申奉聖旨給地牧馬路分勸誘召人養馬自降指揮至今年三月終召數（養）數多去處牧馬官吏宜與旌賞州府官通所管縣分及一千匹以上縣官及三百匹以上並各與轉一官六百匹以上各更減三年磨勘令提點刑獄司保明合該賞官吏職位姓名申以上續國朝會要　高宗紹興十七年五月一日上謂輔臣曰川廣騾馬自來付王勝軍可令鎮江府進南運司摽撥官地美水草處放牧數年間便見蕃息此在軍政所當留意　十九年

卷一萬四千一百九十九

兵二一之三二

三月二十三日宰執進呈牧馬賞罰格上曰牧馬孳生
爲利甚博朕於近地親令牧養今已見效每歲進呈馬
駒皆是好馬若得萬匹分與諸庫牧養數年間便可濟
用既免綱馬遠來死損又無官兵費給之費以上中興
會要紹興三十二年九月三日孝宗即位未改元詔御
馬院放牧馬草地除承買承佃并係官地並依舊存留
外應侵占鹽地民產寺觀等業並取干照日下給還勿
縱官吏因事苛擾　孝宗隆興元年五月十四日都督
江淮軍馬張浚言殿前步軍司諸軍戰馬見在潮湖秀州
等處牧放緣淮甸水草利便望並發遣前來就揚州牧
放詔除未出戍諸軍戰馬外餘從之　十二年三十日

卷一萬四千一百九十九

詔漢陽軍收發馬監委本軍知軍選擇寬廣平易好水
草處充牧放之地　乾道四年七月十六日詔差左親
衛工將軍王權往淮西與淮南運副沈復權發遣和州
胡昉同措置不係民田荒坡水草地牧養御前騎馬
其後權等言相視到和州含山縣東十家亭西地名烏
土衝一段約十餘頃並係荒坡草地可作監地內止有
營田陸地五十畝迤西至昭關約二十餘里可作牧馬
旋場東南至瀝胡草蕩約五里監地前有華陽洞澗水
通流亦可以用船般運馬草含山縣西地名天公橋一
段約五頃可作馬監迤西至昭關約十餘里可作牧馬
放場東至縣河二里及至瀝草蕩二十里可以用船般

運馬草上項田段並不係民田於內山衝有零小熟田
妨礙牧放往來路徑去處共約計有民田二頃有餘如
措置馬監日即乞依市價收買作牧馬往來路徑詔令
淮西轉運司將相視到條段盡行從實打量摽立界至
內民田估價承買並撥與御前馬院仍令所屬州縣照
管勿令侵占不得因事苛擾　五年二月四日詔令殿
前馬步軍司各差統制官一員前去建康府同江東帥
漕臣於本府近便寬闊去處踏逐牧放馬五千匹并牧
馬官兵寨屋地段措置修蓋所有永豐圩收到稻穀令
淮西總領所樁管　六年九月八日樞密院勘會三衙
戰馬見於浙西州軍牧放緣地氣卑濕并餵飼茭草多

卷一萬四千一百九十九

致病瘦已降指揮令就移前去建康府就水草豐美去
處牧放所有三衙日後取到綱馬理合一體詔令三衙
行下取馬官并關牒沿路州軍取徑路前去建康府委
統領同統制官審驗印烙日下放行草料交付逐司牧
馬官如法養餵其賞罰並依綱馬到建康府體例施行
仍具收到馬毛色尺寸齒歲數目申樞密院　七年正
月二十四日詔令張松將三衙牧放馬俟青草月分分
撥往逐內殿前司揚州馬軍司和州步軍司六合縣一
帶就青牧養　同日主管殿前司公事王琪言本司諸
軍戰馬以四千八百餘匹日食草數浩瀚其建康府界
多是沙田民產蘆蕩茭菌少有湖濼出草去處伏見楊

州至高郵軍邵百鎮一帶多是湖蕩茭草茂盛去處望將二千五百匹改移前去楊州牧養從之　二月十三日主管侍衛步軍司公事王友直言本司依已降指揮牧馬於六合縣就青牧養照得六合縣一帶平陸熟田即無草蕩今見得真州管下團二帶中頗有青草水路便於般刈與六合縣相去不遠乞改撥三兩軍就真州牧放團窩至楊州二十餘里窩處殿前司及鎮江牧放人兵前來界內打刈青草別致爭競乞令總領所委官同鎮州縣撥立定界至從之　六月一日鎮江府駐劄御前諸軍都統制成閔言鎮江府艱得草地乞發戰馬七百一十六匹馬軍并傔兵等共一千二十八人前去楊州就草地收養從之　九年六月二十一日馬軍司言本司諸軍官馬未起發往建康府日逐年於姑城牧放令來步軍司指占牧放綱馬緣本司別無所種草地望下兩浙轉運將元本司兩溪所置草地盡數撥還詔令兩浙轉運司將權借撥與步軍司草蕩地內摽撥千畝婦〻至有爭訟　已上乾道會要

卷一萬四千一百九十九

宋會要　涼棚

太祖建隆四年五月詔諸州有戰馬涼棚露井並令本縣官管勾真宗景德二年二月詔河北諸州牧馬涼棚乏材木者當以閑散官廨軍營及伐官木充用不足即市木以充不得率民及伐其園林先是轉運司上言當賦棚木於民真宗曰河朔戎寇之後民力凋弊不可輒有賦率又屯兵多罷戰馬太半歸河南不須廣有營葺故有是詔　三年八月提點府界淩策言中牟縣今年計度增修馬棚二十七去年牧馬止用棚十一望下監牧來年定合用棚數修蓋庶無枉費從之　四年四月詔聞鄆州科率馬棚大木於民而掌納者復多選退遣使罷其事仍劾官吏擅賦之罪　天禧元年五月群牧司言贊大夫傅蒙請於邢州鉅鹿縣南漳河長盧渡造橋以便放牧令撿本渡課利錢歲止五六十千望廢渡造橋從之

仁宗慶曆八年十月二十六日開封府界提點諸縣鎮公事李舜元言府界一十三縣牧馬棚計一百二十六座每春初計料修蓋於鄉村等人戶稅錢上預先科配椽箔材料等令本戶送納百姓糜費甚大追呼催督搔

揔不絶諸縣據逐棚井便一例修蓋及致人馬到棚内
有差出軍分不來牧放虚閙棚井十有四五經夏風雨
復爲損壞臣欲乞令後每過年終令諸縣行移公文計
會殿前馬步軍司取索合要棚井數目候見的確軍分
將在縣馬棚相度地勢高原水草近便者速行添修準
備人馬到棚其餘更不檢計修蓋免致枉費財用疲困
民力詔送開封府殿前馬步軍司神宗熙寧元年四月
八日羣牧判官李端卿言舊條内外坊監委使臣與縣
官等用雜使官錢收買青白楊榆逐棚界至栽種欲乞
立定賞罰遞相交割如青活及萬數與理勞績如依前
不切用心其點檢官員并本監使臣並以違制論其監 四三
牧提點等司不覺亦乞重行朝典從之二年十二月四
日權河北監牧使崔台符言伏覩諸監牧地甚有難買
棚井之處欲乞委自本司擘畫召民耕佃其錢只得收
買馬種孳生詔令施行以試一歲之效三年十一月二
十二日詔司農寺開封府中牟縣馬棚十七座名側近
人户三兩名看管許於放牧地耕種上等田三兩頃免
納租課歲令栽植榆柳以備棚材第四等以下與免本
等差役令後更不以税户棚子祇應

此卷之數批在前不在中縫

宋會要　　買馬

太宗太平興國四年詔市吏民馬十七萬匹以備征討
六年十二月詔歲於邊郡市馬償以善價內屬戎人
驅馬詣闕下者悉令縣次續食以優之如聞富人皆私
市之致戰騎多闕自今一切禁之違者許相告發每匹
賞錢十萬私市者論其罪中外官犯者所在以聞　八
年十二月詔先是禁民於法沿邊諸郡私市馬及戎人賣
馬入官取其良而棄駑者又民不敢私市使往來死於
道者衆戎人少利國馬無以充舊蕢自令邊郡吏謹視
馬之良駑駑者剗毛以記許民市庶羌戎獲利而歲驅
馬通闕市有以補戰騎之闕馬　雍熙四年五月以北
虜未平方資戰騎分遣使臣收買京城及諸道私家所
畜之馬凡勝衣甲者三等定價頗優以市之次弱者不
取有遠牽驅駿不拘常價皆厚給其直　真宗咸平六
年二月二日涇原路總管陳興言渭州鎮戎軍皆置市
馬務然鎮戎所須錢帛皆自渭州輦置之廢鎮戎軍市
馬務爲便帝曰朝廷比置鎮戎軍勞費守戍者蓋亦欲
通戎人賣馬之路令遽廢之恐部族惑於聞聽令但存
之徐爲制置若渭州優其價直即戎人皆來渭州自然免
運送錢帛之費而且無廢鎮戎買馬之名　三月夔州
路轉運使丁謂言黔南蠻族頗有善馬請致館設給緡
帛每歲收市從之　七月詔陝西振武兵依河東廣銳

絹

例官給直以市戰馬（廣銳兵官給中金以充馬價相與立社馬死則共市而補之振武兵頗從其例因而許馬）　景德二年正月詔沿沿邊諸州所市戰馬舊
自三歲至十七歲者官悉取之自令則只市四歲至十三
歲者餘勿禁　天禧元年八月四日詔戎州市得夷人
馬舊送遂州揀選自令有小弱不任支配者委陝路鈐
轄司估其直出賣　大中祥符四年七月一日群牧制
置司言西路沿邊州軍所責馬價益高但欲歲增其數
而多有不任披甲者望諸州不須增多但是良馬本司
便不比較從之（續資治通鑑長編真宗帝紀大中祥符八年七月乙丑禁河北河東陝西緣邊部署鈐轄都監知州等私買軍衣絹帛彩博市府州蕃馬）　寶元三年二月十一
日群牧司言和買馬價等第詔第一等五十千第二等
四十千第三等三十千第四等二十五千在京以浙緍
估齊價外處支見錢　康定元年二月八日詔令將三
歲已上十三歲以下堪充帶衣甲壯嫩好馬赴京進賣
經過館驛支給熟食草料　二十七日詔開封府買馬
令權知府鄭戩躬親管勾仍差同糾察在京刑獄李昭
述三司度支判官王球分置場收買　五月二十五日
有司上言在京收買鞍馬切慮擁併詔差群牧判官沈
維温三司勾當公事任顓於開寶寺群牧判官周越三
司勾當公事張子憲於錫慶院各置場收買　慶曆元
年七月詔諸路本城廂軍軍員闕馬聽自市三歲以上
十三歲以下高四尺一寸者官用印附籍給芻粟　八

月詔河北置場括市馬沿邊七州軍免之　二年三月
詔河北沿邊州軍置場市馬　六月詔河北都運司籍
民間所養馬沿邊有警則給價市之　五年七月樞密
院言咸平初陝西振武鄉兵許給(結)社買馬以升填廣銳
軍往歲河東已有此例令河東諸軍闕廣銳指揮人數
不足欲聽本路宣毅義勇鄉軍結社買馬官助其價以
升填其闕從之　十一日詔并代路許宣毅義勇鄉軍
結社買馬官助其價升填廣銳兵之闕　二十九日支
內府絹二十萬匹付并府州嵐軍市馬　六年五月
詔陝西相度興置屯田夏安期與四路經畧司招誘蕃
部入中戰馬　十二日詔保安鎮戎軍榷場歲各市馬二

三

千匹　八年十一月環慶路經畧使李肅子鄜延路經
畧使陸詵陝西制置解鹽判官李師錫並言本路無係
官草地又去西界咫尺難以興置馬監其同州沙苑監
近割屬陝西監牧司可以增添牧馬詔陝西四路都總
管司更不興置馬監仰陝西監牧司廣市善種令蕃息
以備逐路諸軍闕馬　皇祐二年八月群牧司言近以
河北轉運總管等相度權住買馬勘會河北州軍諸軍
闕馬至多乞依韓琦奏別降宣命下河北諸州軍令依
舊收買第一等第五第(等)鞍馬相兼配填諸軍闕數仍乞
令逐處官吏設法招誘收買逐月依例申奏其權住收
買第六等馬候豐稔復舊從之　至和元年七月河北

安撫使賈昌朝請以河北諸州軍戶絕錢并官死馬價
錢令逐處市馬以給諸軍從之　十二月群牧司言舊
制陝西河東路十七州軍市馬自西事後止置場于秦
州令內外諸軍皆闕馬欲請於環州保安德順軍仍舊
市馬從之　三年八月十五日知并州龐籍言勘會本
路馬軍例各闕馬驎府見管買馬物帛數少乞下三司
支撥絹帛五七萬匹詔令三司支絹三萬匹於府州下
卸　是月二十二日詔三司以絹三萬市馬于府州以
給河東馬軍　嘉祐五年八月詔權陝西轉運副使薛
向專領本路監牧及買馬公事仍相度於原州渭州德
順軍置買馬場具同州沙苑監并鳳翔府牧地勾當使

四

臣更不下群牧司舉官並令薛向保薦以聞初相度牧馬所言自古國馬盛衰皆以所任得人失人而已令陝西馬價多出解鹽三司所支銀絹又許于陝西轉運變兌換見錢令薛向既掌解鹽又領陝西財財賦一切委之移用仍令擇空地置監而孳養之益得西戎之馬牧之西方則不失其土性一利也因未嘗耕墾之地則無傷於民二利也因其材使久其任而經置之三利也又河北有河防塘泊之患而土多瀉鹵戎馬所屯地利不足諸監牧多在此路馬又不堪未嘗孳息若就陝西興置監牧即河北諸監有可存者悉以西良馬易其惡種有可廢者悉以肥饒之地賦民牧其課租以助戎馬之費于此又利之大者仍請委向舉薛(辟)官及論改舊弊故有是命　九月薛向言祖宗朝環慶
延渭原秦階文州鎮戎軍九處置場市馬涇原路副總
管陳興欲廢鎮戎市馬場併歸平涼真宗常諭近臣買
馬之法不獨蕃收國馬亦欲招來蕃部以伺敵情不可
輕易其後歲月寖久他州群(郎)皆廢唯秦州一處券馬尚

行每蕃漢商人聚馬五七十匹至百匹謂之一券每匹至場支錢一千逐程給以芻粟首領續食至京師禮賓院又給十五日并犒設酒食之費方詣估馬司估所直以支度支錢帛又有朝辭分物錦襖子銀腰帶以所得價錢市物給公憑免沿路征稅直至出界計其所直每匹不下五六十千然所得之馬皆病患之餘形骨低弱格尺止及四尺二寸以下謂之雜支然於上品良馬固不可得至於夫近上臣僚及宗室國信往來及揀填馬軍歲多不足請於原渭二州德順軍三處置場舉選使臣專買馬以解鹽交引召募蕃商廣收良馬不支度支錢帛其券馬且以來遠人宜存不可廢歲可別得良馬八千餘匹以三千給沿邊馬軍五千人羣牧司從之

八年正月宰臣韓琦言秦州永寧寨元以鈔市券馬之處昨脩古渭寨絕在永寧之西而蕃漢多互市其間因置買馬場凡歲用緡錢十餘萬荷蕩然流入虜中實耗國用請復置場於永寧而罷古渭城買馬從之涑水記聞八月庚辰朔節度使王德用自陳所置馬得於馬商陳責契約具在非折繼宣所貴詔德用除右千牛衛上將軍徒知隨州仍增置隨州通判一員九月丁未折繼宣責授諸衛將軍從知內地以其弟代之　宋史呂公綽傳公綽知秦州安遠砦古渭州諸羌悉來獻地公綽卻之時毋箭手馬多闕公綽諭諸管戶爲三等凡十戶爲社至秋成募出金帛市馬馬少則充後給之　又薛向權陝西轉運副使制置解鹽兼提舉買馬監牧闕乃置場於原渭以羌鹽之直市馬於是馬一歲至萬匹　官者傳李繼和開封人發啓中爲河北西路永受沙死開馬詔秦州置場以秦市之繼和領職不數月得馬千數而人不投擾

英宗治平元年八月十

二日群牧副使劉渙言所管御馬至少乞令買馬州軍用心添價收買勘會到嘉祐四年下陝西河東路都總管司揀選少嫩迭格尺堪充御馬者鄜延環慶涇原河東路十一匹秦鳳路三十匹詔令揀選及收買仍依嘉祐四年匹數下逐路都總管司　三年七月二十一日群牧司言據陝西提舉買馬監牧司言每年元定買馬銀四萬兩絹七萬五千匹內銀本路自有坑冶興發銀貨已多更不支撥外欲乞下三司一就充那紬絹每年從京畿支撥一十萬匹差使臣管押遞鋪般運赴陝府下卸應副買馬支用詔令三司於每年合支撥銀絹內只支紬絹共一十萬匹充買馬支用仍支撥堪充軍裝紬絹責令易爲變轉其四萬兩更不支如三司支撥未到仰監牧司具狀聞奏以上宋會要　神宗熙寧元年八月群牧司言乞下河東等路市馬五千匹赴衛州監牧司詔令陝西河東各市一千匹京東三百匹仍增價錢有差　二十六日詔河北馬軍並令立社依陝西河東例共備錢助買馬其先給官價錢並等第增加仍出內庫珠千餘萬貴以充用　十月陝西同制置解鹽李師錫言渭州德順軍令年春季買馬比額虧少訪聞秦州界經過道路堡塞約攔鞍馬不令放來涇原無以西事未寧不敢於西界極邊族帳過往又德順軍界延家族蕃部納藥等稱有販馬蕃客瞎顛等到秦州界為賊人劫掠

由是少有蕃部販至軍中。渭州蕃部青羅等稱秦州界青雞寨董家堡等守把人要每匹納稅錢百文鹽抄邦計作錢數每千納十錢足令已約束尚慮阻節欲乞朝廷專委本路經畧司覺察嚴加約束止絕搬於鹽引上紐納稅錢所貴就近指揮城寨官吏畏稟易為止絕從之

三年十月五日群牧司言陝西宣撫使韓絳等奏比來官私難得好馬蓋官價小乞自令應買馬州軍添價收買即客人不願中官毋禁吏民收買本司定騍馬不添外其秦渭原階州德順軍見買大馬逐等添錢有差詔除階州馬不添外其餘從所請其價高馬小客人不願中官者赴場火印訖聽諸色人收買

十二月二十七日群牧判官王晦言乞自令原渭州德順軍買馬使臣任內每年共添置馬一萬匹如使臣買及年額乞優與酬獎所少馬價乞下買馬司擘劃及支川絹或朝廷支撥銀絹應副勘會原渭州德順軍三處三年買一萬七千一百匹詔令後添買及三萬匹以十分為率買及六分七釐與轉一官餘三分三釐均為三等每增一等更減一年磨勘令三司歲支紬絹四萬匹與成都府梓州利州三路見支紬絹六萬匹共十萬匹與陝西賣鹽錢相兼買馬年終具買馬數目及支過錢絹等已支見在申三司群牧司其三州軍提舉買馬等賞罰自依別降指揮

六年五月十一日涇原路經略司言德順軍界蕃部收買馬每請官錢外例各添備價錢詔令經略司體量貼還其價

七年二月十四日鄜延路經畧司言德靖寨管下小胡等族蕃兵見闕戰馬乞於本司封樁錢內借支萬貫委官於渭州德順軍市馬散賣與得力蕃兵從之

八年正月十二日知成都府路蔡延慶言邛部川蠻王苴尅等遣首領願以馬中賣入漢詔延慶優加犒設以示招來議者以成都府路可市馬特委延慶領其事原渭州德順軍更不買馬以移熙河路置場故也

九年三月六日提舉熙河路買馬司言准朝旨立定起發馬綱日限條約欲令逐場令後如日逐買馬數多才及三五十匹立便計綱起發若遇買發數少五日內買未及上件匹數即據數解赴合屬去處送納內熙州馬務受納熙河州并寧河寨買到官馬如三場日逐納到馬數多才及百匹合本務於當日編排次日計綱起發若納到五日內未及百匹即據數撥綱施行從之

四月二十三日中書門下省言勘會川路買馬所買不多及不耐騎壓難為養飼兼據逐路官司申報榷茶修路等事於邊計蠻情各有不便欲罷提舉買馬官所有買馬榷茶指揮更不施行餘如舊條從之

九月八日詔自令應干買馬事並樞密院施行

十年正月十二日詔令後提舉市易司應副過買馬司錢令買馬司限一年內撥還其已少下錢二十餘萬貫令市易司

閑大典作閒

於本路息錢内除破，仍自令三司逐年於椿馬錢内椿管一十萬貫應副買馬。熙寧九年已支者，並行除破。舊闕證誤熙寧八年正月議者謂成都路可市戎瀘黎雅夷人戰馬詔委知府蔡延慶領之實録七年三月戊申詔梓路察訪熊本措置戎瀘黎雅州買馬八月庚午命蔡延慶提舉戎黎州買馬事八年正月乙巳延慶言卯部川蠻願賣馬詔延慶招來之與時延慶領馬事近中年非事始也注八年三月庚戌延慶併領成雅嘉瀘文龍等州買馬事

元豐元年閏正月十八日，群牧司乞於德順軍置場買馬，從之。

二月七日，詔給鹽鈔三十萬緡付群牧司買馬。

同日，河東經畧司韓絳言，乞令弓箭手買四尺四寸以上馬，仍勒貼納官價錢，從之，免貼納價錢。

三月十九日，都牧判官王欽臣言，請買紬絹錦綺及虎豹等皮博馬，從之。

十二月二十四日，詔京東西、開封府界將下馬軍闕馬，委逐將召買四歲已上十歲已下堪披甲馬，錢於封椿禁軍缺額請受内借支。

九

三年八月二十七日，群牧司言：「既許養馬人戶赴司買馬，緣陝西買馬司歲發馬數無寬剩，欲乞於歲計外添買驍騎以上馬三千匹赴本司交納。」從之。

四年正月二十一日，詔令經制熙河邊防財用司指揮，許令弓箭手泒官價自買及格堪披帶馬赴官呈印訖，給付閑買馬場，日内支價錢，仍充買馬司年額之數。

二月二十八日，京東轉運判官吳居厚乞同李察募慣習航海之人，因其商販，踏行海道之通塞遠近，聞諭女真入馬之利，詢求海北排岸司所在，及其興廢之因，俟得其實，條畫以聞，從之。

四月十八日，上批：「聞同主管陝西買馬司高士言凡與蕃部交易，動以惡言慢罵之，其儕類每有怨色，亦是阻其來馬一塗，可令郭茂恂體究，批聞。」

五年正月二十六日，詔：「在先朝時，女真常至登州賣馬，後聞女真馬行道徑已屬高麗，隔絶歲久不至。今朝廷與高麗遣使往還，可降詔與國主，諭旨女真，如願以馬與中國為市，宜許假道。」

二月一日，涇原路經畧司乞下買馬司買四千匹赴本路，詔買民馬相兼給諸軍，從之。

十一月二十八日，提舉陝西買馬司言：「本司管總支填遍馬闕數至多，少有及四尺一寸赴官中賣，欲乞依定價權買四尺二寸或一寸牝馬及十一歲以上與牡馬相兼支遣。」從之，仍不充額。續通鑑長編宋神宗元豐五年秋鄜延路經畧司言漢戶及歸明界弓箭手自買馬乞依蕃弓箭手例每匹給撫養庫絹五匹為賞從之環慶路准此宋史長編神宗朝提舉陝西買馬監牧司言乞免發沙苑監揀日馬留為馬種從之

十

六年七月二十九日，知延州劉昌祚言：「乞量減監牧司年額馬數，增價買四尺四寸以上堪披甲馬，增置馬軍蕃落。」從之。

八月十一日，提舉經度制置牧馬司言：「已遣官往諸路選買牝牡馬上京，乞逐路專責監司一員提舉。」從之。諸路差提點刑獄官，開封府界差提點官。

九月四日，上批：「提舉河東路保甲王崇拯建議本路教騎人以十分為率，從上取二分，依麟府和市馬價，每匹官給錢二十五千，責令買及格馬，作五年買足，據見管人二分當得六

千九百一十八匹價錢十七萬二千九百五十緡可支
京東路元豐六年上半年鹽息錢不足即續支下半年
錢付王崇拯月具買馬數以聞其請給之際官私人有
分毫取與並依在京河倉法　十月十八日提舉陝西
買馬司郭茂恂言制置牧馬司於熙河路買牝壯馬價
高於本司所買年額詔令提舉經度制牧馬司裁減以
聞　七年五月二十二日提舉京東保甲馬霍翔言買
馬法無過八歲及十五歲給公據斥賣切以壯馬十歲
方壯牝馬十七歲猶生駒乞許買十歲以下壯馬十三
歲以下牝馬至十七歲以上并許斥賣買馬錢先以提
舉司錢代支民戶均助錢令隨役錢納下京西路施行

十一

翔又言約京東路齊淄青鄆密維六州產馬最多可減
為五年濮濟沂兗徐單曹州淮揚軍南京董產馬差少可減
為七年登萊二州馬雖多往往不及格可依舊十年取
足詔五年者展為六年七年者展為八年餘從之　二
十五日提舉京西保馬司言本路養馬十五年數足乞
每都先買二十匹限歲終足許本司較量知佐能否聞
奏陞黜詔依元降年限每年買及一分六月十三日知河南府韓絳言京西保馬詔限十五年數足令保馬司過牒諸縣作二年半京西地不產馬民又貧乏乞許於元限減五年詔提舉京西路保馬司遵守元降敕限六月九日詔河東鄜延環慶路各發
戶馬二千匹河東路可就給本路鄜延路以永興軍等
路環慶路以秦鳳等路其少數即以開封府界戶馬如

尚少內鄜延路仍以京西路坊郭戶馬所發馬官買者
給元價私買者分三等上三十千中二十五千下二十
千以解鹽司賣鹽錢阜財監應副市易錢先借支開封
府界以左藏庫錢餘以本路錢專主管官開封府界委
范峋河東范純粹秦鳳等路李察永興軍等路葉康直
其買過戶馬限三年　七月五日詔提舉陝西買馬官
展二年磨勘以有司言歲買馬不及額也　二十二日
上批昨尚書省議寬減京畿戶馬人遂有慢令之心帳
內但有馬數因事調發乃見其情開封府界提點范峋
及知開封縣李括所奏如可行宜令兵部條具以聞兵
部言峋奏戶馬未買或乘往別路未回或有病未發如

十二

當起發即及一綱乃發本部看詳如乘往河東陝西路
者乞就支餘如峋請及如括言馬已起發者即三年買
足從之　二十三日同主管京西路保馬呂公雅言奉
詔聞本路保馬極苦難買衆既爭市價亦倍貴至鬻者
不減百千深恐本司近奏所責之數過多民間未悉朝
廷取効在遠之意遂致如此宜更消息考驗但如元令
聊增其數可也臣今相度當減每都之數令約年終各
以八匹為限及偏路每都一分四匹令界增倍若歲買
二分八年可足其且僻縣展為十年從之　十二月九
日詔陝西買馬隸經制熙河蘭會路邊防財用司　八
年二月十三日詔開封府三路保甲所養官馬生駒不

赴官等量私自市若藏買并引領牙保及所轄人各減
盜及貿易官馬法一等許人告賞二十千　哲宗元祐
元年三月十六日樞密院言三路保甲有借到人戶私
馬並還其直從之　五年七月九日涇原路經畧司言
請自元祐三年五月以後根括違法典買蕃部地土人
與免罪許以兩頃五十畝出刺弓箭手一人買馬一匹
從之　紹聖元年十月二十一日提舉陝西等路買馬
公事陸師閔言請自今使蕃漢商人願以馬給券進賣
者於熙河秦鳳路買馬場驗印從逐場見價給券送太
僕寺畀其直若券馬盛行則買馬場可罷從之　三年
十一月七日樞密院言鄜延環慶路騎兵闕少已降指
十二
揮專委提舉買馬陸師閔每路要及萬匹以上切慮將
逐路正兵及漢蕃弓箭手見有馬數通及萬匹兼經畧
司所買馬各未有支配漢蕃人兵分數詔陸師閔見馬
外逐路增買各及萬匹以上并經畧司所買馬權不限
分數支填正兵有餘即以次支配漢蕃弓箭手　四年
二月四日詔涇原秦鳳路各特降度牒百道提點熙河
蘭岷等路漢蕃弓箭司回易見錢支借蕃兵收買戰馬
　六月十三日樞密院言熙河蘭岷路騎兵闕馬數多
詔專委提舉買馬陸師閔於年額外更買三千匹應
副熙河蘭岷諸軍并漢蕃弓箭手令防秋前數足弓箭
手令自備馬關經畧司依所買錢數寬限催納元價送

還買馬司　元符元年五月十四日詔太僕寺自今官
馬到寺四尺二寸以上六歲以下並送揀馬所選訖方
許支使　二十九日樞密院言河東路買馬科定州軍匹
數致令市戶於別路倍錢收買詔樞密院直學士河東
路經畧安撫使孫覽特降為寶文閣待制　徽宗宣和
二年十二月八日樞密院言管勾茶司事兼提舉買馬
監牧司宇文常奏勘會陝西買馬自承聖訓遵用元豐
舊法減省收買去年八月至今年七月終買到馬一萬一
千六百四十一匹減省錢一百六十六萬六千二百八
十一貫二百文詔提舉買馬監牧司具合推賞官吏職
位保明申特差宇文常充提舉　三年十二月十八日
十三
陝西安撫司奏准指揮令本司計置良馬一萬匹尋委
陝西提舉茶馬官郭思計置數定詔川陝買馬萬匹郭
思張有極及官屬等陞職進官有差（以上續國朝會要。宋史通畧：大觀二年冬十月，詔川茶數二，惟雅州名山羌人所重，其以易馬，毋得他用，餘愽羅。宋史張若谷傳：若谷拜諫議大夫，知并州。先是麟府歲以繒錦市蕃部馬，前守輒罷之。若谷以謂互市所以利戎落而通遠情，且中國得戰馬，亟嚴之則猜阻不安，奏復市如故，而馬入歲增。賈昌衡傳：權州邊夷寇攻，時守武史，昌衡請由東詮調選。靈騎馬來市，官第其良駑為二等，上者送秦川，下者輒輕估直而抑買，昌衡請嚴禁之。東齋記事：河東忠烈、宣勇鄉兵結社買馬，以填廣銳禁軍，陝西振武亦然。其後宣發義勇，官助其價，使買馬為社，亦以外塡廣銳。）
高宗建炎二年五月二日臣僚言諸路入戶家得養馬
不限數目官司不得拘籍仍不許差借和顧之類俟其
畜養之久孳生漸盛聽於所在官司投賣即日償還價

價直從之　紹興元年七月九日樞密院言廣西經略司乞支本路逐年未起無額上供錢應副買馬詔令廣南西路轉運司於建炎三年四年未起有額無額上供錢內疾速支撥應副通前共不得過十萬貫如逐項年額錢已有起在路之數卻於紹興元年分合起上供錢內撥數貼撥　二年六月四日廣西經略安撫司言得旨於韶州未起內藏庫錢內就便樁撥三十萬貫作六料付本司措置收買四尺二寸以上堪好戰馬近年以來馬價湧貴比年時已過四五倍承平之時修立馬價即與今日不同乞於逐等元立價上從本司酌度隨目今時價量添錢數收買從之　七月五日詔令禮部支

十四

降廣西度牒五百道及本路出產鹽七十萬斤付本路帥臣許中限一月措置變賣先次收買戰馬一千匹交付新本路提舉茶鹽權樞密院計議官范伯思押付行在樞密院送納如限內措置不足即將本路見存官馬均那起發續將所買馬數以次撥還如用外尚有錢數即續次收買差官起發上件馬並係御前要用諸處不得截攔　九日神武右軍都統制張俊言得旨令本軍差人前去廣西取馬一百匹赴本軍欲因便令逐官自備錢令所差去人於廣西產馬去處收買戰馬一百五十匹乞依所取馬一百匹例每日支破十分草料應副沿路養餵仍乞行下本路照會詔依仰張俊丁寧誡約

差去官兵到彼及在路不許撓擾生事　三年正月二十六日詔邕州置買馬司收買高及四尺二寸以上口齒四歲以上八歲以下堪披帶戰馬並經由邕州邊界出入及用邕州寨官幷效用說諭收買令後委本州知州專管每買一百匹發赴桂州經畧司交割仍每綱須要上等馬十匹桂州經略司專一提舉收買發到馬數委帥臣看驗堪充披帶戰馬即行交收如有不依條法並行退還令變轉別買令來買馬雖已立定格尺價錢仰買馬官子細相視雖稍有不及格尺而闊壯堪披帶許量添收買亦須及四尺一寸以上仍於綱界狀內分明開說如有未盡未便委廣西帥司速具條畫申請施

十五

行以樞密院言廣西收買戰馬多是不依格尺記號不明或老或怯不堪披帶故有是命　二月五日詔廣南西路置提舉買馬官一員以提舉廣南西路買馬為名於邕州置司請給序官薦舉人從等並依本路提舉茶鹽官條例并置屬官武臣一員以本路買馬司幹辦公事為名自邕州至行在往來催促綱馬驛程等請給序官人從等並依提舉茶鹽司條例所差官並令三省樞密院選擇取旨其經畧司所差屬官只依舊提舉洞丁其措置收買戰馬指揮更不施行餘依近降指揮令所差官遵守如有相妨及更有合行事件條具申樞密院以臣僚言望明詔有司於邕州置買馬司差有風力臣僚一員充提舉官收買綱馬本路帥臣不得干預所有

起綱發馬等事乞令有司條訪奏鳳路茶馬司條法參
照施行故有是命是月二十四日詔令提舉廣南西路
買馬於賓州置司仍從本司踏逐有心力文臣奏辟一
次至紹興四年二月十八日提舉廣南西路買馬李預
言乞依舊於邕州置司本司招馬官二員乞依舊從本
司奏辟溪洞諳曉蠻情人充應橫山寨并溪洞官並依
舊薦管本司招馬仍帶御銜上件官如係經畧
司辟闕即乞下經畧司令臣同銜御奏辟從之　八日樞
密院言己創置廣南西路提舉買馬官邕州置司未有
每歲立定支降買馬本錢詔令買馬司每年取撥廣西
路上供錢七萬餘貫提刑司封樁錢一十萬貫詔州年
額鑄發內藏庫錢一十萬貫仍自紹興三年為始逐月
具已撥到及已未支使帳狀聞奏并申樞密院其後十一月二
十一日詔取撥提刑司封樁錢一十萬貫更不施行　十五日樞密院言廣南西
路邕州效用蒙賜進狀伏見逐年蕃蠻將馬至橫山寨
貨賣監官將鹽綵絁絹高增價錢準折蠻人好馬不願
博賣乞行下買馬司常切覺察逐時收補白身效用妄
招馬為名請出官錢私作經營乞行下買馬司出榜招
置有功土人充本司效用名籍輪差入界如招馬及數
即優與推賞蕃蠻將馬至橫山寨貨賣被洞官并店户
等人衆私與蠻人交易欲行下買馬司遍下諸州寨約
束如有馬月分令經過地分預先申聞令買馬司盡數
收買乞行下買馬司出榜曉諭如諸色人有馬赴官中
賣即時支還價錢及勸誘窮乏之人小販鹽綵入界就
蠻人博易若及兩匹至三匹即許逐旋赴官中賣左右
兩江知州知洞已次首領每員有好馬五匹至十匹乞

衛

行下本路及邕州安撫司踏逐土官二人充幹辦官驗
畜經由左右兩江三十六溪洞勸諭知州知洞及已次
首領將馬中賣入官量行支給價錢詔劄與提舉廣南
西路買馬司　二十六日提舉廣南西路買馬李預言
賣馬價錢乞於廣西欽州鹽倉就支撥鹽一百萬斤應
副博易詔依其買鹽本錢令本路提舉茶鹽司於應干
上供錢內劃刷撥還　三月十七日樞密院言廣南西
路經畧司得旨委官去邕州橫山寨收買戰馬其間有
出格馬錢數倍多若衮合解發支付軍下竊慮無以分
別已措置如有格尺高大稍堪調習可充御前使用即
揀選付本司委官專一養餧類聚成數別差官管押交
納詔依內價錢倍多買到出格堪好馬逐旋差得力官
兵管押前來樞密院送納　四月二十三日詔邕州進
士呂慇陳獻廣南西路買馬利便可採特與中州文學
差充廣南西路買馬司準備差使以慇言代見大理國
管下善闡府有偽呼
知府姓高著精習文典粗識禮儀前提舉洞丁李域差
効用賫牒諭買戰馬即時纔中本國國王令備戰馬一
十匹應副朝廷先備馬樣五十匹差人至納若是中用
請差人使提引上件馬一千匹差蕃官張羅堅管押隨
効用至橫山寨時李域減罷只令買馬官支還價錢管
說張羅堅遣還本國乞情揮買馬司選差使臣効用有
智破之人入大理國善闡府重宣朝廷恩信就諭後引
請件馬一千匹如蕃蠻罷備戰馬三百匹赴官中賣者
賜與錦袍一領銀帶一條仍令効用過諭諸蠻各令通
知由此蠻情慕賞有不侍其格而自來者遞年蕃馬之
來其閒有出格馬厥直太高蠻人不肯一槩售之有司
亦不敢違格收買溪洞主將或有力之人格價交易乞
指揮買馬司如有出格馬並依溪洞兩平價數收買不
可循其舊例西南諸蕃并大理國分遣効用遍諭買馬

不可無弊帛以將其厚意，乞下買馬司相度，每去一蕃約用綵帛幾段，以為人信，用提舉官銜位封題，付與効用使臣前去，所貴外蕃見得朝廷禮厚，欽奉其賜，愈加忻慕，則盡招馬之術。自來官司差人入蠻幹辦，須賫塩綵結託開路，方得前去。狀觀大觀買馬格，每招馬一百支塩一二百斤、綵一十匹，與招馬人充入蠻開路結託人信，乞指揮買馬司，如差効用入蠻招馬，許借官錢充買塩綵，候招到馬數，乞依大觀買馬格綃破折會。詔劄與舉廣南西路買馬條劃措置申樞密院。

八月二十七日，進義副尉、前權廣西路邕州措遠寨知寨黃迥言：竊見蕃蠻將馬中賣，其買馬官除支官錢收買，數盡諸州般運錢鹽未到，無錢可支，蠻人尚有數中賣官司，買之未盡，各依舊牽控退回巢穴，咸有怨嗟之言。乞自今後許本寨腳店戶百姓及溪洞官典頭首有力之家，將錢物明赴官，專差編攔使臣一員監覷，就蕃蠻博買，各將之寨，等量呈驗，置

十八

簿書具色樣，記其尺格，依舊給付買馬人餞養，候官中般運錢鹽綵帛到庫，即依簿內姓名馬樣，令各牽赴官重行等量，印賣入官，依格更給價錢。官私兩便，亦不失遠人懷慕遠來之意。詔令提舉廣南西路買馬司相度申樞密院。又言：朝廷舊法，於本路邕州橫山寨招買特磨道等蕃馬，元立定等格，自四尺一寸至四尺七寸，逐等各立定價錢收買，只應副本路州軍馬軍調習備邊緩急之用。竊見蕃蠻巢穴有出等高馬，官司未曾增錢破格收買，乞於格外自四尺六寸以上五尺以下高等闊壯齒嫩大馬，增立格價，下措置買馬司官差招馬官前去羅殿國等處蕃蠻，別行招誘赴官收買。詔令廣西提

舉買馬官李預措買，多方說諭蠻人，如有牽到出格好馬及闊壯口齒嫩者，許於見立格令價直外更增添價收買，仍具已措置事狀聞奏。　十月十三日，廣西撫諭明橐言大理國欲進奉及賣馬事。上曰：令賣馬可也，進奉可勿許，安可利其虛名而勞民乎！但令帥臣邊將償其馬直，當價則馬當繼至，庶可增諸將騎兵，不為無益也。　十一月二十一日，提舉廣南西路買馬李預言：提刑司言除無封樁錢外，有見在贍學經制等錢，望下提刑司照會，如無封樁錢，即於贍學經制錢逐給支撥應副。詔依許於本路贍學經制錢內通融取撥一十萬貫，通其餘見在窠名計五十一萬貫，並應副買馬支用。

十九

二十五日，李預又言：本司買發戰馬，得旨不許他處收買，令來竊慮行在（皷）諸軍有畫到指揮前來買馬，即與本司相妨，致蕃蠻增買價直，枉費官錢，無恐別致爭競。欲應諸軍有畫降到聖旨指揮前來本路買馬，並從本司一處收買撥付，庶得不致生事。又言：本司馬綱全藉逐州應副官兵起發，本司於兵馬不係管轄，竊恐所差押馬官兵州群（郡）別有推托，不肯即時刷那應副，致馬綱留滯。望下本路照會，如州群（郡）承本司差押馬官公文，即仰疾速差撥，不得別有推托占留，如違，並從本司奏劾。並從之。　二十六日，李預又言：本司所買馬全藉沿邊州郡協力收買，令來除邕州知州已得旨專管買馬外，有

賓横宜觀等四州並係接連外界可以招誘收買欲令賓横宜觀等四州並依邕州例專管買發戰馬庶得及時分頭責辦從之　四年正月十五日李預又言得旨募土人招誘買馬及三百匹補守闕進義副尉每三百匹轉一官資今來措置如能招到出格馴熟良馬即乞不限招及三百匹之數許令據所招到數遂旋計綱差所招人同部押官管押赴行在交納保明格外推賞詔立定今後招誘買及一百匹各高四尺六寸以上八歲以下闊壯無疾馴熟堪披帶馬就差同部押官管押前來在路無遺闕倒斃不及一分與依前項招買及三百匹指揮推恩　二月十八日樞密院言提舉廣南西路

二十一

買馬李預請令來置司之初全藉州郡協力應副而廣右官吏自來弛慢乞應緣買馬事務差官幹當行移文字取撥錢物并差發押馬官兵州軍輙違慢乞朝廷施行所貴上下協力不敢稽緩失事從之　十九日李預言昨支降欽州鹽一百萬斤止是取撥一次未有每年許支撥定額蓋番蠻要鹽如川陝用茶止是博易之物每年許令依已降指揮取撥鹽一百萬斤可以當錢七萬餘貫從之　二月二十五日廣南東西路宣諭明橐言前廣西提舉買馬李域差効用韋玉等十二人斈齋鹽綵入外國計置買馬雖一時遂急措置然於邊防未見其便講究買馬之術其說有七不惜多與馬價一也

斈其繒綵鹽貨之本二也待以恩禮三也要約分明四也禁止官吏虧損侵欺五也信賞必罰以督官吏六也馬悉歸於朝廷而後付於將帥七也七說若行西南諸國所産可以畢至今來遣人深入蠻國招誘小必失陷官物大必引惹邊隙欲行下廣西提刑司根究諸司鹽剩利錢去著應副買馬仍乞令提舉買馬司照應臣前件七說不須差人計置招誘自足辦集詔令提舉廣南西路買馬司疾速相度聞奏其諸司鹽剩利錢仰本司提刑司劄刷具數申樞密院　五年正月三日詔以廣西買馬司起發到馬不堪披帶提舉李預特降兩官本司買馬官武翼郎右江都巡檢藴述進武校尉邕州横

二十二

山知寨徐大烈承節郎横山寨兵馬兼押李循并招馬官忠翊郎黄光暎秉義郎黄洵各特降一官資　六年二月二十八日川陝宣撫副使邵溥言乞免於威茂州永康軍置場買馬所貴不致引惹邊事從之（免得吉於三處買馬）（以提舉買馬趙開言稍近徼蕃不欲開廣近路令人馬通行並是上言）趙鼎論廣西買馬司空有所費而實無補欲相度止令邕州知州專領屬官一員主管錢物上曰朕於諸事每思慮必盡昨計并餘杭監收一歲支費無慮二萬緡自可收買戰馬百五十匹御等更議之　三月七日樞密院言右承議郎范直清充提舉廣西路買馬拱衛大夫惠州防禦使劉遠知邕州其本路買馬事件令行同共

措置詔令范直清劉遠公共協力措置收買堪好戰馬計綱起發赴行在又詔知靜江府胡舜陟同共措置收買 五月二十三日提舉廣南西路買馬司言冨州儂内州儂郎宏報大理國有馬一千餘匹隨馬六千餘人象三頭見在儂内州欲進發前來本司已帖招馬官知田州黄泊遣人前去就諭令春買馬已足別無買馬錢物在寨詔令廣西帥臣更切相度無他意即令提舉買馬官多方措置收買須行差人體探如委詣實可令婉順說諭據合用章馬人數隨逐前來或令節次入界中賣依例支給價錢不得阻節仍令帥司密切旨揮經由沿邊供職官等至時暗作隄備不許張皇引惹生事具已措置施行狀聞奏 六月四日廣西路經畧司言招馬効用譚昂去大理國招馬經及八年至去年九月内渦甘國王差摩訶菩娥札桑一行人齎機密文字與大理國王具章表匣内差王與誠楊賢明等管押象一頭馬五百匹隨昂前來見在儂内佐部州駐劄令昂先次齎牒申報乞將上項所稱進奉象依自來體例等量估定價直優與分數用火印訖籍記其毛齒格尺關申提舉買馬司依所定價支錢物酬荅揀選合格馬別作一項計綱起發其起發過數與準年額合買之數從之(其後翰林學士朱震言今日干戈未息戰馬爲急桂林招買勢不可緩然而所可慮者蠻人黠知險易商賈囊槖爲姦願密諭廣南西路帥臣凡是買馬去處並擇謹愿可信之士勿遣輕儇生事之人務使蠻夷勿絕邊鄙安靜而已異

兵二二之二三

時西北路通則漸減廣西買馬之數庶幾消患於未然詔劄下廣西帥臣提點買馬官常切幾察不得因此致生邊患) 八月二十七日知瀘州何慤言西南夷每歲之秋夷人以馬請互市則開場博易厚以金繒益餌之以利廣示羈縻之術意宏遠矣管内敘州置場之始也條法具存閱時既久本司弗虔其弊滋甚故互市歲馬虧損常直沮格揀退減落元數致馬不得售則或委棄殺食而去深恐因緣積怨邊隙寖開可不為之慮望申敕有司悉循舊規革去宿弊從之 十一月二十七日提舉廣西路買馬司言本司招馬官黄光敢發過馬共三千五百匹皆是自備鹽綵充信招到各未曾霑受恩賞詔黄光敢與轉一官 七年閏十月五日詔川陝茶當轉以博馬間吳璘軍前尚或以博馬價珠及紅髮之類艱難之際戰馬為急可劄下約束(十一月九日又詔吳玠以茶博易珠玉紅髮毛段之物悉痛禁之) 工十一月十八日詔廣南西路經畧安撫使胡舜陟特轉一官(以樞密院言本司買發紹興十年分綱馬數額故有是命) 十年四月二十八日樞密院言陝西買馬舊法主管馬事官階岷疊州德順軍長史通判熙秦州通判專切提舉令來創行之初理宜措置詔熙州專差帥司提舉買馬 十二年四月五日詔廣西路經畧安撫使胡舜陟提點買馬降授武顯大夫吉州防禦使權發遣邕州俞儋措置支撥錢物左儒林郎準備差遣權幹辦公事賈叔顧招馬官保義郎黄汴守闕進義副尉黄述降授敦武郎

兵二二之二四

提舉右江都巡檢使蘓述降授從義郎，橫山知寨王伸降授承信郎，橫山寨兵馬監押李肇各特與轉一官；黜檢起發綱馬右承奉郎幹辦公事王次張、右從事郎書寫機宜文字胡仔、右從郎郎幹辦公事趙伯樫、右迪功郎監經撫犒賞庫收支買馬錢物宋許各減二年磨勘，內選人比類施行；招馬官四員內忠翊郎農業存、承信郎農意各招馬不及五百五十匹，更不推恩。以舜陟言歲額買馬一千五百匹，所有紹興十一年共買發二千四百五十匹，其一行官員有勞效，有是命。

十月十八日，通判黎州張松兌轉一官，以任內市馬及額故也。　十八年十月二十三日，都大提舉茶馬司言：乞將利州錢帛庫監官窠闕移就成都府，專一管幹出納買馬錢物，從本司奏辟。從之。　二十一年八月十二日，詔西和州管下宕昌馬場添買馬官一員，從本路諸司請也。　二十六年九月二十八日，權發遣文州曾安仁言：文州每歲所收綱馬多不敷元額，其弊在所屬發茶綱沿路稽緩，遂致貧馬人戶守待，動經旬月，皆憚其來。乞下所屬，令專遣官屬催督茶綱，經由道路每遇往來，不得時刻稽遲，庶免留滯，人戶便於博馬。　二十九年七月二十一日，樞密院言：殿前司、馬步司輪差兵官往興元府馬務取押綱馬，緣所買九歲、十歲馬到行在養餧得成，已是齒歲過大，不堪披帶。乞下茶馬司督責買馬官收買八歲以下齒嫩及格尺堪披帶好馬團綱

二十四

起發。詔令茶馬司相度，如可行，收買即依所申施行。

三十年八月四日，詔：訪聞廣西經畧司所買歲額馬，緣格尺拘礙，令歲約回四千餘匹，可令本路帥司措置，來歲據蠻人牽到馬並與收買，仍差諳曉鞍馬屬官一員就地頭相度，收買闊壯齒嫩堪披帶馬，更不限格尺。俟買一年，別取朝廷指揮。除依年例分送諸軍外，其餘並發赴行在。　三十一年三月九日，詔令茶馬司嚴切約束諸場官吏，令後買馬須管盡還償直，即時支付，不得減剋積壓，及不得虛用文券折當。如有違戾，按劾聞奏。仍多方說諭蕃夷，每將齒嫩堪披帶馬中賣，先次開具見令買馬則例申樞密院。以上中興會要。嶺外代荅云：自元豐間廣西帥司已置幹辦公事一員於邕州，專切提舉左右江洞丁同措置買馬。紹興三年，置提舉買馬司於邕，六年，令帥臣兼領。今邕州守臣提點買馬，經幹一員置廨於邕者，不廢也。齎掌買馬之財，其下則有右江二提舉，東提舉掌等量蠻馬，兼收買馬印；西提舉掌入蠻界招馬，有同巡檢一員，亦駐劄橫山寨，候安撫上邊，則率甲兵先往境上警發諸蕃入界。有知寨、主簿、都監三員，同主管買馬錢物。產馬之國曰大理、自杞、特磨、羅殿、毗那、羅孔、謝蕃、滕蕃等。每冬以馬叩邊，買馬司先遣招馬官賣錦繒賜之。馬將入境，西提舉出境招之，同巡檢率甲士往境上護之。既入境，自四城州行六日至橫山寨，邕守與經幹盛備以往，與之互市。蠻幕樣門而坐，不與蠻接也。東提舉乃與蠻酋坐于庭上，群蠻與吾兵校博易，等量于庭下。朝廷歲撥本路上供錢、經制錢、鹽鈔錢及廉州石康鹽、成都府錦，付經畧司為市馬之費。經司以諸色錢買銀，及回易他州金錦綵帛，盡往博易。以馬之高下，視銀之重輕，鹽錦綵繒以銀定價。歲額一千五百足，分為三十綱，赴行在所。紹興二十七年，令馬綱分往綱上諸軍。後乞添綱，令元額之外凡添買三十一綱，蓋買三千五百足矣。此外又擇其權奇以入內廐，不下十綱。馬政之要，大畧見此。　馬產於大理國，大理國去十五程爾，中有險阻，不得而通，故自杞、羅殿皆販馬於大理，而轉賣於我者也。羅

二十五

蹄甚適於邕自杞實隔遠馬自杞之人強悍歲常以馬假道于羅殿而來羅殿難之故數致爭然自杞雖遠於邕而乃過於宜特隔南丹州而已紹興三十一年自杞與羅殿有爭乃由南丹徑驅馬直抵宜州城下宜人峻拒不去帥司為之量買三綱與之約日後不許此來自是有款於于朝宜州買馬良便下廣西帥臣議前後帥臣皆以宜州近內地不便本朝隄防外夷之意可為怨矣高宜一水可至邕萊必令自明州入貢者非吾境之也政不欲近耳今邕州橫山買馬諸蠻遠來入吾境內見吾邊面關遠羈縻州數十為國藩蔽洞丁之強足以禦侮而橫山夐然遠在邕城七程之外置寨立關傍引左右江諸寨丁兵會合彈壓買馬官親帶甲士以臨之然後與之為市其形勢固如此今宜州之境虎頭關也距宜城下三百里一過虎關險阻九十里不可以放牧過此即是天河縣平易之地已副宜城矣此其可哉名臣言行錄云當時買馬路久未通矣蕃酋聞之賈以茶綵撫以恩信招致小部族首領四十二國馬道行而人賴之　邕州志云紹興五年指揮每歲正額一千四百疋以十分為率建康鎮江鄂州每處三分各九池州一分三綱　隆興元年指揮於買到綱馬數內選出格良馬每三十疋為一綱押赴行在投進十綱二年指揮於歲額外收買六綱發赴襄陽府乾道元年指揮於歲額外更買二綱應副建康府三年指揮於歲額外更買二綱應副鎮江府五年指揮於歲額外更買一綱應副池州又當年指揮於額外收買三十綱赴行在

紹興三十二年十二月二十四日孝宗即位未改元詔廣西買馬係擬定本路上供錢七萬貫經制贍學錢五萬貫靜江府買鈔錢八萬貫及每年撥定錦二百匹鹽二十萬斤令經畧安撫司取撥衮同應副支使又廣西收買戰馬一千五百匹為額並要四尺二寸以上八歲以下闊壯堪披帶馬數其買馬係橫山寨收買價直畫時支給昨來已將提舉買馬司官吏添置幹辦官並罷令本路帥臣兼提舉邕州知州兼提點及幹辦公事一員於邕州置廨宇仰廣西南路經畧安撫司依見行條法常切檢察有違法處具當職官吏姓名申取朝廷指揮施行

以士庶封事言市馬之弊每與蕃蠻博易則支與鋌銀或要略四以鋌銀打造令着多集銀匠以鋌銀鈺銷夾入赤銅元法每鹽一羅計一百五斤筭銀五兩折與蕃瑩令則以二籮分作三籮折銀壹拾伍兩元每馬四尺一寸實銀三十六兩每高一寸加一十兩令市馬作兩様赤度等量舊每銀一兩折錢二貫文足唯時磨不曉銀價低昂只取見錢以高補依是以每歲有出剩之數暗將入已馬口茲在六七八歲方可收買令來透官計馮戰醫有騎退老馬卬印過支銀馬場官吏作弊遊別差經幹一員兼提舉逐司公吏取善織水紬又買典役舊錦支與蕃蠻故有是詔

孝宗隆興元年二月十三日都督江淮軍馬張浚言朝廷每歲於川廣收買戰馬計綱起發每匹不下三四百千近措置於兩淮買到戰馬七十匹每匹通不過二百千非惟價例差小且無道塗倒斃之患緣所管錢物不多詔令買到馬總領所逐旋支給價錢

四月二十三日詔營幹御前馬院蔣宗和差同措置廣西收買御前馬

六月二十四日詔廣西經畧司每歲買發戰馬三十綱合一千五百匹買馬官吏溢額並與推賞所有蠻人販到馬雖不及四尺一寸如委是疆壯可以披帶許額外買發價錢就提舉茶鹽司責鈔錢及提刑司經總制錢內截撥從知靜江府方滋之請也

同日知靜江府方滋言得旨條具白劄子陳請廣西買馬利害事契勘廣西先置提舉官一員措置買馬事務廢罷令已近三十年只就邕州置買馬司令知州兼領又差經畧司幹辦公事一員兼提舉買馬帥臣總提其事經久已是利便令來白劄子乞依舊復置竊恐復置一司官吏費用不貲乞候到任如見得在任之人不

堪任職亦許依舊制舉辟施行廣西買發綱馬多是西
南諸蕃羅殿自杞諸國蠻將馬前來邕州橫山寨兩平
等量議定價直從蠻人所願或用綵帛或用鹽銀等物
依彼處市價博易其合破買馬錢係朝廷分撥本路逐
州合起上供錢物截撥赴經畧司(應)副支用令來白劄
子乞支撥度牒紫衣師號召人入馬竊慮臨時發泄不
行有誤措準買馬欲乞量行給降度牒一百道紫衣師
號各五十道如變轉得行即接續申乞支降從之　二
十九日詔差殿前司統制湯尚之前去四川等處買馬
其合用錢令四川總領所取撥銀二萬兩絹五千疋錢
引一十萬貫專充買馬使用　十月二十六日都督江
淮軍馬魏國公張浚言近措置兩淮諸州所買戶馬合
用價錢據諸州發解到馬內多有堪乘騎出戰及壯實
可充馳負馬等第支給價錢乞令總領所支還從之
十一月七日詔都督府淮備統制李澤特轉一官以樞密言
澤措置買馬首先買到五千八匹欲示激勸故也　十七日樞密院言南平軍
買馬權行立定額數知通每歲買及四百匹與減半
年磨勘及五百匹減一年磨勘不及四百匹展半年磨
勘如每歲買到及額馬數須管子細開具格赤齒歲及
團發往是何去處交納保奏推賞從之　二十七日都
大茶馬司言得旨令本司於今年額外添買馬二十六
綱應副江淮宣撫使司撥添神勁武騎等支用契勘夔

路管下珍州係與南平軍接連界分本州夷人多出好
馬緣為未曾置場連年止是見任官形勢戶私買令相
度欲乞行下珍州委自知通措置收買三綱應副趂辦
起綱詔依須管收買及格赤齒嫩堪好馬數團綱毋致
將齒老低矮怯薄馬夾帶在內起發　二年正月二十
四日湖北京西路制置司(使)虞允文言被旨收買戰馬孳
朝廷支降茶引十萬貫度牒三百道緣本路總領所茶
引前後請降數目至多見今發泄不行望改給淮鈔或
乞併支度牒庶幾易為變賣詔於已降茶引十萬貫內
將一半紐計改降度牒一百六十道差小使臣一員管
押前去交付其餘一半茶引令本司多方招誘出賣專
充應副買馬支用　二月二日詔廣西買馬官於歲額
外買到溢額馬及二百匹招買官各通減一年磨勘四
百匹減二年六百匹減三年八百匹減四年磨勘一千
匹轉一官每買及二百匹更增減一年磨勘如買不及
一千五百匹各展一年磨勘或有文臣比折施行其招
馬効用每人依招買及三百匹與轉一資依八資法轉
補至承信郎止仍差招馬官不得過兩資招馬効用不
得過二十名內如買到四赤以上不及四赤二寸計數
攢申許以溢額每三百匹當溢額及格赤二百匹之數
令廣西經畧司今後遇有保明上件綱馬酬獎須管分
明開具若干及格赤若干不及格赤團發起綱數目逐

一具發往是何去處并招買官効用職位姓名及校用每名下招買到馬數保奏推賞施行即不得依前泛濫違戾及不得於招買官効用額外別有妄亂攙雜他官申明乞賞以權發遣靜江府余良弼言方滋所條具買馬推恩等事未能一一曲當故有是詔

五月二十七日鎮江府駐劄御前諸軍都統制劉寶言昨於兩淮州縣刷買戶馬四千五百一十二匹乞於內存留堪好馬一千七百匹外將不堪披帶馬發往元科州縣給還人戶內已支價錢令拘收發付總領所詔依仍令兩總領所措置分送諸州出賣

六月一日主管殿前公事王琪言本司隆興二年分合得馬七十一綱已差統領官孟慶孫前去宕昌等處同共監視買發望令孟慶孫依向昌務已得指揮與買馬官具買到馬數并支過茶帛等數同御申樞密院從之先是紹興三十年殿前司差內昌務前去宕昌監視買馬有旨令與買馬官具買馬數同御申樞密院故也

八月七日廣南西路經畧提刑司言邕州提點買馬司每年買馬以金銀等與蠻人從便折博自知邕州武德郎光感到任不依舊例虧尅蕃蠻致令歲不肯將馬前來中賣契勘紹興十六年買馬二千三百四十匹支過金銀等係酌中數目與蠻人折博不相虧損乞只用紹興十六年則例委是經久利便從之

十一月十六日詔令階文龍州經畧使兼沿邊屯駐軍馬吳挺買馬發御前披帶闊壯馬一千五百匹所有價錢令四川總領所先次應副

先使銀絹三萬匹兩候買足日具出豁賬帳申尚書省御前依數支降中書門下省奏四川總領所見有椿管契稅錢四百餘萬貫理會就使支撥有旨令四川總領所於見椿管上件錢內扣數先使應副餘依已降指揮支降到撥還數目卻令左藏南庫椿管

買馬下 此卷与前卷原係一卷之數，批在前卷首頁欄外

乾道元年正月二十七日，詔茶馬司買發隆興元年、隆興二年分馬西馬比之近年虧損數多，顯屬不職，令具析因依聞奏。六月二十一日，建康府駐劄御前諸軍都統制劉源言：諸軍見管戰馬大段數少。詔令茶馬司、經畧司於每歲額外各收買二綱應副。二十九日，樞密院言：勘會四川宣撫使吳璘赴行在奏事，將帶馬二千匹前來。詔令吳璘措置自行收買，補填元起馬數，其合用博買錢物令四川總領所應副。二年二月八日，宰執進呈廬州進士劉惟肖獻利便事十件，上曰：第八件止絕傳留買馬之人，朝廷可劄下帥司申嚴約束，庶幾免得生事。三年二月八日，大理少卿陳彌作言：四川茶馬司每年合起江上諸軍馬八十綱，并行在殿前馬步三司馬七十一綱，宣撫司二分馬七百二十匹，總計一百五十一綱零七百二十匹。稽考得有拖欠未起隆興元年江上諸軍馬九十三綱，并三司西馬五十五綱，并隆興二年、乾道元年分宣撫司二分馬六百二匹，係累政收買不敷年額，緣蕃蠻中馬有限，僅能敷足本年之數。竊恐前後循習，從有掛欠，乞特賜蠲放，仍令茶馬司從乾道二年為頭，須管買足一年歲額，所有

三十一

日前年分未買馬已放蔟攢那到錢展計錢引四十四萬餘道，令項樁管，專充還前項累政欠買馬之償數。望行下茶馬司并三衙諸軍遵守施行。從之。六月五日，樞密院言：勘會茶馬司近來起發西馬例皆低小瘦瘠，令茶馬司今後須管收買及格赤齒嫩堪披帶馬，仍不得虧損歲額。七月二十四日，詔令淮東西路安撫司行下沿邊州軍嚴切立賞，禁止私渡買馬人，如有違犯，具姓名取旨重作施行。十一月二十一日，四川宣撫使虞允文言：依年額收買朝廷馬數足日，欲收買額外馬三二千匹，庶幾三都統下馬政復修，可以為戰守之備。所有買馬本錢，望更給降度牒四五百道，逐旋變賣錢物支用。詔為係買戰馬，可特依給降度牒三百道。十二月十八日，鎮江府駐劄御前諸軍都統制王友直言：本司諸軍戰馬昨自虜人侵犯之後，累經戰陣，委是闕少。詔令茶馬司、廣西經畧司於每歲額外各收買二綱應副。四年二月十四日，提舉茶馬監牧公事張松言：見措置將宕昌馬場買到馬赤寸於馬項下印烙引貴人姓字火印，排綱起發，若將來到行在內有短寸匹數及齒歲不同，乞看驗火印姓字降下，責憑根究，退理短寸虧官價錢。從之。三月二十二日，戶部言：茶馬司申宕昌峯貼峽買馬，以前立定賞罰止是該說順政、長舉兩縣收發茶數，餘外將利、福津兩縣不係茶運經過地所，以未有賞

三十二

罰令來本司自紹興初運茶博馬係於西和州管下宕昌寨階州管下峯貼峽置場其茶運却從興州置口以去擺鋪運發係經由興州順政長舉縣階州將利福津縣前去臨江茶場交納應副博馬支用其逐縣知縣若不申明一例立定賞罰竊慮無以激勸乞參照政和三年六月七日旨揮推行榷茶賞罰行下庶幾有以責辦本部尋下都茶場指定令長當欲依指定到事理施行從之時戶部下都茶場指定檢准政和三年六月七日旨揮戶部狀都大榷茶司申乞應成都府排岸司興州長舉縣裝御東路州轉般庫監官綿州巴西利州昭化三泉興州順政長舉西縣興元府南鄭知縣任滿收發過茶無失陷欺弊提舉司保明每四萬馱與減磨勘二年如不獲減時失陷一分展磨勘二年其承直郎以下賞罰並各比額施行二分以上依舊差替人副本部勘當依巡轄般茶鋪使臣任滿歲磨勘一年先次旨

八月一日兵部侍郎陳彌作言祖宗設互市之法本以羈縻遠人初不藉馬之為用故駑駘下乘一切許之入中蕃蠻久恃聖朝寬大一拂其意必起紛爭官吏亦懼生事無敢誰何黎敘南平軍等州每買綱馬五十匹內良綱馬不過三四匹中等馬不上二十匹餘皆下下不可服乘發以充數則必倒斃蓋緣博馬茶錦所入有限公吏旁緣為姦寧取下乘以數綱額不篤上駟以斷茶錦望約束川馬州軍每綱以五分為率一分良細馬餘四分依舊收買仍令茶馬司汰其不中發綱者就賣柏錢增置茶錦以貼支諸州良馬之直不惟上不失祖宗羈縻之德下不誤諸軍緩急之須矣詔令茶射家便法遠

三三

馬司從長相度申樞密院　十九日都大主管成都府利州等路茶事張松言武節郎劉時敏權知敘州到任未及半年已買足乾道四年分歲額馬數揀選得口齒輕嫩及格堪起綱馱騾馬僅五百匹貼綱應副鄂州等軍支使委見本官措置有方了辦職事乞將劉時敏正行差知敘州專一措置增買起綱馱騾馬從之　五年二月五日池州駐劄御前右軍統制王世雄言右軍所買戰馬不多望將川廣發到綱馬許令截留兩綱詔令茶馬司廣西經略司於歲額外各收買一綱應副王世雄　十九日詔令都大茶馬張松於歲額外通融收買川西馬二十綱應副建康都統郭振即不得虧損歲額

四月八日詔給降度牒三百道付宣撫司專一椿充買馬使用　七月八日權發遣靜江府張維言邕州守臣係提點買馬官本司幹辦公事一員係邕州置廨宇每歲十二月同到橫山寨親與蠻人為市至四月回州委是有勞欲乞將邕州守臣及幹辦公事一員每增買二百匹各與減一年磨勘一千匹轉一官其餘官屬吏不推賞契勘廣西經略安撫司逐年收買戰馬各用本錢已降指揮取撥若招馬益多慮恐闕用今照得靜江府乾道五年合發折布錢六萬二百八十餘貫係起湖廣總領所之數今欲就內取撥三萬貫樁管通已撥窠名錢物簇同應副收買並從之　十二日詔令張維於歲

三四

額外收買齒嫩及格赤闊壯堪披帶馬二十綱起發赴行在如錢數不足許於合起發官錢内先次截撥 八月八日户禮部言茶馬司申承指揮於歲額外通融收買川西馬二十綱應副郭振約計馬本幷起綱等用錢引二十萬貫本司見有空名綾紙度牒四百三十二道公據内照應得係紹興四年朝廷給降淮西川陝宣撫使司撥赴本司樁管未曾出賣與見賣者度牒綾紙式様一同令欲將上件度牒許本司書填批跋依買價例拘收價錢應副收買額外馬綱使用緣本司年計買馬除支遣外尚闕錢引二十八萬貫令來所乞係充額外馬本所有歲闕錢引乞別賜支降得旨送逐部指定禮部勘會上件度牒即不見得堪與不堪行使欲別造新法綾紙度牒四百三十二道幷公據合同號簿闕支部差大使臣管押前去茶馬司却將元降度牒公據仍付使臣管押赴部下度牒庫樁管度支指定欲下茶馬司照應禮部指揮定事理將價錢專充收買額外馬本錢餘數令樁管仍據買到馬數每疋格赤高下齒歲毛色幷實計合用錢數開具細帳申四川宣撫司覈實如歲額馬本錢委有闕數即具申朝廷施行從之 十一月二十一日詔令茶馬司自乾道六年分為始每歲於敘珎州額外收買馬兩綱付高郵軍駐劄御前武鋒軍

六年二月九日侍講胡沂言比年置監漢陽以休養馬

兵二三之五

力較其損斃之數殆與前比自四川經至行在數月初亦不堪相遠馬之受病不在今而在乎博買之初博買之際皆先期縶馬於廐絶不與食使之甚饑伺其明日將相視而就易也始以糜粥豆飲秉熱飼之馬以饑渴自然倍食雖得一時色澤鮮明膚革脹飽又從而弃驟馳騁竭力以試之既饑飽失宜又勞逸過度望行下四川茶馬司委提舉官親行檢察不為估客牙儈所欺如諸軍醫獸亦宜籍定姓名重立賞罰每歲醫過病馬若干其賞幾何損斃多數罰亦隨之從之 七年二月三日宰執進呈御筆四川買騾馬一千疋廣西二千疋上曰四川千疋不難辦否虞允文奏曰西邊騾馬甚多以官中不買故不來尔誠措招誘雖二千疋亦可辦也上曰騾馬誠有益於用無事則孳生出軍則令披帶若果易辦令四川亦買二千疋於是詔令四川宣撫司廣西邕州每歲於額外各買發騾馬二千疋 十六日詔令禮部給降空名度牒五百道應副四川宣撫司買馬其見管封樁度牒錢不得取撥支用（以四川宣撫使王炎言買騾馬一千疋欲於見管封樁度牒錢内取撥故有是命） 三月二十六日宰執進呈吏部侍郎王之奇乞令諸軍於宣撫司置場處收買出格馬劄子上曰茶馬司歲額外更有馬可買否允文奏曰馬司自四月閉場後宣司可以收買但馬司近撥到西馬綱比去年一般月日大段數少乞且令宣司措置上曰可

兵二三之六

五月二十五日，江南東路轉運副使張維言：「據知南丹州莫延甚劉子乞為招買蕃馬以報國恩，又備羅殿蕃羅鄉貢等狀，有出格馬欲赴宜州中賣。即牒邀莫延甚且令措置只就南丹置場，至春月蕃馬到來，即差官前去同共博馬。契勘靜江府至南丹州比邕州地里減半，又無險阻，路馬力不耗。邕州守臣每到橫山博馬場，必調發兵丁彈壓。令南丹置場，只差宜州副將及准備將領并收支錢物官前去，略無煩費。往年帥臣以為蠻入深入內地不便，令置場於南丹，即無蠻人深入之患。」詔令廣西帥臣李浩日下措置，先具已措置事節申樞密院。仍委宜州准備將陳綦於南丹州收買合用物帛，令帥司先次應副，具已應副過數目申朝廷撥還。其後十二月二十九日，權發遣靜江府提舉廣南西路買馬李浩奏：「張維所乞南丹州買馬係是更易，難以施行。竊詳廣西每年收買歲額戰馬，係已降指揮於邕州置司。自置司之後，經及三十餘年，委是利便，況年歲深遠，事皆就緒。」詔將已降南丹州買馬指揮更不施行。

十一月八日，樞密院言：「四川茶馬司遞年所發綱馬，元降指揮令收買四尺四寸以上馬，近來多係四尺四寸以下至四尺一寸，不堪披帶，理宜約束。」詔令四川宣撫司嚴行約束，如更違戾，將提舉官取旨重作施行。

十二月二十九日，四川宣撫使王炎言：「准指揮，令四川宣撫司、廣西邕州每歲於額外各買發騍馬二千匹。契勘川蜀及關外所產騍馬不多，無蕃蠻例皆收養，藉以孳生，委是少有前來入中，竊慮元

買之數將來難已敷趁。」詔將乾道六年已前買騍馬並與蠲免，其乾道七年分騍馬依已降指揮疾速排發。

八年正月十一日，詔令廣西提舉買馬李浩將七年分合發綱馬比六年分已起數目，疾速依數措置收買排綱起發赴諸處送納，不管依前違戾。仍自令依乾道五年七月指揮，每歲收買闊壯額外馬二十綱赴行在。以樞密院言廣西經畧司乾道七年合起發馬綱比乾道六年大缺數少，故有是命。

十五日，樞密院言：「進武校尉、前邕州上思知州事黃彬、劉子蕃蠻之地歲有馬出賣，橫山寨收買不絕。如小蠻家地多有牝馬，若作孳生出產，一年買千匹，十年買萬匹，計之千年，可出孳生數萬騎，以應大軍披帶，比之戰馬價例，至少稍不費朝廷財賦。情願收買一年牝馬一千匹，仍令邕州於上郭地場置監牧養，三年為一界，押赴行在交納。如有牝馬孳生數多，併乞推賞。」詔差監行在左藏庫中門尹昌前去同黃彬措置收買，內黃彬與借閤門祗候，許繫紅鞓帶，候買及二千匹，即行補正閤門。繼而伊昌等言：「蠻人每歲於橫山寨賣戰馬，係招馬官進武校尉、知田州軍州事黃諧、進義副尉黃球，自當年十月將帶兵丁効用深入蠻界招誘，委是有勞。望給錦段，賞賜銀絹，仍乞出給照帖，與黃諧、黃球二人同黃彬買及一千匹、增及二千匹，即與黃球、黃諧酬賞。」詔伊昌差充樞密院准備差遣，其黃諧、黃球同共收買，令廣西經畧司量

支錦段銀絹賞賜仍候今來買牝馬及額令本司保明
優與推賞　二月十七日樞密院准備差遣尹昌言竊
聞自來買馬場逐年雖用黃講等招誘博馬自今後知
蠻人每名中賣到馬三百匹者乞賞錦段一匹鹽一百
斤乞劄下買馬場遵守施行從之　六月一日禮工部
言都大茶馬司申西和州置添差通判一員以本司幹
辦公事兼之專任宕昌監視買馬上件窠闕係是創置
年額買馬幾近萬匹出納錢物浩瀚乞鑄銅印并宕昌
買馬所支馬價錢舊在臨江置場支給於乾道四年內
本司措置就宕昌置庫收支買馬錢粮茶絹數百萬貫
乞鑄銅印令欲乞擬以西和州宕昌買馬之印九字爲

文人欲依本司已擬到茶馬司宕昌茶帛庫記九字爲
文鑄造施行從之　七月二日詔令諸軍於沿邊熟蕃
處收買好馬不得私相販賣仍經由河池縣茶馬印驗
發付諸軍申宣撫司照會覺察施行（以臣僚言四川橫諸軍於宕昌及熟戶處買馬私販出川界於襄陽一帶轉買銅錢致使諸軍馬數虧少故有是命）　同日臣僚言
竊見祖宗以來馬政係茶馬司專用茶錦銀絹博易蕃
漢皆以爲便近來茶馬司不以茶錦專用銀弊博買甚
非立法之意況茶錦外界必用之物若不依舊以茶貨
及綵段博易則銀寶多出外界甚非中國之利詔令四
川宣撫司參照祖宗舊法更切詳審措置經久可利便
申樞密院　九年二月十八日宰執進呈次上曰新差

知邕州姚恪頗開爽但未知能辦買馬事否梁克家奏
曰恪既開爽於政事必有可觀買馬亦爲政之一事也
上曰然當更訓諭遣之　四月二十八日兵部言勘會
川陝廣西收買歲額綱馬皆有立定齒歲格赤並要輕
嫩闊壯堪披帶戰馬分撥諸軍使用近來諸軍多有申
到每遇交割到綱馬看驗得內口齒過大以致不及格
赤錘小怯弱不堪披帶充數起綱前來不惟枉費官錢
竊恐有誤諸軍支配指準乘騎使用令欲乞行下茶馬司
廣西經畧司督責買馬官司遵依已降指揮令後須嘗
收買口齒輕嫩及格赤闊壯堪披帶戰馬排綱起發施
行毋得依前違戾從之　十一月十二日樞密院言四川

茶馬司排發綱馬訪聞內有買到病瘠馬充數起發詔
令四川茶馬司開具因依申樞密院仍行下買馬去處
令後須嘗買及格赤無病瘠齒嫩馬排發毋致違戾（繼而樞密院言已降旨揮約束所有廣西買馬理合一體詔令廣西經畧司依四川茶馬司已降指揮施行）
十二月十六日持節南丹州諸軍事南丹州刺史知南
丹州公事武騎尉莫延葚言竊見朝廷買馬全藉羅殿
諸蕃將馬前來邕州博買或遇春雨連綿溪水暴漲之
時阻絕馬路蕃人將馬復回是致博買不登歲計之數
兼出馬之地至邕州橫山寨五十餘程自橫山至靜江
府二十餘程加之路途險阻水草不利馬多瘠瘦未至
靜江往往倒斃兼諸蕃出馬之處至本州一十程道路

平坦水草豐足兼無險阻自本州至靜江一十三程比之邕州路近三十餘程止將路遠比較已為利便頃歲本路經畧張維已曾陳奏乞於本州買馬雖蒙省部行下緣宜州避創事之勞巧陳利害其議遂罷今因宜州沿邊溪洞都巡檢使常恭赴闕謹將買馬利害附託上進詔從議郎李宗彥特差充廣南西路提點綱馬驛程宜州駐劄填尹昌兼權闕專一相度措置買馬仍先次條具利害及合行事件申樞密院以上乾道會要宋史本紀孝宗紹興三十二年五月辛卯詔罷四川市馬　袁抗傳抗為益州路轉運使黎州歲售蠻馬詔擇不任戰者卻之抗奏朝廷典蠻夷互市非所以取利也今山前後五部落仰此為衣食一旦失利悔不知費直幾馬也臣念蜀久安不敢奉詔弆如舊制　程之邵除主管秦蜀茶馬公事奏黎州買馬之弊歲以仲秋為市四月止以羨茶入熙秦易戰騎得良馬蓋多　南軒語錄靜江買馬忽馬不時至求易卦得晉康侯用錫馬蕃庶更不須看矣雖使具自擇一卦不得過如此已而馬果至　宋綜肅胄提工部侍郎時川陝馬綱路通塞不常肅胄請於廣西邕州置司互市諸蕃馬詔行之　中興小曆紹興二年初五路既隔馬極難得綿蕭胄建議宜即邕州置市馬場販馬嶺表以資國用又李心傳朝野雜記云廣馬者建炎末廣西提舉峒丁李棫始論市戰馬赴行在紹興初隸經略司三年春即邕州置司提舉市於羅殿自杞大理諸蠻夫數麼買馬司以帥臣領其事七年胡劄待劄舜陟為帥歲中市馬二千四百匹詔賞之其後馬益精崇貴黃金五鎰中金二百五十鎰錦四百端絁四千疋廣州鹽二百萬斤而得馬千五百疋必四尺二寸以上乃市之其直為銀四十兩每高一寸增銀十兩有至六七兩十兩者土人云其九駢駿者在其出處或傳黃金二十兩日行四百里但官價有定數不能致此耳然自杞諸蕃本自無馬蓋又市之南詔南詔大理國也去自杞國可二十程而自杞至邕州橫山寨二十二程橫山寨至靜江府又二十餘程羅殿國又遠如旬杞十程宜州溪洞巡檢常恭者赴闕持南丹州莫延甚表來乞就宜州中馬比之橫山可省三十餘程張說在極莞以其表關李壽翁時為檢詳文字為說言邕遠宜近人熟不知前

迂其塗豈無意況今莫氏方橫乃欲為之除道而攘以互市之說誤矣小吏妄作將欲邀蠻請論如法說不聽從義郎李宗彥以提點綱馬驛程往宜州措置既而說罷樞密院乃奏宗彥等所言邊防不便罷之時淳熙元年也宋史占城國傳乾道七年閩人有浮海之吉陽軍者風泊其舟嶽占城其國方與真臘戰皆乘大象勝負不能決閩人數其王當習騎射以勝之王大悅具舟送之吉陽而得馬數千匹歸戰大捷明年復來瓊州拒之憤怒大掠而歸淳熙二年嚴馬禁不得售外蕃三年占城歸所掠生口八十三人求通商詔不許

淳熙元年九月二十一日詔住罷宜州買馬先是樞密院言知南丹州莫延甚乞自備錢糧於諸蕃招馬至宜州博賣尋差李宗彥充廣西提點綱馬驛程宜州駐劄專一措置買馬仍令同宜州知通相度既而宗彥等言於邊防利害不便及與邕州買馬有妨故有是詔　十月九日臣僚言敘州歲買七等馬八百五十一匹為額更令歲買騗馱馬三百疋令本州申乞住買騗馱馬逈以歲買七等馬額收買十歲以下者其十歲以上至十三歲馬令本州措置出賣拘收本錢竊慮有失招徠遠人之意乞依自來條法外有騗馱馬責令本州依應收買但不過三百疋元科之數從之　十一月九日詔四川所買西馬並依廣西已降指揮施行先是有旨廣西自淳熙二年收買四尺四寸馬經畧使范成大言其間四尺三寸及三寸帶分之馬齒嫩闊壯一切棄之可惜乞令邕州於內揀選壯嫩權奇者收買入常綱起發外四尺二寸帶分二寸以下即更不印買既從其請故令四川依此　二年正月十六日興州都統具梃言本司諸軍

戰馬除茶馬司得歲額綱馬六百五疋外例用諸軍青草錢歲餘於宕昌以來自行收買自張松變更馬政禁之合得歲額之數亦支撥不及乞許本司以青草錢依舊宕昌威鎮寨等處收買詔茶馬司逐旋補發數足餘從其請四月又言乞於平都威遠鎮東村太平監等處北馬驛許相兼收買詔許每歲買七百疋　五月八日湖廣總領劉邦翰言相度忠訓郎劉璨乞依舊將荆鄂都統司馬青草錢買馬補填倒斃青草錢歲買馬七十疋撥付闕馬官兵以金州都統于友言本軍自買馬半年只得三疋乞從都大司收買故有是命　十一月二十日侍衛步軍都虞侯田世卿言自三司買發綱馬昨於漢陽軍住程十日竊謂金房州界山路險惡乞於住程十日內那移六日於險惡處各住程一日於泥濘處一日實為利便詔京西轉運司行下住程州縣委守令督責所屬修整驛舍排辦槽具其草料錢糧令湖北轉運總領將現應副漢陽十日程內就撥七日付京西轉運司均撥逐處支遣自金州至平利縣往程一日次女媧山五寶豐驛住程一日次雞口山至竹山縣驛住程一日次房州之東至故郡驛住程一日次八蜘九疊至于李驛住程一日次歷外朝內乾啖嶺至梅溪驛住程一日次步陂澤泥濘至郢州住程一日至於漢陽軍三日共十日　五年二月五日詔御前降到量馬尺樣付茶馬司令收買戰馬須四尺四寸以上其兩齒馬聽低二寸四齒馬聽低一寸足齒馬依已降指揮收買四尺四寸以上闊壯堪披帶馬計綱排發施行從之　閏六月十八日詔關西四州民間依舊從便買馬孳養不得

禁止拘籍頃因張松有請禁之至是弛其禁　十二月二日詔四川茶馬司自今年為始將本年數目已與荆鄂都統王琪議每年留一半貼買戰馬兼江州都統皇甫倜議每年留一萬貫雇人收打青草餘錢盡數收買戰馬於各軍從之　二月十四日詔自今綱馬到來並先經主帥子細契勘攞實齒數格尺有無低小病瘠狹瘦報審驗官司覆實印留仍具不及齒歲格尺堪充馳負馬匹數申樞密院以樞密院言已降指揮令四川茶馬司廣西經略司行下買馬去處收買兩齒及四尺三寸以上四齒及四尺三寸以上五齒及四尺四寸以上並闊壯無病堪披帶馬計綱排發戳熱委兵部開具賞罰及令內外審驗官司并主帥子細契勘齒格尺寸許收揀印留故有是命　三年正月十四日權四川茶馬司朱佺言漢陽軍郢房州及金洋州興元府興成西和州抵宕昌馬驛狹隘弊陋詔逐路漕臣選委有才力官躬親前去逐驛檢視疾速措置督責務要整肅不致闕誤如敢違戾按劾以聞　二月五日茶馬司言收買舊宣撫司闊壯馬一千疋數內五百疋撥付三都統軍內興州都統司二百八十五疋緣吳挺近申明每歲自行收買馬七百疋更有茶馬司合均撥歲額馬數委是重疊詔興州軍與支撥二百疋餘八十五疋自淳熙三年分排發赴御前投進　四年二月二十七日詔茶馬司拘收金州都統司內應干買馬價錢窠名收支見在并綱馬毛色齒歲尺寸每匹價錢若干及發納去處開具來綱帳狀每歲於次年春季申尚書省　六年

四月二十四日，四川都大茶馬吳總言：「本司買馬全藉幹辦公事官招徠，義察任滿止得減二年磨勘，其西和州知通絶不干與買馬事務，止是隨例應辦糧草馬驛等事，而任滿得轉兩官。今乞將西和州宕昌場買馬每歲買及五千二百疋以上，其西和州知通及本司幹辦公事官三員任滿各與轉一官。本司幹辦公事四員內一員差兼西和州通判，專任宕昌買馬，其賞格乞依舊外，令衆更不增賞。」從之。　七年二月二十一日，四川總領李昌圖言乞權住茶馬司添買興元府都統司戰馬二千五十三疋。上曰：「興元府都統司所管馬舊額幾何？」趙雄等奏：「紹興年間以二千匹為額。」上曰：「可令茶馬司

將興元府都統司馬據見管數撥買成二千匹，補填元額。」　三月二十四日，詔茶馬司將黎州蕃馬并文州馬並買四尺二寸五分以上齒嫩向長堪披帶馬起發，餘遵依已降指揮。（五月二十八日詔：黎州蕃部輙敢侵擾，首地作過，意欲通省邊郡，將不及格式馬中賣入官，令茶馬司下本州，令歲且依淳熙五年二月五日指揮口齒尺寸收買，其近降減作四尺二寸五分以上指揮，使蕃部畏服，可自淳熙八年分為始，仍更切審度蕃部作過情理輕重，酌宜措置施行。）七月四日，臣僚言：「黎州市馬專委通判，處守不預馬政，理宜申飭。」詔黎州知通均任其責，仍須不失事體，賞罰依見行條法。　八月三日，宰執奏事畢，上語及黎州邊事，令宰執以書諭胡元質、吳總等：「如蠻人以市馬邀我，則且住一兩年，使權常在我，彼無能為，自然安帖畏服。」趙

雄等奏曰：「聖諭可謂明見萬里矣。」　九月十七日，詔廣西經畧司行下邕州，自今每歲買馬止令通判前去，仍輪差將副一員量帶將兵彈壓，守臣依舊衘帶提點買馬，只在本州治事，不妨檢察。（以桓察院言守臣往邊上彈壓有妨郡事故也。後八年九月一日，廣西經畧王卿月言：「守臣臨邊不專為馬政，溪洞事宜不一，正在酌情調護，一但易以通判，事權寔輕，不能號令溪洞。」詔令依舊。八年五月，都大提舉茶馬吳揔言黎州買馬乞依邕州指揮，令守臣依舊措揮按之。十年十二月，敘州亦依此。）　八年二月四日，知興國軍朱晞顏言：「茶馬司所買馬並四尺二寸以上、十歲以下方許起綱，自四尺一寸以下或十歲以上，雖四尺五寸亦不收買。其間多骨相駃駭而馳驟超逸者，例以不及格棄之，又不許民間收買。乞於茶馬司所買外不堪撥發起綱之

馬，不拘軍民，並聽從便收買。」詔茶馬司契勘十歲以上四尺五寸馬，見今曾與不曾收買，其不及格尺之馬，令買馬官等驗用退印給據，令民間從便交易。　六月十一日，詔關外四州民間孳養到馬，從便賣買，不得拘籍禁止。　九年五月二日，都大茶馬王渥言：「黎州買馬舊額二千一百二十四疋，一年計用絹二萬三千匹。乾道九年，趙彥博以青羌作過，優支馬直，始用絹三萬四千匹。至淳熙八年，龔總到任，欲買馬三千三百八十一疋，將數內不及格尺馬一千九百八十八疋陞作良細馬，共支絹七萬六千餘匹，與乾道八年買馬相類，而支絹加一倍以上。令乞以十年買馬支用數目，取一年酌中

之數立為定則，科擬仍立定每綱五十足，止許以十五足為良細，使買馬官吏從實互市。所有淳熙八年買馬官乞朝廷重作施行。詔龔總已放罷，特降三官；通判孫醇、監押楊仲禮各特降一官，放罷。仍令陳峴、王渥參照紹興年間一歲酌中之數立為定制聞奏。既而峴等言：黎州馬政循習既久，為弊已極，至有作全綱作良細者，蕃蠻所得馬隨既優，得如此。若依來來所降指揮，以紹興年間酌中之數立為定則，乃是一旦革去十分之九，却恐蕃蠻則致生事。令取酌中年分，如淳熙六年共買馬一千一百二十九足，內良細馬只計五百四十足，若以此年為則，慮從中制於邊防馬政兩便。乞行下黎州照淳熙六年酌中之數漸行更革，令及此類，如將來蕃蠻馴服，從實互市，其所減又不止此。從之。　十年六月二十四日，臣僚言：江、池二州阡陌狹隘，深溝斷塹，而又津梁不修。況石溪、冷水馬驛有二，相距六十餘里，狹隘泥濘，冬日差短，馬行至暮方能抵驛。望令江、池二州重修馬路，石溪、冷水添置馬驛。詔江州、池州守臣相度聞奏。既而知池州岳甫言：石溪驛至冷水驛計五十五里，若於中間添置馬驛，每驛不及三十里，地程近，別無合置驛去處。令相度將地里高低迂曲去處，牒巡尉重行興築，高狂平闊，及開渠道，無毋致泥濘。從之。　十一年四月十二日，興州駐劄御前諸軍都統制吳挺言：鄂州江陵府副都統制郭杲乞下川秦買馬司及興州都統制司各應副騍馬五綱，仍乞於御前闊壯良細馬內截撥兩綱以充腳馬。緣戶民所養騍馬稀少，艱於收買，令止買得一百五十匹，排足三綱起發，兩綱竊恐未能便得辦集。詔令一面接續收買。　七月二日，興元府駐劄御前諸軍都統制彭杲言：所部馬軍見以二千匹為

四十七

額，又有倒斃，乞許令依興州、金州兩都統司例，每歲除合擬二分馬外，差官齎椿收青草錢，於四川茶馬司宕昌馬場摘買馬二百足，逐旋補填闕額。從之。十二年五月九日言：依已降指揮，每歲就宕昌馬場摘買，更不裁例，自行置場。從之。十三年四月二日言：近准茶馬司奏乞誤買發闊壯馬，日照興州例對減，得旨各與應副一年。契勘一本司馬軍近年收退倒斃，積壓數多，令乞行下每歲買百五十足。詔令茶馬司每歲將本軍納到青草錢收買一足。　十二年正月二十三日，建康都統制郭鈞言：本軍先用官錢買到叱白大堪馬充披帶，已將補填闕額，若不印烙，竊慮無以關防。緣從來即無承降到指揮，除已權行印烙外，日後如有似此買到之數，乞令照前項已降指揮施行。從之。　七月六日，四川茶馬司言：每年買發闊壯馬七百足，先準尚書省劄子，自淳熙十年為始，住買三年。其淳熙十三年分如依舊收買，乞早降指揮下本司，預期說諭蕃客興販入中，仍乞下總領所照例料降本錢施行，照依年例收買，特應副鎮江軍一次，須將及格尺齒嫩堪披帶馬起發，候到委官驗實。　八月十六日，詔湖北轉運司移石牆馬驛於京山縣曹武市驛舍，令京西運司修蓋，其每歲錢糧草料仰湖北運司依舊應副，毋致闕誤。　十二月五日，四川茶馬司言：乞將興元府都統司所買馬二百足依興州都統司例，於本司合買闊壯馬或三衙馬內依數對減施行。詔令應副堪好馬一次。　十三年四月二十九日，四川茶馬司言：宕昌買歲額馬自遠蕃來太

四十八

半瘦瘠既已入中便行排發若至大澤縣瘠驛経涉横
水汨水驛乞住程一日實為利便從之　十一月十五
日詔四川茶馬司每歲市馬若干價直増損若干收支
茶綵銀兩若干並令制置司通知　十四年五月十四
日都大主管四川茶馬李大正言西和州買馬係本司
選辟差官前去通判畧無干預乞令後西和州通判更
不推買馬之賞從之　二十五日宰執進呈趙汝愚等
奏相度到邊場用銀買馬利害上曰所買闊壯馬與綱
馬何異却用銀二萬餘兩可行下權住買闊壯馬仍令
茶馬司每歲用銀買馬不得過乾道五年以前之數
七月十六日樞密院進呈四川置制司申虛恨蠻乞自

四十九

来黎州中馬事上曰虛恨蠻既是久例附帶卭部川出
漢中馬難以許其自来可令趙汝愚行下黎州究順説
諭仍令嚴飭邊備以防不測八月十八日樞密院進呈
趙汝愚李大正奏到増添銀兩買馬事上曰用銀買馬
宜以漸革使諸蕃互市由之而不知當以此意諭與兩
司　十五年二月十五日詔四川茶馬司權住收買淳
熙十五年分闊壯馬其銀兩令項樁管不得妄用歲終
具數聞奏　十六年五月二十四日詔更住一年　五
月十一日詔州郡互市去處每歲買馬銀兩可更措置
減省以聞　二十四日殿前副都指揮使郭杲言茶司
牽馬官兵係諸州抽摘厢宜類皆游手押綱使臣初非

遴選不諳馬性綱馬多斃其實由此乞只從三司選差
官兵前去取押仍乞自川路至國門相度道里遠近定
地分令逐處都統司各選差將官一員點檢驛舍草料
遇有覺察到作弊等人許牒赴所屬懲治仍以一年一
替所過綱馬全無倒斃少量與等級酬賞或前弊不革
罰亦如之　侍衛步軍都虞候梁師雄言乞行下所隷州
縣相視驛舍量加修葺及將合用草料常切應辦各就
馬驛附近樁頓綱馬到日随即支給仍乞更令沿路都
統制司分定驛程各差素有心力將官一員逐司量給
盤費與諭州軍所委官同共提點自宕昌至興州一十
五驛屬興州都統司自大桃至漢陰一十五驛屬興元
府都統司自衡口至干平一十三驛屬金州都統司自
梅溪至石犒一十四驛屬江陵副都統司自應城至石
田一十四驛屬鄂州都統司自遷城至楊梅一十一驛
屬江州都統司自紫巖至廣徳軍一十二驛屬池州都
統司自餘村至臨安府餘杭門六驛屬殿前步軍司各
令所差將官用心巡視務要驛舍草料應辦齊整如有
違戾去處從提點將官具申所屬都統司等移文州縣
將本驛不職官吏依公責罰若更減裂備申朝廷逐司
所差將官歲一更替如實有勞効即與支給犒賞從之
以上孝宗會要　紹興元年十月二日宰執進呈茶馬司申綱
馬格尺上曰馬只要齒嫩若齒嫩自會長進不可拘格

尺纔而茶馬司言：承殿前司申，乞下本司將四尺二寸馬日後不許買發。本司照得昨於淳熙五年二月內準指揮，令本司照元降到尺樣買發品類，均分撥綱排發。竊詳邊場買馬自準指揮降到格尺，見令諸蕃執為久例，令若將四尺二寸馬盡數退出，恐阻遏蕃情，別致生事。乞下殿前司，於本司發到馬綱逐匹應得元降歲數尺寸，即遵淳熙五年指揮施行。從之。　十二月三日，樞密院言：殿、步司申：舊例宕昌買馬，本司自差使臣兵夫短送至興元，秦司其三衙人就興元秦司領馬長押歸司。緣茶馬司短差綱官止是寄居待闕使臣，其短送人諸州所差軍兵不足，多是雇夫牽送，皆烏合游手，自宕昌雇夫應數，冒請雇錢，出門之後放散，却與興元近地借人應數赴秦司納馬，沿路偷盜草料，自宕昌至興元二十驛程，養飼失節，因而受病，到務相繼倒損，弊害非一。欲令三衙官兵徑赴宕昌取馬，將雇費量與添助券食。乞下有司詳酌施行。數馬步司看詳：照得差官兵去宕昌取馬，緣宕昌窄狹，氏稀，艱得舍屋安泊；又关沿邊靈恐積留官兵在彼日程，因而與西夏賣蕃馬，蕃客博易物貨，引惹未便。乞自紹興二年以後，本司官兵到興元，從排馬將官於每綱二十二人內差綱馬官、醫獸、軍典各一名，牽馬單兵五人前去宕昌本司視買馬統領官處，先次職毬本綱馬毛色齒歲尺寸，供茶馬司發回。乞令就茶馬司批支券食錢米，仍令茶馬司差撥部轄押馬使臣一員，牽馬人夫一十七名，據本司所差綱官等八人，通二十六人，同共沿路提督鈐鎋至秦司。將本司將差綱官等入務守馬，止宿無當。如一綱五千三尺內有損斃病患馬，許從綱官隊乞退換，令秦司貼據作五十足，非發前來。若五十三尺全到，其茶馬司押馬使臣乞支短綱賞，本司綱馬官等不預賞罰，止令不以尺數，準備馬揀選五十疋團綱，庶得不致別司馬衆閒交雜，亦無趲換之弊。其餘小管押二十四人止在興元住程伺候，排發綱馬，一就起發歸司，不唯戰馬飲餧便得其宜，又且茶馬司得本司所差軍人提督照管送馬人夫，費為便當。本司官兵自興元取馬至行在賞罰、逃亡，依見今條格施行。詔依殿、步司相度到事理施行。

二年十月二日，宰執進呈四川總領司申權住買閬壯馬價錢。上云：「閬壯馬亦須間歲與買一次，恐今後蕃人只將低小馬來賣。前數年住買價錢，令別司樁管，防其他用。」　十二月二十六日，湖廣總領張體仁等言：「昨準指揮，江陵副都統率逢原奏，荆襄民間土生馬蕃多格尺，深類西馬，令本司措置，每歲收買二百疋，發付江陵軍收管，其價錢總領所支給。奉旨令相度經久利便聞奏。相度襄陽一帶土產馬低小，雖有及格尺馬數亦不多，止可入隊披帶，蓋與陝西不同，馬之優劣相去遼絕。然襄郢地土相接，易於養飼，不甚損失，又無四川遠路辛苦之弊。緣不增官買，是致馬數不甚蕃息。今若限以尺寸，又無稍優其直，則人知養馬之利，皆恭及格尺壯牝，日益滋多，他日為國家之利。若以優劣義之，然不如西馬道地。若每年添撥得馬，更今湖廣總領所於朝廷椿管錢內出備價直收買，襄陽路尺兩付郡州都統司改撥步軍及状子弟以充其軍，則兵官及諸軍騎兵皆得好馬出戰，來騎費為經久利。從仍乞下京西、湖北帥司約束沿邊所屬州縣常切禁戢過界盜馬。兵闕之人然帶生事之幹，諸令鄂州都統司逐旋收買土產格尺堪披帶馬二百匹，其錢總領所關支，仍常切關防盜馬中賣。」

三年三月十九日，戶部言：都大提舉茶馬、夔路安撫、提刑、運司申：紹興元年十二月四日，權發遣大寧監郭公益奏：所領監實處峽外，所管大昌一縣，賦入甚微，而每歲買發茶馬司撥馬銀數四千四百二十九兩，比本路州縣為額獨多。嘗契勘官破本錢支俵民間，每兩不過支引半，而在市

銀價却當五引半，民間每一兩而逐有四引虧折，其名下科數數少者亦自難辦，而數多者其困可知。乞下茶馬司與本路諸司相度，量行減免。逐司照會夔州路管下大寧監，祖宗舊法每年額理應副二千九百五十兩，今欲將大寧監日後合撥銀數再與裁減，錢引半道止理四道五分，每兩除發監本錢一道半外，止理民間三道，委是經久可行。本部看詳，欲下大寧監從茶馬司諸司相度到前項事理施行。從之。

六月七日，詔鎮江都統司於淮東州軍，建康都統司於淮西州軍，參酌荊襄已行事理，措置收買土産格尺壯嫩堪充披帶馬，解赴總領所審驗來歷分明，發往各軍乘騎，理充逐年綱馬之數。合用錢於淮東西總領所先次充支，却令茶馬司將拖下逐司馬價錢內對數撥還。仍仰主帥嚴行約束，不得容外界馬中賣。以拖寨院言昨江陵副都統率逐原之買綱東土産馬寄應是民衛盐中賣别數生事湖廣總領所京西安撫司相度之詠神勁軍例只就本處收買土産馬安撫司寄間來歷發下所屬令所屬具實直價錢関報總領所支給令據張拓劉忠申兩司取次買到土産格尺馬堪充披帶已發付逐軍外所有鎮江建康都統司緣近年茶馬司拖火綱馬數多寄應軍士闕馬來騎故有是命。

五十三

五年二月二日，詔西和州、黎州買馬賞並以實起發過綱數委及元額方許理賞，內茶馬司催督諸場買馬幹官並依舊法，淳熙六年四月指揮更不施行。

十一日，四川制置司言：興州都統司申，向來吳挺申獲指揮，每年買馬七百疋，即不聲說令都統司買馬。照得本司互市

惟宕昌一處每歲收買供進并三衙及諸軍戰馬，總計六千餘匹，最為重大。若從例於宕昌買發，必將狹小馬料撥，令本司收買，有誤諸軍填闕。乞依元降指揮，令本司差官於宕昌從舊自行收買七百疋。制置司竊詳四川買馬自有茶馬一司專主其事，今欲依興元府等例，自軍差官赴宕昌，同茶馬司蒞廳官監視，收買五百疋，餘令都統司自行收買，庶幾事權歸一。從之。

六月五日，四川茶馬司言：敘州申，買馬乞從黎州體例，除知州不須赴場外，止令通判與監押量驗收買。所有邊防馬政，但干事務，知、通均任其責。從之。以上光宗會要。宋史光宗本紀：紹熙四年六月壬寅，詔市淮馬充沿江諸軍戰騎。蘇寀傳：文州歲市羌馬，羌騎買蜀貨積幅上下，物價騰為姦漁采，議置折博務平貨直，以易馬宿弊頓絕。

五十四

慶元元年正月九日，詔令殿前司量差將官軍兵於襄漢州軍收買土産馬二百五十疋，合用價錢先次於總領所借支，却令茶馬司於拖下綱馬所管錢內對數撥還。仍仰約束買馬官兵毋得收買外界馬。合行事件條具申樞密院。以本司有請數也。

二年三月十三日，四川制置趙彥逾、茶馬楊經言：紹熙元年至五年黎州買過良細馬數，照得四年所買一千一十四疋，在五年之中最為酌中數目，欲令本州依額收買。從之。先是茶馬司言黎州買馬自紹熙五年八月至慶元元年五月買過馬內却有良細馬一千五百二疋，省驗除元上號外，餘止是常綱馬，致多過本使，動本司歲計，乞下本州照紹熙三年例買發。至是兩司相度四年所買之數為便，故從之。

同日，詔令興州都統制司每歲止

許於宕昌自行收買馬七百疋依近降指揮不得於邊
上及威遠鎮等處置場收買仍令茶馬司將每歲合起
發三衙西馬依數排發毋致拖欠闕誤先是都統置司言乞依元降指
揮差官於宕昌每年自買戰馬七百疋四川制置茶馬
司詳所奏相度欲從淳熙二年指揮令都統制司自行
置場收買七百疋一券茶馬司買馬場印烙除買七百疋
外若更來私買馬一疋西司重立賞典許人告首當職
官吏並重作施行又都統制司自開場全用銀絹錢引
收買則馮歸戎司必多所有拖下三衙各綱馬却須稍寬已
期限勘會非茶馬司興州都統制司亦集行擦買之弊所
有定額概茶馬司買價高具都統制司市無攬買之弊
所有每歲合排發三衙西
馬自不相妨故有是詔
三年五月九日殿前司言
本軍差撥正將馬興祖等前來襄漢買到馬九綱乞行
推賞詔令殿前司斟酌等第自行犒設　嘉泰三年六
月十八日樞密院言江陵副都統制司每歲截撥廣西
綱馬錢二萬貫收買土產馬據申到去年分已買馬四
百匹每疋五十餘貫竊慮所買馬間有不及格尺或齒
老病患不堪披帶訪聞民戶將堪好壯闊及格尺土產
馬往外處就高價出賣誠為可惜詔令湖廣總領所椿
管會子內支二萬貫付江陵副都統制司貼助收買土
產馬使用一次每疋一百貫為率並要及格尺齒嫩堪
披帶委襄陽守臣如法看驗印烙字號每五十疋緣畫
毛色齒尺寸齒數係幾年分買到馬具申樞密院　四
年三月九日樞密院言建康都統制司地分乃淮西之
衝要廣野用騎之所乞於歲計廣馬一十綱內減五綱
換撥西馬詔令廣西經畧司自嘉泰四年為始每年減

兵二三之二五

發廣西五綱馬委四川茶馬司收買西馬五綱赴建康都統
制司交納　五月十一日廣西經畧司言近準指揮令
年第一綱添買馬內四尺三寸已下者不理為數日後
依小定議責罰令第四綱添買馬令揀選四尺四寸者
補發本司元準指揮常綱馬收買四尺二寸已上增添
綱馬四尺二三寸已上唯出格馬係於綱馬中揀選四
尺四寸以上者供進與增添常綱馬不同至於增添馬
又是於歲額常綱及格馬之外若蠻馬到寨數少常綱
馬且不足今欲盡買四尺四寸以上馬必是歲額不敷
兼諸蠻已將馬到寨不為即買必大失遠夷之心乞照
元許買四尺二寸馬累降指揮收買詔令廣西經畧司
照應淳熙二年三月指揮內齒數格尺每綱權以十分
為率內四尺二寸并四尺三寸馬共不得過四分權許
排發嘉泰四年分歲額及額外添買綱馬一次並要壯
嫩齒堪披帶不得仍前將低小瘦瘠馬揍數起發　十
八日諸路綱馬驛舍多有損壞并什物不備草料闕少
甚者蕩然無有仰諸路漕臣提督州縣措置內合行修
葺去處各要如法責立近限了畢具申樞密院如各處
守令措置滅裂從漕臣按劾施行從給事中蕭逵之請也　二十
六日樞密院言殿前司申諸軍戰馬以一萬七百疋為
額見闕二千餘疋蓋茶馬司有發來到馬二十綱無疫
死數多縱日後排發輪流終是不能數足元額乞照慶

兵二三之二六

元元年體例差撥將官二員將帶獸醫白直等人分頭
前去襄漢州軍收買土產馬六百疋逐旋團綱差人取
押歸司赴承旨司等量尺印批放合得草料撥付馬軍
闕馬官兵著腳趂赴教閱其買馬價錢乞於湖廣總領
所就便借支會子四萬貫收買俟買到日具疋數支過
價錢却下茶馬司撥還詔令湖廣總領所支降會子四
萬貫付江陵副都統制李奕收買蕃嫩闊壯堪披帶及
格尺土產馬每及百疋關報殿前司差將官牽馬軍兵
官押歸司解赴承旨司審驗印烙　八月十四日四川
都大監牧司言本司歲起三衙西馬七十一綱專仰宕
昌一處收買遞綱編類交付三衙差到取馬官兵押發
歸軍竊緣所買之馬來自外境多寡遲速難以預度而
三衙官兵萬里遠來亦難約期令入馬齊到至有留人
待馬留馬待人之弊乞照前茶馬丁逢所請體例令三
衙於歲額七十一綱內減發一十綱使本司如遇蕃馬
出漢擁併則自差官押發庶幾一舉兩得於馬政實為
良便從之　十一月九日茶馬司言近準指揮令廣西
經畧司自嘉泰四年為始每年減發廣馬五綱委茶馬司
收買西馬五綱赴建康都統制司交納契勘邊場買馬
歲額有限又歲計買馬錢物止有諸州應副博馬絹一
色外別無所入窠名止仰茶司賣茶引息錢應副支遣
乞依舊例於年額合起三衙馬綱數內對減買發詔令

五十七

茶馬司自嘉泰四年為始於未發闊壯馬內支撥五綱
赴建康都統制司交納　嘉定十五年十月十五日詔
令湖北轉運司於寄椿行在會子內取撥二萬七千貫
付鄂州都統司專充收買土產戰馬九綱補填歲額綱
數仰本司日下差人前去請領仍具已買到馬數委廣
西經畧安撫司保明申樞密院從本司申請故有是命　十一月
十八日樞密院言昨降官會一萬貫付濠州收買土產
馬據申到已節次買到戰馬七十九匹更乞科降會子
一萬貫接續收買詔令鎮江府於椿管交會內支撥一
萬貫專充措置選買闊壯蕃嫩及格尺堪披帶良馬委
淮西總領所從公審驗印烙字號以上寧宗會要蘇黃門龍川畧志江東
諸縣括民馬　予為績溪令適有朝旨江南諸都市廣
西戰馬江東素之馬無縣雖不過十餘匹而諸縣括民
馬吏緣為姦有馬之家為之騐然予謂縣尉傳應日廣
而取馬使臣來至事急大速除為之備可也吾邑孰為
有馬者悖應日邑有遠馬簿歲月遠矣然有無之貴尚
得其半也即取簿封之又曰何從得馬牙人爭曰名諸牙
諸之則馬牙出矣果得曾為人責馬者辭以不能曰若
不責汝以馬但為我供又書耳曰諸州符日至縣督責
買馬乃以夏稅過期為名召諸鄉保正副問之曰汝得
誰為有及格馬者相顧辭不知曰保正副不知雖當知
者第切以有為無無為有則免罷失汝等所具安將使
家入許其不實而陳其旣落者不可不實也人知不免
皆以實告復諭之曰買馬事此此矣廣西取馬者坚郎
則馬出若不並則己矣皆再拜曰邑人幸與然取馬着
卒不
至

偽

五十八

全唐文　宋會要　川馬綱

孝宗乾道元年五月十九日臣僚言川蜀綱馬程驛迂路經由州縣山嶮有損無補如宕昌寨所買西馬欲自本處排綱陸路至利州上舡順流而下不過一月可到荆南出陸赴行在成都府路所買川馬欲自合州上舡順流而下不過二十日亦可到荆南出陸其經由水路合用馬舡及諳識水脈梢工草料等令所屬州縣預先約度計置仍委逐路監司提舉乞自朝廷立格推賞以為激勸詔令吳璘看詳提領疾速措置　其後九月二十一日知夔州張震言四川綱馬改移水陸一路見茶馬司一處每年合發歲額馬及宣州所買馬約計二百三十五綱每綱五十匹共計一萬一千七百五十匹每一綱要得舡三隻每一隻頓放一十八匹每舡搖櫓六枝水手三十六人梢工四人計舡三隻合用一百二十人每人日支雇錢二百文食錢三百文自夔州順流至歸州三日泝流雖是空回係上水梢工水手依舊銷得上件人數且約十二日可回共計十五日計支破錢九百貫文止係一綱二百三十五綱計支破錢二十一萬一千五百貫文止係一州之費其餘十州可以類推所有起蓋馬驛及一行官兵批支錢糧草料數目在外一川蜀舡載馬舡令若製造每一綱舡三隻一年內除四箇月半水漲月分外每一日發一綱半月方得往返一遭必又須更有十五綱舟舡并每船各要梢工水手在岸下方可循環津載不致積壓須要四十五隻舡一千二百人梢工水手不輟往來日破口食若干州縣每年要一萬二千人别無差雇去處船四十五隻每隻打造縻費八百貫文共計三萬六千貫文每一船一年往回十五次必是敗損又須一年一次打造馬綱一萬一千七百五十匹每匹日支大麥八勝粟草十三斤到發約批支三日計每三批支大麥二千八百二十碩每碩二貫計五千六百四十貫文粟草四十五萬七千五百五十斤委是出產不敷難以樁辦一江道自利至合春冬淺澀難以樁重載自合至歸夏秋江漲阻水難行峽山之間寸草亦無何以飼馬一自以利閬果合恭涪忠萬夔歸峽等一十一州計之每年分外虛費二百餘萬緡詔除打造舟船外其餘事件並令吳璘管辦其州船令王十朋疾速應副　朝野雜記云又且出產不敷決難樁辦大臣進呈上曰第令造舟與璘他日有損壞罪自修其他皆吳璘自辦事遂行汪聖錫時在成都亦言其不便不聽始議馬綱至鄂州遵陸十月十五日知樞密院事汪澈奏川馬既委吳璘用船自峽江發出至鄂渚若令諸軍以馬船去取自大江順流而下似亦為便上曰大江風濤或作即數日不可行但依舊令出陸是月二

十五日，執政進呈吳璘奏馬綱經由水路畫一，汪澈等奏曰：「先降指揮除造船外，並委吳璘管辦，令吳璘條具，却復委茶馬等司及沿流諸州，若從其請，事決不可辦。」上曰：「只可依元降指揮，別條具上來。」至二十六日進呈，得御筆依。二十六日，樞密院言：「綱馬由水路，切慮舟船未辦，排發留滯。」詔令三衙且依舊陸路取撥，候舟船辦日依已降旨揮施行。　十一月五日，樞密院言：「綱馬改移水路，勘會打造舟船分付吳璘掌管，所有撑駕人并草料並係吳璘管辦。」詔並依，令吳璘催督夔路安撫司打造舟船，先次經由水路發十綱，其餘照應降旨揮施行。　十一月十二日，宰執進呈四川置制汪應辰論馬

三

綱由水路利害，上曰：「可更令吳璘相度已作如何施行。」是月十五日，宰執進呈吳璘乞催夔、歸州造馬綱船及修棧道，洪适奏曰：「夔、歸、峽州道路嶮峻，人猶不可行，所謂棧道，非西路棧道之比，馬豈可行也。元降旨揮係至荆南出陸。」上曰：「可即依元降旨揮行下。」　二年五月十九日，宰執進呈吳璘奏馬綱經由水路劄子，并録到知歸州周升亨書稱已辦集舟船草料什物，上曰：「歸州亦不易昝辦。」适等奏曰：「先來乞歸、夔二州未辦，令辦只歸州，夔州未見申到。吳璘稱先將宕昌西馬由水路排發，如將來水路通行，比較出陸別無死損，即將所買川馬亦於水路排發。臣等觀吳璘之意，次第亦疑水路有未盡

善。」上曰：「吳璘所奏正依得元降旨揮，先於水路起發十綱。」　二月六日，進呈吳璘等論水路綱馬利害，适等奏曰：「王十朋、查籥等具奏皆已降出，惟吳璘奏狀未見。」上曰：「此事本責辦吳璘，具令次所申理會得全然未是。下水用取馬軍兵，不知船如何回，奏狀已專使人持去，令別措置矣，今未須理會，且候其回報。」　是月十二日，宰執進吳璘奏：「水路先起西馬五十綱，逐州合用船人草料皆已支俵交子。」上曰：「此回措置得甚好，可依。」适等奏曰：「周時等先理會回船上水少人牽駕，令吳璘以取馬人帖船下水，不曾及上水一節，莫更備周時等所陳，令吳璘相度措置。」上曰：「善。」　十三日，夔州路轉運判官周時、查

四

籥奏：「綱馬改移水路，竊見本路所隷六州，自恭至涪水路往回九日，自涪至忠往回七日，自忠至萬往回七日，自萬至夔往回十日，自夔至歸至峽，正當灧澦、瞿唐、人鲊甕、新灘、查灘之險，往回各一十二日。蓋下水載馬逐州交替，不過三兩日而回，船上水或費八九日，灘磧至多，牽挽甚難，所破人夫正要趁回摺運。令宣司旨揮每隻用招梢四人，摇櫓四枝，用大兒四名，貼差逐州回船軍兵五人，舉牽馬人二十五人同共摇櫓，此特論下水一劄，不知馬船回日却令何人牽拽。兼回船軍兵并牽馬人皆是上江未曾經歷灘險之人，而欲令摇櫓於驚波怒浪之中，以載踶齧不可測之馬，豈不誤事。」詔吳璘

從長相度施行。同日吳璘言：一、打造馬船。近據合州申叙造每隻合用物料人工口食等錢共四百四十貫，本司已那支過錢引七萬五千貫，僅可打造馬船二百隻。今來諸州馬船及七分，已見就緒。一、令乞將川馬由陸路發行外，先次管認發三衙所取西馬五十綱。除馬草已行下諸州應副，具申本司支撥價錢外，有馬料每綱五十匹，日支料四碩，五十綱共料二百碩。以逐州遠近約度支過馬料價錢：利州至閬州三日，令大約四日；閬州至果州三日，令大約四日；果州至合州三日，令太約四日。已上計三州綱馬五十綱，經過日支料二百碩，四日料共計八百碩，每碩支錢引兩貫，本司已每州支錢引一千六百貫。合州至恭州，恭州至涪州，涪州至忠州，忠州至萬州，萬州至夔州，已上逐州止是一日或一日半可到，令大約兩日。馬五十綱兩月共四百碩，每碩價錢一貫五百文，令大約支兩貫，每州合支錢八百貫，已每州各支錢引一千貫。夔州至歸州，歸州至峽州，已上逐州各約三日可到。馬五十綱三日支料六百碩，每碩價錢一貫五百文，令大約兩貫，已每州各支錢引一阡二百貫。已上共計支過馬料錢引一萬二阡二百貫，付逐州收管。如有少數，具申本司支撥，並不令料於民間。一、和雇梢公火夫。近據閬州申本州打造七百料馬船二十隻，每兩隻可載馬一綱。契勘若五百料已上船亦

五

可裝載，若及七百料可載馬二十五匹。每隻合銷梢工四人，搖櫓四支，共用搖櫓火兒四名，貼差逐州所差回船軍兵五人與牽馬人二十五人同共搖櫓。若是五百料以上船，用三隻載馬一綱，每船一隻合銷梢工三人，搖櫓兩枝，用火兒二名，與回船軍兵牽馬人同共搖櫓。其和顧梢工火兒若從多數，每馬五十匹計一綱，用梢工八人，火兒八人，共一十六人。以逐州水路遠近約度那支過諸州和雇梢工火兒五十綱錢引下項：利、閬、果、夔、歸五州水路梢遠，約計三日或四日可到，梢工往復各支錢引肆貫，火兒各支錢引兩貫，每綱支和雇錢引四十八貫，五十綱共支錢引二千四百貫，五州計支錢引一萬二千貫，已支撥付逐州收管，令本州相度，如更有少數，令逐州量行添搭，不令科於民間。合、恭、涪、忠、萬五州水路梢近，一日或一日半可到，梢工往復各支錢引兩貫五百，火兒各支錢引一貫五百，每綱計支錢三十二貫，五十綱計支錢引一千六百貫，五州共計支錢引八千貫，本司支撥付逐州收管，令本州相度，如更有少數，令逐州量行添搭，不令科於民間。已上十州共計支錢引二萬貫，付逐州應副和雇梢工火兒去訖。通前共支造船并馬料和雇梢工火兒等錢共計錢引一十萬七千二百貫：打造馬船錢引七萬五千貫，綱馬料錢引一萬二千二百貫，和雇梢工火兒錢引二萬貫。令乞

六

將川馬由陸路發行外乞將三衙所取宕昌西馬發五十綱經由水路前去赴行在如將來水路通快比較得所發馬比陸路刬無死損阻滯即乞將西馬經由水路排發施行詔依　月二十一日宰執進呈臣僚論馬綱由水路利害且謂造船工役朝野雜記於是大臣因爲上言恐璘亦疑水路未盡善上未以爲然明年春夔路轉運司主掌文字潼川任續至行在上言今造舟已畢工役遂事灘險山程利害相當在所不論惟欲撥陸路之芻秣以免沿流之煩費輟四路之軍兵以免篙梢之追攝在巴峽州郡人户彫瘵非他路之比今委茶馬司所撥支用則夔路不患於煩費矣四路廂禁軍數目不

少各輟五千分於沿流十郡利閬果合恭涪忠萬夔歸充水軍屯駐請給衣糧各從元來處科撥馬綱行而迎送舟船馬綱住而訓習水戰則差募篙梢亦不擾民而馬綱無廢事矣上曰前後論馬綱者不一而此頗得要領吳璘已嘗差軍兵令相兼差撥於是詔令制置司分逐路州軍大小抽差廂禁軍共三千五百人於沿路十州屯駐同吳璘正兵相兼使與朝野雜記云三月甲子特真父已去王龜齡代之與漕臣查元章皆力論其擾人不聽也有知歸州周允升者傳會璘說言本郡舟船草料皆已辦集即擢爲夔路轉運判官而任續者亦除知涪州又易恭州使行其說峽江湍險軍士素不諳習

一過灘磧人馬覆溺於是驅沿流之民爲之操舟所費衣糧皆遣刬奪所過雞犬爲之一空未幾璘薨虞并父代爲宣撫使　七月十二日提舉四川等路買馬監牧公事陳彌作申馬綱經由夔路取撥錢物應副本路沿流州縣支遣乞專委本路漕臣一員兼提舉馬綱程驛公事庶幾錢糧有以仕責不致闕誤從之　三年十月三十日四川宣撫使虞允文言均房州一帶馬路多歷嶮嶺又多亂石所以多壞馬蹄以致死損利州水路至荆南府凡十二郡計三千餘里分置船驛數目浩大挽而溯洄用人力至多若一旦阻風行船不得或至三五日馬失餵飼今别踏行馬路有二一者舊係房金州上京驛路皆平坦多係沙地於馬行相宜但一段去虜界稍

近二百七十里恐生邊隙未敢便施行一者自金州上船至淨口水行五驛出船至外口陸行四驛合舊行房州馬路馬止歷均房兩州不過五百餘里盡避得金房州數十重大山比利州水路減十之九見一面措置刬圖子進呈詔令允文擇其利便一面改易施行　十一月二十九日臣僚言四川糧饟取給於利閬之糴買訪聞糴買之害者曰馬綱商販之舟遡嘉陵而上馬綱順流而下則又却行而避之押馬官兵怙衆强横騷擾江村商販之舟尤被其毒此馬船之害於糴買也使江道有益於馬綱猶於糴場大有妨礙而况水路馬數較之

陸路存亡相若，以此妨彼，尤為非便。詔川路馬船日下廢罷，使商販米斛之舟往來通快。朝野雜記云：自吳璘建請之後，利、夔兩路沿江十餘郡之被其害者三歲，而後得免云。

雜錄 五代監牧多廢官失其守國馬無復蕃息國初始務興葺遣使歲詣邊益市馬自是閑廄始充矣太平興國四年太宗閱諸軍戰騎多闕詔市吏民馬十七萬匹以備征討（景德因用兵時或括買至北戎請和遂罷）是歲平太原遂加兵於幽州得汾晉燕薊之馬四萬二千餘匹內廏增多始分置諸州牧養之孳生拘稚以什四為率有病斃者以多少為主者賞罰又西北邊鄜州軍招市不絕咸平三年置羣牧司總內外馬政其後歲遣判官一人巡行諸監取孳生駒二歲以上者點印之歲約八千餘匹凡京城諸州飼馬兵校萬六千三十八人坊監及諸軍馬

卷一萬一千六百七十五

二十餘萬每歲京城市草六十六萬六千餘束麩料六萬二千餘石鹽藥油糖九萬五千餘觔石校諸州軍所費不在焉左右騏驥院六坊監止留馬二千餘皆三月出就放牧至秋冬而入其御馬惟備用者在京（諸班不自牧馬寄兩院牽牧）其牧地自京畿及諸州軍皆遣使臣檢視水草善地標占諸坊監總四萬四千四百餘頃諸班諸軍又三萬九百餘頃以為定制（皆有京棚井泉所馬縣令檢牧之外坊監亦有四時遞水草以肆游北者孟冬別其羸病就早棧而飼馬皆有醫分視案治校古之名良藥通用之）凡市馬之處河東則府州岢嵐軍陝西則秦渭涇原儀環慶階文州鎮戎軍川峽則益黎戎茂雅夔州永康軍皆置務遣官以主之歲得五千餘匹以布帛茶他物准其直（舊運銅錢

給之太平興國八年有司言戎人得錢悉銷鑄為器乃定此制其後諸州市蕃馬給直漸高務增數以為課續景德中戎事已息因詔條約之景祐三年四月再定諸州買馬額比除自前放券時病患馬數各二分又正額外更有省買額秦州蕃部馬萬八千七十匹省馬五百匹渭州蕃部馬二千五百六十匹省馬二百四匹府州蕃部馬千一百匹省馬四百六十匹階州蕃部馬五十匹省馬千匹環州蕃部馬三百一匹省馬不立額麟州蕃部馬四百二十匹省馬不立額火山軍蕃部馬千五百一十匹省馬不立額保德軍蕃部馬三百二十匹省馬不立額文州蕃部馬二十匹省馬七百二十匹岢嵐軍蕃部馬不立額省馬三百五十匹夏州唐龍鎮豐州儀州慶州涇州原州皆不立額凡買馬等仗自四尺七寸至四尺二寸有六等每差以一給其直腳大馬自絹二十九匹端至十九匹端六等每差以兩北馬自絹十六匹端至十一匹端六等每差以一舊馬價有以緡錢計之為十等自三十八千至十八千每差以兩）又有招馬之處秦渭階文州則有吐蕃迴紇麟府州則有党項豐州則有藏才族環州則有白馬鼻家保家名市族涇儀延鄜州火山保德保

卷一萬一千六百七十五

安軍唐龍鎮制勝關則有蕃部每歲皆給以空名敕書委沿邊長吏差牙校入蕃招買給路券送至京師至則估馬司定其價（自三十五十至八十凡二十三等舊選三歲至十七歲者景德二年詔出市四歲至十三歲者餘聽私市其蕃部又有直進者自七十五千至二十七千凡三等有獻尚乘者自百一十千至六十千亦三等）凡入馬於官皆使醫辨其不病者取之（脘軟脘搭甚僂勝甚腳不堪鍛脊甚槽腳甚膝喝肺黃病額顙挡搽斎膀承重骨大鵝鼻瘸瘵骨掠草骨大拽膀鼓掌眼甚磁膝庳鑽竇纘熱蒸飢瘦慢病毛焦腿麵蒼節攢肋尾蹄骨越骨大硬甚搐骨天定骨甚大腳氣稜風骨大轉黔通膊瘡痛瘡透氣拖清鼻有黃腸鼻濕附骨大撲踝燒敵破筋骨先闌喉已軟已上為病重者不胃肺驅肺寧氣把腰膊腰失力抹硯拽膀窄熱鼻濕白膿喉骨脹白腸草結白膜心黃心痕帶黃肝昏不明黃轉痛鷹翅骨大肺毒瘡眼掌骨蹄痛把膊低頭難中風偏風烏風眼赤已上馬中搭難有小病可療者胃之）凡御馬有三等（御馬每日一十五匹入殿作三番祇應若駕出則引駕馬十四匹從馬二十匹皆鞍勒纓複全

其次給用又有十五等一揀中馬二不得支使馬三添價馬四國信馬五臣僚馬（景德四年詔中使簡定廐馬六十匹以備羣臣合賜馬者取之賜畢復增常足其額人內職出使者多求賜馬大中祥符三年以其例或不均詔樞密院定庫臣出使賜之以馬條例）六諸班馬七御龍直馬八捧日龍衛馬九拱聖馬十驍騎馬十一雲武騎馬十二天武龍猛馬十三配軍馬十四雜使馬十五馬鋪馬（國初諸州廐置闕馬取民馬補之開寶五年詔）罷自恩賜外皇族及內臣伎術官要司職掌皆給之凡馬所出以府州為最蓋生於黃河之中洲曰子河汊者有善種出環慶者次之秦渭馬雖骨格高大而蹄薄多病文雅諸州為下止給本處兵及充鋪馬契丹馬骨格頗劣河北孳生者曰本羣馬因其水土服習而少疾馬又泉福州興化軍亦有洲嶼馬皆低弱不被甲唯以給本道廂軍及江浙諸處鋪馬（福州四牧曰永峭龍湖漶崎海瀆泉州二牧曰潛州烈嶼興化軍二牧曰東越院嶼舊十一牧大中祥符二年廢湄州崎嶼南匿三牧每牧置羣頭牧户以主之每歲孳育本縣籍其數以使臣一人提點）凡馬羣號十七左字（左騏驥院捧日馬內尾側印拱聖馬內尾橫印驍騎馬內溝正印）右字（右騏驥院捧日馬外尾正印拱聖馬外溝正印驍騎馬外溝橫印龍猛馬外尾側正印）千字（左騏驥院龍猛內溝正印雜使馬內溝橫印遞馬內尾側印右騏驥院雜使馬外髀骨橫印遞馬外尾側橫印）上字（左騏驥院給諸班直諸軍軍員馬臨時印無定所右騏驥院給諸班直諸軍長行馬外人所印）立字（右騏驥院給諸班直諸軍軍員馬外人所印）永字（左騏驥院給諸班直諸軍長行及外諸軍長行馬臨時印無定所右騏驥院外人所印又諸監三歲亦永字印充骨）官字（蕃戎所貢及歲時牧市之馬初用之牝印其項牝印其髀諸監牧駒生二歲亦如之凡馬骨相應圖法可充御馬者止以官字印其項令圖師調習之）吉字（兩院諸馬自龍猛馬以上梢駔駿者

卷一萬一千六百七十五

兵二四之三

印之以備近臣中使生日所賜及揀選支用又坊監馬部送至京及選配他處亦以吉字印甘汗溝）天字（國信馬及諸班拱聖驍騎馬用天字印大中祥符三年令別以字易之）主字王字方字與字來字萬字小官字（自諸班馬而下參給諸用者無定額或以主字至小官字凡七等印號印之）退字（凡諸州軍和市馬不及等及選退作賣者皆印之）凡馬毛物九十一種吒撥之別八（紅耳鶯薦雄花丁香青騮騟紫）青之別二（純青蘋蘭）白之別一（純白）烏之別五（純烏鈎星歷面白脚蘋蘭）赤之別五（純赤鈎星歷面白脚蘋蘭）紫之別六（純紫鈎星歷面白脚綠髮蘋蘭）驄之別十一（白驄鈎星歷面白脚烏青花黃茌鐵蘋蘭）赭白之別六（純赭白鈎星歷面白脚蘋蘭）騮之別八（棗騮金口驁子黃黑鈎星歷面白脚）騧之別六（純騧縞膊鈎星歷面白脚蘋蘭）駱之別五（純駱鈎星歷面白脚蘋蘭）騅之別五（純騅鈎星歷面白脚蘋蘭）騟之別八（青騟青紫黃鈎星駮歷面白脚蘋蘭）驕之別六（驄駮驕騟驈紫赤烏）驃之別七（赤驃銀鬃黃鈎星歷面白脚蘋蘭）駁之別三（駁起實銀纏）凡馬色以吒撥青白紫純色及綠髮騮為上驄赭驃騮騧白赤為中荏騟騅駱駮駭驕為下太祖建隆二年十月詔先是兩河之民入虜界盜馬邊吏籍數以聞官給其直方務鎮撫豈容私掠自今一切禁之仍悉還其所盜馬　開寶四年正月唐州刺史曹光實言黎州兩縣主客户止二百三十九州司每差送官買馬至雅州榮經縣山路險阻往復三百餘里人得雇脚錢百文口食米六升人甚苦之詔令發雅州在城軍三十人往備牽送　十月知邕州范旻言州人罕種粟豆今秣馬草料官中雖不闕支將來收糴亦應至少不足備用然冬草長青有馬自可放牧詔如實無草豆收

卷一萬一千六百七十五

兵二四之四

糴冬常有青草則依舊牧放

七年十一月昇州西南路都總管曹彬言大敗江南兵於米石磯獲戰馬三百疋江表本無戰騎先是朝廷每歲賜與數百疋至是驅為前鋒以扞王師及獲之驗其印記皆前所賜者

太宗太平興國八年九月詔臨淮壽春浮梁先禁馬高五尺以上不得渡淮今浙江已平吏猶守舊法宜除之

端拱元年四月國子司業孔維上言請禁原蠶以益廄馬帝嘉之令付史館

淳化二年十二月詔圉人取善馬數十匹於便殿設皁棧教以芻秣帝以其法親諭宰執仍頒于諸軍復以馬醫方書數本賜近臣其法馬上槽時先飼空草然後加麩料伴餵不得水多飼畢

卷一萬二千六百七十五

歇一兩食時乃可飲以新水春夏宜數飲不明乘騎來候喘定汗解方得飲餵仍不得飼以舊草多成腸結冬月勿飲水水草中無使有沙石糞土食之肺及腸胃成病初乘時勿便縱走驟走多肺病皆由此致也

五年五月雄州馬商仇緒等三人獻良馬五匹帝親臨命圉人閱試之四馬皆驚悉留內閑優給其直（先是緒等以市鬻戎馬為利供奉官張從吉常私市善馬手緒等不獲因誣奏緒等恣橫請徙河南諸州詔令部送至闕鞫之無狀各賜白金五十兩并其家還故郡至是緒等感帝辯其冤以良馬來獻）

真宗咸平四年十一月詔河東管內廣銳兵本軍有逃亡馬限兩月內即許闕馬兵士承之如過限無承者即配別軍（先是河東廣銳兵悉是土人其馬皆本軍團甲選良馬而置謂之馬社故廣銳之馬壯勇而少亡失若其人逃亡即官司以馬配諸軍時有奏論廣銳諸軍率社買馬入亡而馬配別軍頗為不便入將帥上言其馬若配本軍即闕馬兵士不患買置但與有闕而承之亦恐啟倖故有是詔真宗曰廣銳三十指揮各自買馬甚利國家若失係買尤所不可今如此指揮則闕馬兵士遍兩月無望必自置矣）

景德二年。三月詔沿邊州軍歲貢馬其堪充御馬者止目為第一等馬送至闕下所買多者論其賞（先是帝曰諸處所買馬收其高大者俾使臣部送目為御馬綱及馬至閱視之率皆常品蓋部送者利以御馬為名在道求索供給頗為煩擾故有是詔）

三年十一月樞密院言請州所買蓄馬歲增其價蓋沿邊州軍冀為課績方今戎事已息監牧漸蓄亦宜常為節制欲遣使臣劾其增直之罪以聞從之

四年八月詔羣牧司內外坊監界行條約尚未整齊如聞出入見管馬數亦未的確可選朝臣二人內侍二人遍詣諸州點檢制置具

卷一萬二千六百七十五

數以聞事有不便即令條例與羣牧使同定奪聞奏

九月詔自今後諸班直諸軍馬牧放時有任駒馬內在京者具數牒送羣牧司納換在外者即令逐處差人牽送往側近州府有馬監處送納不得隨羣下槽牧放枉致抛死駒子仍具納馬軍分指揮闕馬人數疾速分析聞奏支填往彼其廣銳等鞍馬不得隨例納換（鎮定等州副都總管王能言放馬驍武軍使許澄雲翼副兵馬使董嗣令節級長行特馬生駒子隨處打殺恐已後收生破死致不送分所負不了自後生得駒子即見節級長行打殺澄等具狀詔員條并殺馬駒長行處斬餘干連人決配本城及軍城論事長行董贊令侍衛馬軍司給帖補充驍武押官故別有詔令而申戒馬）

十二月詔契丹人使到闕差賜御筵酒果及勾當使臣所得事例馬令於左騏驥院送納每匹左藏庫支與錢二十

千令內侍省依此指揮更不遂度降宣其書并謝恩表狀繳送樞密院　大中祥符元年正月六日羣牧制置使言京城坊監馬病即送養馬務素無賞罰之格以故廢惰多死愈者百無三四自今望勒本坊監養療歲終比較以為殿最從之　二十一日羣牧制置使言獸醫副指揮使朱峭定療馬集驗方及牧馬法望頒下內外坊監仍録付諸班軍帝慮傳寫差誤令本司鏤板模本以給之　四月羣牧司言近以養馬務醫養病馬明立賞罰令較一季死損至少其使臣將士勤力者望量與遷補及等第賜賞錢從之　二年七月羣牧制置司言河北河南孳生監馬四時在野不給芻粟每冬雪無草齕多致死損望令諸州量加秣飼從之　八月羣牧制置使言河北諸州就糧禁軍闕馬數漸多乞差官于并州揀選麟府州蕃部省馬據合入色額取便路支填不入京免為往復從之　三年正月帝曰沿邊諸州差殿侍押蕃部省馬到京估馬司驗瘦瘠者等第責之如聞殿侍於逐處交割之時元不開坐肥瘠分數到京後估馬司裁酌料校因緣為弊人頗不平可詔自今于逐處具肥瘠分數公文付之至本司交割點檢　二月七日羣牧司言在京養馬務醫治病馬已令獸醫各上槽分逐季比較明示沮勸其逐坊監醫治病馬及上下槽時亦約此體例以定賞罰從之　十四日羣牧制置使言

卷一萬一千六百七十五

養馬務近已立賞罰條格施行外其內外諸坊監令定抛死及一分已上主者等第科罪其醫較病馬約以分釐及生駒六分已上並為給賞條例乞頒下從之　七月二十六日詔羣牧司在京及外坊監自今生駒及五分死失不及分者使臣軍校等第支賜生駒不及數而死失及分者差級科罰其生駒倍多死益少者就遷一級　八月六日詔沿邊買馬州軍使臣及總管鈐轄無得將省馬務買到官馬指射借取乘騎仍將草料腳下請領犯者論其罪　十一日騏驥院及坊監言餵一馬日破草七分料七勝餵生一馬日破草七分料六勝歲終較之餵熟者病死數多令閻承翰定之承翰言先差內侍高品王守文往自府州押省馬百匹赴京沿路依常給草料分數糲生秣飼至京送坊監別槽養餵如在路時分數比及一年止抛馬四匹如此知餵生甚便今恐料六勝不足請皆給七分從之　四年五月宣示在京騏驥院坊監馬先據羣牧都監張緫能所奏減支芻粟並生餵料內外之言皆稱非便可詔令依舊例施行　十八日羣牧都監張繼能言左右騏驥院六坊監養馬務等處常用藥先據獸醫指揮使朱峭等所定醫馬藥方十道內二道常使嚾嗢有偹遇闕絕時即配買餘八道非常用自來諸坊監計料預備久積塵裏致損官物虛有擾民欲令約用時收買供給又裏脅馬要足歲

卷一萬一千六百七十五

用圓紙五萬二千八百張令減三分之二唯御馬裹脅仍用圓紙其餘乞以故紙充一歲可減省麻豆雜卵諸臈合萬餘數其元計藥物六萬八千八百八十九亦減十分之七從之　十月秦州言諸蕃族首領乞印老小退馬者欲令本州量匹數印退給付詔自今甘州回紇并宗哥族進奉鞍馬到州告乞印退者仰看驗委是老小不堪中官入劵即與相度印退取便貨賣不得夾帶不係蕃部者一例上京

卷一萬二千六百七十五

宋會要馬政七

雜錄　大中祥符四年二月詔以西幸汾陰沿路病患鞍馬令行在羣牧司指揮赴同州沙苑監養餵醫療仍本監司臣𢑱送去馬數分擘定獸醫節級槽頭兵士養餵醫療如是醫較數多其使臣等當議酬賞若大段至死並當勘斷仍五日一具醫療已較及抛死匹數聞奏　五年三月帝謂宰臣等曰羣牧馬數亦當歲較其耗登諸蕃馬月奏其數但無比較且以去歲所奏比日近奏數約少二萬制置使陳堯叟曰蓋已給諸軍矣亦慮去歲遇雪馬有死損者多自前牧馬雖經冬不給芻膏臣近已指揮坊監如遇雪有妨牧則量給之　四月羣

卷一萬二千六百七十六

牧制置使言近置中牟縣淳澤監在京自來歲留準備供使馬多至萬七千匹少亦不減萬餘匹於左右騏驥院及六坊監養飼歲費芻粟不啻四百餘萬石今欲分定色額在京每歲各比留二千匹約撥馬五千匹赴淳澤監牧養或京師要馬掛閼絢抽止經宿便到歲可減草三百餘萬束粟豆稱是兼填闕馬在淳澤牧放必少病患減得抛失　五月四日詔羣牧司自今所支填河北諸處馬鋪馬揀選無病患低壯堪乘騎馳驟者充十八日詔自今臣僚使臣已有請到合破官馬二匹及曾宣賜并已借官馬見在者因差使更不得乞借支令騏驥院勘會本人腳下見無請到宣賜借支馬方得借

與候事畢迴日晝時送納若脚下已有官馬即未得支借具奏取旨　七月詔在京養馬七千匹淳澤監牧養監馬數在內分擘養放左院坊監馬千五百三十匹常留在院坊監養餵（御馬二百八十七匹親王馬百八十匹駕頭傳宣馬二百四匹楚王宮馬十匹短鐙馬二十八匹啟聖院十一匹玄寂觀二匹復改為太和宮）四百七十匹留准備支使如牧馬數多逐旋送淳澤院養放或數少要馬支配即却於本監馬內依色額揀取配填或醫較馬內揀選支使（國信馬二十五匹諸班馬五十匹御龍直馬二十匹臣僚馬三十匹捧日龍衛馬百匹拱聖馬五十匹驍騎五十匹雲武騎馬五十匹天武龍猛馬三十匹諸雜配軍馬三十五匹雜使馬三十五匹馬鋪馬十五匹）右院坊監馬千五百三十匹常留在院坊監養餵（御馬二百匹揀中馬三百一十匹短鐙馬二十匹）四百七十匹留准備支使如

卷一萬一千六百七十六

牧馬數多或支馬數少並依左院例（國信馬二十五匹諸班馬五十匹御龍直馬二十匹臣僚馬三十匹捧日龍衛馬百匹拱聖馬五十匹驍騎五十匹雲武騎馬五十匹天武龍猛馬三十匹諸雜配軍馬三十五匹雜馬十五匹馬鋪馬一十五匹）牧養監馬千五百匹（七百五十匹左院七百五十匹右院）淳澤監馬三千五百匹（千七百五十匹左院千七百五十匹右院）除此馬數外更有牧到馬並令左右騏驥院依大中祥符五年詔委自兩院監官勘會逐時擘畫定合支送去處申取羣牧司處分　六年二月二日羣牧制置使言淳澤並諸處馬監每冬寒至春草未出時馬羣在野多因草少致成瘦弱遂乞預於七月散差使臣於棚側近刈白草堆積准備秣飼頗甚利濟數內有刈到萬數不少或全不及分數者今具等第聞奏帝曰可第為三

等上者與家使差遣中與依例差使未等降近下監當　二十五日知河南府言請增市芻糧以廣儲備羣牧司因言洛陽監秣五千匹歲費頗重只令裁減二千帝曰大都馬數及十萬可止宰臣王旦曰若聽民間任便畜養官有所須即以本直市之猶外廐也況所費芻秣皆出兩稅少損馬眾用資軍儲亦當世之切務也　二十九日詔雲武騎已下馬頗低小自今各與增起一等　七月詔羣牧司坊監兵士盜殺官馬三匹已下並決配沙門島仍著為定式（先是有鄭州原武監兵士李斌劉人盜馬一匹亡走河陰復捉獲其馬以鬻錢既捕獲勅之得實決隷海島因有是詔）十一月代州鈐轄韓守英等言均當豐州蕃漢公事王文玉狀當州進奏鞍馬藏才

卷一萬一千六百七十六

蕃部元在黃河北異山前後住坐去州約五百里皆從趙德明北界過往並無人烟惠於德明摧場內每匹納買路絹一疋大茶十斤以此艱難近少有至者竊緣藏才一路地接子河汉所產鞍馬格式不大骨體甚良若官中以天武馬為格揀選入券即多不及等樣況降致勅書令差人入深蕃勾招其藏才最居遠地今若令於府州揀選入券則又所屬州府不同處恐阻隔蕃部不來進奉欲乞差獸醫一人至當州看驗鞍馬依舊例於當州抄劄入券委得用心當面揀選本產鞍馬欲依所請施行所有獸醫人仍乞於麟州飛騎指揮內輪差一人往彼逐年替換從之　七年三月羣牧制置使言乞

自令令教駿兵士擡擎馬擡抗子每日隨至殿門外別
差騎馬小底三人將帶入殿內候駕起即於殿門外卻
交與教駿兵士隨馬祗應從之　五月群牧制置使言
近點檢群牧司帳管三歲四歲五歲已上雜大馬二萬
匹已來多失調習致生惡乘騎不得已擘畫栩置單鎮
監并展源武淳澤監地養放於七月一日差人先揀取
二千二百匹上京分與兩院坊監騎習慣熟即送單鎮
原武淳澤等監養放其餘逐旋依此於外監勾取上京
調習送赴逐監從之　六月十二日詔軍頭司今後應
權管回忠佐帶到馬並令送納　二十三日群牧制置
使司言奉旨於七月一日勾取外監三歲四歲已上雜
卷一萬一千六百七十六
配軍大馬每番作二千餘匹上京赴天駟監騎習乞差
內臣一人往鞍轡庫點檢見在或制造第一鞍轡三百
副付騎馬直指揮使蔡興令分擘與四監應副騎習鞍
馬所有騎習馬節級兵士乞依淳澤單鎮監例每月請
受外更特支錢二百文減月糧五斗卻日支口食二勝
從之。　九年三月詔禁臣寮私於沿邊州軍買馬必有
所須皆先稟朝旨　九月詔自今唐龍鎮進賣鞍馬令
河東轉運司指揮唐龍鎮火山軍更不得點檢印記並
令牽送岢嵐軍候到子細揀堪配軍馬依例印記入券
上京進賣內若小飢瘦堪擡舉者亦與印記上京進賣
即不得將不堪馬入券及妄有揀退好馬致蕃部別有

詞說　十一月樞密院言群牧司押馬殿侍條貫不分
地里遠近及押過匹數一例酬奬乞自今須三年內押
過馬六百匹已上往來及萬里如拋死病患寄留減臕
飢瘦總計三釐并三釐以上並與三班差使其三釐以
上至五釐押馬五百匹已上更不理往來地里即與指
使差遣若五釐以上不及者並不理押過匹數地里特
給賞錢十千從之　天禧元年八月十八日群牧制置
使請以十三歲已上配軍馬估直出賣從之　二十七
日帝謂宰臣等曰如聞諸處牧地近緣蝗旱乏草昨經
大雨皆復生不妨蓄牧向敏中因曰所議減省廄馬若
止令市十三歲已上者必慮其數無多耳況今國家馬
卷一萬一千六百七十六
數倍多望廣令出賣王欽若曰若將所市蕃部馬出賣
即群議便謂有損武備帝曰可更酌其利害以聞　十
一月敏中又言近歲邊陲徹警兵革頓銷然諸軍戰馬
尚未減數頗煩經費望加裁損帝曰已令內廄中精選
止留近上等第馬其餘令民間貨賣定價聞奏　十一
月詔估馬司言所牧臣寮謝恩并節序進奉鞍馬多是
有齒歲及病患小弱不堪配軍支使虛費芻秣者乞自
今每進奉馬須將壯嫩無病堪配軍支使者充并下估
馬司收納時監勒獸醫人子細看驗訖送左右騏驥院
收管不得縱容敲倖　三年七月詔入契丹夏州使自
今所得馬令雄延州差使臣部送赴京具毛齒贏瘠之

狀以聞四年閏十二月詔在京院務坊監節級槽頭
刷剗長行并諸色公人等偷拔馬尾一兩至二兩決臀
杖十七三兩至四兩臀杖十八仍於本所榜枷令衆二
日五兩已上者臀杖二十決訖奏配遠處重役如只於
一匹上取到即據所犯兩數依立定刑名施行若是衆
馬上取到與倍兩數斷遣　仁宗天聖元年十一月二
十日羣牧司言鄜延路有承受使臣二人欲乞令兼管
句起發鞍馬事候延州場買下匹數編揀無病患者每
二百匹為一綱催發往同州沙苑監交割其飢瘦病患
者別作畜次令緩慢牽喝往彼從之先是沙苑監言延州馬綱併令人管
押至監有以九百餘匹為一綱者病馬相雜至多損死故有是命　二十五日羣牧判
卷一萬一千六百七十六
官晁宗慤言諸監比較馬每至年終拋馬及分本監使
臣罰俸正副指揮使科較員僚已下至槽頭醫獸兵士
却用羣牧比較條有不及者等第支添賞錢檢會科罰
條支賞條貫止有正副指揮科罰條即無賞給之例若
遇拋馬及分即一例等第科罪如支賞之際却獨不該
沮勸之格似或未均自今欲乞諸正監指揮使如遇拋
馬不及分依員僚賞賜例等第支賜從之　三年十二
月羣牧司言在京諸軍收到馬駒才及周歲便即送納
緣其嫩小多致失所自今請令及二年方得送若未納
間官為量給草料從之四年九月三司言乞收市准備
在京馬料萬數至多帝問宰臣諸坊監牧馬幾何王曾

曰今來比之五代馬數倍多芻秣之費歲計不下數百
萬蓋措置利害未得其要若將向西逐次估買入中官
馬立定分數自今取便於民間市易可三二年大有蕃
育急緩取之必無闕用如此公私皆便帝深然之　五
年二月詔自今從北界却迴思鄉人户帶到馬堪配上
軍者支錢二十貫不任配軍者還主　景祐三年七月
十七日知江州李濤言覩范諷言乞令後止絶官私入
不得興販蜀馬入銅錢界南馬不得過江北有舉人客
旅乘騎鞍馬到渡口例不放過只就江南岸貨賣步行
前去艱辛道路甚傷和氣欲乞今後應僧道舉人客旅
等非販賣馬者各許乘騎一匹過江從之　寶元二年
卷一萬一千六百七十六
七月二十二日詔今後諸色臣僚更不得於府州買馬
　康定二年七月詔諸路本城廂軍員闕馬聽自市三
歲以上十三以下高四尺一寸者用印附籍給芻粟
八月詔今後邊上臣僚如舊例合該于府州買馬並許
依舊例具狀聞奏當議許令府州收買先是寶元二年七月條貫禁臣
僚府州買馬至是言者以官中價小蓄馬不來故有是詔　慶歷元年十二月禁
沿邊臣僚私市馬闕馬者官為給之　八年九月詔羣
牧司自今殿前馬步軍副都指揮落管軍各賜所借馬
三匹殿前馬步軍都虞候捧日天武龍神衛四廂都指
揮使二匹軍都指揮使一匹舊制凡管軍皆借馬五匹
至罷猶借留至是羣牧司請裁而賜之　皇祐元年八

月三日知益州田況言乞將養馬務見管黎州買到第二第三等馬計綱發赴陝西轉運司交割就近支配闕馬兵士詔令陝西轉運司相度如堪配填諸軍即分配如不堪支與諸軍並支撥與馬鋪　九月詔河北兩地供輸民無得市馬出城犯者以違制論先是河北安撫司言雄州容城歸信縣民多市馬出入邊城中近為契丹籍送幽州故條約之　嘉祐四年五月十九日文思使帶御器械鄧守恭等言乞支丁萬字馬着腳乘騎詔於合支本等馬內先次揀選馴良者支別有差遣不得帶過　英宗治平元年十二月十三日令中使選馬賜皇子潁王王言聞中使選官馬將以賜臣而使人乞選揀中馬此非臣子所敢乘用乞止於禮物丁萬字馬中支賜從之

卷一萬一千六百七十六

二年二月二日以供備庫副使劉策內殿承制高昇分往陝西京西路計會馬遞闕少遞馬匹數於監牧司或馬監雜支馬內揀撥等第配填及八分止仍開析聞奏　三年正月十八日樞密院言使臣差出勾當許乘遞馬體例不一欲檢會前後條例就差本院編例官重行刪定從之以上國朝會要　神宗熙寧元年正月十八日樞密上文武官合乘遞馬條貫因言先給遞馬者太濫所在馬不能充足以致急令有所指留檢會祖宗朝臣僚差遣有賜馬者以帶甲為名蓋沿邊要用任使故也時平既久僥倖干求日以滋蔓令欲應使臣閤門祇候以上充三路州軍路分總管鈐轄都監

之比依舊賜馬價錢外其餘職任文武官一切罷去從之　二十五日樞密院言雄州自來將入國使副等所得馬送定州高陽關路總管司配填諸軍其間甚有病患瘦弱不堪披帶者逐路詔總管司依格式揀選驗有筋力無病患堪任披帶者即得配填諸軍餘充雜支　三月四日殿前馬步軍司重定會到牧放鞍馬約束條貫詔令施行仍告示牧放官員使曉會遵守　十七日樞密院言昨差供備庫副使高漁提舉牧放諸軍班馬其死損數不減於舊詔以高漁為大名府路兵馬都監餘使臣並廢罷其牧放令殿前馬步軍司依舊差人仍別立約束條貫務定牧馬不至損斃　八月三日河北轉運司言准朝旨四路都總管司勘會騎兵見管堪披帶馬約及三分已上詔令羣牧司於本路諸監擇堪任披帶馬增給之

卷一萬一千六百七十六

二年五月十七日詔今後御馬四直闕馬如羣牧司闕本等馬即支驍騎龍猛馬充填　十一月五日樞密院言陝西都轉運司奏四路馬鋪盡皆闕額存者多是羸弱不堪乘騎恐緩急誤事乞於同州沙苑監見管不堪披帶官馬內支撥與逐路添填卻將退馬出賣收錢本院勘會涇原路經略使蔡挺奏揀選戰馬內一項馬軍令逐路經略使親自揀選內有齒口不堪戰鬭不及格尺並送監牧使司令擘畫支使所闕額者便依分數補填今河南河北分置監牧使暨准朝

旨見勾追本路馬軍親自揀選次即未委送河南或河北兼所闕額令監牧司或本路買馬司補填詔令本司將揀下馬分配馬鋪如內委的不堪者估價出賣仍據揀下合支填馬數闕報陝西買馬司依條將合留支配本路馬支填其環慶鄜延秦鳳路經畧司准此將揀下馬送轉運司配填馬鋪如委不堪者准此仍下鄜轉運司候逐路經畧司送到合分配馬先從緊急及闕馬多處鋪分添填如數未足即令同州沙苑監將合支馬鋪馬支填數足有剩即送京西轉運司方配轄下接連陝西闕馬鋪分　三年五月二十一日羣牧判官王誨上馬政條貫詔令頒行　十二月陝西宣撫使司言延慶

卷一萬一千六百七十六

環三州義勇節級已上係第三等人戶如有田土瘠薄無錢買馬者並官給馬一疋如有倒死更不再給勒令自填從之　四年十月十九日比部員外郎集賢校理同修起居注曾孝寬言相度到諸班直諸軍牧馬乞不下槽牧放許人戶出租請佃牧地及合立條約等利害詔馬自來年更不下槽牧放所有五箇月合支草料三司預行計置須管有備每疋在京支六分草料外處支五分并約束五事並從之內外班直諸軍馬舊以夏初出牧迄八月上槽凡軍士之有馬者利其草粟之餘與傔兵衣糧羈絆藏視之及其出也數馬一圉出而來至牧與自牧而歸者常數日草粟無所給方其在牧畫禁之於棚不得卧休夕就野而牧卒有裹畜風遠不知所在有得之數十百里之外雨潦霜露之不時而感寒疾往往而斃者十常三四被病而歸死槽櫪與納換者不在數圉人戕被榜罰者以千數久牧地多占良田園人侵擾閭里耕井科率無寧歲公私若之故命孝寬比較相度詔下入以為便計租入以補草粟猶有羨百年積弊一朝而除者由上斷之不疑也

五年四月二十九日詔諸蕃所進物色三司初估例不盡價須再添估方行支賜馬價亦節級次增添今後初估時便定實價將暗添錢一就作添賜　六月五日差檢估諸軍牧地官汲逢與河北監牧司同共揀跑蹋軟齒高駑鈍小弱不堪配軍馬並估價直出賣　七年二月十四日遣供備庫使李希一乘驛往河北東西路計會當職官揀選諸軍馬十五歲有病不堪披帶乘騎十八歲以上不以有無病其稍堪乘騎者支馬鋪及廂軍不係披帶軍員其不堪者平估斥賣　九月十六日詔羣牧司除椿管不係

卷一萬一千六百七十六

支使及牧養監病馬外自今後以二千疋為額其餘堪配軍及雜支馬權與闕馬兵士　八年二月十五日羣牧使李師中言乞立定殿前馬軍司在京營填馬分數詔填及七分　九年五月十四日權開封界提點諸縣鎮公事蔡確言乞府界養馬增六千疋為額詔中書立法以聞　十月二十七日中書門下言禮房申刪到諸府界養馬不得過六千疋逐年與免戶下體量草二百五十束更不支錢布如有倒死及瘡病並依永興秦鳳等路弓箭手養馬條施行從之已上續國朝會要　神宗元豐三年二月二十八日詔以國馬未備令開封府界京東西河北陝西河東路州縣物力戶自買馬牧養坊郭戶

家產及三千緡鄉村及五千緡養一匹各及一倍增一匹三匹止須四尺三寸以上及八歲以下令提舉司注籍仍先下逐路具民戶家業等第及合養馬數以聞從王拱辰請也　六月二十六日詔開封府界京東西河北陜西河東以物力養馬戶可依逐路提舉司所具當養匹數施行開封府界四千六百九十四匹河北東路六百一十五匹西路八百五十四匹秦鳳等路六百四十二匹永興等路千五百四十六匹河東路三百六十六匹京東東路七百一十七匹西路九百二十二匹京西南路五百九十九匹北路七百一十六匹　八月十九日上批近立京師諸路戶馬法既有期會必為猾商

卷一萬一千六百七十六

乘時射利以高價要養馬戶使良法不得速成宜令羣牧司簡驍騎以上馬千匹定價與民交易毋得市與不養馬戶　十月一日環慶路經畧司奏已令諸將蓄官等勸誘屬戶養馬詔諸部族所買馬委諸將按驗及格堪披帶者每匹於撫養庫給賞絹五匹更不支銀楪其鄜延秦鳳涇原路準此人詔當養馬路分人戶如鄉村坊郭並有諸家業計直各不該養馬者通計從輕收養其鎮坊郭依縣坊郭例　五年二月五日提點京東東路刑獄霍翔言齊淄等州民號多馬禹城一縣養馬三千壯馬居三之一臣近因巡歷察視按民馬雖土產亦骨格高大可備馳突之用兼齊州第六將騎兵多是東

披意改批

馬與西馬無異雖民間比官中養馬所費芻秣不多然而不有所免則無以為勸緣民之所欲免者在於支移折變春夫賊盜數出賞錢保正保副大小保長催稅甲頭保丁巡宿十事臣即以此事目付禹城縣勸諭願養馬之家已應募養馬之家計馬四百四十八壯馬二百六十三牝馬百八十五然而未見所免之利而願養者已多乞應諸路鄉村戶不拘等第高下如願養馬並許經官投狀除依條分番教閱及覺察同保違犯並句集追捕賊盜外與免十事內有田五頃許養馬一匹五頃已上二匹十頃以上物力高強恐妨差使不在養馬之限其牡馬須四尺二寸以上牝馬四尺三寸以上大縣

卷一萬一千六百七十六

毋過五百匹小縣毋過三百匹許養牝馬三之一及委本州通判春秋呈驗當日放散外其餘約束一依朝廷近降民馬指揮上批送吳居厚相度居厚言令轉運軍須年計大半出於折變之物稍有侵耗即無從補助自保甲之法行于諸路其正副盡得一鄉村武之士譏察盜賊所在衰減今募民養馬之法若與免大小保長支移催稅甲頭春夫賊盜數出賞錢保丁巡宿七事實便公私可施行上批三省樞密院可更審詳若果有害民必不可施行所見官具事理論奏茍無弊也即宜并心一意協力奉行　七年五月二十九日稱除役錢保內凡巡宿催稅甲頭等依元法減免　八月七日開封縣

言養馬户未審止以屋業為物力或通計營運財物祥
符縣言自頒養馬令民已買馬後質賣家産或於市易
務拘管抵當未審合與不合養馬詔以屋契錢數屋租
為物力隱匿契者以鹽税為定如有質賣馬亦隨之若
已抵當或因事在官拘管本户不得課利者驗實與免
十一日鄜延路經畧司言漢户及歸明界弓箭手買
馬乞依舊弓箭手例每匹給撫養庫絹五匹為賞從之
環慶准此　九月十四日詔户馬法以屋契錢為物力
用住宅計者元契三千緡房錢計者二千緡各養一馬
其住宅房錢相兼者以分數紐折　十一月一日太僕
寺言御馬三匹給卒一名常馬十匹給卒二百飼養從
卷一萬一千六百七十六
之　十一月三日瀘南沿邊安撫司言乞以戎州所買
蠻馬配本路兵外給義軍人員令習馬戰從之　六年
五月八日詔鄜延路新支綱馬分配闕馬諸軍彼有
新兵未堪出戰例得善馬其有武藝舊人往往闕馬甚
非朝廷本意委劉昌祚按驗有實即改配仍具數以聞
六月四日權發遣鄜延路經畧使劉昌祚言乞自今
諸軍逃亡事故其鞍馬許有馬與闕馬人比較武藝優
者與善馬及監牧司所給新馬亦准此從之仍下河東
陝西路昌祚又言按試諸將下新招簡投換馬軍十一
人武藝劣等已改給與將下有馬藝闕馬舊人詔以武
藝劣等者名下馬通一路簡試有武藝人改給又詔昌

祚祥度每十匹以七匹改給武藝高强人三匹給第二
等武藝上名　七年二月八日詔京東京西路保甲免
教閲每都保養馬五十匹給價錢十千京東限十年京
西十五年數足仍專置官提舉其京西路鄉村以物力
養馬指揮不行　三月二十三日同主管京西保馬呂
公雅言保馬癯瘠已立備償法其充肥未有旌賞欲乞
保馬生駒每匹給絹一匹其充肥支銀楪仍乞借常平
錢五萬緡均付諸州縣出息為銀絹費每歲孟夏之月
聚而牧放可致蕃息從之　五月四日詔三路保甲借
民私馬習藝者聽依舊　二十六日詔京西京東路民
民以養户馬者免保馬　二十八日中書省言熙寧二
卷一萬一千六百七十六
年天下應在馬十五萬三千六百三十四詔尚書兵部
取索内外馬數比較以聞　二十九日提舉京西路保
馬司言體問上等户私馬有三兩匹者願盡印為保馬
乞許養至三匹除役錢保内巡宿催税甲頭等依元法
減免外以所養馬每匹各聽次丁一人準法公私罪杖
非侵損於人者用贖從之京東路準此　六月十二日
知河南府韓絳言京西保馬詔限十五年數足今保馬
司遍帖諸縣作二年半京西地不産馬民又貧乏乞許
於元限減五年詔提舉京西路保馬司遵守元降勑限
七月二日詔陝府西路沿邊諸軍戰馬並依河東麟
府州例不以上下槽支草料各七分知延州劉昌祚乞

不以冬夏支八分上批戰馬在軍政固已要重令用兵未已適當乏馬所繫實大特依所乞陝西河北河東熙河路準此　九月重陽節特御延和殿閱經制牧馬司進諸路簡買馬并左第一監馬駒　十二月十三日同主管京西路保馬呂公雅言有官之家守官在外止出助錢不均乞並令養馬兵部言欲令有同居親屬自住佃田產者依餘戶法養馬從之　八年四月八日哲宗即位未改元詔開封府界京東京西河北陝西河東戶馬已買塡河東鄜延環慶路闕馬軍分自今府界并京東等路養馬指揮並罷　同日詔京東京西路保甲養馬法初定年限本易應辦而有司促期民用騷擾故先帝嘗降

卷一萬一千六百七十六

手詔詰責之至今猶有不能奉行者其兩路保馬宜令依元降年限置買仍取其贏充以次年分之數　又詔提舉京東路保馬兼保甲楊景芬提舉京西路保馬兼保甲張修秉傳赴京於三省稟議改廢其後詔京東京西路保馬分給諸軍餘數廢赴太僕寺仍以格尺不逮者還民戶變易之納元給錢　七月二日殿中侍御史黃降言京東西兩路保馬司管勾公事官乞並權罷候至買馬二分依舊詔保馬司各具合留員數姓名　九月二十七日詔京東西路保馬數未足者更不收買據見管數令逐戶依舊主養別聽朝旨　十一月十六日詔馬軍所闕馬應給者在京府界京東京西河東陝西

路無過七分河北路無過六分　哲宗元祐元年正月十四日詔保馬別立法以聞　二月十六日兵部言畿內馬監已行廢罷即合於諸路相度置監乞差官前去經畫詔郭茂恂往陝西河東路按行相度以聞　二十八日三省言訪聞前知鄆州楊穀縣李祚昨行下保馬指揮不數月間本縣買足十年馬數詔京東路轉運司檢按李祚如何催促便得足備具詣實以聞　閏二月二日三省言霍翔呂公雅提舉京東路保馬不循詔旨至減朝廷元立年限之半督責收買急圖已功兩路騷然民力困弊雖各移任然其欺罔害民之罪未加紬責無以懲沮詔霍翔差管勾江州太平觀呂公雅添差監

卷一萬一千六百七十五

舒州鹽酒稅務　四月四日右司諫王巖叟言京東保馬尚有餘弊宜因而變之盡收退還民間馬三萬餘匹復置監如故委轉運使領之其京西事體既同乞並賜施行從之　五月四日詔提舉陝西等路買馬監牧司以川買馬給陝西馬軍兌陝西所買馬赴京師　三年四月十三日詔吏部授兼管買馬官並赴樞密院引驗　四年七月四日樞密院言新復諸監牧馬元祐三年經春大雪苦寒已特免一年比較其入員兵級欲取死亡最多最少者賞罰從之　紹聖元年正月五日太僕寺言馬政武備之要宜講求所以蕃息之方詔太僕寺條畫來上　三月二十六日樞密院言廣西京畧安撫

司奏乞自四月一日已後至九月終將邕州四指揮官馬野牧從之仍令比較移往賓横州死損馬數開析以聞　四月六日詔户部看詳役法所諸路將下公使錢織終有剩並留充買馬支用勿充次年之數　八月八日樞密院言太僕寺考會得紹聖元年二年綱券馬死損分數綱馬死者不止十倍令復行券馬法係陸師閔建議其效已見詔陸師閔特賜銀絹各一百匹兩仍令學士院降勅書　三年四月二十五日供備庫副使田良彦言陝西經畧司自來令諸將下城寨勸誘蕃部買馬近不以貧富例皆抑配兵官有不堪披帶馬復彊售蕃部因是多致流移請自今許人告以馬價賞充有剩

卷一萬一千六百七十六

利計贓定罪當職官以違制論不以赦降去官原免從之　七月初二日詔自今後陝西路弓箭手闕馬願於官價外添備錢收買者聽或已請官馬而自備錢買到堪披帶馬聽經官充換元請馬出賣若干繫入因買馬及充換而留難乞取錢物並依重祿公人法從本路轉運副使吳安憲之請也　元符元年十月二十九日河東轉運司言體量到本路州軍為經畧司科定買馬匹數多於人户名下配買至昭德軍出給公據令人户往陝西買馬并抑勒市户結攬馬中官有實詔河東路知州通判職官降官展年罰銅有差凡降官並展兩期敘　二年五月九日權通判廣信軍周綍言邊馬不足請

取近地或西市團綱馬分配諸城詔令太僕寺相度以聞　徽宗崇寧二年正月二十四日詳定一司勅令所劉子奏契勘見看詳省寺監諸司元祐勅令格式其間馬政所隸之事乃全衝改元豐舊法竊緣馬政合隸尚書駕部乃先朝官制自元祐衝改至元符中令候邊事了日依新勅施行則看詳去取在於今日所繫最重欲望下三省樞密院詳酌指揮詔太僕寺依舊制不治外事撥歸尚書駕部應緣馬事上樞密院　四年六月十二日詔昨降指揮令陝西茶馬司支茶五萬馱於年額收買戰馬二萬匹分配逐路今已收買將足官吏等頗宣力可特推恩庶勸能吏程之邵孫鼇抃與各轉一官

卷一萬一千六百七十六

鼇抃仍賜章服餘並取索比附推恩　十一月三日詔諸路馬食儲積頗艱其令諸城寨乘春發生分番出牧就野飽青晚持草歸以充夜秣每名量支草價以省官芻　二十五日詔神宗皇帝勵精庶政經營熙河路茶馬司為均致國馬之源其法大備後來監司意欲侵漁茶利以助漕司糴買故茶利不專馬難敷額近雖衝改吳擇仁所乞條約令茶馬司專總運茶博馬職事猶慮轉運司苟求目前近利不顧悠久深害三省可慎守已完法度不得變亂元豐成法　十二月十一日尚書省劄子檢會熙寧元豐州茶惟以博馬不將他用蓋欲因羌人必用之物使國馬不乏騎兵足用竊慮淺見官司

趣一時之意陳乞別將支費有害熙寧馬政欲修立下條諸川茶非博馬輒陳請乞他用者以違制論從之 大觀三年六月二十九日詔罷提舉河北路買馬所及官屬其恩冀邢趙州買馬場令逐州知州管勾 四年五月七日京東路轉運使李延寧奏准詔復置鄆州東平監罷京東西路給地養馬令專一措置將支與雷澤等縣人户馬并支送衛州淇水監馬及借撥與太僕寺等處人吏兵級與養馬户牧地並行拘收監內地土舊不係本監者仰依舊名入租佃其槽桶動使等依元價收買應有合行事仰措置聞奏今措置下項一鄆州東平監昨廢為鎮寨今乞依舊以鄆州東平監為名一今

卷一萬一千六百七十六

來復監全藉舊日監兵驅使今訪聞本監有逃走兵卒欲限一月許赴所在陳首遞送本監收管寄役從之 政和五年八月二十五日臣僚上言伏覩陛下復神考牧馬之法追三代寓兵於農之制法行之初三路之民鼓舞而從有司遵承日益就緒曾未期月已底成績以給地之廣養馬之數考之動以萬計冏之盛時所未有也獨河東陝西兩路得以推行亦既歲矣尚未見辦驗土色闕報省部竊慮因循苟簡寢廢良法臣愚欲望申嚴詔旨庶得早見成効詔送尚書省 六年四月三日知懷州田登奏遵奉御筆推行户馬法本州管下三縣押到養馬人户共一千一百四十户計馬一千八百三

十四匹已集驗支散銀絹了當詔田登與轉一官其協力奉行官屬具等第保明申尚書省 十二月十九日詔知興仁府王傑可特轉一官以養馬調習皆堪披帶故也 七年五月二十六日臣僚言給地曾牧法成令具諸路告功賞武備無窮之利乞令邊路春秋集教以備選用從之 八年二月樞密院奏據定邊軍安撫司公事楊可世申今來邊事臨陣之際惟藉騎兵禦敵窃見環慶路自李訛哆作過之後驅虜却戰馬不少即今諸將闕少騎兵深恐緩急步卒難以倚伏伏乞詳酌於同州沙苑監支撥堪披帶戰馬三五百匹赴定邊軍揀選闕馬精銳軍兵蕃漢弓箭手乘騎庶幾緩急可以驅

卷一萬一千六百七十六

策詔支三百匹 五月十五日知太原府姚祐奏本路禁軍馬額一萬二千三百二匹自西方兵興累次調發見闕頗多緣本路控扼二虜全藉騎兵深慮緩急誤事乞下陝西買馬司買發應副從之 宣和八年八月二十一日樞密院言勘會茶馬司政和六年八月至八年七月終依元豐舊法買獲馬三萬四千七百一十三匹計減省錢一十萬三千三百貫除本司官吏已推賞外所有川司官吏未嘗曾推賞詔特各與轉一官 十月二十日詔高陽關路轄下馬軍二十五指揮見闕披帶馬五千餘匹邊防所繫事體不輕可支降度牒三百道付詹度措置變轉買馬填闕不得別有侵使違者以違

御筆論　二十一日詔真定中山府路馬軍闕額馬數
將及二分每路支度牒付帥司收買塡闕亦如之　三
年六月十五日中書省言臣僚進奉馬價錢乞赴左藏
庫送納勘會左右騏驥院天駟監向緣闕少屋宇及所
阻節招軍例物兵士日給食錢以致進氣招置不行遂
具奏請乞將臣僚進馬價錢赴左騏驥院送納政和七
年六月六日詔依上件錢係補還借進馬數及增葺屋
宇補置沿馬動使支給人兵食錢招塡兵卒數闕額令
欲乞特降睿旨令左騏驥院依舊受納詔依舊存留更
不納左藏庫　六年四月二十九日詔今後因差使官
司不許奏請諸軍換移他人名下官馬雖奉特旨亦許
卷一萬一千六百七十六
執奏不行如遇差出名下馬老病瘦弱不堪乘騎依條
納換　七年五月九日詔應昨降指揮支過河北路人
戶見養牧馬應副燕山府路限一月給還價錢尚慮有
未支還去處仰提刑司限三日給還訖聞奏　十一月
十九日南郊制應諸給(路)地牧馬其養馬人戶所養官馬
因病倒死及昨宣和二年罷給牧馬偶因官司失於拘
收止在人戶名下牧養致有倒死見今拘繫監勒備償
者仰所屬勘驗詣實無情弊並與蠲放　欽宗靖康元
年二月十二日詔應今來應副軍期被差管押牧馬如
因在路倒死別無情弊者仰所屬勘驗詣實特與除放
以上續國朝會要　高宗建炎元年八月十四日詔應官司及

諸路軍腳下馬別立印號其印號令騏驥院擬申樞密
院如衷私轉賣兌易之人決脊配海島買馬及牙儈並
與同罪許諸色人告捉每匹賞錢一百貫先以官錢代
支訖於賣買及牙儈人均償若內有能自告首以馬價
充賞仍免罪　四年五月二十七日廣西路左右兩江
峒丁公事李棫言措置收買戰馬發赴行在探報江西
路各有賊馬道路阻節今踏逐得廣東有便路經自福
建入兩浙赴行在欲起馬綱自廣東徑路前去乞下經
由路分監司預行指揮下州縣準備草料口食及嚴責
巡尉遞相防護出界從之　九月二十日上謂輔臣曰
前日韓世忠進馬一匹高五尺一寸云非人臣所敢乘
卷一萬一千六百七十六
朕答以朕在九重之中未嘗出入何所用之卿可自留
為出戰之備遂却之　紹興元年十月二十六日廣西
路經畧司言訪聞邕賓横州土丁被差牽馬赴行在每
名除官破和顧盤纏錢五貫文省為地遠往復萬里裹(裏)
費不足其土丁各自備錢每名不下四五十貫足充盤
纏乞今後馬綱經由州縣應一行官(驛)券及馬料並排
日支給不管闕悞仍令所至巡尉遞相防護出界如違
許押綱官具事因申所至路分監司按劾從之　二年
五月十六日廣西路經畧安撫司言前後所發馬綱並
係逐匹闕齒歲毛色格赤深慮押馬使臣兵級人等沿
路作弊換易欲下所屬今後本司發到馬綱並比對綱

界內馬數逐匹齒歲毛色格赤交納如有不同即乞推治仍立賞格下經由州縣許人告捉詔廣南西路經畧司見起綱馬赴行在若有所犯罪賞並依川陝路見行貿易綱馬條法　十月十四日樞密院言廣西帥臣措置收買戰馬近來諸軍多行申請支降及陳乞差人前路一面截留致令前後不相照應合行止絶詔廣西所買綱馬仰帥臣指揮管押官等今後並須押到行在樞密院交納分撥支降雖有朝旨亦不許截留仍仰兩淛江東西荆湖福建廣南東西路轉運司遍行轄下州軍遇有管押上件綱馬到來將今降指揮關報押馬官等知委如被官司截留不到行在管押等並不推恩其管

押官輒敢計會官司截留當議重作施行　三年正月一十六日詔邕州置買馬司收買戰馬每一百匹為一綱每綱差官二、管押將校一名節級二人牽馬禁軍或廂軍五十人獸醫一名軍典一名獸醫許募百姓其廂禁軍於一路通差即不得差寄居待闕官及峒丁土丁綱馬逐匹各於兩膀下用火印綱馬字及造木牌雕刻字號分明標記格赤齒歲毛色等事於馬項如法封記務要辨驗及於綱解狀內聲說實封發遣預申樞密院用紙畫逐馬毛色以憑照驗交收押綱馬官如到行在損失不及一分依得條法交割了當與轉一官將校節級軍兵並與轉一資失及二分並降一官資若有情

弊送大理寺根治押馬綱官兵等在路換易官馬許諸色人告捉所有罪賞並依川陝馬綱法以樞密院言廣西收買戰馬名募押綱使臣與所領綱往往在路換易兵級減剋草料及差峒丁土丁自邕管關至行在地理遞遠回程口券州縣不肯支給遂于沿路尋于駐軍去處計會截留至是參酌措置故有是命　三月二十一日詔廣西起發綱馬到日委樞密院檢詳計議官各一員親赴省馬院當官以元解發綱馬狀并圖畫到毛色齒歲尺寸逐一點對并驗認火印封記鬃尾訖具有無異同日下申樞密院呈驗仍令省馬院候綱馬到院即時依數交收如法餧養　四月二十三日瀘南沿邊安撫使蘇覺言瀘州江門寨引領到西南蕃武翼大夫歸州防禦使瀘南夷界都大巡檢使何永差的弟雲禮等

進奉馬一百十八匹契勘何永逐年進奉馬以一百一十二匹為額今來外有六匹與見任官為信依近降朝旨更不收受送所屬收管詔令瀘南安撫司將上件進奉馬差得力將官一員使臣二人軍兵據合用人數管押赴樞密院送納　四年二月十八日樞密院言提舉廣南西路買馬李預請官馬依條合給草料七分令相度除已有養馬士丁打採外欲乞綱馬未起發間支破馬料五分於所在州勘支庶得餵養不致失所從之　三月二十三日神武中軍統制楊沂中言樞密張浚帶到選鋒五將并武騎鋭士良家子赤心軍數内一百人見闕官馬止乘騎腳下私馬其上件馬一百匹並堪披

滯情願中官望看驗好弱支給價錢即充官馬令元主
依舊乘騎應副使喚從之詔依令楊沂中看驗開具格
尺毛色齒歲合支價錢申樞密院　九月十五日明堂
赦應昨緣軍興以來諸色人支借過官馬事罪有隱匿
不即送官者可特與放罪限一月於所在官司送納如
法養餧因便差人管押赴樞密院省馬院交割　七年
五月十八日宰執言廣西進出格馬十匹御批留一匹
餘付殿前司臣檜等奏曰所進馬毛骨皆好前此所進
未嘗有也上謂秦檜曰朕所留一匹幾似代北所生廣
西亦有此馬則馬之良者不必西北可知　閏十月八
日宰執言楊沂中乞三綱馬上曰川廣馬到朕未嘗留

卷一萬一千六百七十六

盡以均給諸軍若小不均則謂朕有所偏楊沂中馬少
而張俊近以老馬數百匹納樞密院可以兩綱付沂中
而以一綱付俊上駕御諸將毫髮輕重皆留聖意　八
年六月二十五日都大主管成都府利州熙河蘭廓秦
鳳等路茶事兼提舉陝西路買馬監牧公事張深言本
司起發綱馬赴行在樞密院交納全藉沿邊路程驛椿辦
人糧草料槽具之類已行得旨專委逐路漕臣掌管一
員兼帶提舉本路綱馬驛程公事尚慮州縣程驛不切
預辦仍乞將馬綱經過州軍通判如無通判處簽判或
判官於銜位內添入提轄馬綱程驛六字候遇書畢日
仍舊逐時遍詣所部檢察候歲終考較如無闕誤從提

舉司保明申朝廷特與推賞若有稽違闕失取旨責罰
詔依押馬使臣仍添置一十員　九年四月十九日後
殿進呈上宣諭輔臣曰韓世忠欲獻一駿馬朕却以無
用駿馬卿可自留以備出入之用世忠曰今和議已定
豈復有戰陣事上曰不然虜雖講和戰守之備何可少
弛朕方復置茶馬司若更得西馬數萬匹分撥諸將乘
此閑暇廣武備以戒不虞和議豈足深恃乎　十一年
五月八日太保樞密院使韓世忠言節次蒙恩給賜及
私自買到西馬共五百餘匹見權令諸軍乘騎謹具進
納望下所屬繫帳收管從之　十五年十一月二十一
日兵部言秦州每歲買馬舊以二萬匹為額合破押馬

卷一萬一千六百七十六

使臣一百一十員今來西馬止有五十八綱合用使臣
五十八員其餘員數顯是冗長乞權行減罷從之　十
八年四月十五日領殿前都指揮使職事楊存中言乞
於平江府添蓋牧馬屋上宣諭輔臣曰應干費用可令
支係官見錢不得于民間少有科擾　十月十九日馬
步軍司言乞將不堪乘騎馬下臨安府賣上曰若賣與
市人不免屠剝誠所不忍其尚堪乘騎者可發赴省馬
院　十一月十六日兵部言參酌立定廣南西路經畧
安撫司提點綱馬驛程官任滿能點檢沿路驛舍槽具
動使供應草料無闕誤及綱馬死失病患寄留減臕通
不及下項釐數三千匹以上不滿半釐減一年磨勘不

滿一釐更不賞罰如任內弛慢倒斃寄留滿一釐展一年磨勘通滿二釐展二年磨勘通滿三釐展三年磨勘以上展四年磨勘從之　二十三年正月二十五日詔茶馬司進到綱馬緣押馬使臣失於看護多至瘡疥瘦瘠僅存皮骨往往餧養不成樞密院可委承旨看驗有似此者管押使臣更不推恩仍劄下沿路州軍令如法應副草料　二十四年十二月二日詔西和州宕昌縣階州峯貼硤兩處買馬場每歲起發綱馬赴樞密院押綱使臣往往不得其人餧養失時多致倒斃可自二十五年為始循環撥付殿前馬步三司如二十五年並撥付殿前司二十六年分撥付馬步軍司二十七年却撥付殿前司周而復始皆循此三年為例仍令逐司當撥

卷一萬一千六百七十六

馬年中每一綱選差有心力使臣一員軍兵三十人就買馬場團綱起發赴樞密院交納賞罰依已降指揮　二十五年十二月二十一日尚書省言平江府湖秀州三衙牧馬寨屋除步軍司已造瓦屋外餘係席屋訪聞歸司隨即毀拆州縣公吏利于乞取逐時科率于民顯屬搔擾詔令兩浙轉運司同逐州措置以係官錢改造瓦屋仍差使臣看管遇有損缺隨時修治日後更不得科敷如有違戾去處許人戶越訴　二十六年十月四日成都府利州等路提舉買馬李潤言綱馬驛頓遙遠乞下利州等路添置改移驛舍上曰修蓋驛舍所費不

兵二四之三七

多令於上供係省錢內支撥應副免致騷擾　十月六日和州言本路轉運司標撥和州城外姚岡地蓋屋應副王權軍中牧馬侵占農田上謂輔臣曰放牧所在實妨農耕淮甸曠閑之地甚多何必逼近居民可令更切相度于寬閑去處移蓋　閏十月十五日樞密院言茶馬司逐年團發綱馬赴行在委承旨司看驗有瘡疥瘦瘠馬數其管押使臣等依寄留倒斃賞罰內軍兵牽馬二匹並瘡疥不推恩一匹瘡疥減半推賞支錢其諸軍於茶馬司取到并廣西起發綱馬即未該載理宜一體詔今後諸軍於茶馬司取馬并廣西起發綱馬賞罰准此仍令御前諸軍都統制遇綱馬到子細看驗分明開

卷一萬一千六百七十六

具申樞密院　十二月十七日尚書駕部員外郎楊倓言川廣各置馬司所費不貲而馬以綱來者皆損耗羸瘠之餘誠可深惜蓋牽進送皆和顧游手充代往往坐視倒斃甘心逃竄今欲取除諸軍取押外須遵依舊制均差諸州在營兵卒則可無損耗之患終日奔馳飢渴生疾至於暮夜始得餧餇今若添芻秣為日中計使馬不至甚飢則可以無羸瘠之患驛程儲峙不足所管官吏往往逃避以致無所批請人馬俱困宜申勅提轄驛程官常切覺察從之　二十七年五月十日前知化州趙不茹言欲行下廣西帥司今後管押馬綱並於逐州見任使臣內差如此則州郡無横費之財使臣無尸祿

兵二四之三八

之憂從之。十七日樞密都承旨陳正同言乞自今後管押馬五十五匹五十四匹到轉一官減二年磨勘五十三匹到轉一官減一年半磨勘五十二匹到轉一官減一年磨勘五十一匹到轉一官減半年磨勘以上使臣不支犒設餘照見行賞格則例施行從之　七月十九日詔成都府每歲合起川馬更不發來行在以十分爲率撥付御前諸軍鄂州駐劄田師中建康府駐劄王權鎮江府駐劄劉寶各三分池州駐劄岳超一分令逐軍差人前去取押　二十八年正月九日上謂輔臣曰平江府改造牧馬瓦屋合用錢物止令州郡措置必至科之民間莫若據間架每間支與價錢付逐軍令自管

（卷一萬一千六百七十六）

認修蓋州郡更不干預不惟便可辦集亦免科擾之患如戶部闕錢當從內庫支降應副　二十五日給事中賀允中言平江府改造馬屋殿前司彩畫到圖子兩段其一在舊寨地傍西至南至目今皆係稻田即非荒閑白地其一在常熟縣界係創行踏逐北枕山南瞰湖東西皆百姓住屋四至之內皆膏腴良田既係民間累世久安之業豈肯輙以售人望只委平江府及本路轉運司差清彊官親行踏逐係省寬闊水草便利官地撥付殿前司依已降自行管認修蓋指揮施行詔令平江府委官審實如不係稻田即優給價直標撥不得抑勒搔擾務在軍民兩便　四月十九日都大提舉茶馬司言

西和州宕昌寨階州峯貼硤馬場舊來買馬並發在興元府馬務團綱昨得旨自二十五年爲始循環撥付殿前馬步三司令逐司自差官兵就買馬場團綱起發訖緣宕昌寨峯貼硤寨屋窄隘難以屯泊取馬官兵望依舊令三司官兵就興元府馬務團綱起發從之　七月二十八日殿前都指揮使職事楊存中言宕昌寨峯貼硤馬場至興元府二十程舊來買到馬和顧人夫舁送並不用心養餧致有損壞送戶部勘當本部欲行下茶馬司和顧人夫將所買馬自宕昌寨峯貼硤舁送五程交付吳璘所差官兵舁送七程接連交付姚仲官兵舁送八程至興元府馬務團綱施行仍乞下四川總領所

（卷一萬一千六百七十六）

將管押使臣一員每日添破衙官五人例銅錢券一道六百六十六文舁馬人兵各添破鐵錢七十五文米二勝仍劄與吳璘姚仲照會從之　二十九年六月二十四日中書舍人兼樞密都承旨洪遵言川路所遣押馬綱使臣多是見任大夫者一歲之間當轉官者亡慮數十人積而計之蓋不鮮矣此而不革何以善後伏覩近制文臣承議郎以上不得押綱望下有司看詳比附文臣條例今後武臣不得以綱賞轉至武翼大夫以上仍行下發綱去處無得輙大夫以上及合轉大夫武臣押綱從之　閏六月五日兵部言三司退馬並分送宣徽信衢婺處明徽秀州紹興平江臨安府等處出賣乞行

下前項去處將已承受未賣馬數盡行分撥本州寬闊諸營牧放差廂軍養餧出賣其賣到錢發納所屬如有料擾令監司覺察所有日後如遇揀選不堪披帶病患馬量支草料從本軍養餧一面出賣候賣到錢發納所屬從之。以臨安府收禁錢塘保正緣不納寄養官馬價錢詰其由乃是本府承受馬步兩司所撥退馬倒斃須管陪填監繫經時無所從出故也　三十年十二月十七日樞密院言殿前馬步軍司每年于茶馬司輪取綱馬雖經承旨司看驗訖進入附付逐司交管並不曾用火印記號竊慮無以辨認詔令後三衙取押到綱馬看驗訖候降出令都承旨用火印撥付逐司其見管馬亦依此用印江上諸軍委總領所江州池州荊南委使臣其後三十一年正月十五日樞

密院言欲以殿前司甲字馬軍司乙字步軍司丙字鎮江府丁字建康軍戊字池州己字江州庚字鄂州辛字荊南壬字為文內戰馬左勝輜重馬并騍馬右勝并用印退馬右勝出字印其大印三衙令軍器所江上軍諸令總領所江州池州荊南令逐州製造從之　三十一年正月二十七日樞密院言知濠州劉時乞兩淮所生馬雖低小名為淮馬自成一種比之江南尚可蕃息州縣拘籍戶馬應副過往借使是以民間不敢蓄養甘心負擔望責監司帥臣嚴禁差籍戶馬庶幾民戶皆敢放心置買滋養蕃息若州縣合用馬差使者並各自養一二十疋應副詔依令本路帥臣監司常切覺察所部州縣不得依前科擾差借稍有違犯奏劾取旨官吏重行黜責　三月二十五日馬步軍司言望將紹興三十一年分馬綱分撥付馬

步軍兩司遣人取押仍乞將以後年分綱馬以二年為例殿前司取押一年馬步軍兩司分取一年周而復始從之　八月二十三日宰執言四川茶馬司每年起發騍馬一十綱長是補發不足乞減免二綱庶幾易辦上曰此一項馬數雖多而所收駒絕少其間倒斃者半之往往軍中未必得用可降指揮自後住買騍馬亦省官支草料之費以上中興會要　紹興三十二年六月二十六日孝宗即位未改元詔四川宣諭使虞允文將已買到馬數先次疾速具數申樞密院取旨支發其後允文言收買戰馬約計一百綱即日買到已及一千餘匹見在興元府團綱除已揀選御馬馬見差官管押赴行在外所有戰馬見逐旋排發十綱其餘馬數若接續排發竊慮科擾與江上諸軍道路迓迴乞指揮分撥交納去處詔令虞允文將買到戰馬一十匹

作二十綱支撥內荊南諸軍五綱江州諸軍十綱池州諸軍五綱委川秦茶馬司差使臣人兵管押赴逐軍交割其御進馬不須揀撥　七月九日詔川陝宣諭使司將起發赴行在綱馬照應每綱合用使臣牽馬人兵等閑報都大提舉川秦茶馬兩司那融差撥應付賞罰並依本司團發綱馬體例其成都潼川府夔利州路京西湖北江東西兩浙轉運司行下綱馬經由州縣據起到綱馬合批支口券草料錢米依茶馬司見起發馬體例於合取撥窠名內批支應副其新復州軍未有合發財賦候將來買到細馬起發日據合批支口券錢米草料於州縣應有管窠名內應副以川陝宣諭使虞允文申本司得旨買馬所有將來買到馬起發赴行在等處其沿路驛程批支草料并管押官牽馬人兵口食錢米欲下所屬依茶馬司見起發馬綱體例批支應副

所有賞罰亦依例施行故有是詔

八月五日，主管馬軍司公事李顯忠言：本司取撥紹興三十一年分綱馬三十六綱，已取押到二十綱，其一十六綱乞許於所至州軍截留，關牒總領所火印。如駐劄去處無總領，即關報本州守臣火印，依例批放草料。從之。

十一月十二日，詔廣南西路歲額綱馬合用押綱使臣，許令名募寄居待闕或無差遣小使臣通行差撥，依條給劵外，量支與贍家錢。以本路經畧安撫司言年例綱馬二月已後次第排撥至四月間發盡其春草茂盛大氣暄和水草可食極為利濟近因臣僚言廣西押馬使臣于寄居待闕選差後耗常貴得音于逐州見任使臣內差發本司雖管見任指使一二員各差押諸般錢銀綱運少有見任人可差遂致邕州橫山寨買下戰馬闕官管押常是積留至夏秋間起發未畢故有是詔

十二月二十五日，詔廣南西路押馬使臣至

卷一萬一千六百七十六

鄂州全不倒斃寄留，與添減一年磨勘，通計四年；軍兵添錢五貫文省，通作二十貫；若願就半資公據，亦更支錢五貫文省。其綱內倒斃分數降罰等，並依已降指揮施行。以本路經畧安撫司言押馬使臣差往邕州橫山寨領馬管押至諸軍交納各有立定賞罰亦如池州比較鄂州祇爭八程其池州全綱到除轉一官資外更減二年磨勘占射差遣一次其鄂州全綱紙減三年磨勘委是賞罰不均乞將池州二年磨勘椰補鄂州與轉一官資兵部契勘廣西差人管押綱馬昨來各以斟望地里遠近五定分數賞罰起發除池州減賞一節難行外所有鄂州押馬官兵轉資若依所乞切思賞太優故有是詔

馬政雜錄中

孝宗隆興元年三月二十四日，四川茶馬司言：本司合起綱馬，先從諸軍自差使臣軍兵前來取押，往往全綱到軍。近緣臣僚言，三司取押西馬所差官兵職資高大，費耗批請，又取馬官兵二年一次往來道途棄

習武藝。遂令每綱差醫獸一名沿路點檢調護外，令茶馬司依舊差使臣軍兵管押。照得四川牽馬人兵不諳養馬，沿路偷盜草料，便自逃竄，故近日諸軍官兵取押損斃已多。欲令諸軍於逐軍揀下不堪披帶曾經養馬人內選差。其逐軍每歲得馬□十五綱，一年不滿四百五十人，逐旋差撥，循環歸軍，委是易於轄那。將校日給米一勝半、銅錢一百五十文省，軍兵日支米二勝半、銅錢七十文省，至鐵錢地分紐計支給。本司已用遞年闕場月分買到馬數，約度分作六次到司，開坐月分綱數，令後須得照應本司以前立定期限節次差撥，若依限到來，自無積壓留滯。從之。

卷一萬一千六百七十六

五月四日，樞密院言：茶馬司所差牽馬軍兵等自來各有立定賞罰，緣知瀘州王篠乞將牽馬軍兵止許轉至十將，不許轉都至副都頭，自副都頭以上每一資依條支錢三十貫，即是賞輕罰重，竊慮軍兵在路不肯用心照管，致寄留倒斃數多。詔令兵部遵依自來立定賞格陞轉施行，仍行下茶馬司常切覺察，不得重疊差撥。先是紹興三十二年十月六日，知瀘州王樑言：四川諸軍差押馬遞一次到行在，便轉一資，更有借請優厚。詔茶馬司差撥牽馬軍兵止轉至十將，更不許轉行副都頭，自副都頭以上資級，並支給賞賜，每一資依條支錢三十貫文省。其綱內若有賞罰降資等，並依已降指揮施行。

六月十八日，樞密副都承旨張說畫一綱馬利害：一、茶馬司起發綱馬到行在，並送承旨司看驗。其單狀內稱進馬於鬃下使進字火印，闊壯馬於兩胯下使行在火印，並封記鬃尾，用蠟固護，并用墨漆木牌子雕刻字號、毛色、齒歲、尺寸，於馬項下封繫。令後先次畫所用火印樣製申樞密院。一、押馬使臣往往在路與牽馬軍兵夾帶商貨禁物，并附私馬隨行，以致換易及侵奪綱馬草料，應到行在，皆是病疥，分往軍中餵養，半載方堪乘騎。今後有似此之人，重賜責罰。其茶馬司如不覺察約束，乞令承旨司取旨黜責。一、綱馬遇到所在驛內，州縣往往數日方聞，則草料尚有不足。欲行下逐路提點綱馬驛程官常切點檢，若有違戾去處，具申樞密院，乞重加黜責。一、起發進馬每人牽拽一匹，闊壯馬每人牽拽二匹，近來押馬使臣將沿路逃走人名下一般毛色

卷一萬一千六百七十六

馬抵填見到人名下死損數目，僥求推賞。令後許本綱諸色人告首，仍重立賞錢，將犯人送所屬重作施行。一、押馬到行在，沿路有寄留倒斃馬數，於所在官司給到公據照驗，近來多有公據內刮補馬行第，或改易作逃走姓名。令後有刮補公據之人，送所屬根勘。一、綱馬每遇經過州縣，將合得草料並行折錢均分，卻令牽馬人打草，失於飲餵，致乞經由州縣不得將草料折錢，須管應辦本色。並從之。

二十四日，新知靜江府方滋言：白劄子陳請廣西買馬利害，得旨條具申樞密院。白劄子：乞一、所發馬綱係差諸州兵級，數少，往往拖延，差撥不繼，乞逐州更互差人，所至輪替，前期關報管押使臣

更不別差見有提點綱馬驛程官兩員一員在靜江府
一員在撫州別無責委若差官管押使臣及輪差兵級
乞責委幹辦鈐束嚴降指揮不管稍有違滯疎虞契勘
每年買發戰馬每綱差使臣一員將校五名醫獸一名
分隸諸州軍差撥前去邕州橫山寨領馬所至州別差
兵級一名傳送逐州交替至經畧司呈驗排綱分送諸
軍交納依立定賞罰如全綱交納各有轉賞若有倒斃
分數降罰斷罪以為懲勸令白劄子乞逐州更互差人
所至輪替竊慮傳馬之人既無賞罰必不能用心兼馬
綱所過州郡不依時差人替換深恐留滯別致死損欲
乞諸州管押兵級依舊例差撥職次入外令來增買馬

卷一萬一千六百七十六

數竊恐臨時闕使臣差撥令指置如有心力使臣願管
押兩綱止請一綱請受之人即與併行兩綱賞罰所有
提點綱馬驛程官欲乞依白劄子所請朝廷申嚴約束
指揮如稍有違慢即從本司點檢奏劾一沿路使臣兵
級等合支錢米乞別撥度牒出賣撥還諸州支過錢數
契勘押馬使臣兵級批支口食緣支省錢米令來白劄子
所乞撥度牒出賣撥還諸州支過錢數欲乞朝廷行下
沿路諸州軍契勘每年押馬使臣兵級經由州縣批支
錢米實數申本路轉運司保明申尚書省下所屬給降
度牒前去逐州依數撥還每一年買發戰馬依已降指
揮沿路州縣應付草料四分緣每年並是春間起發竊

恐後時令欲不以時月起發竊慮秋冬草枯不堪餵飼
長途卻至瘦損欲依四川茶馬綱体例行下沿路州縣
如遇秋冬馬綱經由即支破本色草料七分應副不致
妨闕並從之　七月十三日御營使和義郡王楊存中
言紹興二十四年十二月二十日得旨西和州宕昌階州
峯貼硤兩處每歲起發綱馬可自紹興二十五年為始
循環撥付殿前馬步三司如二十五年並撥付殿前司
二十六年分撥付馬步軍司二十七年分卻撥付殿前司
周而復始皆循此三年為例後來馬步軍妄有申請改
以二年為例將殿前司三十一年綱馬取押了當竊詳
三十一年三十二年兩年馬綱三司交互取押所有隆

卷一萬一千六百七十六

興元年本司合得馬數馬步軍司又已取押令乞更不
撥還本司外望將歲額合起西馬七十一綱自隆興二
年為頭令逐司照應紹興二十四年十二月二日已降
指揮皆循三年為例各司自行差人取押並令依例各
差統領官一員前去宕昌馬場監視買發從之　十二
月三十日詔令茶馬司將歲額川陝綱馬差人管押至
漢陽軍置驛歇泊仍令三衙及江上諸軍差人前去就
漢陽軍取押令茶馬司不得依前和顧人夫牽送約度
馬到漢陽軍數目預期申取朝廷指揮下逐處差人依
資次前去庶免擁併在彼等候虛費批請其賞罰以地
里遠近別行叅照比折輕重擬立茶馬司收買武騎殺

士神勁左右兩軍二十六綱并額外措置買馬係本司差牽送外所有文州歲額馬三十六綱合赴荆南止令茶馬司就便交納其江州一十綱依今降指揮就漢陽軍馬監歇泊江州諸軍差人取押行下江州都統制遵守施行　二年二月七日樞密院言四川宣撫使吳璘同郭昇申差使臣趙千等管押御前馬一綱五十匹行在看驗得並無瘡疥瘦瘠送兵部施行本部契勘興州即非團發綱馬去處昨降指揮內亦無賞罰許依茶馬司進馬見行條法明文緣茶馬司起發御前馬到行在交納每綱係五十匹差使臣二員將校醫獸各一名牽馬軍兵五十人今來本綱比之茶馬司除差使臣一員

卷一萬一千六百七十六

人員醫獸各一名牽馬軍兵五十人外討少差使臣一員却多差節級充押旗頭押請料庫子曹司火頭一十人詔郭昇買到馬其綱內多差過人並依茶馬司進馬賞罰體例施行　乾道元年八月八日御前中軍統制權知興州吳挺收買到御前關壯馬一綱五十匹差使臣范皋等押到行在　三年六月十四日四川宣撫司差使臣楊全等管押到進馬一綱五十匹除沿路倒斃外見在馬四十八匹到行在看驗得並無瘡疥瘦瘠病馬詔依郭昇進馬賞罰例指揮施行今後並准此　五月五日主管殿前司公事王琪言紹興三十年二月二十七日指揮差統領官一員躬詣宕昌峯貼硤監視買發綱

馬依舊差撥官兵起興元府茶馬司團綱交割歸司往往稍及膘分少有損斃之數紹興三十一年指揮止令本司差醫獸一名茶馬差廂兵顧夫等送至行在馬沿路倒斃過多不堪醫療利害灼然今來若仍前差委廂兵家同人夫牽送又限至漢陽軍不無却將瘦病之馬交付本司官兵委是枉費官錢所有本司合得隆興二年分馬七十一綱欲乞權依紹興三十年二月二十七日指揮本司差統領官一員前去監視買發總續差撥人兵就茶馬司團綱處交割管押歸司所貴綱馬到司易于養飼使得為用詔隆興二年分馬令殿前司權取一年餘令樞密院別行措置　七月九日臣僚言四川

卷一萬一千六百七十六

茶馬司每歲買馬一萬匹截二千應副吳璘外有八千攤撥三司及江上諸軍向緣多斃朝廷下茶馬司於宕昌寨峯貼硤黎文敘州買場處委屬官說諭番羌於價外增支攜錦絲酒食之類每疋不下用茶七馱準絹七十匹并部押一行官兵資費口券馬一匹約錢三百貫文而多斃如故合行措置一州縣批請元降指揮係截用經總制司錢和買支遣本州縣違法折支不惟人馬闕食又應欺隱和買價錢或至擾民欲下逐路監司就驛置庫預辦草料錢米常令有餘綱到即時批請免有折支之弊一差廂禁軍牽馬長行日支米二勝錢六十文委是贍給不足難以責辦今欲逐人日支銅錢

一百五十文川界折支錢引三分米依舊二勝半其餘人員醫獸添作一百七十文川界折錢引三分四釐米二勝半回程到川約四千八百里空行每八十里為程欲破六十券雖有指定州軍支給例多阻節令後欲於左藏庫及鄂州總領所各支三十券乞下逐處不拘窠名於應干官錢内即時支給一茶馬司買馬到官并沿路日破料七勝草十分到及三月破料八勝半年方料十勝今欲乞沿路依舊支破十分草料一金房州一帶皆崎嶮山谷路皆曲折值瀆潦雨雪必須人馬失所窃見自金州至均州梅溪驛二百八十里皆淺山土路更無嶮峻緣兵火後不曾修葺乞劄下金均兩州重行開

卷一萬一千六百七十六

廣改此驛路比舊路裁損三驛又道路坦夷利便非小及都統制司同相視新舊兩路令制置司參詳利害一面施行其添減程驛批請令轉運司應辦有旨第一項令戶部申嚴行下應綱馬經由處如有違戾令提點綱馬驛程官申本路轉運司并提舉司具官吏申取朝廷指揮等二項行下應經由處長行日支銅錢一百文餘依舊第三項行下諸軍并綱馬經由路分轉運司關報所屬州縣如遇綱引須管依數批支不得稍有闕誤第四項令趙樽王宣看詳所陳事并改移驛程於邊房有無利害具經久利便申取朝廷指揮施行　二十七日宰執進呈諫官論川郡送馬轉資人多所至指揮使充

滿只合依條支錢上曰恐此徒益不肯在路照管綱馬令邊境未寧特有所不得已爾　九月十二日詔添差使臣州軍令逐州每月轉差五名在界首每名管馬一綱宿驛批支草料自入界轉交次界要處處照管不致損斃（以湖北京西制置使韓仲通言馬綱經由州縣無人照管添差使臣端坐無事故有是命）

卷一萬一千六百七十六

乾道元年二月十日樞密都承旨張説言廣西邕州横山寨馬每匹價直大約用銀四五十兩而全綱善達者十無二三開具利害如後一永州界排山驛四望空迥人煙在數里之外草木深茂虎狼出没最為危險尋常馬綱經由不敢就驛存住却於道次客店人家寄歇今乞下永州将此驛踏逐依傍人煙去處蓋造一潭州湘潭縣管下有青石梅下等四驛舊来草料錢粮差人就驛給散近年却令押馬將校停住行程迂路八十餘里到縣請領所有草料往往不能般運遂致馬皆饑餓乞嚴降約束依舊将草料錢粮就驛給散一豐城起程分

卷一萬一千六百七十七

一

路到曲湖驛約四十餘里沿江有簷岸十餘里路極窄隘不住頽塌馬綱經由常致攧落江中乞行下常切開修隘窄之處仍置欄干防護一廣西發馬舊例每綱破官兵五十人牽控後减去元數只破將校五人醫獸一名經過州郡貼差兵級十一人傳送逐州交替至饒州止肯差五六人池州直至鎮江府雖一名亦不應副乞行下逐州須管依數貼差十一人一沿路驛舍頽塌傾損上漏下濕堆積糞壤馬入輒病一馬感疾衆馬傳染乞行下逐處州縣官常切點檢修葺洒掃並從之　十一日詔令茶馬司日後將及格尺堪披帶口齒輕嫩闊壯馬交付取馬使臣管押前来如稍有違戾當議重行

降黜以（樞密院癸訪聞茶馬司將無膘分病馬衮同支撥元數希賞是致沿路損斃故有是命）　十四日四川茶馬陳彌作言契勘綱馬多斃緣迫於期程沿路不得停泊兼芻秣失時欲於漢上踏逐水草便處置監少令休自擇瘦病者暫留餵飼肥壯者先次起發乞委本路漕臣措置施行兼馬綱經由處全仰修整驛亭預辦草粮訪聞沿路驛亭多是倒塌及減尅草料或折支價錢人馬皆受其弊今欲乞專委知縣措置馬驛委巡尉監支草料依程趕發出界如界内全無倒死與依巡尉綱運無沉溺法推賞或倒死及分亦乞嚴行責罰應經由地分如有官吏應辦施慢許本司奏劾並從之　二月二日權馬軍司職事李舜舉言今年分綱馬

卷一萬一千六百七十七

二

合當本司取押檢照得紹興三十一年指揮係茶馬司差人牽拽前来人夫不切用心是致倒斃所有今年合得綱馬乞令本司自行差撥慣熟能養馬官兵前去興元府取押貴得不壞官馬從之　十一日主管殿前司公事王琪言本司差人前去興元府茶馬司取押隆興二年分馬七十一綱續承指揮每綱止差使臣一員餘差軍兵牽取緣軍兵往往係新招之人不諳馬性欲乞每綱差使臣一員充管押外餘差闕馬効用前去取押所有添破錢米止依軍兵例添破出給務歷庶得取押好馬歸司詔依馬步軍司准此　四月四日步軍司言本司契勘殿前司所乞差撥闕馬効用取馬緣本司所

管闕馬効用數少委實數差不足又逐綱合要獸醫一名其闕馬効用內少有諳曉馬政之人竊恐闕人調護令除差使臣一員充管押外餘於闕馬効用及慣熟能養餵馬軍兵內通融差撥所有合用醫獸亦乞於本司應管軍効用內選差從之　十八日四川宣撫使判興州吳璘言得旨令時暫赴行在奏事可令將帶馬二千匹起發前來除已下諸軍較那便行起發去訖詔可下茶馬司依數撥還　五月二十七日鄂州駐劄御前諸軍都統制趙樽言本司合得綱馬茶馬司有隆興二年一全年未曾發到兼令茶馬司收買四尺二寸以上堪披帶齒嫩騾馬計綱差人押付本軍後來止承發到一

卷一萬千六百七十七

綱望下茶馬司疾早收買騾馬若四尺一寸恐難披帶望令將四尺四寸以上壯嫩騾馬交付本司所差官兵從之　六月二十六日樞密院言勘會吳璘見行起發戰馬二千匹赴行在及應有非泛所起綱馬沿路經過州縣不為預期椿辦草料深屬不便詔令逐路轉運司除椿辦歲額綱馬草料外其非泛起綱馬亦仰逐司預於經過驛頓椿辦應副如違重寘典憲仍下建康府江池鄂州委自都統制置驛提領如遇綱馬到日令應副草料歇泊三日津遣　七月七日樞密院言得旨王衙私馬令承旨司權住火印江上諸軍火印司〔私〕馬乞依三衙已降指揮施行從之十三日兵部言沿邊屯駐軍馬

三

吳拱差使臣郭下管押進馬四匹到行在送部照應見行格法施行本部契勘吳拱於紹興二十四年二十五年各進馬四匹係差節級一名韋馬軍兵四名今來差郭下管押進馬計多差四人欲將節級一名韋馬軍兵四名推轉施行并行下四川都統制今後遇有進馬四疋並依此人數差撥從之　八月二日兵部言勘會進馬匹數推恩今將無體例進馬數參酌有體例數目逐一擬定下項　有體例四匹（五人各轉一官資）六匹（八人各轉一官資）八（一十一人各轉一官資）一十二匹（一十七人各轉一官資）一十四匹（二十人各轉一官資）二十匹（三十四人各轉一官資）二十五匹（四十人各轉一官資）三十匹（四十二人各轉一官資）五十匹（六十一人各轉一官資）　無體例五匹（六人各轉一官資）

卷一萬千六百七十七

七匹（九人各轉一官資）九匹（一十二人各轉一官資）十匹（一十二人各轉一官資）十一匹（一十八人各轉一官資）十三匹（二十人各轉一官資）十六匹（二十八人各轉一官資）十七匹（二十九人各轉一官資）十八匹（三十人各轉一官資）十九匹（三十一人各轉一官資）二十一匹（三十五人各轉一官資）二十二匹（三十六人各轉一官資）二十三匹（三十七人各轉一官資）二十四匹（三十八人各轉一官資）二十六匹（三十九人各轉一官資）二十七匹（四十人各轉一官資）二十八匹（四十一人各轉一官資）二十九匹（四十二人各轉一官資）三十一匹（四十三人各轉一官資）三十二匹（四十四人各轉一官資）三十三匹（四十五人各轉一官資）三十四匹（四十六人各轉一官資）三十五匹（四十七人各轉一官資）三十六匹（四十八人各轉一官資）三十七匹（四十九人各轉一官資）三十八匹（五十人各轉一官資）三十九匹（五十一人各轉一官資）四十匹（五十二人各轉一官資）四十一匹（五十三人

四

（各轉一官資）四十二匹（五十四人各轉一官資）四十三匹（五十五人各轉一官資）四十四匹（五十六人各轉一官資）四十五匹（五十七人各轉一官資）四十六匹（五十八人各轉一官資）四十七匹（五十九人各轉一官資）四十八匹（六十人各轉一官資）四十九匹（六十一人各轉一官資）從之

十日詔吳璘起發諸路進馬二十千匹到行在將諸綱合轉官資之人並特與免納綾紙錢仰所屬限十日出給所授告命宣帖等並赴樞密院承旨司送納當官給散發回

二年正月二日詔諸軍養馬倒斃自合依着令帶甲射弓應法與免科校其乾道元年四月內所降指揮更不施行已經降官展年並與改正（先是乾道元年四月九日指揮樞密院言勘會川廣所起綱馬管押使臣人兵全到及倒斃已有定立賞罰指揮外交付三衙及江上諸軍之後其都轄將佐等從容合干人戒赴草料全不用心養餵往往瘦瘠到令倒斃數多理合措置兵部令參附馬綱賞罰隨宜措置擬立到諸軍逐將部轄將佐合干人等賞罰全不倒斃轉一官資歲一年磨勘軍兵將校白身人每一年磨勘折錢一十貫文倒斃及一分至不及二分減三年磨勘軍兵勃用白身人每一年磨勘折錢一十貫文倒斃及二分至不及三分展二年磨勘將校軍兵白身人各從杖六十科斷倒斃及三分降一官資每增及一分更展一年八箇月磨勘分數准此遍展內無磨勘人後理磨勘日展年將校軍兵白身人各從杖八十科斷乞下殿前馬步三司及江上諸軍責委主師自令年為始將見存及日後收到馬數置籍抄轉以十分為率候至歲終將見存并倒斃馬的實乞數及部轄逐將將佐等合干人職位姓名供申朝進責罰施行諸軍所養馬數其馬主名下若有倒斃即合別行攤撥養餵難以候至歲終疊較賞罰如遇倒斃馬主即便料斷有名目人供申所屬展年若養餵賞處一年別無損斃從本軍量攻搞賞施行故有是命）

四月十一日利州路轉運判官范仲等言契勘茶馬司所起川秦綱馬從來於四川州軍差撥官兵押發所有隆興二年分馬殿前司

自差八十七官兵前來取押抵今年八月節次差發到七十綱官兵止取發過馬三十九綱外餘三十一綱官兵只在興元府守候綱馬坐費券食又更接續差到取押乾道元年分綱馬一十七綱官兵若等候資次須是半年以上委見虛費錢糧所有綱馬既於水路津發自不須更差人前來取押乞下殿前馬步軍司住行差撥只依舊例自茶馬司差人押發詔並依如後次綱馬不堪將茶馬司差到押發人重作施行

六月十四日詔四川軍兵目今十將以上毋差押馬十將以上非武藝合格毋得轉資（以秘書省正字黃鈞言竊見四川州郡軍員之數最冗軍員之選最濫蓋押馬轉資之弊有以致之也押馬轉資其弊有二一曰壞軍政二曰耗國用昔者祖宗立禁軍之額課其武藝而為排違轉補之法使之歆慕踴躍日夜磨礪而後有得令也不然驛馬二驅平達在所則轉一資大率不過五六往返則為都頭為指揮使一歲馬綱凡三百有奇所差不遭千兵遷補軍負其數不少蜀郡之兵多者四五千人少者一二千人而軍負之數大郡諭千人小郡亦不下七八百人可謂最冗最濫矣擊刺射御之事則不能坐作進止之節則不知以適路之小勞一旦征然於一軍之上顧使員材力習武藝者僥首而下之此軍戰之所以壞也自押官等而上之至於指揮使資級愈高則衣粮愈增以衣食數兵之資而後能給其一人一郡而軍負千人者計其資用難養數千兵可也視祖宗之舊增着十倍此州部所以困於供億而國用所從而耗也　紹興二十三年以後四川茶馬制置司及普州守臣各有陳請三將押馬轉資為之止法諸州軍負為之定額及着部看詳之際不知其為四川之害止降指揮輪流差撥不許指運沿此轉負日多省計日侵其弊滋甚方陸下修明百度訓治六師而使游手無能之人僥冒賞級壞軍政而耗國用望嚴立禁令故有是詔）

三年二月二日詔今後茶馬司起發西馬到行在不以年分輸撥付三衙內殿前二綱馬步軍司各一綱周而復

始仍自今年三月一日為額以馬軍司事併舉步軍司陳敏言乞將發到西馬以四綱為率分撥三司故有是命　十月四日四川宣撫使虞允文言契勘宕昌所買西北之馬產於沙場平川之地一旦使行金房州路岡巴損壞草料不辦遂致饑餓倒斃甚多又自房州以去行在馬驛地理稍遠每程有八九十里者盡一日之力不能得至既抵驛舍馬已困乏罷秣不齊來日又是催趕前去若有蹄腳病患州郡不肯寄留直至倒死而後已蓋州縣馬綱草料批請程驛多是委之縣令簿尉守臣殊不干預事力至輕例皆不辦伏望專委知州所有逐驛程每驛大約作五十里以下所有病馬即權守留如法醫治每歲若能醫治及五十匹知州即與減二年磨勘不及五十匹分數給賞從之　四年正月十五日四川總領查籥言前宣撫吳璘起發進馬係於諸軍入隊馬內摘揀發赴行在即不係買馬起發其牽馬官兵該賞一半折資錢合於契稅錢內支給從之　十九日詔四川宣撫司所起進馬五百匹令御前諸軍都統制負琦第一至第四綱馬二百匹差有心力官兵管押赴行在沿路如法養餵仍齎元發綱解毛色馬圖前來不得換易　二十三日提舉四川買馬監牧公事張松言本司所買馬係在西和階文黎州南平軍置場收買出自遠蕃纔買到場便行起發經由道路多是山坡崄峻自早至暮餵飼失時雖依元降指揮於房州郢州

襄陽府江州宣州各有住程歇泊緣為十程以上方得歇泊令相度更於房州竹山縣光化軍卧佛驛郢州長壽縣驛漢陽軍漢川驛與國軍驛江州石溪驛池州貴池縣湖州安吉驛八處各住程驛歇泊一日所有草料錢粮望行下所屬寬剩樁辦應副檢日批支從之　二十九日樞密院言白劄子馬驛新路自今州用船裝運水路至淨口約五百餘里淨口至梅溪一百八十里之間凡有大小溪水近二百處恐虛費措置終不可行舊路自金州至梅溪一十二驛若於竹山縣至寶峰并高水田至長安各添置一驛使促其程將房州山路修鑿巇嶮便為坦塗則為力不勞　同日又白劄子近來綱馬疲瘦倒斃緣宕昌中賣之初却令元賣之人看養候五十匹足數然後排作短綱押短綱使臣往往多是付身不圓之人茶司別無請給挨排守等只候押綱止得交子三十餘道押至興元全綱無損方樁收錢四十餘道間有一匹病患則被剋罰究割之後或有病者預知必罰沿路於所請草料偷減入已又緣西蕃之馬素不食料驟爾餵料皆成蹄注之疾莫若於本處添置兵級每遇買到馬如法養餵調停草料須自一升漸加至數升候見腸胃慣熟方可盡給全料詔令虞允文行下張松同共從長措置務要革去舊弊　同日詔令逐路提舉綱馬驛程官并逐州知通專委清彊官前去點檢逐處驛舍

橋道草料等如有驛舍寫遠去處即仰添置或有疎漏損壞即行修整及常切預前橋辦草料狂驛不得依前滅裂如有違戾去處仰提舉官按劾聞奏朝廷不測差官前去點檢如提舉官縱容不舉重作施行以白劄子言自襄陽王臨安驛舍疎漏槽具不全池州宣江間尤甚或無監官驛子村路間草料全無雖處池州城下驛有馬驛止許巽墳進馬占下綱馬不許占泊橋道亦多狹小綱馬擁併多壁落渙澗故有是詔二月十四日臣僚言自蜀祇巽道里修阻馬之得全者十無四五且如州縣之瀕於江湖者馬至給一日券阻風五六日者以一日之倫為五六日之用欲望今後綱馬所經州縣專委通判知縣置歷所過關說交割逐考批其印紙以殿最陞降之儻無遺闕旌以一二年之賞其敗事者展

卷萬一千六百七十七

九

磨勘從之三月十四日樞密院言茶馬司每年起發御馬一綱係差使臣二員將校醫獸各一名牽馬軍兵五十人每人各牽馬一疋內佳倫馬五匹附綱牽拽如軍兵名下馬一匹到轉一資馬一匹不到降一資令來綱馬內有牽馬二匹并牽馬一匹到軍兵及二匹內一匹倒斃之人欲乞將馬二匹到軍兵更各與轉一資二匹內一匹不到軍兵更不推恩若日後有二匹全不到與降一資從之十七日四川宣撫使虞允文言張松為提舉買馬官首以京西上京舊驛路繳之使修治道路將半會有以旁境相近為言松等議改置水程五驛即畫圖具奏外欲且乞從新路發馬一年或未便利卻改從

上京舊路浮言自息從之二十二日虞允文言都大主管茶馬張松昨來乞將每年起發行在馬綱依御馬例每綱貼馬五疋作五十五匹起綱得旨依契勘茶馬司逐年所買宕昌西馬常是拖欠今來遽然每歲添貼三百五十五匹起發竊慮買發不前望且令依舊額馬數排發從之先是三年十二月六日張松言本司每年起發行在三衙馬綱押馬綱官少有被賞多是降罰今來相度每馬五十匹為一綱依御馬例貼馬五匹所有賞罰分數並令依舊格法更不增減內貼綱馬不在比較之數應破賞之人稍多詔依仍不得虧損歲額合起綱馬故有是詔四月六日樞密院言漢陽軍置狀發馬監檢會紹興三十一年正月十四日指揮今後三衙取押到綱馬看驗訖候降出令都承旨用大印撥付逐司其見管馬亦依此用印江上諸

卷萬一千六百七十七

十

軍委總領所江州池州荊南委守臣自近及遠欲以下項字為文殿前司甲馬軍司乙步軍司丙江上駐劄御前諸軍鎮江府丁建康府戊池州巳江州庚鄂州辛荊南壬詔令茶馬司將所起三衙并江上諸軍綱馬先於左胯上各隨逐司并駐劄諸軍字號用大印訖仍選差有心力人及能養馬軍兵管押赴狀發馬監交割其荊南鄂州所得馬更不入監徑押赴逐軍交割如茶馬司依前滅裂所差官兵不當卻致倒斃重作施行七月詔令茶馬司將三衙西馬內殿前司二綱馬步軍司各一綱輪撥起發周而復始其江上諸軍綱馬並照應歲額合發綱數施行二十八日兩浙路轉運副使沈度轉運

判官劉敏士言得旨條具馬驛經久利便令條畫下項一臨安府湖州管下馬驛修葺並得圓備欲乞專委通判每季親詣管下馬驛相視仍令縣尉每月前去照管有無損壞一臨安府錢塘縣餘杭門外馬驛屋宇大小二十四間若遇綱馬併至則無處安着本驛周回並無地步可以添蓋今欲令臨安府於左側別行修蓋馬驛一所一臨安府餘杭縣跨水馬驛至湖州安吉縣馬驛計七十里難以一程趕趁今欲於中路安吉縣界添置馬驛一所添差官一員看管一管下馬驛每遇綱馬到來合支草料其押馬官附帶私馬却於正馬草料內減剋均養欲乞令諸處發馬官司今後遇進納綱馬嚴立罪賞約束押馬官兵將附帶私馬自行計備草料不得於官馬草料內減剋一沿路橋梁道路低窊去處如遇雨水即皆奔沒乞令所屬縣分專委巡尉脩治填疊取令高闊牢壯應副通行一馬驛合將楝净稻子大麥及齊頭整草支給訪聞日來逐驛多是折支見錢設或支給又用陳濕糠粃亂草和夾乞令所屬縣令不得仍前違戾一所管馬驛要得人兵打併照管官物欲乞令逐縣每驛各差人兵五人日支給食錢五十文省於係官錢內支每季一替並從之　五月十八日兵部言今看詳乞將殿前馬步軍司自臨安府至漢陽軍取馬依昨來興元府發馬至荆南立定賞罰欲牽馬軍兵自三衙

卷萬五千六百七十七

十七

於漢陽軍取馬至行在如牽馬二匹到無瘡疥瘦瘠病馬並與減半推賞願折資者支錢一十五貫內一匹瘡疥瘦瘠病支錢七貫五百文不願折資者若兩次押馬該賞許作轉一資收使從之昨來興元府馬至荆南立定賞罰全綱倒斃不及二分謂九匹以下使臣減三年磨勘將校醫數執色合千人各轉一資倒斃寄留及二分至不及三分謂十匹至一十四匹使臣展二年磨勘將校醫數執色合千人更不推恩倒斃寄留及三分謂一十五匹使臣將校醫數執色合千人各降一官資每增及一分使臣更展一年磨勘余分數准此遞展其將校醫數執色合千人更別無加罰牽馬軍兵二匹到轉一資一匹到更不推恩二匹到並瘡疥更不推恩二匹到內一匹瘡疥減半推賞支錢一十五貫文二匹全不到降一資已上賞罰外若綱內看驗得有瘡疥瘦瘠病馬合依寄留倒斃馬數除豁若降資軍兵內無資可降人從杖八十科斷　七月十二日鄂州駐劄御前諸軍都統制趙樽言諸軍戰馬舊管萬餘匹累經戰陣見管數少望除本司合得歲額綱馬外別行支撥綱馬應副揀帶教閱詔令趙樽將乾道四年分合撥付三衙馬內截撥十綱其三衙所闕馬數聽候御前逐旋支降　十二月十七日樞密院言茶馬司起發三衙西馬赴行在每綱依御馬例貼馬五匹共五十五匹為一綱今來止依舊每五十匹為一綱趙樽截撥西馬十綱止以五十匹為一綱如趙樽已行截撥却令據截過綱數報茶馬司將多收過馬數貼以後起發綱馬揍作十綱從之　五年二月一日兵部言廣西經畧司使臣守闕進義副尉張橫押馬五十匹全綱倒斃緣從來即無全綱倒斃降罰體例今來若依格法紐計不過降一資展

卷萬五千六百七十七

十八

四年半磨勘止乞別作施行以爲後來之戒詔張横追毁所授三資文書令本軍行遣訖降充効用使唤　五月十四日張松言本司將每歲所起綱馬並赴漢陽軍新置馬監交納令諸軍差官兵就監牽取歸軍照對川秦之馬乍入中國皆非本性所宜例生諸病因致傳染若綱馬到監積壓數多一馬纔病旬月之間即成群皆病矣欲乞下三衙江上諸軍每歲預差將官一員於當年八月内將帶本軍取馬一百人在馬監安泊每發一綱申本軍接續差人候馬綱到監歇泊十日先行起發内有病患即留本監餵養免其傳染亦不致衆綱擁併詔依仍令茶馬司遇有排發綱馬約度到監月日預先

卷一萬一千六百七十七　十三

關報三衙及江上諸軍指期接續差人前去取押不得留滯積壓　八月十五日詔三衙并江上諸軍廣西經略司取押綱馬軍兵今後並不許差十將以上人（以樞密院言已降指揮四川軍兵十將以上不許差押馬其餘去處合一體施行故有是詔）　六年三月二十五日廣西經略安撫司言本司每歲起發行在及鎮江建康池州軍前馬綱官校各係轉一官資使臣更減磨勘二年内鄂州命官全綱止減磨勘四年將校只得半資公據外襄陽府依鄂州已降指揮體例施行致所差使臣及將校多不願就乞將押鄂州襄陽府全綱到軍押馬使臣醫校與轉一官資若有倒斃並依舊例施行從之　閏五月九日樞密院言乾道五年分步軍

司諸軍牧放戰馬數内中軍統領官苗茂親隨將第一將副將王明左軍統領官盖俊第三將張國珍下各倒斃馬分數最多理宜懲戒詔苗茂馬俊各特降一官王明張國珍各特降兩官　十二日江南東路轉運副使張松言乞行下茶馬司及逐路轉運司約度全年合用草料以時計置足備以馬驛側近堆樁令茶馬司於行程口券外别給足備歷一道付押馬官収執如到逐驛支給草料數足方令驛司批下如有欠闕更不得批候七日終朝廷差官取足備歷比較將逐路闕誤最多去處責罰施行從之　六月十八日主管侍衛步軍司公事王友直言本司節次取押到綱馬并承御前降到馬

卷一萬一千六百七十七　十四

數合得草料其粮料院動經月餘方始放行欲望日後取押到綱馬赴承旨司火印訖依呈剌柏試過人體例日下放行合得草料從之　七年九月二十六日殿司乞依此已得指揮施行從之　二十一日王友直又言每歲差撥官兵前去漢陽軍馬監取押綱馬内有合該轉半資願請折資錢之人往往留滯動經三兩月方始支請竊詳倒斃馬數所屬便行責罰其無瘦斃亦合畫時支賞欲望日後赴承旨司審驗火印訖並令日下支請給散庶幾有以激勸從之　二十七日詔三衙及都統制司於諸軍馬軍逐將内各捌置醫馬院一所將病輕者作一處病重作一處逐將差將官一員并逐將管

事人各一名及醫獸馬主在彼專一提點灌啗醫治每半年一次比較痊可及倒斃數目申樞密院重行賞罰。其後九年六月十二日樞密院言殿前馬步軍司諸軍各置醫馬院遇有病馬不以輕重盡拘一處醫治病勢相傳例有倒斃乞止令馬主在寨餵養將官一員巡視提點勒醫獸用藥灌啗令主師比較賞罰從之

九月二十三日兵部言廣西經略司所起綱馬每一名牽栊六匹常綱每一名牽栊十匹緣人力不勝致病瘦倒斃數多得旨令廣南西路經略安撫司令後起發綱馬進馬每人牽栊二匹常綱每人牽栊四匹其賞罰令兵部參照見行格法比擬施行　本部今將格法體例指揮并地理參照比擬立定到因依一契勘茶馬司自来於成都府起發御馬至行在六千一百一十九里牽馬軍兵每人牽馬一匹今来廣西經略司自靜江府起發進馬至行在二千八百七十七里比之成都府至行在地里雖止及一半每人却牽馬二匹一契勘茶馬司自来於興元府起發常綱西馬至行在四千八百八十九里牽馬軍兵每人牽馬二匹今来廣西經略司自靜江府起發常綱馬至行在二千八百七十七里至建康府三千五百八十六里至鎮江府三千七百六十里至池州三千里四處地里比之興元府至行在地里各及一半以上至襄陽府二千三百六十二里至鄂州一千八百八十二里其兩處地里各不及一半每人却掌馬四匹今後廣西經略司起發進馬赴行在每人牽栊二

卷一萬一千六百七十七

十五

匹全到無瘡疥瘦瘠病轉一資若内有一匹瘡疥瘦瘠病減半推賞支錢一十五貫二匹並瘡疥瘦瘠病并寄斃馬一匹並更不推恩其綱内通管將校醫獸全綱至寄斃不及一分各轉一資寄斃及一分不及二分通管將校醫獸更不推恩寄斃及二分通管將校醫獸各降一資若更不倒死分數别無加罰一今後廣西經略司起發常綱馬赴行在并鎮江建康府池州都統司每人牽栊四疋全無瘡疥瘦瘠病馬轉一資若内有一疋瘡疥瘦瘠病減半推賞支錢一十五貫文二匹至四匹瘡疥瘦瘠病并寄斃馬一匹並更不推恩其綱内通管將校醫獸全綱到並寄斃不及二分轉一資寄斃及一分至不及二分通管將校醫獸更不推恩寄斃及二分通管將校醫獸降一資若更有倒斃分數别無加罰一今後廣西經略司起發常綱馬赴鄂州襄陽府都統司每人牽栊四匹五十匹全綱到醫獸牽馬四匹全别無瘡疥瘦瘠病轉一資若内有一匹瘡疥瘦瘠病牽馬人減半推賞支錢一十五貫文倒斃寄留不及一分醫獸牽馬四匹全到無瘡疥瘦瘠病各支錢一十貫若有一匹瘡疥瘦瘠病減半推賞支錢五貫文牽馬將校名下馬四匹全到内二匹至四匹瘡疥瘦瘠病并寄斃馬一匹更不推恩寄斃馬二匹至四匹止降一資倒斃寄留及一分醫獸更不推賞倒斃寄留及二分醫獸降一資若

卷一萬一千六百七十七

十六

更有倒死分數別無加罰一本部契勘廣西經略司自來差使臣管押出格馬赴行在投進每綱係三十匹雖有賞罰體例指揮從來未有立定格法今參照體例指揮比擬下項一全綱三十匹到使臣通管將校醫獸各轉一官資內使臣更減一年半磨勘一倒斃寄留不及一分謂一匹至二匹使臣通管將校醫獸各轉一資一倒斃寄留及一分至不及二分謂三匹至五匹使臣展二年磨勘通管將校醫獸各更不推恩一倒斃寄留及二分謂六匹使臣通管將校醫獸各降一官資每增及一分使臣更展半年磨勘餘分數准此遞展其通管將校醫獸別無加罰一契勘廣西經略司起發綱馬赴前項去處交納若看驗得內有瘡疥瘦瘠病馬其使臣通管將校醫獸合依寄留倒斃馬數除豁一契勘廣西經略司起發常綱馬赴行在并江上諸軍每人牽攏四匹每綱差一十二人止牽攏馬共四十八匹外有零馬二匹未有該載今欲乞令廣西經略司每綱更差將校一名牽攏即與減半推賞支錢一十五貫文如內有一匹瘡疥瘦瘠病更與減半支錢七貫五百文若二匹並瘡疥瘦瘠病並寄斃馬一匹更不推賞二匹全寄斃降一資從之（此上國朝會要）

卷萬千七百七

十六

乾道六年十月九日四川宣撫使王炎言得旨令於階成鳳州選擇水草豐美去處置監竊聞四州之地山林陵谷幾居其半欲求寬閑之地可以

放馬三五百匹不可得也且以二千匹計之養馬人須千人以上取之軍中必妨教閱即今階成西和鳳州見管忠勇軍弓箭手三千餘人內忠勇馬軍免家業錢有至三百八十貫者步軍免家業錢有至二百八十貫者弓箭手官給田土內馬軍兩頃五十畝步軍兩頃從來各家多有鞍馬出戰無異正兵近年茶馬司不許私下買馬今闕馬之家十有七八欲令茶馬司收買騍馬二千匹馬翁二百匹給撥與忠勇軍弓箭手闕馬人及步軍情願養馬人著腳養餵牧放仍與理放有馬家業錢及田畝稅課有孳生騙駒即時申報官司係籍候及二年委官相視分作三等上等支錢引一百道中等八十道下等六十道付養馬之家其馬經官火印籍充官馬解赴茶馬司團併起綱或支付諸軍若已為官中生兩騙駒者即後來所生駒子不以騸騍許以一匹與所養人亦許經官中賣與諸軍先據茶馬司買到襄郢置監騍馬五百餘匹取撥排綱外見在一百三十二匹乞將就充給撥之數從之

卷萬千七百五七

十七

二十日主管殿前司公事王琪言先降指揮每遇都大茶馬司差官押到綱馬據實到監匹數申殿前司差撥合用取馬人兵竊詳自漢陽馬監至行在往復七十餘日緣路迢遞若馬監候見得馬數報本司差撥合用人兵旋行出給券歷前來須是兩月餘日是致在監積壓馬數不下千餘匹乞不候馬

監報到馬數預先接續差撥全綱官兵依例出給券歷
前去竊見本司逐年合得綱馬比之馬步司及江上諸
軍綱馬數多所是醫獸却與諸司一般止差二人欲乞
貼差二人通作四人前去馬監醫治從之　十一月十
七日利州路轉運司言四川宣撫司押馬使臣供沿路
馬驛內有巨陵米鋪栗溪師子隈等處或有草無料或
有草料而無人粮得旨令本司具析違慢因依照得並
係金州洵陽管下新開水路程驛守臣程揀知縣程績
詔程揀程績各特降一官資其後八年六月十九日四川宣撫使司言本司有詳昨来差使臣俞遇等管押進馬一綱內雖有兩匹倒斃緣係因卒患水結黑汗灌救不下其餘馬數並各膘分肥壯其逐人已該轉官恩賞即見得非因草料不足竊慮俞遇等沿路以需索不如私意妄有陳言欲望將程揀程績降官指揮改正施行從之

卷一萬一千六百七十七　十九

十二月二十二日兵部侍郎王之奇
言伏見蜀中馬綱之後四川州郡發牽馬兵士額差四
千餘人又借請之費三十餘萬後來雖許至漢陽交割
稍有省減然借請之費尚二十有餘萬不可勝言欲乞
於成都興元襄陽各置司牧營分將四川州郡分差到
人計逐處綱馬數目均分作兩處住營管幹外襄陽府
司牧營分合用人數於京西湖北諸路州軍廂軍內差
撥如不足許行招收曹經牽馬逃亡軍兵充填並一年
兩次輪流牽喝所裁損人數幾三分之一況地里止是
千餘里往回不出五旬況襄陽至漢陽地里尤近比成
都興元又易措置牽馬兵士更不借請除依舊破券

并支回程錢外每起綱日更與添支食錢二百文則州
縣無橫費之擾令措置馬綱畫一下項詔令四川宣撫
司相度如於馬政利便措置申樞密院　一總計成都
興元府歲額馬共一百六十一綱內成都府川馬六十
綱興元府西馬一百一綱每綱五十匹計八千五十匹
每綱用牽馬軍兵二十五人節級一名使臣醫獸各一
名　一成都府馬六十綱一十五綱係鄂州都統司自行
差人取發四十五綱內一十綱係騍馬係本府差人管
押經由興元襄陽府至漢陽軍馬監交割計三千五百
餘里共六十四程往回一百二十餘日除使臣醫獸外
歲用兵級一千一百七十人今欲乞令成都府管押至

卷一萬一千六百七十七　二十

興元府交割止係一千二百餘里共二十四驛程往回
只五十日除使臣醫獸依舊差撥更不交替外其兵級
以三分為率減免一分止令差定七百八十人循環牽
押每隔日起發一綱周而復始更輪兩次役使所有兵
士並於成都府置司依營收管如有闕額令茶馬司招
填其請給衣粮令元差州軍支移前來按月支散　一興
元府馬一百一綱今年指揮更令起發西馬二綱往應
城縣孳生監至今未見茶馬司申到起發二十綱係荊
南都統司自行差人取發八十一綱係本府差人管押
經由襄陽府至漢陽軍馬監交割計二千三百餘里計
四十驛程往回八十餘日除使臣醫獸外歲用兵級二

千一百六人若依今來措置又添承受到前項成都府馬四十五綱計用兵級一千一百七十人兩項共用兵級三千二百七十六人今欲乞令興元府管押至襄陽府交割止計一千四百餘里共二十八驛程往回六十日除使臣醫獸依舊差撥更不交替外其兵級減免一半止令差定一千六百三十八人循環牽押每日起發一綱周而復始更輪兩次役使所有兵士於興元府置司牧營牧管如有闕額令茶馬司招填其請給衣糧令元差州軍支移前來按月支散一今來襄陽府承受到興元府綱馬一百二十六綱除自有元管押使臣醫獸外每綱用牽馬軍兵二十五人節級一名計合用兵級

卷一萬二千六百七十七

二十

三千二百七十六人自襄陽府至漢陽軍并德安府應城縣馬監計八百四十餘里共一十二驛程並係平川往回不及三十日今欲乞令京西湖北路安撫司於本路見管係將不以將廂禁軍內差撥牽馬兵級比合用人數以三分為率減免二分止用兵級一千九十二人如不足許不拘等仗揀選少壯人招置并許曾經川路牽馬逃亡軍兵限一月令經所在州軍陳首與免科罪發赴襄陽府即與舊軍分職名收管支破請給從襄陽府據每綱合用人數同元管押使臣醫獸牽至漢陽軍馬監內騍馬十綱至德安府應城縣交割並每日起發一綱周而復始更輪三次役使所有兵士並於襄陽府

置司牧營收管如有闕額令茶馬司招填其請給衣糧令元差州軍支移前來按月支散一令來襄陽府應辦牽馬人數竊慮招收未足今欲乞除騍馬一十綱令本府差人牽押至德安府應城縣交割外其餘綱馬欲乞權令三衙并江上諸軍見應副漢陽軍馬監取馬兵級權暫前去襄陽府取撥候有應辦人數目依舊一襄陽府轉發綱馬其牽馬軍兵賞罰今欲乞照成都府并興元府起發格例賞罰施行一成都府興元府發馬并今來襄陽府轉發押馬等人合得到程回程等錢亦合遞減今欲乞令所屬裁定施行　七年二月十八日詔池州駐劄御前諸軍病患馬醫治痊可及倒斃左軍最優統制特轉一官提點將官營隊事訓練官醫獸各特減

卷一萬二千六百七十七

二十一

二年磨勘右軍最劣統制特降一官提點將官營隊事訓練官醫獸各特展二年磨勘以池州駐劄御前諸軍部統制吳總言諸軍乾道六年七月一日至十二月終病患馬醫治痊可及倒斃數以各軍太月終見管馬十分為率比較下項尤軍最優病患馬二十七匹　合該一分二釐二毫一絲倒斃一十八匹　合該八釐一毫四絲　見遲非匹十二月終見管二百二十匹統制崔定提點副將拿大椿準備將了冀營隊事訓練官冉政朱進醫獸田忠楊把右軍最劣病患馬三十七匹　合該一分八釐六絲倒斃二十七匹　合該一分三釐一毫九絲　十二月終見管馬二百五匹統制趙思忠提點機正將趙賽準備將王政高貴營隊事訓練官徐立朱珍部將韓清醫獸何進部德故有是淨　三月一日詔馬軍司取押弟三綱戰馬四十八匹沿路倒斃寄留外有馬三十五匹見到並各瘡疥瘦瘠押馬官依格賞罰外特降兩官本綱打先牌醫

獸各特降兩資，牽馬軍兵二匹全不到人各從杖一百科斷。日後諸軍可依此施行。以馬軍司言成忠郎西用取押本司第三綱戰馬沿路倒斃寄留一十三匹外並各瘡疥瘦瘠取到沿路批支草料券歷照得逐日支給即無少闕驗是本綱打先牌把券人醫獸盜賣草料至得倒斃數多竊恐以後遞相倣傚故有是命　四月二十九日，主管殿前司公事王琪言：「護聖馬軍節次取押馬五綱，共二百一十二匹，到建康府內一百一十五匹揀選著脚外，有九十七匹撥付神勇軍。關馬官兵寄養竊緣神勇軍所管牧放馬軍九百六十六人，馬九百九十五匹，見闕人養餵。乞將護聖軍馬盡發遣前去秀州本軍牧放。」從之。　五月十三日，詔令四川宣撫司行下茶馬司將未起川馬并騍馬綱數疾速催促排綱起發，須管數足。以樞密院言乾道五年起發遞一百四十一綱今來川馬尚少九綱歲額一十綱共十九綱并未到騍馬五綱故有是詔　二十六日，詔令內外諸軍主帥責委逐軍統制并逐將將官，將見今戰馬并降撥到綱馬鈐束馬主以時飲飼，有病即時醫治。仍每年一次比較牧養優劣各於本軍本將馬數十分為率，倒死不及二釐，統制、將官各與轉一官；四釐以下，各減二年磨勘；倒死一分以上，展一年磨勘；一分半以上，展二年磨勘；及二分，降一官；二分以上，取旨重作行遣。馬主令主帥量輕重等第責罰。有武藝絕倫者，與免罪。仍自今年歲終比較。以樞密院言內外諸軍馬綱兵官全不用心牧養失節絷維不以時馳騁疾病不以時醫治致使倒斃理宜立定賞罰故有是命　六月十一日，詔寧國府南陵知縣趙傳慶降兩

官放罷，當行人吏各從杖一百勒罷。以傳慶違旨不領辦馬驛錢米草料從淮西江東總領張松奏劾也　十六日，詔殿前司取押第二十三綱馬四十八匹，除寄留倒斃外，見到二十九匹。押馬綱官依格責罰外，更特降三官。其本綱醫獸等各特降兩資，內無資可降人各從杖一百科斷。日後依此施行。　七月二日，詔四川所起進馬，有牽馬人兵訪聞經過屯駐諸軍強行拖拽，招刺。今後遇有違犯之人，令同行指定彊拖拽人軍分、姓名，申宣撫司備申樞密院，取旨重作施行。從四川宣撫王炎請也。　二十四日，樞密院言：「鎮江府都統司差使臣周同等於馬監取到川馬二十八匹，寄斃一十三匹，見到一十五匹，又病瘦四匹。以見取馬官兵等將沿路批請草料減尅偷糴，不用心養餵。」詔押馬綱官周同依格責罰外，更特降三資。其本綱打先牌獸醫把券并牽馬軍兵二匹全不到人各特降兩資，內無資可降人各從杖一百科斷。除降官資人外，餘並令本軍開當日後依此施行。　八月四日，樞密院言：「勘會三衙江上諸軍取馬官兵並不揀擇差撥，往往不切用心，致令倒斃數多。」得旨令三衙江上諸軍今後差撥關馬官兵前去馬監牽取本名下馬歸軍，專差訓練官一員充綱官。賞罰令兵部措置。本部契勘，關馬官兵元舊名下止是管馬一匹，今若循例牽拽二匹，又恐仍前不專，却致損斃。今欲乞各人止牽取一匹，尋將從前格

法體例參照重別措置比擬立定賞罰下項詔依一
下項去處管押使臣執色合千人皆以實數十分為率
計理賞罰殿前馬步軍司及高郵軍都統司差人於馬
監取馬到軍五十匹至四十一匹全綱至倒斃寄留不
及二分監官減二年六箇月磨勘執色合千人支錢一
十五貫文如不願支錢願出給半資公據者聽如兩次
取馬該賞許作一資収使四十匹至三十一匹全到至
倒斃寄留不及二分綱官減二年磨勘執色合千人支
錢一十二貫文三十匹至二十一匹全到至倒斃寄留
不及二分綱官減一年七箇月磨勘執色合千人支錢
九貫六百文二十匹至一十一匹全到至倒斃寄留不
及二分綱官減一年三箇月磨勘執色合千人支錢七
貫六百八十文牽馬官兵名下馬一匹到無瘡疥瘦瘠
病軍兵將校并內有未理磨勘効用支錢一十五貫文
如有不願支錢願出給半資公據者聽如兩次取馬該
賞許作一資収使有官使臣并合理磨勘人減一年六
箇月磨勘若寄留倒斃依此對展一鎮江府都統制司
差人於馬監取馬到軍五十匹至四十一匹全到至倒
斃寄留不及二分綱官減二年零半箇月磨勘執色合
千人支錢一十二貫七百五十文四十匹至三十一匹
全到至倒斃寄留不及二分綱官減一年七箇月半磨
勘執色合千人支錢一十貫二百文三十匹至二十一

卷一萬千六百七十七

二五

匹全到至倒斃寄留不及二分綱官減一年三箇月半
磨勘執色合千人支錢八貫一百六十文二十匹至一
十一匹全到至倒斃寄留不及二分綱官減一年零半
箇月磨勘執色合千人支錢六貫三百三十文牽馬官
兵名下馬一匹到無瘡疥瘦瘠病軍兵將校并內有未
合理磨勘効用支錢一十二貫七百五十文有官使臣
并合理磨勘人減一年三箇月磨勘若倒斃寄留依此
對展一建康都統司并三衙差人於馬監取馬到建康
府五十匹至四十一匹全到至倒斃寄留不及二分綱
官減一年十一箇月半磨勘執色合千人支錢一十一
貫二百五十文四十匹至三十一匹全到至倒斃寄留
不及二分綱官減一年七箇月磨勘執色合千人支錢
九貫文三十匹至二十一匹全到至倒斃寄留不及二
分綱官減一年三月磨勘執色各千人支錢七貫二百
文二十四匹至一十一匹全到至倒斃寄留不及二分
綱官減一年磨勘執色合千人支錢五貫七百六十文
牽馬官兵名下馬一匹到無瘡疥瘦瘠病軍兵將校并
內有未理磨勘効用支錢一十一貫二百五十文有官
使臣并合理磨勘人減一年一箇月半磨勘若寄留倒
斃依此對展一池州都統司差人於馬監取馬到軍五
十匹至四十一匹全到至倒斃寄留不及二分綱官減
一年三箇月磨勘執色合千人支錢七貫五百文四十

卷一萬千六百七十七

二六

匹至三十一匹全到至倒斃寄留不及二分綱官減一年磨勘執色合千人支錢六貫文三十匹至二十一匹全到至倒斃寄留不及二分綱官減九箇月半磨勘執色合千人支錢四貫八百文二十匹至一十一匹全到倒斃寄留不及二分綱官減七箇月半磨勘執色合千人支錢三貫八百四十文牽馬官兵名下馬一匹到無瘡疥瘦瘠病軍兵將校并內有未理磨勘効用支錢七貫五百文有官使臣并合理磨勘人減九箇月磨勘若倒斃寄留依此對展一江州都統司差人於馬監取馬到軍地里最近若不加罰無以懲戒五十匹至四十一匹全到至倒斃寄留不及二分綱官減九箇月磨勘執

卷一萬一千六百七十七

色合千人支錢四貫五百五十文四十匹至三十一匹全到至倒斃寄留不及二分綱官減七箇月磨勘執色合千人支錢三貫六百四十文三十匹至二十一匹全到至倒斃寄留不及二分綱官減五箇月半磨勘執色合千人支錢二貫九百二十文二十匹至一十一匹全到至倒斃寄留不及二分綱官減四箇月半磨勘執色合千人支錢二貫三百四十文牽馬官兵名下馬一匹到無瘡疥瘦瘠病軍兵將校并內有未理磨勘効用支錢四貫五百文有官使臣并該理磨勘人減五箇月磨勘若倒斃寄留展一年磨勘一前項去處綱官倒斃寄留及二分展二年磨勘及三分降一官資每增及一分

更展一年磨勘餘分數准此遞展執色合千人倒斃寄留及二分並無賞罰及三分降一資內江州更令本軍問當牽馬使臣軍兵將校如有瘡疥瘦瘠病不該推賞其軍兵將校若寄留倒斃降一資內江州更令本軍問當一綱內執色合千人仍止差軍兵及依自來體例差撥施行一所差効用軍兵如該降資若無資可降於本處從杖八十科斷一所差綱官執色合千人取馬到軍交納勘驗得有瘡疥瘦瘠病依倒斃寄留數除豁　八年正月三日詔已降指揮內外諸軍所養戰馬令主帥每歲比較等第賞罰可自今後倒斃及二分已上統制將官展二年磨勘三分已上重作施行馬主如本等弓

卷一萬一千六百七十七

四箭中帖綠或願陞加斛力者並委主帥部將指試與免罪其賞格依已降指揮　二月八日樞密院副都承旨王抃言每遇綱馬到行在係承旨司看驗自來止是係差定省馬院醫獸二人看唱委是難以據憑欲乞自今後每遇綱馬到來報三衙各輪差醫獸二人前來臨時依公看唱庶幾革去預先計囑之弊從之　三月十三日詔漢陽軍馬監遇諸軍合取綱馬令赴湖廣總領所審驗如有瘦病馬發回本監醫治將堪起綱馬責付取馬使臣管押前來如致瘦病重行責罰仍令四川茶馬司今後須管將及格赤闊壯無瘡疥瘦瘠病馬團綱起發（以樞密院都承旨葉衡言漢陽軍馬監將病馬一槩承同起發與不置監無異故有是命）二

十六日主管侍衛步軍司公事吳挺言先准指揮令諸軍每遇取馬差撥闕馬官兵前去牽取專差訓練官一員充綱官令本司諸軍馬軍見闕之數於步軍弓箭手內揀摘能騎馬射弓之人逐旋撥填所有本司合得乾道七年分綱馬緣目今舊管馬軍內即無闕馬官兵止有新刷人數未敢便行差撥望令本司於步人內將新刷到馬軍前去牽取依舊每一名牽取一匹所有賞罰乞依已降指揮施行從之　四月十五日詔令四川宣撫司行下諸軍將牽馬官兵於元半年限外與展兩月如押馬到行在日其合該賞資及請回程折資錢數令所屬並限十日施行盡絕如留滯違限許行陳訴將當行人並從重斷〔以樞密院言四川宣撫馬人三月方至行在納馬轄資四十五日方畢又四程又須兩月計七八箇月方得歸司訪聞都統司往回共限半年遇綱不到即令往請老幼失所歸司又皆斷罷故有是命〕　五月九日樞密院言諸軍戰馬有病癒致倒斃更不醫治便作出字用印沾賣損失官馬數多詔令諸軍令後除齒老癭瞶馬外將病患出字馬數與倒斃馬於歲終通理分數比較賞罰自後遇有諸軍揀到合用火印出字馬令承旨司總領所審驗病患堪醫治者再令本軍寬限醫治不得仍前作弊仰主帥常切覺察　十三日詔逐路提舉綱馬驛程漕臣常切催督所屬修葺屋宇槽道寬剩槽辦草料人粮仍委逐州通判躬親檢察漕臣巡歷所部親至點檢〔以提舉四川買馬趙彥博言自彥州以去驛

卷一萬一千六百七十七

二十九

舍槽道並不修葺及牡草料故有是命〕　六月八日樞密院言照得殿前司乾道六年五月至七年四月終出字馬三百七十九匹七年五月至八年五月終出字馬六百九十三匹顯屬情弊詔令內外諸軍令後除齒老癭瞶馬外其病患馬發赴醫馬院置籍令逐軍專一責任兵將官醫獸須管究心醫治以時飲飼月具痊損數令主兵官將本軍將官醫獸賞罰如實不堪醫馬令承旨司總領所審驗印作出字歲終具印過數目申樞密院　七月十六日御筆訪聞安豐軍前後多有人於郡境內外盜馬以至刼傷人命殊失責任之意可嚴行禁戢仍移文濠州一體令來處分禁戢施行　八月二十日荊湖北路轉運司狀據江夏知縣唐楠申有馬軍司取馬訓練官張立等押馬到本縣驛批支粮料與驛子理會吏草在縣作鬧詔張立不能彈壓特降兩官唐楠不辦馬草在驛特降一資候改官日更展二年磨勘　十一月十六日詔令建康都統郭剛相度將本軍戰馬止就建康府牧養〔繼而剛奏本軍戰馬自來止就建康牧養昨緣都統郭振乞移往廬州令相視廬州三月末旬尚未有青草生發移依舊止就建康牧養費為州使從之〕　同日詔三司馬軍捻手兼射弓箭人所破名下馬如倒斃令步射七斗力弓一十二箭內二箭上帖垛者與免罪數內如實傷手臂不能兼弓箭者令本司於進帳內逐人姓名下分明開鑿所患其破名下馬如倒斃令擊刺免罪　十七日詔令廣西經

卷一萬一千六百七十七

三十

略司今後起發進馬并常綱馬每軍兵一名止牽馬二
匹　九年閏正月三日宰執進呈殿前司王友直劄子
近遣准備將李宣往漢陽軍排發綱馬在監倒斃既多
又更在路死損可謂不職乞罪李宣准備將差遣上可
其奏又曰若漢陽軍監牧養得宜則發遣來者在路自
無損斃李宣何得不懲　二月二日詔令諸軍并漢陽
軍馬監今後遇有取發到綱馬仰即時將元綱解并沿
路倒斃及見到數開具申樞密院以憑稽考無致違戾
從樞密院請也　二十日詔令逐路漕臣躬親遍詣所
部馬驛相視依今來降去樣製體式責委逐州縣守令
限一月如法蓋造置辦什物槽具並要如法不得苟簡

滅裂每驛差撥五人看守務要潔淨仍於本州揀汰養
老將校內選差知馬政有心力稍壯健二人同老小前
去本驛居住量添鹽菜錢部轄看管如馬綱先牌到來
預令人夫剉草磨豆秖備餵飼候關備日申樞密院以
備差官前去點檢其後十一月十二日詔令逐路漕臣疾速委官前去點檢如未圓備去處
責令日近一切了畢如尚敢違戾按劾以聞當職重作施行先具已點檢到數目聞奏　三月十七
日詔令三衙并江上諸軍將見差取馬使臣軍兵今後
徑往茶馬司取押到駐歇泊三日委本監官審驗將肥
壯馬先次起發內瘦瘠病量留本綱人在監養餵候及
膘分逐旋隨本軍以次綱馬附押歸軍其使臣並差七
人衛官軍兵十將以下人充仍令茶馬司先次排定綱

分預行關報諸軍指期差人前去取押無致擁併積壓
留滯以樞密院言四川茶馬司近來撥發綱馬到監比之每歲寄斃數多竊慮所差使臣不行精選在
路不切用心餋餵故有是命　二十三日宰執進呈鄂州諸軍都統制
吳挺申內外諸軍所養戰馬令主帥每歲比較等第賞
罰自今倒斃及二分已上統制將官展二年磨勘三分
已上重作施行今年緣有四分已上之人合行取旨上
曰若自三分減罰却恐人數稍多可將四分已上之人
統制將官各特降一官資庶可警戒　四月二十八日
兵部　降指揮四川宣撫司起發淵壯馬并茶馬司
御進馬常綱馬到行在及江上諸軍綱馬到軍并廣西
經略司排撥常綱馬到行在及江上諸軍內有全綱到

并寄留倒斃之數以地里遠近并牽馬人已擬定賞罰
格法本部今參照得地里雖有些小遠近不同去處且
立賞罰格法已是酌中久遠可以遵行外有該載未盡
事件今條具比擬立定賞罰開具下項並從之　一元劄
子內格目一三衙往茶馬司取押常綱并宣撫司押到
闕壯馬茶馬司御進馬各到行在今擬到下項全綱到
使臣轉兩官資寄斃一匹轉一官減四年磨勘二匹轉
一官減三年磨勘三匹轉一官減二年磨勘四匹轉一
官減二年磨勘五匹轉一官資六匹減四年磨勘七匹
減三年磨勘八匹減二年磨勘九匹減一年磨勘十匹
不理賞罰十一匹展一年磨勘十二匹展二年磨勘十

兵二五之四二

三匹展三年磨勘十四匹展四年磨勘十五匹降一官資十六匹降一官資更展一年磨勘十七匹降一官更展二年磨勘十八匹降一官更展三年磨勘十九匹降一官更展四年磨勘二十匹降兩官資以後匹數依此展降全綱到將校醫獸等轉兩資寄覧五匹轉一官資十匹不理賞罰十五匹降一資二十匹降兩資以後每五匹依此更减一資無資可降人各從杖一百科斷本部令乞依已擬定賞罰格法施行執色將校先牌大頭醫獸曹司等全綱到轉兩資寄覧一匹至五匹轉一資六匹至九匹本部今擬定欲乞更不轉資止支賞錢一十五貫文十匹至十四匹不理賞罰十五匹至十九匹降一資二十匹降二資本部令乞並依前項擬定賞罰施行所有以後每五匹依此更降一資無資可降各從杖一百科斷及該賞人如不願轉資每資折錢三十貫文一建康鎮江府池州武鋒軍往茶馬司取馬到軍依今來指揮並依三衙取馬到行在三分减一分賞罰令比擬全綱到使臣轉一官資减一年八箇月磨勘寄覧一匹轉一官减一年磨勘二匹轉一官减四箇月磨勘三匹减四年八箇月磨勘四匹减四年磨勘五匹减三年四箇月磨勘六匹减二年八箇月磨勘七匹减二年磨勘八匹减一年四箇月磨勘九匹减八箇月磨勘十匹不理賞罰十一匹展八箇月磨勘十二匹展一年四

〔卷一萬二千六百七十七〕 三十三

兵二五之四三

箇月磨勘十三匹展二年磨勘十四匹展二年八箇月磨勘十五匹展三年四箇月磨勘十六匹展四年磨勘十七匹展四年八箇月磨勘十八匹降一官更展四箇月磨勘十九匹降一官更展一年磨勘二十匹降一官更展一年八箇月磨勘以後匹數依此展降全綱到將校醫獸等轉一資更支錢一十貫文（如不願轉資者資折錢二十貫）寄覧一匹至五匹支錢二十貫文如不願支給上件錢數願就半資公據者聽如兩次押馬該賞許依轉一資收使六匹至九匹支錢一十貫十匹至十四匹不理賞罰十五匹至十九匹從杖六十科斷二十匹降一資本部今乞並依擬定賞罰施行所有已後每及五匹依此更降一資無資可降從杖一百科斷一荆南鄂州江州都統司往茶馬司取馬到軍依今來指揮並依三衙取馬到行在减半賞罰所有茶馬司起發騾馬綱馬赴鄂州都統司并荆南龍居山孳生馬監三處雖有賞罰格法於今來指揮内未有該載其兩處押馬與本處取馬地里一同今比擬欲並依荆南鄂州都統司取馬立定賞罰一體施行今比擬全綱到使臣轉一官資寄覧一匹减四年半磨勘二匹减四年磨勘三匹减三年半磨勘四匹减三年磨勘五匹减二年半磨勘六匹减二年磨勘七匹减一年半磨勘八匹减一年磨勘九匹减半年磨勘十匹不理賞罰十一匹展半年磨勘十二匹展一

〔卷一萬二千六百七十七〕 三十四

年磨勘十三匹展一年半磨勘十四匹展二年磨勘十五匹展二年半磨勘十六匹展三年磨勘十七匹展三年半磨勘十八匹展四年磨勘十九匹展四年半磨勘二十四降一官資以後匹數依此展降全綱到將校醫獸等轉一資如不願轉資折錢三十貫文寄斃一匹至五匹支錢一十五貫文若不願支錢願就半資公據者聽如二次押馬該賞許作轉一資收使六匹至九匹支錢七貫五百文十匹至十四匹不理賞罰十五匹至十九匹從杖六十科斷二十匹降一資以後每五匹更降一資無資可降各從杖一百科斷一契勘昨來殿前馬步軍司及江上諸軍自差官兵前去茶馬司取押川西綱馬並以五十匹爲一綱每一名牽馬二匹後來逐處往漢陽馬監每名只牽取名下馬一匹歸軍今承指揮令逐處自差人前去茶馬司取馬及今本部擬定牽馬人賞罰緣所降指揮内未有該載牽馬人每名牽取匹数明文今已將三衙幷江上諸軍武鋒軍依舊例每人牽馬二匹共二十五人其軍兵止差十將已下之人今擬定牽馬人賞罰牽馬人每名牽馬二匹各理名下賞罰二匹全到無瘡疥瘦瘠病轉一資（不願轉資折錢三十貫）二匹全到内一匹瘡疥瘦瘠病與減半推賞支錢一十五貫文如不願支錢願給半資公據者聽兩次押馬該賞許作轉一資收使二匹全到並瘡疥瘦瘠病或内寄斃一

卷萬千六百二十七

三五

匹並更不推恩二匹全不到降一資無資可降人從杖八十科斷一廣西經略司起發綱馬至行在幷建康鎮江府池州都統司今擬定賞罰係以五十匹爲一綱一元割予内格目全綱到使臣轉一官資更減三年磨勘寄斃一匹轉一官資減二年磨勘二匹轉一官資減一年磨勘三匹轉一官資四匹減四年磨勘五匹減三年磨勘六匹減二年磨勘七匹減一年磨勘八匹不理賞罰九匹展一年磨勘十匹展二年磨勘十一匹展三年磨勘十二匹展四年磨勘十三匹降一官資十四匹降一官資更展一年磨勘十五匹降一官資更展二年磨勘十六匹降一官資更展三年磨勘十七匹降一官資更展四年磨勘十八匹降兩官資以後匹數依此展降全綱到通管將校醫獸等各轉一官資更特支犒設錢一十貫（如不願轉資折錢三十貫）寄斃一匹至三匹轉一資四疋至七匹支錢一十五貫文八匹至十二匹不理賞罰十三匹至十七匹降一資十八匹降兩資以後每五匹依此更降一資無資可降人各從杖一百科斷如不願轉資折錢三十貫牽馬軍兵名下各牽馬二匹各理名下賞罰二匹全到無瘡疥瘦瘠病轉一資如不願轉資折錢三十貫二匹全到内一匹瘡疥瘠病與減半推賞支錢一十五貫如不願支錢願給半資公據者聽如兩次押馬該賞許作轉一資收使二匹全到並瘡疥瘦瘠病幷

卷萬九千六百二十七

三十六

寄莬貳匹並更不推恩二匹全不到降一資無資可降人從杖八十科斷一廣西經略司起發綱馬至鄂州荆南都統司依令來指揮並依到行在減半賞罰所有廣西經畧司起發綱馬至襄陽府都統司雖有賞罰格法令來指揮內却未有該載其兩處押馬與本處押馬地里頗同今比擬全綱到使臣減四年磨勘寄莬一匹減三年半磨勘二匹減三年磨勘三匹減二年半磨勘四匹減二年磨勘五匹減一年半磨勘六匹減一年磨勘七匹減半年磨勘八匹不理賞罰九匹展半年磨勘十匹展一年磨勘十一匹展一年半磨勘十二匹展二年磨勘十三匹展二年半磨勘十四匹展三年磨勘十五匹展三年半磨勘十六匹展四年磨勘十七匹展四年半磨勘十八匹降一官資以後匹數依此展降全綱到通管將校醫獸等各特支犒設錢二十貫文（如不願支錢願給半資公據者聽兩次該賞許作一資收使）寄莬一匹至三匹支錢十五貫文四匹至七匹支錢七貫五百文八匹至十二匹不理賞罰十三匹至十七匹杖六十科斷十八匹降一資以後每五匹更降一資無資可降人從杖一百科斷牽馬軍兵二匹全到無瘡疥瘦瘠病支錢十五貫文二匹全到內一匹瘡疥瘦瘠病與減半推賞支錢七貫五百文及通管將校醫獸執色人寄莬三匹并牽馬人等如不願支錢願給半資公據者聽仍兩次押馬該賞許作轉一

卷一萬三千六百七十七　三十七

資收使三匹全到並瘡疥瘦瘠病并寄莬一匹並更不推恩二匹全不到降一資無資可降人從杖八十科斷一茶馬司每歲起發御進馬以五十五匹為一綱其使臣執色合千人賞罰欲並依令來三衙往茶馬司取押馬五十匹立定賞罰格法一體施行一契勘茶馬司每年起發天申節并大禮進馬各四十六匹赴行在交納雖有推賞體例旨揮緣從來未有立定賞罰格法今承指揮內未有該載本部今依倣茶馬司起發馬五十匹分數以十分為率比擬賞罰全綱到使臣轉一官資減四年磨勘寄莬一匹轉一官資減三年磨勘二匹轉一官資減二年磨勘三匹轉一官資減一年磨勘四匹轉一官資減半年磨勘五匹轉一官資六匹減三年磨勘七匹減二年磨勘八匹減一年磨勘九匹減半年磨勘十匹不理賞罰十一匹展半年磨勘十二匹展一年磨勘十三匹展二年磨勘十四匹展三年磨勘十五匹展四年磨勘十六匹降一官資十七匹降一官資展半年磨勘十八匹降一官資展一年磨勘十九匹降一官資展二年磨勘二十匹降一官資展三年磨勘二十一匹降一官資展四年磨勘以後匹數依此展降全綱到將校醫獸等與轉一官資更支錢二十四貫文（如不願轉資折支錢三十貫文）寄莬一匹至五匹轉一資六匹至九匹更不轉資支錢一十五貫文十匹至十四匹不理賞罰十五匹至

卷一萬三千六百七十七　三十八

十九匹降一資二十匹降兩資以後每五匹更降一資無資可降人從杖一百科斷其不願支錢人願轉半資公據者聽仍二次押馬該賞許作一資收使一契勘茶馬司起發每年御座進馬二十匹并文州進天申節馬二十五匹會慶節馬一十二匹到行在交納雖有已推賞體例指揮緣從來未有立定賞罰格法令承指揮格目內未有該載本部今擬定以匹數十分為率立定賞罰全綱到至寄斃不及二分使臣將校醫獸等各轉一官資寄斃及二分至不及三分使臣展二年磨勘將校醫獸等更不推賞寄斃及三分使臣將校醫獸等各降一官資每增一分使臣更展一年磨勘餘分數准此逓

卷萬千六百七十七

三十九

展其將校醫獸等更別無賞罰一契勘前項茶馬司每年起發御前馬天申節進馬大禮進馬御座進馬文州進天申節馬會慶節馬其牽軍兵係每名各牽攏一匹無瘡疥瘦瘠病馬轉一資如不願轉資折錢三十貫文若有瘡疥瘦瘠病更不推恩寄斃降一資無資可降從杖八十科斷其牽攏準備馬係附綱前來自來即無賞罰一契勘金州興州興元府都統制司四川宣撫司每年起發非泛進馬匹數不等自四匹至五十匹各有立定推賞人數指揮今擬定逐處今後遇進到馬數並乞依舊制施行一契勘荆南都統司每年差人於茶馬司取押文州馬并川馬至襄陽府雖已有立定賞罰格法令

承指揮內未有該載本部今欲依舊制施行一契勘廣西經略司每年起發出格馬赴行在每綱係三十匹雖已有立定賞罰格法令承指揮內未有該載本部欲依乾道六年九月二十三日已降指揮格法施行一契勘建康鎮江府池州武鋒軍荆南鄂州江州都統司往茶馬司取馬歸軍三衙取馬并宣撫司押閤壯馬茶馬司起發御進馬天申節進馬大禮進馬御座進馬文州進天申節會慶節進馬廣西經略司起發出格綱馬等至行在并付建康鎮江池鄂州荆南都統司綱馬其逐處所差使臣執色合干人牽馬兵級各已有立定賞罰格法外若逐綱內有瘡疥瘦瘠病馬數於承指揮格目內

卷萬千六百七十七

四十

未有該載今擬定欲將逐處所押綱馬使臣執色合干人不以匹數多寡並以十分為率如有寄斃瘡疥瘦瘠病馬通及三分依自來體例並更不推恩一契勘昨三衙江上諸軍自差人往茶馬司取馬除每綱差使臣一員軍兵一名牽攏二匹外其逐軍所差執色合干人例皆差撥多寡不同今欲乞令取馬諸軍將執色合干人三衙各七人江上諸軍各五人於十將已下軍兵內差撥其賞罰並依今來已立定格法施行一契勘茶馬司每歲買發綱馬內西馬在興元府團綱川馬在成都府團綱今來三衙并江上諸軍武鋒軍已承指揮自行差人前去茶馬司取合得馬數今欲乞行下茶馬司將已

買到馬數逐一排定綱數依資次預行關報合得逐軍
到彼月分依次序差人前去取押仍自乾道九年分合
得綱馬為始庶免擁併在彼等候虛費批請如已起發
在道許令本軍差取押綱馬使臣等就所至去處徑於
茶馬司元差來管押使臣等處交割見在綱馬匹數并
綱解一宗文字等經所州縣陳乞分明逐一開說因依
出給公據隨綱前來候到參酌匹數地理遠近以十分
為率比擬賞罰施行一契勘川陝廣西起發綱馬全在
經由州縣點檢修蓋驛舍槽具動使如法預期樁辦草
料應副足備其綱馬至驛既有歇泊去處又不闕草料
自寄斃數少兼近得旨行畫馬驛圖本地段屋舍間架

卷一萬九千六百七十七

四十一

丈尺合用槽具動使什物數目已行下逐路漕臣躬親
遍詣所部馬驛相視依降去樣制體式責委逐州縣守
令限一月如法蓋造置辦差將校五人看守打併部轄
如綱馬到來預令人夫剿草磨踏祇備餵飼以備差官
前去點檢本部竊計雖令逐路漕臣遍詣所部相視蓋
造置辦處恐州縣內有奉行不虔以至蓋造置辦稽遲
滅裂去處今欲乞從本部遍牒逐路漕司并應綱馬經
由州縣須管遵依已降指揮將合起造驛舍什物等並
限一月如法蓋造置辦並又破係省官錢應副毋得別
致科斂不管稍有違戾　六月四日樞密院言茶馬司
軍兵曾祺狀昨茶馬司差使臣尹貴管押殿前司馬一

綱五十匹至漢陽軍監尹貴到金州為患除沿路倒斃
外見在四十五匹交付王俊牽押到均房州節次倒斃
見在止有二十二匹將身逃走眾兵夫與曾祺牽至襄
陽府又寄斃六匹見在止有二十六匹其眾兵夫盡行
逃走止有曾祺一名經襄陽府下狀陳乞差官管押馬
監官司不肯受理詔令兵部行下逐路應經由綱馬驛
程州軍今後如有似此陳訴仰所在官司即時受理仍
選差人管押如法養餵逐州交割前來　十五日新成
都府路轉運判官張棟言並邊之民往往有馬而向來
守邊之臣籍之於官彼恐為子孫之患則殺馬而逃誰
敢有馬望明出榜文告示人戶聽任意畜馬永不拘籍

卷一萬九千六百七十七

四十二

詔依仍更行下兩淮荊襄州軍一體施行　十八日主
管殿前司公事王友直言得旨綱馬依舊差人前去四
川茶馬司取押令勘會到下項一合於本司差撥諳曉
馬性統令官一員將帶白直人兵二十人鞍馬二匹預
期前去西和州宕昌寨階州峯貼峽兩處置馬場監視
揀選買發仍令所差統領官照應體例具買到馬數并
支過茶帛等數與買馬官同銜申樞密院一每馬一綱
五十匹係合用牽馬官兵二十五人每人牽馬二匹綱
官一員小管押一名醫獸一名軍典一名火頭二人先
牌一名通計三十二人前去興元府茶馬司取押一宕
昌買馬場止有人戶一百餘家每買馬及五十匹係和

顧人夫二十五人內一半係十四五歲小兒子止是趕逐馬行請到草一半餵馬一半人夫鋪卧今欲令差去取馬官兵前去逐處迎接照管前來內取宕昌人馬前到西和州係離宕昌六程至興元府一十四程取峯貼峽馬使臣到階州係離峯貼峽四程至興元府一十六程每員令各帶兵士二人醫獸一名前去其餘人令小管押彈壓只在興元府等候所貴得以照管一提點綱馬驛程官地分闊遠照管不前并綱馬經過界分通判雖帶提點綱馬驛程其實不曾點檢欲乞每驛於本州添差使臣內差撥使臣一員充監驛軍兵六人內一名管押在驛看管打併洒掃潔淨祇備綱馬到來如應付無闕誤許取馬軍中主帥將監驛使臣保明申乞再與差遣一次及令本州除請給外每月支供給錢一十貫文並從之　二十三日宰執進呈王炎摘差軍兵十將何皋代使臣管押進馬二十五匹全綱到來並無倒斃合行推賞兵部告示何皋係十將以上之人不合轉資緣當時立法本謂牽馬人兵今來何皋係代使臣管押綱馬使其有倒斃之數亦當被其責罰即與牽馬之人不同合令兵部依押綱馬體例推賞施行從之　八月四日詔諸處進馬軍兵令兵部行下所屬今後不得差効用守闕進勇副尉至下班祗應人充牽馬并執色合干人從樞密院請也　十二月一日四川宣撫使虞允

文言今年分三衙取馬人未到本司逐急先差官兵押發前去外乞下漢陽軍馬監如本司官兵押馬到監時暫將馬存留仍乞催促三衙就監取押詔三衙取馬官兵到監違程四日更不推賞如差發稽遲官吏重作行遣以上乾道會要

宋會要

淳熙十六年四月二十五日，詔三衙及江上諸軍各置
馬院一所，專收養揀退老病馬，於元破草料内減半支
給，責隊外人看餧，令醫獸常切醫治。仍差將官一員提
督，不許擅行宰殺，有倒斃方得出賣。仍月具見管數目
申樞密院。以樞密院言：馬有老病不堪乘騎，揀退年例委承吉司總領所審驗訖，火印出字出賣。訪聞承買人便行宰殺，償納價錢，故有是命。　閏五月十七日，侍衛步軍副都
指揮使梁師雄言：本司諸軍逐年將肥壯馬差往湖州
下菰城牧放，其新綱病瘦驍員等馬往西溪牧養，照得
下菰牧馬官兵内有家累人，除量行擘券外，又承指揮

各人依出軍例日添口食米二升五合，鹽菜錢三十文，
並於湖州按旬幇支。所有差出西溪牧馬官兵即無添
破食用，係於在寨本身請給内按旬津發，欲乞下所屬
將西溪牧馬有家累効用官兵每日止與添口食米二
升五合，候今降指揮下日關所屬入曆批勘，按旬請撥
發往西溪，依做日後續發牧放有家累官兵及以後年
分亦乞依此自起發日爲頭支給，至歸司日住支。從之。
六月一日，詔今後諸軍取馬官兵遇有疾患，仰綱官
申所至州縣，分擘生券，挨日批支，令本處命醫調治，差
人看護，候痊可給口券，轉牒郡邑津遣還畀。以淮東總領趙師羼言：諸軍綱差取馬官兵中道疾病，則徒迫於程役，往往棄置窮塗，口券既不可擘，藥餌又無所給，枕藉道路，十

帥八九，問有愈者則難從異鄉，武乞下以歸，故有是命。　七月十七日，江陵府副
都統制率逢原言：竊見川廣起發綱馬地頭價直，并綱
卒請給，或諸軍專差人取撥，裹費賞給之屬，一馬不下
五百緡，且更經涉長途，不習水土，太半羸瘠，軍中得之，
經年餧飼不能復舊，可以披帶者十之四五。比年京西
民間產馬蕃盛，其間中披帶者極多，如上駟市直不過
二百緡。詔令西京安撫司同本司每年差官就所屬州
縣買二百疋，逐時解總領所，呈驗印記，撥付軍中教閱。
紹熙元年二月八日，檢詳諸房文字楊經言：四川茶
馬司每年收買宕昌、階文、黎、叙州、南平軍等處戰馬，應
副三衙并沿江諸軍，緣從來未有一定資次，以致所買

之馬久住務中，其取馬人未到司，或取馬軍兵擁併前
來，住程已久，却無馬可發。欲行下茶馬司酌量道里遠
近，月日先後，并馬數多寡，立爲資次，結罪繳申，候見允
當，乞劄下諸軍依期差撥官兵前去請領，庶幾整辦，郡
縣亦不虛費官錢。從之。　二年三月十八日，宰執進呈
臣僚劄子：多占戰馬。上曰：軍帥多占馬，非時利其所得，
又以好馬奉權貴，此弊不可不痛革。　五月二十五日，
詔廣西經略安撫司、四川茶馬開具前後拖下鄂州、襄
陽府大軍綱馬違滯因依，聞奏，仍仰疾速先次補發。月
具已起發綱數申樞密院。以鄂州駐劄統制解彥祥奏大軍闕馬披帶故也。　八
月十三日，詔四川都大茶馬司撥殿前司馬二綱，馬步

司馬各一綱應副鄂州都統司一次（以鄂州駐劄御前諸軍都統制張詔言本司目今自都統制以下並無西馬乘騎，故有是命）。　十七日，前權發遣融州邢紳言：竊見廣西每歲經畧司行下諸州差官及將校押馬赴馬帥行在鎮江池州建康，將校有一資之賞，而襄陽鄂州部押全綱，緣地里不及，惟綱官有轉官賞，其餘將校只得折賞錢一十五貫，全不用心看守，是致所部之馬沿途病瘠損失。奉旨令兵部看詳聞奏。歸而看詳所乞：軍兵牽馬至鄂州，令牽馬三疋全到，與轉一資。緣有節次指揮，每名止牽馬二疋，自合遵守。照得廣西經略司至鄂州一千八百八十二里，比之到行在地里十分為率止及六分半，難以一例轉資。欲將所差牽馬人

至鄂州名下馬二疋全到，增作支錢二十貫，如願給半資公據者聽，更支錢五貫文，仍兩次押馬該賞，作一資收使，更支錢五貫。若二疋全到內一疋瘡疥瘦瘠，與減半推賞，支錢十貫文。二疋全到並瘡疥瘦病寄驁一疋，不推賞。二疋全不到，降一資，無資可降人從杖八十科斷。廣西經畧司至行在二千八百七十七里，至襄陽府二千三百六十二里，比之到行在少五百一十五里，難以一例轉資。欲將所差牽馬人至襄陽名下馬二疋全到，增作支錢二十五貫文，如願給半資公據者聽，更支錢一十貫文，若兩次押馬該賞作一資收使，更支錢一十貫文。若兩疋全到內一疋瘡疥瘦瘠，與減半推賞，支

錢十二貫五百文。二疋全到並瘡疥瘦或寄驁一疋，不推賞。二疋全不到，照應鄂州體例降罰施行。從之。　十月十一日，詔內外諸軍今後戰馬遇有病患，即時申官醫治，與免斷遣。如或隱蔽不申，失於醫療，致有損斃，卻依條斷治施行（以樞密院言：諸軍馬軍遇戰馬生病，便將馬軍斷遣，其馬軍畏懼隱匿不申，坐待其斃，是以近年例斃馬數頗多，故有是命）。　三年六月十六日，詔茶馬司將紹熙三年分起發御前闕壯西馬內支撥二綱付池州副都統司（以池州駐劄御前諸軍副都統制率遣原吾到任點看所部諸軍統制統領將佐并隊下馬軍所養戰馬，皆是排發綱馬，係邕州等處當綱川廣馬，往往眼生脚狂，難施力調習，終是[illegible]駑非道地西馬之比，故有是命）。　十一月十七日，詔茶馬司將紹熙三年分闕壯西馬內支撥兩綱付鎮江都統司（以鎮江府駐劄御前諸軍都統

制司言：本司闕馬官兵六百餘人，逐年全仰茶馬司廣西帥撫司買發合得綱馬二十四綱，兩司自紹熙三年九月終拖下六十一綱，委是有妨乘騎。於紹熙三年二月內乞下茶馬司將每年合發買宣撫司進闕壯馬內撥二十綱，至今未蒙回降，今來止乞十綱，故司應副戰士騎習教閱，故有是命）。　二十七日，詔茶馬司將殿司紹興三年分綱馬疾速排發，無得留滯，具已排發綱數申樞密院。　四年二月十八日，興元府言：本府係都大茶馬秦司置司所在。紹熙三年十二月二十日終，在府見管三衙江鄂等州取馬官兵四十九綱一千六百餘人，住程挨日批支錢糧。內殿前馬步三衙取馬官兵三十六綱，並不依樞密院元排綱次期限指揮，仍舊預行差撥，擁併到府住程。本府並與挨日批支券食錢糧外，照得本府看許所日有限，諸司應副綱馬

券食錢逐年亦有定額實難應辦兼逐處官兵空往日
久有妨教閱乞下三衙將紹熙四年所馬官兵照應樞
密院已排綱次期限約度一年所發馬綱資次將紀逐
旋差發計程前來今後亦只依元立期限截日批支從
之　同日詔茶馬司更支撥闕北馬三百疋付與元府
副都統司補填闕額餘依已降指揮（以興元府副都統制王宗康言乞依
鄂鈞元奏以三千疋馬額撥發馬三百疋共作五百疋數闕使用故有是命）　七月二十七日
詔令殿步司揀不入隊稍堪乘騎馬五十疋撥付許浦
水軍（以平江府許浦駐劄水軍副都統制司言闕馬乘騎乞於發到新綱廣馬內撥一綱使用故有是命）
十一月二十七日詔令三衙江上諸軍今後取馬官兵
每綱各先給十日草料價錢將帶前去準備過往程闕

卷一萬一千六百七十二

水去處接續收買草料如法養餧或有支用錢物不盡
回納本軍從殿前司護聖馬軍統制劉世榮之請也
五年二月二十五日殿前都指揮使郭杲言本司所管
諸軍戰馬內有齒老羸瘦及疾久難醫治馬數年例於
牧馬往回揀選申朝廷送承旨司於馬右髈火印出字
往年令諸軍出賣將賣到肉臟錢納內藏庫後來淳熙
二年九月指揮將出字馬從本司發兩浙東西路安撫
司分攤付逐州軍支破草料養餧淳熙十六年四月指
揮令三衙別置馬院減半草料看餧竊詳本司一年兩
次揀退不下五百餘疋虛費日支草料乞從舊解赴承
旨司火印出字發送安撫司交管詔依馬步軍司依此

施行　三月六日都大提舉四川茶馬楊經言照得本
司每歲排發三衙綱馬並揀十歲以下壯嫩闊實無病
及格好馬排發今體訪得押綱人輙於漢上一帶沿路
州軍將綱內皮毛正有者相及格馬司自盜賣却買矮
小不堪馬填數起發竊處馬到綱官驗出其押綱官兵
必以本司排發籍口交納雖有法禁所在官司多不覺
察乞下漢上沿路州軍委逐處守令措置嚴切覺察仍
多出榜許人告首依條斷罪詔湖北京西安撫專轄司
常切覺察　四月七日殿前副都指揮使郭杲言本司
應管戰馬一萬七百疋為額比之元額見闕二千二百
餘疋蓋緣近一二年間茶馬司發馬稽緩況諸軍日有

卷一萬一千六百七十二

損斃及每歲牧放往回兩次揀退是致補數不敷今諸
軍馬軍正隊內見有闕馬赴趁教閱之人指擬綱馬到
來攤撥着腳乞行下茶馬司疾速團綱起發仍乞指揮
自今後免行截撥付別司軍分詔四川茶馬司將殿前
司合得綱馬照數排發毋令稽緩餘依此施行　五月
二十四日金州諸軍副都統制田世輔言所部馬軍忠
軍一將額管入隊戰馬一千疋至紹熙四年闕四百八
十七疋每年雖準四川制司均撥二分馬不過五六十
疋本司自以青草錢每歲于都大茶馬司收買七十疋
一半應副諸軍統兵將官充腳下騎料馬乘騎所得入
隊馬二項共不過八九十疋補填尚未能敷補上年倒

㮚揀退之數委是積欠闕額乞下茶馬司於紹熙五年分買發闕壯馬支撥一十綱差人取押歸軍調習養餧應副入隊揀帶教閱以備緩急出入之用亦可補及元額詔支撥五綱以上光宗會要　紹熙五年九月十四日明堂赦川廣綱馬沿路自合預辦草料訪聞州軍臨時科歛百姓及差夫採斫青草仰轉運司行下州縣並支見錢收買不得非理科擾令提刑司覺察如有違戾按劾以聞仍許被擾人户越訴自嘉泰三年至嘉定十四年四郊明堂赦並同　閏十月二十七日步軍司言本司今歲諸軍差往湖州下菰城收放戰馬二千五百六十五疋於内倒斃六十一疋比之淳熙十一年至紹熙四年十年之内斃馬最少委見總

卷一萬二千六百七十二

轄官前軍統制武德郎高宗周究心職事牧養有方詔高宗周特轉一官　慶元元年正月五日詔茶馬司權住收買闕壯馬一年其銀價錢同日前年分一就樁管聽候指揮不得輙行支用仍先次開具前後已樁收數數目奏聞　四月三日廣西經略安撫司言乞照襄陽副都統馮湛所請從今本軍就便收買土産馬實爲兩便檢詳所擬到照得諸軍逐處闕馬江陵襄陽猶少今四年五年已是不買若住廣西經略司買馬將來萬一要用不可卒置委是不便若不許江陵副都統司收買土馬司又有卒違原等申請利害分明乞下總領所將每歲買馬錢四萬貫兩處分撥一欲將錢二萬貫令經略

司買馬三綱起發赴江陵副都統制司交納起綱既無迫促之弊又可以揀擇好馬一欲將錢二萬貫令江陵副都統制司揀買及格土産馬將所買馬赴襄陽府帥臣審驗及尺寸堪披帶馬時直價例置曆印烙季具有無買到數目申樞密院庶幾兩便詔依檢詳所擬到事理施行　九月二十一日詔殿步司主帥限三日拘收諸處官司見借官馬具申樞密院仍約束諸軍兵官今後或有違戾重作施行必罰無赦從臣僚請也　二十八日詔已降指揮令殿步司不許私借戰馬與諸處官司合行拘收外其見赴朝參及從駕官僚若一例拘收却恐有妨乘騎如委闕者馬許權暫存留元借馬一

卷一萬二千六百七十二

疋已差破者馬人不得再行占留兩司官馬仍不得指占踏逐差取及將肴馬換易戰馬如有違戾重寘典憲餘依已降指揮　十月二十六日詔茶馬司於殿前司慶元元年合起綱馬内除豁五綱仍依宕昌實買馬價錢照數發還湖廣總領所以茶馬司言已得指揮令殿前司于襄漢州軍收買土産馬二百五十疋合用價錢先于總領所借支知令茶馬司于撥下綱馬所管錢内對數撥還照得遞場買馬每疋錢引一百三十四道半其殿司每疋約一百五十道令來止合撥本司實價應副發納仍乞于殿前司綱五年分未起歲額馬内銷豁故有是詔　十一月十九日詔廣西經略安撫司於額外添貼馬綱内全撥三綱付江州都統制司今後令茶馬司將文馬十綱依數排撥毋令仍前闕誤以都統趙廠有請故也　十二月三日茶馬司言乞下承

旨司日後遇馬綱到來先勒將校獸醫軍兵首問綱官
有無係是正身如非正身馬雖全到更不推賞從之先是
臣僚言管押建馬官多是代名冒賞令本司相度措置故也同日詔内外諸軍嚴行
約束責委各軍統制等狀收買堪好藥材監視修合遇
馬病患勒令醫獸對證醫治如歲終倒斃戰馬數多一
例重作施行從臣僚請也　二年二月十三日詔令後
買馬官陳乞酬賞諸軍報到馬數保明圖備放行與免
制置司覈實餘照自來條例施行從四川茶馬楊經請
也　九月十九日樞密院進呈臣僚劄子三衙諸軍每
歲收到馬不足以補一歲倒斃之數乞明立賞罰嚴作
施行鄭僑等奏雖有已降指揮立定賞罰歲久遂生欺
卷一萬一千六百七十二
弊每次奏申多是將倒斃數遂軍互相均攤謂不該二
分之罰苟免罪責葉翥又奏近年馬政不修極有弊倖
當責之主帥委自逐軍統制將官每於歲終具逐軍倒
斃之數申樞密院比較損失多寡不許巧作回護均攤
以免罪罰詔兵部參照見行條法指揮申嚴開奏　三
年三月四日兵部言茶馬司係專一管買馬職事乞下
本司須管照歲額合買馬數於歲終排發盡絕不管依
前拖延仍令制置司每歲取見茶馬司排發過綱及諸
場買到馬數并當職官吏姓名開具申部以憑稽考行
下催促如見得有虧欠元額數多去處即將當職官吏
具申朝廷取指揮施行所有在路減剋草料不切用心

看管一節須令諸軍主帥須管依已降指揮並選差廉
謹諳曉馬性之人前去取押嚴切戒諭令在路用心撞
舉將批到草料盡數依時餧飼不管稍有違慢如或有
減剋草料之人許互相覺察歸司陳告如追究是實即
與支賞將犯人重行斷遣其綱官合干人失於覺察一
例坐罪罰務在必行不管違戾照依兵部看詳到事理施
行仰内外主帥都統常切督責所部諸軍如法養餧戰
馬毋令瘦瘠有病隨即醫治仍令兵部每歲終依已降
指揮比較諸軍統制已下斃馬多寡賞罰外參酌臣僚
所陳將各司所管總額馬數令項稽考倒斃分數申樞
密院取旨以議賞罰　四年正月十五日兵部言乞從
卷一萬一千六百七十二
江東安撫司所請下馬軍行司建康府池州都統司將
揀退馬仍舊令各軍置馬院差隊外人兵看養詔依兵
部指定到事理照應淳熙十六年已降指揮内外諸軍
依此施行其倒斃馬價錢並依舊例解發　五年三月
二十七日司農寺丞潘子韶言唐鄧榷場監勒牛馬牙
人立賞以招南客乞行措置詔湖北京西安撫司行下
守令嚴切禁止督責巡尉常切巡警不許透漏務要革
去舊弊或仍前違戾除犯人重作施行外其當職官吏
并地分鄰保例作行遣如客旅興販馱載貨物内有及
格尺壯馬並不得輒往沿邊界首先次捐榜鄉村曉諭
仰帥臣監司常切覺察旬具有無透漏結罪保明聞奏

五月二十五日閤門舍人厲仲詳言乞詔殿步師臣
自今呈馬之際除十分病發不任醫治別作行遣區處
外應見管馬無問肥瘦並從牧放如合量留在寨亦須
壯實可用以備緩急不許昇養肥馬以爲冒賞之地歲
終䇿計實數馬軍之馬耗及二分步人之馬耗及四分
自統制而下一等鐫秩從之　十月五日臣僚言乞諸
路漕臣凡馬綱經過州縣必差縣尉及巡檢一員監飼
草料不得循習舊弊準折價錢仍令主管綱馬驛程之
官往來諸驛以檢察之馬或羸瘠疋數不全即綱吏與
主管驛程者例皆坐罪此舊法責罰稍重如軍中裨將
牧馬損折之罪不以赦原從之　十二月五日詔廣西

卷一萬一千六百七十二

提刑司將慶元六年分合起發湖廣總領所經總制錢
內截撥買發江陵副都統制司歲額馬六綱價錢四萬
貫於內分撥二萬貫付江陵副都統制司於襄陽等處
權行揀買及格尺土產馬解赴襄陽府帥臣審驗來歷
如委堪披帶及不係外處盜馬即與印烙發往本軍季
具買到數目申樞密院餘二萬貫仍舊解發赴廣西經
略司依數收買堪好齒嫩馬三綱疾速起發赴江陵諸
軍交納不管稍有闕誤以湖廣總領有請故也　嘉泰
元年二月十七日臣僚言諸軍馬軍今後比較倒斃馬
數有外官差借因病發遣歸軍倒斃即仰分明申說除
出免行比較詔依令殿步司主帥將依指揮合備差馬

先次置籍開說各軍將隊毛色齒歲不許頻併踏逐換
易如有發遣回軍病斃馬即行批鑿委因是何病患月
日倒斃每歲終具申樞密院以憑稽考如因別患在軍
倒斃依舊例理爲分數仍不得將軍寨馬作借差之數
避免比較如是見得稍涉情弊重作施行　二年正月
二十七日鎮江府副總管劉忠言伏見頻年以來北界
用兵日在兩淮漢上用銀收買淮馬貪利冒禁者紛紛
我空彼盈利害不細乞下帥司禁戢立賞許告不問小
大不得透漏有馬之家地分官司常切覺察從之　四
月三日樞密副都承旨司言茶馬司起進御馬到部押
綱官二員各轉兩官今四川茶馬司押進嘉泰元年分

卷一萬一千六百七十二

御座打毬馬五十五疋所差綱官王文正等止求轉一
官減三年磨勘竊緣所部之馬若或倒斃數多責降與
御馬綱格法一同而推賞不當有異今來軍兵已依押
進閱壯馬格轉兩資其綱官亦合一體施行詔各特轉
兩官今後依此推賞　八月二十八日樞密副都承旨
司言已降指揮川廣逐年買發綱馬令審驗官司將合
後發到馬籌量看驗如有不及格尺不堪充披帶並與
印留即不理爲合起發之數仍歲終總其逐綱低小疋
數申樞密院行不補發不得有虧元數今據殿司差李
舉管押嘉泰二年分歲額第三十一綱馬計五十疋全
到數內一十四疋低小步司差張旺管押嘉泰二年分

歲額第十三綱馬除寄黟外見到四十五疋數內一十疋低小既有已降指揮候年終行下補發勲若隨即關報排發官司揀退庶免虛費官錢收買徒勞人力押發諾令茶馬司照數先次補發今後仰督責買馬官吏並要收買壯嫩及格尺每疾患堪披帶馬排綱起發或審驗官司等量更有短小不堪馬數先將茶馬司官吏責罰其買馬去處一例重作行遣廣西經略安撫司依此施行

十二月十四日兵部侍郎虞儔言川廣買馬費用朝廷錢物不貲其使臣等自當在路留心照管近日廣西經略司差使臣趙煥等押馬五十疋赴建康都統制司倒斃四十九疋本部將公據照對見得所至縣分

卷一萬一千六百七十二

止據押馬官狀陳乞出給其間有稱差人下所屬鄰保勘會或止差行人看驗開剝或將死馬安埋及公據內姓名有差誤雖依格降官展年斷罪本所竊慮使臣等衷私換易遂至多有倒斃雖有繳到公據不曾委官躬親驗看詣實批上元給印曆顯是違戾今措置欲令廣西經略司四川茶馬司今後起發綱馬須管照應元承指揮出給印曆付使臣如有寄黟馬數所至州縣委官驗實批曆給據同皮鬃尾封付納馬官司驗實如有異同即將使臣合干人申取朝廷指揮根究從條施行仍令提舉綱馬驛程官逐季檢舉約束從之

閏十二月二十日樞密副都承旨司言殿前步軍司近於四川茶

馬司取到西馬數內有四歲馬止及四尺已下公狀內作四尺二寸印驗之際例皆瘦瘠或旋即倒斃不欲一一陳其弊倖姑以短小馬不理為數行下補發今來茶馬司録連淳熙四年十月指揮降到量馬尺樣內兩齒馬聽低二寸係四尺二寸四尺馬聽低一尺係四尺三寸足齒馬依指揮收買四尺四寸當時以為向長嫩壯馬可以養餧是以減饒寸數自後發到短小馬養餧雖聽分肥腯火有長及四尺四寸實難作披帶馬緩急豈不誤事乞下四川茶馬司將依淳熙四年十月十七日指揮遵用御前降下量馬尺樣四尺四寸已上齒嫩向長闊壯堪披帶戰馬起發自餘續降指揮更不施行或有收買低

卷一萬一千六百七十二

小一寸齒嫩向長馬恐阻遏蕃情即仰權宜於附近宮司收養候及格尺團綱起發仍自今遇起發以前令監視排發官并押綱使臣同獸醫逐疋等量審驗同共監視於左膊上分明火印交付綱官沿路養餧不許瘦瘠候到以元發數十分為率如不及格尺并在路倒斃之數共虧三分都大茶馬司并買馬官僉廳排發官各降一官如虧二分與免責罰更不推賞或止虧一分則減半推賞不及一分依例施行庶幾利害切已不致仍前苟簡從之

三年三月十三日池州副都統制李爕言本司每歲差遣官兵前去茶馬司取押歲額川馬五綱自池州至成都往回萬里全藉有心力諳曉馬性綱官

部轄所差綱官止於使臣校副尉下班祗應人內差撥
緣使臣多是昨來立功補轉官資年及六十已上不能
任事竊見廣西經略司差押歲額廣馬赴本司交納其
押綱官亦有効用進勇副尉守闕進勇副尉名目之人
乞將本司取押川馬綱官五人自守闕進勇副尉進勇
副尉使臣校副尉下班祗應通行選差有心力曉馬性
人充庶幾鈐束軍兵照管綱馬不致損斃從之　六月
二十六日江州副都統制李汝翼言本司馬軍合用披
帶馬一千六百八十疋目今不及千疋照得茶馬司撥
下本司戰馬一百一十六綱計五千八百疋乞添截一
十綱分撥闕馬官兵緩急庶免誤事詔特令茶馬司將

慶元六年嘉泰二年分闕壯馬內支撥六綱付江州都
統制司　八月二十九日殿前副都指揮使郭倪言昨
降指揮令三衙每歲各差統領官一員前去西和州宕
昌馬務與本處買馬官同共監視揀選并差將官一員
前去興元府馬務彈壓取馬今緣宕昌叅廳官自謂代
監司行事專擅事權所差統領官不過塊然坐視聽其
自互市自排發儹撥之弊罕不可革徒有監視之名而
無監視之實却有一行官兵沿路批支并宕昌等處添
給歲不下六七千緡虛費朝廷財賦上駟竟不可得竊
爲至弊乞將三衙差往興元排馬將官減去免此添給
一項却將監視買發綱馬統領只差在興元監視排發

許令興秦司叅廳官同共收買選類排綱內有病患短
寸不堪者許令退換其監視排發官應有申請仍許徑
申樞密院所貴興秦司叅廳事體相敵得以精選上駟
若歲終綱馬敷額沿路倒斃數少歸司日仍乞特賜旌
賞庶幾排發盡得好馬實爲便利從之　九月四日都
大主管四川等路買馬監牧公事彭輅言三衙取馬綱
兵積壓數多重費州郡批支券食乞截自日下將三
年額合差人數住差一半候發馬及分數都行關報三
衙差撥從之　十一月十一日南郊赦文川廣押馬軍
兵因倒斃數多避罪逃竄可自赦到日限兩月經所在
州軍陳首出給口券發遣歸元來去處免罪依舊職名

收管支破請給開禧二年至嘉定十四年南郊明堂赦
並同　四年二月二十七日都大主管四川等路買馬
監牧公事彭輅條具馬政合行事件下項一邊場買馬
止有諸州應副銀綢綾紬餘錢引一色別無所入窠名
從條係於茶司收到茶引息錢內每年轉撥七十萬道
上下用充馬本其間馬司亦有代支茶司窠名錢數年
終兩司會算緣今次遵奉朝旨更不排發格尺低小之
馬所買馬自有久來立定則例不敢妄增馬價且格尺
高者價亦隨增今欲每歲權以八十道爲率取撥應副
其錢只於當年四五月間收納七分限七月十五日以
前數足候年終兩司會算具帳申省一臣見行前去宕

昌措置目今已是歲終開春馬來擁併竊慮馬本不繼
照得川司賣引所庫管見在錢引一百二十二萬貫〔餘〕道
欲先次取撥八十萬道轉入馬司庫管椿收其錢仍理
作嘉泰四年分合撥馬本一興元府見積三衙取馬官
兵僅五十綱照得前官丁逢任內慶元三年一全年起
三衙馬九十三綱錢鍪任內七十一綱王寧任內九十
七綱次年九十六綱至王琴任內嘉泰元年七十八綱
胡大成任內嘉泰二年六十四綱今年正月至十一月
終只起三十二綱竊詳衙馬頓〔始〕自去年今馬來既少
自是庫管有趲下馬本錢物臣今措置戒諭逐人各令
廣販及格尺馬出漢互市若日後馬來絡繹可以補發
〔卷一萬一千六百七十二〕
衙下綱次卻合令茶司將嘉泰二年三年衙買馬本錢
物令項椿管容臣接續取撥互市一茶馬舊為一司其
合破衙從元係諸州於年額合應副牽馬人外又差白
直人數其一歲總四千餘名後來三經裁減比舊不及
一半白直人兵更不取撥照得上件人兵係分撥場監
養馬及牽押進御馬綱每歲尚不足用常是顧夫添貼
今既分為綱司慮恐過數占破妨誤養馬今欲將馬司
提舉官衙從只破一百二十名幹辦公事白直人外每
聽破牽馬人十名此外不許妄有差占一馬司事務繁
多所管地分闊遠舊有指使一闕向因制置司申明候
辟書下日方與放請是致無人願就照得四川共管八

場買馬內黎敘珍州南平長寧軍五場應副江上諸軍
分送裏外兩馬務圉養兩務各差官一員監轄緣監官
係文臣不諳養馬遂申朝廷發罷止是差官權攝兼成
都府裏外馬務舊有監官兩員今止乞辟差裏馬務監
官一員所有指使一員許自本司起辟日放請上件員
闕自此更不辟置文臣並於大小使臣內選辟有材幹
諳曉馬政人庶幾協濟國事詔並依仍同趙善宣更切
從長詳度施行　四月二十三日權發遣信陽軍黃石
孫言伏見秦司排發綱馬兵士已至而馬數未足官司
每以多支日券為憂馬數已登而兵士未至官司復以
多費草料為念幸而人馬俱集則督促發遣一不暇顧
〔卷一萬一千六百七十二〕
且馬產於深蕃涉遠而至力猶未充不問羸病遽責之
以經涉險阻沿路倒斃皆此之由乞下秦司今後綱馬
有羸瘠病患者且須醫療飼養十分充壯然後排發此
亦馬政一助從之　嘉慶〔泰〕四年五月六日樞密院言江
陵副都統制李奭申諸軍官兵前去川蜀取馬綱官元
降指揮止許差衙官五人例以上人緣此等人多係六
十歲以上年老不任遠役乞將所差綱官不拘衙官五
人三人例以至守闕進勇副尉從本司選少壯諳馬性
人通行差撥詔依如取馬綱馬倒斃數多綱官無官可
降以罰歸之選差官　開禧元年十一月十四日樞密
院言乞將襄陽均土產馬綱官兵照興元取馬例比折

地里立定賞罰兵部申襄陽取土産馬每綱五十匹興
元府至行在四千八百八十九里襄陽府至行在三千
一百里以興元府地里細計每四百八十八里有零爲
一分襄陽府計及六分有零照得雖及六分緣川蜀道
路夷險不同欲與裁半推賞從之　二年正月十三日
右衛郎將管幹殿前司職事郭杲言本司歲差人於四
川茶馬司取押馬三十六綱每綱綱官一員以使臣充
綱兵三十一人悉以步軍正帶甲人爲之自臨安至興
元往返萬里經涉山險若得諳曉馬性之人在路牽取
養餵庶幾不致瘦斃今步軍不惟有妨教閲墮武藝又
且不諳馬性今相度自後所差取馬官兵内綱官從舊

選差使臣餘牽馬軍兵并除獸醫一名外並於諸軍闕
馬効用及雜効内差撥必肯在路留心養飼止依軍兵
例添破錢米出給券曆賞罰從兵部參照擬定施行若
闕馬人差撥不足即於馬軍僻兵并步軍準備帶甲人
内貼差庶得取押好馬數補闕額從之　十一月二十
八日江陵副都統制魏友諒言本司每歲合得四川綱
馬係諸軍差人前去取押令來見調發軍馬委是抽摘
人兵不得緣目今緊要騎軍防捍乞速賜劄下四川茶
馬司將歲額馬綱疾速差人押送前來襄陽軍前交納
候平定日本司自行差人前去取押詔權依　三年正
月二十九日樞密院言内外諸軍比較到斃馬及二分

已上合該展年之人元降指揮合該罰人遇郊祀赦恩
更不原免如遇非次赦恩臨時取旨近來有日前已經
展年之人陳乞引用非次赦免展詔令後内外諸軍倒
斃馬已有指揮展年責罰之人雖遇非次赦並不許叙
免　嘉定二年二月八日詔三衙江上諸軍自今應押
馬綱官並差承信郎已上人不得差校副尉從樞密副
都承旨韓枎之請也　十一月五日樞密院言湖南安
撫司申本司飛虎軍舊管馬軍二百五十人并添宣撫
司發回敢勇効用等軍委是闕馬數閲目今馬數截自
五月終止管一百四十二疋見闕一百八疋乞下廣西
經略司候來春先次支撥兩綱馬一百疋從本司差人

前去押發下軍應副教閲餘闕八疋一面措置收買湊
足元額庶幾緩急可備使用詔令廣西經略司將嘉定
二年分江陵副都統制司合得歲額綱馬内截撥一綱
付飛虎軍應副軍士毋致闕誤　五年七月七日廣西
經略安撫使李訦言馬綱之弊言之者不一最爲害者
曰以毒藥害馬是也今年馬自横山至本府千四百餘
里綱到皆全比校過押馬官校則前路往往多斃而其
斃者又皆肥壯之馬問綱官陳狀乞免入馬院安泊別
尋水草便利放牧以俟發行窮其所以秘而弗言密行
訪問有寘毒之弊乞遍劄下馬綱經由馬驛遞路所隸
運司立賞許人告捕嚴行禁止庶綱馬道路不斃官校

宋會要輯稿　第一百八十五冊　兵二六

之賞，可全不誤軍用，不枉官錢。從之。

六年三月七日，臣僚言：「將佐之馬往往取之馬軍，則馬軍雖合請三百，止得一百食錢，而主軍者密取其三分之二。又統制官占馬至四五十疋，名爲科馬，豈特占請馬料，每一疋必有一卒以預其名，而盗取其食錢以入己者。今欲措置，立爲定額。」詔統制官止許差破戰馬六疋，統領官差破四疋，馬步軍正副準備將各止差破兩疋，其減下馬拘收，從公撥付入隊官兵如法養餧。仍仰嚴切鈐束兵將官，今後不許輙於官兵名下差撥換易。具知稟狀申樞密院。

二十五日，詔今後茶馬司、廣西經略司發到御前綱馬，先經承旨司看驗訖，令御馬院限三日揀留堪好馬外，其餘揀退馬不拘疋數多少，隨即逐旋降付三衙充戰馬使用。内馬軍行司實不再下舊司養餧，仍不得別將病馬貼數支降，即不許過遞年合降三衙馬數。以主管馬軍行司許役言：「逐時發御前降賜下馬綱，本司難屯建康府，權前行在馬軍舊司收管，候承旨司火印訖，養餧一月，差官兵護送至本司交管。綱馬多有怯發，官兵皆年老，不諳馬性，往往水草不節，多有倒斃。今發後乞於步軍司差撥諳曉馬政將官一員部押前去，交管將押到馬數斟量支給犒賞，不致沿路在有倒斃。」故有是命。

七年十月七日，詔令茶馬司今後各發三衙、江上諸軍綱馬，仰自正月以後預期排定綱數，申樞密院行下各軍，自七月以後方得起發前去取馬。以樞密院言：「各軍差撥使臣軍兵前去取押，或有馬多而人未至，或人到而馬未有，留馬待人則茶司有留滯之費，留人待馬則州郡有券食之類，合行措置。」故有是詔。

八年三月二十七日，樞密院言：「興元府

乞權住差取馬官兵，少寬券食之費。已降指揮，令茶馬司預期排定綱數，自七月以後方得起發官兵，數程限因依施行，仍令茶馬司預期排定各司合得綱馬，不得稍有宿留，及照應前項因依施行。各具知稟文狀申樞密院。」

九年七月二十八日，臣僚言：「國家市川廣之馬，以備戰陣，所過郡縣批支草料錢糧，驛程不過五六十里，初無馱載馳騁之勞，顧乃羸瘦骨立，或在路耗損，良由綱兵兼其利而奪其食也。綱兵卒皆中夜起程，黎明至驛，一日之内無所用心，惟事飲博，所請馬料隨即貨糶以資其用，馬之芻秣何暇顧䘏，無怪乎馬之饑餒羸瘦以致耗損也。至如川蜀所差進馬綱兵，尤爲恣横，所抵縣邑，百端生事，稍不如欲，則扇揺全綱，縱馬衝撞，或繫之廳事之上，或散之廊廡之下，非得厚賄不徙，馬營押之官利其貨賄，置而不問，州縣之間重以進貢莫敢誰何，所至被害甚於盗賊。乞下三衙及江上諸軍、四川茶馬司，戒飭綱官綱兵，今後取押馬如有羸瘠耗損，重加責罰。又令所過州縣得以節制綱兵，禁其需索，制其蹂踐，或有違戾，許令飛申。應支馬料，預於先牌入境之時先次煮熟，及其餵飼，並與驛官監分，如此則綱兵無盗糶之弊，而馬有全養之益。」從之。

十二年十一月五日，臣僚言：「竊見茶司之馬每歲發卒取隸諸軍，積而計之，直不可勝數，而諸軍之馬曾不加多，嘗詰其故，蓋緣馬生西北，騾至東南已失其性，兼萬里馳逐，沿塗馬驛止留一宿，不得休息，且官給糧草多是折錢，吏卒侵用。去取馬，令據茶馬司申，償積馬在廄，官兵不來，無可發泄，尤更利害。今兵部供三衙合得綱數，進奏院供相去程途多寡，各司將每年合得綱數目均作四季，取押先次立定官兵起發日分，於半月前期移文茶馬司，計幾綱官兵起發前去，約至某月某旬到，請排定綱數伺候官兵前來取押。其取馬官兵各給行程一道，須管照限到彼，有零里者與當一程，沿路實有故者除之，仍於所在州縣鎮寨等處批書因依，押馬回日程限準此。詔令殿前馬步軍司照前項立定綱數，餧飼失時，暨發至諸

卷一萬一千六百七十二

軍已勞苦著飢瘠，所以倒斃者多，虛費官兵請給，何益於用。臣愚以為漢陽當道里之中，舊有馬監，便於牧養，廢罷日久，欲乞行下湖北運司相度，隨宜興復，使川秦之送馬者至監而止，俾之從容飼養，候諸軍闕馬，旋發卒取之，馬既得休息之所，不致病死，而取馬官兵之費亦可減省。詔依其興復漢陽馬監事理，仍令湖北轉運司相度申尚書省。以上宋會要

陷陣車

全唐文

宋會要

兵械　兵車　刀劍弓弩諸式箭火器

至和二年二月，汾州團練推官郭固進戰車式。初，知并州韓琦言：「固嘗造戰車法，今以固所說民車約古制為之，臨陣禦敵，緩急易集。其車前銳後方，上置七槍，以為前後二拒，此馬燧戰車以刺戰於後、行載兵甲、止為營陣者也。古者鹿角車以戈戟在前，故有鹿角之號，今前後俱插槍者擬此也。又以民車之箱增為重箱，高四尺四寸，前後二戶，高與箱等，因革輓之，吳起所謂革車掩戶籠轂是也。置床子弩一，車上容五人，弓二，弩二，其一人擊金鼓，以為一車進止。前轅置蒙幢一，以障牽車者，

卷一千六百九十二

古所謂陷陣車也。其車週迴悉覆以氈，以備矢石火箭也。凡一車二十五人，車上五人，前挽後推十四人，執器械六人。凡車十乘，均以步騎多少隨之。三軍所止，橫列直布以為寨脚，夜則聯制鐵索以撅陷地，制其兩車之間，用人五十。其車相去不過五尺，行止挾轅以為駐隊，所謂伍承彌縫也。唐李靖常列漢魏之法，五車為隊，僕射一人，十為師，率長一人，凡車千乘，將吏二人，以令法準之，則跳盪為騎兵也，戰鋒隊步騎相半也，駐隊兼車乘而出也。臣琦以為可用於河北平川之地，一則臨陣以遏奔衝，二則下營以為陣脚。」令令固自賫戰車式詣闕進呈，乃試用之。

五十將兵車

塞脚車

宋會要

徽宗崇寧三年七月五日河北路都轉運使梁子美言承北京留守司申明所造五十將兵車若依許彥圭様造作費錢物浩翰依二十將封樁兵車一般造作委是省費又陝西都轉運司狀近依許彥圭様製造過戰車每乘轅長一丈九尺輪高五尺八寸底闊四尺二寸輪軸在外每量費錢一百貫文昨降勅造二十將兵車其車至爲輕小尚慮庫屋少闊難以安放今來五十將兵車只合依二十將兵車造作焉

宋會要

皇祐元年四月知澧州供備庫副使米守信獻寨脚車帝御崇政殿閲之

卷一千六百九十二

宋會要　衝陣劍輪無敵車

皇祐元年四月知澧州供備庫副使米守信獻衝陣劍輪無敵車帝御崇政殿閲之

馬軍刀 步人刀

飛梭刀

着稜刀

全唐文

宋會要　刀劍

元豐六年九月上批付劉昌祚所進器械具悉今於京師見作軍仗賜鄜馬軍刀步人刀各五并弓甲等以備出入鄜吏看閲具便否以聞

真宗天禧元年十一月著作佐郎知瀘州鄭昭度言當州地連蠻界民家多仗飛梭刀長五六寸鋒可長四五尺狀類槍而無鐏其用輕捷數十步外可傷人命自來累禁兵器即不及飛梭犯者未有明條欲乞自今後私置者依大中祥符二年勅同禁兵器全成斷遣如有梭頭無鋒者乞作全不成斷遣從之

卷五千五百七十

仁宗天聖八年三月詔川峽路今後不得造着稜刀違者依例斷遣五月利州路轉運使陳貫言着稜刀於短槍斧柱杖頭安者謂之掇刀安短木柄者謂之畬刀並皆着稜畬刀是民間日用之器川峽山險全用此刀開山種田謂之刀耕火種今若一例禁斷有妨農務兼恐

禁止不得民犯者衆請自今着袴刀為兵器者禁斷為
農器者放行乃可其請

《卷五千五百七十》

神勁弓

高宗紹興五年五月二日都督行府言諸軍缺神勁弓
箭欲令行在軍器所自四月為始專打造神勁弓六千
張箭一百餘萬隻

宋會要

神臂弓

熙寧元年十二月二十二日入内副都知張若水進所造
神臂弓初民李宏獻此弓其實弩也以檿為身檀為㢶鐵
為蹬子鎗頭銅為馬面牙發麻解索扎絲為弦弩身通
長三尺有二寸兩弰各長九寸有二分兩閃各長一尺
一寸七分弝長四寸通長四尺五寸八分弦長二尺有
五寸時於玉津園驗射二百四十餘步仍透榆木没半
簳詔依様製造至是進焉　熙寧八年十一月十六日
軍器監再造神臂弩蝎尾牙發及筝柱弩牙發等樣言
並可緩急施放以常奉旨同定奪也

卷二百四

黑漆弓
黄樺弓
截弰弓
白樺皮長弰弓
黄樺闊閃弓

宋會要 弓

嘉祐二年五月二日北平軍使王世雍言臣先充雄州
都監竊見本州甲仗庫闕少好弓矢欲乞在京般造入
（牌）八斗力黑漆弓一千張赴雄州甲仗庫封樁准備緩急
支用從之
元豐四年正月七日入內供奉官劉友益言趙州等八
州軍義勇保甲共九集教場無黄樺弓乞並給截弰弓
陝西河東亦準此從之
元豐元年九月八日詔令殿前馬步軍司同提舉教場（習）
軍馬王中正狄諮以常用白樺皮長弰弓隨弓長箭及
新造黄樺闊閃弓隨弓減指短箭試驗遣箭勁緩入物
淺深去步遠近保（明）以聞

卷二百四

床子大弓
獨轅弓

宋會要

神宗元豐六年十月十九日工部郎中范子奇言昨判
軍器監創造床子大弓二張强於神臂弓獨轅弓較之
九斗弩尤為輕便用人至少射遠而深可以禦敵詔工
部軍器監管軍官同比試以聞

卷二百四

宋會要　魁敵弓

紹興二十六年閏十月十八日，詔魁敵弓射遠徹札，其勁利非弩可比，降樣令建康府駐劄御前諸軍都統制王權軍製造，給諸軍習射。

水角弓

宋會要

乾道元年十月二十五日，鎮江府駐劄御前諸軍都統制郭振言：「本軍見於息錢內按月支錢一千二百餘貫，造手射水角弓一百三十五張。」

竹弓

徽宗大觀三年正月二十六日，兩浙西路馬步軍總管司奏令創置竹弓，皆可施用，圖樣以聞。從之。

金線烏䂍弓

插䂍弓

宋會要

元豐六年九月十五日上批付劉昌祚所進器械具悉令於京師見作軍仗賜鄜金線烏䂍弓一神臂弓二并將官甲馬甲等以備出入卿更省閱具便否以聞先是上批閱鄜延路經畧司劉昌祚屢請戰鬬精於騎射而留心兵仗所用多窮要理委走馬承受霍丙諭昌祚令具所習用馬步戰器并目擊士卒禦賊可用利械入遞進入故有是賜

元豐五年八月軍器監尹抃造插䂍弓𫝆則法度最為詳密乞更不用舊造法從之

卷二百五

宋會要 寸扎弩

真宗景德二年六月詔步軍司虎翼兵士並給隨身黑漆寸扎弩常令調習舊例止殿前司虎翼除戰陣給隨身黑漆寸扎弩至是并步軍虎翼亦給焉

宋會要 流星弩 拒馬刀弩

仁宗皇祐元年四月知澧州供備庫副使宋守信獻衝陣無敵流星弩及野戰拒馬刀弩帝御崇政閲之

宋會要 筋箇子弩

乾道二年五月十四日詔應諸路州軍日前歲額泛拋軍器物料並與除放見造降樣筋箇子弩及箭疾速製造

宋會要木鶴弩

乾道九年閏正月二日宰執進呈知衡州張子顔造到木鶴弩二千張箭十萬張上言外郡於製作有所未工不若取其材使軍中自為之可更令別置弩材二千發來

宋會要箏柱弩

熙寧八年十一月十六日軍器監進再造神臂弓蝎尾牙發及箏柱弩手發等樣言並可緩急施政以旹奉旨同定奪也

卷一萬八百七十九

宋會要風雨箭

真宗天禧三年五月京西轉運使臧奎言施州弓箭經雨筋膠壞望今改製木弩及風雨箭從之

宋會要鍪子箭

熙寧七年九月二十一日軍器監言與殿前司馬步軍司同定造到一掉刀鍪子箭乞依樣製造從之

宋會要木羽弩箭

真宗咸平元年六月御前忠佐馬軍都軍頭石歸宗進木羽弩箭以木為幹木為翎長僅尺餘所激甚遠中人鎧甲幹去而鏃留牢不可拔番人最畏之頗多造遣用命衛士試之益歸宗㮚給補其子為殿侍

宋會要大風鋼弩箭

皇祐元年四月知澧州供備庫副使宋守信獻兵器八種有曰大風鋼弩箭帝時御崇政殿閱之

宋會要出尖四楞箭

熙寧七年九月二十一日軍器監言與殿前司馬步軍司同定造到出尖四楞箭乞依樣製造從之

宋會要狼牙箭

熙寧七年九月二十一日軍器監言與殿前司馬步軍司同定造到狼牙箭乞依樣製造從之

宋會要

熙寧七年九月二十一日軍器監言與殿前司馬步軍司同定造到鴨觜箭乞依樣製造從之

火器

全唐文

宋會要 火箭 火毬 火蒺藜

真宗咸平三年八月神衛兵器軍隊長唐福獻親製火箭火毬火蒺藜

卷一千五百七十

竹牌

牙牌

宋會要

元豐六年九月上批付劉昌祚所進器械具悉令於京師見作軍仗賜鄜槍刀弓甲等備并藥竹步人排附排各一以備出入鄜更省閱具便否以聞

宋會要

宋孝宗乾道元年十一月十四日執政晚對上出牙牌一面鐫吏戶兵刑禮工職吏字疏事目於下方上曰朕已令製造數副朝廷事卿亦當依此以備遺忘 紹興五年十一月庚午朔初置節度使已下象牙牌其法自節鉞正任至横行遥郡第其官資書之於牌御書押字刻金填之仍合同製造一留禁中一降付都督府相臣

卷一萬二千三百四十五

主其事緩急臨敵果有建立奇勳之人量功勞先給賜以為執守自軍興以來皆宣撫使便宜給劄補轉至是都省有此請

宋會要 傳信牌

真宗咸平六年十月給軍中傳信牌先是石普言北面抗敵行陣間有所號令則遣人馳告多失計畫復虞奸詐請令將帥破錢持之遇傳令則合而為信帝以為古有兵符既已久廢因命用漆木為牌長六寸闊三寸腹背刻字而中分之置鑿柄令可合又穿二竅容筆墨上施紙劄每臨陣則分而持之或傳令則書其言而繫軍吏之頸至彼合契乃書復命焉

宋會要　傍牌鐵蒺藜

皇祐元年六月十七日殿前馬步司言同共定奪到楊景宗獻置禦敵傍牌樣鐵蒺藜久遠並堪使用詔令三司指揮逐路轉運司據轄下州軍見闕及少處依此量行製造

宋會要　竹牌

仁宗皇祐元年四月知澧州供備庫副使宋守信獻衝陣柜馬皮竹牌帝御崇政殿閱之

宋會要

熙寧六年六月十七日詔涇原路經略司選皮行竹𩍐牌五百面送河州景思立

《卷一萬五百四十五》　二

宋會要　廣置棍棒

建炎二年五月十三日京東西路提點刑獄公事程昌㝢言今州縣之間軍器之少乞令諸州縣擇本土堅韌之木廣置棍棒其長等身徑可及握不勞遠求指日可辦比弓弩則無挽拽之能否比刀劍則無鍛鍊之工程用之以禦鐵騎則出其右蓋鐵騎非前鏊鋒刃可害從之

卷一萬六千三百八十八

全唐文

宋會要

備邊

太宗太平興國三年二月詔沿邊諸郡關防守吏謹視蕃商無許闌出銅錢敢故縱者自五百至五千令有司差定其罪著于甲令有能告者第賞之　四年九月五日詔忻嵐憲州緣邊諸寨不得縱軍士入蕃界打刼以致引惹賊衆如入界打刼即於要路截掩殺若須讐賽者非有宣命無得出境

宋會要

卷四千七百十

七年十月詔應沿邊州軍縣鎮等爾來金華甫寧創痍漸復百姓等各思安堵勉務力田不得闌出邊關侵撓帳族及掠奪畜產擾動邊陲宜令所在州縣嚴加偵邏違者重論其罪生口羊馬等並送於塞外　八年二月詔應有蕃部將帶人口入蕃界者宜令所經歷及次邊州縣軍鎮常切聽認收捉不得放去如有將人口貨賣與蕃人及句該居停住並依格律處死聽認到人口便仰根問來處牒送所屬州府付本家仍令逐處粉壁曉示　雍熙四年二月詔曰深州管內鄉村人戶等分野罹災寇戎為患鄉州桒殘生聚流移朕深切痛傷遂令改買別於津要重建州城其靜安軍令改移為深州已選差知州通判職官等往彼務移令恵養生民撫安黎庶並限別勑處分自契丹入界驚疑人戶等限敕命詔列並

令各歸農業其二稅并緣納物色悉與蠲放一準正月德音施行逐處官吏使人戶歸業常加安撫不得輒有擾擾　五月詔訪聞河北河東沿邊州軍城寨多放斛㪷入北界累降詔旨斷絕其兩地供輸人戶止許糴上二㪷供家食用今知沿邊及兩地供輸人戶託此為名夫帶將過來偷買斛斗將去其沿邊地分巡檢守把人員并知州軍通判監押寨主等亦不嚴切巡轄覺察斷絕是致透納及造糧食過去今再下沿邊州軍管屬地分坊郭鄉村諸色人戶如敢輒將斛㪷一升一合及造作糧食過入北界及北界人戶過來偷買不計多少並須用心收捉赴所屬州府勘罪結案處斬訖奏若巡檢守把人員不切收捉許四鄰并諸色人陳告應經歷地分縣鎮城寨巡檢人員等並當極斷其巡檢使臣知州軍都監監押等別降宣命施行如或容縱亦許人逐處陳告其知情通容放過即並與所犯人同罪如四鄰人不切覺察致有違犯亦當決配告事人於逐處官庫支錢百千充賞其斷絕香藥茶貨入北界亦准此　端拱元年四月詔曰朕凝命上穹居尊中土唯思禁暴豈欲進兵至如幽薊之民皆吾赤子每聞交鬬盡然傷懷近者已許邊疆互相貿易自今沿邊戍兵毋得輒恣侵掠務令安靜稱朕意焉先是國家累行吊伐千里饋糧民力疲乏至是太宗頗有厭兵之意故有是詔　二年正月

卷四千七百十

兵二七之一

兵二七之二

詔與置方田命八作使竇神興等往北面興功東壁即令知定州張永得西壁即令知刑州米信各兼方田都總管仍以七人兵官隷屬幹其事二月帝與近臣議方田為戰守之備內出手詔諭邊將曰夫料敵之疆弱古以為難前歲之舉蓋救民塗炭蠢茲兇羯敢肆悲陵蹂踐我士民攻畧我城寨朕今考必勝之策畫必當之計將以保民安邊畧舉大意且戎人勝則深入而不相避敗則迯竄而不相救固不可力戰也又皆騎兵利於平陸馳逐往來難於覊制固不可追奔也若棄小城就大鎮但屯於鎮定瀛莫之間其雄霸緣邊城堡必苦於犯畧固不可分兵也懲乂之謀在於設險若乃決大河築長城又徒自示弱為後世笑朕今立法令沿邊作方田分頒條制量地里之遠近列置寨栅此可以限其戎馬而大利我之步兵也雖使彼衆百萬亦無所施其勇自春至秋其功告畢特重養鋭挫彼姦黠如此則復幽薊滅林胡有日矣

宋會要

淳化二年六月詔西路諸州山川路口鎮寨不得放過販賣人口入蕃及指揮漢户不得停泊如有故違官中察探得知或被人陳告勘鞫不虛所犯人當行嚴斷七月原州言與使臣及轉運使司共收贖到蕃人所買男女數目先是邊境人户飢荒多賣男女與蕃中部落帝

閔其事頗甚憫惻特遣使臣與轉運使同以物貨收贖各給還父母　至道三年三月內侍楊守斌自府州畫地圖上東〔來上〕帝閱視久之先是西北邊迂路必宿重兵以備之至是折御卿大破虜衆帝訝契丹從何而至馳使問其故乃虜由山峽間細逕而入意以御卿出迎謀入剽畧御卿諜知先遣內屬戎人邀其歸路因疾擊之虜敗走塵起迷失本路人馬墜崖谷死者相枕藉不知其數戎帥韓德威僅以身免因圖其地形山川以按視焉七月以鹽鐵副使宋太初充陝府西路諸州水陸計度都轉運使代轉運使鄭文寶李繼遷阻命河西崛疆沙塞唯靈武一郡控壓西陲繼遷嘯引叛亡數謀侵犯文寶上言於靈州南界積石嶺建清遠軍積石當瀚海中乃不毛之地無泉水薪蒸自慶州抵靈州千餘里既不足為控扼應接之所城壘既就聚兵屯戍供領飛輓民力充困自同華抵環慶軍粟一㪷用錢七百就本處買粟一圍計重銀一兩仍大改青白鹽法不便於民或起為敓攘或轉死溝壑者不可勝計御史中丞李昌齡切言其事遂詔以太初代文寶又命內殿崇班閤門祗候馮訥與太初乘傳赴陝西相度減省轉般糧草擘畫青白鹽法及諸不便於民悉具利害以聞帝宣諭訥等云云陝西轉運盧之翰與文寶見同職任文寶制置非當流毒一方之翰緘默順從豈叶謀王事之意因令訥就

鞠之 二年七月四日帝語宰臣等曰朕欲觀邊防郡
山川形勝之勢可擇其使以往乃選左藏庫使楊允恭
崇儀副使竇神寶閤門祇候李允則將命西行九月允
恭等復命以山川郡縣地形繢圖來上帝御滋福殿召
輔臣以圖示之歷指山川僅壁曰朕已令屯兵於內地
州郡而簡其闕冗冀以省費而息關輔之民也 真宗
咸平三年六月詔曰天宇所臨是惟王土雖或淪於異
俗人隔皇化顧念赤子孰非吾民如聞邊隅頗縱驚擾
殊無綏懷之義寧忘軫恤之心自今沿邊百姓不得輒
入北界劫掠違者仰在在捕繫具獄以聞十月文思使
張從式言五臺山西至瓶形寨有獨車形冉家莊南倍

韮北倍韮竹竿形閣翁棚凡六路通契丹今虜方侵軼
宜多爲之備即遣殿直曹顗按從式所陳六路北出皆
虜至之靈丘其一獨車形谷瓶形東路三十里由獨車
形至查路處五里查路至靈丘百二十里凡一百五十
五里其二冉家莊去瓶形東南六十二里由瓶形至石
門鋪十五里石门至查路處七里查路至冉家莊四十
里莊已在虜中自莊至羅家平二十里羅家平至靈丘
五十五里凡一百三十七里其三南倍韮谷去瓶形東
南二十五里由倍韮至查路處五里查路至靈丘一百
一十里凡一百四十里其四北倍韮谷去瓶形東南十
八里由倍韮至查路處五里查路至靈丘九十里凡一

百十三里其五竹竿形路去瓶形東北五十里與虜遠
探寨路相通其六閣翁棚路去瓶形東南二百里在虜
界中與北倍韮路相通比從式所言六路顗又别言三
路其一自瓶形南入番家鋪八里由鋪至查路處七里
查路至羅家平十五里羅家平至靈丘五十里凡八十
五里其二自瓶形東南入法直各二十里由法直至查
路處七里查路至靈丘一百里凡一百二十七里其三
自瓶形正南入麻窟谷四十里由麻窟至查路處十里
查路至靈丘一百三十里凡一百八十里而麻窟沿小
水復可通鎮定凡一百八十里總九路以爲可備顗使
還悉圖上之十二月詔河北河東沿邊州軍城寨自今

軍民斬獲虜首級支錢五千生擒一人賜十千其獲馬
堪帶甲者納官每匹支絹二十匹不堪者給還之 四
年十二月陝西轉運使劉綜言鎮戎軍本古原州前代
邊防決守之地其川原廣衍地土沃饒請興屯田且取
田五百頃差下軍人二千置牛八百頭立屯耕種於軍
城近北至木峽口及軍城前後各置一堡寨約地土分
種田兵士將牛具就寨居泊便充鎮戍固不失且耕且
戰之理兼彼處要害若不置寨屯兵久必難守從之
五年正月陝西轉運使劉琮等言竊聞遷賊蕃部於赤
沙并托駝路各置會貿易深慮屬朝廷蕃部被虜閃别
致奔衝乞下總管偵候掩殺帝曰邊界貿易往來若來

條約便行殺戮不便可令明諭緣邊人户令後不得入
賊界買會尚有違犯即可嚴行二月西路總管司言准
宣相度陝府西轉運司乞於涇原環慶州路騎兵内那
一半往河北換步兵防捍帝曰朕累詢問西頭沿邊山
川形勝皆云山谷高下非騎兵之地惟涇原州及鎮戎
軍川谷稍寬此外並可添步軍減騎卒此可施行三月
十二日西面總管司言賊遷陷靈州以侍衛馬步軍都
虞候王超為永興軍駐泊都總管冀州團練使石普副
之徙永興軍駐泊鈐轄康繼英為乾州駐泊鈐轄與西
面緣邊迭為應援入内副都知秦翰為環慶涇原兩路
鈐轄與王漢忠李允正同其事備賊兵之侵軼也四月

四千七百十

帝謂宰相曰太宗朝翰林天文官孫士能嘗請於北邊
置方田及令民田疏溝塍可以隔礙胡馬當時為衆議
所沮近有殿直牛睿者亦言其事呂蒙正等對曰此議
當時亦以為便尋命方田使副而中外咸以為動衆勞
費終無所利而武臣輩亦恥於營葺遂罷之帝曰今若
行之或有所濟宜令有司經度之七月石隰路總管言
本首本路沿河至蕃界皆山險請以步卒代騎子軍六
指揮帝以此軍並綏夏之民石州近賊非便命徙於磁
相州九月詔比聞邊廷每至夜出兵伏截險要翌日蓋
兵檢校蕃賊出入道路謂之搜悉可以預備不虞令陝
西諸路通行之十一月北面沿邊諸州上言戎騎悉以

散去帝曰虜境無故聚衆蓋以朝廷郊祀動搖邊境耳
宰臣等曰嚴禋前陛下不令催發押陣使臣果如聖斷
十二月十六日涇原總管陳興等請併東山龍山等處
兵入陣戎軍合力以拒賊詔所議賊衆奔突則併東山
等七堡寨入近塞甚良策也當遠其斥候如賊勢稍大
即依所議其七堡寨芻粟軍器防城什物等無得多蓄
六年二月徙并代鈐轄一員率兵屯岢嵐軍初戍嵐
州以備北戎控河西或言地非衝要不若徙就岢嵐北
拒草城川賊路西援府州故有是命四月詔沿邊轉餽
糧運皆察定日仍多發卒援送以虜伺知發日數有邀
掠也八月十三日河東轉運副使鄭文寶言忻代州一

卷四千七百十

路沿邊諸寨糧草器甲堅利城壁亦不任修補乞
下允澄杜守元曾令更互量帶領手下兵士與都同巡
檢等徧往諸寨點檢一次所貴山後諸州軍因測事宜
詔代州駐泊副總管允澄等量帶衛隊當直兵士往諸
寨點檢訖依舊勾當無事更不得往諸寨十七日對輔
臣於便殿帝曰今歲北面已屯大兵而邊將屢奏虜未
有隙且聚軍處費則民力何以充給朕切思之宜因大
兵在邊有所制置以為控遏且靜戎順安軍界先開營
田河道可以扼黑盧口三臺小李一帶賊路亦可通漕
運至極邊宜令乘此師衆開浚使及軍城虜或來撓吾
役即合兵掩殺李沆等咸曰設險興功以制胡騎守邊

之利也遂詔内侍閤文慶與知静戎順安軍王能馬濟共督其事徙莫州路總管石普屯順安之西與威虜魏能保州楊延朗北平田敏掎角以為防遏十月八日静戎軍王能言於軍賊東新河之北開方田廣袤相去皆五尺許東西至順安威虜軍地界必能限隔戎馬縱或入寇亦易為防捍仍以地圖來上帝名宰臣李沆等以圖示之皆對曰沿邊所開方田臣僚累曾上言朝廷繼有商搉皆以難於設防恐有奔突尋即罷議今專委邊臣漸為之制故可為邊防之備乞與施行威虜順安軍亦宜與制從之且應興功之際虜寇或有侵軼可選兵共五萬人分據險要漸次興置之遂詔静戎順安威虜

卷四千七百十

軍界置方田鑿河以遏胡騎是月徙北面都總管兵屯天雄軍及邢洺州其威虜軍兵屯順安軍莫州北平塞兵屯定州寧邊軍兵屯平虜城深州鎮定兩路兵屯邢洺磁相州如蕃賊入寇則會而前進

景德元年五月詔自今中國人不得輒隨外國進奉人等出境邊吏專知伺察違者論如律仍縛送闕下所在粉壁寫詔書以示之先是知夔州巫山縣吳榷卿言咸平六年十二月十四日有高南等州進奉蠻人入津袴襄州樊村人聶廷恩欲隨蠻人入順州開封府長垣縣人張順隨南州指揮使向蠶入南州並會赦免罰帝令黥面配隸鄧鐃通等州牢城因有是詔八月詔陝西轉運使等應西路緣邊州所管熟戶蕃部朝廷素有條制官吏不能遵承蕃部或有爭訟多不依理平決或自有規求或遣人掊擾以茲結釁致邊鄙不寧宜令使副等

卷四千七百十

常加察察具有不能綏邊勤職者並以名聞九月十三日臣僚上言山北多作準備修蓋橋道及數處谷路差夫修持窃緣蕃賊多生狡計或為鋪排必卻於山東動静然不可不備乞下代州令鈐轄一人量部領兵士三百人於茄越大石義興冶麻谷梅迴瓶形寨等處往來體量蕃賊意或有動静即便勾抽代州及諸寨保三分兵士等截掩煞如無動静亦可聲沘詔代州駐泊副總管等常切差人深入採候倍設隄備十五日詔河北河東諸路總管各嚴兵備仍發廣捷軍五指揮赴忻州令知火山軍李餘懿領援忻代諸寨及分守要害以禦戎人之奔衝閏九月十三日詔河北諸軍回北面寇戎已

有動靜切慮無知之輩接山撿動人户刼掠資財仰天雄軍已北州軍及濱棣德博州等處并都同巡檢及捉賊使臣等常切部領軍馬往來巡檢如有接山動靜之際持杖刼掠并驚擾人民情理切害難恕者不問有無贓吏不分首從並處斬訖奏内情理不至切害者即牢固收禁奏裁十六日命内侍左班副都知閻承翰同制置東西沿邊事十月詔自天雄軍至界河已來公私舟船並隨處安泊所在官司常切巡邏　二年正月十一日岢嵐軍言本軍接北界舊有方田欲修治之火山軍言欲築月堤以固城壘帝曰此盖知朝廷與契丹通好未敢即興其役可降詔諭以違契丹誓約並罷之十九日詔令河東河北沿邊州軍自今北界遣職首齎牒部送生口至者並給與茶綵及遣人部送出境并荅其文牒減定式以須之亦令官吏等詳其事之巨細稍增損其數二月詔沿邊諸州軍如擒獲北界姦人可詰其事狀部送闕下當釋其罪縻至内地先是帝曰朝廷雖與北界通歡減去邊備而虜之動靜不可不知自來偵事者非可全去已令沿邊州軍且循舊制駈使深慮為虜所獲以為曲在於我朕熟思之彼亦遣人南來偵察如擒獲其人可不加罪羈於近郡彼若有詞引以為解故有是詔三月一日大州請許沿邊諸寨守把人丁置朱弓箭以備戎寇從之九月令河北沿邊州軍遣人入北

界偵事者除要切須令總管司知者即如舊制申報非要切者不以關報但以聞奏可也帝以通好之後慮或漏泄致有猜慮故有是詔十八日詔河東沿邊州軍應北界移牒事理無疑者即報之關機要者疾置以聞待報而荅亦勿令知之時安肅軍言北界移牒尋捕所失牛畜本軍報云已具奏聞帝以事之小者不必淹緩俟報又慮事有非順難於施行者不欲出自朝議故有是詔四月七日順安軍言近遣衙前部送擒獲奸盜赴北界易州其知州侍衛將以賓禮饗饋甚厚慮彼復遣將吏至軍未審接待之禮帝命遍諭沿邊州軍應北界遣公吏至並豐以饋餉或職位高者即以賓禮接之十四

卷四千七百十

日帝曰昨減邊城戍兵甚衆然恐此後難以增益其廣信安肅軍見屯兵及二年已上悉令更代並以軍旅人數充足者易其部伍殘缺者雖實增之無嫌也仍密諭河朔長吏凡軍士數缺自當廣務招置勿以敵境通歡輙怠其事五月詔陝西沿邊州軍蕃部罰納獻送羊馬者著籍以給公費先是蕃部有罪納貲為贖及守臣出處吏代多以畜擾為賀並入於長吏至有生事以徼其利者使之不寧帝兼知其弊欲遽止之復慮蕃戎杷禁無以為戒故有是詔　三年八月四日詔河北安撫司沿邊州軍如契丹移牒捕罪人即自擒逐無得與水境同諳鄉先是北平寨準北界移文遣人捕為盜者因同

往擒獲故條約之六日原渭川鎮戎軍上新開方田圖且言戎人内屬者皆依之得以安居帝以知鎮戎軍曹瑋等能幹其職甚嘉之仍出示輔臣八日詔沿邊州軍自今彊盜入北界如贓屬北界並據見存者追還已費用勿追十三日禁沿邊河南州軍民於界河捕魚時契丹民有魚於界河彼國即按其罪牒報安撫司因命條約九月十九日詔選使臣二員為長城口巡檢一從西山一東抵順安軍各給兵百人分道巡邏以邊民多齎禁物及盜販北界故也二十七日詔北界盜賊亡命至沿邊州軍者所在即捕送之時邊郡有盜入北境彼皆即時擒付邊將故也十月河北轉運使盧琰言契丹諸族酋長欲緣界河放獵反借西山草地打圍帝曰契丹誓約甚明未嘗踰越此必傳者誤爾乃詔沿邊州軍如界有此事則移牒北境請依誓約既而邊奏言諸族出獵屢遣人誡部下無得越境今已北去十一月詔減河北河東陝西諸州指揮使臣以邊防無故也十日知雄州何承矩上言臣聞兵有三陣日月風雲天陣也山陵水泉地陣也兵車士卒人陣也今用地陣而設險以水泉而作固相兹高下建其陂塘白浪瀰瀰而連滄海縱存胡騎何懼奔衝臣早建屯田之利後戎人犯塞高陽一路東負海西抵順安士庶安居實免侵掠雖人役暫勞亦制匈奴之長策況今順安以去地雖坦於數軍路

卷四千七百十

不遥於百里縱有丘陵岡阜亦多川瀆泉源儻因而廣之審地勢而制塘埭自然戢胡騎而息邊患矣又如榷場之設蓋先朝從權立制以惠戎人綏其渝信犯邊亦不知廢戎退商行以全大體更望慎擇艦吏出撥邊民則北陲安堵矣十二月雄州言頃者用兵之際本部每有密事不欲漏露因擇馴謹吏專主行之號機宜司今契丹修和請改為國信司從之

宋會要

景德四年三月詔北面沿邊趣境外徑路自非權（榷）場所
歷並令轉運使因案部規度斷絕之四月河北安撫司
言伏見巡邊使臣宋德交等以部下兵士散於北鄙山
口控扼商旅道路乞降詔曰委自州縣差人控扼其宋
德交等只令於官路警巡免致邊鄙懷疑緣此生事從
之五月帝曰昨為霸州修葺城池不依舊北虜之人有
詞過成憂慮兼據邊州軍言契丹界每見朝廷於沿邊
興作皆多差人伺察動靜可令安撫司密行曉諭沿邊
州軍長吏常以安靜綏撫除依誓約修葺城池外應移
易寨栅開修河道不以小大並不得輒興功役致成事

（卷四千七百十一）

端所有界河口內棚置樁橛意在隔北鄙舟船已曾處
分楊保用仰遵稟施行其不得棚蓋亭臺街道等事即
並依二月詔命施行是月帝宣示宰臣王旦等臣言雄
州李允則於州城外決渠為水田渠通界河於理非便
請令罷之樞密陳堯叟曰今天下和平忽決渠境上我
人豈不疑此誠不便帝曰可令凡寨栅渠不以大小無
得創造六月帝曰近日河北河東陝西沿邊州軍所言
邊防事有全然不同者樞密院可編次所奏候歲終較
定虛實以聞聊行懲勸七月詔翰林遣畫工分詣諸路
圖上山川形勢地理遠近付樞密院每發兵屯戍移徙
租賦以備檢閱大中祥符二年三月詔曰向以邊防不

可無備遂令河北河東修葺城隍繕治器甲樞密院可
作條件付邊臣每季首同閱視訖以狀聞遵為永制八
月詔河東安撫司應管內州軍與契丹界往來公牒並
知州軍照管前後條約只作本處意度施行常程公事
即依例牒去稍帶機宜事意且牒本路送安撫司看詳
並備錄實封進呈敢有違慢及迴報鹵莽當議重行朝
典先是帝覽代州奏迴契丹公文云所勾取投來百姓
張醜兒等已放逐便訖帝曰明言受而縱之何失之甚
遂有是詔九月詔審刑院大理寺定沿邊逃走及越關
防刑名帝覽邊奏諸處斷罪各異故令重詳定頒下十
月帝曰昨差使臣送定難軍趙德明官告回言鄜延州

（卷四千七百十一）

保安軍絕少林木可降詔諭逐處令以時栽植十一月
河北安撫司言沿邊巡檢捕得北界民李守明檢括緣
行衣物押送保州訖帝曰此輩雖至境上既非奸詐又
無禁物不必拘留也宜令保州給其物以酒穀犒而遣
之　十二月二十五日詔河北河東沿邊安撫司應近
邊不逞之輩有妄言以惑境外者嚴加捕詰二十六日
詔河北沿黃河先禁採魚葦小舟往來如聞細民賴以
資給自今勿禁　三年二月帝詔示樞密院訪聞北面
沿邊州軍有應係邊機之事但同尋常事與官吏四散
商量便有行遣或致漏泄宜為穩便可密諭之只令知
州軍與逐處通判鈐轄都監商議施行其餘官員使臣

不得輒有干預四月内出西面曹瑋張崇貴所上涇源環慶兩路州軍山川城寨圖示宰臣曰慮置蕃部俱當至於歸降亦極詳細宜令別畫二圖用樞密院印一付本路一留樞密院七月遣使撫問西面沿邊守將時鄜延路張崇貴言蕃落民以狀成穫田遣兵戍境帝曰此蓋慮德明之反覆窺致遣撫諭邊城仍訪崇貴防遏之策使迴言德明境内歉旱嘗為回鶻所侵德明率所部將劉迴權落故遣人守境上也十月帝謂宰臣曰先降詔令河北轉運司只作在彼意度與逐處同共點檢防城動使物色令觀轉運司言稱大雄軍差澶州臨江縣主簿宋利涉依詔點檢卻是帶出朝廷指揮全不經心

卷四千七百五

仰降指揮取勘轉運司官吏仍令諸路轉運司副并提點刑獄朝臣使臣等今後因宣敕内涉机宜文字只作在彼意度施行公事並子細看詳行遣即不得更帶出朝廷指揮致成漏泄如違當行朝典　四年三月帝曰降文字與河北安撫使李允則等迨日沿邊諸處頗聞興造勞役其本處及逐州軍應有劖造及添修闕慢舍屋去處並令且住免擾役軍民　六年十月詔河北沿邊軍州每年配置防城鹿角既無用處多致損爛即再行科率可令逐州嚴行條約　七年三月比部員外郎王允明言乞下沿邊州軍官吏并監臨主守之人今後常切辨認不得容留北界人入倉場庫務充腳夫帝曰

逐處容之已久事甚不便可降詔令嚴禁之六月九日河北沿邊安撫司言民王習於北界買到馬三疋已牒送順義軍訖帝曰界首人户於北中買馬如聞北界買馬人名即皆真極典全家遠配茲於可憫自今令安撫司如北界無文字根究即差人入夜牽放界首其捉到人不得令通析責馬人名所居處但云不相識處免令屠戮蕃民十一日河北沿邊安撫司上制置沿邊浚陂塘築隄道條式畫圖請付邊郡屯田司提振遵守從之又言於沿邊軍城種柳蒔麻以備邊用詔褒之七月詔瀘州淯井鹽駐泊并監井使臣今後若在任能撫綏夷人邊界無事至得替日當與酬獎如不切用心別致生

卷四千七百十二

事當行朝典十月吏部員外郎李及上言正當邊防所管弓箭手員寮指揮使自來無衣甲乞許量行置辦以備緩急又鄜延路界地名押班嶺已來一帶並與北界山林接連乞禁止採伐並從之　八年正月詔秦州今後蕃部公事並總管鈐轄臣僚共議行遣如知州巡邊有便宜事即一面從施行訖關報總管鈐轄司先是秦州遣人深入戎境與置寨柵而州之亡卒有為鄉導以侵畧邊户者鈐轄參保正安撫上言訖與知州同巡邊帝曰秦州巡邊事望甚重令若與鈐轄同往即慮蕃部稟令不一久非其宜故有是詔五月禁沿邊人牧買他州貢奉人所乘馬又令河北轉運司裁減定例所科鹿

角以其數多擾人也十月詔河東安撫司今後如有私過北界偷盜及和同收買鞍馬孳畜物色等如是已過関寨捉獲即於法決訖刺面配淮南界本城若别罪名未得斷遣具所犯事情分析以聞如未過關寨捉獲及買者北界衷私過來人鞍馬孳畜物色等即依法決放更不配軍餘依前後條詔施行先是河東安撫司言代州民有與北界私相交易者止依從重科斷岢嵐軍民有與北界私相交易及以貨鬻之物至界首捕獲者仍於結罪區斷以其刑名不一乃命法官詳定而申明之

九年五月詔獎知秦州兼涇源路沿邊安撫使曹瑋開浚濠塹自弓門冶坊床穰靜戎三陽定西伏羌永寧

〈卷四千七百十一〉

小洛門威遠凡十寨共三百八里又添築擁城板橋皆以寨左廂兵充役無擾於民故也　八月詔河北沿邊州郡所種桑榆自今許人租課及以擣紙　九月二十四日知并州周起言嵐石州並在河東邊上自來不係安撫司所轄望自今令安撫司管勾所責凡有邊事悉得應援從之　二十八日河北安撫司言沿邊官地所種榆柳望令逐處官籍其數以檢校從之望日內出北面榆柳圖示輔臣數踰三百萬帝曰此可代鹿角也　天禧元年六月五日曹瑋上言南市歸順蕃部都首領郭廝敦舉家居治坊寨句一帶蕃部望就命為本族巡檢月給五千米麵五石從之　十二月曹瑋等言近役兵

夫繕葺諸寨及新掘縣城壕凡百三十七萬三千三百六十九功畢　七月令府州置納質院　二年四月知鎮戎軍張綸言原州界屢有蕃夷入鈔令規度門壕至車道峴約二十五里以為限隔從之　六月禁止陝西州軍將黑漆朱紅於北界貨鬻　十月二十二日河北沿邊安撫副使張昭遠言保州等處種到榆柳蔵避迯軍亦常殺害看守兵士及河北沿邊諸州軍寨柵城壕內并中彈鹿角馬巷墻內栽種到榆柳不少若不漸次去除深慮城邊非便望令採斫詔河北安撫司密切指揮　二十六日張昭遠又言從北騎馬過來人如是送本地分州軍依例施行若是思鄉過來者如係私路者送定

〈卷四千七百十一〉

州係東路者送瀛州取問詣實放令歸鄉其馬於群牧司送納從之　十一月詔河東州軍自今所降文字涉機密並付機宜司置籍收領不得便付開析司　十二月詔曰如聞邠寧涇原等州流民多往秦隴州故關山及渭州山外鎮戎軍已來逐食熟慮無知之輩誘略賣與蕃界令所在州軍縣鎮駐泊巡檢使臣覺察犯者依律區斷　三年三月內殿崇班韓令琮言前知環州切見民人多將違禁物色人口偷賣與北界詢其道路止於截原寨柳鎮二路望差蕃官於逐處緝捉從之　五月詔瀘州淯井監如夷人動靜選諳會夷情者探候無得妄有興發　梓峽路走馬承受公事臧滬言淯井監毎

當作將合
入契丹界

有夷人動靜多據本路人戶妄作探報事宜虛有調發
兵馬欲乞三五戶有產業諳會夷情者給與衣粮充探
刺事宜人故有是詔　六月詔自今諸色人將入口契
丹界貨賣者所賣人及勾誘人首領並處死如未過北
界彰敗者決杖刺配淮南州軍牢城先是知雄州劉承
宗言邊民誘賣人口于北界者甚衆乞賜條約故從之
　七月令河北州軍自今民有越北境敗市斛㪷及不
係禁物數少為北境捕來者並決科一百釋之先是未
有條目諸州決罰各異安撫司言其事故有是命　四
年二月石隰州都巡檢使高繼昇請令投生人戶依例
各自置弓矢鎧甲及上平等寨采木造船帝曰造船事

卷四千七百十一

涉邊上疑於異俗不許也自今從之　五年十二月詔
鄜延路鈐轄司自今蕃部販鹽及違禁物與巡檢兵士
鬬敵殺傷人員兵士者其元行器械蕃部並處斬自餘
徒黨依漢法區斷先是鄜延路巡鹽兵士為販鹽人所
殺傷者止令族衆均納羊馬其為寇蕃部全不科罪則
巡鹽兵士頗類虛設故有是命　仁宗天聖元年十二
月詔自今唐龍鎮申報公事並令麟府路軍馬司理管
　二年八月詔斷絶私過渡河西興販違禁物貨及斂
馬人等令河東轉運司檢詳前後條貫定奪聞奏　三
年七月邊城上言體量得涇原路鈐轄周文質非理凌
持蕃部斷鐸論及放却質子等致諸族蕃部傳箭結構

作過差太常博士張仲宣閤門祗候丁保衡乘傳往陝
府等截置院推勘內殿崇班毛昌達監勘案上周文質
先發意與總管王謙史崇信同商量斬先作過蕃部首
領厮鐸論知渭州馬洵美亦不合與文質商量放質子
往大虫巉安撫蕃部及文質有違宣命修鎧器械取索
諸蕃首領文狀到蕃部疑懼作過於是責文質授率府
率荆湖南路安置王謙等免勘仍從別敕處分馬洵美
特罰銅三十斤移處差遣　九月陝府西沿邊安撫使
范雍言沿邊州軍及總管司每蕃部有罪舊例輸羊錢
入官每口五百文後來不以罪犯輕重只令輸其羊乞
自今後令依舊納錢及量罪重輕依約漢法定罰免至

卷四千七百十一

苦虐蕃部從之　四年六月三司言准詔令於河北州
軍配斫鹿角城四面密種桑棗免逐年科配已牒轉運
司遵稟施行中書樞密院同奏河北防城自和好已來
久有定規乍此改更恐成煩擾且令轉運使副躬親相
度具利害聞奏從之　五年十二月知環州史方言欲
乞自今沿邊溪戶百姓諸色人於熟戶蕃部處賒買羊
馬借貸錢物並須用文約立限交還如違約不還估贓
滿十千已上從違制斷曾於限內還錢者從違制失若
估贓不至十千並不歸還者亦從違制失內曾於限內
還錢者不應為重斷如有漢戶百姓將帶妻口等投熟
戶蕃族內居住者從違制斷若止自身與蕃部合種口

畨從違制失別犯重法自從本條詔大理寺詳定以聞
寺司檢會淳化三年詔秦州自今諸寨監押常切鈐轄
將校節級等各著地分壕門守把巡宿不得擅入蕃界
亦不得輒放百姓入蕃取柴燒炭仍斷絕軍人百姓通
事不得與蕃人交易買賣賒貸脫賺欠負蕃人錢物侵
占土田如是蕃人將到物色入漢界買博一准先降宣
命並令漢戶牙人等於城寨內商量和買不得侵欺蕃
人及賒買羊馬物色虧欠錢物別致引惹邊事不和如
有違犯捉送秦州依格法勘斷如諸寨監押不切遵守
鈐轄致引惹蕃部不寧仰秦州密具申奏當行嚴斷又
景德四年詔秦州諸人自今或與蕃部買賣並各將錢

卷四千七百十

交相博買不得立限賒買及取覓債負致有交加諸色
人公然於蕃部取債及欠負錢物不還即追領正身以
所欠錢物多少量罪區分仍差人監催還足如欠負蕃
部錢物稍多量情理詐欺者其正身並避即追禁親的
骨肉及一面緊行追捉候獲日依格法斷遣若是贓滿
即奏裁又天聖四年涇原路副總管康繼英定奪百姓
弓箭手不得與買租蕃部地土許令蕃漢顧合種利害
聞奏檢會先准宣止絕漢戶弓箭手百姓不得與買蕃
部地土君卻令蕃漢合種來免被弓箭手百姓姦倖侵
欺引惹邊上不寧乞嚴斷不得衷私與買租賃合種蕃
部地土任令蕃部取便養種如有違犯元與買租賃合

種百姓弓箭手並科違制之罪仍刺面配向南遠惡州
軍牢城看詳淳化三年景德四年詔並下只下秦州天聖
四年詔只下涇原路內據陝府西轉運司狀淳化三年
詔斷絕百姓軍人不得與蕃人交易買賣切慮蕃部致
疑別生邊事久來已不施行外欲將景德四年天聖四
年詔徧下環慶鄜延涇原等三路緣邊州軍檢用施行
其史方所言更不詳定從之　六年三月詔河北沿邊
安撫司自今有北界思鄉過來人口若不曾於北界為
官並依累降條貫指揮如曾授北界官者即使不得收
接任矣遂便仍令家切聞奏秉仰安撫司不得張皇漏
泄　四月詔河北沿邊州軍有北界思鄉歸來人依河

卷四千七百十

東躰例相地里遠近於舊例上量添支與盤纏錢　五
月邊臣言河朔久旱民多之食煮淳糜以救飢者當界
不敢煑糜恐流民所萃以為民患　十月三司戶部副
使王驥等言河北沿界河寨鋪百姓公人逐月止納一
二千錢名額買撲酒稅課利但聚合軀惡百姓飲酒恐
生邊事並乞停廢從之　十二月二日詔雄州歸信容
城縣兩地供輸人戶充衙前稍有過犯即逃入北界深
為不便自今仰於近裏州軍充衙前勾當錢穀場務
十一日詔陝西諸路緣邊蕃部使臣首領人員等如今
後自作過犯合斷罪罰並令蕃部使臣首領人員等親
自出辦送納即不得更於族下戶上非理科斂如違重

行罰斷仍令逐路總管鈐轄軍馬司常切覺察

宋會要

明道二年三月十七日知成德軍劉平言安肅廣信軍并保州各相去三四十里其間平原廣野乞自保州已西如稻畦塘作方田每年漸次開展乞專委西路沿邊巡檢都監楊懷慜楊懷慜相度可否建置方田必有成績詔令楊懷慜漸次興置稻田仍令劉平常切照管　十月詔保州山口置把截鋪每鋪兵級十一人充巡子月一易之仍令長城口西巡檢都大提舉管勾　景祐元年十二月一日陝西走馬承受公事言趙元昊舉兵攻喃廝囉請下陝西預為邊備從之

宋會要　卷四千七百十二

景祐五年二月七日環慶路總管司言訪聞北界金湯等閱兵誓衆計欲侵疆詔下本路備其不虞

宋會要

寶元二年四月陝西轉運使張存言切見涇原環慶諸州駐劄兵馬不少其當職之官多務修葺城池欲為固守之計並未見訓厲兵馬使令精銳及未見於蕃賊出入一州道路預為控阨防其奔衝切緣陝西次邊及裏州軍如邠寧涇耀鄜坊等州雖有城池不甚牢壯受敵復又至邊界地里不遠恐使蕃賊得知乘其無備分頭以劲馬奔衝北至沿邊出兵邀遮其內地鄉川已遭劫

掠內地一擾人何以堪乞令陝西諸路兵馬總管司常切訓厲所管兵馬器甲悉令精銳蕃賊出入山川道路亦須控扼遇有蕃賊入界並須畫時會合掩殺扼截即不得以守護城池為名端坐不出縱令賊馬奔衝內地劫掠人民若有違犯其出入地分總管鈐轄都監巡檢等並乞重寘於法詔下鄜延環慶路沿邊安撫司施行

七月鄜延環慶路副總管劉平言今後沿邊或有不寧將小寨子內人馬并粮草預前暫移般入大鎮寨內安泊早晚强壯人馬就小寨子內卓望探候寇來則自內地出兵掩襲亦不須逐處占留軍馬過為隄備詔涇原環慶鄜延秦鳳路總管司施行　三年二月二日參

卷四千七百十二

知政事宋庠言請於潼關别添使臣兵甲巖設守備詔如其請　康定元年四月二日上封者言請併沿邊寨柵詔葛懷敏躬親與諸州總管鈐轄從長相度存廢訖奉仍檢會前後臣僚規畫起請事件降宣命指揮　六月陝西都轉運使龐籍言近至延州定奪所廢諸寨而邊臣之議多欲固留君諸寨居要害之地首當戎人入寇將以餌賊而自貽其患正月中賊自安遠寨門二寨引兵入破拷寨金明縣如踐無人之境昨寨門被圍日久而延州未嘗發一人騎往救賊聲言朝廷已棄此寨於是衆皆潰走粮草器甲無一存者近承平寨垂破副總管許懷德與兵馬都監張建侯領兵赴敵賊始退若

寨门稍得援兵亦未致屠盪今日廢並邊小寨外其所存皆在近裏道路寛平之處請嚴戒邊吏自今遂寨緩急有警並令互為應援從之　十一月二十四日益州路兵馬鈐轄司言利州路轉運張宗奭言西賊自文州有路直到益州城下請於龍州清川縣防守令相度只於龍門添戍兵三百五人選武臣知州遂季量差兵士往清川縣防備巡察實為便利從之　十二月五日中書樞密院言訪聞日近昊賊界令人詐作漢兵入契丹地分刼掠請令河東沿邊安撫司密行體量仍令地分常切辨認衆殺不得透漏如獲人勘詣實行遣訖只許本處意牒知北界從之　慶曆元年五月三日代州言

本州湯武寨有北界人侵耕禁地蓋緣前寨主彌文寶失巡防所致請自今代州沿邊諸寨有失巡察北界人户侵耕者准透漏賊盜條論罪如之　六月詔陝西諸路總管司自今但嚴備毋得攻掠賊界或遇入寇須牽制者即臨事裁處之　二年七月五日陝西安撫使王堯臣乞逐路都總管如賊兵燒鄰邊即時出師取徑路策應及約束主兵官常切訓練軍馬遠設探候詔頒行諸路從之　是月翰林學士王堯臣言昨安撫陝西體問得延州鎮戎軍渭州山水三敗之由皆為賊先據勝地誘致我師將佐不能據險擊歸而多倍道趨利方其疲頓乃與生兵合戰賊始縱鐵鷂子衝我軍繼以步奚

挽強注射鋒不可當遂至掩覆今防秋是時望敕主兵之官常訓練軍馬遠設探候遇賊入界先度遠近俟至定營寨然後料其衆寡而奮擊之毋得輕出兵從之　是月陝西經畧安撫招討副使曹琮言近招誘堪彼甲青鷄川等處戎人內屬請下秦鳳路總管司常存撫之其酋長能立勞效者優與補官又請三都谷至渭州靜邊堡路置堡寨控扼賊馬並從之　又詔河北河東近經霖雨恐城壁摧墊互加完葺及所部有衰疾不任職者選吏代之　十二月樞密院言環慶馬步軍副總管王仲寶帥破金湯等城斬首纔二十九級而官軍戰没者四十九人深慮戎人復來犯邊欲令鄜延路預為備禦從之

是月代州契丹舊封界在蘇直等見耕之地而近輒移文欲以故買馬城為界慮有侵耕不便詔本州牒諭之　二年二月知保州衣庫使王果言聞契丹與昊賊潛相結約將謀興師請自廣信軍以西緣山賊馬出入之路預為備禦從之　三月環慶路都總管司請於葉遠寨東節義峯馬鋪寨擇地蓋建城寨以牽制賊勢涇原路又請於細腰城屬羌地內建寨以接應兩路出兵並從之　九月詔河北隄塘及所在閑田中官所種林木毋輒有採伐違者寘其罪先是上封者言往歲安撫使賈宗患邊地平坦不足以待寇故植榆柳為塞以絕戎騎之奔突其後林木既盛虜人患之遂使

入問說知雄州張昭遠曰楊可以爲長禄祀稍昭遠信
之悉斬以爲用後復栽植比年以來方及拱把而議者
又欲伐取是又行前日之間矣誠恐緩急無以禦敵故
有是詔　三年正月涇原安撫使王堯臣言至陝西見
鄜延環慶路其地皆險固而易以守惟涇原則不然自
漢唐以來爲戎虜之衝漢武時匈奴入寇燒回中宮則
吐蕃回紇再至便橋渭水皆由此路蓋自鎮戎軍至渭
州沿涇河大川直抵涇邠以來畧無險阻雖有城寨多
居平地賊徑交屬難以扞防如郭子儀渾瑊常宿重兵
守之今賊昊盡有匈奴吐蕃故地自叛命數年凡由此
三入寇今朝廷置帥府於涇州爲控扼關陝之會誠合

事機然頻經敗覆邊地空虚士氣不振雖兵馬新集全
未訓練儒生又多遷懦觀其事形固未可攻取在於守
禦之具蓋不及前願覆親往迹深監近弊選三路道經
戰鬬將佐三五員及以見戍新兵換舊人五七指揮於
本路相兼訓習儻一路事力完實則賊雖欲長驅入寇
必生顧慮之心臣畧論一路五州軍城寨控扼要害及
賊徑交通之處備禦輕重之策凡五事其一鎮戎軍接
賊界天都山止百餘里西北則有三川定川劉璠等寨
與石门前後峡連接皆漢蕭關故地最爲賊馬奔衝之
路内三川地勢據險可以保守定川劉璠二寨新經條
築而定川城壁不甚完須再增葺及添兵馬糧草之備

其寨主監押當令本路主帥舉辟材勇班行朝廷若謂
昨來懷敏之敗定川諸寨不足爲悍遂爲棄地則鎮戎
軍西北兩路更無保障賊馬可以直趨城下弓箭手亦
無依援所給土田難以耕作其東路沿邊有天聖乾興
東山彭城四寨與原州平安開邊等寨相接近亦爲賊
馬所擾恐近界明珠滅藏等族更爲應援此四寨亦當
如三川等常須擇人備兵以防入寇其東南至渭州瓦
亭寨有獅子欄馬平泉三壁獅子堡雖城壁舊頽其間
甚有居民昨欄馬爲賊攻破城門劫蕩人户柵壘多已
平毀唯山城倉草場僅存平泉亦嘗經賊火其中之人
蓋去十八九此三處俱合並當營築爲涇渭之屏蔽不

爾其勢不攻而自下一路隔絶更無扞堠鎮戎遂爲孤
壘矣其二渭川籠竿羊牧隆城静邊得勝四寨在六盤
山外内則爲渭州蕃蘺外則爲秦隴襟帶土地饒沃生
齒繁多内籠竿城蕃漢交易市邑富庶全勝於近邊州
郡賊久有窺伺之意蓋距賊界則路甚平易去内地則
有山川之阻萬一爲賊先據其要以兵扼鎮戎軍三川
南谷并摧沙木峡一帶路口則鎮戎渭州難以出兵救
應四寨爲賊攻脅力不能支則人心自潰臣今請建置
爲軍擇路分都監一員知軍専提舉四寨及令修濬城
塹添屯馬軍及時聚畜糧草以爲備禦又瓦亭寨其西
則居鎮戎大路其東則歷彈箏峡萬店安國鎮至渭州

其東南控六盤來路其南去制勝關萬歲寨二十里與儀州相接自唐以來皆宿重兵馬控制之地當四路走集最為衝會常宜置一將軍馬以扞其奔軼入州之北東有小盧新寨耀武鎮至潘原界近亦為賊騎所掠全無備禦之具並須葺之其三原州東南田羅交蹊至涇州九十里又西北由開邊平安彭陽武城東山等寨至鎮戎軍一百八十里其四有柳泉鎮路通佛空平細腰城至環州定邊寨與明珠滅臧及環州蘇家等族一帶蕃部相接其首領至多素無保聚不相維統向背離合所守不常須擇武臣知環原二州相為表裏使招輯部族但不為賊用則庶幾少減涇原之患其四儀州地控

山險制勝關西五里有流江口東二十里至白嵒河南有細巷口又有安化峽一帶止隔隴山並通永洛城生戶八王等族即唐吐蕃出入之路今逐路隘口雖有小寨柵控扼然亦備禦未至近亦屢有生戶入寇又自黃石河弓門床穰長山寨至秦州二百餘里由赤城鎮至隴州不及百里或秦隴有急則地界為最近若賊馬引大衆旁緣侵掠則儀州軍馬少將佐未得人禦之之計甚可憂也又州城低薄周才四里有餘壕塹淺狹三分軍民二分在外設若賊騎至瓦亭南移制勝關或緣隴山假道水洛城或由秦隴州直趨州界皆能入寇至時雖能城守居民必大遭剽掠亦宜預慮之其五涇州雖

為次邊然緣涇河大川道路平易當賊騎之衝西北八九十里是大虫前後峗其東北接原州彭陽縣及本州長武寨俱有徑路與明珠滅臧等族相通山實近裏控扼之會其張村直入路宜營作關寨或斷為長塹以遏奔衝朝廷近差韓琦范仲淹於此開置帥府亦足以建威厭敵也臣今來所請增葺要害城寨若無丁夫可役處許以省錢給帶甲兵士令蕃築之仍量添守兵積蓄糧草繕完器械如西賊大段點集沿邊屬戶各有骨肉在賊界居住宜多與金帛探候預令蕃漢人戶入保近城寨一則兵少處得人共守二則免為驅虜致邊地空虛仍先絫諭諸寨官吏或遇圍閉各令堅守本路將佐

即未得出救兵慮為賊誘枉遭敗覆既未出兵則可於邊人及諸軍內召募驍勇敢死之人令伺隙夜撓賊營俟其潰動即掩擊之其圍閉之時宜令持重觀釁庶無速戰之禍議者或曰若爾則必有深入之患我師未出寇必大獲而去臣以謂昨定川之敗賊知近裏城寨空虛遂乘勝而入今若威寨益屯兵馬又有備禦之具須防後虞未敢有長驅之計縱其來攻則各堅壁以守之若敢行剽虜則其勢自分可以出奇邀擊況已經畫諸路常置一將軍馬於旁近界上緩急應接賊果長驅而來則選勁兵伏截險阻又路有寬狹必有能方行而前首尾差遠難以相衛宜自取敗覆也其一路事形臣熟

與邊臣計議當如此備須望下韓琦范仲淹相度施行
從之　是月詔河北轉運提點刑獄安撫司提舉修完
城壘

宋會要

慶曆四年正月陝西宣撫使韓琦言今朝廷未能討伐
元昊則為守禦之計修完城寨遏賊至清野以待之當
不戰而自困矣臣自至涇原路相視諸城寨頗當營葺
然鎮戎軍及山外弓箭手去年差役修城已重勞苦若
令春止令增築所居城堡必自無辭如修生戶所獻水
洛城頗為未便蓋水洛城通秦州道路自涇原路新修
章川堡至秦州床穰寨百八十里皆生戶住坐止於其

卷四千七百十

中通一徑須築二大寨及十小寨方可互為之援其工
力自以百萬計仍須採山木以修敵棚戰樓廨舍軍營
及防城器用雖即完就又須正兵三四千人更歲積糧
草始能屯守之其費若此止求一日以通秦原之援兵
兼去儀州黄石河路才較兩驛況劉滬昨已降水洛城
一帶生戶近李中和又屈伏隴城川蕃部各補職名為
屬戶若進援兵動不下五六千人諸小蕃族豈敢要阻
是則雖無水洛之援官軍亦可往來且近邊城堡切於
堡聚人民尚力有未及何暇於孤遠無益之處枉勞軍
民乎請就差劉滬李中和為涇原秦鳳路巡檢令每月
互領兵於水洛隴城川習熟所通之道以備緩急策應

仍下陝西四路總管司涇原路經略司且并力修葺逐
處未了堡寨其水洛城候向去別奏取旨從之　時遣
三司鹽鐵副使魚周詢宮苑使周惟德往陝西相其利
害而諫官孫甫言乞留兵以畢其役歐陽修請密諭狄
青使釋滬罪知永興軍鄭戩言尹洙實欲沮壞其功後
城雖成亦罪滬等　七月詔陝西四路依近降夏國誓
詔毋得招納西界蕃戶　先是環慶路經略司招誘西
界先虜渴蕃官浪㡳等七百六十二人朝廷恐因而生
事故約束之　五年正月樞密副使韓琦言朝廷已封
冊夏國又契丹以西征回來告今范仲淹冨弼往河東
河北經制邊事必有所陳然臣久在陝西敢復陳陝西

卷四千七百十

合措置事宜鄜延環慶涇原秦鳳四路雖罷招討使而
邊備不可弛請仍選有才望近臣之主帥特降手詔
委之久任使其經營一方以備羌人飜覆之變又四路
所駐兵十分中宜留六分在邊二分令東還二分徙屯
近裏州軍其鄜延路徙屯河中府環慶涇原路徙屯邠
州永興軍秦鳳路徙屯鳳翔府逐路分鈴轄一員駐泊
都監二員與逐處知州同行訓練而本路仍領之非有
事宜不得輒抽動其從屯軍馬處知州才望輕者請選
人代之又四路所細就粮上兵請委逐路帥臣相度歲
分兩番留在邊一番放歸本處不唯減節邊上粮草兼
使無久戍之勞又陝西州軍經南郊賞給之後官帑例

皆空虛今范仲淹若過陝西宣撫刺史有軍閒特支徒
益所費若臣策可行陝西亦別無處置不必淹仲更往
也復見諸路昨招置宣毅兵僅十一萬然朝廷物力未
充何以贍給況閭里竊發自有巡檢縣尉可以補擊若
防群盜只當益屯一路都會之地不必每州盡要防守
其宣毅兵欲乞降河北河東外其京東西淮南兩浙江
南荊湖福建等路每指揮可減以三百人為額後有闕
即招填之今天下兵冗不精耗蠹財用陝西河東河北
京東州軍已曾差官揀選其餘路亦請選近上內臣分
往揀選所貴冗食可蠲而經費可給也帝悉施用其言
二月詔陝西河東經略司夏國雖復稱臣其令邊臣
益練軍馬毋得輒弛邊備其城壘器甲逐季令轉運提
點刑獄按視之　二十七日并代等路經略司言相度
到沿邊禁地岢嵐火山軍許人戶邊壕十里外請射忻
州寧化軍乞仍舊禁止從之　是月河東安撫使歐陽
修言河東之患患在盡禁沿邊之地不許人耕而私糴
北界粟麥以為邊儲其大利害有四以臣相度今若募
人耕植禁地則去四大害而有四大利河東地形山險
饋運不通每歲傾河東一路稅賦和糴入中博市斛㪷
支往沿邊州軍人戶既不能肇致遂齎金銀錢就北界
貴糴之北界禁民以粟馬南入我境其法至死今邊民
冒禁私相交易時引爭鬪輒相斫射萬一引惹而構事

卷四千七百十

端其患一也今吾有地不自耕植而偷糴鄰界之物若
敵常歲歲豐及緩法不察而粟過吾界則尚有可望苟
遇歲不豐或與我有隙頓嚴閉糴之法則我軍遂至乏
食是我師飢飽繫於敵人其患二也代州岢嵐寧化火
山四州軍沿邊地既不耕荒無定主而虜得以侵占往
時代州陽武寨為蘇直等爭界訟久不決卒侵地二三
十里今寧化軍天池之側杜思榮等又來爭侵岢嵐軍
亦爭掘界壕賴米光濬多方力拒而定是自空其地而
誘北人歲以爭界其患三也禁膏腴之地不耕而困民
之力以遠輸其害四也臣謂禁地若耕二三歲間可使
不糴北界粟麥則邊民無爭糴引惹之害我軍無飢
在敵之害沿邊田有定主則使彼此無爭界之害邊州
自有粟則內地人民無遠輸之害是謂去四大害而有
大利今四州軍地可二三萬頃若盡耕之則歲可得三
五百萬詔下沿邊議而議者以為岢嵐火山軍其地可
耕而代州寧化軍去虜近不可使民盡耕也　六月二
十二日真定府定州等路副都總管狄青言昨者西事
沿邊賊馬入寇道路不拘谷道及轉山嶺通人馬行處
卒是奔衝使耕種收放等人無由避閃致被驅虜今因
邊民稍開應係沿邊則軍城寨地分內開墾地頭方田
稼子不拘嶺谷道平地盡使開掏蓄鄣百姓及弓箭手
各自地分內不以日限漸次開墾壕子深五丈濶五尺

卷四千七百十

免致賊馬驀來奔衝抄刼人口孳畜不三五年中間可開邊界至裏三二百里常令本地分官吏提舉照管各自地頭漸次修葺不致勞費以此禦邊緩急蕃賊抄掠有此阻隔使邊民扶携老小偹辦得及此乃久遠之策仍乞作朝廷擘畫行下詔陝西四路安撫等司相度施行　七月一日詔陝西都總管司若有蕃兵的入漢界驚刼人户踏踐田苗即得出兵禦敵驅逐出界亦不須遠去襲逐如蕃兵未致入界侵犯人户輙出兵馬鬭敵不以有功無功並行勘鞫等嚴　八月詔夏國比進誓表惟延州保安軍别定封界自餘皆如舊境其令陝西河東嚴戒邊吏務守疆土毋得輙有生事　十一月

卷四千七百十一

詔河東陝西經畧司自內屬蕃部毋得侵擾西界犯者當以軍法論如西界人馬先犯境方聽出兵禦捍之

六年五月十九日臣寮上言瀘州淯井塩有兩界夷人散居山谷外接生界烏蠻內連戎瀘州州縣竊聞有臣寮乞補烏蠻官爵彈壓夷人恐未為便令瀘州淯井監江安縣須藉得力人禦偹欲乞今後知監并都同巡檢并經選差外其知監監押江安知縣委自本路鈐轄及轉運使於轄下選舉有心機幹勇使臣詔今後瀘州淯井知監及監押江安知縣令本路轉運鈐轄司預先選舉使臣以聞　二十一日詔環慶路經畧安撫司子細詳酌本路委的見得見爭之地元屬河界所降誓條朝

旨詳究或顯屬漢界即令地分多方爭執若委是阻絶以前元係蕃界令更不分定依舊住坐選差曉事言語分明人只作本司意度諭與西人明示事理許令住坐却與商議開一大壕為限更有合設隄防遮護漢界城寨地土去處亦便悉心擘畫了當以盡本處無至遂一概取朝旨　七月五日詔臣僚言恐契丹發端入界用兵次第不曾設偹須是預設謀策臨時遵守河北路坦不似西邊用兵須存古法舊規陣場乞下河北要路相戰處州軍總管司預為商量乞體量鎮定西山道路近遠預先分定兵馬准防懷衛州乞預選駐泊河陽滑州預差鈐轄准防偹設詔預設謀策泊踏逐道路令夏竦相度預議陣場令總管司相度並以奏聞　二十一日

卷四千七百十一

知雄州王仁上言乞節掠誓書內邊臣合知事件一本收掌照會迴荅北界公牒詔昨來誓書內兩界塘濼除以前開畎者並依舊外自今後各不許添展及非時霖澇別致大段漲溢並在關報之限仍令夏竦諭河北沿邊安撫司並不得緣此將非時霜雨衝澇合修疊去處別有滯執失於整齊　八月十五日樞密院言鄜延環慶兩路防秋是時況為收納西界歸投人户不少即慮非次驀至奔衝取奪刼掠欲令鄜延環慶經畧司密諭沿邊泊諸城寨主兵官吏并巡檢使臣蕃官人員等不住差人探候常作准偹不得小有疎虞從之　十二月

五日判大名府兼河北安撫使夏竦言河北沿邊安撫司乞沿邊捕盜官吏如北界賊人深入近裏即使收捉令相度如有外界人入本界內守把巡攔人輒敢取財物不捉送官從違制論若收捉時器仗鬪敵即許禦捍從之

宋會要

七年正月十三日詔陝西諸路諭屬戶蕃部首領等如西界人馬的是侵入漢界作過許令殺逐出界仍令都同巡檢主兵官員如有蕃賊入漢界劫掠與屬戶鬪敵即經畫時策應　是月禁河北沿邊居民出漢界　二月十六日詔夏國近差楊守素等到延州商議邊境事

卷四千七百十一

節并河東路豐州地界並未可從應恐沿邊不切預備是或別致疏虞令陝西諸路河東路經畧司巡檢主兵官員使臣等不住選人深入探候齊整軍馬常作禦備　七月知趙州張禮一上言近者朝廷令河北郡縣民每五家使之相保當州自行茲法以來虜中姦覘比多敗獲蓋保法已有効昨奉詔令漸次施行乞再都諸郡速成前法從之　皇祐元年三月十一日知定州韓琦言本州界以北乞一槩禁止採斫山林從之

宋會要

十月河北沿邊安撫司言請自保州以西無塘水處廣植林木異時以限胡馬從之　三年十月詔陝西沿邊

毋得誘致生戶蕃部獻地以增置堡寨　四年十一月詔都大提舉廣南經制盜賊事狄青本路民有與蠻人買賣博易者斬許以聞仍徙其家嶺北　五年八月五日臣僚上言沿邊諜知北界多年斥言用兵其河東接虜之境堡障尤宜選將蒐卒厚為儲備詔河東經畧都總管司施行　是月詔禁化外蠻人過嶺北者　至和元年九月詔梓州路轉運司如聞戎瀘知州每遇夷人入寇領兵至邊而所過多率民供餽糧肉寇未卻而已擾其行禁絕之　十一月三日知謙院范鎮言兩川備豫便宜寬假民力修利器械宜於沫源川設備詔送樞密院

宋會要

卷四千七百十一

嘉祐元年四月詔陝府河中府差防橋打凌兵士赴麟府等州防秋　四年二月七日詔三班院今後文州安昌寨及文州南路鎮駐劄并龍州清川知縣使臣年滿並令選差使臣以當西界之路謹備禦也　十一日河東路經畧使孫沔言乞廢罷府州西安靖化宣威清塞百勝中候并麟州横戎神木惠寧肅定鎮川臨塞等十二堡寨使臣兵馬糧草只令鄰近大寨內輪番差人往彼守管以為斥候并乞於鄜州西裴家堰剏立寨城一所積聚糧草準備緩急應副麟州實為大便并画圖以進詔存留麟州鎮川府州中候百勝清塞四堡寨餘皆

廢之　五年十一月鄜延路經畧司言沿邊德靖等十
堡寨頻有賊馬入界開墾生地并剽畧畜産雖以戍兵
扞守比稍習山川道路又復代去欲於十堡寨招土兵
兩指揮教以騎射之法每處留屯百人從之　六年六
月十六日雄州曹偕言信安軍界河肖北界人戶打魚
採葦又是北岸難以止絶若因而不問又官私船交相
往来深爲不便乞降指揮詔令河北沿邊安撫司常切
探候如的實不虛即婉順止絶　是月太原府代州兵
馬鈐轄供備庫使忠州刺史帶御器械蘇安靜上麟州
屈野河界圖　初麟府西南接銀州西北接夏州皆中
國地也慶曆中元昊既納款知麟州禮賓副使張繼勲

奉詔定界至而大案無在者乃問州人都巡檢王吉及
父老等皆云繼遷未叛時麟州之境西至俄枝盤堆乃
寧西峯距屈野河皆百餘里西南至更烽橋店子平彌
勒長平鹽院等距野河皆七十餘里咸平五年繼遷圖
麟州臨濁輪軍馬等寨大中祥符二年始置横陽神堂
銀城三寨皆在屈野河東以衙前為寨將使蕃漢義軍
分番守之又使寨將與虜沿邊酋長分定疆境横陽寨
西至故俄枝寨四十里州城西至大横水六十里西南
至浪爽平五十里神堂寨西至伺候峯三十五里西南
至赤犍谷掌四十里次南至野狸塢三十里銀城寨西
至榆平嶺四十里西南至清水谷掌五十里次南至大

和柏嶺四十五里次南至洪崖塢四十里次南至道光
谷中嶺上六十里天聖初州官相與沿河西職田久不
決轉運司乃奏屈野河西田普為禁地官私不得耕種
自是民有竊耕者虜輙奪其牛曰汝州官不敢耕汝何
為至此由是河西遂為閑田民猶歲輸税不得免謂之
草頭税自此虜稍稍耕境上然亦未敢深入也及元昊
之叛始插木置小寨三十餘所於道光洪崖之間盜種
寨旁之田比至納款所侵才十餘里是時朝廷以更定
誓詔不欲與虜分明界至乃修河濱堡閤門祇候張宗
武諭張繼勲曰若西人来即且荅以誓詔惟延州保安
軍以人戶所居中間為定餘路則界至並如舊無未定

之處若西人固欲分立則詳其所指之處或不越舊境
差官與之築立牌候以為界繼勲烈前後界至地名奏
之且云今若以河西為禁地則虜益得恣其貪心進逼
河西之地耕鑿畜牧或興置寨柵與州城相距非便若
用咸平五年以前之境則太遠難守請以大中祥符二
年所立之境為定詔繼勲與宗武先審定之即不得明
行檢蹈以致生事繼勲復申經畧司前所議疆境已得
其實無以復易乃遣臨塞堡監押三班借職馬寧指使
殿侍康均待西人於境上又令麟州通判領其事虜言
我馬尺所踐即為我土與相辯詰久之會虜數遣人求
通寧星和市繼勲使均等以此邀之虜把闗本尉曹勉

及管勾和市曹勍謂均等曰若通寧星和市府疆界請一切如舊經畧司令諸保安軍自陳未幾果諸保安軍朝廷以為疆界既如舊乃許之及繼勲坐事去後知州事者懲其多事耿敗各務自守以矯前失會有指使過河西為魯所掠乃禁吏民皆不得過河西王吉嘗過河西巡邏州司輒移文劾之自是無敢過者諸保寨亦利民不過河而虜無軼境歲滿得遷官故禁之尤急虜初猶顧望未敢數歲之後習知邊吏所為乃放意侵耕然其州西猶距屈野河二十餘里自銀城以南至神林堡城十里或五七里以外皆為虜田矣虜明指屈野河中央為界或白晝逐人或夜過州東剽竊貲畜見邏者則逸去既渡水人不敢追也及管勾軍馬司賈逵行邊見所侵田以責主者知州王亮懼始令邊吏白其事經畧司遂奏土人殿直張世安賈恩為都同巡檢以經制之然虜得耕久晏然自以為己田又所牧皆入其酋沒藏訛龐故世安等迫之則鬭戰緩之則不肯去經畧司屢列舊境檄之使歸所侵田訛龐之妹使其親信部細皆移者來視之還白所耕皆漢土乃名還訛龐欲還所侵地會皆移作亂誅而國母死訛龐益自得正月領兵至境上比及三月稍益至數萬人又自麟延以北發民耕牛計欲盡耕屈野河西之田會國人有與之異議者復名其兵還衆皆空壁去然銀城以南侵耕者猶自若也

益以其地外則蹊徑險狹秋多榛叢生漢兵難入內則平壤肥沃宜粟麥故虜不忍棄也當是時經畧使龐籍欲築二堡以制其侵耕堡未就而郭恩敗虜益肆其後李思道孫兆相繼往議不合至是蘇安靜與國人輒移呂寧拽浪潦黎始定議其府州自樺泉骨堆望狼堆埋浪莊地尾接横陽河東西一带築堠九自蛇尾旁順横陽河東岸士西界步軍照望鋪間築堠十二自横陽河西以南直理井烽築堠六自理井烽西南直麟州界俄枝軍營築堠三自俄枝軍營南至大横水染枝谷伺候烽赤犍谷掌野鴣西界步人照望鋪相望築堠十二其榆平嶺清水谷頭有西界奢俄寨二從北訛屯山戍寨一次南麻也乞寨一各距榆平嶺四里其大和拍攢有西界奢俄寨四從北訛屯過勝寨一次南吾移越布寨一次南麻也吃多訛寨一次南麻也遇崖寨一各距大和拍攢五里其紅崖塢有西界奢訛寨三從北岡越崖寨一距紅崖塢二里次南訛也成布寨二各路紅崖塢一里其道光都隔有西界奢俄寨二並係訛也成布寨在道光都隔上其十一寨並存之如故寨東四里各有西界步人照望鋪亦築堠十二乃約無自今西界人無得築堠耕種其在豐州外漢寨及府州界蕃户舊奢俄寨並復修完府州沿邊舊奢俄寨三十二更不創修麟界界人户更不耕屈野河西其麟府州不耕之地亦許

兩界人就近樵牧，即不得挿立稍圍、起蓋庵屋，違者並提㧟赴官，及勸住和市；其兩界迴綽人員，各毋得帶衣甲器械過三十人騎。 七月八日，河北提點刑獄張問言：「張茂則乞塘濼八州軍於塘裏取土作隄，漸得地濬隄高，包蓄西山并九河夏秋暴漲水，既增塘濼，又免渰澇民田，實為利便。」從之。 八月九日，臣僚上言：「竊見環慶路沿邊諸城寨樓櫓城壁久不修完。」詔下本路經略司常切修完。 七年二月，環慶路經略司言：「昨討殺環州平遠寨七囟族，而即其地綫子寨修弓箭手營，有夏國蕃民咸皆敎等鈔領人馬爭占之。况此地至界首尚十餘里，彼妄以為本國屬地，請下保安軍移文宥州。」從之。

卷四千七百十一

全唐文

宋會要　備邊二

英宗治平元年十二月十三日樞密院言陝西諸路累
奏夏國招誘沿邊一帶順漢熟户脅令歸投及近日環
州界蕃官思順族逃入西界蓋欲陰壞藩籬緣鄜延環
慶及涇原路原州接環州界一帶熟户并明珠滅藏康
奴三族與西界蕃部相接住坐慮失照管欲下程戡王
素孫長卿各令加意安存及常切測度蕃情預行覺察
每務先事處置無令西界誘脅逃叛事過之後空致文
移如有合行經畫仰具利害聞奏從之　二年五月詔
鄜延環慶涇原秦鳳路經畧安撫司速將屬户預先團

卷四千七百十二　一

籍定强壯人馬及老少孳畜保聚去處以聞如將來夏
國兵馬侵犯諸路屬户并涇原路壕外弓箭手即一面
令屬户老小入保聚處安泊其團籍定强壯人馬及弓
箭手即會合向前應敵仍令逐路帥臣量事勢大小差
將官領兵策應覔便擊殺即不得以策應為名只於側
邊觀望若夏國盛集人馬過邊壕及逼近城寨攻劫亦
仰本路帥臣一面聞報諸路領兵入西界牽制仍仰宣
撫使馮京密與逐路帥臣預議定牽制事理及邊防合
先行處置事件同狀以聞　三年七月詔令沿邊居民
三家至五家合為一保不得含匿奸細及亡背之人如
敢隱藏或同謀該誘過致資給並聽保中捕告應外蕃

人若獲一人賞錢三百千内蕃出告一人書生舉子依
外蕃給賞錢仍補茶酒班殿侍其餘告獲皆賞錢百千
即保内知情不告滅罪人罪一等配千里外牢城餘保
人不覺察亦行嚴斷　先是進士景珣以不得意亡投
夏國教令為寇英宗以邊禁不嚴故降是詔　九月命
國信使邵必等因使諭大遼國令戒邊吏自守故約
初雄州城下挟路蒔柳至遼界上後多死知州李中祐
蒔補之遼新城吏以為生事帥數百騎盜伐至於城下
又初約遼人不得漁界河中至是漁不止故命諭之
治平四年三月神宗即位未改元環慶路經畧使蔡挺
言奉詔如有控扼及合修築堡寨令逐急相度修置勸

卷四千七百十二　二

會慶州華池鎮地界西北川四十里舊有鹽堆城控扼
赤沙細惠兩川口差官密行相度到鹽堆城山嶺下臨
不堪修築次南一里半地名馬蘭平三面險固可以修
建堡柵已畫地圖進呈而宣撫使郭逵方於鄜延保安
軍胡經臣李德平二族亦修堡障逵以兩路同時營築
堡寨頗為機會故奏未報而令環慶路經畧司修築請
如涇原堡從之　閏三月三日陝西四路沿邊宣撫使
郭逵言秦州青鷄川蕃官首級藥厮哥等願獻青雞川
土地乞修展城寨招置弓箭手體量若於青雞川南牟
谷口修置城寨則秦州與德順軍沿邊堡寨相接足以
斷賊来路已發兵夫修築又奉詔具青雞川一帶大小

堡寨去處并四至遠近合役人工次第以聞仍以涇原路換吳川新修堡障賜名治平寨青雞川新修堡障賜名雞川寨仍降詔獎諭　五月九日樞密院言防秋在近欲令陝西四路河東路經畧司嚴戒沿邊巡檢堡寨使臣等常切探候隄備不致臨時疏虞從之　十月十九日秦鳳路經畧安撫司言秦州昨築治平雞川寨其內弓門床穰冶坊靜戎四寨古道堡今非極邊乞各減罷監押監酒使臣留都監寨主兼監酒稅仍徙營屯卒還州以省轉餉便訓練從之　神宗熙寧元年二月二日河北沿邊安撫司言探到北界燕京留守司指揮永清國安王田等為人戶乞入界河打魚只得船網於河

中心以北岸採取不得將弓箭隨行詔令沿邊安撫司如人入界河打魚仰巡檢使臣等諭與條約婉順約回若縱麗暴即量勢攔截逼逐不得入北界河港及上岸追捕務在執理道不得自起事端仍自今後常切覺察止絕沿邊諸色人不得與販博買違禁物色與北界打魚人等如獲具案以聞仍許諸色人陳告得實優與酬賞　四月二十三日河北沿邊安撫都監王臨臣言僚屢議滄州一帶邊海地方恐胡人可以泛船直抵滄州請臨岸設備又請建置滄州為一路帥府以扼海道然覘得界河至海口以北便是北界其地皆是泥淤沮洳並不通行人馬兼胡人不諳船水自古以來不曾有兵

馬出入詔差比部院外郎杜知雄與河北提刑王亞同往滄州以相度水利為名覆驗而從其說　五月詔近北界剌兩屬人戶充軍致人戶逃避來雄州存泊及探到事宜甚盛仰高陽關路安撫司今後有沿邊安撫司關報到北界事宜及理會兩屬人戶辨正疆封以至榷場利害塘水增損或沿邊安撫司處置未當淹久未決並須速行公文密切商議不得輒分彼我務要協心從長濟務或所見不同各有對執即具利害以聞亦不得遷延觀望致失事機　七月五日陝西經畧使韓琦言已牒秦鳳路經畧使委副都總管楊文廣於櫟珠各修一大堡於近裏城寨差撥人馬防守修候前項堡子了

畢即乞廢罷納迷山丹堡菜園堡白石堡了鍾堡等使臣軍兵及畢利川無主荒閑地土甚多見行封標招置弓箭手詔並依所請內納迷山丹堡正係秦州入古渭寨徑直大路及蕃部往來至永寧寨鮮齎鞍馬道仰常切照管勾使向去別致梗澁　八月二十二日涇原路經畧安撫使司言奉詔令副都總管張玉巡邊點檢欲令將帶馬軍於靜邊地寨會合本州軍蕃從兵大教一次放散及點軍甲歸本司詔從其請仍令張玉到大教之處大張兵勢務令陣隊嚴肅　九月十四日涇原路經畧司言省詳近詔逐路預先選定兵馬準備策應隣路今來卻稱見隣路舉烽關報未得起發徑申本路然

則赴救遲緩應失機會詔陝西逐路經畧司詳議勘會陝西沿邊四路元差置策應將官兵馬並隣路側近駐劄盖備緩急更相援助然常患稽遲不應機會前慶州大順城事宜曰賊馬九月十五日早入界尋牒延渭兩路催促策應兵馬內鄜延西路廵檢以事宜逼近不至涇原路都監夏元幾在原州纔領文牒即依條起發至二十一日方抵慶州而賊馬已於十八日退散省詳上項鄜延秦鳳環慶路所奏差定策應官員如見舉起烽火及關報到事宜即具排跁軍馬承得起發徑申本路經畧司酌量事勢指揮然則轉更稽留不能應卒徒煩往復僅類虛名令相度應諸路如西賊入界並依朝旨

舉放橫烽其隣路差定策應將官纔見橫烽立便排跁軍馬申本路經畧司候得隣路經畧司或州軍關報文字知賊所在勾索策應即火急帶領兵馬前去為援更不取候本路經畧司指揮除依舊詔且如原州策應將官雖見來東橫烽然起發未得蓋未知賊犯鄜延路或環慶路若是鄜延即更不起發如是環慶即合策應亦須候得環慶關報公文知賊甚處若在慶州東北路即令兵自彭陽彭原入慶州在環州一帶即領兵自石昌木波路入環州餘皆準此詔陝西逐路經畧司其隣路差定策應將官並依今來涇原路所請施行　二年四月二十一日詔據河北沿邊安撫司言探得北界不住

清按閏十二月是閏十一月之誤

有宣下燕京整備守城戰鬪竊恐是彼界探事人忘稱中國有謀用兵致此驚疑實亦非便令諸路邊臣處事且宜謹重　閏十二月臣濂上言陝西沿邊熟戶自來倚為藩籬或聞邊臣有徇私滅公者以規財利頗成困擾蓋城寨官吏受覩故請寫以來貸給與蕃官責限取直倍稱其利蕃族首領可以更行減刻亦所樂從受弊者乃族下散戶犯法害人無此之甚邊鄙異類深可嗟憫乞詔陝西經畧使應命官并諸色人如敢將物貨請求沿邊官吏轉賣者其受寫并物主並禁勘取首賣物不計多少並沒官仍許知人陳告支賞錢三百千以物主家財充從之　十二月四日涇原路經畧司言西界

起遣人戶入近裏住坐環慶路走馬司亦稱近日沿邊山寨並起移往近裏五七十里外去詔令逐路詳上項事情過行隄備　三年二月二十八日秦鳳路經畧使李師中言近者畫下臣僚上言備邊數策臣竊不自揆試為朝廷講畫伏乞不惜一一裁擇臣愚計以為萬世之利　一前年置熟羊等堡募蕃部獻地朝廷錄向寶功本為得地招弓箭手可以備邊今首尾三年所招入徒有十指揮虛名實未及元數又於其間逃亡有及一半者有太半者有三分之一者大抵皆浮浪之人初不曾團結訓練便與給地主至今無力耕墾利在游墮與藩部雜處亦未曾習戰於邊計不得毫髮力但與藩部

充容戶凡此等事誰曾慮及咫尺賊境乃容此輩於部
族中不早措置豈得無患況在極邊若不得驟則心狐
意怯難為存守今須置屯列堡以為戰守計　一置屯
之法令已選有心力膽勇者令轉募人充弓箭手占地
分每百人為一屯先團結定教以武藝及禦敵之計使
人人勇於戰鬬然後授與器甲令於沿邊置屯量人力
授地牛具農器並從官給其器甲候着業各令自置却
將官給者還官　一每等第置軍員節級及總領人就
農事每農事罷即教閱仍據本屯合用耕種及襍工作
人數預先制置各令如法每收穫將諸屯比較斛㪷數
多少以察勤惰明行賞罰　一諸屯合用旗鼓之類並

從官給　一所置堡欲令諸屯併力自近及遠自內及
外以次修築使須深溝高壘使寇賊攻擊不動待其氣
衰之後上下應接悉出勁兵輕騎或邀其前或躡其後
彼將逃遁不暇置屯列堡利蓋為此　一諸屯各置屯
將一副屯將一擇有材力可以董率人者充遇便喚使
充本屯將領　一已招到弓箭手可以備戰者依此置
屯其軍員有材力可以將領人者亦合充本屯將領
一諸屯止以弓箭手巡檢總領各舉有材力諳練邊事
者充　一舊都虞候　指使亦簡選留有武勇者分管
諸屯詔以所乞弓箭手百人併力修築一堡及官給旗
鼓等並許之所有招弓箭手并人員等即依涇原等路

招弓箭手舊法施行其牛具農器即相度支借官錢任
自置買仍令人員指揮常切點檢不得別將移易貨賣
其所借官錢候三二年間耕種稍成次第分作料次催
納入官所乞諸屯比較收穫斛㪷多少以察勤惰行賞
罰更切相度只令官司點檢耕種不盡力者申舉量立
罰格施行應係標撥田土先令蕃部首領指引標定元
初獻納入官地界無致別有爭訟仍下經略司令王韶
劉希奭往彼同共相度指引標定界至　四月二十二
日詔樞密院累降約束河東陝西諸路經略司嚴行禁
斷沿邊蕃漢入戶不得與西賊私相交易訪聞尚不尊
稟可重立賞格告捕自令有違經略司并所管官吏當

劾罪重斷并委轉運司常切覺察　七月十八日詔河
東經略司已嚴戒知麟州王慶民如西賊犯境即令諸
城寨相度有險可恃者專為清夜自守之計如賊入界
無所得空回雖不獲一人一騎亦當賞功等事更令遵
稟前詔早收田苗牛羊老小點檢兵馬器械防城動使
勿致小有闕誤如蕃漢老小願入河東安泊者速具船
栰濟渡即不得令强壯一例入城有誤防守　以邊臣
上言河外老小以訪聞西賊恐將入寇皆驚移乞渡河
以避兼麟府豐州屢言探到西賊點集故也　八月二
十日詔河東陝西諸路經略司日近西邊諸處探到事
宜急切促令起遣人戶收拾積聚無令倏有賊至成因

粮驅虜之患如是大兵入寇即嚴約束將官如未見十
分便宜不得貪務小功致悞大事且須占地地理摭絶
要衝為守計戰賊禦　十一月二十四日樞密院欲令
陝西河東經畧轉運司今後如有城寨等處官吏申乞
兵匠物件及應干城守備預事件疾速相度應副不管
闕誤如累申無報許本處直具事由申奏從之　先是
手詔近以河外城寨守具廢弛當職官吏已等第責罰
訖訪聞前後不惟城寨使臣因循纔有勤於職者亦多
為監司沮止所乞兵匠物料不即應副雖欲自達蔑不
可得令既懲勵因循俾大小之人必盡其力須冝開自
達之禁以防壅塞可議立法故有是命　四年二月五
卷四千七百十二　九
日樞密院言陝西安撫司言已相度於定胡縣等處修
築堡子至囉兀城以通粮道勘會所修堡子入生界首
尾一百五十七里亦須兵馬防護緩急賊衆驀來攻圍
恐難守禦或出兵渡河為賊先據西岸軍馬難為濟度
別致悞事欲諭本司更切相度彼處山河形勢一如府
州與保德軍及合河津與通津堡且於定胡尅胡夾河
相對於河西岸就險近河各先修堡子一座所貴易為
功力早得成就出師濟河即西岸已有堡子賊兵不敢
輙來臨河攻禦若入西面生界還師萬一有賊馬追襲
即便有歸投自守之處其與向西展作堡寨漸次易為
成就詔降指揮而并州呂公弼言西賊人馬來修寨處

衝突難為施功乞且權罷仍嚴誡邊吏專為堅壁清野
之計詔宣撫司速修第一寨次修中間堡子其第二寨
即以漸計置有備候第一寨了日取旨　五月十四日
樞密院言勘會環慶路日近頻有屬戶蕃部驚疑作過
慮有姦人造作語言動搖部族深為不便欲令本路常
切覺察如軍民於蕃戶處妄說事端情涉扇搖者許知
次第人密來告官根究有實未得斷遣速具事因以聞
當議法外特行處置告事人優與推恩從之　十月詔
頒陝西四路防秋之策涇原路賊若寇原州兵不出以
萬人守平安控南路趨渭川路以鎮戎軍將兵弓箭手
由乾興徑入靖安斷賊歸路賊若寇鎮戎軍即以萬人
卷四千七百十二　十
并本將軍馬在本軍以弓箭手五千人為游兵別以五
千人守瓦亭更移靜邊寨所駐正兵弓箭手取三川路
合勢賊若寇德順軍即別以萬人屯守靜邊兼以弓箭
手五千人為游兵逐　優擊移瓦亭五千人入本軍賊
若因武延易藏川而來即移靜邊兵駐隆德扼賊歸路
鎮戎軍第四將及弓箭手由得勝路會合其諸城寨抵
留守兵不責以戰渭州只以一將兼義勇防守其餘兵
並屯瓦亭以固根柢左右相援合勢掩殺環慶路賊若
寇東北兩路並以正兵萬人屯業樂扼淮安東西谷乘
遠大順之會賊若自華池路深入則移業樂兵於大順
荔原兩路斷其歸路慶州別出兵至合水與荔原大順

兵相首尾賊若寇環州即移業樂之兵截山徑路趨馬嶺若更相度事勢進兵入木波與環州相望據諸寨中又可以扼奔衝慶州大路其沿邊城寨秖留守兵不責以戰自餘軍馬並屯慶州以固根柢秦鳳路若賊寇東西路於甘谷城屯正兵五千帖以蕃漢弓箭手扼奔衝青鷄三陽一帶道路別以正兵五千帖本處蕃兵弓箭手守古渭更益都巡檢軍馬及三千據通渭與甘谷古渭相望若約此置兵保護熟户更相首尾足以枝梧其諸城寨秖留守兵不責以戰自餘軍馬並屯秦州以固根柢鄜延路若賊寇東路宜於永平駐兵萬人帖以本處蕃漢弓箭手以扼綏德黑水綏平懷寧順安青澗之

卷四千七百十二　十一

會亦斷青化豐林趨延州又恐自永平東巡大川至青澗城南出延州則青澗亦駐兵三千賊若寇北路由渾州寨門川而下則永平更不消駐兵秖以萬人駐金明縣扼園林安塞龍安招安故塞門安遠之會斷趨延州大路順寧路窄難出大兵只以三千守軍貼以蕃兵弓箭手足以扼賊寇西路只以三千人守德靖兼以蕃兵保護胡李二族則金明不消人馬可以那赴萬安為保安德靖救援或西北兩路併兵而來則金明兵不動別以五千人守萬安掎賊之後其沿邊城寨並秖留守兵不責以戰自餘軍馬並屯延州以固根柢　十一月四日工曰王廣淵言知環州种詠申有西界投來蕃部三

人熟知彼國事自舊來留在本州詢問敵情令夏國既通無所用之乞發遣於近裏州軍安排勘會夏國既纔遣使乞復貢獻疑朝廷方與之要約尚未知其向背令詠乃敢輕妄便謂通和竊恐邊防亦已弛備緩急有悞國事其种詠未欲劾罪可令王廣淵嚴誡責令依歷降旨揮飭謹邊備　五年五月二十三日秦鳳路經畧司言通渭等七堡寨割屬通遠軍外寧遠等依舊屬秦州詔寧遠等四寨割屬通遠軍仍於青唐及并武勝軍并勝招降馬祿族三處地分内各建一堡寨　七月十一日詔雄州歸信容城縣鄉巡弓手今後如無事不令鄉巡免致擾擾過探報有北界巡馬過拒馬河南即令本縣

卷四千七百十二　十二

官相度人數部押弓手前去以理約攔餘依前後約束施行　始北人自春以來月遣巡馬過拒馬河非故事也邊臣謂北人因鄉巡弓手故增巡馬若罷鄉巡則彼界巡馬勢自當止朝廷從之巡馬亦不為止而盜賊滋多州縣不能禁　二十二日管勾秦鳳路沿邊安撫司公事王韶言准朝旨令詳具合要防托人馬差鎮戎軍定川寨弓箭手巡檢趙普三川寨張進德順軍中安堡馬倫通邊寨魏奇各領去年所授經畧司劄子團結到防秋第一等弓箭手共三千五百三十三人馬二千六百六十三匹常切排𣪍準備策應秦鳳路通遠軍仍差景思立秋喜都部押并帶領第六將策應秦鳳路人馬

候見秦鳳路沿邊安撫司關報即前去一聽本司指揮
十月二十六日樞密院言勘會陝西沿邊四路先置
橫烽遇賊馬入界遞相應接詔熙河路依四路例置橫
烽内蕃部地分即差廂守府坐　十一月十九日詔令
皇城程昉河北沿邊安撫司屯田司同相度滄州界塘
泊利害及邊界淀灘地令人户借射栽種桑棗榆柳
先是議者以河朔地平自堡寨之東新以塘泊胡騎不
能馳突唯西至滿城近二百里無險可恃向虜入寇嘗
取道於此今議植榆為塞以捍奔衝之勢異時王師可
以保固焉　十二月二日有詔差官檢視陝西武備
六年二月二十八日延州言順寧寨蕃部逃入西界蕃

卷四千七百十二　十三

官劉紹能以兵襲逐不及反捕西人為質上曰自許下
國修貢以來近邊逃背生口皆送還意極恭順令紹能
以兵出界人情必生憤激可嚴戒邊吏自今毋或生事
十二月四日權發遣河北四路提點刑獄公事李南
公言相度樸樁口添灌東塘等詔屯田司閻士良專督
與修　先是滄州北三堂等塘泊為黄河所注其後大
河改道而泊遂游淤程昉嘗請開琵琶灣引黄河水灌
之其功不成士良建言堰絶御河引西塘水灌之令從
其請　七年九月十九日上謂輔臣曰卿等所上邊防
畫一先擇可施行者更與樞密院議之既而二府奏可
行之事凡十有四其一曰自來出戰者功大小使臣未

兵二八之一三

經陞擢者以功狀次數銷多或一次功狀優異及知名
人作一等餘作一等取旨陞用考其才實二曰停閑使
臣降配軍員年六十以下武藝及中等精神不衰令投
狀自首長吏試驗如堪戰陳保明以聞三曰令安府轉
運提點刑獄察訪司各體察騐轄下將官人材智畧具
緩急年驅策與否内有才之人差遣近下可以陞擢及
緊要閑慢合對換文臣有勇畧可為將官不拘路分並
密以聞四月近降度僧牒三百與定州安撫司充訓練
義勇保甲及募刺事人之費其沿邊州軍宜並依定州
例量賜本錢出息令鉤致虜人之能知其國事者或質
所愛使探聞虜中任事主兵人姓名材能性識所管兵

卷四千七百十二　十四

數武藝强弱屯泊處所城壘大小粮食多少及出兵道
路刺其的實編類成書准備照用其邊臣不能使人致
前後探事尤無實者當移降五曰河陽别置水軍五七
旨揮造船習戰以備賊濟渡者六曰既為堅壁之計當
有清野之法逐縣預以義勇保甲附保甲丁口數寓之
籍中本州密約計入數至時分入州城及大縣别為一
籍令司農寺依樞密院先降造丁産簿條約一處編籍
七曰北京城西偏帶沙低薄已檢計立限修築上下水
關其護關戰橋并左右引手城未高堅相度增築置樓
櫓守具八曰衛州大河之南密接京畿正當控禦之地
其城至小并黎陽城亦當要害未能包山為固並展托

修築緩急屯兵防越軼之患九曰分屯兵馬出戰要害之處並委察訪使就與逐路安撫使等處置具防守事以聞十曰相度展托城壕及增築縣城緣城大人少及城小人衆於法皆在所不可守宜先計度本州户口若干除保縣寨外若干入保州兵民除上城出戰外可容若干若更外來人户容之不盡則展托毋令過大致難防守其當增築縣城等須逐州軍相照應緣四路帥府分統州軍其勢當如絡脉之相通緩急寇至即候望相及掎角相應堅壁出戰皆合事機而敵人腹背懷懼其勢自潰如此修築即不枉用工力十一曰如遇有警清野備敵百姓般粮斛薪蒭蓄產入堡城壘并合積蓄守

卷四千七百十二　十五

具及分壁部分蒼猝之際常患措置無法即須計度官私屋宇及空閑地分配人户居住及安置所般之物并内有人力不足官為募人般運寄納出給如此之類并應干守拒事件預為講畫詳古今法制斟酌事宜具條件以聞十二曰敵人出入道路宜悉知之先據地利安置營寨開掘坑塹示之以利導令必趨及可以設伏處預知地形高下水流所歸如壅決其水即可衝灌其處若恐敵人用之即就何處防守疏決或迴避並悉講求圖畫以聞十三曰河北地利所出有限從京師那移錢物多行糴買即增起物價而費本已撥粳米百萬石封樁每年於計綱内支撥應副仍令京東轉運司據合上

供武酒場剩錢於有水路州軍糴粟米小豆計舟車步乘般往河北分往逐處收蓋於京西路沿蔡河州軍亦賜糴本錢計船般運到京入汴但算糴本步乘比本路常平糴價不貴即行計置寬沿邊糴買之數可減撲物價多蓄斛斟以紓邊計其京東西路合計置事專委官相度施行詔皆行之十四曰河陽置水軍不行合仍令樞密院於登州增招刀魚戰船兵團結閱習準備差使

八月二日河北西路察訪使沈括言本路防邊重兵皆在定州言邊備者惟以北平為兵衝其保州社城以東有塘水之難謀者未嘗為意臣以為狄人講求中國邊防虛實向背者非一日萬一為寇必須出於不意道

卷四千七百十二　十六

塗險易講求不得不盡近歷視邊境竊見保州以東順安軍以西有平川横袤三十餘里南北徑直並無險阻不經州縣可以大軍方陣安驅自永寧軍以東直入深冀行於無人之地定州但守社城以西兵未及移則虜騎已越高陽矣或狄人自定州入寇定兵必依西山扼其歸路彼則東甲徑趨順安定人雖衆兵不及施而虜已出塞此不可不慮也適塗曠野蕩然四達謀者不此為慮而區區過憂北平之衝臣竊驗之西山洞道連屬可以伏奇進則定州當其前退則保州廣信議其後狄人敢入北平則不知順安者也使其知順安之易則北平雖無備且當委而不顧况其有備也相度得保州西

兵二八之一七

至九項堂慶七里以來及保州東陽村堤以東至臧村
堤度三十里慶曆中皆曾築堤壅水遺跡尚存若少加
補完西納曹鮑諸水則杜城以東塘險相屬虜騎出入
惟有北平一路定州之兵依險爲陣掎角牽制滹沱橫
濼爲難則可以制其前塘河之流可使則足以繼其後
有以待敵而致其必來此必勝之術也今具圖進呈其
詳悉地步別具條上詔屯田司閻士良馳往相度而士
良言檢視保州西至九項塘及保州東陽村堤以東至
臧村堤若增接修完櫃蓄諸河以成險阻委實利便詔
可其奏內有侵着民間地土即將係官田土撥還或給
其直仍先具所占民田頃數目以聞　三月十九日沈

卷四千七百十二　十七

括又言本路烽臺基址高下疎密多有未便乞下兩路
安撫司更選差官子細打量又言別立到起納道路一
樣烽臺基具畫圖以進詔從所請仍令定州真定府大
名府路安撫司據合修去處未得興功候的有事宜即
非時修築　閏四月五日真定府路安撫司言禁地山
土若起遣居人則愈難巡防乞仍舊從之　先是議者
欲禁山不許民居下其議安撫司相度故有是請也
十二月十三日熙河路經略司言合修城堡先後次第
內熙州開濠二十六萬八千餘工薑冬谷堡六萬二千
餘工五年谷堡六萬二千餘工北關堡一十四萬九千
餘工通遠軍三面城壁除役外有三十三萬七千餘工

兵二八之一八

南川堡八萬七千餘工撈湯堡六萬五千餘工珂斫關
五萬九千餘工多能谷堡九萬四千餘工安鄉城一十
八萬餘工及勘會堡寨三千人自今年二月十六日至
十月五日終共役得六十萬餘工欲乞依先後興修詔
先修通遠軍城壁餘依次第開修　九年四月二十八
日御批勘會河東地界非久分畫了當深慮沿邊守把
居住軍民忽見虜人占據素來樵採之地衷私逓相糾
率越界依舊取打薪蒭却致引惹不得安靜宜預密下
經略司仰嚴行戒諭城寨地分當職官常切覺察不管
小有違犯　六月十九日高陽關路安撫司言信安乾
寧軍塘濼乾涸乞引御河水上批聞近歲塘水有極乾

卷四千七百十二　十八

淺處當職之官頗失經治可於兩路各選委監司一員
以巡歷爲名檢點具淵狹深淺畫圖以聞　已而河北
東西路提點刑獄韓正彥韓宗道各具於澱乾淺處以
所詔送河北屯田司相度當興修所在計料聞奏其官
吏仍令東路轉運司劾之　十一月八日詔河北地震
州軍城壁樓櫓倉庫等損動去處令轉運提舉司分頭
巡歷相度緊慢催促修整　十年三月二十六日樞密
院言熙寧七年朝旨沿邊刺事人多互傳報徼倖賞物
人數雖多於事無補可下河北河東沿邊安撫司選使
臣牙吏有心力諳識有情者裁定人數委長吏同幕士
着可深入刺事人每事審實以聞量事大小給錢帛候

有符驗再與優賜詔申明行下　元豐元年正月二十
八日主管河東沿邊安撫司劉舜卿言北界西南面安
撫司自去秋因移文索救細人李福壽等妄指占耕形
塞地至今春漸以人馬並邊理會疆至臣竊料虜人覬
覦不過以人馬齊邊蹂踐苗稼或强占地里立鋪屋欲
止作本處意度事勢支梧從之　閏正月二十二日詔
據高遵裕所奏西人理索乙訛等事此必當有熟户出
界因索不獲遂於和市縱火以攄一時之忿深恐差人
酬賽造成邊隙見已根究可移牒宥州照會庶羌酋知
此非朝廷意仍令吕惠卿更詳羌情緩急發此牒本州
萬一或未嘗侵犯彼界免虚自認為黠羌窺侮　四月
卷四千七百十二　十九
十七日入内東頭供奉官熙河路都總司走馬承受公
事長孫良臣言聞夏人於漢界内掘坑畫十字及立草
封恐因循寖成邊事詔經畧司體量如實即令鄜延路
經畧司移牒戒約　七月十一日詔河東陝西路經畧
司指揮沿邊城寨採刺夏人過設備豫　以上批秉常
始親國事今秋點集甚嚴又鄜延府界間有遊騎出沒
羌情難測戰守之具宜早有分畫故也　十一月一日
詔知定州韓絳提舉營置保州等處經制水塘　初有
旨借定州封椿錢萬緡委同提點制置屯田閤士良買
保州東陽等村淤下地種稻作塘以扼西山路令安撫
使司通管後士良罷詔知保州張利一主管令薛向提

兵二八之一九

舉至是向被召故以命絳　十一月二十五日知定州
韓絳言北人郝景過南界權場闌畫地圖已密遣人收
捕詔定州路安撫使司河北沿邊安撫司指揮所遣人
須察知姦細實狀方得収捕推鞫無致引惹生事　十
二月六日鄜延路經畧使吕惠卿言宥州牒請遣官與
夏國邊官以穩安静分立文字依理識認并毁廢所侵
耕生地及將西界前後逃背捕殺人馬命駕等界首交
會本司近準朝旨定寫牒送馬五匹至宥州索所虜人
馬及根治作過頭首誡斷上批宜先令河東經畧司檢
安静與西人要約文字圖備所差折外更選諳熟邊事
信實使臣一人牒鄜延路令移報宥州與已差官於界
卷四千七百十二　二十
首各出文字理辨交會其啫兒一户是未叙盟以前逃
背於誓詔當給還即具以聞　二年二月十三日梓州
路轉運司言去年十一月蠻乞弟率衆犯邊縱火掠人
雖已遁慮復來寇乞增禁軍及名施黔州義軍赴江安
縣納溪寨為守備候團結夷人子弟可用及邊事息漸
減放從之　三月二十五日上批兩輸户逃移四方雄
州深以為不便者不過恐元佃之地全為北人拘占令
逃者既多客户則浮寓之民縱使散之他所亦無深害
可止令出榜安慰還業　先是雄州言北界民户以差
配搔擾併有驚移涿州乃移文言南界縣官以兵馬遮
約不令應役請速回詔雄州具創坐侵越搔擾因依報

兵二八之二〇

之及戒兩縣巡防候北界差科稍息即諭驚移民戶歸
業既而沿邊安撫司言逃移人多客戶自若北界未肯
罷夫欲往他處營田作力以為歲計樞密院請詔雄州
曉諭民戶田蠶及時不可遠棄家產候北界差科稍息
有人招呼各歸復業故有是命　二十七日河北沿邊
安撫副使劉瑾乞兩輸人已於近南居者不得復於兩
輸地來往詔雄州已發遣歸業民戶責隣保學察　五
月二十五日真定府路安撫司言北人侵耕解子平地
詔安撫司遣人候望巡察毋致更有侵耕如北界以兵
護耕種候北兵回悉蹂踐之　六月一日樞密院言去
月二十三日北界人馬犯雄州界射傷官兵欲令雄州

卷四千七百十二　二十一

諭歸信容城賊如北人再至拒馬河南且令婉順約攔
即深入近南地分恐虜先以懦兵誘致鬭爭伏精銳於
林木俟官軍逐利驟出圍掩當遠斥候度形勢捍禦毋
得遠追自取理曲仍選精強人馬以備接應從之　九
月二十八日樞密都承旨韓縝副都承旨張誠一檢詳
兵房文字范育上諸路清野備敵法詔頒行之　十月
十七日定州路安撫使司韓絳言北界崔士言屢至安
肅軍剌事給東京商人蕪文圖寫河北州軍城圍地里
上言為本軍百姓誘至兩界首執之詔蕪文未過兩界
遽已捕執慮別致隱惹自今緝知北界姦細須誘入省
地方許收捕仍詔告捕獲蕪文賞錢千緡班行內安排

十二月十二日定州安撫使韓絳言大理寺丞楊罌
尋訪得定州界西自山麓東接塘淀綿地百餘里可以
瀦水設為險固願得營葺從之仍詔以引水灌田陂為
名　三年正月七日河北轉運判官孫迥言界河內北
人魚船三十餘艘白晝肆行未有約束詔沿邊安撫司
體量如數稍多即婉順止約　十七日保州言北界屢
有移文理會修城乞自今三兩次移文回答一次從之
四月二十一日代州言諜報契丹北樞密蕭克昌等
引步騎點檢沿邊鋪舍上批虜若止是增飾鋪舍必不
遣此重官恐尚有理辨團山子以東地界之意故假此
為名宜下定州真定府安撫司太原府經畧司速募人

卷四千七百十二　二十二

探虜情增邊界巡守及權移易地分內不得力使臣
五月十五日河東沿邊安撫司乞移牒止約北人沿邊
創置鋪屋上批如北人於分畫壕堠之北修建城池即
是有違誓書若止增鋪屋毋得止約戢於土門以東接
真定府界以南侵犯增鋪屋壕堠即先諭以理道不從
即約闌出界續詔若北人果有創增本界未有鋪舍闌
防處相度增置畫圖以聞　同日麟府路走馬承受陸
中言聞府州良津貫胡嚨有北人折界壕石墻取水詔
河東路經畧司密體量如何處置其處斥堠不謹亦按
劾之　七月二十九日熙河路經畧司言西界首領萬
藏結逋藥遣蕃部巴鞫等以譯書來告夏國集兵將築

撤逋達宗城於河州界黃河之南洮河之西上批若如所報方屬河州之境豈可聽其修築可速下本司多備兵馬禁止之　十月三日河北沿邊安撫司言雄州公人雖全屬南朝召募其田產多與兩輸相接慮事機因此傳報欲自今召募止於在城久居坊郭并易河南岸及塘泊已南村從之　十一月八日知代州劉昌祚言瓶形寨地有北人欲取直路趨團山鋪往來臣已諭本寨使臣回答不可更令希覬詔如北人來境上問語言密諭使臣等以理道婉順開說毋得先為形迹致啓別起事端　四年三月十二日知制誥王存言遼人覘中朝事頗詳而邊臣刺遼事殊疎此邊臣任間不精也臣

卷四千七百十二　二十三

觀知雄州劉舜卿議論方略宜可任此當少假以金帛聽用間於繩墨之外詔舜卿具所資用以聞舜卿乞銀千兩金百兩詔三司給之　二十三日河東經略司言準朝旨相度代州寧化苛嵐火山軍當增鋪屋數河東沿邊安撫司元奏覘知北界欲增置鋪堠起修日本界亦須增置臣今詳瓶形寨以東增十鋪若北人修蓋亦便增修緣不係分畫地分顯似自作事端乞權罷修瓶其寨西欲增二十八鋪亦恐不須為北界增置其檢計數內若有控扼須至修瓶乞候北人修畢增治詔河東經略司候有北人增置鋪再奏取旨其先降即添置旨揮未得遽施行　三月十八日上批聞賀正北使至恩

聞往人于驛舍牽聚合誦教法户聞于外接伴祇應人有懲

冀聞者此乃沿邊機防不謹有闌出之卒漏泄其事宜重告捕賞典并沿邊當職官亦等第別立賞罰　七月六日御批令涇原環慶熙河路對境圖并說語付中書樞密院庶知賊中地形曲折看畢進入　八月六日上批陝西諸路見議攻討然守禦之備亦不可懈深慮將日夜講求出戰之具思慮或有疎略宜申勅處分令日夕戒嚴其先畫定入兵戰具修整畢備毋得稍有侵弛　先是陝西沿邊諸路累報夏國大集兵須至廣為之備以种諤為鄜延路經略安撫副使應本司事與經略使沈括從長處置以王中正同僉書涇原路經略總管司公事如遇出界令同第一將劉昌祚往發開封府

卷四千七百十二　二十四

界京東西諸將軍馬分與鄜延環慶兩路以姚麟權環慶路副總管

宋會要

九月詔河東路轉運司河東應干今來軍興所行事件不得張皇漏落所有邊近北界州軍如不係干照去處不得一例行下及仰選擇吏人行遣如能謹密候事了日優與酬獎仍覺察體量部吏傳報張皇者劾以聞　十二日詔定州高陽關真定府路安撫司河東路經略司河北河東沿邊安撫司密戒勅沿邊州軍與北界應干邊防事一切皆循常毋得輒創生更改　二十三日河東路經略司言豐州弓箭手沈與等三人為西人

所執已牒理索詔諸路已議進兵攻討其嚴飭邊備如有虜去人口更勿行牒　十一月四日詔雄州自今凡與北人理辨邊界小事不得全無瞻顧務為枝詞致招引虜界移書侮慢　五年六月五日上批昨據李憲奏請涇原路自西寧寨進置保障直抵鳴沙城以為駐兵討賊之地朝廷悉力應付近李舜舉奏財粮未備人夫憚行朝廷以舜舉所言忠實可聽信已指揮放散人夫等更不追集諸路兵即是已罷深入攻取之策若賊犯邊自當應敵掩擊則守禦亦有定計勘會鄜延路止以本路事力於百里之外進築城寨討蕩屯聚賊馬令涇原如更兼熙河兩路事力即不減七八萬兵若去邊面

不遠進築堡壘自可止用廂軍饋運豈須更仰夫力或賊馬嘯聚正我所欲便可討殺如此舉動尚不可為則憲之初議直抵鳴沙萬一夫潰糧絕取悔更大令李憲依前詔速具利害以聞若果難興作即罷涇原路經畧制置使歸熙河蘭會路經畧制置司本任候過防秋赴闕　去年九月憲將熙河秦鳳之師淺攻得蘭州及西使城上諸將功請築蘭州為帥府以鎮洮為列郡詔憲據軍前事力修治為駐兵之所併力河南諸郡而憲頓兵蘭州不進數以糧餉不繼船筏未備為言及涇原環慶師老於靈州趣憲赴援又不能往既而諸路兵罷上以憲蘭州猶有分釋弗誅使圖來効而憲至是上再舉

之策曰昨諸路各以一道之師出界兵勢既分賊以熟見虛實將來再舉須合諸道兵攻其必救使之莫測若併兵一道則有數者之利如仍舊分路則利悉為害為今之策須於涇原會合併攻自熙寧寨進置保障直抵鳴沙城以為駐兵之地如此則靈州不攻自拔河外賊巢必可僕滅緣鳴沙城西扼靈州口復據上游北臨大河與靈武對壘臣觀河南故地惟蘭會至靈州川原寬廣土脉膏腴今蘭州西使既已築城獨靈州未下然自蘭會至天都北入靈州賊中畜積悉經官軍開發所餘無幾今若扼其川口據其上游併出銳兵討殺使不得耕穫則靈州一帶畜積既空復無歲望賊黨離析其為

利一也自熙寧寨至鳴沙城約四百餘里可置十餘堡乘時進築則是天都以至會州悉在腹裏其間族落既有保護之勢必皆內附其為利二也北與靈武對壘直趨賊巢復已不遠兼興州素無城壁候冬深河凍審見賊形即出兵於靈州側擇據地利誘致賊衆併力除蕩然後乘勝分兵北趨靈武其為利三也臣觀鄜延進攻每至吉那雖稱克服其實一到而已蓋官軍既去賊黨躡蹤往坐與不討定其實無異若未拔興靈其環慶鄜延克服之地雖亭障環列烽堠碁布亦難守禦緣兩處土多沙脉古稱於海不可種藝修置城壘須近裏輦運朝廷方卹民力罷困如諸路併修堡寨不惟財力愈殫

適更生患以是計之先於涇原進堡可以困賊其為利四也兼靈州以水溉田四面泥濘春夏不可進師秋冬之交地凍可行又城堅有備卒難攻拔臣以謂今圖必破興靈之策先須計涇原錢帛芻粟復令河東鄜延環慶熙河四路揚聲攻進各選步兵一二萬騎兵六七千獨熙河更選驍勇蕃兵五六千以備變號易服出賊不意非其行營兵馬亦令逐路團結常備出戰以為蕃休及緩急聲援其四路所選兵合涇原之師為十萬先自熙寧寨進攻築堡於沒煙口以誘賊臣度夏賊以涇原環慶之師無功必有輕侮之心如兵分合擊決可蕩平然後進至天都築堡接鳴沙城候河東北渡以覆賊巢

卷四千七百十二　二十七

如此則可往來搬運不須併起諸路夫役糧道無抄掠之虞其為利五也臣自至石門觀兩路措置非謬必知無補顧本司兵勢又難有攻審度事機須圖再舉逐以目睹利害畫為此策文墨不能盡陳乞許臣赴闕面受成算及悉言諸道進師之害故有是詔　九月上批先有西界對境圖與師西討以來諸處保奏文字中指畫山川道里多有異同無以考證可令逐路選委昨出界熟知賊境次第使臣蕃官差精巧畫工同指說山川堡寨應西賊聚兵處地名畫對境地圖以色別之上樞密院候取到舊境圖及軍興奏報文字比對考校繪為五路都對境圖　十二日詔諸路探報西賊人馬處處蟻

集慮乘秋犯塞令諸路常體測如大入界衝突並令城寨堅壁清野使賊無所得相度機便擊其惰歸　三十日涇原路經略司言諜報西界十二監馬齎五月糧於葫蘆河點集國母小大王七月末過黃河欲以八月赴日入寇詔留李憲且在涇原照管邊面多遣人深入覘候如有實狀即追秦鳳熙河先團結諸將兵馬及環慶二萬人騎令姚兕統領合力驅逐毋失機會又須得其要乃可進師令蘭州嚴作限備并詔環慶秦鳳熙河蘭會路經略司應李憲追兵如敢妄有占留發遣緩者當行軍法　十月十九日詔昨以西賊頻刼漢地累降指揮除應時驅逐外仍伺隙酬復據臣僚言德順軍靜邊

卷四千七百十二　二十八

隆德兩寨九月中西賊過壕虜略老幼千人牛羊不在焉慮西賊自為得計因此頻入為寇邊民豈得安居委逐路經略司嚴切戒約須先覘賊馬屯聚近遠虛實度兵力可以取勝乘隙掩殺務要萬全毋得輕易遠出　二十六日詔環慶路團結萬人河東路五千人並赴鄜延保寨戍守　以鄜延安撫經略司言邊備闕乏因援兵還營戍守多闕故也　十一月十九日鄜延路經略司言延州白草等城寨及保安軍等二十二處守禦未備乞指揮范純粹應副詔録呂惠卿所立鄜延路守禦要急次急稍緩三等及據緊緩計置防城器甲什物分數條約劄與范純粹　二十八日上批付就熙州同經

制熙河邊防財用苗授據閤仁武奏十月二十五日蘭
州北有西賊十五餘人隔河呼曰我夏國已勝鄜延路
兵侯河凍即至蘭州鄉宜大作枝梧守禦器具　六年
正月二十九日詔西賊渡河直抵蘭州城下人數不少
本州並不預知此乃候望之人全不得力委李憲一面
行遣訖奏　三月二日詔定西城已興工而賊近在熙
河嘯聚處防托軍馬未足枝梧委李憲遠置斥堠　閏
六月十七日詔鄜延路經略使劉昌祚夏國近雖遣使
乞修誓好朝廷荅詔許通常貢然新疆封守未正賊承
命逆順情不可保漸逼秋防田稼在野深慮守臣妄於
詔以為邊事遂寧忽於隄防或悞國事委昌祚詳此施

行　二十一日樞密院言知熙州趙濟言捕獲逃軍元
德詐稱李憲（使臣鄜詡傳李憲令開熙州城門勘會熙州極邊而濟止憑元德詐稱）所遣即開門聽出河以視察姦細詔趙濟
毋得輕易仍遍下所轄州軍城寨官吏亦依此旨揮其
元德處有隱伏交通外界姦細迹狀可更劾治如無他
情即處斬　七月十七日雄州言拒馬河溢破長沙口
南北界則差兩地供輸民夫修治上批去年決口兩界
幾失已嘗興訟委雄州軍審處置毋致生事　七年三
月二十日詔熙河一路開創未久凡百用度未易供億
其沿邊防城器具若於禦賊施用未是要急誠為枉費
可下經略安撫制置司於已頒百步守城法內擇緊急
名件裁定聞奏毋致闕少　二十一日詔鄜延路經略

司劉昌祚聞夏人以諜妄傳漢家葫蘆河遂發河南北
人馬十分之九集於蝀家流宜明遠斥堠知賊所向清
野城守別為制賊上策　上批詔尾去本路撓耕之兵
數出俘斬殆以千數羌人俗重酬報令所聚人馬不見
漢兵勢不空回必致諸路抄畧於諸路中本路且有暇
釁必恐首攖賊鋒不可不厚為之備　六月十五日鄜
延路經畧司言諜報賊令秋必為大舉之計乞下諸路
為防戒詔陝西河東經畧司檢會累奉朝旨選差信實
人深入體探過為之備兵措置方畧以聞　七月十二
日詔付慶路走馬承受李元嗣諸路諜叔賊頻以並邊
八九月必入寇兼聞昨蘭州賊退顚以併力攻城不屬

掠為恨今若入寇必懲艾前軍繼兵四畧不可不防其
餘更在愛惜矢石常持重不輕發固已得勝之半矣明
遠斥堠最為大事可一一宣諭　十四日定州路安撫
司言軍城寨言北界兵千人擁牛具過石城南耕黃貫
谷地巡歷人不能過已指揮當巡官吏毋得透漏又牒
保州沿邊安撫司移牒北界止約詔圖上北州所爭地
具前後照據以聞　八月二十七日詔諸路諜報西賊
廣造攻具竭國點集聲言欲入蘭州慮恐守臣將士狃
於前勝輕易待敵或為誘戰別致沮失宜令康識往蘭
州與當職官經畫為備及募人深入刺候如賊果入寇
務在審重過於去年守禦兵將晝夜悉力應副以取勝

仍度人情時與鵝給候大河冰開方得往他處巡歷
九月一日樞密院言夏國欲因董氈遣使乞通和處欲
以此款本路邊備詔制置司過為隄備毋得因此稍弛
十二月七日樞密院言西賊近寇諸路方戒嚴時處
邊私博易或漏邊機詔陝西河東經畧司嚴約束　八
年六月二十四日詔令河東涇原熙河蘭會路經畧司
誠約沿邊當職將官遠布伍候及探伺西賊動靜過為
之備如更致透漏當重行黜責　八月十七日又詔陝
西河東逐路經畧司嚴守備不得張皇勞擾　以逐路
經畧司言探報西賊點兵故也　十一月十四日河東
路經畧司言北人於火山軍界壘石為墻慮蓄姦謀為

侵占之漸詔左藏副使趙宗本詣墻所體訪畫圖以聞
如侵舊界即移牒毀拆仍常為先備未幾復言北人聲
言欲爭據石墻乞增兵防托詔沿邊安撫司密共覘視
若侵占有實奏聞拆去　哲宗元祐元年閏二月十八
日河東路經畧司言火山軍由依朝旨拆毀疊起石橋
有北人二百餘騎來射中百姓趙立等詔河東經畧司
暗設隄備以理說諭候有再壘下石墻侵越界至即便
依前毀拆　二十八日樞密院言夏國自秉常身死諸
路探到立嗣未定酋豪相攻人情不安所奏率以不同
深慮好功立異之人緣此復生邊患詔令陝西河東諸
路帥臣體認累降約束精加採探務在得實仍誡諭邊

吏毋失禦備　十一月十四日荊湖南路安撫轉運司
言被旨相度邵州弩手上番事令蒔竹縣臨口等塞鋪
所管溪峒近方歸明蠻性未馴依舊輪差弩手防托從
之　二年二月二十二日熙河蘭會路經畧使劉舜卿
言鬼章領人馬於洮州生熟戶雜居地分以東一帶打
虜順漢人戶孳畜亦羌人常事已令遵波厮雞齋蕃字
說諭阿里骨令約束鬼章放散人馬却還虜刼過人戶
孳畜如或聽從遝事便息詔舜卿究心審度賊勢次第
如尚敢深入作過務在擇利而行無令賊勢猖獗　六
月八日熙河蘭會路經畧司言體訪得溫溪心并厖征
聲延等以次首領部落皆由向漢之意請遣人鉤贖虜

情厭緩急應副不失機會詔令劉舜卿詳加審察以前
後事按驗得實果是向順即以應加賜官職請受從宜
許訖條具奏請降給宣告如欲併部族投歸未可輕許
慮變詐未定止當諭近邊無地可居毋去邈川恐為夏
人所據若阿里骨等非理相侵即漢家自當與汝為主
之意所奏緩急應副一節若阿里骨并鬼章日近却有
款服依舊通和止是本蕃與溫溪心整會交爭即當與
不當應副更須審度事機措置無失中國大信自貽邊
患仍具利害以聞　三年三月五日樞密院言西賊屯
聚逐寨各止三數百人聲言作過欲栽清野以防春種
或自為護耕之計詔趙禹審量賊計若止是撓我春種

即講求護耕之策若欲作過即隨宜應變深計利害以
取全勝　四年六月十二日趙禼言夏人近遣使詣闕
謝恩續遣使賀坤成節請嚴誡邊吏勿令侵犯詔陝西
河東經略司誡約沿邊兵將官不得容縱邊人巡綽硬
探爲名生事　十月十九日樞密院言環慶路經略司
奏准鄜延路經略司牒夏國指定十一月十日交付人
戶却於同日受領四處廢砦切慮夏國必是其日於出
入馬通齊驚擾所棄地內住坐漢蕃弓箭手散在郊野
皆有窖藏斛食及土棚屋室枉致委棄雖有護防人馬
豈能周遍欲令便將棄地內漢蕃人戶先次遷移將砦
內官物亦行般運務在交送人戶口日前畢事詔並依

卷四千七百十二　三十三

所乞其葭蘆米脂浮圖寨外如有住坐人戶亦令依此
施行　十一月十七日河北沿邊安撫司言滄州巷沽
寨狀到北界人船係涿州人戶孫文秀等捕魚値風入
海若依指揮刺充廂軍緣非賊徒姦細朝廷推示恩信
綏服四夷乞令監赴雄州牒送北界從之　同日樞密
院言蘭州下臨大河慮冬深凍合詔范育檢例即差兵
將往蘭州定西城等處以備守禦　五年正月二十四
日鄜延路經畧使趙禼言累行指揮分畫地界如西人
要依綏德城分界首御前處分須打量足二十里爲約
不可令就地形任意出縮盖出縮三二里地不計恩威
輕重但朝廷所堅守不易者約故也其堡障宜自擇地

利修築後来已於二十里起立界堠即無十里外作兩
不耕地十里內修建堡鋪指揮今若指定十里內修築
堡鋪及分生熟地即不惟不依綏川體制兼於已牒過
界相照接連取直爲界事理相戾又元約分畫疆界以
二十里爲定卓立封堠者爲分別漢蕃界至界堠內地
即漢人所守界堠外地即夏國自占其彼此修築堡鋪
各於界取水泉地爲便豈可更展遠近所以前來綏州
城外鋪有十八里或止有八九里處夏國堡鋪亦去所
立封堠自便修築既各不侵出堠封之外即是並爲本
界不可別生事端害講和之意詔趙禼於二十里相照
接連取直爲界卓立封堠其堡鋪相度於界堠內三五

卷四千七百十二　三十四

里擇穩便有水泉去處占據地利修建即不得分立兩
不耕地　六年七月十二日鄜延路經畧司言宥州牒
南界於邊界修起封子八元係鎮戎軍管界已行毀坼
請勿再修詔令作本司意稱委官按視當俟見實狀別
行關報措置　十二月二十四日樞密院言昨自元豐
軍興已以來御前降下陝西河東處置邊防機要處分多
是直付邊臣親收深慮後來替移有失照據詔諸路帥
臣親收遵行不得下司外每遇替移親相交付　七年
八月八日詔諸路經畧司密諭諸將除嚴備以防寇至
外並仰巡護人民先遠次近併力收穫若別無西賊侵
犯不得貪小利輕出兵　先是有詔許諸路擇利淺攻

而邊將頻出兵討虜多殺老小，處諸路貪功致寇，故因防秋復加條約。二十四日，左司諫虞策言：「西賊萬一大入，一路之力不足枝梧，而諸路帥臣勢均力敵，不能相援。望嚴飭帥臣，凡牽制策應他路，並先精講必勝之策，悉力一心，迭相爲用。如不然，將官依法，帥臣降出。」從之。九月一日，熙河蘭岷路經畧司范育言：「準朝旨，具本路如何應援。今相度西賊並邊嘯聚，雖未測所向，本路可豫於通遠界屯兵爲備。若賊犯秦鳳路，則擇便出奇撓擊；若本路被寇，秦鳳亦備，則鄰路合勢併力，足以制賊。呂太忠言：方今防秋，熙河既未肯遣將兵，若涇原有寇，欲且遣第四將行。其熙河有寇，本路除策應牽

卷四千七百十二　三十五

制外，亦難別那兵將前去。」詔涇原有寇，令秦鳳量事勢遣發軍馬赴援，其川、甘谷兩將仍常留一將通管本處邊面，餘依熙河蘭岷路經畧司所奏。八日，熙河蘭岷路經畧司言：「探聞青唐聚兵一公城，防托洗納族。兼自來青唐未嘗於河南地分點集，雖稱防托洗納人戶，又慮別有他謀。」詔令范育密諭康識、王克平詳探所添人馬因依以聞。十六日，韓縝言：「火山軍至石州，緣河邊面闊遠，若賊乘河兵如履平地。緣慶曆元年、二年、元豐六年皆準朝旨，於火山軍界葱凌下流，保德軍、嵐石州可使千里不凍，以限賊馬，所用工料不多。本司已差嚴侍、燕渙等相度栢子會、掃子口可以葱凌。」從之。紹聖

元年正月五日，詔高陽關路安撫司、河北沿邊安撫司應邊防毋得創於條例之外妄作，以致生事。閏四月二十一日，左司諫翟思言：「先朝經畧西陲，事爲之制，擇將帥，選士兵，時訓練，儲芻粮，邊威雄張，足以屈敵。今邊防之具，名雖存而實已去。請詔樞密院於逐路取會兵聚、器械、芻粮定數，比日前闕少幾何，經制取足。請劄與逐路帥臣常切點檢，毋令闕備。內器甲如實有少闕，即具以聞。」二年八月六日，三省、樞密院奏事，上謂宰臣章惇、知樞密院事韓忠彥等曰：「熙河路與夏羌分畫地界，來使已供劄目，及再至又背約，爲遷延之詞，輒虜捉說話弓箭手指揮使，驕慢如此，宜增邊備，勿復與議。」望

卷四千七百十二　三十六

日，羅所遣議疆界高永亨、通判熙州王本

全唐文

宋會要

十二月二十一日熙河蘭岷路經畧安撫使范純粹言準樞密院劄子蕃官包順包誠李忠傑趙懷義趙永壽時暫赴闕臣赴任之初準朝旨體探招納邈川河南人戶自范育在路日曾有遣納趙醇忠之議令醇忠之子被名恐生猜疑兼懷義永壽資才無可取李忠傑見有體量事輙從宜將行出文字節去李忠傑趙懷義趙永壽姓名止差使臣押伴包順包誠赴闕如欲示旌勸只乞賜以金帛額留官爵差遣以責來効及乞不以邈川河南情僞詢訪兩人恐有漏泄詔李忠傑等三人別聽朝旨其體量忠傑事狀如無顯迹不得枝蔓致使懼疑

卷四千七百十三　一

二十三日詔陝西河東經畧司如遇西賊併兵入寇一路合籍諸路牽制策應其逐路量留守禦兵馬照管本路邊面鄜延路於環慶路環慶路於鄜延涇原路涇原路於環慶路秦鳳路涇原路熙河路並策應熙河路於秦鳳路鄜延路於河東路河東路於鄜延路更不策應止策兵牽制　三年三月九日樞密院言西賊近侵鄜延路塞門義合塞等處地分修築堡鋪已畢別路探報對境各有人馬致諸路不敢解嚴方今春耕時如令彼界人戶着業住坐依舊耕種將來秋成滋長賊勢轉肆猖蹶詔河東陝西逐路經畧司體探若對境委有戶依舊在近邊住耕收斂詳元豐中所降擾耕朝旨但能使並邊人戶不得安居耕種即自困敝及知我常有舉動之謀彼既不敢弛備則兵勢不得不分自無併兵寇犯之患　十三日樞密院言日近多西人投漢慮諸路失於防察致有姦細據鄜延路已得詐投漢界蕃部米嗅多通說事宜詔逐路經畧司體問投漢事因如有親戚保認方許責付住坐仍嚴戒保認蕃部及本族地分官羈縻之若迹有可疑及無信實蕃部保明即送近裏州軍羈管仍具聞奏　二十一日樞密院言秦鳳路經畧司奏嗢厮羅恍精龍沿嶺勝驛高嶺篤龍岷頭各開撅壕塹已降朝旨如西界修立堡鋪堠逼近邊界或侵入界緣地分兵毀廢詔秦鳳路經畧司相度機便選

卷四千七百十三　二

差兵將毀廢　四月六日知樞密院言詔聖元年以來定州路沿邊地分常透漏北界賊入驚劫人戶及高陽關路有北界人船過岸射傷把截人兵詔真定州高陽關安撫司勘會沿邊北界可以通行人馬舟船入南界要切處令巡捕盜官等並分布巡防毋得張皇侵越邊界　八月十二日鄜延路經畧使呂惠卿言探報夏國點集人馬將以八月間國母傾國入寇本路直綏銀夏宥橫山之境乃夏國根本之地元豐四年七月本路所管東兵各一百四指揮內軍馬二千五百餘匹今存只有五十二指揮一千三百五十四匹八馬比舊纔及一

半沿邊軍城堡寨共二十四處各用守禦人四萬七千八百七十六人尚闕三萬三千二百五十五人雖有籍定堡聚人數既多寡不定又率未經教習令且勾一半約計七千五十二人尚欠少二萬六千二百人乞差撥人馬充填本路如元豐舊數樞密院言守城已有不出戰漢蕃及廂軍馬遞鋪剩員及軍營子弟與人保丁壯又不足即差我勇保甲令本路未曾計此人數而邊事與元豐四年大舉不同欲特差一將兵馬與之詔劄下經畧司照會　九月十四日經原路經畧司提點熙河蘭岷等路漢蕃弓箭手司改原州駐劄第三將副二員充第六將軍馬為第三將於天聖寨駐劄第三將人馬

分隸逐將如此則沿邊諸將勢如連珠並在極邊要害處從之　十月六日鄜延路經畧使呂惠卿言據本路第五將報金明寨失守即時遣副都總管吴真將兵掩擊詔應本寨潰亡士卒立便招撫内中傷者優給錢物其人户死亡被害之家並與優恤仍取會亡失兵民糧草數目并本寨合與不合修復隨宜措置以聞　八月呂惠卿言被旨以西賊侵邊令審議捍禦制勝之方并以洛河川直鄜州路今過為之備及體國持重臣自慎知西賊覘欲侵犯王畧蒙朝廷濟師即備增城寨守禦不虞賊馬自長城嶺一日馳至金明列營環之縱騎四掠至近府知我有備乃移中寨復還金明然後騎精銳

向留龍安寨閻維悉兵掩擊而賊未退舍環慶覘知賊欲休兵生界信次復來攻此必非虛言觀其陷金明之速如此深恐所在兵勢不支望勅諸路移牽制之兵稍近本路邀其輜重使腹背受敵不至淹留今本路塲圍未畢西自園林東至青澗皆遭焚蹂將來糧草必乏乞特發内庫賜銀絹令轉運司早儲邊備詔河東涇原熙河兵已深入賊境牽制所請計置糧草令内藏庫特賜銀絹各二十萬　十二日都總管司走馬承受謝德方言統制軍馬王文振等已攻破西賊新寨詔陝西河東路被邊寨路城堡壁或未堅完及勢有不便利不可守禦處令諸路帥臣選知邊事文武官各一兩人同行視

增浚城隍繕治守備其非要害城寨或地形不便控扼形勢不盡或無水泉合廢併者亦相度改作要切城寨庶幾壯邊徼經久無虞兩路帥臣各體詔旨不得附會輕議存廢昨西賊寇鄜延本路奏稱虜人營陣其國雖彊弩衆射終不亂行人人皆有鬬心及兵還諸將尾擊終整列而去今賊退之後諸路各須用心益修邊備雖已令帥臣選官相度存廢堡寨繕修城壁前後詔旨非不丁寧若乃守戰之備應變之方專在帥臣令除已令與知邊事將佐等講求籌畧外其蕃漢士卒益加訓練奉勇果敢之人因事優恩賞以勸勉之號令欲明行陣欲整平居紀律既脩則緩急必無敗事其斥堠及兵交

之際全賴偵伺之人仰帥司比較前後覘敵得實最多
者具以名聞其山川扼塞之處可以設伏鈔擊賊馬及
兩陣未交之前可以出其不意掩擊者常令習熟其事
至於守城之備置壘石布渠谷與夫乘城之士須令預
定如或不足許於近裏州縣抽差漢蕃馬軍令瘦瘠糧
草除計司應副外更須別儲諸邊防事詔旨有未盡者
並措置訖奏　二十五日樞密院言西賊昨寇鄜延勢
甚猖蹶宜先事伐謀預為困賊之計惟是春秋其人飢
馬瘦未能點集之時諸路尅期分兵深入非惟並邊不
敢耕牧且諸路並出賊勢自分既不能相為救援又所
至皆被掩擊可以坐使困斃不支又困其兵勢在外諸

卷四千七百十三　五

路乘此間隙可以進築城寨即於邊計利便非一乞自
今冬密切選定將佐整飭兵馬計置芻糧應軍行所須
靡不足備夙夜講求破賊方略及體探賊界都賊屯聚
衆寡所在事力强弱精審得實然後尅期大舉除熙河
涇源秦鳳已有朝旨令王文郁鍾傳相度關報外其鄜
延環慶路亦合預詳計會講議并河東路出兵亦須與
鄜延路照應從逐路經畧司詳具聞奏　十一月四日
權知岷州兼都總管岷州蕃兵將姚雄言自來知岷州
兼第四將會有警急率先出兵前去應援然軍行事務
全藉蕃兵請令臣兼統領本州駐劄第四將軍馬所貴
事體專一彈壓羌酋從之　二十一日樞密院言檢路

三路元祐中曾給賜夏國城寨基址見存可以復行修
建已令河東經畧使看詳其鄜延路元祐中給賜城寨
亦合相度修復詔呂惠卿預先講議相親擇利進築與
河東形勢相照為邊防久遠之利可保萬全方得舉動
　十二月十四日樞密院言詔聞西人最重年節與寒
食燕以十二月為首歲多是諸監軍及首領會聚之時
若乘此不備之際可以密選將佐團結兵馬乘伺機便
出界掩擊詔孫覽王愍折克行斟酌以行　四年二月
八日比部員外郎王博聞奏比見諸路轉運司移文沿
邊州軍多稱歲計窘乏甚則或云糧儲闕無可移用亦
有揭榜者竊恐騰播外夷非所以示安疆之勢也望下

卷四千七百十三　六

諸路轉運司應下沿邊州軍文移不得為失體之語從
之　三月二日權發遣熙河蘭岷路經畧使王文郁言
熙河并秦鳳路應付涇原步騎兵共四萬合為一軍前
去涇原要害處會合進築未為十全決勝之理蓋兩路
兵寡若深入生界則人自齎糧萬一逢敵進不能全或
邀歸路糧盡援絕比至涇原則兩路人馬困乏當防扞
興工之時或有寇撓何以枝梧不若候得涇原報令逐
路兵將近裏城寨前去涇原會合防托使修築就緒然
後乘機出界討蕩可保無虞詔令章楶苗履等子細講
議務要捍禦進築兩無疎虞　七日權知蘭州苗履言
西夏用兵多因秋成深入討蕩以破併兵之謀欲豫造

浮橋緩急濟渡軍馬使右廂常為備禦造船止費萬緡
常具圖議建金城關因舊基增損周圍長千步已上中
繫浮橋矢石不及洪道須闊以防火械仍於蘭州置水
軍一指揮以五百人為額夏賊每併兵河南盖阻大河
右廂初不為備如聞作渡河入討之勢虛實罔測庶伐
其謀詔王文郁鍾傳詳所申從長施行　五月十九日
樞密院言去秋西賊與衆寇鄜延除環慶係鄰路差那
兵將前去策應外其餘路分出兵牽制內涇原入界破
蕩泆煙新塞廣有斬獲熙河秦此進築安西城畢稍沮
賊氣切慮西賊併寇犯一路分觀望不出兵牽制被寇
路分難以枝梧若西賊分兵侵犯諸路即逐路隨宜應

敵捍禦如併兵寇犯一路隣路合行策應如此則西賊於
於分兵併兵皆無以得志此最為備邊困賊之要詔陝
西河東諸路詳具措置方畧以聞　六月九日樞密院
言環慶路累有諜報賊界七月一日點集夏秋之交恐
非其時此必以虛聲疑我因得稍有休息諸路為備不
可不過但不當輒自勞擾宜訪諸帥陰自為持重安靜
之計而明行文移令諸將各整兵馬為大舉次第如有
利可乘自不妨隨宜進討惟以嚴重全養士氣為上詔
劄付諸路帥臣　八月十六日樞密院言近聞河北帥
司及沿邊州軍牒報逐州不經報過雄州即還不以聞
故奏報闕畧恐緩急悞事機詔定州高陽關路安撫司

應有牒報畫以以聞即不得輒有隱漏　元符元年正
月三日樞密院言孫路奏金湯白豹横山腹心夾家嘴
枕横山之麓環以良田千頃謂皆建築城堡已可其奏
而路復言定邊川㯲務二處皆占横山美田萬頃請悉
建城據賊必爭之地亦降首如機會可乘即先要害以
次進築而路復奏言賊境韋章已史骨堆曲律三六等
處皆宜進築其前議夾家嘴等處權停接路前後所奏
未審某處最要為邊防經久之利其曲律三六等處深
在賊境如何設置斥堠經久備禦可保無虞有詔孫路
所計度宜先要害相視道路通達水草豐足良田可耕
險固可令易畀時毋煩朝廷饋餉緩急聲援可以相接

即以便宜措置　二年七月二十八日洮西沿邊安撫
司言帶領河州漢蕃兵下癸宗錢南乞令城寨章結宗
瞎哥堡其城堡內有王子并不附順首領倉庫金穀已
封閉備將來軍用詔孫路依累降朝旨應所招致部族
更體度蕃情務先以恩信撫納毋專以兵馬廹脅其措
置應接溪巴温等務為邊鄙經久之計不得過有所圖
別生邊患所得城寨只以誠心向漢有力量首領屯守
或係要害合差兵戍羅度經久利害務從簡便無令廣
費財力　同日河東經畧使林希言北界六月十三日
驅人侵越取水已為巡檢何灌約回今月十八日復來
緣北人自前歲改移東偏頭稅場去處圻石橋今歲不

受牒便於曹胡嗹興建場屋又遇天㵎取水及有分水為界之語蓋謀三年發於今日竊慮其勢未已除已牒折克行選差使臣前去隨宜應接外緣方當進築之際正籍克行及其子可大於生界防托深慮那移兵馬前去未得開若北人再來人馬數多本地分巡檢兵少勢不敵已密諭等但嚴兵把截取水通路不得輕易便與鬬敵北所創稅場本為私開相貿鬻既嚴禁互市自足以破其謀俟進築了日軍馬各歸沿邊有備即別措置隨宜應接從之　閏九月七日樞密院言熙河蘭會路經畧使胡宗回奏近體問得蘭州西關鋪近西地名把京玉可以繫橋通路直至邈川兼於宗河行船漕運亦

卷四千七百十三　九

至邈川宗河口岸北稽有邈川管下鶻毛兀都城可以防守夏國畧行修築以備守禦從之　十月九日熙河蘭會路經畧司言新收復河北鄯州湟州寧塞城龍支城安兒城鶻毛城城羅兀抹逋城厮歸丁南安堡膔哥城僊哥城係要切之處合先次修完外有河南北已牒王贍王厚相度分城後合修完守禦去處及下李澄相度合營建洮州利害候申到即行相度及博採衆議別具奏聞從之　十二月十五日詔雄州霸州自今遇有邊防急切事合用將兵申衆帥臣不及許知州徑牒本州駐劄副差發人馬應副　三年十一月七日徽宗即位不改元兵部言契勘秦州岷州階州舊為沿邊今則收復州郡甚多恐秦岷階州不合為沿邊其次巖石州皆近裏各無邊面並合改為次邊又據秦鳳熙河蘭會路經畧安撫等司狀契勘熙河蘭會路沿邊近收復拓疆建州城堡寨展奪蕃土其秦州合作次邊并契勘岷州今來見管沿邊地闊遠難作次邊保明是實本部欲依逐司相度施行從之

卷四千七百十三

十

備邊三

徽宗建中靖國元年二月二十六日尚書省言三班奉職萬中復狀元符編勑內一項元祐勑諸化外人爲姦細并知情藏匿過致資給人皆斬即藏匿過致資給人能自告捕獲者事雖已發並同首原今勑改云能自獲犯人者雖已發原其罪中復看詳舊藏匿過致資給姦細之人能自捕獲者皆許原罪

卷四千七百十三 十

蓋欲廣開屏除姦細之路或告捕因而獲者皆得原罪今勑止言自獲若只告而他人獲者既拘文不免如此則身力不加或羸弱等人既不能擒捕必須自默不敢告言甚非設法屏除姦細之意欲衝改本條不行從之

崇寧元年六月二十九日詔京師從來西北細人甚多伺察本朝事端今後如有能用心緝捕勘鞫得實支賞錢三千貫白身吏與補三班奉職官員並與改轉令降空名度牒一百付府並行貿易其錢樁管止充上項酬賞 七月三日樞密院言訪聞河北陝西河東路日近甚有外界姦細之人伺察本朝事端訪河北陝西河東諸司轄下州軍城寨應千巡捕官司及巡防把截使

臣等如能用心緝獲勘鞫得實聞奏支賞錢一千貫文白身吏與三班借職官員將校比類遷轉其知情藏匿過致資給之人如能告捕得獲與免罪外亦依此推恩

三年二月二十二日臣僚言濱州至海一百八十里東北去虜境止一水之限更無城壘以爲捍蔽獨在海隅尚爲次邊屯兵至寡備禦未嚴竊聞登萊密近海三州朝廷已選差守禦兵官望下有司講議改濱州充沿邊謹擇守貳并主兵之官整飭藩維絕窺隙之心從之

五月十八日河北沿邊安撫使王薦奏奉詔禁與兩城供輸人爲婚姻竊以雄州爲破邊在易河之北與虜人以州北拒馬河爲界其歸信容城兩縣兩輸戶一萬

卷四千七百十三 十一

六千九百有餘皆在拒馬河南係屬本朝自端拱初蠲其租稅而虜人復征之朝廷恐其人情外嚮於是復使歲納馬椿火牛草以繫屬之緣此名爲兩屬皇祐中宋守約建言令兩屬戶不得結親北界詔聽之嘉祐中臣僚言爲隸於雄州者多兩屬戶請皆罷朝廷恐示斥疎俟其老且死始以全南人捕之熙寧初荐飢臣僚復請禁兩屬戶樵採雄州以南詔不聽會虜人刺以爲義勇復多逃來者仍使厚加存撫則是兩屬戶蒙國恩厚有年數矣今玆忽禁不得與爲婚姻深恐沮其積久向化之心而生其離畔之意未見其使詔禁絕婚姻指揮勿行 九月十六日臣僚言竊見避地西陲峙糧北部凡

制勝威敵之方無所不至若夫東南武備尚或未講蓋
東南諸路州軍或連接蠻夷或阻固地險昨自元豐中
頒有增修城池去處至今多歷歲時而士卒訓練不精
器械服習不便循沿日久守禦多闕詔荆南兩浙江南
廣南福建淮南川峽路鈐轄轉運提點刑獄司勘會本
路守禦人兵關與不關城池壁壘等應干軍器已未脩
完事狀開除保明聞奏　五年二月十三日河東沿邊
安撫司奏瓶形寶興軍寨與真定府北寨相連北人多
於此越軼劫掠人戶又從來禁伐五臺山一帶林木以
遏胡馬之衝比來頗多盜伐於邊防所繫不輕乞許帥
臣詣代州管下諸寨及五臺一帶與河北相接被邊處
卷四千七百十三　十二
檢視一歲再往置人於阻險間使察捕姦人從之　二
月二十八日高陽關路安撫使張近言滄州密邇虜境
自海道出浮河東南濼由永靜南處平原廣野更無險
扼昨常以滄永靜恩冀在河南而本司在河北乞密差
官併護兩處詔令於本路兵將官內推擇以名聞　大
觀三年七月十二日詔京東瀕海州軍修完武備昨降
指揮以七年為限繼有官司建明增立罪賞頗聞以縣
督責人民搔擾有妨農務可依已降旨揮限七年須畢
工其賞罰旨揮更不施行　政和二年九月十八日詔
北虜今歲居燕京咫尺界河且慮多詐難信不可不備
令河朔帥臣密遣諜者探伺虜中動息及軍須之務城

守之具整飭為備　十一月二十九日詔沿諸路帥臣
講究利害城邑芻糧步騎器械之數以聞　三年二月
十二日詔應河北州軍沿邊城壁有圮壞樓櫓有損塌
器仗不完具兵馬不調習壕塹有淺淤仰限旨揮到日
排具修整廣布耳目刺探事實多為備禦即不得以一
人一騎侵入界外自為釁端兼已降旨揮轉運司糴便
司具次邊州軍勘會見在糧草有無三二年之儲如無
仰漕司與糴便司相度科移兌撥般運補足營房有無
空閑舍宇如無相度修蓋大郡約可容五千人小處三
千並從官給計會漕臣應副不得科配搔擾以備緩急
應有邊防可為預備事令帥臣限十日具條以聞不得
卷四千七百十三　十三
小有稽違仍不得付司行遣　七月九日朝散郎任元
之言瀘南一帶自頃年乞第作過之後諸部落今既向
慕聖化納土附順已為王民各安其居竊詳久來疆外
輒有生事處皆緣逐方失業之人私相博易今欲嚴戒
守邊官城寨堡等及招安將官常行覺察無令侵擾令
監司常切覺察詔並依崇寧四年六月三十日及大觀
元年五月十八日指揮施行　十月二十一日臣僚言
伏覩昨降朝旨河北陝西河東沿邊官司密遣信實之
人刺探西北界動息旬具聞奏深慮將要害緊切邊機
別有隱漏異同或先後次第申發致悞奏報伏望付有
司比類立法詳定一司敕令所供到檢準崇寧四年九

月八日，詔邊界探報事宜依條合實封送走馬承受看詳定日，經畧司或有隱漏不送者，許亦無由見得子細。令經畧司及沿邊安撫司將探到事宜書號印縫封送走馬承受看詳，如遇出入，回日亦許關借詳照。若故隱匿，並徒三年，不以赦原降去官原減。諸路安撫鈐轄等司依此施行。詔比類立法。　五年七月十四日，臣僚言：「近者帥臣上通封表疏，有言及邊防機要者，顯言譁衆，畧無顧忌，萬一或有散落，所繫甚重。伏望聖慈嚴賜戒勑，令後應干邊事，自非實封陳奏，不得妄有稱述，所貴朝廷機事增密，人之所謹。」從之。　六年三月十九日，詔：「兩川邊面承平日久，夷漢相雜，防鍵不嚴，過越無禁，可

卷四千七百十三　十四

令帥司委守臣捕箪越者論如律。」　八月一日，詔河北沿邊安撫使和詵等曰：「北虜不道，結釁女真，窮兵毒民，又復練卒選兵，儲糧備械，與夏人合從，意欲恐動中國。北來帥臣殊無遠慮，聞此探報，輒有所陳，起釁造端，邀功生事，貽過邊鄙，何日弭寧？曾不思百年誓好，明如日星，南北生靈，皆朕赤子，凡百舉措，務當持重，無開邊隙。如違，國有常憲，朕不汝貸。仰帥臣具知委以聞。」　八年五月二日，臣僚言：「登州與北界渤海水路相望，雖稱四百里之遠，緣風順一日可到，今陞為邊州，所以戒不虞也。竊見熙寧八年朝旨，刀魚戰棹司每季那廵檢一員將帶兵甲下北海駝基島駐劄，係以駝基石為界，自與

北朝通好，不曾根究海上北界。今竊慮與渤海人水路相近，緩急作過，則駝基孤外，乞以末島、鳴呼島為界。自末島之南又有欽島，逐島各乞添置卓望兵員往來巡邏，如此則緩急不致失事。」詔本路安撫司及本州官體究措畫聞奏，不得希功引惹。　宣和四年二月十三日，河北沿邊安撫使和詵言：「近探報女真兵馬已犯契丹中京，燕人危懼，將老幼南來近邊逃避。臣恐沿邊官吏不度事機，妄行招納。方今之計，正宜廣儲蓄，利器械，練士卒，謹斥堠，靜觀其變，徐為後圖。乞下逐路帥司嚴飭邊吏謹守封圻，不得妄行招納。」詔先從長計議措置以聞。　時女真悉師渡遼西，陷中京，遂陷雲中，屯白水濼，

卷四千七百十三　十五

其兵到山後平定州縣故也。　三月三日，詔：「河北沿邊安撫使和詵言，比來邊報女真人馬逼近邊境，守禦之備所當申飭。知軍兵保甲弓箭弩手見管若干，事藝精犓，糧草約支年月，有無腐爛，樓櫓軍器有無損壞缺鈍，城池塘濼有無淤淺乾涸，烽臺材植見在何處堆垛，有無闕少，及頻海州軍戰艦蒙衝遊艇之類見如何安頓，有無損弊，砲石曾與不曾增積，應邊防事件緩急施設，仰河北路帥臣開具諳實以聞，當議遣官按察，稍涉詐冒，並行軍法。」　六月六日，臣僚言：「五溪郡縣自先朝中更元祐廢罷，比雖興復，然猺賊屢肆跳梁，蓋緣荊南鈐轄司去邊稍遠，難以彈壓。政和六年九月內奉御筆

分荆湖北路荆南府歸峽安復州荆門漢陽軍為荆南路帶兵馬都鈐轄治荆南府分鼎澧岳鄂辰沅靖州為鼎澧路帶兵馬都鈐轄治鼎州鼎州置都鈐轄司以帶職文臣充至宣和三年十二月五年之間並無邊事令年正月靖州收到五溪等處楊晟實土人結諜作過雖有湖北帥臣緣在荆南相去邊面太遠又隔大江難以照應顯見併為一路與分路利害相去甚遠依政和六年九月十八日已降處分分為兩路及將領提舉辰沅靖澧州刀弩手司改為提舉鼎澧路刀弩手司奉御筆臣僚所言荆湖北路利害甚明可並依所奏　八月二十二日詔諸沿邊官吏輙以私書報邊事以違制論

卷四千七百十三　十六

六年三月四日詔邊防軍政之類應屬樞密院事並合申樞密院比來內外官司往往有所窺避匿而不申或循例却申他司及有不依條制直便施行去處慮官司行遣違戾或輕重不倫朝廷無由得知不惟難以檢察約束兼恐失於措置可令尚書刑部遍牒內外官司將應合申樞密院仍仰本院覺察點檢如敢不申或雖申後時並取旨重作施行　七年十二月十九日詔河北燕山邊事理宜詢訪利害選用人材特許文武臣僚諸色人經尚書省投狀自効并獻緊切利害開封府疾速分明散出文榜曉諭　二十二日詔天下方鎮郡邑守令各率師募衆勤王漢邊能立奇功者並優加異賞不

限常制其草澤之中懷抱異才能為國家建大計定大事或出使疆外者並不次任使其尤異者以將相待之　時女真至蔚州大點軍兵而中山府奏其國剏正軍并漢兒漸次前來雲中府等處彼界盜賊於並邊出沒皆稱金人於蔚州并飛狐縣等處屯聚軍兵收積粮草皆稱欲來侵犯邊界故也　十二月二十五日登極赦書勘會朝廷與大金國元自海上結約積有歲年使騁交馳歡盟無間止緣守邊之吏不能恪守誓言容納叛亡致悞朝廷結怨鄰國以至興師既往難追宜尋舊好除已遣使和會外仰河北河東沿邊州軍嚴飭守備帥司務在持重毋得先自輕舉　靖康元年六月六日詔

卷四千七百十三　十七

永興控制陝西諸路方夏人猖獗宜疾速繕治城隍修飭器甲選擇將領募兵積粟訓練保甲務要事為之備又本路與河東相隣金賊見攻太原亦須明斥堠張聲援預為隄備　九月二十三日詔應邊防文字所屬並不得下司同日臣僚言金賊遊騎侵犯河北都城備禦決可無慮理當更強外援如今春勤王之師無所統一沿邊作過來不及期若具臨時遣使決難倚辦萬一道路阻隔朝廷號令不以時達州縣幾急私自為計各相顧望亦無任其責者天下之勢治平則宜治內遭變則宜重外重外者宜假之以權令將佐士卒官吏財用足以應辦若擇八分總四道各付以一面令事得專決財

得通用吏得辟止兵得誅賞使倉卒之際合從以衛王
室連衡以禦狂虜不煩朝廷警急措置可恃以為救援
北今日備急之計也謹條具如若一以三京并鄧州為
四帥各帶都總管北京帥總北道河北東路京東路西
京帥總西道京西北路陝西京兆秦鳳環慶路南京帥
總東道京東西路淮南東西路浙西路鄧州帥總南道
京西南路荆湖北路仍置副一員使出則留守事平日
依舊一四帥分總四道止為警急帥所部勤王差撥兵
馬移運錢粮令所部州軍各聽節制相為應援其餘事
並依舊法一四帥舊非帥府處幕府官屬依帥府差辟
隨府置罷一合用兵馬並令所部州郡召募訓練以備
卷四千七百十三　十八
差發仍於所差處不限文武選有才畧忠勇官統制一
合用錢粮並於所部州郡不限高卑選通曉財用以遠
及近遞僦移運别項樁管專充差發兵馬之用從之
光堯皇帝建炎元年七月十日朝請郎魏𢿫言海州至
登州最近而登州與金人對境海州城東沿海舊無巡
捕官置司嘗乞創置本州東沿海巡檢官招置水軍百
人下兩浙運司造舫魚戰船二十隻又乞修置樓櫓添
置軍器并依登萊屯兵三千人以備緩急得旨特依外
有樓櫓軍器屯兵乞下兩路帥司相度自來登萊至海
州每十里或二十里置立斥堠差人守宿詔令本州量
度合用軍器添造其樓櫓仰如法修置所有合置斥堠

并差人守宿去處令兩路帥司相度施行　二年七月
二十五日亳州言本州已增修城壁翔置樓櫓及隨宜
措置砲座防城器具開掘濠塹闊已可捍禦賊馬令
防秋在近理宜嚴作隄備欲乞權宜將本州界應管新
弓手合為一軍土軍合為一軍河清裝發合為一軍逐
軍於巡尉内選差實有勇藝材武人充都部押官如巡
尉内無應選人於本州及諸縣官内時暫選差内河清
裝發不離本地分應副沿河工役防守保護隄岸外新
舊弓手土軍分屯於本州界四面要會處把隘教習庶
得緩急應機臨時不致悞事詔依令諸路一體州軍倣
此措置　十月三日詔令揚州先次開撩城壕及措置
卷四千七百十三　十九
增修城壁其教習軍兵令揚州依法施行所有江淮水
戰州軍民兵劄與逐路監司檢察從臣僚請　三年六
月十一日樞密院言江浙淮南多是瀦水塘濼之地可
以限隔賊馬令防秋在近理合措置詔令逐州縣守倅
令速密切差官於所管地分遍詣巡歷積水塘濼如有
水道淤澱或乾旱去處可與不可措置勸誘民户以種
詩為名併力開畎令積水浸灌仰具圖本供申仍不得
搔擾張皇别致生事　四年八月二日樞密院言閩海
密等州米麥踴貴通泰蘇秀有海船民户貪其厚利興
販前去密州板橋草橋等處貨賣若為金人所虜定諜
轉海前来欲乞將通泰秀等處有海船人户與自来曾

招頭之人權行籍定五家為保不得發船前去京東嚴
立罪賞許人捕告候將來收復京東瀕海州軍方許海
船通又聞明越瀕海材落間類多山東游民航海而來
以販糴為事正恐因緣為姦以泄中國之機雖以降旨
揮令明越州止絶外訪聞福建温方明越州嚴行禁止
如有違犯其船主稍工並行軍法州縣官失覺察重寘
典憲　紹興三十二年六月十三日壽皇聖帝即位未
改元赦昨來元顏亮無故敗盟太上皇帝不得已興師
以應之天戈所指城邑以次歸附近者金國新帝遣使
通好國家荅其美意已行報聘其令諸路將帥將已得
城邑嚴修警備不得生事輕動如沿邊姦盜乘間衝二

卷四千七百十三　二十

方許一面便宜從事應陝西新復州軍有與夏國及諸
蕃部接去處其諸國人民在兼懷之内仰宣撫司嚴戒
邊吏毋得輙因細故生事如違依軍法施行　二十七
日陝西河東路招討司吳璘言收復秦鳳路涇源熙河
三路州軍縣鎮城寨見屯駐將士全藉逐路帥臣團集
軍馬照管邊面乞遣差三路帥臣詔令吳璘於統兵官
或本處忠義人内一面選差　十一月三日陝西河東
路招討使吳璘言須罷姚仲都統職事其東路軍馬得
旨差李師顔權行節制李師顔今年三月内統率諸軍
與金賊鏖戰收復德順軍功効顯著詔李師顔除御前
諸軍都統制利州東路安撫使兼知興元府　隆興元

（以上中興會要）

年四月二十二日吳璘言昨遵依詔旨罷德順屯戍將
都統制王彦發回金州并李師顔回歸興元府歇泊及
差吳拱節制關外屯戍軍馬緣成州與秦州接境正係
控扼緊要去處本司隨宜那差吳拱於成州屯駐仍權
知成州節制階城西和鳳州照管一帶邊面從之　九
月四日宰執進呈劉光時乞撥李寶李横下忠勇軍上
曰海道緩急要人遣事寧息日方可撥　十月十四日
宰執進呈商州事宜上曰商州難守金州山險可以守
二年五月十七日宰執進呈知揚州周淙劄子泗州
申五月八日有番賊馬軍約四萬餘騎前來攻新店寨
臨淮知縣同神勁右軍把隘官兵迎敵敗之上曰泗州

卷四千七百十三　二十一

將來止以輕兵守非屯駐重兵去處朕已寫與錢端禮
劉寶恐思量未盡卻教奏來湯思退奏前日御筆令劉
寶量輕重取舍已見聖意　六月七日詔令兩淮沿邊
守臣嚴切措置若有盜賊侵迫本界即督責官兵須管
捕獲優與推賞其所差巡綽人馬止於本州界邊面往
來照管即不得乘時過越北界及縱夾淮之人出界侵
擾生事　十六日詔襄陵之地今日為次邊利害下湖
北京西路制置使司相度有無利便又見屯夔路兵聽
峽州差撥於夔州有無相妨下荊湖北路并夔州安撫
司同共相度經久利便取朝廷指揮　以知峽州蔡撐
言觀今之形勢者皆曰荊州為國上流今日之事與三

國異臣觀夷陵則又荊州上流之重地也昔陸遜有言西陵國之西門若有不守荊州非吳有也陸抗亦以謂西陵國之藩表欲望以臣之議博採朝論相視今日夷陵之地或以謂次邊利害一在法諸州屯駐軍馬知州與駐泊官兵同管令所在客寄之兵往往分擾郡民本將不加禁戢間有與民鬭訟而至於訟庭者守臣亦念其客寄取鬭訟之民必寘於法以鬭訟之兵牒之本將而聽其自為之區處奈何兵知肆擾本將從之郡雖待之以禮猶不以為意朝廷固已令夔兵聽荊南節制矣然本州去荊南復須旬日萬一警報不測而至必待申審荊南得報而後用豈不緩失其時哉欲望將本州見

卷四千七百十三　二十二

屯夔路兵五百人亦聽本州差撥而駐泊兵官階銜之內乞以彈壓峽州界內賊盜八字兼之庶幾頗有統攝故有是命　十九日上謂湯思退等曰虞允文等論荊襄備預事甚好先是上詔允文王宣趙撙將來虜人侵犯合如何備預允文自為論且繳二人之論來上上批出允文宣議論知其利而不知害撙論為長思退等奏王宣似符同允文之論然猶恐粮餉不足撙直以據險為言而不敢詳具利害似有所避也上曰卿等更加詳慮於是思退等發三難陳二策繳進上封示允文等曰覽卿等所奏允文欲望堅守唐鄧而諸路有可入寇處未見條畫全勝之策未盡也宣欲屯南陽新野南陽去

根本太遠緩急不相救應若虜人斷吾糧道邀其歸路節將何以制之此德順所以失利也趙撙有可採而未究其說今以湯思退等奏示卿等朕再思之萬一虜人入寇當以輕兵守唐州重兵在襄陽鄧州置之度外可也不可罷將士之力以爭此二空城但以此餌虜虜意止在收復舊疆貪事虛名其勢必不久留去而復取之未晚也制敵之道不在此二城其臨時取勝則在卿等所以處之卿等以為然便當遵守如有所見速具奏來思退等奏曰臣等獲觀所賜允文等宸翰深照事機可謂明見萬里之外上曰卿等謂唐州城小矢石交過可見其不可守也何況粮道艱難思退等奏誠如明詔

卷四千七百十三　二十三

七月七日主管侍衛馬軍司公事張守忠張被旨將帶官兵前去淮西措置邊備內揀選精銳少壯堪被帶軍兵二百人帶器甲應副出戰使喚乞將各人身分請給並依見從軍人例分壁批勘如有立功之人即於本指揮上壁轉所有將來合用激賞錢物欲望支降二萬兩緡五千匹應副隨軍支用從之　十二月樞密院言今來復議和好北軍並皆斂退已降旨令諸軍各於見屯處所持重固守無令生事竊慮諸軍未能盡知尚發軍馬抄截畸零無故引惹詔諸大帥行下曉示兵官遵依已降旨揮不得違戾　乾道元年二月十三日新差知濠州劉光時奏濠州治所係在淮濱乞於本州界藕塘

鎮屯駐軍馬名爲屯田彈壓盜寇其鎮去州止有百餘里一日可達其倉庫重積悉貯已南十里皇甫山修治崄阻實爲至便詔木植令淮西總領所契勘見在數目量行應副竹竿蘆葦令江東轉運司量度支撥　三月十一日詔楚州北神鎮令宋肇夏俊劉繹各分定地分專一措置巡捕盜賊禁止私渡及過界錢寶私販違禁物色仍更差使臣二員往來覺察　以戶部言淮東安撫周淙并提轄榷場官劉度申今來復粥榷場數內私渡貨賣過界雖罪賞嚴重而小人顧利殊不畏死朝廷利源一旦失盡令參照周淙等申請外別行條劃事件一楚州北神鎮係在淮濱私路河渡紛雜去處所居

卷四千七百十三　二十四

之人往往皆是從騎淮作過不良跳河之徒嘯除結黨轉貨寶過淮博易本州公然以收稅爲名給引通放緣本軍與楚州係是隣境不相通攝難以機察不唯走失課利兼作過之人往往出沒引惹生事及茶貨錢寶等自楚州差人坐押至洪澤止行運河便可稽考今乃以圖水爲名於淮陰縣列小舟不下千餘隻一纜車船入淮經過北岸直入清河無所不往所失朝廷課利不可數計今乞選差官三員專一禁止私渡巡捕盜賊劫奪北馮事無不辦一員所管地分南至高郵軍西至淮陰縣一員所管地分東至淮陰縣西至本軍界秩林一員所管地分東至秩林西至鐵橋浦接濠州界故有是

命　四月七日詔沿淮郡邑令監司帥嚴察禁戢不許踰淮買賣如有尚敢違犯官員撥劾餘人送獄根治並寘嚴憲　以臣僚言和議既成封疆已定宜杜釁端向來沿淮郡邑多是見任官遣人私賫南貨踰淮買賣往往夾帶銅錢并違禁之物公然貿易至有妄稱御前差委買賣不唯上玷國體亦恐引惹間隙又聞沿邊惡少多以平市買馬爲名越境作過謂之騎淮又謂之跳河往往出境偷馬時致喧鬧萬一馴致生事其害不心故有是命　二十三日知盱眙軍胡堅常言朝廷嚴榷寶貨禁絕私渡雖沿淮州軍明立罪賞未曾專委官覺察欲望依錢塘西興法令監官給牌濟渡客旅庶幾易於覺察止絕私渡從之

卷四千七百十三　二十五

五月二十八日臣僚上言盱眙并楚州界客人裝載貓貨私相博換錢寶乞禁止施行詔令宋肇嚴㝷劉繹依認地分晝夜往來專一緝捕如能用心捉獲格外優與推恩犯人從軍法施行　七月十九日執政進呈湖北京西制置使沈介申據探報人劉泉狀體探得北界入戶劉斌稱說北界金牌銀牌二人巡邊攔截客旅不得過淮買賣及客說語言上曰省李若川等回便見得此未必實臣端禮奏曰雖未見審的但每月探報不敢不進呈乞降宸翰容戒諸將常使有備無閒外境如何但盡自治之道上曰諸軍校閱亦稍精銳則則未嘗不備惟是馬尚少若二三年間當又

勝令日臣允文奏曰凡戰守之用陛下日留聖念惟是
諸軍衣甲非一日之力所能辦臣亦屢嘗奏知上曰極
是　十二月六日宰執進呈陳敏奏楚州馬邏等處添
差也兵令既講和恐對鏡生疑不便上曰此說亦是可
從之　二年正月七日宰執進呈吳璘王宣探到事宜
上曰皆是探人選造不須得看豈得便有此事洪适等
奏曰邊臣要得如是恐人易之爾　三月七日宰執進
呈胡明乞差撥珪本州緝捕盜賊适奏曰楚州先係極
邊有此窠闕中閒收復泗州即為次邊此闕遂罷今故
明引極邊例復創置上曰既係極邊可以從之　二十
一日宰執進呈濠州申對境有過來打刼賊徒為總首

卷四千七百十三　二十六

等人奪回牛馬趕逐過淮北去适等奏曰淮上有都巡
檢分定地界今此全不會合只是總首等人追趕上曰
可行取問仍發牒本令盱眙軍備牒對境　五月二十
八日樞密院言勘會海船興販貨物等往山東累降旨
揮斷罪禁止不嚴切訪聞近來公然冒法興販詔令刑
部檢坐見行條法旨揮行下如有偷（違）漏及裝發州縣知
通令佐當職官吏令監司覺察按劾重行竄責仍令沿
海州軍守臣句具無透漏船隻聞奏　三年二月二十
九日諫議大夫陳天麟言近探報虜聚糧儲增戍以其
太子為元帥居汴宜預擇將帥講究備禦之策上謂宰
臣曰此今日急務昨王琪請築楊州郡等見文字否葉

顒奏曰王琪至都堂議論尚未定魏杞奏曰淮東之備
宜先措置清河楚州高郵一帶廣可過上曰若把定高
郵不放糧船過來則虜不能久留淮上自當引去也
三月二日宰臣葉顒奏乞免抽回江州軍馬上曰此豈
得已然事亦要熟商量近來招兵練兵皆容易惟養兵
最難此豈有定論他時財賦有餘自可增招顒又奏曰
昨日陳敏對陛下必已分付六合事上曰亦說來卻欲
帶步司人去顒奏曰若只令陳敏備高郵至楚州一帶
絕糧道其人甚曉地利且有志立功名上曰若陳敏守
高郵甚好卻別擇一步帥亦難得人　七月十八日諫
議大夫陳良祐奏事上宣問外閒有何所聞良祐奏民

卷四千七百十三　二十七

閒傳邊事動因論邊事多是兩下說成為備雖不可已
要不可招敵人之疑惟當愛惜民財休養士卒一有警
急則富者出財勇者出力如近日修楊州城衆論以為
無益上曰正欲為備如何無益良祐奏楊州僻在一隅
萬一虜人衝突兵不能守則是為虜人築也目今遣二
三萬人過江則虜中閒探卻恐便成邊釁上曰若臨淮
則不可在內地亦何害良祐奏更願陛下留恩之令日
為備之要者無過選擇將帥收蓄錢糧愛民養士勿妄
用其財勿妄使其力如此而後可上曰卿言甚是　閏
七月十九日宰執進呈殿前司申與鎮江軍分認南北
修楊州城因奏南北分恐不均平上曰北邊乃受敵處

芾奏曰不如令東西分上曰好　十月八日上宣諭宰
執曰昨日有從官奏云邊事規模未定葉顒奏曰臣等
日夕講究亦且徐徐措置上曰維揚城築已畢更得來
年一冬無事足可經畧陳俊卿奏曰淮上規模須久任
守臣邊責其効有不職者早宜易之上曰極是　四年
四月十二日臣僚言淮上客旅多是過淮博易往往寄
附書信傳報兩下事端竊慮引惹生事乞令盱眙軍守
臣將往回客旅並五人結爲一保互相委保不敢寄附
兩下書信文字許諸色人告捉賞錢五百貫更以客人
隨行物貨充賞犯人決配籍沒家財同保人一等坐罪
其同保人内有能告首依此支賞從之　二十七日江
卷四千七百十三　二十八
南東路安撫使史正志言和州沿路多商販牛綱少者
亦不下十餘頭自江西販往濠壽光州極邊去處而光
州爲最甚其間亦是鰾膠市易銅錢情罪乞行下沿邊
州郡重立賞格嚴切禁止得旨令刑部限三日立法申
三省樞密院本部看詳商旅販牛過淮并知情引領停
藏負載之人并透漏去處賞罰欲乞並依已降鰾膠過
淮指揮施行從之　大理寺契勘興販鰾膠之物泛海
不以是何州縣捉獲及其餘水陸路往次邊州軍捉獲
者徒二年以物估價及二貫加一等過徒三年三貫加
一等徒罪皆配千里流罪皆配遠惡州若於極邊州軍
捉獲者徒三年以物估價外二貫加一等徒罪皆配三

千里流罪皆配海外十貫絞已過界捉獲者不以多寡
並從軍法定斷仍並奏裁許諸色人告捕其知情引領
停藏負擔乘載之人並減犯人罪一等各依犯人配法
經由透漏州縣官吏公人兵級並減犯人罪一等以上
並不以去官赦降原減今後興須之物往極邊并次邊
及其餘州軍貨賣者除盡給隨行物與告捕人充賞外
徒罪命官轉一官注次邊止減磨勘三年其餘州軍止
減二年磨勘諸色人錢一千貫仍補進義副尉注次邊
止給賞錢其餘處賞錢及半流罪命官轉一官仍更減
磨勘三年注次邊止轉一官其餘處止減三年磨勘諸
色人錢一千五百貫仍補進義副尉注次邊止給賞錢
卷四千七百十三　二十九
其諸處賞錢給半死罪命官轉兩官仍減磨勘三年諸
色人錢二千貫仍補承信郎知情停藏同船同行梢工
水手能告捕及人力女使告首者並免罪與依諸色人
告捕支賞補官　八月十四日詔令沿邊州軍鈐束縣
吏巡檢尉并仰所在地分官都巡檢使嚴行關防私擅
渡淮如能用心捉獲所立賞格外更與優異推恩若有
透漏別處官司捉獲合干地分當職官並取旨重作行
遣帥憲司不行覺察亦重真典憲仍仰沿邊州軍置立
粉壁帥憲司多出文榜曉諭　以尚書省勘會累降旨
揮令沿邊州軍禁止私擅渡淮及招納叛亡如捉獲私
擅之人每名支賞錢一千貫有官人轉兩官隨行錢物

盡給捕人充賞犯人依軍法施行并昨来捉獲奸細李
那七其捕人謝彥已補承信郎賞錢五百貫令来沿淮
又添置巡檢專委兵官分定地分覺察關防及令帥憲
司嚴行覺察旬具無透漏文狀供申約束立賞斷罪非
不詳盡近来帥憲司視為常事督責不嚴亦不每旬開
具切恐官司關防不密縱令私輙渡淮及招納叛亡并
透漏奸細引惹生事故有是命　九月十一日荆南駐
劄御前諸軍都統制負琦言契勘北来客人賈福賈聚
王進等三人輙敢擅便過界前来又與本司歸正女真
石遂往来說話飲酒并於閻七娘家取家信前去以北
傳報不唯將本朝軍期事宜體探前去又慮本司日後

卷四千七百十三　三十

難以差人以北幹當事繫利害詔石遂賈福賈聚王進
並送韶州駐劄殿前司推鞫軍狀管從軍使喚令襄陽
府差人管押前去候到常加存恤毋令走逸仍具已狀
管文狀申三省樞密院　五年正月二十九日權發遣
楚州左祐言本州正瀕長淮東西僅四百里與大小清
河相對最為控扼作過徒黨多是騎淮不逞之輩竊見
揚州更戍殿前司遊奕馬軍數多乞指揮摘差一百人
騎起發前来楚州警捕盜賊仍乞隨揚州更戍人馬例
交替從之　四月四日權主管殿前司公事王達言揚
州城壁周圍一十七里零一百七十二步計三千一百
四十六丈昨止係沿城東周圍作卧牛勢幫築增濶開

展濠河將桃撅到土末添築砲臺緣工役有不如法去
處萬一有警誠難坐守所有城身外表磚瓦令相度欲
乞差委統制官路海量帶白直鞍馬前去再行子細相
驗如有不禁攻擊摧缺磚爛去處打量高低闊狹丈尺
計料合用磚灰應干物料人工數目彩畫圖本逐一貼
說前来容臣重別參酌奏聞乞賜處分施行從之　五
日左祐劄子契勘楚州係極邊重地路當衝要本州之
東地名晃魚溝北砂一帶抵接淮海與山東沿海相對
乞將本州兵馬鈐轄羊滋移往前去置廨舍警察姦盜
緣元管海船二百隻餘船運海州軍糧間探之類甚為
濟用其一帶正瀕淮海與射陽湖通濟地分濶遠誠恐

卷四千七百十三　三十一

本官出巡臨時闕官拘轄令欲剏置使臣二員專充管
轄海船機察淮海盜賊聽羊滋使喚從之　六年正月
十二日入内内侍省言奉聖旨已降金字牌一面付四
川宣撫使王炎附發邊防文字其四川安撫制置使司
見存留金字牌二面令本司繳行入内内侍省進納檢
注給與十八年九月二十一日四川安撫制置使李璆
申宣撫司昨奏請許權留御前發來金字牌子二箇附
發合奏邊防機速文字令来見存相字號金字牌子一
箇未發回聞承朝旨宣撫司罷欲乞將未發回金字牌
一箇存留應副制置司附發申奏機速文字如後来制
置司有承受發来御前金字牌子亦乞依宣撫司奏請

到指揮許權留二箇准備附發機速文字從之　十一
月一日詔諸軍及沿邊帥守依累次約束並不得輙差
間探人仍分明鏤板揭牓曉諭各具知禀狀申三省樞
密院　七年三月一日上出馮湛控扼海道畫一以示
宰臣虞允文等曰馮湛所陳不可行者一可行者二其
言淮口一帶置鋪舉烽火此不須行明州神前山差人
船卓望黄魚垛分官兵往来巡綽此兩事可令馮湛與
趙伯圭同共措置　二十六日宰執進呈其所具到彭
德等盜馬因依虞允文等奏曰曾招誘山寨人盜馬已
而殺其人人情甚不安至有逃入山中不敢出者上曰
貽欲自掩其過乃乖謬至此須重作行遣允文等奏曰
卷四千七百十三　三十二
山寨人以為須得朝廷黄榜乃敢復業胡昕等見在濠
州探報令曾昭有行遣人情自定矣上曰然曾昭可追
三官放罷梁克家因奏邊臣邀功生事不可輕貸且如
知沅州孫叔傑以兵攻傜人奪其地引惹楊再彤等聚
衆作過驚擾邊民幾成大患前日得旨放罷行遣太輕
無以懲戒後来上曰可更降兩官　六月一日湖北安
撫使姜詵荆南都統制秦琪主管京西南路安撫司公
事張棟言近據邊上探報事宜已公共商量荆南更休
軍馬盡行勾取前去襄陽時暫屯駐以備不虞乞速賜
施行得旨令姜詵秦琪張棟更行密切差人子細體探
未得增戍軍馬不住具聞見事宜實封申三省樞密院

別聽旨揮鄂州駐劄御前諸軍都統制韓彥直奏臣據
秦琪牒報到事宜臣已一面整齪軍馬更看事勢緊緩
即量提軍馬前去襄陽與秦琪併力措置及於郢州量
增戍甲軍隄備棗陽一帶捍禦使喚候有起發月日續
具奏聞詔令韓彥直更切密行差人體探即未得起發
及增戍郢州軍馬　二十九日權知襄陽府張棟言據
權發遣均州延璽申本州正當荆襄上游商鄧陝虢要
要衝吳蜀襟喉之地對境密邇實為要害之區今来見
屯荆南官兵不滿二百人照會房州竹山縣尤為腹裏
見屯金州軍馬一千人若蒙移屯本州實為利便從之
先是得旨檢坐下項隆興二年十月二十五日已降
卷四千七百十三　三十三
旨揮襄陽與金房及淮西接境緩急之際互為表裏遞
相策應協力國事令任天錫遵依已降旨揮緩急荆襄
有警竭力策應不管有悞國事又乾道二年七月六日
旨揮吳璘相度差撥軍馬一千一百餘人前来房州竹
山縣就粮　九月十六日宰執進呈吕游問得旨令措
置襄陽寨屋梁克家奏曰將盡徙荆南之屯否上曰欲
盡移去如何虞允文奏曰荆南之人歲歲更戍自此可
免道途往返之勞然有二不便上曰襄陽極邊驟添人
馬對境必致驚疑允文奏曰此正是一不便自荆南至
襄陽水運千餘里河道淺狹艱於餽糧此二不便以臣
愚見不如先移軍馬餘續議之上曰甚善可諭此意令

呂游問同秦琪措置　八年六月五日詔夏俊特降一官陳銳孫春張舜臣透漏户口數多各特追兩官勒停嚴宗顔透漏户口數少特追一官勒停　以淮東安撫司言淮指揮令開具透漏過淮人分認禁止私渡地分邊淮透漏巡尉官職位姓名及逐官所管地分内過淮人口户數申一員武德郎閤門宣贊舍人淮東路鈐轄夏俊一員承節郎山陽縣尉陳銳一員秉義郎添差山陽縣馬邏巡檢釐務孫春透漏戴全等一十二户計六十四口一員敦武郎楚州管界沿淮海巡檢張舜臣透漏羊七婆等十户計五十二口一員承節郎山陽縣下栁浦巡檢嚴宗顔透漏高師友等四户計二十口勘會

卷四千七百十三　三十四

昨来高郵軍至楚州淮陰縣委是夏侯緣當来安撫司分認地分不曾分明申説楚州以東邊淮海去處其地分官姑從輕責罰故有是命　七月二十三日權知廬州趙善俊言近於廬州焦湖孫姥二山盖屋聚糧緩急安存民兵老小等事令照得焦湖舊有巡檢一員昨因兵火廢罷未曾復置乞將進武校尉馬世忠充廬州焦湖巡檢兼監孫姥山糧倉詔特依　十二月二十九日詔劄下兩淮荆襄帥臣漕臣諸州郡守應兩路事宜合同都統帥臣并諸將會議應見今屯駐兵馬及應干關隘合行相度輕重緩急及預先計議若虜以輕兵侵軼合如何邀截若以大兵入合如何捍禦合於何處屯駐

重兵將合用某人何處掎角應援其虜人糧道合如何燒絶兼虜人沿淮清野合如何措置斥堠　九年十二月三日詔令沿邊州軍守臣嚴行約束務在安静如有騎淮作過之人重立賞錢措置收捕犯人送所司根勘諸實即從便宜施行委帥憲司常切覺察有奉行違戾去處即命按劾將當職官取旨重作施行　以樞密院言訪聞兩淮沿邊無知小民近来相結騎淮往来作過使邊界民户不得安居兼恐生事理宜禁止故有是命

卷四千七百十三　三十五

全唐文

宋會要

紹興二年八月七日江南東路安撫大使兼充壽春府
滁濠廬和州無為軍宣撫使李光言廬濠二州及六安
軍最與偽地接境乞兵五六千人并文臣一員廬州屯
駐假以制置或招撫使副之名詔李光選文臣一員充
淮西巡撫使仍差兵二千人付所差官將帶前去廬州
屯駐　二十一日壽春府滁濠廬和州無為軍宣撫使
李光言廬州鎮撫王亨稱報探王彥充自東京會合以
北軍馬萬数並要八月十五日到壽春府收復未下以
南州軍不可不為隄備望許將都督府錢糧通融應副

本司軍馬前去樞密院勘會已降旨揮劉紹先差充沿
淮防遏使將帶本部人馬前去廬州以來沿淮要害去
處與王亨同共措置所有劉紹先一軍合用錢糧詔令
都督府取見實数支降應副內米於太平州合起上供
米內支撥　三年十一月十五日詔令都督府及諸路
將帥加意防守增修邊備精練士卒明審間探嚴兵待
敵勿致疎虞　以虜使欲入界慮邊備稍弛故也　十
二月二十九日刑部言命官遣人獲化外姦細者與親
獲同除合依格推恩外其遣人一節緣既係本人親自
捉獲即難以不行給賞今欲將似此有功之人於紹興
格法及續降指揮上各與減半給賞如係百姓無資可

轉及所遣人若係二人以上共獲者其賞即合依條法
旨揮支錢及分受施行從之　五年十一月七日臣僚
言梁洋沃壤数百里蜀之襟喉兩州之民往往逃散多
屯兵則糧不足以贍衆少屯兵則勢不足以抗敵宜用
文臣為統帥分宣撫司兵駐馬而以良將統之遇防秋
則駐兵兩州過防秋則使就食綿閬詔興洋守臣係屬
邊防邵溥吳玠相度一面差官仍具已差過職位姓名
申尚書省　八年二月三日上謂輔臣曰昨日劉琦說
淮北兵歸正者不絕廬州今歲度可成四五萬衆朕常
慮江上諸將控扼之勢未備若上流有探報岳氣不可
下來江池則数百里邊面虛而可慮將來錡一軍遂可

補此闕矣趙鼎奏曰他日更措置荆南事就緒則沿邊
形勢上下相接不同前日上曰如此經營人事既盡若
若功有成不成則天也　四月七日詔可令王庶暫往
沿江及淮南等處措置邊防仍令學士院降詔　四月
十日詔內外諸軍聽王庶點差一二將全將軍馬隨行
使與劉與諸軍照會　七月九日上諭宰執促遣烏陵
思謀以下行久留無益兼令戒邊臣無或弛備在我者
當先自治古人禦戎之策不過如此　九月十八日宰
執進呈新沿邊守臣王默等上宣諭曰今日邊壘內則
綏撫外則斥堠二事至大未易得人宜謹擇之上之留
意政事不間遐迩皆得其要　九年八月八日僉書樞

密院事樓炤言乞差楊順知保安軍寇戍知環州上宣
諭曰陝西沿邊諸堡寨自來控制夏國最為利害尤當
遴擇久在軍中諳練邊事或本土武人方能保固障塞
沿邊細民得以安業可劄付樓炤曉諭諸帥臣秦檜等
退竊歎主上留意疆埸愛惜生靈可謂明見萬里之外
十二日上宣諭輔臣曰吳玠軍馬既移屯熙秦等路
便當以五百人為一指揮令諸帥招填稍足舊額與弓
箭力參用緩急之際有足倚仗庶幾漸復祖宗之舊金
人和議雖堅安能保其終久無釁況夏人乍臣乍叛尤
難保恃今日邊防尤不可忽　十一年二月十二日樞
密院言虜寇見侵犯淮南通泰二州係鹽利去處理宜
卷四千七百十三　　三
措置詔王㬇差兼通泰州制置使措置水寨鄉兵控守
二州　十四年七月十四日上宣諭輔臣曰昨日新知
濠州李觀民上殿朕已戒其不可招集流亡恐致生事
若至堂卿等更宜以此語之秦檜曰當如聖訓　十一
月二十七日權廣南西路轉運判官李紹祖言廣南西
路最處極邊如融邑邕廉瓊等州其間生熟黎人與省
戶雜居雖或時復出沒不過什伯為羣犇禾稼盜牛馬
而已無大君長不能深為邊患自國家中興之後長轡
遠御邊隙不開并邊之臣以至縣寨將吏意在希功冒
賞不知體國愛民自非守臣帥領皆得其人未有不生
事者望下本路帥臣監司常切戒約邊吏謹守疆陲不

得妄意希功如任滿邊陲寧息並與依格恩內有資序
不及之人亦別加旌賞庶幾小大謹職仰副陛下安邊
之意從之　二十九年二月十三日詔禁止私渡淮人
累降指揮已是嚴備竊慮淮北客旅間有因買賣過淮
未回之人可令臨安府及沿淮守臣根刷限五日盡行
發遣如違限不肯回歸之人當牒送北界施行輒敢停
藏人依縱容私渡法並許諸色人陳告賞錢五百貫有
官司受任之人並取旨重行竄責　九月十五日樞密
院令成閔與吳拱從長公共選差一得力兵官權知襄
陽府統率吳拱舊軍專一措置邊防倘有緩急令吳拱
將大軍前去應援若獨令所委兵官措置防托竊慮不
卷四千七百十三　　四
知吳拱元措劃事件緩急有失照應兼以地遠應援不
及詔令吳拱量度事勢添那人馬前去襄陽府屯駐仍
往來同共措置防托務要固守應變

宋會要

入兵類備邊

船

同上

光堯皇帝建炎元年六月二十一日宰臣李綱言帥府要郡次要郡乞朝廷給降度牒紫衣師號鹽鈔之屬及勸誘民户命之以官使出財助軍帥府常有三年之積要郡常有二年之積次要郡常有一年之積各修城池樓櫓務令堅險繕治器用并防城之具並令足備瀕水州郡創造戰船餘州創造戰車常切訓習從之　三年二月十六日户部尚書葉夢得言車駕駐蹕杭州所有隣近州軍地理險阻控扼去處備禦之策合博采衆議并召募土豪集召人兵亦恐有情願効力之人不能自達望出敕牓應士庶限五日有能通知道路措置備禦

卷一萬四千四百六十四

等事並令實封或彩畫地圖詣都省陳獻從之　二十一日尚書省言浙西路合把隘四處除吳江一處外其餘並據嶺欲每處差近上官一員充專一統領措置把截統轄事務官其召募欲就募本處土豪立定官員以一月為期令各分募仍自備粮食一百人無官備補進武校尉有官人借轉一官二百人無官人借補承信郎有官人借轉兩官三百人無官人借補承節郎有官人借轉三官合用兵器欲令應募人隨土俗所宜自辦統領官隨數量給價錢從之　三月十二日吏部郎官鄭資之除沿江措置防托監察御史林之平為沿海措置防托並許辟置僚屬所管地分之平自杭州至太平州

職官類借補官

船

職官類借補官

資之自池州至荊南府　既而之平言應海船乞於福建廣東沿海州軍雇募分作三等上等船面闊二丈四尺以上中等面闊二丈以上下等面闊一丈八尺以上並以船中堵為側上等船募梢工二人水手四十人中等梢工一名水手三十五人下等梢工一名水手二十五人船合用望斗箭隔鐵撞硬彈石砲火砲火箭及兵器等兼防火家事之類募船候到日別作旗號令布沿江各認地分把隘如有探報及觀望烽堠節次應援船十隻為一綜差所募官一員管押候到防托去處及半年無疏失敗闕選人與循一資大小使臣以下減三年磨勘各與占射差遣一次其船約募六百餘隻分作三番

卷一萬四千四百六十四

半年一易詔並從之又資之言欲募江東西湖北有物力人户及有子本舟船本處保明權行借補隨船多寡子本厚薄與行補授船七隻以上通載及一万三千石與補授承信郎五隻以上通載一万石與補進武校尉二隻以上通載四千石與補義進校尉令具募二十綱分諸路江西八綱江東路七綱湖北路五綱候舟船通快日更行增募十船為一綱每船梢工梢手招頭募三十人備戰之具合用紙甲手砲鉤鎗木弩箭用紅竹大綱船不必盡用戰艦只常行舟亦可分作二運一取往來般載上供米一即居上流把隘如此勞逸既均緩急可濟令兵二十綱除梢工梢手招頭外其遇敵人兵

同上　兵或職官　船　船　兵　兵

五千四百人係無探報時合舡上供米外有二千七百
人往來江上雖有蕃賊小寇則無能為矣不惟免長江
之患又無綱運失陷之虞江南為岸臨江縣鎮渡口名
募土豪把隘五百人借承信郎三百人校尉二百人副
尉各給券並從之　五月十日詔應措置防江等事並
隸制置使司總行沿江州軍上自荊南府岳州鄂州興
国軍臨江軍江州池州南康軍太平州江寧府鎮江府
常州江陰軍平江府委自通知令佐按戶籍丁產簿逐
一點集選有物力衆所推服之人充隊長各認地分其
防托處務為便利仍仰多置弓弩并箭所有合用統制
官水軍舟舡並令沿江制置使陳彥文措置自池州以
下令陳彥文分認地分其江州向尚地方可別差制置
官一員　七月二十一日臣寮言乞詔有司於江心內
凡有沙有山去處要害之地多置寨每寨以五百人戰
船十隻為率從之　十一月二十一日詔兩浙提刑王
翺江東提刑姚舜明浙東安撫司屬官郭元先次將見
名募到人一面分布守把衝要並聽浙東防遏使節制
　四年六月二十一日詔令江浙諸州於應合防托把
隘安置寨柵去處隨宜相度各立硬寨安泊人兵收貯
粮倉器甲以逸待勞仍措置務要過為隄備　以三省
樞密院言已降指揮令江浙守臣召募土豪訓習武藝
據險置柵外訪聞往往暴露無屯泊去處遇有衝突多

兵二一九之三三

兵

致奔潰故有是詔　七月七日詔江浙州縣福建提刑
建州邵武軍守臣將應干險要合置寨柵防托去處指
揮把隘官丁寧說諭首領子細辨認除姦細自合收捕
送所屬根勘外即不得阻節商旅搜奪財物別加傷害
九月二日建康府路安撫大使兼知池州呂頤浩言
建康太平池州皆係與金人對岸緊要去處欲乞兵五
萬內一萬五千人專令在建康府界守禦一萬人在太
平州五千人在饒州二萬人在池州令已差到崔邦弼
李貴小張俊王進兵約五千人韓世清約六千人外乞
朝廷賦足五萬人之數付臣使喚除今來已乞之數外
有未足數目續次豁逐乞差撥之　十一月十五日右
卷一萬四千四百六十四
正言吳表臣言臣僚請饒信等南連福建接溫台當賊
馬之衝尤宜嚴備望申勑信州官吏於險隘去處防托
外或且依去年例置防遏司或選選良將以為藩翰自
杭至嚴自嚴至婺皆有水陸兩路尤係緊切去處乞速
賜措置詔令王璵常切整齪軍馬措置防托　十九日
詔越州三江口係通接海道去處理宜隄備可令神武
右軍都統制張俊日下選差近上統領官二員將帶軍
兵三千人前去防托　是月二十四日知越州陳汝錫
言三江口岸皆係平敞沙地少有居民若張俊人到無
以存泊必致暴露三江去本州止十八里望行下張俊
差定人數依舊在州屯泊有緊急即遣前去從之

兵二一九之三四

江海防

兵二九之三五

紹興三年十月十五日鎮江建康府淮南東路安撫使
韓世忠言臣僚乞明州定海秀州華亭蘇州許浦通州
料角■皆海道要地不可不備除通州料角係本司所
管地分外有明州定海秀州華亭蘇州許浦不隸本司
詔平江府江陰軍管下沿海地分並隸韓世忠令就近
措置　四年十月十日詔通泰真揚州守臣更切體度
本處地利從長措置務要限阻賊船及不得有傷湖泊
水寨民社保聚從臣僚請也　十年六月八日沿海制
置使仇悆言温台明越四州地分闊遠海道浩渺欲自
越州至温沿海處隨宜並置烽火以相應援遇有緊急
從之　以上中興會要　壽皇聖帝隆興元年八月三

卷一萬四千四百六十四

日宰執進呈范榮探報青州路有虜使到沂州約七月
二十九日船起又城陽軍一路國公龍虎大王領大軍
到約三十萬沿海接連一帶緩急亦恐李寶無以任責
陳康伯奏近日探報頗急忠勇軍三千人宣撫司不欲
與李寶范榮舊亦隸李寶乞行撥隸上曰李寶海道自
不相妨范榮且教隸宣撫司洪遵奏李寶膠西立功北
方自知名今虜將蘇保衡前年李寶曾獲其印乞增兵
與李寶往來海道張大聲勢周葵奏淮上元無一定規
模如海州欲留忠義數千泗州輕兵數千虜大至則退
保道又欲般運米斛十萬石去泗州前後之説如此不
同上曰糧止發去盱眙海泗未可輕棄恐張虜人之勢遵

江海防

兵二九之三六

奏秋風日高邊報日急淮上措置似未有固守之意如
瓜州置木柵準備虜騎衝突使爲渡江計陳康伯湯思
退奏大軍合在淮上固守神勁神勇軍止在江上爲聲
勢上曰已擺布畢緩急調發過江同奏援急恐無及上
曰虜人須備糧有警可以調發思退奏古者遣豺援方
畧遣使授指意劉寶郭宏淵到日乞陛下撥以成筭
十四日宰執進呈臣僚言去年措置淮西濠壽積糧廬
巢屯兵初秋皆辦今兵不滿萬人不積糧議者皆以極
邊務要清野又開沿江備禦亦未周備秋風已高食息
寒心上曰廬州若不屯兵虜或占據築城鑿池爲久戍
之計柰何可令郭宏淵疾速過江措置仍發馬軍張守

卷一萬四千四百六十五

忠助之思退曰見遣步軍郭振往淮東欲作御營使司
名目遣行令權聽張浚節制俟張守忠行日亦然上曰
善　十七日宰執陳康伯等奏淮東有劉寶郭振邊防
亦備淮西未有措置須令宏郭淵張守忠時後大軍在
廬州别增兵於和州應援上曰恐虜人據廬州築城開
濠爲屯守計正當防守　九月十四日江淮東西路宣
撫使張浚劄子欲行下兩淮縣清野爲草唐鄧信陽沿
邊一帶依此措置宰執陳康伯等奏去歲淮上清野民
皆失業不可先事驚擾上曰臨時清野止燒野草不可
驚動民間　同日海州探報虜人侵犯有日止絶楚州
以來綱運上曰前此照曾理會海州止用輕兵守虜以

重兵來須當棄唐鄧亦難守惟泗州緊要陳康伯等州
海州兵守則東海危虜情不測恐或窺伺海道督府遣
發鎮江官軍三千應援人少亦無益又無兵可增若大
舉則淮上又虛李寶向在海州有功可作聲勢上曰李
寶防托海道自不相妨　十六日知廬州韓璉言廬州
並無差到一兵一騎令來探報番賊逼淮乞早遣發大
軍陳康伯等奏合淝在今最為重地不可不守軍興以
來虜人八歷未始自由淮西而廬州常有重兵乞擬疇
後一軍屯駐却那張守忠軍去巢縣上曰今日張浚奏
來已調發人馬去廬壽　二年二月一日都督江淮軍
馬張浚言淮上都無事上曰胡昉未有信北界未見運
卷一萬四千四百六十四
糧若動衆須運糧　八日宰臣湯思退等言北元帥書
已依宸翰改定進入上曰王之望舟船在龜山擺泊虜
人都無消息書云須見可否又進呈張浚視師及措置
邊事指揮上曰暫往指揮以托待朕批出有警即行不
須擇日先是張浚奏虜自元亮之後民心睽離亦懲
艾勢未能動長驅江淮決無是事今日書不可不答更
半月恐有報到有所邀索亦未可絕但三月間春草生
須防衛寒乞明降指揮令臣往淮上視師究致臨期人
情驚疑無事則不須行上曰遣使答書所以款之正如
弈碁着數有疎脫處便可取勝浚又奏近日外間往往
謂臣與宰執議論不和便欲陛下用兵今日若能保守

江淮已為盡善萬一机會之來王師得勝虜衆潰散不
得不為進取之計是時陛下須幸建康亦望宰執協力
思退奏虜人變詐無窮朝廷規摹要先定萬一不和當
求机會於他日守禦之後不可尋机會于和議未分之
前也周葵洪遵奏今日之舉當量度國力上曰浪戰不
可須是机會不可強為卿等同心事無不立　三月十
一日宰執進呈盱眙軍繳到北界榜沿邊人户盡令起
移入居裏地指射荒田為業湯思退等奏虜情不可測
或是示弱或恐間諜往來故徙沿邊之民上曰都不要
管他自為守備　五月八日詔東海縣係在遠地控扼
去處難軍士久戍未可休息可令范榮呂旺在東海縣
依舊屯駐並未得起發嚴切備禦候將來事平當與優
異推賞　六月四日淮西宣諭使王之望奏同諸將分
定把截闕隘戰守屯泊去處上曰可分明劄下王彥王
之望等雖地分各有所管然兵不可太分如要逐處控
扼使虜人不得過兵家無此理却要逐人回奏須要屯
大兵專持重要害之地又曰使諸將各認地分則可若
有緩急豈宜如此將兵力分在數處湯思退誠如明詔既
退相與言曰自虜入寇以來常用簽軍為先鋒多至數
十萬衆而我兵常患乎少今又自分其兵則力益弱
矣聖鑒如此洞見今日用兵机要　十月二十三日詔
令都督江淮軍馬和義郡王楊存中與王琪郭振

同共商議真揚六合一帶占據形勢險要去處措置捍禦毋致又失事機　乾道三年七月十九日上謂宰執曰淮東備禦事此須責在陳敏萬一有警却恐推避誤事卿等宜熟與之謀魏杞奏曰臣等昨與陳敏約敏亦自任此事令朝廷但當稍稍應副之則已上曰是　以上乾道會要

卷一萬四千四百六十四

宋會要

邊防

孝宗淳熙元年三月六日詔四川宣撫司緩急邊面有警斟量事勢差撥軍馬應副捍禦從之知成都府薛良朋請也　六月十二日詔廣西帥憲司行下宜州溪洞司常明遠斥堠遇作提備仍整齊將兵土丁等常為待敵之計以備不測毋令侵犯作過以知靜江府范成大言南丹州莫延甚二三年來專作不靖恐為邊患故有是命　二年四月九日詔昨差武鋒軍官兵二百二十六人於沿淮喻口等處擺鋪巡綽已令拘收歸軍教閱其逐處合差土軍弓手委楚州守臣疾速措置招收少壯分布巡綽　八月二十二日知成都府范成大言本路邊

卷六千二百五十

防欲行措置一則欲精閱一路將兵添置器械而無犒賞營繕之力二則欲葺治保障修明防隘而無調度夫役之費則當講究寨户土丁之舊置造軍器給散與之團結教閱以省戍役然須有以助邊州支用給犒乞給降度牒五百道付本司轉變措置上項經畫數月之間稍有端緒逐旋圖寫奏聞從之　三年正月九日詔兩淮州軍及帥臣監司并駐劄御前諸軍凡事干邊防軍機文字緊切事累有約束止許具奏并申三省樞密院不得關報其他官司所有四川事宜其都統司并所屬官司令具申四川制置司　七月二十二日詔四川制置司督責疾速修治整葺城堡訓練兵丁毋致因循稽

縱滅裂如有違慢去處按劾以聞 以利州路提刑龍雱言黎文州蕃部作過皆緣備禦不謹故有是命 五年二月八日知成都府胡元質言文州在蜀之西北接連生蕃知州塗尚友鑿開管下青唐嶺道路有害邊防詔塗尚友放罷取勘 七年二月七日知成都府胡元質言蜀之邊郡文龍威茂嘉叙恭涪施黔連接蕃夷各於其界建立封堠謂之禁山比年居民墾闢採伐耗盡無已乞約束禁山不得民間請佃斫伐販賣仍專委縣尉躬親以時巡歷待其殁滿逮取鄰封保明實跡方許交替果無違禁量與酬賞除已將治平中呂大防所立封堠一西以茂州永康軍稅地更展三里別立新堠其他州軍更不寬展只令各將所管禁山應有封堠及元無封堠去處委通判簽判限兩月別立新堠仍刻石書各地名及今所立年月以為限隔從之 六月一日知永康軍張武言邊防自青城以西與蕃部接連去成都僅五舍比他邊利害尤切然非禁山林木茂密無以保藩籬之固自治平元豐間嘗立界堠應採伐耕墾禁之甚嚴自後無復畏憚侵開日廣彌望田苗幾徹蕃界乞選差一諳曉邊事者巡行究視其已開田畝固難盡行拘收若於捍蔽有妨重別封禁放令草木滋長有以限隔并一竹一木並不許於禁江駕放則採伐自止矣詔四川制置司嚴行禁止 八年七月十八日知黔州畢牧言瀘叙一

卷六千一百五十 二

帶皆接蠻夷叙州管下石門馬湖生蠻赴官中賣蠻馬常操舟順流直抵叙州城下朝廷以此遂置橫江一寨蠻江口置鎖水巡檢南溪縣置兵馬都監江安縣置都巡檢各有戍兵上下相接控扼蠻人甚為良法比年以來所差正官多差出他處至任滿就賞抵罷權官不為久計是致職事廢弛乞自今逐處正官不得輒有抽差其餘沿邊州軍亦乞依此從之 九年三月九日知果州馮震言乞行下四川制置司令逐路安撫司及近邊州郡並要措置關隘應蕃界私小道路一切禁閉嚴加守備如有損壞去處即時修葺詔四川制置司疾速審度聞奏 十月十四日四川制置司言沿邊州郡應私道路乞盡依舊法多栽林木重立賞罰斷絕往來詔本司常切禁約毋致違戾 十四年五月四日樞密院進呈四川安撫制置使趙汝愚言馬湖路董蠻與嘉叙兩州接境去秋九月侵犯嘉州籠鳩堡臣已隨宜處置調兵防守但令嘉州住支稅犒叙州不得放行互市近已還到所虜人口二十三名惟餘兩名稱是已死并還到鑼鼓各一面又牽到馬五疋約價錢一千道乞倍償所殺人骨價臣會得本路專法內一項熙寧七年二月指揮蕃部作過不得放令出買入賣如乞投降即候送還虜劫去人口及倍還命價方得和斷又叙州亦有蠻人犯罪許罰牛之法檢照前項指揮皆合遵用已行下叙

卷六千一百五十 三

州受其骨價許其打誓及抽回戍兵訖上曰趙汝愚措置邊防適宜蠻夷屈服可令學士院降詔獎諭　十五年三月二十五日樞密院言臣僚奏紹興初吳玠楊政畫蜀漢之地以守自散關以西付之玠梁洋付之政蜀中諸邊以散關為重願與二三大臣講求向來蜀中守邊舊迹奉旨令制置司同都統司照應前後所降指揮公共相度經久利便聞奏　據興元都統制彭杲申大散關一帶邊面係鳳州地界其鳳州隸屬西路安撫司所管昨於淳熙二年間興州都統司奏得旨鳳州屬興元管認見令每年兩司差撥官兵守把窃詳大散關一帶邊面係對境衝要來路最為重害上處鳳州附近別無本司所管軍馬若不測虜人窺伺闕人接援緣鳳州郡事見係文臣即與屯守之兵各無統臨亦非本司號令所及緩急之際議論不合或有乖違即誤國事利害非輕昨來本司已奏得旨許本司於所部統制統領官內選擇有材幹可倚仗人奏辟本司相度乞將鳳州邊面且從舊管認依已降指揮將本州知州令本司選擇奏辟彈壓戍兵指揮邊備若緩急出兵臨時量度虜兵出沒輕重如合用軍馬捍禦即關報興州都統司互相策應破敵委於邊防經久利便　詔彭杲於統制官內精選公廉諳練邊防民政之人具名聞奏其鳳州緩急應援一節即仰照應淳熙二年九月二十六日指揮

卷六十二百五十　四

四川制置光成大言相度乞下興州都統司如鳳州不測緩急所有應援一節一面應機將附近軍馬遣發前去却申制置司照會施行從之　淳熙十六年八月二十五日詔禮部給降度牒五十道付四川制置司出賣將賣到錢發付黎州令項樁管專充備邊支用　以黎州守臣李嘉謀奏請故有是命　光宗紹熙二年三月十八日宰執進呈汪捧事宜上曰淮上一望都無阻隔時下栽植榆柳雖未便何用緩急亦可為藩籬　十月十六日宰執進呈汪捧事宜上曰虜人要開汴河其意安在葛邲奏曰見人說已要開多時或說以此殺黃河水勢黃河自去汴河百五十餘里之遠恐不然上曰此不過要通運糧胡晉臣奏曰虜情叵測須得過為關防盱眙相對便是汴河口盱眙緣講和之後不曾屯兵不曾築城今則時異事變須別作措置上曰彼為備我亦當為備與日前事體不同須是理會措置葛邲奏曰乞更留聖慮　三年正月六日詔兩淮京西湖北四川統兵主帥并本路帥憲密切差人點檢各處近邊私小便路有礙邊防去處同共措置斷塞多種林木令人防守州縣常切巡察不得容人行往限兩月先具各處小路有礙邊防去處畫圖貼說聞奏及中樞密院　從漢陽軍守臣王璆請也　十一月四日臣僚言黔州界接連溪洞最為邊患者夷人冉順多領夷丁持帶刀弩往

卷六十二百五十　五

來侵掠般轉省民遠入溪洞照得冉氏來路徑由溍潭
難溪其難溪寨係創置去處寨官多是闕員乞令夔路
安撫司行下黔州將管界巡檢一司移就溍潭隘駐劄
專訓練彭水縣義軍籍定姓名與免和糴於農隙教閱
從公輪差上番守把仍令增差民兵以為邊防遇有夷
人劫掠省民即捕捉從邊條施行詔四川制置夔州安
撫司相度聞奏既而相度到黔江縣自合蓬江口以下
至相陽寨置寨隘鋪已有定法自相陽寨以下難溪細
竹油木小洞𪨊崙溍潭等寨隘至合蓬江口向東南一
帶與思州安夷堡相接已於與難溪寨張設官兵捍禦契
勘溍潭隘與難溪寨去隔四處寨隘皆係夷人出沒要

卷六千一百四十

六

路委有把拓唯巡檢一司係捕盜官兵管土軍一十名
在黔江使剩合行撥赴溍潭把拓更於兩縣義軍內添
差三十名禁軍一十名通禁軍共五十名建置隘鋪捍
禦夷漢將所管堡分夷人往來諸處私路及過渡舟船
盡行閘斷止許於溍潭一處往來仍於渡所相對建立
一寨如田冉差人來省塲上幹事先於本寨卸下器甲
止放三五人入來使表裏有所關防其逐司官三年無
透漏令照應舊格本州保明推賞或有不謹當斟量責
罰所有合破官兵請受州司隨宜衹備下所屬起立隘
鋪寨柵撥遣巡檢楊世忠將帶所差軍兵前去駐劄捍
禦委是經久允當從之　寧宗慶元元年二月五日樞

密院進呈知楚州熊飛言去歲本路旱歉探得北界於
沿淮招誘流移及歸附之人許給還元抛下物業上曰
此事甚繫利害宜令多方存恤措置關防　十一日宰
執進呈泗州都統制張詔乞點檢關外軍馬等事余端
禮等奏近日北虜於邊界添屯聚糧括戶馬簽民兵其
意不可測臣等竊謂沿邊不可不為之防日夕講究利
害當一一奏稟施行今日之事莫急於此更望陛下常
以此事入聖慮撙節用度愛惜名器以為緩急之備上
曰平時節省愛惜則緩急可以激勵士卒　八月十七
日後殿進呈臣僚劄子欲令諸軍主帥各條具目今將
佐士卒與夫器船艦果皆可用所管認地分控扼之地

卷六千一百五十

七

防守之策宜有一定之說庶有備無患京鏜奏云近來
金虜被韃靼侵擾傳聞不一然虜情叵測須預為之備
但兵力未壯民力未裕國力未彊正須講究上曰近年
儲蓄亦未甚裕謝深甫奏云誠如聖訓但恐機會之來
有不可失儲蓄固當為備然鹿臺之財鉅橋之粟乃商
紂為武王積於是詔內外主帥照所陳事理疾切條具
並除程限半月聞奏　十一月十九日黔州守臣言乞
降指揮付四川制置并夔路帥司令後南平軍公吏如
有接搆夷人賄賂私與謀議漏泄機密及少買馬錢物
侵冒兵田妄生邊釁者許知軍具申所司重加懲治詔
依仍令四川制置司并夔路安撫司常切覺察　二年

二月十三日，後殿端禮言：近日聞北邊爲韃靼侵擾，已焚了涼亭、金蓮川等處，去燕山纔六七百里。昨日賀正人使回，言與所聞亦略同。萬一韃靼得志，直犯中原，或虜酋逃遁，逼近邊界，或恐中原有豪傑嘯，當爲備，但不可張皇。臣等欲親寫劄子，與江上諸軍帥，且令密地整飭人馬，及各理會所管界分，設有緩急，免得失措。上曰：有備無患。今日若先爲不測之備，則緩急可以無虞。卿等只作私書密諭諸軍帥。臣端禮又言：更願陛下愛惜名器，節省財用，儲蓄稍厚，則可以免科擾百姓；名器稍重，則可以奔走天下。上甚然之。　三年十二月二十二日，宰執進呈謝深甫奏：沔州都統張詔言，本司邊面去

卷六千一百五十

八

行在最遠，乞給降黑漆紅字牌付下，專一遞發急切文字。深甫又奏云：沔州常時遞鋪五十日方到，惟是密院黑牌日行三百里，沔州約有五千里，今欲給牌三面，不過十七八日可到。上曰：若給黑牌，有雕字，恐報不至遲滯。　六年七月二十九日，工部言：淮西總領曾與等奏：竊謂守江不如守淮。今淮西實爲大江屏扞之地，而和州又爲淮西襟喉之衝，是以守江之計當以守淮爲先。倘長淮一失，所守則江亦未易保矣。和之爲郡，北距虜界二百二十五里，東自橫江門至楊林江口二十五里，上流形勢莫此爲重。故孝宗皇帝臨御，志在規恢，分兵留屯，所以備緩急。一旦遂用當時所廢之田，其間雖有

遠近高下之不齊，然自創建以來，兵農各安田畝久矣。今程九萬所議，以官田與張莊換易，移軍屯於附郭，是誠兩全之便。但恐張莊經理之素未必輕捨，驟有更易，或憚遷徙。爲今之計，莫若令張莊租客自結保伍，擇幹甲爲總首，如民兵之法，農隙習之教閱，緩急之際亦可藉之爲用。又況東西青陽二莊正關要衝，去處元屯之兵既不遷徙，緩急自足把扼，且不失孝宗皇帝創始之意。仍於楊林江岸營駐水軍，布列戰艦，以爲聲勢。於濾測措置作堰，緩急決水下路之兩傍，皆爲陂池，使舟船不可行，人騎不可涉。於楊林即其要津十餘里爲濠三層，以濠之土就疊爲堤，皆通江潮往來，可爲阻隔。凡四者之議，無非當今急務備邊大計，必欲次第而舉行之。

卷六千一百五十

九

亦惟所擇。本部勘當，欲從今來逐司所申，行下淮西總領、淮南轉運、和州遵守施行。詔依工部勘當到事理施行。　嘉定七年二月一日，起居舍人真德秀、閤門舍人周師銳賀金國登位奉使回，閤門進對。德秀等言：昨蒙聖恩遣賀金國，去冬十一月至盱眙伺候，日久竟無取接之耗。傳聞彼國見爲韃靼攻圍甚急，內外便絕不通，縱使未即滅亡，亦必不能持久。臣等久在邊頭，輒有備邊數事，具在奏劄，伏望聖慈垂覽。上曰：卿等將命出使，適值彼國擾攘，徒勞往返，已令修飭邊備。德秀等出劄子，展讀至紇石烈執中之死，奏曰：紇石烈執中乃弑舊酋

永濟者上曰是同謀之人　六日起居郎李𡌴直前奏論邊防及女真滅亡不久請至中原遺老之語皆欲身歸大宋上曰見說盱眙去泗州甚近此等語想皆卿親聞𡌴奏曰皆臣親聞入奏乞用祖宗故事發內帑錢以助邊費上曰卿言甚好但見今內庫亦闕支遣𡌴奏曰此則臣實未知但臣嘗聞陛下言今日惟要做好事臣今所奏請乃祖宗已行卻是一件好事願陛下力行之上首肯良久　九年十月七日臣僚言竊惟論備邊者當以淮為急而江次之論守淮者當亟以民為本而兵次之夫長江數千里自古以為南北之限憑險制敵莫要於此平淮莽蒼四戰之地無山可依其水易涉故古今之言守禦者未有不先江而後淮也賦民之贍兵資兵以衛民世之論備邊者亦未有不先兵而後民是蓋未知緩急之勢欲固門戶者當備藩籬今版圖未復駐蹕東南兩淮其藩籬也而長江乃吾門戶前後謀國者莫不以守江為上而視藩籬之地不甚經意宿大軍於長江而更戍以守淮壖豈非以內外為緩急耶抑不思嚴外乃所以固內今沿淮諸城悉皆整備然江淮之民尚未肯安居樂業之心夫貧富相依有無相賑蓋內地之民皆然不特淮民也今淮甸所居皆無富民矣向之富室今變而為中產向之中戶今轉而為貧民貧民日為流移而僅足之家亦苟且目前而不思為百年生生

卷六十一百五十

十

之計此無他為之牧長不得其人耳昔范鎮言於慶曆之朝曰欲備契丹莫若寬河北之民欲備靈夏莫若寬關陝之民欲備雲南莫若寬湖嶺之民今中原紛擾夷狄寇盜互相吞噬此正邊境必備之時今淮城築矣淮兵增矣而淮民之困可不思所以寬之乎請下臣此章明示兩淮守令其不一意恤民者必痛加之罰從之

十年四月二十四日禮部侍郎兼國子祭酒袁燮已見進對論獎拔忠賢因奏今日夷狄犯順尤當選擇人才增重國勢上深然之燮又奏須得忠鯁之臣其言逆耳有益於國勢者上曰有言逆于汝心必求諸道有言遜于汝志必求諸非道此可以觀人又論邊防利害上曰開禧間我先用兵彼直而我曲今日虜人叛盟我直而彼曲燮奏今日之事只得向前要在陛下剛明果斷振作士氣上再三稱是燮又奏歲幣不可與上曰卻可以此賞有功燮奏乞降詔曉諭北方飢民向來所以約回不納者恐開邊隙之故非是有意拒絕庶幾此等人不至於深怨上曰正當分明說與卿說得極是　十一年正月二十二日起居郎聶子述直前奏事論邊防利害不可專為守禦之謀上曰臨機制變不當執一庶幾彼不敢相侮子述奏聖慮深遠天下幸甚　十五年正月八日內降詔曰朕嗣守丕基統臨中夏慨神州之未復久汗腥羶念赤子之何辜尚罹塗炭諒結南歸之望無

卷六千一百五十

十一

深北顧之憂雖攬衣而披地圖思雪百年之恥然嗜殺
以一天下恐傷列聖之仁蠢彼游魂肆行亂略稔成暴
虐之政自速滅亡之期敵讎交攻生聚蕩析撫朕心而
甚痛矜再衆之疇依復地載天知素明於逆順尊君親
上果自決於從違山東奉土以來王河北連城而向化不
煩兵革竟脫纏裘嘉爾忠精爲時表倡爰第須於爵秩
俾仍撫於封陲安集流離蠲除征歛通稼穡漁鹽之利
絶鞭笞敲扑之苛頊夏正之未承每歎無歲逮同疆之
甫入乃克有秋即天意以監觀則人謀之允叶然慮更
生之後未底便安或當新集之餘猶須經理凡爾有欲
皆朕樂聞尚賴爲將帥者因兵鋭之可乘盡振勵激昂
之道爲守令者念民勞之乍習極撫摩寬恤之方叶濟
功名罔渝終始率遺黎而咸附與汙俗以惟新上以應
在天之靈下以恢復古之業功多厚賞朕不食言　六
月二日樞密院言淮東制置司申照得楚州内控歸附
外捍虜要當固本彊形具申朝廷乞劄下殿步司選
差精鋭馬軍二千人騎前赴本司以備調遣已蒙劄下
殿司差發馬軍五百人騎令統領彭忙部押到楚州添
貼捍禦本司已將上項馬軍時加激犒訓習委是純熟
兼增添馬料餵養緩急可仗但數目未多未足以彊形
乞再劄下殿司精選差撥發付本司以備緩急調遣檢
照本司已申事理詔令殿前司日下更選揀精鋭馬軍

卷六千一百五十　十二

五百人騎并合用衣甲軍器什物仍選差兵將官部押
起發前去淮東制置司楚州湊作一千人騎同共捍禦
仍令統領彭忙通行統轄

卷六千一百五十　十三

全唐文

宋會要　東京大內

舊城

東京唐之汴州梁建為東都後唐罷之晉復為東京國朝因其名舊城周回二十里一百五十五步即唐汴州城建中初節度使李勉築國朝以來號曰闕城亦曰裏城南三門中曰朱雀梁曰高明晉曰薰風太平興國四年九月改東曰保康大中祥符五年賜名西曰崇明周曰興禮太平興國四年九月改東二門南曰麗景梁曰觀化晉曰仁和太平興國四年九月改北曰望春梁曰建陽晉曰迎初國初曰和政太平興國四年九月改西二門南曰宜秋梁曰開明晉曰金義太平興國四年九月改北曰閶闔梁曰乾象晉曰乾明國初曰千秋太平興國四年九月改北三門中曰景龍梁曰興和晉曰玄（元）化太平興國四年改東曰安遠梁曰含輝晉曰宣陽太平興國四年九月改西曰天波梁曰大安太平興國四年九月改

卷七千六百九十九

一

新城

新城周回四十八里二百三十三步周顯德三年令彰信節度韓通董役興築國朝以來號曰國城亦曰外城又曰羅城南五門中曰南薰周曰景風太平興國四年九月改次東曰普濟惠民河水門太平興國四年九月賜名次東曰宣化周曰朱明太平興國四年九月改次西曰廣利惠民河水門太平興國四年九月賜名次西曰安上周曰畏景太平興國四年九月改東五門南曰上善汴河東水門太平興國四年九月賜名次北曰通津汴河東水門太平興國四年九月賜名通津天聖初改廣津後復今名次北曰朝陽周曰延春太平興國四年九月改次北曰含輝周曰含煇太平興國四年九月改寅賓後復今名次北曰善利廣濟河水門太平興國四年九月賜名咸通天聖初改西六門南曰順天周曰迎秋太平興國四年九月改次北曰大通汴河南水門太平興國四年九月賜名大通天聖初改順濟後復今名次北曰宣澤汴河北門熙寧十年賜名次北曰開遠太平興國四年賜名通遠天聖初改次北曰金耀周曰肅政太平興國四年九月改次北曰咸豐廣濟河西水門太平興國四年九月賜名北五門中曰通天周曰玄（元）德太平興國四年九月改曰通天天聖初改寧德後復今名次東曰景陽周曰長景太平興國四年九月賜名次東曰永泰周曰愛景太平興國四年九月改次西曰安肅國初號衛州門太平興國四年九月賜名次西曰永順廣濟河南水門熙寧十年賜名

卷七千六百九十九

二

大內

大內據闕城之西北宮城周回五里即唐宣武軍節度使治所梁以為建昌宮後唐復為宣武軍治晉為大寧宮國朝建隆三年五月詔廣城命有司畫洛陽宮殿按圖以修之南三門中曰宣德梁初曰建國後改咸安晉初曰顯德又改明德太平興國三年七月改丹鳳九年七月改

乾元大中祥符八年六月改正陽景祐元年正月改令名東曰左掖西曰右掖乾德六年正月賜名東一門曰東華梁曰寬仁開寶四年改西一門曰西華梁曰神獸開寶四年改北一門曰拱宸梁曰厚載後改玄武大中祥符五年十一月改宣德門内正南門曰大慶梁曰元化國朝常隨正殿名改東西横門曰左右昇龍乾德六年正月賜名正殿曰大慶梁曰崇元乾德四年重修改乾元太平興國九年五月殿災改朝元大中祥符八年四月殿災六月改天安景祐元年正月改令名殿九間挾各五間東西廊各六十間有龍墀沙墀正至朝會册尊號御此殿饗明堂恭謝天地即此殿行禮郊祀齋宿

卷七千六百九十九　三

殿之後閣東西兩廊門曰左右大和梁曰金烏玉兎國初改日華月華大中祥符八年六月改令名右昇龍西北偏曰端禮門凡三門各列戟二十四枝熙寧十年八月賜名門内廟堂次北文德殿門次文德殿後唐曰端明國初改文明太平興國九年五月殿災改令名即正衙殿太祖時元朔亦御此殿其後常陳入閤儀如大慶殿饗明堂恭謝天地即齋於殿之後閤熙寧以後月朔視朝御此殿殿東西兩廊門曰左右嘉福舊名左右勤政明道元年十月改殿庭東南隅有鼓樓其下漏室西南隅鐘殿兩挾有東上西上閤門左右掖門内正南門曰左右長慶乾德六年正月賜名次北門曰左右嘉肅

熙寧十年八月賜名次北門曰左右銀臺大慶殿後東西道其北門曰宣祐舊曰天光大中祥符八年六月改大寧明道元年十月改令名門西紫宸殿門殿門皆兩重名隨殿易其中隔門遇雨雪羣臣朝其上紫宸殿舊名崇德明道元年十月改即視朝之前殿每誕節稱觴及朔望御此殿次西垂拱殿門門有柱廊接文德殿後其東北角門子通紫宸殿每日樞密使以下立班殿庭候傳宣不坐即過赴垂拱殿起居每門内東西廊設二府親王三司開封府學士至待制正刺史以上候班幕次垂拱殿舊曰長春明道元年十月改勤政十一月改令名即常日視朝之所節度使及契丹使辭見亦宴此

卷七千六百九十九　四

殿其後福寧殿國初曰萬歲大中祥符七年改誕慶明道元年十月改令名殿即正寢殿東西門曰左右昭慶大中祥符七年賜名次後柔儀殿國初但名萬歲後殿章獻明肅皇太后居之乃名崇徽明道元年十月改寳慈景祐二年改令名次後欽明殿舊曰天和明道元年十月改觀文後改清居治平三年六月改令名其西睿思殿福寧殿東慶壽宮慶壽萃德二殿太皇太后所居福寧殿西寳慈宮寳慈姒徽二殿皇太后所居福寧殿後坤寧殿皇后所居凡禁中殿閣有嘉慶殿咸平初明德太后居此殿後徙萬安宮觀文殿舊曰延恩大中祥符元年以聖祖降此殿因繕完改曰真遊奉道像後改

集聖明道二年十一月改葺爲内外命婦容殿名肅儀
慶曆八年五月改令名延真門大中祥符七年賜真遊
殿西門曰延真積慶殿感真閣大中祥符七年賜真遊
殿真君殿曰積慶前又建感真閣福聖殿明道中奉真
宗御容于此壽寧堂明道中奉太祖御容于此慶雲殿
玉京殿清景殿西凉殿景祐二年重修在天章閣東慈
德殿章惠太后所居初係嘉慶殿景初四年改令名景
寧殿治平二年正月識内中神御殿賜名景寧垂拱殿
門次西皇儀殿門皇儀殿舊曰明德亦曰滋德開寶四
改滋福咸平三年明德太后居之號萬安宮萬安殿大
中祥符七年復爲殿標舊額明道元年十月改令名次

西集英殿門集英殿舊曰玄德亦曰廣政開寶二年改
大明淳化元年正月改含光大中祥符八年六月改會
慶明道元年十月改元和尋改令名每春秋誕聖節錫
宴此殿熙寧以後親策進士于此殿後有需雲殿舊曰
玉華後改瓊英熙寧初改令名東有昇平樓舊曰紫雲
明道元年十月改令名宮中觀宴之所次西安樂門門
外西北景暉門天禧五年三月賜名其東含和門熙寧
十年八月賜名門内有横廊廊北龍圖閣大中祥符初
建以奉太宗御集御書閣東序資政崇和二殿西序宣
德述古二殿又列六閣曰經典曰史傳曰子書曰文集
曰天文曰圖畫其北天章閣天禧五年三月建以奉真

宗御集御書閣東西序群玉蘂珠二殿次北寶文閣舊
曰壽昌慶歷初改令名以奉仁宗御筆御書閣東西序
嘉德延康二殿殿閣以桃花文石爲流盃之所東華門
内次西左承天祥符門乾德六年正月賜名左承天大
中祥符元年正月天書降其上詔加其名而增葺之次
西北廊元符觀大中祥符七年以皇城司廨舍爲觀奉
天書道場後罷之復併入皇城司直北東向有謻門舊
無榜熙寧十年始標額門内南廊慶寧宮英宗爲皇子
所居治平二年賜名西華門内次西右承天門乾德六
年正月賜名南北夾道北延福宮穆清靈顧性智三殿
靈顧以奉真宗聖容宮中又有奉宸五庫次北廣聖宮天

天聖二年建長寧宮以奉三清玉皇道像後安真宗御
容於宮之降真閣景祐二年改令名宣祐門内東廊次
北資善堂大中祥符九年二月建資善堂於元符觀南
爲仁宗就學之所天禧四年徙於此講筵所舊曰説書
所寓資善堂慶歷初改令名次北引見門次北通極門
熙寧十年八月賜名次北臨華門熙寧十年八月賜名
西廊次北内東門有柱廊與御厨相直門内有小殿即
召學士之所次北崇政殿門崇政殿舊曰簡賢講武太
平興國八年改大中祥符七年始建額即閲事之所殿
東西延義邇英二閣侍臣講讀之所閣後隆儒殿皇祐
三年十月賜名崇政殿後有柱廊倒座殿次北景福殿

前有水閣舊試貢舉人考官設次於兩廊殿南延和殿大中祥符七年建賜名承明章獻太后垂簾參決朝政於此明道元年十月改明良尋改端明景祐元年改今名殿北向俗呼倒座殿殿西北迎陽門大中祥符七年建賜名宣和明道元年十月改開曜十一月改今名俗號苑東門召近臣入苑由此門門內後苑苑有大清樓樓貯四庫書走馬樓延春閣舊曰萬春寶元中改鳳儀翔鸞二閣景祐中有瑞竹生閣前宜聖殿奉祖宗聖容嘉瑞殿舊曰崇聖後改今名宣明殿安福殿寶跋殿化城殿舊曰玉宸明道元年改四方貢珍果常貯此殿金華殿大中祥符中常宴輔臣清心殿真宗奉道之所流

卷七千六百九十九 七

杯殿唐明皇書山水字於右天聖初自長安輦入苑中禊殿為流杯當令侍臣館閣官賦詩清輝殿親稼殿景祐二年建賜名華景亭翠芳亭景祐中橙實亭前命近臣觀瑤津亭象瀛山池以上國朝會要西京唐曰洛州後為東都河南府尋改為京梁為西都晉復為西京國朝因之京城周回五十二里南三門中曰定鼎東曰長夏西曰厚載東三門中曰羅門南曰建春北曰上東北二門東曰安喜西曰徽安城內一百二十坊明教宜人淳化安業修文尚善樂和正平修行崇業旌善尚賢敦行崇政宣範恭安勸善惠訓道術歸德康俗敦化道化溫柔擇善道德仁和正俗永豐修善思順福善惠和安

衆興教宣教陶化嘉善通利樂成安遠慈惠上林遊奕集賢尊賢章善賢相永泰臨闤延福富教詢善銅駝崇讓履道履信會節綏福從善睦仁嘉猷里仁永通利仁歸仁懷仁仁風靜仁延慶寧人寬政淳風宣風觀德積善從政大同承義明義教義廣利通濟懷義淳和南里北里承福立德清化道光道義道政永福思恭歸義履順進德景行溫落北帝鄰德敦厚修義時泰時邕立行殖業豐財教業毓財德懋毓德審教積德賜福教善興藝通遠大內據京城之西北宮城周回九里三百步舊名紫微城南面三門正南曰五鳳樓國初建名東曰興教西曰光政隋唐舊名東面一門曰蒼龍隋唐曰重光

卷七千六百九十九 八

後改西面一門曰金虎隋曰寶城唐曰嘉豫後改北面一門曰拱宸隋唐曰玄武大中祥符中改今名五鳳樓內正南內太極殿門隋曰永泰唐曰通天乾元太平興國三年名太極門景德四年改今名門東西各有門唐初曰萬春千秋今無榜太極殿門外東西橫門曰左右永泰門隋曰東西華唐曰左右延福後改正殿曰太極殿隋曰乾陽唐初曰乾元明堂後改含元梁曰朝元後唐曰明堂晉曰宣德後復為明堂太平興國三年改今名殿前有左右龍尾道日樓月樓東西橫門曰日華月華殿後有柱廊次天興殿舊曰太極後殿太平興國三年改今名後有殿閣其地即隋之大業唐之天堂後門

北對建禮門大極殿門之西面南曰應天門唐曰敷政光範後改次北曰乾元門唐曰千福乾化後改次北曰敷政門唐曰武成宣政後改次北曰文明殿唐曰真觀梁曰文明殿東南隅有鼓樓西南隅有鐘樓東西橫門曰左右延福門殿兩挾曰東上西上閤門殿後有柱廊次曰垂拱殿唐曰延英太平興國三年改今名殿後通天門復有柱廊興教門内曰左右安禮門隋唐曰會昌門西北曰鑾和太平興國三年以東輅院門改今名左安禮門北曰左興善門唐曰左銀臺梁改其北左銀臺門唐曰左章善梁改光政門内西偏右安禮門隋唐曰景運後改次西橫門曰永福門後唐之名右安禮門北

卷七千六百九十九

九

曰右興善門唐曰右銀臺梁改蒼龍門之正西有東隔門次西曰膺福門唐曰含章後改次西接通天門柱廊金虎門之正東有西隔門次東曰千秋門唐曰金鑾後改次東接通天門柱廊建禮門在天興殿後南對五鳳樓有隔門次北拱宸門建禮門之西曰廣壽殿門門内廣壽殿唐曰嘉慶後唐改殿後隔舍即内東門道其北明德殿太平興國三年改廣壽第二殿曰明德第三殿曰天和第四殿曰崇徽其次天和殿其次崇徽廣壽殿門之西曰明福門其次北廊接通天門南對文明殿明福門内曰天福殿門門内天福殿唐曰崇勳後唐曰中興晉改今名其次太清樓後唐曰絳霄太平興國三年

皇城

改寢殿曰太清第二殿曰思政第三殿曰延春其次思政殿其次延春殿其次面北曰武德殿後唐曰解御又曰端明太平興國三年改今名明福門之西曰金鑾殿唐曰太極又名思政梁改今名其次壽昌殿梁曰雍和太平興國三年改金鑾第二殿曰壽昌第三殿曰玉華第四殿曰長壽第五殿曰甘露第六殿曰乾陽第七殿曰嘉興其次玉華殿其次甘露殿其次長壽殿其次乾陽殿其次嘉興殿金鑾殿門之西曰含光殿門門内含光殿宴殿也其南廊有裝戲院殿東廊後有紫雲樓宮中觀宴之所樓前射弓小殿含光殿後洗澤宮一位建禮門北之東廊曰内東門其北即北隔門門南之西廊

卷七千六百九十九

十

曰保寧門門西有隔門門内面南有講武殿唐曰文思毬場梁以行從殿為興安殿毬場後改今名殿後有柱廊有後殿名無隔門相對西隔門門西淑景亭又有隔門以西入後苑内有長春殿後唐建石殿有柱廊後殿以西即十字池亭其南砌臺氷井婆羅亭貯奇石處世傳是李德裕醒酒石以水沃之有林木自然之狀謂之婆羅石故以名亭前有九河池一名九曲池其南有内園門左含光殿門之西東宮在蒼龍門之西興左銀臺門相對其門在東池門之内宮後東池門内有飛龍院西有散甲殿梁改弓箭庫殿為宣威後改今名殿後柱廊有後殿其北相對有夾道門在拱宸門内皇城隋曰太

徵城亦號南城宮城之外夾城南面三門中曰端門北
對五鳳樓南對定鼎門東曰左掖西曰右掖東面二門
南曰賓耀隋曰東太陽唐曰東明後改北曰啟明西對
宮城之蒼龍門西面三門南曰金耀隋曰西太陽後改
北曰乾通東對宮城之金虎門西面外挾城又二門南
曰麗景東對金耀門北曰開化東對乾通門北面一門
曰應福五代以來曰甲馬門蓋諸班宿直其內次北右
軍一門在光政門之西門內皆班院及御園東城宮東
之外城也隋築東面一門曰宣仁東對上東門南面一
門曰承福令為洛陽監前門北面一門曰含嘉令不復
有門構以上國朝會要東京雜錄太祖建隆三年正月

卷七千六百九十九　十一

十五日發開封浚儀縣民數千廣皇城之東北隅命義（五月有司案西京宮室圖修宮）
成軍節度使韓重贇督役四年五月十四日詔重修大城
內以鐵騎都將李懷義內班都知趙仁遂護其役二十
四日明德門成先是同州節度使張美來進材木及成
命翰林學士承旨陶穀撰碑乾德三年四月十三日募
諸軍子弟導五丈河水通皇城為池四年二月七日帝
親視皇城版築之役十一日修崇元殿帝召近臣及侍
衛軍校觀上梁各賜金錢酒食役工錢帛有差左右街
僧道商賈並於殿前以金錢果食自新殿上散擲洺令
爭之六年正月十日發近甸丁夫增治京城命馬步副
軍頭王廷乂護其役太宗（太平興國四年改京城門名）雍熙二年九月十七日以楚
開寶元年正月甲午發近甸丁夫增修京城

王宮大欲廣宮（浸占民居）城詔殿前都指揮使劉延翰等經度之
畫圖來上帝曰內城褊隘誠合開展拆動居人朕又不
忍令罷之但遷出在內三數司而已至道元年十一月（令館名撰□□，列始有治洛之制）
二十五日詔改京城內外坊名舊城內左第一廂二十
坊曰太平義和安業通利寶積宣平興寧觀德明德嘉
善崇德景寧惠政興禮龍華信陵昭德福善延和通濟
第二廂十六坊曰光德宜春樂甘泉崇仁保和靖安昭
慶嘉德廣福嘉平右第一廂八坊曰興宣化新昌常樂
光化利仁樂臺郭義第二廂二坊曰金順壽昌新城內
城內城東廂九坊曰滋德永濟清和顯仁睿明汴陽崇
善宣陽安仁城西廂二十六坊曰建隆延秋咸寧惠寧

卷七千六百九十九　十二

福昌隆安慶成興化徽安延禧永豐豐安義康順成善
利安遠宣義景福保義順政崇節通義善寧通化歸德
敦化城南廂二十坊曰大寧崇禮廣濟敦教建寧昭化
永通景平通惠敦化武成景耀永泰建平長慶清平光
慶永昌敦信永安城北廂二十坊曰東門昌樂永寧永
平豐義崇慶安興延慶玄（元）英咸宜安定崇化保安泰寧
嘉慶保寧永順延昭福善安化太宗以舊坊名多涉俚
俗之言至是命美名易之唯寶積安業樂臺利仁四坊
仍舊名真宗大中祥符元年正月十四日勾當八作司（修東京外城）
謝德權言京城女牆圮缺水道壅塞望籍兵完葺計六
十三萬五千六十二工從之二年三月九日開封府言

准記以都城之外人戸軍營甚多相度合置廂虞候管轄從之仍詔勿多置人吏所由妄有搔擾又增度置廂九京東第一廂一坊曰清明第二廂一坊曰含耀第三廂一坊曰務本京南廂二坊曰安節明義京西第一廂二坊曰天苑天泉第二廂二坊曰金城開化第三廂二坊曰乾耀阜門京北第一廂二坊曰建陽嘉豫第二廂一坊曰福慶七月八日廢萬安宮復爲滋福殿先是咸平初以皇太后所居滋福殿爲萬安宮至是復爲殿云五年七月二日詔曰重城陽位通門肇開特順民心以壯京邑仍加美號式示方來宜名新開門爲保康仍名汴河舊廣濟橋爲延安惠民河新橋爲安國閏十月八

卷七千六百九十九

十三

日翰林院學士晁迥等請改延恩殿名重加興葺及御製銘頌以彰聖祖降格之慶詔名眞遊殿六年五月七日改東門坊曰寧遠玄英坊曰瑞慶七年七月二十八日參知政事丁謂復請御書眞遊殿額從之八年四月二十四日大内火命參知政事丁謂充大内修葺使殿前都指揮使曹燦侍衛馬軍副都指揮使張旻入内内侍都知秦翰都護其役九年七月五日增築京新城天禧三年三月工畢部役使臣軍校第進一資仁宗天聖元年正月癸卒增築京城七月二十四日詔内殿崇班秦懷志白仲達貼築新舊城墻十年八月二十三日内庭火延燔長春崇德會慶承明殿命宰臣呂夷簡爲大臣修葺使樞密副使

楊崇勳爲副使殿前副都指揮使夏守贇都大管勾修葺事入内内侍省押班江德明内侍省右班副都知周文應同管勾十月工畢景祐元年五月十五日入内内侍省言司天監集衆定奪開拱宸門外過道稱無妨礙選定十九日申時開門從之皇祐元年八月十二日侍御史徐宗況言在京舊城修築年深乞行完葺從之嘉祐四年正月十一日修築京新舊城及興役賜兵卒緡錢八年四月十九日詔於内香藥庫之西偏建皇子位英宗治平元年十月十六日命内侍供奉官王希古貼築在京新舊城墻二年二月十一日權發遣三司戸部副使呂公著奏乞候既郊歲豐乃修慶寧宮從之三年

卷七千六百九十九

十四

六月二十九日改清居殿曰欽明命直龍圖閣王廣淵書洪範一篇於屏時帝謂廣淵曰先帝臨御四十年天下承平得以無爲朕方屬多事豈敢自逸故改此殿名因訪廣淵先儒論洪範得失廣淵對以張景所得最深以景論七篇進翌日復召對延和曰景諱所說過先儒遠矣以三德爲善論朕據臣下常務譏聽納之間則自以剛斷此屏置之座右豈特無逸之戒也賜廣淵御紙筆墨黄金等以上國朝會要神宗熙寧初改集英殿後殿曰需雲二年閏十一月詔今後在内修造係宮殿門内委提舉内中修造所主領其係皇城内宮殿門外者即令提舉在内修造所施行是年作慶壽寶慈二宮四年後苑

作玉華殿七年玉華殿後作山亭一祥鸞閣一基春殿
一八年八月二十一日詔都城久失修治熙寧初雖嘗
設官繕完費工以數十萬計今遣人視之乃頹圮如故
若非特選官總領其役曠日持久必不能就緒可差入
內東頭供奉官宋用臣專切提轄修完其有合申請事
件並令條具聞奏仍差河北京東揀中崇勝奉化七指
揮及新廢監牧兵士五千人專隸其役所有上件兵士
萬人隸步軍司應緣修城役使犯杖罪以下即令提轄
修城所斷遣內係雖杖罪合干追照即送步軍司斷遣
每五百人仍許奏選殿直以下至殿侍一人部役九月
七日（重修都城詔內臣宋用臣董之）廢罷監牧司馬監兵士五千人以二千人充在京

卷七千六百九十九　十五

新置廣國四指揮專隸修完京城所工役於京城四壁
置營三千人添置府界保忠六指揮於陳留雍丘襄邑
置營候修京城畢其新置保忠指揮額數即行撥併仍
隸步軍司非有宣命不得差使所有請受並依保忠例
支給是年造睿思殿九年二月改正南南河門曰景風
南博曰亨嘉皷角曰阜昌正北北河門曰安平北博曰
耀德正東冠氏門曰華景冠氏第二重曰春祺子城東
曰泰通正西魏縣門曰寶城魏縣第二重曰利和子城
西曰宣澤東南朝城門曰安流朝城第二重曰巽齊西
南觀音（門曰安江觀音）第二重曰靜方上水關曰善利下水關曰永濟
內城剏置北門曰靖武六月十六日詔在京舊城諸門

并汴河岸角門並令三更一點閉五更一點開十年九
月十八日提轄修完京城所言准詔令御書院書寫外
城諸門牌額今汴河上流兩岸南北水門並曰大通有
此相犯詔北門改曰宣澤又汴河下流南水門舊曰上
善改曰通津十月四日提舉修完京城所言五丈河上
流咸豐門南水門未有名額詔以永順為額是年改文
殿南門曰端禮左右長慶隔門曰左右嘉肅安樂門曰
含和崇仁殿北橫門曰通極拱宸門裏西橫門曰臨華
東華門曰北謻門元豐元年十月六日重修都城訖功
詔知制誥直學士院孫洙譔記刻石南薰門上洙卒改
命知制誥李清臣城周五十里百六十五步高四丈廣

卷七千六百九十九　十六

五丈九尺外距隍空十五步內空十步自熙寧八年九
月癸酉興工以內侍宋用臣董其事役羨卒萬人剏機
輪以發土財力皆不出于民初度功五百七十九萬有
奇至是所省者十之三十一月十四日賜度僧牒千為
修治都城諸門瓦木工直之費十二月二日提點修治
京城所言修治畢功壕寨人等乞酬賞詔隨功力輕重
轉資減年支賜有差八月開封府請修治京城四壁留
十步以墻為衛外容車馬往來詔七步外築墻留五步
為路其官私屋有礙者免拆止據見今地五步外築墻
留五步為路二年造承極殿并殿前亭二及殿東小石
池一三年五月十三日詔賜內東門重進食門曰會通

九月廢舊城明殿坊入景靈宫四年四月四日承議郎胡宗炎言庚夷門山在大東内北當少陽之位為都城形勝之所國姓王氣所在公私取土於此岡阜漸成坑塹伏望禁止及填塞握鑿處司天監定如宗炎所言從之五年十二月十八日詔在京新城外四壁城壕開濶五十步下收四十步深一丈五尺地脉不及者至泉止是年延福宫造神御殿曰燕寧以奉仁宗慈聖光獻皇后御容六年正月八日詔開新城四面壕移毁公私舍屋土田委楊景畧估直給之或還以官地其官營房及民墳寺舍責京城所管認撥移修蓋二月三日詔給度僧牒千修京城水門五月十三日尚書刑部言切聞京

城諸門或不以時啓閉公私或以廢事欲新城門並以日初出入時為準委開封府檢察從之閏六月五日權開封府推官祖無頗言準詔提舉京城所度量京城裏壁四面雜城三十步妨官地民屋按圖標撥内稅地及屋參驗元契時價以閘除官屋地不估百姓屋地百三十家計直二萬二千六百緡詔集禧等觀當拆修屋令京城所管認其餘官屋令將作監拆修民屋價辦令户部以撥馬錢給九月十三日提舉京城所言先准朝旨發夫開新城外壕候興役令開封府界提點司與提舉京城所官同提舉勾會本所見檢計分放工料難更同提舉緣令夫役近在輦轂之下全藉鎮撫欲望差管軍

臣僚都大提舉詔開封界發夫五萬人仍差權開封府推官祖無頗提點開封府界諸縣鎮公事范峋殿前都虞候苗擾都大提舉編欄十月十六日上批來春開封府界起夫五萬開城壕宜令二月朔入役庶日景長工力易辦兼於農事未致失時七年六月二十四日賜專一主管製造軍器所度牒千五百買木修置京城四御門及諸甕城門封築團敵馬面并給役兵官吏食錢七月廢善利永濟關八年（哲宗即位未改元）五月十四日府界提點范峒侍衛親軍步軍副都指揮使苗授開封府推官王同老坐開京城西壁等壕虧空擅令人出備夫錢等第罰金哲宗元祐元年正月十二日工部言京城四

壁城壕止以廣固人兵漸次開修更不差夫從之十二月二十四日中書省言提舉京城所奏修治京城所元管大小使臣二十七員令相度可以廢罷四十七人存留一十員管勾事務並乞不拘常制踏逐指名抽差各與通理三年為一任從之八年十二月十七日詔雪寒應在京工役去處自今月十八日後放假三日紹聖元年正月八日尚書省言提舉京城所奏增築京城訖工詔官吏役兵汎類賞之閏四月十六日中書侍郎李清臣言奉詔命臣以元豐二年進撰重修都城記重行校正緣已經神宗皇帝御覽自是叙述一時之事其後增修自可别命詞臣撰述從之仍令提舉京城所别具增

築京城制度旨差官撰文相對立石五月十八日提舉京城所奏詔具修築京城制度以聞詔翰林學士蔡卞撰詞并書九月六日三省言有旨以李清臣先撰都城記於南薰門上立石差翰林學士蔡卞書詔仍令卞篆額二年四月二日宣和殿成初哲宗以睿思殿先帝所建不敢燕處乃即睿思殿之後有後苑隙地僅百許步者因取以為宣和殿焉宣和殿者止三楹兩側後有二小沼臨之以山殿廣袤纔數丈制度極小後太皇太后垂簾之際為臣僚論列遂毀拆獨餘其址存焉及徽宗親政久之宣和於是旋復徽宗亦踵神宗哲宗故事晝日不居寢殿又以睿思時為講禮進饍之所乃皆就宣

卷七千六百九十九　十九

和燕息大觀二年既再繕葺之徽宗乃親書為之記甚詳而刻諸石及重和元年議改號因即以為宣和元年乃改宣和殿為保和殿者宣和之後殿重和元年所刱也三年六月十八日詔及暑熱在京工役可給假三日

徽宗建中靖國元年三月九日詔顯謨閣為熙明閣三月十八日詔管勾御藥院閻守懃以見存材植製造防城之具初元豐中城京師樓櫓之類咸極攻堅所儲莫非良材至元祐嘗罷之以其材他用上令守懃檢校猶不乏故俾終其功崇寧五年二月二十六日詔曰朕荷天右序男女僅五十人垂休無窮以次成立建第築館指日有期而京師居民繁夥居者櫛比無地可容深慮

移徙居民毀徹私舍久安之衆遽棄舊業或至失所言念赤子為之惻然可令有司度國之南展築京城移置官司軍營將來繕修諸王外第與帝姬下嫁並不得起移居民政和二年五月十六日詳定九域圖志所言今來興仁府輔郡既以東字為別即鄭州輔郡亦合依此以西字為別潁昌開德府合冠以南北輔兼延安等五府屬縣已依本所申請罷稱次赤畿即四輔所治縣自合正名次赤餘縣合為次畿所貴格法從一從之四年八月三日詔改端明殿為延康殿五年四月十日詔秘書省殿以右文殿為名八月十二日詔秘書省移於他所以其地建明堂八年十月六日 詔宣德門改為太極

卷七千六百九十九　二十

之樓重和元年正月二十五日詔復依舊名宣和二年二月一日詔宣和已紀年號殿名易為保和殿三年二月二十九日承議郎樊澥奏竊覩神宗皇帝熙寧間詔有司鑄都城諸門銅符契依法勘同復命樞密院約舊制更造銅契中刻魚形識之各分左右給納以戒不虞而啟閉之法嚴於舊矣元豐初重修外城僅五十里增卑培薄屹然崇墉遺國家萬世之業顧不偉哉比年以來內城頹缺弗備行人躐其顛流潦穿其下屢閱歲時未聞有修治之詔則啟閉雖嚴豈能周於內外得不為國軫憂欲乞特降緡錢付之有司遴選能吏鳩工董役役俾郛郭宏麗實帝居無窮之賴詔差都水使者孟楊

提舉修治六年十二月四日中書省言專切提舉京城所狀奉詔塲築京城開撩壕河修葺諸門等可於宣和七年選日下手令據本所選到宜用來年二月二十四日巳正四刻後丙時並先自京城西南角坤位下手吉從之

卷七千六百九十九

二三

此段疑行注第二六頁第十一行知制誥李清臣下

崇精歷記曰以三歲之績易數百年因循之陋崇精迄就周五十里一百六十五步橫度之基五丈九尺高度之四丈而埤堄七尺堅若埏埴直若引繩惟哉汴京氣象宏偉卑廣四達周阜繚轉隱磷地中若龍盤虎伏睨而四據濁河限其北漕渠貫其內氣得中和王號沃

二三

門靡煙屯雲映帶門闕望之者知其為天子之宅周世
宗廣而新之建此百一十有五年聖上營於無為圖于
弗用取義卒共其力兵不踰一萬分部者六板幹遒遝
畚鍤貫序創橇輴以登土爲鐵蹠以闕溝肇于丙吉環
于四浹度功五百七十九萬有奇所省者十之三其作
怡然其成裕然人不及詩士不及議而城以全新奏矣
又以材易八門崇端顯嚴道與城稱其外趾跨隍百一
十有五步聖授其美士竊其能

宋會要

景德二年八月十三日以將朝陵詔西京八作司修葺
大內及諸司廨舍四年二月二十一日詔曰國家經制
動著於典常殿閣規模上符于天象緬維列祖嘗幸舊
都修宮闕以來成正名稱而靡暇今因巡省周覽禁庭
懸示于人題號非便須從改作用彰懋章其明堂殿前三
門改爲太極門其諸殿諸名號宜令崇文院檢討詳定
以聞大中祥符四年三月十四日祀汾陰迴駐蹕將賜
酺有司請改五鳳樓名以彰慶宴詔以太祖建樓因端
應立名不可更也仁宗景祐元年九月十五日宰臣王
曾言西京水南地里闊遠居民甚多並無城池望令漸

卷七千六百九十八

次修築詔知河南府李若谷計度興築神宗熙寧二年
十月十六日京西轉運司言西京大內損壞屋宇比舊
少四千餘間號乞于奉前差中使一員計會留守司通
判檢定離修每二間折脈修之數一間詔令通判檢定
本京修葺轉運司提舉四年二月十一日詔京西轉運
司每年撥錢一萬貫買材木修西京大內元豐七年七
月四日尚書工部言知河南府韓絳乞修大內長春殿
等欲下轉運司支歲認買木錢萬緡從之十日知河南
府韓絳言近被水災自大內天津橋堤堰河道城壁軍
營庫務等皆傾壞聞轉運司財用匱乏必難出辦役兵
累經刬刷府官職事繁多欲望許臣總領賜錢十萬緡

選京朝官選人使臣各三五人與本府官分頭補治乞
發諸路役兵三四千人詔運司與經費餘錢支十萬緡
令沈希顏往來與韓絳同提舉營葺及選使臣三五員
役兵于本路刻刷二千人如不足即雇工徽宗政和三
年十二月三日詔見修西京大内竊慮亂有採伐窠木
損毁古跡去處仰王鑄覺察以聞違者以違御筆論四
年二月十四日詔西京大宗近降指揮補飾添修或聞
官有計度甚失本意如實頹圮朽腐方許整葺不得過
修以上續國朝會要

卷七千六百九十八

二

郎

宋會要　南京

真宗景德三年二月詔曰睢陽奥區平臺舊壤兩漢之
盛並建於戚藩五代以還存升于節制地望推于征鎮
疆理接於神州實都畿近輔之邦乃帝業肇基之地蓋
惟聖祖誕慶鴻圖爰於歷試之初兼領元戎之寄謳謡
所集符命薦臻始議景朝備同列郡式昭茂烈宜錫崇
名用彰神武之功且表興王之盛宜升為應天府宋城
縣為次赤寧陵楚丘柘城下邑穀熟虞城等縣並為次
畿大中祥符七年正月二十九日詔曰睢水名區實一
方之都會商丘奥壤為三代之舊邦形勢表於山河忠
烈存於風俗惟文祖之歷試蓋王命之初基今者伸款
謁于檜庭既揚茂則徇禊來於竹苑方需湛恩期克壯
帝猷俾肇所京邑用志興王之地允符追孝之心應天
府宜升為南京正殿以歸德為名洽爾都民承乎世德
慶靈所佑感悦良多二日一月詔名南京門曰崇禮雙
門曰祥輝外西門曰迴鑾三日以主客郎中知應天府
馬元方兼南京留守司事合置官屬名目下審官院流
内銓一如西京之式三月十三日詔名南京城大東門
曰昭仁小東門曰延和小西門曰順成北門曰靖安新
陽門曰承慶仁宗慶曆五年九月十八日置南京留司
御史臺

卷七千七百一

一

宋會要　北京

懸

仁宗慶曆二年五月詔曰：相邑設都，所以因地形之勝肴方辰義所以考民風之宜乃眷魏郊實當河麓席萬盈之懿兆冠千里之上腴隱然北門壯我中夏洪惟聖考順駐蹕與宮館並存威靈如在緬懷凝烈有述于孝思嘉慰樸來敢忘於時邁載恢舊制崇建別京蔑昭善繼之猷仍奐維新之澤大名府宜陞為北京先朝駐蹕行宮正殿以班瑞為名其修葺行宮屋宇並給官錢毋得科率六月十七日以樞密副使右諫議大夫任中師為修建北京使翰林學士尚書禮部郎中知制誥史館修撰蘇紳為修建北京副使七月十二日以北京行宮門為順豫八月十七日出內藏庫緡錢十萬修北京行宮闕九月一日詔比建北京以備巡幸其供儗之物宜令有司辦置毋或擾民三年二月六日北京行宮便殿為靖方七年六月二十一日置北京留守司御史臺神宗熙寧八年十二月九日賜內外城門名南河門曰景風南博門曰亨嘉朝城縣門曰安流朝城羅門曰巽齊冠氏門曰華景冠氏羅門曰春祺上水關曰善利北河門曰安平北博門曰耀德魏縣門曰寶成魏縣羅門曰利和觀音門曰安正觀音羅門曰靜方下水關曰永濟左右四廂凡二十三坊永寧延福靖安惠安宜春敦信安仁善化七賢大安德政宜春崇化三市普寧廣利長樂景行景明鳳臺延康福善保安

卷七千七百二　二

方域二之二

宋會要

行在所　臨安府

舊係京都雜錄自建炎以來車駕巡幸至紹興八年駐蹕臨安為行在　高宗建炎元年五月二日詔江寧府修建景靈宮諸帝共作一殿諸后共作一殿　六月一日詔已降指揮令永興軍襄陽府江寧府准備巡幸仰逐處守臣營葺城池建置宮室官府務從簡易不得搔擾以近便州郡神霄宮并空閑提舉廨舍之類撥移逐路漕司及提舉常平司錢物應副如不足具數申尚書省三日詔潛邸以升賜宮為名　七月十三日詔權時之宜法古巡狩駐蹕近甸號召軍馬以防金人秋高氣寒賊來入寇朕親督六師以援京城及河北河東諸路與之決戰已詔迎奉元祐太后津遣六宮及衛士家屬置之東南朕與群臣將士獨留中原以為爾京城及萬方百姓請命于皇天庶幾天意昭答中國之勢寖強歸宅故都迎奉二聖以稱朕夙夜憂勤之意應在屯兵聚糧修治樓櫓具器並令留守司京城所戶部疾速措置施行　九月七日詔將來巡幸駐蹕揚州可行下知揚州呂頤浩修治城池差膳部員外郎陳兖幹辦頓遞行宮一行官吏將佐軍兵安泊去處虞部員外郎李儔幹辦舟船并椿辦糧草發運使李祐淮南轉運使李傳正並差隨軍轉運使　十日手詔荊襄關陝江淮皆備巡幸並令因舊就簡無得搔擾凡巡幸所過與所止

卷一萬九百四十　一

方域二之三

之處當使百姓預知朕飲食取足以養體氣不事豐美
亭傳取足以庇風雨不易卑陋什器輕便不求備用供
帳簡寡不求備儀可齎以行皆無取於州縣橋梁舟楫
取足渡濟道路毋治官吏毋出一切無所追呼隨從臣
寮皆體朕意有司百吏敢擾擾者重寘于法唯是軍馬
芻粮必務豐潔將士寨柵必令寬爽官吏無得少懈部
使者皆朕耳目之官違戒勑而不以上聞者與同罪若
自為搔擾罰更加重仍許民戶越訴　二十二日詔暫
駐蹕淮甸庶使四方有警皆易應援除河北河東已相
繼發兵及京師已應副綱運并委措置防拓外可分留
精兵科撥錢物于應天拱泗州等處防守應合行事務

卷一萬九百四十　二

令三省樞密院同共措置令來巡幸事應料撥舟船分
定帶行及存留官吏數目措置賞罰遣發先後次序般
載圖籍文案戶部錢物及准備隨行支遣之物申嚴斥
候通報平安止絕官吏迎離任迎謁關防偽冒覺察姦
細掩襲盜賊拘截逃亡批文口券食錢預行下沿路實
支數目供辦置買飲食（實）數目關防一切搔擾申嚴沿邊
及近地防守措置并創置控扼督責征誅等並令三省
樞密院別措置行下是日又差漕臣黃敦書專切隨軍
應副錢粮提刑高士曈專切隨軍應副鄉兵弓手之
類所用錢粮人兵器甲等全藉諸處同力應副方可辦
集竊慮故有阻難移文牽制不即應副其令干人並許

追赴行司便宜行遣官員奏劾或一面送官司根治所
辟官請給人從並依新任支破與理為在任月日所破
驛券遞馬不許受諸州送饋自被受公文限一日起發
不得託故　同日三省樞密院言車駕巡幸駕船人兵
令工部取會座船綱運船依料數除橰梢外合用駕船
人兵實數欲下都統制官於諸軍內選差東南及牙兵
撥充其軍兵更番所乘舟船并逐船官吏下自有人從
共二十人已上者乞並不差從之　二十七日都省言
車駕巡幸進發日已定竊慮行在及東京百司官如擅
離職守詔見今行在及東京百司官如擅離任所並追
官勒停根捉就本處付獄根勘令刑部疾速施行　二

卷一萬九百四十　三

十八日詔川陝成都京兆府京西襄鄧州荊湖潭州荊
南府江淮江寧府楊州仰逐路漕臣積聚錢粮帥守修
治城壘宮室官舍以備時巡省觀風俗務從儉約勿致
搔擾　二年二月十一日東京留守司遣委開封府判
官專管使院公事范世延開封府左推官鮮于繪齋捧
在京士庶表章恭請聖駕并進呈修城開壕一切了畢
圖本詔令閤門引見上殿　三年二月十三日車駕至
杭州以州治為行宮以顯寧寺為尚書省　十四日車
駕初至杭州霖雨初（不）至執政葉夢得奏事畢因言州治
屋宇不多六宮居必隘窄且東南春夏之交多雨蒸
潤非京師比上曰亦不覺窄但卑濕爾然自過江百官

六軍皆失所朕何敢獨求安今寢處尚在堂外當從將士官屬各得所居還從之人稍有所歸朕方敢入正寢　二月十六日德音應今來巡幸經過州軍民戶特與蠲免今年夏稅以聞車駕經過之後州縣將民間元科借物色未足之數尚行追納委實搔擾可限指揮到日往罷如違許人戶越訴　同日德音今來巡幸沿路州縣排辦去處備見勤勞仰守臣保明實宣力人當議推恩　三月一日詔昨金人逼近暫至錢塘每念中原未嘗忘今據探報賊馬歸回已離揚州錢塘非可久留便當移駐江寧府經理中原之事可於四月上旬擇日進發應江寧府合預排辦并沿路一行程頓等事有司

疾速施行務要前期趁辦應副諸軍外餘事盡從簡便不得搔擾　三日禮部侍郎兼御營使司參贊軍事張浚言近日鑾輿過平府扈從需索其數尚多欲乞外擇臣寮可與經營者數人內侍忠信謹願者一二其餘六宮朝廷悉留杭州詔候到江寧府取旨　同日詔金部郎中李迨金部員外郎高士佃差主管車駕巡幸隨行行在藏庫錢物官兩浙轉運副使劉誨差主管車駕巡幸錢糧官　同日知常州周杞言車駕巡幸到州臣遂急權就倚郭武進縣治事緣州衙係御座之處未敢擅便還入詔除曾經安設御座御榻之處外餘並賜依舊作州衙其餘沿路州縣及今後巡幸去處並准此　二

十八日詔曰國家歷運中微干戈未弭因時巡省蓋順權宜以江寧府王氣龍盤地形繡錯據大江之險茲惟用武之邦當六路之衝實有豐財之便將移前蹕暫往大邦外以控制於多方內以營經乎中國尚慮有司排辦過於奉承百姓追呼疲於道路儻齊民之或擾豈菲德之敢安將來巡幸公路州郡及兩浙路江東監司江寧府不得分毫騷擾以安人心　五月八日車駕至建康府駐蹕於神霄宮　六月十二日上諭宰臣曰得鎮江奏報十日皇太后進發出鎮江府門遇雨復回次第來日須到朕當躬往迎接既已定日雖遇雨亦不宜住蓋沿路州縣頓遞衛士飲食之類既已排辦若滯留一

日則又糜費騷擾朕前日自鎮江來途中雖遇雨亦不曾住來日郊迎太母已令備辦雨具卿等可詣宮觀祈晴朕當降香以往呂頤浩等奉命而退　七月二十八日宰臣呂頤浩等進呈權知三省樞密院前往洪州分掌事件一六部常程依格法事務並從權知三省樞密院官奏行雖非常程而待報不及者亦聽裁決一權知三省樞密院應分遣文書並合通為一奏鈔並依常式修寫繫宰執階位注隨行在其權知三省樞密院官依式簽書一遍下諸路照會行在專總邊防軍馬錢穀差除重事所有其餘細務及官員注擬磨勘功賞舉辟之類並申權知三省樞密院仍往洪州敕下一六曹長貳

郎官或留行在或隨從前去並各仍舊主行本部事務
其姓名取自朝廷指揮 一三省樞密院六房人吏除已
選充行遣文字外逐房自點檢以下至守闕守宮官並
從上各存留一半於行在祗應餘並先次隨從前去 一
官告院糧料院審計司官吏分一半各掌行所管事務
或文書壅併即添差權官 一大理寺治獄官吏並留行
在斷行官吏量留三分之一餘並隨權知三省樞密院
前去 一太常寺已有指揮留博士一員外少卿隨從神
主前去 一存留宗正寺丞及國子監並外並隨樞權知
三省樞密院前去 一進奏院監官二員一員留行在一
員合隨從前去其進奏官除存留人外並前去通管諸
卷一萬九百四十
路州軍文字 一吏部除自來合堂除窠闕外並於洪州
使闕 一戶部諸路錢米物帛等已有指揮分定路分應
副仍令榷貨務都茶場作料次每次印造東南鹽鈔五
十萬貫茶引一十萬貫榷貨務都茶場量那官吏前去
出賣應副經費支用仍先印鹽鈔五十萬貫隨行 一禮
部印造度牒並聽行在降敕印造 一兵部起發諸路將
兵並從行在降指揮 一刑部諸路奏案並發赴洪州依
條例裁決回報應干帳籍等亦中發前去 一工部應合
用軍器並聽隨所闕數於洪州及鄰近州軍有作院處
製造從之 閏八月二十六日詔巡幸浙西翌日御史
臺言今來車駕巡幸一行舟船並於船兩頭木上大寫

字書貼某官及梢工姓名如有不依次序攙先擁閧官
員奏劾梢工處斬從之 二十八日詔鎮江府常州平
江府秀州并沿路州縣人戶不得關閉店舍賣買專委
知州措置軍行並令占宮觀寺院廟宇官舍安泊即不
得亂行拘占居民屋舍如違當從軍法施行隨從除衞
兵給蒸湖熟內外更無一毫取買如輒有取覓借索什
物仰州縣不得應副許諸色人經尚書省陳訴 九月
二十九日詔朕巡幸所至應什物供帳之具不許於民
間科配詔旨丁寧誠諭切至訪聞百司踐習循襲卻成
搔擾仰尚書省劄下應隨駕百司不得於州縣取索分
文以上物色如違其監官及當行人吏並坐贓論及私
卷一萬九百四十 七
受饋送者准此 四年二月二日詔溫州江心寺賜名
龍翔以車駕至溫州駐蹕於寺也 十三日詔令溫州
江貼占(通)寺真菴充尚書六部置局 六月七日大理卿
兼同詳定一司敕令王衣言乞以詳定重修敕令所為
名就用見使印記從之 七月六日詔臨安府宜遷府
治於祥符寺基創建從中書舍人季陵請也 紹興元
年十一月六日三省言徐康國權知臨安府措置移蹕
事務令具到行在百司局所詔宜措置隨宜擘截不得
搔擾仍其已擘截處所畫圖申尚書省八月詔已降指
揮移蹕臨安府可差內侍楊公弼前去與徐康國同措
置擘截行宮務要簡省更不得華飾 十二日都省言

徐康國欲添造共百餘間楊公弼欲造三百餘間比之
康國數多二百竊慮難以趣辦詔依徐康國措置　十
九日宰臣奏擬截行宮文字上曰面飭楊公弼止令草
創僅蔽風雨足矣椽楹未暇丹雘亦無害或用土朱亦
可　同日襄陽府鄧隨郢州鎮撫使桑仲言乞駐蹕荊南以
係中原之望今劉豫僭于鄆招誘京畿京陝官吏軍民
乞先下次詔稱鑾輿擇日起發前來中原庶幾人心不
至搖動此中興不可失之機會詔桑仲所奏備見忠嘉
荊南東連吳會西徼巴蜀北據漢沔利盡南海自古形
勢之地止以目今粮道未通已差參知政事孟庾充江
西荊湖東西宣撫使韓世忠充宣撫副使計置沿路粮

卷一萬九百四十

八

食候就緒日進發　十二月十四日宰臣進呈臨安府
有司欲就移近城僧舍以造行宮上曰僧家緣化營葺
不易遽爾毀拆慮致怨嗟朕正欲召和氣豈宜如此但
給官錢隨宜修蓋能蔽風雨足矣　二十二日駕車移
蹕臨安府用來年正月十日登舟十一日進發宿錢清
鎮十二日宿山蕭縣十三十四日候潮渡江留神武右
軍統制官劉寶張宗顏兩項人馬收後仍且在紹興府
駐劄聽候朝廷指揮起發令張俊統其餘兵并中軍扈
從前去　二年正月二十三日詔比移蹕臨安六宮尚
留會稽者政不欲增廣行闕重困民力訪聞行在係官
修造去處甚多可日下並罷自今非得旨而擅役人夫

方域二之一〇

者令御史臺糾彈以聞時駕車以正月十四日至臨安
府　二月六日詔天章閣祖宗神御可先行趁潮汛過
江仰臨安府差渡船五隻令巡檢引帶保護過江　七
月八日尚書省言行宮南門添置樓屋一所已令臨安府
修蓋相次了畢所有牌額乞下所屬書寫詔令臨安府
書寫仍以行宮之門四字為名　九月二十九日尚書
省又言行宮南門修蓋畢工令來太史局選用十月二
日欲令百官朝謁出入從之　三年正月十一日都省
言江南東路安府撫使兼知建康府事趙鼎言昨蒙指
揮營造建康府行宮事令畫圖在前計工止及六分以
上自餘材植不甚少闕所有應干梴柒陽截磚瓦人匠

卷一萬九百四十

九

日支錢米之費都未有備昨來住工日見在錢七萬餘
貫米一千七百餘石已係宣撫使司截使了當朝廷如
許畢工乞將支過元樁錢米榷貨務等處支發應副詔
委孟庾措置申尚書省　十六日中書門下省奏勘會
行宮南門裏並無過廊百官趨朝冒雨泥行詔令梁汝
嘉同修內司官就東廊舊基營蓋　十二月九日詔宮
牆低小却薄不足以限制內外令修司使相度幫貼砌
壘其合用工料磚灰具申尚書省　四年二月十八日權
知臨安府梁汝嘉言本府係車駕駐蹕其越城門禁止
有海行條法竊恐合依在京法禁乞下所屬檢會頒降
以憑遵守刑部狀檢準律諸越殿垣者絞宮垣流三千

方域二之一一

里皇城減宮垣一等京城又減一等諸奉敕以合符夜
開宮殿門符雖合不勘而開者徒三年若勘符不合者
而爲開者流二千里其不承敕擅便開閉者絞若錯符
下鍵及不由鑰而開者杖一百即應忘誤不下鍵應開
毀鍵而開者徒一年其皇城門減宮門一等即宮殿門
開訖而進鑰遲者杖一百經宿加一等宮門以外遞減
一等其開門出鑰遲又加遞減進鑰一等勘會臨安府
城壁見有摧倒去處竊慮夜有越城作過之人詔越城
門禁並權依京城斷罪候車駕回鑾日依舊其未修城
壁仰本路相度置鋪巡防　五年正月十四日詔建康
府行宮繕本未畢兼城壁損壞亦當修築可委江東帥

臣同轉運判官俞俟隨宜措置須管日近了畢及省
部百司倉庫等亦仰踏逐具圖來上務從減省不得騷
擾時車駕駐蹕臨安府　十九日參知政事孟庾上表
恭請車駕還臨安府詔荅曰朕夙嚴戎駕底定邊虞小
次舍于吳門往宅師於建鄴載念江山之勝屢經兵火
之餘雖有司板築以時并繕官府城池之役顧斯民秖
貿而至尚無邑屋廬舍之依復覽封章力祈還幸見官
儀而思漢諒南北之一心從仁人而居邠亦父老之誠
意勉徇來牘暫議回轅想遲警蹕之音益慰羽旄之喜
可依所請暫回臨安府駐蹕戶部侍郎兼權知臨安府
梁汝嘉率本府父老僧道士庶上表迎回車駕是日賜

臨安府官吏軍民等詔書曰朕萬騎時巡方圖遠略氾
廟未復其敢奠居比臨江上之師剴殄日中之虜遂頒
前詔暫議還轅汝等並傾向日之心咸起望雲之意有
嘉愛戴諒慰忠忱　二十七日詔令御史臺主管禁衛
所取見內外百官司船隻數目逐船各給旗號分明書
寫某官司舟船依圖見本先後資次擺泊如將來攙先
行船或無官給旗號其稍梢徒三年在禁衛內依紿與
四年十一月十一日已降指揮官員奏劾所有旗號合
用黃絹據的實數目令戶部支給仍令文思院限三日
製造　二月一日平江府言昨排辦府治充駐蹕行宮
本府欲候進發日將行宮封鎖輪差兵官看管祗備將

來車駕回鑾駐蹕詔賜平江府依舊充府治時駕車欲
以二月三日自平江府進發回臨安府　六年八月二
十一日閤門言准禮部關選定進發吉期日得旨用九
月一日契勘之幸日係朔日遙拜詔權免時車駕自臨安
府進發是日應事侍從官並從駕　九月四日詔御舟
至平府止於水門外進輦可行下本府更不拆門　十
日樞密院言今來車駕巡幸親撫六師竊慮四方傳聞
不一別致疑惑詔令諸路帥首監司散出文榜分明告
諭軍民通知仍多方措置彈壓盜賊務要境內肅靜
毋致紛擾生事　七年正月二日中書門下省言將來
車駕巡幸建康其扈衛從一行沿路合用錢糧之類

並係隨軍轉運職事兼經由東陽下蜀兩處程頓合與本路漕司同共措置及營繕行宮將見就緒亦當因便檢點詔令梁汝嘉躬親起發前去催促應辦仍約束經由州縣不得已以應副巡幸為名因而騷擾如違按劾以聞　七日詔建康府營繕行宮務從省約不得華侈仰葉宗諤等具知禀狀聞奏　三月三日都督府言今來車駕巡幸建康府其沿江津渡合行關防譏察詔權依黄河法候邊事寧息以依舊　七日詔巡幸建康府出陸日天氣稍暄應扈從臣僚許戴京笠同日詔巡幸至建康駐蹕依例作歇泊假三日　六月二十六日宰臣奏論贊孔子乞駐蹕江陵上曰荊南形勝吳蜀必

卷一萬九百四十　十二

爭之地朕嘗見杜甫望幸詩云地利西通蜀天文北照秦風煙含越鳥舟楫控吳人可知其為要地宜諭王庶益濬治城壍招徠流移練兵積粟為悠久之計宰臣張浚曰庶在荊南頗有治行元係龍學士猶未復舊職上曰可還舊職悉心府事　八年正月十一日上諭輔臣曰將來幸浙西建康諸宮屋宇及百官廳舍皆令有司照管他時復幸免更營造以傷民力臣趙鼎等奏曰已令建康府拘收且言若虜人還以大河之歸我當且駐蹕建康上曰群臣上殿多論建康都事蒲贊謂當擇險要之地句龍如淵謂當修德而不在險以二人之論校之如淵為勝矣　十四日詔復幸浙西已定二月七日

進發差楊沂中充車駕巡幸總領彈壓一行事務　三月詔昔光武之興雖定都於洛而車駕往返見於前史者非一用能奮揚英威遞行天討上繼隆漢朕甚慕之朕荷祖宗之休克紹大統夙夜危懼不常厥居比者巡幸建康撫綏淮甸既已申固邊圉獎率六軍是故復還臨安內修政事繕治甲兵以定基業非厭霜露之苦而圖宮室之安也　九年正月二十二日修內司承受提轄王晉錫言奉旨於內中修蓋皇太后殿門廊一所合踏逐直筆內省事務承慶院屋宇地步可以修蓋詔依合用工料令臨安府應副　十一月八日上親書慈寧之殿四字并臣名蔡書四字降下本司造牌擇日安掛

卷一萬九百四十下　十三

四月二十九日中書舍人李誼言臨安府奉迎兩宮到行在欲降舟幄就餘杭門外北郭稅務亭排辦有旨於前路迎接臣見陛下念親之深朝夕拳拳之意於前路奉迎未知所止河地若去城差遠勢須索攢則千乘萬騎未易輕動如或省節儀衛又非所以嚴警備漢文帝即位之初太后在代止是遣車騎將軍薄昭往迎唐明皇自蜀歸至咸陽距長安無四十里而肅宗始備法駕迎於望賢宮今兩宮既還陛下致天下之養承承來已甚承顏之樂豈較一日之遠哉欲望止於近處陳設幄次以為奉迎之備庶可朝出夕歸於事理為穩詔依所令臨安府於前路排備迎接　十月三十日昭宣使忠

州防禦使入内内侍省押班陳永錫言修蓋皇太后殿宇門廊并創造到鋪設什物簾額等一切了畢詔陳永錫特轉行一官於使額上轉行王晉錫邵諤並轉行遥郡刺史第一等各轉行一官更減一年磨勘第二等各轉一官第三等各減三年磨勘内白身人並候有名目或出職日收使兵匠第一等各支錢一十二貫第二等各支錢一十貫第三等并在外津般交撥官物財植等兵級和雇作家甲頭工匠各支錢八貫並令户部支給

十二年三月八日詔令臨安府於城内擇地依禮制建築社稷壇壝并修蓋行事官致齋所亦隨宜修蓋

八月二十三日詔令月二十一日進發登州奉迎皇太

卷一萬九百四十　十四

后應從駕諸班直天武觀從親事官親兵軍兵將校并諸色祗應人失儀落馬杖斷遞予排立交牙趕隊不上損壞儀仗軍器等衣甲器械等並特與放罪仍免估剝陪償　十一月十二日提舉修内司承受提轄王晉錫言依已降指揮同臨安府將射殿修蓋兩廊并南廊殿門作崇政殿過朔望權安置幕帳門作文德紫宸殿及將皇城司近北一帶相度修蓋垂拱殿令具擬移諸司屋宇共二百四十七間乞依畫到圖本修建從之　十四日射殿提舉修内司承受提轄王晉錫言依已降指揮修蓋廊舍合用兩朵殿乞一就修蓋從之　十二月十二日詔太學養士權於臨安府府學措置增展所有府學

先次別選去處建置其增展屋宇約可容生員三百人齋舍并官吏直舍等並臨安府措置修蓋　十三年正月十五日知臨安府王㬇言踏逐得錢塘縣西岳飛宅子地步可造太學并國子監從之同日詔禮部太常寺同共討論禋壇方位置度既而檢會到國朝禮例郊禋壇在國子東南昨緣車駕駐蹕東南臨安權於前湖門外惠照院照宫齋設位行禮今欲臨安府於行宫東南城外踏逐去處隨宜修建取近就寺觀充行事官齋舍從之以太常博士劉嶸有請也　十三年二月二十五日殿前都指揮使楊存中等言相視郊圜壇地步今於龍華寺西空地得東西長一百二十步南北長一百八

卷一萬九百四十　十五

十步修築圜壇除壇及内壝丈尺依制度用九十步外其中壝外壝欲乞隨地之宜用二十五步分作兩壝外有四十步若依前項地步修築其兵部車輅儀仗殿前司禁衛皆可以排列無修建青城并望祭殿委是可以圖備從之　閏四月一日上諭宰臣曰祖宗時殿宇皆赤土刷染飾以桐油蓋國家尚火德也無弊則易修後來多用朱紅漆所費不貲且難於修整秦檜等奏曰此有以見陛下述祖宗之儉德也　三月十三日詔景靈公宫萬壽觀成差權吏部侍郎江邈詣温州迎奉神御詳見本門　八月二十五日大理寺臣吳鏞言伏自車駕駐蹕東吳城壁仍舊未暇作改近日剏建前殿肆覲典禮

每遇朝會宰執百緣朝在城之外遂自五鼓後啟外城二門之鑰不惟蚕爾皇城而又迫臨江瀆富商大賈風帆海舶往來之衝豈所謂九重嚴邃君門萬里之義乎乞下所屬措置若城外朝路難以移改秖於朝路之外東量添城壁免致未旦啟鑰詔於臨安府措置申尚書省　十二月二十二日兩浙轉運司言准尚書省劄定子踏逐去處更建秘書省今西河坊糯米倉巷西街北殿前司營寨地步寬廣可以建造從之　十四年七月二十七日詔景靈南宮壁舊草場見今空閑地步撥入景靈宮　十五年八月二十八日入內內侍省東頭供奉官王晉錫言神御殿遇旦望節序生辰駕過酌獻行香御路窄狹欲於射殿東修蓋神御殿一座皆遷安奉委是穩便所有土工人匠材料乞下臨安府應副同共修造從之　十七年十一月一日詔太一宮令兩浙轉運司修內司同共修建詳見本門　十八年三月十四日學士院撰到皇城南門名曰麗正北門名曰和寧從之　五月十六日詔將太一宮齋殿後空地修蓋景靈宮道院　六月十八日詔臨安府於國城之東擇爽塏地建築九宮貴神壇壝　八月五日詔大理寺刑獄所在與景靈宮太一宮相近可令臨安府擇空地移置別處仍將舊基撥入景臨宮　二十一年九月二十一日詔景靈宮令轉運司修內司同供檢計拆韓世忠宅作

卷一萬九百四十

十六

圖本添建合用錢米令戶部支給　二十二年六月二十七日詔將故韓世忠宅東位地步見在廊廡宇并景靈宮退村令轉運司修內司同共修蓋左藏庫南省倉廳逐處指引造作　十一月十三日詔顯應官觀可令兩浙轉運司於西湖靈芝寺空地修建須管日近了畢　二十四年二月一日詔麗正外東壁有修內司空地仰殿前馬步三司各差輜重軍兵一千人就用見在塼土打築入皇城門　九月二十五日禮部言准勅討論天章等閣制度檢國朝會要即不該載欲乞置天章等閣一所同共修蓋　十一月三日詔臨安府修內司修蓋天章等閣了畢第一等轉行一官仍減二年磨勘第二等轉一官第三等減三年磨勘　二十六年正月九日兩浙轉運司修蓋到執政府三位詔東位魏良臣中位沈該西位湯思退並令遷入　二十八日詔令兩浙轉運司修內司將都省北舊府第修蓋左右相府第兩位　二月五日詔行在太醫局已降指揮修蓋所有塑像并什物等令兩浙運轉司應副置辦　六月十八日入內內侍省東頭供奉官幹辦萬壽觀陳思恭言萬壽觀在京日有皇帝本命殿每遇聖節本府降聖三元等節修設清醮祝延聖壽今來本觀有南挾殿一座空閑欲依在京日建置以純福殿為額隨宜設置本命所屬星官位牌狀修香火從之　七月十二日詔兩浙轉運司

卷一萬九百四十

十七

見修蓋豐儲倉當此暑月工役不易候農隙十月以後興工及内外別有修造去處並權住　二十七年九月十八日尚書省言乞將六部門移就三省都門内出入却移都門向外起蓋從之　十月二十二日尚書省言近臨將官告院地步展修六部權移本院於望仙橋置司今來六部修蓋畢工乞將官告依舊遷歸六部從之　十二月四日詔知臨安府張偁除直敷文閣尚書都官員外郎楊倓興轉一官吏減二年磨勘其餘官吏各轉官減一年磨勘有差並以修蓋六部畢工推恩　二十八年六月三日詔皇城東南一帶未有外城可令臨安府計度工料候農隙日修築具合用錢數申尚書省於

卷一萬九百四十

十八

御前支降令來所展地步不多除官屋外如有民間屋宇令張偁措置優恤七月二日殿前都指揮使楊存中言降下展城圖子令臣相度臣看詳所展城離陽墻五丈街路止闊三丈只是通得朝馬路令乞更展八丈通一十三丈以五丈作街路六丈令民居將來聖駕親郊由候潮門經從所展街路直抵郊臺極為快便展八丈地步十之九是本司營寨數場其餘是居民零碎小屋若築城畢工即修蓋屋宇依舊給還民戶居住委實利便詔依差戶部郎官楊倓同知臨安府張偁計料修築張偁楊倓言今相視合修築五百四十一丈計三十餘萬工用甎一千餘萬片礦灰二十萬秤監修壕寨監作

收支錢米物料部役等官並於殿前司差撥外所有計置般運物料受給官等乞從臣等選差日支工食錢監修官欲置一貫二佰文壕寨官一貫文監修收支錢米部役計置般運物料受給官八佰文作家六佰文諸作作頭壕寨五佰文米二勝半工匠三佰五十文貼手三百文雜役軍兵二佰五十文各米二勝半行遣人吏手分各三百文貼司各二百文已上並自興工日支畢工日住其興工畢工壘砌每及二百文乞從臣等參酌犒設令來所展城闊一十三丈内二丈充城基中間五丈充御路兩壁各三丈充民居所展民屋六丈基址内有可以就便居住之家更不拆移所有合拆移之家如自

卷一萬九百四十

十九

已屋地令已踏逐側近修江司紅亭子等處空閑官地四十餘丈許令人戶就便撥還内和賃房廊舍候將來蓋造却依元間數撥賃其新城内外不礙道路屋宇緣舊存留竊慮小人妄說於標竿外拆移人家扇惑居民合行約束所有拆移般家錢除官司房廊止支賃錢戶外百姓自己屋地每間支錢一十貫文賃戶每間五貫文業主五貫文除已出榜曉諭候見實數支給從之　九月九日詔近修垂拱三殿已畢工知臨安府張偁特轉一官餘人等第推恩　二十二日措置修城所言契勘新城添置便門今欲移用利涉為名所有舊利涉門係於圜墻大路修蓋乞別立門名詔新南門可名嘉會

門　二十四日詔垂拱殿等處修蓋了畢除臨安府官吏等已推恩外其修内司官吏兵匠可取索人數等第推恩　三十年正月六日閤門言四孟朝獻車駕詣景靈宮行禮所有殿門外宰執親王使相侍班閣子令臨定合辦截并添置門户閣子圖本乞下臨安府依圖辦截從之　三十二年六月四日詔行在望仙橋東新葺宫室以德壽宮爲名　孝宗乾道七年五月十三日詔行在宮門以西舊隔城通内軍器一庫增造庫屋十間改築土墻并將南庫門築合止留舊北庫門出入　九年正月九日詔後殿門係駕入出經由門户其屋宇低小入出妨礙令工部委官計會修内司照葦院合用高低丈尺相視計料重别修蓋　十二月二十一日試尚書兵部侍郎兼知臨安府沈度言本府車駕駐蹕之地其周回禁城昨因今歲梅雨損圮七十二處計五百九十五丈分委官相視檢計約用甎灰木植物料工食錢九萬五千餘貫委官自德壽宫東城修砌周回城壁一切工畢詔官吏等第推恩

卷一萬九百四十

二十

續宋會要

淳熙二年十一月二十八日詔殿前司修内司臨安府轉運司修蓋射殿殿門隔門并皇太子宮門已畢工殿帥王友直提舉修内司甘昇提轄修内司楊皓臨安府守臣趙彦操兩浙漕臣趙磻老各轉一官減三年磨勘其餘官屬第一等轉一官資第二等減三年磨勘第三等減二年磨勘礙止法人特與轉行白身人有名目日收使餘並倍支犒設　三年八月十六日詔修内司臨安府修蓋垂拱殿畢工其應辦官吏第一等各與轉一官資減二年磨勘第二等各與轉一官資　六年四月二十四日知臨安府吴淵乞擇日蓋造後殿上曰朕止欲令修而左右皆以此殿年深木植有損朽處多不可不蓋造至七月訖工詔知臨安府轉一官修内司提舉官轉一官減四年磨勘其餘官吏等第推賞　八年八月十二日詔以後殿擁舍改作延和殿　九年三月二十四日詔射殿年深損壞未須折蓋且令隨宜抽換既而臨安府臣趙磻老言若行折蓋比之抽換所添工物不多欲量行蓋造從之　十五年九月二十一日詔新修蓋皇太后宮殿以慈福宮爲名　十六年正月二十八日詔德壽宮改作重華宮　嘉泰二年八月十八日詔令修内司於大内計料修蓋壽慈殿恭請太皇太后還内

卷一萬九百四十

圭

宋會要 杭州府城

紹興二年正月二十七日知臨安府宋輝言車駕駐蹕
本府城壁理宜嚴固昨緣雨雪摧倒過州城三百七十
九丈工力稍大本府闕人修築據壕寨官申元發到入
兵二百九人欲乞候修内司打併了當退下湖秀等五
州役兵盡數撥差併工修築從之紹興二年十月十四
日中書門下省言新差權發遣江南西路轉運判官陳
槖奏東南諸州自宣和以來嘗稟命於廟繕治城壁
歷時既久變或頹圮守臣趣過目前漫不加省乞戒勅
諸路郡守選有頹闕課壯城兵卒以時繕修庶幾用力不

〈卷八千七十二〉

勞而垂利永久亦沮銷姦宄之一端詔劄與諸司帥司
照會紹興三年正月六日權知臨安府梁汝嘉言被旨
令措置朝大門一所不用門樓除置門外有本門墻角
至河亦合修築城墻更置角門一所詔依所乞即不得
別有增添却致繁費紹興十二年十月三日臣僚言大
駕南巡閱歲滋久城壁剝蝕日就摧毀昨見開河之役
悉於旁近州軍量起官兵臨安府昨被指揮置廂因易
收其羸餘以備修城之舉亦幾年矣乞斷而行之專委
近臣為之提綱假以歲月無不成者詔令臨安府措置
申尚書省候農隙和買磚石用壯壯城兵相兼人夫修
築即不礙官私舍屋委是經久利便從之紹興十三年

五月九日知臨安府盧知原言本府周迴城壁久不修
治頹損至多今日錢湖門南冲天觀等並係相近禁衛
去處不敢擅便前去相視詔令計會中軍皇城司殿前
司前去檢計修葺紹興三十一年四月九日知臨安府
趙子潚言駐蹕之地所係甚重比年以來城壁摧倒嘗
委官檢視凡一百四十一段共一千八百餘丈約用物
料工役錢二十七貫米七千斛本府財賦有限今歲拵
辦明堂別無寬餘乞支降錢米仍於三司各差三百人
分頭修築詔依奏如所差三司人數役使不足計於附
近州軍壯城牢城人内貼差合用錢米令戸部逐旋支
給紹興三十二年十一月十三日孝宗即位未改元詔尚書戸

〈卷八千七十二〉

部侍郎兼權知臨安府趙子潚轉一官以修臨安府城
畢工推恩也隆興元年十二月十八日權發遣臨安府
陳輝言本府車駕駐蹕之地其周回禁城因春雨連綿
舊城多圮自德壽宮東及錢湖門北至景靈宮寺等計
三百三十五丈自今年三月二十一日興役至十月二
十七日畢詔本府實具修城官上尚書省第賞之

宮

宋會要　壽康宮

乾道二年十月二十六日禮部太常寺言正至皇帝率百僚詣壽康宮行朝賀禮設黃麾角仗從之四年八月丙戌詔將帥羣臣詣宮上壽既而不克行

宋會要　慈福宮

淳熙十五年八月二日詔修葺皇太后宮五日詔學士院給舍同禮官依典禮擬撰進宮殿名既而給事中兼直學士院李巘權禮部侍郎尤袤起居舍人鄭僑戶部員外郎權太常少卿羅點太常丞張體仁秘書省著作郎兼權禮部郎官倪思太常博士葉適奏恭擬殿名曰慈福詔恭依十六年正月十五日丙午皇太后遷慈福宮

卷二百三十七

殿

東京

西京

宋會要

講武殿　京都雜録西京大内保寧門西有鳯門門内面南有講武唐曰文思毬場梁以行從殿為興安殿毬場後改今名

廣政殿　建隆三年三月佛齊遣使來貢對廣政殿

含光殿　祥符二年八月西南夷來貢令赴含光殿宴

集英殿　集英殿舊曰元德亦曰廣政晋天福二年改元德為廣政開寶二年改大明淳化元年二月己酉改含光祥符八年六月十五日甲子改會慶明道元年十月甲辰改元和壽改今名春秋誕聖節錫宴此殿熙寧以後親策進士於此殿殿後有需雲殿舊曰玉華後改瓊英熙寧初改今名東有紫雲樓宮中觀宴之所也熙寧三年三月八日上御集英殿試進士　仁宗大宴集英殿者三十八

西京

太極殿　太平興國三年二月詔改新修諸殿名今太極天興等名是也

武德殿　京都雜録西京大内延春殿其次西北曰武德殿後唐曰解御又曰端明太平興國三年改今名

散甲殿　京都雜録西京大内東宮後東池門内有飛龍院西有散甲殿梁弓箭庫殿為宣威後改今名

景福殿　京都雜録東京大内崇政殿後有柱廊側座殿次北景福殿前有水閣舊試貢舉人考官設次於西

廊

垂拱殿　京都雜録西京大内次曰垂拱殿唐曰延英太平興國三年改今名

長春殿　京都雜録西京大内後苑南有長春殿後唐建名

明福殿　京都雜録唐曰崇宗勲後唐曰中興晋改今名

太清殿　京都雜録西京大内寢殿曰太清第二殿曰思政第三殿曰延春

廣壽殿　京都雜録西京大内建禮門之西曰廣壽殿廣唐曰嘉慶後唐改今名

明德殿　京都雜録西京大内内東門道其北明德殿太平興國三年改廣壽第二殿曰明德第三殿曰天和第四殿曰崇徽

天興殿　西京大内太極殿前有右左龍尾道曰樓月樓東西橫門曰日華月華殿後有柱廊次天興殿舊曰太極後殿太平興國三年改今名

嘉慶殿　京都雜録東京大内禁中殿閣有嘉慶殿平初明德太后居此殿後徙居萬安宮

延和殿　京都雜録東京大内延和殿北向俗鳴倒座殿仁宗於延殿試宗室子弟書令宗正第其高下宗望為第一

北京

親稼殿　京都雜録東京有清華殿親稼殿

萬歲殿　萬歲殿在垂拱殿後祥符七年十月戊午改名延慶殿一本作延福殿　祥符五年十月二十六日庚申以祖祖降臨宴宗室於萬歲殿七年九月庚寅詔輔臣宗室觀萬歲殿上梁

延慶殿　即萬歲殿祥符七年改今名明道元年十月甲辰改名延福殿

寶慈殿　京都雜録京都大內福寧殿西寶慈宮寶慈姒徽二殿皇太后所居

柔儀殿　東京大內福寧殿次後柔儀殿國初但名萬歲後殿章獻明肅皇太后居之乃名崇徽明道元年十月改寶慈景祐二年改今名

坤寧殿　京都雜録東京大內福寧殿後坤寧殿皇后所居

慶雲殿　京都雜録東京大內雲慶殿玉京殿清景殿

西涼殿　景祐二年重在天章閣東

慈德殿　京都雜録東京大內慈德殿章惠太后居初名寶慶殿景祐四年改今名慈德後苑又有觀稼殿

班瑞殿　北京雜録仁宗慶曆二年五月升大名府為北京先朝駐蹕行宮正殿以班瑞為名其修葺行宮宇屋宇並給官錢毋得科率

鏺麥殿　元豐四年八月籍田司言奉詔種水陸田於

臨安

鏺麥殿前

打麥殿　紹興二年四月二十四日上謂輔臣曰朕聞祖宗時禁中有打麥殿今朕于後圃令人引水灌畦隴種稲不惟務農重穀示王政所先亦欲知稼穡之艱難也

宋會要 天章閣

紹熙五年閏十月九日天章等閣狀將來安奉今上皇帝藩邸旌節兩浙轉運司合行雜飾修換物件并合用朱漆青地金字牌二面一面上題寫太上皇帝藩邸旌節一面上題寫今上皇帝藩邸旌節所有牌樣製大小乞令兩浙轉運司委官赴閣計會合行換造物件候畢日同時安掛從之

十日天章等閣狀勘會已降指揮安穆皇后諡號改成穆皇后安恭皇后諡號改成恭皇后所有內中見崇奉安穆皇后安恭皇后位牌各一座并朱紅漆卓子二隻乞行下兩浙轉運司依樣制造

宋會要 降真閣

東都大內次北廣聖宮天聖二年建長寧宮以奉三清玉皇道像後安真宗御容於宮之降真閣景祐二年改廣聖宮

宋會要 延春閣

京都雜録延春閣在東京大內走馬樓

宋會要 邇英閣 延義閣

二閣在崇政殿東西侍臣講讀之所景祐二年正月二十八日癸丑置寫無逸篇於屏三年正月乙巳賈昌朝請輯經筵事爲一書詔以邇英延義二閣記注爲名九月辛卯詔輔臣至邇英閣觀講書慶曆四年邇英閣出御書十三軸凡三十五事丁度等上答邇英聖問一卷

卷二萬千百四十

宋會要 秘閣

熙寧元年二月十六日大理寺言勅閣以詳斷法官兼監欲專差檢法官二員監之

宋會要 煥章閣

淳熙十五年十一月九日給事中兼直學士院兼實録院同修撰兼侍讀李巘等言已降指揮編修高宗皇帝御集依典故合建立閣名令議定申尚書省取旨巘等恭議以煥章爲名詔恭依令學士院降詔詔曰朕仰惟高宗皇帝恢廣運之德懋中興之功肴定群方鼎新百度制禮作樂治具畢張寢兵措刑仁風大播蓋自緝熙之學見乎經緯之文擴游道於精微之淵觀衆妙於尊明之養凡數言之是訓暨聊筆之成書渦有洪㶣卓爲丕憲方始哀輯將謹寶藏載稽帝世之隆無越堯章之煥因揭名於層宇仍列職於清廂庶克奉承用貽永久其閣恭以煥章爲名置學士直學士待制直閣式循故實以待賢才其俾攸司具著于令

宋會要 華文閣

衣疑表

勅閣疑涉校錯

慶元二年八月十三日中書門下省言孝宗皇帝閣以華文爲名乞於見令閣牌煥章字下添入二字以龍圖天章寶文顯謨徽猷敷文煥章華文之閣一十八字爲文本閣應行移文字並合添入詔依

宋會要 寶謨閣

嘉泰元年十一月十二日詔曰朕惟昔在光宗日新聖學發於號令雷風彰鼓舞之神煥乎文章雲漢混昭回之飾鈎畫凛鸞龍之飛動光芒燦珠璧以陸離宜有襲藏式嚴安奉廼書閣瑞交輝東壁之珍虹彩凝祥實上西清之御寶列藏圖之秘謨新高命之承冠以美名揭于層宇肅萬靈之擁護儲羣玉之菁華其閣恭以寶謨爲名置學士直學士待制直閣以待鴻儒以昭燕翼著于甲令副在有司以吏部尚書兼實録院修撰兼侍讀袁說友等言已降指揮令學士院俟有司實録院官議定光宗皇帝御集閣名令恭議定以寶謨爲名故有是詔

宋會要

熙寧元年二月十六日大理寺言勅閣以詳斷法官兼監欲專差檢法官一員監之

宋會要 顯謨閣

卷二萬千百四十七

學士建中靖國元年置詔如三閣故事序位在寶文閣學士之下直學士詔序位在寶文閣直學士之下待制詔序位在寶文閣待制之下直閣政和六年置

宋會要 儀鳳閣

京都雜録東京大内儀鳳翔鸞二閣景祐中有瑞竹生閣首

方域三之九

園

玉津園

全唐文

宋會要

玉津園在南薰門外夾道為兩園中引閔河水別流貫之周顯德中置宋朝因之以三班及内侍監領軍校兵隸及主典凡二百六十六人歲時節物進供入内仲夏駕幸觀穫麥錫從臣宴飲及賞賚園官嗇夫有差又進麥穗三百東麥十斛麵百裹命分賜中外凡契丹朝貢使至皆就園賜射宴又掌泰象及種秫象茭芻蓺藍漚淀各有歲課凡皇城南諸園池入官者皆屬焉　真宗景德元年五月詔京城四面園苑所收蔬菜雜草三司籍其數以供用先是三司每歲于畿縣科率收市蔬菜

卷五十一百三十四　一

人民輸納極為勞費諸園苑大有收積而官司不籍其數故有是命十一月三司言條謝德權所請廢内園司令逐處自領其事從之　天禧元年五月詔四園苑自今不得更將輸柳林地土出掘窠木租賃與人　四年四月知京西留府事薛映言皇城諸園苑見有内園司兵士吏於州縣差百姓六十餘人灑掃栽種望令並放歸農如兵士數少即量與增益從之十二月提舉諸司庫務司言玉津等園欲乞自今二年一次科所如有枯朽及倒折合添植柳椿即依數採斫從之　五年十二月詔諸園苑自今三年一度科所　仁宗天聖三年三月臣寮言宜春瓊林苑玉津瑞聖園有殿宇池亭田

土及管下小園池至多令藉幹為使臣監領近年多是
皇親或勢要子弟陳乞句當不能總領課種修葺是致
園苑荒廢歲課不登乞依劉承珪謝德權奏請四園苑
各差三班使臣一人句當更不許陳乞詔差洛苑副使
內侍省押班江德明充提點在京四園苑仍每園苑選
差內臣一人句當不兼別職務及非時差出與兵士五
人當直替日校課升黜之仍令三司本案判官同共提
點每月遍至園苑巡察違犯以聞是月詔三班院自今
差四園苑句當並須選曾經監押巡檢使臣充九月詔
四園苑自今殿宇墻屋藩籬損動即申三司立便差人
檢計修蓋、五年七月玉津園監官滕可久言舊暴吏

卷五千一百三十四

二

草逐年府縣和買園苑種蒔甚費錢本及搔擾人民令
玉津園頗有曠土可種約歲(用)外別為備蓄準備闕乏
及斥賣以錢入官充人半工價從之九月詔自今除後
苑宜聖殿玉宸殿闕園子依舊列抽差外諸處並不得
抽四園苑人充　七年十月詔皇城司自今如抽差後
苑雄武兵士即選新棣到下都少壯親事官能種蒔者
對替　慶歷七年三月詔諸園苑提舉司給印歷籍記
菓林木實數如諸處取移及科斫盡時上歷或有枯死
即隨時依本色添種亦件析入帳收係是月詔京城四
面祀壇一十八座並令四園苑管句如有摧塌處盡時
修貼壇塹隔上及塹外依時栽種(植)柳榆仍令太常寺提

舉　八年三月詔園苑句當使臣應有改更擘畫並申
提點所不得專達　神宗熙寧二年二月十六日詔四
園苑近令(已)選差官提舉更不能(令)隸三司并提舉司仍差
權發遣三司鹽鐵判官張道宗同提舉　孝宗淳熙三
年四月十九日詔玉津園人兵有年老難以執役人依
儀鸞司修內司人匠例在司養老作額外人數係舊手
本司歷內批勘請給令撥准此　十年十二月十五日
樞密院幹辦玉津園張思温等申本園兵士數多全藉
有心力合干人部轄乞于步軍司選差有職名能部轄
廟軍二人割移名糧充玉津園東西南營與首請給本
園兵士歷內批勘其見今管營都充各營副與首同共
管幹從之　十三年七月九日玉津園狀手分章森在
園實及(與補進武副尉出職)一十九年乞依太一宮佑聖觀等處體例補授
出職今後手分及一十五年以上準此　十四年四月
十五日詔玉津園減役兵十人先是玉津園手分二人
兵士一百六人除差五十人赴德壽宮祇應外見在五
十六人於是司農少卿吳燠乞減冗食下勑令所裁定
而有是命　寧宗紹熙元年七月十八日詔玉津園人
兵內長行每年春冬所請折衣等錢自今年冬衣為始
將令請數目並令臨安府全支本府紬絹綿等仍免折
錢與殿前禁軍日限毋致過期今後準此　慶元五年
二月九日詔玉津園吏額二名諸色人兵照淳熙十四

卷五千一百三十四

三

年，裁定人數九十八名外養老七名係是溢額見幇請給，且令依舊以為定額，日後不許增添，以從慶元中外會計録裁定故也。

宋會要

瑞聖園在景陽門外道東，初為北園。太平興國二年詔名含芳，以三班及內侍監領，軍校兵隸及主典凡二百一十二人。大中祥符三年，監官王承勛言：「初泰山天書至都，奉安于此，乞加崇飾。」詔改今名（九月丙子朔）。歲時節物進供入內，孟秋駕幸省歛穀實，錫從臣宴飲，賞賚園官畚夫有差。凡皇城諸園池入官者皆屬焉。

卷五千一百三十四

亭

全唐文　宋會要　垂雲亭

有垂雲亭在汴

全唐文　卷七千九百二

綠漪亭移此

全唐文　宋會要　達觀亭

宋亭名在汴

宋會要　此條係查

泛羽亭在汴梁

宋會要　婆羅亭

京都雜錄西京大內長春殿有柱廊後殿以西即十字池亭其南砌臺氷井婆羅亭貯奇石處世傳是李德裕醒酒石以水沃之有林木自然之狀謂之婆羅石故以名亭

全唐文　卷七千九百五十九

源清亭

泰定為元代年號疑嘉定之誤

綠漪亭移前

瑶津亭

全唐文　宋會要

泰定四年同李漢傑新荊亭於州之鼓角樓城門外扁曰源清以壯觀州治

宋會要

有亭名綠漪

宋會要

京都雜錄東京大內有瑶津亭像瀛山池

全唐文　卷七千九百十七

此條移外苑後

後苑條移此

苑

宋會要　後苑

淳熙十六年九月九日後苑言人吏舊以二十人為額緣節次裁減止有一十人又於內差撥四人過重華宮祗應委是闕人詔特與添入額貼書一名守闕貼書一名作一十二人為額其他官司不許援例

宋會要　瓊林苑

瓊林苑在順天門外道南　太祖乾德二年置（興國中鑿金明池於苑北）以三班及內侍監領池苑兵校軍隸及主典三百三十三人歲時節物進入每歲駕幸金明池則并至苑中上巳重陽唯中書密院或宗室及殿前諸司選勝賜宴遇放榜進士聞喜宴于此凡皇城司園池入官者皆隸焉　太宗太平興國七年十月十日幸瓊林苑　雍熙四年四月幸金明池觀水嬉遂習射瓊林苑　淳化三年三月二十二日宴瓊林苑作詩　真宗景德三年八宗室宴射瓊林苑　神宗元豐七年三月二日太師潞公西歸詔宰相執政官三省近臣學士待制宴餞于瓊林苑

卷一萬一千四百八十

宋會要　外苑

祥符五年四月詔以諸國所貢獅子馴象奇獸列於外苑諭宰臣就苑中游宴淳化五年二月癸卯南海商人獻吉貝布盡海外蠻國及猩猩圖玉帶上於此苑召近臣觀之

堂

全唐文　宋會要

在開封府廨東真宗尹京府日太宗命創射堂習射（太宗）（淳化五年九月壬辰以皇子襄王行開封尹事後以府尹廨舍為潛龍宮）祥符三年（寶訓作二年誤）閏二月二十四日丁卯上幸開封府射堂壘射謂從臣曰朕昔尹京兆先帝為創此室俾之習射閣覽久之多所感慕又至堂閱太宗御書圖畫數十軸遂宴射於射堂上作七言詩從臣畢賦（上中的者七）戊辰制曰昔東漢之隆過宛陵之故第正觀之盛臨慶善之舊宮所以申愷樂之私宣優裕之澤朕頃在儲邸獲尹神京用脩祖圖之儀遐擬宣猷之地知樞密院事王欽若上篤幸舊邸七言三十一（一作二十）韻詩上作歌以答仍詔褒之申戌詔曰朕頃在儲闈允釐京邑仰承訓導辜底密寧爰就公庭載營宅址俾因聽訟之暇用為習射之儀入纂邦基載敦星律乘青陽之布令擁法從以來臨感慶無深惠眷睿諭武銜宰司之議易茲題榜之名庶增煥于黃圖永流芳於元（一作要）圖其開封府舊射堂宜名曰繼照堂是日設帝張樂許士庶遊觀三日（[illegible]其進繼照堂頌）初營是堂西有井將塞之上曰必有神龍潛蟄命覆巨石未幾果有龍躍出至是八作使張文邈叙其事祥符六年八月丙寅繼照堂芝草生上作歌賜近臣天聖二年八月己卯幸繼照堂景祐元年正月庚寅改為繼聖堂

卷七千二百十七

堂在元符觀南太中祥符八年置宋史地理志在開封府大內宣祐門東廊火北景定建康志行宮資善堂在學士院之右

天禧二年八月以給事中參知政事李迪為太子賓客以右諫議大夫樂黃目為給事中兼左庶子昇王府諮議參軍吏部郎中直昭文館張士遜為右諫議大夫兼右庶子昇王府諮議參軍禮部郎中直史館崔遵度為吏部郎中直史館兼左諭德昇王府記室參軍左正言直史館晏殊為戶部員外郎直史館兼舍人賜金紫右正言魯宗道為戶部員外郎兼右諭德賜紫魚袋資善堂都監左藏庫使長州刺史入內押班周懷政為左騏驥使入內副都知兼管勾左右春坊事內殿崇班資善堂祇候楊懷玉為內殿承制皇太子宮祇候九月丁卯天安殿冊太子三年九月丙子賜元良述六藝箴承華要略玉海四年從御劇北一作禁廬之北一云宣祐門內東廡北講筵所亦在焉十月己卯資善堂上梁是歲正月十七日幸太子會宮像觀之四年十月以太子太保王欽若為資政殿大學士令日赴資善堂侍講欽若罷相為宮保不當侍宮筵特陳乞而從之玉海十一月庚午御札中書密院常務令宰臣與太子就資善堂會議壬申輔臣見皇太子於堂十二月九日乙酉詔進日承明殿不視事中書樞密院詣資善堂議事辛丑太子會師傅官僚於是重賜教坊樂先是天禧元年九月甲子讀論語畢第九春宴王友于堂四年十月壬辰以太子太保王欽若為資政殿大學士日赴資善堂侍講讀閏十二月命入內侍省副都知鄧守恩同勾當資善堂兼太子左春坊五年三月宰臣丁謂等請自今兼太子師傅十日一赴資善堂賓客已下隻日更互陪侍講學從之四月以內

殿崇班雷允恭為皇太子宮都監同勾當資善堂左右
春坊司十一日戊午以皇太子生辰宴輔臣東宮官於
資善堂玉海五月癸未詔皇太子讀春秋輔臣奏曰臣等時入資善堂陪侍講席太子天姿英邁好學
不倦寫字有筆法上喜宋史馮拯乾興元年進封魏國公遷司空兼侍中輔臣會食資善堂召議事丁謂獨
不預謂知得罪頗衷請錢惟演遂曰當致力無大憂也拯熟視惟演跛嗜　仁宗寶元二年三
月二十三日癸丑詔天章閣侍講賈昌朝王宗道於是
堂編排書籍教授內臣以編修為名昌朝乞差趙希言
楊安國同共編排從之四月戊辰命趙希言楊安國編
排癸未罷之　康定元年十一月三日詔樞密院都承
旨左屯衛將軍王元祐領趙州刺史與側近差遣以自
陳歷事三朝嘗經資善堂祇應也　皇祐元年七月壬
卷七千二百一十五　二
子帝幸資善堂作詩有曰疇日學堂親政第仰懷慈訓
倍依依之句說書所寓資善堂慶歷初政為講筵所
至和二年三月宴餞知徐州呂溱於是堂治平四年五
月餞李東之十月乙卯餞李受命侍臣賦詩時謂遠過
二疏　神宗元豐八年十二月二日詔令月十五日開
講論語讀寶訓講讀官日赴資善堂以雙日講讀仍輪
一員宿直初講及吏勾宰相執政並赴十五日初御邇
英閣召三省樞密院侍講侍讀修注官講讀錫宴於資
善堂賚銀帛有差　哲宗元祐元年三月十六日詔講
讀官吏不輪資善堂宿直六年詔史院寫邇英延義記
注送資善堂　徽宗政和元年二月二日詔三月二十

方域三之二一

七日定王桓嘉王楷出就資善堂聽讀三月二十八日
詔宰臣執政官許就資善堂見定王嘉王王至中門外
迎揖升堂就坐王西嚮宰相執政東嚮退王揖送於大
門內二年九月二十九日詔皇子到堂聽讀特許講官
時暫到堂參見時侍讀鄭居中講筵奏事嘗面被旨也
五年二月十八日定王桓言臣已依詔旨於二月七日
出閤過府訖臣昨就資善堂聽讀尋常須候邇英經筵
已開方取旨定日恭惟聖學高妙羣臣莫及躬御經筵
但欲遵承祖宗故事非待儒臣講說修輔叡明如臣之
愚正當力學不可曠日豈應擬視經筵兼臣問安視膳
之外還過府素綽有餘暇況不同往日深在禁嚴出入
卷七千二百一十五　三
不敢自便今欲乞聖慈許令每日不拘早晚但稍有間
隙即請學官赴廳講讀所貴為學日益有以副聖慈眷
撫之意從之二十三日詔皇子建安郡王樝文安郡王
杷令春出資善堂聽其管勾官比附定王嘉王聽讀例
施行十年四月十二日詔皇子安康郡王栩出就資善
堂聽讀可特欽此推恩本閤祗候使臣管勾所手分各
轉一官白身人補副尉祗應人各轉一資並依舊祗應
宣和元年四月十三日中書省言檢會皇子吳國公
出就外第今太史局選日詔資善堂舊衍宅各置直講
翊善贊讀一員以給事中陸藻為鄆王肅王景王翊善
給事中蔡次仲兼直講中書舍人張勸兼贊讀國子司

方域三之二二

業梅執禮兼安康郡王濟陽郡王廣平郡王鎮國公吳
國公翊善禮部員外郎王綯兼直講祕書省校書郎胡
松年兼贊讀五年正月七日以尚書吏部侍郎盧益兼
資善堂翊善七年二月十九日以朝請郎直祕閣管勾
萬壽觀許中兼資善堂翊善三月二十六日符寶郎季
質兼資善堂直講五月十一日尚書右丞宇文粹中奏
臣昨乞罷弟時中資善堂贊讀乞依去年御筆指揮與
一外任差遣詔依所乞與郡二十一日符寶郎季質奏
教差兼資善堂直講伏見贊讀宇文時中緣係執政之
弟已陳乞罷免今來質妻父張邦昌任中書侍郎伏望
許令罷免詔依所乞令後差從官六月二日以刑部尚

卷七千二百一十五

四

書蔣猷兼資善堂翊善給事中吳幵兼資善堂贊讀中
書舍人譚世勣兼資善堂直講　欽宗靖康元年五月
十一日詔皇太子以六月七日出就外傅仍就資善堂
置學舍令國子監供監書高宗建炎三年四月罷紹興
五年五月復置本堂係掌管皇子國公聽讀提舉官幹
辦官各一員以內侍官充手分二人宋史地理志建炎三年閏八月高宗自建康如臨安以州治為行宮宮室制度皆從簡省不尚華飾垂拱大慶文德紫宸祥曦集英六殿隨事易名講筵所資善堂在行宮門內因書院而作紹興五年五月八日辛巳詔擇日
除防禦使伯琮為節度使封國公出就資善堂聽讀先是元年四月戊申以政和故事面諭宰臣宗尹等
輔臣奏事趙鼎曰昨日得旨見上臣
退而與孟庾沈與求商量皆仰贊陛下為宗廟社稷大

慮謹令有司卜今月二十六日吉上曰可與求曰此盛
德之事也上曰朕年二十九未有子然國朝自有仁宗
故事藝祖創業其勤至矣朕取子行下子鞠於宮中復
加除拜庶幾仰慰在天之靈初張浚未出使也上嘗以
語鼎浚慶與求曰此子天資特異在宮中儼如成人朕
自教之讀書極強記鼎先得旨於行宮內造書院屋一
區欲令就學有司以圖來上凡建屋十六間從約也至
是書院成上曰只以書院便為資善堂俟除授訖命儒
臣為直講翊善悉如故事二十三日詔已建資善堂提
點官差主管講筵所郎諤幹辦官差齊思殿祗候使臣
李中立二十六日己亥以貴州防禦使為保慶軍節度

卷七千二百一十五

五

使封建國公詔左朝奉大夫徽猷閣待制提舉建隆觀
兼史館修撰兼侍講范沖兼資善堂翊善左承議郎守
起居郎兼侍講朱震兼資善堂贊讀上親筆付出朝論
以為極天下之選二十九日詔建國公閤差主管文字
詞臣一名掌章表使臣一名直省官二人祗應下班祇
應二人手分一名進奏官一名楷書一名華官六人翰
林司廚子入內院子各二人擇龍親事官六人儀鸞司
一名六月一日詔令月七日建國公出就資善堂聽讀
五日宰臣趙鼎等奏建國公初七日出資善堂臣等考
故事當謁見上曰朕令國公至資善堂見范沖朱震當
設拜蓋尊師重傅不得不如此卿等既欲循故事可往

一見七日詔資善堂差置手分二人於無違礙官司指
差每月請給並依翰林醫官局從行見請則例支破到
堂實及十年與補進武副尉令後有闕依此施行七月
七日中書門下省言昨蕃衍宅贊讀等官各應合破書
奏楷書一名并當直承送親事官十人令來資善堂翊
善贊讀各依上件體例施行從之六年九月二十一日
詔建國公瑗出閤聽讀孟子終篇本閤并資善堂官吏
諸色人並各與轉一官資内未有名目人候有名目日
收使十一月三日資善堂言近詔建國公閤并資善堂
官吏諸色人並各與轉一官資契勘楷書李應茶酒班
祗應魏宗道伴讀書寫文字使唤宣力頗多内李應係

卷千二百一十五　六

白身將來别無補授恩例欲乞特與一名目魏宗道更
乞優與推恩其餘祗應人吏即無似此可以援例之人
詔李應許用轉一官恩例特與補進義副尉魏宗道更
與減三年磨勘七年十二月十一日詔建國公瑗聽讀
尚書終篇翊善朱震贊讀蘇符各與轉一官八年三月
九日詔建國公瑗聽讀尚書終篇本閤并資善堂官吏
翊善贊讀下人吏各與減二年磨勘内無官人吏各支
賜錢十五貫其餘諸色人内將校支賜錢十貫節級五
貫並令戶部支給見錢八月六日詔朱震以任資善贊
翊有功除依條與致仕遺表恩澤外特更與一資恩澤
九年三月十四日詔崇國公璩出赴資善堂聽讀其

請俸給賜等應合行事件並依建國公已得指揮體例
施行六月十九日詔聽讀孟子終篇學官等可依建國
公孟子終篇例推恩本閤并資善堂官吏諸色人各與
一轉官資内未有名目人候有名目日收使合寄資人
依舊寄資十年三月十三日詔聽讀尚書終篇本閤并
資善堂官吏醫官翊善提點資善堂下人吏各與減二
年磨勘内無官人吏并進奏官各支賜錢十五貫其餘
諸色人將校支錢十貫節級長行翊善下親事官五貫
並令戶部支給見錢十一年七月十五日詔聽讀周易
毛詩終篇學官等可依建國公周易毛詩終篇例推恩
内副戲與依使臣法比折收使餘各色不同人比附施

卷千二百一十五　七

行　十二年三月六日詔左朝奉郎試給事中兼侍講
兼權直學士院程克俊除資善堂翊善左朝奉郎試祕
書少監兼崇政殿說書秦梓除資善堂贊讀七日詔樞
密院編修官趙衛大理司直錢周材除普安郡王府教
授十四日詔普安郡王府教授並依諸王宮大小學教
授體例施行先是諸王宮大小學言諸王宮大小學教
授請給人從並依太常博士則例序位立班在國子博
士之上及本學印記條下文思院鑄以經與諸王宮學
朱記八字爲文其行移文字内六曹寺監太宗正司並
用申狀其餘諸司務並用關牒學官遇有合批書事件
中所隸宗正司批書以新除普安郡王府教授錢周材

趙衛申明禮例，故有是詔。十七日，詔普安郡王府差下班祗應喬處卿、進義副尉任叔獻代客司祗應，今有闕亦許指差有名目人充填；宅案司日支有名目人充填宅案司日支食錢伍伯文，書表司、客司日支食錢四伯文，有名目充代并白身人並依此支破；輦官、儀鸞司、廚子與帶行見請步軍司兵士，與支破月糧、諸般合得請給外，日支口食米一升，並創移名糧就本府帮勘。其一行請給並自祗應日為始支破。四月四日，詔秦梓兼資善堂翊善。十三年四月十七日，秘書省著作佐郎兼普安郡王教授錢周材、趙衛言：「講授普安郡王毛詩已終篇，今接續別講經書。」詔令講授禮記。閏四月三日，詔普安郡王瑗講授毛詩終篇，本府官吏並與減二年磨勘。卷七千二百一十五 八

十四年十月六日，詔聽讀禮記、文選終篇，本閣并資善堂官吏、諸色人、學官、下班祗應並依普安郡王聽讀文選終篇例推恩。十八年二月十二日，詔聽讀春秋左氏傳終篇，本府并教授官吏各與減二年磨勘。二十一年三月六日，詔太常博士丁婁明差兼普安郡王瑗、恩平郡王璩府教授。宋史寧宗本紀：嘉泰元年二月壬辰，開資善堂。慶元六年四月十五日，宰執進呈蕭逵、龔頤正並兼資善堂小學教授。京鏜奏：「聖嗣未艾，不妨自為此舉，願更擇一人伴讀。」上曰：「然。當更相度，不可容易。」九月二十九日，詔資善堂小學主管官可就差幹辦御藥兼提點資善堂張延禮手分入內院子、把門親事官並就見今資善堂人相兼祗應，教授下共差破當直承送親事官四人。十一月九日，詔宗子與愿可改名曮，特除觀察使，令就資善堂授書。資善堂申：「乞皇城司差取親事官二人充本堂庫子，掌管書籍什物等，分差宿直，實占祗應；翰林司差人兵二人充本堂看管火燭及供應茶湯，分番宿直，實占祗應；一、儀鸞司差取工匠二人充本堂釘設，分班宿直，實占祗應；一、所有三司差到人兵共六人，每月添支茶湯錢依現今資善堂看管院司則例支破。每月于左藏庫止添支錢一貫文」並從之。嘉泰元年二月二十二日，詔資善堂小學教授蕭逵、龔頤正今後許令乘騎入出和寧門，至北宮門外下馬赴堂供職，今後準此，仍於殿前司差撥鞍馬并草料、控攏軍兵。卷七千二百十五 九

十三日，詔資善堂小學教授如遇輪當赴堂授書日分，所有應干期集免行趁赴。十二月，秘書郎婁機資善堂小學教授。二年二月，秘書郎張嗣古兼資善堂小學教授。閏十二月十五日，詔宗子與誼特補右內率府副率，充資善堂伴讀。四年七月，秘書省著作佐郎鄒應龍兼資善堂小學教授。開禧元年七月，陞兼直講。八月，秘書郎黄中兼資善堂小學教授。開禧元年五月二十七日，臣僚言：「臣聞漢賈誼論三代有道之長，而秦無道之暴，其原皆本于教子，則知教子者帝王之急務也。天祐邦家，皇子端重聰哲，聞于內外，今者冠禮既

成正皇嗣之位啓王爵之封則所謂小學教授之名固當更改至于翊贊之官比前之日尤加重焉如更添置一二員得真賢實能以居之庶幾不負明時使令之意欲望聖慈與大臣議之更正官名妙簡精擇端亮之士取學術粹而器識明者俾之從容來邸贊助緝熙增廣聞見有如皇朝官制兵制與夫民政邊事之類亦如撫怏之暇併與講明庶以裨補益萬一檢照嘉祐典故有以皇子位說書爲官稱者今來更合取自聖裁或下有司討論施行從之開禧元年七月太常博士張聲道兼資善堂說書七月軍器監趙夢極兼資善堂贊讀二年三月起居郎史彌遠兼資善堂直講三年三月以禮部侍郎兼翊善五月樞密院編修官王益祥兼資善堂說書七月秘書丞黃疇若兼資善堂說書三年四月兵部員外郎戴溪兼資善堂說書淳祐七年正月詔就内小學建資善堂置贊讀直講俾習於藩房訓習以其年未可出就外傳也景定東宮講堂名新益

卷七千二百十五　十

宋會要　都堂

國初典禮之事當集議者皆先下詔都省吏以告當議之官悉集都堂設左右丞座於堂之東北南向御史中丞於堂之西北南向尚書侍郎於堂之東廂西向兩省侍郎常侍給事諫舍於堂之西廂東向知名表郎官於堂之東南北向監議御史於堂之西南北向人設左右司郎中員外於左右丞之後三院御史於中丞之後郎中員外於尚書侍郎之後起居司諫正言於諫舍之後如有僕射御史大夫即座於左右丞中丞之前如更集它官即諸司三品於侍郎之南東宮一品於尚書之前武班二品於諫舍之南皆重行異位畢者先就席以官高者爲表首祥符四年五月一日詔曰文昌揆路師長百僚自今宰相官至僕射者並於中書都堂赴上不帶平章事者亦本省赴上令太常禮院崇文院詳定儀注明年二月禮院上儀注至和二年七月九日詔宰相召自外者百官班迎之自内拜者聽行上事儀文富入相然亦辭之元豐五年五月九日詔新除左右僕射赴尚書省行禮上儀建炎四年五月二十日詔侍從臺諫官並赴都堂議

卷七千二百十五　十一

射堂

宋會要

淳熙二年夏始創射堂爲游藝之所圃中有榮觀玉淵清賞等堂鳳樓皆燕息之地景定東宮堂名凝華

全唐文

宋會要　東京大内

京都雜録東京大内南中三門中曰宣德梁初曰建國後改咸安晉初曰顯德又改明德太平興國三年七月改乾元大中祥符八年六月改正陽景祐元年正月改宣德政和八年十月六日改爲太極之樓重和元年正月復今名

宋會要

京都雜録東京大内文德殿庭東南隅有鼓樓其下漏室西南隅鍾樓殿兩挾有左右掖門又云乾德六年正月賜名

卷三千五百二十

一

宋會要

京都雜録東京大内東一門曰東華梁曰寬仁開寶四年改曰東華門

宋會要

京都雜録東京大内西一門曰西華門梁曰神獸開寶四年改今名

宋會要

京都雜録東京大内北一門曰拱宸梁曰厚載後改玄武大中祥符五年十一月又改玄武爲拱宸又云西京宫城北門

宋會要

京都雜録東京大内宣德門内正南門曰大慶梁曰元化宋朝常隨正殿名改

宋會要

京都雜録西京大内次北曰乾元門唐曰千福乾化後改乾元門

宋會要

京都雜録東京大内右升龍西北偏曰端禮門凡三門各列戟二十四支熙寧十年八月賜名又云熙寧十年改文德殿南門曰端禮門

宋會要

文德門在端禮門内

卷三千五百二十

二

宋會要

京都雜録東京大内文德殿次北門曰左右銀臺大慶殿後東西道其北門曰宣祐舊曰天光大中祥符八年六月改大寧明道元年十月改曰宣祐門

宋會要

京都雜録大中祥符七年賜真遊殿西門曰延真門

宋會要

東京昇平樓次西曰安樂門

宋會要

京都雜録東京安樂門門外西北曰景暉門天喜五年三月賜名

宋會要

京都雜録東京昇平樓東曰舍和門熙寧十年八月賜名又云改安樂門曰舍和門在垂訓殿後

宋會要

京都雜録東京講筵所次北引見門次北通極門熙寧十年八月賜名又云改崇政殿北横門曰通極門

宋會要

西華門次北有引見門

宋會要

京都雜録東京講筵所次北臨華門熙寧十年八月賜名又云改拱宸門裏西横門曰臨華門

卷三十五頁二十　三

宋會要

京都雜録東京講筵所西廊次北内東門有廊柱與御厨相直門内有小殿即召學士之所又云西京廣壽殿後閤舍即内東門道其北明德殿又云西京建禮門北東廊曰内東門

宋會要

京都雜録東京大内西華門内次西曰右承天門乾德六年正月賜名

宋會要

京都雜録東京大内大慶殿東西兩廊門曰左右太和梁曰金烏玉兎國初改日華月華大中祥符八年六月

改今名

宋會要

左右日精門在大慶左右

宋會要

京都雜録東京福寧殿東西門曰左右昭慶大中祥符七年賜名

宋會要

京都雜録東京大内文德殿内正南門曰左右長慶乾德六年正月賜名曰左右長慶門

宋會要

京都雜録東京大内文德殿次北門曰左右嘉肅熙寧十年八月賜名

卷三十五頁二十一　四

宋會要

京都雜録東京大内文德殿東西兩廊門曰左右嘉福舊名左右勤政明道元年十月改左右嘉福門

宋會要

京都雜録西京大内其北左銀臺門唐曰左章善梁改左右銀臺

宋會要

京都雜録大極殿門外東西横門曰左右永泰門隋曰東西華唐曰左右延福後改左右永泰門

宋會要

京都雜録東京文德殿門西紫宸殿門殿門皆兩重名隨殿易其中閤門遇雨雪羣臣朝其上

宋會要

京都雜録東京紫宸殿次西曰垂拱殿門門有柱廊接文德殿後其東北角門子通紫宸殿每日樞密使以下立班殿庭候傳宣不坐即過赴垂拱殿起居每門内東西廊設二府親王三司開封府學士至待制正刺史以上候班幕次

宋會要

東京崇政殿門在大内皇城宣祐門次北又云在通極門南東向

卷三千五百二十　五

宋會要

東京垂拱殿次西曰集英殿門又云在皇儀門西

宋會要

大内皇城垂拱殿門次西曰皇儀殿門

宋會要

京都雜録東京大内文德殿庭東南隅有鼓樓其下漏室西南隅有鐘樓殿兩挾有東上西上閤門

宋會要

京都雜録東京元符觀直北東向有谿門舊無榜熙寧十年始標額又云改東華門曰北谿門

宋會要

西京大内

京都雜録西京皇城南面三門中曰端門北對五鳳樓南對定鼎門

宋會要

京都雜録西京大内東面一門曰蒼龍門隋唐曰重光後改曰蒼龍門

宋會要

京都雜録西京大内西面一門曰金虎隋曰寶成唐曰嘉豫後改金虎門

宋會要

京都雜録西京大内門西北曰鑾和太平興國三年以車輅院門改今名鑾和門

卷三千五百二十　六

宋會要

京都雜録西京大内蒼門之正西有東隅門次西曰膺福門唐曰含章後改膺福門

宋會要

京都雜録西京大内次西接通天門柱廊金虎門之正東有西隅門次東曰千秋門唐曰金鑾後改千秋門

宋會要

京都雜録西京大内天和殿其次崇徽廣壽殿門之西曰明福門其北廊接通天門

宋會要

京都雜録西京大内次西横門曰永福門後唐之名

宋會要

京都雜録西京大内垂拱殿後有通天門復有柱廊門

宋會要

京都雜録西京大内次北曰敷政門唐曰武成宣政後改敷政門

宋會要

京都雜録西京大内太極殿門之西面南曰應天門唐曰敷政光範後改應天門

宋會要

京都雜録西京大内五鳳樓内正南内太極殿門隋曰永泰唐曰通天乾元太平興國三年名太極門景德四年改今名太極門門東西各有門唐初曰萬春千秋今無榜

卷三千五百十

七

宋會要

京都雜録西京皇城東面二門南曰賓耀隋曰東太陽唐曰東明後改今名

宋會要

京都雜録西京皇城西面二門南曰金耀隋曰西太陽後改今名又云即唐宣耀

宋會要

京都雜録西京皇城東面二門北曰啓明西對宮城之蒼龍門

西京皇城

宋會要

京都雜録西京皇城南面二門北曰乾通東對宮城之金虎門

宋會要

京都雜録西京皇城西外挾城東二門南曰麗景東對金耀門

宋會要

京都雜録西京皇城西面二門北曰開化東對乾通門

宋會要

京都雜録西京皇城外挾城北面一門曰應福五代以來曰甲馬門蓋諸班直宿其内

卷三千五百十

八

宋會要

京都雜録西京皇城外次北右軍一門在光政門之西門内皆班院及御園

宋會要

京都雜録西京大内其南有内園門在含光殿門之西

宋會要

京都雜録西京大内散甲殿後柱廊有後殿其北相對有夾道門在拱宸門内

宋會要

西京左銀臺門相對後門在東泚門之吶東泚門内有飛龍院

宋會要
京都雜録西京大内後門北對建禮門

宋會要
西京建禮門在天興殿後南對五鳳樓有牖門

宋會要
西京天福門天福殿門也在明福門内或作大福

宋會要
金鑾門金鑾殿門也在明福門内

宋會要
含光門含光殿門也在金鑾門西

宋會要

卷三千五百三十

九

廣壽門廣壽殿門也在建禮門西

宋會要
京都雜録西京大内興教門内曰左安禮門隋唐曰會昌

宋會要
西京光政門内西偏右安禮門隋唐曰景運後改令名

宋會要
京都雜録西京大内左安禮門北曰左興善門唐曰左銀臺梁改左興善門

宋會要
京都雜録西京大内右安禮門北曰右興善門唐曰右銀臺梁改右興善門

北京

宋會要
北京雜録仁宗慶曆二年七月以北京真宗駐蹕行宮中門為順豫門

宋會要
東京宣和門在延和殿西北祥符七年建名宣和明道元年改開曜十一月改迎陽俗號苑東門

卷三千五百三十

十

青城門

全唐文　宋會要

熙寧七年九月二十四日戊申中書門下言準詔參定南郊青城內殿宇門名請大內門曰恭禋東偏門曰承和西偏門曰迎禧正東門曰祥曦正西門曰景曜後三門曰拱極內門裏東側門曰貴明西側門曰肅成大殿門曰端誠大殿曰端誠殿前東西門曰左右嘉德便殿曰熙成園門曰寶華詔並依先時青城殿宇門名每郊命學士院撰進至是著為定式學士院更不撰進十一月二十五日親詣徹黃道不御小次

十年七月八日詔南郊青城寢殿後至寶華門裏御道更不用華磚砌以有司計花磚萬餘口役工三千故特罷之

卷五千四百八十七

門

宋會要

東京雜錄神宗元豐六年五月刑部言切聞京城諸門或不以時啟閉公私或以廢事欲新城門並以日初出入時為準委開封府檢察從之

京都雜録東京新城南五門次曰廣利惠民河水門太平興國四年九月賜名廣利門
宋會要
京都雜録東京新城東五門南曰上善汴河東水門太平興國四年九月賜名上善門
宋會要
京都雜録東京新城東五門次北曰善利廣濟河水門太平興國四年九月賜名咸通天聖初改曰善利門
宋會要
京都雜録東京新城東五門次北曰含輝周曰含煇太平興國四年九月改寅賓後復令名曰含輝門

卷三千五百二十二 三

宋會要
京都雜録東京新城東五門次北曰朝陽周曰延春太平興國四年九月改曰朝陽門
宋會要
京都雜録東京新城西六門次北曰金輝〔耀〕周曰肅政太平興國四年九月改曰金輝〔耀〕門
宋會要
京都雜録東京新城西六門南曰夜〔順〕天周曰迎秋太平興國四年九月改曰順天門
宋會要
京都雜録東京新城西六門次北曰宣澤汴河北門熙寧十年賜名宣澤門

宋會要
京都雜録東京新城西六門次北曰大通汴河南水門太平興國四年九月賜名大通天聖初改順濟後復令名
宋會要
京都雜録東京新城西六門次北曰咸豐廣濟河西水門太平興國四年九月賜名咸豐門
宋會要
京都雜録東京新城西六門次北曰開遠太平興國四年賜名通遠天聖初改曰開遠門

卷三千五百二十二 四

宋會要
京都雜録東京新城北五門中曰通天周曰玄〔元〕德太平興國四年九月改曰通天天聖初改寧德後復名通天門
宋會要
京都雜録東京新城北五門次東曰景陽周曰長景太平興國四年九月賜名曰景陽門
宋會要
京都雜録東京新城北五門次東曰永泰周曰愛景太平興國四年九月改曰永泰門
宋會要

西京

京都雜録東京新城北五門次西曰安肅國初號衛州門太平興國四年九月賜名安肅門

宋會要

京都雜録東京新城北五門次西曰永順廣濟河南水門熙寧十年賜名

宋會要

京都雜録西京東城東面一門曰宣仁東對上東門

宋會要

京都雜録西京東城南面一門曰承福今為洛陽監前門

宋會要

卷三千五百三十

京都雜録西京東城北面一門曰含嘉今不復有門構

五

宋會要

京都雜録西京城南三門中曰定鼎東曰長夏西曰厚載

宋會要

厚載門西京城南西門也

宋會要

京都雜録西京城東三門中曰羅門南曰建春北曰上東

宋會要

建春門西京城東南門

宋會要

上東門西京城東北門

宋會要

京都雜録西京城北二門東曰安喜西曰徽安

南京

宋會要

南京雜録真宗大中祥符七年二月詔名南京門曰崇禮門

宋會要

南京雜録真宗大中祥符七年二月詔名南京雙門曰祥輝

宋會要

卷三千五百三十

南京雜録真宗大中祥符七年二月詔名南京外西門曰迴鑾

六

宋會要

南京雜録真宗大中祥符七年二月詔名南京大東門曰昭仁

宋會要

南京雜録真宗大中祥符七年二月詔名南京小東門曰延和

宋會要

南京雜録真宗大中祥符七年二月詔名南京小西門曰順成

宋會要
南京雜録真宗大中祥符七年二月詔名南京北門曰
靖安　宋會要
南京雜録真宗大中祥符七年二月詔名南京新關門
曰承慶

卷三千五百二十三

七

坊

全唐文
宋會要左右天廄坊
雍熙二年十月置咸平元年併此務入遂分左右二坊
真宗景德二年二月以鄭州養馬務病馬於京城置坊
養飼之　神宗熙寧三年三月六日詔以左右天駟四
監併作左右天駟兩監　八年二月十一日詔權廢罷
左右天廄坊　八年三月詔牧養監裁減兵員其將校
委步軍司比類軍分移隸兵士依廢左右天廄坊例施
行從羣牧司所請也
宋會要駞坊
在天廄坊西掌收養橐駞以供內外負載之用開寶二
卷六千一百三十九
年置監官二人以三班及內侍充兵校六百八十二人
神宗熙寧八年四月十九日詔駞坊每歲輪差監官
往石州界都大提舉管司放牧並降宣命今後只仰本
司依條例指揮以上國朝會要續會要附太僕寺　高宗建炎三
年四月十三日詔駞坊官吏減半　紹興二十四年五
月七日詔駞坊依已降指揮招刺拘收一百人　通作
四百人為額　二十九年九月四日詔駞坊監官三員
減內侍一員省罷一員人吏二名獸醫二名各減一名
副尉將校五人減三人兵級三百四人內曹司二名減
一名節級六人減四人把門八人打火八人各減四人養象九
十人並存留養騾子駱駞一百九十人並減其所減將

校兵級並發歸步軍司差使拜充填催募使喚　以上
中興會要　孝宗隆興二年八月二十六日兵部言駞
坊自來應奉郊祀大駕鹵簿儀仗前合用大象六頭准
備象一頭監官三員專典三人人員二人曹司一名教
頭六人簇象兵士四十九人駕部職級手分三人應有
合行事件依紹興二十八年已行體例今來減損大象
一頭准備象一頭監官一員人員一員曹司教頭各一
人簇象兵士二十七人駕部職級手分三人詔從之內
駕部止差人吏二名乾道六年閏五月十四日駞坊言
大禮應奉象掛搭蓮花座法物頭帽衣帶之屬合行申
明下所屬排辦從之　八年七月十三日駞坊言見管
馴養牙象二頭皆口齒高大恐有不測誤大禮應奉乞
令廣南西路經畧安撫司速行計置收買齒嫩馴熟雄
良牙象一十頭限大禮前到從之　九年十二月二十
八日兵部言駞坊人兵元額一百三人見闕三十三人
今來安南入貢大象一十五頭乞將見闕人數先次招
收執役庶新到坊皆曉養餵從之

卷六千一百三十七　二

宋會要 內酒坊

在內城外西北隅掌造法糯糯酒常料三等以供邦國
之用初有酒工張進善醞因以姓名稱之後又有梁永
張瓊之名大中祥符二年止名法糯以京朝官一人三
班內侍二人監門以三班內侍二人監門匠十九人兵

校百三十九人掌庫十四人　真宗咸平二年九月詔
內酒坊法酒庫支暴酒以九月一日煑酒以四月一日
景德二年二月詔諸班軍人員旬酒部役軍員酒迴
軍酒並內酒坊支給　大中祥符二年七月內酒坊言
舊所醞糯酒皆以工匠為名如張進威美之類人既换
易名亦隨改詔自今更二名並以法糯為號　仁宗天
聖五年九月詔三司自今內酒坊造酒支七分新米三
分陳米只依盎贊朱貴酒樣鈴轄醞造贊等各遷一資
元豐二年八月二十三日太常寺言奉詔祠祭以法
酒庫內酒坊酒實諸尊罍以代五齊三酒今法酒庫酒
曰供御曰祠祭曰常供內酒坊酒曰法糯曰糯酒曰常
料各三等糯酒常料酒止給諸軍吏史工技人以奉天
地宗廟社稷恐非致恭盡物之義乞止以三法酒及法
糯酒奉祠祭從之

卷六千一百三十七　三

宋會要 東西作坊

掌造兵器戎具旗幟油衣藤漆什器之物以給邦國之
用各以京朝官諸司使副內侍二人監內侍各二人監
門其作總五十一有木作杖鼓作藤蓆作鏁子作竹作
漆作馬甲作大弩作條作樓作胡鞍作油衣作馬甲生
葉作打繩作漆衣甲作劍作糊粘作戎具作掐索作雕
木作蠟燭作地衣作鐵甲作釘鈌作鐵身作馬甲造熟
作磨劍作皮甲作釘頭牟作銅作弩樁作釘弩樁紅破

皮作針作漆器作畫作鐵攜作網甲作柔甲作大爐作
小爐作器械作錯磨作鏇作鱗子作銀作打線作打磨麻
線作槍作角作鍋砲作磨頭牟作舊名南北作坊並在
興國坊南坊兵校及匠三千七百四十一人北 兵校
及匠四千一百九十八熙寧中改今名 太祖開寶九
年九月詔分作坊為南北作坊 真宗太中祥符三年
十二月詔作坊弓弩造箭院今後除內中及二司等處
抽差人匠更不收二限外其餘諸司庫務抽取人匠即
令相度所造名件數目勒人匠計定功限供申到坊上
簿拘管才候限滿日畫時抽下 仁宗天聖二年五月
三司言南北作坊準宣製造內中并諸處物色乞自令

卷六千一百三十七 四

並各令置簿主管勒合干作分計料申支候請到作坊
點檢元請數足入庫封鏁逐旋支付人匠內金銀細色
並當日晚却點稱元數權入庫收附次日復支付造成
名件亦便勾收入庫或即日送納逐時計會取索憑由
於月帳內除破務令整齊及帳目憑由各無差互監官
專副得替並須點檢造作未了名件及見在物料數目
歸省如有少欠申省根勘不得蓋庇只憑文字交數若
不明白干繫人等並以違制斷罪仍乞自令有傳宣并
急速生活其合係申請物料並須當日或次日具細料
實封申省支給省案亦如限支遣從之八年八月詔修
內司見管燈毬一作人匠物色並撥與南北作坊收管

自令逐節作坊製造一應人匠諸處抽取更不發遣從
之慶歷二年六月省南改作坊監官各一員 神宗熙
寧三年六月二十三日權三司使公事吳充言準降到
南作坊地圖一本令依北修蓋欲再陳奏詔令依已得
旨揮計料施行初上欲創東西府遣中人度北作坊為
之而并北作坊於南十二月十三日詔改南北作坊為
東西作坊其使副名額亦然六年七月二十八日將作
監言以捧日左第三軍第三指揮營屋為西作坊從之
先是軍器置監於舊西作坊故也七年六月軍器監言
東西作坊並係權移於舊基地內屋宇窄隘盛暑之際
人所不堪乞每坊於廳前各創造涼棚一十五間從之

卷六千一百三十七 五

宋會要

作坊物料庫在汴陽坊掌鐵木鉛錫羽箭幹油蠟韋石
灰鏇麻布毛漆朱等料給作坊之用以京朝官內侍三
人監舊三庫景德元年合為一 太宗淳化元年十二
月詔作坊物料庫所支弓弩院造箭庫逐料箭幹並令
逐作預差人赴庫揀選候數足令監造使臣分擘造作
如損裂不堪擬數迴換自令三司不得將闕雜破損不
係軍器物於物料庫送納 仁宗天聖六年正月權三
司使范雍言作坊物料庫所受納翎毛經年蛀蚛河陝
諸州軍上京般請至彼皆不任用欲自令除在京合銷
要翎毛數目於向南出產軍置場收買送納外所有河

陜京東西五路州軍即令轉運司破攧錢收買應副使用右本州軍不係出産即據數預先牒隣近出産州軍及申轉運司收買應副從之　神宗熙寧七年九月二十六日軍器監言作坊物料庫皮角四場庫自來諸處取索應用官物並係本庫供送逐庫所管入少既妨支納復有退換官物在外無從關防欲乞除在內造作依舊供送外餘處並差人般請交領從之

卷六千一百三十七

全唐文
宋會要 御厨 中書備對官廨第宅附
御厨在内東門外之東廊掌供御之膳羞及給内外饗
饌割烹煎和之事勾當官四人以京朝官諸司使副及
内侍充食手兵校共千六十九人 御膳素厨大中祥
符九年置在玉清昭應宫後從御厨内掌車駕行幸開
啓燒香及吃素月分供御素食以監御厨官兼領 菜
庫東厨舊在惠和坊後徙拱宸門外掌給入内院子等
饈餬菜飯景祐五年廢之 太宗淳化三年五月詔御
厨諸色人自今盡料供應如供應不盡喫食許工匠各
將歸即不得挾便於街市貨賣及偷出造食物料如獲
送三司施行 卷二千六十五 真宗景德二年九月詔赴宴及賜茶酒
臣僚供應之際輒敢減剋延遲不盡料供應者干繫官
吏重行朝典仍委御史臺閤門糾舉聞奏 三年八月
詔赴大宴差内臣五人分局管勾 一人掌肉從食餬
（餅一人掌湯麵食粥局一）局一人掌蒸作炙爆局一人掌膾鏈龍局一人掌盤飯
口味局 十二月詔每大宴御厨差使副一員躬親監
視饌造 四年詔御厨自今勿當以羔羊供膳 是歲
朝陵途中有獻羊及羔者真宗觀踯躅馴繞不忍殺遂
有此詔 七月詔御厨自今每賜蕃部吃食常令匠人
盡料精潔饌造并擇堪好器用供應仍令内侍省鈐轄
監賜酒食使臣躬親點檢 大中祥符三年九月詔如

聞御厨每遇節辰客省發賜臣僚食物並預先造下壓
裛損惡多不堪餉自今委内侍省每節先差使臣就厨
點檢如無損惡即付客省宣賜 十月詔如聞國信所
（每）契丹使到闕取羊劾蕃殺造食頗為過當自今止之
四年十二月詔自今每大宴起先翰林次御厨收器物
其看食三分以一分給翰林司遇夜令人宿收器物其
後又令逐司各留監官一員管勾 六年九月詔御厨
每歲時賜臣僚燎羊如聞宰殺封割之際其羊未死以
火燎之自今後並以八節熟羊代之 七年七月詔御
厨饌諸色物須預先一月計料具數申三司支給月置
歷抄上會（計）憑由除破 仁宗天聖元年九月内侍高品
卷二千六十五
朱文正折御厨銀棧器折金銀三千六百兩 三司言工
匠偷弊難于破除詔三司根究以聞 閏九月三司言
御厨後行貫贊等申外物料庫應園苑亭驛筵會並本
庫差手分般料往逐處祗應供餘多盜竊貨物乞自今
供應訖令勾當使臣具使過物料數實封赴本庫勘會
有餘盡時差人勾收從之 三年十一月提舉諸司庫務
司言御厨供食院子額二百五十九人諸宮院實占三
十一人外祗應不逮初見翰林司額外招兵士百人依
例添院子百人入額祗應其常例奏抽差備征借事數
驗諸宮院院子等今後更不差從之 八年八月詔於
在京諸司庫務權抽造食兵士二百人於御厨相兼祗

應南郊造食　慶曆八年二月五日臣僚上言：御廚前
門諸色人混雜，只門子一二人守把，勾當官員宿房却
在後門側近，前門去內東門不遠，火燭頭分全無關防。
欲乞今後輪勾當官一員只在前門關防止宿照管。從
之。　嘉祐三年六月十三日，仁宗謂三司使張方平曰：
監御廚入內供奉官竇昭齊等燕日擅殺羔羊羔，
物之未成而枉其生理，嘗戒使勿殺，今復殺之，不可不
懲也。詔特衝替。以上國朝會要、續會要附光祿寺。　高宗紹興六年
七月七日，詔御廚人員、工匠、庫院子等先有逃走之人，
令來皆遇赦，見內有出違年限及因毀失牌號避罪藏
隱未敢出首，依令降疏決赦，許令出首，特與免罪，依舊
收管，仍依條支破供給。尋以臣論奏，應有作過之人冒
名偽濫，有旨令依律施行。十三年閏四月十八日，詔御
廚於元額人吏內止以押司官二人、手分一十人、正名
書手五人，權以一十七人為額。內押司官、手分依法遞
遷，如手分近補不足，從本廚於內外官司指名差取一
次，如拘礙本處不許抽差條法，特依今來指揮發遣。書
手名募試補，其請給、遞遷、出職并日後遇闕，並依本廚
見行條法指揮施行。　本廚言：元額人吏內押司官三
人、手分一十四人、正名書手一十三人、私名書手一十
五人，共四十五人，昨為行在事務稍簡，權以八人為額，
故有是命。　二十六年十二月二十日，詔御廚裁減手

分一名、書手一名、守闕書手一名，所有裁減備下人，候
見闕日先次填補。　三十年正月十四日，詔御廚人兵
減二百人，撥付步軍司充填雇募使喚。以上中興會要。　孝宗
紹興三十二年九月七日，奏准入內內侍省東頭供奉
官李友仁劉子奉旨：御廚今月七日宣宰執觀講，依周
易終篇例，至日令本廚造宣賜食九分，內宰相二十件，
執政官各一十五件，講官各一十件。今契勘內講官食
已係例支破外，所有宰執事，昨紹興二十五年進講周
易終篇例內宰相三十件，執政官二十件，今欲乞於元
定食味內裁減排辦。從之。　十一月五日，詔御廚令月
七日排辦御筵酒七盞并食七味，就都亭驛賜歸明蕭鷓
巴等四十五人，其合用生料令臨安府牛羊司供納。
隆興元年六月七日，詔令月九日就都亭驛賜歸正人
蒲察徒穆等六十四人御筵，其合行事件並依昨賜蕭
鷓巴等御筵已得指揮施行。　十月十五日，詔御廚排
辦會慶節文武百僚上壽赴座官宴，並依天申聖節前
後已得指揮體例施行。　乾道二年四月二日，詔御廚
排辦慶天申節大宴，闕少廚子、院子，依舊例權於殿步
司差借，候事畢日從本廚申請招填施行。　三年六月
十五日，御廚言：今來辦呈后上德御所有每日早晚供養
食，並依見今內膳名件料例進作，如遇旦望節序，可就
角食味酌獻，若合供素，將羊肉對換素料，隨宜改造供

應及合用器皿並依見行條例施行從之　四年三月二十二日御廚言本廚在京日額管工匠庫院子等共一千五百二十一人自後來行在節次裁減以七百人爲額續減二百人撥付步軍司以五百人爲額今來除差出逃走事故外止管二百九十五人委是闕人應奉乞將本廚應逃去人不以已未出違年限許令百日内出首特與免罪依舊收管一次從本廚報糧審院亦不俟有等經由先次放行合得諸般請給等如續次會問有不該錢物依條回剋入官施行從之　六年五月四日御廚奏見今排辦御筵闕人數多恐臨備時應辦不前乞下臨安府和雇百姓廚子一百人各不曾犯徒刑

卷二千六十五

大字究題人赴廚相兼役使仍令本府一面關請牌號差使臣於前五日押來事畢發還詔依今後每遇齋筵准此　二十四日御廚言今來辦天申聖節齋筵並依紹興二十九年以前體例所有御史臺膳部檢察官吏禮部點檢樂次官吏本廚監官有無合支破喫食詔並不支破今後准此　七月二十一日詔御廚權以四百人爲額令拍收數額自今後遇闕拍填　九年七月八日詔今後遇祈禱禁屠宰御廚早晚並進素膳（以上乾道會要）

淳熙三年六月十六日詔御廚見管工匠令本廚於數内揀選老病不任執役之人並特與帶行身分請給作額外人數紐勘在營養老退下闕額卻行數填日後依

此　四年四月二十八日御廚言講筵日造賜講筵官食一十件今侍讀史浩係前宰執乞依昨宣宰執觀講例賜食二十件從之　六月十四日詔御廚屋宇損漏令兩浙轉運司添修仍自今每上下半年差人檢計修整　七年四月十四日詔御廚自今如遇供廚庫子闕許於直下工匠庫院子内通行揀選有行止人補充從本廚請也　十年七月二十七日詔御廚幹辦官昨來添差武臣一員檢照元額省罷　十三年十二月九日詔御廚減手分二人（以司農少卿吳燠議減冗食故有是命）　十四年十月八日詔光堯壽聖憲天體道性仁誠德經武緯文紹業興統明謨聖烈太上皇帝崩所有每日早晚供

卷二千六十五

養旦望節序酌獻食可依見今常膳名件料例造作遇供素將羊肉等換素料隨宜改造其添供薦獻及應干器皿並依見行條例先次施行　九日御廚言今月八日奉旨自今後將每日早晚御膳減半進素九日御膳不曾呼索詔給賜道場僧道日後遇不呼索準此（以高宗升遐故也）　十九日御廚言見排辦賀會慶聖節使人到闕見辭筵宴檢照紹興二十九年顯仁皇后上僊賀正旦使人到闕比附參照下項御前飯床紅羅繡龍裙襴衣子并御食合上紅羅繡龍合衣子并紅羅手帕子並改用黄素欲乞依此施行一應用金銀器皿等乞依例於天章閣宴設庫關請使用一本廚諸色祗應人服着梅

紋羅纈衫金鍍銀腰帶乞並依服著紫羅衫黄帶子殿前司差到托食天武服著紫絁對鳳并緋紬銀鵪〔闕〕寬衫黄絹襴乞並服著素紫絁寬衫黄絹襴黄帶子仍關報本司一面施行從之　十五年九月二十四日詔十月八月高宗皇帝小祥御膳自十月六日七日八日早晚並進素以上宋會要　淳熙十六年二月二日御廚言重華宮早晚御膳本廚乞依例輪差監官一員人吏二人工匠二十人院子五人自今月二日赴宮晝夜止宿造作供進從之　同日詔御廚今後初三日初七日二十七日早晚御膳泛索並供進素膳　十三日詔御廚每日見供進重華宮早晚泛索自今有司供生料內羊充宰休皇太后殿折納供送赴本宮後苑　四月十六日詔御廚今後遇皇帝本命早晚御膳泛索並供進素膳紹熙元年四月十日詔御廚自今後每月初一日十五日十七日早晚御膳泛索並進素膳　二年七月二日御廚言見闕工匠庫院子共一百三十九人詔招收數額先次施行　十日詔御廚自今後每月初八日十八日二十八日早晚御膳泛索並供進素　四年六月二十三日御廚言本廚副知〻光祖于紹熙二年十月三日進遷充上件職後合至紹熙五年十月二日終三年界滿補官出職本廚專法副知界滿三年無遺闕通理入仕及二十年補承信郎仍陞三季名次今來〻光祖入仕已及二十八年有餘並無遺闕可特與依本廚格法先次補授合得承信郎改差充御廚拘押官物使臣承填陳思明今年八月補闕仍令補理副知未滿月日從之　八月十九日詔承節郎拘押官物使臣陳思明任滿在廚應奉有勞候參部日特與占射差遣一次自今後應本廚出職補官人參部日準此　十月二十三日御廚言今來會慶聖節尚書省滿散御筵乞造成熟食續奉旨別擇日錫宴所有本廚乞造赴座官喫食御史臺禮部膳部檢察官吏及本廚官食料乞給賜施行將赴座官會味依先降指揮給賜教坊御廚翰林司祗應人從之　五年六月九日御廚言至尊壽皇聖帝升遐所有每日早晚供養并旦望節序酌獻食乞依見今常膳名件料例造作遇供素換素料隨宜改造從之以上光宗會要

慶元元年四月二十一日詔今後御廚支散折食錢令戶部行下所屬每月添支錢五十貫文湊作一千五十貫大支散如有支散不盡錢數以次月料內貼數支請以御廚言本廚支散諸班直折食錢昨宣和三年每月支錢四十貫文自紹興元年行在諸班直比之在京數少戶部月支錢一千貫如有支散不盡數以次月湊用今來諸班直人數比紹興年間事體不同每月支散止有現在錢約一千餘貫三月十八日引呈崇政殿親從推填子配填班直數內特宣出七人各射中兩石

五斗力弓詔特與入額行門常日祇應折食錢七人計錢二十五貫二百文若將每月左藏西庫供送到錢支散不數故有是命　八月十三日御廚言副知楊琇已及年勞依條解發出職乞候補官了日差充本廚專一支散諸班直折食錢依本廚見行條例支破請給特令理為資任從之以上寧宗會要

方域四之九

卷二千六百十五

中書備對

熙寧十年支使過米麫肉柴炭酒(油)醋等數　米五千五百七十八石八斗五勺麫一百一十一萬六百六十四斤四兩羊肉四十三萬四千四百六十三斤四兩常支羊羔兒一十九口猪肉四十一百三十一斤猪羊頭蹄等隻副不具柴一百四十五萬四百一十三斤半炭三千五百五十七秤六斤油三萬四千七百八十七斤一十二兩二錢醋一千八十三石八升四合半諸般物料等八萬三百一十斤石兩張

方域四之一〇

卷二千六百十六

宋會要 官廨

太祖乾德六年二月詔曰郡縣之政三年有成官次所
居一日必葺如聞諸道藩鎮郡邑府廨倉庫等凡有損
處多不繕修因循歲時漸至頹圮及僝工而庀役必倍
費以勞民自今節度觀察防禦團練使刺使知州通判
等罷任日具官舍有無破損及增修文帳以次交付仍
委前後政各件析以聞其幕職州縣官候得替日據曾
葺及創造屋宇對書新舊官曆子方許給付解由損壞
不完補者殿一選如能設法不擾人整葺或創造舍宇
與減一選可減者取裁　太宗淳化三年六月詔曰國
家並建庶官分領衆職思不出位無相奪倫儻罔循於
詔條何以謹於官業如聞近降指揮制敕遺逸頗多或有
釐革刑名申明制度多放散失無講求以至議法之司
治獄之司多稽緩而不決致論報以後期久繫桎牢有
傷和氣自今諸道州府軍監縣等應前後所受詔敕並
藏於敕書樓咸著於籍受代日交以相付仍於印紙南
曆子　內批書違者論其罪　真宗咸平四年四月置
朝集院於東華門外凡百餘區　真宗以朝臣外任代還
者寓於逆旅故置爲尋覆罷之　景德元年正月詔諸路
轉運司及州縣官員使臣多是廣修廨宇非理擾民自
今不得擅有科率當役百姓如須至修葺奏裁　八月詔
西川諸路巡檢兵士令逐處州造廨宇營壁以居之先

是上封者言川陝巡檢兵士自來不許修造廨宇多分
泊道並深所非便故有是詔　二年七月詔令後應有
舊管廨宇院宅舍寺觀班院等元額添間例及欲隨意
更改並權住修如特奉朝旨即得修造　三年六月詔
近日京中廨宇營造頗多匠人因緣爲姦利其頻有完
葺以故全不用心久復以損壞自今明行條約凡有興
作皆須用功尽料仍令隨處誌其修葺年月使臣工匠
姓名委有司覆驗他時頹毀較歲月未久者劾罪以聞
八月詔應出使朝臣使臣多是不奉宣敕便於所在州
軍行牒取索工匠丁夫物料等修蓋屋宇宜令諸路轉
運司者揮逐處未得依禀若須合應副即事訖具人數
并物色名件實封以聞先是帝曰近聞鄭牧放使臣以
究葺廨宇爲名多於本州擅役工匠丁夫此及乃知者
固亦多矣可降條約故是命　大中祥符元年十月詔
賜兖州府宇門名曰回鑾覃慶樓　四年二月詔改河
中府兖覆樓曰薰風樓在市中唐廣明歲節度使王重
榮敗黃巢偽將趙璋李祥嘗誓衆於此因爲名帝曰兖
復者一時之事不若因舜都爲之號乃賜名爲命陳兖
叟爲記　三月帝祠汾陰回幸陝州御府南門樓宴從父
老名其樓曰需澤惠民移御營宮水心亭北樓及望河
亭觀山川形勝賜運船卒時服　六年七月詔如聞州
府公宇亦多損壞以赦文所禁不敢興葺自今有摧圮

與改作聽依舊制修完　仁宗天聖七年三月詔光祿
寺屋宇撥併與崇因院却以保康門裏宮舍四十餘間
充本寺寓宇除合置貯嘗果子及銀沙羅遺食等庫屋
宇并架閣文書司房外依司農太府寺例許本寺官屬
充廨宇居止　八年十一月詔聞諸處監當京朝官使
臣幕職州縣官多無廨宇或借民舍而居或即拘占館
驛深為非便自今量撥係官舍屋令其居止　皇祐三
年十一月帝謂輔臣曰諸轉運司提點刑獄廨宇同在
一州非所以分部按舉也宜析處別州仍條巡察之令
以付之　英宗治平三年六月十九日三司言乞今後
應在京官司如元無官員廨宇及雖有局所本非官員
居止去處並不許輒有陳乞指射係官廨宇宅舍及倉
場庫務空閑舍屋居止并創行添展如違委自省司執
奏從之　治平四年十一月神宗即位未改元詔今後
諸處官員廨宇不得種植疏菜出賣祇許供家食用事
具職田門　十二月十四日詔諸路州軍庫務營房樓
櫓等繕治如舊外其廨宇亭榭之類權住修造二年違
者從違制科罪　神宗熙寧七年正月一日詔官員廨
宇內外舊有空地或園池係本廳者逐時所出地利聽
收　八年二月十二日三司言在京官局多援例指射
官屋軍營廨舍并乞破賃宅錢轉相倣效有增無減宜
一切禁止從之　元豐元年八月十六日詔京東路轉

運司齊州章邱縣被水修城倉庫官舍並給省錢　七年
正月十八日廣南西路轉運判官許彥先言本路提舉
舉常平等事劉誼於桂州治廨宇貴官錢萬緡轉運使
張頡等不切覺察詔轉運司張頡陳倩副使苗時中馬
默朱初平吳潛判官朱彥博謝仲規各罰銅二十斤
哲宗元祐八年十二月二十五日戶部言檢會治平四
年十二月四日朝旨節文應今後諸處官員廨宇內及
職田更不得種植疏菜出賣其廨宇內菜園祇許供家
食用自熙寧編敕別無約束令欲乞應官員廨宇內外
并公使庫菜園並依治平舊條除供食外更不得廣有
種植出賣如願召人出租斷佃者聽從之　紹聖元年
三月六日詔今後管軍臣僚在外任者更不許於在京
指占營房廨宇居止亡殁之家亦不得陳乞於軍營寄
住令殿前司告示限一月般出　五月十三日詔應提舉
官並隨所在舊來廨宇居住不得創行脩蓋如實損壞
方許隨事修葺　元符三年九月二十二日徽宗即位
未改元工部狀無為軍乞修廨舍并河北京東路轉運
司齊州狀並乞修官員廨舍等事尚書省檢會近降朝
旨實傷路分除城壁刑獄倉庫軍營房廊橋道外所有
諸般亭館官員廨舍之類並令權住二年修造令勘當
自降旨揮後來不住據諸路州軍申請稱官員廨舍內
有破損不堪居住一例權住二年不惟轉更損壞材植

無慮官員無處居住詔如委實損壞仰轉運司因舊補
葺即不得别有飯增改易及極撥民户餘並依已降朝
旨施行　徽宗大觀二年十二月三十日從侍郎方康
劉子伏覩朝廷設教授之官于今六年州郡尚有不置
數官之廨宇之處盡室寓於僧院詔州教官未置廨宇
去處並令月學費錢修蓋　政和三年正月六日淮南
轉運司奏政和二年六月八日朝旨吏部與重修敕令
所同共講究到分曹建椽旨揮數内增置曹合要廨宇
除獄官外欲依次第從上撥充謂如無判廨宇第一即
與司録即損廨宇第二即與士曹參軍之類許踏逐在
州諸司所管屋宇充合出賣不合出賣同又即無修蓋
諸曹參軍不得過職官椽不得過判司廨宇數少者道
宜詔從之六月二十日尚書省勘會營自當嚴肅不許
安下訪聞近來多有得替待闕或見任官於諸軍營内
不以有無婦女充廨宇安下顯有交雜不便詔諸軍營
不以有無婦女並不許官員及諸色人安下八月十日
太傅鳳翔山南西道節度使鳳翔牧兼興元牧上柱國
越王偲奏契勘本府舍屋前後堂等例各走檑自大觀
四年十月内本府逐次申尚書工部等處差人前來修
整至當年十二月内有旬當西八作司趙不倫將帶壕
寨等赴府檢計了當至今未見差撥人匠赴府其堂近
因雨水轉更走檑乞下所屬計料循整詔依所乞仍令

五

催貨務支錢一萬貫文應副十二月十二日臣僚言伏
覩見任官廨宇内外空地各有所出地利物於條聽收
訪聞諸州軍鎮寨等處緣有上條往往務廣疏圃多占
人兵不准侵奪細民之利而又抑勒句直等人田徵貨
賣不無陪偷之患乞有立法禁止或限定數目如圭田
之制令監司當切覺察按劾施行詔令尚書省立法令
擬修下條諸在任官以廨宇外官地園池之類謂共為
本縣應收地利者營種輒收利從二年或雖應收地利
而私役公人者加本罪一等上條合入政和雜敕從之
宣和三年五月八日尚書省言諸州貢院諸路提舉
學事學勾解吏舍等詔除合措置作轉般倉外餘路令
轉運司拘收措置充係省房廊如不可充房廊撥充官
局或見闕廨宇官廨宇　七年十二月五日奏陝西轉
運使王倚奏條具到所部無名之費數内外路官司為
有廨舍前後相承增修不已或巧為名目多作料數州
縣一面勘請或肆行檢計動數千緡諸司直牒取撥莫
可檢察欲望特賜誠約講議司看詳官司廨舍修造之
費在法許支頭子錢三十貫以下本州支訖申轉運常
平司分認今來王倚所奏切恐其間却有委實損壞倒
塌去處支用不足欲令諸州修廨宇費用官錢歲不得過
三料餘依所乞仍不得侵支正錢若巧作名目多作料
數支給仰監司按劾聞奏諸路依此詔從之　高宗建

六

炎四年二月德音應緣金人或賊盜燒毀州縣除城池
倉庫外其餘官舍未得修葺務在息民如違許人户越
訴四月二十五日提舉江南西路茶盐公事汪思温言
本司廨舍元在洪州遭人燒燬欲權於撫州置司從之
九月七日詔殘破州縣廨宇除緊要治事處許隨宜修
蓋應閑慢修造並住　紹興二年正月二十九日知臨
安府宋煇言昨得旨將府學改充府治方造廳屋并廊
屋三兩間而本府日有引問勘鞫公事合置當直司簽
廳使院諸案未有屋宇詔州治有刑獄司分詐(特)特洛盖
時有詔訪聞行在係官修造去處甚多可日下並罷故
申明云閏四月八日詔賜紹興府行宮復作州治上云
七
方艱難時匱惜財用若不賜與須別建府第亦煩費矣
三年三月一日詔以兩浙轉運司兩廨舍充新除參
知政事席益簽書樞密院事徐俯府第其退下位次却
充本司廨宇五月七輔臣大宗正司將至行在南班宗
子所居當作屋百間上曰近時營宇之令一下百姓輒
受弊者盖緣郡縣便行科配若物和買則貴與役民不
與知可令有司具其一切調度以聞　四年二月一日
臣僚言自來官司廨宇皆以所管職事為名其下便為
治所未有無職事而得廨宇者近詔臨安府舊祗候等
庫并添修充張公(裕)廨宇契勘公裕係同管客省四方館
閤門公事兼總領海舡客省閤門等職事見在禁中從

舊不曾別置廨宇兼客省閤門官非止公裕一名公裕
應得他人皆可得也若以總領海舡為名則其職事係
在明州於行朝別無所治豈有置廨宇於此而遥領職
事於彼者況舊祗候庫已改作户部樓賣場令若添修
充公裕廨宇其樓賣場須別踏逐不惟公裕居之無名
而更添修土木煩費實多乞將前降旨揮速賜寢罷從
之　六年六月十九日詔應承受修造舍屋及添修舟
舡官私司所料工物錢如輙敢依前虛椿木(大)料官吏並
重作施行　十一年三月七日德音壽春府盧濠滁和
舒州無為軍應官舍曾經兵火燒燬處除倉庫刑獄量
行修葺外其餘並未得修葺一年後許申(敗)朝廷旨揮仍
不得擅行支撥應付諸般使用九日臣僚言近聞臨安
府營不一創置職事官廨宇既十餘所而仁和等縣應
者各十數處其間補獘增新者人不知其幾也夫一椽
一瓦非天降地湧皆出於民力在承平農隙之時以次
興修優游不迫民猶告病况此軍興農務之際哉臣聞
明州細民艱食間有流移而本州方興工修(造)州衙及鼓
角樓衆口怨讟乞降指揮除屋舍頽獘合修整外並放
罷役無與勘承年時在京職事官多無廨舍任任官有
廨舍而新舊交承不容他官居占近來臨安府應副職
事官廨舍乃更互相指占移易不已乞詔職事官並以
見占屋宇為廨舍更不許易從之　二十五年八月十
八

七日上謂輔臣曰向來韓世忠納宅當時令移左藏庫
及倉欲以倉基造二府以處執政此祖宗故事令各散
居非待遇之體所降旨揮已三年矣轉運司猶未施行
可呼至都堂傳旨催促並要日近了畢合用物料工錢
於御前請降不得科數　二十六年正月九日新建執
政府三位詔令選入東位魏良臣中位沈該西位湯思
退　二十四日殿中侍御史周方崇言州縣遇有修造
所需物料或以和買為名取之百姓其官司未必一一
支還價錢土木之工費用為多以此擾民深恐未便乞
委監司常切約束州縣無致搔擾或有違戾按劾以聞
從之　孝宗隆興二年二月十六日德音楚滁濠廬光

九

州盱眙光化軍管內并楊成西和州襄陽德安府信陽
高郵軍應官舍刑獄曾經兵火燒燬去處許行修蓋整
葺外其餘並未得興工候及一年逐旋申取朝廷旨揮
不得擅起夫搔擾　五月十一日淮西宣諭使王某奏前
都統制邵宏淵所居屋宇乃王權舊宅見都統制別無
廨宇合將王權舊宅賜都統制司永充廨宇從之　二十
三日詔臨安府具到修蓋環衛官宅子圖內三十間蓋
二位以待正任觀察使以上二十間蓋四位以待正任
防禦使遙郡觀察使以上一十七間蓋四位以待餘環
衛官不得別官指占　乾道元年九月二十六日詔恩
平郡王璩所府第令與見今提舉衙兩易令紹興府將

新換提舉衙如法添脩排辦應副恩平郡王璩居住
二年五月二十三日知臨安府王炎奏欲乞將懷遠驛
地基撥行蓋造廨舍五所專充臺諫官住屋不許指占
從之　四年三月十三日詔禮物局如將來空閑只令周
淙將上件屋宇同嗣濮王見住宅子一併撥賜濮王士
輵久遠居住仍量行修葺　七年三月四日詔令張松
於建康府城內都統司空閑寨地六段內撥一處蓋屋
一千間充馬軍廨舍　淳熙六年十一月二十七日詔
臨安府修葺六部架閣庫屋其主管官員居止令就庫
側充換廨舍使朝夕便於檢校以防文書疎失從吏部
尚書周必大請也　七年三月二十七日詔大慶觀巷

十

內樞密院充故皇子魏王府第其樞密知院府第以朝
天門裏天慶觀西先撥賜李顯忠宅　五月十一日詔臨
安府修蓋大理寺評事廨宇以刑部尚書謝廓然言獄
情貴乎嚴密評事散居於外乞以本寺空地創廨宇故
有是詔　七月二十一日詔廣西路提刑移司鬱林州起
造廨舍合用錢令轉運司應副五千貫先是本路提刑
徐詡奏木司舊置容州移鬱林州得旨令安撫使劉焞
運判梁安世同共相度以聞故有是命　八年八月二
十八日詔臨安府於大理寺修蓋治獄正丞廨舍從臣
僚請也　九年二月二日詔大理寺於本寺內修蓋斷刑
官廨舍以大理卿滿景瑳言乞將本寺空地自行蓋造

故有是命淳熙十六年三月六日詔大理司直寺簿並
就寺居止仍令臨安府於仁和縣後花園内空地蓋造
廨宇兩所　紹興二年正月二十八日無知臨安府潘
景珪言本府籍定百官廨宇其來久矣向者師臣嘗有
申請分而為三侍從兩省官為一等卿監郎官省官為
一等寺監丞簿以下為一等比年以來遷易無常因而
紊襍乞將本府廨舍依舊分為三等自今後遇空閑若元係侍從兩
省官及臺屬廨舍並行存留以俟朝廷除擢應副居止
從之

去

大祖建隆四年五月荆南節度使高繼冲之諸父兄高保紳以下九人來
朝各賜宅一區八月賜右千牛衛上將軍周保權郎州邸務葺為居第乾
德元年十一月高繼冲自荆南來朝詔賜舷都西官宅二區三年十月賜
靜江軍節度觀察留後郭廷謂宅一區開寶五年六月賜江南國主李煜
第兗州節度使從善在京宅一區煜進銀五千兩錢五百萬為謝十二月
賜樞密直學士簽書院事石熙載浚儀縣永豐坊宅一區四年九月賜左
千牛衛大將軍李仲寓浚儀縣積珍坊宅一區二十四日賜右衛上將軍
劉元浚儀縣清平坊宅一區五年三月賜文明殿學士程羽浚儀縣泰寧
坊宅一區六年七月賜上食使王延德浚儀縣壽昌坊宅一區七年正月
賜樞密直學士寶偁浚儀縣崇仁坊宅一區二月賜泰王廷美西京甲第
一區六月賜宣徽北院使柴禹錫浚儀縣寶積坊宅一區八年三月賜度
支使陳崇信浚儀縣寶積坊宅一區戶部使郝正臨慶坊宅一區七月賜
樞密院使王顯開封府道德坊宅一區八月賜洛苑使李繼隆宅一區十
二月賜右諫議大夫參知政事呂蒙正麗景門宅右諫議大夫簽書樞密
院使張齊賢宣秋門宅王沔崇德坊宅各一區雍熙三年二月賜殿前都

卷二萬一千六百二十四

虞侯張訓宅一區五月賜威德軍節度使李繼捧宅易其舊第也十六月
日賜北面總管劉廷讓田重進宅各一區十五日賜翰林醫官使王懷隱
宅一區淳化二年八月賜判四方館王寶安遠門外宅一區真宗咸平五
年九月賜种放昭慶坊宅一區大中祥符元年十二月二十四日詔賜樞
密使陳堯叟安定坊宅一區二月四日出内府錢五百萬贖故相呂端第
賜其子藩以居第質錢而三藩尚幼不與之同居真宗聞而憫之故為贖
還俾兄弟同處七月賜左千牛衛將軍分司西京傅潜左監門衛大將軍
楊瓊舊宅潜等先坐罪籍沒其田宅至是以對禪赦恩給還之五年閏十
月賜樞密使同中書門下平章事王欽若安遠坊宅一區將欽若上言所
居在太廟之後后廟之前出入非便故有是命六年八月賜王繼忠諸子
天波門外官第一區天禧五年二月詔以樞密使曹利用所居直溢道内
侍按視廉地并先詔借宅園並賜之撥沒官至皇祐中復還之仁宗皇祐
五年二月賜樞密使狄青敦教坊第一區至和元年正月賜溫成皇后母
楚國夫人曹氏敦教坊第一區嘉祐六年十一月賜昭憲皇后家信陵坊
第一區十一月二十七日宰臣文彥博言知永興軍日有安素處士高懌
且素知懌名詢其所居乃租賃官地破屋數間遂令破係官材葺屋舍欲

治平無七年疑熙寧

望給賜永充居止。詔舍屋并地基特賜永充居止，地基依例則納税錢。治
平七年正月七日，詔賜端明殿學士、熙河路經畧按撫使王韶崇仁坊宅
一區。九年九月十三日，賜耀州觀察使程昉宅一區，以昉任水事有功，特
恩也。元豐元年三月二十四日，賜故衛王高遵甫先借宅一區，以遵甫皇
太后父故也。四年四月二日，賜提舉京城所家用臣宅基一所，以京城下
勑營課利優異故也。八年六月五日，賜故尚書左僕射王珪壽昌坊官第。
哲宗紹聖三年九月十七日，詔賜蔡確本家宅一區，以中書舍人蔡祖洽
言：臣嘗論前日受遺之臣，朝廷所當崇報，今故相蔡確雖蒙朝廷牽復官
職，然其所得恩數與平時輔相無異。近時司馬光、呂公著等皆以安佚殁
府私
卹禮隆厚，賻贈優渥，而確嘗受遺，爲元祐所嫉，貶死嶺外，諸子零丁，私用
允當。伏望聖心加隆寵數，故有是賜。其後四年四月二十一日，確妻乞以
舊宅子學爲賜第，從之。元符元年九月十八日，詔故相王安石就京賜第
一區。徽宗大觀四年正月二十一日，詔太師、楚國公蔡京賜蘇州南園充
第宅。政和六年二月十九日，詔支降御前錢二萬貫于京師起第一區，賜
盛章居住。十一月六日，詔賜宣和學士王黼昭德坊第宅一區。十二月一
日，臣僚上言：近日臣僚蒙恩給賜第宅，皆優還價直，然于民居私舍不無

卷二萬八千一百十四　二

遷徙騷擾之弊。詔開封府出榜曉諭止絕，如違，令御史臺覺察奏聞。七年
二月十九日，詔王安石江寧府賜第改賜鎮江府行衙，令本路轉運司應
付修完。八年七月四日，詔特進、知樞密院事鄧洵武賜第。宣和二年正月
二十二日，詔蔡確輔立哲宗，功在社稷，可封郡王，賜第一區。十月二十八
日，御史中丞臣翁彥國奏：伏見比年以來，臣僚有被恩異者，不唯官職之
超躐，賜賚之便蕃，多遂賜第者。臣聞蒙賜之家則必宛轉踏逐官屋，以空
閑爲名，或請酬價兑買百姓物業，實皆起遣。名居大者亘坊巷，小者不下
拆數十家，一時驅迫，扶老攜幼，暴露怨咨，殊非盛世所宜有。今太平歲久，
京師戶口日滋，棟宇密接，略無容隙，縱得價錢，何處買地？瓦木撤盡，爲
棄物，縱使得地，何力可造？失所者固已多矣。而鳩工市材，一出公上，請
託營繕，務極壯麗，靡費不貲，往往未嘗會也。雖知其爲恩，未知其爲害。
臣莫爲陛下言者，得無惡於害己職。伏望睿旨，自今非有大勳大業暴著
天下者，勿復賜第。雖已得旨，許三省執奏，臺諫論諍，庶以下息[illegible]覬覦之
心，仰稱聖明愛民節用之意。從之。三年十一月二十四日，詔太尉、奉國軍
節度使、充殿前都指揮使高俅賜第。五年四月一日，臣僚言：比年臣下緣
賜第宅，展占民居，甚者至毀百家，遷徙迫逐，老幼嗟咨，乞自今除大臣、戚

里之甚制恩賜外，餘悉賜金錢，使自營創，如敢干乞，重寘典憲。從之，仍令
御史臺覺劾違者，以違御筆論。六年十二月十五日，詔賜延康殿學士、正
議大夫、提舉西京嵩山崇福宮薛嗣昌第，並依王革等例。高宗建炎三年
八月二十三日，詔中書侍郎張慤所賜田宅全給，同知樞密院事郭三益、
簽書樞密院事鄭瑴田宅並減半給賜。先是，張慤除合得賻贈外，特賜
田十頃、屋五十間，以慤本河朔人，無家可歸，而又輔政忠勤，抗節不附黃
潛善，朝士論甚美，故於例外賜之。後來郭三益亦依慤例，鄭瑴又依三益
例。臣僚遂力詆其冒恩，以三益乃王黼黨，死燕山之役，嘿無一語建明；瑴
資望素輕，止緣在錢塘時有尺寸之功，有指揮館七官，依條與致仕遺表
恩澤，是賜緡錢一千匹兩，不應復冒此恩，素故有是命。後臣僚再上言，詔
郭三益、鄭瑴給賜指揮更不施行。紹興三年三月二日，詔昭慈獻烈皇后
家依欽聖獻肅皇后家例合賜第，令平江府將朱勔宅園舊基撥賜，仍令
本府脩蓋宅屋二十間。三年三月二十三日，故贈開府儀同三司邢煥妻
和國夫人熊氏言：本家見無居止，乞下臨安府應副脩蓋充屋十五間，充
皇后宅位。詔令臨安府踏逐空閑舍屋應副。五月二十八日，韓世忠言：臣
自蒙恩拔擢已來，睿美神謀，邊機軍政，訓奬之詞，便蕃之錫，覲筆宸翰充

卷二萬八千一百十四　三

牣囊緒。近蒙恩撥賜平江府南園營造私第，今欲建閣樓，書其上所有閣
名，伏候睿旨。詔賜名懋功閣。七年三月二十三日，詔劉光世已降制除少
師、萬壽觀使，合奉朝請，可賜府第一區，令建康府踏逐脩蓋。七月二十一
日，詔馬秦除遥郡觀察使，賜宅一區，錢一萬貫，田十頃。十一月七日，中書
舍人句龍如淵繳奏劉光世賜宅。上曰：今財力困匱，營繕定難，然光世罷
兵柄奉朝請，恩禮稍加于舊，則諸將師知後福之有終，皆効力矣。不從。十
二年六月七日，少保、鎮潼軍節度使、信安郡王孟忠厚言：昭慈獻烈皇后
家于紹興三年內被旨依欽聖憲肅皇后家賜第二百六十八間，至紹興
二年內蒙恩到平江府朱勔宅園地基一段，及令本府脩蓋，竟未興工。兼
平江府居止于臣私計便，乞將上件宅園地基依舊拘收入官，其賜第客
臣別具陳乞。詔以賜張俊。六月二十五日，秀王夫人張氏奏：臣妾家素貧
寠，老稚數百指，所至無一廛之歸。伏覩秀川華亭縣市舶提舉廨舍一所
見今空閑，欲望降旨撥賜。詔奉太上皇帝聖旨依所乞。十月二十八日，詔
田師中借居宅第依已降指揮候服闋日拘收，撥賜充岳陽軍節度使、開
府儀同三司、主奉益王祭祀居廣居住。十一月六日，武翼大夫、榮州刺史
蕭頡奏：臣昨在鄂州日，統部司有空閑官屋一所，在蒼巷，准參政行府指

揮令臣居住臣于今年三月得旨召赴行在所有上件屋宇都統司見行
收管欲望睿旨將上件屋宇給臣永遠居住從之十一月十五日詔魏勝
已降旨揮贈官賜賚賜謚立廟厚恤其家可更賜田十頃宅一區二十八
日詔罷鄜更不立宮名仍賜與王子儕等居住故也十四年九月二十三
日詔崇國公璩令宅知臨安府張叔獻躬親相視普安郡王宅屋宇一體
脩造仍先畫圖闕奏十五年四月十一日上遣入内内侍省押班提舉脩
内司衛茂實傳宣賜太師尚書左僕射魏國公秦檜第一區六月十二日
知臨安府張澄奏具脩蓋賜太師尚書左僕射秦檜第宅宮吏等職位姓
名詔第一等轉兩官資第二等轉一官資減二年磨勘第三等轉一官内
選人比類施行七月八日詔蕭琦特出給料錢文曆請給宣撫司撥乞子
一所及于淮東係官田内撥賜田二十頃二十九日追復少保武勝定國
軍節度使岳飛孫岳甫狀陳乞將先祖生前置到江州田地房廊給還事
送戶部勘當本部下江州開具據江州申岳飛見在田産屋宇等下項一
見在田産計錢三千八百二十二貫八十三文省田七頃八十八畝一角一
步地一十一頃九十六畝三角水磨五所房廊草瓦屋四百九十八間見
有人承佃田三頃一畝三角五十九步水碾二所廊房草瓦屋共一百五

卷二萬一千一百十四

十一間未有人承買田四頃八十六畝一角五十二步水碓三所地四頃
八十六畝一角二十一步荒雜地六頃一十八畝一角四十步岳家市見
今只存六十間地基屋宇共二百九十間本部今看詳江州申到岳飛上
件田産屋宇等既朝廷旨揮詔令給還八月二十日戶部狀准批下紹興
府申隨州觀察使李顯忠踏逐到山陰縣坊郭全捷第四指揮營屋官地
充賜地基等事本部據本府申全捷指揮見有營屋三十餘間委是空閑
欲依所乞給賜充宣賜第地基從之

宋會要 節鎮

節鎮陞降

京東路

青州漢平盧軍節度淳化五年改鎮海軍 拱州舊
開封府襄邑縣崇寧四年陞為州尋又陞為保慶軍節度仍為東輔大觀
四年廢為縣仍舊隸政和四年復為州仍舊節度宣和二年罷輔郡
齊州國朝初為防禦州治平二年陞興德軍節度政和六年陞為濟南府
密州漢防禦州周降軍事建隆元年復為防禦開寶五年陞為安化軍節
度尋復降為防禦六年復陞節度元祐三年改臨海軍 襲慶府舊兗州
唐泰寧軍節度周降防禦建隆元年復節度大中祥符元年陞為大都督
府政和八年陞為襲慶府 徐州國朝陞為大都督府 興仁府舊曹州
督府彰信軍建中靖國元年改興仁崇寧三年陞興仁府仍還彰信舊節
東平府舊鄆州宣和元年陞為東平府 金坡遺事青州鎮海軍管内觀
察處置押新羅渤海兩番等使即北海郡古青州海岱惟青州周成王封
太公是為齊國所謂營丘後徙臨淄亦其地南燕慕容德都此 密州安
化軍管内觀察處置等使即高密郡古青州分國密水為名後魏為膠州
隋唐為密州 曹州彰信軍管内觀察處置等使即濟陰郡古荆河州分
在周為曹國後魏為西兗州 鄆州太平軍管内觀察處置河堤等使即

卷一萬五千四百八十三

東平郡古兗州分春秋為鄆之附庸須句也州理古須句縣又有鉅野澤
即春秋西狩獲麟之地 貝州永清軍管内觀察處置等使即清河郡古
兗州分又曰兗冀二州之境清河漢厝縣也後桓帝改為甘陵古回貝丘

京西路

隨州國朝初為防禦州乾德五年陞崇義軍節度太平興國
元年改崇信軍 金州晉懷軍節度後為防禦乾德五年陞為昭化軍節
度 房州國朝初為防禦州雍熙三年陞為保康軍節度 襄陽府舊襄
州宣和元年陞為襄陽府 鄧州政和二年依舊為上州 均州舊為防禦
州宣和元年陞為武當軍節度 蔡州國朝初為防禦州景祐二年陞為
淮康軍節度 潁昌府崇寧四年為南輔隸京畿宣和二年罷輔郡
鄭州建隆元年陞為防禦景祐元年陞奉寧軍節度熙寧五年廢隸開
封府元豐八年復治管城縣元祐元年為奉寧軍節度政和四年為輔郡
滑州後唐義成軍節度太平興國元年改武成軍熙寧五年廢隸開封府
孟州政和二年陞為濟源郡 淮寧府舊陳州上州宣和元年陞為淮
寧府 潁州元豐二年陞為順昌軍節度 陸海軍舊汝州政和五年以
歲比豐登珎祥屢發可陞為陸海軍節度劉豫改為防禦州紹興九年收
復依舊 金坡遺事隨州崇信軍管内觀察處置等使即漢東郡古荆州分

春秋隨侯之國傳曰漢東之國隨爲大又棗陽漢蔡陽有光武舊宅及白
水在焉後魏置南荆州隋置舂陵郡　金州昭信軍管内觀察處置等使
即安康郡古梁州分舜嘗居之謂之嬀墟世紀謂之姚墟西漢置東梁州
其地出金因改爲金州　房州保康軍管内觀察處置等使即房陵郡春
秋庸國後改爲房陵以縣有房山故名之　襄州山東東道管内觀察處
置兼三司水陸發運橋道等使即襄陽郡禹貢荆河之南境漢魏置郡爲
重鎮與江陵爲唇齒又爲鄢郢北門有襄漢二水及峴山　鄧州武勝軍
管内觀察處置等使即南陽郡古荆河分春秋時申伯鄧侯二國之地穰
縣秦封爲穰侯國　許州忠武軍管内觀察處置等使即潁川郡古荆河
州分春秋許國七國時韓魏二國之境　滑州武成軍管内觀察處置河
堤等使即靈昌郡古兗州分豕韋氏之國漢置東郡有滑臺古城又有黎
陽津一名白馬津孟州河陽三城管内觀察處置河堤等使即古孟津亦
曰富平津中渾城本東魏所築仍置河陽關唐會昌三年置孟津初以懷
州爲理所四年移理孟州　陳州鎮安軍管内觀察處置等使即淮陽郡
古荆河州分今理宛丘昔庖犧都曰太昊之墟周初封舜後嬀滿於此以
備三恪爲陳國後魏爲北揚州　河北路舊分東西後併爲一路熙寧六年

卷一萬五千四百八十二

復分二路　冀州慶曆八年陞武安軍節度　開德府舊澶州崇寧四年
建爲北輔五年陞爲開德府節度宣和二年罷置輔郡　河間府舊瀛州
爲防禦州大觀二年陞爲河間府瀛海軍節度　真定府宣和二年以成
德軍稱號　信德府舊邢州安國軍宣和元年陞爲信德府　慶源府舊趙
州崇寧四年陞爲慶源府仍以慶源軍節度　中山府舊定州唐義武軍
節度太平興國元年改定武軍政和三年改中山府中山郡　濬州舊通
利軍政和五年八月陞爲州濬州軍節度九月又改爲平川軍金坡遺事
澶州鎮寧軍管内觀察處置河堤等使漢頓丘地唐武德四年置澶州五
代時自梁以刺史理之晉陞爲防禦隸相州移理德勝南渡後陞爲節度
以濮州隸之　汾州寧化軍管内觀察處置等使即西河郡有介休縣介
休綿上山有介子推祠　定州定武軍管内觀察處置北平軍等使即博
陵郡古冀州分堯始封唐國之地漢爲中山郡後魏武帝時爲定州又春
秋時鮮虞國　滄州橫海軍管内觀察處置等使即景城郡古兗州分漢
爲渤海郡後魏爲滄水郡今理清池即漢浮陽縣在浮水之陽又東光縣
有胡蘇河無棣縣因無棣溝爲名　邢州安國軍管内觀察處置等使即鉅
鹿郡古冀州分亦邢國也又爲襄國石勒都此又平鄉縣即古大鹿之野

一本作建隆元年

有沙丘之臺紂所築　相州彰德軍管内觀察處置等使即鄴郡古冀州
分殷王河亶甲居相即其地秦爲邯鄲郡後趙石季龍前燕慕容儁都此
燕山府路　燕山府古幽州漢置涿郡唐武德元年改爲燕州天寶元年
復爲幽州號廣陽郡永清軍節度宣和四年十月改爲府　涿州漢涿郡
地唐置州宣和四年十月賜名涿州郡威行軍節度　檀州漢漁陽郡地
隋置州宣和四年十月賜名橫山郡安遠軍節度　平州漢遼西郡地隋
置州宣和四年十月賜名海陽郡撫寧軍節度　陝西熙寧五年分爲永
興軍秦鳳二路今按元豐九域圖除永興一路外鄜延環慶涇原秦鳳熙
河分爲五路　永興軍路陝陝州唐保義軍節度太平興國元年改保平
軍　河中府唐河中府河中節度國朝改爲護國軍節度　同州唐正德
軍節度梁爲忠武軍後唐復舊周降爲軍事國朝改定國軍節度　華州
唐鎮國軍節度周降爲軍事國朝初爲鎮國軍節度皇祐五年改鎮潼軍
京兆府宣和二年以永興軍稱　鄜延路　耀州後唐順義軍節度後爲團
練開寶五年復爲感義軍節度太平興國元年改感德軍　環慶路慶陽
府舊慶州政和七年陞爲慶陽軍宣和元年陞爲府　寧州宣和元年陞
爲興寧軍節度　涇原路涇州唐彰義軍節度太平興國元年改彰化軍

卷一萬五千四百八十三

渭州政和七年陞爲平涼軍　熙河路熙州熙寧五年八月以唐臨州地
羌人號武勝軍地置鎮洮軍十月改熙州臨洮郡節度　蘭州元豐四年
九月建州爲帥府以熙州爲列郡　西寧州舊鄯州崇寧二年陞爲隴西
節度仍置都護大觀二年改爲西平郡作中都督府尋爲隴西節度加賓
德軍　樂州舊邈川城元符二年建爲湟州崇寧二年爲副都護大觀二
年賜名嚮德軍節度宣和元年改今名金坡遺事　華州鎮國軍管内觀察
處置等使即華陰郡古雍州分周畿内國秦爲内史地漢屬京兆尹後魏
置東雍州唐復爲華州西岳在焉　耀州感德軍管内觀察處置等使本
華原縣唐屬京兆府李茂貞建節爲耀州號義勝軍以同州美原縣爲鼎
州以隸之梁改爲崇州靜勝軍後唐改爲順義軍後降爲團練州周降爲
刺史州直屬京師皇朝復爲節鎮　涇州彰化軍管内觀察處置押蕃落
等使即安定郡古雍州分以涇水爲名　同州定國管内觀察處置等使
即馮翊郡古雍州分秦爲内史項羽分爲塞國漢祖置河上郡景帝復爲
内史武帝改爲左馮翊魏祖爲馮翊以二水同流爲名　延州彰武軍管
内觀察處置等使即延安郡古雍州分春秋白翟之地秦分置翳王翟都
高奴即此地亦朔方郡南境後魏置東夏州　秦州雄武軍管内觀察處

置押番落等使所天水郡古雍州分古西戎之國秦始封之邑郡有秦亭
秦谷漢分隴西置天水郡郡有大坂名曰隴坻　祁州静難軍管内觀察
處置押番落等使郎新平郡古雍州分昔公劉據豳郎其地也秦為内史
漢為右扶風唐開元改豳為邠　洮州保順軍管内觀察處置等使郎臨
洮郡秦漢以來為諸戎之地郡城本名洮陽城臨洮水洮水出吐谷渾界
鄜州保大軍管内觀察處置等使郎洛交郡古雍州分春秋白狄之地
秦屬上郡左馮翊地後魏置北華州唐為鄜州治雕陰之地又三川漢翟
道縣也又云鄜畤　河東路　太原府唐大都督太原尹河東節度使太平
興國四年平劉繼元降為軍事州嘉祐四年復為太原府河東節度大觀
元年陞為大都督府　隆德府舊潞州唐昭義軍節度太平興國元年改
昭德軍建中靖國元年改為隆德軍崇寧三年陞隆德軍為隆德府仍還
昭德舊節　麟州唐建寧軍節度端拱元年改鎮西軍　府州崇寧元年
改為靖康軍建炎元年改府州靖康軍額為保成軍　平陽府舊晉州政
和六年陞為平陽府金坡遺事麟州鎮西軍管内觀察處置等使郎新秦
郡古雍州分隋已來銀勝二州地漢武帝徙貧民充朔方已南新秦中郎
其地也銀城縣有光祿塞　府州永安軍管内觀察處置等使五代時漢

卷一萬五千四百八十三

陞為永安軍後降為團練州周復為節度　晉州建雄軍管内觀察處置
等使郎平陽郡古冀州分秦漢為東郡劉元海都漢僭都於此後魏為晉
州置總管府有姑射山屬臨汾　浙東西路　杭州唐鎮海軍節度淳化
五年改寧海軍大觀元年陞為帥府建炎三年陞為臨安府　蘇州後唐
中吳軍節度太平興國三年改平江軍節度　潤州唐為浙江西道團練
觀察亦為鎮海軍節度開寶八年為鎮江軍節度　湖州唐宣德軍節度景
祐元年改昭慶軍　婺州晉武勝軍節度淳化元年改保寧軍　明州唐
浙東觀察使錢鏐置望海軍建隆二年改奉國軍節度　越州大觀元年
陞為帥府紹興元年改紹興府平江府政和三年陞為平江府平江軍節
度　鎮江府政和三年陞為鎮江府鎮江軍節度　應道軍舊温州晉靜
海軍節度太平興國三年陞為軍事政和七年陞為應道軍建炎三年罷
軍額　嚴州舊睦州宣和元年為建德軍節度三年改今名仍為遂安軍
嘉興府舊秀州慶元元年改為嘉興府嘉定元年十二月三日詔嘉興
府陞為嘉興軍以守臣趙希道言嘉興係孝宗皇帝儲祥毓聖之郡故也
金坡遺事蘇州平江軍管内觀察處置堤堰橋道等使節吳郡古揚州分
春秋吳國之都自闔閭後都此漢亦為會稽至順帝浙江以西為吳郡以

東為會稽郡　潤州鎮江軍管内觀察處置堤堰橋道等使郎丹陽郡古
揚州分漢為丹陽吳初為京城後改為建業晉元渡江都建業梁改守為
丹陽尹宋為南徐州又丹陽古雲陽也又建業避愍帝諱改為建康也
湖州宣德軍管内觀察處置等使郎吳興郡古揚州分亦防風氏之國史
記汪罔氏之君守封禺之山郎防風地隋置湖州以太湖為名州東有太
湖一名五湖　婺州保寧軍管内觀察處置等使郎東陽郡古揚州分理
金華縣置東陽郡陳為金華郡以婺女之分為名　明州奉國軍管内觀
察處置等使郎餘姚郡古揚州分餘姚山記云舜父所封舜姚姓故曰餘
姚又姚丘山舜所生上虞縣也州因四明山為名　淮南東路　揚州唐淮
南節度建炎元年陞為帥府　亳州晉為防禦大中祥符七年陞為集慶
軍節度　保静軍舊宿州建隆元年陞為防禦開寶五年陞為保静軍節
度劉豫改為防禦州紹興九年收復依舊　淮南西路壽春府舊壽州政
和六年陞為壽春府　廬州大觀二年為望郡安慶軍舊舒州政和五
年改德慶軍紹興十七年改安慶軍　光州宣和元年為光山軍節度
金坡遺事亳州集慶軍管内觀察處置等使郎譙郡周封神農之後於焦
後改為譙郡其地也春秋時屬陳戰國時屬宋魏置譙郡後改為亳州

卷一萬五千四百八十三

宿州保静軍管内觀察處置等使本徐州符離縣唐元和四年置宿州皇
朝建節　廬州保信軍管内觀察處置等使郎廬江郡古揚州之域廬子
之國也春秋舒國之地歷代為重鎮亦為南荆河州隋初為廬江郡唐為
州又為廬江郡　壽州忠正軍管内觀察處置等使郎壽春郡古揚州之
域秦為郢都又項羽用黥布為九江王都六郎此也漢為淮南國魏晉歷
代為重鎮梁為荆河州亦曰壽陽又六安郎　福建路　福州唐威武軍節
度周改彰武軍太平興國二年復為威武軍建炎三年陞為帥府　建寧府
舊建州偽閩鎮武軍偽唐改永安軍又為忠義軍後為軍事端拱元年陞
為建寧軍節度紹興三十二年十月二十二日以孝宗潛藩陞建寧府
泉州偽唐清源軍節度太平興國三年改平海軍　金坡遺事福州威武軍
管内觀察處置兼二　發運等使郎長樂郡古揚州分閩越地秦為閩中
郡漢分置南部都尉歷代或為閩豐泉建州唐復為福州　建州建寧軍
管内觀察處置等使郎建安郡古揚州之域本閩越地秦屬閩中郡唐建州
遂為名建安縣有武夷山泉州平海軍管内觀察處置等使郎清源郡古
揚州分秦漢土地與長樂郡同唐始移置泉州於此　江南路　江寧府偽
唐江寧府開寶八年為昇州天禧二年復為江寧府建康軍節度建炎元

軍額詔陞為

域

年陞為帥府三年改建康府　江州僞唐奉化軍節度開寶八年降軍事
州　寧國府舊宣州乾道二年八月二十六日以孝宗潛藩陞　撫州僞
吳昭武軍節度開寶八年降軍州事　隆興府舊洪州鎮南州節度先是
軍言係孝宗潛藩乞依靜江府例陞為府額隆興元年十月二十五日陞
為興隆金坡遺事宣州寧國軍管內觀察處置等使即宣城郡古揚州分
郡境有蕪湖牛渚亦謂之採石　處州昭信軍管內觀察處置等使即南康
郡古揚州分令理贛縣又庾嶺一名塞上嶺五嶺之一也秦屬九江漢
屬豫章　荊湖路潭州唐武安軍節度乾德元年降防禦州端拱九年復
武安軍節度大觀元年陞為帥府　鄂州唐武昌軍節度後唐改武清軍
太平興國三年復為武昌軍　德安府舊安州唐安遠軍節度晉降為防
禦州後復為安遠軍周又降為防禦建隆元年復為安遠軍節度宣和元
年陞為德安府　常德府唐朗州周武平軍節度建隆四年降為團練州
大中祥符五年改鼎州後為永安軍額以犯陵名崇寧元年改為靖康軍
政和七年陞為常慶軍節度乾道元年九月二十一日以孝宗潛藩陞常
德府　岳陽軍舊岳州宣和元年陞為岳陽軍節度紹興二十五年改岳
州軍為華容軍三十一年依舊　淳熙四年二月二十三日詔荊南府依

卷一萬五千四百八十三

為江陵府先是湖北安撫司乞依建康平江鎮江府例就以荊南為名嘗
從其請至是吏部侍郎周必大言前後除本府倅或作江陵府或作荊南
府而不知荊南是節鎮之名江陵乃府號也隨時差互失於釐政非來湖
北安撫司不以圖經九月志為證士民及公移皆以荊南為稱亦不知節
鎮行移自來多用軍額遂做建康等三府例就以荊南為名有司既以其
說為是朝廷遂從其請令擬注幕職官合行申明故有是詔　成都府路
成都府唐成都府劍南西川節太平興國六年降為益州端拱元年復
成都府劍南西川節度淳化五年降為益州嘉祐六年復為劍南西川
節度　崇慶府舊蜀州紹興十四年以太上皇帝潛藩陞為崇慶軍節度
淳熙四年陞為府　嘉定府舊嘉州慶元二年改為嘉定府開禧元年十
月十三日嘉定府言本府舊係嘉州昨以今上皇帝自嘉王陞正大位
聚陞為嘉定府竊覩祖宗典故應係潛藩皆陞節鎮本府即係今上皇帝
潛藩乞降賜軍額詔陞嘉慶軍　潼川府路舊梓州路重和元年改潼
川府舊梓州唐劍南東川節度僞蜀改天正軍乾德三年改安靜軍端
拱二年復劍南東川節度元豐三年閏九月復詔稱劍南東川重和元年
十一月賜名潼川府　果州僞蜀永寧軍節度乾德三年降為團練　遂寧

隆慶府舊晉安軍紹興元年九月十日以至尊壽皇聖帝潛藩陞添紹熙五年上

正

府舊遂州遂寧郡武信軍節度政和五年陞為遂寧府武信軍節度依舊
瀘州宣和元年陞為瀘川軍節度　利州路紹興十四年分為東西路
後併為一乾道三年六月復分為二路　利州僞蜀昭武軍節度景祐四年
改寧武軍　閬州後唐保寧軍節度乾德四年改安德軍　洋州僞蜀武
定軍節度景祐四年改武康軍　晉安軍舊劍州隆興二年十月以本州
言孝宗潛藩下給舍議陞為普安軍節度陞隆慶府　夔州路　夔州唐乾
元二年陞為都督府尋罷天成二年陞為江寧軍節度　重慶府舊恭州
淳熙十六年八月七日以聖安壽仁太上皇帝潛藩陞紹熙五年三月二
日詔利州西路安撫司依舊併歸東路興元府置司　金坡遺事潭州武安
軍湖南管內觀察處置等使即長沙郡古荊州之域三苗國之地春秋已
來為黔中地楚之南境有五里沙洲故曰長沙湘川之奧南通嶺嶠唐齒
荊雍取昭潭為名也　安州安遠軍管內觀察處置等使即安陸郡古荊
州分春秋鄖子之國漢屬江夏郡西魏置安州總管府　鼎州武平軍管
內觀察處置兼三司水陸發運等使制置武安靜江等軍事即武陵郡古
荊州域春秋楚地黔中漢曰武陵晉藩京曰本名義郡與夷陵相接光武
時改武陵桃花源即此地亦曾為朗州　梓州安靜軍劍南東川節度管

卷一萬五千四百八十三

內營田觀察處置等使即梓潼郡古遂州之域梁末置新州隋改為梓州
唐為梓潼郡　遂州武信軍管內觀察處置橋道等使即遂寧郡古梁州
之域今理方義縣　利州昭武軍管內觀察處置橋道等使即益昌郡古
梁州之域春秋蜀侯之國蜀之北境後魏立益州代號為小益州古劍閣
道秦使司馬錯伐蜀所由謂之石牛道漢葭萌縣之地　閬州安德軍管
內觀察處置權鹽制置等使即閬中郡古梁州之域居蜀漢之半又當東
道要衝梁置北巴州西魏置崇州及盤龍郡古閬中城前臨閬水　黔州
武泰軍管內觀察處置等使即黔中郡古荊州之域蠻夷之國春秋楚地
通云五溪五溪謂酉辰洋武沅等五溪也隋初為黔安郡唐曰黔中　洋
州武定軍管內觀察處置等使即洋川郡古梁州之域春秋戰國皆楚地
三國時為蜀重鎮因水為名西鄉縣有漢班超封定遠侯故城在焉　夔
州寧江軍管內觀察處置兼雲安權鹽制置等使即雲安郡古梁州之域
春秋夔國之地三國時為重鎮先主為吳將陸議所敗退止白帝改為永
安隋為巴東郡唐為夔州有白帝城　廣南路　廣州梁青海軍節度後入
僞漢開寶四年收復仍舊節度大觀元年陞為帥府　肇慶府舊端州元
符三年陞為興慶軍政和八年改為肇慶府仍為肇慶軍節度　永慶軍

紹興元年陞德慶府十四年置永慶軍節度　容州唐防禦經略開寶四
年陞寧遠軍節度　桂州大觀元年陞為帥府為大督府紹興三年陞靜
江府　宜州宣和元年陞為慶遠軍節度　融州大觀三年陞為清遠軍
節度　瓊州政和元年陞為靖海軍　鎮州　大觀元年建仍為龍門郡
下都督府陞為靖海軍尋廢　金坡遺事容州寧遠軍管內觀察處置等使郎
普寧郡古南越城秦屬象郡隋為合浦郡唐置銅州後改為容州　桂州
靜江軍管內觀察處置等使即始安郡古南越城秦為桂林郡漢屬零陵
蒼梧二郡梁置桂州有桂江為江一名灕水灕水其源多桂不生雜樹
邕州建武軍嶺南西道管內觀察處置等使即朗寧郡古南越城秦屬桂
漢屬鬱林郡唐置南晉州後改為邕州又置邕管經略使　化外節鎮
雲州大同軍管內觀察處置等使即雲中郡有白登臺漢高祖被匈奴圍於
此又有故高柳城又有單于臺光武所登也　朔州振武軍管內觀察處置
押蕃落營田等使安北都護即馬邑郡戰國時屬燕漢末置新興郡後魏
置朔州唐謂之馬邑郡　新州威塞軍管內觀察處置等使後唐陞為威
塞軍嬀儒武三州隸之　應州彰國軍管內觀察處置等使後唐陞為彰
國軍以寰州隸焉　豐州天德軍管內觀察處置等使即九原郡因鎮為

卷一萬五千四百八十三

名其河自九原東流千里在麟州北其西河之側也　瓜州歸化軍管內
觀察處置等使即晉昌郡古西戎地又瓜州燉煌郡舜流三苗于三危是
古謂之瓜州其地生美瓜故名之亦古流沙之地有三危山又有渥洼水
又有玉門關也　沙州歸義軍管內觀察處置等使即燉煌郡自瓜州分
置　勝州振武軍管內觀察處置等使即榆林郡二漢為雲中五原郡之
地史記云秦匈奴樹榆為塞所謂榆溪塞也又有古雲州城拂雲堆又有
榆林關　慎州昭化軍管內觀察處置等使唐武德初隸幽州五代為慎
瑞師觀察皇朝建節　見在境外四鎮　幽州盧龍軍管內觀察處置等
使即范陽郡因幽都山以為名周武王封召公於燕又命主幽州古之涿
鹿也燕國之都謂之渤海之國大都督府　靈州朔方軍管內觀察處置
營田押蕃落度支鹽池榷稅等使大都督府即靈武郡古雍州分舊是赫
連東國後魏明帝築城置州即今郡也有鹽池鳴沙賀蘭山薄骨律鎮
夏州定難軍管內觀察處置押蕃落等使都督即朔方郡古雍州分秦為
上郡地漢武取河南地為朔方郡晉亂夏赫連勃勃都號黑水之南勃勃都
號統萬城後為拓跋氏所居　涼州河西軍管內觀察處置押蕃落等使
即武威郡古狄地也漢武置武威郡魏晉至唐謂之涼州　兩鎮見降為

防禦州　并州太原郡舜分冀州為并冀十二牧即其一也秦并天下為
太原郡唐為并州又為北都又為北京改為太原府　益州蜀郡魏晉之
後為益州唐為成都府

卷一萬五千四百八十三

宋會要 地理 州縣陞降廢置
高宗建炎元年六月二十一日宰臣李綱言守禦之策
當以河北河東之地建藩鎮立豪傑使自為守朝廷量
以兵力援之而於沿河沿淮沿江置帥府要郡以控扼
京畿路割京東路拱州京西北路鄭州京西南路潁昌
府順昌府為輔郡大名府路大名為帥府恩州為要郡
德博為次要郡開德府路開德為帥府滑州為要郡
濮州為次要郡橫海軍路滄州為帥府清州為要郡濱
永靜為次要郡京西北路河南為帥府河陽為要郡汝
蔡為次要郡京西南路襄陽為帥府鄧州為要郡唐隨
為次要郡陝西路永興為帥府河中陝府為要郡解虢

卷一萬四千一百八十八

同華為次要郡京東路青州為帥府濟南為要郡登萊
沂密為次要郡京東西路東平為帥府興仁襲慶為要
郡徐州為次要郡淮西路壽春為帥府廬舒蘄為要郡
光黃濠和為次要郡淮東路揚州為帥府宿亳楚泗為
要郡真海通泰為次要郡荊湖北路荊南為帥府德安
鄂鼎為要郡岳復澧為次要郡荊湖南路潭州為帥府
衡州為要郡道永為次要郡江南東路江寧為帥府江
宣為要郡池饒太平為次要郡江南西路洪州為帥府
虔州為要郡袁吉為次要郡兩浙西路杭州為帥府鎮
江蘇湖為要郡常秀嚴為次要郡兩浙東路越州為帥
府明婺為要郡溫處衢為次要郡從之

白馬縣韋城縣胙城縣熙寧五年廢滑州以三縣來隸○管城縣新鄭縣熙寧五年廢鄭州以二縣來隸○太康縣政和四年割隸拱州宣和六年復來隸延津縣政和七年以酸棗縣改○襄邑縣舊拱州紹興九年廢為襄邑縣來隸

此段接第二行建隆元年改下

皇祐五年以曹陳許鄭滑五州為京畿路至和二年罷
開封府長垣縣舊匡城縣建隆元年改（此下接白馬縣一段）
河南府望陵縣乾德元年廢隸登封縣　河清縣唐治
朝崖阬池開寶六年移治白波鎮慶曆三年廢為鎮四
年復置　永安縣本永安鎮景德四年陞為縣以奉陵
寢　壽安縣慶曆三年廢為鎮四年復置　偃師縣熙
寧三年廢為鎮四年復置熙寧五年又廢八年復置　潁
福昌縣熙寧五年廢為鎮隸壽安縣元祐元年復　潁
陽縣熙寧五年廢為鎮隸登封縣元祐二年復　景德
四年正月十二日詔曰朕恭朝陵寢式展孝思仰惟列
聖之靈方積昊天之感營建城邑允奉山園祇率徽章

卷一萬四千一百八十八

用崇先烈永安鎮特建為縣隸河南府同赤縣令本府
與轉運司割移近便人戶二稅正輸縣倉不得移撥常
賦外特免其他役著于甲令慰朕永懷初議建陵邑有
司擇縣名真宗曰可名永安安字宣祖陵名也又視詔
草但云建縣謂王旦等曰允奉陵寢當為赤縣乃下詔

宋會要

應天府劉豫改為歸德府紹興九年收復依舊　宋城
縣寧陵縣柘城縣穀熟縣楚丘縣下邑縣虞城縣景德
三年陞宋城為次赤餘縣為次畿大中祥符七年陞宋
城為正赤餘縣為正畿　寧陵縣政和四年割隸洪州
宣和六年復來隸　宣和六年六月七日詔太康縣依

舊隸京畿寧陵縣屬南京拱州以襄邑并南京柘城爲
屬縣以太康賦税合輸京畿而寧陵戍兵衣糧係南京
支撥故也
大名府元城縣大名縣莘縣朝城縣永濟縣內黄縣成
安縣魏縣洹水縣館陶縣臨清縣宗城縣夏津縣冠氏
縣經城縣慶曆二年升元城大名爲次赤餘並爲次畿
永濟縣慶曆二年爲次畿熙寧五年廢爲鎮隸館陶
縣尋改隸臨清縣　臨清縣慶曆二年陞爲次畿熙寧
五年廢爲鎮隸宗城縣尋復　大名縣慶曆二年陞爲
次赤熙寧六年廢爲鎮隸元城縣紹聖三年復　經城
縣慶曆二年陞爲次畿熙寧六年廢爲鎮隸宗城縣

卷一萬四千一百八十八

南樂縣慶曆二年陞爲次畿紹聖三年廢隸大名縣
洹水縣熙寧六年廢爲鎮隸成安縣　熙寧六年六月
十八日北京留守司河北都轉運司言館陶縣在大河
南隄之間欲遷于高囤村以避水公私以爲便從之
紹聖三年十一月九日北京留守司言得旨移南樂縣
於廢罷大名赤縣基内建置請以大名縣爲名從之
崇寧三年七月二十二日宰臣蔡京言被旨京畿四面
可置輔郡屏衛京師謹酌地理遠近之中割移縣鎮以
潁昌府爲南輔以汝之郟縣隸之襄邑縣爲東輔以南
京寧陵楚兵柘城京畿之考城太康隸之鄭州爲西輔
以西京密縣隸之澶州爲北輔以北京朝城南樂隸之

四輔郡爲節度以太中夫夫以上知州置副都總管鈐
轄各一員知州爲都總管餘依三路帥臣法從之
漢平盧軍節度淳化五年改鎮海軍十月十四日詔曰
眷彼營邱控于東夏太公開四履之地小白舉九合之
師忠烈猶存風流可尚宜改總戎之號用旌表海之邦
青州平盧軍改爲鎮海軍時命曹彬爲青州節度使中
書奏按唐乾元中侯希逸爲平盧軍使本平州之地
也朝廷因授節度屢爲賊所迫希逸率將士累破又爲
奚虜所侵乃拔其軍二萬餘人且行且戰達青州詔就
加希逸爲平盧淄青節度使自是迄今淄青節鎮皆帶
平盧之名今青州頗爲重地請以鎮海爲額杭州澼在

卷一萬四千一百八十八

海隅請爲寧海軍乃下是詔　政和元年八月二十七
日尚書省言應九域圖志内有合陞降州縣刪改修立
勘會興仁府爲東輔青州爲齊郡濰州爲北海郡從之

宋會要

密州漢防禦州周降軍事建降元年復爲防禦開寶五
年陞爲安化軍節度尋復降爲防禦六年復陞節度元
祐三年改臨海軍　安邱縣唐輔唐縣梁改安邱晉改
膠西開寶四年復今名　膠西縣元祐三年以板橋鎮
陞爲縣
拱州舊開封府襄邑縣崇寧四年陞爲州尋陞爲保慶
軍節度仍爲東輔以南京寧陵縣楚邱縣柘城縣開封

府考城縣大康縣隸爲大觀四年廢爲縣依舊爲襄邑
隸開封府以寧陵楚邱柘城三縣依舊隸南京以考城
太康依舊隸開封府政和四年復爲州五縣復來隸宣
和二年罷置輔郡　崇寧三年二月九日詔京師川原
平衍無阻山帶河之險比建四輔拱翼都邑澶鄭潁昌
因舊節度以壯屏翰之勢其新置拱州可依澶鄭例賜
軍額爲保慶　大觀四年十一月九日臣寮言伏聞王
畿象日畫地千里所以大勢而尊朝廷宅地中而制天
下惟其規模壯偉氣象寬宏故四方萬里引首面内知
其爲天下之都竊見近罷四輔除許鄭澶舊屬京西河
北已各還逐路外拱州元係開封府襄邑縣令乃割隸

卷一萬四千一百八十八

京東王畿舊地截于前而有害無利今自京至拱州仍
不滿百里之地非三代都邑之法不足以雄視四方伏
乞罷拱州依舊爲襄邑縣隸開封府以復京畿之舊其
知縣仍選第二任通判資序有風力人充詔依舊爲襄
邑縣舊屬開封府縣分並依舊　政和四年十一月十
日京畿轉運司奏承勅襄邑縣復爲拱州依舊隸京畿
契勘昨建拱州日係以京畿襄邑大康考城縣應大府
寧陵楚邱柘城縣六縣隸焉今既復拱州依舊隸京畿
竊慮上件六縣便合依舊撥隸拱州詔並依舊隸拱州
　政和四年十二月八日奉寧軍奏本州先于崇寧四
年内陞爲輔郡隸屬都畿至大觀四年内罷輔郡割屬

畿西伏覩拱州復爲輔郡依舊隸都畿詔鄭州開德府
潁昌府並依舊爲輔郡隸京畿　紹興九年三月十九
日中書門下省言河南諸路州軍新復之初令權宜措
置京城已差留守及京畿路差置漕憲外其拱州舊係
襄邑縣合依舊爲縣隸京畿路從之

齊州宋朝初爲防禦州　政和六年陞爲濟南府　臨
邑縣舊治權家村建隆元年以河決公乘渡壞城縣三
年徙治猷鎮　長清縣至道二年徙治刺榆店　臨濟
縣咸平四年廢隸章邱縣　章邱縣景德三年以縣置
清平軍熙寧三年軍廢縣來隸即縣治置清平軍使
清平縣舊清平縣熙寧三年廢軍使縣隸州即縣治置
清平軍使

卷一萬四千一百八十八

登州唐中都督府乾德元年降爲上州

濰州本青州北海縣建隆三年于縣置北海軍乾德三
年陞爲州　北海縣建隆三年自青州來隸　昌邑縣
隋昌都縣唐廢建隆三年置　昌樂縣唐楚邱縣後廢
乾德三年復置安仁縣後改今名

淄州鄒平縣舊治縣北故城景德元年徙治廣陽城
高苑縣景德三年以縣置宣化軍熙寧三年軍廢縣復
來隸即縣治置宣化軍使　宣化縣舊宣化軍熙寧三
年廢軍爲縣隸州即縣治置宣化軍使

淮陽軍太平興國七年以徐州下邳縣建爲軍　下邳

縣宿遷縣七年自徐州來隸
襲慶府舊兖州唐泰寧軍節度周降防禦建隆元年復
節度大中祥符元年陞為大都督府政和八年陞為襲
慶府　端拱元年三月二十一日京東轉運使劉甫英
言兖州龔邱縣民請還于舊邑從之先是國家有東封
之意故遷是邑以供行在至是中輟民欲復其故地
襲慶府瑕縣大觀四年以瑕邱縣改　龔縣大觀四年
以龔邱縣改　鄒縣熙寧五年廢為鎮隸仙源縣元豐
七年復　政和八年八月二十五日知梁山軍韓瑜奏
考通典元天大聖后夢感天人誕育聖祖于壽邱實今
兖州大中祥符間改曲阜縣為仙源茲乃國家席慶福
卷一萬四千一百八十八
地太宗始封此邦聖祖真蔭流光無極乞陞兖州為府
冠以美名詔陞為襲慶府　兖州奉符縣舊名乾封開
寶五年移治　岱嶽鎮大中祥符元年改　仙源縣舊
名曲阜大中祥符五年改
徐州宋朝陞為大都督府　利國監徐州彭城縣狄邱
鐵治務太平興國四年陞為監
興仁府舊曹州督府彰信軍建中靖國元年改興仁崇
寧三年陞興仁軍為興仁府仍還彰信舊節　劉豫改
為曹州紹興九年收復依舊　曹州定陶縣本濟陰縣
定陶鎮太平興國三年隸廣濟軍熙寧四年軍廢以縣
來隸　宛亭縣大觀二年以宛句縣改紹興九年廢入

濟陽縣　成武縣楚邱縣兩縣舊隸單州紹興九年隸
興仁府　政和元年八月五日詳定九域志何志同奏
興仁府自天禧前已為輔郡崇寧三年以襄邑為拱
州建東輔遂改興仁為督府令拱州既罷則興仁合復
為東輔舊制有大都督中都督下都督府之稱未有止
稱督府者乞改正從之　紹興九年六月十日東京留
守司言知興仁府李上達申本府見今止管濟陰宛亭
兩縣田土絶少戶口凋弊乞將單州成武楚邱兩縣割
隸本府却將宛亭廢併入濟陰縣庶得稍成州郡從之
宋會要
鄆州咸平三年因水災以地卑下移治舊州東南十里
卷一萬四千一百八十八
陽穀縣舊順昌縣地景德三年徙治孟店　東平府
舊鄆州宣和元年陞為東平府　濮州建隆元年陞防
禦雍熙四年降團練　單州建隆二年陞為團練
廣濟軍乾德元年以曹州定陶置為發運務開寶九年
置為轉運司宣化軍　景德三年以淄州高苑縣建軍
熙寧三年廢隸淄州即縣治置軍使
京西太平興國三年分南北路後併一路熙寧五年復
分二路　南路紹興四年改為襄陽府路以襄陽府隨
郢唐鄧州信陽軍六郡隸六年廢襄陽府路復置京西
南路以襄陽府唐鄧隨郢金房均州信陽軍凡郡隸十
三年割金州隸利州路十九年撥信陽軍隸淮南西路

熙寧五年八月二十四日詔以京西路分南北兩路
襄鄧隨金房均郢唐八州為京西南路許孟陳蔡汝
潁七州信陽軍為北路 建炎四年十月四日知樞密
院事宣撫處置使張浚言金房兩州東連襄郢西控川
蜀道途險阻最為衝要今措置將金房兩州割屬利州
仍添差精銳軍馬前去屯駐與興洋等州互相照應關
防守禦勘會金房州已係分鎮去處昨差范之才充鎮
撫使身亡未曾差人詔令張浚一面選差有風力官充
鎮撫使仍先次之任訖具名聞奏 紹興六年二月十
日都督行府言襄陽唐鄧隨郢金房均州信陽軍元係
京西南路欲乞改襄陽府路依舊為京西南路從之

卷一萬四千一百八十八

鄧州 政和二年依舊為上州又陞為望郡 順陽縣 內
鄉縣順陽鎮太平興國六年陞為縣紹興五年廢為鎮
隸穰縣 淅川縣紹興五年廢為鎮隸內鄉縣三十二
年十二月三日自均州還隸 內鄉縣紹興三十二年
十二月三日自均州還隸 襄陽縣紹興四年陞為帥
府 光化縣乾德三年以穀城縣陰城鎮置光化軍熙
寧五年軍廢為縣來隸 中廬縣舊名義清太平興國
元年改紹興五年入南漳縣 鄧城縣紹興五年廢入
襄陽府 紹興五年七月二十五日鄧州言乞廢順陽
縣為順陽鎮隸穰縣廢淅川縣為淅川鎮隸內鄉縣各
差監官一員兼管酒稅烟火盜賊公事是日襄陽府言

乞廢鄧城縣併入襄陽縣廢中廬縣併入南漳縣並差
監鎮一員管幹烟火八事兼監酒稅從之 三十二年
十二月三日參知政事督視湖北京西路軍馬汪澈言
鄧州收復之後倚郭穰縣并南陽內鄉淅川共四縣昨
得旨權撥內鄉淅川兩縣隸均州訖事今日依舊契勘
逐縣在鄧州西北二百餘里令隸均州即鄧州之地界
不過數十里切緣鄧州實為襄陽屏翰欲乞撥還從之

宋會要

襄州 光化軍乾德元年以襄州穀城縣置軍仍置乾德
縣熙寧五年軍廢為光化縣省乾德縣隸襄州紹興二
十八年改為通化軍三十一年依舊 光化縣紹興二
十八年改為通化縣三十一年依舊 襄陽府 舊襄州
宣和元年陞為襄陽府

卷一萬四千一百八十八

均州 舊為防禦州宣和元年陞為武當軍節度 豐利
縣乾德六年廢入鄖鄉縣
唐州 建隆元年陞為團練 平氏縣開寶五年廢入泌
陽縣 方城縣慶曆四年廢入鄧州南陽縣元豐元年
以鄧州方城鎮復為縣還隸州 桐柏縣紹興五年廢
為鎮三十三年復為縣隆興二年九月二十五日廢為
鎮撥隸隨州 紹興五年九月十九日襄陽府安撫都
總管司言唐州桐柏縣在州之東與倚郭泌陽縣連接
即目不及百戶一年二稅贍養本縣官吏不足乞廢為

鎮差監鎮一員兼酒稅烟火公事隸泌陽縣從之。三十二年六月十日知唐州王彥忠言唐州舊管五縣內桐柏縣先係在淮河之南分割外所存無多不能成縣遂改為桐柏鎮其地分隸隨州棗陽等縣今來收復唐州并復舊縣界地分了當人烟戶口不減隣近乞依舊置縣仍將本縣舊管界內隸隨州棗陽縣等處地分還隸本縣從之 孝宗隆興二年九月二十五日戶部尚書兼湖北京西路制置使韓仲通言唐州桐栢縣係在淮河之南昨紹興十二年與金國通和桐栢縣廢為鎮撥隸隨州近復唐州獲旨桐栢鎮依舊為縣還隸唐州今縣所額欲乞依舊為桐栢鎮撥隸隨州從之

卷一萬四千一百八十八

隨州宋朝初為防禦州 棗陽軍舊隨州棗陽縣紹興十二年陞為軍是年降軍使隸隨州 紹興十二年九月一日工部尚書莫將言隨州與唐州接界欲陞棗陽縣為軍將襄陽府東鄰唐州北抵光化軍地界東西割五、里屬棗陽軍其淮水之南有唐州桐栢鎮欲撥隸本軍及乞于桐栢鎮務子頭置巡檢寨監鎮兼充巡檢詔從之仍令帥司撥定屬縣申尚書省 紹興十二年十月六日吏部言京西路安撫使司申乞將棗陽知縣兼充軍使更不添置官屬取到進奏院狀隨州棗陽縣依先降指揮陞為軍若為軍名即不隸隨州今來止令知縣兼充軍使合隸隨州管下從之

金州晉懷德軍節度後為防禦 金州淯陽縣乾德四年廢入洵陽縣 平利縣熙寧六年廢為鎮隸西城縣元祐元年復 紹興十二年閏四月十日詔金州撥屬利州路 紹興十四年正月十五日金房開達等州經畧安撫使知金州郭浩言商州于去年九月內規畫了畢見存上津豐陽兩縣未有所隸邊面闊遠已差官兵戍守并逐縣官吏合用錢粮係是金州應辦乞將兩縣權隸金州檢察從之

房州宋朝初為防禦州雍熙三年陞為保康軍節度建炎四年改隸利州路紹興六年依舊 上庸縣開寶中廢入竹山縣 永清縣開寶中廢入房陵縣

卷一萬四千一百八十八

郢州富水縣乾德二年廢隸京山縣

虢州舊隸陝西永興軍紹興九年來隸

元豐三年正月九日詔中書曰潁州興區王國巨屏土疆財賦既廣且繁朕祇荷永圖紹膺聖緒建旄授節寶基此邦宜錫府名用慰民望其陞許州為潁昌府于是乃降制曰朕膺昊天之篤祐紹列聖之丕基昔在先朝遂分外鎮眷許昌之巨屏有忠武之全師仗鉞爪牙之威惟我腹升儲纂服實自是邦藹爾山川陪浚都之王氣敦乎民俗想夏禹之遺風爰舉故常特崇名號俾雄藩輔之制式慰臣民之懇心乃霈渙恩以彰休慶推恩並如潁州於戲擁旄問荷景命之有先布德行仁與舊

封而同樂否隔嶽嚴體予顧懷　惟恩在當年五月二十二日事見在後　五月二十二日賜尚書駕部員外郎主管西京崇福宮孫京紫章服潁昌府父老等茶綵有差京等六百二十二人以陞潁昌府詣闕謝上名見勞賜之　宣和二年罷置輔郡　十二月四日詔罷置輔郡潁昌開德府鄭州歸元隸路分割到縣撥還元處內拱州依舊爲州隸京東西路襄邑太康寧陵爲屬縣潁昌府帶京西北路安撫府界依舊爲京畿　政和四年十一月二十六日潁昌府奏乞將本府復充南輔潁屬郡畿從之　劉豫改爲許州紹興九年收復依舊

鄭州建隆元年陞爲防禦州景祐元年陞奉寧軍節度

卷一萬四千一百八十八

熙寧五年廢隸開封府　元豐八年復治管城縣元祐元年爲奉寧軍節度政和四年爲輔郡　管城縣新鄭縣熙寧五年廢州以二縣隸開封府元豐八年復州以縣還來隸　滎陽縣滎澤縣熙寧五年廢爲鎮隸管城縣元祐元年復　原武縣熙寧五年廢爲鎮隸陽武縣元祐元年復　景祐元年三月四日詔曰周制九畿蓋尊家內漢設二部實陪京師自相宅洛都夾右滎圖奚稽扶翊之義參領防遏之兵肆先聖之時巡嘉馳道之所出留宴耆老觀省風謠比覽侍臣之章請增式鎮之號朔車傳旁午民閭阜蕃固可以充奉寢園輔寧都甸式循廣武之舊且寵建牙之威鄭州宜陞爲節鎮

以奉軍爲額

滑州後唐義成軍節度太平興國元年改武成軍熙寧五年廢隸開封府　劉豫改爲平京府紹興九年收復依舊　白馬縣熙寧四年八月十五日詔白馬縣復爲滑州隸京西繫滑渠韋城靈縣還來隸韋城胙城縣熙寧五年廢州以三縣隸開封府元豐四年復爲州縣還來隸　紹興九年四月十二日同簽書樞密院事充東京留守權開封尹王倫言今來已交割地界了當西國賓到界首有數處宜各須州軍文移控察契勘滑州係在河北岸其南岸與滑州相對係是胙城縣今欲將本縣陞作一州軍乞賜名額以便文移所有合置官屬

卷一萬四千一百八十八

乞從朝廷一就差注詔依陞作胙城軍　四月十八日詔新復州縣內滑州胙城縣已陞爲胙城軍權隸東京留守司令本司量度合置官屬踏逐辟差

孟州政和二年陞爲濟源郡　河陰縣至道三年自河南府來隸汜水縣熙寧三年省縣爲行慶關隸河南府華縣四年復置縣還隸五年廢爲鎮隸河陰縣元豐三年復　王屋縣慶曆三年自河南府來隸四年還隸熙寧五年復來隸

蔡州宋朝初爲防禦州　確山縣舊名朗山大中祥符五年改　大觀二年十一月九日詔曰王者因習師之地立節制之名所以啟公侯之封大其王宇崇屏翰之

望衛於京師乃眷汝南之墟舊惟豫州之域控帶淮瀆密邇浚都城邑旁連允為劇郡賦輿錯出實雄原邦别迺氣侯本于中和風俗洽於康靜宜陞建牙之號式属經武之方蔡州宜陞為淮康軍

陳州政和二年六月二十六日提舉詳定九域圖志何志同奏編修京西南北路一十七州軍圖志看詳文字數内上望次序倒置或闕郡名若坊郭鄉里等處名稱與殿閣或祖宗陵名相犯及泒俾鄙俗難以書于地志垂示久遠各已參擬改立于傍通格及州内貼説進呈孟州今欲擬立為濟源郡鄭州欲乞陞改為望郡陳州合依舊為上州從之

一　卷一萬四千一百八十八

淮寧府舊陳州上州宣和元年陞為淮寧府　八　劉豫改為陳州紹興九年收復依舊

順昌府元豐二年八月二十四日詔曰本朝州郡之别土廣民衆則必表以節制之號況王者舊封之地顧可以無稱哉汝陰輿區東豫舊壤朕實受胙于先帝以啟土茅宜加龍名周顯基命潁州宜陞為順昌軍節度潁故團練州因知州事天章閣待制羅拯以為言故下是詔

舊潁州開寶六年陞為防禦劉豫改為潁州紹興九年收復依舊　汝陰縣六年移治州子城東南　萬壽縣六年以汝陰百尺鎮為縣咸平五年徙治舊城東南十里宣和三年以萬壽縣改泰和縣

汝州大觀元年四月初二日大司成强淵明奏契勘曹滑汝元係輔郡昨承勑命京畿四面置輔郡以拱州為東輔鄭州為西輔潁昌府為南輔開德府為北輔今來四輔既已陞建其舊係輔郡去處合行改定所有曹州本係潛邸已陞興仁府號伏望睿旨改為督府其滑州係武成軍節度為緊汝州係防禦為上從之　寶豐縣舊龍興縣熙寧五年廢為鎮隸魯山縣元祐元年復宣和二年改　龍興縣宣和二年改為寶豐縣紹興九年依舊

唐申州開寶九年降為義陽軍　五月十七日詔降申州為義陽軍差本縣令知軍兼盐麴商税其餘縣分併

六　卷一萬四千一百八十八

為一路置司寇參軍縣尉各一員　羅山縣九年廢入信陽縣雍熙三年復置　鍾山縣九年廢入信陽縣紹興九年正月五日詔信陽軍撥隸淮西路從户部請也二十年三月十八日詔信陽軍撥隸湖北路從本軍請也

陸海軍舊汝州政和五年以歲比豐登珍祥屢發可陞為陸海軍節度劉豫改為防禦州紹興九年收復依舊

皇祐五年十二月二十七日詔曰朕惟有周成憲二漢故事分置司輔以衛中都内史主風化司隸察淑慝晉規盡於千里以表則于四方不忝藩翰之嚴昌大京師之制宜以京東曹州京西陳許鄭滑州為輔郡並隸

畿內曹滑仍差近侍為知州置京畿轉運使以按察畿輔逐州增鈐轄一員曹州更增都監一員留屯三千人以時教閱若出屯即于開封府近縣或隣州徙兵足之　至和二年十月十二日詔罷京畿路轉運司使提點刑獄陳許等五州各歸元隷路仍為輔郡今後所差知州更不援例遷轉　熙寧十年三月八日侍御史知雜蔡確言鄭滑舊為輔郡屏蔽京師頃因論者苟欲裁減役人廢以為縣所利者小所害者大東西兩京相望數百里大河之南直抵郡城並無州郡為限雖有縣鎮形勢輕弱非所以輔王畿彊根本也臣以請鄭滑二州皆宜復置兼州廢尚近完復亦易諸般官舍未甚隳壞若

卷一萬四千一百八十八

歲月滋久方圖興葺所費工力必須倍多　奏議未下

河北路太平興國二年分河北南路雍熙四年分東西路端拱二年併一路熙寧二年復分二路　熙寧六年七月二十七日詔以河北路分東西兩路　北京澶滄冀瀛博雄霸恩德濱莫十二州永靜乾寧信安保定四軍為東路真定府定相邢懷衛洺磁深祁趙保十一州安肅永寧廣信順安四軍為西路政和三年四月二十三日詳定九域志蔡攸等奏今參考擬定下項清州未有郡名業州治即舊乾寧軍大觀二年詔以河清之瑞陞為清州今欲乞以舊軍名為乾寧郡保州未有郡名案地後魏地形在漢晉曰北新城高祖太和元年分

新城置永寧清苑縣隋唐因之宋朝建隆元年以清苑縣置保塞軍太平興國六年陞為州今清苑縣雖廢而州治正故縣之地今欲乞為清苑郡雄州未有郡名按本州在易水之南今欲乞為易陽郡霸州治永清縣後永清雖廢今州治正在故縣之地今欲乞為永清郡定州治博陵縣按州自漢至後魏或為郡或為國並號中山隋始為博陵在蠡吾而蠡吾今為永寧軍本州不當因舊額今欲乞復以中山郡為名慈州按唐書志廣韻本草並作磁今州名從省作慈無所稽考今欲乞改作磁

舊澶州崇寧五年陞為開德府節度宣和二年罷置輔

卷一萬四千一百八十八

郡　衛南縣黎陽縣雍熙四年自滑州來隸　臨黃縣端拱元年廢隸觀城縣　清豐縣慶歷四年從治德清軍　觀城縣皇祐元年併入濮陽頓邱縣四年復置於水北鎮　頓邱縣熙寧六年廢為鎮隸濮陽縣　崇寧五年十月二十一日知澶州李孝壽奏本州實太祖太宗龍潛之地真宗巡狩臨幸遂獲建原廟元豐五年又為陛下賜履之邦乞賜府額詔陞為開德府

舊瀛州為防禦州大觀二年陞為河間府瀛海軍節度

高陽縣開寶二年十二月四日詔瀛州高陽行縣復舊邑先是高陽陷北虜嘗為邊民蹂躪虜還其民於縣北三十里為行縣而無城壁及朝廷復其疆土民上訴

請完葺故縣而居之故有是詔　河間縣舊縣在州衙
前雍熙中於縣西置平虜寨景德二年改為肅寧城三
年從州就今治　樂壽縣至道三年自深州來隸
滄州保順軍開寶三年以滄、鈇州界保順吳橋兩鎮置
軍　無鈇縣治平元年從治保順軍即縣治置保順軍
使隸滄州　樂陵縣熙寧二年從治咸平鎮　饒安縣
熙寧五年廢為鎮隸清池縣　臨津縣熙寧六年廢為
鎮隸南皮縣
棗強縣熙寧元年廢為鎮隸信都縣十年復為縣　武
邑縣嘉祐八年廢為鎮隸蓨縣熙寧十年復為縣　新
河縣熙寧六年廢為鎮隸南宮縣
卷一萬四千一百八十八
博州聊城縣淳化三年河決移州治李武渡西并縣遷
焉
鈇州建隆二年陞為團練州乾德三年陞防禦　信陽
縣建隆四年置
容城縣建隆四年以唐廢全忠縣地置
莫縣熙寧六年廢為鎮隸河間縣元祐二年復十二月
復廢為鎮　長豐縣熙寧六年廢為鎮隸任丘縣　保
定縣宣和七年以軍使改
德州歸化縣乾德六年廢隸德平縣　德平縣熙寧六
年廢為鎮隸安德縣
招安縣熙寧六年廢為鎮元豐二年復為縣　大觀元

年六月十五日通判濱州張孝純狀契勘濱州在滄州
之南鈇州之東青州之北渤海之西雖非漢渤海郡亦
漢渤海東南之境顏師古注前漢地理志解渤海郡曰
在渤海之濱因此為名渤海郡即係是濱州從之
恩州唐貝州晉永清軍節度慶曆八年改恩州降軍事
清河縣端拱元年徙州北永寧鎮淳化五年徙今治
清陽縣熙寧四年廢為鎮隸清河縣　慶曆八年閏
正月七日詔曰甘陵舊國冀土要藩當建高牙俾殊支
郡偶凶妖之竊發扇吏卒以相依輕弄庫兵共嬰州壘
逮須捕擊始伏誅夷言念此邦久閩至化合懷忠憤同
殄猖狂輒動匪人幾成汚俗雖本緣于詿誤良有玷于
和平宜錫嘉名且昭善貸其貝州可降為軍事州廢永
清軍號仍賜恩州為額其廣南東路恩州以南恩州為
額
卷一萬四千一百八十八
乾寧軍太平興國七年以滄州永安縣陞為軍大觀二
年陞為清州政和五年廢為縣　乾寧縣太平興國七
年以滄州永安縣地折置縣來隸熙寧六年廢為鎮元
符二年復　熙寧五年八月二十五日高陽關路安撫
使韓忠彥言轉運司欲移乾寧軍於滄州乾符寨廢軍
為縣以避河患人不以為便知滄州趙瞻亦言乾寧民
心恟懼皆謂河水頓已順行又增隄數倍堅固移軍實
有害無利乞速罷以安邊民從之　元祐二年三月十

方域五之三〇

八日河北路都轉運司言乾德軍申舊有乾寧倚郭縣
自商胡口決人戶流散廢併入本軍近年人戶多已歸
業增及萬戶已上合復爲縣從之　崇寧三年三月八
日戶部言乾寧軍乾寧縣歸化定邊兩鄉人戶狀本軍
元有倚郭乾寧一縣先于熙寧元年內將本縣廢罷入
軍元符元年蒙再復本縣竊緣自復置縣來創添役人
不唯止爲役錢浩瀚兼諸般催科甚是搔擾乞行廢罷
本縣併入本軍依舊一就通管從之　大觀二年三月
二十八日詔國家承平垂一百五十年三有河清之應
越千歲一清之期今乾寧軍河清踰八百里凡七晝夜
上天眷佑敢不祇欽承其以乾寧軍爲清州以答天休
卷一萬四千一百八十八
布告中外咸使知之
永靜軍唐景州周降定遠軍隸滄州太平興國六年以
軍隸京師景德元年改今名嘉祐八年廢熙寧十年復
東光縣太平興國六年自滄州來隸　阜城縣淳化
元年自冀州來隸嘉祐八年廢爲鎮隸東光縣熙寧十
年復爲縣　將陵縣慶歷七年自德州來隸
信安軍太平興國六年以霸州淤口寨破虜軍仍以霸
州永清文安二縣隸焉後二縣廢歸霸州景德三年改
今名
真定府九門縣開寶六年廢隸槀城縣　石邑縣六年
廢隸獲鹿縣　井陘縣熙寧六年廢隸獲鹿平山二縣

方域五之三一

八年復置徙治天威軍　靈壽縣熙寧八年廢爲鎮隸
行唐縣元祐二年復　宣和二年以成德軍稱
鄴縣熙寧五年廢爲鎮隸臨漳縣　永和縣熙寧五年
廢爲鎮隸安陽縣　湯陰縣宣和二年二月以縣隸濬
州八月內復來隸　宣和二年八月十八日朝請大夫
直祕閣知相州韓肖胄奏契勘本州舊管四縣內湯陰
縣於今年二月內濬州陞爲節鎮割隸去訖緣本州係
久來節鎮去處湯陰縣是虜使往回食頓今割隸濬州
即相州州城之南十五里便屬別州界地分境土蹙近
不稱大藩虜使往來觀望非便詔湯陰縣依舊隸相州
宋會要
卷一萬四千一百八十八
北平軍慶歷二年以定州北平寨置軍四年即北平縣
治置軍使隸定州　舊定州北平縣建隆元年自易州
來隸　無極縣景德二年自祁州來隸
懷州建隆元年爲團練後陞防禦　修武縣熙寧六年
廢爲鎮隸武陟縣元祐元年復　武德縣熙寧六年廢
爲鎮隸河內縣
衛州獲嘉縣天聖五年自懷州來隸　衛縣五年建通
利軍以縣隸焉熙寧三年軍廢縣復來隸六年廢隸黎
陽汲二縣　黎陽縣熙寧三年廢通利軍來隸　新鄉
縣熙寧六年廢爲鎮隸汲縣元祐三年復　通利軍端
拱元年以滑州黎陽縣置通利軍縣仍隸焉天聖元年

年改安利四年以衛縣來隸明道二年復為通利熙寧
三年軍廢縣隸衛州
洺州建隆元年陞為防禦　曲周縣熙寧三年廢為鎮
隸雞澤縣元祐二年復　西臨洺縣熙寧六年廢為鎮
隸永年縣元祐二年復為縣九月復為鎮
深州雍熙四年自州西北舊城徙今治　靜安縣太平
興國八年以下博縣建靜安軍雍熙二年軍廢縣還以
隸三年廢下博縣四年復置改靜安　陸澤縣雍熙四
年廢隸靜安縣　束鹿縣淳化二年自真定府來隸
雍熙四年二月十二日詔深州昨以天戎肆暴侵我封
陲惟彼生民被其荼毒永言隱恤勿忘于懷思有改更
卷一萬四千一百八十八
庶期安輯宜以靜安軍為深州治所
磁州昭德縣熙寧六年廢為鎮隸滏陽縣
祁州端拱二年徙置於真定府鼓城景德二年陞團練
州自鼓城徙治定州蒲陰縣舊名義豐太平興國元年
改景祐二年自定州來隸　鼓城縣端拱二年自真定
府來隸　深澤縣熙寧六年廢為鎮隸鼓城縣元祐元
年復
保州建隆初以莫州清苑縣置保塞軍太平興國六年
陞為州　保塞縣建隆元年以莫州清苑縣來隸太平
興國六年改
慶源府舊趙州崇寧四年陞為慶源府仍以慶源軍節

度　栢鄉縣熙寧五年廢為鎮隸高邑縣元祐元年復
贊皇縣熙寧五年廢為鎮隸高邑縣元祐元年復
隆平縣熙寧六年廢為鎮隸臨城縣元祐元年復　宣
和元年十月七日右武郎廉防使者王寓奏仰惟國姓
所出之地實自全趙在昔神考深念世本嘗詔求程嬰
公孫杵臼之遺祠優加爵號以旌其義又命守臣版大
城圜用壯形勢昨陛下惟尊姓系即褒其州為慶源軍
臣茲獲將命逕客朔塞道出邢趙竊見邢之鉅鹿郡元
係英廟所領舊藩今已改府曰信德欲乞趙州慶源軍
更陞府號以副羣望詔慶源軍陞為慶源府依舊軍額
崇寧四年二月二十四日詔曰冀北奧區趙郡名壤
卷一萬四千一百八十八
胙土命氏適祇先德之傳錫羨流光大啟後人之慶昔
我藝祖誕受天命列聖儲祉萬方咸休肆予一人嗣有
神器夙夜祗懼惟懷永圖迺眷此邦實繫國姓思假寵
靈之侈宜分旄鉞之榮式隆王迹之基永底兆民之阜
宜陞為節鎮仍以慶源軍為額　因舉人李献臣等言
伏讀趙世家稱穆王造父以趙城由此為姓至春秋時
程嬰公孫杵臼協心戮力以興趙氏之祀至襄子因以
有國迄至皇宋建萬世不拔之基實本諸此神宗皇帝
深惟國姓之所自乃詔天下求程嬰公孫杵臼之遺祠
優加封爵以報其忠又命守臣展拓本州城圜壯大形
勢固所以尊世繫而重國本也今則本州獨為軍事事

體駿削非所以稱國家宗姓所出之地乞建本州為節
鎮軍府尊大國姓故有是命
舊邢州安國軍宣和元年陞為信德府　任縣熙寧五
年廢為鎮隸南和縣元祐元年復　平鄉縣熙寧六年
廢為鎮隸鉅鹿縣元祐元年復　堯山縣熙寧六年廢
為鎮隸內邱縣元祐元年復　邢臺縣宣和二年以龍
崗縣改
濬州舊通利軍熙寧三年廢為黎陽縣隸衛州元祐元
年復為軍　政和五年八月陞為州濬川軍節度九月
又改為平川軍　衛縣熙寧三年廢為通利軍罷隸衛
州元祐元年復軍依舊來隸

卷一萬四千一百八十八

安肅軍太平興國六年以易州宥戎鎮地置靜戎軍景
德元年改宣和七年陞為軍隸保州　安肅縣六年以
遂城縣三鄉為靜戎縣景德元年改
博野縣熙寧四年自定州來隸宣和七年以縣兼軍使
宋會要
廣信軍太平興國六年以易州遂城縣地置威虜軍景
德二名改今名　遂城縣太平興國六年自易州來隸
宋會要
順安軍太平興國六年以瀛州廢唐興縣置唐興寨淳
化三年陞為軍　高陽縣至道三年自瀛州來隸熙寧
六年廢為鎮十年復為縣

承天軍建隆元年以鎮州娘子關建軍仍隸鎮州後廢
宋會要
燕山府古幽州漢置涿郡唐武德元年改為燕州天寶
元年復為幽州號廣陽郡永清軍節度宣和四年十月
改為府　燕山府析津縣宛平縣昌平縣良鄉縣潞縣
武清縣安次縣永清縣清化縣玉河縣漷陰縣並宣和
四年十月內復　廣寧縣宣和四年十月以都市縣改
宣和四年十月五日詔燕京古之幽州武王克商封
邵公奭於燕以燕然山得名漢置涿郡唐武德元年改
燕州天寶元年改幽州舊號廣陽郡有永清軍節度燕
京宜改為燕山府

卷一萬四千一百八十八

涿州漢涿郡地唐置州宣和四年十月賜名涿水郡威
行軍節度　宣和四年十月以范陽縣改　威城縣宣
和四年十月以新城縣改　歸義縣固安縣並宣和四
年十月內復
檀州漢漁陽郡　地隋置州宣和四年十月賜名橫山
郡鎮遠軍節度　密雲縣宣和四年十月內復　盧城
縣宣和四年十月以行唐縣改
平州漢遼西郡地隋置州宣和四年十月賜名海陽郡
撫寧軍節度　盧龍縣宣和四年十月復　臨関縣宣
和四年十月以石城縣改　馬城縣宣和四年十月復
宋會要

易州漢涿鹿郡地隋置州宋朝宣和四年十月賜名遂武郡防禦　易水縣淶縣宣和四年十月復安城縣宣和四年十月以容城縣改

營州漢遼西郡地隋置州宋朝宣和四年十月賜名平盧郡防禦　鎮山縣宣和四年十月以柳城縣改

順州漢涿郡地唐置州宋朝宣和四年十月賜名順興郡團練　懷柔縣宣和四年十月復

薊州漢漁陽郡地唐置州宋朝宣和四年十月賜名廣川郡團練　平虜縣宣和四年十月以漁陽縣改　三河縣玉田縣宣和四年十月復

景州北虜置宋朝宣和四年十月賜名灤川郡軍事　遵化縣宣和四年十月復

卷一萬四千一百八十八

陝西路太平興國二年分河北河南路入有陝西府路後併一路熙寧五年分永興秦鳳二路今按元豐九域圖除永興一路外鄜延環慶涇原秦鳳熙河分爲五路

熙寧五年十二月十三日詔以陝西路分爲永興軍秦鳳兩路京兆府河中府陝延同華耀邠鄜解慶虢商寧坊丹環十五州保安軍爲永興軍路鳳翔府秦涇熙隴成鳳渭原階河岷十一州鎮戎德順通遠三軍爲秦鳳路　大觀二年四月一日大司成强淵明奏稽諸史籍歷代以來州郡例著上望以第差定貢賦今陝右黔南等道新附州軍乞令參立郡名擬定上望外其上貢

委尚書戶部下本路轉運司參酌從之　宣和元年四月六日河東陝西宣撫司奏據環慶路經畧司申承朝廷復奉天縣爲醴州創置環慶路第十將隨將割屬環慶路管轄緣本路諸將各有屯駐將兵其管下縣分戶口不多所入不足所支雖蒙將醴州割屬本路却將邠州永壽縣割屬醴州及寧州定平縣割屬邠州止是只將本路諸縣遞相割隸委是逐州轉見洪贍不足今相度欲乞將邠州相鄰耀州淳化雲陽兩縣割屬邠州將定平縣却割屬寧州將慶州相鄰寧州襄樂割屬慶州所貴逐州各得均濟詔令陝西轉運司相度契勘耀州所入財賦摘撥酒稅錢係應副鄜延等路邊計去處若將淳化雲陽兩縣並割屬邠州管轄不惟雲陽去邠州地里相遠又于耀州并諸路歲額斛斗顯有妨闕今相度得淳化一縣附近邠州去處欲將耀州淳化縣割隸邠州餘並依舊所有淳化縣稅賦除本州於第五等內有合納分數外將餘數自來年夏料應副環慶路秋料應副鄜延路今來既割屬環慶路若依舊令人戶赴兩路輸納本司契勘得耀州三原縣稅賦自來年夏料合應副鄜延路秋料却應副環慶路其兩縣稅賦多寡若不相遠今欲互換輸納其逐縣摘撥酒稅等錢各依舊從之

卷一萬四千一百八十八

京兆府宣和二年以永興軍稱　奉天縣熙寧五年廢

乾州復為縣隸府　鄜州縣三年以萬年縣改　宣和
二年三月六日詔永興軍守臣等銜位並不用軍額永
興軍稱京兆府成德軍稱真定府
河中府榮河縣舊名寶鼎大中祥符四年改榮河隸慶
成軍熙寧元年廢慶成軍以縣來隸仍置軍使河西縣
開寶五年從于西関城外　天禧五年從府城內通化
坊熙寧三年廢隸河東縣　永樂縣熙寧六年廢為鎮
隸河東縣　龍門縣舊改為河津縣紹興元年依舊
大中祥符四年二月二十八日詔曰寶鼎縣駐蹕所臨
神祠所過允資肅奉宜示優恩特建為慶成軍隸河中
府續詔改寶鼎曰榮河令軍使兼知縣事別置判官一
卷一萬四千一百八十八
員四月十七日詔慶成軍不隸河中府其榮河縣特置
令簿尉各一員隸本軍置司理司法參軍各一員司法
兼司糧料事　先是祀汾陰畢即榮河縣建慶成軍仍
隸河中府其官寮雖帶軍額實領縣事本以崇奉宮廟
而本府不即給遣禮料言事者以為非便至是以軍直
隸京增置官吏其太寧宮廟每年祠祭委知軍行禮
宋會要
醴州政和七年以京兆府奉天縣陞為州劉豫改為永
興軍路紹興九年收復依舊　政和八年三月二十八
日陝西河東河北路宣撫司奏勘會奉天縣復為州賜
名醴州創置一將以環慶路第十將為名見于興平醴

二年從今治三
年自虢州來
隸熙寧六年
廢隸陝縣
閿鄉縣太平
興國
此段添三年
上

泉武功三縣招置隨將割屬環慶路管轄契勘醴州舊
係乾州日合治永壽好畤二縣後廢為縣內永壽隸邠
州好畤隸鳳翔府若止復割此兩縣委是供贍將兵不
足其醴泉武功二縣雖見屬永興緣逐縣附近醴州乞
割隸醴州從之　太平興國二年八月五日右拾遺李
幹言諸道藩鎮所管支郡多俾親吏掌其關市頗不便
於商賈滯天下之貨望下令有所統攝以分方面之權
尊獎王室亦疆幹弱枝之術也詔邠寧涇原渭鄜坊延
丹陝虢襄均房復鄧唐澶濮宋亳鄆濟滄德曹單青淄
兗沂貝冀滑衛鎮深趙定祁等州先隸藩鎮今並直隸
京郡長吏得自奏事
卷一萬四千一百八十八
陝州湖城縣太平興國三年自虢州來隸熙寧四年廢
為鎮隸寶靈縣元豐元年復為縣隸　硤石縣乾德五
年移治石壕鎮仍割河南永寧縣之胡郭管隸焉太平
興國三年自虢州來隸
延安府劉豫改為延州紹興九年收復依舊　豐林縣
熙寧五年廢為鎮隸鄜施縣　金明縣熙寧五年廢為
寨隸鄜施縣　延水縣熙寧八年廢為鎮隸延川縣
淳化五年五月二十三日以延州石堡寨為威塞軍
紹聖四年六月十二日樞密院言鄜延經畧司奏延安
府延川縣城形勢不便難為守禦合依延長臨真縣例
廢作不可守禦縣從之

同州唐正德軍節度梁為忠武軍後唐復舊周降為軍事宋朝改定國軍節度　夏陽縣熙寧三年廢為鎮隸郃陽縣　沙苑監乾德三年於同州馮翊朝城二縣境置監

華州唐鎮國軍節度周降為軍事宋朝初為鎮國軍節度皇祐五年改鎮潼軍蒲城縣京兆府奉先縣乾德二年隸同州開寶四年改為蒲城天禧四年自同州來隸　渭南縣熙寧六年廢為鎮隸鄭縣元豐九年復

清平軍大觀元年陞鳳翔府清平鎮為軍隸永興

乾州軍事領三縣乾德二年以京兆府好畤邠州永壽二縣來隸熙寧五年廢州以奉天縣隸京兆府永壽縣還舊隸好畤縣隸鳳翔府

卷一萬四千一百八十八

商州

商州紹興九年聽金州節制　紹興九年七月二十一日陝西路宣諭使周聿鄭浩等言乞將虢州隸京西商州隸金州節制并金州舊屬京西南路紹興三年本州失守至紹興六年朝廷差郭承宣知州隸屬川陝宣撫使司本官措置營田搜訪遺利漸次富實令移帥鄜延其金州卻合委四川宣撫司選有武勇諳民事兵官前去鎮守依舊隸四川宣撫司庶幾與梁洋一帶關隘首尾相應詔依舊隸四川宣撫司虢州隸京西商州聽金州節制

鄜城縣康定二年即縣治建康定軍使隸本州　三川縣熙寧七年廢為鎮隸洛交縣

耀州後唐順義軍節度後為團練

虢州唐弘農郡至道三年弘農尋改虢郡　虢略縣舊名弘農　朱陽縣乾德六年廢隸常農縣太平興國七年復置　欒川縣崇寧三年以鎮陞為縣

坊州昇平縣熙寧元年廢為鎮隸宜君縣

丹州宜川縣舊名義川太平興國元年改熙寧八年析同州韓城縣新封鄉隸　咸寧縣太平興國三年廢入宜川縣　汾川縣熙寧三年廢為鎮隸宜川縣　雲巖縣熙寧七年廢為鎮隸宜川縣

銀州崇寧四年收復五年廢為城

卷一萬四千一百八十八

綏德軍治平四年收復廢為綏德城元符二年以綏德城為綏德軍　熙寧七年正月十九日陝西轉運副使范純粹言綏德城當夏賊之衝乞立軍額以米脂義合浮圖懷寧順安綏平六城砦隸焉

環州唐靈州方渠鎮晉置威州周為環州後降通遠軍　通遠縣舊名通遠天聖元年改方渠景祐元年復今名

慶陽府舊慶州政和七年陞為慶陽軍宣和元年陞為府　唐安化節度後降軍事建隆元年陞團練四年降軍事劉豫改為慶州紹興九年收復依舊　同川縣乾德二年廢隸安化縣　安化縣唐安化縣後改順化宋

朝初為安化太平興國二年省邠州甘井寧毳二縣地入焉　華池縣並熙寧四年廢　彭原縣熙寧三年自寧州來隸　合水縣熙寧四年置　樂蟠縣熙寧四年廢隸合水縣

寧州宣和元年陞為興寧軍節度　定平縣熙寧五年自邠州來隸

邠州永壽縣乾德二年以縣隸乾州熙寧五年乾州廢復來隸

定邊縣政和六年建

涇州長武縣咸平四年陞長武鎮為縣五年廢為寨政和七年陞為平凉軍　崇信縣乾德元年以舊崇信

卷一萬四千一百八十八

軍地置縣隸鳳翔府淳化中隸儀州熙寧五年儀州廢來隸　安化縣二年折華亭縣地置縣隸儀州太平興國八年從治制勝關至道元年從安化鎮改今名

儀州唐義州軍事領三縣乾德二年置安化縣太平興國元年改淳化中以鳳翔府崇信縣來隸熙寧五年廢州以華亭安化崇信三縣隸渭州

彭陽縣舊名豐義太平興國元年改至道三年自寧州來隸

西安州元符二年以南牟會新城建　元祐二年五月二十一日涇原路進築天都南牟會諸路築據要害而各徑直相通畢工詔以南牟會新城為西安州

隴安縣開寶二年析汧陽縣四鄉置縣　此段接鳳翔府下

元平夏城大觀二年陞為威德軍續改今名

鎮戎軍至道元年以原州故高平縣地置軍

德順軍慶歷三年正月二十三日以渭州平凉縣地籠竿城為德順軍　其地蓋籠竿川大中祥符四年知渭州曹瑋上言隴山之外坦為兵衝而州無扞蔽之勢請兵戍守而城之至是安撫使王堯臣請建軍也

好畤縣乾德二年自京兆府隸乾州熙寧五年乾州廢以縣隸府　司竹監宋朝因唐制於鳳翔府盩厔縣置監隸鳳翔府　此下接隴安縣

開寶監建隆三年於鳳州兩當縣七房鎮置銀冶開寶五年陞為監隸鳳州　鳳州後唐防禦建隆四年降團

卷一萬四千一百八十八

練五年二月七日以雄勝軍為雄勝鎮依舊隸鳳州

秦州元祐三年十一月七日兵部言秦州岷州階州舊為沿邊令則收復州郡甚多恐秦岷階州合為次邊其次嵐石州已在近裏各無邊面並令改為次邊委是經久利便又言熙河蘭會路沿邊近收復開拓新建州城堡寨展套蓄土甚是闊遠其秦州合作次邊從之　太平監秦州清水縣地開寶五年于秦州清水縣置銀冶太平興國三年陞為監隸秦州

鞏州皇祐四年以渭州地置古渭寨熙寧五年建為通遠軍崇寧三年陞為州　隴西縣元祐五年建　通渭縣崇寧五年以寨陞為縣　通遠軍熙寧五年以唐渭

州地古渭寨置軍　崇寧三年十二月六日熙河蘭會路經畧安撫使王厚奏乞以通遠軍依舊為渭州陞為節鎮并乞改差文臣知州仍乞自朝廷選除詔通遠軍改為鞏州仍堂除文臣知州餘不行　元祐五年十月十六日三省言通遠軍申乞添置倚郭一縣以隴西為名差選人充尉兼令簿從之

州縣陞降廢置

熙河路元豐五年二月十三日熙河路加蘭會二字元祐四年八月二日改為熙河蘭岷路元符元年八月一日仍舊為熙河蘭會路崇寧四年正月一日改為熙河蘭湟路宣和二年三月十五日改為熙河蘭廓路紹興九年改為熙河蘭華路　大觀三年正月二十九日詔曰國家誕受多方靡間并包之度奄有四海咸歸覆燾之仁朕獲承至尊克紹先烈惟湟川之沃壤暨鄯成之輿區失自有唐復于今日顧封陲之廣斥已軼河源肆聲教之遐敷有光禹迹民風丕變邊候不驚迺眷四州實控二道金湯既固庶無疆埸之虞耒耜方興佇底坻京之積爰綏有衆永孚于休湟州賜名嚮德軍陞為節鎮西寧州為寶德軍廓州為防禦洮州為團練　元祐二年閏九月四日詔以青唐為鄯州仍為隴右節度邈川為湟州宗哥城為龍支城鄯州湟州并河南北新收復城寨並隸隴右仍屬熙河蘭會路　元祐二年八月八日熙河蘭岷路經畧使孫路言王贍已收復邈川城

卷一萬四千一百八十八

邈川係古湟中之地北控夏國甘涼西接宗哥青唐部族繁庶形勢險要南距河川百九十餘里東至蘭州二百餘里請建為湟水軍詔路詳畧降約束指揮施行

崇寧四年正月一日詔熙河蘭會路宜以熙河蘭會湟路為名　政和七年三月二十三日詔熙河鄯湟日開拓已來疆土雖廣而地利悉歸屬羌官兵吏祿仰給縣官不可為後法仰本路帥臣相度以錢銀茶綵或以羌人所嗜之物與之貿易土田既多即招置弓箭手入耕出戰以固邊圉　紹興九年六月十二日樞密院言熙河蘭廓路經畧安撫司奏本路舊管一十州軍以熙河蘭廓路經畧安撫司為稱昨因兵火將河外西寧樂廓等州官吏軍民移那前來河東諸州緣此行移止以熙河路經畧安撫司稱呼今承樞密院劄子為還割河南故地事劄付熙河蘭廓路經畧安撫司本司所割別無廓州未審如何稱呼詔以熙河蘭鞏路為名

卷一萬四千一百八十八

熙州狄道縣熙寧五年收復置九年廢元豐二年復

熙寧五年八月以唐臨州地羌人號武勝軍地置鎮洮軍十月改熙州臨洮郡鎮洮軍節度

蘭州元豐四年九月建州為帥府以熙州為列郡　蘭泉縣崇寧三年建

西寧州舊鄯州崇寧二年陞為隴西節度仍置都護大觀二年改為西平郡作中都督府尋為隴右節度加賓

會州敷文院崇寧三年建▮　接和州下

德軍　大觀七年七月六日詳定九域圖志所言新附州軍除典籍該載可以斟酌外今西寧州乞以西平為郡名為中都督府庭州以懐德為郡名為下州

紹興十四年三月十六日詔岷州可改為西和州　此下接金州

廓州　元符二年廢為城崇寧三年復為州防禦　崇寧二年九月一日熙河蘭會經畧王厚奏將来建置城寨乞以鄯州為隴西節度仍置都護湟州為副都護溪哥城乃古積石軍今當為州乞置河南安撫司廓州去鄯百里而近止為城置知城其余辟差官吏分屯人馬等卷條上並從之三年六月二十三日熙河蘭會路措置邊事司言昨相度廓州建為寧塞城已準依奏今所得度宜建為州鎮守疆場以保邊防詔寧塞城賜名廓州

卷一萬四千一百八十八

宋會要

洮州　大觀二年以臨洮城陞為州團練

樂州　舊邈川城元符二年建為湟州崇寧二年為副都護大觀二年賜名嚮德軍節度宣和元年改今名

綏州　上郡舊領龍泉城平綏德延福大斌五縣唐末陷吐蕃熙寧二年收復廢為綏德城

震武軍　政和六年建　至道元年五月二十日詔靈州界定遠鎮宜建為軍仍以威遠軍為額

太原府　唐大都督太原尹河東節度使太平興國四年平劉繼元降為軍事州嘉祐四年復為太原府河東節度大觀元年陞為大都督府　平晉縣隋晉陽縣劉崇改樂崇建隆四年来降以為平晉軍太平興國四年改為縣熙寧三年廢陽曲縣　太原縣太平興國四年廢隸榆次縣　交城縣四年以縣置大通監寶元二年復来隸　陽曲縣七年徙州治于縣之唐明鎮　太平興國四年五月十日詔曰乃眷太原本維藩鎮蓋以山川險固城壘高深致奸臣賊子違天拒命因其悖逆詿誤軍民今既盪平議須更改當令衆廢永保安寧其太原舊城並從毀廢仍改為平晉縣別于榆次縣剏立并州　政和五年四月六日戸部言太原府舊平原縣太宗皇帝復河東駐蹕之地熙寧初以汾水溢而廢請復為縣從之

卷一萬四千一百八十八

舊潞州唐昭義軍節度　崇寧三年陞隆德軍為隆德府仍還昭德舊節　黎城縣熙寧五年廢隸潞城涉二縣

汾西縣太平興國七年徙今治　和川縣熙寧五年廢為鎮隸冀氏縣元祐元年復　襄陵縣天聖元年徙治晋橋店熙寧五年廢州以鄉寧縣分隸

元豐二年三月十七日知晋州王説言百姓輸納辭訟日遠不便酒稅歲失官課兼窃稽趙氏之先季勝生孟增孟增生衡父衡父生造父周繆王賜造父以趙城今趙城是也由此為趙氏乃是國家得姓始封之地不與

他縣邑比故復之
平陽府舊晋州陞為平陽府　政和六年八月二十八日手詔祖宗以來賜履踐祚之地皆建府號晋壽齊三州乃太宗真宗英宗封建之邦有司失于申明惧不足以仰對在天之靈而俯慰邦人之望可並陞為府晋為平陽壽為壽春齊為濟南

開寶五年十二月四日詔曰眷彼麟州地連金澤懷柔鎮撫實曰要區俾分節制之權以重藩宣之寄宜陞為節鎮以建寧軍為名唐建寧軍節度端拱元年以建州軍額同改鎮西軍乾德初移治吳兒堡　新秦縣政和四年廢銀城連谷二縣併入　慶歷四年四月二十八

卷一萬四千一百八十八

日帝謂輔臣曰上封者数請廢麟州以其饋粮勞民其利害如何章得象曰麟州四面蕃漢戶皆為元昊所掠今野無耕民故一路困于饋運欲更為寨徙其州少近附州以省邊民之役帝曰州不可廢但徙屯軍近府州別置一城亦可紓其患也　政和四年四月十四日詳定九域圖志所編修官蔡綖國劄子照對舊九域圖志並載麟州管下新秦銀城連谷三縣各有所管堡寨山川界分本州今供却只作新秦等縣其銀城連谷並屬新秦本所致未敢便作新秦一縣修立合取自朝廷指揮詔麟州管下新秦等三縣今後只以新秦縣稱呼其銀城連谷縣並廢罷併入新秦縣

府州崇寧元年改為靖康軍建炎元年改府州靖康軍額為保成軍政和五年八月二十日詔以府州為榮河郡　建炎元年七月二十七日知府州折可求言府州軍額舊係永安軍緣犯陵名准朝旨改為靖康軍又與年號相礙乞行改稱詔以保成軍為額

絳州宋朝陞防禦

代州乾德元年陞防禦　唐林縣景德二年廢隸崞縣

宋會要

隰州吉鄉縣熙寧五年廢慈州來隸即縣治置吉鄉軍使

忻州定襄縣熙寧五年廢隸秀容縣

卷一萬四千一百八十八

嵐州樓煩縣唐樓煩監咸平五年移憲州治于靜樂縣以此城依舊為樓煩縣隸州

汾州孝義縣熙寧五年廢為鎮隸介休縣元祐元年復

宋會要

憲州熙寧三年廢嵐州十年復置　靜樂縣咸平二年陞縣為軍五年徙憲州於靜樂縣仍併玄池天池二縣入焉熙寧三年州廢縣隸嵐州十年復置州來隸　政和五年八月二十日憲州為汾源郡

慈州文城郡團練領三縣熙寧五年廢州為吉鄉軍以文城縣為鎮入吉鄉縣隸隰州省鄉寧縣析其地隸晋絳二州六年省昭德縣為鎮隸滏陽縣

不純縣政和五年為寧豐郡

遼州樂平郡軍事領四縣熙寧七年州廢 省平城和順二縣入遼山縣隸平定軍榆社縣入威勝軍武鄉縣元豐八年復 平城縣和順縣熙寧七年廢州省二縣為鎮入遼山縣隸平定軍 榆社縣熙寧七年廢為鎮隸威勝軍武鄉縣元豐八年復置州縣復來隸

唐岢嵐軍後廢為嵐谷縣太平興國五年復為軍 嵐谷縣五年自嵐州來隸熙寧三年廢元豐六年復

寧化軍太平興國五年以嵐州寧化縣置軍 寧化縣五年以嵐州之固軍為縣來隸熙寧二年廢縣元祐元年復崇寧三年又廢 崇寧三年七月六日河東路察

卷一萬四千一百八十八

司奏寧化軍管下倚郭寧化縣戶口不多職事稀簡昨熙寧中已經相度廢罷至元祐間止緣本路有合興復縣鎮一例却復為縣即別無利害乞依舊廢罷從之

宋會要

威勝軍太平興國二年以潞州銅鞮縣亂柳石圍中建為軍 銅鞮縣武鄉縣二年自潞州來隸 沁源縣六年廢沁州來隸 綿上縣寶元二年自大通監來隸 太平興國二年四月四日八作使李繼昇言先受詔潞州北亂柳石圍中修築城池畢詔曰要衝之地控扼攸宜特築軍城以壯戎備宜以威勝軍為名

平定軍太平興國四年以并州廣陽縣建軍 廣陽縣

四年改平定自并州來隸 樂平縣四年自并州來隸 遼山縣熙寧七年廢遼州來隸

沁州陽城郡軍事領三縣太平興國六年廢州以和川縣隸晉州沁源縣隸威勝軍綿上縣隸大通監

晉寧軍元祐二年八月二十四日樞密院言河東路經略使林希奏元豐中進築末腊葭蘆吳堡三寨以嵐石之人始戍河西然密睇麟府猶迂十舍自前年復葭蘆後築神泉為龍通接麟延稍相屏蔽嵐石遂為次邊麟府不為孤絕實自先帝經始葭蘆為今日通道之根本望建葭蘆為軍以章先烈詔特建為晉寧軍 大觀三年九月九日河中安撫使洪中孚奏昨準御前劄子晉

卷一萬四千一百八十八

寧軍管下臨泉縣元係撥到石州定胡縣十分之四晉寧係極邊兼本路安撫只有一縣戶口不多恐未能資一軍六寨之費若將定胡縣併歸本軍有無未便詔仰帥臣契勘聞奏取到人戶狀別無不便從之

靜樂軍咸平二年以憲州靜樂縣為軍五年廢入憲州 熙寧五年五月八日詔曰列城障塞控制外蕃審其形勢之宜當處要衝之地俾遷治所用壯邊陲宜以靜軍置憲州在靜樂東南領樓煩玄池天池三縣治樓煩至是以地非要害且卑隘多水潦遂議徙置初嵐州靜樂縣北三十里有寨因縣為名咸平二年為軍至是置州徙靜樂縣治郭下廢玄池天池二縣入焉以樓煩縣

隸嵐州
大通監太平興國四年以并州交城縣置監以沁州綿
上縣隸焉寶元二年以交城縣還隸并州俾知縣兼領
監事以綿上縣隸威勝軍　永利監咸平四年建河東
推鹽院為監
淮南路太平興國元年分東西路後併一路熙寧五年
復分二路　紹興五年正月二十四日三省言依近降
德音淮甸累經殘破理合權宜減省今條具承州欲權
廢為高郵縣隸揚州興化縣依舊隸泰州舒州欲廢三
縣蘄州欲廢兩縣和州滁州楚州無為軍等處欲並廢
一縣仍令逐州守臣量度户口多寡地里遠近各具合

卷一萬四千一百八十八

廢縣分申帥司保明申尚書省其廢併去處各置監鎮
官一員從之紹興五年七月七日詔高郵縣陞為軍額
差知縣兼軍使祇以見任官吏軍兵為額更不增添從
都督行府請也三十一年四月十九日權發遣淮南路
轉運副使楊杭言揚州高陲縣元係軍額昨緣兵火一
時權宜為縣令來户口在淮東最為盛處第去揚州遼
遠民户輸納不便衆縣界所管運河堤岸接連湖濼深
遠豪右猥通奸猾利慮致引惹生事乞依舊改為高陲
軍所有合置軍事判官録事司理司法參軍兵馬都監
監在城酒稅務高郵縣令縣尉兼主簿乞各置一員指
使共置四員更不須添差不釐務指使之類其合置官

許漕司同本軍守臣踏逐委可倚仗之人奏辟自餘合
行事件乞依盱眙軍元降指揮體例施行仍乞下所屬
給降見錢二萬貫米三千石應副支遣詔知軍就差呂
令問錢于揚州紹興三十一年分未起經總制錢内米
於常平米内並依數支撥餘從之　皇祐三年正月二
十四日詔江寧府揚州廬州洪州福州並帶提轄本路
兵甲賊盜公事並屯禁兵仍分淮南為兩路揚州為東
路廬州為西路　大觀元年十二月十二日詔東南久
安兵寡勢弱人輕易搖或遇水旱巨盜竊發當謹不虞
之戒用消奸萌可以揚杭越江寧洪荆南福潭廣桂為
帥府選侍從官或帶職人為帥仍兼總管真潤明江虔

卷一萬四千一百八十八

壻部泉封邕為望郡選曽任監司郎官卿少以上人為
守
揚州唐淮南節度建炎元年陞為帥府　天長縣唐縣
周改天長軍至道二年復為縣來隸建炎元年陞為軍
四年廢為縣紹興十一年復陞為軍十二年復為縣隸
盱眙軍　高郵縣開寶四年以縣建高郵軍熙寧五年
軍廢縣來隸　廣陵縣熙寧五年廢隸江都縣　泰興
縣建炎四年割隸泰州紹興五年依舊來隸　紹興五
年二月二十八日詔楚州淮陰縣泰州興化縣並廢併
為鎮
宿州臨渙縣宋中祥符七年隸亳州天禧元年復來隸

靈壁縣元祐元年以鎮陞為縣七月廢為鎮七年二
月復為縣政和七年改零為靈　大中祥符七年正月
二十一日詔割宿州臨渙縣隸亳州其稅戶差徭依真
源縣例施行　天禧元年縣復還隸宿州但析天淨宮
大李一鄉隸亳州蒙城縣　元祐元年四月二十五日
戶部言宿州零壁鎮在符離蘄虹三縣之中盜賊轉徙
艱于迹捕良民不得安業欲乞將三縣近零壁鎮鄉管
割隸本鎮仍以本鎮為縣從之
保靜軍舊宿州建隆元年陞為防禦開寶五年陞為保
靜軍節度劉豫改為防禦州紹興九年收復依舊
楚州盐城縣開寶九年自泰州來隸紹興元年撥隸漣
卷一萬四千一百八十八
水軍三年還隸　漣水縣太平興國三年自泗州隸漣
水軍五年廢軍縣來隸建炎四年陞為軍紹興五年復
為縣十一年陷三十二年收復依舊來隸　建炎四年
五月二十四日詔楚州漣水軍雖有軍額自來秖羗知
縣隸楚州事力單弱可令依舊額更不隸楚州其合行
事件並申取鎮撫使指揮施行　紹興元年八月九日
詔楚州管下盐城縣撥隸漣水軍以權發遣漣水軍吳
誠申收復楚州盐城山陽兩縣樞密院言勘會山陽縣
雖吳誠收復係楚州倚郭合還楚州時朝廷慮漣水軍
養贍吳誠所部軍馬不足故有是詔　三年二月十八日
權發遣楚州揚撥言盐城縣係產盐地分全藉課稅應

副本州并漣水軍舊係本州屬縣近改軍額將盐城縣
撥隸漣水軍本州屯戍用度不少乞依舊將盐城縣撥
還本州詔依其漣水軍聽楚州沿淮安撫司節制　五
年閏二月十九日詔漣水軍依舊充漣水縣隸楚州知
縣兼充軍使　以淮東安撫司言漣水軍地界不廣戶
口凋瘵依德音可以併省故有是詔　三十二年三月
三日淮南東路安撫轉運提刑司言漣水縣舊隸楚州
昨緣金賊占據地界隔絕權隸海州今收復了當熱海
楚州對岸相去海州二百餘里地程迢遠乞將漣水縣
依舊撥屬楚州從之　三十二年十一月二十三日江
淮東西路安撫使司言漣水縣已得旨隸屬海州昨差
卷一萬四千一百八十八
忠義統制鄭昇知縣事緣本縣去海州二百四十里道
路艱遠乞陞為軍額隸本路帥司從之　淮陰縣熙寧
十年沂泗州臨淮地入焉紹興五年廢為鎮六年復
吳城縣紹興三年廢為鎮　紹興三年十一月九日淮
南東路安撫提刑司言楚州吳城縣所管止有八十八
戶乞依舊為鎮隸淮陰縣差置武臣監鎮廢罷巡檢縣
尉從之　六年八月一日楚州言據士民景昇等狀乞
將淮陰鎮依舊為縣從之
海州東海縣開寶三年以月山縣東海監為縣　泰州
宋會要
泰州
閣為團練乾德五年降軍事　泰興縣乾德二年從治

紫墟鎮　興化縣建炎四年撥隸高郵軍紹興五年軍廢復來隸是年廢為鎮十九年復為縣　紹興五年三月八日詔泰州泰興縣并紫墟鎮及遵化鄉撥隸揚州以知揚州葉煥言前任守臣湯東野宋孝先在任已得指揮將泰興縣并紫墟鎮遵化一鄉撥隸揚州因虜人侵犯權隸泰州上件縣鎮鄉不經虜人入境即有税入可助揚州經費乞還隸揚州故有是詔　紹興二十年八月四日詔復泰州興化鎮為縣從本路諸司請也

宋會要

泗州招信縣舊名昭義乾德元年自濠州來隸太平興國元年改建炎四年撥隸濠州　紹興二年復十一年隸天長軍二十年隸盱眙軍　建炎四年九月十七日詔泗州招信縣特割屬濠州以劉綱言蒙朝廷指揮令綱帶萬人聽呂頤浩使喚餘人發歸本鎮緣綱世居泗州所統之衆類多土人今朝廷已分泗州隸趙立鎮撫令綱所部却歸滁濠則人各思歸勢必離散尚書省勘會劉綱世居招信理宜措置分隸故有是詔　紹興十一年十二月九日樞密行府言泗州淮河南岸盱眙招信兩縣欲將揚州天長縣陞作天長軍其盱眙招信兩縣撥隸本軍所有知軍并盱眙知縣從朝廷選差曾經邊汪歷練民事武臣充仍于盱眙縣置榷場專差有才幹官一員措置管幹從之

卷一萬四千一百八十八

真州乾德二年以揚州永正縣迎鑾鎮為建安軍　大觀元年陞為望郡政和七年為儀真郡楊子縣舊名永正雍熙二年自揚州來隸大中祥符六年改六合縣至道二年自揚州來隸政和七年為靜海郡

通州政和七年以通州為靜海郡

高郵軍開寶四年以揚州高郵縣建軍熙寧五年廢軍並以縣隸揚州元祐元年復置　紹興五年廢為縣隸揚州是年十月為軍使三十一年復陞為軍　建炎四年五月二十四日詔高郵軍可改為承州分割泰州興化縣隸屬其揚州泰興縣舊屬泰州却依舊撥還

漣水軍太平興國三年以泗州漣水縣置軍熙寧五年廢軍以縣隸楚州紹興三十二年十一月二十三日以海州漣水縣建軍

卷一萬四千一百八十八

滁州來安縣紹興五年廢入清流縣十八年復乾道九年閏五月三十日廢為鎮隸清流縣　紹興十八年八月十八日詔復滁州來安鎮為縣從本路諸司之請也　紹興五年閏二月十九日淮南東路宣撫使司言滁州欲廢一縣令權知軍州事河洋躬親諳本州管下清流來安全椒三縣量度戶口多寡數內來安縣殘破尤甚戶口數少今乞廢併屬清流縣其來安縣只置監鎮一員欲就差承節郎權來安縣尉張仲武充監鎮管幹本鎮公事兼監税餘官為並罷從之

盱眙軍舊泗州盱眙縣，建炎三年陞為軍，四年廢為縣，紹興十一年隸天長軍，十二年復陞為軍，割天長、招信兩縣來隸。　建炎三年六月一日，詔盱眙軍並依天長、高郵軍例施行。　建炎四年九月二十二日，詔趙立除楚泗承州漣水軍鎮撫使兼知楚州，王林知承州，天長軍依舊為天長縣隸揚州，盱眙軍依舊為盱眙縣隸泗州。以立立等奏承州天長軍鎮撫使薛慶援揚州應敵未到，慶下統制王林權承州事，故有是詔。　紹興十二年九月九日，中書門下省言：「盱眙縣係與泗州對境，使人往來直至天長軍，沿路別無管待去處。」詔盱眙縣陞為軍，天長軍依舊為縣，隸本軍。　九月十六日，知盱眙

卷一萬四千一百八十八

軍沈該言：「初置本軍，合用印，以盱眙軍印四字為文，乞行鑄造。本軍官屬除通判從朝廷選差外，昨來天長軍有判官一員右文林郎施璋，司理一員右迪功郎胡望之，司法一員右迪功郎孫守信，兵馬監押一員保義郎向居仁，令乞依上件員數就差，候臣到任，取會逐官願狀，先次借職，申朝廷別給付身。如合別行差人，即乞從該踏逐，具姓名申朝廷辟差。天長軍昨添置指揮使二員，許臣踏逐有心力能幹之人，不以大小使臣、校副尉、下班祇應，不依常制辟差權揚全轄有才力之人管幹。切慮內有不勘倚仗之人，欲乞從臣踏逐，申朝廷對換，各不理遺闕。本軍未有常賦，所有官兵請給及過往批

請等支遣，乞依天長知軍劉武經例，下本路轉運司或近便官司支撥錢米，應副本軍公使庫。合除歲賜錢物及許造酒數目，乞候該到日体訪天長軍例，別具數目申乞給降施行。」勘會天長縣見有寄樁曹烜銀，詔令沈該于前項銀內取撥一千兩，片令胡紡于近便大軍米內支一千石津發前去，應副支用，餘從之。　紹興元年四月八日，通判建昌軍莊綽言：「竊見大觀中忌諱日廣，君主龍天萬年萬壽之類，縣邑稱呼名字例皆改易，有識觀之，以為靖康之讖。欲乞應緣避前項衆字所更縣邑鄉村寺院等名，並令如故。」進奏院供到元避字去處海州龍苴巡檢等處，詔並令改正，更有似此去處，令所

卷一萬四千一百八十八

屬申尚書省。進奏院狀：海州龍苴巡檢今改為苴城巡檢，邠州龍泉鎮改為清泉鎮，汝州龍興縣改為寶豐縣，西京龍門鎮改為通洛鎮，嘉州龍遊改為嘉祥縣，循州龍川縣改為雷鄉縣，袁州萬載縣改為建城縣，處州龍泉縣改為劒川縣，鼎州龍陽縣改為辰陽縣，濟南府龍山鎮改為般水鎮，龍州改為政州，化州石龍縣改為羅川縣，河中府龍門縣改為河津縣，中山府龍泉鎮改為雲泉鎮，衢州龍遊縣改為盈川縣，常州武進縣萬歲鎮改為阜通鎮，秀州青龍鎮改為通惠鎮，吉州龍泉縣改為泉江縣，涪州武龍縣改為枳縣。　紹興十年八月二日，尚書省言：「收復到宿、亳、徐、海州，未曾撥隸路分。」詔宿

州海州隸淮東亳州隸淮西徐州隸京東
西路紹興五年六月九日淮西安撫使言舒州合廢三
縣相度除桐城懷寧兩縣依舊及存留望江縣外欲將
太湖縣併入懷寧宿松縣併入望江縣蘄州欲廢羅田
縣爲羅田鎮隸蘄水縣廢廣濟縣爲廣濟鎮隸蘄春縣
仍置監鎮務一員兼烟火公事和州乞廢烏江縣併入
歷陽烏江縣無爲軍乞廢巢縣爲鎮從之
壽春府舊壽州政和六年陞爲壽春府劉豫改爲壽州
紹興九年收復依舊寄治安豐縣十二年置安豐軍遂
廢紹興三十二年十二月二十九日以壽春縣爲壽春
府淮北壽春府爲下蔡縣乾道三年十二月十五日壽

卷一萬四千一百八十八

春府改爲安豐軍蒙城縣舊隸亳州紹興九年來隸
紹興九年四月十八日樞密院言壽春府見於本府安
豐縣寄治其舊府係在淮北今已交割地界了畢詔壽
春府自合隸淮西路其移治令孫暉相度聞奏孫暉奏
壽春府舊城係淮河沿流去處委是利便從之　六月
十六日壽春府言乞將蒙城縣依舊隸本府從之　隆
興二年十月五日吏部言昨降旨壽春縣改爲壽春府
安豐軍改爲安豐軍使隸屬壽春府今合以安豐軍使
兼知壽春府安豐縣事兼營田爲稱詔王希呂差權安
豐軍使兼知壽春府安豐縣事兼營田日後令吏部依
條差注

六安軍政和八年以壽春府六安縣陞爲軍
蘄州羅田縣元祐八年以石橋鎮陞縣紹興五年廢爲
鎮是年復　廣濟縣紹興五年廢爲鎮六年復　紹興
五年十月十三日蘄州言乞將羅田鎮依舊爲縣從之
紹興六年正月二十二日提點淮南兩路公事言相
度蘄州廣濟縣乞依舒州太湖宿松縣例免廢爲鎮從
之
天長軍周以揚州天長縣建軍至道三年廢縣還舊隸
「宋會要」
舒州太湖縣紹興五年廢入懷寧縣是年復　宿松縣
紹興五年廢入望江縣是年復　紹興五年七月二十

卷一萬四千一百八十八

七日詔舒州太湖宿松縣仍舊前降廢併指揮不行
和州烏江縣紹興五年廢爲鎮七年復紹興七年四月
二十二日司農少卿樊賓言和州烏江自改爲鎮之後
戶〻日漸增盛乞依舊爲縣從之　二十八年二月二
十二日禮戶部言西和州申本州元係岷州後改爲西
和州其間名稱未正乞改純禮觀爲天慶觀廣慈院爲
報恩光孝禪院酒稅務爲在城清酒商稅務鎮司并廂
司烟火公事委都監市令司委知錄其餘戶婚民訟歸
倚郭長道縣或理斷未盡許訴于州從之
光州宣和元年爲光山軍節度　光山縣紹興二十八
年改爲期思縣三十一年依舊　五年七月十四日詔

原本作通

光州褒信縣移治淮南上由市以褒信為鎮為名擇土豪首領補下班祗應充監鎮兼烟火盜賊公事 以淮西宣撫使司言近偽界故也紹興二十八年五月十二日詔改光州為蔣州光山軍額為寧淮軍光山縣為期思縣光化軍為通化軍光化縣為道化縣

安豐軍舊壽春府安豐縣紹興十二年陞為軍割壽春府六安霍邱壽春三縣來隸紹興三十二年十二月二十九日即縣為軍使兼壽春府安豐縣事乾道三年十二月十五日安豐縣使依舊為縣隸本軍 乾道二年九月十七日吏部言壽春府已改安豐軍安豐軍使依舊改作安豐軍其屬邑知縣欲依舊並兼主簿監稅從之 紹興十二年正月十九日詔安豐縣陞為安豐軍以壽春霍邱六安三縣隸本軍 紹興十二年四月十九日權發遣安豐軍事于澤言安豐縣陞為軍其安豐縣即未有存廢指揮詔安豐軍許置倚郭安豐縣

卷一萬四千一百八十八

廬州大觀二年陞為望郡梁縣舊縣與孝宗御名同音紹興三十二年十月三日改 紹興三十二年十月三日試給事中金安節等言廬州管下一慎縣與御名同音合避詔下給舍案本州圖經縣在陳為梁郡至隋開皇初郡廢為今名今欲從舊改作梁縣從之

安慶軍舊舒州政和五年改德慶軍紹興十七年改為安慶軍

利豐監偽唐鬻鹽之所在通州城南太平興國八年移治州西南狼山後廢

海陵監偽唐於泰州海陵縣置鬻鹽監開寶七年移治于如皋後廢

鹽城縣偽唐於泰州鹽城縣置鬻鹽監太平興國二年隸楚州大中祥符二年廢為倉

卷一萬四千一百八十八

宋會要 地理

臨安府淳化五年十月十四日詔曰浙右奧區餘杭故壤閭閻舊俗有延陵廉讓之風組練雄師知孫武訓齊之令控於滄海實曰大藩宜節制之名用洽底寧之化杭州鎮海軍改為寧海軍大觀元年陞為帥府建炎三年十一月三日敕杭州兩浙都會今以邊面移帥司在鎮江府於控扼未便其守臣可令帶浙西同安撫使領杭湖嚴秀四州仍杭州為臨安府臨安縣舊名安國太平興國三年改今名隸順化軍五年軍廢縣復來隸南新縣熙寧五年廢縣為鎮隸新城縣

蘇州 平江府互見 後唐中吳軍節度 政和三年陞為

卷一萬四千一百八十九

平江府平江軍節度 五月十七日手詔朕獲承聖緒撫有方夏迺睠三吳之重鎮實惟二浙之名區俗號富饒民知禮義昔在紹聖嘗建節旄有司因循未遑表異朕仰稽故事俯酌師言爰即軍名肇新府號以慰一方之望以彰上帝之休俾億萬年永有慶賴豈不偉哉蘇州可陞為平江府

潤州 鎮江府互見 唐為浙江西道團練觀察亦為鎮海軍節度開寶八年十月二十日詔曰鎮海之號丹徒舊軍自浙西之未平命餘杭而移置爰茲尅復方披化條宜別賜於軍名用永光於戎閫其潤州舊號鎮海軍宜改為鎮江軍 大觀元年陞為望郡政和三年升為

鎮江府鎮江軍節度

湖州 唐宣德軍節度

越州大觀元年陞為帥府紹興元年十月二十六日詔越州陞為紹興府守臣陳汝錫言車駕駐驆會稽閱時滋久它日法駕言還恢復之功必自越始願加惠此州易一府額錫之美名以彰臨幸之休故有是詔十一月十七日又言本州既陞為府欲率官屬士庶僧道耆老詣闕稱謝從之 剡縣宣和三年以剡縣改 乾道八年五月十一日詔以紹興府諸暨縣楓橋鎮為義安縣置知縣縣丞主簿兼尉監稅各一員割諸暨之長阜大部長寧東長安西長安泰南鄉紫嵓花亭花山十鄉隸馬從本路諸司請也

卷一萬四千一百八十九

唐浙東觀察使錢鏐置望海軍大觀元年陞為望郡

常州宜興縣舊名義興太平興國元年改僞唐以常州安國縣建衣錦軍太平興國三年改順化軍五年軍廢

紹興二十七年二月六日知臨安府榮薿言江陰軍本常州屬縣建炎之初以沿江守禦權改為軍候士馬寧息依舊臣前知常州備見本處雖改為軍于朝廷初無所補而民間實備其害蓋財賦本出一縣而官兵請給券食公庫將迎使客乃供一州之費遂使遞役科率倍於他州而又常州失此一縣之賦兩皆受弊欲乞將江陰軍復改為縣從之中書門下省言江陰軍依舊為縣

所有見管禁軍凡三百八十七人詔存留兵官一員其
軍兵依舊在縣防拓請給賞賜如舊二月二十三日宰
臣沉該等奏事上曰江陰罷軍為縣兵民不肯聽從遂
集衆宣鬧若不行遣何以號令天下頃年諸郡盜賊勿
發便興招安補授官資是乃誘之為盜不可不治可委
監司体究以聞

應道軍舊温州晋静海軍節度太平興國三年降為軍
事政和七年陞為應道軍　建炎二年正月十日詔應
道軍額依舊為温州又詔温州既非節鎮即不合置天
寧觀其開元寺依舊給還寺額建炎三年罷軍額

天台縣唐為唐興縣梁為天台晋為台興

卷一萬四千一百八十九

劍川縣宣和三年以龍泉縣改　龍泉縣宣和三年改劍
川縣紹興元年依舊

嚴州舊睦州宣和九年為建德軍節度三年改今名仍
為遂安軍　淳化縣元青溪縣宣和三年改桐廬縣太
平興國三年自杭州來隸

盈川縣宣和三年以龍游縣改　龍游縣宣和三年改
為盈川縣紹興元年依舊　兩浙路總論

江南路太平興國元年分東西路後併一路　真宗天
禧四年復分二路紹興元年正月十日尚書省言今措
置建康府池饒宣徽信撫太平州廣德建昌軍為江南
東路江洪筠袁處虔吉州興國南康臨江南安軍為江

南西路其江南東西路提刑并提舉茶鹽官並依今來
分定州軍管幹職事鄂岳潭衡永郴道州桂陽監為荆
湖東路鼎澧辰沅靖邵全州武岡軍為荆湖西路其湖
南提刑并提舉茶鹽官並改充荆湖東路其荆湖西路
合創置提刑并提舉茶鹽官從之　東路紹興元年以
建康府池饒宣徽信撫太平州廣德建昌軍為江南東
路四年撥撫州建昌軍依舊隸江南西路

建康府天禧二年二月四日詔曰朕祇畏昊穹保寧基
構荷鴻休之總集佑丕緒之綿昌利建懿藩實惟元嗣
表兹南紀允謂名區式示壯猷特崇巨屏昇州宜陞曰
江寧府軍額曰建康軍節度建炎元年陞為帥府建炎
三年五月九日詔江寧府改為建康府宰臣呂頤浩言

卷一萬四千一百八十九

伏覩陛下駐蹕江寧改為建康雖已付本府施行緣諸
路未盡知行幸所臨欲乞摸勒親筆鏤板行下庶始知
陛下進援中原以圖恢復之意從之其親筆令建康收
掌

蕪湖縣繁昌縣開寶八年自昇州隸宣州太平興國二
年自宣州來隸　當塗縣太平興國二年置州以縣為
治所

徽州宣和元年以歙州改

江州偽唐奉化軍節度開寶八年降軍事州大觀元年
陞為望郡

南康軍太平興國七年以江州星子縣置軍　星子縣太平興國三年以江州星子鎮升爲縣七年爲南康軍治

廣德軍太平興國四年以宣州廣德縣置軍　廣德縣四年自宣州來隸爲軍治　建平縣端拱元年以宣州廣德縣郎步鎮置縣來隸

隆興府舊洪州鎮南軍節度先是本軍言係孝宗潛藩乞依靜江府例陞爲府額隆興元年十月二十五日陞爲隆興府　新建縣太平興國四年析南昌縣地置進賢縣崇寧二年以鎮陞爲縣

贛州舊虔州太觀元年陞爲望郡紹興二十三年改虔南縣宣和三年以龍南縣改　寧都縣舊名虔化紹興二十三年改　太平興國九年三月八日以虔州虔村爲永通軍割南劍州沭溪泉州德化縣隸焉尋廢　哲宗元祐元年三月十一日戶部言虔州虔化縣陂陽仁義兩縣鄉八千二百戶割屬石城縣輸納不便請還隸虔化縣又言亳州蒙城縣永恩鄉第一都東至本縣九十里西至城父縣三十里乞就近割屬城父縣並從之　紹興二十三年正月二十二日秘書省校書郎董德元言江西虔州士大夫謂之虎頭城非佳名也左氏傳曰女用贄以告虔釋云虔敬也又曰虔劉我邊陲釋云虔殺也今虔之風俗固有儒良美秀之家以應虔敬之

卷一萬四千一百八十九

義而推埋盜奪之習爲多人應殺虔之義州有十縣地廣人稠大抵嗜勇而好鬬輕生而敢死今天下之民舉安矣獨此郡間有小警臣意其各有以兆之欲乞去其不令之名賜以美稱則不令之實自此而銷屬縣有虔化乞并更之中書後省言虔州本漢贛縣有貢水出自新樂山至縣郭東北與章水合流名曰贛江太平寰宇記云晉永和五年太守高琰置郡城于二水間即今城是也今擬改虔州爲贛州虔化縣據隋地理志舊曰寧都仍欲復舊名從之

萬安縣熙寧二年以龍泉縣萬安鎮升爲縣　龍泉縣宣和三年改名泉江紹興元年依舊

卷一萬四千一百八十九

萬載縣開寶八年自筠州來隸宣和三年改名建城紹興元年依舊　建城縣宣和三年以萬載縣改

撫州僞吳昭武軍節度開寶八年降軍州事　金溪縣淳化五年以金谿場置　紹興四年七月二十六日三省樞密院言撫州建昌軍自古隸屬江西帥司先因沿江置三大使撥江東屬郡江州南康軍隸江西却撥撫州建昌軍隸江東帥司係在建康府相遼遠諸事不便近者建昌軍兵作過朝廷遣兵并洪州帥司各已發差軍馬前去建康府帥司尚未知事宜遠近利害灼然可見詔撫州建昌軍依舊隸江西路南康軍依舊隸江東路　紹興十九年十二月詔于撫州管下地名詹墟置

樂安縣割本州崇仁縣天授樂安忠義三鄉及吉州吉水縣雲蓋一鄉隸屬仍將吉州吉水縣遷鶯一鄉割還永豐縣撫臨川縣惠安永秀兩鄉割還崇仁縣從本路諸司請也　紹興二十四年十一月五日詔撫州安樂縣雲蓋鄉復隸吉州永豐縣其永豐縣遷鶯鄉依舊撥還吉州吉水縣　初紹興十九年建置樂安縣以永豐縣雲蓋一鄉隸樂安以吉水縣遷鶯一鄉隸永豐縣至是雲蓋鄉税户張逵等具狀陳本鄉不通運漕負擔路遠難于輸納故有是命

筠州紹興十三年正月七日户部言筠州士庶乞賜郡名本州契勘乞將所治高安縣賜名高安郡以慰一方士庶之情從之　卷一萬四千一百八十九

永興縣太平興國二年以鄂州永興縣建永興軍以縣為治所三年改興國軍　通山縣紹興四年廢為鎮五年復　紹興四年正月二十五日江西安撫大使司言興國軍通山縣舊係羊山鎮隸鄂州永興縣太平興國中改永興縣為興國軍遂改羊山鎮為通山縣近緣賊馬劫虜人民見在只有二百餘家乞改通山縣依舊為鎮户税併隸永興縣仍乞存留丈尉通永興縣舊尉共兩員每半年輪那一員前去主管鎮事捕捉盜賊應合存留弓手并減省公吏人等令江西常平司申明施行詔依仍以通山鎮為名　紹興六年八月一日江南西

路安撫制置轉運提點刑獄使司言興國軍通山鎮税户石英等狀本鎮元係通山縣昨被李成賊馬殺戮權廢為鎮隸永興縣今已及八百餘户至永興縣送納租税往回六百餘里人户艱辛乞依舊為縣從之

通山軍大冶縣三年自鄂來隸

南康軍大庾縣淳化元年以虔州大庾縣建軍以縣為治所

清江縣淳化三年以筠州清江縣置軍以縣為治所

廣昌縣紹興八年置　新城縣紹興八年置　紹興八年三月十八日江西安撫轉運提刑提舉司言建昌軍南豐縣天授鄉揭坊耆并南城縣黎灘市乞各添置一縣詔揭坊耆以廣昌縣為額黎灘市以新城縣為額　卷一萬四千一百八十九

荆湖路咸平二年分南北路

唐武安軍節度乾德元年降防禦州端拱元年復武安軍節度大觀元年陞為帥府　大觀元年十二月十二日詔潭州居三江五湖之中地大物衆亦嘗僭竊部州最處極邊外制溪洞除邵州已降敕為望郡潭州為帥府兼湖南路馬步軍總管　常豐縣乾道三年以常豐場置開寶中廢隸長沙縣　衡山縣四年自衡州來隸　善化縣元符元年置　益陽縣紹興三年隸鼎州五年還隸　元符元年六月十六日湖南安撫申潭州長沙湘潭縣户口獄訟繁多乞將長沙縣一十二鄉數内

撥出附近五鄉及湘潭縣管下八鄉于內撥出兩鄉共七鄉別立為一縣以善化為名從之 紹興三年四月十八日知潭州折彥(缺)言程昌㝢申乞將益陽縣撥隸鼎州契勘潭州例皆殘破今復割益陽縣為鼎州責辦應副必致意外生事況益陽今為潭州屏捍乞將常賦令湖南運司管認應副鼎州使用俟楊么事息住罷詔且權隸鼎州俟賊稍息取旨依舊 紹興五年七月五日都督行府言益陽縣屬潭州昨緣水賊作過權隸鼎州今楊么等已是平定鼎州用度減省欲令舊從之

衡州紹興九年三月二十三日荊湖南路安撫轉運提點刑獄司言衡州茶陵縣當廣南江西兩界自茶陵至

卷一萬四千一百八十九

吉州永新縣數百里百姓互山寨聚集無賴出入為寇官軍不能深入欲乞將茶陵縣改作一軍于吉州永新縣割地添置一縣隸茶陵知縣充軍使兼知衡州茶陵縣事依舊隸衡州仍將管下衡陽安仁茶陵三縣巡檢於本軍屯駐從之

營道縣舊名引道建隆三年改 大歷縣三年廢隸寧遠縣 永明縣熙寧五年廢為鎮隸營道縣元祐元年復

永州紹興十八年八月二十五日詔永州零陵縣唐興鄉改為宋興鄉祁陽縣唐昌鄉改為宋昌鄉永隆鄉唐興里改為宋興里從邑人請也

邵州大觀二年陞為望縣 蒔竹縣元溪洞徽州元豐四年詔以為蒔竹縣隸邵州 熙寧四年四月八日詔河北路轉運副司賈青相度新建溪洞徽誠州隸屬湖南湖北于河為便以聞後青具道里以聞乃詔誠州治渠陽隸荊湖北路徽州為蒔竹縣隸荊湖南路邵州

桂陽軍舊桂陽監紹興三年陞為軍 平陽縣天禧三年置 藍山縣景德元年自郴州來隸紹興二十二年九月十七日詔陞桂陽監為桂陽軍從本路諸司請也

宋會要

茶陵軍舊衡州茶陵縣紹興九年陞為軍使

武岡軍舊邵州武岡縣崇寧五年陞為軍 十六年三

卷一萬四千一百八十九

月十三日詔復桂陽監管下臨武洞為縣從本路諸司之請也 紹興十一年九月一日荊湖南路安撫轉運提刑司言乞將武岡軍綏寧縣移入武陽寨為縣却移武陽寨入扶叢置寨從之 紹興二十五年四月九日荊湖南路安撫司言欲于武岡軍水頭江北岸平廣去處建立一縣以新寧為名撥扶陽恭和宣義零陽四鄉隸之知縣縣尉巡檢乞依綏寧臨岡等縣体例從安撫司踏逐奏辟任滿減三年磨勘從之 紹興二十五年四月十一日詔武岡軍于舊治復置綏寧縣 以邵州都統司言收復到賊徒楊再興元侵占地數內綏寧縣乞于舊處重置故有是命 開寶三年七月十七日詔

以洽州復為懿州時五溪團練使洽州刺史田處崇上
言先是湖南節度使馬希範以潭陽縣為懿州命叔萬
盈為刺史及馬希萼襲位改為洽州請復其名從之仍
鑄印賜之　熙寧五年七月三日前湖北路鈐轄轉運
司乞移渠陽縣治所以安集誠州戶口兼治貫保小由
等民戶從之　熙寧四年四月十二日荆湖南路轉運
判官趙楊言溪洞徽誠等州置城寨畢誠州乞建為郡
徽州為縣　熙寧四年十二月十七日相度新建徽誠
州朝散大夫賈青言準朝旨下朱初平奏乞招納元屬
溪洞地分道路以至地理遠近並附入州縣圖籍從之
　熙寧五年正月二十六日知誠州謝麟言本州旁近

卷一萬四千一百八十九

戶口或遠隸他州見有封疆不足城守乞增割戶口山
川降屬縣名額詔沅州新修貫保托口小由豐山堡控
扼蠻蛋形勢之地宜以瀕渠河貫堡寨為治所置渠陽
縣隸誠州　熙寧五年九月十三日知誠州謝麟言奉
詔置誠州未畫地理四至廬部州蒔竹縣爭占誠州新
城管分閘部州已撥潼村屬新城潼村距誠州四十里
至蒔竹縣八十里道路峽險經九疊坡脚大小盤欄深
山長林正係湖南至誠州行旅之路合屬蒔竹比之誠
州地里已遠又遙隸邵州二十二驛或有冤訟縣堡不
能決去州既遠則民無訴乞昌蒲嶺脊分水西屬誠州
東屬邵州蒔竹從之　紹興五年六月十二日中書門

下省言荆南峽州　荆門公安軍未分鎮以前係屬京
湖北路昨緣分鎮遂罷轉運提刑今來王彥差知荆南
府四川吏不除鎮撫止置安撫使其荆湖北路轉運提
刑却合通管內轉運二員理合分隸從之　紹興六年
八月九日知荆南府充荆南府峽州荆門公安軍安撫
使王彥言靖康中因祝靖等賊馬占據荆南公安知縣
程千秋召募人兵防捍準御營使司將本縣陞為軍止
是知縣兼軍使後來復經殘破軍城一空止有百餘家
今乞廢公安軍依舊為縣庶得減省支用從之　宣和
三年四月二十日詔五溪郡縣闢自先朝中更棄地雖
已興復然經元祐之變猺賊屢肆跳梁蓋緣荆南鈐轄

卷一萬四千一百八十九

司去邊稍遠難以彈壓先朝有意經畫其事未就朕紹
述先猷敢忘繼志可分荆湖北路荆南府歸峽安復州
荆門軍漢陽軍為荆南路帶兵馬都鈐轄治荆南府分
鼎澧岳鄂辰沅靖州為鼎澧路帶兵馬都鈐轄治鼎州

宋會要

北路宣和三年四月二十日荆湖北路分為荆南路鼎
澧路指揮更不施行並依舊例
江陵府古荆州唐為江陵府永安軍荆南節度建炎二
年升帥府　華池縣太平興國七年自岳州來隸　萬
庾縣乾從三年陞萬庾巡為縣尋廢　枝江縣熙寧六
年廢為鎮隸松滋縣元祐元年復　玉沙縣熙寧六年

廢為鎮隸監利縣元祐元年復　長林縣開寶五年隸
荆門軍熙寧六年軍廢復來隸　當陽縣開寶五年隸
荆門軍熙寧六年廢復來隸　公安軍建炎三年陞為
軍紹興五年復　建炎三年六月二十一日御營使司
条議官高衛言公安縣在荆江南岸治蒙呂城三國六
朝常為控扼之地今欲陞公安為軍知縣帶軍使兼松
滋石首華容縣都巡檢使從之
鄂州唐武昌軍節度使後唐改武清軍太平興國三年
後為武昌軍漢陽縣熙寧四年廢漢陽軍為縣來隸
通城縣熙寧五年陞崇陽縣通城鎮為縣紹興五年廢
為鎮十七年復　紹興五年九月二十一日荆湖北路
卷一萬四千一百八十九
安撫使司言鄂州通城縣舊係鎮熙寧四年陞為縣今
人民凋殘欲依舊為鎮隸崇陽縣從之　紹興十七年
五月十八日詔鄂州通城鎮復為縣從本路監司之請
也
德安府舊安州唐安遠軍節度晉降為防禦州後復為
安遠軍周又降為防禦建隆元年復為安遠軍節度宣
和元年陞為德安府　吉陽縣開寶二年廢為鎮隸孝
感縣　應城縣淳化元年徙舊縣置治所　雲夢縣熙
寧二年廢為鎮隸安陸縣元祐元年復紹興七年十月
移治仵落市十八年還舊治　景陵縣舊名敬陵建隆
三年改熙寧六年廢復州以縣來隸

復州景陵郡防禦領三縣建隆三年改晉陵縣為景陵
至道三年以江陵府玉沙縣來隸寶元二年廢沔陽縣入
玉沙熙寧六年州廢以景陵縣隸安州省玉沙縣入江
陵府監利縣元祐元年復　景陵縣熙寧六年廢州以
縣隸安州元祐元年復
常德府唐朗州周武平軍節度建隆四年降為團練州
大中祥符五年改鼎州後為永安軍額以犯陵名崇熙
寧元年改為靖康軍政和七年為常德軍節度乾道元
年九月二十一日以孝宗潛藩陞常德府　鼎州桃源
縣乾德二年析武陵縣地置　龍陽縣舊改為辰陽縣
紹興元年依舊五年陞為軍移治黃城寨尋還舊治三
卷一萬四千一百八十九
十一年復為縣　紹興五年七月五日都督行府言鼎
州龍陽縣移于黃城寨地仍陞作龍陽軍置使一員差
軍使兼知龍陽縣事詔從之是年八月十五日詔于舊
縣重建以知鼎州張觷言舊縣高爽黃誠寨地低下近
江湖有水患故也
岳陽軍舊岳州宣和元年陞為岳陽軍節度紹興二十
五年改岳州軍為華容軍三十一年依舊　沅江縣舊
名橋江隸鼎州乾德二年改今名來隸　臨湘縣淳化
五年升王朝場為縣至道三年改　紹興二十五年六
月二十七日臣僚言岳州與岳飛姓同顧莫之或改按
鄰道元水經注水西逕羅縣實本羅子之國與純水合

源逹純山西北流又西逕玉笥山又西為屈潭羅淵即
今巴陵郡是也純之為守有純一不雜之義乞改岳為
純從之　紹興三十一年十二月五日御史中丞汪澈
言紹興二十五年臣僚自劄子謂岳飛既已伏誅岳州
與其姓同本路諸司審度安引汨水與純水合源乞改
岳州為純額為華容臣切謂岳飛之叛與不叛同自有
公論以姓同而改州名尤悖于理恩恭嚴徽贛五郡易
名初非以姓同也且岳之為義以南岳衡山相直而得
名自隋唐至宋朝為望郡　英宗皇帝初在潛邸嘗領
岳州團練使及登寶位陞軍額為岳陽岳州之名其來
久矣若以同姓而改則五岳岳廟亦可改乎又光州光

卷一萬四千一百八十九

化軍以避虜酈之名易光為蔣易光化為通化尤可切
蓋乞改岳州岳陽光州光化軍名額一依舊制從之
興仁縣熙五年廢為鎮隸秭歸縣元祐元年復　紹興
六年八月六日都督行府言歸州舊隸湖北路昨緣荆
南失守權撥隸夔路後來朝廷又差解潛充荆南府歸
峽州荆門公安軍鎮撫使即係湖北分鎮地分止是不
曾正行交割今來王彥復為荆南安撫使遷于舊治乞
泊大軍其歸州合依舊撥還湖北兼歸州薄有税入可
助本府經費詔依所有歸州一帶捍禦專委本司措置
不管疎虞　紹興三十一年四月三日知夔州李師言
上言歸州去夔路最近去荆南最遠建炎四年内本路

鈐轄司亦嘗申宣撫處置使司割歸州隸夔路至紹興
五年依舊撥還湖北路今乞割歸州復隸夔路所有歸
州歲起湖北路錢依舊從之
辰州招諭縣元祐元年廢隸沅州麻陽縣
沅州熙寧七年以唐叙錦奬三州地置　招諭縣太平
興國七年析麻陽縣地置隸辰州熙寧七年來隸八年
廢隸麻陽縣　麻陽縣熙寧七年自辰州來隸八年省
錦州寨地入焉　盧陽縣熙寧七年以叙州潭陽縣地
置　渠陽縣舊渠陽寨元豐五年陞為縣元祐六年省
為寨崇寧二年復
靖州大觀元年陞為望郡　永平縣崇寧二年以渠陽

卷一萬四千一百八十九

縣改　會同縣崇寧二年以三江縣改　貫堡縣元豐
五年置　紹興八年十一月二十八日知靖州覃敵言
本州永平縣並無居民止有東林一團戶口不多欲將
永平縣移就州城倚郭舊都監廨宇充縣從之
漢陽縣周即鄂州漢陽縣地建軍熙寧四年廢以漢陽
縣隸鄂州省漢川縣入漢陽縣元祐元年復紹興五年
廢為縣七年復　漢川縣紹興五年廢為鎮七年復
紹興二年十一月二十六日詔漢陽軍依舊撥隸荆湖
北路以樞密院勘會漢陽軍舊隸湖北帥司與鄂州對
岸實為屏蔽控扼之地昨來撥隸德安府相去三百餘
里緩急措置從時無近降指揮湖北帥臣于鄂州置司

改有是命　紹興五年十一月五日詔漢陽軍漢川縣廢為鎮　紹興六年八月十五日權發遣漢陽軍高舜舉言本軍于熙寧四年曾廢為縣却于元祐元年復元符元年知軍茹東濟陳論利害事件遂不曾廢今來本軍累經殘破戶口減少官吏之費深擾于民兼鄂州見屯大軍無盜賊之患與承平日事体不同若廢為縣委是利便都督行府勘會已劄下漢陽軍隸鄂州知縣帶軍使乞令道守從之　紹興七年閏十月二十五日湖北京西路宣撫使岳飛言漢陽軍元管漢陽漢川兩縣最是控扼去處後來湖北安撫司一時申請廢軍為縣隸鄂州乞復為漢陽漢川仍為縣依舊將漢陽軍漢川兩縣撥隸本軍從之

卷一萬四千一百八十九

信陽縣信陽軍舊隸京西北路紹興四年隸襄陽府路六年隸京西南路十九年正月隸淮南西路是年三月來隸

荊門軍

開寶五年即江陵府長林縣建軍以長林當陽二縣來隸熙寧五年軍廢二縣復隸江陵府熙寧六年廢為長林縣隸江陵府元祐三年復為軍　紹興十四年八月十三日詔荊門軍當陽縣廢入長林縣官員依省罷法從本路監司之請也　紹興十六年十一月十四日詔復置判門軍當陽縣從本路諸司之請也　元祐四年六月二十八日湖北轉運司言荊南長林縣已復為荊門軍其諸軍指揮人額并差撥屯駐人數並合入舊從之

此條移第二百第二冊接湖州條下

宋會要　續東陽志

宋會要云嘉泰元年三月二十四日詔婺州東陽縣添置縣尉一員蓋以臣僚言東陽縣為婺州難治之縣而永寧又為東陽難治之鄉

州縣陞降廢置

成都府路乾德三年併兩川併為西川路開寶四年分
峽路咸平四年分益梓利夔四路嘉祐四年以益州路
為成都府路
唐成都府劍南西川節度太平興國六年降為益州
端拱元年復成都府劍南西川節度淳化五年降為益
州嘉祐六年復為劍南西川節度　靈泉縣舊名靈池
天聖四年改　犀浦縣熙寧五年廢為鎮隸郫縣　廣
都縣熙寧五年廢陵州以貴平籍縣地益入焉　重和
元年十二月七日詔改石泉縣為軍以永康龍安神泉
隸焉知軍及寨堡官吏委知成都府孫義叟辟置聞奏
卷一萬四千一百八十九
七年二月六日詔成都府路石泉縣依舊為軍差武
臣知軍
眉州至道二年陞防禦
蜀州青城縣乾德四年隸永康軍熙寧五年軍廢復来
隸　彭州
導江縣乾德四年隸永康軍熙寧五年軍廢為寨縣復
来隸九年廢寨復即縣治置永康軍　堋口縣熙寧二
年置四年廢為鎮隸九隴縣
犍為縣大中祥符四年徙治懲非鎮　嘉祥縣舊龍遊
縣宣和元年改今復為龍遊縣　龍遊縣宣和元年改

為嘉祥紹興元年依舊
邛州火井縣開寶三年徙治平樂鎮
雅州百丈縣熙寧五年廢為鎮隸名山縣今復為縣
唐下都督乾德二年為上州
通化縣天聖元年改金川景祐四年復舊即縣治置通
化軍使　延寧軍舊威戎軍政和六年湯延俊等納土
建宣和三年廢　通化軍政和三年董舜咨納土建宣
和三年廢軍使為押隸威州
祺州舊元保州政和四年董舜咨納土建宣和三年廢
為城　春祺縣政和四年建宣和三年廢為城
亨州舊霸州政和四年招納改今名　嘉會縣政和四
年賜今名政和四年五月十七日知成都府龐恭孫奏
卷一萬四千一百八十九
乞據知霸州董彥博狀乞將本州管内地土献納伏乞
改賜嘉名仍乞為軍事下州置倚郭一縣亦乞賜名詔
名亨州倚郭縣賜名嘉會縣
唐陵州至道二年陞團練宣和四年改山井監貴平籍
二縣熙寧五年廢為鎮以籍隸成都府廣都縣　乾道
六年正月十七日成都府路鈐轄轉運提刑司言熙寧
五年隆州改為監將貴平籍縣皆廢為鎮其籍縣所管
夷歌鄉并貴平鎮所管唐福鄉並割歸仁壽縣今貴平
籍鎮復還縣鎮逐鄉合撥歸元舊縣分其兩縣入户税
税亦合撥隸隆州從之

唐於彭州導江縣灌口鎮建鎮靜軍開寶四年改永安軍以蜀州青城彭州導江二縣來隸太平興國三年改永康軍熙寧五年廢軍為寨以蜀州青城縣彭州導江縣還舊隸七年廢寨九年復即導江縣置永康軍使右泉軍政和七年以縣陞為軍宣和二年以知軍為軍使宣和七年復為軍安昌縣神泉縣政和七年自綿州來隸宣和三年以知軍為軍使依舊還隸焉　真宗咸平四年三月十日詔分川峽為四路以西川轉運使兵部員外郎直史館馬亮為益州路轉運使總益綿漢彭邛蜀嘉眉陵簡黎雅維茂永康凡十五州軍以知益州宋太初崇儀使恩州刺史楊懷忠並為益州鈐轄提轄

卷一萬四千一百八十九

兵馬捉賊事峽路轉運副使祕書丞李昉為梓州路轉運使總梓遂果資榮昌普渠合戎瀘懷安廣安富順凡十四州軍監以知梓州王渭提轄兵馬捉賊事西川轉運副使虞部員外郎張志言為利州路轉運使總利洋興劍文集壁巴蓬龍閬興元劍門三泉西縣凡十五州軍府縣以益州都監崇儀使王既知利州提轄兵馬捉賊事峽路轉運工部員外郎直史館丁謂夔州路轉運使總夔忠萬開達渝黔涪雲安渠山大寧凡十二州軍監以知夔州西京左藏庫使順州刺史李漢贇提轄兵馬捉賊事

潼川府路舊梓州路重和元年陞為潼川府路　開寶六年正月九日詔以遂合渝瀘昌開達渠巴蓬資戎涪忠萬夔施十七州及廣安梁山雲安三軍別置水陸轉運計度使以太子中允張顒充

潼川府舊梓州唐劍南東川節度偽蜀改天正軍乾德三年改靜戎軍端拱二年復劍南東川節度元豐三年閏九月復詔稱劍南東川　中江縣舊名玄武大中祥符五年改　紹興三十一年五月七日四川安撫制置司言相度到潼川府東關縣管縣令主簿縣尉三員安泰尉司止管尉司官一員却管六案倉庫刑獄等事令欲將東關縣主簿一員廢罷令縣尉兼領主簿職事仍乞將安泰尉司依舊復置安泰縣將尉司官改注縣令

卷一萬四千一百八十九

却將東關縣所廢主簿一員撥隸安泰縣差置仍兼縣尉職事內酒務官錢隸屬本縣拘催外餘收納商稅亦監合同場職事委自主簿兼監即是每縣各將縣令一員簿尉一員從之　重和元年十一月二十一日劍南東川奏據奉議郎王維等狀契勘本州南控瀘叙西扼綿茂江山形勢據西川之勝水陸之衝為劍外一都會見管九邑四十鎮兵甲巡檢賊盜提舉五州軍為東路十八州軍監之冠與成都相對昔元豐中蒙神宗皇帝正劍南東川之名人神改觀原隰生光千里父老欣戴歌詠至今不已即目監司移文尚以梓州為稱竊恐名實未稱不足以鎮壓委切之地欲望睿斷依劍南西川

例賜一府號上以副神考正名之實下以慰遠方士民
之望詔梓州賜名潼川府
舊遂州遂寧郡武信軍節度政和五年陞為遂寧府武
信軍節度依舊　青石縣熙寧六年廢隸遂寧縣七年
復　紹興三十年十二月十六日遂寧府奏本府依已
降指揮陞為大藩照得紹興海行名例敕未曾于大藩
條內修入遂寧府字乞下敕令所增修降下遵守從之
宋會要
昌州唐中都督乾德三年為上州　昌元縣咸平四年
徙治羅市
瀘州唐下都督乾德元年為上州　宣和元年陞為瀘
卷一萬四千一百八十九
州軍節度二年三月六日詔瀘州守臣帶潼川府夔州
路兵馬都鈐轄瀘南沿邊安撫使　熙寧四年正月一
日詔昨令瀘南安撫使韓存寶移瀘州于江安又建置
堡寨等事今林廣候到與轉運司商議從便宜施行
宣和元年三月十五日詔瀘州西南要會控制一路邊
闕之寄付界非輕可陞為節度仍賜名瀘川軍
果州偽蜀永寧軍節度乾德三年降為團練　紹興二
十七年十月二日詔果州流溪鎮復升為縣
資川縣舊龍水縣宣和二年改今復為龍水縣　熙寧
四年九月十八日梓州路轉運司言準朝　旨相度知
資州王公儀奏移鈐轄司于本路乞升軍額置通判及

增公使錢如遂州為便從之　內江縣紹興十七年移
治於舊城紹興十七年正月二十六日潼川府路轉運
提刑安撫司言資州內江縣因江水泛漲漂蕩縣治乞
遷本縣于本州舊治地名舊城實為長久之利從之
普州普康縣熙寧五年廢
敘州舊戎州唐中都督乾德元年為上州　開邊縣順
縣乾德五年隸僰道縣　宜賓縣熙寧四年廢隸僰道
縣僰道縣政和四年改宜賓縣
滋州大觀三年建宣和三年廢為城　承流縣大觀三
年建宣和三年廢　仁懷縣大觀三年建宣和三年廢
為堡
卷一萬四千一百八十九
純州大觀三年建宣和三年廢為城　九支縣大觀三
年建宣和三年廢為城　安溪縣大觀三年建宣和三
年廢為寨
祥州大觀三年建宣和三年廢　慶符縣大觀三年建
宋會要
赤水縣熙寧四年廢隸銅梁縣七年復置
榮德縣舊名旭川縣上一字同哲宗廟諱治平四年改
宋會要
廣安軍開寶二年以合州濃洄渠州新明二鎮建軍
渠江縣二年自渠州來隸　新明縣岳池縣並自二年
自合州來隸

利州路紹興十四年分為東西路後併為一乾道三年六月復分為二路　乾道五年五月二十五日知樞密院事四川宣撫使虞允文言利州東路舊係利州路紹興十四年四川宣撫副使鄭剛中申明將吳璘差充利州西路安撫使以階成西和鳳興文龍七州隸屬西路楊政差充利州東路安撫使以興元府金洋利劍閬巴蓬州大安軍九處隸屬東路其官屬人吏從宣撫司比附經畧司量度裁減今利州東西路併而為一通部十六州軍比附未分路已前經畧司所管官吏相度裁減外隨宜存留從之

偽蜀昭武軍節度景祐四年改寧武軍　平蜀縣舊名

卷一萬四千一百八十九

齋山乾德三年改　昭化縣舊名益昌開寶五年改為

嘉川縣咸平四年自集州來隸

洋州偽蜀武定軍節度景祐四年改武康軍

閬州故平縣熙寧五年廢為鎮隸奉國縣　晉安縣熙寧五年廢為鎮隸西水縣

普安軍舊劍州隆興二年十月以本州言孝宗潛藩下給舍議陞為普安軍節度陞隆慶府　永歸縣乾德五年廢隸劍門縣　劍門縣景德二年以縣隸劍門關兵馬都監主之熙寧五年復來隸　劍門關景德三年以劍州劍門縣直隸京以兵馬監押主之熙寧五年縣復隸劍門關仍別置

巴州歸仁縣乾德四年廢隸曾口縣　始寧縣四年廢隸其章縣通江縣天聖元年改諾水復舊熙寧五年廢壁州省白石符陽二縣來隸　難江縣熙寧五年廢集州以縣來隸　清化縣熙寧五年化成廢為鎮隸縣

三泉縣唐隸梁州

西和州舊岷州隸西和路紹興十四年改為西和州來隸

興元府西縣乾德三年以縣直隸京師至道二年隸大安軍三年軍廢還隸　紹興七年閏十月二日川陝宣撫副使吳玠言利州路三泉縣北至興州仙人關外地里不遠東接梁洋一帶水陸衝要係四川喉襟要害之

卷一萬四千一百八十九

地比年移闕外諸將軍馬就本縣屯駐人烟事物大段繁多九域志至道二年曾陞為大安軍紹興三年六月內宣撫處置使司已將本縣依便宜陞為軍已依已行事理從之　紹興十五年閏十一月十七日四川宣撫司言昨分畫秦州地界割到本州管下成紀隴城兩縣地分鄉社戶民遇有詞訟並作成紀隴城縣百姓緣兩縣治見屬對境委是稱呼不便乞將兩縣地分建為一縣隨宜差置官吏隸成州管轄今逐急將兩縣權隸天水縣管治去訖詔令併歸天水縣

夔州路唐乾元二年陞為都督府尋罷天成二年陞為寧江軍節度

夔州景德三年自白帝城徙城東今治
巴渠縣乾德三年移治江西風樂壩　三岡縣三年移
治索心市　開英縣五年廢隸石斂縣至道三年移治
新安市　石鼓縣熙寧七年廢隸通川新寧永睦三縣
宋會要
忠州慶曆四年廢隸開江縣
賓化縣嘉祐八年廢隸隆化縣　隆化縣熙寧七年以
縣隸南平軍　武龍縣宣和元年改為枳縣紹興元年
依舊
萬壽縣乾德五年廢隸江津縣　南川縣熙寧七年以
縣隸南平軍
卷一萬四千一百八十九
雲安縣開寶六年以夔州雲安縣建軍即縣為治所熙
寧四年以縣戶口析置雲安監安義縣八年復廢隸馬
宋會要
珍州大觀二年建　樂源縣大觀二年建　紹興二年
十月四日宣撫處置使張浚言恭依聖訓便宜行事將
珍州管界境土已還差正侍大夫華州觀察使夔州路
兵馬鈐轄知務川城田祐恭充知州依做務川城例施
行廢得省免經費為公私利便所有黔州元撥隸珍州
稅戶李澤等四十九家並令撥還彭水縣等處已行下
田祐恭更切相度條具申本路帥司審度保明供申别
聽本司指揮從之

播州大觀二年以楊文貴獻地建宣和三年廢為城
播川縣大觀二年建宣和三年廢為城　朗川縣宣和
三年廢
承州大觀三年以任漢崇獻地建宣和三年廢為縣
綏陽縣大觀三年建宣和三年割隸珍州開寶六年二
月二十六日詔改溪洞珍州為高州先是刺史田還言
自賜王州連年災沴乞改州名故有是命鑄印賜
思州政和八年建宣和四年廢為城今復　務川縣政
和八年建宣和四年廢為城隸黔州　邛水縣安夷縣
政和八年建宣和四年廢為堡隸黔州
溱州熙寧七年招收置宣和三年廢為寨　溱溪縣熙
寧七年招收置宣和三年廢為寨隸南平軍　夜郎縣
卷一萬四千一百八十九
熙寧七年招收置宣和三年廢
遵義軍大觀二年以楊文貴獻地建宣和三年廢為寨
遵義縣大觀二年建宣和三年廢為寨
安義縣熙寧四年以雲安縣戶口析置安義縣八年復
廢隸雲安
福建路太平興國元年為兩浙西南路雍熙二年改福
建路
福州建炎三年陞為帥府　福州懷安縣太平興國五
年析閩縣地置　羅源縣舊名永正天禧五年改永昌
乾興元年改今名　永福縣崇寧元年以永泰縣犯哲

宗陵名故改之　紹興元年八月十六日福建路安撫
司言福州改爲帥府本司移文江南西路安撫使司取
會到改置帥府合差置准備差遣五員准備差使十員
准備將領二員乞依前項差置詔置准備將領二員准
備差遣差使各五員
舊建州僞閩鎮武軍僞唐改永安軍又爲忠義軍後爲
軍事　紹興三十一年十二月二十二日以孝宗潛藩
陞建寧府　崇安縣淳化五年以崇安場置咸平元年
析建楊縣地以益之　松溪縣至道二年析蒲城縣地
以益之　關隸縣咸平三年以關隸鎮置析建安縣地
以益之　政和縣舊關隸縣政和五年復
卷一萬四千一百八十九
泉州大觀三年陞爲望郡　惠安縣太平興國六年析
晋江縣地置
僞唐劍州太平興國四年以利州路有劍州加南字
將樂縣四年自建州來隸
尤杭縣淳化五年以上杭場置至道二年徙鶩砂地咸
平二年復徙治語口　武平縣五年以武平場置　紹
興三年七月十五日福建路轉運提刑司言相度到汀
州蓮城堡乞割置一縣詔依以蓮城縣爲名　乾道四
年正月十日福建路安撫轉運提刑司言汀州上杭縣
治元在鍾寮場緣知縣兼監坑治遂移縣治累遭兵火
見存上百餘家僻在山隅不通商旅風水敗壞人民不

安本縣舊基見在地名郭坊人烟翕習正當十二鄉之
中四路坦平民間便于輸納兼有大河泝流上通本州
順流平抵潮州陸路通于漳潮梅贛等州商旅往還不
絶士庶父老皆乞遷復以便民從之
唐漳州僞閩南州乾德四年復舊
邵武軍太平興國五年以建州邵武縣建軍　邵武縣歸
化縣建寧縣並五年自建州來隸　泰寧縣舊歸化縣
元祐元年改
莆田縣仙遊縣四年自泉州來隸
梁青海軍節度後入僞漢開寶四年收復仍舊節度大
觀元年陞爲帥府　開寶五年改今名隸連州六年來
卷一萬四千一百八十九
隸番禺縣五年廢隸南康縣皇祐三年復置　東莞縣
五年廢隸增城縣六年復置　遊水縣五年廢隸懷集
縣　蒙化縣六年廢隸四會縣　信安縣熙寧五年以
縣隸新州　四會縣熙寧六年以縣隸端州紹興二十
二年九月十五日詔陞廣州香山鎮爲香山縣從本路
諸司請也　開寶五年五月七日詔廢僞漢廣州常康
咸寧二縣依舊爲南海鎮南海之名自秦漢以來未嘗
改劉氏割據嶺表僞建都于廣州乃分南海縣地爲常
康咸寧二縣以爲京邑且就美名至是以本道上言乃
改正之又詔廢置併移廣南州縣先是嶺表既平按版
籍州縣名多户口甚少乃命知廣州潘美及嶺南轉運

使王明度其地里廢置之
曲江縣咸平三年徙治岑水西善政坊　乳源縣乾道
二年十月三十日置　徽宗崇寧元年閏六月二十二
日臣韶州岑水銀銅場蘇堅狀乞陞本場作縣逐司相
度到乞撥曲江縣廉平福建兩鄉翁源縣太平鄉就岑
水場陞縣仍存留監官二員一員依舊外一員知縣同
監并添置縣尉一員兼主簿卻減罷本場駐泊一員從
之　隆興二年十月三十日廣南東路經略安撫提刑轉
運提舉常平茶鹽司言韶州曲江崇信樂昌仁化去州
城高遠不通水道官司勞於催科巡尉憚于巡警今措
置欲就曲江縣管下洲頭津置縣作乳源縣便于催科
卷一萬四千二百八十九
水路可通州城乞省曲江縣丞一員為縣令兼管縣市
稅場又省洲頭津監官為簿尉仍移樂昌縣平石巡檢
于橋村墟駐劄改鎮韶州曲江樂昌乳源三縣巡檢委
是經久利便從之
循州宣和二年為博羅郡　興寧縣天禧二年移治長
樂舊址　長樂縣熙寧四年析興寧縣地置紹興六
年廢為鎮十九年復　雷鄉縣宣和二年以龍川縣改
龍川縣宣和二年改名雷鄉縣紹興元年依舊
賀州蕩山縣封陽縣開寶四年廢隸臨賀縣　馮乘縣
四年廢隸富川縣　大觀二年五月二十七日中書省
言廣東路十五州軍財賦豐足內賀州管四縣南接梧

州西抵昭州并通水路直抵桂州詔賀州割屬廣西
封州大觀元年陞為望郡　開建縣開寶五年廢隸封
川縣六年復置
舊端州重和元年陞肇府　平興縣開寶五年廢隸高
要縣　四會縣廣州縣五年廢入南海縣六年復置熙
寧六年自廣州來隸　元祐三年十月二十二日徽宗
即位未改元詔曰惟高要之興區乃南國之舊壤土風
淳原民物夥繁朕誕受多方紹承大統顧啟封于蕃邸
實賜履于先朝茅社之榮是為基命節旌之重宜錫除
名可陞端州為興慶軍　政和八年十月二十一日朝
奉郎廣南東路轉運判官燕瑛奏臣伏覩興慶府元係
卷一萬四千二百八十九
端州寅緣陛下潛邸舊封荐蒙賜以軍額申錫府號臣
近巡歷到彼竊見府城環摹未至宏壯欲望覩洒宸翰
特改見今軍府額賜以美名詔令轉運司選計度量行
展修可將鄰近便于輸納移兩縣仍賜名肇慶府仍為
肇慶軍節度
新興縣開寶五年省永順縣及廢勤州地入焉　信安縣
廣州義寧縣五年廢入新會縣六年復置太平興國元
年改信安熙寧五年廢縣以地隸新興縣
紹興元年升為德慶府十四年置永慶軍節度　端溪
縣開寶五年廢州為端溪縣隸端州又併悅城晉康都
城三縣入焉尋復置州瀧水縣六年廢瀧州以開陽建

水鎮南三縣併入瀧水來隸　紹興元年十一月十八
日詔康州陞為德慶府時康州奏據本州居人通直郎
伍仕偕等狀本州係是潛藩竊見肇慶府元係端州道
君皇帝即位已蒙推恩建府及置軍額與本州事體相
似乞依肇慶府施行故有是詔
慶曆八年改河北路貝州為恩州故加南字陽春縣五
年廢春州來隸六年復置春州省流南羅水二縣入焉
景德四年隨州城移州南故城天禧四年復舊治熙寧
六年廢復來隸　銅陵縣五年廢勤州來隸熙寧六年
廢隸陽春縣　富林縣六年廢勤州省入銅陵縣
梅州紹興六年廢為程鄉縣十四年復　梅州為漢恭

卷一萬四千一百八十九

州開寶四年避廟諱改領程鄉一縣熙寧六年廢州元
豐五年復以程鄉縣為州宣和二年為義安郡紹興六
年廢為程鄉縣十四年復　程鄉縣熙寧六年以縣隸
潮州元豐五年復置　紹興十四年七月十一日廣南
東路經畧安撫轉運提刑司言乞復置梅州從之　紹
興六年十月二十八日廣南東路經畧安撫轉運提刑
提舉常平司言梅州最僻小戶口稅賦不及潮惠一縣
屢經兵火上供常額官兵餽食民無所出今欲廢為程
鄉縣依邊水軍体例置軍使一員兼知縣事隸潮州仍
舊存留都監監稅巡檢并循州長樂縣太寧興縣三十
里鄉狹土曆居民無幾今欲廢為長樂鎮隸興寧縣置

監鎮一員主管監稅烟火從之
南雄州宣和三年八月七日詔南雄州為保昌郡南雄
州偽漢以韶州保昌縣置雄州開寶四年以河北路有
雄州加南字　始興縣四年自韶州來隸
英州宣和二年為真陽郡真陽縣舊縣名音同仁宗廟
諱乾興元年改洽光縣舊名洽洭縣隸廣州開寶五年
改今名隸連州六年來隸
連州連山縣紹興六年廢為鎮十八年復紹興六年十
月二十八日詔改連山縣為連山鎮置監鎮一員兼本
鎮烟火公事紹興十八年十二月初一日詔復連山鎮
為縣從本路諸司請也

卷一萬四千一百八十九

惠州舊州名同仁宗廟諱天禧五年改
潮州程鄉縣熙寧六年廢梅州以縣來隸梅州以縣來
隸元豐五年縣復隸梅州　揭陽縣紹興二年廢入海
陽縣八年復仍移治吉帛村　宣和六年五月二十日
詔割潮州海陽縣光德太平懷德三鄉置揭陽縣紹興
二年三月十九日廣南東路經畧安撫轉運提刑司言
潮州揭陽縣因宣和六年本路經畧司相度將海陽縣
所管戶口析為二縣添撥官屬今詳究得元初所乞共
為劉花三等作過多在本處山林藏伏是以添縣控扼
此外别無利害徒置官吏費用欲乞罷縣將元撥鄉村
人戶依舊隸海陽縣尉兩員內撥一員并本州水陸同

巡檢各就揭陽縣元相度控扼去處駐劄委是利便從之　紹興八年八月八日詔潮州管下地名吉帛村復置揭陽縣從本州之請也　西路　大觀三年六月十八日詔黔南路依熙河蘭湟路体例併入廣西為一路以廣西黔南路為名依舊桂州為帥府轉運等司並罷大觀四年五月二十四日詔廣西黔南路仍舊稱廣南西路

桂州大觀元年陞為帥府為大都督府紹興三年二月初一日桂州靜江軍土官武功大夫秦再言今上皇帝自靜江軍節度使桂州牧加封康王嗣登寶位今康州已陞為府本州未賜府額詔陞為靜江府　紹興三年陞為靜江府

同卷一萬四千一百八十九

興安縣乾德元年廢溥州為全義縣來隸太平興國元年改　義寧縣開寶五年廢入貴州新會縣六年復置　修仁縣熙寧四年廢為鎮隸荔蒲縣元豐元年復置縣　永寧縣熙寧四年廢為鎮隸荔蒲縣元祐元年復

容州唐防禦經略開寶四年陞寧遠軍節度　普寧縣開寶五年廢繡州省常林河林羅繡欣道渭龍五縣入焉　北流縣五年廢禺州省莪石扶萊羅辨陵城四縣入焉　陸川縣七年廢順州省龍豪溫水龍化南河四縣入焉九年移治公平淳化五年復徙舊溫水縣

邕州元祐二年五月十五日改邕州洞懷化洞為州先

是知峒零崇檗約土目順州廢即棄巢穴歸省地朝廷錄其功授以使額而有是詔大觀元年陞為望郡　樂昌縣舊名晉興開寶五年改景祐三年廢隸武緣縣　朗寧縣五年廢隸宣化縣　封陵縣五年廢隸武緣縣　思龍縣五年廢隸如和縣　如和縣景祐三年廢隸宣化縣

融州大觀三年八月二十四日詔曰融州融水與邕漳中巨屏山居谷聚控並海之蠻夷地大物荒據列城之襟帶封隆益斥墉壑肇新宜錫節旄用壯藩翰爰綏有衆永孚于休可陞為清遠軍節度　武陽縣熙寧七年廢隸融水縣　羅城縣開寶五年以桂州之球州洞地置熙寧七年廢二縣為鎮隸融水縣

同卷一萬四千一百八十九

紹興十四年十一月十四日廣南西路經略安撫提點刑獄司言融州王口寨元係平州于紹興四年九月廢為王口寨隸融水縣本寨洞民輸賦詞訟並赴融水縣理訴動經月餘方始追人到官乞改為懷遠縣改知寨為知縣差有才力膽勇武臣充所有理任任滿酬賞並乞依經略司元奏得王口寨條例施行從之

象州景祐四年陞防禦州　來賓縣開寶七年廢嚴州以二縣來隸省歸化武化二縣入焉　武化縣開寶七年廢隸來賓縣元祐元年復

永平縣開寶五年廢隸平樂縣大中祥符元年移治州

城東　龍平縣開寶五年廢富州以縣隸昭州省思勤馬江二縣入焉

戎成縣熙寧五年復廢隸蒼梧縣　孟陵縣五年廢隸蒼梧縣　龍平縣五年廢富州以縣隸昭州省思勤馬江二縣入焉熙寧五年自昭州來隸

寧風縣咸義縣義昌縣開寶三年廢三縣隸鐔津縣

岑溪縣熙寧五年廢南儀州來隸

龔州政和元年廢隸潯州三年復　陽川縣武陵縣隨建縣大同縣開寶五年廢四鎮縣隸平南縣　武郎縣開寶六年廢政和元年正月二十三日廣南西路經畧安撫司奏勘會本路管下龔白二州各管一縣稅租不足官兵支費今欲將白州併廢隸鬱林軍存留博白縣龔州并廢隸潯州依舊存留平南縣更各置主簿一員從之政和四年四月十一日尚書省勘會廣南西路龔州南平縣民戶梁政等狀為本州頃于政和元年四月內承朝旨廢併龔州入潯州民心憂惶不顧涉至二稅供輸登涉山險至潯州動經五七日民戶道路勞苦自併廢後來流竄甚多況龔州四至容藤等州遠遠各二三百里容至桂十六程並無州府官兵防托又自藤州松江至潯州多有興販私鹽驚劫民戶不得安迹窮覩一梅州元豊中亦曾入潮州自後鄉民自願添納二稅錢米乞行興復已蒙依舊還州額訖今來乞依梅州例添納二稅錢米各一分依舊興復為龔州從之

卷一萬四千一百八十九

潯州開寶五年廢隸貴州鬱林縣六年復為潯州　皇化縣大賓縣五年廢隸桂平縣　平南縣舊龔州紹興六年廢為平南縣來隸

宜州宣和元年升為慶遠軍節度　淳化元年正月十四日詔嶺南道羈縻環州鎮寧州金城州智州懷遠軍並依前隸宜州先是建琳州為懷遠軍以溪洞諸州隸焉至是始復舊制夷人便之宜州熙寧八年徙治帶溪元豐六年復從龍水縣舊治　忻城縣慶曆三年自羈縻芝忻州來隸　河池縣治平二年自羈縻智州來隸省富力縣入焉

卷一萬四千一百八十九

永定縣開寶五年廢蠻州以縣來隸省武羅靈竹二縣入焉熙寧四年廢縣為鎮隸寧浦元祐二年復　樂山縣嶺山縣從化縣五年廢隸寧浦縣

化州乾道三年九月十八日廣南西路經畧安撫都鈐轄提刑轉運司言化州吳川縣管下西鄉地廣民衆去州遥遠乞將吳川縣所隸西鄉別為一縣于古辯州石城地創置以為石城縣從之　化州唐辯州太平興國五年改　石龍縣舊改為羅川縣紹興元年依舊　石城縣乾道三年九月十八日析吳川縣地置

高州景德元年廢隸竇州三年復置　良德縣保寧縣開寶五年廢隸電白縣　茂名縣五年廢潘州以縣來

隸省南巴潘水二縣入焉　信宜縣舊名信義七年省
潭莪懷德特亮三縣入焉太平興國元年改今名熙寧
四年廢竇州來隸
雷州遂溪縣開寶四年廢入海康縣紹興十九年復
紹興二十二年二月十一日詔復置雷州遂溪縣從
本路諸司之請也
白州開寶五年廢隸廉州七年復置政和元年廢隸鬱
林州三年復　博白縣五年廢白州以縣隸廉州省南
昌建寧周羅三縣入焉七年復來隸
欽州天聖元年四月二十八日廣南西路轉運司言相
度欽州從南賓寨建置委得安便從之

卷一萬四千一百八十九

鬱平縣興德縣開寶六年廢隸興業縣　南流縣七年
廢党寧二州以縣來隸省六縣地入焉　博白縣舊白
州紹興六年廢為博白縣來隸
廉州開寶五年移治長沙場太平興國八年州廢于海
內鎮置太平軍咸平元年四月復為廉州
瓊州政和元年陞為靖海軍開寶四年平偽漢以崖州
三縣來隸熙寧提舉儋崖萬安等州水陸轉運事　瓊山
縣開寶四年平儋廢縣地復置　文昌縣澄邁縣五年
自崖州來隸　舍城縣五年自崖州來隸熙寧四年廢
隸瓊山縣
鎮州大觀元年建仍為龍門郡下都督府陞為靖海軍

尋廢
唐安州熙寧六年廢為軍十年復　樂會縣元隸瓊州
大觀三年割隸軍
瀧州開陽郡領四縣開寶四年廢州省開陽建水鎮南
三縣入瀧水縣六年州廢以縣隸康州
勤州富林郡領二縣開寶五年廢州省富林縣入銅陵
縣隸春州
潘州南潘郡領三縣開寶五年廢州省南巴潘水二縣
入茂名縣隸高州
羅州陵水郡領五縣開寶五年廢州省廉江零淥幹水
南河四縣入吳川縣隸化州

卷一萬四千一百八十九

富州開江郡領三縣開寶五年廢州省思勤馬江二縣
入龍平縣隸昭州元豐七年以邕州延眾寨建
澄州賀州郡領四縣開寶五年廢州省止戈賀水無虞
三縣入上林縣隸邕州
巒州永定郡領三縣開寶五年廢州省武黎羅竹二縣
入永定縣隸橫州
牢州定州郡領三縣開寶五年廢州省定川宕川三縣
入南流縣隸鬱林州
党州寧仁郡領四縣開寶五年廢州省容山懷義撫康
善牢四縣入鬱林州南流縣
繡州常林郡領三縣開寶五年廢州省常林阿林羅繡

三縣入容州普寧縣
禺州溫水郡領三縣開寶五年廢州省峩石扶萊羅辨
三縣入容州北流縣
順州順義郡領四縣開寶五年廢州省龍豪溫水龍化
南河四縣入容州陸川縣
巖州修德郡領二縣開寶七年廢州省歸化縣入来賓
縣隸象州
春州南陵郡領三縣開寶五年廢入恩州復置仍省羅
水流南二縣入陽春縣廢勤州以銅陵縣来隸大中祥
符九年廢入省新州天禧四年復置熙寧六年廢州省
銅陵入陽春縣隸恩州　銅陵縣熙寧六年廢州以縣

卷一萬四千一百八十九

入陽春縣隸恩州
蒙州蒙山郡領三縣太平興國二年改正義縣為蒙山
縣熙寧六年廢州以立山縣隸昭州省東區蒙山二縣
入焉　立山縣熙寧廢州以縣隸昭州省東區蒙山二
縣入焉
南儀州唐義州郡領三縣開寶四年加南字五年廢入
竇州六年復置省連城永業二縣入岑溪縣太平興國
二年改儀州熙寧四年廢入藤州　天聖四年五月初
八日廣南西路轉運司言南儀州實在山險中多有嵐
瘴前後官吏軍民亡殁者衆乞移于岑雄驛平坦之處
建立從之

竇州懷德郡領四縣開寶五年省潭峩懷德特亮三縣
入信義縣太平興國元年改信義縣為信宜熙寧四年
廢入高州
振州開寶五年改崖州熙寧六年廢為朱崖軍
平州崇寧四年以懷遠軍陞為州紹興四年廢　懷遠
縣崇寧四年建
允州舊安口隘崇寧四年建
從州舊中古州崇寧四年建為格州五年改
庭州大觀元年以宜州河池縣建
孚州大觀元年以池州建隆縣建宣和三年廢為寨
歸仁縣大觀元年建宣和三年廢

卷一萬四千一百八十九

觀州大觀元年建紹興四年廢
隆州政和三年建宣和三年廢為寨　興隆縣政和三
年建宣和三年廢
兊州政和三年建宣和三年廢為寨　萬松縣政和三
年建宣和三年廢
懷化州元祐三年以邕州溪洞建
吉陽軍紹興六年廢為寧遠縣十三年復
方域　州縣陞降廢置　雜録　大祖建隆元年三月
一日有司上言請改天下郡縣名犯廟諱及御名者從
之　四年十月二十三日詔應有防禦團練刺史州帶
都督府額者並停仍為上州　乾德二年十月六日吏

部格式司言準周廣順三年十月敕應天下縣除赤次
赤畿次畿外其餘三千戶以上為望二千戶以上為緊
一千戶以上為上五百戶以上為中不滿五百戶為中
下據今年諸道州府申送到文帳點檢元降敕命戶口
不等及淮南泰鳳階文瀛莫雄霸等州未曾陞降地望
今欲據諸州見管主戶重陞降地望取四千戶已上為
望三千戶以上為緊二千戶已上為上一千戶已上為
中不滿千戶為中下自今仍欲三年一度別取諸道見
管戶口陞降詔從之　凡望縣五十戶二十八萬一千
六百七緊縣六十七戶二十二萬八千六百九十三上
縣八十九戶二十一萬八千二百八十中縣一百一十

五戶一十七萬九千三中下縣一百一十戶五萬九千
七百七十總九十六萬七千三百五十三戶此國初版
籍之數也　開寶九年七月二十二日詔應新修先代
帝王及五嶽四瀆祠廟如有去縣鎮相近者即仰移其
縣鎮就廟為理所　十二月史官較州縣之數元年有
州百一十一縣六百三十八戶九十六萬七千三百五
十三至是州二百九十七縣千八十六戶二百五十萬
八千九百六十　太宗太平興國元年十月十一日詔
應官階州縣名有與朕名下一字同宜改與上一字同
者仍舊　太平興國三年四月二十二日詔改嶺南道
監州為鶴州尋廢　雍熙三年三月十九日王師北伐

田重進之兵圍飛狐偽武定軍馬步軍都指揮使鄧州
防禦使呂行德副都指揮使張繼從馬軍都指揮使劉
知進等舉城降詔陞其縣為飛狐軍　淳化五年八月
十九日以席雞城寨為清遠軍以鮮州防禦使田紹斌
知軍事後陷廢　景德四年三月二十二日詔改鄂州
台州縣與陵邑同者　大中祥符五年七月六日詔曰
瀕河列郡在常賦以攽同屬邑分饟武長津之是阻爰
念供租之際非無涉險之勞移隸官司庶從民便宜令
京東京西河北陝西轉運司與逐州軍長吏同相度沿
河縣分鄉村各于河南北就便管轄　十一月九日詔
州縣名與聖祖名同者避之　天聖七年九月十六日

詔軍縣驛名與永定陵同者改之　天禧元年五月八
日詔改撫水州為安化州撫水縣為歸仁縣京水縣為
長寧縣時曹克明破撫水蠻其首領蒙承貴有請故從
改之　皇祐五年十二月二十二日詔廣南西路安撫
司以廉州隸容州龔州隸邕州提舉　神宗熙寧四年
二月十八日詔監單州酒稅太常丞集賢校理趙彥若
歸館管勾畫天下州府軍監縣鎮地圖先是中書差圖
畫院待詔繪畫而詔差有記問朝臣一人稽考圖籍庶
不失真故命彥若領之　熙寧四年十一月十八日西
上閤門使榮州刺史知代州高道裕言已收復清遠軍
并常州監軍司清遠軍正當隘險可以屯聚兵種合依

舊置軍壘修城壘其常州在横山之北此人特以為說
改五監軍司也聚兵馬防托興靈等州從之 熙寧九
年八月六日三司使沈括言肴詳天下州府軍監縣鎮
圖其間有未完具處先曾别編次一本稍加精詳尚未
了畢欲乞再許于尚書職方暫借圖經地圖草躬規編
修從之 大觀元年十一月二十五日詔鎮州國家際
天所覆悉主悉臣溥海之南增置郡縣凡前世羈縻而
弗可隸屬者莫不稽顙喁嚮順附王化奄有夷峒殆千
餘所懷保丁民踰十萬計錫多列壤中直黎山控扼六
州為一都會顧惟形勝實據上遊俾升督府之雄廓示
節旌之寄式昭文德永載輿圖可以靖海軍為額 十

〈卷一萬四千一百八十九〉

一月二十七日廣南西路經畧安撫使王祖道奏知南
丹州莫公佞就擒已進築平允從州外到文地蘭那安
化外習南丹八州之地併為鎮庭孚觀州延德軍通八
州軍 三年正月二十四日詔胡耳西道蠻西藥納土
福員千里宜有以鎮撫其俗可令王子武同王長濡度
地之要據其腹心建置一州仍令長濡知州事 政和
元年七月二十六日詳定九域圖志何志同奏地理志
有赤有畿有望有緊又上中下之等其法自唐始後周
因之以三千戶以上為望二千戶以上為緊千戶以上
為上五百戶以上為中不滿五百戶為下亦各一時之
制也建隆初從有司所請遞增千戶不滿千戶為下仍

三年視諸道戶口為之陞降逮今百五十餘年其數陪
于前矣而縣之第名仍舊若鄆州壓城戶九千七百余
為緊臨邑萬七千戶乃為中杭州臨安戶萬二千余為
望鹽官戶二萬四千戶乃為上乞命有司參酌舊制量戶
口多寡之數以為諸縣陞降之法使縣之第名常與戶
版相應從之 十二月二十三日廣南西路轉運副使
陳仲宣等奏據昌化軍狀昨于大觀元年六月內于海
南黎母山心置一州以鎮州為名及于沿海置一軍以
延德軍為名各將本軍元管下昌化感恩兩縣撥隸上
項州軍却于本軍界內創置通華四達兩縣出去貨物
不多并深在黎洞中間別無人旅往還奉聖旨海南新

〈卷一萬四千一百八十九〉

置鎮州延德軍縣並廢罷所有昨賜鎮州作靖海軍
軍額撥歸瓊州 五年四月四日戶部員外郎沈麟奏
承詳定九域圖志所申取到天下戶口付戶部參酌升
降送圖志所看詳契勘本所申請稱自唐始至後周縣
以三千戶以上為望二千戶以上為緊一千戶以上為
上五百戶以上為中不滿五百為中下國初增四千戶
以上為望三千戶以上為緊二千戶以上為上一千戶
以上為中不滿一千戶為中下今來取索到提刑司畫
括到戶數彼舊已增數陪難以依舊志編類欲乞元係
赤畿次赤畿依舊外今以下項戶數為則編類所貴道
執成書一萬以上為望七千戶以上為緊五千戶以上

為上三千戶以上為中不滿二千戶為中下一千五百戶以上為下從之　高宗紹興元年九月一日詔令後遇有軍期其全州許聽廣西經畧安撫司節制互相應援時主管廣西經畧安撫司公事許中言桂州係置帥去處北至本州畧百餘里地勢平坦自界首至全州八九十里間重岡複嶺多有險阻緩急可以措置把拓如去春虜騎侵犯長沙全州遣官告急本路經畧司即調發人馬前去應援緣全州係屬湖廣路于廣西經畧司本有節制若割隸廣西路實為經久利便故有是詔

紹興四年二月五日三省言廣南東西路宣諭使明索奏乞廢罷平觀二州免支移應副之苦詔令廣西經畧

轉運提刑司限一月相度廢罷條具沿邊事宜及經久利害結罪聞奏九月七日廣西轉運提刑司平觀二州困弊本路有害無益合行廢罷乞依舊制罷觀州為高峯寨平州為王口寨詔依其兩州知州改為知寨逐寨人兵令帥司斟酌存留紹興六年八月二十九日廣南西路經畧安撫轉運提刑司言乞依政和元年指揮將白州依舊廢為博白縣隸鬱林州龔州廢為平南縣隸潯州逐縣各存縣令縣尉外增置主簿一員管認責監收稅租賦等事從之　時臣僚言嶺外州軍多是僞漢建置徒有虛名如龔潯貴白每州戶口不歸數千竭一州租稅不能償官吏之費白州距鬱林州纔八十里龔

州距潯州六十里國朝以來屢經廢併政和六年因白州放罷吏人盧曄僞作本縣人戶姓名妄稱情愿于租稅額外每貫增添稅錢五百足陌米每碩加增三斗贍給官吏乞復為州龔州亦因平南縣梁甚陳狀乞添納二稅米錢各二分依舊為州本路帥司監司不顧實利害取降指揮並復州額前任廣西提點刑獄公事巡懸到白州據博白縣百姓秦實等狀從初增添稅錢等即非人戶情願邊遠州軍輸納不前以致逃竄乞依舊額龔州人烟又不逮白州並乞廢併將兩州所增苗稅悉行改正依舊額均敷劄下本路監司相度可行故有是命　十月二十三日萬安軍言本軍已廢作縣令來即

無撥隸瓊州之文亦無萬安縣名額省符內並不該載吏部勘當萬安軍承指揮隸瓊州令來合以萬安軍使兼知瓊州萬安縣稱呼其倉庫受納支遣係主簿本職兼兵官係極邊與黎人相接難以廢罷詔倉庫糧料院等印記並依舊行使廂禁軍依舊就本軍勘請仍仰瓊州通判每季詣軍取索驅磨點檢所有本軍陵水縣依舊隸瓊州差縣令一員兼主簿職事存留水陸巡檢兼尉司職事餘從之　紹興九年十一月三日詔新復州軍民戶未全歸業官吏很眾難以贍給仰逐路監司相度縣鎮有民戶稀少去處權行省併以寬民力限一月措置聞奏　紹興十三年九月五日詔復瓊州寧遠縣

為吉陽軍萬寧縣為萬安軍宜倫縣為昌化軍並免隸瓊州令後止差軍使兼知倚郭縣事　十四年三月十七日詔昌化西和鳳州併屬利州路　十月三日詔昌化軍萬安軍吉陽軍依舊為軍差置守臣其餘元管屬縣仍舊撥隸逐軍合置官屬等並依紹興五年未廢併以前事理施行　二十九年三月二十日臣僚言切見兩淮民事稀簡官曹猥多乞令漕司省併閑慢窠闕以寬民力詔令帥漕臣同共審度其合省併員數申尚書省　紹興二十九年七月三日淮南路轉運判官孟處義言真州軍事推官一員緣民事稀簡可以省廢併在城都酒務見係雙員欲減一員吏部勘會欲依所乞將

卷一萬四千一百八九

見任人令滿今任日省廢其差下人依省罷法詔依其見任人如願省罷者聽　紹興三十二年六月十八日孝宗即位未改元禮部侍郎黄中等言乞照國朝故事天下山川地名人姓名及州府軍監縣鎮官司及敕賜名額寺觀取音有犯御名者合易從之

全唐文

宋會要

陽春縣（此條移前第十五頁第六行慶曆八年上）開寶五年廢春州來隸南~~安~~恩州六年復置春州省流南羅水二縣入馬熙寧六年廢春州復來隸又銅陵縣開寶五年廢勤來隸熙寧六年廢勤州富林縣省入銅林縣是年又廢銅陵縣隸陽春縣圖經云符祥日新春縣盧多遜貶朱崖諫議大夫李符適知開封府求見趙普言朱崖雖在海外而水土無他惡流竄者多獲全春州在內地而近至者必死望追改前命亦以外彰寬宥乃置於必死之地普頷之後月餘符坐事貶宣州行軍司馬上怒未已令再貶符外普具述其事即以符知春州

卷三千三百十三

春州南陵郡領三縣開寶五年廢入恩州六年復置廢勤州以銅陵縣來隸祥符九年廢入新州天僖四年復置熙寧六年廢州省銅陵入陽春縣隸恩州

廣南西路移後

宋會要懷遠城

仁宗天聖三年五月八日廣南西路提點刑獄轉運司
言相度鄭天益請移懷遠軍城并古陽縣及都巡檢廨
守就江口寨鎮江西岸起置控扼安化等州處蠻人出
入久遠甚為穩便初帝慮勞百姓令本路相度及言省
功便民從之

宋會要　修城　諸城修改移并上

雍熙三年八月六日河北營田使樊知古請修城木百
萬牛革三百萬帝曰萬里長城豈在於此自古匈奴黃
河世為中國之患朕即位以來疆場無事則有河堤之

役近日邊烽稍警大河尋即安流此蓋天意更為垂戒
常令惕厲然備豫不虞古之善教深溝高壘亦王公設
險之義知古所請過當重困吾民第諸（詔）有司量以官物
給之　咸平四年八月七日陝西轉運使劉綜請於浦
洛河建城為軍帝曰頗有臣僚曾獻此議且城郭既立
又須屯兵屯兵不多寇來不可恣戰止閉壁自守則軍
城之立未見其長呂蒙正曰聖慮所及深得理要頗罷
其請從之　景德元年四月二十九日詔沿邊州軍役
人修城隍宜令官吏常切按視飲食以時均其勞逸無
過督責致其逃亡其北平寨築堤導河水灌才良淀者
宜罷之先是帝以北邊工役煩重漸及炎夏慮使者不

能優恤又周懷政自北面來帝閱地圖以才良淀地極
卑下至夏秋自有積水不必勞役故有是詔　二年三
月十八日詔河北諸州軍城敵樓戰棚有隳損者即葺
之慮罷而州郡廢怠故也　三年二月十五日詔閒調
州調民修城頗亦勞苦即罷之第用州兵以漸給役
四年三月五日詔近徙祁州而頗為迫隘南關舊城令
葺以裨益之　四年十月一日詔河北諸州軍增葺城
池樓櫓之具令轉運使沿邊安撫都監分往檢校天聖三
年八月四日河北轉運使言沿邊州軍霖潦之後修浚
城隍功料甚大役兵不足欲伺農隙差鄉村強壯共力
營葺從之　六年九月十四日詔河北沿邊及近裏州

軍城壁令逐處總管知州軍同判鈐轄都監如城池敵
樓壕塹等摧損亦并修之自通和已來只修近邊州城
令并力修飾之又詔天雄軍城壁并敵樓年深候將來
檢計修御河漳河時併城壕冢令檢計差夫修之　明
道元年十二月二十二日河北轉運司言相度高陽關
城壕開淘別無妨礙詔自今春秋但作渥城取土漸次
開浚不得張皇　康定元年三月五日詔陝府以西城
池令都轉運司相度除近邊衝要之處即依前敕催督
修築自餘州郡止以役兵漸次興葺無得差率人夫致
妨農務　康定元年四月十九日陝西安撫使韓琦等
言慶鄜涇三州修城有妨農種復少兵士以代夫役今

請聽富民獻力自顧人夫修築三萬功者與太廟齋郎
五萬功與試監簿或同學究出身七萬功與簿尉八萬
功與借職十萬功與奉職從之　慶曆元年七月詔河
北河東近經霖雨恐城壁墊壞及甲鎧弓弩損濕其令
轉運安撫司點檢完葺及所部有衰疾不任職者遷吏
代之　三年正月十九日以提點河北路刑獄王儀提
舉本路修葺城池器械及置堡寨烽火教閱軍陣市馬
等事　二十六日詔河北轉運提點刑獄安撫司提舉
脩完城壘　五年七月七日步軍都虞候狄青言西事
以來極邊州軍並已完固次邊不曾修葺西賊直至涇
川人大驚逃蓋為城壁未完今西賊納款乞將次邊州

全唐文　卷八千一百六

軍困暇興脩詔令陝西轉運司相度施行　慶曆八年
九月十四日詔河北沿邊修城軍士月給特支錢　皇
祐元年三月二十四日臣僚上言江淮城壁缺落乞特
加脩葺詔以透賊謾說量葺之　五年八月二十一日
詔益梓州夔路轉運司漸脩築諸州軍城池毋致動民
時言者以甲午年有蜀變而諸州軍素無城郭之豫宜
備禦之及興工又賜役卒緡錢　治平四年六月八日
神宗即位未改元詔河北沿邊當職臣僚常切完城壁樓櫓器
用　熙寧二年十月九日詔應河北州軍昨經地震管
句修葺城壁敵棚樓櫓倉庫官舍功役官員的有勤勞
遂州軍長吏已下各賜獎諭令本路更切體量昨經地

震後繕完城守救護官物內有盡心悉力優有勞績者
仰與本州長吏同共的確保明聞奏　熙寧三年五月二
十三日詔諸州軍自來有於城上別作踏路便門可以
踰城出入者並令廢拆不得存留續資治通鑑長編神宗熙寧三年賜滄州
莫霸州信安保安軍知州軍通判并董役使臣等銀絹有差以地震修城有勞也秦鳳路經略使李師中請廢
山丹納述乾川三堡增修伏羌寨為城從之　熙寧八年九月十三日詔河北
諸州軍城壁見與修外權住修展令轉運司指揮逐處
據昨來檢計合修展城所用樓櫓漸次計置材植興造
收閣準備緩急安卓仍限三日了畢先具工料聞奏每
季具已修未修數目申樞密院　九年八月十八日中
書門下言福建路轉運副使徐億奏準朝旨修沿海福

全唐文　卷八千一百六

泉漳州興化軍城壁緣約用工料價錢萬數浩大乞借
民力與役支與口食詔億量歲時豐凶州軍緊慢依條
差夫修築　十年七月十一日河北西路提點刑獄丁
執禮言竊考前代凡制都邑皆為城郭於周有掌固之
官若造都邑則治其固與其守法是也蓋民之所聚不
可以無固與守今之縣邑往往故城尚存然摧圮斷缺
不足為固況近歲以來官司所積錢斛日多於前富民
巨賈萃於廛市城郭不修甚非所以保民備寇之道也
以為完之之術不必費縣官之財擇令之明者使勸誘
城內中上戶出丁夫以助工役漸以治之緣城成亦民
之利非彊其所不欲也仍視邑之多盜者先加完築次

及餘處庶使民有所保而杜塞姦盜窺覬之心詔中書
門下立法以聞中書門下言看詳天下州縣城壁除五
路州軍城池自來不闕脩完可以守禦外五路縣分及
諸州縣城壁多不曾修葺各有頹壞亦有無城郭處緣
逐處居民不少若不漸令修完竊慮緩急無以備盜今
欲令逐路監司相度委知州知縣檢視城壁合脩去處
計會工料於豐歲分明曉諭勸諭在城中上等人戶各
出丁夫脩築委轉運使勘會轄下五路除沿邊外擇居
民繁多或路當衝要縣分諸路即先自大郡城壁損壞
去處各具三兩處奏乞脩完候降到朝旨依下項一委
轉運司先體量合脩城州縣知州知縣人材如可以脩
全唐文　卷八千一百六
辦集事即行差委如不堪委知州即具奏乞選差知縣
並計於本路官員內選擇對換或別舉官其被替人却
令赴銓院依舊名次別與合入差遣仍並不理為遺闕
一令所委官躬親部領壕寨等打量檢計城壁合修去
處州縣並依舊城高下脩築其州縣元無城處即以二
丈為城底闊一丈五尺上收五尺如有舊城只是損鼓
既檢計補完其州城低小去處亦須增築令及縣城丈
尺分擘工料紐筭却計合用人工物料若干數目申差
官檢覆委無虛計工料即各令置簿抄録依料次與脩
一於豐歲勸誘在城上中等人戶各出人夫仍將合用
工料品量物力高下均定逐戶合出夫数出榜曉示及

置簿拘管從上輪番句集工役仍限三年了畢如遇災
傷年分亦許依常平賑濟法召闕食人民工役支給錢
米一應合用修城動使雜木博子椽之類並委轉運司
勘會有處移那之撥其椽木亦許於係官無妨礙地內
採斫充使一應城門並檢計合用物料人工差官覆檢
支破官錢收買應副使用從之。元豐二年正月十六
日詔諸路脩城於中等以上戶均出役夫夫出百錢其
役廣戶狹處以五年分五限餘以三年分三限送官為
相度募人或量增役兵脩築如錢不足預具數以聞遇
災傷及三分年仍權住輸錢　五年七月二十三日詔
鄜延路見脩六寨其長城嶺寨以西接連環慶路金湯
全唐文　卷八千一百六
白豹已指揮環慶路差二萬人並邊照應若別無興作
即是虛勒軍馬令徐禧沈括計議當進築城寨處與曾
布議定以聞　八月二十五日環慶路經畧使曾布言洛
原故城可以建一城白豹和市可以建一寨官馬川可
以建一堡從之令李察應副侯鄜延路兵勢相接方興
板築　十一月九日鄜延路經畧司言塞門山城逼山
受敵有古城基并古壕塹權本路第三將米贇和募禁
兵興築凡七日工畢詔米贇減磨勘二年　六年九月
十二日河東經畧司言本路有當脩城壁工料浩大轉
運司錢穀有限必難應副乞賜度僧牒五分分與沿邊
州軍和顧民夫脩繕其次邊及近裏州軍乞令轉運司

就農隙度工料發民夫從之　元符三年十一月十日
中書省[尚書省]送到工部狀臣僚劄子奏竊見元符元年十二
月二十三日朝旨將陝西諸路並依涇原路申請不得
於近城脚下取土臣竊謂固護城壁何獨陝西欲乞天
下應有城壘去處並依涇原路中請施行撥戍坑陷者
限半月令有司填壘隙為緩急之備工部勘當欲依本
司所申如違其所主修造官科丈八十罪當職都監監
押有失檢察減罪二等從之續資治通鑑長編元符二年閏九月庚午承議郎知
呂州文輅奉議郎通判洺州沈𧾷宣德郎特服人王高
淮南節度推官知達州新寧縣張淇各特衝替奉議郎
揚皁依衝替人例王高侯那閣日推此以許理所書輅
等進狀語涉譏訕故也辛未知大名府韓忠彥奏乞頫
緣饑流民修城從之
大觀二年五月四日樞密院劄子臣僚言

全唐文　卷八千一百六

諸州壯城兵士州軍多巧作名目影占差充他役不得
專任修葺城壁欲乞責在知通如任滿或非次替移令
逓相交割若有損壞去處令新任官不得隱庇具實申
樞密院相度若城壁大段損圮取旨黜責所責知通任
責提轄兵官免有他役之弊因致損壞誤事及枉費官
錢從之　二年五月二十六日河東路提點刑獄司狀
承都省批下承議郎趙希孟劄子竊見備城之具以篦
籬為先河東素不產竹止以軟木條子為之不經歲月
便成糜爛難禦矢石今欲乞於懷州河南府等處根括
係官竹園分作二年間歲洗斫令逓鋪般運於澤州置
場專委知通職官管句先沿邊次次邊挨排檢送逐州

作院造作篦籬使用如更不足即乞行下江南兩浙出
產去處根括係官竹或收買逐旋官船附帶上都下卸
令逓鋪搬送澤州置場處送工部行下河東路提刑司
本司今相度所用防城篦籬若依趙希孟起請經久委
是利便從之　宣和三年閏五月八日江浙淮南等路
宣撫司奏浙江被賊六州睦歙杭衢婺處曾經焚刼秀
越二州經賊圍閉臣勘會秀越二州昨因兇賊初犯睦
杭州之後逐州補完城壁粗可守禦歙州元無城壁睦
州係就舊基並合創築城池雖目今事力未完緣逐州
首被賊擾居民若無城壁無緣安居須著先次築城杭
州城基四十餘里地步大寬若全修舊城不惟目前費

全唐文　卷八千一百六

功興日亦難守禦如未修城民戶未盡安樂不免就其
形勢減縮因舊日脩完如此省功民情樂為已行下歙
睦州杭州依此脩築外有衢婺處州臣聞皆有舊城內
婺州城內官私舍屋全不經焚燒衢處城郭被燒至多
其城各可以因舊增葺臣聞完城壁濬池壕備賊寇州
郡之常事但東南久不用兵官司懈弛是致一日賊發
人不安居今措置江浙不以曾未脩築城池如自來未
曾招置壯城人兵去處師府以三百人節鎮以二百人
支郡以一百人為額專一修濬城池不得別差他役庶
幾日久不致頹圮詔杭州江寧府城壁並因舊脩完不
得減縮餘依宣撫司措置到事理施行二十九日中書

省言勘會諸路州軍城壁除已修築去處外其餘路分應合修完城壁内有不置壯城州軍未有該載逐旋申請不一詔無壯城州軍即剗刷本處廂軍工役仍量度緊慢逐旋修築合用錢物並令轉運司剗刷那融應副合置壯城闕額去處委當職官限一月招填足額　十一月二十八日朝散直祕閣沈思奏前日鼠寇竊發十百爲郡輒敢侵犯郡邑者獨以城郭不完而城郭之所以不完者以州郡壯城兵卒雖有條禁不給他役然皆玩習故常恬不知畏工匠役使冗占迨盡坐視城郭隳圮不復繕完臣愚以謂諸路州郡量大小宜皆置壯城兵仍責守二兵官旬月檢察修完城壁欲望申明舊法

全唐文　卷八千一百六

詔申明行下令後諸路州軍修完城壁了畢如功力就大依元豐法遣工部郎官前去覆按　靖康元年三月二十二日臣僚言聞京畿諸縣及汝州蔡州順昌河中鳳翔等處見修城壁工役浩大汝州用六十四萬八千工差科率斂尤爲煩擾方春東作衆務畢舉驅民捨業從事工役既違天時又虜已渡河河南非受敵之所近調兵運糧民力凋弊若又大興工役勞費已甚欲乞速降指揮除與河東河北接連要害之地其京畿縣汝蔡順昌等處權罷庶幾可以息目前之急詔除河東河北并滑濬州外並權罷俟農隙日取旨　五月十日詔河北京東路州軍城壁令行修治仰逐路帥守多方計度

速行修繕安置樓櫓其縣鎮民間自願出力修築者聽令佐監司官爲部率毋得搔擾委有功績仰帥臣監司保明以聞　紹興六年三月一日尚書省言諸州城壁往往倒塌不即補治及將壯城人兵違法他役有已修去處增添高闊徒費工力不能就緒詔令逐路帥司留責所屬州軍如有損壞用功不多仰一面計置用壯城人兵修治不得科擾若倒塌稍多不能自行整葺即審度實用工料開具見管壯城人數供申不得隱落虛椿大計或城大難以因舊亦仰隨宜減蹙務要省便仍將合減蹙去丈尺畫圖及今後具所管城壁有無損壞事狀並申尚書省　淳熙三年十月五日詔諸路帥司行

全唐文　卷八千一百六

下所部州軍專令守臣分委官城都監等各認定地分常切照管城壁遇有損動開裂隨即修治守臣以時躬親點檢歲終具已修補圖帳狀申本路安撫司若守臣去替即令新官依此施行

京東路

全唐文

宋會要

政和元年正月二十六日京東路轉運使奏：准樞密院劄子，臣僚上言，勘會京東路軍州城壁內外空閑地段多是違法人戶請佃，並不曾栽植寸木，每至修補城壁即須支破官錢收買木植，又從而抑勒人戶，積歲所費蠹耗公私不輕。令相度，欲乞逐州委自兵官一員於內外城腳下栽種槐榆柳棗，以備修補城隍之用，貴免侵損公私，即不得非時以剝破為名應副他用。依河北濠城司栽種比較青活死損法賞罰。所有其餘路分軍州應無居止不係占射地段，似此可以栽種去處，仍乞依此施行。大觀四年十二月二十七日送京東轉運司相度，保明本司令相度委是利便。從之。

卷八千百廿七

京畿路

全唐文

卷八千七十七

宋會要　清陽城

宣和三年，以開封府中牟縣紂王城改作清陽城。

河北路

宋會要　定州城

元豐二年五月二日，定州安撫司言：奉詔候有機便修展保州關城，令涿州發兵夫脩城，欲乘此於來春築保州城。從之，止作暫築。元豐二年九月二十九日，詔脩定州城，以明年合起民夫及河北路兵二千兼州兵充役。元豐三年六月十二日，詔定州路安撫司給封椿紬絹三萬脩保州城。元豐四年四月二十二日，建雄軍節度使、知定州韓絳脩保州城畢，賜詔獎諭。徽宗建中靖國元年正月六日，工部看詳定州路安撫使司狀，令

相度到定州不依式脩過樓子欲將舊來法制施行所
有焉而相去五十餘步去處委是稍稀如因今有摧塌
即將稍稀去處依元豐城隍制度添置本路及其餘州
軍並乞依此施行從之崇寧五年十月月十日詔降元
豐城隍制度法式京畿轉運司如增脩諸輔遵以從事

全唐文 卷八千七十八

河北路

全唐文

宋會要 棣州故城

大中祥符八年五月十七日詔徙棣州城於州之西北七十里陽信縣界八方寺即高阜
居之先是河北運使李士衡言棣州河流高於郡城者
丈餘朝廷累年役兵脩固蓋念徙城重勞民力而去冬
已來凌冰下尚有衝注如解凍之後河流迅奔必有
決溢之患今請移州於陽信縣界改築城邑以今年捍
隄軍士助役則永久甚利詔可仍命度支判官張續內
押班周文質乘傳與士衡等同涖其事因降詔諭棣州
官吏僧道百姓等仍月給本州公用錢十萬許造酒每
月三犒軍校兩月一賜役夫錢其居口民田優給以直

全唐文 卷八千八十二

常租及浮客食鹽錢悉蠲之城中居民屋稅免一年大
中祥符八年三月二十一日棣州新城畢以圖來上舊
城廣袤九里今總十二里郡民所居悉如舊而給之其
外創營宇廨舍賜役夫緡錢仍宴犒官吏將士常以執
役有死亡者又遣使命僧為水陸齋

京東東路

宋會要 青州府城

慶曆四年八月十二日知青州陳執中言奉詔權罷脩
州城契丹雖遣使再盟然未保其情虛實恐未可遽罷
防守之備況秋稼大成人心樂於集事舊城已興功
剗削高下可窺若遂中止它日不免重困于民乞乘時
完葺從之元豐六年十月十三日京東轉運使吳居厚

京東東路

言準詔支塩息錢三萬緡修青州城乞不用六年塩息錢止以支不盡脚錢應副從之

宋會要 膠州城

宣和三年十二月十三日朝請大夫秘閣修撰知密州李延熙奏遵御筆以城壁壕塹湮廢歲久委臣躬親檢計責立近限刻期人兵併工修完臣恭依處分措置督促不踰兩月並已畢工具圖狀奏聞奉聖旨令本路漕臣前去覈實同李延熙具元修完工力等第保明聞奏漕臣王子獻將元監修官工力等第申奏御筆李延熙可令學士院降詔奨諭監修官第一等通判趙士源特轉一官第二等兵馬鈐轄任蘩等減三年磨勘第三等士

全唐文 卷八千八十三

曹朱端夫等減二年磨勘行遣人吏第一等支錢十貫第二等支錢七貫

河北路

宋會要 瀛州城

慶曆七年二月二十三日河北安撫司言瀛州修北關城甚是張皇竊慮引惹生事欲乞住修從之六月十九日北京賈昌朝言勘會瀛州昨展州關城已填塞大壕空歇不便緣諸處駐占兵士無應副功役欲乞且令開撅放水通流候今秋河上諸處休閑兵士即併手修築從之熙寧元年八月十七日瀛州言本州自地震摧塌城壁樓櫓檢計人功料物乞朝廷指揮應副御批據所計材植人兵工匠數亦不至浩瀚其見役人宜令分使不足非久虜使入界若拖延至日城壁尚未具觀瞻誠亦不好況河北災傷輕可及全無事州軍甚多或且令

卷八千八十一

盡刷見管廂兵亦必大段有數邊防重事不可一日闕備其所乞事件朝廷且須與竭力應副可並如所請指揮七年七月二十八日詔瀛州修城將欲畢工可令軍器監監丞一員將帶壕寨計會本路監司一員同按視驗磨具依與不依元奏丈尺工料結罪保明聞奏仍具有無未盡未便利害令後五路州軍修城並依此

宋會要 肅寧城

瀛州肅寧城雍熙中置名平虜橋寨淳化二年改平虜城景德二年改今名

全唐文

宋會要 冀州城

熙寧八年正月二十七日詔冀州增築舊城未幾已有摧塌董役使臣重行責罰不用赦原河北興役處依此約束

宋會要 蒲陰故城

咸平六年六月六日定州都總管司言定州蒲陰縣居中山寧邊軍之間當高陽關會兵之路合再興葺帝曰言修此城量屯戍兵者甚衆宜可其奏景德元年九月二十四日詔諭祁州軍民等朝廷已令修築蒲陰城為祁州去舊州百里許將議遷爲各宜知委先是帝曰祁州城池不當要害素不修完將来戎人奔衝已議更不固守雖曾遣使密諭朝旨候至時令入近便城寨其城中人民未知恐為官司所誤故有是詔　又詔祁州葺蒲陰縣徙居民廬舍還廨宇營壘漸向冬寒土功勞擾所有官吏自来承受宣敕公案簿籍等並且於舊州收管候至来春修築畢日移置其舊州内外百姓等如情願往新州居止及欲徙於他州只在舊處者並聽先是河北轉運司言欲廣蒲陰縣城西北面各三里以舊城墻為子城其舊城百姓並令於新城及草市内分布居止所占蒲陰縣民稅田除許自占外餘者蠲其租舊州自来屯兵不通漕運令新城濱河路易致軍食甚便故

〈卷八千七十九〉

有是詔　先朝誓書為賊聲援其蓄計不淺況國家前年方修河北沿邊故蒲陰城再盟之後尋即罷役請下河東安撫司詰其因依或因賀乾元節使人還責以信誓使罷修二城以破未然之患從之

宋會要 雄縣城

天禧元年八月十六日詔雄州李允則自今如城壘頹壞壕塹堙塞即漸令修完不得創有興修及差役近上禁兵初允則於本州大修門户牆壍帝聞之故有是詔

天禧三年五月二十五日河北沿邊安撫司言準詔規度雄州城北擁城其地甚廣兼有準備材木望令本州漸蓋舍屋冀行旅往來有所障蔽從之

〈卷八千七十九〉

河北路

河北

河北

全唐文

宋會要大名府城

元豐六年十二月十四日大名府路安撫使司言博州軍資庫有熙寧元年河北安撫使滕甫吴充用空名敕告召人進納見錢九千九百四十五緡乞以修治本路州府城櫓從之

宋會要澶州城

景德元年十月四日知澶州張秉言已調集丁壯修葺州城帝以戎寇在境而内地遽有完葺恐摇人心命亟罷之康定二年九月三日知澶州張觀言修城合用敵樓戰棚取今月二日興工詔緩其造作毋得張皇擾城制不得過三十尺

卷八千八十一

宋會要瀛州城

慶曆七年二月二十三日河北安撫司言瀛州修北關城甚是張皇竊慮引惹生事欲乞住修從之六月十九日北京賈昌朝言勘會瀛州昨展州關城已填塞大壕空歇不使緣諸處蒙占兵士無應副功役欲乞且令開撅放水通流候令秋河上諸處休閑兵士即併手修築從之熙寧元年八月十七日瀛州言本州自地震摧塌城壁樓櫓檢計人功料物乞朝廷指揮應副御批據所計材植人兵工匠數亦不至浩瀚其見役人實令分使不足非久虜使入界若拖延至日城壁尚未具觀瞻誠

河北

亦不好況河北災傷輕可及全無事州軍甚多或且令盡刷見管廂兵亦必段有數邊防重事不可一日闕備其所乞事件朝廷且須與竭力應副可並如所請指揮

大

七年七月二十八日詔瀛州修城將欲畢工可令軍器監監丞一員將帶壕寨計會本路監司一員同按視驅磨具依與不依元奏丈尺工料結罪保明聞奏仍具有無未盡未便利害今後五路州軍修城並依此

宋會要滄州城

政和四年十月二十二日通議大夫充徽猷閣待制高陽關路安撫使吴玠奏準政和三年七月八日御前劄子相度到滄州淤澱城壕分作三重置立中墠面闊丈尺依圖開展臣充提舉滄州守臣充管勾又準今年六月十八日御前劄子候工畢其管勾部役官吏等可第其功力優劣來上當行賞激臣契勘滄州城濠自今年二月二十九日興工至八月二十六日了畢所有一行官吏等實有勞績數内提舉官吴价管勾行遣文字及往来照檢催促宣義郎管勾高陽關路安撫司機宜文字王競管勾行遣文字及專一管勾事務朝請郎高陽關路安撫都總管司勾當公事梁康祖朝奉大夫權通判信安軍權管勾滄州詔各特與轉一官其梁康祖告令所屬收掌候服闋日給

卷八千八十一

秦鳳路

宋會要 來賓縣城

來賓城崇寧三年以亂當川置

卷八千一百四

方域八之二一

熙河路

宋會要 定西城

元豐四年於通遠軍北一百二十里置定西城元豐五年以定西城易直通遠軍以汝遮堡為定西城元豐六年閏七月十四熙河蘭會路置制使司上增築定西城通四寨文武官功狀詔五等皆賜銀絹第一等四人三百匹

宋會要 定羌城

定羌城熙寧七年置在河州境

以下係秦鳳路

宋會要 寧遠城

天聖十年修赤萬城堡改今名隸河州

宋會要 伏羌城

卷八千八十六

建隆三年置管小寨十一日得勝榆林大像菜園探長新舊水谷壘林丙龍石人鋪寨駝項熙寧三年增置南城改寨為城熙寧三年二月二十八日秦鳳路經略使李師中言廢山冊納迷川三堡增狀秦州伏羌寨為城從之

宋會要 德威城

會州德威城在舊清水河政和六年置

宋會要 韓公城

慶曆初守臣韓琦以秦州東西城外有民居軍營恐資寇元年十月己卯詔增築外城乃廣外城十一里與內城聯合為一城秦民德之號韓公城興功於元年十月

方域八之二二

三日成於二年正月二十七日廣四千一百步高三丈五尺計工三百萬一云東西闊城元豐七年二月三日賜秦州度僧牒百一十五修城

宋會要　南市城

真宗大中祥符九年三月二十五日秦州請築城南市從之是城本曰南使蕃語訛謂之南市西南抵秦州百五十里去渭州籠竿城八十里秦渭相接控扼西戎之要也曹瑋請用秦渭五州兵洎近塞弓箭手守城而居焉異日戍兵代還則別募勇士三千為南市城弓箭手處之

宋會要　畢利城

卷八千八十六

二

熙寧元年八月十三日秦鳳路走馬承受公事王有度言秦州修畢利城嵠珠堡役本州六縣義勇乞與免諸般科配三年權住今冬閱教一次城下搬運糧草材植義勇及弓箭手寨户沿路身死者及量支孝贈錢詔義勇特與免二年科配因搬運糧草及工役身死者每一人贈錢二貫文弓箭手寨户亦依此

宋會要　甘谷城

熙寧元年六月三日李師中言准詔勘會昨展置甘谷城所拘占湯谷内田地係與不係心波等三家仍令王韶劉希奭與同蕃部首領標定界至具詣實以聞尋令王韶劉希奭計會高遵裕同往諸部族内體量其間有

蕃部標撥却入官地土數多今耕種不足者却與元獻納内三分給還一分其弓箭手亦不得執元額人數只據合入官地土招人却揀選精鋭退去孱弱如此則不害邊計稍塞奸源詔師中令韶希奭還諸蕃部所獻地土體問蕃部逐户的實情願獻地數有非元初情願者並給還之餘依所奏七月五日詔秦州新築大甘谷口寨城賜名甘谷城置知城監押守馬二年二月八日秦鳳路經畧安撫使司言秦州甘谷城通渭堡至古渭寨一帶弓箭手耕種堡子已差官相度檢計功限修築次詔令孫永委差去將官相度須量逐處地分所管人馬多少遇事宜保聚老小能容着得盡方為穩便

宋會要　清水城

卷八千八十六

三

政和六年六月十八日陝西河東路宣撫使司奏遵奉聖訓措置修復湟州古骨龍會州清水城並畢工令先次條具到漕運應副等官伏望優與推恩都統制官劉法已降制外統制何權趙隆同統制辛叔詹等奉御筆何權轉拱衛大夫遥郡防禦使趙隆辛叔詹二人並換正任防禦使統兵修築清水河城官統制劉仲武除觀察使辛叔獻轉遥郡防禦使中侍大夫隨軍走馬承受鄧琏劉彦遵王端李君諒各轉一官經畧使趙遹馬防張莊姚古李譓各轉一官内有止法回授親屬應副錢粮孫竢轉兩官程唐轉兩官内一官除直龍圖閣應副

熙河路

熙河路劉韐張仲英已歿故轉兩官劉韐一官除直龍圖閣張仲英回授白身親屬蓋儻郭允迪張深各轉兩官內一官除直秘閣髙衛席貢除直龍圖閣軍前照管張大鈞轉兩官內一官轉遥郡刺史修築照管趙遇叙兩官應副本司官任諒張構梁銳各轉一官

宋會要 臨洮城

大觀大年改為洮州

宋會要 震武城

湟州震武城政和六年以古骨龍城改

宋會要 安羌城

宣和六年以溢機堡改

宋會要 蘭泉廢城

元豐四年九月十三日熙河路都大經制司言収復蘭州蘭州古城東西約六百餘步南北約三百餘步大兵自西使新約百五十里將至金城有天澗五六里僅通人馬自夏賊敗衂之後所至部族皆降附令招納已多若不築城無以固降羌之心見築蘭州城及通過壁已遣前軍副將苗履中軍副將王文郁都大主管修築前軍將李浩專提舉從之元豐六年五月二十日詔蘭州展築北城其南城若依舊則城圍太廣難於守禦若平居多置守兵又耗蠹粮食候展築北城將畢即廢南城

宋會要 蕭關縣廢城

元豐四年十一月初九日上批付盧秉曰張大寧奏乞城蕭關故城以為根蔕或効已見力於熙河自城蘭州及後置戍壘之後羌人相繼降附者已數萬帳迄今効順接跡不絕卿其早圖之

宋會要 平夏城

平夏城舊石門城紹聖四年改大觀二年改為懷德郡

紹聖四年九月二十七日涇原路經畧使章楶奏昨進築平夏城首先與臣議論并應副軍興提舉官並功效顯著乞優賜推恩詔轉官循資減磨勘年陞擢差遣有差 元符元年二月十四日樞密院言近降指揮令章楶鍾傳等相度平夏城會合三路兵馬修築今據章楶鍾傳奏候計置粮草及守城之具足備或乘春草長戍伺隙進築乞且依已降朝旨各於本路進築候有間隙即依朝旨施行續據鍾傳申到渭州與章楶論議正原等處進築無不合天都一帶無不合天都一帶無草後候計置有備同共進築今經原九羊谷熙河巔耳關逐路自合先次興築須於旬日之內了當其沒煙峽口至平夏城止二十里熙河青南訥心去巔耳關不遠斟酌機會乘此修築一面從長施行仍仰章楶於新築三城寨增置粮草足備可以興舉即聞報鍾傳依所降朝旨會同三路兵將進築沒煙峽正原等處詔令章楶鍾傳遵依施行如逐路利害不同聽各具所見以聞

鄜延路

宋會要羅兀城

熙寧三年三月十八日詔羅兀城宜令趙卨相度如不可守令棄毀訖奏河東所報探西賊水軍恐於石州渡河令呂公弼過爲之備撫寧失陷人令經略司按實具數聞奏羅兀城濱草堡令轉運司更不得運粮草前去

宋會要蕃市城

涇環慶路

蕃市城紹聖四年正月二十四日以知通遠軍康謂等修築畢工賜銀絹有差

宋會要懷遠城

明道元年十月甲寅鎮戎軍新修赤藁城名爲懷遠城

複

累覽宋會要南牟會新城

【卷八千八十七】

元符二年改爲西安州

宋會要耳朵城

慶州耳朵城大中祥符元年築

宋會要定邊城

元符二年四月二十五日環慶路經略安撫使司言新築定邊城川原厚遠土地衍沃西夏昔日於此財粮全仗東蕃部自家可以就給土田使之種植本路舊蕃弓箭手散處城寨分隸諸將今歸附之人乞更不分隸別置總領蕃兵及同總領以領之從之

宋會要駱駝巷城

元符二年五月二十七日環慶路言進築駱駝巷城畢工詔賜工役兵民錢有差

宋會要白豹城

元符二年五月十四日胡宗回言築白豹城寨畢工詔入役漢蕃兵人各賜銀有差六月二十七日詔進築環慶路白豹城畢工東上閤門使戎州團練使本路鈐轄張存爲四方館使充副總管左藏庫使都監种朴爲皇城使權鈐轄降授宮苑使權都監張誠復皇城使遙郡團練使爲都監各賜金帛有差

宋會要大順城

慶曆二年范仲淹於慶州柔遠寨東北四十里大順川建城四月辛巳詔城名大順張載爲之記

【卷八千八十七】

秦鳳路

宋會要定遠故城

紹聖三年五月六日權熙河蘭岷路經略司公事游師雄言東關質孤勝如堡定遠城一帶舊管認巡檢地分除東關質孤堡北隔大河外並係占穩地形可以探望賊馬又定遠城對斗平堡通四道諸寨巡綽地分皆在口鋪之外並係自被巡馬所到乞並管認爲界詔從之仍令經略司差人巡綽卓望令西人習知此處爲界

永興軍路

宋會要興平縣城

興平城舊庆家寨新寨元符元年改今名皇城副使兼閤門通事舍人种朴還文思使以統制兵馬進築興平城橫山寨也

秦鳳路

宋會要南牟會新城

泰定為元朝年號疑嘉定之誤

元符二年改為西安州

宋會要 甘州城

泰定三年三月六日樞密院臣火沙王等奏甘肅省言甘州城為邊徼重地且多錢粮而其城壞請以軍士三千九百人修築之臣等議昔成甘州嘗發旁近漢軍令請依前例上從之

環慶路 邠州

永興軍路

永興軍路

鄜延路

全唐文

宋會要 故豳州城

熙寧四年二月四日環慶路經畧司言已修完邠州城壁樓櫓了當御筆勘會昨以麟府城壘守具頹弛曾指揮陝西諸路令沿邊次邊州軍城寨各用心整葺修完令邠州首能奉法了當可特旌賞之既而賜官吏銀絹有差

宋會要 延安故城

元豐六年閏六月十三日權發遣陝府西路轉運副使公事范純粹言見修治延州城許令用軍須金帛錢糧如不足以朝廷所賜入便錢支用其他城寨雖被旨修治若不依延州已得指揮即無由辦集欲望朝廷詳酌從之七年正月二十六日賜陝西轉運司度僧牒二百修延州城

卷八千八十九 一

宋會要 金湯古城

金湯城 舊金湯新寨元符二年改

宋會要 綏德州城

綏德城在陝西鄜延路熙寧二年廢綏州置咸平闕四年閏十二月十日命比部員外郎直史館洪湛侍禁閤門祇候程順奇乘傳按視城綏州利害以聞初帝與輔臣謀修此州而羣議不一至是詔中書樞密院會議而呂蒙正王旦王欽若以為修之不便李沆言修之便然恐

勞民向敏中周瑩王繼英馮拯陳堯叟皆以修之便帝
以境土遐邈未能周知其事命湛等往視之十九日詔
築綏州城時程順奇使還言於石隰州沿邊相度建城
詢於吏民其利有七而害有二帝召宰臣於便殿出湛
等奏曰利害昭然卿等所見如何蒙正曰利多害少乞
行與修故命築之　五年正月十日以西上閤門使孫
全照為石隰州兵馬鈐轄屯綏州經度修城事二月十
一日詔曰昨議修復綏州已興力役詢于僉衆猶或異
同因令知天雄軍工部侍郎錢若水與并代州駐泊陳
興乘傳詳度之儻有所便利即令施功如其不然可至
罷之四月七日若水言奉詔與陳興詳度重修綏州利

卷八千八十九　二

尋領兵過河徧視荒廢城壘用工計百餘萬材植難
致又須廣屯田兵百姓渡河運糧艱阻久長計之有害
無利所有防兵役夫及所運糧悉已停罷詔從之一時
言事者請城綏州屯兵積穀以遏党項及邊臣互言利
害前後遣使數輩按視不能決時已大發丁夫將興其
役帝以其地夐絕難守特命錢若水馳往規度事有不
可即罷其役近臣有執前議者帝曰太宗盤四海之力
克平河東近靈武失守今如更城綏州又須輦運芻糧
重費民力河東久安不可虛致困匱既而若水上言綏
州頃為內地民賦登集尚須旁郡轉餉自賜趙保忠以
來人戶凋殘今復城之即須廣屯戍兵倍于往日則芻

涇原路

籠竿城

涇原路
羊牧隆城
統萬城

永興軍路
銀州城

糧之給全仰於河東其地隔黃河大小鐵碣二山又城
下有無定河緩急用兵輸送艱阻且其地險若修葺未
備蕃寇奔衝即難於固守況此州城邑焚毀無尺椽片
瓦所過山林無巨木不堪采用徒為煩擾絕無所利若
水即罷其役後詣關西陳其事帝嘉納之
元豐七年正月十九日陝西漕臣范純粹言綏德城當
恐衝請立軍以七城砦隸焉（在州東北二百三十里）　二

宋會要　王家城

慶歷四年置管石門堡名王家城
籠竿城大中祥符七年修築天禧元年五月二日權涇
原路駐泊都鈐轄郝榮等言掘籠竿城壕自上石門至

卷八千九十　三

鎮戎軍功畢詔獎之仍賚器帛賜將士緡錢
羊牧隆城天禧元年修築在涇原路
淳化五年四月四日詔夏州舊城宜令廢毀居民並遷
於綏銀等州分以官地給之長吏倍加存撫先是帝以
夏州深在沙漠本姦雄竊據之地欲隳其城遷民於綏
銀以來因問宰相夏州建置之始呂蒙正等對曰昔赫
連勃勃後魏道武末僭稱大夏天王自云徽赫與天連
又號其支庶為鐵伐氏云剛銳如鐵可以伐人蒸土築
城號曰統萬言其統領衆多也自赫連築城已來頗與
關右為患今遷於內地斯萬世之利也帝從之
銀州（峭）城在今神木縣崇寧五年以銀州改

永興軍路

宋會要　古烏延城

烏延城正據山界北根舊依山作壘可屯士馬東望夏州且八十里西望宥州不過四十里下瞰平夏最當要衝土地膏腴依山為城形勢險固欲乞移宥州於此舊宥州地平難守兼在沙磧土無所出先於華池油平築堡以接兵勢川路稍寬可通車運聚積糧草器具事事有備併力烏延先補山城山城畢乃築平城此地膏美去鹽池不遠其北即是牧地它日當為一都會鎮壓山界屏蔽鄜延其銀夏州及可置鹽監鐵冶錢監馬牧因險控扼候烏延功畢漸次計置

河東路　震威城

震威城在府州舊鐵爐骨堆新寨宣和六年改為震威城

卷八千九十　四

城

荊湖路

宋會要　郢城

慶元元年二月七日樞密院進呈湖北帥臣欲修郢州郢州修城壁已圖備奈諸司等奏乞撥樁管切措置名今接境上日隨壞隨修西路多費錢用

全唐文

河東路

宋會要　太原府城

咸平三年九月五日詔并州舊城內人戶等曰先皇帝親總銳師削平多壘眷言編俗式與惟新爰從郡城就安吉壤如聞編戶猶復陽曲重遷非國家興利除害之意其并州故城委轉運司告諭人戶勿復居止有見居者縣給限半月令徙新城及平晉縣祁溝等處并側近州縣鎮內請占官地住居見耕種城內者許於故城外係官田土住居耕種應故城內稅物悉除之時參知政事向敏中等奏并州舊城朝廷先已毀廢其人戶不合就彼居住乞並令起移故有是詔

全唐文　卷八千八十四

河東路

宋會要　晉州城

熙寧九年十一月二十一日詔賜河東路轉運司祠部一百道付晉州修完城壁樓櫓支用仍作二年出給

元和疑咸平之誤

河東路

宋會要　豐州古城

元和五年十月二十九日豐州言修城工畢而城中乏水欲增築覆水城闢門就汲澗水帝曰豐州迥僻不足為邊隅扞蔽故用首領王承美為守將令自庇一方爾後總管司發軍戍守非獨外分兵力且又重勞河東饋輓昨已為葺城今又欲再興版築非所以惜費而愛民也不若量留戍兵扞部族之耕種如寇至即歸總管司併力拒戰足以張軍勢而免勞內地民力也

兩浙東西路

全唐文

宋會要　金華府城

紹興九年七月十三日知婺州傅崧卿言本州城壁自
來庳狹春夏霖雨倒塌幾半欲措置興修别無錢物可
以那融若只用壯城兵士則工力不足空費歲月欲於
農隙之時起七縣人夫併工修築一月可了乞降錢三
五萬貫詔禮部給兩浙東路空名度牒三百道充修城
使用

卷八千七十三

浙東西路

全唐文

宋會要　平江府

淳熙十一年八月二日平江府言本府城壁年深頹圮
見那撥官錢計置物料差撥壯城軍兵及雇募匠人興
工修砌子城所有外城未敢擅便乞劄下照會修築施
行從之

卷八千六十七

宋會要 揚州府城

建炎二年十月詔令揚州先次開撩城濠及措置增修城壁其教習軍兵令揚州依法施行乾道三年五月二十三日詔修揚州城先是主管殿前司公事王琪言揚州為淮東重城地面狹隘壕塹水淺四外平陸地無險乞貼築城壁開掘舊壕從之其後琪奏修城輒厭葉顒因言揚州修城工役甚大議者以為恐勞動兵衆未甚有益且致敵人言上曰內地修城何預邊頭且誓書所不載萬一令冬有警悔又無及朝廷作事安能盡卹浮議不至張皇可也四年九月詔揚州修城入役官兵處

卷之八千六百十九

有病患令逐處守令同統兵官專差職醫診視官給湯藥四月二日知揚州主管淮南東路安撫司公事莫濛言揚州城壁當時兩軍計料止於壕外取掘乾土添築砲臺不曾計料開深壕河大觀中重修揚州圖經本州城壕深一丈至一丈五尺闊十三丈至有十八丈之所本州近稍闕雨濠內極深不過二三尺至有淺涸可以通人往來竊詳固守之利莫如高城深池今城雖高而池不深竊恐冬深水涸人可平涉緩急之際深所未便欲望令殿前司并鎮江府都統制司重別計料以水面為則通展務令深闊緩急可以備禦從之五月四日權主管殿前司公事王逵言揚州城壁周圍十七里一百

七十二步計三千一百四十六丈昨申朝廷於沿城東周圍作卧牛勢貼展近莫濛陳請濠河淺狹已有旨令兩司屯戍官兵開掘深闊看詳揚州城圍闊遠處處受敵四向平陸別無山林險阻萬一有警揀出精銳占利便遇難坐守城池以俟攻擊其城身外表輒元不曾相驗修築處其間不無損缺之處難以守禦欲再加相驗別參酌工數奏聞施行從之閏七月十九日殿前司言與鎮江軍分南北興修揚州城恐不均平上詔輔臣北邊乃受敵處將帥因奏不如令東西分從之是十月畢工 淳熙元年八月二十七日詔揚州屯戍統制官自今兼提督修城遇有城壁損缺與同提督兵官措置

卷之八千六百十九

疾速脩整依例交替從樞密院請也 慶元五年六月十六日樞密言脩治揚州城壁其諸州起發親厥恐有計囑弊倖詔令殿前司將來興工輒押御督責合干人務要堅實仍於甎側模印闕司某軍燒造其受納去處委官點檢交納以備不測取摘前去看驗其餘應干物件準還到日仰安撫司子細交納如法安頓具已收名件申樞密院毋致欺弊失陷官物仍令提督官常切覺察 慶元五年八月三日詔闕前司見差揚州脩城官兵二千人并令鎮江都統制司更就差武鋒軍一千人並權聽安撫郭杲節制措置脩補城壁卓立樓櫓脩治女墻等以為經久之計將見在錢米物料等依所奏事理撥數

分給兩司，令郭杲先次計料以聞。仍仰閻世雄往來照管，務要協力催督，早得辦集。候一切圖備，別聽指揮。卻令闕前司、鎮江都統制司依舊分定管認，各先具知稟聞奏。從帥臣郭杲之請也。

卷之八千六十九

淮南東路

全唐文　宋會要　六合縣城

孝宗隆興元年，詔修真州六合城。以九月二十二日興役，十一月九日畢。北城創立，餘增修。乾道二年八月，主管步軍司陳敏復請別浚城濠，於舊壕填築羊馬墻，更增城五尺，從之。三年正月二十四日，詔給寶藏南庫銀八千兩修六合城。先是，淮東總領所當辦修城工費二萬七千緡，免之。四年四月五日，詔揚州六合修城整凡材木、瓴、灰、木脚等錢，自浙西往者，官盡給其價。上因曰：「工役如此，苟錢不給，恐州郡科斂。」蔣芾曰：「陛下念及此，天下幸甚。」及有司程費以聞，上又慮外府或闕，不

卷之八千七十

時給，命以內庫錢八萬緡償之。九月一日，詔揚州、和州、六合縣修城等入役官兵，處有病患，令逐處守令同統兵官專差職醫診視，官給湯藥。十三日，馬軍司言：「修築和州城壁，或遇陰雨，其工役官兵雖住修築土工，畢數卻併手運致材植，及措置石段、欄、𡐓、牧、積瓦、滓之類，即無停歇。欲望下所屬將本司修城官兵合破食錢，如遇天雨，亦乞全支。」從之。五年二月一日，權主管侍衛步軍司王宏言：「先被旨於六合城外挑掘遶壕及展北城，竊詳工料浩大，卒難就緒。今措置不若取遶壕土止於壕裏堆積，可高二丈，如此則無摧壞。增從之勞，緩急虜騎奔衝，前有壕水，後有積土，足可禦敵。」從之。紹熙

三年十月二十六日步軍司言六合縣北大城修築包砌將已圓備見將創造到萬人敵馬面子圍敵通過樓共二十二座接續卓立以為扞嘉泰三年七月六日臣僚言六合縣自修城以來用戍兵守把因遂創收門頭錢本縣十二門軍中各日立定額送納隨軍庫公用凡經從城門者皆令出資金然後得行至有隨其貨物多寡戍兵以意取覓公納之外餘則分需大抵利之所在官立嚴禁尚且抵冒刑憲況公許之乞取則事體可知若曰營寨去處量有所收猶是百姓不應入營寨今六合之城郭乃郡縣之城郭也人民商旅所當經行豈應出入有門頭錢耶乞降黃榜下六合縣蠲除令本處大

〈卷之八千七十〉

字備錄黃榜十二門使往來通知仍劄下盱眙軍照會廢絕天長他日之患從之

全唐文 宋會要 [illegible]

乾道三年十二月十五日詔修真州城先是上語輔臣楊州城已畢工陳俊卿因言張鄰乞城真州似可從魏杞曰若免上供諸色錢或朝廷捐二三萬緡佐之自可辦上曰善至是詔修之凡十月畢工費緡錢十萬米一萬三千碩乾道四年三月十五日戶部言權發遣真州張鄰措置修築城壁合用竹木乞下所過税場審驗通放法難以行詔特從之

〈卷之八千七十〉

淮南西路

全唐文

宋會要　壽州城

紹興三年十二月八日，尚書省劄子：勘會壽春府密隣賊境，城壁不修，詔令孫暉依鄰暫行府已行事理疾速相視於壽春縣修築，仍約度周圍丈尺、合用若干工料，具狀入急遞申尚書省。二十七日，宰執進呈泗州劉綱乞調滁州千夫修城，既得旨施行，而言者以爲非。上曰：「百姓誠不可勞，但邊城利害至重，天下之事亦權輕重大小而爲之。朕愛民力，一毫不敢動，惟此役爲不得已也。」宰臣趙鼎奏曰：「前日得旨，已令優支錢米。」御史中丞常同言：「近曾諭泗州修城，有妨農事，竊緣正當春雨暴

卷八千十五

壞枉費人力，令耕種將與淮南新開荒廢之田有幾，而頭起夫役三千人，令自備器用，其擾甚大。乞早降指揮住罷，如欲修蓋，須俟農隙。」詔令泗州吏切相度，如委是有妨農作，即行放散。

京東路
應移前

宋會要　徐州城

元豐元年正月二十二日，賜度僧牒百道付京東路轉運司，撥還徐州築城與置木岸等所借常平錢。

方域九之七

淮南西路
和州

全唐文

宋會要

乾道三年十二月十五日，權發遣和州主管淮南西路安撫司公事胡昉言：見於千秋澗取土燒磚甃砌澗上城及捺黃墊斗米河閘隘堤堰等事，欲望於內府假會子二十萬貫，及乞下淮西總領所支米五萬碩，付本司相兼支用。從之。是歲詔修和州城，來年三月畢工。馬軍司言樓櫓壯實，堪備禦。詔都役官張遇等優推賞。乾道六年諸管侍衛馬軍司公事李舜舉言：被旨差撥官兵創修和州城壁，今已畢工。其城壁表裏各用甎灰五層包砌，糯粥調灰鋪砌城面，兼樓櫓、城門委皆雄壯，經

卷八千十六

久堅固，寔堪倚禦。部役官張遇等三人悉心措置，寔有勞效，欲望優與推賞，所貴有以激勸。從之。乾道八年十二月八日，武節郎、馬軍司左軍統制田世卿言：和州在淮西捍蔽長江，爲要害之地。竊見朝廷費數百萬緡堅築城壁，其勢甚壯。然沿城一帶周迴八凡里，壕塹尚多未鑿，是有金城以爲之裏，而未有湯池以爲之表也。欲望專命臣當農隙之時開濬濠塹，責以成效，則和州城池皆有表裏。詔守臣胡與可措置開濬，仍相視東北角嶽廟下地形高阜之處，開掘便宜，具申樞密院。

方域九之八

全唐文

宋會要　廬州

隆興二年正月二十一日江淮都督府叅議官馮方言廬州城圍約二十里今欲㨿壩以豬焦湖落水上曰城未頭築壚櫃水㨿壩為先乾道五年十二月二十九日詔修廬州城明年三月二十二日興工四月畢修築軍士第賞有差是歲詔修楚州城役兵萬人為日六十錢六萬緡米萬五千碩八年十二月復給錢二萬緡增修乾道六年正月二十四日侍衛親軍馬軍都指揮使奉國軍承宣使淮南西路安撫使郭振言廬州城圍並已修築整備合用防城䟽籬牌抱座掛搭器具等用錢浩瀚伏望支降度牒百道相兼計置從之乾道九年六月十一日建康府駐劄御前諸軍都統制郭剛言廬州城壁每年差撥一軍五千人欲望睿旨於諸軍共差一千人前往專一修治未備城池每及一年依此差人交替從之紹熙二年正月二十五日上謂葉翥昨言廬州不可守修城亦無用葛邲奏曰廬州非不可守若有三萬人即可守而城池亦不可以時葺胡晉臣奏曰不可因其難守便廢邊防上曰極是若遇事遽以勞擾輙廢即是導人以苟且恐不可慶元元年暑雨暴漲衝突城壁帥王𨋢知新因命整治并疏暗渠浚長壕修甃城視舊加倍壁壘崇堅樓櫓相望稱雄淮右復請於朝歲遣金陵戍

卷八千六十五

卒三千以時繕治號防城軍又奏郭振修築以古城中分為二於市河之南別築斗梁城橫截舊城之半而阻絕市河於斗梁之外舊北城七里不復加葺曾不知郡當西淮要衝市河通徹巢湖可以遺運又有居巢歷陽射胡㶚相為掎角乞行築修且乞開浚城外長河三道以增城壕之深以壯形勢開禧二年帥田琳略加增修是冬虜果入寇藉以捍禦然事力未備規摹未壯嘉定四年夏潦浸滛城壁多圮先是朝廷以本州強勇軍多減省防城軍止差千人帥李大東復請增為二千於是新城古城悉加修築數月而就併疏三壕合雞鳴山水入於市河金湯益固比險方漢云古城凡九十三處羊馬牆八百八十四丈水垻九處九十二丈郎牛一十五處五百二十六丈又增修古城一帶女頭與內城相為雄長云

卷八千六十五

江南東路

全唐文

宋會要　宣州

高宗建炎元年八月十四日資政殿學士知宣州呂好問言朝廷見欲迎奉宗廟及元祐太后前往江寧府宣州密通實為屏翰今欲相度修治城池先於本州剗刷廂軍拘收雜役或不足即下所隸諸縣量行雇夫使用乞支降見錢十數萬貫兼鹽鈔度牒等仍下轉運司多方應副庶幾衆造守禦之物及雇夫錢物並從官給不困民力詔於真州措置司支撥鹽鈔五萬貫餘依所乞

卷仝六千八

廣南西路

宋會要　南寧府城

元豐元年閏正月七日權發遣提點刑獄劉宗傑言邕州修城不依宣撫司指揮尺丈乞下經略司相度修築詔劉宗傑自業舉免罷外并繫官並劾奏委經略司相度所築城如堪久遠守禦即指揮速就若低怯難禦敵別計工以聞　三年正月七日廣南西路經略司言劉誼已奏修邕州城乞免土丁今年教閱以備來年差顧詔候修築日被顧土丁與免教閱　紹興二十七年六月十一日權發遣邕州田經言邕州左右兩江並是羈明羈縻州洞居止外通交阯諸蕃自來於溪洞內置五寨鎮彈壓洞民每寨有都同巡檢知寨都監主簿及兵級三四伯人請受全藉知寨主管博易場及溪洞苗米稅賦等應副支給及修葺城塹每官到罷各有酬賞惟知寨更添減年最為親民要職近來多是七人及待闕官時暫權攝既不應資格無所顧藉與溪洞官典通同交易是致財賦匱乏支遣不繼兵級逃遁十存二三城塹傾頹殆將過半乞行下本路帥司今後知寨不許差人權攝須踏逐有材武康謹人奏辟正任中朝廷差注任滿候正官交替方得離任有事故者以次官兼權寨中所管稅賦仰本江都巡檢互相關防庶可招填土兵修葺城塹以實邊面從之

卷八千一百四

全唐文

宋會要　建康府城

乾道元年九月二十八日端明殿學士知建康府汪澈言建康當舟車之會控扼之衝其（缺九）宮闕之嚴官府之重而城池頹塞久而弗治私竊惑嘗計工顏浩辦其摧損一百三十處量計一千七百餘丈約用錢二十萬貫已於五六月以來興工補築不出年歲可以究竟其他如鵲臺女頭等續次措置從之淳熙四年九月十二日知建康府劉洪（珙）言本府修砌城面畢工已將城外分四隅城南面（門）自甕城分中以東至上水門委本府兵馬鈐轄城中以西至二水亭委親兵統領城西門自賞心亭以北至北門委正將城北門分中以東至上水門委副將躬親往來巡視如稍有損裂去處即時申府修補從之

卷八千卆三

宋會要　南昌府城

政和七年六月十五日詔洪州在江南為一都會訪聞外城門啟閉無時深處鍵閉不嚴透漏私商姦細浸久生患仰本州常切指揮兵官遇夜分請逐門檢視封鎖飛申間遣曹掾官覆視稍有違慢守門人等並行決配當職官衝替

卷八千九十一

贛州府城

紹熙二年十二月三十日詔知贛州高夔特減三年磨勘以修築本縣城壁有勞故也

〈卷八千九十三〉

饒州府城

紹興十六年十一月二十二日知饒州張杓言本州與江池接境密邇淮甸城壁頽毀委官檢計得合修築去處計四百六十六丈人工物料共用錢米八萬九千六百餘貫碩乞應副修治詔令所屬給降空名進義校尉綾紙五道助教勅四道並充修城支使臣僚言饒州城壁係一面邊大溪每至春月以為大水所浸以是前後屢修屢壞加以官吏因緣作過六縣之民困於此役愁歎之聲不可聞今張杓所乞錢物已蒙朝廷支降竊恐上件綾紙并勅所得錢數無多本州不過只是應副從之

〈卷八千九十三〉

荆湖北路

荆湖北路

荆湖南路

全唐文

宋會要 靖州城

淳熙十四年五月二十四日詔尚書省給降度牒二十道付湖北安撫司充靖州修城支用候農隙日興工仍充次計料開具奏聞從知靖州薛世青之請也

宋會要 辰州府城

嘉祐二年七月十六日詔辰州築外城候工畢人給鹽三斤

宋會要 長沙府城

元豐二年正月二十一日詔荆湖南路轉運司罷置潭州樓櫓其修城限五年全邵州限三年工畢役兵不足許募民夫

卷八千九十六

三年五月一日詔潭州全邵州民出修城夫錢減三之一潭州須歲稔興工全邵州以五年為限先是詔潭州修城限五年全邵州限三年工畢役兵不足許募民夫至是復展期限 宣和六年三月二十九日湖南安撫司奏契勘潭州城壁興築年深例皆摧損申畫朝旨給降空名度牒一百道應副修完子城外城並依元料畢工門樓屋舍依法式創新起造及城東西水窻並用大石甃砌各得堅完了畢詔曾孝序特除龍圖閣直學士候今任滿日令再任其提點修城部役等官令轉運司覈實其工力等第保明奏聞 紹興三年五月六日左司唐煇言潭州雖係帥府城中闊殘有折

方域九之一七

彥質到任大為修城之計料數十二縣應副物料其數甚廣宿臣措治城壁固所當先然不可不以其時而奪民之力方農事興作耕者尚少人使之往來搬運癈發未平復又科斂乞今且治闕壞使足以守如欲興築當俟農隙其有科斂乞賜約束詔檢會已劄下事理并令來臣條上言劉與折彥質照會施行彥質言本州殘破之後官司倉庫焚蕩殆盡樓櫓器具皆無城圍浮漫難以守禦乞從臣斟酌將空閑處裁減三分之一部省勘會裁減一節仰提刑轉運安撫司同共酌度保奏臣契勘所乞錢物修葺非為目下便要興工緣材植竹木磚灰所用浩瀚若不逐旋收拾將來農隙趁時下手

卷八千九十六

部致搔擾民間人告勅度牒亦非臨期可變轉之物令來已是六月去其時不遠望將降處分施行詔令禮部給降荆湖南路空名度牒二百道專充修城支使十月二十九日本路提刑轉運安撫司條奏到委都監及壕寨司官打量城身周迴二十二里九步西臨大江東南兩壁並依山勢不可裁損唯有北壁地皆荒閑南北相去遙遠今相度欲就北壁截損於朝宗渌波兩門之間截去城地三分之一共七里半外所有新城圍計一十四里一百八十九步將來興工須拋下六縣科率百姓誠為可憫比勘會本州有鑄錢監兵士稍多每日坐食無所營為乞令不計工程逐旋修補磨以歲月自見功

方域九之一八

劾即不得下諸縣科夫及所用止於所降錢内取足亦不得妄有斂率庶幾公私兩便詔從之　紹興三年十月七日詔禮部給降度牒一百道付潭州充修城使用委漕臣豐誼提督收支不許一毫擾民以帥臣周必大奏請故也　慶元五年八月一日樞密院進呈知潭州王藺申築城圖倫余端禮等奏此役甚大所費不盡出朝廷本州措置為多王藺合少旌其勞上曰降詔獎諭事體稍輕宜與進官一等端禮等曰陛下處分甚得輕重之體

宋會要　襄陽府城

卷八千九十六

三

乾道五年四月二十四日知襄陽府司馬倬言申獲勅旨再貼築府城用甎内外包裹及增置樓櫓守城器具合用工物浩瀚詔給錢五萬貫禮部給度牒百道仍就襄陽府椿管米支給萬石碩　乾道七年八月十九日荊南駐劄御前諸軍都統制秦琪權京西轉運判官兼權知襄陽府張棟言襄陽府城樓櫓雉堞委皆壯觀止其中砲臺慢道稍少緩急敵人併力攻城緣道遠援兵難以策應今欲增築砲臺四座慢道十一條及城東南西壁舊皆直門若敵人併兵攻燒無以遮護今欲於逐門外各築甕城一座緩急單馬易以出入可以禦敵子城西角除女頭鵲臺護險牆荷葉渠外止有戰道六尺至七尺狹隘容人不多今欲增高接築自裏增貼與已築城面齊高三丈三尺面闊二丈二尺自西北角抵江岸止二十餘步以斷頭東至北角去江岸三百三十餘步地步廣闊敵人可以屯泊相度欲移北壁工役於西北角抵江岸二十二步東北角抵江岸三百三十步與兩城角圍樓相接刱築雁翅鑰匙頭城二座東壁刱築馬面子五座上安戰棚各十四間就裏築砲臺一座慢道二條開城門一座兩壁亦開城門一座上安戰棚各十四間慢道一條城上接閣樓各置閘門一座外壁用甎包砌可以照應樊城互相策應及兩雁翅城門亦可引拽軍馬出奇應變兼樊城東西已有雁翅城襄陽城北若不依此條築圍護則諸軍車戰馬船無所繫泊并一帶

卷八千九十六

四

居民盡成委棄況襄陽城中地形甚高而漢江至秋冬水落其流甚低城中井泉甚少常患之水今若修築雁翅城直接江南則與大江移入城中無異且本府北門正與樊城相直兩城屹立中據大江敵人無路可犯實為大利伏望速賜處分詔雁翅城別聽旨餘從之

荊湖北路

此及永州府志注乃會要也

永興軍路 小字改大字

全唐文

宋會要 荊門州城

紹熙三年三月十二日詔於鄂州大軍庫樁管會子同支撥一萬貫付荊門軍專充修治城壁使用從知軍陸九淵所乞故也

宋會要永州府城

府城始剏於宋咸淳癸亥歷元因之洪武元年恢復以來屢加修葺六年本衛官撤舊而更新之周圍九里二十七步計一千六百四十四丈五尺高三丈城門凡七一正西二永安三太平四正南五正東六正北七瀟湘門上各建重樓復增敘德勝望江鷂子嶺及五間樓凡

卷八千九十四

四座通計一十一樓周環串樓凡一千三百九十有六雉堞凡二千九百四十有二鋪凡七十有六壕則洪武元年以來屢加開濬由城西北隅至于南門皆瀕瀟水由西南而東隄水為池深一丈闊一十丈又東至于北門關土為壕深一丈八尺闊四丈五尺又自北門至于西北聯屬為池深一丈五尺闊一十五丈水常不涸其高下遠近並因地勢宋會要宣和元年正月二十七日降授朝散大夫充徽猷閣待制永興軍路安撫使董正封奏臣勘會見今修完永興軍城壁樓櫓損壞之處元料計六十二萬九千六百四十三工除五萬九千已役外有五十七萬六百四十三工本軍雖有壯城兵士差往西京修城等差使占破外見管八十四人驅見債以歲月修完未了除本司已有見管修城錢數外欲望支降度牒四百道以和顧人修造不惟城壁計日可了然可以保護闕食人戶詔依所乞特支二百道

吳之道永州內譙水

永州府城城濠中修

一

城記 天子制地千里以待諸侯正為民也非為諸侯也以千里之民寄之撫寂維藩維翰苟得其人非民社偁乎湖水為佳山水郡我藝祖皇帝肇基于茲郡以永名旌王萬年子子孫孫永保民之義也永去天雖遠人蒙厚澤耕鑿相安自有不墉而高不池而深不關而固者惣興間曹咸諸邑桿禦徑入至嘉定而人有李元礪之瀕洞趙侯善議始增修其裹城焉外城猶未暇及開慶已未韃從南來永當上流門戶受害尤毒殭民無知啟亂楚胡公蘚氏廬蕩氏一燼提刑黃公夢桂於庚申秋攝節兼郡議築外城周圍一千六百三十五丈備費均役規模井如也公未幾免去印侯驛孫祕丞而知郡

卷八千九十四

事有一年有半張侯遠猷以道停而攝郡事者又半碁陶甓鷟柳僅及西南二隅太府寺丞謝來領郡寄首登城歷覽且曰掌固之職城郭為先然潢池之牛犢幸安而中澤之鴻鴈粗集乎將勞民寧無病民乎僚屬曰勞民特暫爾實遺民無窮之逸侯曰今為民病者得非科斂之不一調差之不公歟吾則弛科斂調差而使之樂其勞得非原屨之不給廩食之不充歟吾則增原屨豐廩食而使之忘其勞揭而曉之聞者應募於是埏土為甓甕風石為灰材用足畚鍤具杵築之聲與歌聲相和運甓之力與日力俱進竭工於癸亥之秋而訖工於甲子之夏正門四東曰和豐西曰肅清南曰鎮南北曰朝京

二

開便門五以通汲水女墻雲矗雉堞天峻真可以為侯國之眉目邦人之高華侯復曰外城堅則堅矣裏城重闉猶自露立甚非龍藩氣象迺搏浮費致工師鳥而新之不三月而落成樓觀翬飛巖巖翼翼視外雄猶大有加環永之民萬口交誦莫不曰維嶽生申實為周翰侯今之申者也欽奉王命式是南國有俶其城皆申之功詩人不獨美其事蓋美其能于宣也申之心在乎藩宣豈有心詩人之美哉之道拱而進曰來有天下三百餘年而後方有斯城況侯又賢於城者焉可無以紀之侯曰紀實足矣衒揚則不可之道敢撫興言之實而壽於石庶來者可考云侯名與信寧愈信咸淳乙丑正月望日記

〔大典卷八千九十四〕

三

福建路

宋會要 福州府城

紹興二年六月十一日宰執進呈趙汝愚條具到福州催科二稅及修城利害上曰州郡城壁不比邊州既於百姓不便具緩修築亦無害紹熙二年十月二日知福州趙汝愚言竊惟本州民物浩繁垣高五六尺姦民出入無度委是非便今已措置磚石欲只用舊基稍增一二尺甃以磚石而所費工役不多易以可辦從之

宋會要 泉州府城

熙寧九年四月二十一日詔福建轉運常平倉於年計及役剩等錢內支撥修築泉州外城

宋會要 連城縣城

〔大典卷八千一百二〕

紹興三年七月十五日汀州言乞將蓮城堡創置一縣詔依以連城縣為名

成都府路

宋會要 成都府城

咸平四年四月十八日知益州雷有終轉運使馬亮等
言準詔商度毁本州馬羊城濠利害竊以郡國城隍具來
久矣蓋所以聚民居而防他盜也本州頃歲李順之亂
賊內外攻即日而陷此城池顧把之咎也去歲三由之
叛亂中內作經年自固此城池完葺之咎也然而理亂
之事雖繫于人亦關冥數非可預測況此城頃因蠻人
來寇民受塗炭至唐天成三年節度使孟知祥遂謀創
築若緣均賊前事誠合去除又慮異時寇盜外攻復資
爲備欲請仍舊不毁從之

宋會要 茂州城

卷八千九十九 一

熙寧九年五月十二日詔茂州城令知成都府馮京相
度乘兵勢修築仍差軍馬防托如有侵占蕃部地即買
之

潼川府路

宋會要 叙州山城

慶元元年二月二十七日四川安撫制置司言叙州申
本州城壁管城門七座除安詔來遠兩門計城身二百
七十二丈見行隨宜計備村植修葺外餘荔枝甘泉朝
天奉恩蓮華五門計城身九百四十二丈五尺本州雖
以申明未準支降錢糧修築本司照得潼川運判張澈
奏任內有趲積到錢二十餘萬緡撥一十萬緡糴廣惠
倉米一十萬緡樁充備邊乞朝廷特賜行下潼

方域九之二五

梓夔路

川運司於上件樁備邊錢內支撥錢引二萬貫應副叙
州修築施行詔令支撥錢引一萬貫仍委丁逢措置修
築候畢工日具已修築次第申尚書省

宋會要 栢木州古城

政和元年正月二十九日梓夔路鈐轄司奏準樞密院
劄子臣僚上言伏見南平軍溱州國今歲大雨淋注城
壁馬面路道敵樓棚屋摧塌側亞內南平軍八處溱州
一十餘處丈尺不等遂州軍見今催督官兵併工修補
施行次契勘夔路邊壘土脈不堪及霖雨所以久來盡
用板屋庇護城身或因風日吹曝便致踈漏兼板簷短
促往往淋瀝城身致夏雨頻併之時多有墊壞欲乞今

卷八十九十九 二

後應守禦地分敵樓棚屋悉令添換長板出簷滴水不
得衝注城身及學用灰泥固護每歲春時州軍檢舉添
灰泥飾庶得城壁完密不失守禦之備詔委本路鈐轄
司相度聞奏令劄付梓夔路鈐轄司準此本司勘會夔
州路諸州軍城壁內有木板遮蓋去處本司今相度欲
依臣僚上言用長板遮蓋出簷滴水每歲以冬時點檢
添灰泥飾所貴時月灰泥堅固委是穩便從之

潼川府路

宋會要 樂共城

江縣樂共城元豐四年置

夔州路

宋會要 播川城

播川城宣和三年以播州并播川縣改

方域九之二六

景祐四年五月十七日，廣南東路轉運司言廣州任中師奏城壁摧塌乞差人夫添修欲依中師所請詔廣州更不差夫只那合役兵士先從摧塌及緊要處修整
慶歷五年五月八日資政殿學士知曹州任中師請修廣州子城仍請置巡海水軍兩指揮從之中師嘗知廣州以州獨有子城而廢久不修恐緩急有盜不足以守禦也　皇祐四年十月二十九日詔知廣州魏瓘廣東轉運使元絳凡守禦之備毋得苟且而為之若民不暫勞則不能以久安其廣州城池當募蓄漢豪戶及丁壯併力修完之若無捍敵之計但習水戰寇至而鬬非完策也時儂智高還據邕州日採木造舟而揚言復趨廣州故也　五年五月二十三日詔諸路城池據衝要者即修築之其餘以漸興工毋致勞民　神宗熙寧元年四月二十三日龍圖閣直學士呂居簡言前知廣州伏見本州昨經儂賊後來朝廷累令修築外城以無土難興修本州子城東有舊古城一所見存與今來城基址連接欲乞通作一城詔令廣南東路經畧安撫司疾速計度功料如法修築本路轉運使王靖乞降空名祠部一千道付經畧司出賣雇召民夫詔給祠部五百道七月十一日廣東經畧轉運使王靖言廣州子城見差官燒塼候至今秋修砌乞降空名祠部一千道付經畧司

出賣雇召民夫詔給祠部五百道據呂居簡所言人戶於街衢見砌石段仰權借修砌城腳候官般到即給還之　十二月十三日廣南路東轉運使王靖言修展廣州東子城修畢　五年八月十二日提舉廣州修城張節愛言創築廣州西城及完舊城畢廣州舊無城魏瓘知州事始作子城初儂智高作亂據邕州率衆浮江而下數日抵南海知州仲簡嬰子城自守其蓄漢數萬家悉委於賊席卷而去蓋其始謀知廣之無城可以鼓行剽掠無所忌自是廣之人常偽言相驚驚曰其寇且至莫安其居議者皆以為土多蜆殼不可城知州程師孟以為可於是令經畧轉運提點刑獄三司連書併圖來上朝廷遂可之仍遣節愛董役以八作都料自隨蓋廣南方不便版築也凡十月而畢師孟等上言稱謝降詔奬諭賜師孟轉運使向宗道各銀絹一百匹兩提點刑獄陳倩周之純轉運判官盧大年各銀絹五十匹兩部役勾當官仰安撫轉運司勘會保明聞奏張節愛候至京日取旨又賜　熙寧九年二月十一日賜錢五萬貫付廣東轉運司修完轄下州軍城壕　元豐二年十一月二十八日賜廣州度僧牒三百濬城壕　元豐三年六月九日詔權知廣州殿中丞吳潛權發遣提舉廣東路常平等事以潛上書乞修城壘上從其請故有是命
紹興元年四月二十八日詔廣東路轉運司疾速那撥

廣南東路

修城錢五千貫付廣州專充修城使用以府臣趙存誠
有請也

宋會要 肇慶府城

紹興元年十一月十八日康州奏據本州居人通直郎
伍士偕等狀本州係是主上昨來潛藩竊見肇慶府元
係端州道君皇帝即位推恩展拓城壁朝廷降錢二十
四萬貫今來軍興之際不敢過有耗費只乞支度牒四
十道付轉運司應副建雙門一座以揭府牌及量修城
壁等詔令禮部修寫廣南東路空名度牒三十道應付
支用

廣南西路

宋會要 廉州府城

卷八千一百三

紹熙二年十月三日權知廉州沈杞言本州城壁係邊
海去處每年夏秋間颶風不時發作其城上屋宇間有
損動乞令本路經略司行下本州守城兵官常椿物件
自今後城壁屋宇遇颶風發作隨有損處即便修葺不
得接（積）有損壞從之

方域九之二九

廣南西路

全唐文

宋會要 賀州

澄州賀川郡領四縣開寶五年廢州省止戈賀水無虞
三縣入上林縣隸邕州

卷八千一百七十五

方域九之三〇

宋會要　道路

太祖建隆三年正月九日，詔西京修古道險隘處，東自洛之鞏，西抵陜之湖城，悉命治之，以爲坦路。五月十八日，潞州言先奉詔集丁夫開太行路，俾通餽運，今已功畢。四年四月二十三日，詔重疏鑿三門。

真宗大中祥符二年二月十二日，詔曰：「昨議從京西驛路出永安縣，且永安陵邑也，如聞從之，則秦蜀行旅戎夷入貢悉由於此，神道貴靜，非所宜也，其亟罷之。」三年正月九日，詔利州路轉運司，自今令官使臣欲修易棧閣者，具述經久利害待報，無得擅行。先是，川陜多建議修路以邀恩獎，或經水潦，即壅石隔礙舊路，又隨而廢。至是利州以新改閣道，其原規畫使臣軍校乞加酬獎，帝知其弊，故條約之。

卷一萬四千七百四十九

四年三月，詔自武牢關至滎陽鞏縣道路兩邊有巖險墊裂處，恐經雨摧塌，妥遂處相度剗削修治之。五年七月十七日，詔劍州、利州修棧閣路。十一月，河北安撫司請沿邊官路左右及時栽種榆柳，從之。十二月，詔：「近聞開封府以京城居民侵占街道，盖到棚廈，並令毀拆，方屬嚴凝，可令至春月施行。」七年八月，荊湖北路轉運使高伸乞開辰鼎州路，畫圖進呈，帝謂王旦等曰：「恐勞擾軍民，可且令依舊。」九年六月二十七日，太常博士范應言：「諸路多闕係官材木，望令馬遞鋪卒夾官道植榆柳，或隨土地所宜種雜木，五七年可致茂盛，供用

之外，炎暑之月亦足蔭及路人。」從之。天禧元年四月，詔州陜轉運完葺橋閣，無致因循。三年八月，遣使西京至陜府修葺道路，以霖雨壞道故也。

仁宗天聖二年五月二十八日，蘇州言修土石塘路畢，降詔褒諭，賜賚有差。慶曆二年三月十二日，詔河北比歲積雨壞道塗，其整官路兩旁闊五尺、深七尺，民田各於封界闊三尺、深五尺，以泄水潦，限半年功畢。三年七月二十七日，祕書丞、知興元府褒城縣竇充言：「竊見入川大路自鳳州至利州劍門關，直入益州路，遥遠橋閣約九萬餘間，每年係鋪分兵士於近山採木修整通行。近年添修所使木植萬數浩瀚，深入山林三二十里外採所，辛苦。欲乞於入川路沿官道兩旁，令逐鋪兵士每年栽種地土所宜林木，準備向去修葺橋閣，仍委管轄使臣、逐縣令佐提舉栽種，年終栽到數目批上歷子，理爲勞績，免致緩急阻妨人馬綱運。」詔令陜西及益州路轉運司相度施行。

卷一萬四千七百四十九

五年九月二十七日，北作坊使武繼隆言：「竊見河北西山有土門路，自真定府與河東往來相接，景德年已前勾抽河東軍馬策應河北出入大路。今歲河北雨水稍多，衝注成澗道，乞令逐處官吏常切修葺，不管阻滯過往客旅車馬，仰本地分縣尉司不住巡覷點檢，仍令每年秋初舉行，萬一緩急勾抽軍馬過往，且免阻滯。」詔令河東都轉運司相度，只作本司意度牒平定軍點檢

嘉祐二年十二月二十九日置衙道司指揮兵士以五百人為額　神宗熙寧十年二月二十四日利州路提刑司言准朝旨送下李杞奏成都府至鳳州大驛路自金牛入青陽驛至興州雖興元府界亦有褒斜路久來使命客旅任便往來昨利州路提刑范百禄擘畫改移興元府路作大驛路及撥併馬遞橋閣鋪兵級在彼令興州一路直通秦州以至鳳州河池縣界首甚有橋閣約二萬餘間兵士數少難以修葺況今收買川茶正由此路乞除秦鳳利州路係元相度外别路選差官再行相度新舊路經久利便令逐路提刑司相度利害具合措置事狀伏覩褒斜新路自金牛驛至褒城縣驛計三程悉係平川別無橋閣自褒城驛至鳳州武休驛其間只雖翁嶺一處雖係山路目下修葺寬闊通過無阻創置驛鋪費用不少勘會未移路前遞年科撥興元府洋州人戶苗稅往興州舊路沿路送納累路程驛差官受納監驛支遣地里遥遠住滯人戶今新路口有曲灘驛一處差官監程外褒城等縣倚郭程驛興元府洋州人戶只就縣倉送納別無阻滯縣司官員兼管勾支遣亦不妨職事其褒斜新路于沿路鐵錢界經久委是穩便所有銅錢界武休驛至鳳州計三程係秦鳳等路本司不見彼處利害又成都府路提刑司言舊路自鳳州入兩當至金牛驛十程計四百九里間道平坦驛舍馬鋪

卷一萬四千六百四十九

三

完備道店稠密行旅易得飲食不為難艱若新路自鳳州由白澗至金牛驛計三百八十五里雖減兩驛比舊路只少二十四里隨山崎嶇登陟甚難復少居民又無食物人情以此厭勞如發川綱往秦州只從舊路行至故驛便可直入成州如由新路須過鳳州五程至鳳翔府方有路去秦州緩急應副邊須亦恐非便今茶綱見行舊路商客皆由此出惟請券驛馬各不獲已二者較之利害甚明若謂新路興功不少驛鋪已成未欲遽更深慮久遠人言不便必須改復則舊路閣道已頹異時修完煩費又秦鳳等路提刑司言成都府至鳳州大驛路自金牛驛程入青陽驛至興州雖興元府界亦有褒斜路任便往來去年改移興元府路作大驛路及併馬遞橋鋪兵級在彼令興州一路直通秦州以至鳳池州河池縣界首橋閣約二萬餘間兵士數少難以修葺況見今官中收買川茶正由此路經過本司相度得舊路道里遠近若不相較驛程只減一程如從初不開新路即省得工費今既施工修蓋馬鋪驛舍用錢不少如却行舊路即虚棄工費兼新路已修完備實寬得興元洋州百姓遠輸舊路四處深江或遭泛漲即阻節過往及飛石中行人常有死者新路並無此患兼合添置一驛并遞鋪如允從即別具合添置去處申奏次詔送樞密院施行八月十一日入内内侍省都知張茂則言今相

卷一萬四千七百四十九

四

度到虜使驛路出澶州西趨黎陽由白馬縣北側近可以繫橋通行從之元豐元年十一月二十一日衛尉寺丞知三泉縣莊黃裳言本縣當益梓利夔四路之衝昨議者請廢北路復褒斜故道以減程驛寬漢中輸納之勞令日較之為害甚於前日詔委劉忱李稷同比較既而忱等言褒斜新路視興州舊路雖名減兩程其鋪兵遞馬皆增於舊又卒亡馬死相尋官吏館券給請亦倍舊路雖號十程比新路纔遠八里且多平慢新路雖減科發洋州稅米四千餘石乃移撥興元府鳳州稅米二萬餘碩今若行河池舊路還復馬遞鋪官舍亭驛略加修整即目如故顯可減河池兩當二里三驛詔三驛不

五

卷一萬四千七百四十九

減餘並從之初三泉縣之金牛鎮有東北兩路北通陝西秦鳳熙河京西諸州以至京師東通梁洋州熙寧七年利州路提點刑獄范百祿建言廢北路復褒斜路至是黃裳疏其利害下忱等比較從黃裳所請也五年二月二十三日熙河路都大經制司言相度通遠軍去定西城路為便乞自女遮谷以西隸通遠軍龕谷寨以北隸蘭州從之九月二十五日滑州言刀馬河水泛溢韋城以南至長垣人馬不通詔開封府界并滑州信使所行道專委通判滑州蘇注主管　徽宗大觀四年三月十九日儒林郎前鎮寧軍節度推官慕宗亮奏臣伏覩在京每年開淘渠塹之際並是近街築坑以備盛泥若

被風吹土在坑面上共地一色又無遮攔及覩天下當過街路與旅店中有井無攔木其上件坑井若是陰黑無眼人或有酒人遺身在內必害性命臣今欲乞天下當過往街路有井無攔木令地主修置在京泥坑無物遮攔處令逐處地主每一坑用小柱四條各高四尺安在坑邊四角以一寸圍徑麻繩圍三五遭可遮攔得免傷民衆性命仍令逐處令干人常切照管如井攔損動即令修補常要牢固詔依所奏慮民間出辦煩似科率並官中修置在京令尚書工部將作都水監疾速施行政和三年八月九日歸州奏本州西門蜀江屹灘俗號人鮓甕大石四五截江道夏秋舟行者多罹其害欲候

六

卷一萬四千七百四十九

水落鑿開灘石以避其險乞給度牒二十道充費從之六年四月二十二日工部奏知福州黃裳狀契勘本路八州軍建汀南劍州邵武軍驛路從來未曾種植并福州尚有方山北鋪亦未栽種遂致夏秋之間往來行旅冒熱而行多成疾疫遂專牒委自逐處知州軍指揮所屬知縣令丞勸諭鄉保遍於驛路及通州縣官路兩畔栽種杉松冬青楊柳等木續據申遍於官驛道路兩畔共栽植到杉松等木共三十三萬八千六百株漸次長茂已置籍拘管緣瓢採伐官驛道路株木即未有明文伏望添補立法本部檢承政和令諸係官山林所屬州縣籍其長闊四至不得令人承佃官司興造須採伐者

報所屬政和勑諸係官山林輙採伐者杖八十許人告政和格告獲輙伐係官山林者錢二十貫本部看詳乞依前項條法諸路作此從之宣和元年八月十六日權發遣京畿提點刑獄公事許偲奏州府縣驛舍以待賓客吏胥弗虞不以時察或梁桷撓折或牆壁圮壞欲望特降睿旨俾諸路各行修整嚴責州縣常切覺察 高宗建炎四年六月二十九日詔車駕不測巡幸令浙西建康府江東路安撫使司疾速隊行計備經過去處錢粮舟船類遞即不得開修道路過為供帳卻致搔擾十月四日提舉兩浙市舶劉無極言知宣州李光狀為臨安府於潛知縣陸行可將千秋嶺路掘斷事無極相度

卷一萬四千七百四十九 七

千秋嶺通徽太平宣州廣德軍建康府正係衝要控扼去處東西兩山上闊一千餘丈萬一賊馬奔衝直趍木府至越州或取嚴州直趍溫台明越州若不掘斷臨時措置不久又恐傳送機密文字綱運往來不便欲開掘中間量留三五尺以通傳送文字綱運商旅稍有警急併工掘斷從之紹興三年十二月九日知臨安府梁汝嘉言被旨委開火巷今已用舊陌巷開展如丈尺不及即拆及三丈之處如屋宇稍密巷陌遙遠別畫圖申取指揮又言巷闊者不過一丈狹者止五尺以下若一槩展作三丈恐拆去數多欲將已燒去處只展作一丈五尺不經火處展作一丈詔並依已降空留三丈指揮更

不施行既而殿中侍御史常同言近者有司以遺火延燒之頻乞於執政侍從之居倉庫四面各毀民居開留隙地計所毀無慮數百千家連日急迫與延燒無異民咨胥怨有害仁政乞除倉場庫務四面量留空地外其執政侍從僑寓居民特免毀拆詔執政府第元降空留丈尺指揮減二丈只空留三丈侍從官宅不經燒毀去處並免毀拆餘依已降指揮 孝宗淳熙三年二月二十七日四川茶馬司言興縣順政長舉兩縣棧閣舊置武臣一員充巡轄人兵三百專一巡視葺令乞令諸司共措置務令經久仍招填人兵依時修治棧道從之十二月十一日詔臨安府都亭驛至嘉會門裏一帶居民

卷一萬四千七百四十九 八

舊來侵佔官路接造浮屋近緣郊祀大禮拆去旋復搭蓋如應日前界至且聽依舊其今次侵展及官路大段窄狹去處日下拆截其餘似此侵佔去處令本府相度開具以聞七年六月二十三日臨安府言奉詔本府居民添蓋接簷突出并蘆廊木簷侵占街道及起造屋宇侵占河岸如有不伏去拆違戾之人令追捉於地所斷遣枷項號令候犯人替本府除已盡行去拆如有居民并百司公吏不伏去拆違戾之人收錄解府送獄根究斷罪內有官戶追幹人解府斷罪並枷道令候犯人替從之 光宗紹熙二年四月十六日詔臨安府傳法寺并燒毀居民去處其寺面南街道為脩近重華宮宮牆比

舊展退北一丈，經燒居民不許搭蓋。繼而知臨安府潘景珪言：宮牆外諸處官府毗近居民，除見有樓屋免行毀拆外，日後不得添造。從之。　寧宗嘉定十六年十一月一日，臣僚言：臣昨者伏見諫臣有疏，謂八盤嶺迫近帝闕，非車馬憧憧往來之地，乞行下禁止，誠為至當之論。然臣嘗見尚有可言者。自都亭驛至麗正門，係文武百僚趨朝前殿之路，皆是泥塗，窮冬雨雪氷凍，春雨梅霖淖濘，委是難行。欲望聖慈申敕攸司，自候潮門內之南至麗正門，並用石版鋪砌，可通車馬之路，所費無幾。或曰大禮年分恐礙行輅，曾不知逐郊例是一路石版，臨期悉行除拆，禮畢日仍舊鋪砌，初非難事，亦可以壯帝王之居。從之。

卷一萬四千七百四十九

十七年二月六日，臣僚言：嘗讀《月令》一書，孟春之月致謹於修封疆，相阪險，及觀成周大司徒布教於始和之月，而令野修道，其職尤拳拳焉。蓋道路封疆之修，阪險原隰之相，誠治地之先務，而順時布政者之所當汲汲也。仰惟國家中國（興）駐蹕東南，具百年矣。處瀕水之右，據吳會之雄，自臨安至於京口，千里而遠，舟車之經從，郵遞之絡繹，漕運之轉輸，軍期之傳送，未有不由此塗者。去歲雨潦霖霪，水勢衝突，堤岸以之而毀圮，道路因之而欹陷，橋梁由之而傾摧。州縣之間，務從可（苟）且，視主管運河堤岸之職恬不經意，其能推如溺之念，軫若涉之思，因民之病而拯之者，曾未之見也。由是車騎之往來，舟楫之牽挽，顛躓陷墜，類多苦之。所賴邊陲少寧，無羽檄交馳之虞，易粟蜚輓之迫，脫或緩急告警，事關軍國，星夜疾驅，瞬息少差，利害隨至，固不可不過為之慮。邊塘畝甽或值旱澇，堤防瀦蓄有藉於塘築之固，以施車肩之力者，其所係尤不輕也。今春事方興，土膏潛動，修築之政所當舉行，苟視為細故，不亟正而素備，則舍舟而徒者何以遂其出於塗之願？異時凱旋，寧無如還濘而止之患？況其他如總牧吏、戍驛簡符泥淖，其利害又不止是耶！欲望睿慈順月令布政之方，體成周設官之意，行下兩浙轉運使、浙西提舉司疾速令沿塘一帶所隸州縣，其有道路堤岸橋梁摧毀去處，即日下量給工費，委州縣官及本鄉保正等公共相視，措置修治，毋騷擾。從之。

卷一萬四千七百四十九

歷

全唐文驛傳　都亭驛

宋會要

淳熙二年四月二日詔都亭驛置專知官一名令以副尉
赴都堂差注從大理正晏護請也　閏九月二十三日
詔都亭驛差儀鸞司手分一名同臨安府差到衣被局
衙職置歷交付工匠仍於在役巡防擺鋪軍兵内差七
人宿直　以國信所言都亭驛秖應人舊差儀鸞司手
分一名後係臨安府排辦幕帟事畢拘收緣此無人管
轄官物抄轉文曆去失幕帟故也　六年正月二十七
日提點都亭驛鄧檣年言應辦使人已及十次　紹興
二十七年正月指揮合依臨安府應辦官例特轉一官
卷二萬五百四十五
詔依今後準此　十四年五月四日詔都亭驛減貼司
一人兵士八人　先是都亭驛專知官副知各一人手
分一名貼司一人庫級一人庫子二人院子七人兵級
四十人於是司農少卿吳燠請減冗食下勑令所裁
定而有是命

來遠驛

在崇化坊以待遠人　神宗熙寧三年五月二十九
日新作來遠驛以舊馬軍都虞侯公廨增葺為待
蕃客之所　八年閏四月十八日詔都亭西驛監官令兼
勾來遠驛

宋會要懷遠驛

景德三年置掌西蕃交州西蕃大石龜茲于闐甘州宗歌等貢奉以三班
内侍二人監真宗景德四年七月起懷遠驛　神宗熙寧七年十一月十
二日客省言懷遠驛有提舉汴河堤岸霍翔在驛寓止續有溪峒蠻人向
仕旋等至翔即離驛竊謂朝廷館待四夷不止於懷遠一驛他處率無許
容臣僚休者之例欲乞應本省所轄諸驛並不令臣僚安下從之先是嘉
祐中有余良肱安泊後以為例至是罷之

卷二萬五百四十七

全唐文 宋會要 驛傳 雜錄

太祖開寶四年十月十二日，知邕州范旻言：「本州至嚴州約三百五十里，是平穩徑直道路，已令起置鋪驛。其嚴州至桂州，請修置鋪驛。」詔令嚴州、桂州據管界道路接續修持，各置鋪驛。　七年六月，以知制誥李穆監懷信驛事。　太宗太平興國二年八月四詔改懷信驛為都亭驛。先是，周世宗初平淮甸，江南國主李景稱藩，置是驛以館其來使。至是以江左平定，故改也。　六年七月，京東西路轉運副使石熙古言：「所差制使多分占館驛以為制院，枉費修葺。有方使命安下，欲望今後止令以

卷二萬五百四十四

空閑廨宇充制院。」從之。　雍熙四年六月，遣右拾遺王仲華點檢澶州界館驛，殿中丞蔣居中滑州界館驛，備北巡也。　八月十五日，詔：「應除授廣南、西川、漳泉福建州縣官，訪聞久拘選調，多是貧虛，涉此長途，將何以濟？自今並令給劵宿於郵置。」　真宗咸平六年六月二十三日，詔京東西、河北、河東、陝西、淮南諸縣令兼知館驛，使勿得差往他所。　景德二年九月四日，詔興州青泥舊路依舊置館驛并驛馬遞鋪等，其新開白水路亦任商旅往來。先是，屢有言新路便近，亦有言青泥路雖遠一驛，然經久難於改移者，故下詔俱存之。　三年十二月，置懷遠驛於汴河北。先是，契丹使館於都亭驛，其諸蕃

客使止於公府安泊，至是以為非便，遂規度侍衛都虞候舊公廨創是驛焉。　大中祥符六年，又以驛為皇姪惟正等南宅。　大中祥符元年五月九日，改鄆州臨鄉驛曰迎鑾，砂溝驛曰翔鑾。六月十四日，改兗州葛石驛曰回鑾，知溝驛曰太平。　三年正月十九日，內侍副都知閻承翰使夏州還，上言趙德明於綏、夏州界各建館舍以待王人，望於洛浦峽置驛。帝以其地荒僻，勞於役守，不許。　九年四月七日，以京城西舊染院為夏州蕃驛。　仁宗天聖六年九月，御史中丞晏殊言：「諸處州縣例差鄉戶百姓充驛子，甚有勞擾。臣前知南京日，就差剩員兵士，遂季替換，甚以便民。望行下諸州軍並依此

卷二萬五百四十四

例。」詔開封府界依所奏施行。　景祐三年十一月十日，臣僚上言：「諸州館驛供給無限，主守患之，請給市估之制。」詔可，仍命牓於驛廳事。　慶曆七年三月二十六日，詔西人朝貢沿路館驛須先過一二日掃潔，權止過往官員安下，不得前期張皇事勢。　嘉祐三年四月十一日，詔居州縣驛舍亭館者毋得過一月，有違，所在官吏以違制論，仍令轉運、提點刑獄司每半年以舉行。　四年正月十三日，三司使張方平上所編驛劵則例，賜名曰《嘉祐驛令》。初，內外文武官下至吏卒所給驛劵，皆未有定例，又或多少不同，遂降樞密院舊例下三司掌劵司，會倅名數而纂次之，并取宣敕令文專為驛劵立文者

附益刪改為七十四條總上中下三卷以頒行天下
神宗熙寧三年五月十九日以崇仁坊舊馬軍都虞侯公廨增
葺為來遠驛待蕃客之所　元豐二年六月三日賜兩
浙路度僧牒百五十修高麗使亭驛　四年六月十八
日提點開封府界諸縣鎮公事葉溫叟及祥符長垣韋
城知縣縣丞主簿尉監驛使臣十四人罰銅有差入內
殿頭吳從禮張積史革各展磨勘三年祥符縣主簿王
容韋城縣主簿姜永年各差替並坐失許置遼使路驛
亭也十二月二十一日滑州言新作遼使驛已題為武
成驛詔改為通津　哲宗元祐元年八月二日詔河陽
勑修北使驛亭溫縣宿頓以至德河陽縣中頓以清沇

卷二萬五百四十四

氾水縣中頓以行慶館為名　元符二年七月二十七
日戶部兵部言涇原路經畧司相度新建城寨自鎮戎
軍至平夏城次至臨羌寨次至西安州為三程仍乞以
石門秋葦南牟為三驛名從之九月二十九日廢延安
府招安寨為招安驛　徽宗崇寧元年六月十四日勑
鼎州龍陽縣永安驛與陵名相犯改為龍潭驛九月五
日修都亭驛畢工詔翰林學士蹇序辰為之記凡役自
五月甲子迄八月戊寅為日十旬有奇凡治舍自門堂
屋廡序為屋五百二十有五　政和四年二月二十五
日詔臣僚上言永興軍館驛年深弊漏見任官無廨宇
往往指占居住致經過使命蕃夷只就寺院或邸店安

泊可委本路帥司根檢館驛舊基完葺并創置什物等
其見任指占作廨宇者並起遣搬還仍立法禁止日後
更有指占及借什物出驛者以違制論令禮部給降空
名度牒一百道應副修置　高宗紹興二年十二月十
五日樞密院言高麗使副非晚到闕欲乞令臨安府就
法慧寺充館舍從之　五年十一月十九日蘄州言本
州廣濟縣已廢為廣濟鎮本鎮有一驛緣自蘄春縣至
本鎮至黃梅縣共一百二十里計程只止兩日程今來
見置三驛乞將此驛廢罷從之　二十五年六月九日
禮部言安南遣使進奉其館舍依典故以懷遠驛為名
從之　孝宗乾道二年六月十七日詔都亭驛班荊館

卷二萬五百四十四

歲於六月上旬檢視修整限八月終畢工有違聽提點
官檢察具事因報國信所審度申樞密院自今令兩浙
轉運司臨安府遵守修整務要如法先是國信所言昨
有旨每季檢計添修今生辰正旦使並冬季到闕若每
季檢計於事為煩故有是命八月十一日詔以懷遠驛
給臺諫官為廨舍九年十一月一日詔權以貢院為懷
遠驛事已依舊先是交趾入貢臨安府乞以馬軍司教
場為公舍得旨照紹興二十六年懷遠驛修降既而以
秋闈禮工部請以貢院充至是有司以繪圖來上故
有是命　淳熙十二年五月十五日詔川陝廣西漕臣
依元降指揮兼帶提舉綱馬驛程公事繫銜其提點使

臣並改作幹辦稱呼如有妄作令提舉官按劾以聞若
州縣於綱馬驛程却有違戾許幹辦官具申逐路提舉
依公舉劾如提舉官不職從朝廷取旨施行將臣僚論
興元府駐劄提點綱馬驛程奏朝每上下半年出巡所
至貪恣爲州縣害詔降兩官放罷樞臣周必大等同言
提點綱馬驛程多以小使臣爲之而稱爲太高至以監
司自處故有是詔

卷二萬五百四十四

全唐文

宋會要　急遞鋪

太祖建隆二年五月十七日詔諸道州府以軍卒代百
姓爲遞夫先是天下郵傳率役平民至是帝知其弊始
盡易之　三年正月二十三日詔郡縣起今不得差道
路居人充遞軍脚力　太宗太平興國三年六月三日
詔自今乘驛者皆給銀牌復舊制也五代以來凡乘遞
馬奉使於外止樞密院給牒至是以李飛之詐始復用
焉　八年十二月六日詔自京至廣州灣置卒月別給
百錢　端拱二年二月七日詔先是馳驛使臣給篆書
銀牌自今宜罷之復給樞密院牒　淳化三年四月二

卷一萬四千五百七十四

十一日荆湖北路轉運司張詠請罷峽州至歸州界水
遞人夫從之　真宗咸平三年八月十四日詔應文武
臣僚三班使臣內臣御前忠佐天章待詔諸伎術官等
今後差出勾當公事所請夫馬頭子回日畫時於所轄
處送納赴任即到本任送納並繳納樞密院訪聞差往
四川廣南等處知州通判都監監押及勾當事朝臣有
例乘遞馬者多請夫馬頭子乘騎遞馬即慢乘進發今
後除急程赴任及勾當緊切公事即得乞乘遞馬餘不
得更乞置借如違犯並勘罪嚴斷　五年七月十二日
省自來至廣南驛遞軍士及使臣計六千一百餘人先
是以廣南市泊陸運艱貲議自南安軍路泝舟抵京師

命戶部判官凌策與逐路轉運司計度至是省之人以爲便　六年七月樞密院言馬遞宣勑付外別無文簿拘轄縱有失墜無由盡知欲別置司以簿發遣帝曰雖別置司至逐房宣勑不知到發恐難照會可照諸州軍具逐月承受馬遞宣勑事目及月日實封於次月五日已前入遞聞奏候至逐房以文歷對會　景德元年二月詔川峽路州軍監縣鎮等吏卒乘馬遞報公事者自今禁止之先是以川峽州郡多馳騎往來傳送官文書及報公事人或驚疑故禁止之　二年三月詔河北西路急腳鋪軍士除遞送鎮定總管司及雄州文書外佗處文書不得承受帝以急腳軍士晨夜馳走甚爲勞苦故有是詔　四年閏五月詔諸道州府逐處使臣多以細碎不急事驛遞以聞自今非機密軍馬事不得輒遣驛騎馳奏　七月十日增置自京至宣州馬遞鋪　大中祥符元年十月詔沿路所置急腳遞鋪蓋令傳送文書如聞有近上臣僚并往來中使多令齎特物色負重奔馳咸不堪命自今非宣勑並不得應付　三年三月河北沿邊安撫司奏河北諸州軍馬遞鋪兵士有父母骨肉散在諸鋪者乞配在一處從之　五年十一月十二日令諸州遞鋪兵士有子孫同在軍籍者許同營居時有言鋪兵子孫皆異居者帝憫之特有是命　九年三月二十二日置梓州至綿州地鋪先是命氏丁傳送令

卷一萬四千五百七十五

二

革之也　天禧元年十月令樞密院諸房副承旨郎文昭管句支散遞鋪舊例驛馬有闕令郡牧司左右騏驥院配定進呈又命樞密院承旨張質管句支散至是質卒命文昭代之　三年五月屯田員外郎上官佖言諸處巡轄馬遞鋪使臣多權差司當職外公事望自今免廢本職從之　四年七月七日遣市使小車給鳳翔府至綿州遞鋪仍爲增葺補屋以道險且遠故也　五年十月淮南江浙荆湖制置發運司周寔言自今轄下如有倉場庫務綱運爲弊及水火損敗今急速差官點檢非常程公事許給遞馬一疋從之　乾興元年七月仁宗即位未改元　都進奏院言諸道州府往來遞角內所少諸般文字物色元降條貫專牒巡轄馬遞鋪使臣驅逐根尋緣使臣懼遭勘責才相推注欲望自今巡轄使臣地分內有人偷拆遞角根究得寔即吏不問罪或已理爲勞績如却爲他處根逐得寔即取勘批上歷子得替日遞降差遣從之　仁宗天聖元年五月二十六日詔內臣諸司使副供奉已下於諸處授送金龍玉簡及建道場齋醮不得占使舟舡往來遞馬不得過三疋如違並科違制之罪　八月八日詔諸道州軍馬遞鋪兵士如有作過罪止杖六十已上情理重及頻犯者並配隸本城下軍如無本城兵士即勒令重役　二年三月二十二日河北沿邊安撫都監張洟成言伏見天雄軍

卷一萬四千五百七十四

三

地分馬鋪欵馬長行皆抽差諸般雜役，有妨本鋪支應，乞降條約。詔自今諸路馬鋪兵士不得抽赴他處功役。
七年閏二月，詔自今應係承遞馬文武使臣請到頭子，勾當了日，畫時於合係去處送納，繳連赴樞密院，仰都奏進院指揮在京諸門馬鋪，每起供遞馬，如京朝官使臣三日内非次寔有故事，即具緣由於樞密院納換。仍令置簿拘轄，逐旋勾銷，有不納到者，勘會元給月日計程數催促，及取問住滞因依聞奏。　六月，監察御史王嘉言言：「昨承遞馬往信州勘鞫公事，竊見蘄、黄州界多差配到雜犯軍人充馬遞鋪祇應，别無人員鈐轄，多即便爲非，剽竊行旅。欲望自今諸路馬遞鋪兵士並於本

卷一萬四千五百七十七　四

城差無過犯軍人充，其配到雜犯軍人只勒在營，有人員部轄役使。」詔轉運使相度，如無妨碍，即依奏施行。
八月，都進奏院言：「自來馬遞鋪轉遞文字物色，遂鋪交割封頭皮紙角，但有損動破污，下鋪便具狀駝認所損去處，令前路據狀照會交割。遞角既稱封印不全，即沿路任便偷折，至投下處或點檢文字物色數少，只是勾追元供狀人根勘，並不見得偷折損動去處歸着。欲請轉遞皮紙角物色等，如封頭裹角破損無憑交割者，即本鋪與元轉送軍人同齎於所到處知州縣或都監押及地分巡轄使臣處，畫時重添封印，仍别出引批鑿交割。如曾經偷折，即官員躬親拆開，將内引數目點對

據見在文字物色重封交割前來，其所少名件，即就使根勘行遣，牒報逐處。如止是外列破損，不忏封角者，即令逐鋪人員曹司具文狀隨遞照會前來，或到後下處點檢數少，即挨排住滞時辰地分根勘。」從之。　八月十一日，權三司使公事胡則言：「諸州軍馬遞鋪多差本城指揮使或員僚提舉，訪聞所差軍員盡作優饒，於兵士處乞取錢物，是致轉加貧困。況逐鋪有節給部押及使臣巡轄，欲望自今更不差軍員提舉。」詔諸路轉運司勘會，有使臣巡轄處，即依奏施行；如無使臣處，仰依舊存留，仍鈐轄不得乞覓錢物，違者當行重斷。　十二月，詔廣南、福建、江淮、京浙路巡馬遞鋪使臣内有兼巡捉私

卷一萬四千五百七十七

原下

茶鹽勾當去處，自今令三班院選經歷事任人差充。慶曆四年正月十一日，以大雪賜河北、京西、河東遞鋪軍士特支錢。　皇祐元年正月二十一日，詔凡有邊警而敢盜發地角者斬。　十月二十三日，詔馬鋪每一晝夜行五百里，急脚遞四百里。　四年七月九日，詔自京至廣州增置馬遞鋪，仍令内臣一員提舉。　至和元年七月九日，詔陝西轉運司自永興軍至益州遞鋪軍士方冬苦寒，挽運兵器不息，其各賜緡錢有差。　嘉祐八年（英宗已即位未改元）九月二十二日，詔遞鋪住滞文字違一時辰并半時辰，各杖六十；一時半杖七十；兩時辰并兩時辰半杖八十，移配重難遞鋪；三時半半杖一百

移配重難遞鋪八時辰半徒二年　神宗熙寧元年正月十八日樞密院上新定到文武官合乘遞馬條貫詔可先是諸色人給遞馬太濫所在馬不能充足以致急遞稽留故也　二年六月九日詔京朝官差出峽勾當審官院依舊例出給人馬公憑大使臣差川峽差遣即仰開封府出給訖奏更不申樞密院　四年三月七日樞密院吏房言勘會所給遞馬頭子內自京差往外任任城官員雖於頭子內畫填候到日於本處送納繳連樞密院其間多有不曾繳到者窃慮因循別生奸弊乞下進奏院遞牒諸路州府軍監令後官員到任仰取索有無遞馬頭子如有立便勾抽繳連於樞密院送納如

卷一萬四千五百七十五

六

有稽遲令所在申舉乞行朝典詔令都進奏院遞牒施行其應短使及諸般差遣內臣大小使臣等所給遞馬頭子令於閤門并在京所轄處送納令尚書刑部遞牒在京諸處應係差出官員所轄人總候到京朝見或公參日並取索會與不曾乘騎遞馬詣實文狀如曾請領遞馬頭子即便具狀繳連於樞密院送納如違當行朝典　八月三日點檢陝西路馬遞鋪趙納之言乘遞馬者如到州縣未發間止許占一匹候行日方許差撥州府公用等物不許令遞鋪推般從之　七年四月十二日詔乘遞馬者於水行州縣聽乘舟官以役錢僱　八年十二月二十一日詔自京至廣西邕桂州已來沿邊

置急遞鋪仍令入內省差使臣一人點檢　元豐元年五月二十八日上批日者廣西凡有邊事五六處交奏不惟過淡張皇深恐沿路習為常事或真有邊機當速下轉運提點刑獄經略邕州安撫都監司自今非緊切邊事毋得擅發急遞及經略司已奏者勿重復如逐司自有所見及經略司處置未盡不拘此令。二年三月十七日太原府路走馬承受全惟幾言馬遞鋪兵窮困凍餒乞加寬卹上批久聞鋪兵艱勤之狀深可傷惻令因惟幾到闕面審其實亟宜拯卹可委河東都轉運使陳安石速具措置以聞　七月三日上批陝西馬遞鋪人馬多闕方軍興飛書遣使此最先務宜令兩路提點

卷一萬四千五百七十五

七

刑獄文臣點檢補填數足申明條約開封府界委提舉官　八月十二日詔內省選差使臣二人自京分詣陝西沿邊麟府等路於遞鋪內可選充急脚遞鋪兵級對換不堪走傳文字之人仍相度鋪分地里遙遠去處置腰鋪　二十九日詔自京至陝西河東用兵路分遞鋪各賜特支錢　四年十二月二十三日京西左藏庫副使鄧嶽言差提舉編排環慶府路馬遞急脚鋪等窃見常州至清遠軍駐札將官潘定劉清遷曰挾山道路通活別無阻節其南州至常州駐札將官劉僅樂進難差下未至即今靈州至韋州向上糧道阻節不通乞差近上臣僚多發廂軍自新界宋棱溝每十里置一鋪及

覇堡寨以便運粮轉送文書詔令胡宗回詳經宣所奏
展轉移牒指揮劉僅等速赴所分地巡綽通道令宗回
具析見權本路帥領兼職在饋運道路梗塞並不措置
回依以聞　五年三月二十一日詔陝西五路自大軍
入寨之後沿路馬遞鋪甚失編排有妨轉送文字專委
官整葺陝西差胡宗回王欽臣京西差梁燾　五月二
十六日蒲宗敏乞自秦州至熙州量地里遠近險易置
車子鋪二十八格刺兵士從之　六年九月二十五日
詔鄜延路令毋輒出兵令樞密院更不送門下省止用
金字牌發下牌長尺餘朱漆刻以金書御前文字不得
入鋪猶速於急遞　七年八月三日權河北轉運判官
〈卷一萬四千五百七十四〉　八
張適言已遣第十五副將王文景領兵捕被澶州界群
賊權令選來馬鋪馬七疋詔張適不當差馬鋪馬給將
下特釋罪　哲宗元祐六年四月七日刑部大理寺言
赦降入馬遞日行五百里事干外界或軍機及非常盜
賊文書入急脚遞日行四百里如無急脚遞及要速并
賊盜文書入馬遞日行三百里違不滿時者笞五十一
時杖八十一日杖一百二日加一等罪止徒三年致有
廢缺事理重者奏裁從之　徽宗建中靖國元年正月
九日都省劄子訪聞諸路馬遞鋪人例皆缺額致見存
應辦役使倍有勞苦往往不能依鋪分交替因致鋪兵
盤纏闕乏多飢凍僵殍或逋逃聚爲盜賊遞馬羸𤸅失

時枉有死損詔令兵部行下逐路監司疾速經畫措置
申嚴條約裁損泛濫差役及責立日限委當職官招填
投換闕額人兵并量增價和價遞馬並早令數足元額
相兼應副役使仍每月具招填過人兵及買到馬數申
尚書省　三月二十七日中書省尚書省檢會元符職
制勑馬遞鋪使臣私役所轄兵級鋪夫罪輕者徒二年
不以赦降原減看詳元祐以前編勑並無遇赦降不與
原減不法乞止科徒二年罪從之　崇寧元年六月十
四日勑郢州龍陽縣永安鋪與陵名相犯改爲龍潭鋪
七月十八日都省批送下成都府路轉運提舉司奏勘
會本路諸州軍每年差衙前管押上供及別路年額衣
〈卷一萬四千五百九十四〉　九
賜并坊場錢買到物帛綱運不少多是沿路闕少遞鋪
積押住滯雖有本條如遞鋪缺人許差廂軍及和雇人
夫沿路州軍往往不爲使行應副蓋自來年未有立定
罪名不任其責今欲乞今後川路諸般綱運至州縣缺
少鋪兵承受申報不爲依條差那廂軍或和雇人夫貼
鋪遞送以致住滯許押綱人經本州及逐路監司次第
陳訴或至卸納州軍中陳移牒所屬根治施行其干繫
官吏並依綱運無故稽留勑條一等科罪所貴各公共
協力應副黃貼子稱乞縣無廂軍處如少遞鋪便行和
雇人夫及逐縣作料次預先請領封樁缺額遞鋪廂軍
請受錢在縣樁管準備支遣如無或不足即於轉運司

錢內依此椿撥伏乞下有司於元條內修立施行兵部
駕部勘當欲依所乞仍令逐州量度立定每料錢數應
副及川路諸般綱運所至州縣缺少鋪兵依條差那廂
軍或和雇人夫貼補即難將諸般綱運一例差廂軍或
和雇外欲令外縣承受到上供錢物及應付荊路買衣
賜綱運申報缺少鋪兵具合差人數申州及差廂軍如
缺使令本州行下本縣依舊和雇施行戶部右曹金部、
度支看詳施本部別無違礙從之　十二月二十二日
兵部狀點檢編排自京至荊湖南北路馬遞急腳鋪所
狀今點檢得鼎州數山鋪至辰州門鋪人馬除傳送文
字外其餘人馬多緣應付軍興差出勾當官員諸色人

卷一萬四千五百七十四　十

打遞體訪得上件鋪分蓋是役多人少自來鋪兵傳送
不速多作打遞名目影占身役見別作劈畫外檢會元
符令諸急腳鋪兵不得令傳送官物蓋緣上項法意未
盡致官員諸色人等無所畏憚欲乞下有司立法應官
員諸色人合破遞鋪擔擎輒役急腳鋪兵士或曹司者
以違制論詔依兵部所申　二年正月二十日駕部員
外郎陳賜狀竊見諸路遞馬近來兵級養飼不切如法
多是死損以致缺馬欲乞令州軍記籍死數至年終將
逐鋪馬數各以三分為率無上件致死者管轄節級優
立酬賞若有及五匹以上即科重罪及一分以上仍移
降重難去處其巡轄使臣至年終降依條比較分數殿

降外更與加賞罰節級自來未有賞罰兵部勘當欲依
本官所乞事理施行內馬鋪節級每至年終如無[脫]減
致死者與支賞錢壹貫伍伯文若有及五釐科笞五十
及一分以上科杖七十詔依兵部所申　四年九月十
八日尚書省奏御筆舊條事干外界或軍機并支撥借
兌急切備邊錢物非常盜賊之類文書方許入急腳遞
鋪送擅發急腳自有立定刑名近來官司申請許發急
遞司局甚多其間有將私家書簡並不依條入步遞遣
發却作尋閑慢闕移或以催促應入急腳遞文書為名
夾帶書簡附急腳遞遣發致往來轉送急腳遞角繁多
鋪兵疲乏不得休息可參酌立定斷罪刑名令立下條

卷一萬四千五百七十四　十一

諸文書雖應入急遞而用以為名輒附非急文書者徒
一年附私書之類者加一等從之　大觀二年三月十
四日詔秦鳳路鳳州鳳翔府寶雞諸縣當川陝之會郵
傳人卒月給錢糧錢輕物貴而糧多坐倉收糴食用不
足以故逃逸者眾招募不行遂差雇百姓運致官物監
司恬不措置而州縣利於差科配擾良民不給雇直阻
滯綱運可令提舉常平官體究事實具弛慢官吏聞奏
三年二月七日荊湖北路計度轉運副使李偃言本路
日有朝省急速遞角往來續承朝旨如有住滯急速文
字其提舉官一例重行斷責今日近朝省發來急遞動
經三四十日馬步遞經五七十日至三兩月以上方始

遞到全狀違滯蓋爲遞角自都下經由府界京西湖北路界内措留積滯本路文字無緣點檢根催深慮闕悞乞令其他慢不職因依一面申聞朝廷重行黜責從之

政和三年二月二十九日尚書省劄子勘會急脚及馬遞鋪昨措置私拆盜毁亡失留滯約束法令備具近來所屬官司並不檢舉覺察近奉聖旨措置令欲依下項契勘非爲巡轄所管地分内有千里以上地分廣闊去處例皆檢察不遍且如江西路虔州等處使臣一員見管地分三千八百餘里顯是不能依限巡遍致鋪兵作過今欲每及千里差置一員舊額多寡處自依舊仍仰逐處路提舉官將所添使臣以州軍遠近道路順便

卷一萬四千五百七十六

接連去處重别均定具合以某處某名申吏部差注所有不曾添置去處如見管地里輕重來均亦仰重行均定其使臣廨宇仍於所管地分中路安置梓州路七千四百餘里管轄使臣四員欲添置三員夔州路六千五百餘里管巡轄使臣三員江西路七千三百里管巡轄使臣三員欲添置四員湖北路除潭衡郎州軍武岡軍各置巡轄使臣一員外永全道郴州桂陽監三千八十五里共管巡轄使臣二員欲添置一員河北東路四千八百餘里管巡轄使臣五員河北西路四千五百餘里管巡轄使臣五員河東路九千六百餘里管巡轄使臣九員京畿三千八百餘里管巡轄使臣六員熙州蘭湟

路四千六百餘里管巡轄使臣八員廣東路五千一百餘里管巡轄使臣七員欲更不添置廣西海北二十三州計一萬二千六百餘里管巡轄使臣六員欲添置六員廣西海南瓊州昌化軍萬安軍朱崖軍共四州軍自來只是巡檢兼管巡鋪未曾專置巡鋪使臣欲專置巡轄使臣一員京東路五千九百餘里管巡轄使臣四員欲添置一員利州路四千一百餘里管巡轄使臣六員欲更不添置勘會遞角稽遲在法止是縣尉巡轄使臣有立定賞罰條格而縣官皆不任責亦無勸賞遂使巡轄使臣巡歷未至去處坐視遞滯並不檢察欲馬遞鋪並令知縣縣丞主簿同共管轄巡察任滿及歲終以所

卷一萬四千五百七十六

管界内急脚馬遞鋪承送遞角賞罰内知縣丞比縣尉各減一等即無可減降及主簿並同縣尉法檢會令文諸急脚馬遞鋪州縣鋪寨興廢或道路更移及官移文書隨事多寡而鋪兵遞馬有餘或不足者聽巡轄使臣申州量事挪移更不得抽差他役今諸路並不曾依上條施行致鋪兵轉送官物文字勞逸不均欲令提舉馬遞鋪官委巡轄使臣逐一參詳若依上條有合行移鋪分及添減人兵去處仰重行均定訖申尚書省勘會巡轄使臣今已立定每及千里一員然所居地分亦不下三五州軍雖比舊巡轄稍頻緣終是不得專一契勘急脚馬遞鋪除依舊每二十人差置節級一名外並無將

校等催促轉送部轄欲令逐路轉運司除舊人數差置
節級外諸州每及百人置十將一名每二百人仍置都
頭一名五百人更置將校一名部轄及往來催趕遞角
官物其合置人數仰轉運司將逐鋪見管人兵立定合
如何排轉具狀申兵部類聚措置合轉階級申尚書省
未轉補間令先次且於本城內差撥候有轉補到人逐
旋替換詔依擬定　四年十一月三日京西北路提舉
常平司奏欲乞本司應奉西京事務往來遞角權入急
脚遞轉送詔應西京事內急速者並入急遞　六年十
一月十八日詔訪聞諸路馬遞鋪傳送文字多有住滯
況失并偷拆等事昨降指揮措置差補將校部轄可檢

卷一萬四千五百七十五　南

會申明行下所屬限十日須管差置了當申尚書省類
聚聞奏　七年六月十五日宣義郎殿中丞李佖奏蒙
差自都至陝西點檢急遞歷陝西六路沿邊州縣將御
前金字牌等處遞角逐一驅磨盡已了當并催督綱運
津遣並無遺誤詔李佖轉一官　重和元年十二月十
五日兵部奏承權發遣提點淮南西路刑獄公事兼提
舉馬遞鋪所俞問狀准批送下淮南西路兵馬鈐轄司
狀講究得諸軍兵如有逃亡之人不即申發隱避詭名
請領依根等欲立定刑名告賞等事送兵部勘當申尚
書省本部契勘巡轄使臣任內逃亡鋪兵責罰已有條
令任滿比較自合遵依見行條貫所已將兵官歲終以

所管鋪兵比較推賞及已覺察詭名及冒名承代請受
立定分數推賞事節已下本路提舉馬遞鋪官相度今
相度下項淮西鈐轄司所已巡轄使臣比較逃亡及二
分展磨勘二年今相度欲比附前項勅條候任滿不及
一分減磨勘二年從之諸路依此　宣和元年四月十
一日朝奉郎直祕閣權知洪州徐揚奏檢會近緣去年
五月以後頒朔布政詔書并急遞等文字遞鋪住滯過
期方到已奉御筆令轉運司體究巡轄遞鋪使臣先次
衝替與職職官並勘罪奏令來正月頒朔布政詔書係
十二月二十一日入遞沿路住滯經及三十四日方到
雖在本月內已是下旬然當月止有五日兼契勘逐時

卷一萬四千五百七十五　壵

都進奏院遣來急遞朝廷文字亦多是經及四五十日
詔書以御筆指揮日行五百里當急程遞日行四百里
其沿路遞馬鋪尚敢仍前違慢臣今體問得多是曹級
容令鋪兵售雇與往來人擔擎或肆為營趁積聚公角
三百件方差一二名資之者負擔承傳似此抄轉名件
既多擔夯例皆負重何緣依應條限巡鋪使臣略不點
檢雖已移文逐路催促緣係別路終是催趣不前兼慮
有朝廷急速報應文字往來失期會會欲望特降睿旨
立法措置仍下逐路提舉馬遞鋪所督責巡鋪使臣當
職官鈐束鋪兵依條限傳送免致違滯奉御筆可措置
立法將上取旨　八月十六日權發遣京畿提點刑獄

公事許偲奏方今州府縣鎮驛舍亭鋪相望於道以待
賓客其法固已具備然吏習弗虔不以時察梁角撓折
或牆壁圮壞歲月既久多致摧損使道路無所宿息爲
行役者之患臣職之所領近在畿甸目所親見有若此
者四方萬里之遠從可知矣欲望特降睿旨俾諸路各
行修整嚴責州縣常切檢察使出於塗者有所依上亦
足以俾盛時仁政之萬一工部供到政和令諸營繕廨
宇館驛馬遞鋪橋道及什物之類一就檢計謂如館驛
有損即一驛之凡有損壞處皆是三十貫以下轉運提
舉常平司分認從所屬支修訖申逐司諸營造材料所
支錢及百貫或創造三十間每間不及四椽者以四椽
卷一萬四千五百七十五
準一間中轉運司創造及三十間者仍申尚書工部縣
十六
創造三間或繕修十間并應支轉運司錢者申所屬相
度行應申者檢計仍委官覆檢其創造及百間具奏聽
旨諸營材料並官給闕官差軍工採官山林又無以轉
運司錢買若不足聽於中等以上戶稅租內隨等第以
實直科折詔並條申明行下　十月五日中書省尚書
省言檢會政和勑馬遞承傳文書違一時杖八十二時
加一等一日徒一年二日加一等配五百里罪止徒三
年配千里並重役處急脚遞加二等其法已嚴近來急
脚遞文書尚多住滯蓋是所止不肯即時交割或行用
錢物使令越過入力不勝因致遲滯今參酌事立告賞

斷罪處可懲革檢修下條諸急脚遞承傳文書所至無
故不即時交割或行用錢物令越過者徒一年受財而
爲越過者減二等並許人告諸告獲急脚鋪無故不即
交割文書或行用錢物令越過及受財而受越過者錢
三十貫詔從之　八月利州路轉運司提舉馬遞鋪所
奏勘會川陝路之官罷任準條並破鋪兵各有立定人
數訪聞近來得替赴任官員有自前路遞鋪曹級取受
情嬌增差鋪兵前來泊至本界若曹級欲取文書看驗
多是輙擬搥勒令依數差換動經五七鋪方令交替鋪
兵緣此逃竄闕人般發綱運乞專立法禁兵部看詳法
禁修潤下項諸初供遞馬鋪兵處及所至州界首鋪曹
卷一萬四千五百七十五
司節級取文書驗實巡檢使臣在鋪者並呈驗諸馬遞
十七
鋪應取文書驗實而不出文書使照驗不得供差人馬
諸因差遞馬鋪兵輙敢縛曹級鋪兵者加闘毆罪一等
詔從之　二年七月十日河北路轉運使李孝昌奏近
奉聖旨差提舉河北東西路馬遞鋪契勘本路密接虜
境每年國信往還應辦上供綱運等遞角浩瀚全藉有
心力巡轄使臣往來巡察方免稽遲近來他司却將不
公不職使臣與本路巡察使臣對移深恐別致悞事乞
今後巡轄馬遞鋪使臣不許他司對移充別職任所有
本路見對移巡轄使臣乞許令依舊歸任元對不公不
職使臣令別行移對施行詔依并諸路依此施行　九

月二十六日詔監司守臣等許發入內侍省遞角並仰
以千字文號記如有沉匿庶可根治檢察　三年二月
二十八日勘會近緣捕賊諸處遞鋪傳送文字顯有勞
役仰巡轄使臣具經由鋪分曹級兵士姓名申轉運司
特予量行犒設　三月十三日入內內侍省武節大夫
充睿思殿供奉權殿中省尚輦局司圍典御梁忻奏臣
奉御筆差自京至淮南往來催促驅刷遞角臣竊見本
路急脚遞所傳文字名色冗併角數浩瀚鋪兵唯知承
送難爲區别訪聞他路類皆似此於馬遞鋪敕條自有
法令諸急脚遞不應發者徒二年緣有司不行減裂略
無畏忌雖許巡轄使臣具奏但人微官卑莫敢誰何兼

卷一萬四千五百七十四

大

㝠封文字不能窺測積習滋久寖以成弊究其本源往
往多是因公及私欲其速達更不契勘條令即入急遞
前去當此軍期之際遂與奏報交措是致以一畫恒爲
率動輒數百鋪兵晚夕承傳尚或不前顯屬未便雖非
軍期路分亦宜禁止已詔有司申嚴法令載在本敕庶
幾冗遞減絶人力易申詔急遞所傳文字有不應發而
發者致角數浩瀚人力不勝有悞軍期可申明條禁遍
行諸路如有犯者並不以赦原廉訪使者常切覺察
四月二十三日中書省尚書省言檢會下項政和格給
遞馬人兵數武功至武翼大夫二匹一十人武功至武
翼郎二匹七人敦武修武郎二匹五人内侍官二匹三

人政和令諸朝廷非次差官出外應納遞馬及補兵兩
應給者聽從多　宣和三年二月十四日敕修立到入
内內侍省傳宣撫問使臣格遞馬鋪兵官二疋三人取
到駕部狀稱傳宣撫問內侍官差破遞馬鋪兵如本官
係修武郎以上合依政和令從多給若有押賜夏藥等
官物差破鋪兵每人約搭官物六十斤各隨所押賜物
多寡斤重差破從之　二十五日秦鳳路經略安撫司
郭思奏遞角曹級盜拆匿名不報却有大小官員使臣
道途遞角或安下處州首以借看爲名或妄託諸監司
及州府差來根刷遞角爲名直於道中轉遞人處取入
安下等處盜取所遞文書抽看前後轉到前鋪或至地

卷一萬四千五百七十四

十九

頭驗出拆損封頭去失文字不少契勘尚書省樞密院
宣撫使司發與本司遞角及本司發去遞角莫非御前
與朝廷邊防機密文字今來輒敢拆開觀看泄漏事節
爲知不是奸細欲乞於盜拆遞角下更添入詐欺邀往
偷看在道遞角并遞鋪兵士擅使依從將遞角文書與
上件人者重立刑賞許諸色人告捉庶幾可以止絶從
之　八月十二日德音應自京至軍前急脚馬遞鋪兵
士等如有因公死於道路者仰所屬量事優恤其家又
應自京至逐路急脚馬遞鋪近因轉送軍期文字遷滯
避罪逃竄之人可自今來指揮到限一季許令首身並
與釋放依舊收管勘會捕賊之際承發文字遞送訪聞

鋪兵人力不勝間有稽留仰所屬子細取驗住滯文字
如委非緊速不失機會者特免推究　五年五月四日
臣僚上言契勘遞角文字寔封遣發其不應入急遞而
輙發者雖有斷罪刑名除許抽摘折驗外別無關防覺
察欲乞應承受遞角官司將所受遞角置簿抄上元發
遣去處月日時辰係是何事目元發甚遞分明籍記監
司廉訪使者出巡所至取索點檢若有違法按劾施行
契勘馬遞鋪兵請受微薄蓋是州縣從來不曾依條豫
請口食借給越過鋪兵既食用不足必致盜竄欲乞應
遞路管馬遞鋪州縣須管豫支口食草料付逐鋪節級
收管遇別鋪人馬越過或雖非越過而地里窵遠亦斟

卷一萬四千五百七十四　十二

量即時借給若州縣不爲應付即乞立定罪名及委提
舉官常切覺察按劾施行詔坐條申明行下　七月十
四日知成都府席貢奏契勘諸路設置急腳馬遞鋪兵
承受往來文書皆有程限不容遲滯或私拆盜匿及有
損失官司點檢封印傳發條法備具近緣遞角損破鋪
兵經官申陳多不受理以次鋪分不肯交承遂致鋪兵
打過直至本府往回數千里沿路並無口食乞丐前來
本府已一面根究及別出給鋪兵口食劈并公文遣回
外欲乞自朝廷立法約束奉御筆尚書省勘當立法本
省今參酌增修下條諸急腳馬遞鋪所遞文書並驗封
印及外引牌子交受傳送如有損失所至鋪分押赴本

轄使臣或所屬州縣究治即時封印具公文遞行亡失
文書者速報元發遞官司即傳送官物無人管押而累
角封記損動並準此以上因封印之類有損失而輙遣
越過者因損失而妄詐闕失越過同聽鋪兵經本轄使
臣或隨逐州縣陳告仍聽所至官司覺察點檢申本路
所屬監司究治罪處非本路者具事因申尚書兵部從
之　六年五月六日入內內侍省奏勘當本省承受諸
軍州軍帥司監司守臣廉訪等轉發到奏狀遞角欲乞
遇有轉到諸處漫下字號奏狀並不全筒角依例本省
開奏牒尚書省駕部一面計程責限下巡轄馬遞鋪使
臣逐一驅刷根逐送所屬依條施行庶得遞報機速文

引卷一萬四千五百七十四　十三

字不致稽違失墜詔從之令中尚書省　九月十九日
詔輙以承受發下遞角爲名差占鋪兵以私役禁軍法
發遣者徒一年　七年二月十六日詔置鋪以傳命令
近來鋪兵衣糧不給逃亡不補遞馬芻豆蔑有存者違
慢至此巡轄官並罷別差能吏仰提刑司分按支給衣
糧草料修繕營補補足兵馬廉訪司覺察以聞　三月
二日京西路轉運判官史徽奏昨奉旨兼提舉京西北
路馬遞鋪緣本路西京河陽鄭滑州係當三路之衝最
爲浩繁鋪兵勞苦理宜存恤自來差出使臣一槩號爲
走馬奉使不遵大觀條法往往毆傷人兵打過遞馬乞
取錢物州縣觀望不敢繩治及當州縣當職官公爲占

破私自役使或以濫人自來未有法令禁止詔逐路提
刑司根勘私役去處聞奏今後大有差破及作名目占
使抑勒出脩錢物之類並計庸坐贓論令尚書省立法
四月二日朝衛大夫安德軍承宣使直睿思殿李彦
奏臣竊見近降處分京東路提舉馬遞鋪所自後遞馬
鋪兵不得更似日前非理勾集拘留所有人馬請給草
料除合坐倉數外並按月椿脩本色支給倒塌損壞營
房支破官錢疾速修葺見逃亡人兵多方招誘立限兩
月許令首身見闕遞馬疾速依條施行臣近被奉處分
前去京東路勾當公事其沿路一帶鋪分營房並未曾
修蓋雖有見管鋪兵去處往往不過三兩人承轄文字

卷一萬一千五百七十四

亦有無人交替鋪分致積遞角留滯程限誠有有悮遲
防機速事務欲將諸路應干急脚馬遞鋪事務别委他
司官專一提舉措置詔依奏應諸路今後並差廉訪使
者兼提舉漕臣專一應付　五月四日尚書省言發運
副使盧宗原奏依奉御筆拘收九路錢物措置糴買斛
斗逐時所行文字不少並是特報供奉御前近點檢得
諸處發來遞角文字例各在路違滯動經累月有悮本
司照應行遣檢承政和勑節文急脚遞每歲稽留通滿
五釐若巡轄使臣縣尉各笞五十使臣展磨勘一年縣
尉降一季名次滿七釐各加一等使臣展磨勘半年縣
尉降半年名次一分各人加一等使臣差替縣尉降一

年名次今相度欲乞據九路州軍報應本司錢物文字
並令入急遞别置薄歷傳送每旬本州通判驅磨有無
住滯保明申本司若有住滯其遞鋪兵級即送所屬依
法斷罪外巡轄使臣并本縣尉許本司體量取勘申奏
又奏契勘遞鋪衣粮往往不依時支給是致鋪兵逃竄
乞特降睿旨令將鋪兵衣粮須於諸軍支給如有逃亡
人數並依條限招差填闕從之　五月九日德音京東
河北路州縣應許郡緣應付邊事官員往來遞馬不足
多句鄉村有馬之家充馬户差使自今尚敢循習前弊
仰監司廉訪使者按劾以聞當議重行黜責　七月十
一日言尚書省奏諸路馬遞鋪因事措置約束條法日
脩其轄送遞角網運留滯轉多盡緣當職官司偷墮苟

卷一萬一千五百七十四

且條令未嘗舉行馴致奸弊提舉官名存實廢漫不檢
察為害甚大詔令諸路提舉馬遞鋪官常切提舉按察
巡轄官偷墮不職並仰依條按劾仍令逐路廉訪憲司
各行按察每上下半年具本路管下馬遞鋪承轉過綱
運遞角數目有無留滯及應干合行遵守條法事件有
無違戾逐一開具申尚書省類聚歲終具不盡不實並
以違制科罪　十一月十九日南郊制勘會崇寧年後
來并昨興軍興自京起發河北路軍器銀紬絹等綱運
用遞鋪兵士推般依京西路軍器例每人日支口食二
升五合訪聞有司將其間不係推綱日分支過口食於

鋪兵月糧内尅納及干繫人名下均攤多致逃竄應上
件離綱鋪兵已支口食如有不該鋪破並與除放　欽
宗靖康元年七月二十三日臣僚言竊見兵革未弭羽
檄交馳凡有號令及四方供應文書類多急遞令聞斷
色如尉氏鄢陵等處及京西一帶遞鋪兵卒類多空缺
而州縣恬視不以填補至有東南急遞文書委棄在郵
舍廳廡之下數日無人傳者且如福建路有經半月二
十日杳無京報遠方官吏妄意疑懼及會聞兩浙方知
識向平定欲乞嚴戒州縣遞兵有缺速行差填若於兵
卒差補不足衣糧不支支而踰期或容縱人侵削責在
縣令事干州郡者責在知通仍仰監司季輪一員親詣

卷一萬四千五百七十五　壽

或委官點檢若因恭容縱者坐罪并鋪屋破壞處亦使
修葺從之　高宗建炎元年五月一日赦應急脚馬遞
鋪兵因金人所至逃散可專委本路提刑司疾速招置
仍依時支破請給三日又詔下諸路提舉茶馬鋪所多
方招誘又將急脚鋪先次剗刷諸色廂軍填補請給衣
糧令按月支遣除傳送文字外其餘應合破遞馬鋪兵
權行住罷候措置就緒日依舊六月一日又詔令諸路
轉運司先次將差出人拘收歸元來去處其逃亡缺額
於本處廂軍内撥填其請給三分中更增一分舊人依
此請給差與權免諸般差使專一傳送文字如格到後
却有逃亡出首之人其所增請給更不支給　九月二

十一日臣僚言有司失職郵傳不通陛下即位以來詔
令多矣而浙東州軍所被受者唯兩赦及四五御札其
他片紙不傳浙東距行在止二千餘里而命令阻絶如
此彼川廣福建可知矣契勘諸道進奏官遇有被受文
書晝時發遣或合謄寫據告各有成法比緣一切指揮
官吏分番其留行在者一月一易遂致廢事竊謂寺監
局務官司事屬一體雖分番次未爲甚害唯進奏人吏
分掌諸州一吏下番則一州事廢雖有兼權之人孰肯
盡心典領他人之事又馬遞鋪兵緣軍興調發或因招
軍許令刺換致所在多有出額乞應進奏院官吏並隨
行在凡文書被受謄寫入遞並依常法敢有違滯重置

卷一萬四千五百七十四　二十五

典憲其諸路諸州應有進奏官供給及年例應付之物並
仰旋來行在俾爲紙札之費仍乞戒飭諸路提舉馬遞
鋪官督責巡轄使臣招填鋪兵驅磨遞角毋致違慢仍
令諸司互察及門下後省點檢按劾施行其文字不到
亦許諸路州軍徑申門下後省庶幾四方萬里皆得聞
朝廷號令知陛下憂勤愛民之意詔進奏院令監官條
具申尚書省餘依　二年正月十六日詔江南東路轉
運副使李謨兼本路提舉馬遞鋪　五月一日措置東
南馬遞鋪徐公裕言乞將逃竄鋪兵自指揮到日限一
月經所在出首特與免罪依舊收管從之五日又言昨
點檢到淮南急脚馬遞鋪兵内有額外剩逃走人數

並支破請給其見闕人兵鋪分却不曾撥填緣昨請降
聖旨將額外人數令本路提舉馬遞鋪監司比類撥填
見闕去處若無闕並申解本州撥填以次鋪分如本州
管下又無闕即申解轉運司差填本路州軍並不許額
外收係窠處江浙等路亦有似此額外收到人數乞於
前項指揮下逐路提舉監司施行貴免增費請給詔依
六日御營使司奏馬擴劄子諸州縣道路馬遞鋪緣
兵火殘破未曾復置訪聞諸處兵馬出入於所經州縣
以和雇為名科差遞馬人夫因而搔擾令來本司應於
官屬已吏不差外尚慮諸頭項應援軍馬官屬及奉使
監司等官循例差撥乞將應干過往官員合差遞兵鋪
卷一萬四千五百七十五　二千六
兵權行往罷候邊事寧息日依舊所貴杜絕搔擾害民
之弊仍乞下本司遵守按劾施行從之數內監司奉使
官合差遞馬鋪兵不可闕者乞許破省馬廂軍　十一
月七日知揚州黃願言勘得九女澗遞鋪王安禮析東
京留守司遞角事詔王安特依軍法令後如有擅拆令
開拆窺察之人並依此施行　二十二日赦今來赦書
處有闕少鋪兵轉送未到去處仰諸司諸州縣鎮被受
日時謄錄互相關報勅接官司疾速奉行如有違滯並
科違制之罪　三年二月十八日知杭州康允之措置
本路衝要控扼去處擺鋪斥堠每十里置一鋪專一傳
遞日逐探報斥堠文字每鋪五人新舊弓手內選有心

力無疾病能行步少壯人充每日添支食錢三百文省
每鋪並限三刻承傳置歷批寫時刻每五鋪選差有材
幹年五十以下使臣一員不以有無拘礙委逐州於見
任得替待闕官內日下抽差或召募有物力武勇人借
補進義校尉充往來巡轄候及一季無違滯有官人轉
一官召募人與正行收補知委州通專切檢點縣委知
縣尉主管月支食錢三貫文如無違滯每一季減二年
磨勘從之　三月十八日康允之又言巡轄官知通知
縣縣委除鎮江府至常州以北邊近大江最為緊切處
處欲依已畫降指揮支給食錢及推賞外所有無錫縣
以南係近裏瀕緩故比前項支錢推賞各行減半餘路
卷一萬四千五百七十五　二千七
亦依此比附施行所貴輕重均齊從之　五月十三日
樞密院奏今來車駕駐驆江寧府本所諸處別無盜賊
亦無大段文字傳送欲將斥堠鋪先次住罷發還弓手
餘路合罷處依此從之　六月二十日詔沿江州軍及
沿江制置使司疾速指置將本州管下沿江地分量遠
近相度上連下接支破官錢計置輕捷小舡子二隻遞
募會船水梢每船三人每人支食錢三百文專一傳
發斥堠軍期機速文字仍令接界地分依置船傳送委
自逐縣令佐并巡轄官常切點檢及置歷抄上名件出
入界日時本州知通每旬取索點磨候軍事定日住罷
四年八月一日詔令沿江諸州守臣依已降指揮日

具探報事宜入遞鋪及專差人齎申樞密院以侍御史沈與求言道路傳言賊騎猶在雁汊等處朝廷雖開遣探報動涉旬餘或有事宜知之已晚更乞下沿江州軍專委守臣差人探賊馬動息排日申樞密院仍令沿路縣尉差弓手傳遞前來故有是命　十四日臣僚言近日傳報虜騎動息不一緣諸州緩急多失關報其憐州差人探刺止是詢訪道路或憑私書展轉傳聞多致悞事乞令諸州委强幹官一員專領其事并差得力吏人三名為斥堠司輪差廂軍二十人以備傳報其沿海州軍舊有烽燧去處乞申嚴行下有未遍處更令增置候事平日課殿最賞罰其遲不時報者重行黜責詔令兩

卷萬二千五百七十四

二十八

浙江南東西路并沿海州軍疾速措置施行　二十日臣僚上言竊聞近於海上置水斥堠朝廷遣仲元在四明辦集但海道闊遠可備處非一萬一有警欲以小舟犯不測之險遞速難期况海濵之民以魚鹽爲業老幼悉在舟中今不論舟之大小皆取之民既失業為變不難前者定海官吏幾有被害者乞下樞密院或命明州守臣相度利害其海道要之地可以置斥堠處合用幾舟其甚小者不須刁集或海面闊遠風濤不測即乞於岸高山置卓望以備探報其已刁到舟船乞放還逐便詔令樞密院措置施行　二十六日樞密院言訪聞近日有妄稱軍前差使或監司等處官属於經過斥堠鋪

强勒保甲格擎詔令江浙路帥司行下所属州縣於諸鋪曉示如有過勒鋪分保甲格擎之人家具職位姓名申樞密院當議重行典憲　九月二十六日樞密院言近來諸路轉運邊防等文字例各留滯詔令提舉馬遞鋪官嚴行督責巡轄使臣須管依條躬親遍詣所轄鋪分約束鋪兵遇有文字即時傳送不得違滯州委通判縣委令佐專一檢挍巡轄使臣到鋪分日月及所遞文字如弛慢失職所屬州軍具因依奏劾施行及指揮轄下関津把隘去處如鋪分及往来投下文字之人辨驗詣實放行無致阻節如違其提舉馬遞鋪并所委官重行黜責巡轄使臣當議停降鋪兵决配　十月五日詔

二十九

卷一萬四千五百七十四

令江浙州軍日具平安狀與探報到事宜一處入斥堠鋪飛申樞密院其逐路帥司亦仰依此申發　二十日詔令兩浙提刑施㟲日夜起發前去鎮江江陰以來置司專一總領諸州縣所置斥堠鋪措置督責沿江及北探報應有事宜火急傳報若少失機會必重作行遣以樞密院言金人見在承楚未見所向切慮不測窺伺宜明立斥堠故有是命　二十四日建康府路安撫大使兼知池州吕頤浩言本司專属官一員往来督責沿路所置斥堠鋪轉送應干軍期探報文字竊見斥堠鋪緣官司將尋常閑慢文字一例轉送致軍期緊急因此稽滯檢照政和勑節文諸急脚遞不應發者徒二年馬遞

減二等今來用兵之際已立法應官司非急速軍期及盜賊探報文字輒入斥堠鋪者官員勒停吏人決配仍不分首從如不應入斥堠鋪文字而至官司承受不即申舉者與同罪及專責縣尉每月遍詣斥堠鋪點檢其提馬遞鋪官吏有失覺察與擅發斥堠鋪官吏同罪及於市曹出牓道路粉壁曉示從之　十一月七日詔諸路可依舊每五里置一鋪每鋪輪差保甲五人貼司一名傳送抄轉送委縣尉巡轄　紹興元年三月十九日兩浙提刑施峒言平江府常熟縣探報通秦金人已回承楚欲乞斥堠鋪只留保丁二人同土軍或弓手一名傳送探報文字餘人乞行減放橡江陰軍中水陸斥堠

同卷一萬四千五百七十四

二年

共差募保甲棹梢等一百一十四名月支錢九百貫今蕃寇遠遁乞行住罷欲將諸處所置斥堠鋪並行住罷止於管下遞鋪內選差兵士三人專一承轉探報事宜文字每人日添支錢七十文其傳送時刻約束斷罪並依斥堠鋪保甲已得指揮仍依舊專委縣尉巡轄沿江瀕海所置水斥堠乞並令住罷專委巡尉差撥兵巡船探報諮鋪兵每鋪差五人其斥堠差置鋪兵就緒日住罷餘從之　四月七日和州無為軍鎮撫使趙霖言本鎮奏報朝廷文字經由太平池宣廣德等郡界次入浙路州軍或由建康府次入浙東方達行在近入急遞尚慮稽滯欲乞下太平等州軍照會應本司軍期文字許

入斥堠如有稽遲許霖奏劾從之　五月二十四日詔江南東路差王琛西路差張滙專一提舉馬遞鋪兵將轄下見闕鋪遞依建炎元年五月已降指揮先次刺刷諸色廂軍補填仍選擇少壯健捷之人均撥諸鋪專一傳送御前金字牌遞角如人數闕少即於爛慢鋪分摘一挪差使須管每鋪各有少壯專一承傳並仰依法不得晝宿鳴鈴走遞前鋪聞鈴預備人出鋪就道交收不得時刻住滯其餘缺額如廂軍內補填不足即於一月照填數額其合用例物錢糧並預行挪融充辦足備須管按月給散不得減尅其見倒塌鋪屋限十日一切修蓋了當州委知通縣委令佐常切檢察遇發到遞鋪並具

卷一萬四千五百七十四

二年

前路元承受及發遣日時申提舉官即時驅磨點檢如有住滯仰將當職官并合干人具狀經申尚書省當職官取旨重行停降合干人決配若蓋庇不申與當職官一等科罪仍嚴切約束巡轄使臣不住往來檢點鋪兵常令在鋪祗候傳送若遇往奉使監司等官違法差役並科違制之罪不以去官赦降原減仍許被兵級徑赴所屬監司越訴即時備申尚書省具所差提舉官限今來指揮到一月內須管一切措置畢備仍逐旋具補填格刺兵級人數及修蓋遞鋪屋申尚書省若朝廷差官前去點檢得逐路提舉官承受今降處分措置違慢並行竄責　十一月十九日都省言已降指揮止為江南東

西路分亦有轉送軍機急速理宜一體詔餘路並依江南東西路已得指揮施行併劄下江南東西路提舉官依已降指揮常切檢察　七月八日樞密院言防秋在近所有邊江并衝要州軍尤宜嚴謹上連下接文字不致稽違欲於樞密院選差使臣二十二員分往臨安平江鎮江建康府廣德南康興國江陰軍太平秀常湖嚴宣徽池江洪饒信衢婺州管界點檢催促並要足備鋪兵請受依時給散如遇闕人申催差置如不即施行具事因申樞密院詔並依其所差使臣令戶部別給驛券隨處批請須管往來檢點仍採報賊馬事宜的實傳遞防秋別無稽遲特與推恩如或極擾必罰無赦　九月

卷一萬四千五百七十四　三十五

二十六日詔令兩浙路安撫檢斥堠監司遍下州縣令後並依已降指揮將軍期急速及賊盜探報文字分明題寫入斥堠鋪傳送外其餘常程閑慢文字不得依前亂行題寫如點檢得尚有違戾並依輒入斥堠鋪指揮斷罪　三十日樞密院言浙西一路皆邊江州軍秋防是時斥堠正當嚴謹不可少失措置詔本路提點官施峒權於平江府置局躬親往來催督州縣火急差置務要作備所傳文字依限傳送不管稽滯　十月七日樞密院言自鎮江府江陰軍至行在并江東西路沿江州軍至行在斥堠近來轉送文字稍多理宜犒設詔逐州縣斥堠鋪兵每人各特支錢一貫文　二年四月二十

九日臣僚上言信州鉛山建州崇安縣舊因福建綱運并錢監般發銅貨逐於兩縣置擺鋪兵級十營共一千人近來福建綱運多由海道兼錢監銅貨闕少其擺鋪人兵僅成虛設傳聞崇安縣擺鋪人兵建州已刺填闕額廂軍其鉛山擺鋪兵級亦乞合行刺填乞下本州勘會如委合減罷或量行存留外其餘并刺行都近州軍缺額廂軍詔令福建江南東路轉運司相度申尚書省　九月八日江南東路安撫大使兼充壽春府滁濠廬和州無為軍宣撫大使李光言措置防秋淮西州軍與偽境相接務在明建斥堠其淮西與江東隔江遂時遇報雖已擺鋪傳送竊慮緩急風浪不能濟渡却致阻滯本

卷一萬四千五百七十三　三十三

司遂於沿江相對置立烽火臺舉烟火色號報應及於緊要津渡差撥人兵防把遇警急即自遠及於所屯兵馬押摘調發前去同共防拓詔依令李光相度隨地勢高阜去處立烽火臺若土脈不勘築臺即以木為望樓無致緩急有失事機嚴切約束不得搔擾和州與太平州建康府相對置立去處梁山渡口與太平州褐山對采石渡口與太平州東采石對當利河口與太平慈湖對東家渡口與建康府馬家渡對石靖口與建康康大城堽對無為軍與太平池州相對置立去處泥汊江口與太平州荻港繁昌對柵江口與太平州蕪湖縣三山對糝潭口與池州銅陵縣鵲頭山對每日平安即於燧

更時舉大一把每夜平安即於次日平明時舉煙一把
緩急盜賊不拘時候日則舉煙夜則舉火各三把為號
十九日詔今後遞往命官將校軍兵如敢差役作候鋪
兵級曾司依巡轄馬遞鋪使臣私役法一等科罪 三
年五月四日河南府等州鎮撫司幹辦公事雷震言契
勘本鎮屯守邊郵日久備戰不住差人探報番賊動息
并東京虛實若專差官兵齎赴行在投進往復經隔月
欲望後有探報賊馬急速文字用皮筒實封專差人賫
至鄰鎮交割轉送近裏州軍入急遞赴行在投進如有
遲滯去處乞重置典憲從之 六日樞密院言日近不
住有御前金字牌并朝廷急遞發下襄陽等州鎮撫使
卷一萬四千五百七十四 壬申
副翟宗董先權商虢陝州鎮撫使董鎮等軍期機速文
字所至條限即刻走傳前去合經由下項州軍深慮有
無鋪兵去處別致留滯詔令逐處遇有金字牌并朝廷
發下應干軍期文字仰即刻走傳如無鋪兵處令所至
州軍專差得力人三名走傳前去逐州遞相交割不得
稍有住滯仍專委通判驅磨根究依法施行及每月具
本州傳送遞名件字號開排承受傳送出界月日時刻
有無遲滯申樞密院 十四日入內內侍省言臨安府
浙江遞鋪兵士王明轉到荆南府歸峽州荆門公安軍
鎮撫使解潛應字號奏狀一筒赴本省投進今點檢得
上件遞角撮縈鬆慢封頭磨擦破損竊慮出入得文字

漁前項排發應字即非千字文內字號除已牒本官令
後遇發奏狀遵依已降指揮以千字文號記發外其遞
角令進納者內有本省行移公文却乞降下所有磨擦
損壞封頭去處乞下尚書駕部根究依條施行從之
七月四日江南東路提刑張匯言州縣閒奏裁與提刑
司審覆案等有經累月而未下者蓋是遞角中沉墜伏
可貸之囚縶禁而死深可憐憫乞下諸路應奏與申詳
覆等並須專差院虞候或有行止急腳子二名投下被
差人並破口券仍量添食錢使令守待以所斷案依條
限責付賫回日以百里為限大理寺参詳張匯所申內
命官贓案若令依條入遞前來竊慮沿路計囑轉送之
卷一萬四千五百七十五 五十五
人衷私收匿不到及道路千里以上去處申奏并申提
刑司詳覆諸色人獄案若令入遞往還竊慮道路梗澁
沉失理合措置今欲依本官所乞應有似此公案並令
本處專差有行止二人同共齎擎投下令所差人守待
回報恐所差人在路事故亦不計囑藏匿仍令本處寫
錄一般案狀依條入遞務要不致沉失所有道路千里
以下通快去處公案依法已許入急遞日行四百里若
刑部承旨斷案依條亦合別錄行下如遞鋪稽違沉失
緣已有前項條法乞坐條申嚴行下委諸路提舉馬遞
鋪及驅磨當職官吏常切約束月具轉送過獄案并朝
廷降下斷勑名件關報本路提刑司行下所屬州軍優

行點檢如有稽違沉失去處其合干遞鋪兵級并巡轄使臣並令根勘具案聞奏乞從朝廷特降指揮重賜斷遣施行詔餘路依此仍檢會應干見行條法申嚴行下

十四日荊湖南路安撫使折彥質言修武郎辟差全永州巡轄馬遞鋪張宗閔申永州三十鋪元額管兵級三百五十六人宗閔到任交割到二百三十四人累行招到三十餘人近來廣西押戰馬綱官到鋪不恭奉聖旨權住鋪兵擔擎指揮亦不容曹級執覆及不問有無人兵在鋪須要差破鋪兵擔擎應付稍緩即撞入房舍捉縛婦女或倚勢收拾兵級衣物動使抑令鋪兵供送沿路更用棍棒毆打過三五鋪或他界動經旬日不回

卷一萬四千五百七十六　二十六

是致飢餓逃亡節次闕落截自五月終只管一百八十餘人大路鋪每鋪只管三五人小路鋪或有一二人即目大段闕窮急遞文角到鋪委是闕人走傳本司欲乞追犯人根治窃慮馬綱留滯乞行下廣西經畧司嚴行約束詔令廣西經畧司提舉廣西買馬司詳析彥質所上中事理今後遇差押馬使臣當官分明戒約如有違犯之人具因依申樞密院重行斷遣仍兵部遍牒廣西至行在馬綱經由逐路轉運司提舉馬遞鋪兵官指揮所屬依此施行仍令所管州縣等處於馬綱所過馬遞鋪前將令降指揮分明粉壁曉示各具知禀聞奏

急遞鋪

紹興四年五月五日樞密院言檢會臣僚上言乞替責諸路

師臣參稽所部州縣道里遠近之宜布斥堠之卒畨休送往使不告勞詔令樞密院措置令檢會前後所降指揮一欲令淮南荆湖江南兩浙通接沿邊探報軍期急切及平安文字赴行在經由州軍去處並取便路接連措置擺鋪至臨安府界内並合相連接置擺鋪其應置擺鋪去處並依後項事理施行一徽州等擺鋪以三十里一鋪竊慮地里稍遠回而遅緩欲以二十里置一鋪每鋪差鋪兵五人先於閑慢鋪分那差如不足差廂軍每日添支食錢一百五十文每月一替并差貼書或軍典一名每日添支食錢一百五十文並每季一替一每州委守臣專差指使一員往来根刷傳送每日添支食

卷一萬四千五百七十四　三十七

錢三百文仍與貼司或軍典一名根刷行遣每日添支食錢二百文每季一替一令来擺鋪傳送文字如有違滯軍兵依傳送金字牌文書條法科罪其指使失覺察兩次杖一百科罪一諸州縣輙將不係探報事宜及非平安狀入便路擺鋪傳送者其當職官吏依不應發急脚遞條法科罪一已降指揮過往官員於經由地分差撥鋪兵檐擎物色幷挽舟船之類並免應付如不依約束擅行差撥具名銜飛申所屬根究施行今欲使路擺鋪軍兵輙別差使者並依私役禁軍法仍於逐鋪曉示一已降指揮鋪兵請受並須按月支給不得留滯打請人數妨本鋪差使仰所屬縣分據每日合支錢數並五

日一次前期預支今欲依此施行仍將不按月支給請受及不前期支給食錢官吏仰往来根刷使臣申州根勘依諸州請給過期不支條法斷罪一擺鋪所差軍兵過缺仰往来根刷使臣即時申所屬限日下差足如違當職官吏並科違制之罪一擺鋪屋令所屬疾速修蓋如日後倒塌損漏仰往来根刷使臣申所屬日下差人前来修整一往来根刷使臣私役鋪兵者依前項輙別差使私役禁軍法斷罪一自来水路置急遞舡傳送文字州軍若比擺鋪通決去處並依舊一令来專委委逐路師臣逐州軍守臣火急依逐項擺置更有合行事件一就措置及常切督責沿江沿邊州軍守臣厚支激賞

卷一萬四千五百七十四　三十八

專差信寔入體探具的寔事宜日下寔封入擺鋪飛申樞密院仍先具本路州軍已置鋪分相去接連著望去處所差人數一切畢備日時聞奏一令来委逐路提舉馬遞鋪監司不住點檢如有違滯去處即依今来立定斷罪指揮施行每月具點檢過有無違滯去處申樞密院並詔依　九月十八日都省言權發遣江南東路提點刑獄公事及專一總領措置傳送斥堠兼提舉馬遞鋪張匯已降指揮放罷其專一總領措置傳送斥堠兼提舉馬遞鋪官未曾差人詔差轉運判官俞俟　同日川陝荆襄都督府言勘會令来出使所有朝廷及本府往来文字若有違滯竊慮有悞軍期欲乞於經由路分

從本府於準備將領或準備差遣差使使臣內逐路各
選差一員專一催促往來遞角其請給人從等並依本
府畫一指揮內支破令所至州軍應副仍乞行下逐路
轉運司及提舉馬遞鋪官關牒經由州縣照會從之先
是樞密院檢會臣僚上言乞督責諸路帥臣參稽所部
州縣道里遠近之宜布斥堠之卒番休迭往使不告勞
詔令樞密院措置故也　三十日兩浙西路提刑向宗
厚言依先降指揮添置斥堠鋪乞添破軍兵食錢每日
給三百文省詔從之　十一月二日向宗厚言本路八
州府遞鋪止有巡轄使臣二員緣地分闊遠往來遲緩
催督不前乞降指揮許每州各於添差官內選差一員

卷一萬四千五百七十六　二十九

專一往來點檢斥堠除外依條破驛券外每月別給食
錢一十貫文省仍於本州抽差人吏一名行遣文字每
日食錢三百文省從之　十二月六日右司諫趙沛
言江南東路淮南西路宣撫使司近緣承受御前金字
牌遞角計住滯一日五時辰樞密院已劄付平江府根
究尚未見施行乞下三省催督平江府依法科罪所有
巡轄使臣乞時行停降別差人承替仍乞檢會建炎四
年及紹興元年內所降指揮申嚴約束詔令平江府疾
速根究仍令兵部檢會條法行下　二十日樞密院言
朝廷置立斥堠專為傳送探報金賊并盜賊文字前後
立法非不嚴切比緣臣寮申明官司非急速軍期及盜

賊探報不得輙入斥堠致將應涉軍期事並作急速皆
入斥堠略無分別探報文字一例違滯欲望劄下諸處
官司今後如有應入斥堠文字並分明題寫係軍期及
探報如不題寫其斥堠鋪不得傳遞仍乞檢會元降止
得傳送探報金賊并盜賊文字及官司以不應入文字
擅入斥堠鋪並勒停吏人決配并官司承受斥堠鋪遞
角內非探報文字不即舉覺與同罪指揮鏤版頒降州
縣庶幾有以杜絕詔令樞密院檢坐已降指揮申嚴行
下令逐路州縣常切遵守無致違戾　二十七日詔諸
色人輙於斥堠鋪兵書手乞取錢物不以多少並決脊
刺配嶺表官員失覺察以違制論　五年正月二十七

卷一萬四千五百七十六　四十

日詔除建康鎮江府至行在斥堠鋪依去年十一月四
日已降指揮毋鋪用鋪兵一十人外餘州止依元降指
揮差鋪兵五人　二月二十二日詔今後尚書省行下
諸路文字如有事干機速並入本省急遞發放仍責立
限日令本處回報或專差人賷回申文狀赴省其外路
官司承受今來朝廷責限回報並專差人賷回申指揮
如有稽滯本處人吏決配嶺表當職官並行竄逐令刑
部遍牒諸路遵守及令逐路提舉馬遞鋪官督責巡轄
使臣遇承受尚書省遞角即時轉發其承受處仰立便
批回內引如有留滯提舉官按劾施行　六年三月六
日成都潼川府夔州利州等路安撫制置大使兼知成

都府席益上言四川去朝廷稍遠臣被命入蜀道由荆
南歸峽之間全不見遞鋪傳送文字間有一二皮筒通
行皆是稽滯累月欲自荆南以西接夔州界委知荆南
府薛弼專一措置其荆南府以東即委本路提舉馬遞
鋪官措置所貴遠方奏稟及朝廷行下文字不致沉失
從之　六月十八日兩浙西路提點刑獄朱縡言乞據
斥堠遞鋪見缺鋪兵從朝廷行下諸州知通對剷廂軍
或禁軍補足併一面專委所屬知通多方招召土着之
人責限足額如奉行滅裂乞從提舉官按劾詔令諸路
州軍依此　十月八日尚書吏部侍郎充都督行府參
議軍事呂祉言沿路斥堠鋪遞角壅併皮筒竹筒并封
角文字每晝多至三五十件少者亦不下十數件日數
既多類皆積壓作一晝傳送蓋緣諸處申發文字利於
速到往往將常行文字或書閙之類入斥堠且如錢粮
軍器雖係軍期比之探報事體不同欲乞朝廷詳酌除
尚書省樞密院督都行府諸路宣撫安撫司沿淮沿海
邊面州軍探報文字許入斥堠外處併常行不係探報
文字不得入斥堠不應入斥堠而入斥堠者重寘以法
從之　十二月一日詔應自淮南軍前轉遞至行在鋪
兵晝夜往來委見不易各與犒設一次內淮南鋪分倍
與支給　二十日尚書省言斥堠鋪差官點檢盖防留
滯日來州縣所差到鋪頻數不無搔擾及有取索薄歷

卷一萬四千五百七十五

四十一

帶往前鋪照對驅磨甚者過三四鋪送使承得文字無
歷書傳上用草單抄上多有差悮詔通判遇季點縣尉
遇出巡因便點檢巡轄使臣及提舉馬遞鋪所委官自
合依舊常切驅差不得頻併卻置搔擾其傳送文字薄
歷並依急脚馬遞鋪條法施行所有正歷點檢官不得
將帶過前一鋪如違重作施行　七年正月十日樞密
院言兩浙西路提舉馬遞鋪朱縡申近檢點得本路傳
送急遞斥堠文字唯有嚴州路臨安府一帶遞鋪住滯
最多訪聞臨安府湖嚴州巡轄使臣修武郎房仲元不
躬親往來根刷催督以致鋪兵將承傳文字積壓留滯
除房元送嚴州取勘依條施行外申聞事詔房仲元先
次放罷令提刑司催督疾速取勘具案申樞密院　九
月十二日明堂大禮訪聞諸路鋪兵多是所屬不為按
月支給衣粮因致逃竄却以外來軍兵冒名承傳緣所
持文書內有干邊防事務竊慮冒名人夾帶奸細偷藏
遞角漏泄事機仰逐路提舉監司嚴責當職官覺察改
正仍許鋪兵冒名人限一月自陳並與免罪內鋪兵依
舊收管冒名人兵發歸元來軍分與免本營問當仍令
州縣今後須管按時支給衣粮毋致少有失所如敢違
戾令提舉官按劾以聞　十年閏六月十六日詔順昌
府官吏軍民等狂虜犯境王師扼衝惟爾吏民協濟軍
事保捍城壘驅過寇攘眷乃忠勤宜加撫恤管下遞鋪

卷一萬四千五百七十五

四十二

兵吏更與犒設一次　紹興十一年三月七日内降壽
春府廬濠滁和舒州無爲軍德音自行在至軍前金字
牌及派星斥候兵士並令逐路轉運司等第增倍犒設
一次　十二年五月二十九日樞密言日近據川陝宣
撫司申路中有盜折遞角藏匿文字卻入白紙在内傳
送除已節次行下經由路分根究施行外訪聞諸路鋪
兵緣州縣不時支給錢米多有逃竄招填之初又不審
問行止來歷便行收係及裹卹之間每鋪止有三二人
或婦人傳送去處是致容奸匿盜深爲不便詔令逐路
提舉官下所屬州軍將所管鋪兵三人結爲一保據缺
額人數並仰招收土人及鄰近州縣行止來歷分明之

卷一萬四千五百七十六　四十三

人或刷那見管廂軍充填依時支給請受須管措置招
填足額不得依前令婦人傳送仍委當職官鈐束鋪兵
書級子細驗認遞角封題分明交轉如有違戾重寘典
憲　六月三日臣僚言湖北京西州縣據上流之勢與
虜爲鄰訪聞兩路往往並無遞鋪縱使有之不過茅檐
三四間人兵一二人亦無請給濟贍遇有文移追集鄉
夫傳送皆是前期閑之幽室無異囚繫每一鋪差夫十
餘人十日一替口食各令自備道途往返動至逾月拋
廢農務遠邇騷然不惟百姓無復歸業之期而捽有驚
報責之山僞豈不遲滯悞事乞委兩路帥憲修蓋鋪屋
招填兵級應干請給悉從州縣嚴勅州縣不得依前差

科鄉夫詔委田師中劉錡同逐路提舉馬遞鋪官措置
鋪兵請給須管足備無令欠闕具已措置奏聞　八日
臣僚言近因赴闕所過州縣遞鋪多者不滿三數人少
者止一兩人或止一人遞筒委積擔負而行倘涉軍期
豈不誤事蓋緣州縣請給不時既缺饑粮不免逃竄欲
望明詔諸路提舉馬遞鋪官嚴行督責所部州縣將見
今鋪分闕少人數須管依近降指揮照元額撥填仍自
今後合得錢粮逐旬支給月具所支過單甲姓名結罪
申提舉馬遞鋪官逐季類申樞密院如有違慢當行官
吏重寘典憲照依已降指揮委提舉官措置仍委逐州
守臣逐路漕臣應付請受無令欠缺樞密院逐時差官

卷一萬四千五百七十六　四十四

點檢如有缺悞當職官一等科罪　十三年八月二十
一日御史中丞羅汝楫言祖宗郵傳之制有步遞有馬
遞有急脚遞其文書事干外界或軍機若朝廷支撥借
兌急切備邊錢物或常非盜竊並入急脚遞日行四百
里近歲修立斥堠法尤爲嚴密州縣官吏誠能遵法而
行存恤鋪兵徐加督責豈有傳送稽留之患昨緣多故
乃更置擺鋪事屬重復遂茲事定尚爾因循且江西一
路每州所差兵級數十人除本身衣粮外各借請三當
月每日添支米二勝錢二百五十文兵級既衆蠹耗不
貲未幾又復更番來往紛然諸郡苦之乞下本路將排
鋪廢罷所有兵級發歸元差州郡着役餘路及諸州縣

置擺鋪准此少減冗費雅此所得贍養舊來鋪兵以時給其衣糧使之溫飽且具逐路提舉馬遞鋪常切差人檢察切計傳送之敝過於擺鋪詔令逐路提舉馬遞鋪官開具措置仍令兵部檢會祖宗舊制申尚書省　九月七日右朝請郎鄭資之言國家均地里謹時刻亭傳相望分置巡轄又專委漕臣提舉其法可謂備矣緣巡轄使臣有兼三州去處勢不能遍歷多致稽遲比來逐州添差指揮使不下十數員臣欲乞於逐州添置指使內就添差巡轄使臣一員地里狹而鋪分少日可遍遞庶無稽遲銓曹員多缺少亦可發遣在部久次之人從之　十一月八日南郊赦昨發下京西川陝等處遞角經由路分有偷拆藏匿去處先因根究將住滯鋪兵及有封頭不全事涉疑似者見令禁勘尚未結絶竊恐寔非正犯徒有淹繫可令所屬州縣長吏切審寔如勘得委非偷拆正身並仰日下疎放押歸元來去處依舊收管放行請給　十九年三月二十二日尚書省言諸路來往遞角多有盜拆藏匿及不到去處即未見的寔弊病合行措置詔差黃敏行權兵部郎官詢究措置內有合躬親前去路巡關具申尚書省　四月十一日刑部言修立下條諸急脚馬遞鋪曹司逃亡事故闕限一日申州本州日下差撥又闕聽權差廂軍候格到人替回右入紹興重修軍令諸急脚馬遞鋪曹司缺不依限申

卷一萬四千五百七十五　四千五

州及本州差撥無故違限者干繫官吏各徒一年十日以上加二等諸處巡轄使臣以支取真土錢為名於鋪兵名下減尅請給率斂財物者以乞取監臨財物論仍許被減尅率斂鋪兵越訴通判令佐失察杖六十右並入紹興重修職制勅如得允當即乞申嚴遍牒諸路施行詔依仍先次施行初詔黃敏行權兵部郎官措置諸路遞角至是敏行有請故立此條　恐新書已有正條故刪

九月二十八日尚書兵部員外郎措置諸路遞角黃敏行言看詳鋪兵傳送角遞之際有奸人用財計囑盜拆藏匿其鋪兵如能不與同情自行告首或已開拆藏匿却能密切告官遂致敗獲自來未有聽許及立賞指揮欲乞今後鋪兵若能如前項告首捉獲乞與轉一資更依捉獲鋪兵盜拆遞角等第給賞仍將元行計囑財物不以多寡並給充賞其巡轄使臣至兩界鋪分不爲依條索取鄰界一鋪簿歷點檢及鋪兵曹級避怕點檢妄稱諸處取索前去欲乞依敕取索鋪兵簿歷離鋪條法斷罪仍許兩界提舉司及州縣巡轄檢察使臣等互相覺察兵刑部看詳欲依本官所請下刑部遍牒施行從之　十月二十一日尚書兵部員外郎黃敏行言躬親措置遞角點檢得江南西路安撫司并諸州軍監司等間有差使臣以驅磨爲名輒於諸遞鋪取索每季一換驛樓作過遞角因而沉滯乞將違法去處牒罷外

卷一萬四千五百七十四　四千五

深慮經過之後復行差置乞立法禁止大理寺看詳欲
依不得差出之官本州不申輒違法從杖一百坐罪若
有違例仰提舉官按劾從之　二十二年七月六日總
總四川賦汪召嗣言遞角舊用皮筒封印記因兵部郎
中黄敏行請用紙角題印以蠟固護入筒更不封記緣
遞角鋪交換取出辨驗多致差互愈長偷拆藏匿之弊
望詳酌措置進奏院看詳欲以蠟固護入筒仍腰封攝
繫從之　二十三年十一月十八日新知潭州陳璹言
朝廷措置遞角招兄鋪兵修蓋營舍私役有禁衣糧不
缺驅催以知縣點檢以通判逐路以監司提舉之又許
巡轄縣尉出界逐鋪取索驅磨關防周盡而稽遲之弊

永樂大典卷一萬四千五百七十四

初未嘗革且以二廣去朝廷遠緊以急遞期限不過旬
日而廣西承受尚書省林緑牌遞有踰兩月而不到本
路發急遞至進奏院有踰三月方到者其間朝廷待報
緊急文字與夫諸州刑獄奏案稽遲日久豈不誤事乞
檢坐前後指揮申嚴諸路仍令諸州逐月具開所發進
奏遞角關報本院却令本院開具逐月所發遞角關
會諸州摔其稽遲之甚上之省部行下所屬根究違滯
特行責罰庶幾上下率職遞角通流語及令兵部檢坐
條法行下仍措置申尚書省　二十六年正月二十七
日兵部言遞角在法巡轄使臣往來趕發令委催促監
司提舉近來差委通判等提轄檢察逐時追呼鋪兵取

索請歴撥擾不一却致留滯今乞並依舊法令縣令縣
尉巡轄使臣催促轉送轉運長官一員提舉外其餘郎
次所差官並罷仍仰提舉官常切督責巡轄使臣如有
違慢去處將鋪兵送所屬斷遣巡轄使臣等按劾施行
其缺少鋪兵行下所屬州軍日下差撥廂軍填缺合用
錢米按月支撥不管拖欠下刑部遍牒施行從之　二
十九年二月二十五日祕書省校書郎洪邁言鄱路郵
傳舊制每二十五里置鋪一所列卒十有二人軍興以
來凡過蜀道者或有斥堠九里一置亦列卒十有二人
自黄敏行建請江浙荊襄之間舊無斥堠者一切增創
招募一縣多至四三百人而二十五里鋪又復並立舖

永樂大典卷一萬四千五百七十四

次相望既有月給券又有俸麥又有夜糧又有食錢以
禁軍三人之費不能贍一戍卒窮山陋邑困於供須鋪
兵猥多徒以資官吏荷擔與轎之役又令諸州通判縣
令皆於銜內帶驅催遞角每月各增俸錢十千歲費縣
官十餘萬緡又於縣丞尉逐月迭出點視吏士符移總
匯絡繹鋪兵廩給難優往往耗於此曹之手舊制每兩
州置巡轄使臣一員敏行仍令州選一使臣謂之添差
班行小使臣無復庭藉所務培取奉食而已其他利害
不可悉數欲乞將有斥堠去處應干有遞並行減罷其
常程文字每日類聚輪差一人傳送合罷遞卒並撥入
所隸州充廂軍却擇廂軍之壯健者刺填禁兵之缺自

餘敏行所請乞令條具逐一詳議釐改施行從之。五
月四日臣寮言諸路遞角傳送文字多有住滯及鋪兵
多有出纇日近蒙朝廷措置各差使臣上歷監發根刷
違滯緣逐處巡轄遞鋪官多不往來巡轄及將鋪兵借
與過往官員般擔行李及販易物貨致妨承傳文字乞
委諸路提舉遞鋪漕臣將本路巡轄使臣體量如有癃
老疾病無心力不堪倚杖之人即行按罷催促待次人
疾速赴上如新官依前不堪倚杖即從本司別行選差
月具本路巡轄使臣有無精進不任職之人尚尚書省
從之 二十六日兵部言諸路遞鋪乞令諸州於兩界
首鋪各差使臣一員置歷專在本鋪過有遞角文字即
時批上歷親本鋪傳發仍差使臣一員往來本州界內
諸鋪根刷有無違滯各一月一替候差到替人交割方
得回州諸路轉運司專差使臣二員分定本路州軍驛
程不住往來根刷違滯半年一替每月取逐州違滯狀
申本司並逐日量支食錢兩浙轉運司除專差使臣二
員分定本路州軍驛程外更輪使使臣二員同進奏官
一員各置歷每日於三省樞密院抄上朝廷所發文字
赴進奏院當官遣行仍於歷上批鑿遞引字號時刻承
傳鋪兵姓名赴三省樞密院呈通一月一替鋪兵缺者
限一月招填請受衣糧按月支給如招未足先於廂軍
內揀選壯健人權充候招到抵替逐州知通專一點檢

卷一萬四千五百七十五

轉運司按劾違戾詔依仍令諸路提舉漕臣常切提督
如違滯數多三省取旨重行黜責 閏六月五日淮南
路轉運判官張祁言本路廬州無為軍巡轄使臣忠翊
郎張顯祖在任不法減尅鋪兵衣糧請受錢物入己致
軍兵怨憤無所畏憚住滯遞角文字委專官體究得實
詔張顯先先次放罷送鄰州疾速勘具按聞奏 三
十年三月二十八日詔每歲合賜諸路安撫并制置使
御前諸軍都統制等夏臘藥例差內侍省官樞密院使
臣前去給賜所至將迎遷攜不無勞費可自今令學士
院降勅書并所賜合藥並責付進奏院附遞給賜 八
月二十九日樞密院言江南東路安撫使言管下斥堠
鋪內有接傳淮南州軍等處申發至行在遞角文字比
之其他鋪分利害至重所有鋪兵舊日每人日支食錢
二百省昨因本路轉運判官韓彥申請內緊要鋪兵每
人減作一百文省自餘鋪每人減作七十文省續趙伯
半又行申請裁減內日支一百文作七十文七十文作
五十文見欽此支給緣向去入冬常處鋪兵晝夜傳送
勞苦與平常事體不同今欲將斥堠鋪兵並依韓彥減
定錢數支給仍乞每至十月一日起支次年四月一日
日依舊其太平州池州宣州廣德軍管下斥堠鋪接得
淮南遞角通徹至行在徑路鋪分亦乞依此從之 三
十一年三月十八日中書門下省言諸路鋪兵承傳遞

卷一萬四千五百七十五

角自有立定時刻近來多有住滯及盜拆去處理宜約
束詔令諸路提舉馬遞鋪官行下所部州軍嚴責鋪兵
令今後如敢擅拆窺看傳緣文字並依建炎二年十一
月七日已降指揮從軍法施行仍將鋪兵闕額去處日
下於本州廂軍內選差少壯之人撥填依時支破請受
每日量添錢伍十文米一升各於逐州府內選差有心
力使臣一員內州界闊遠去處許差兩員每月各添破
食錢十一貫廂軍二人馬一疋於本界內專一往來點
檢機察即不得因而役使攙接如一年內別無盜拆違
滯去處其使臣仰本州保明與減一年磨勘若有違戾
提舉官知通巡轄使臣并今來所差使臣取旨重作施
行從之 十月二十四日都省言十月分諸路擺鋪兵
卷一萬四千五百七十五
級日夜往來傳送文字委是有勞詔令戶部并諸路總
領所各隨路分依例犒設一次 十一月二十日詔近
來軍期文字全藉鋪兵傳送其合得錢米累降指揮令
州縣按月支給訪聞州縣並不遵稟又多作名色尅減
及有三兩月不支去處雖經監司陳訴亦不爲施行是
致鋪兵逃竄有誤傳送仰諸路提舉斥堠官限指揮到
日即時委清幹官一員前去所部州縣點檢如有未給
錢米日下一併支給不得依前減除其闕少鋪兵去處
令州軍日下差撥廂軍補填候招到人却行抵替日後
依前違戾許鋪兵經監司陳訴仰提舉官具違戾去處

取旨將當職官重行黜責人吏決配 紹興三十二年
十一月三日孝宗已即位未改元 兵部言諸軍擺鋪兵
級傳送軍期急速文字近更稽遲緣未立定日行地里
并論罪條法及措置勾考之方近詔諸軍自興州之行
在沿路接連每十里置鋪選不入隊少健輕捷軍兵五
人每十鋪添差巡鋪使臣一員往來機察季一承代今
欲除金字牌日行五百里外餘日行三百里如違滯盜
拆亡失棄毀等並依斥堠鋪第降罪論指揮斷罪本軍
帥臣選才力官一員專一往來提點驅考有違犯處具
因依自本軍帥臣聞奏取旨從之 孝宗隆興二年三
月十六日兵部言自今諸軍擺鋪止許承傳尚書省樞
卷一萬四千五百七十五
院都督府沿邊州軍等所遣發軍期錢粮要切文字餘
閑緩處不許輒入并依條入斥堠急馬步遞若折遞官
司點檢非合入擺鋪名色從本處舉察取旨官吏並依
紹興六年十月制旨斷罪施行進奏院所發遞角除承
受金字牌合入擺鋪斥堠傳送餘文字合分別要慢入
斥堠急馬步遞遣發從之其後總領四川財賦所言近
降旨即不該載總領所文字亦許入擺鋪遞明文緣報
軍期安平及諸軍中探報并錢粮要切文字未嘗虛日
欲望賜許庶憑遵守又從之 九月十九日權發遣昌
化軍李康臣言海南瓊州萬安吉陽昌化軍四州軍之
地遠在海外去朝廷爲至遠趣靜江府亦不遞千餘里

朝廷有一命令師臣監司有一行移動輒經年少則半
載雖云道遠亦由遞鋪之弊欲乞於兩岸海口各委官
一員海北所轄之官專責四州軍巡捕官檢伺候任滿
取會沿海有無稽滯官吏保明方與批書駕部看詳下
提舉廣南西路馬鋪遞官從長相度經久可行利便取
旨從之　十一月二十六日臣寮言軍中斥候不可不
明軍期奏報不可不速今之擺鋪專主之方冬甚寒比
之戰士雖不覩犯矢石然於兵士所係非輕會計人數
況亦不多宜畧加犒賞君以事定之日與甲軍一例推
賞以免其奔走之勞亦今急務從之　乾道元年三月
三日臣僚言昨緣軍興斥堠鋪承傳遞角滯遲諸軍置

卷一萬四千五百七十四　兵十二

立擺鋪專一傳送軍期今邊事寧息伏望將擺鋪軍兵
先次放遣一半歸軍餘半權併入斥堠鋪混同承傳依
擺鋪遞日行地里行下逐路提舉斥堠鋪官將見闕鋪
兵以兩月爲限募填數足請給須以時給內舊置擺鋪
之所斥堠鋪兵每名日增支食錢五十積漸抵替擺鋪
軍兵其全闕斥堠鋪兵之所且令擺鋪依舊從之　七
月二十七日三省樞密院言近所在申發文字并朝廷
發下遞角鋪兵傳送例皆稽滯違程詔諭路提舉斥堠
鋪兵嚴切約束須依條限傳送時差摘點巡轄使臣有
失職名具以聞仍月具無違滯申三省樞密院　九月
二十四日詔三衙諸將帥依舊例置立擺鋪其後主管

殿前司公事王琪等乞免差上初難之知樞密院事汪
澈等奏自遣使之還邊報消息若復置擺鋪恐人情不
能無疑乃從其請　二年六月二十一日詔三衙諸帥
依舊例認定地分人數自七月一日置立擺鋪仍差得
力使臣專一部轄點檢承傳毋稍住滯所差人來春却
令歸軍是日宰臣魏杞等奏曰頃者用兵用軍人爲擺
鋪廢罷已久近有自荊襄來者言道中鋪兵皆游手往
住況失上曰近文字亦遲杞等言蓋緣不用軍中人之
故今防秋在近已暫復置故有是命　三年二月二十
九日臣僚言諸路諸軍等處申奏文字並不依限走傳
軍期一例況滯欲乞詳酌將諸路舊置擺鋪之處斥堠

卷一萬四千五百七十四　兵十四

鋪兵內揀摘少壯健步謹審鋪兵三名改充擺鋪專一
傳送軍期不入鋪要急文字所揀兵每日增支食錢五
十如斥堠鋪兵闕即於諸州軍依數選差廂軍傳送亦
增支食錢五十更日增支米一升半如元擺屋踈漏拆
毀所屬州軍期十日添修仍令諸州軍於添差使臣內
每三鋪選一員專一部轄稽察催促如無添差使臣於
指使或應管官使臣內差撥並半年一替先委諸路提
舉斥堠馬遞鋪官勤切點檢如諸州軍奉行違戾苟且
鋪兵走傳稽滯及不依時支給錢米並按劾施行從之
鋪兵仍限十日差撥　三月五日臣寮言近指諸路州
軍斥堠鋪兵選揀健卒謹審鋪兵撥充擺鋪走傳軍期

要急文字尚慮無以區别，欲乞將沿邊州軍并諸軍統
制司各給降黑漆白粉牌，内建康、鎮江府、池州駐劄御
前都統制、盱眙軍、光、濠州、壽春府各給牌五，鄂州、荆南、
金州、興元府駐札御前都統制、襄陽府、四川制置司各
給牌十，專一申奏軍期切緊非常，不許輙用申發文字，
並須定日遞鋪走傳，日行三百五十里到行在，令進奏
院具承受日時發回。朝廷降付諸處乞切文字，亦乞置
雌黃漆青字牌五十以備給發，候到却將牌即時繳回。
若往滯時刻，使臣鋪兵並重作施行。從之。　二十七日，
權發遣臨安府王炎言：獲旨於斥堠鋪兵内每鋪摘三
名充擺鋪，三鋪差使臣一員，部轄稽察。本府所置擺鋪

永一萬四千五百七十五

地里遠闊，竊慮剏置之初，各鋪使臣生疎，承傳之際，或
至留滯，兼巡轄官不令通行照檢驅催，却致託避。今欲
委自巡轄馬遞鋪使臣往來驅磨催促，如傳送稽滯，却
轄同所差使臣丞取旨責罰，仍乞每鋪差曹司一名抄
上簿歷，諸路做此。　四年正月二十四日，兵部侍郎
王炎言：郵傳之卑違無甚於近時，至若去年十一月二
日郊祀肆赦，行在至襄陽府三千一百里，合行六日二
時，稽十日方至；荆南二千六百四十里，合行五日三時，
稽九日方至。餘類此不可悉陳。竊慮循習，或誤機速，爲
害有不可勝言者。昨降旨再置擺鋪，止於斥堠鋪兵揀
摘三名，未免責滯，欲乞令逐州每擺鋪兵士添作五人

曹司在外訪聞州縣陳謝恩賞附遞家書之類，悉入擺
鋪，期於速達，未嘗有舉罰者，致殊無忌憚。今欲從本部
下諸路將帥州軍及進奏院，每月各保明即無附帶閑
緩文字及家書之類，以憑稽考舉按。仍諸路將帥監司
守臣有所申發，到進奏院月具名數申，白日後因事發
覺，重加罪罰。斥堠及馬步遞期限非緩，止緣置立擺鋪
後，官司漫不留意，因該散失，並折無所不至。諸處罰法
盡入擺鋪，并有此患。今措置從本部下諸路提舉官遣
鋪官將斥堠鋪兵期一月募填盡足，及都督州軍皆理
鋪舍，以時廪給，有奉行不虔，從逐路提舉馬遞官按治施
行。遞鋪日弊，利害非小，提舉馬遞官與州縣往往避罰

永一萬四千五百七十五

上下容庇，致莫稽考。今欲本部臨時選州縣官或指差
見任得力使臣不測驅磨邊遠處，下帥司選官候得其
實，從本部具名取旨。從之。　五年四月八日，兵部言：諸
路州軍斥堠遞鋪并擺鋪單牽傳送遞角，前去法令詳
備，緣奉行不虔，違滯日甚。欲乞下諸路提舉馬遞鋪官
以缺報所部，將見缺鋪兵須亟依元額招填，按月廪給，
不得就削私役，仍替巡轄使臣内進奏院。令本院監官
每季以外路所發遞角并本院發出批回内引保明有
無違碍等申部，以憑檢察。近旨候潮門十棚北廓作堠
等鋪，置歷承受外路發進奏院遞角，逐校取批爲驗，月
赴部覆用印給下，抄轉歲終繳磨。見今置立省北東西

路并中棚擺鋪亦係投進奏院遞角其取批收發置文歷亦合一體從之　六年六月二十日權江南東路提點刑獄公事兼權提舉常平公益公事翟祓言近省部及諸處官司遞角多滯蓋以鋪兵月粮衣賜州縣類先支在州軍兵至遞鋪例不以時遂使飢寒困厄又過往士大夫差出軍士公人玩法擅於遞鋪差擔負一若不從必致威脅近巡歷至池州建德縣鋪兵陳狀積月粮四箇月及鋪兵稱前後過往强使檐擎不容辭詔鋪兵粮米不以時給具守臣姓名取旨强役鋪兵令翟祓契勘并聞奏　九月八日詔州縣傳送文字遞鋪兵級合得月粮料錢仰州縣按月放行不得非理役使如或

〔補〕卷一萬四千五百七十五　五十七

違戾監司按治施行　十七日詔武經大夫池州太平州都巡檢使馮世時降兩官以翟祓契勘世曾私役鋪兵也　十一月六日詔江州馬遞鋪兵汪立杖脊刺面配流三千里外州軍巡轄官趙不退追兩官勒停巡檢使臣武安追三官除名勒停檢坐見行條旨并令責罰下諸路提舉馬遞鋪官於逐鋪牓諭以汪立盜拆四川宣撫司力忠則字號遞角當從軍法緣該赦宥及自首巡轄官驅磨失寔也先是上問盜拆遞角當得何罪宰臣虞允文奏曰在法當死汪立乃自首行陳上曰須從流梁克家曰巡轄使臣失於鈐束漕司所差官根究失寔二者皆有罪上曰然故有是命　八年四月九日詔

峽州置巡轄馬遞官一員以本路諸司言巡尉兼遞鋪職事不併專一乞創置一缺故也　今月三日發遣江南東路轉副副使兼提舉馬遞鋪點檢斥堠程大昌言遞鋪兵傳承四川宣撫行府遞角總有破損所至鋪吏不經官吏究却令元傳鋪兵越界千里直至行在等投送緣此文字稽滯如本司覺察稍有違戾巡轄使臣送所屬根罪依條施行乞下諸路照應約束從之　十日四川宣撫司言近諸處文字及承朝省發下遞角多為沿路盜拆不知其數詔如或告獲賞錢三百貫有官職人轉一官資　二十五日中書門下省言諸路遞角往來傳送多有盜拆留滯及藏匿不至去處蓋緣不一詔

〔補〕卷一萬四千五百七十四　五十八

差大理寺丞郜說躬親前去詢究措置　八月十八日荆湖北路安撫提刑轉運提舉常平茶鹽司言荆南澧州巡轄并岳州巡轄一員並缺正官承前止所屬州府差攝處不專一有妨催驗欲望下吏部正行差官從之鄂以荆南澧州巡轄馬遞鋪兼岳州巡轄馬遞鋪為稱二十九日權發遣江南東路計度轉運副使兼提舉馬遞鋪點檢斥堠程大昌言准根究沿路盜拆都統秦琪使字號遞角專委屬官趙彥駿究驗並無蹤跡其遞角四月十二日卯時四刻入本路至四月十七日未時五刻出界通計五日四時一刻准條合以二日三時三刻計滯三日六刻參照並在巡轄曹景賢內即景贊恬坐

廨宇以致住滯可知欲望將景賢罷遞以為隳職之戒從之　十月十七日詔激賞庫依昨置黑漆白字牌式樣更行製造四川宣撫司給牌十建康鎮江江池鄂州荆南都統制御前水軍沿海制置司金州興元府武鋒軍都統制襄陽府光濠楚州盱眙安豐軍各給牌五中奏朝廷要切文字餘照乾道三年三月前旨施行　十八日輔臣梁克家等言將點審到兩浙東西路强壯廂軍第一第二等分分留遞鋪内遞鋪一千八百七十三人却於揀中第三等内選强壯人抵替第一第二等揀中强壯遞鋪宿慮有妨執役傳送上以鋪兵亦須强壯詔兒抵替　二十一日兵部侍郎黄均言遞角稽違之

卷一萬四千五百七十五　五十九

弊蓋莫甚於今日荆南都統制司所發御前文字猶違空函四川宣撫司來往遞角盜拆尤多不惟鋪兵作弊其間曲折可慮非一欲望立賞募告或給緡錢或與轉資凡有盜拆遞角之人並許收捕告官即與推賞犯人依建炎年軍法處斷將賞格鏤牓遞鋪給示使之通知庶幾傳驛不失期會亦足以陰消奸計乞即詳酌施行既而下勑令所修立盜拆賞格兩降從之　十一月七日詔樞密院給黑漆粉字牌五下湖北安撫司遣要切軍期文字從帥臣葉衡之請也　十二月三日大理寺丞措置諸路遞角郡説沿沿路州縣擺鋪例皆欲額其闕止三兩名多卑月迎巢代名諸州縣斥堠鋪兵每月

合支本身食錢州縣吝惜財賦往往不支或支以半鋪屋損漏反少鈌閒架沿路橋梁道路並不修整諸州上下兩界首鋪合差使臣置歷抄遞及縣尉出巡所至遞鋪合索傳送文書大小歷點檢逐州並未見遵依累降制旨巡轄使臣私役兵級過往命官將校軍兵擅役鋪兵諸路監司州縣等處發遞不別要慢一例題寫仰鋪兵火急傳送鋪兵類不識字一槩以入擺鋪致文字擁併積壓兵部勘當前後條旨非不嚴備伏乞関牒諸路提舉為遞鋪兵如依前違戾之處從本部官按治施行從之　二十七日詔知平江府吴江縣部輗降一官放罷坐不支遞鋪請受及冬衣綿絹仍令本府於係省錢

卷一萬四千五百七十五　六十

内撥月支給　九年二月三日詔舒蘄州巡轄使臣李光鋪放罷以桐城縣銅山驛鋪兵收匿遞角光鋪不察差使臣刷出劾罪以聞也　十四日忠翊郎閤門舍人熊飛言竊見兩浙荆襄切於敵境明遠斥堠正為急務其閒州縣招置鋪兵多是逃兵作過及老弱之人詭名冒役朝集暮散更無定籍所遞文字或潜開拆先泄事機或藏匿失墜互相托避利害非小欲望申明祖宗條制應州縣招刺鋪兵須確寔土居之人負犯盜卒並發歸元處餘老幼盡汰仍令知縣尉兼帶驅催往來遞角專一檢察庶幾緩急不致疎虞亦防奸之至術從之　八月二十五日大理寺丞部説言比年以來遞角多有

盗折藏匿之弊蓋由〔巡〕轄使臣與曹級相連每一遞入界界首曹司以片紙揭於牌筒書寫某月某時某刻入界轉示以次鋪謂之由遣以次鋪得之各計合破程限次第挨排虛轉簿歷以相符合異時官司驅磨祇見本界並無稽滯殊不知越界一鋪乃有大繆不然者謂如荆南都統秦琪所發狀字號奏筒江西浩港鋪則云三月二十五日申時六刻傳過江東竹嶺鋪却云四月十二日卯時一刻於浩港鋪得之兩鋪纔去十里凡差十六日六時四刻其弊蓋出於此今措置欲於見置擺鋪兩路界首通差識字使臣一員就彼置立直舍專〔一置〕簿抄往來遞角實過界月日時刻傳送鋪兵姓名以備

卷一萬四千五百七十四

六三

官司取索所差使臣自浙西至四川界首不過五員而已伏乞特降睿旨令吏部使闕差注庶幾遞角來往之際有以稽察從之　十月十九日樞密言諸路州軍應申奏朝廷機密切要文字其文引內既有排定字號又於文引內開說事目入遞致承受開拆之處多漸漏露深屬不便詔兵部遍牒諸路州軍將申奏入遞機密要切文字並實封於皮筒內外及文引止排字號不得彰露事目如有違戾取旨重作施行

全唐文

續宋會要　急遞鋪

淳熙二年四月九日提舉荆湖北路馬遞鋪王全福言信陽軍五鋪往來巡轄所迂迴二百餘里乞將信陽軍鋪分一就委復州巡轄使臣通管從之　六月十三日兵部言遞角違滯乞劄下諸路提舉官委所部州軍通判簽判遍詣管內點檢仍將闕額鋪兵日下招填其未支請給一併支給或有鋪屋疎漏牒所屬日下修整及令所屬州軍自今不得差巡轄使臣兼管他職仍不許私差借鋪兵般挈如有違戾委提舉官覺察劾奏從之

三年四月十六日兵部言昨降指揮於見擺鋪兩路首

卷一萬四千五百七十五

一

通差識字使臣一員抄上往來遞角名件的實過界月日時刻傳送鋪兵姓名以備官司取索驅磨其所差使臣自浙西至四川界首不過五人人數不多責任亦重難以廢罷其逐鋪並作點檢稽滯遞角官稱呼候任滿令接界路分轉運兼提舉馬遞鋪官取索抄轉過兩界路首擺鋪簿歷驅磨如稽違不滿三釐令兩路轉運兼提舉官同銜保奏與減三年磨勘若稽違五釐以上即降一資今逐路提舉官不時取索驅磨如有違滯緊切軍期機會文字即不候任滿紐計分釐具事因職位姓名申朝廷重作施行若提舉官失點檢從本部按劾從之

二年十月十八日執政進呈前知〔金〕州陳文中言諸

路州軍措置遞角前後差官不一，卻成騷擾，鋪兵幾無
以自存，乞責付州縣巡尉，而以賞罰勸懲之。上曰：此事
久弊，文中所陳有理，可令兵部長貳從長措置以聞。
十一月七日，臣寮言：近來入遞給發緊急文字，遞鋪走
傳往往留滯。詔給賞庫置造雌黃漆青字牌子六十六
面，赴尚書省專一遣發緊切不可待時文字，日行三百
五十里，其承受去處候到將牌子即時繳還，若住遲時
刻，巡轄使臣、鋪兵並重作施行。　五年二月九日，詔筠
州、臨江軍置巡轄馬遞鋪使臣一員，從吏部差注，以江
西諸司言兩州只差小使臣權管事，不專一，故有是命。
四月二十二日，四川安撫制置使胡元質言：夔路山谷
重複，最為峻嶮，虎狼之跡交於中途，遞兵勞苦，乞令夔
路轉運司常切趣辦，覺察不容復有缺額、缺糧去處。從
之。　六年四月二日，詔江西、福建、湖南、二廣知通並以
提轄本州界分諸鋪遞角入銜，每歲終進奏院從實根
刷遞角留滯路分州軍，申尚書省及關駕部取旨。　七
年二月二十一日，知隆興府張子顏言：南康軍先隸江
西路，其巡轄使臣一員係管洪州、南康軍界鋪兵職事，
續緣南康軍撥隸江東路，所有三縣巡轄卻令本軍於
見任指使內選差廉謹識字使臣一員充，自後本軍不
曾差置，止令星子縣尉兼管。今乞於使臣內差注專充
南康軍管界星子、建昌、都昌縣巡轄斥堠馬遞鋪，所有

卷一萬四千五百七十五　二

請給依監當例，照應官序幫給，若遇出巡，許依法別給
進武副尉驛券。從之。　八年三月八日，詔諸路州軍遇
有申發獄案，即時開具入遞，是日申本路提刑司照會，
並申提舉馬遞鋪官，依條限催促驅考，如有違滯，將巡
轄使臣及所屬遞鋪兵級重作施行，提舉馬遞鋪官失
於按察，令刑部稽考開具申取朝廷指揮，當議責罰。如
未回報，令諸州軍依條限申催。　七月四日，刑部侍郎
賈選言：乞自今刑寺駁勘取會獄案文字，令進奏院置
綠匣排列字號月日地里，當官發放，所至鋪分即時抽
摘單傳，承受官司亦令遵依條限具所會并施行因依
實書到發日時，用元發匣回報。從之。　二十三日，四川
茶馬王渥言：本司至行在六千餘里，常程遞角大段稽
遲，自出本部界，即難稽責，望下所屬給降黑漆字牌二
十面付本司，入擺鋪至進奏院往來使用，仍乞行下沿
路提舉馬遞鋪官常切驅磨，如有違慢，重作施行。詔所
屬降黑漆白字牌十面。　八月二十一日，詔知寧國府
南陵縣葉鋪拖欠鋪兵食錢半年不支，特降一官，自今
諸路州軍鋪兵請受，並令就州支給，如有拖欠，知通並
行責罰。　九年九月十三日，明堂赦：諸路往來遞角全
藉鋪兵依限傳送，如有違限，自合依條斷遣，訪聞近來
諸州軍將鋪兵合得錢米並不按月支散，因而逃竄，避
罪不肯承首，是致缺人承傳，赦到限百日許令首身，與

卷一萬四千五百七十五　三

免罷依舊鋪分收管仍令逐路州軍依時支散錢米衣
粮日後如敢違戾及巡轄使臣輒行私役令本路提舉
官覺察劾奏施行自後郊赦同　十一月七日知成都
府留正言乞下所屬給降黑漆白字牌二十面付本司
發遞進奏院許入擺鋪往來使用從之　十二日臣寮
言乞降指揮諸路州軍鋪兵日請並令就州支給此誠
足以革諸縣違欠之弊然諸或有距州三四百里者往
復非旬日不能至有妨傳送或下有司復舊各從本縣
支給從之　十年六月十五日臣寮言諸路州軍申發
朝省文字出違期限不惟州郡中發遲緩亦緣遞角間
有浮沉欲乞自今申發章奏並要書塡實日庶幾進奏
院可計程驅磨巡鋪官得以從實根究從之　十一月
十五日詔自今發付四川制置司遞角經襄陽府金房
州漢上路傳送經由州縣常切遵守從制置司請也
十一年九月八日樞密院言諸路鋪兵閒有州郡拖欠
衣粮及巡轄使臣合干人等科需減尅或官司私役荷
檐挽舟之類致令竄逸却容迯軍游手承塡名缺前後
條法指揮非不嚴備緣提舉馬遞鋪官全不覺察致有
違戾理宜申飭詔令提舉官日下嚴行措置革去舊弊
尚或違戾舉劾以聞如本司失於覺察亦當責罰于是
知嚴州壽昌縣趙善登特降一資以兩浙運判錢冲之
言其不支鋪兵月分錢米故也　十二年五月二十五

卷一萬四千五百七十五

四

日樞密院言諸路傳送遞角自有程限昨發文字號省
札至江陵副都統依條合破十日却四十六日方到其
他往來文書多有盜拆違滯雖令逐路提舉馬遞鋪委
官根究至今未見著實累降指揮令諸路州軍以時
支給鋪兵衣粮訪聞尚有拖欠緣此弊端不一理宜措
置詔差都進奏院王厚之躬親前去詢究措置施行十
三年二月二十三日軍器監主簿措置諸遞角王厚之
言諸路鋪兵請給爲急乞是州支去處往往齊整其就
縣支者多是拖欠或高價折支今乞申明州支指揮仍
立支給次序先禁軍次鋪兵廂軍却責通判撿察有無
拖欠繳鋪兵領狀每月結罪保明申轉運司如有偽妄
坐以報上不實之罪其去州太遠水路不通鋪兵願便
就便者州郡繳願狀申轉運司正名錢米內易于催理
者借撥與委縣丞支給撿察有無拖欠繳領狀于通判
廳類申轉運司並同通判法一遞鋪舊法三等曰急脚
曰馬遞曰步遞並十八里或二十里一鋪令總謂之省
鋪建炎三年初立斥堠給與三十年又撥擺鋪立九里
或十里一鋪止許承傳軍期緊切文字近來擺斥堠省
遞混而爲一共分食錢通同遞傳所以多有違限今乞
行下諸路轉運司日下分别諸鋪名額就撥少壯有行
止人充擺鋪依元來指揮內外軍期急速文字專入擺
鋪常行文字並入斥堠其元無擺鋪處軍期亦入斥堠

卷一萬四千五百七十五

五

常行並入省遞庶幾諸鋪不致混殺且免淹滯一鋪兵
作弊皆是界首時日不接無處契勘近年創立稽察使
臣請給分在交界二州欲乞委令逐日取責兩抵界鋪
傳過文字單狀稽𨗇時刻須令相接每旬類申兩路所
請條處通判廳庶可究實一自來界首積弊前鋪往來
不將脚歷與後鋪批鑿後鋪一例不肯還以至傳到日
時無所稽考乞將前界不批脚歷後界不肯批還者其
曹司巡轄並從徒罪立法仍許監司州縣越界拘轄交
界一鋪其交界處曹司巡轄批鑿情弊兩界皆可捉劾
科斷庶幾文書有所稽考從之　六月二十九日樞密
院進呈王厚之申浙西江東界首點檢稽察遞角官周

卷一萬四千五百七十五　六

綱過數差鋪兵當直販糴及根刷交界簿歷並皆不在
乞指揮根究施行上曰遞鋪近日稽滯甚多而稽察官
吏復作弊可送大理寺追人根勘　十三年二月四日
臣僚言乞倣范仲淹措置陝西民兵刺手之法凡鋪兵
並與刺臂稍大其字明著某州某縣斥堠鋪兵某人凡
逃在他州他縣者並不得招收遇支衣糧除當次留鋪
傳送遞角外其當請者驗臂支給冒請逃竄之弊可以
革絕從之　五月二十九日詔令後遞角稍有欺弊究
見的寔界分將提轄等官次第責罰　淳熙十六年閏
五月四日樞密院言諸路鋪兵人數間有闕少州郡循
吏不招填是致遞角違滯詔諸路提舉馬遞鋪官行下

逐州軍點檢鋪兵缺少去處日下招補今後傳送不管
違滯　紹熙二年五月十二日臣寮言今之遞兵不遵
法意況有事切于邊境所繫甚重豈容愆期然諸路遞
角雖有提督官司視以為常踈于糾舉乞令樞密院
行下諸路運司不時差官根刷驅磨遞歷應朝廷文字
有違滯者聞奏重寘于法每季具有無違滯保明申樞
密院庶幾知所畏懼不敢慢令從之　十月四日江東
轉運提刑司言臣僚奏諸寨土兵疲弱無用容奸害民
有損無益若使州縣保伍聯結禁軍弓手教閱嚴肅安
用養此可以蠲減并鋪兵傳送文字稀踈不過坐食然
有警急諸軍必置遞馬乞下諸州郡覈寔道路緩急之

卷一萬四千五百七十五　七

之處與人煙踈密地里遠近見管鋪分人數多寡付之
揀選取其所省衣糧以蠲逐州重賦之額得旨令逐司
相度以聞既而諸司下逐州相度到除建康府太平州
寧國府廣德軍徽州信州六處土兵皆不可減外南康
軍三縣減鋪兵四十三名池州六縣逐寨有病患土兵
減三十三名鋪兵減四十三名饒州減鋪兵一百八十
九名詔依逐司相度到事理合減放人權行存留遇缺
更不招填　十一月二十七日南郊赦諸路往來遞角
全藉鋪兵依限傳送訪聞州軍將鋪兵合得錢米並不
按月支散致其逃竄赦到限一百日許令首身免罪依
舊鋪分收管仰逐路州軍依時支散衣糧日後如敢違

庚及巡轄使臣輒行私役並委逐路提舉官覺察按劾
四年十月二日樞密院言檢會乾道八年十月十三日
專降指揮令樞密院置給發軍期急速文字牌子係雌
黃青字日行三百五十里如違時刻鋪兵使臣並重作
施行近年以來多是滯留程限蓋緣歲月浸久逐州通
判並不點檢使臣鋪兵玩習爲常將雌黃軍期文字牌
子與常遞混爲一等展轉積壓在鋪更不摘出先行事
繫軍期利害深屬不便今先次約束州郡將鋪兵請受
並要按月支給牌子樣置改換用黑漆牌子上鐫刻樞
密院軍期急速文字牌減作限日行三百里務要必行
立其字號朱紅填字仍將牌子樣製并今來所降指揮

卷一萬四千五百七十五

八

下逐路提舉官鏤板遍牒逐州於經由鋪分明曉諭鋪
兵遞承受到樞密院上件牌筒即仰摘出單遞依限走
轉通判常切點檢遇牌子經過即具出界入界日時文
狀先次申樞密院仍委自逐路提舉官別置印歷一道
分下逐鋪專一承受傳送如有稽滯差官根刷比較遲
速最甚去處以議賞罰鋪兵曹級亦從此施行從之
五年二月十二日都大提舉茶馬司言本司先於淳熙
八年七月二十三日指揮給降尚書省粉字牌十一面
如遇緊急機速文字附遞申發責鋪兵日行三百五十
里如違時刻使臣鋪兵重作施行今經多年其牌字畫
磨滅由是承傳鋪兵視爲常程一體因而稽慢乞別給

粉牌十一面沿路傳送有以警畏從之 慶元二年十
一月二十九日臣僚言乞行下逐路轉運司戒飭州縣
應鋪兵須作頒務存優恤整葺住舍衣糧以時支散不
得差撥他用或有羸老之人即行揀替每漕臣巡歷必
躬親點檢如有違戾按劾以聞從之 嘉泰元年五月
十八日樞密院言諸路州軍遞鋪兵給間有拖欠請給
去處詔令諸路提舉馬遞鋪官自今降指揮到日依時
支給如有違戾去處將當職官劾按以聞 二年五月
十五日詔罷洋州指使一員改作洋州興元府東界巡
檢馬遞鋪令轉運司定差使闕從本路諸司請也 三
年五月二十一日權知閤門事張時修言池州係江淮

卷一萬四千五百七十五

九

蜀漢等路遞角聚會去處疆界闊遠盜賊奸弊多在本
州管下竊見本州城止分四廂却有兵官五員今除西
員各管廂事外乞差一員兼稽察本州界內三方遞角
無妨兵官職事從之 八月十四日浙西提刑曾梟言
置郵傳令古人重之今之遞鋪反爲虛設衣糧不時支
缺員不時補甚至屋宇破壞不庇風雨衣食窘廹私役
之人遂使僻州遠縣有號令而不知文書往來難遺失
而不問平居且然緩急何賴倘非嚴行約束州郡安肯
奉行乞下諸路常切檢察無得視爲閑慢監司巡歷並
宜核行其巡檢官不職者即行奏劾從之 十一月十
一日南郊赦文諸路往來遞角全藉鋪兵依限傳送訪

閬州縣將鋪兵合得錢米並不按月支散其致逃竄赦到限百日許令首身免罪依舊鋪分守管仍仰逐路州軍依時支散衣糧泪後如敢違戾及巡轄使臣輙敢私役並委逐路提舉官覺察按劾自後如祀明堂赦亦如之

二十三日知宣州顏必先言沿邊州郡鋪兵缺額其見管者亦多老弱文書經由易至沉匿緣鋪兵月給州郡積欠不支或支折他物食衣不贍逃竄無疑萬一有警必至悞事乞將沿邊諸路逐鋪招置壯健之人無令缺額按月支給糧食不得以他物折估如此則鋪兵無逃竄之患而朝廷文書舉無散失矣詔依先次關具見管並缺額人數申樞密院以憑比較

卷一萬四千五百七十五　十一

四年五月二日京西安撫司言襄陽去行約三千里郵傳不容分毫漏泄頃刻濡滯今省遞承傳文字朝廷加旗批鑿緊急而考之程限動經三十餘日不問緊慢例皆稽遲開拆作過委無忌憚究詳鋪兵多係爲合游手不守行止之人是致作弊乞自襄陽屯戍軍馬去處擺急遞鋪官兵至鄂州鄂州都統制司接連擺至江州江州接連擺至池州池州接連擺至行在各司遇有急速文字專令傳送嚴立罪賞不得夾帶閑慢文字每四十里一鋪差次等少壯槍排手官兵二人并訓練官一員往來督視三月一次差替從之

開禧二年二月五日臣僚言置郵傳命于四方稽留漏泄皆有誅又以巡轄之官使時察之

可謂甚嚴矣近者遞鋪所傳官文書如上司取會州縣爭訟禁牘奸人往往中路伏截折換要害節目官司無由覺知善人坐以受弊乞下諸路監司守臣自今每月稽考月內傳到文字稍滯常程必隨輕重行遣巡轄任滿並須逐州保明有無違犯申轉運司方與批書則無稽留漏泄之患矣從之

四月二十七日詔江州通判丘傅趙希紘各特轉二年磨勘興五軍通判蔡戴特降一官江州興國軍巡轄朱潤特降一官放罷以江州興國軍兩界傳送角遞違滯傳等不能鈐束故也

八月二十四日詔諸路遞角傳送違限未欲根治令諸路轉運司各督責所部州軍常切鈐束管下遞鋪須管遵依

卷一萬四千五百七十五　十二

條限傳送不得稍有稽遲如違先將漕臣及當職官重寘典憲

三年五月七日樞密院言諸路鋪兵衣糧多不如時之給致有拖欠近差官分往諸郡逐一點檢州縣一時奉行訪聞所差官既歸則拖壓如故或反甚於前理宜措置詔令諸路轉運司行下所部州軍今後鋪兵衣糧並與廂軍禁軍同日支散不得輙有先後仍遍榜逐鋪曉示

十月十九日知峽州翟俊言本州田分巡轄兼管江陵府荊門軍三州境內遞角制置江陵今來邊驚戒嚴荊門與襄陽接境正在江陵陝州兩路之要衝即與閑暇之時不同乞權將巡轄司移置荊門軍庶幾可知緩急從之

嘉定元年五月三日兵部言遞

鋪兵級傳送文字寅夜勞役州縣合行按月支給錢粮訪多有拖欠不支其在縣支請者尤不須恤至有累月拖欠乞行下諸州軍照應累降指揮按月支給其在縣者専委縣丞如無縣丞専委主簿逐月監發尚有違戾許監司覺察按治從之　六年五月一日監登聞鼓院張鎬言一路有一路之遞鋪事有所屬自可誰何惟其有路兩相鄰之州各不相關遞角之沉匿無從稽考昨守潮州目擊此弊潮州屬廣東若取本路遞角則自江西之廣州而後達潮其路爲迂故多由福建路轉達取其便速也惟是福建路遞鋪官兵與潮州不相統屬故每每有沉匿之患乞朝廷詳酌以福建路漳泉州巡轄遞鋪官到任滿罷並令從潮州保明批書廣東路潮梅州巡轄遞鋪官到任滿罷即從漳州保明批書異時赴部注擬得以點對遞角有無通滯以爲陞黜庶幾兩路互有統攝可革此弊然不獨廣福建兩路而然舉天下之大凡接壤之處往往此弊所不能免乞下所屬應兩相鄰之州巡轄遞鋪官悉推此以施行詔令吏部將尚右侍右闕具到巡轄馬遞鋪使臣窠缺內應交涉兩路兩州去處今後批書須管經由各州更互保明方許理爲考任仍行下諸路所屬官司照應遵守施行毋致違戾　七月二十七日詔令諸州軍守臣各提督本州遞角其鋪兵錢粮衣賜今後須管按時盡數支散不得

十二　永樂大典卷一萬四千五百七十五

稍有減尅拖欠或自來係自就縣支請亦仰照應行下嚴切約束施行如當職官吏尚敢仍前違戾密切覺察具申朝廷重行責罰或有缺額去處即行招刺補填所是提舉提轄職事並令仍舊各先具知稟仍契勘各州鋪兵元額見管人數申樞密院　因知臨江軍盧子文有請故有是命　十年四月十五日樞密院言日來事未寧軍期機速事件往來報應務在疾急所有遞角文字若止用州縣擺遞傳送切慮抵捂遲滯委是利害詔令內外諸軍帥各于本司照舊例人數差置擺鋪軍兵専一往來接連傳送樞密院發下軍期紅字黑牌遞匣并軍中申發緊要文字務要並依程走限傳送不管稍有住滯仰各軍常切差官提督並不許附帶他處官司遞角所有逐鋪軍兵依例添支錢米自餘次緊文書仍舊入州縣擺鋪各具知稟申樞密院

十三　永樂大典卷一萬四千五百七十五

行慶關　平安關

全唐文

宋會要　關

河陽汜水縣舊關曰虎牢祥符四年三月戊戌真宗西巡至虎牢關改行慶關慶歷四年五月己丑省汜水縣為行慶關隸河南府

京西房州房陵縣有平安關咸平五年置

關　卷四千二百八十一

東西關　玉京關　綏遠關　鞏哥關　安鄉關

全唐文

宋會要

慶歷二年正月二十七日秦州築東西關城初守臣韓琦以州之東西民居軍營皆附城因請築外城凡一十里自元年十月起至是城計工三百萬

玉京關在會州元符三年置

綏遠關在會州崇寧三年以省章峽改

鞏哥關在蘭州元豐四年置六年改東關堡

安鄉關在會州元符三年置

卷四千一百八十四

全唐文

宋會要　關襍錄

太宗太平興國八年二月十日詔曰近戎人歲貢馬所過州縣多私市女口出邊關自今謹捕之敢以女口私市與賊人者棄市吏知而不以聞者論如法　真宗咸平五年三月涇原路總管郭自明言請儀州制勝關戍兵命使臣一人充寨主從之　大中祥符九年正月詔在京新城門每軍員赴起居日委監門使臣躬親監轄開閉未明前不得搭關龍鎖恣縱開閉透漏姦詐及商稅物色違者並科違制之罪　舊制新城門至曉方開閉封府言近日新城門每五鼓請到鑰匙開鎖訖惟搭關俟曉竊慮透漏姦詐故降是詔焉　仁宗天聖四年四月詔許在京諸色人取便般載諸般斛㪷出城門如將來京中要用斛㪷即令本府旋具條約申奏　先是淳化四年三月詔不許客人販賣斛㪷出門至是從開封府言也　六年九月上封者言西川往來商旅有公平者則由劍門經過無者並自閬州往來蓋自利州入閬州由葭萌寨並有私路入川乞令葭萌寨依劍州置關委本寨使臣驗認公憑放令往來從之　七年閏二月詔劍門駐泊司自今後文武官使臣幕職州縣官等將帶人口器械出入川峽並仰取索元給樞密院公憑照驗如無夾帶異同仰於公憑內書鑿經過年月日時即

付本人方許放過不得因此邀難注滯如有冒名夾帶者具職位姓名以聞　十一月詔在京新城諸門今後每日夜請到鑰匙並仰監門使臣收掌俟至平明開訖方得送納其軍員赴朝兵士工役當早開處依舊　慶歷元年八月十九日詔毀潼關樓櫓先是參知政事宋庠建議以備西賊至是王堯臣使陝西還言潼關設備則關中人心不安請毀之　二年正月二十七日秦州言築東西關成賜總役官吏帛有差初知州韓琦以為北之東西民居及軍營僅萬餘家皆附城而居無所捍敵因請築外城凡一十里計工三百萬自十月起至是成之　六年十月二十三日詔三司北舉選人監在京新城門如聞所舉多權富干請之人無益於事其罷之　神宗熙寧七年正月一日詔定諸關門并黃河橋渡常切辨察奸詐及禁物軍人公人經過取索公文券歷驗認印官員涉疑慮者亦許取索文字驗其夜過州縣鎮寨并關門橋渡者如已鎖門唯軍期及事干急速即隨處那官審問聽開　九年六月十六日詔在京舊城諸門并汴河岸角門並令三更一點閉五更一點開　元豐七年正月二十五日成都府利州路鈐轄司言臣僚所乞移蕃驛於玉壘關本司相度欲移永康軍牛溪關依舊於蠶崖關置城寨不須移置蕃驛詔移牛溪關事送尚書省　哲宗元祐六年八月二十三日詔以隰州為

次邊以本州言所隷上平永寧兩關俯逼西界經久備
禦不可緩故也　紹聖四年四月十一日樞密院言熙
河進築金城關畢工詔王友郁除正任觀察使賜銀絹
各五百疋兩鍾傅轉兩官除直龍圖閣充熙河蘭岷路
經畧安撫判官張詢除直秘閣權陝府西路都轉運使
仍汜修安西城加一陪支賜王贍轉遥郡防禦使更減
四年磨勘回授予有官者康謂轉一官各降一等差遣
賜銀絹一百疋兩將佐等令經畧司具功狀以聞詔京
城關名仍舊及差王亨為關使置監押二員以鍾濤有
請也　六月七日詔賜蘭州增展金城關入役廂禁軍
弓箭手蕃兵民特支有差　九月四日熙河蘭岷路經
畧司言苗履展築金城關畢工詔賜履等銀絹有差
徽宗建中靖國元年九月五日京東路轉運副使曾孝
序奏汜水行慶關元豐中弛去關禁昨因臣僚申請復
禁如初契勘行慶關在兩京心腹之間左臨洛提右挾
大道非如潼關劒門之險令軍人遇有出入若未從私
越度關徒刑科罪顯於用法未安欲乞復元豐舊法弛
去關禁從之　政和元年四月二十一日臣僚上言關
防之禁昔年經由汜水潼關機察甚嚴既抄録官員職
位又取券牒逐一檢認軍兵令緣幹關陝所至關津未
有過而問者昔者以關禁之嚴戍兵無逃竄之路令則
相携而去畧無留礙故諸兵卒皆動歸心伏望申嚴關

防之禁汜水潼關兩處關津咸陽河中陝府三處浮橋
檢察之法並遵元豐舊制仍責委提刑司及知通點檢
違慢之人按劾庶幾不生戍卒逃竄之心又可斷絶姦
細度越之弊尚書省檢會熙寧元符敕令諸關門并黄
河橋渡常切辨察姦詐及禁物軍人公人經過取索公
文券歷驗認印官員涉疑慮者亦許取索文字看驗其
夜過州縣鎮寨并關門橋渡者如已鎖門唯軍期及事
干急速即隨處那官審問聽開元豐令諸黄河橋渡常
辨察姦詐及禁物若諸軍或公人經過並取公文券歷
驗認（官員或疑慮者亦取遣身文書審驗）仰京西陝西提刑司（嚴切約束）詔從之
高宗建炎元年七月二十三日詔訪聞沿汴關津等處
有妄稱官中拘截私船之人邀阻往來客船乞覓錢物
多致遅留趕趁程不及因而遇盜仰合屬官司嚴切
覺察緝捕赴獄申取朝廷指揮　紹興元年六月十二
日臣僚言適者潰兵數百不知所從直入禹跡寺安泊
闔城震駭關禁不嚴未有如此變生不測何難之有乞
戒飭越州及選差使臣甲士於諸門嚴行機察詔令越
州相度將緊要門關添差兵級作二十人閑慢處十五
人仍選精強使臣總轄機察姦細軍人驗認券引官員
親書職位姓名出入緣故即不許乘時沮遏商旅應赴
行在軍馬令城外屯泊監官中取朝廷指揮放入諸門
其禹跡寺軍兵經由門關使臣並持衛替　八年三月

十三日新權發遣夔州馮康國奏夔路係川蜀後門大寧開達一帶路接京西止仰關寨險隘緣關外寧靜隘寨頹壞久不修整遂爲商賈負販之路乞添差路分都監一員同見在兵官專一提點修治關隘簡練義兵將廂禁軍揀閱彊壯事藝之人結入帥司將分准備防秋使喚從之　淳熙元年正月九日淮南運判吳淵言淮西路地名昭關陡峴關石湖關東西關冷水嶺北峽關自和州無爲軍盧州至舒州一帶共有關隘六處中連焦湖皆是捍蔽形勢之地今相度每置關隘去處左右各以十里爲界并關之外並禁採伐關之内只禁二里若有民户已産權免合給税物如此可以待其茂盛障蔽險阨從之　十年四月七日鄂州都統岳建壽言信陽之間有三關曰九里關大寨嶺行者坡自三關北距信陽一百三十餘里别無限隔欲措置關修築二百餘步關門樓櫓色色具備乞下德安府明立罪賞將三關一帶林木禁止採斫上曰三關不必修築若一帶林木可禁無得採斫　十二年四月九日江州駐扎御前諸軍副都統制趙永寧言乞蓋蘄黄州白沙嶺關一座合用竹木乞下光黄二州委官於附近處踏逐揀拔和買合用諸雜物料本司自行應辦所有工役人乞日支添破錢米乞賜指揮詔依其錢米令尚書省科降　嘉泰四年四月二十二日知永康軍李塈言備邊之要莫踰

於設險秦漢植榆爲塞限隔匈奴本朝作塘淀於河北實扞戎馬侵軼塘淀所不及處即禁近邊斬伐林菁使溪隧斷絶無從入寇祥符末真宗嘗出北面榆柳圖以示輔臣數踰三百萬曰此可以代鹿角也韓琦帥定州又請州界以北去虜境六七十里一概禁止採斫蓋自昔所以待戎狄者亦不專恃城池兵甲之勝也至於西南徼外蠻夷部族繁夥故尤嚴禁止條約景德四年有詔戒並邊居民不得擅斫木開道與人交爭蓋其地形必與夷種相錯廣袤綿延動數千里築城戍兵豈能盡防獨有養其林木使之增長蕃茂幽晦杳冥隔離天日毒蛇猛獸窟宅其間彼雖非人詎敢抵冒送死此誠守邊之要策照會臣所領軍治西出玉壘至蠶崖關即係威茂州境其戍城草子寨廣濟鄉一帶尤緊接夷界周回綿廣控制甚遠其間皆層巒複嶺長林大壑草木蒼欝磴坂深阻治平初呂大防知青城縣日尤用意檢察凡管下岡嶺特置簿拘上四至仍卓立封堠鑿石爲界嚴戢官私樵採用以限隔蕃蠻扞蔽川蜀亦嘗申獲聖旨行下自後都鈐轄司每歲春秋兩季必委本軍通判巡視點檢并責附近官山人户結爲保甲更相覺察重立罪賞具載令甲故百年之間氈毳醜類弭耳厥角各安巢穴不敢萌窺伺之意惟近年以來此禁浸弛無知之民惟利是趨侵尋剪伐略無忌憚竊緣禁山之下即

是阜江可以直至成都其勢甚順獲利為多是致官司指為出産所在公私並緣肆行採斲夏秋漲水之際結為䈬栰蔽江而下經過津岸殆無虛月向之茂密今已呈露向之險阻今可通行又有工徒之斤斧商賈之負販樵牧之薪蒭往往蹊徑於其間狼子野心豈可長保若不嚴行禁戢誠恐以致藩籬淺薄無所限制異時必為西南大憂臣竊謂四蜀沿邊州郡隨處皆有禁山惟永康禁山利害尤且如瀘叙州嘉定府雅州諸處去成都差遠脫有透漏緩急向可枝梧惟永康至成都止一日之程坦途方軌别無險要防限去處是故嘗下禁山封禁遮障比他處尤宜嚴密臣竊思之山以禁名而終莫能禁者一江實為之累也若於上流特置聯鎖以杜絕津載則彌亘連豪之木不容順流而下故禁江尤切於禁山欲望聖慈特下有司申嚴條約必行賞罰仍許令本軍於牛谿䕶崖關兩處江步隨宜剏置鐵鏁關截水衝使津載路絶人無覬覦則斧斤之聲不禁自止庶幾邊關永遠可保寧謐不致上貽陛下顧憂全蜀幸甚從之　嘉定元年八月六日權發遣茂州楊思成言本州雞宗關鎮羌寨本因戚䈬溪蕃部最為彊桿而雞宗之險不可不據遂夾溪對築關寨以據勝勢然溪無尋丈之廣而關寨呼應相聞乃聚五兵官於其間寨有知寨又有都監關有知關又有同知關不幾於冗長而無

名乎關共雖職在防遏其實不過譏察往來而已一官辦之有餘何至於用兩員且州有教授司戶各一員因制司經畫威茂兩州歲計遂省罷教授員闕見今在州文吏止有司戶一員倉庫獄訟叢於厥身雖有精力亦恐不逮乞併省同知關而添置推判官一員與司戶分領職事兩員之中若有出身或曾發解或素有文學者即令攝教授之職如此則武臣無冗濫之患州郡得察佐之助士子有教養之益是一舉而三得也從之　十五年九月十二日樞密院言京湖制置司申勘會本司昨申請以棗陽地當衝要陞建軍名為郡而割德安之應山縣以益隨州此皆事理所宜實為允當然自應山之隸於隨也而三關之險莫有專其責者比雖令應山羅山兩邑分認經理而縣令事權至輕隨與信陽又以利害不切於己往往未嘗過問蓋隨在三關之西三百里信陽在三關之外亦不下百餘里關屬隨州而地屬信陽緩急實不相關豚職護風寒所夕縈念竊謂三關為德安府後門所以障蔽安沔考之地形揆之事勢當隸德安始為順今應山之為邑橫截乎德安信陽之間遂使三關隔在應山之外而德安無由干預況信陽見屬湖北亦為應山所隔契勘三關地形寔在應山之北北而南接安陸雲夢之境今只乞以應山東偏直抵三關并大小遂過嶺大遂過嶺今改為南富留關之地隸於安陸而以安

陸之西偏直抵隨州之地以與應山其疆域之廣狹民户之衆寡畧視其舊而互居焉縣無從治官增員而三關屬於安陸則三關責在德安脉絡貫通亦得不至隔絶又契勘三關舉屬應山然其間如鳳覡一關去城一百二十里武陽關亦九十里已覺地理迢遞今割以屬安陸即其地益遠關下村落居民繁夥亦為盜賊出没之所欲於三關做瞿塘關體例置關使一員以德安府安陸縣三關使專一點檢三關一帶關隘兼煙火公事繫銜注右選之有舉主已經親民者使之往來巡視機察而本府守倅各帶提督三關并令入銜遇有合修整區處即申本府施行其三關及南回關以南并關北元係棘山之地昔屬信陽者令合盡屬德安府安陸縣所管信陽信陽軍卻無干預所貴事有專責悠久不廢詔依京湖制置司申到事理施行其關使以德安府安陸縣三關一帶關隘空隙道路兼煙火公事繫銜令樞密院使闕於大使臣選有舉主無過犯曾經關陞親民任使之人充以二年為任先權令京湖制置司選辟一次具遵禀狀申樞密使

市鎮

宋會要 淮南東路市鎮

揚州江都縣宜陵鎮熙寧五年　廣陵縣來隸泰興縣柴墟鎮舊隸泰州紹興二十九年來隸亳州永城縣縣安鎮天聖元年廢磨山縣置宿州靈璧鎮元祐元年改為縣七月復為鎮七年復為縣靈舊為零政和七年改零為靈虹縣子倦鎮元祐二年以子山年置紹興九年改隸泗州楚州漣水縣金城鎮淳化元年置淮陰縣十八里河鎮熙寧十年自泗川臨淮縣來隸芙城鎮舊吳城縣紹興三年廢為鎮泰州海寧縣海安鎮天聖元年置泗州臨淮縣徐城鎮隆興二年廢縣置西路壽州六安縣霍山鎮開寶元年廢縣置光州固始縣商城鎮本殷城縣建隆元年廢為鎮光山縣加祿鎮景德元年置後廢爽信鎮舊堡信縣紹興五年廢為鎮徐州清流縣來安鎮乾道九年閏正月三十日廢縣為鎮常州武進縣萬歲鎮大觀中改為阜通鎮紹興元年復

北京路

宋會要 大名府市鎮

大名府莘縣馬橋鎮在縣北四十里因河水衝注開寶元年移於舊鎮東冠氏縣博寧鎮太平興國五年置桑橋鎮宣和元年修復清水鎮熙寧二年修復臨清縣永濟鎮五年廢縣置隸館陶尋隸臨清縣元城縣大名鎮城安縣洹水鎮宋城縣經城鎮並六年廢縣置清平鎮至和三年復西路真定府獲鹿縣石邑鎮開寶六年廢縣置真定縣市鎮太平興國四年置趙熙八年廢井陘鎮熙寧六年廢縣置行唐縣靈壽鎮八年廢縣置相州臨漳縣鄴鎮熙寧五年廢縣置安陽縣永和鎮舊永定鎮天聖七年改永和熙寧六年廢縣為鎮邢州南和縣任鎮熙寧五年廢縣置內丘縣堯山鎮鉅鹿縣平鄉鎮並六年廢縣置懷州河內縣武德鎮武涉縣修武鎮並熙寧六年廢縣置衛州黎陽縣衛鎮汲縣新鄉鎮並熙寧六年廢縣置洺州雞澤縣曲周鎮熙寧三年廢縣置元祐二年復為縣九年復為鎮永年縣臨洺鎮六年廢縣置元祐二年復為縣九年廢縣復為臨洺鎮洺水鎮熙寧二年廢磁州滏陽縣昭德鎮舊昭義縣太平興國元年改昭德熙寧六年廢為鎮祁州古城縣深澤鎮熙寧六年廢縣置趙州高邑縣柏鄉鎮熙寧五年廢縣置贊皇鎮六年廢縣置臨城縣隆平鎮舊昭慶縣開寶五年改隆平熙寧六年廢為鎮順安軍高陽鎮熙寧六年廢縣置十年復為縣永寧軍博野縣新橋鎮皇祐一年置中山府龍泉鎮大觀中改為靈泉鎮紹興元年依舊

卷二萬一千四百八十四

宋會要 東京 京路 市鎮

東京京路青州博興縣淳化鎮淳化五年置博昌鎮景祐二年置千乘縣
清河鎮皇祐一年置齊州臨邑縣福壽鎮臨邑鎮並建隆元年置後廢回
河鎮曲提鎮仁風鎮並景祐二年置長清縣豐齊鎮建隆三年置後廢齊
河鎮景祐二年置禹城縣安仁鎮至道二年廢商家橋鎮開寶元年置後
廢劉宏鎮二年置張家逕鎮回河鎮並二年置後廢孫耿鎮二年置新市
鎮三年置濼口鎮三年置後廢安平鎮景祐三年慶曆四年置歷城鎮遥
牆鎮並慶曆四年置沂州永縣蘭陵鎮景祐三年置沂水縣蘇村鎮大中
祥符元年置天聖二年廢淄州鄒平縣淄鄉鎮慶曆五年置密州日照鎮
元祐二年置濟南府龍山鎮舊盤石鎮紹興三年廢西路襄州奉符縣靜
封鎮太平興國三年置太平鎮迴鑾鎮並大中祥符元年置德源縣鄒鎮
熙寧五年廢後置徐州沛縣留城鎮慶曆七年置鄆州東阿縣利仁鎮太
平興國五年置後廢平陰縣寧鄉鎮至道年置景德鎮景祐二年置翔鸞
鎮迎鸞鎮並大中祥符元年置壽張縣竹口鎮天聖三年置陽穀縣安樂
鎮元祐元年後廢單州武城縣成武鎮端拱中置後廢魚臺縣黃隊鎮淳
化四年置濮州雷澤縣徐村鎮治平二年置鄆城縣臨黃鎮熙寧四年置
河北路東路澶州青豐縣舊州鎮熙寧六年自頓丘縣來隸崇寧五年以

永樂大典卷二萬五千四百八十五

澶州改為開德府武鄉鎮政和三年以武鄉城改頓丘鎮三年廢縣置滄
州樂陵縣咸平鎮咸平六年改莊村為咸平鎮熙寧二年廢楊攀口鎮熙
寧三年置會津鎮三年以楊攀鎮改朱堪鎮六年徙車毅魏店東西保安
鎮七年置南皮縣定津鎮咸平四年置大中祥符廢樂延鎮熙寧三年徙
府家堰臨津鎮六年廢縣置清池縣趙概鎮慶曆八年置饒安鎮熙寧五
年廢縣置無　縣無　鎮治平元年置分水鎮政和三年以劇口鎮改河
曲鎮三年以李家灣鎮改鹽山縣韋家莊鎮景祐四年置海豐鎮三年以
韋家莊鎮改海盈鎮三年以第四甲鎮改冀州南宮縣堂陽鎮皇祐四年
廢縣置新河鎮嘉祐元年以鎮為縣熙寧元年復信都縣棗疆鎮元年廢
縣置十年復為縣武邑鎮十年後為縣蓨縣樂城鎮政和三年以王貫鎮
改安平鎮三年以李盈鎮改棗強縣廣川鎮二年以楊家鎮改瀛州河間
縣東城鎮樂壽縣景城鎮並熙寧六年廢縣置博州堂邑縣回河鎮皇祐
四年置聊城縣武水鎮政和三年以沙家鎮改高唐縣齊城鎮三年以新
劉鎮改靈城鎮三年以南劉鎮改　州獻　次縣清河鎮政和三年以七里
渡鎮改商河縣寬河鎮大中祥符元年因水徙近西官口鎮三年以又鎮
改陽信縣西界鎮景祐五年徙縣東三十里置興州仕丘縣清豐鎮熙寧

六年廢縣置長豐鎮熙寧六年廢縣置莫鎮六年廢縣置隸河間縣元祐
二年復為縣尋復為鎮恩州清河縣甘陵鎮建隆二年移于故清陽店開
寶四年修德州安德縣平原鎮熙寧六年廢縣置平原縣安德鎮政和五年
以藥家鎮改濱州渤海縣蒲臺鎮大中祥符五年廢縣置招安鎮熙寧六
年廢縣置元豐二年復為縣安平鎮政和三年以新安鎮改安定鎮三年
以舊安定鎮改永和鎮三年以東永和鎮改豐國鎮三年以丁家河鎮改
合波鎮三年以三汐鎮改濱海鎮三年以李剛鎮改招安縣永阜鎮三年
以馬家莊鎮改永靜軍將陵縣安陵鎮景祐二年廢縣置阜城鎮熙寧十年
復為縣乾寧軍乾寧鎮熙寧六年廢縣置

宋會要　河東路市鎮

河東路晉州冀氏縣和川鎮舊沁州和川縣太平興國五年來隸熙寧五
年廢為鎮洪洞縣趙城鎮五年廢縣置麟州新秦縣唐龍鎮太平興國四
年自府州來隸絳州稷山縣寧山鎮熙寧五年廢慈州縣置代州五臺縣
石嶺鎮大中祥符九年置興善鎮景祐三年置隰州吉鄉縣文城鎮熙寧
五年廢慈州縣置汾州介休縣孝義鎮熙寧五年廢縣置威勝軍綿上縣
綿上鎮寶元二年自大通監來隸武鄉縣榆社鎮熙寧七年廢遼州遼川
縣置元豐八年還隸遼州平定軍遼山縣平城鎮和順鎮並熙寧七年廢
遼州縣置元豐八年復隸遼州

永樂大典卷二萬五千四百八十五

宋會要　東京開封府市鎮

東京開封府東明縣東明鎮建隆四年置封丘縣潘鎮天聖七年置陳留
縣圉國鎮天僖二年改屯固店為鎮河口鎮皇祐三年置襄邑縣崇化鎮
明道二年置黎驛鎮熙寧二年罷白馬縣靈河鎮二年廢滑州以縣為鎮
管城縣滎陽鎮　滎澤鎮　陽武縣原武鎮並五年廢鄭州以縣為鎮西
京河南府長水縣土壕鎮太平興國六年置永安縣永安鎮景德元年置
後陞為縣澠池縣延禧鎮舊名缺門大中祥符四年改登封縣潁陽鎮慶
曆三年廢縣置四年復為縣熙寧五年後廢為鎮偃師縣緱氏鎮慶曆三
年廢縣置四年復為縣熙寧八年復為鎮洛陽縣洛陽鎮五年廢縣置伊
陽縣伊闕鎮　壽安縣福昌鎮並熙寧五年廢縣置龍門鎮舊通洛陽紹
興元年改北路許州臨潁縣繁城鎮至道三年置長社縣椹澗鎮天聖十
年置許田鎮熙寧四年廢縣置舞陽縣孟寨鎮咸平九年置北舞鎮至和
二年置孟州河陽縣汜水鎮熙寧五年廢縣置陳州商水縣南頓鎮熙寧
六年廢縣置汝州魯山縣龍興鎮熙寧六年廢縣置元祐元年復青嶺鎮

崇寧三年以青嶺砦改

宋會要 陝西永興軍路市鎮

陝西永興軍路京兆府長安縣子午鎮景祐年置河中府臨晉縣永和鎮至道元年置河東縣永樂鎮熙寧六年廢縣置陝州靈寶縣湖城鎮熙寧四年廢縣置陝縣石壕鎮一年廢縣置延州豐林縣定蕃鎮本上遇鎮太平興國八年改仍置縣城合舊鎮本合領關八年改置鎮膚施縣豐林鎮熙寧五年廢縣置延川縣延水鎮八年廢縣置同州朝邑縣延祥鎮舊靈信鎮大中祥符四年改華州鄭縣渭南鎮熙寧六年廢縣置蒲城縣東渡鎮七年廢邠州新平縣底泉鎮嘉祐八年廢龍泉鎮大觀中改為清泉鎮紹興元年依舊歸州號舊縣玉城鎮熙寧四年廢縣置盧氏縣欒川鎮元祐三年以欒川治置鄜延路鄜州洛交縣三川鎮熙寧七年廢縣置坊州宜君縣昇平鎮熙寧元年廢縣置丹州宜川縣汾水鎮熙寧三年廢縣置雲巖鎮七年廢縣置環慶路慶州合水縣華池樂蟠鎮並熙寧四年廢縣置平戎鎮四年廢十年依復元豐二年再廢元祐元年復金櫃鎮熙寧四年徙於廢樂蟠縣置醴州武功縣長寧鎮紹興元年置涇原路儀州靜邊鎮天禧二年置渭州安化鎮熙寧七年廢縣置秦鳳路鳳翔府盩厔縣清平

卷一萬五千四百八十五

鎮大觀元年改為軍隸永興軍秦州床穰鎮熙寧三年以寨改八年改為堡成紀縣夕陽鎮舊夕陽鎮慶曆七年建為綏遠寨熙寧八年復為鎮隴州來遠鎮乾興元年以南捕店置汧源縣隴西鎮康定元年建安遠寨隸秦州熙寧八年復為鎮來隸綏遠鎮定邊鎮並舊係寨八年改自秦州來隸階州福津鎮西城鎮並慶曆二年置河口鎮熙寧十四年置通遠軍威遠鎮元豐十年廢寨置熙河路岷州長道縣良恭鎮天禧二年置故城白石鎮宮宜谷崖石平泉馬務鎮並熙寧六年置大潭縣馬務鎮皇祐六年建馬務堡熙寧八年改為鎮滔山鎮舊滔山寨八年改

宋會要 荊湖南路市鎮

荊湖南路潭州安化縣七星鎮熙寧六年以寨改道州營道縣永明鎮熙寧五年廢縣置武岡軍龍潭鎮武岡軍元係邵州武岡縣崇寧五年改為軍甚龍潭鎮大觀元年置桂陽監平陽縣香風鎮熙寧六年併復北路江陵府松滋縣白水鎮乾德五年置枝江鎮熙寧六年廢縣置監利縣玉沙鎮乾德三年以江陵府白沙院置玉沙鎮至道三年隸復州熙寧六年復州廢以縣為鎮石首縣建寧鎮乾德三年以漢華容縣地置縣熙寧六年復為鎮郢州漢陽縣漢川鎮舊汶川縣太平興國二年改熙寧四年廢

方域一二之一五

漢陽軍以縣為鎮安州安陸縣雲夢鎮熙寧二年廢縣置歸州秭歸縣興山鎮熙寧五年廢縣置辰州陵縣落鶴鎮熙寧五年廢縣置怡容鎮貴安鎮浦口鎮並嘉祐六年廢月池鎮熙寧七年廢叙浦縣窑口鎮辰溪縣龍門鎮銅安鎮並嘉祐六年廢復州玉沙縣高林鎮開寶六年置今廢成都府路　成都府郫縣犀浦鎮熙寧五年廢縣置廣都縣籍鎮五年廢陵州縣置麗江縣五年廢陵州貴平縣以鎮來隸彭州九隴縣堋口鎮熙寧三年以九隴縣堋口鎮為縣四年復廢為鎮導江縣導江鎮七年從導江縣治永康軍以舊縣置綿州龍安縣西昌鎮熙寧三年廢縣置嘉州峨眉縣綏山鎮羅國鎮犍為鎮玉津鎮並乾德四年廢縣置龍游縣平羌鎮熙寧五年廢縣置邛州臨邛縣臨溪鎮熙寧五年廢縣置黎州漢源縣通望鎮慶曆七年廢縣置雅州名山縣百丈鎮熙寧五年廢縣置簡州平泉縣貴平鎮熙寧五年廢陵州以縣為鎮牛鞞鎮本陵州貴平縣鎮五年州廢來隸陵井監井研縣始建鎮咸平四年廢縣置大安鎮舊名永安鎮崇寧二年因迴避陵名改曰大安仁壽縣貴平鎮籍領乾道六年正月十七日陞為縣潼川府路舊梓州路梓州鹽亭縣永泰鎮熙寧五年廢縣置渠州南光縣流溪鎮熙寧六年廢縣置紹興二十七年陞為縣資州盤石縣月

卷一萬五千四百八十五

山鎮丹山鎮銀山鎮乾道三年廢縣置內江縣趙市鎮熙寧六年自盤石縣來隸普州安岳縣普康鎮安居縣崇龕鎮樂至縣普慈鎮並乾德五年廢縣置叙州僰道縣宜賓鎮舊名義賓縣太平興國元年改熙寧四年廢縣置宣和元年復為縣瀘州江安縣綿水鎮乾德五年廢縣置榮州榮德縣公井鎮熙寧四年廢縣置渠州流江縣文竹鎮景祐二年廢縣置富順監富順鎮熙寧元年廢縣置利州路　興元府城固縣元融橋鎮天聖三年置稿溪鎮嘉祐三年置柏香鎮舊名柏水嘉祐八年改南鄭縣西橋鎮治平三年置閬州奉國縣岐平鎮西水縣晉安鎮熙寧五年廢縣置劍州普安縣臨津鎮熙寧五年廢縣置巴州化成縣清化鎮本巴州清化縣乾德四年廢盤道縣入焉咸平二年以隸集州熙寧五年廢集州省縣為鎮恩陽縣七盤鎮熙寧二年廢縣置曾口縣其章鎮五年廢縣置蓬州營山縣蓬山鎮熙寧三年廢縣置伏虞縣良山鎮五年廢縣置夔州路　夔州巫山縣毗石鎮熙寧八年廢黔州彭水縣鹽井鎮至道三年以鹽井場為鎮信寧縣都儒鎮嘉祐七年廢縣置洋水鎮熙寧三年廢縣置萬州南浦縣巴陽鎮嘉祐二年廢涪州涪陵縣溫山鎮熙寧三年廢縣置渝州南川鎮熙寧七年廢縣置大寧監大昌縣大昌鎮嘉祐六年廢安居鎮治平元

方域一二之一六

年廢 京西南路襄陽府光化縣乾德鎮熙寧五年廢光化軍以縣爲鎮襄
陽縣鄧城鎮紹興五年廢縣置南漳縣中盧鎮紹興八年廢縣置鄧州穰
縣順陽鎮舊順陽縣紹興五年廢爲鎮內鄉縣淅川鎮舊淅川縣紹興五
年廢爲鎮鄧城鎮鄧城縣橫木鎮元年置隨州隨縣光化鎮熙寧元年廢縣置唐
城鎮舊唐城縣紹興五年廢爲鎮桐柏鎮隆興二年九月二十五日廢唐
州桐柏縣爲鎮未幾金州西城縣平利鎮熙寧六年廢縣置唐州泌陽縣
平氏鎮開寶五年廢縣置南陽縣方城鎮元豐元年自鄧州來隸

宋會要 江東東路市鎮

江東東路饒州浮梁縣景德鎮景德元年置信州寶豐鎮淳化五年以弋
陽縣寶豐鎮置縣景祐二年廢康定元年復置慶曆三年復廢爲鎮西路
洪州新建縣樵舍鎮至道三年復廢爲鎮西路洪州新建縣樵舍鎮至道
三年置分寧縣查田鎮三年置南昌縣進賢鎮至道三年置崇寧二年改
爲縣袁州分宜縣石不鎮至道三年置吉州龍泉縣萬安鎮熙寧四年改
爲縣

宋會要 廣東東路市鎮

廣南東路端州高要縣王水鎮偽漢置開寶中廢淳化三年復置康州端

卷一萬五千四百八十五

溪縣悅城鎮都城鎮並開寶五年置廣州東莞縣香山鎮元豐五年置
紹興二十七年陞爲縣

宋會要 廣南西路市鎮

廣南西路桂州臨桂縣慕化鎮嘉祐六年廢縣置蕩浦縣永寧鎮 修仁
鎮熙寧四年廢縣置融州融水縣武陽鎮 羅城鎮熙寧七年廢縣置梧
州蒼梧縣孟陵鎮開寶五年廢縣置戎城鎮五年廢縣置六年復爲縣熙
寧八年復爲鎮欽州靈山縣石陵鎮景德三年置武利鎮大中祥符五年
置舊州鎮天聖元年置鬱林州南泉縣緑鳴僞唐爲鎮銕場咸平四年
改爲鎮宜州龍水縣述昆鎮熙寧八年廢懷遠軍述昆縣爲鎮昌化軍宜
倫縣昌化鎮 感恩鎮並熙寧七年廢縣置萬安軍萬陵縣陵水鎮熙寧
七年廢縣置朱崖軍臨川鎮熙寧六年廢吉陽寧遠二縣置

宋會要 福建路市鎮

福建路 泉州南安縣潘山鎮大中祥符九年置後廢漳州龍溪縣敖熙
鎮太平興國四年置邵武軍光澤縣永寧鎮舊崇仁鎮後廢至道元年復
改今名後復廢建州建陽縣麻沙鎮紹興二十七年陞爲縣

宋會要 兩浙路市鎮

市鎮雜錄

兩浙路杭州仁和縣臨平鎮范浦鎮北關江漲橋鎮並端拱元年置湯村
鎮本仁和鎮端拱元年改新城縣南新鎮淳化五年以南新場爲鎮德縣
六年改南新熙寧五年廢爲鎮明州定海縣蟹浦鎮雍熙四年置奉化縣
高公鎮天禧四年置秀州海鹽縣寧海鎮淳化二年置青龍鎮大觀中改
名通惠鎮紹興元年復處州縉雲縣英化鎮治平十二年置市鎮雜錄真宗咸
平五年八月二十四日六宅使劉承珪言慶州淮安鎮最爲衝要屯兵甚
衆而總管在環州每有警急則遣出慶州信宿方至若自環州木波鎮直
抵淮安纔八十里總管發兵遣戍卒聞修已畢望並木波鎮兵可爲諸路
之援 仁宗慶曆四年五月二十八日省河南府潁陽壽安緱氏河
清五縣並爲鎮令轉運司舉幕職州縣官使臣兩員監酒稅仍管勾煙火
公事尋復舊 時參知政事范仲淹以天下縣邑之多役衆而民貧故奏
省河南府省之 嘉祐元年八月十四日以冀州新河鎮爲新河縣初冀
州言本州堂陽縣人戶稀少而新河鎮交易所會既從令住治新河因廢
堂陽縣爲堂陽鎮 神宗元豐元年閏正月七日詔廣南西路沿邊寨鎮
使臣自今並依五路舉官條奏舉權免取願就狀候交人入貢取旨以
本路經略司言邊寨鎮使臣年滿及見闕無人願就故也 五年十一月

卷一萬五千四百八十六

六日廣南東路轉運判官徐九思言東海有島曰香山僑佃戶主客共五
千八百三十人分隸東莞南海新會三縣凡有鬬訟各歸所屬縣辨理遐
風濤則踰月不通乞建一縣因香山爲名本路監司相度欲止置香山鎮
差監官一員兼煙火盜賊從之 哲宗元祐元年四月二十五日前安州
司戶參軍新珠等狀宿州零壁鎮係屬符離虹兩縣又在符離蘄虹三縣
盜賊轄從跟子掩捕良民不得安業欲乞將符離蘄虹三縣近零壁鎮鄉
管割屬本鎮仍改爲縣如此則三縣遠鄉皆爲近境人戶輸二稅請舊役
煩便從之 二年五月十四日兵部言江淮等路制置發運淮南路轉運
淮東鈐轄提點刑獄提舉常平司奏請以宿州虹縣子仙埠爲鎮徙通海
鎮巡檢司於子仙鎮又准南西路提點刑獄司奏請徙蘄州馬口巡檢於
蘄口鎮駐劄並從之 七年二月二十三日詔以濠州爲次邊以本州言
所隸上下永等兩關俯逼西界經久備禦不可缺故也 徽宗大觀元年
九月四日京畿計度轉運使宋喬年奏乞應京畿下諸鎮已有武臣處只
令專管酒稅外別差經文臣一員管勾鎮事仍兼酒稅其民根括儀見無
監官處亦乞依此差官從之 三年六月十四日詔大觀元年九月京
畿諸鎮添差文臣指揮更不施行 政和四年正月二十四日兩浙轉運司

奏據湖州申安吉縣梅溪鎮監官不管轄鎮中煙火居民甚無畏憚令相度欲令本鎮監官兼煙火公事從之　高宗紹興九年四月八日新通判建昌軍莊綽言竊見大觀中忌諱日甚縣邑有君王龍天萬年萬壽之類縣邑稱呼例皆改易有識觀之以爲靖康之讖欲乞應緣避前項衆字並令如故進奏院供海州龍苴巡檢等詔並改正　進奏院供邠州龍全鎮改作清泉鎮西京龍門鎮改作通洛鎮濟南府龍山鎮改爲滌水鎮中山府龍泉鎮改爲靈泉鎮常州武進縣萬歲鎮改爲阜通鎮秀州青龍鎮改爲通惠鎮　十一月二十二日襄陽府鄧隨郢州鎮撫使桑仲言襄陽府至鄧州相去一百八十里路當衝要其鄧城縣横林市係在兩州中路乞將横林市改爲横林鎮專差監鎮官一員兼巡檢招集商賈往來巡警從之　二年六月二十日詔處州麗水縣君溪鎮置稅令差官令兩浙轉運司辟差從本路運司請也　三年三月二十一日淮南東路提刑司言泰州柴墟鎮民戶楊思明等乞依舊置巡檢一員就差見今把隘官承信郎黄義充上件職事從之　十一月十九日淮南本路安撫提刑司言楚州鹽城縣所管止有八十八戶乞依舊爲鎮差置武臣監鎮催罷巡檢難尉從之　十二月十日淮南東路提舉茶鹽司言泰州西溪海安兩鎮昨來

〔大典〕卷一萬五千四百八十六

各係買鹽場監官兼本鎮烟火公事自經殘破之後西溪鎮令添置武臣監鎮一員令欲乞依舊只令監買鹽場官管幹海安鎮官一員從之　五年五月二十九日徽州言歙縣西地名巖寺縣東地名新館兩處商旅衆會近歲本州差官往逐處拘收税錢內巖寺去年收到六千三百餘貫新館二千一百餘貫欲乞將巖寺新館以地陞改爲鎮拘收酒税課利下本路監司相度巖寺可陞爲鎮新館雖客旅過往緣本處不滿百家不可爲鎮從之　七月十四日詔光州褒信縣廢爲褒信鎮移治淮南上由市擇上豪首領補下班祇應充監鎮兼烟火公事　二十五日鄧州言乞廢順陽縣爲順陽鎮隸穰縣廢淅川縣爲淅川鎮隸内鄉縣各差監官一員兼酒税盜賊襄陽府言乞廢鄧城縣併入襄陽中廬縣併入南漳並差監鎮一員管幹烟火公事兼監酒稅從之　三十日襄陽府路安撫御總管司言乞廢唐城縣爲鎮隸隨縣差唐城鎮監官一員兼管商稅從之　六年正月一日戶部言歙州乞罷許公變港石溪三鎮監稅官將更務召人買撲從之是後十二月十八日詔復罷從本路臨司之請　七年二月二十日福建路轉運司言建州建陽縣地名麻沙見今居民繁盛接連邵武最爲衝要乞改爲麻沙鎮仍依湖州新市鎮例差京朝官一員充監鎮監務兼

烟火公事詔將建陽縣正監官自缺改差京朝官就麻沙收稅仍管烟火公事　四月五日提點淮南西路公事司言泰興兩縣巡檢舊在柴墟鎮駐劄紹興五年正月德音指揮令來車駕駐蹕建康府其揚州柴墟鎮係大江津渡人烟稠密乞依舊置巡檢一員巡捉盜賊從之　九年五月十四日進奏院言宿州虹縣零仙鎮係與泗州接境詔撥隸泗州臨淮縣其本處巡檢從本路宣撫處置使司辟差　十二月十三日永興軍路經略安撫司言醴州武功縣扶風店已因廢齊陞降改爲鎮本司會勘本鎮正當大路衝要可以爲鎮詔依仍以長寧鎮爲名　十四年七月十四日臣僚言諸路鎮市本係縣邑在法止令監鎮官領烟火公事杖罪情重者即歸于縣比年以來極置牢獄械繫編民事無巨細遣吏追呼文符交下是一邑而有二令也乞應天下監鎮官依條止領烟火公事其餘婚田詞訴並不得受理輒擅置牢獄者重寘典憲詔令刑部坐條申嚴行下　七月十七日知湖州秦棣言本州管下鎮官除烏墩梅溪鎮係在文武京官以上及許斷杖罪以下公事外其四安鎮人烟繁盛不在梅溪烏墩之下却只差小使臣或選人監管杖罪並解本縣臣令相度欲依烏墩梅溪鎮例差京朝官許斷杖一百以下罪從之　十八年九月七日詔省閬州新井

〔大典〕卷一萬五千四百八十七

縣玉井鎮寶馬鎮井監官一員從本路諸司請也　十二月二十三日詔省光州光山縣七里鎮酒稅務從本路諸司請　二十二年九月十五日詔廣州香山鎮陞爲香山縣從本路諸司請也　二十七年十月二日詔果州流溪鎮復陞爲縣　二十九年七月三日知揚州鄧根淮南路轉運判官孟處義言本州邵伯鎮監閘已有監鎮一員令欲令監鎮兼監閘從之　十二月二十三日戶部言知揚州劉岑乞將泰州遵化鄉柴墟鎮撥隸本州尋下淮南監司相度今逐司委官案到兩州公案照得泰化見管海陵興化如皋三縣接史書圖經九域志遵化鄉并柴墟鎮正隸泰興縣遵化鄉管下臨江村冷村西北底村共三村即准以一鄉析在兩州兩縣今來泰興縣既隸揚州其遵化鄉三村并柴墟一鎮自合隨縣隸揚州其民戶輸納一事乞令揚州委官便于柴墟鎮受納其餘事理揚州既係一路帥司自合同泰州措置所有巡檢只合仍舊難以改移本部欲依相度到事理施行從之　孝宗隆興二年九月二十五日戶部尚書兼湖北京西路制置使韓仲通言唐州桐柏鎮廢置詳見州縣陞降廢置門　二十六日詔揚州泰興縣柴墟鎮酒稅官兼管烟火公事　以揚州言管下邵伯瓜州鎮皆兼煙火與本鎮事體一同故有是命　乾道六年七月四日詔

寧府管下小溪縣白水鎮復置監官一員轉運司依格法差注從潼川府
路諸司之請也　十二月二十八日詔無為軍襄安縣彈壓緝捕盜賊兼
烟火公事一員罷之仍舊置鎮將一名　以本路諸司言自置彈壓官受
理本鎮公事百端擾民故也　九年閏正月三十日吏部言滁州來安縣
廢為鎮撥隸清流縣乞就差見任來安縣尉改充來安監鎮仍兼烟火盜
賊公事通理已任縣尉月日成資從之　十月十一日四川宣撫使司言
蜀州新渠鎮舊係新渠寨直西去西門楼與蕃部接界相距止三十里舊
差武臣一員主管烟火公事後以運司并廢移官鎮官一員罷去緣本鎮
八戶近千餘家多有外方軍賊作過無官彈壓民不安居乞依舊差置主
管烟火公事一員從之　十二月四日四川宣撫使司言閬州舊管三邑
今所存者閬江清水兩縣其新浦縣自慶曆間廢以為鎮緣本鎮去州遥
遠山谷窮深姦豪巨竊肆居其間昨差置酒官一員在本鎮兼煙火公事
至紹興二十六年酒官復省無官彈壓居民不安竊見本州管界巡檢一
員不兼他職乞移就浦鎮置司彈壓實為經久利便從之　寧宗慶元六
年七月二十四日兩浙轉運司言湖州乞省罷本州管下施渚和平兩處
鎮稅本州既稱施渚通融起發其十上供窠名何緣更有妨關民旅從便
往來無復關截騷擾之患委是經久可行欲從所乞施行從之　嘉泰四
年正月八日詔無為軍無為縣襄安鎮彈壓盜賊并烟火公事員缺改作
左選監當通差京官選人從前知無為軍商飛卿請也　嘉定五年十二
月二十八日詔將通州添置崇明監鎮官一員令堂除差經任有舉主文
臣一次以後卻令吏部依此使闕從通州守臣喬行簡之請也　七年三
月十九日詔添置監黃州岐亭鎮官一員仍以監酒稅繫銜仰黃州先次
從公選擇文臣經任有舉主選人辟差一次自後令吏部使缺從黃州守
臣謝周卿之請也　九年三月二十三日詔無為軍金牛鎮置巡檢一員
專一巡視修治城壁關防盜賊等事令淮西安撫司公共奏辟一次其請
給等並依本軍指使則例支破　以知滁州蘊逢言乞移置巡檢一員招
募寨兵四十人充本鎮名額故也

卷一萬五千四百八十六

全唐文

宋會要

山泉

東京雜録神宗元豐四年承議郎胡宗炎言亮門山在
大東內北當少陽之位為都城形勝之所國姓王氣所
在公私取土於此崗阜漸成坑塹伏望禁止及填塞掘
鑿處司天監定如宗炎所言從之

卷四千七百三十二

真宗

宋會要　泉

大中祥符元年二月醴泉出蔡州汝陽縣鳳源鄉有疾者飲之皆愈又相州永安縣韓陵山牧童掊地得泉深尺餘汲取不竭飲者宿疾皆愈時或愆雨禱之必應四月丁巳袞州乾封縣民王用田中有童兒掊土得小青錢數十爭取之錢墜石罅因發石有湧泉二十四眼味極甘美又枯石河復有湧泉二十五眼又一眼出魯阜之上信宿勢加倍又別引數派雙魚躍其中有果實流出似李而小味甚甘及今古錢百餘封禪經度制置使

卷五千六百五

王欽若畤水馳驛以獻分賜近臣詔設欄格謹護之五月王欽若言泰山醴泉出錫山蒼龍見六月詔建亭以靈液爲額是月庚戌賜百官泰山醴泉十二月丁酉內出泰山玉女白龍王母池新醴泉賜輔臣　天禧二年九月乙酉錢曖獻醴泉賦賜及第　三年閏四月丁未醴泉出京師拱聖營上謂輔臣曰營卒初覩龜建真武祠今泉出其側有疾者飲之多愈甲寅命王欽若建觀名祥源十月辛卯成仁宗建改爲醴泉觀題曰爰有神泉湧茲福地甘如飲醴美可蠲痾

四方津渡　会要

開封之酸棗張家河南之王屋長泉南津孟州之汜水九鼎河中之三亭青澗懷州之宋家陜州之立津三亭京兆之渭橋鎮德軍之大保津慶成軍之滎河青州之王家河單州之黃隊齊州之河陰口耿濟口高家口黃河南北衞水馮家口商家擔河口濟口老僧口李唐口柳家港河口潁州之河鑠界溝許州之合流郾城鄆州之王橋鄒家滑州之李固白皐磁州之觀臺滄州之荊河口南皮口郭橋口長盧口劉家口　州之樂家七里衛

卷一萬四千七百二十三

州之張家李家淇門鎮小河濱州之窯子口解家貝州之李家荊南之東津楚之州北神淮陰洪澤光州之朱皐蘄州之獨樹黃州之黃陂河揚之州瓜洲濠州之濠口宿州之荊山渦河同海蔡州之臨懷遠水軍之巢縣宣州之水陽杭州之水浙江龍山廟此舊總數後亦有增廢者　太祖建隆元年三月詔滄德淄齊鄆等州界有古黃河及原河支河因水潦置渡收筭凡三十九處及水涸爲橋亦筭行者名曰乾渡錢宜並除之或秋夏水漲聽民具舟濟渡官勿取筭　開寶五年二月詔自潼關至無　沿河民置船船私渡者禁止之　太宗

太平興國二年十二月，有司言：「准乾德二年詔書，有敕私渡江者及舟人盡寘於法。今江南平，舊禁未改，望如私渡黃河例論其罪。」從之。　七年三月，黎州言滑大渡河船渡進奉蠻人。　端拱二年詔：「應係官及買撲津渡，如有百姓輸納二税經過，并樵漁及孤老貧窮之人往來，並不得收納渡錢。」　十二月，三司言：「許州郾城東螺灣渡係百姓買撲，每年納錢四百五十千。伏見支移蔡州税赴許州并在京送納，日有車重往來經過，計出渡錢十五文，慮額外收錢不盡入官，望特與免此渡錢。看詳百姓輸税經歷津渡，不合勒納渡錢。請令應是江河津渡之所，但百姓輸税經過，自今不許雷同收納渡錢。利

卷一萬四千七百二十三

上

從之。是月，荊湖轉運司言：「漢陽軍自湖渡年額錢三十六千，其渡口並無客旅過往，亦無人煙居止，每差牙校主當，所收課利不多，欲望停廢。」從之。　至道二年五月，詔滄州管内溝臺南北口等五處，先是置渡官以船渡行旅，取其課，令水潦不降，河道枯涸，而吏猶責其直，宜除之。　咸平三年四月，詔禁黃河私渡船。　四年十月，詔禁諸州竸渡。　景德元年正月，詔開封及諸路轉運司部内津渡先蠲免課利者，並官設舟楫以濟之。　二年九月，除三泉縣東西及青烏、嘉陵四津渡年額錢，仍不得以部民為渡子。　天禧元年五月，群牧司判官傳象言：「乞於邢州鉅鹿縣南漳河長蘆渡口造橋，通過外監鞍馬就草地牧放，其於地理甚便。其所有長蘆渡課利錢五十六千，望特廢罷。」從之。　仁宗天聖四年四月，翰林學士夏竦言：「金山、羊欄、左里、大孤、小孤、馬當、長蘆口等處，皆津濟艱險，風浪卒起，舟船立至傾覆，逐年沉溺人命不少。乞於津渡險惡處官置小船十數隻，差水手乘駕，專切救應。其諸路江河險惡處，亦乞勘會施行。」從之。　七月，廢冀州堂陽縣乾渡一，許民取便造橋，以轉運使言此渡係民買撲，歲納六十餘千，頓成撓擾故也。　六年五月，詔荊南公安縣渡新增收渡牛錢每一牛五十文，歲課止十九千，自令宜罷之。　八年八月，左司諫、龍圖閣待制、知鄆州孔道輔言：「緣河耕種人戶，望許取路過往，吏不問罪，與免官渡津錢。」從之。時鄒家渡捕得越河者，皆屬縣税戶，不當為非，故道輔有是奏。

三

景祐元年三月六日，臣僚上言：「鄆州界王橋渡乞只就眉卯河上一處監收渡錢，并淄州臨河鎮南河口乾口亦乞停廢。」詔王橋渡只於眉卯河一處收納渡錢，其王橋渡并淄州臨河鎮並與停廢。　慶歷元年十月，禁火山保德軍緣河私置渡船。　皇祐五年十一月赦書：「諸處乾渡錢累行除放，如聞尚有存者，令長吏訖以聞。」　嘉祐二年十一月，詔除嵐州合江等三津渡課利錢。以上國朝會要。　神宗熙寧六年十月三日，詔河州安鄉城黃河渡口置浮橋。詳見橋門。　同日，詔延州永寧

關黄河渡口置浮梁詳見橋門　七年正月一日詔定諸關門并黄河橋渡常切辯察姦詐禁物軍人公人及官員經過取索公文券歷文字看驗遇夜以鏁門惟軍期急速畜聞聽開詳見關門　十年七月二十七日司農寺言訪聞諸路河渡每遇乾淺月即人涉水過往買撲人户以出官課為名約攔上船或令出納乾渡錢去處令相渡諸路應買撲河渡内有溪港等水源淺小至乾淺月分元不曾損除課利買名錢去處委自本州縣契勘申轉運提舉司相度據合納課利買名錢數減免仍禁攔截人旅并小可渡口不妨過往處相度廢罷若見召中下等人户管勾處遇乾淺月分如有官給舟

四

船許留一名看守支與合得庸錢餘並權暫放罷庸錢吏不支給並候有水渡載日依舊所貴公私通濟從之

元豐五年八月二十四日前河北轉運副使周革言熙寧中外都水監丞程昉於真定府滹沱河中渡繫浮橋比舊增費數倍又非形勢控扼虛占使臣兵員乞皆罷之每歲八九月修板橋至四五月防河拆去權用船渡從之　徽宗大觀三年正月二十九日詔今後擅置私渡不原赦降並從杖一百應係橋渡官為如法修整令復擅置及將係官橋艇毁拆損壞者徒二年配一千里其官渡橋不修整者杖一百令佐展一考致溺人者衙替並許人告賞錢五十貫諸路依此以壽州民楚清

言近因沿河搠置私渡多覓渡錢故也　政和元年七月二十一日臣僚言津渡凡遇民旅往來渡子多方乞取候其所得如意乃肯濟渡與錢稍薄即百端留難民旅受弊内降黄貼子津渡阻留及滿險恐赫錢物皆有彝憲所属自合常切檢舉曉示詔應有津渡去處檢坐前項條法分明曉示仍令州縣官常切檢舉覺察　以上續國朝會要　光堯皇帝紹興三年七月二十五日知臨安府梁汝嘉言臨安府錢塘江一帶自浙江岸至富陽縣觀山舟船往還多是等候潮汛中夜行船是致盜賊乘時劫奪雖督責巡尉緝捕緣江面濶遠難以擺布乞行自富陽至浙江江岸一帶應有舟船並不許中

五

夜通放仍令本地分巡尉常切止約不得因緣搔擾與勘錢塘江朝早晚兩汛如遇夜不行通放所有日中潮汛自不妨客旅舟船往還從之　五年閏二月十三日尚書省言車駕駐蹕臨安四方輻湊錢塘江水闊流湍全藉牢固舟船往來濟渡近日添置渡船往往怯薄每遇濟渡篙梢乞覓錢物以多寡先後放令上船以致爭奪壓過力勝或遇風濤每有覆溺詔令兩浙轉運司限十日更行添置三百料舟船五隻專一濟渡不得別將他用仍將見令板木怯薄渡船别行修換務要牢實及委官覺察篙梢等不得乞覓錢物如有違犯重作行遣

六年六月二十一日右司諫王縉言近者乙巳地震

陛下深自徽懼詔誡中外務在恤民竊見日前有司奉行詔令實惠及民者少因緣搔擾者多如浙江船渡倜其覆溺差使臣以察之而百端阻節往來反受其害回易收息以助軍費置官吏以司之而有籠及柴薪物價為之頓增凡此本欲興利而或以為害況其甚者乎欲乞睿旨詔浙江船渡宜責邊江巡檢諸處回易取商旅情願民瘼既除變異自銷勘會使臣已送大理寺根勘詔應有回易去處如敢抑勒買賣監官使臣勒停人吏等並次脊配千里牢城許人越訴仰提刑司常切覺察餘依奏　七年六月十五日尚書省言浙江西興兩岸渡口每因人衆爭奪上船或渡子乞覓邀阻放渡致多沉溺自紹興元年至今年已三次失船死者甚衆詔如裝載過數稍工杖八十致損失人命如常法二等監官故縱與同罪不覺察杖一百輒以渡船私用或借人並徒一年具新林龕山私渡人杖一百仍許人告賞錢五十貫　二十四年七月十九日行軍器監丞孫祖壽言春秋時吳越相望界以浙水之險潮海日至待其水平然後可濟其來尚矣間者舟師載渡無節逮至中流過有邀不旋踵間同舟盡溺於是朝廷差監渡使臣措置甚嚴閱歲既久復成玩習渡舟滅裂小民輕生不顧潮之至否競從私渡棄舟徑涉間有沉溺無由盡知損傷往來為患甚大乞申嚴舊制禁私渡治舟楫則近甸之

六

人自絕濤波之虞詔令臨安府檢舉措置　九月十五日知臨安府曹泳言准敕禁錢塘私渡察視舟楫時加修治令欲檢舉見行私渡條法曉示外其所差官係朝廷使臣本府難以約束欲專令本府差官一員主管濟渡庶得逐時檢察不致闕事其渡船乞下轉運司休元降指揮修整每月差本司官一員點檢保明堪與不堪濟渡所有紹興府蕭山渡乞下本路依此施行從之　二十六年七月十四日尚書省勘會已降指揮住罷聽從民便　三十年十二月十四日詔浙江西興鎮兩處監渡官係樞密院差到使臣令後一年一替如無沉溺人船令轉運司保明申取朝廷指揮推賞任滿不切用心裝載舟重致損人命依紹興七年六月四日立定渡船三百料許載空手一百人二百料六十人一百料三十人一百料已下遞減如有擔杖比二人罪賞指揮施行仍仰所屬具情犯申取朝廷指揮所有供給令臨安府紹興府比附監當例減半添支其龍山漁浦監鎮並是監管不得專一令後漁浦渡依舊就委監鎮巡檢依浙江例請牌發渡龍山渡從朝廷選差樞密院使臣一年一替賞罰並依浙江西興體例其臨安府海內巡檢司管紉漁三百料船二隻專一應副朝陵內人濟渡不測使用閒巡檢司夷私差借應副官員令後專差軍兵看守如私輒差借合干人從杖一百科罪官員許本府

七

具中朝廷施行並從兩浙運使呂廣問請也　以上中
興會要　壽皇聖帝隆興元年十月五日臣僚言歸正
人略無來歷因依處影匿姦細措置下諸渡密切伺察
如有透漏監渡並巡鋪各黜官一等罷任任内無透漏
進官如之詔獲姦細轉官外增給賞錢三百貫仍令責
辦守臣　十一月三日臣僚言浙江渡昨自紹興七年
呂頤浩爲相魯緣節次失渡嘗立畫一約束最爲詳盡
因循日久新差使臣不復留意訪聞十月三日中流覆
舟舟中之人並殯非命而當日監渡係樞密使臣吉演
妄以舟船側倒人已上岸爲詞公肆誕謾請大字鏤板
揭立江岸所差樞密院使臣一年一替許兩州守臣按
察仍將使臣吉演罷黜其當日覆舟梢工李勝依元立
刑名論遣詔吉演放罷李勝編管五百里仍令户部申
嚴行下　二年正月九日江淮都督府准備差遣李椿
言静江府興安縣朔蒻浦修仁永福縣昭州恭城平樂
縣賀州富川臨賀桂嶺縣道州永明江華縣全州灌湯
縣多有聚集往南之民並以販茶鹽爲名結集逃卒剽
掠作過蓋廣東必由賀州廣西必由貴象二州江口每
經歷津渡人納百錢如誘掠婦女人納千錢令措置令
本州於逐處團結保伍籍其姓名每冬點集不許出入
仍於要切渡口嚴加禁止詔下本路經畧安撫提刑司
相度可否以聞　同日江淮都督府准備差遣李椿言

二廣往南之人每自沿海作過歸却於州縣關津要處
或以稅牛爲名或計人數取錢導民於作過之地欲乞
將貴象等州至于渡口或山峽往南之人必經由路各
置守把官遇三人以上雖貨物不多而持杖者皆不得
放行詔下本路經畧安撫提刑司相度可否以聞　十
二月十六日德音楚滁濠廬光州盱眙軍光化軍管内
并揚成西和州襄陽德安府信陽高郵軍緣避兵人馬
流移歸業之竊慮津渡艱阻可令州軍各於津渡去處
多添舟船即時濟渡仍免官司渡錢約束不得乞覓阻
節　乾道二年四月四日臣僚言乞鎮江府并揚州依
錢塘江例分造揚子江渡船詔下鎮江府揚州相度利
言以聞輔臣以臣僚言奏上問尋常如何渡江汪澈等
曰皆民間以小船渡載每遇風濤必有覆溺之患上曰
此亦非小事如何從來無人理會澈等欲更下各處相
度利害然後施行從之　三年五月十三日兩浙路轉
運司言浙江西興龍山漁浦渡船濟渡官兵民旅自呂
頤浩措置後年歲深遠奉行廢弛今欲乞監渡官到任
一年無覆溺梢失人船與減一年磨勘月於逐州府增
支食錢六千如不依則例多裝人數及將添置船櫓藏
匿不盡行使及不於裝發船處躬親點檢人數與馬檐
物依時裝發縱容梢工水手於大江半途邀阻橫索或
致差失潮候損溺人船乞將監渡官重寘於法梢工配

隸萬手杖一百編管仍立賞錢三十千從之并立渡船
置五色旗及五色牌責給過渡人嚴禁私渡差撥水軍
止約攙奪登舟等數條　四年八月十四日尚書省勘
會累降旨令沿邊州軍禁止私擅渡淮及招納叛亡之
人非不詳盡近來帥憲司視為常務督責不嚴竊恐因
致生事詔沿邊州軍常切遵守仍不時鈐束縣令巡尉
并仰所隸地分官都巡檢使嚴行關防如能用心捕獲
所立賞格外更優推恩若有透漏他處官司捕官獲其
地分當職並取旨重罰帥憲司失覺察亦重寘典憲仍
仰沿邊州軍置立粉壁帥憲司多出文榜曉諭各具知
稟聞奏六年十一月二十六日太平州言被旨采石鎮
稅額併歸蕪湖其采石稅務係監官兩員若盡省併緣
係緊切關津渡口譏察姦細欲乞存留一員從之　八
年六月五日淮東路鈐轄夏俊降一官楚州山陽縣陳
銳添差山陽縣馬邏巡檢孫春楚州管界沿淮巡檢張
舜臣各追兩官勒停山縣陽下柳浦巡檢嚴宗顏追一
官勒停以沿淮私渡透漏戶口坐不覺察故也　十一
月十一日詔淮河監渡在任二年委無入齎帶銀銅鐵
等敗露方許漕司保明推賞不實與所保同罪先是臣
僚言淮河私渡之弊因有是命仍令知通或職官以下
同推場官日輪一員請發客渡口轄所差官都監監渡
緝捕使臣等搜檢機察臨時點差水工登舟及督責沿

淮巡尉捕盜官司於所管地分上連下接往來晝夜巡
警日具無透漏文狀申本軍照會　九年二月六日盱
眙軍言本軍監淮河渡關官未有代人緣淮渡日過客
旅過淮博易最要機察關防透漏錢銀禁物之弊委不
可久闕正官伏乞早賜差注詔本路帥漕司同議辟差
一次　以上乾道會要　淳熙二年十二月二十日詔
自令楊州瓜洲渡鎮江府西津渡並令本處巡檢兼監
渡仍於銜內帶入依舊侍右使闕差注　四年八月二
十四日太平州守臣言黃池鎮河渡從來係百姓買
撲是致盜賊出沒難以禁止乞從本州買撲把認課利
量立渡錢機察盜賊從之　六年正月二十六日知鎮
江府司馬伋言鎮江府沿江一帶私渡頗多除西津闕
瓜洲岸係官渡外其餘私港不惟般載違禁物貨銅錢
過江仍恐透漏姦細乞除炭渚港亭資東西港丹徒東
西港諫壁港大港共七處許本處土豪經營投充渡船
戶其渡船鑱刻字號委巡尉專一覺察其餘私港三十
餘處並不許私渡仍乞行下沿江諸郡依此從之　四
月二日淮南運判徐子寅言真州沿江官私渡共二十
九處內宣化鎮渡一處係官監并瓜步山前渡何家穴
渡真州城下稅亭渡潮閘渡獺兒河渡巨家渡港六
處係買撲常平渡共七處乞存留外其私港二十二處
乞禁止楊州沿江官私渡共五十四處內瓜洲渡係官

監并泰興縣穿破港茆莊港買撲常平渡乞存留外有
私渡五十一處乞禁止泰州沿江官私渡共五處内合
石莊港合置立官渡乞存留外有私港四處乞禁止通
州沿江官私渡共六十四處内海門縣除閘併買撲常
平渡一處及江口新舊兩港併合一渡衝要去處乞行
存留外有私渡六十二處乞行禁止詔除予寅更切相
度外盡行廢罷恐民旅往來迂回不便可除官渡外更
將要緊處私渡量行存留具合存留申尚書省　先是
知鎮江府司馬伋言本府沿江私港四十一處除炭渚
港七處許令土豪為渡户其三十餘處並不許私渡乞
下沿江諸郡依此從之至是予寅開具本路私渡去處
乞行禁止詔除官渡外更將要緊處私渡量行存留申
尚書省五月二十八日予寅條具乞存留真州陳孚港
陳家斗門揚州泰興縣港柴墟鎮港通州上夾港天使
港渡從之　十年二月三日宰執進呈知臨安府王佐
言龍山渡官許元禮裝渡船至浮山沉覆監漁浦鎮霍
令詢監漁渡郭孝忠將帶人船救活七十九人已將龍
山渡官許元禮奏罷其霍令詢郭孝忠乞賜旌賞上曰
可各與減三年磨勘王淮等奏曰裝渡者衆救沉者賞
懲勸如此其誰敢不勉　十二年十二月十八日湖北
提舉趙善譽言乞將本路買撲江陵府亭皮等四十五
處河渡盡行廢罷從之　以上孝宗會要　慶元元年

二月五日臣僚言竊見江西路州縣管下通津河渡隸
常平司召人承買外其支流斷港或非常平所隸而姦
猾不逞假承買河渡之名妄檥舟楫當水潦泛漲則故
作留難平沙淺瀨則不容褰涉甚者野橋畧彴亦掠渡
錢貲裝或豈弊害益肆乞行下諸路常平司相度將管
下河渡除通津驛路許仍舊買撲其課額差重見今無
人承買去處量行蠲減自餘窮源斷閘課利絶少及非
正渡悉行罷去從之　六年十二月十九日監察御史
施康年言錢塘江潮水勢湍險異於他處每日濟渡往
來何啻千百雖有巨舟非得慣習水勢篙手三十人亦
不克舉乞行下兩浙轉運司并臨安府紹興府將所管
濟渡舟楫籍為定數具間稍有損漏重行修製每一渡
舟量其大小為措置水手一二十人籍定姓名各與請
給不得妄有差撥至如合用維楫之屬亦合委官常切
點檢預辦以備不虞從之　嘉泰元年三月二十四日
臨安府言浙江龍山西興漁浦四渡通管渡船三十五
隻内轉運司一十九隻本府所管一十六隻日常津發
民旅依已降指揮每人出備錢三十一文足買牌上船
過渡除官員軍兵茶鹽鈔客乞丐僧道免出牌錢外若
有擔仗轎馬增折人數其牌錢以十分為率將一分發
納分隸兩司修船使用今欲從本府勒各船篙梢從公
踏逐少裝諳曉水勢慣熟人籍定姓名委自渡官將兩

司船隻輪流資次裝發渡官臨時酌量須管於籍定人數內充應水手撑駕本府免收一分官錢每日將所收十分官牌錢盡行均給當日行船水手內本船梢工倍支謂如水手一百文梢工即支二百文若各渡將牌錢仍前別作名色支破不即盡數支給水手梢工或隱匿作弊卻許梢工水手指實經府陳告重行斷治所有船隻損動從本府自行修整從之　三年十一月十一日南郊赦文州縣人戶買撲河渡舊納淨課利錢偶因改造橋梁其河渡錢無從收掠而官司拘於元額依舊追淮縣道中訴不為減豁致令別作名色科率應副委是違法如有似此去處令提舉常平司差官審覈當與蠲免開禧二年嘉定二年五年十四年明堂赦並同　開禧三年十一月四日詔臨安府浙江龍山紹興府西興漁浦四渡監官仍舊改差武臣添給食錢任滿轉官並比附文臣體例施行四渡監官元差右選因嘉泰二年兩浙漕臣陳景思申請改差文臣至是漕臣史彌堅言文臣養亨自重視本職為猥賤而不屑為其弊尤甚乞復用武臣故有是詔　嘉定五年三月六日知建康府兼沿江制置使黃度言建康府境北據大江是為天險上自采石下連瓜步其間千有餘里共置六渡其一曰烈山渡籍于常平司歲有河渡錢額其五曰南渡浦曰龍灣渡曰東陽渡曰大城堽渡曰岡沙渡籍于府司亦

有河渡錢額而不屬常平合六渡歲為錢萬餘緡歲月寖久官但知循例拘納月解錢而舟檝廢壞僅有存者官吏篙工初無廩給民始病濟而官漫不省乃有姦豪不顧法禁始更別置私渡左右旁午是由官渡濟者絕少乃聽吏卒苛取以充課徒手者猶憚於往來而車檐馬牛幾不敢行甚者至扼之中流以邀索錢物竊以為方今依江為國天設巨防不容緩縱而或至弛禁南北津渡務在利涉不容簡忽而俱求征課臣已盡為之繕治舟艦選募篙梢使逐處巡檢兼監渡官於見今諸渡月解錢則例量江面闊狹計物貨輕重斟酌裁減率三之一或四之一自卑人牛馬皆有定數雕牓揭示約束不得過數增收邀阻乞覓裒一歲之入除烈山渡常平錢如額解省自餘諸渡皆以二分解修造庫專充向去修船之費而以其餘給官吏槔梢手水食錢令監渡官逐月照數支散其更有餘錢則解送府司然後盡止絕私渡不使姦民踰越禁防檢坐見行條法使諸渡官覺察逐月結罪保明申府嚴邪慝之防行濟涉之政闕非輕猶慮他時不知事因或以失陷官錢為非或以禁約越逆為過輕有改更失臣始意則舊弊復存公私非便乞令本府永久遵守施行從之七年八月六日淮南運判兼淮西提舉喬行簡言竊見中渡花靨係南北限界民旅交通物貨互市闕係不小尤當謹嚴亦何愛一二

差遣不使之專一管幹乞朝廷將中渡花靨兩渡監官別置員闕選差曾經任有舉主人充應任内有捕獲到茶盐與照巡尉格推賞其透漏者罰亦如之令本司專一覺察的具有無透漏及捜捉到茶盐事狀供申任滿與之保明批書庶幾職思其憂亦可使之捜檢姦細機察盜賊體探邊境事宜詔依所乞增置中渡花靨兩渡監官各一員仍令淮西運司選辟經任有舉主選之人一次令後作堂除使闕餘並從之　十月四日湖南提舉司言照得衡州衡陽縣栜江渡額管淨利錢伍百六貫一文九十六文近改造石橋了畢及委官覈實果為永遠利便所是河渡錢無從收掠合與照赦蠲免送戶部勘當申尚書省繼而戶部言照得其渡既已造石橋濟人往來乞下湖南提舉司照赦施行從之十四年六月十六日德音赦文應蘄黃州流移人民已降指揮速令賑恤津遣復業竊慮歸渡之際舟人津子乞覓邀阻殊失矜軫流民之意可令逐路沿江州軍各於津渡去處增撥舟船差官監視濟渡給牓約束合干等人不得乞覓阻節如違許人戶越訴

全唐文

宋會要

橋梁

宋太祖建隆二年四月西京留守向拱言重修天津橋成甃石為腳高數丈銳其前以疏水勢石縫以鐵鼓絡之其制甚固降詔褒美　開寶七年十一月江南行營曹彬等言大江浮梁成命前汝州防禦使陸萬友往守之先是江南布衣樊若水嘗漁於采石磯以小舟載絲繩維南岸疾櫂至北岸以渡江之廣狹遂詣闕獻策請造舟為梁以濟師太祖即命高品石全振往荊湖造黃黑龍船數十艘又以大艦載巨竹絙自荊南而下及命曹彬等出師及遣八作使郝守濬等率丁夫營之議者

卷五千四百二十

以為自古未有浮梁渡大江者恐不能就至是先試於石碑口造之移置采石磯三日而橋成由是大軍長驅以濟如履平地　太宗太平興國八年九詔國家同文共軌四海一家方蘇歸化之人豈禁代勞之畜其泗州浮橋今後應有馬經過不得更有禁止并下沿淮州軍准此先是江浙未平馬有渡淮之禁至是用贊善大夫闕衡言而有是命　真宗景德二年四月改修京新城諸門外橋並增高之欲通外濠舟楫使人故也　大中祥符元年五月詔在新舊城裏汴河橋八座令開封府除七座放過重車外并平橋只得座車子往來　二年八月詔京城汴河諸橋差人防護如聞邀留商旅舟船

官司不為禁止自今犯者坐之　三年八月工部尚書知樞密院事陳堯叟言同州新市鎮渭河造浮梁有沙灘且岸峽不若嚴信倉水狹岸平為梁甚便從之　四年一月詔洛水橋名迎躍渭水橋名肅方　六月詔如聞陳留有汴河橋與水勢相戾往來舟船多致損溺令府界提點經度修換其利害以聞　五年七月移保康門相直汴河廣濟橋改名曰延安創惠民河新橋名曰安國車駕臨視之　九日帝曰京城通津門外新置汴河浮橋未及半年累損公私船經過之際人皆憂懼尋令閻承翰規度利害且言廢之為便可依奏廢拆其元陳利便已受遷補之人劾罪誡勵並勒依舊　六年六

卷五千四百二十　二

月詔曰昨者祇若元符欽迎真像靈期允協茂典屢成乃眷飛梁實叅寶座宜更美稱用表純熙昇平橋且以迎真為名　八年六月河西軍節度使知河陽石普言陝府澶州浮橋每有綱船往來逐使拆橋放過甚有阻滯今造到小樣脚船八隻若逐處有岸即將高脚船從岸鋪使漸次將低脚船排使如無岸處即兩邊用低橋脚以次鋪排中間使高脚船八隻作虹橋其過往舟船於水深洪內透放并具樣進呈帝令三司定奪聞奏　閏六月詔開封府界諸縣鎮橋自今蓋造添修並要本府勾當所用木植令於屋稅等錢內折科如大材料令三司支撥應副　天禧元年正月罷修汴河無脚橋初

內殿承制魏化基言汴水悍激多因橋柱壞舟遂獻此橋木式編木為之釘貫其中詔化基與八作司營造至是三司度所廢工逾三倍乃請罷之　仁宗天聖二年九月二十八日太常博士董黃中言太平州蕪湖縣有渡江浮橋一乞降勅命長令存留仍不住修葺從之乞是江水歲暴漲浸沒橋道科率修繕甚為民害至是造舟為梁頗革其弊　三年正月巡護惠民河田承說言河橋上多是開鋪販鬻妨礙會靈及人馬車乘往來兼損壞橋道望令禁止違者重寘其罪從之　是月詔在京諸河橋上不得令百姓搭蓋鋪占欄有妨車馬過往　六年三月詔澶州浮橋計使脚船四十九隻並于秦隴

卷五千四百二十　三

同州出產松材磁相州出釘鐵石灰採取應副就本州打造差監浮橋使臣管勾先是於溫台二州打造以其遠到遲故有是命　七年六月京東轉運司言近准勅差知萊州虞部郎中閻貽慶等部轄開修夾黃河勘會所開河橋梁垻子除北田滕朧垻子兩座水勢添漲候開春減退修置外其餘橋垻並已修置欲令緣廣濟河并夾黃河縣分令佐常切巡護逐年檢計工料圓融夫力淘出泥土修貼堤身於舊路外栽種榆柳如河堤別無決溢林木清活具數供申年終輦運司點檢不虛批上曆子理為勞績如公然慢易致隄岸怯弱頹缺栽種失時亦乞勘逐科罰從之　慶歷四年四月詔責罰定

奪陳留縣移橋官吏先是確綱右侍禁李舜舉請移陳
留南鎮上橋於近南舊弛橋處以免傾覆舟船之患開
封從其請而移橋則廢縣大姓之氏舍遂因緣以言於
三司使王堯臣以爲無利害而徒費三司遣提點倉草
場陳榮古相之榮古請于舊橋西展水岸五十步擗水
入大洪而罷移橋知府吳育固爭之朝廷遣御史按之
御史言移橋使且繫三司受請置司推勘於是自堯臣
以下皆罰金焉　皇祐三年十月以惠民作新橋爲安
濟橋　嘉祐二年十二月遣先降修澶州浮橋官吏奬
諭詔先是澶州言河流壞浮橋後日而完修之遂降奬
諭而中書言官吏護視不謹法當劾罪旣今免勘而詔
亦追罷之

卷五千四百二十　四

治平四年八月二十一日神宗即位未改元陝西
體量安撫使孫永言河中府浮梁自東西岸有減水口
子自淤澱後遇水汎漲束狹得河流湍悍故壞中墠及
浮橋乞將陳杜唇州材三口畧行疏理分泄黃河汎漲
時水勢從之　神宗熙寧六年四月十七日熙河洮河
浮梁成賜名永通橋　十月十三日洮河北安鄉城鄯
廓通道也濱河戎人嘗刳木以濟行者艱滯旣甚何以
來遠故令景果立營之　同日詔延州永寧關黃河渡
口置浮梁永寧關與洺濕州跨河相對地沃多田收嘗
以餉糧資延州東路城寨而津渡阻隔有十數日不克
濟者故上命趙禹營以通粮道兵民便之　八年八月

八日詔澶州製造吳舜臣所造獲浮橋鐵叉竿　九年
五月十九日鄜延路經畧安撫使李承之言延州新修
寧和橋乞依舊存留若解折後遇大水風浸吹失更不
添修依舊置渡從之　元豐二年十二月二十五日詔
改開遠門外浮橋畢賜知將作監吳處厚緋綃及役臣
吏人有差　五年八月七日詔應諸處廣濟橋道並隸
都水監　二十四日前河北轉運副使周革言熙寧中
外都中監丞程昉於滹沱河中渡繫浮橋比舊增費數
倍乞罷之權用船渡從之　六年八月十一日賜河中
府度僧牒二伯八十修浮橋堤岸　七年七月二十二
日滑州言齊賈下埽河水漲壞浮橋詔范子淵相度以
聞後范子淵言相度滑州浮橋移次州西兩岸相距四
百六十一步南岸高崖地雜膠淤比舊橋增長三十六
步半詔子淵與京西河北轉運司滑州同措置修築
哲宗紹聖二年六月三日詳定重修勅令所申明黃河
浮橋禁揭榜於兩岸　徽宗大觀三年正月二十九日
詔應係橋渡官爲如法修整令後擅置及將官橋毀壞
者徒二年配一千里其官渡橋不修整者杖一百　十
月七日尚書度支員外郎王革言滑州比年以來修整
浮橋所費工力物料萬數浩瀚每歲差使到河或不及
事或僅能了當致一一上煩朝廷措置乞詔都水監與
滑州通利軍當職官於沿流上下從長相視同狀措定

卷五千四百二十　五

可以繫橋去處權暫繫橋水漲輒折以備後用或令河北京西路轉運司相度增五宿頓使虜使由孟津趨闕下候具辦集檢會　元豐四年因避冀州濟渡改路詔旨施行實為長久之利　詔令京西河北路轉運司檢會案例年分及所經由京西道路增添相度有無害程頓去處聞奏　政和四年八月十日京西路計度都轉運使宋昇奏河南府天津橋依倣趙州石橋修砌令勒都壕寨官董士輗彩畫到天津橋作三等樣製修砌圖本一冊進呈詔依第二橋樣修建許於新收稅錢内支撥粮米本司應辦仍不立名行遣仍詔孟昌齡同宋昇措置其後宋昇奏西京端門前考唐洛陽圖舊有四橋

卷五千四百二十

六

曰穀水曰黄道在天津橋之北曰重津在天津橋之南並為疏導洛水夏秋泛漲歲月寖久及自經壞橋之後悉皆湮沒今看詳見修天津橋居河之中除穀水已與洛河合為一流外其南北理當亦治二橋以分其勢蓋不如是則兩馬頭雖用石段砌壘兩岸之水束入橋下發洩不快則兩馬不無決溢之患又橋之上十里有石堰曰分洛自唐以來引水入小河東南流入于伊闕之者舊每暴漲則分減其勢若今來修建天津橋而不治分洛堰不能保其無虞臣前項所乞止是天津一橋今欲如舊制添修重津並黄道橋及置分洛堰增梁以疏其流於下作堰以分其勢於上實為永久之利從之

十一月二日都水使者孟昌齡言近承尚書省劄子滑州浮橋今歲已經漲水不曾解卸未見比每歲係橋計使若干工料錢數及今歲不曾解拆計減省數目昌齡契勘到政和元年兵士一萬餘工錢七萬餘貫政和二年兵士三萬餘工錢八萬餘貫政和三年兵士四萬工錢七萬餘貫今歲不曾解拆將前項三年折計減省兵士八萬一千餘工錢二十二萬八千餘貫今具係守過今歲夏秋漲水不曾解拆官吏職位姓名詔昌齡萬仲友及三等官吏作頭壕寨轉官支賜有差　二十二日都水使者孟昌齡言請於通利軍依大伾等山徙繫浮橋其地勢下可以成河倚山可為馬頭又有中潬正如

卷五千四百二十一

七

河陽長久之利從之　五年六月二十九日詔居山至大伾山浮橋賜名天成橋大伾山至汶子山浮橋賜名榮光橋續詔改榮光橋曰聖功橋　十一月十七日尚書工部侍郎孟昌齡言三山水橋萬年等新堤前後役事並各已成功然大河非他水之比或漲或落掠岸衝激勢不可測緩急若須令臣出入照管即時班次朝辭萬一恐失期會欲權依都水監官出入條例逐急出門只具奏聞及申牒逐處官司廢免臨時誤事從之　六年正月一日提舉三山天成橋河事孟揆言契勘橋司道舊兩指揮額計一千人今來兩橋四馬頭窠占并差定看船守宿之人及祗補打淩整橋道用人甚多即目

尚闕人數招填不足蓋因招軍例物與黃河掃兵多寡不同是致少人投充欲乞將橋道司招軍例物與黃河埽一般支給從之　七月二十日提舉三山天成橋河等司狀據管勾天成聖功橋武節郎踏茂孫狀本橋近承朝旨添置人兵馬頭作兩指揮已招到并舊管人兵合行分撥於兩馬頭未審稱呼為南北馬頭橋道為復以第一第二指揮為名本司令相度欲將天成橋東馬頭作橋道第一指揮西馬頭作橋道第二指揮從之

二十四日詔三山浮橋萬世永賴造言者終未革心可令都水監與當職官夙夜常切固護如何流向著或淺澱即行疏濬一有缺溢並依舊法當行處斬若或造言

搖動以惑衆請可立賞錢一千貫許人告捕其增修堤道開分水河依圖相度具工料以聞　七年五月二十七日詔青州上水城南洋二橋久廢不治昨降指揮修整不及一季遂見成功控扼海道增固守禦委有勞績帥臣崔直躬令學士院降詔奬諭所委計置監修部役官等令直躬具功力等第保明聞奏取旨推恩　八年四月二十二日詔聞磁州界淺橋閣道路二百八十餘里修治未至如法行路惴恐見管兵級數少分布鋪地不足仰本路帥臣差官同本州當職官相度措置具事狀聞奏仍爲縣巡尉并巡轄馬遞鋪使臣於銜內帶管幹橋閣四字本州通判上下半年遍察別路有棧閣處

准此　宣和元年五月二十五日臣寮言永興軍界滻水河并灞海每經大雨山水合併兩河泛漲別無橋路及水勢稍息往往病涉多傷人命乞下陝西路轉運司相度如不可置橋渡即乞以過馬索引路令所屬縣分多差水手救護專委本路漕臣張孝純相度措置聞奏

三年八月二十五日詔天成聖功兩橋已奏畢功本處當職官失職與免勘監橋官二員各降兩官都大一員降一官展二年磨勘滑州知通二員各降一官應當官職各展三年磨勘提舉官都大司人吏滑州當行人吏監橋官下軍司橋匠作頭等各科杖一百　四年四月二十四日詔修繫三山橋了畢累經秋河漲水並無疎

虞賜都水使者孟揚以下轉官賜帛有差　光堯皇帝紹興三年七月二十二日詔昨緣臨安府申請橋道去處居民搭蓋茅草席屋並令拆去其本府並不預定的確去處於一二日內了畢却縱令官吏所至搔擾有不係當拆去處亦行起動小民不安令臨安府分析措置無法因依即令轉運司體究曾搔擾人戶官吏申尚書省如漕臣隱庇朝廷覺察得知亦重寘典憲（時為久缺雨澤故有是詔）　壽皇聖帝乾道二年八月二十三日兩浙漕司姜詵言吳江長橋南三十三橋塘岸南北十餘里兩岸皆民田舊立兩橋對岸各有浦巷歲久橋廢欲再建立旁近橋道稀少及對岸無民田者更添造六橋共創為八橋

導泄太湖水徑入吳松江達於海詔別議施行一四年十二月十四日詔于臨安府清湖閘堰下創木橋一北郭稅務北創浮橋一以戶部侍郎曾懷等言三衙諸軍赴新置豐儲倉請粮地遠故也先是懷等欲於清湖閘堰及北過稅務人使廚屋北各創木橋一詔令轉運司臨安府營度即而運司以北郭稅務廚屋北及人使維舟之所造橋有妨請更為浮橋故有是命

卷五千四百二十　十

全唐文　宋會要　浮橋

淳熙十年二月二日詔襄陽府浮橋自來年為始將均州合數竹木與減一半其餘並令襄陽府計辦從御前均州守臣請也

卷五千四百四十

宋會要 河鎖

太宗太平興國三年正月十五日詔陳州城北蔡河先置鎖筭民舡者罷之先是五代以來藩鎮多便宜從事所征之利咸資於津渡悉私置鎖凡民舡勝百石者税取其百錢有所載者即倍征之商旅甚苦其事至是陳州以聞遂罷之其後諸州軍河津之所有征者復皆置鎖仁宗天聖三年正月十二日上封者言在京惠民河置上下鎖逐年征利不多擁併般運阻滯物貨致在京薪炭湧貴不益軍民乞罷之詔三司詳定可否三司言大中祥符八年都大提點倉場夏守贇相度於蔡河上下地名四里橋段家直置鎖至今歲收課利六千餘緡廢之非便乞下提點倉場官員常鈐轄監典毋令阻滯從之

詳卷萬一千六百四十六

宋會要 江鎖

徽宗政和元年六月二十四日樞密院奏臣僚上言伏見雅州碉門有溪曰禁江並無鎖閘可通舟筏未有關防之法欲乞嚴設禁止送成都府利州路鈐轄相度申樞密院本司據雅州申碉門寨下禁江一處係屬嚴道滎經兩縣界然舊有鎖水一處從來只置竹棚欄截今相度改造截河鐵索兩岸繫縛安置以備晝夜乘舟舡作過之人尋行打量得江面闊一十四丈八尺每尺用

熟鐵一斤打造連鎖計用鐵一百四十八斤於南岸山下就山鑿石穿鐵園鎖纜縛鐵索及更用將軍柱一條副之次岸置華車一座安置鐵索以備水勢高下旋行收放及用鏁一連寨官逐時點檢封索選差人兵看守及碉門寨門下江水岸北舊用木作籬牆今乞以大石疊作城用乳頭牆城上置敵棚分那人兵守宿本司相度委是經久可行從之

宋會要 城門鎖

孝宗乾道六年四月七日直敷文閣權發遣臨安府姚憲言府城十八門鎖年深啓閉不謹今造新者十八具分給諸門欲自今月八日施用管鑰闕大內鎖匙庫收掌日休時降付諸門從之

詳卷一萬一千六百四十六

全唐文

宋會要 二股河附 治河

太祖建隆元年十月河決棣州厭次縣又決滑州靈河縣至二年七月遣右領衛上將軍陳承昭修塞之役成賜承昭錢三十萬 三年十月詔沿黃汴河州縣長吏每歲首令地分兵種榆柳以壯隄防四年正月詔左神武統軍承昭發近甸丁夫數萬修畿内河隄 乾德四年六月鄆州東阿縣河水溢損民田澶州觀城縣河水溢入大名府壞廬舍 開寶三年正月詔發近甸丁夫數萬增治河隄十二月又發二萬人治隄 四年十一月河決澶淵泛數州官守不時言通判姚恕棄市知州杜審肇坐免命棣州團練使曹翰濮州刺史安守忠部勒脩塞 五年正月詔曰每歲河隄常須脩補訪聞科取梢捷多伐園林全虧勸課之方頗失濟人之理自今沿黃汴清御河州縣人戶除準先敕種桑棗外每戶並須創柳及隨處土地所宜之木量戶力高低分五等第一等種五十株第二等四十株第三等三十株第四等二十株第五等十株如人戶自欲廣種者亦聽孤老殘患女戶無男女丁力作者不在此限 三月詔曰朕每念河隄潰決頗為民災故置使以專掌之思設佐僚共濟其事自今開封大名府鄆澶滄滑孟濮懷鄭齊棣博德淄衛濱州各置河隄判官一員以逐州通判充如

闕通判以本州判官兼領 五月澶州河決濮陽縣南岸六月又決於陽武命棣州團練使曹翰馳騎經度脩塞太祖曰朕方以霖雨又聞河決三兩日來宮中焚香禱天若天災流行願移於朕躬幸勿殃兆民翰奏曰若宋景公一言修德災星為之退舍陛下憂兆民懇禱如是必應上感天心亦何慮河決為災邪即詔發開封河南十三縣夫三萬六千三百人及諸州兵一萬五千人修陽武縣隄澶濮魏博相貝磁洺滑衛等州兵夫數萬人塞澶州河並令翰督役至十二月畢功 六年正月遣德州刺史郭貴修魏縣隄 八月草澤王德方上修河利害特賜同學究出身 八年五月河決濮州郭龍村六月又決澶州頓丘縣遣内衣庫副史閻彥進發丁夫數萬修之十一月功畢 太宗太平興國三年四月河決懷州獲嘉縣至十月滑州言靈河縣河決已塞水復故道既而復決詔塞之命西上閤門使郭守文供奉官閤門祗候王侁西八作副使石全振護其役五年正月命連州刺史任知杲虢州刺史許昌裔雄州刺史孫全興發丁夫理衛澶濮三州河隄左屯衛將軍李重進右千牛衛將軍鄭彥華右内率府率由浦發丁夫理濟鄆貝三州河隄 七年六月河決齊州臨濟縣又決大名府范濟河秋河大漲戲清河侵鄆州城將陷塞其門急奏以聞詔遣殿前承旨劉吉馳往固之清河水退鄆

城不隔吉江南人留水事故命之　雍熙二年正月遣左領軍衛大將軍郭重吉等十三人監治河隄　端拱二年五月滑州房村埽火焚竹木梢芟百七十餘萬詔轉運使督沿河州縣官吏常令分行部内埽岸積聚之物有檢視不謹為水所敗者坐其罪　淳化二年三月詔曰令歲時雨霪霈州流暴漲慮河隄脆薄之處或有蛇鼠所穴牛羊踐履岸缺成道積水衝注因而壞決以害民田宜委諸州河隄使長吏以下及巡河主埽使臣經度行視預圖繕治苟失備慮或至壞隳官吏當寘于法　四年九月澶州河水暴漲夜衝北城壞居人廬舍及州宇倉庫即日命彰德軍節度使魏咸信知州事遣侍御史元紀劾知州工部侍郎郭贄等不預修防事民溺死者人給錢闕食者量予賑給令年屋稅沿納物並權除放河水合御河并山水奔注大名府知府趙言分兵夫填築隄岸壅城門遂不為患降詔褒獎并存撫軍吏百姓　至道元年十二月京兆府通判楊覃言官買修河竹六十餘萬竿曰渭川千畝竹與千戶侯等聞關右百姓竹園官中斫伐殆盡不及往日蕃盛此蓋三司失計度所致自今官所須竹量多少採取厚償其直存其竹根則新竹可望矣呂端曰芟葦亦可以為索甚堅韌後唐莊宗自楊留口渡河造舟為梁只用葦索因命樞密院分遣使臣詣河上刈葦為索然以脆不用遂寢

三年正月遣内臣往澶州沿河點檢竹索以官費甚多吏或侵擾為姦故令閱數裁減之　真宗咸平三年五月河決鄆州王陵埽浮鉅野入淮泗水勢悍激侵迫州城命步軍都虞候張進内侍副都知閻承翰率諸州丁男二萬人往塞之至十一月塞河功畢遣使存恤被水災令給以口糧知州馬襄通判孔某坐免官巡河隄左藏庫使李繼原配隸許州　六年十二月雄州何承矩言乞開濱棣州界黃河入赤河北流東匯于海甚為長久之利真宗曰此屢有言者亦曾經度計役千萬工浸數縣民田壞居人廬舍終恐非便不可行也　景德元年二月詔每歲遣使閱視黃汴河隄回日具委保以奏異時有壞決連坐其罪修護渠各有官屬使者暫往安可專責自今罷之　四月二十九日河決澶州橫埽命起居舍人知制誥李宗諤馳往設祭遣侍衛馬軍都指揮使武德軍節度使葛霸為澶州修河都總管崇儀使張利涉内殿崇班王懷昭副之又遣使視決河漂溢之所官給船濟之民乏食者計口賑救　二年十月詔沿河州軍長吏通判自今任滿候水落乃得代還又令沿河縣令主簿更互出視隄防　十一月以内殿崇班閤門祇候錢昭晟為崇儀副使　昭晟計春料擘畫省功減費親自行視無虞故有賞　五年七月詔自今修繕河隄不得更減功料是春陽武縣索河隄使者以省

功料為勞課亟命選勤幹者代之　九月詔沿黃河隸役兵匠自今除月廩外別給口糧　十二月詔沿黃河州軍知州知軍通判令佐等在任三年修護隄埽牢固別無遺累得替日免短使依例磨勘與家便差遣令佐亦放選注家便官　是年河決滑州王八埽詔發兵夫完治之費功十餘萬乃成　大中祥符元年四月遣中使四人分護鄆濮等州河隄以馳道所歷謹備豫也　三年五月京西提點刑獄司上言河陽高紳修黃河岸以葉石累之計省功鉅萬頗為堅固詔奬之　八月二十五日滑州言大河順道北流詔遣職方員外郎劉益馳往設祭　十二月帝謂知樞密院王欽若等曰河防所設本各有因官司相度容易廢毀或恣形勢請射或容僵戶使耕非次奔流多貽墊決蓋聽授之不審亦興復之倍艱可降詔諭沿河官吏及巡河使臣所管舊日大小隄並依舊存留不得專擅移易內有委實不便須合改更處具本處何人規畫於何年修築及明陳改更利害以聞　四年八月河決通利軍又合御河流注大名府城害民田人多溺死詔遣官致祭賜被水家米一斛　是年遣使滑州經度西岸開減水河朝議以疏治此河可以析水勢省民力事畢詔奬獻言者　五年正月棣州言河決聶家口請徙州城帝曰城去河尚十數里居民重遷又命內殿崇班史崇貴入內供奉官王文

慶與轉運使王曉李應機完塞既成又決於州東南李民灣環城數十里民舍多壞曉等又請徙於滴河詔閤門祇候郭盛覆視之如其請　五月又遣太常博士孫沖內殿崇班衛承慶按視之沖言城可固護止費功三十萬與曉更陳利害即遣沖知棣州承慶為兵馬都監沖又薦大理寺丞史瑩知水事遂以瑩通判棣州瑩儀以異議被絀沖御下嚴刻有行新隄上者必杖之役興踰年雖扞護完築裁免決溢而湍流濫暴墻地益削河勢高民屋迫踰丈矣民苦久役而終憂水患乃罷沖等徙州　八月命東染院使秦義開封府官寇瑊乘傳至鄆州按視河隄城池圖上利害　七年二月詔如閤河北濱　州修葺遙隄料配勞苦亦有逃亡者可諭轉運使使勿修疊別作規畫無致闕悞　八月遣使視　州河隄還言城南河高二三丈知州殿中侍御史孫沖守護過嚴民輸租踐隄者亦笞之詔擇官代之乃命轉運使李士衡張士遜徙州於陽信之八方寺　八年二月命三司戶部副使李及西上閤門使夏守贇馳傳詣滑州與河京西轉運使議開減水河害先是京西轉運使陳堯佐等請於滑州開小河以分水勢河北轉運使李士衡等言將為魏博民患請罷之帝曰各庇所部非公也故命及等覆視及等使迴請于三迎陽村北開河仍于新河別開汊河如河水湍激即令兵卒之習水者決

導從之　三月令滑州都監押二員每月更巡河上提轄六埽修河物料詔京西轉運使俟農隙日量發二匠課取石段備修河陽埽岸　四月詔沿河諸埽巡河使臣各給當直軍士五人監物料使臣各三人並以本城充自今不得輒差河清卒　是月遣使滑州與知州通判同閱芟地盡令刈送官場　七月令京東路提點刑獄勝涉常希古與本路轉運同定鄆濮州規置芟地久遠利害　九年正月三門白波發運使言沿河山林約採得梢九十萬計役八千夫一月命發運使陳麗夫躬自臨視仍官給糧食畢日即散　四月詔自今沿黃河令佐三年二年在本縣地分修護河隄埽岸一年差出別縣界亦修護隄並得牢固者只免選注合入官即不注家便如三年內俱在本縣地分修護河隄別無疎虞即依先降敕命施行　十二月河北都轉運使李士衡言滑州魚池埽水勢湍急知通利軍鄭希甫請於本埽下開減水河相度利便從之　天禧元年十月滑州監押侍禁勾重貴言準先降敕知州軍通判官令佐巡檢河隄埽岸使臣得替後並有酬獎惟不及都監監押詔自今替日與免短使　三年六月滑州河溢州地西北天臺山旁俄復潰于城西南岸摧七百步漫流州城民多漂沒歷澶濮曹鄆注梁山泊濟徐州界又合清河古汴河上流入淮軍士溺死者千餘人遣馬步都軍

頭崔鑒領宣武卒四百人巡護詔光祿少卿薛顏西上閤門使張昭遠體量規畫仍與京東京西河北轉運使會議遣使具舟以濟行者又遣閤門祗候薛貽廓相度水口以侍衛步軍都虞候馮守信為滑州修河總管兼知滑州號州團練使郝榮副之崇儀使入內押班鄧守恩為鈐轄薛貽廓內殿崇班楊懷吉並為都監遣御史馳驛劾滑州官吏之罪貽廓言修河物料望差官提點支納及差木石匠各百人從之命屯田員外郎崔立內殿崇班閻文慶往泊其令入內供奉官史崇楊繼斌以馬步卒二百四十人巡邏兩岸捕緝賊盜修護隄岸牛忠又言河水有復故道者及請發河清卒葺治魚池埽臺從之　八月命樞密直學士王曉客省副使焦守節馳驛詣滑州與馮守信等議京東西河北轉運使合要人夫與役時日及具合役日限以聞其本州合要修河物料錢帛糧草等除見有備外仍令時等同知撥般運應辦給用連書以聞仍賜宴犒　九月三司請於開封府等縣數配修河榆柳雜梢五十萬以中等以上戶秋稅科折從之　十二月都官員外郎鄭希甫言通利軍至澶州黃河隄岸沙淤慮將來埋塞河口水還舊河衝注溢岸望令逐州軍增築舊隄一二尺備之詔可　四年正月命翰林學士盛度言白馬軍將塞河又命右諫議大夫張士遜往祭仍詔馮守信俟河平留兵夫萬人

護之是役凡賦諸州薪石楗芟竹千六百萬發兵夫九萬人治之　二月河隄塞群臣入賀帝製滑州修河碑建于福寧院乾文殿以紀成功又命翰林學士承旨晁迥祭謝分遣官謝宮觀陵廟岳瀆群臣稱賀賜修河官吏衣服金銀帶器帛將士緡錢有差　五月詔沿河州軍自今每歲令長吏與巡河使臣躬視隄岸當浚築者備書以聞勿復減省功料以圖恩奬違者寘重罪　八月知制誥呂夷簡言伏見河再決滑州計功鉅萬以臣所見未議修塞俟一二年間漸收梢芟然後興功兼聞諸州有賤典責莊田者蓋慮科率梢芟無以出辦望議定未修河特詔諭州縣仍令滑州規度所須梢芟以軍。人採伐或于近州秋稅折科從之　九月夷簡言景德二年詔沿黃汴河春科檢計河隄合使物料人力令後知州通判巡河使臣令佐若能用心點檢逐年大段減剩得人功物料隄岸又得牢實不至疎虞與將在任減剩得功料比附前界叙為勞績候得替到闕特行酬奬臣今看詳伏恐沿河州軍官吏因此詔條每年多減功料數目故得欲望敘為勞績以致隄岸漸至薄怯致昨來河決滑州倍費功力修塞其景德二年十月九日敕命今後更不行用詔審刑院大理寺定奪請如夷簡所奏從之　是月國子博士王黃裳言竊見去年滑州決河修築終未完固臣近過鄭州見黃汴河岸相去止五十步許若來歲泛溢即入汴河口或至震驚都城願與諸州長吏案行規度就直開浚必可省功料惜人民詔黃裳馳驛往滑州與李應機等同共規度修浚河口年限并具功料以聞畢日同往鄭州召轉運使河隄官吏等案視以聞　十二月知滑州陳堯佐請令兵馬總管同管勾隄事從之　是月崇儀副使史瑩國子博士王黃裳請於衛州等處規度分減黃河水勢詔與李垂親視利害以聞　五年正月詔曰乃眷洪河是惟經瀆決溢為患今古攸同言念修完頗增勞費應沿滑州河口且往修疊俟將來豐熟日指揮京畿京東西河北遭水及積雨浸民田妨壟種縣分委轉運使與逐州長吏體量詣實以聞議加優恤京東路河流所及地分尤廣特差官往彼安撫　五月詔應沿河州軍自今每歲檢計管界河隄功料委逐處長吏或通判河隄官吏與都大巡河本地分使臣躬親詳度如是隄岸怯弱河道堙塞合行開濬修築即連書以聞不得復有減省功料以為勞績希求恩賞違者寘深罪是月滑州開減水河功畢河流漸復北岸命右諫議大夫李行簡致祭　六月滑州陳堯佐言黃河泛漲河北岸撥堰放水其正河汊河並入故道降詔奬諭　仁宗天聖元年五月右諫議大夫參知政事魯宗道往滑州相度修塞河口功料又遣太常博士李渭隨宗道相視時滑州計度修塞功料聞奏又滑嘗言修河利害故遣之　六月供奉官閤門祗候簽書滑州事張均平言簽書州事兼管河隄將來修塞河口功料排備物料分領役兵伏緣往来隔河恐失點檢況修河亦有都監名目欲勉簽書州軍專令管勾河口別命太常博士李渭為北作坊副使充修河都監　是月魯宗道言近奏鄭州判官王述前安利軍判官葛湛充滑州職官同管修河公事令點檢滑州奏狀幕職多出外縣不親書名欲乞特申戒約並須同共商議親書文奏如有功過應干修河官並與知州已下一例施行從之　八月中書言令京西等路色人有情願進納修河梢并草者逐州軍數目十分中特與減放一分令出榜曉示從之　二年八月遣度支員外郎秘閣校理李垂內殿崇班閤門祗候張君平同往滑衛州相度水勢及具合役功料數畫圖以聞　時議修塞故也京東轉運使又奏本部羨財十萬貫充修河支用詔加獎諭　宰臣言滑州修河物料地理闊遠欲令本州相度添差巡檢于高阜處積壘苫蓋不管疎虞損惡有悞將來支用仁宗曰草數重逾千萬此皆出於民力不可枉致損爛如此約束甚便　四年十二月詔滑州向下緣河埽岸累降敕取責結罪文狀如疊口以後常切修貼不唯疎虞尚慮官員使臣不切用心固護宜令接此春初差夫與修預合固護仍以修過功料進取進止　五年八

月中書門下言近差內殿崇班史崇信入內供奉官段文德往滑州修疊固護怯薄隄官員照管兩隄恐將來水復舊河洌有疎虞從之　九月二日御史知雜王鬷言伏覩敕命塞疊河口竊惟濮衛之郊連苦水旱趙魏之境昨經螟蝗倘加役使重益困窮欲乞應在京見有土木工不急修造處一切權罷鄜併充河口差使詔從其請又遣知制誥程琳西上閤門使曹儀往滑州與修河總管等相度兵夫功作料數及窽體量有無（求使）事件　八月詔京西轉運使洎滑州自今每五日一次具修河次第修疊步數隄岸平安聞奏　十月滑州言決河已塞水復故道帝召宰相於承明殿謂曰河決累年一旦修塞遂除民患非獨靈意幽贊亦卿等戮力王曾曰此皆聖心憂旻憫昏墊之民上感穹旻致滋協順詔新修埽以天臺埽為名郡有天臺山因以為名　群臣稱賀于崇德殿　十二月三日中書門下言天臺埽費工（功）至大向下軍州隄岸切在提舉修護欲令逐路轉運使往來檢舉如有合行修貼固護逐處立便施行小有疎虞重行朝典從之　十二日知制誥徐奭言近至滑州魚池埽最是緊急聞得舊有減水河望令開濬詔滑州相度本州言應役夫二萬八千餘一月工畢或以兵士漸次興功計役萬二千人七十日詔差軍士興葺之　六年三月六日滑州冦瑊言天臺埽塞河望付有司譔記詔

翰林學士宋綬譔述　十六日詔内殿崇班閤門祗候戴潜高繼密分充澶滑安利軍天雄軍濮鄆齊州界都大提舉修護黄河隄岸　是日新授京西轉運使楊嶠言澶州每年檢河隄春料夫萬數並自濮鄆差往備見勞擾欲乞只于外州抽兵士五七千人與河清兵士同修從之　四月以鄆州言張秋埽發分兩岸各三百步埽别差使臣巡護從之　是月詔澶滑州簽判職官自今與知州同判管河隄事　八月澶州言楚州河水漲溢衝決隄岸約三十步已役兵夫修疊　七年正月滑州言得殿中丞簽書節度判官廳公事范尹等狀嘗準州牒守宿巡掌物料隄埽緣舊敕只有知州同判無職官防護條例河防重難深慮小人疎虞一例負責洎至任滿又無優奬詔自今澶滑州簽判職官候得替日與依知州同判例施行　五月承明殿詔示中書樞密院高弁高繼密等所上黄河諸埽圖令議所行乞降付高弁等議定從之　七月滑州言諸埽捉到河清軍士盗斫沿隄林木者按天聖四年宣勅錢不滿千錢從違制失定斷軍人刺面配西京開山指揮千錢已上奏裁切緣軍兵多西京隣兵人規避重役故意盗林木以就決配依舊收管若三犯即決配廣南遠惡州牢城從之　十二月都大巡護澶滑州隄高繼密請差近上官相度河北岸自澶州嵬固埽下接大隄以次東北就高阜地

剏築遥隄即詔龍圖閣待制韓億與京左藏庫使閤文應内殿崇班閤門祗候康輿同往相度　時御史高弁亦請于澶州向上分作兩隄前蓮州良山令陳曜乞開鄆州界黄河入廉丘河詔億等并議之時侍禁王乙差韓億高弁同相度開澶州向上分兩河利害詔令弁與陳曜乘驛計會億等就處規畫利便以聞　八年正月中書門下言河北轉運使胡則相度若未修塞王楚埽外口且留人功物料固護緊急埽岸雖即利便又緣向去河漲必是依舊衝渰去年遣水人戸欲下河北諸州為水災人民貧困不易其王楚埽生隄水口令先計度候澶州上下兩岸將来危急之處物料各有準備即議修疊其王楚埽經水渰人令胡則常切存恤無致失所　十月三門白波發運使文洎言沿河諸埽岸物料内山梢每年調河南陝府虢解絳澤州人夫正月下旬入山採斫寒節前畢雖官給口食緣遞年採斫山林漸稀亦有一夫出錢三五千已上雇人採斫今年所差三萬五千人内有三二家共著一丁應役之人計及十萬往復千里已上苦辛可憫所有椿橛竹索出自向南北山梢又更北遠雖芟輸所出地近勞役亦重近年計度送增新舊折腐實多山梢舊每年止一二百萬束去年所及三百七十六萬束今年七百八十餘萬束以至竹索椿橛比舊數倍多蓋是計料之時不以埽岸緊慢廣作

約束度多不使用積留程耗令計沿河諸埽使外物料
尚有二千五百萬有餘稱是深損爛爆末不甚約直三
二千貫諸埽使臣懼見負罪培填上下蓋庇專望水逼
隄岸便作危急夾捲埽中虛行除破其外二千二百一
十萬稱堪好亦有不言堪與不堪使用此項物料有祥
符年納下梢芟比前項年歲益遠必慮損爛懼罪培填
未肯實報欲乞差官點檢依年分如法排垛準備支用
諸處係官物轉運使巡歷並皆點檢修河物料望令轉
運發運使依例點檢相度埽岸急慢物料多少遞旋移
那則經久別無朽損又不敢過外約度只如天聖三年
據諸州約度修河梢準敕十分中減三五分已上亦無
闕悞此明見元約數大又鄆州去年要梢九十九萬只
般三十萬應副亦無闕悞又令三月準三司牒據巡河
魏昭素狀新置滎澤酸棗縣河岸水勢向著乞般山梢
一月之內八次承牒莫非緊急遞併般三十一萬往彼
訪聞逐埽去舊隄三四里般去梢並未曾使似此虛垛
年深枉有損爛欲乞候差官點檢見數下提舉修河官
將河退水慢埽見在物料相度撥與緊着埽分令後每
秋約度來年物料乞令提舉官與知州軍縣令佐埽岸
使臣相度先將河背慢埽物料就支及採榆柳使外據
實少數申奏採買如埽慢河退物料數多提點司相度
移用若致損爛不堪即申與本轄根勘候繼遣乞即放

離任若新監官不切點檢被提舉官或後界使臣點檢
並乞嚴斷令逐埽置版榜備錄交割遵守施行又沿河
隄上甚有雜木並可採斫充梢橛竊聞諸處避見役使
人工意要綱運般載利於掌納辦濟不肯盡公約度況
河清兵士轉添數目欲乞委提舉官自令仔細約度雜
木斫梢橛數牒本州抽那人工兵士採斫漸減斫梢人
夫勞役亦有般運如依擘畫其利有五點檢物料見得
好惡依條結絕免致失陷一也移那物料遞旋支使不
致積壓枉致朽腐二也鈐轄交割必得近新物料修河
久固三也依實計度添斫榆柳減省遠地採買般運勞
費四也廢却閑埽不至枉差監專虛積物料五也詔三
司相度請悉如消奏從之　慶歷元年三月詔權停塞
滑州橫隴決河初遣內侍王克恭往議塞河又遣三司
戶部副使楊吉與入內內侍省押班劉從愿繼往規度
其事而克恭語先治金隄吉等言乘河北歲稔請塞橫
隴為便又下京東河北轉運司及都大巡河使臣與知
天雄軍李迪議利害而迪言功大不可就請止修金隄
以禦下流帝以為然故降是命　八月遣官澶州祭河
時方議開分水河以減湍暴之勢未定功而水自成道
州以其事聞特祠之　六年十月詔黃河諸埽官吏如
經大水抹岸歲滿並與遠地官八年七月分遣內臣往
河北陝西河東京東京西淮南六路勸誘進納修河梢

是月命侍衛親軍馬軍副都指揮使郭承祐爲澶
州修河都總管尋以知澶州又命三司户部判官燕度
同知澶州兼管勾河口事時以河水爲患也　是月命
翰林學士宋祁入内侍省内侍都知張永和往視商胡
埽決河及覆計工料而祁永和並言商胡水口見闊五
百五十七步用工一千四十二萬六千八百日役兵夫
一十萬四千二百六十人計一百日修塞畢　十二月
判大名府賈昌朝言按夏禹導河過畢懷至大伾醨爲
二渠一即貝丘西南河書稱北過降水至于大陸者是
也一即漯川史記經東武陽由千乘入海者是也河自
平原以北播爲九道齊桓公塞其八而并歸徙駭漢武
帝時決瓠子久爲梁楚患後卒塞之築宫其上曰宣房
復禹舊跡至王莽時貝邱西南渠遂竭九河盡滅獨用
漯川而歷代徙決不常然不越在渾濮之北魏博之東
即今澶滑之大河歷北京朝城由蒲臺入海者禹漢千
載之遺功也國朝以來開封大名懷滑澶鄆濮棣齊之
境河屢決天禧三年至四年夏連決天臺山傍尤甚凡
九載乃塞之天聖六年又敗王楚景祐初潰于橫隴遂塞
王楚於是河獨從橫隴出至平原分金赤游三河經棣
濱之北入海近歲海口壅閼淖不可浚是以去年河敗
德博間者凡二十一今夏潰於商胡經北都之東至於
武城遂貫御河歷冀瀛二州之城抵乾寧軍南達于海

今橫隴故水止存三分金赤游河皆已堙塞惟水壅京
口以東大污民田乃至於海自古河決爲害莫甚于此
朝廷以朔方根本之地禦備戎虜取材用以贍軍師者
惟滄棣濱齊最厚自橫隴決則利耗半商胡之敗十失
其八九又況國家恃此大河内固京都外限胡馬祖宗
以來留意河防條禁嚴切者以此乃旁流散出甚有可
涉之處臣竊謂朝廷未之思也如或思之則不可不救
其敝臣愚竊謂救之之術莫若東復故道盡塞諸口按
橫隴以東至鄆濮間隄埽具在宜加完葺其湮淺之處
可以時發近縣夫開導至鄆州東界其南悉沿丘麓高
不能決北皆平原曠野無所阨束自古不爲防岸以達
于海此歷世之長利也謹繪漯川橫隴商胡三河爲一
圖上進詔翰林侍讀學士郭勸入内内侍省都知藍元
用與河北京東轉運使再行相度修復黄河故道利害
以聞勸等言自橫隴水口以東至鄆州銅城鎮規度地
勢高下使河復故道甚爲大利凡開二百六十三里一
百八十步役四千四百十九萬四千九百六十功初河
決商胡又決郭固朝議修塞卒以不就　皇祐三年九
月觀文殿學士尚書右丞丁度等言奉詔定奪商胡郭
固埽水口蓋爲見與恩冀州爲患危急若便議修閉商
胡水口緣所費物料人功萬數至多況今諸路災傷民
力未豐必至將來春水已前未能辦集郎來年恩冀州

水患未息兼商胡開塞之後河水未有所歸欲乞且令
速行計度人功物料多方修塞郭固口及剏立隄防固
護水勢其商胡口經久須合修塞方免河北水患望選
諳知河水次第臣僚仔細踏行地勢相度定奪將來開
塞商胡之後河水合歸甚處流水的確利害及計定棟
理修渠逐項人功物料數目聞奏别降指揮預行計置
詔依所議其商胡口并故道累經相度更不差官檢計
只候來年秋修塞合要物料令三司檢會天禧年修河
體例數配所貴衆力易集　至和二年十二月四日中
書門下言黄河自商胡決北流經大名恩冀之地久爲
民患先議開銅城故道而塞商胡恐功大難卒就若幾
期又慮金隄汎溢不能捍固欲量集兵夫物料就六塔
河見行水勢横隴舊道以紓大名恩冀之患仍令河北
京東轉運司應沿河州軍隄埽及牛羊道口預修完之
内民田爲水所占者具數以聞從之　初黄河自商胡
決北流經大名恩冀歲暴溢爲患而提舉仲昌等建議
塞北流以入于六塔河以嘉祐元年四月塞商胡北流
入六塔河北六塔河溢而不能容一夕河復決漂溺兵
夫與楗塞之費不可勝計于是言者以謂濟博濵棣之
民重罹水患乃遣殿中侍御史吳中復帶御器械鄧守
恭置獄于澶州修河官等並坐奉詔俟秋冬塞北流而
聽仲昌擅進既塞而復決枉費功料都監張懷恩與仲

昌仍坐于河上盜所監臨物黥管　嘉祐七年七月河
北提點刑獄司言河決北京第五埽詔都水監丞王叔
夏與本路轉運使調兵夫完築之至八月埽成英宗治
平三年六月二十八日都水監言新知明州沈扶乞令
後黄河及諸河泛漲隄岸踈虞抹岸去處令轉運司於
鄰州選官檢視先驗照水口兩頭隄身内近經漲水退
落痕跡仔細打量相去隄面高下丈尺指定係是抹岸
爲復衝決保明申監然後行其當職官吏若檢視官定
驗不實乞行嚴斷其恩州清陽縣界御河衝決乞特行
衝替令佐看詳自商胡横流後來黄河與御河身相合
下流梗澁其御河雖係所屬縣分管勾緣承例不曾計
置應付人功物料修護昨因懷州界沁河決溢通注御
河水勢添漲倍過常歲致御河吞伏不盡自通利軍已
下破決隄岸甚多其恩州滑陽縣令佐失于修護犯在
赦前乞賜詳酌所有御河隄岸監司近曾奏請已令所
干州縣管勾常檢視修護預先計置物料人功有備如
計置不足即委都轉運司擘畫應副及令沁河逐縣令
佐官銜内各帶修護逐州通判專提舉修護並令管河
道隄岸令後河事有所責成從之以上國朝會要　二
股河　嘉祐八年二月詔判都水監韓璹監丞李立之
與河北都轉運使唐介同往相視修二股河治平三年
十月二十五日同判都水監張鞏言已與沈立同共相

度六塔河經久利害聞奏乞增修二股河上下約緣正
當河衝灘面低下斜狹欲乞來春先且極力增修下約
候夏秋委是牢固至次年方得相度緊慢次量進卷工
約歸從之（舊會要黃河二股河各立門今併二股河附
于此）　神宗熙寧元年七月十八日以京東轉運使大
常少卿孫琳權都大提舉恩冀深等州修葺河隄　二
年五月一日詔尚書司勳員外郎知都水監丞李立之
乘驛赴闕以議者多言二股河生隄不足築築之無利
故詔與之計議　七月二十四日同判都水監張鞏等
言二股河上下約累經大河汎漲無虞乞差近上知河
事臣僚一兩員計會本路轉運司與臣等及郡邑官吏
共講求閉塞北流利害及定時月仍相視東流南北提
防功料詔送相度官翰林學士司馬光入內副都知張
茂則相度以聞　八月六日詔張茂則張鞏與轉運司
再同相度二股河下流隄岸利害及計工以聞先命司
馬光其罷之上初遣光既而王安石恐與建議者不合
乃罷其行　十七日張鞏等言躬親至二股河覘步下
約東流河勢深快北流漸慢令相度下流怯薄隄防並
未曾施功深恐危急別致決溢欲望依久來修塞河口
例（差）轉運使副一員專往下流州軍檢視隄防向着去處
闕少人功料物計置其妨礙水行縣鎮且令固護仍一
面相度遷移候河事定疊即歸本司其王亞乞令往

下流州軍同共照會管幹詔轉運使副一員與王亞計
會張茂則同去茂則又言二股河一面東傾水及八分
北流止及二分觀此水更無議論其張鞏等見議修疊
漸次閉塞北流見同議定閉塞次第未敢便往二股河
下相度隄防乞差近上臣僚一二員赴二股河同議閉
塞北流詔更不差官並依累降指揮　十九日張鞏等
言先準詔開治二股河令月十二日大河東徙北流淺
小十四日閉斷大河北流更卷欄水埽以禦捍暴漲水
勢用上木填疊次諮見役兵士特與等第支賜仍賜張
鞏李立之器幣有差　九月五日程昉言二股北流今
已閉塞然御河水由冀州下流尚當踈導以絕河患又
言南河蔡河等處若以壖蓄水可復舊日塘濼為久長
之利上批御河等水須合早議踈導可速處置其塘濼
當措（置）事令樞密院施行仍差權都水監丞劉彝與昉相
度以聞　三年正月判北京韓琦言奉詔選委官相度
體量見令東流隄防與功次第如何因免向去水患欲
乞專委見在河上都水監官與轉運使相度必見利害
或以近上經歷臣僚往彼檢覷詔若且罷御河工役
併力治大北隄似為得策因令河北轉運司于御河抽
那人夫兵卒赴東流工役其御河闕人樞密院刷剗應
副　十二月詔判都水監張鞏候勾當迴日且在黃河
東流照管候至夏秋水勢定疊即還司　四年七月二

十三日河決大名府第五埽　八月五日張茂則言奉
詔相度二股決河利害乞以開封府判官宋昌言都水
監丞河北興修水利官宮苑使帶御器械程昉同領役
事從之仍以昌言同判都水監　九月五日詔鄆州言
黄河溢水入故道行流令京東提舉常平倉司那官一
員前行相視深淺闊狹水所歸仍畫圖以聞　十二月
十四日賜河北轉運司度僧牒五百紫衣師號各二百
五十開修二股河上流并修塞第五埽決口　二十三日
命内侍省内侍押班李若愚宮苑使帶御器械程昉
同提舉修塞北京第五埽決口并門二股河上流　五
年三月十六日塞北京第五埽口導河入二股賜都大
提舉官宋昌言王令圖程昉等錢絹有差　四月二十
二日都大提舉修塞北京第五埽決河入内副都知張
茂則等言已塞第五埽令河入新開二股河詔賜茂則
以下御筵於大名府仍命右諫議大夫集賢殿學士宋
敏求就決河致祭　七年二月五日都提舉大名府界
金隄范子淵等言疏濬二股及清水鎮河通快其退背
魚肋河三道可以閉塞庶大河水併入清水鎮及二股
河兼退出民田不少詔如疏濬正流河道已深即閉塞
　初外都水監丞同勾當公事張倫請於第四埽上下
發閉魚肋河可以引水勢復二股河故道命監丞劉璯
王令圖程昉參議以子淵等領具事又開直河深八尺

以濬川把疏治之至是子淵言疏濬功狀故有是詔
濬川把事詳見濬河司　四月十六日詔應黄河夏秋
水勢汎漲隄岸危急須藉夫衆救護之處去所屬州府
五十里已上者委本埽申所屬縣分那令佐一員畫時
上言抽差急夫入役及申都水監丞司并本屬州府催
促應副仍令通判上河提舉如不至危急妄有拘集人
夫並坐違制之罪仍委按察官司覺察之　六月都水監
言監丞劉璯狀勘會北京界黄河自熙寧二年閉斷北
流後來累經横決於許家港及清水鎮行流致水勢散
漫不成河槽常憂壅遏之患六年十月之内因外監
丞王令圖等各爲大河行流清水鎮下入蒲泊散漫不
成河槽淤侵民田乞于北京第四第五埽等處開修直
河使大河復還二股故道璯尋被旨相度還言其利尋
已施行乃條金隄都大范子淵朱仲立等領其事開成
其河計深八尺不住疏濬又緣向上魚肋河數道分奪
水勢尋擘畫閉斷魚肋河四道所貴擗擄水勢全入二
股河行流令據北京新隄第五埽使臣康景通并德博
州都大李褒等言自今歲開撥北京第五埽直河并南
岸閉斷魚肋河四道擗擄水勢全入二股河後來水勢
節次添漲七尺二寸行流湍急不住摊塌河崖即目直
河内水深二丈五至三丈已來而許家港清水鎮河極
至清漫幾乎不流看詳二股河見今雖是水勢深快已

成河道蓋緣蒲泊已東樓連清水鎮許家港向下直至四界首漸次退出田土別無圍護如向去却遇漫水出崖未免依前牽迴河頭復成水患欲乞下外監丞司相應候霜降水落得清水鎮河閉斷築澳河隄一道遮攔漲水使大河復循故道別無走移壅塞之患及退出良田數萬頃民得耕種兼退背下博州界堂邑等七埽減省逐年修護之費公私俱濟所有退出田土內係官及人戶未歸業地土即乞許逐旋召人承佃人戶歸業照證分明即復給還監司勘會北京界第五埽所開直河及用濬川杷鐵龍爪疏濬河道并閉塞魚肋河等元係劉璯相度措置今又以為言乞差璯與監丞王令圖同會外都水監丞司就計其事從之　九年正月十二日同管勾外都水監丞司公事范子淵言北京第六埽許村港連二股河切處向去漲水復至漫溢為患欲乞自南岸魚肋埽接永水隄從之　四月十八日都水監丞司言本監已相度致於許村港連接魚肋河築隄委是利便見已興修　十年七月十七日黃河大決於曹村下埽二十四日澶淵絕流河道南徙又東滙于梁山張澤濼分為二派一合南清河入淮一合北清河入于海凡灌郡縣四十五而濮齊鄆徐尤甚壞官亭民舍數萬田三十萬頃上惻然矜愍遣御史按視而賑濟其民乃案圖書相山川形勢詔以明年春作治修塞下都水監

考事計功以閏正首事距五月一日新隄成河還北流詔獎賜官吏有差凡興功一百九十餘萬材一千二百八十九萬錢米各三十萬　九月三日詔應大河決溢見被水占壓民田處並令當職官司速行疏畎　十一月十四日都水監言勘會黃河逐年所役兵夫自來土功別無成法昨列到土法令春試用委得經久可從之

宋會要　二股河

嘉祐二年，有司言：「至和大水，京城罹害，宜自祥符縣蒍家岡穿河，直城南好草陂北，入惠民河，分注魯溝，則無水患。」永通三年正月戊戌，發卒調民，穿河于京城西，役工六十萬。九月成，癸巳，名曰永濟河。十一月己丑，置都水監。五年，春河北漕韓贄穿二股渠，分河流入金赤河，役夫三千，一月而畢。七月丙辰，上二股河圖。八年，贊判都水。二月，命贄及丞李立之與河北漕唐介按視滄二股河。治平元年五月，命都水浚二股河，紓恩、冀水災。熙寧元年十一月十三日，命學士司馬光度二股河利害。二年八月五日己亥，光言：「禹分九河，漢釃二渠，河順則為患小矣。河併為一，則勞費倍；分為二，則費減半。張鞏等欲塞二股河，為北流，恐費大而功不成。」十四日，鞏言：「北流已塞。」辛亥，詔閉斷北流。四年七月，河決大明。五年三月，塞之，導河入二股。七年，浚魚勒河，復二股河故道。元祐七年，呂大防曰：「黃河，將議者有三說：一曰回河，二曰塞河，三曰分水，為四隄二河，分減水勢，實為大利。」

卷五千六百五十八

治河下二股河附

元豐元年閏正月一日，提舉修閉曹村決口所言：以今月十一日築簽，提閉脫水河，遣權判太常寺李清臣乘驛告祭，就差走馬承受韓永式齋香建道場三晝夜，仍令候河水稍渾閉口，毋得沙損京東民田。　二十八日，修閉曹村決口所言：昨計修閉之功，凡役兵二萬人，而今止得一萬五千人有奇。詔河東路、開封府界差僱萬夫。　二月五日，詔提舉修閉曹村決口所察視兵夫飲食，有如疾病，令醫官用心治療，具全失分釐以聞，當議賞罰。　三月四日，詔都水監調發汴口水勢，通接淮汴行運，其曹村決口水雖已還故道，三日一具疏濬次第以聞。賜塞決河役兵特支錢。　二十五日，詔大河初復故道，尚或壅遏，令都水監遣丞一員於上流王供等埽往來照管，及別差官提點下流隄埽。　二十七日，賜度牒二百道付河北轉運司，以市年計修河物料。　四月二日，詔塞河役衆闕醫治疾，令翰林醫官院選醫學二人馳驛給券以往。　二十一日，詔太醫局選醫生十

人給官局熟藥，乘驛詣曹村決河醫治見役兵夫。　二十五日，提舉修閉曹村決口言已塞決口，詔改新閉曹村埽曰靈平，遣樞密直學士、尚書右司郎中陳襄祭謝。初，決口屢塞不能絕流，財力俱竭，燕達等相視無策，有小赤蛇出于上流，衆以為神，共禱之，一夕沙漲，河遂塞，故賜名埽曰靈平，廟曰靈顯。　同日，詔新閉曹村埽都總管燕達、燕都大提舉修閉決口、外都水監丞王令圖權同提舉修護役務，令堅實，仍遣中使撫問，賜燕達以下御筵。　二十八日，詔新埽役兵疲于盛暑，可三分日力用二分，全役一分，與放半功，午暑聽少休息。　五月六日，羣臣上表賀塞曹村決口，河復故道。　同日，詔塞決河口卒聽自陳，仍俱被差急夫合如何優恤，其部夫官分若干等第以聞。　同日，都大提舉修閉曹村決口所見修河隄增卑培薄，正須兵夫赴役，候漲水定，即先降指揮分日力三分之一放半功。承受韓永式言：新修馬頭于大河傾注之間，簽成隄岸，河流雖斷，隄面尚墊，猶須衆力，乞且留諸處役兵一月，候馬頭不墊，新隄增固，委都大提舉所減放，實選役兵萬人，候過漲水聽還。並從之。　二十五日，詔入內東頭供奉官韓永式轉兩官，聽寄資；其保明勞績優等，轉兩官；第一等轉一官，減磨勘二年，選人改合入官；第二等轉一官，選人循兩資；第三等減磨勘三年。總管及轉運司各減一等。其靈平埽都大

及巡河等官滿日酬奬論塞決河之勞也　二十六日
詔權河北轉運副使尚書祠部郎中王居卿權發遣河
北東路提舉刑獄汪輔之各減磨勘三年賞應副河事
畢也　二十八日詔收河所減放諸埽河清客軍並歇
泊十日如河防緊急入役即令向後補歇泊日　六月
三日詔太常博士茵師中供備庫使朱仲立等二十三
人各遷一官以與塞河決有勞故也　四日詔權都大
主管巡護惠民河楊琰令任滿日再任賜度僧牒五十
琰自陳以夏津縣決河故道為大河塞曹封決口省人
功物料錢百餘萬緡又五埽退背減罷使臣五員乞恩
故也　七日詔河北路轉運司昨發塞決河急夫候發
春夫計日折免更蠲五分以京東路体量安撫黃廉上
言本路備水故也詳見水利門　十二日詔令逐路提
點刑獄官一員專檢督修河減放役兵　十三日詔都
水監闔減放塞河役兵多道死者宜指揮逐路提點刑
獄官點檢催督早令達住營州軍　十七日詔都水監
應河埽物料于合應副路轉運及開封府界提點司歲
三年中一中數為額委逐司管認應副錢物關本監計
置　七月十一日詔鎮安軍節度推官知澶州衛南縣
李夷白循一資初靈平埽闕草夷白市十餘萬束應用都
水監乞優與推恩中書擬理為勞績上批夷白和買草
濟一時急用實為有功可特循一資　八月十六日賜

度僧牒六百付都水監分與開封府界提點及河北轉
運司鬻之預買修河物料以其半市梢草還諸埽　十
月十一日詔韓村埽巡河左班殿直武繼寧追一官勒
停餘官衝替罰銅有差坐大河以風雨溢岸失於備預
也　二十七日詔罷左藏庫副使霍舜舉西京左藏庫
副使王鑒提舉黃汴等河榆柳止令逐地分使臣兼管
及委都大官提舉以都水監言剗杌累年今已成緒故
也　十二月十八日三司言準送下判都水監宋昌言
等奏乞支錢二十萬緡分與開州府界河北路諸埽市
梢草未有錢物可給欲支市易務界末鹽錢十萬緡從
三司撥付本監依朝廷錢物例封樁逐年依數兌換非
朝旨及埽岸危急支盡年計物料毋得支用從三司點
檢拘轄從之　二年三月八日知都水監丞范子淵言
修黃河南岸治水隄乞給人兵物料緡錢詔發卒三千
人給官莊司熟藥所錢共三萬緡公用錢二百千　四
月十二日詔司農寺出坊場錢十萬緡賜導洛通汴司
增給吏兵食錢內以二萬緡給范子淵為固護黃河南
岸薪蒭之費　六月五日都水監言去月二十八日澶
州明公埽墊詔明公埽最為河流向着其南纔隔大隄
一重備之不時則與靈平之患無異本埽見闕正官外
都水監丞可速奏舉差出埽兵亦即追還以防夏秋漲
水　七月二十二日知都水監丞范子淵言固護黃河

南岸埽工之中外分為兩埽詔以廣武上下埽爲名
也　九月二日前京西轉運副使屯田員外郎李南公
減磨勘三年餘十一人遷官減磨勘并陞名次有差以
固護大河南岸有勞也　七日上批近差都水監幹當
公事錢曜檢定諸埽春料聞都大司已計夫二十餘萬
外尚有五都大司及諸河工料如此則來歲雖起三四
十萬夫未能應副公私財用枉費過當深為可惜錢曜
新作水官未歷河事恐為沿河冒利者所困不能究悉
底裏可差本監主簿陳祐甫代曜檢定以聞　三年四
月十九日前河北路轉運副使陳知儉罰銅三十斤前
提點河北路刑獄韓正彥罰銅二十斤坐河決曹村失
備也　五月十三日司農少卿前知衛州魯有開罰銅
二十斤通州幕職官汲縣主簿尉並衝替巡河部役官
追官勒停差替並坐河溢失救護也　二十四日都水監
言同外監丞并諸都大定議黃河諸埽向著退背分三
等會兵夫物料數乞令判監一員按視推行詔遣判監
劉定　六月十五日權判都水監張唐民請復黃汴諸
河歲差修河客軍九千人額從之　二十五日御史滿
中行言昨曹村河決正坐都水監當任官窮以河防堅
固非朝夕可致量罪定罰宜以供職久近為差詔中書
立判官日限法　七月七日詔雄州廣武上下埽役兵
方盛暑晝夜即工可與特支錢賜部役官夏藥　八月

十二日河陽言雄武埽七月二十八日河水變移埽岸
危急已發河陰濟源縣急夫各千人救護上批今歲夏
秋農時並河之民累經調發人力已困又前奏雄武河
流離埽已遠更無可虞豈有伏槽之際致危急之理此
乃官司不恤百姓疲于役事信監埽使臣張皇哮嘹可
遣權提點開封府界諸縣鎮公事楊景略按視如不應
差發劾罪以聞　二十六日權提點開封府界諸縣鎮
楊景略言雄武埽自六月至七月累危急所調發五縣
急夫共八千人而河陰縣獨占三千人本縣有災傷十
分鄉分坊郭差至第四等有一戶一日之內出百十七
夫者比之他縣尤為困擾詔河陰縣所差急夫折免春
夫外每戶更免雜稅錢三千如不足即計年折除　九
月二日權知都水監丞公事蘇液言河北京東河決朝
廷賑濟放稅靈津廟碑失載其實乞以其事付史官從
之　十二月十一日知都水監主簿公事李士良言黃
河見管夫小使臣一百六十餘員並委監丞已上舉
其所舉未必習知水事欲乞今後河埽罷舉官之制並
委審官西院三班院選差其都大提舉即乞且如舊從之
四年四月二十八日河北轉運使閻革言小吳埽決
本州雖已發急夫六千人修塞續方歸近差兵夫及斫
運薪芻其所役人數亦少乞許發近便州軍役兵及于
諸埽輟河清兵併力從之　五月四日詔河決小吳埽

已全奪過大河若止循例以三千人急夫必不能塞方
蠶麥收成民力不宜妄有調發速令燕達相度如有以
以東退背諸埽兵可發即便不差急夫　同日澶州言
河決浸成小勢猛惡本州無近差撥及無梢草乞劄刷
本路兵五七百人及借支河埽楊樁千條梢二萬束本
州預買草四萬束從之　八日燕達言小吳道斷流令
接近漲水河門水口皆深闊探埽未定難計功料未可
修塞詔達且發赴闕李立之罷澶州權判都水監自河
陽至小吳決口點檢埽岸　十七日恩州言河決澶州
注入御河本州極危乞以州界退背諸埽梢草河清兵
及令北岸都水使臣并諸埽巡河使臣赴州部役從之
具梢草令北外都水丞司量應副　八月二十八日權
判都水監李立之言準朝旨小吳決口不閉令臣經畫
臣自決口相視河流至乾寧軍分入東西南塘次入界
河于劈地口入海通流無阻令檢計當立東西隄防計
役三百十四萬四千工詔知制誥知陳院舒亶三司判
度支副使直司館蹇周輔再相視檢計　九月十七日
權判都水監李立之言北京南樂館陶宗城魏縣淺口
永濟延安鎮瀛州景城鎮在大河兩隄之間乞令轉運
司相度遷於隄外其小吳決口以下兩岸修隄計工不
少何清兵止有千餘人乞於南北兩丞地客軍存留五
千人更不收放東均與新立隄埽興修堤道依例月支

錢二百從之　十二月二十一日相視檢計黃隄防舒
亶言詳李立之所乞小吳決口以下舊河見管物料榆
柳差使臣等巡防又乞相州障河置安陽埽令詳舊河
已棄廢虛占使臣兵級乞下轉運司令付州縣以待都
水監給用具地遠難運委轉運責之以錢應副河防安
陽埽當增置立從之　元豐五年二月二十三日提舉河北
黃河隄防司言大河自恩州臨清縣西傾側向東入御
河衝刷河身深濬至恩州城下水行湍悍御河堤下闊
不能吞伏水勢令相度欲趁河水未漲以前下手閉塞
併歸大河詔如不礙漕運及灌注塘濼即依所奏施行
二十四日詔前知澶州韓璹都水監丞張次山蘇液
北外都水丞陳祐甫判都水監張唐民主簿李士良都
水監幹當公事錢曜張元卿罰銅有差大小吳埽使臣
各追一官勒停澶州通判幕職官臨河濮陽縣令佐衝
替本路監司劾罪以去歲河決不能救護提舉也　四
月十九日詔判都水監李立之理三司副使資序幹當
官吏轉官支賜有差賞相度新河裁省工力之勞也
七月二十八日賜南外都水監丞司度僧牒六十備廣
武上下埽　九月十三日詔賜陽武縣廣勇廣德兩指
揮共級錢有差以八月二十九日河決原武軍人移營
避水故也　十月十二日左侍禁班仲方言熙寧八年
孫民先于衛州王供埽決大河傍西山北流南岸如禹

舊迹止還深州可無水患當時朝廷雖相度未果施行

令大吳埽河決不塞略內黄縣北流已成正河上至王

供埽止二百餘里欲乞移本州界獲嘉汲縣上下衛鎮

齊賈蘇村王供七埽却治南岸堤道不移動深州可減

廢開封府界原武陽武宜村滑州界韓房石堰天臺魚、

池迎陽澶州靈平十埽工料又大河遠離京城無慮河

患却乞于相衛州界黄河狹處繫浮橋以通虜使上批

河事已差塞岡輔等相度仲方狀可送岡輔　十三日

賜塞原武埽役兵特支錢有差　二十五日賜京西轉

運司度僧牒二百應赴原武埽　同日詔候原武埽其役

兵吏特等第賜錢　十一月一日都水使者范子淵

言昨被旨救護廣武埽大河淪塌堤岸賴官吏畢力營

救遂獲安定宜蒙恩賞以勸後功詔轉運副使向宗旦

以下各減年陞名賜帛有差　六年三月一日詔河北

轉運判官呂大忠罰銅三十斤以黄河溢不即救護也

二十三日開封府界提點司言陽武縣尉權知縣張繹

昨黄河漲水注縣凡七處水決繹身先勞苦率衆用命

救護縣城公私以濟乞不依常制權知本縣詔繹特

改合入官知陽武縣　四月三日都水監丞李士良自

劾滄州清池埽舊以御河西岸作黄河新堤地薄下不

能制水已相度用御河東堤治爲黄河大堤奏俟朝旨

昨爲春夫已至從所臣輒令都大翔築生堤一道簽上

御河東堤詔釋之　閏六月二十一日賜開封府界提

點司度僧牒五百市陽武等埽物料　七月十七日雄

州言拒馬河溢破長沙口南北界例差兩地供輸民夫

修治上批去年決口兩界發夫已嘗興訟委雄州詳審

處置毋致生事　七年四月二十二日上批范子淵乞

發急夫萬人重修直河適當農時非次調發初出于不

得已今河口既未成功則其埽岸皆不須爲之可更不

起發其見在河上急夫亦令放散上以子淵所修直河

不爲功徒費工料以數十萬計故也既而子淵自言兩

修進鋸牙河口幾塞不虞漲水及風雨暴至致功敗于

垂成乞俟霜降水落修閉詔子淵降一官仍不理提刑

資序也　六月十八日賜都水監度僧牒二百應副滑

州諸埽梢草　七月十一日詔開封府推官李士良提

舉救護陽武埽　十二月二十七日京西轉運司言每

歲於京西河陽差刈芟梢草夫納免夫錢應副洛口買

梢草南路八州隨唐鄧州舊不差夫金均郢鄧襄州丁

多夫少者欲歡納免夫錢河北州軍免還從之　八年

十月十八日河決大名府小灑口　十一月十六日知

澶州王令圖言曾建議回復大河故道未聞施行命吏

部侍郎陳安石入內都知張茂則同相視利害以聞尋

以句當御藥院馮宗道代茂則　十二月十四日遣吏

部侍郎李常代陳安石相視黄河　哲宗天祐元年正

月十四日河北路轉運司言乞下相度黃河利害所自迎陽埽至北京界孫村口于今春內便行施功及先修舊河堤免新河枉費工向去夏秋別為大患詔李常等相度施行訖奏如不可行即具事理以聞　二月六日詔以未得雨澤權令罷修黃河其諸路兵夫並放歸元來去處　四月四日吏部侍郎李常句當御藥院馮宗道言準朝旨相度黃河利害臣等所至歷覽其堤防全未高廣物料亦未有備緣堤防之設全繫水官物料之蓄貯在本道今經歲月尚爾未葺以是知水官未得其人欲乞添置使者詔添置外都水使者勾當公事各一員北外都水丞隸外部水使者　七月四日保州言河水汎溢漫及上皇墳地請就本州界來年春夫修築從之　十一月二十三日詔以府界京東西路災傷權罷明年黃河年例春夫如係于河防緊急來春須合興役即計定的確夫數以聞　三年正月十二日權發遣京東西路轉運判官張景先增差北河路轉運判官景先議開孫村口減水河與執政意合故有是命　二年四月三日內殿承制知乾寧軍張赴以大河漲急護水有勞降敕書奬諭乃推恩官屬七人　六月十二日詔賜北京恩冀州界修河役兵夏藥特給錢　十一月二日三省樞密院言檢會都水使者王孝先狀伏思大河決塞不常為國之患屢矣此自小吳之決遂失隄防貽患

為甚欲乞於西岸上自北京內黃第三埽河先起截河堤一道與舊河孫村口相照仍相度于樊河第三（河）靠水各作縷河小堤開斷河門于大名府南第四鋪下至孫村口北倣往時作汴河規模開修減水河一道分殺水勢東趍入海尋召到李堯及俞瑾等令陳述利害據孝先等稱除孫村口外更無不近界河可以回河入海去處其孫村口欲作二年開修令冬先備舊堤梢草一千萬束來春下手先開減水河分減水勢所用兵夫已有前甲定數至元祐五年方議開塞北流回改全河入東流故道已令孝先等供結罪保明狀訖看詳除預備舊堤物料便可放行外所有元祐五年閉回全河入東流故道并來年開減水河處別有未盡利害欲差官躬親相度具經久利害詣實奏聞詔差吏部侍郎范百祿給事中趙君錫躬親往彼相度並具的確利害畫圖連連銜保明聞奏如孫村口不可開河即別于不近界河踏逐一處亦具保明聞奏回河事始末按實錄所載殊不詳今取范百祿奏藁具載之庶後世有考焉　閏十二月一日遷大名府南樂縣于金堤東增節村從河北轉運司之請也　四年正月二十八日詔罷回河從是范百祿趙君錫等既受命來行大臣主議者乃密從中批出回黃河未復故道終為河北之患王孝先等所議已嘗興役不可中罷宜接續功料向去決要回復故道右

僕射范純仁累疏論列上遂遣中使收回批旨使執政
大臣與水官公心議論曰河之議自此稍緩後百祿君
錫受詔同行相視東西二河度地形究利害見東流高
仰北流順下知河決不可回即奏罷修河司至是始罷
二月二日御史中丞李常言伏聞回河與減水河之議
已奉德音悉令罷免凋瘵之民咸獲休息聖恩所加過
半天下盛德之事傳之無窮四海幸甚其都水者王孝
先乞重行黜降詔孝先知曹州　七月八日詔復置外
都水使者令河北路轉運使謝卿材兼領六月二十
四日御材再任河北　十月六日左諫議大夫梁燾等
言乞約束逐路監司及都水官吏應緣修河所用物料
除朝廷應副外並須和買不得擾民從之　十二月十
八日三省樞密院言昨令都提舉修河司從長擇一順
處回河差夫八萬和雇二萬充引水正河工役外北外
都丞司檢計到大河北流人夫共二十萬四千三百一
十八人故道人夫七萬四千四百五十六人兩項共計
二十七萬八千七百七十四人令都水監丞李君貺等
檢計裁減到共十九萬四千九十八人詔令修河司具
開減水河其差夫八萬人於數內減作四萬人充修河
功役于李君貺等裁定春夫內共減作一十萬人令修
河司遍那分擘役使餘依前指揮　哲宗元祐五年二
月九日都水使者吳安特言州縣夫役舊以人丁戶

口科差令元祐令自第一至第五等皆以丁差不問貧
富有偏重偏輕之弊請除以次降殺使輕重得所外其
或用丁口或用等第聽州縣從便從之　三月二日都
水使者吳安持言大河信水向生請鳩工預治所急詔
發元豐庫封樁錢二十萬充雇直　十月十二日又書
新提舉出賣解鹽孫迥知濮州則是此川差除於改易
也當考之　十月二日罷都提舉修河司　六年十二
月二十日工部言盜斫黄河埽潬木岸以持杖竊論其
退背處減一等即徒以上罪于法不該配者亦配鄰州
從之　七年八月九日詔科夫除逐路溝河夫外諸河
防春夫每年以十萬人為額仍自科元祐八年分春夫
為始余並從之　二十一日御邇英閣侍讀顧臨讀寶
訓至王沿論引漳水灌溉王軫以為不可讀畢上問顧
臨曰沿軫所論孰長臨奏釋沿軫所說意上曰是何說
可行臨曰沿說可行上宮中恭默不言唯講讀時發問
他日右僕射呂大防進曰臣側聞顧臨讀寶訓引漳河
灌溉事臣謂大抵河渠利害最為難明朝廷不可不詳
知本末如本朝黄河持議者有三說一曰迴河二曰塞
河三曰分水今議者欲以兩河四堤勞費稍增久可無
患如漢武帝時河決瓠子築隄防塞僅可支七十餘年
本朝昨有二股河分流水勢粗免河患後因閉塞一股
併入一股合流遂致決溢分水之利從可知矣今為四

堤二河分減水勢實為大利　九月十四日都水監言準勑五百里外方許免夫自來府界黄河夫多不及五百里緣人情皆願納錢免行令相度欲府界夫即不限地里遠近但願納錢者聽從之　十一月三日權知乾寧軍張元卿言本軍當諸河之衝會堤埽不可不治詔乾寧軍埽岸令工部從都水監相度委令起夫近東州軍依例科夫功役不得過三百人如工役稍大本軍夫不足即令都水監那融應副　八年正月十日都水外丞范緩言以武陵縣年例買山梢五萬束應副河埽若從于滎澤埽收買從都水監支遣為便從之　二十九日吏部工部言河陽狀論列中潬一岸在大河中四面俱是緊急向着而官吏有責無賞實為未均欲將本岸立為第三等向着推賞從之　三十日中書侍郎范百禄言切聞水官自元祐四年正月二十八日準敕罷回河後逐年併力修進梁村鋸牙并大河兩馬頭經今四周年有餘用過工力浩幹兼三處並作第一等向着其河清人數年計物料使臣酬奬並係第一等今鋸牙與西馬頭速亘約及數十里其東馬頭進築與西馬頭相向所以北流河門止有三百二十步闊以此多方盡力擗撥水勢歲月既久遞迅安得不激射奔赴東流頼得北流尚緊所以未至全河東去若如水官之意既進埽淨又狹河門只留一百五十步及預乞朝廷候北流淺

小作軟堰閉斷詳此五事顯見必欲回河特以分水為名託云恐東流生淤陰行功計耳方且鼓唱言路以非為是致臺官章疏前後十餘中外傳聽不能無惑深恐不便臣愚切謂若大河東流別無患害在公在私有何不可只緣東流故道久來淤高雖累年偷工開濬豈能及得北流河道見行北里自是畢平兼元祐三年冬臣與趙君錫行河奏狀内東流故道隄岸缺破有斗手道口車路等一萬一千餘處雖累年偷工完補豈能保得一例盡獲牢固若如水官之計乘緊流向東候北河淺小便要閉塞回奪全河即北京之北二十里許小張口等處不測衝決不則又以北二十里許田令公渠等處亦不測衝決若只此等處決必皆復入北流大河為患未至甚大然而北京一境内外生聚沉没為魚不勝其蕾矣若更捨此近處而向館陶以下決復在東岸則濱棣德博滄州等數十縣地土千餘里生靈將何以堪若水官恐向去殊虞避免憂責不敢明頁回河託以分水為説一向增進馬頭鋸牙巧設埽渾軟堰之類更積歲月之久必然大段淤却北流河道則將來緊流不免須奔東河其為患害正與回河無異顯是水官實欲收回河徼倖之功而外不任回河敗事之責也朝廷容其施為亦已久矣今既悟其有害若不速行捄正且為改更一旦誤事安危所繫豈得穩便臣愚伏望二聖陛下詳

覽臣前件事理特軫睿慈深慮詔三省速議果決去圻河上鋸牙兩頭馬開放河門任令大河自濬趨下致免壅遏障塞淤壞北流積大害若北流通快將來每遇漲水自然分水之利兩河並行久遠安便今日之計宜及漲水已先前事措置庶免後悔若遂其過悔將無及臣誠愚慤顧不負二聖陛下憂國恤民之心貼黃稱臣去冬以來都堂聚議及水官等白河事臣累說梁村鋸牙兩馬頭甚非曲擄擁撥河流逆水之性於大流不便及曾纂前面具奏聞但以未有章疏朝廷未能決議去圻所以今來須至縷縷上瀆聖聽不任皇恐又稱臣竊以壅防百川古人所忌周太子晉力諫靈王壅穀洛二水之事是也況黃河百川所聚乃天地之絡脉豈有以人力掙約不順其性經久如此而不致患害者臣考古驗今灼見不便區區愚心既知如此夙夜憂懼不敢緘默乞賜聖覽特達施行百祿又言自元祐四年正月二十八日降勑罷回河後來臣僚回河之意終不肯已然而大河亦終不可回二聖洞照河事亦終不可惑且如元祐四年秋北京之南沙河直堤第七鋪決水却近北還河臣見朝廷別無施行將謂無足憂者近因外都水丞將到河圖方見畫樣上件決口乃與大河一般尋行取會據外丞司申打量到決口闊六里零二百八十五步決口水勢正注北京橫簽堤據如此口施廣闊若將

來夏秋泛漲簽隄禦悍不定北京豈不寒心而水官恬然曾不顧恤但務掩蔽止欲朝廷不知此意豈得穩便況吳安持等方日生巧計壅遏北流前後多端致大河漸有填淤之害寖壞禹迹之舊豈不勝可惜哉若北流湮塞而東流足以吞納全河別無疎虞有何不可止緣東流故道積淤歲久今其高仰出於屋之上河槽又狹而缺破處多安持等都不以此為憂惟欲僥倖萬一不顧危亡殊可怪駭況安持近已三次有狀乞替欲乞出自宸斷別選水官充代非特保全安持等實免久繫水政別致害事貼黃臣自聞得直堤決口的實後累于都堂會議及見行取會水官將來漲水其決口合如何措置免致北京踈虞三省續奏聞次　三月二十二日乃罷吕并議此段用蘇轍別志遺老傳增修實録但云三省進呈其間乃有韓忠彥議蓋實録失不載樞密院乞興河議一節故也畧志云其後六年聞河遂復故道而元符元年秋河又東決浸陽穀河勢要不可改舊而人事不可知耳明年河遂北流　三月二十二日詔黃河利害專責都水使者王宗望仍與不干礙屬官相度措置施行具圖狀以聞其今月二日依相度定奪黃河利害所降旨揮更不施行　七月四日都水監丞馮忱之言廣武埽危急水勢刷塌堤岸欲乞築欄水簽堤一道詔令馮忱之李偉郭茂恂相度從長措置　十一日詔

差入内高黄汝賢往廣武等埽傳宣撫問救護大河堤
埽官吏役兵兼賜銀合茶藥緡錢有差　十二日京西
轉運使兼南丞公事郭茂恂言廣武埽危急計置梢草
二百萬束如和買不及即乞依編敷于人户科買從之
　十四日詔差權户部侍郎吴安持乘傳往廣武埽及
洛口措置救護如刷盡堤身閉洛口即相度可與不可
全閉如不銷全閉即如何進埽節限水勢可保不致衝
決如合全閉即與甚處引水入汴　十八日上諭執政
曰聞河埽久不修故幾壞者數處魚池原武陽武皆已
遣水官乘疾置護役昨日報洛水又大溢注于河若廣
武埽壞大河與洛水合而為一則清汴不通矣京都漕
運殊可憂宜亟命吴安持與王宗望同力督作苟得不
壞地此亦須措置為久計其促安持往營度之　九月
十三日北外丞李舉之言春夫一月之限減縮不得過
三日遇夜及未明以前不得令入役如違官吏以違制
論從之　十月十四日左中散大夫直龍圖閣謝卿材
為福建陝西河北三路轉運使河北兼外都水使者時
河決小吴議者欲復東流卿材建言近歲河流稍行北
無可回之理上河議一編召赴政事堂會議持論不屈
忤大臣意徙河東轉運使　十一月十三日知南外丞
李偉言清汴貫京都下通淮泗目元祐以來屢危急而
今歲特甚臣相視就武濟河下尾廢堤祐河基址增修

疎導回截河勢東北行留舊埽作遙堤可以紓清汴
下注京城之患詔宗用臣陳祐甫覆按以聞　詳見汴
河門　十二月二十日權工部侍郎吴安持言京西路
轉運使拖欠年額梢草錢計七十萬貫有餘止稱歲計
窘乏及應副軍儲無由辦集欲别賜錢物或降度牒收
買詔京西轉運司自紹興二年後合認諸埽年計梢額
錢並須依限數足　十八日詔祠部給空名度牒一千
道與北外丞司五百道與南外丞司令乘時計置梢草
　二年六月三日詳定重修敕令所申明黄河泛橋火
禁揭榜于兩岸　元符元年正月十八日工部言今年
黄河埽并諸河合用春夫除年例人數外少三萬六千
五百人乞給度牒八百二十一道充雇夫錢從之　五
月二十七日詔朝散大夫試户部尚書吴居厚朝散郎
權刑部侍郎周之道並轉一官發運副使張商英減磨
勘一年淮南轉運副使張元方賜帛以修支河畢功故
也　九月十九日水部員外郎曾孝廣言今河事已付
轉運司責州縣共力救護北流堤岸則北外都水丞别
無職事請並歸轉運司從之　三年正月八日吏部言
都大并河埽使臣兵士及修河物料雖不拘常制抽差
取射者並聽本監與轉運外丞司執奏占留從之　徽
宗崇寧元年六月二十九日臣寮言伏見黄河自商胡
口決以來治水者闢為兩堤相去數十里許不盡與

河爭以順其勢餘二十年河底漸淤積則河行地上失
其本性一遇汎溢河道變徙自金堤第四埽第五埽決
溢之後治水者惟與河相爭殊不原水性潤下豈特過
之而後行之先帝留神河事十餘年究覽孫民先之奏
慨然下詔不得回瀾已而黃河漲淤刑洺深冀之間流
行於瘠鹵低下之地入界河漂北界以歸于海自北京
澶濮至于懷愽齊鄆桑麻被野禾黍如雲可謂萬全之
策矣中間大臣謀不出此必欲回河東流以破北流之
議自商胡口決之後一如先帝聖斷與孫民先所陳令
錄民先書進呈乞下河北如其所說引水築堤去處以
圖來上詔付三省　閏六月十四日詔翰林學士郭知
章爲樞密直學士知鄧州都水使者黃思放罷皆以昔
論河事嘗主東流之議爲言者所彈故也　七月八日樞
密直學士知鄧州郭知章以辨言官所彈降充龍圖閣
直閣學士　知章奏東流利害乞下都水監相度施行
朝廷未嘗以臣言爲是尋下提轉安撫司都水監同共
相度第二次又差呂希純并亮釆相度第三次又差王
宗望相度王宗望定議上稟朝廷遂閉北流吳安持鄭
佑等各保過漲水二年累轉勑官其後河決諫官王祖
道乞罪水官亦未嘗一言及臣其水官得罪或安置臣
雖罷中書舍人尚得集賢殿修撰知和州未行閒哲宗
有旨令上殿則當時朝廷已察見非臣之罪況前後臣

僚臺諫言東流者非一今來已經九年言事者不詳本
末至煩朝廷再有行遣伏望聖慈憫察檢會朝奉郎監
察御史郭知章奏臣竊見大河分東北生靈被害滋久
往年朝廷議欲回河蓋嘗患之而未能也今茲復故道
水之趨東者已不可遏若順而導之議閉北而行東其
利百倍近日朝廷遣使按視聞已閉梁村北流尚有闕
村張包河等處逐司議論未一臣論都水監水官也朝
夕從事于河上耳目之所聞見心志之所思慮議論之
所綴接莫非水也河流之曲折高下利害之輕重本末
宜熟知之矣今使水官不得盡其職而惑于浮議臣恐
河事一誤則北方之民未得安堵而樂業伏望陛下特
降睿旨專委水官以圖經久可行之策以幸河北一路元
元之民不勝幸甚又檢會朝奉郎監察御史郭知章奏
臣切見以大河分東北之流數年矣論議蠭起上惑朝
廷之聽至今未決河北之民被患滋久亡失賦租蕩析
田畝其害不可勝計臣以謂地形有高卑水勢有逆順
河道有淺深水流有緩急利害皆可以目覩方茲隆冬
霜降水落復槽則利害易辨也臣比緣使事至河北
自澶入北京渡孫村口見水趨東者河甚闊而深又
自北京往洺州過楊家淺口渡見水之趨者纔十分之
二三然後知大河之閉北而行東無疑也今東流之河
即商胡之故道詢諸父老具言水舊行者七十餘年矣

今者水之復行天也殆非人力也而議者欲固違水之性必使趨北誠私憂過計也東流利害其大畧則存塘泊也通御河也固北都也復民田也至于隄防之費兵夫之役官員之敉梢莫之用所省不貲則其利可勝言哉臣職為御史親見利害不敢不言如以臣言為可取即乞早降睿旨下都水監相度施行故有是詔　二年五月十一日通直郎試都水使者趙霆奏臣切見黄河地分調發人夫修築埽岸每歲春首騷動良民數路户口不獲安居內有地里遥遠科夫數多常至敗家破産以從役事民力用苦無計以免契勘滑州魚池埽今春合起夫役嘗令送納免夫之直却用上件夫錢收買土檣增貼埽岸會計工料比之調夫反有增剩乞詔有司應干堤岸埽合調春夫令依此例免夫買土仍照所屬立為永法不惟河埽事務易於辦集又可以示寬恤元元之意詔河防夫工歲役十萬濱河之民困于調發可上户出錢免夫下户出力充役皆取其願買土修築可相度條畫聞奏　十八日通直郎都水使者趙霆劄子契勘管埽岸丈官見令南北兩丞地分未有官員注授處甚多蓋緣文臣管埽岸事下與巡河監埸為敵上為都大埽司所統凡舉執事動有牽制惟能雷同含糊漠然不顧然後可以自保而復有失職違坐之患不能雷同含糊則必深中小人禍機令相度欲乞于大河應係

置都大去處各添文臣都大一員仍令本監選舉公勤廉幹之人以充使之表裏相援安心職守吏部取到都水監備元豐元年閏六月六日敕節文黄河逐處都大並令本監不以文武官奏差詔令後都大並舉文官　三年六月六日朝散郎守都水使者吴玠奏伏覩黄河自元豐年閏小吴口決北流入御河下合西山諸水至清州獨流寨三又口併歸入海雖深得保固形勝之策而歲月寢久行流侵犯塘堤衝壞道路齧損城寨臣近蒙詔旨修治隄防禦捍漲溢然築八尺之堤當九河之尾臣復恐他時經隔年歲其隄道為大河衝齧必不能敵其湍猛之勢若不遇有損缺逐旋增修即又至隳壞使與塘水相通則於邊防非計之得也欲增添埽兵創置官局又為並邊事情不測或至疑似欲乞睿旨諸寨鋪依自來條令遇有些小工料即令寨鋪使臣管修無使損塹堤寨候任滿日依黄河楡柳法差官交割若果有用心修葺别無損壞其城寨官及巡廳堤道使臣並與依黄河第二等向着巡河法推賞不惟無增兵創官户疑而邊防得久完固詔如無違礙即依所奏施行　政和元年正月十二日詔水監狀契勘見行河道次第將年額合得諸路河防春夫一十萬人相度均分黄河諸河合用春夫本監已將諸路春夫一十萬人相度均料檢準勑都水監狀春夫不具夫帳上朝廷只從本監

依數料撥路分具功役窠名申尚書省令鈞前項役使
去訖詔今後科夫並依舊具抄擬奏所有元祐年指揮
內更不具夫帳上朝廷一節更不施行　二年三月一
日京畿轉運提刑司申相度到提刑乞管下陽武上下
酸棗三埽巡河使臣依大觀二年四月二十八日敕命
滎澤等八埽巡河兼巡檢捕盜賞罰差破捉賊兵員等
委是别無違礙經久可行從之　三年正月二十三日
詔訪聞黄河諸埽自來招填闕額兵士多是干繫人作
弊乞取錢物將本營年小子弟或不任工役之人一例
招刺致防工役枉破招軍例物衣糧請受自今後河將
合招河清兵士令外丞司委都大并巡河使臣揀選少
壯堪任工役之人招刺逐旋據招到人申都水監差不
干礙官覆驗如有招下年小或不堪工役之人乃立法
施行　二月六日勅尚書工部奏據都水監狀束鹿上
埽今年漲潍常比之已前年分行流湍猛委係非次變
移河勢自降作第三等向着後來到今實及三年以上
乞依條陞作第二年向着檢會崇寧看詳尚書水部
條諸埽向着退背各分三等每三年一定若河勢非時
變移都水監申本部擬奏詔依都水監所乞深州束鹿
上埽作第二等向着　三月十六日勅中書省尚書省
送到屯田員外郎劉絳劄子契勘河清兵級於法諸處
不得抽差具擅差借或內有役使者徒一年並廢功役

者有害隄防諸處功作名目抽差占破官司臨時申畫
朝旨須至發遣不能占留遂使本河闕人令欲乞除官
員依條差破白直人其承久例差占窠名條法不載者
並令本河勿收入役今後不許差占外諸處申請剳朝
廷特旨并衝改一切條禁等指揮抽差本河兵級者並令
都水監執奏更不發遣詔從之　四年十一月七日都
水使者孟昌齡奏伏覩政和四年經過夏秋漲水河
流上下並行中道亦無汎濫緊急去處埽岸並安伏乞
宣付史館及稱賀詔送秘書省許拜表稱賀官吏依條
推恩檢會崇寧四年大河安流推恩体例本監使者監
丞主簿各轉一官人吏等第受賜詔經大河安流年分
三次都水監官轉一次工部官減三年磨勘經一次都
水監官減三年磨勘工部官減二年經一次都水監官
減二年磨勘工部官減一年磨勘內孟昌齡許回授本
宗有官有服親人吏等第支賜　五年十月二十一日
詔中散大夫王仲楨特差知冀州替辛昌宗赴闕以中
書省言辛昌宗係武臣慮不諳河事也　六年閏正二十
八日工部奏知南外都水丞公事張克懋狀契勘本司
管下三十四埽見闕四千七百七十人欲乞以十分
為率內四分下都水監於北外都水丞司地分退慢埽
分并諸州移撥其三分特許將合配五百里以下情犯
稍輕之人依錢監法撥行配填其餘三分乞下所屬預

支例物錢帛責令陝西河北路側近州縣寄招遞施發
遣並限半年須管數足如有違慢去處從本司具因依
申乞朝廷重賜施行工部令勘當除乞於北外都水丞
司并諸路移撥人兵都水監稱有未便難議施行餘張
克懋所乞事理施行刑部看詳張克懋所申乞將三分
特許將合配五百里以下情理稍輕之人依錢監法撥
行配填其錢監乞配填兵匠皆係免決配填令勘當欲
下諸路州軍除犯疆盗及合配廣南遠惡州軍沙門島
并殺人放火兇惡之人外將犯罪合配五百里以下之
人不以情理輕重配填仍斷乞先剌剌配二字監送南
外都水丞司分撥諸埽及填剌配埽分候數足申乞住
配詔依工部所奏内情輕人特免決剌填　七月二十
日詔勘會廣武雄武諸埽復背清汴雖已降指揮都水
監廣貯功料即令大河向着下瞰都城可令都水監常
切遵守元豐舊制于逐埽廣貯工料過作枝梧不得少
有踈虞官吏當行軍法　十月十八日詔孟昌齡王仍
令學士院降詔奬諭冠茂孫等六人各轉一官孟擴等
十八人各減三年磨勘賈鎮等各減二年磨勘以户部
尚書孟昌齡奏三山河橋經今漲水過並無踈虞其官吏
委有勞効乞行推賞故也　七年五月二十九日詔諸
免夫錢應差人管押赴詣定埽分送納者元科州縣先
具年分錢數押人姓名起發日月實封入遞報南北外

丞司仍别給行程付押人所至官司即時批書出入界
日時遞相關報催促從南外都水監丞張瑁所請也　八
月三日詔訪聞河朔郡縣凡有逐急應副河埽梢草
等物多是寄居命官子弟及舉人伎術道僧公吏人等
别作名字攬納或干託時官權要以攬狀封送令佐恣
其立價多取于民或民户陪貼錢物郡縣為之理索甚
失朝廷革弊恤民之意自今並以違御筆論不以蔭贖及
赦降自首原減許人告賞錢一千貫以犯人家財充
當職官輒受請求者與同罪　宣和元年五月四日太
師魯國公蔡京等言伏覩宣示廣武埽所開直河大河
水勢直趨下口不俟人力開撥大河已直入河行流皆
自陛下降香陳熙致舒解廣武危急臣不勝大慶伏乞
宣付史館　四月九日奉聖旨送秘書省許拜表稱賀
九月二十五日詔汴河提岸司可就所役兵夫取土將
南岸自京至洛口廣闊厚實幫築務要勞壯不得減裂
自今後須管離堤岸三十步以外方許開掘種植蓮藕
等不致陂水腹背相浸如違以違御筆論　二十九
日文武百僚太師魯國公蔡京等言伏覩提舉三山河
橋孟昌齡奏奉御筆前去三山河措置西橋河道臣行
歷新堤諸埽點檢得南丞官滎澤所申管下三十五埽
自河清及廣武埽以下至三山正東南丞地分以來卧
南行流皆是向着埽分唯廣武諸埽又居都城之上腹

背清汴化年以來再軫聖慮今歲漲水之後諸埽岸下
一例生灘河行中道實由聖德昭格上下神祇助順協
濟偉績誠非人力所致伏望宣付史館詔送秘書省
十月二十三日詔淮南西路提點刑獄徐閎中前任知
濬州日應副橋埽協力固護有勞特賜紫章服　二年
八月二十日詔開修廣武直河分奪南岸生灘埽岸無
虞省減勞費功和為大當職官暴露郊野日冒大暑委
有勤瘁與常例恩賞不同可特依此推恩內減年人依
文武臣比折選人依條施行提領措置官保和殿學士
銀青光祿大夫孟昌齡興德軍節度使王仍各轉一官
回授漕臣并兩州知州各應辦錢糧同京西轉運副使
時道河北轉運副使胡直孺李孝昌知河陽王序知懷
州李罕各進職一等其餘官吏第一等各轉一官資內
無資人候有名目日收使第二等各減三年磨勘諸色
人各支絹五疋　九月四日工部尚書陸德先等奏契
黃河南北兩外丞司管下文武都大官所屬河防職務
事體非輕須是諳曉河事之人方可倚辦熙寧以前選舉
曾經巡河兩任以上使臣至元豐前選一任之人充
條路具存比來所差都大官往往不經河緩急難以倚
辦乞今後依元豐選差曾經一任河端差遣無遺闕之
人充詔依元豐法　三年六月二十三日吏部奏崇寧
三年六月十五日勅諸向着埽添差承務郎以上或

令錄以一員充管勾埽事大觀二年六月十四日勅諸
埽添差文臣罷政和二年七月五日奉聖旨南北外都
水丞司管下逐都大司各置文武官二員內文臣從朝
廷選差承務郎以上諳歷河事人武臣令都水監依舊
條奏舉水部契勘準元豐六年閏六月十八日敕黃河
都大並令本監不以文武官指名奏差南北都水丞司
管下逐都大司元豐年只是通差文武官一員為額後
來添增都大一員即令每都大司文武官都大各一員
詔添差文臣都大指揮更不施行見任并已差人並罷
乃依省罷法今後依元豐法通差文武官一員　八月
二十七日詔訪聞今年六月冀州信都等埽大河暴漲
北外都水丞張克懋知州韓昭通判晁將之措置救護
有方各特轉一官　九月二十五日詔朝散大夫都水
監丞梁防職事修舉可令再任候廣武雄武埽平寧特
與轉行一官仍取旨陞擢差遣　四年七月二十九日
臣僚上言伏見恩州累修立大河堤道都水監行催促
工料等事為名舉辟文武官甚多至于百二十餘員例
皆受職家居繫名本監漫不省所領為何事其間曾至
役所者十無一二焉詔除正差官一十一員外餘並罷
令後都水監因事張官正兼管就委案並具所得指揮
姓名申尚書省差應都水監將作監見因事張官去處
限三日具見差委員數申尚書省裁定不得隱漏以上

如違並令御史臺覺察彈奏　九月二十三日太宰王
黼言昨孟昌齡計議河事至滑州韓村埽檢視河流注
衡寸金潭其勢就下未易禦遏近降詔旨畫定令就港
灣對開直河水司方議疏鑿於元畫處自成直河一道
寸金潭下水即流在役之人聚首仰歎乞付史館從之
　五年八月十九日中書省言檢會京西路都轉運司
狀準都水監丞賈鎮劄子欲乞京西漕臣應副梢草一
百萬束令契勘本司每年合應副廣武埽稅草四百萬
束自來係將一百一十萬束年例科撥本色稅草外其
餘二百九十萬束昨宣和三年都水使者與本司官措
置令出備地理脚錢于黄河沿流去處置場收買逐將
本息合納秋雜錢細數每束納本脚錢七十五文共納
錢二十一萬七千五百貫赴南丞司並諸埽送納已訖
令束梢草一百萬束價錢欲令南外都水丞司依已降
指揮於納到逐年本脚錢内支給仍乞量度日限買納
及依元降指揮差水部郎中龔端前去點檢自宣和三
年以後納到梢草錢見在若干已買梢草若干見在梢
草若干其錢有無移用所有賈鎮奏上不實令大理寺
取勘具案聞奏案取到旨尚書工省房並不檢貼檢照
當行手分勒停職級降兩官　十一月二十九日都水
使者韓柖奏昨奉聖旨令臣固護滑州天臺埽并降到
御筆畫定圖子對岸開修直河臣到日躬親相視閻大

河水勢盡在聖畫直河内行流尋具劄子奏聞詔許拜
表稱賀　七年八月二十二日詔應辦廣武河事官職
修舉倫見宣力京西轉運副使劉民瞻韓奕忠各陞一
職提舉部夫官各減二年磨勘内趙鼎減三年受給差
遣官都壕寨分放工料官部從官彈壓官繫取土橋官
催促諸縣梢草官各減一年磨勘　十一月十九日南
郊制勘會河防免夫錢數目至多自令相度緊慢於合
興役埽分雇募人夫末買梢草外並樁留以備危急支
用訪聞並不依條例措置每至漲水危急旋行科撥人
夫配買梢草急于星火官吏寅緣為姦自今後並于河
防免夫錢内預行置辦并優立價直雇夫役使不得于
倉卒之際却行差科　十二月二十二日詔河防免夫
錢並罷　以上續國朝會要

宋會要　諸河　汴河　廣濟河　惠民河　金水河　白溝河　東南諸水

太祖建隆三年六月宋州上言寧陵縣河溢堤決詔發
宋亳丁夫四千五百人分遣使臣護役命西上閤門使
郭守文總其事又發丁夫三千三百人塞汴口以息水
勢命判四方館事梁迥董之四年八月又決于宋城縣
以本州諸縣丁夫二千五百人塞之命八作使郝守濬
護其役雍熙二年六月汴又決于宋州宋城縣發近縣
丁夫二千人塞之判四方館周瑩八作使郝守濬護其
役知州工部郎中劉甫英護堤不謹青濮州防禦副使
郭大巡河作坊副使劉降吉西頭供奉官王道二年六
月河決穀熟縣遣御前忠佐軍頭劉能乘急遞船往修
塞之真宗景德元年七月以水部郎中三門發遣使許
玄豹兼河陰兵馬都監知縣事河陰汴口每歲均歸水
勢以濟江淮漕運玄豹上書自言皆知利害願兼領以
自効故命之自是河陰常命知水事者為都監其後宋
雄以鴻臚亦為之三年六月汴水暴漲詔宣政使李神
祐東上閤門使曹利用馬軍副都指揮使曹璨步軍副
都指揮使王隱巡護隄防帝曰昨晚覘候水勢京城東去
窰務約四五十步水不溢岸者五寸至一尺西染院側
水溢壞屋賴外堤防遏遂令併工修補增起堤岸自今
凡檢計似此怯弱處倍加工料翌日乘步輦幸西水門
覘汴水問工作兵士賜錢人一千又幸東染院名從官

卷五千六百叄十

一

賜茶是日應天府亦言汴決南隄流亳州合浪宕河東
入于淮即遣閤門祗候胡守節馳往河陰督兵馬監錢
昭晟塞汴口劾罪貶秩又內園使李神佑馳往應天固
護決隄所物料三司自京津遣不得科配差擾又遣入
內高班韓從政本州不該修河官檢行經水冢口給米
三斗避水隅在高阜者以船檝去隨便安泊不願離者
聽自便闕食者據口給糧死無主者及貧不能掩瘞者
為殯埋災傷之民倍加安撫七月遣屯田員外郎直昭
文館尹少連祭汴口自汴決遂壅汴口減水勢築堤至
是畢工復開導之故祭焉四年七月詔汴堤商旅以牛
驢挽舟者所在官司勿禁止之大中祥符元年正月侍
衛步軍司言浚汴河差人巡欄請給器械帝曰約欄丁
夫何用器械令樞密召諭不得毆擊三年正月罷汴河
沿堤巡檢內臣其緣開汴功料即分定地權差內臣檢
校六月以汴水淺澁遣知制誥孫僅祭汴口既而雨澤
水漲公私無滯四年正月詔河南府孟鄭州所發浚汴
口役夫今年夏稅止輸本處十月句波發運判官史瑩
言朝建歲計汴口頗費工料蓋地多砂磧轉移不定臣
久曾相度乃尋古碑誌請於汜水孤柏嶺下緣南岸山
趾開疊汴口必可久遠水勢均調帝曰河流轉徙今古
不同朕詳所奏及圖所開口處地形甚高若河勢正注
而來下面分泄不及即溢流為害亦可慮也然瑩論列

卷五千六百叄十

二

頗堅可弃國付汴口楊守遵令同守遵言若開之功力
浩瀚河水猛大雖以枝梧瑩後指陳守遵為已邀功乞
別委官經度又令内侍都知閻承翰言今河流併依南
岸若就開汴口取河東注至于京師亦可憂慮且請於
下流開減水四道以防汜溢從之遂罷瑩請瑩所上碑
誌云正觀中文皇帝降洛州長史李傑大開具舊制剏
堰鑿山山有堅壤隨山導水水無激湍連堤以布具揵
用決濤浪醲河以延其濤用艤舟檝巨浸不入餘波常
通以濟大川利有攸往故無顛覆之憂雖夏潦暴興濟
沙泊至深尤過厲濟未勞人可為萬代之軌也有或人
者止言此之溝洫無異消涔一葦則浮巨艦則膠乃特

卷五千六百五十一

三

起渠口寔丁河衝琢石為門刻木為闌壯麗極矣才力
殫矣始有曰流苟洒矣少有曰灘自堙矣奚道之廣費
而塞之適迫陽侯何情役夫匪知僉識其鄙孰彰其事
皇帝與天合契啓聖勒崇已遇堯功尤勞禹跡恤人之
隱若己納隍念彼方割疇咨俾乂始命范公往兼之范
公承舜明命委垂共工詳改作之殊宜請仍舊而為美
已而詔公為開鑿使使左驍衛中郎將張瑛介焉於是
名水工甯地勢調閱五州數萬之卒部勒羣吏千夫之
長跐疆畫分荷鍤如雲畚之縣鄭之沄人百其身舉鼓
弗聞平塘成澮夷岸成堤楨以榔杞揭以杠梁使道而
行應務斯畢開元十五年二月二十五日建五年閏十

月帝曰汴河有灣曲灘淺溺甚多蓋開浚之際口依檢
到功科檢計之際入河水益覆不見合施功處自今須
先塞上流盡河槽内水方行檢計仍差莊宅副使王承
祐入内殿頭楊懷古領其事八年六月詔自今開汴口
預選日奏聞當遣官祭告是月詔自今後汴水添漲及
七尺五寸即遣禁兵三千沿河防護時差兵士護河太
速故也因詔自今遣内臣分掌京城門鑰如戚漲防河
兵士即開點閱放過七月命知制誥劉筠乘傳祭汴口
以河流阻澁故也八月太常少卿馬尤方請浚汴河中
流闊五丈深五尺可省修堤之費即詔供奉官閻門祗
候韋繼昇計度修浚繼昇言上泗洲西至開封府界岸

卷五千六百五十一

四

闊底平水勢薄不假開浚請止自泗洲夾岡用功八十
六萬五千四百二十人以宿亳丁夫充計減功七百三
十一萬仍請於沿河作頭踏道擗岸其淺處為鋸牙以
束水勢使其浚成河道止用河清下卸卒就未放春水
前令逐州長吏令佐督役自今汴河淤澱可三五年一
浚又於中牟滎澤縣各開減水河並從之仍命繼昇都
大巡護及修浚畢明年繼昇表請罷修河一年可省物
力帝曰惜得夫役誠好必然不為民患否繼昇極言其
利帝曰當更遣人相度異日河決雖罪言者亦無益事
天禧元年正月都大巡檢汴河堤岸韋繼昇長君平言
汴河遂年栽種榆柳並於人戶科配栽種失時少有青

活通年增數帳管遂勘逐鋪作畦收榆莢種蒔於閑隙地內栽種欲望自今在任三年如能沿河於閑地栽種榫五萬株已上青活委新官點檢交割州府保明聞奏令佐免選與家便官使臣免短使京朝官知縣優與親民具在任官每一年栽種二萬株亦與依前項處分詔緣汴河州軍管勾河堤京朝官使臣令佐等任滿如委栽種及五萬株已上青活河堤別無疏虞新官點檢交割取本州府官吏保明以聞仍自齎赴闕於中書樞密院通下候看詳應條京朝官使臣與免短使家便差遣令佐免選如不應條不及數顯有情倖干繫官吏重行朝典九月詔曰睠彼京師寔通汴水是四海會同之處

卷五千六百五十一

五

念一夫瘝溺之憂俾設巡防合行拯救苟失性命深用憫傷爰形勸賞之文式表好生之旨應沿汴河州縣有誤墜河之人委本界巡檢及習水人等晝時救接如溺者家願出錢與拯濟之人者聽或救接得貧闕人即以官錢給賜二年六月汴水漲九尺遣臣詣萬勝梁固斗門諭勾當使臣均調水勢無致泛溢八月遣開封府推官周好問與八作推岸司檢汴堤毀官司廬舍計工料修疊凡工二百四萬時開封府言民屋低下岸多擁圯故也仁宗天聖三年八月以汴水淺澁遣使祭汴口四年七月樞密院言汴水漲堤危急欲令八作司相度京城西決洩入護龍河以減水勢從之遂於賈陂開決疊

水口畢賜役兵緡錢慶曆六年十二月八日勾當汴口張從一張湛言三年水勢調均詔從一轉西上閤門副使湛遷西京作坊皇祐二年八月命開封府判官張中庸往中牟縣修築汴河堤岸三年九月詔緣汴河商稅務毋得苛留公私舟船又詔三司河渠司每年一開浚之嘉祐二年六月詔以真宗皇帝御製發願文刻石於汴口靈津廟六年閏八月六日同判水監楊佐官據汴口檢計功役八萬三百一十一工具到功畢剋日取欵水勢詔汴口見役人貢兵士並等特支英宗治平二年七月詔以狹汴河賞官吏有差初嘉祐六年以汴河久不浚河久不浚詔命都水監與淮南江浙荊湖制發運

卷五千六百五十一

使李甫之相度利害都水監察汴河自泗洲以上至南京水道直流駛不復須治自南京以上至汴口水闊散漫以故多淺欲乞自南京都門三百里修狹河水岸扼束水勢令深駛俟三五年見次第即復修汴口至京東水門外所用椿梢止伐岸木為之可足詔從之而以岸木不足又募民出雜梢度以為僧凡用梢椿竹索三百八十四萬二百役工百八十六兩四千為岸三萬一千四百步自祖宗時固已嘗狹河其後久不復狹方興是役論者紛然以為不利及成人乃便之以上國朝會要神宗熙寧六年六月十二日上批汴水比忽減落中河絕流其窪下處才餘一二尺許訪聞下流公私重船初

不預知於水淤田時日以故減剥不及類皆閣折損壞
致留滯久人情不安可令都水應千官司分析上下三
司委差官同府界提點司自京抵陳留具有無損壞舟
船比較累年所壞數以聞後提點吳審禮等言檢視舟
船初損壞者十一月七日中書門下言權判將作監范
子奇乞不閉汴口造木栰截口或打撥大河浮凌不入
常使水勢通流外江綱運直入汴至京公私利便經久
委實可行淮南江浙荆湖都大制置發運司乞再展十
日閉口詔汴口相度既而乞依范子奇所請差人打撥
凌牌及就汴口造木栰欄截浮凌彼之舊制汴口啓閉
有特至是遂不閉之會高麗入貢因令泝流而上七年

卷五千六百五十一　七

八月二十一日同判都水監宋昌言李立之丞王令圖
言汴口已生雜灘秋冬之交必稍退背乞權閉汴口使
水涸增修堤岸斗門畢再相度同判都水監侯叔獻丞
劉璯乞不閉汴口於孔固斗門下權作截河堰使水入
都門候修堤岸畢即開堰詔如叔獻等所請八年二月
二十四日同管勾水都水監丞程昉等言嘗以以京西
三十六陂為塘灩水汴漕運其陂内民因欲先差官量
項畝依數撥還或給價錢又采買材本遂遠清汴牌欲
作三二年修仍乞選知河事臣僚再按視措置詔翰林
侍讀學士陳繹入內都知張茂則與昉等覆視以聞其
後繹等言水源足用清汴有可以必成理六月十六日

都水監言汴蔡兩河就丁字河置牌通漕從之時有詔
糴西京米赴河北封樁患蔡河舟運不能達河北故水
官侯叔獻劉璯建議汴河可因故道鑿堤置牌引汴水
入蔡河十二月二十六日都水監言孫賈斗門之西汴
河北岸共八處可置虛堤滲水入西賈陂並於由司欄
水堤開河一道引水透入減水河下注務澤陂為五丈
河上源乞差楊琰管勾修置陳祐提舉從之九年正月
二十八日中書門下言令安南營器械什物發付潭州
欲令都水監早開汴水從之十年二月十三日詔春候
已深無甚寒凍高麗進奉使非久離京汴口可令都水
監於元擬日前從五七日六月二十八日范子淵言令

卷五千六百五十一　八

月十八日興工濬汴九月二十六日權判都水監俞充
等言勘會汴口取黃河水經由京師應副東南漕運久
來選任能吏增置兵力廣聚物料以為緩急之備救多
裁減事難濟辦合具申請一汴口久來差大使臣二員
内或小使臣一員勾當並兼京西都大巡檢汴河堤岸
賊盜斗門近歲兼管勾淤田仍一員官高者同河陰縣
兵馬都監以便緩急差借河陰縣教兵士昨因裁減日
差小使臣二員改作勾當汴口管勾京師汴河堤岸斗
門淤田況勾當汴口使臣所管地方自京城西至汴口
一百里事責重於京東都大堤舉權輕任畢難為集事
欲乞差諳曉河事大使臣一員仍留見在小使臣一員

勾當汴口並兼京西都大巡檢汴河堤岸賊盜斗門管勾於田內大使臣仍同河陰縣兵馬都監其昔罷小使臣却與河上一等差遣不為遺闕一河陰管城縣等沿夾河巡檢自汴口至趙橋地分約五十里并河陰縣雄武埽黃河巡河舊有使二員通管近減罷令勾當汴口使臣兼行管勾緣勾當汴口使臣常須在本口調勻水勢豈可更令兼管夾河巡檢公事欲乞比舊裁減一員只差小使臣一員自汴口至趙橋汾汴夾河巡檢專切修護堤岸兼河陰縣武埽巡河乞本監選舉一京西都大巡河司及汴口舊管部役使臣四員內差使臣管押人船般運鞏縣山灘柴草二員專管勾汴口上下約堤

卷五千六百五十一

九

埽外有一員諸處部役近裁減都大司部役只留汴口二員全然闕人欲乞依舊添差部役使臣二員從本選舉一汴口舊管河清三指揮廣濟平塞各一指揮並以八百人為額計四千人昨減併平塞并河清地三兩指揮欲乞只將見管河清廣濟三指揮並依添作八百人為額緣見少人數乞下外都水監丞司於北京以下埽分割移河清人兵千人赴汴口填配餘數即令招填比舊亦減一千六百餘人一汴口官吏務減調勻水勢閫護堤埽近緣裁減賞格却以減省工料為重調勻水勢為輕官吏務減省工料不顧水勢以致汴水多不調勻阻節行運欲今後汴口官吏任滿減省工料雖應賞格

仍須埽岸斗門無虞水勢調勻不阻行運方與酬獎凡諸勾當汴口兼管雄武埽官員任滿埽岸斗門無虞調勻水勢不阻行運方有賞格並從之十月十七日提舉修閉決口所乞專差內臣於斷河內門處打斷欄水堤不得放水東流從之續詔凡取借什物動使家事等並計不依常計及所舉受納管勾等文武官共不得過二十人元豐元年三月二日詔都水監調撥汴口水勢通接淮汴行運其曹村決口水雖已還故道三日一具疏濬次第以聞六月十五日權都水監丞范子淵言乞於汜水鎮北門導洛水入汴為清汴通漕以省開閉汴口功費詔候來年取旨十月七日權都水監丞范子淵言

卷五千六百五十一

十

自來前冬至二十日閉汴口今歲閏月較之常年已是深冬慮大河凌冽為患乞先期閉口詔聽前至日半月十一月四日都水監言乞下京西夫一萬赴汴河口限一月開修河道詔止差七千人十二月六日知都水監丞范子淵言奉詔相視導洛通汴今自河陰縣西十里蒼河處步量至洛口地形西高東下可以行水乞差知水事臣僚再按視詔遣史館修撰直學士院安燾入內都知張茂則二年二月二十一日詔入內東頭供奉官宋用臣及河水未過毋俟盧秉押衣運到京先往按視導洛通汴利害以聞三月十三日詔發壯役兵二千京東路廂軍一千濱州修城棟中崇勝兵五指揮並

趂洛口工役二十一日詔入内東頭供奉官宋用臣都
大提舉導洛通汴前差盧秉罷勿遣初去年五月西頭
供奉官張從惠言汴河口歲歲閉塞又修堤防勞費一
歲通漕纔二百餘日往時數有入建議引洛水入汴患
黃河齧廣武山須鑿山嶺十五丈至十丈以通汴渠功
大不可為自去年七月黃河暴漲異於常年水落而河
稍北去距廣武山麓有七里遠者退灘高闊可鑿為渠
引落水入汴為萬世之利知孟州河陰縣鄭佶亦以為
言時范子淵知都水監丞畫十利以獻歲省開塞汴口
工費一也黃河不注京城省防河勞費二也汴堤無衝
決之虞三也舟無檄射覆溺之憂四也人命無非横損

卷五千六百五十一　十一

失五也四時通漕六也京洛與東南百貨交通七也歲
免河水不應妨阻漕運八也江淮漕船免為舟卒鐫鑿
沈溺以盜取官物又可減汴流牽挽人夫九也沿汴巡
河使臣兵卒新楗皆可裁省十也又言汜水出玉仙山
索水出嵩渚山亦可引以入汴合三水積其廣深得二
千一百三十六尺視今汴流尚贏九百七十四尺以河
滿縷不同得其贏餘可以相補猶懼不足則勞堤為塘
滲取河水每百里置木牌一以限水勢堤兩旁溝湖陂
濼皆可引以為助禁伊洛上源私取水者大約汴舟重
載入水不過四尺今深五尺可濟漕運起鞏縣神尾山
至任家堤四十七里以捍大河起沙谷至河陰縣十里

居穿渠五十二里引洛水屬于汴渠總計用工三百五
十七萬有奇疏奏上重其事是年冬遣直學士院安燾
入內都知張茂則行視正月燾等還奏索水在汴口下
四十里不可引洛汜二水積其廣深纔得二百六十餘
尺不足用滲水塘引入大河緩則填淤急則衝決洛水
唯西可分引入城下流連歸洛河禁之無益置牌恐地
勢高下不齊不能限節水勢黃河距廣武山有纔一二
里者又方向著南岸退灘堅土不及二分沙居十之八
若於其間鑿河築堤至夏洛水內溢大河外漲有腹背
之患新堤一決新河勢必填淤則三百餘萬工皆為無
用又子淵建此本欲省汴口歲歲勞費今則埽堤水漨

卷五千六百五十一　十二

之類歲計恐不啻一汴口之費而又有不可保之慮雖
然財力在人猶可為之唯是水源不足則人力不可彊
致蓋伊洛山河盛夏雖患有餘過此常苦不足疑謀勿
成唯陛下裁之上以子淵計畫有未善者乃命用臣經
度以楊琰往至是用臣還奏可為請自任村沙谷口至
汴口開河五十里引伊洛水入汴每二十里置束水一
以芻楗為之以節湍急之勢取水深一丈以通漕運引
古索河為源注房家黃家孟王陂及三十六陂高仰處
潴水為塘以備洛水不足則決以入河又自汜水關北
開河五百五十步屬于黃河上下置牌啟閉以通黃汴
二河船筏節洛河舊口置水達通黃河以泄伊洛暴漲

之水古索河等暴漲即以魏楼滎澤孔固三斗門泄之
計用工九十萬七千有餘又乞責子淵修護黃河南堤
埽以防侵奪新河詔如用臣策故有是命二十三日詔
近已差宋用臣都大提舉導洛通汴司可令范子淵候
修黃河南岸畢留卒二千給用臣工役仍令轉運副使
李南公專應副河南府都巡檢一人往洛口編欄用臣
支賜依所寄諸司使給四月十二日詔司農寺出坊場
錢十萬緡賜導洛通汴司增給吏兵食錢内以二萬緡
給范子淵為固護黃河南岸薪芻之費十七日詔導洛
通汴用是日甲子興工遣禮官祭告如河道侵民冢墓
量給錢令遷避無主者官為瘞之六月四日賜導洛通

卷五千六百五十一

十三

汴司開河築堤役兵特支錢十七日提舉導洛通汴司
言清汴成四月甲子起兵役六月戊申畢工凡四百五
日自任村沙谷至河陰縣瓦亭子并汜水關北通黃河
接運河長五十一里河兩岸為提總長一百三里河所
占官私地二十九頃已引洛水入新口斗門通流入汴
候水調均可塞汴口乞徙汴口官吏河清指揮於新開
洛口從之二十二日詔應道洛通汴事令宋用臣主管
一年如洛水通快委范子淵閉黃河本口其沿汴淤田
既非濁水可並閉塞併水東下接應江淮漕運七月二
日詔汴口閉斷黃河水遣禮官致祭以都水監丞范子
淵言前月甲子已塞汴口故也同日詔導洛水入汴已

通漕緣河水湍怒綱運阻難增置河堤使臣河清軍
士技頭水手廨舍營房請受水脚工錢及汴口每年開
閉物料兵夫之費自可裁損令轉運使盧秉條析以聞
五月都大提舉導洛通汴司言洛河清水入汴已成河
道疏濬司依舊攪起沙泥却致填淤乞權罷疏濬從之
八月十三日上批導洛水入汴及治堤岸捍河患有成
績可令宋用臣范子淵具總事効力官吏第賞同日御
史何正臣言近彈奏安燾張茂則驗覆導洛通汴利害
不當切聞詔候來年歲運了日取旨以臣所聞則自不
須如此燾等以為盛夏洛水外溢大河内漲新淤沙堤
當二水腹背交攻之患其勢未易支梧今既秋矣二水

卷五千六百五十一

十四

交攻之患固未嘗有燾等又以為洛水盛夏暴漲甚於
大河雖盛夏亦有乾淺之時自今夏秋以來蓋亦屢雨
而河未嘗漲亦有經旬不雨而水未嘗乾舟行往來晝
夜不輟安俟考察而後見乎伏望重行誅罰詔燾茂則
各罰銅二十斤九月二日知都水監丞尚書主客郎中
范子淵為金部郎中陞一任同判都水監入内東頭供
奉官寄禮賓使遥郡刺史宋用臣為寄六宅使遥郡團
練使給寄資全俸入内東頭供奉官董嘉言右班殿直
楊琰各進兩官琰兼閤門祗候入内東頭供奉官王修
己等三十七人各進一官優者減磨勘四年或指射差
遣人循兩資者五十六人遷一資者八十一人仍等第

賜錢上批以子淵用臣首議導洛入汴及築堤捍河悉有成績故優獎之餘皆董役有勞也十月四日都大提舉導洛通汴司言汴河綱船久例附載商貨入京致重船留阻兼私載物重四百斤以上已抵重刑令落水汴不至湍猛欲自今商貨至泗州官置場堆垛不許諸綱附載本司置船運載至京令輸船脚錢從之十二月二十九日詔范子淵減磨勘二年餘推恩有差以疏濬汴河有勞也三年正月一日府界第六將言差襄邑縣防河兵闕二百餘人已添差訖上批令汴流京岸止深八尺五寸應接內東重綱方得濟辦若便差人防護則無時可以放散況今水流調緩不須過為支梧詔提點司

卷五千六百五十一

十五

相度據彼處堤岸去水所餘尺寸更行增長方聽上河二月十二日都大提舉導洛通汴宋用臣言洛水入汴至淮河道甚有闊處水行散漫故多淺澁乞計功料修狹河狹之後用臣上狹河六百里為二十一萬六千步當用梢樁詔給坊場錢二十萬緡仍伐並河林木四月十七日都大提舉導洛通汴司言所歷河道欲留水面闊八十尺以上秉水水面闊四十五尺詔歷河處留水面闊百尺二十八日詔非導洛司船輙載商入私物入汴者雖經場務投稅並許入告罪賞依私載法即服食器用日費非販易者勿禁官船附載發箔柴草竹木亦聽仍責巡河催綱巡檢都監司覺察從宋用臣請也五

月一日江淮等路發運司言導洛通汴司已修歷河道更不置草屯浮堰從之時以汴水淺澁發運司請積為堰壅水通漕舟至是復有請罷二十一日權江淮發運副使盧秉言黃河入汴水勢湍激綱船破人數多令清汴安緩理宜裁減欲令六百料重船上水減一人下水減二人空船上水減二人下水減三人餘以差減從之二十二日改都大提舉導洛通汴司為都提舉汴河堤岸司六月十三日都提舉河汴堤岸司乞禁商人以竹木為牌筏入汴販易從之十五日權判都水監張唐明請復黃河諸河歲差河客軍九千人額從之二十四日參知政事章惇上導洛通汴記詔以元豐導洛記為

卷五千六百五十一

十六

刻石於洛口廟十月四日都水監言奉旨改導洛通汴司作都提舉汴河堤岸司其應係汴河公事乞令一面主管從之五年三月十八日提舉汴河堤岸宋用臣言面奉旨金水河透水槽阻礙上下汴舟令臣相度措置其舊透槽可廢撤從之詳見金水河十二月二日詔發運司糶糴斛斗鄭佶減磨勘三年前西頭供奉官除名勒停黃州編管人張從惠減一敘叙並以嘗幹當汴口建議導洛入汴續議賞也二十日都提舉汴河堤岸司言準朝旨為原武埽開合水口見增防堰令本司權閉斷魏樓孔固滎澤斗門五七日自開合三斗門汴水增長令自開遠門浮橋以上淩排畫塞水欲抹岸望速降指揮

開撥汴斗門及乞於京西向上汴河兩岸相度可櫃水處即決堤分減水勢詔知實危急即依所奏六年閏六月十二日步軍副都指揮使劉永年言汴水漲及一丈三尺法許追正防河兵二十八指揮自西窯務列兩岸至東窯務如漲水一丈三尺二寸更追準備一千人臣切以京闕防河事體至重乞自今遇水大漲或淫雨不已令都巡地分如救火法於近便增發三兩指揮不足即指所轄軍分奏差支賜約束並依防河兵從之八月二十八日都水使者范子淵言導洛通汴將及五年昨興役之初大河北徙距清汴遠列為堤埽以障游波臣今相視水勢大河有可徙之理及上塞河兵夫物料數詔子淵詳度從南岸漸進鋸牙約水勢入新河具合行事以聞已而子淵於於武濟山麓至河岸并嫩灘止修堤及壓埽堤并新河南岸築新堤計役兵六千人限二百日成開展直河長六十三里廣一百尺深一丈計役兵四萬七千有奇限三十日成合費稍草竹為錢一十七萬緡有奇從之哲宗元祐元年正月十四日中書省言熙寧得宋用臣導洛通汴并京城所出納違法等事詔宋用臣降授皇城使添監滁州酒稅其根究錢物未明事送戶部給絕仍令本部具合措置事件聞奏紹聖四事五月二十二日都大提舉汴河堤岸賈種民言元豐年導洛通汴攺汴口為洛口止係通放洛河清

卷五千六百五十一

十七

水名汴河為清汴水勢淺澁即益以櫃內清水自元祐年於黃河撥口分引渾水令自達上通放洛水仍置洛斗門從之元符元年四月二十二日工部言請復置提舉汴河堤岸司乞應緣河事經畫奏請等事並須關報本部從之徽宗政和年六月四日詔汴河水大段淺澁有妨綱運令藍從熙差入前去洛口調節水勢須管常及一丈不得有妨漕運宣和元年七月九日中書省言都提舉汴河堤岸司言近因野人衝抹沿汴堤岸及河道於淺去處功料不少若止役河清即功不勝欲乞本司出備錢物專委本路漕臣賈讜李祐候將來農隙和雇人夫應副開修遂具奏聞從之以上國續會要朝光堯皇帝

卷五千六百五十一

建炎元年五月二十三日詔都水監官各降三官都水使者陳求道降五官須管修治汴水一切了畢方許入城令留守司覺察及日具修閉次第申奏差水部員外郎丁彬催促修補如監官及都大巡河部役官吏等弛慢不識之人從彬一面牒送所屬取勘具案申奏仍令都水監限一日開具合降官職位姓名申尚書省先因河口決壞汴水堙塞綱運不通於是差都水使者陳求道前去修治求道申十五日已星夜前去至十七日方始出門臣寮論列故有是詔命三年四月十日詔訪聞東京軍民等久闕糧食雖已降指揮撥發斛斗上京緣汴水未通有妨行運仰杜充限指揮到日立便差委諳

十八

曉河防官及剗刷人兵和雇人夫限十日須管修治口岸使汴水通流無致礙滯仍於在京不以是何官錢內支撥五萬貫應副修閘支用如限內修治了當令杜充具名聞奏當議優與推恩以上中興會要乾道會要無此門

卷五千六百五十一

十九

宋會要廣濟河自都城歷曹濟及鄆其廣五丈舊云五丈河開寶六年改今名

太祖建隆三年三月控鶴右廂都指揮使尹勳責爲許州教練使殿直周令韻決杖配隸鄭州坐護役夫浚五丈河有避役逃者輒馘七十人專殺十二人有詣闕稱冤者故責之太祖素愛勳勇欲貸之會兵部尚書李濤抗疏極言以國家法令可惜遂特行之乾德三年京師引五丈河造西水磑募諸軍子弟數千人以八作使趙遂領其役磑成車駕臨視賜役夫緡錢　仁宗天聖六年七月駕部員外郎閻貽慶言五丈河下接濟州合蔡鎮梁山濼至鄆州久來舟運自河決淤昧合蔡而下淺散不勝舟瀁毁民田請仍舊撥五丈河入夾黃河因詔貽慶與勾當濟河李守忠京東轉運使規度檢計具功料聞奏神宗熙寧九年三月二十四日詔廣濟河元額歲漕京東斛斗宜速委官修元𧽚閘　元豐五年二月十一日詔罷廣濟河輦運司及京北排岸司移上供物于淮陽軍界計置入汴以清河輦運司爲名差朝奉郎張士澄都大提舉先是京東路轉運司言廣濟河用無山源防水常置清河以通漕運歲上供六十三萬石闕一歲旱底著不行欲移人舡于淮陽軍界上吴鎮下清河及南京穀熟寧陵會淨臨汴水共爲倉三百楹從本司計置七十萬石上供置輦運司隸轉運司歲減船三百五十兵工二十七百綱官典三十三使臣十一爲錢

卷五千六百六十

八萬二千緡下提點刑獄司按寔以為如轉運司言京
北排岸司沿廣濟河置故并罷之七月二十一日御史
王桓言昨發廣濟河輦運自清河轉淮汴入京臣每見
累官京東博知利害者詢之皆以為未便如廣濟安流
而上與清河泝流入汴遠近險易較然有殊望更體量
詔令轉運提點刑獄提舉輦運司以舊廣濟河并令清
河行運比較利害　七年八月十九日提舉汴河堤
岸司言廣濟河下接逐處但以水淺不能通舟今欲于
通津門裏汴河岸東城裏三十步內開河一道下通廣
濟接行運從之先是都大提舉清河輦運司乞以舊廣
清河并清河行運詔令工部相度可與不可應接廣濟

卷五千六百六十

河行運至是乃從掃岸司之請　哲宗元祐元年三月
十九日三省言廣濟河輦運昨因李察等言廢罷改置
清河輦運顯是迂遠詔和棣州王諤措置興復十二月
二十二日詔廣濟河都大管勾催造輦運三十月為任

宋會要　惠民河

與蔡河一水即閔河也建隆元年始命右領軍衛將軍
陳承昭督丁夫導閔水自新鄭與蔡水合貫京師南歷
陳潁達壽春以通淮右舟楫相繼商賈畢至都下利之
于是以西南為閔河東南為蔡河至開寶六年三月始
改閔河為惠民河太祖建隆元年四月命中使浚蔡河
設斗門節水自京距通許鎮二年發畿甸陳許丁夫數
萬浚蔡水南入潁川乾德二年二月令陳承昭率丁夫
數千鑿渠自長社引潩水至京師合閔水渠水本出密
縣大騩山歷許田會春夏霖雨則泛溢民田至是渠成
無水患閔河益通漕焉淳化二年詔以潩水泛溢侵許

卷五千六百六十

州民令自長葛縣開小河道分流二十里合于惠民河
真宗咸平五年七月京師霖雨滀溢壅惠民河溢泛道
路壞廬舍自朱雀門抵宣化門尤甚知開封府寇準治
丁岡古河泄導之大中祥符元年正月詔如聞浚蔡河
名集丁夫其未入役者不給廩食暴露原野朕甚憫焉
自今令主者餉之寬其程約六月開封言尉氏縣惠民
河決遣使督視完塞二年四月陳州言州地洿下苦積
潦歲有水患請自許州長葛縣浚減水河及補棗村舊
河以入蔡河從之八月遣使臣巡轄京索惠民河其歲
最如黃汴河例以每歲修防不精主者多不經習以致
決溢害田故也十月御史中丞王嗣宗言許州積水害

民田蓋惠民河不謹隄防每決壞即詔遣閤門祗候錢
昭度經度之昭度請開小潁河分導水勢帝曰是雖泄
其上源無乃移患于潁河下流乎昭度等不能對陳州
石保吉復言此河浸廣則陳州為水之衝其害滋甚遂
詔白渥發運判官史瑩與京西轉運使逐州官吏按視
畎導之瑩請于頓固減水河口改修雙斗門為束水鹿
巷以泄其流可減陳潁每歲水患從之九年知許州石
普請于大流堰穿渠置二斗門引沙河以漕京師遣使
按視又請廢殷家鏁移長平鎮于建雄鎮詔閤知陳州
馮拯言無害乃許農隙興事四月詔遣中使至惠民河
規畫置堤子以通舟運天禧三年新堤決壞崇儀副使

卷五千六百六十一

巡護史瑩坐護治不謹責為供備庫副使仁宗天聖二
年二月崇儀副使巡護惠民河田承說獻議重修許州
合流鎮大流堰斗門剏開減水河通漕省迂路五百里
詔遣使與承悅同規畫利害以聞四年閏五月都大巡
護惠民河田承悅言昨緒河水遂置堤子應接舟舡近
西華縣堤子南西匯口板稱與國長公主宅炭舡撞下
節級劉榮受錢不曾修補按蔡河斗門上下鏁戲下義
聲建雄屬開封府長平西華屬陳州大流三門及都使
堰屬許州請自今應有乞覓百錢及擅離地分者所屬
斷遣再犯及邀滯損撞乞錢禁錮奏裁使臣不覺察亦
治其罪在任三經罰並與降等遠小差遣仍令所在板

榜曉諭從之五年八月都大巡護惠民河王克基言先
準宣惠民京索河水淺下緣出源西京鄭許州界惠民
河下合橫溝白鴈溝京索河下合西河湖河雙河欒霸
河大八溝名為民間截水蒔稻灌園宜令州縣巡察偷
畝者捉搦勘罪近巡濼霸河間莊西有掘河一條放水
種稻田等牒鄭州收捕治罪又巡至谷口復有七巡放
水灌稻之人即乞嚴斷從之七年王克基言檢會條蔡
河斗門棧板須依時開閉調停水勢應接綱船不令邀
滯其使臣如鈐轄齊整不致損擾得替日批書理為勞
績與免短使近巡察河見官綱並不計會斗門下棧椨
水却于河內打軟堰攔河踐踏堤岸隔礙舟運雖行止

卷五千六百六十一

絕未有條約今請申明舊條外更下逐處勻調水勢躬
親開閉板棧鈐轄邀滯如官中察探得知依法斷遣使
臣乞行朝典如無阻滯鈐轄齊整依先降宣命批書理
為勞績與免短使其官私舟船須分兩岸牽駕不得打
軟堰如遇水小于逐斗門計會放水違者送官勘逐從
之嘉祐三年正月開京城西葛家岡新河以有司言至
和中大水入京城請自祥符縣界葛家岡生河直城南
好草陂不入惠民河分于魯溝以紓京城之患也以上國朝會要
神宗熙寧四年八月二十五日以殿中丞樂撫提
舉修置惠民河上下壩閘三班借職楊琰句當修置八
年六月十六日都水監言汴蔡兩河可就丁字河置撪

通漕從之〔詳見汴河門〕十月七日詔都水監相度開展惠民
河利害以聞以宋用臣與護惠民河官乞開展河道以
便修城也九年七月二十日都水監言看詳提舉修京
城所乞引務澤陂水至咸豐門合入京索河及京索河
簽入副堤河下合惠民河本監相度于順天門外簽直
河身及于染院後簽入護龍河至咸豐門南却及京索
河妾是為利從之徽宗崇寧元年二月二十三日都水
監言惠民河都大提舉趙思復狀惠民河地分見役人
兵興修簽河次下硬堰今已畢功欲乞今後遇有盜決
堤堰許諸色人等告官仍乞立定支賞錢一百貫文如
內有徒中告首之人乞與免罪亦支錢一百貫充賞從
之〔以上國朝會要中興乾道會要無此門〕

卷五千六百六十二

此下兩頁小字改為正文大字以大字改為小字注各段河渠志下

全唐文

宋史金水河

河渠志金水河一名天源本京水導自滎陽黃堆山其
源曰祝龍泉太祖建隆二年春命左領軍衛上將軍陳
承昭率水工鑿渠引水過中牟名曰金水河凡百餘里
抵都城西架其水橫絕於汴設斗門入浚溝通城濠東
匯于五丈河公私利焉乾德三年又引貫皇城歷後苑
內庭池沼水皆至焉開寶九年帝步自左掖按地勢命
水工由承天門鑿渠為大輪激之南注晉王第〔會要云金水河渠〕其後又
〔令入禁龍圃及公主第因幸其第賜宴太宗作詩稱謝〕真宗大中祥符二年九月
詔供備庫使謝德權決金水自天波門並皇城至乾元

卷五千六百五十四

門歷天街東轉繚太廟入后廟皆甃以礲甓植以芳木
車馬所經又累石為間梁作方井官寺民舍皆得汲用
復東引由城下水竇入於濠京師便之〔會要云大中祥符元年九月真
宗曰昨見八作司奏事言及京城緣街渠水所置井從來官收水錢可降敕蠲除任從公私汲取天禧二年八
月命殿中丞史瑩揖度金水惠民河水勢時以水淺少命按視川源瑩言周視之預五六十日請止以近使相
度臺國開浚使舟船通濟之急鄭州狀索水入金水止役卒七千望發鄭州丁夫一月畢工詔止以軍士萬人
給之令右軍領橋大將軍總榮為總管御前忠佐馬軍副都軍頭張榮副之元料底閘二丈今減半乞統河清
兵士九十六人置舍營令巡防斗門河遺固檢計河隄工料路役兵千護六十日二年五月崇儀副使史瑩言
民庶網課買金水河潛褁淺離種蓮芟之類踐污河水望令儁廢從之〕神宗元豐五年金
水河透水槽阻礙上下汴舟遣宋用臣按視請自板橋
別為一河引水北入于汴後卒不行乃由副堤河入于

蓋以源流深遠，與永安青龍河相合，故賜名曰天源。先是舟至啟槽頗滯，舟行既導洛通汴，遂自城西趨宇坊引洛水，由咸豐門立堤凡三千三十步，水遂入禁中，而槽廢，然舊惟供洒掃。至徽宗政和間，容佐請于七里河開月河一道，分減此水漲溢，內中花竹命宋昇措置導引。四年十一月畢工。續會要云：熙寧七年十二月二十三日，都水監言：相度將金水河上自咸豐門東下至街道司口子並剳與西水磨務管勾，令後不問河水大小，須管依元定尺寸應副內并太廟萬壽觀等處供使，稍有闕候，責在本務。及已撥與迴河瀰分剩員河寨兵級，令在務管。元豐五年三月十八日，提舉汴河堤岸宋用臣言：奉旨金水河透水槽阻碍工下汴舟，令以相度指置。已行按視，可以自汴河北岸趨宇坊開河一通，取水入內，往至咸豐門，合金水河北，却將金水河自級橋下石斗門東修斗門閘河一道，引至金明池西北三家店灣堺入汴河，具舊透槽可廢徽從。又析透槽司水入汴濩育路，自汴河北引洛水禁中，以大源河為名。徽宗政和四年十一月十三日，詔剔開天源河了當，後苑張佳、孫祿、天氏、舜比、劉生各轉一官，吏減三年磨勘。宣和元年六月，復命藍從熙、孟揆等增隄岸，置橋槽、壩牐，濬澄水，導水入內。內庭池籞既多，患水不給，又于西南水磨引索河一派，架以石渠，絕汴南北，築隄導入天源河以助之。

卷五千六百五十四

自疑白

全唐文

宋會要　白溝河

咸平六年秋，自裝溢害民田。月之時為度支員外郎，遂詔往度工役，乃自襄邑疏下流，以導京城積水，即今董役成之。大中祥符二年八月，以京東積水，令轉運司分視諸州積水及理隄防。時使臣自東來，詢其事，云近河窪下處尚有水浸田，故詔督之。是月，詔閤門祗候康宗元與中使、軍頭各一人，領水匠經度京城積水及補塞諸河。時秋雨，金水河防決，浸及瓊林苑牆。有言汴河南有三十六陂，古停水之地，必有下流以通諸河，遂令度地畫圖以聞。宗元初請廣修近隄，復多開斗門，設堤堊以遏河汎，即自斗門泄之，至下流復還河道。真宗面詢利害，曰：「大築隄防，擁束河水，下流溢狹，為患益深。今雖斗門減水，然而非遠却復河道，即其下隘狹之患尚在。」又遣使尋源，乘金水河新修隄津漏甚猛，即督元修官補塞。帝曰：「地西積水皆民之腴田，昨令使臣徧視，皆無以疏導，獨有留麵河，俟汴水減，即由此導之。」麵河者，注水分之南流，蓋李繼源所開，以其分水作碾磑，故謂之麵河。三年六月，供備庫使謝德權言：「準詔於太一宮側疏導積水，今開河抵陳留縣界，入亳州渦河，望令逐處造橋以濟行者，仍約束緣河州軍常令導治。」從之。五年正月，帝謂近臣曰：「京城開河，自來役兵般泥填于街衢

卷五千六百五十四

上勢高人戶不便又抵下地近水甚於橋梁損壞所由司不時完葺有妨事乘可差皇城副使焦守節與所由司經度制置具利害以聞真宗天禧元年八月入內押班周懷政言順天門遠門外汴河西積水浸營舍道路欲望規度疏入汴詔內侍雷允恭督八作司治之允恭等相度順天門遠門積水欲開汴河西第三坐斗門漸次通流入汴及於宣城營西南京水河下直透漕透流雨水過河南尋河開展舊流水小河透流入新城濠以入惠民河又安上門外亦有積水欲於橋河南開舊水口放入新城濠內然造小斗門子一並從之三年五月以大雨京城積水遣清衛都虞候衣從相度開畎河道

卷五千六百五十四　二

浚太一宮前河及修移水窗以使水勢八月巡護河岸史瑩言準詔於京西規減水河二令已疏通望令祥符縣常切提振量留兵卒二百護守從之四年閏十二月詔近京諸州有積水處並遣官開治仁宗天聖二年三月內殿崇班閤門祗候張君平言近京諸州古來溝河堙塞望差官開濬詔君平往諸州同長吏規度漸次開治務為悠久之利因詔開封應天府陳許亳宿潁蔡州長吏縣令兼開治溝洫事四月詔開封府應食祿官員等今後更不得令人下罾網打魚攔截河道妨公私舟船往來如違隨處勘逐仍具職位姓名聞奏地分巡河人如不止絕亦當嚴斷七月同提典開封府諸縣鎮公

事張君平言府界逐州甚有古溝洫可以疏決望自今檢逐縣界溝洫河道如令佐能多方設法勸諭部民開浚深快值雨別無積潦顯著勞績替日委批歷具狀保明聞奏令佐與免選家便注官京朝官家便優與差遣知州同判勸課催督亦量勞績旌賞從之十一月張君平等言奉詔相度府界南京陳許潁蔡宿亳等處積水濟潦民田開畎溝河竊見陳留等縣令歲雨澤調勻尚有訴水潦數萬戶蓋溝河堙塞可以畎治竊慮縣有合該移川陝遠官者交替之後不知初檢溝河工料條約致部役人夫開浚不能盡料枉勞民力或致霖雨依前濟傷田苗乞下審官院勘會府界縣已檢計溝河工料

卷五千六百五十四　三

向去役夫處有知縣合該移者並留在任管勾開治候將來別無壅塞淹潦民田即依七月勅命施行從之四年五月張君平言近自徐州相度公事竊聞知單州高弁擘畫開治溝河霖雨無淹田其碭山一縣窊下有古溝河例各堙填壅積水勢若令佐得人勸誘興工可以與民興利其單州知州同判令佐等欲依南京例並帶開治溝河有因循曠職者望委長吏體量聞奏選擇對換自今差單州知州同判令佐管勾溝洫河道六月應天府言本府諸縣有檢計未修溝河伏見開封府界知縣為修溝河候三年滿日替移乞依開封府例事下張君平等相度君平言南京沃野古溝尤多堙填不治乞

係南京所奏詔應天府亳州係溝河知縣處許滿三年得替於合入去處優便差移七月開封府言點檢新舊城内東西八作司地分溝渠有八字九口二百五十三所多是居人攔惡塡塞阻滯水勢乞委廂界巡檢人察視不令塡塞盡闔從之六年正月七田員外郎提點開封府諸縣鎮事管勾溝洫河道張高言準詔府界諸縣人夫除差開河及滑州役外有陽武十縣人夫將撥到溝河工料分擘開修續準詔減下一半工役緣府界溝洫河道並係緊急合行開修如只役本縣人夫拖延歲月慮恐百姓有願自辦工力開修者逐縣令佐不能勸誘欲令諸縣官屬設法勸誘有願自辦工力開修者聽

卷五千六百五十四

四

元撿工料興修替日批歷理為勞績從之慶歷五年二月提舉在京諸司庫務宋祁等言近差東西八作司監官及開封府士曹參軍張谷等同相度城濠溝河通流積水看詳臂畫事理稍得利便緣京畿潤遠藉溝渠發泄水勢流通方免積聚乞特下開封府施行從之皇祐三年十二月詔開封府諸縣歲差人開濬溝洫頗以為擾自今有堙塞之處聽所在人户自開濬而官為檢視之嘉祐二年五月十七日詔京城内外溝河令三司委當職官吏躬親巡觀修整開畎須隄岸堅固雨水通快無復阻滯別致疎虞以上國朝會要神宗熙寧元年三月十三日都水監言今年畿内諸縣溝河各役人夫開淘十分

方域一六之三一

纔及二三若次年只留本縣人夫尚須二三年可以訖役緣逐縣溝河至多須預委官檢定緊慢的確工料以備興工欲乞令府界提點司於三月初選官三員與逐縣官同共檢定合開溝河緊慢次第工料據本縣合差夫數以五分夫役十分工依年分專委逐縣知縣都押開淘仍令提點司遍行點檢從之二年閏十月詔都水監差官溝畎開封府界積水塡塞道路慮妨百姓輸納六年八月十六日詔劉璯同侯叔獻所謂開白溝河覆視以聞後覆視河長八百里工大分為三歲興修從之詳見水利門七年正月二十七日都水監請權停修白溝河移夫濬自盟河從之初詔白溝河置鋪行運分三年

卷五千六百五十四

五

修而同判都水監侯叔獻以為差夫日逼又見被命提舉汴河堤岸打凌未可即往白溝因言自盟河係疏泄汴以南民田積水最為大川近歲失于濬導小常為患乞輟白溝夫修之故有是詔徽宗政和二年十月四日朝請大夫行都水監丞孟昌齡奏承朝旨開淘合蹕門外白溝河尋就用劊修堤岸人兵開淘了當閘堰放水依舊通流除昌齡乞不推恩外其到官吏諸色人職位姓名功力等第詔官屬人吏役兵減半賜錢帛有差三年八月十九日尚書虞部員外高校言提舉措置修治都城内外積水所申城東景德寺街午行街一帶地勢最下瀦積尤甚去都城内外先求出水所歸之地撿踏

方域一六之三二

得自䕫堤橋東南創開導水新河一道於渡口橋決上鑿透槽一道其上係東白潚河新置透槽專導都城積水今已畢工今于二十日開堰通放深三尺出泄淨盡委是利便詔提舉措置官孟昌齡特轉一官仍許轉行中散大夫行將作少監以上續國朝會要

卷五千六百五十四

六

宋會要　月河

淳熙六年三月十九日詔和州將開挑月河日下住罷仍令郭剛同淮南轉運司填塞

宋會要　運河

淳熙二年十一月二十二日浚長安至許村一帶運河兩浙運副趙磻老言臨安府長安閘至許村巡檢司一帶漕河淺澀未曾開浚除兩岸人戶自出力開濬外勢須添人併工開濬約用錢一萬五百餘貫本司管認應副外合支米二千三百六十二石五斗乞于朝廷樁管米內給降從之七年八月十六日濬沿邊一帶運河詔臨安府至鎮江府沿淺澀去處令守臣措置開濬臨安

卷五千六百五十五

府于見樁管朝廷會子內支撥二萬貫平江府三萬貫秀州常州各二萬貫仍于見管米起發戶部并總領所綱運錢內支撥却具所支過名申朝廷撥還既而兩浙轉運司同臨安鎮江平江府常秀州守臣言被旨開濬浙西自臨安府至鎮江府沿流一帶運河計一百四十里通計一十一萬五千四百四十一丈內二萬二十二百一十丈深濬可以通行綱運不須開治外九萬三千二百三十三丈合行開濬乞于朝廷樁管錢米內撥付逐州使臣故有是詔十一年十二月二日兩浙路轉運判官錢沖之言奉詔爲臣僚奏請乞開濬常潤等縣運河淺澀去處今臣相視開奏今相度自臨安至鎮江四

都向來計料日用共六萬餘夫委是大役乞且令諸州將運河兩岸支港地勢卑下泄水去處牢固捺成堰壩仍申嚴請閘啓閉之法淺澀去處令逐州守臣措置隨宜開撩務要舟楫通行從之嘉泰元年六月二十三日臣僚言鎮江府運河其所濟甚博歲月寖久不加開濬目今河道淤塞淺澀為害不小去歲朝廷嘗因淮東帥臣有請得旨令淮東總領同鎮江守臣淮東安撫并鎮江府都統制先次條具實用工料數目申尚書省既而諸司委官檢視條具甚悉濶狹深淺皆有丈尺人工物料悉有成數是時偶朝廷多故且使臣往來頻數異于常時所以未蒙施行令乞檢照淮東帥臣元奏請及諸

卷五千六百五十五

司條具項目行下淮東總領所鎮江都統制司令同心協力豫期措置合用工料錢米遇有幾會可以開濬即行興工一面申奏如此則免至往反待報遷延月日復起嗟觖之歎從之嘉定六年十一月二十九日臣僚言國家駐蹕錢塘綱運粮餉仰給諸道所繫不輕水運之程自大江而下至鎮江則入閘經行運河如履平地川廣巨艦直抵都城蓋甚便也比年以來鎮江閘口河道淺塞不復通舟凡有綱運悉自江陰寬轉由五瀉堰以入運河不惟地里迂回糧斛增多緣自鎮江而下經由地名諫壁包港等處江面渺瀰與海接連既無梢泊之之所當時水勢洶湧一遇風濤鮮有不遭損壞者夫大

方域一六之三五

江之與運河餽餉糧道舟楫相通其來久矣今一旦隔絶儻不早為之計則土脉日堅一力愈費其勢必至于因循緣所淤河岸頗為居民侵占一時守臣連于復取廢置不講乞令漕臣同淮東總領及本府守臣公共相度計約日用錢米數目措置開浚誠為利便從之

卷五千六百五十五

方域一六之三六

全唐文

宋會要　許浦河

淳熙元年二月十三日浚許浦河詔平江府守臣與許浦駐劄戚世明同措置開濬許浦港限一月訖工次年十月十六日知平江府陳峴言奉旨宣諭開許浦河道更切相度隨宜增展深闊庶可經久今措置增展開掘自地分雉浦至梅里道通橋一帶浦港凡三十八里面「六丈五尺止八丈底二丈五尺止三丈五尺復自道通橋至許浦口一十六里浦面闊二十餘丈將南岸泥土增築通行大路面一丈五尺止二丈已皆平坦堅實仍植楊柳一萬株以固岸塍詔本路提刑司覈實以聞

卷五千六百五十六

宋會要　呂城河

淳熙五年九月二十四日浚橫林小井犇牛呂城河兩浙運副陳峴言常州無錫縣以西地名橫林小井及犇「牛呂城一帶地高水淺每至夏秋雨澤稍愆河流斷絕今乞于十月農隙之時本司自備錢粮差委官屬相度募工開濬庶漕運不致阻滯從之

宋會要　崗河

治平四年七月二十一日都水監言兩浙相度到潤州至常州界開淘運河廣置堰閘乞候今年往運修夾崗河道從之

宋會要　鹽河

卷五千六百五十七

淳熙五年二月十一日淮東提舉司言禮部郎中鄭僑奏臣前任淮東提舉日當久旱之後鹽河淺涸綱運不通商旅承行奉旨開濬河道五百二十餘里並皆深廣比及得雨客舟通行下半年間收趁鹽課比之遞年全數尚且過之竊見當時所開之河水道既深則土岸甚浚烈日所暴淫雨所浸歲久必復有堙塞之患與其待堙塞而復開不若時察其淺涸之處即為濬治帖下本路監司逐時檢照措置修治施行從之

宋會要　馬崗河

淳熙十一年四月十八日浚馬崗河臣僚言明州象山縣瀕海府囿後來開東西兩河建立碶閘獲豐稔今淌

有馬禹舊河堙塞日久乞下浙東常平司撥本縣今年合發身丁錢委清灑官招募飢民開濬詔令浙東提舉常平司相度聞奏既而提舉勾昌泰之相度委是本縣水利合行開撅從之

卷五千六百五十七

東南諸水

宋會要　奉口河

淳熙十四年七月一日浚奉口河至北新橋臣僚言竊見奉口至北新橋三十六里斷港絕橫莫此為甚臨安衆大之區日用之衆不可億計舟楫不通則須人力計其脚乘之費日騰踴貴照得淳熙七年亦以久旱守臣

吳淞曾被旨開浚奉訶一帶河道，七日而役成。自奉口斗門通放客舡六百餘隻，相繼舳艫不絕，殺直遂平窃謂區區目前之策，莫急于此。從之。

宋會要五河

淳熙十年三月二十三日，浙西提舉王尚之言：「秀州華亭縣有魚祈塘一道，上有四閘堰，下通華亭縣界澱山湖練湖，吳松江太湖。亢旱之歲，諸湖並無水，唯魚祈塘向下深處，得吾松江太湖相接一方民田賴以灌溉。其上淺處，須合開通湖泖。今乞令本州將魚祈塘開濬，使松江大湖之水相接，遇旱即開西閘堰放水入湖泖，爲一縣之利。及所開五河，雖已深濬，而民戶田畝沿流去處不多，其間有深遠一二十里者，全得小港取水灌注。今大河既深，小港仍舊高淺，若遇旱歲，非唯大河水難取，苟或得雨，則小港內水注入大河，存留不住。欲令本州候今冬農隙，勸諭食利人戶，各行開通小港，官司量給錢米，以助其費。庶幾有田之家相率協力，易成其所築堰閘，合行開通，置立斗門之處，仍添築堰者，乞降指揮委本州吏行措置，使上下皆得通濟。」從之。

卷五千六百五十九

宋會要新河

初，神宗長患長淮風濤之險，覆溺相繼，欲鑿龜山河以避之。前後臣僚議論不一。時同知樞密院事蔣之奇爲六路制置發運使，因獻議請自龜山左肋開新河，上流取淮爲源，出龜山之下，接洪澤，其長六十里，面闊十五丈，深一丈五尺。起四州十五縣夫，日役十人，卒以成大爲舟楫之利。從之。

又淳熙十五年五月八日，浚新河口。戶部言：「揚州申泰興縣港新河下口，近年以來爲潮泥壅塞，漸次不通。民戶乞自行出備人夫錢米，以各戶田土頃畝遠近均備開浚。乞下淮東提舉司更切契勘，如委是有便于民，即從所申施行。」從之。

卷五千六百五十九

水利

太祖建隆二年西京留守向拱言重修天津橋洛水貫西京多暴漲壞橋梁拱甃巨石為脚高數丈銳其前以疏水勢石縫以鐵鼓畧之其制甚固詔書褒美　開寶九年四月郊祀西京詔發卒五千自洛城菜市橋鑿渠抵漕口二十五里饋運便之

方域志　太宗太平興國三年正月詔弓箭庫使王文寶六宅使李繼隆作坊副使李神祐劉承珪往京西分護南路新河之役　白河在唐州南流入漢先是轉運使程能建議開是河自襄漢下向口置堰回水入石塘沙河合蔡河達京師鑿山堙谷凡千餘里引自河水注焉以通湘潭之漕詔發唐鄧汝潁許蔡陳鄭丁夫數萬人赴其役又以諸州兵萬人助之歷博望羅渠小柘山凡百餘里月餘抵方城而地勢高仰水不能至復多役人以致水然終不可通漕會山水暴漲石堰壞河不克就卒堙廢焉九月遣殿直李守澤浚絳州汾河　端拱元年供奉官閤門祇候閻文遜苗忠言開荆南城東漕河至師子口入漢江可通荆峽漕路至襄州又開古白河可通襄漢漕路至京詔八作使石全振往視之遂廢丁夫治荆南漕河至漢江可勝二百料重載

行旅頗便而古白河終不可開　至道三年正月內侍閻承翰上力灑二水圖乞輟鄢陵縣修汴夫量事勾畝并築隄塘從之

方域志　真宗咸平五年三月河北轉運使耿望奉詔開鎮州常山鎮南河水次河至趙州　景德元年正月北面閤承翰言定州屯大兵歲役河朔民輦運甚為勞苦窃見定州北唐河水可自嘉山東引至定州計三十三里自定州開渠至蒲陰縣東約五十六里入汴（一本作沙）河東經邊吴泊入界河足行舟揖不惟易致資糧無可播種其旁引水灌溉以助軍食設險以限戎馬從之四月保州趙彬請堰徐河水入雞距泉雞距泉在州之南東流入邊吴泊歲漕粟以給軍食而地峻水淺役夫挽舟甚為勞苦至是彬經度引水勝重舟

省人力詔奬之五月詔駕部員外郎滑脩已與京東轉運使按行梁山濼開渠疏水于淮脩已言徐州界有吕隘舟行頗艱自來官置水手三十人又置二十人爲隊長往來挽致舟船本州頗弛慢不加督責山石溢舟行爲疏導水手曾不畏懼但務擾民長吏未曾親臨省視望専委官吏俟秋深水涸即遣匠脩此二洪詔脩已遷一官令知徐州修其事八月雄州何承矩請令滄州乾寧軍常督壕寨主吏専視斗門水口旦夕俟海潮至放水入御河東堂堰以溢塘水從之　二年正月詔定祁州委官按視覩開漕河及沿河寨栅勿令壅把　三年八月侍禁閤門祇候胡守節言準宣按視趙守倫所開

卷一萬一千一百六

廣濟河通夾黄河入清河臣與水平匠緣清河檢校其自徐州至楚州灘峻處乞守倫未得興役先須經度若是可以久遠通行漕運即于夾黄河興工添置斗門堰于免費工料從之　大中祥符七年十月江淮發運使李傳言準詔與内供奉官盧守懃按視杭州江岸請依錢氏舊制立木積石以捍湖波從之仍令守懃専掌其事初江潮悍激止及西興至是直抵州城知州戚綸轉運使陳堯佐請累梢爲岸既成會綸等從任或言其非便故令溥等視而改之　八年九月令京西轉運使與鄭州知州相度開小河導湖河退水入州城壕時入内殿頭李懷贇言金水河與湖河合流多瀸濁乞畎湖别

常切巡護逐年檢計工料差夫并逐埧兵士淘取泥土脩貼隄岸每春率逐埧兵士于牽路外多栽榆柳如河隄無廣林木青活年終令輦運司點檢不虚批上歷于理爲勞績如怠慢致岸頽缺栽種失時勘逐科罰五月兩浙轉運使言潤州開河畢工降詔奬之　八年正月虞部郎中知萊州閻貽慶言開修夾黄河畢詔遷一官賞之　嘉祐二年三月二十八日詔六塔河水見浸博州將來河水汎漲東流轉大令轉運使李參等相度分減東流不得淤浸向下州軍　三年正月開京城西葛家岡新河以有司言至和中大水入京城請自祥符縣界葛家岡開生河直城南好草陂北入惠民河分入魯

卷一萬一千一百七

溝河以紓京城之患也命名爲永通河凡役工六十三萬九月而成　六年八月江淮制置發運司言淮水壞泗州城知州王璪通判張師中能協力保完之乞降詔奬諭從之

宋會要　方域志

仁宗天聖元年閏九月，淮南制置發運使趙賀、入内供奉官張永和準勅往蘇州相度積水，令相度得吳江等縣自來工石塘路橋道合依舊修疊，隔欄太湖風浪，護占民田。從之。卷一萬一千一百六

三年六月，淮南制置使張綸請開真州長蘆口河道。從之。

五年六月，淮南制置發運副使張綸言：「楚州高郵軍界運河堤岸修築，其知楚州寶應縣張九能、知高郵縣李居方管勾河堤，種植榆柳，委實用心。欲令逐官添管勾運河堤岸，令終三年。」從之。仍自今所差寶應、高郵知縣並帶管勾運河堤岸事。九能後坐開運河不切防護，水衝堤岸，浸民田，罰金，降監當差使。

六年六月，殿中侍御史李紘言：「徐州沛縣有古泡河及清河，濟州任城、金鄉兩縣有故大義河，並各淺澁淤澱，望開撥修疊堤岸。」詔轉運司計度工料以聞。

七年二月，京東轉運司言：「緣廣濟河并夾黃河縣分令佐乞

派故也。」

天禧三年十二月，上封者言：「崇儀副使史瑩于鄭州界開新河，流入金水河，非便。」詔京西轉運副使杜詹與鄭州知州詳所奏規度利害以聞。是日，遣殿中侍御史張宗象與淮南勸農使王貫之同相度開楚州西門外運河。宗象言：「若開河，可免淮河風濤阻滯，拋失舟船，頗為利便。」詔俟將來歲稔奏裁施行。

五年六月，知江陰軍崔立勸部民浚港瀆，由下詔獎之。

英宗治平三年三月，命同判都水監張鞏與河北轉運使沈立度治澶州上六埽河。

方域志

神宗熙寧三年正月十二日，提舉河北便糴皮公弼、提舉常平倉王廣廉言：「相度王庠擘畫商退村地分開御河，池瀆陷難以興工。如劉彝、程昉所擘畫，仍添展工料為便。」詔依所奏，發邢、洺、磁、相、趙州、真定府夫及都水監丞治之，以廣廉、昉都大管勾，本路轉運使劉庠提舉。至六月開修新河東趁通快，別無阻礙。卷一萬一千一百七 先是，臣寮奏御河可於恩州武城縣開約二十餘里，入黃河北流故道，下五股河，故命彝、昉相度。而冀州通判王庠言：「若只於今來見行流去處，下接胡蘆河，地里近便，地形界下，不至大段枉費民力。」彝等又奏：「據庠言同共相度上件河道，雖是見今御河水勢行流，於理為順，其有漫淺膠泥深闊去處，即須至更興修郝閭口，方免阻滯綱船。其工役入

須二三年今除鄣閘口一十八里外烏欄堤東北至小流港橫截黃河入五股河計一百二十餘里地形低下有積水可以開河引撥水勢至永靜軍自五股河入故道　四年八月四日令淮南發運司召人進納見錢差雇人夫開修泗州洪澤河　五年正月十七日賜權發遣江淮等路發運副使皮公弼銀絹二百仍賜勅書獎諭初公弼言漕運涉淮有風波之險乞開洪澤河六十里稍避其害詔委公弼提舉至是工畢人以為便故有是賜　七年正月二十七日詔權停修白溝河移夫濬自盟河詳見白溝河　八年四月十七日都大提舉黃御等河公事程昉言乞自滹沱胡盧兩河引水淤溉滹沱南岸魏公孝仁兩鄉瘠地萬五千餘頃自永靜軍雙陸道口引河水淤溉北岸曲淀等村瘠地萬二千餘頃乞並俟明年興工從之　五月十八日詔同管勾外都水監丞程昉權知都水監丞劉璯提舉開廣沙河初昉璯言王供埽地有沙河故道可開廣取黃河水灌之轉入枯河下合御河即黃河堤置斗門啟閉其利有五王供廼向着埽免河勢變移別開口地一也漕舟出汴對過沙河免大河風濤之患二也沙河分水一支入御河大河漲溢沙河自有節限三也御河漲溢有斗門啟閉無充注填淤之憂四也德博舟運免數百里大河之險五也開河用工五十六萬七千四百九十三請發卒萬人

卷一萬一千一百七

役一月可成故從其請而有是六月二十八日詔判都水監史敍獻減磨勘二年丞劉璯一年殿直劉永年二年以開營家口有勞也九月五日中書門下言訪聞深祁永靜等州軍胡盧滹沱沙河新河山水泛漲例皆衝決岸口所有合修治堤防及開濬淤澱欲令外都水監丞及水利司檢計施行仍先具工料及令轉運司勘會淪浸民田頃畝都數以聞從之　九年五月二十六日提舉淮南常平倉王子京言提舉開修運鹽河自泰州至如皋縣共一百七十餘里日役人夫二萬九十餘六月修滹沱河功畢四月司農寺言修丁家河畢詔推恩官吏十九日高陽關路安撫司言信安乾寧軍塘濼昨因不修獨流決口至今乾涸乞於撲樁口南引御河水上抵閘近歲塘水有極乾淺處當職之官頗失經治可於兩路各選委監司一員以巡歷為名點檢具闊狹深淺畫圖以聞已而河北東西路提點刑獄韓正彥韓宗道各具淤澱乾淺處以聞詔送河北屯田司相度當興修所在計工料聞奏其官吏仍令東路轉運司劾之七月四日知太原府韓絳言府西汾河夏秋霖雨水勢漲溢與黃河無異近淤澱河道高起汎漲為患乞於本府雄猛指揮差兵級百人專切條築救護及令提工種植林木以充梢樁仍降濬川把樣及差人指教並從之

元豐元年閏正月三日前知曹州劉攽言伏見知濟陰

卷一萬一千一百七

縣羅適開導古洸河決溲積水有功適議以為若明年春許差人夫及取民願併力施功則爾後水害可使永除乞下本州速與應副上批可記適姓名以適知陳留縣仍詔適留舊任候見任官成資日交替六月七日京東路體量安撫黄廉言本路被水乞勑有司檢計溝河候豊熟令所屬調丁夫濬治梁山張澤兩濼累歲塡淤浸損民田亦乞自流濬至濱州從之仍令都水監遣官同轉運司檢視工料　二年八月十三日詔濬淮南運河自邵伯堰至真州十四節分二年用工從轉運司奏也十二月十二日定州安撫使韓絳言大理寺丞楊嬰尋訪得定州界西自山麓東接塘淀緜地百餘里可以瀦水設為險固願聽管葺從之仍詔以引水灌田為名

卷一萬一千一百七

三年六月十五日權判都水監張唐民請復黄汴諸河歲差修河客軍九千人願從之八月一日京東轉運司言濰州白浪河每歲湓浸護城堤岸去年費梢草萬餘僅免水患知州楊采開河引導遂不至城下省費患弭詔降勅書奬之　四年六月十四日幹當御藥院竇仕宣言相視大河至乾寧軍撲檣口以下流行未道河道又緣河東北流自小呉向下與御河胡蘆滹沱三河合流若於漲水之際深慮堤防艱難乞令都水監定三河合黄河甚三河於何所歸納詔遣李立之相度後立之言三河別無同河歸納處須當合黄河行流從之

六年八月六日江淮等路發運副使蔣之奇言長淮洪澤河實可開治願亟興工詔陳祐甫相視以聞已而陳祐甫言田棐任淮南提刑嘗建言開河其後自淮陰至洪澤訖成厥功獨洪澤以上未克興役臣今相度既不用牐蓄水惟隨淮面高下開深河底引淮水通流則於勢至易其便甚明行地五十七里計工二百五十九萬七千役民夫九萬二千一月兵夫二千九百兩月麥米十一萬斛錢十萬緡分二年開詔限一月仍令蔣之奇陳祐甫同提舉

哲宗元祐四年六月二十六日知陳州胡宗愈言本州地勢卑下至秋夏之間許蔡汝鄧西京及開封諸處大雨則諸河之水並由陳州沙河蔡河同入潁河潁河不能容受故陳州境內瀦為陂澤今沙河蔡河合水潁河處有古八丈溝可以開濬分決蔡河之水自為一支由潁壽界直入于淮則沙河之水雖湧不能壅遏昔有項城縣令姚闢曾建此議詔府界提刑羅適依宗愈所奏仍兼提舉淮南西路接連合治水利

紹聖元年七月十二日殿中侍御史郭知章言昨被命賑濟體問得京東路曹濟濮廣濟等州軍地勢汙下累年積水為患雖豐歲亦不免為憂緣往年府界提刑羅適開畎府界諸縣積水引而委之於京東而京東河道未有措置故水無所歸望選監司令疏濬京東河道詔令本路提刑司審按如有積水即具合如何開畎聞奏

卷一萬一千一百七

三年四月十七日河北路轉運使吳安持言御河自元豐四年因小吳決溢大河北流遂致湮塞今大河趨御河復出請委前都水丞李仲專提舉開導從之

四年二月十一日詔降度牒百道付洪州鬻錢以募闕食小民開治本州內外湖港從江西轉運鈐轄司請也九月一日詔兩浙歲旱本路運河如有填淤處優給庸直募人開濬

元符元年三月五日詔新修楚州支家河賜名為通漣河以工部言淮南開河所奏其河係導引漣海河與淮水相通乞賜名故也

紹聖四年閏二月十九日工部言京西都大提舉汴河堤岸楊琰乞依元豐年例減放洛水入京西界大白龍坑及三十六陂充水櫃準備添助汴水行運等下都水監相度欲乞興復悉如元豐故事甚便詔賈種民楊琰同相度合占頃畝及功力以聞

方域志

徽宗崇寧四年五月十五日提舉兩浙路常平等事徐確言蘇秀湖三州見管開江兵士一千四百人并使臣二員欲就令逐官專切點檢已開吳松古江如有潮沙淤澱即時開淘須管常及今來開掘深闊丈尺決洩水勢取令通快華亭昆山縣知佐每季輪那巡視具有無淤塞去處關報本州縣及監司并委蘇秀二州通判半年前去檢點監司依分定歲巡親往檢察開江使臣若能用心開淘並無漲沙堙澱任滿減二年磨勘如敢弛慢却致沙泥堙澱即展二年磨勘逐縣知佐

并兩州通判如不依立定日限逐時前去點檢亦令監司點檢勘劾施行從之　大觀元年十一月十四日詔舟行大江或遇風波頗遭覆溺之害訪聞兩岸有港澳可保歲久堙塞其令所在州縣檢視悉行開濬每澳降祠部度牒十道給其費仍令發運司開具合修港澳處以聞　三年二月十五日朝議大夫張竦言河陽界元相度於上渦西南馬村開直河一道溫縣南堯風村開直河一道內上渦馬村直河開修了當已見成効外有溫縣堯風村直河本縣人戶經朝廷陳狀稱開掘莊并桑棗數百頃直河司遂乞權罷開修契勘得所掘民田止是數頃欲乞乘此豐稔下都水監依元相度對事理

卷萬一千一百七

趁今春役行開修奉詔令都水監相度開修勘會所占民田若不優給價值切慮虧損入戶詔據合拘占田於見今價直上更增三分限十日支給　四年四月十四日工部言淮南江浙荊湖都大制置發運司狀兩浙路運河失於開治蓋為州縣不切點檢開修是致阻節綱運雖有本州畫度指揮緣別無法任責州郡終不究心欲乞令兩浙州縣運河依元符二年九月十八日淮南運法令知州通判兼管從之　政和二年七月十二日詔于兩浙路支撥見管度牒一百道修築錢塘江從兵部尚書張閣請也　三年七月二十日詔吳江修整了當專監修官轉一官餘官各減二年磨勘承直郎以下

依條比類施行從兩浙轉運提舉司奏也　五年四月十五日詔通利軍三山開河修繫永橋今來放水了當其在彼公役人賜銀絹錢物有差　六年閏正月七日知杭州李偃言湯村巖門白石等處並錢塘江通大海日受兩潮漸致侵囓乞依六和寺岸用石砌疊詔令劉既濟措置　四月二十七日詔賜開濬大名府壕河官吏轉官有差　八月十七日詔鎮江府旁臨大江舟楫往來每遇風濤無港河容泊以致三年間覆溺凡五百餘艘訪聞西有舊河可以隱避歲久堙廢宜令發運司計度濬治　宣和元年十二月六日詔開修兒源河并直河畢工孟昌齡降詔獎諭餘人轉官減年有差　二年十

卷萬一千一百七

一月四日江淮等路發運使陳亨伯言奉詔措置楚州至高郵亭一帶河淺澁相度運河別無上源惟賴陂湖灌注行運今歲春夏闕雨陂塘潮水例皆低淺山陽河道比南地稍高遂委官前去催促開撩州縣並不究心致河水淺澁知楚州杜總知山陽縣費若全無心力楚州通判康大年頗勤職事臣見與趙億孫默日逐措置詔杜總費若勒停差程固知楚州山陽知縣令吏部限一日差注仍令陳亨伯同本路轉運常平司隨宜措置　三年正月二十六日詔改開封府中牟縣敲脛河為靖潤河　三月二十八日高州防禦使李琮言真州係外江綱運會集要口所聚糧斛五十餘萬以河運淺澁不

能津發契勘真州以來轉運河南岸有泄水斗門八座去江不滿一里相度乞將斗門河身開掘面闊一丈五尺門深五尺於江口近裏約十丈以來打築軟壩賺引潮水入河捺定即蓄一潮之水量度功力可消水車数倍仍逐斗門差官專一監督亦作交替令真州日具功程回報令來運河雖每十里作壩緣至揚州界地名揚子橋仍於南岸權置小堰廣用水車戽以南河水不惟不走運水復得廣有車水資助可以浮應綱船詔令趙億王似錢德興疾速措置施行　五年八月七日發運提舉司薦訪所言兩浙運河自今河身淤澱稍愆雨澤便有淺澁致妨漕運合行深濬數內鎮江府地名新豐界運河底有古置經函係准備西岸民田水長泄入江今來若行取折開濬恐雨水连併却致損壞堤岸無以發泄今相度鎮江府丹陽縣界運河可開深至經函上下卻於兩岸展出河身作馬鼬開闊外有呂城閘外至杭州一帶河道各合用水手打將河底一例開深五尺亦作馬鼬開闊並委逐州縣守令檢計工料并將來差顧人夫合用錢粮管幹開濬委是經久利便從之　六年十月六日江淮荆浙等路發運副使盧宗原言池州大江係上流綱運經由東岸有暗石二十餘處西岸有沙洲謂之折船灣廣二百餘里前後壞舟不可勝數東岸有沙洲謂之沙地四里餘若開通入杜湖經平水徑

卷一萬一千一百七

方域一七之一五

池口面避江行二百里風濤之險實為大利從之

卷一萬一千一百七

方域一七之一六

熙寧六年六月六日管勾都水監丞侯叔獻言近准詔從所請開白溝等河欲以白溝為清汴諸三十六陂及京索二水為源傲真楚州開平河置牐四時行舟因罷汴渠上曰叔獻開白溝河功料未易辦乃欲來年即廢汴渠宜更遣官覆驗且汴渠水運甚廣河北陝西資馬又都畿公私所用良材皆自汴口而至何可遽廢王安石曰此役若成亦無窮之利當別為漕河以通黃河一支漕運河乃為經久耳馮京曰若白溝成與汴蔡皆通運輸為利愈大臣恐汴河終不可廢上然之詔劉璯同叔獻覆視以聞後覆視河長八百里工大分為三歲興修從之

卷一萬一千一百七

方域志　高宗光堯皇帝紹興元年十月十三日倉部員外郎成大亨等言兩浙運使徐康國具到上虞縣梁湖堰東運河淺澱一里半已來有旨令工部郎官各一員前去限一日相度申尚書省臣等遵依起發前去打量可料自梁湖堰至住家壩共一里一百八十丈淺澱去處深淺尺寸不等計積二十四萬二千一百赤每工開運土四十尺共合用開撩計六千五百二工詔依其合用錢米令戶部應付仍限三日令本縣令佐監督併工開撩及誠約合干人不得拖延別致滅尅錢米十六日都省言越州至餘姚縣運河淺澁壩閘隳壞阻滯綱運詔差徐康國蔡向失璞限一日起發前去措置開畎仍具修整次第及日具逐官所至申尚書省康國等開具會稽縣都泗堰至曹娥塔橋合開掘淘撩河身夾塘共用七萬一千二百一工詔令和雇人夫開淘限十日了畢其合用錢米令轉運司應副如見闕乏具令戶部借支具支過數却令轉運司撥還　二年四月十六日臣僚言臨安府城中惟籍湖水喫用自來雖採捕之類亦嚴禁止今訪聞諸處軍兵多就湖中飲馬或洗濯衣服作踐致令汚濁不便詔令諸軍統制官常切戒約如違重行斷遣本部統領官失覺察亦一例施行仍仰李振差兵級一百人攔

卷一萬一千一百八

十八

鋪巡捕　三年十一月五日宰臣奏開修運河淺澁畫
一上曰聞有言以五軍不勘堪出戰士卒充此役者固不
可又有言調民而役之者尤不可惟發旁郡廂軍壯城
捍江之屬爲宜至於廩給之費則不當吝宰臣朱勝非
等奏言開河以非今急務而饋餉艱難爲害甚大故不
得已但時方甚盛寒役者良苦臨流人侵塞河道悉當遷
避至於畚插所經泥沙所積當預空其處則居人及富
家以僦屋取貲者皆非便恐議者以爲言上曰禹卑宮
室而盡力乎溝洫浮言何恤焉　四年正月十八日樞
密院言臨安府見開撩運河雖下浙東西州軍各差到
廂軍兵士役使即目尚自闕人今來神武右軍有能舉

卷一萬一千一百八　十九

王材史康民下揀退不堪披帶人兵已降指揮並均撥
與浙東州軍充填廂軍理宜措置詔令張俊將揀下人
依數差將校使臣管押赴臨安府交割與梁汝嘉收管
就日下同馬承家等躬親揀點將少壯人就交付諸州
差來開河部押兵官應副役使候畢工日部押歸本州
內患病老弱之人具姓名申取樞密院指揮如諸州開
河兵官有未到權令臨安府收管使喚候到交割並日
下放行口券錢米無令失所逃竄二月三日上諭宰執
曰開河工料如何兩不妨作否人或以爲非急務朕語
之曰禹卑宮室而盡力乎溝洫孔子以爲無閒然安可
謂非急務但要措畫有方耳　四日兩浙運副馬承家等

言開撩臨安府運河元約兩月爲期已於今月二十三
日興工自跨浦橋及飛虹橋北下手開掘以二十日爲
一料今欲候第一料畢工從朝廷先次差官覆視應得
元開深闊丈尺接續開撩第二料更合取自朝廷指揮
詔依差都司工部郎官寺監丞各一員臨時從朝廷指
揮差侍御史華炳言開河兵級及部役幹當官吏依已
降指揮量行犒設具到除役兵外六項屬官三項使臣
四項人吏賜司所支錢自五貫三貫兩貫至五百文雖
有等差然名色猥多不無冒濫如樞密院使臣七員何
預開河之事轉運司主管催驅工料官共八員既逐州
軍官兵認定各有部役兵官何用驅催轉運司主押官

卷一萬一千一百八　二十

幷貼司共五人既興工役即別無大段行遣如壕寨等
官下人吏共三十二人彈壓官下使臣七員皆是冗數
又彈壓兵級二百人何所用之不惟逐項僥倖支散往
往覬覦畢工保奏恩賞兼役兵四千一百二十四人訪
聞工部郎官點檢得實役兵只三千餘人其餘多是影
占逐處當直及壕寨官安頓妄作名目差留在嚴州借
事不知壕寨司元初檢計開撩工料係若干土工都數
如何抛撥雖四十州軍差到人兵數目不同亦須預先
隨多寡分認料數況州軍各有管押兵官部役豈有役
兵不足虛認工料卻容影射差借之理逐人每日支破
錢米既不着役未委何人偽冒請領今來犒設給散恐

有所歸竊慮上下通情作弊乞下工部取索本部郎官
曾與不曾檢點見實着役兵不同因依如何究治委有
上件影射差借虛數即乞送所司根勘施行所有官吏
犒設亦乞減半支給庶使着役勞苦之人不至怨憤從
之二十二日工部員外郎謝伋等言知臨安府梁汝嘉
具到開撩本府裡河深處乞更不須開掘其堤子基并
餘杭門裡外一節措置併工量行挑撩臣等躬親將帶
壕寨前去自地名葛公橋堤子基探量水勢至餘杭門
裡外兩處各有水四尺五六寸可以隨宜挑撩外其餘
河本皆及四尺七八寸至五尺以來欲依梁汝嘉等所
乞施行從之六十七日刑部言兩浙運副馬承家等言

卷一萬一千一百八

臨安府運河開撩漸見深濬今來沿河兩岸居民等尚
將糞土瓦礫拋擲已開河內乞嚴行約束本部尋下大
理寺立到法輒將糞土瓦礫等拋入新河開運河者杖
八十科斷仍令在城都監及排岸外沙巡檢常切覺察
如有違戾許臨安府依法施行及仰本府多出文牓曉
諭今看詳欲依本寺所申從之三月五日御史臺言自
來開撩河道合在冬月水涸之時今臨安府所開運河
却於春間興役跨涉三月未見畢工近緣春雨頻併水
深數尺所役兵夫無處措手兼訪聞元作三料工役第
一料乾淺去處先已開撩了當第二料有些小未開處
并第三料水皆已深乞令臨安府守臣同元管漕臣疾

速相度將礙漕運去處量行開撩但舟船可通不必盡
依元料如水深難施工處即且住罷候今冬乾涸再行
鳩集諸令梁汝嘉馬承家限三日同共相度申尚書省
八年十一月十一日知臨安府張澄言臨安府引江為
河支流於城之內外舟檝往來為利甚博歲久堙塞民
頗病之頃由陛對嘗乞因農隙畧加濬治今再講究裏
不調工夫止乞下兩浙轉運司刷那廂軍壯城兵士遂
州軍定共差一千人選兵官將校部轄嚴責近限發赴
本所開濬以工程計之半年之外河流無壅豈惟百物
通行公私皆便兼春夏之交民無疾癘之憂從之九
年八月十七日知臨安府張澄言閭錢氏時嘗置撈河湖

卷一萬一千一百八

兵千人其後稍廢至元和中知州杭蘇軾始請于朝遂
加開浚湖水深廣為利非一逮今五十餘年葑田彌望
堙沒太半況今車駕駐蹕一城億萬仰六井之水為多
乞許本府召置廂軍士卒二百人衣糧依崇節指揮則
例委官同縣屬兼領其事專一浚湖其或借使他役計
贓定罪如有包占種田其間者亦重置於法從之十
五年七月二十四日給事中李若谷等言詳看到兩浙
路轉運判官吳悯奏浙西湖秀州平江府舊年常有積
水之患田不能耕逃移失業昨因提舉常平官趙霖開
濬華亭處沾海三十六浦決泄水勢二十年間並無[illegible]
水患比年以來諸浦堙塞上河水泛漲損田畝不可勝

計欲乞委浙西常平司措置支借常平錢穀諭人户於
農隙之際併力開濬以為永久之利令欲依所乞從之
十六年八月二十五日宰執進呈臨安府措置在城舟
船並令城外擺泊上曰已濬河道舟船之便多是居民
因循填塞可行下臨安府禁止之　十七年六月一日
上謂宰執曰臨安居民皆畋没西湖聞近年以来為人
買撲拘占作葑田種菱藕之類沃以糞穢豈得為便況
諸處庫務引以造酒用於祭祀尤非所宜可令臨安府
措置禁之　十九年二月三日上謂宰執曰近降指揮
開撩運河可以催促日下興工恐春深有妨農作十三
日上謂宰執曰昨降指揮開撩運河朝廷應副錢米因
卷一萬一千一百八
以養濟闕食民户竊慮公吏減尅或於諸縣調夫反有
騷擾可告諭湯鵬舉漕渠躬親檢察毋致違戾三月二
十六日前知和州徐嘉問言和州城下古河一道自含
山縣發源東入州城流歸大江自經兵火沙礫埋塞舟
楫不通每歲起發上供及諸司綱運遵陸二十五里始
至江次計一歲裝綱約用八千餘工雇募夫役不無騷
擾乞下提舉司量行應付令本州將來農隙濬治舊河
灌溉旱通有利無害詔本路轉運司相度申尚書省七
月二日上謂宰執曰西湖灌溉所資其利不細歲久游
澱宜措置修治八月十一日知臨安府湯鵬舉言開撩
西湖及修砌六井陰竇水口增置斗門閘板通放入井
二十五

已得就緒今條具下項一紹興九年八月十七日已降
指揮許本府招置廂軍兵士二百人衣糧依崇節指揮
例支破見管止有四十餘人今已撥填揍及元額蓋造
寨屋舟船每名日添支米二升半錢五十文專一撩湖
依昨降指揮不許他役如違計贓定罪　一前任知府
張澄於紹興元年八月十七日已降指揮差前錢塘縣
尉兼管西湖灌溉事今欲專差武臣一員主管每月支
錢三十貫文知通逐時檢察候任滿日委有勞績保明
推恩一西湖菱藕往往夾和糞穢已種澆灌紹興十七
年六月内申明不許請佃栽種今来又復栽種填塞臣
已將蓮荷租錢並除放訖犯人從杖一百科罪追賞錢
卷一萬一千一百八
三十貫文有官人申朝廷取旨施行從之　二十一年
正月二十二日上諭宰執曰布衣步孝友上書言鎮江
府練湖歲久埋塞艱於漕運令本路漕運司措置闢修
二十九年四月十五日知鎮江府楊揆言運河高仰積
練湖水添注稍乾涸運河極淺今来椿伴傳宣押宴看
乘船至常州出陸至鎮江就楊州船以往庶得湖水
以備使人往來之用送兩浙轉運副司趙子潚看詳欲
下鎮江府常州專委通判相視夾崗呂城奔牛閘一帶
運河淺澁處通徹潮港支撥錢米多雇人夫差縣官趂
尉監督車畎并將練湖水措置引導指期通放添注運
河餘依楊揆所乞從之十月二十一日上宣諭知樞密
書

院事王綸曰往年宰臣嘗欲盡乾鑑湖去歲可得十萬斛米朕謂若遇歲旱無湖水引灌即所損未必不過之凡事須遠慮可也王綸奏曰貪目前之小利忘經久之遠圖最謀國者深識此一事當時非陛下止之今民間必受其患聖慮宏遠倖古帝王矣上又云孔子以卑宮室盡力溝洫謂吾無間然可知聖人以此為重大抵立事只問是與不是為己與為百姓〔禹之溝洫為百姓〕故孔子無間若紂之陂池則是縱己私欲故聖人罪之王綸奏曰雖聖人復起不易斯言

全唐文

宋會要　壕塹

真宗大中祥符二年三月二十五日詔罷凌慶州界壕塹　先是環慶鈐轄曹璋發兵開壕起德明榷牒鄜延鈐轄李繼昌言其事蓋德明多遣人齎違禁物竊市於邊間道而至懼長壕之阻也朝廷方務招納故止其役

卷五千五百十八

諸寨

宋會要　置水軍寨

紹興三十二年四月二十七日廣南西路經畧安撫提刑司申本路轉運判官鄧酢言廣西瓊雷化欽廉等州自來不曾置水軍遇有海賊衝犯知臨無人之境今欲招募水軍四百於瓊州白沙海港岸置寨屯駐差主兵官一員合用先鋒戰船六隻面濶一丈六尺又大戰船四隻面濶二丈四尺從沿海逐州以係省錢置造逐司詳所陳事理除依舊存留雷州已置水軍二百人統領一員在雷州駐劄欲瓊州招置二百人就於本州駐劄經畧司准備將領兼海南水陸都巡檢一員於白沙港岸置寨統轄水軍彈壓盜賊詔

卷一萬五千一百十七

牧馬軍寨

乾道四年六月四日知揚州莫濛言措置起蓋揚州牧馬官兵寨

殿司戍寨

乾道八年十一月詔令殿前司差統領官一員將帶壕寨等前去揚州與胡堅常高禹同共相視修蓋出戍官兵寨屋

臨宗寨

在湟州崇寧三年以南宗置

羅蒙寨

在誠州漢陽軍漢陽縣元豐七年置

栢尚寨
在忠州南賓縣咸平二年置
葉㚇寨
十月七日涇原路總管司請修葉㚇寨募置弓人弓箭
十指揮從之
將中寨
在荊湖路衡州熙寧六年廢
賀家寨
在鄜延路延州延水縣太平興國六年置
柏家寨
在河北路滄州無　縣嘉祐二年廢
卷一萬五千一百一大
董家寨
屬河東路火山軍雍熙三年置
路家寨
在豐林縣太平興國八年重修
裴家垣寨
嘉祐四年二月十日河東經略安撫使孫沔請廢府州
西安靖化宣威清塞百勝中候及麟州橫戎神林忠孝
肅定鎮川臨塞等十二堡寨使臣兵馬糧草令旁近
大寨番遣人守護之復創麟州西裴家垣寨積糧草以
應接麟州鉊存府州中候百勝寨麟州鎮州寨餘從之
曹村寨

在晉州霍邑縣開寶四年置
胡容寨
太平興國四年置在代州
吳堡寨
在石州元豐五年廢
梁才進寨
在榮州公井縣淳化五年置
小蘆新寨
在渭州平涼縣開寶七年置
仁孝寨
河東路在舊阿翁寨政和三年改
卷一萬五千一百一大
威多寨
涇原路德順軍政和七年以威多臺置
隆德寨
涇源路順德軍天禧元年置羊牧隆城慶歷三年改為
寨
德靖寨
涇原路保安軍天禧四年置名延子城天聖元年改子
城為德靖寨
保勝寨
涇原路保安軍康定二年置後廢
百勝寨

在府州府谷縣慶歷年間修復

得勝寨

涇原路德順軍天嘉元年置

萬安寨

在豐林縣康定元年以鎮爲寨

永安寨

在黔州黔江縣明道元年修復

平安寨

在原州西八十里天聖五年置

黔安寨

元豐元年閏正月三日荊湖北提點刑獄司乞辰州會溪城黔安寨依沅州城寨例置牢屋區斷公事從之

延安寨

在豐林縣康定元年置

通安寨

在夔州路淳熙十五年置

威羌寨

隸鄜延路舊白洛背新寨

臨羌寨

在德順軍元符二年以秋葦川置　五月十四日涇原路經畧司奏統制四路軍馬王恩保明修築天都臨羌寨西安州提舉修城等官詔各進官一等

伏羌寨

在湟州政和八年隸西寧州

平羌寨

在鄜延路紹聖四年置

邊羌寨

在經原路德順軍舊設煙後寨元符元年改

寧羌寨

在環州通遠縣舊蔚那門三岔新城

鎮羌寨

在涇原路德順軍舊扁江新寨紹聖四年改鎮羌一在茂州熙寧九年置　三年三月二十二日端明學士涇原路安撫使章楶言先准朝旨後門床地掌如已興工速罷其天都山在九羊谷西北去鎮羌寨百餘里而床地掌泥棚障西邊鎮羌寨南至懷遠寨更有木魚背是賊來路縱將來進築直據天都其九羊谷鎮羌寨西面亦當間防西野薤川見是賊之行路乞選侍從或親信案視如日謬妄乞重貶黜詔楶奏報輕易降充龍圖閣直學士

靜羌寨

在麟州慶曆八年置在連谷縣

殊羌寨

河西路在舊那娘山新寨元符元年改

威戎寨

在麟延路紹聖四年以聲塔平置

克戎寨

在鄜延路舊浮圖寨紹聖四年修復賜今名

平戎寨

在鄜延路舊杏子河新寨紹聖四年改

殄戎寨

隸鄜延路舊那娘山新寨元符元年改

定戎寨

涇原路德順軍舊滅限寨元符二年改

寧遠寨

卷一萬五千一百十八

荆湖路在道州江華縣慶曆初置熙寧六年廢慶曆元年十月三日三司户部副使李宗詠供備庫使帶御器械王從善往河東復修寧遠寨知并州楊偕言麟豐二州及寧遠寨並在河外與賊接界無尺帛斗粟之輸以佐官用而麟州歲費緡錢百萬今豐州寧遠寨已為賊所破惟麟州孤壘距府州百四十里遠在絶塞雖寧遠介二州之間可以為策應兵馬宿頓之地又其中無水泉可守若議修復徒費國用今請建新麟州於合河津黄河東岸裴家山其地四面絶險有水泉河西對岸又有白塔地亦可建一寨以屯輕兵又河西俱是麟州地界且不失故土見利則進否則固守之蓋舊州勢危而

兵寡多屯則糧不繼少則難守所以遷遠而就近非為蹙國之疆土也若謂麟州既遷則賊壓吾境是不知夷狄還徙鳥舉不能以久處設其來居必須耕鑿其地我於河西出偏師以撓之彼安能持自完之策哉故以謂不還有五利不然則有三害省國用惜民力利一也内樂岢嵐保德火山及嵐石府州沿河一帶賊所利二也我據其要則可冰雖合賊不敢逾河而東利三也商旅來往以通財貨利四也方河凍時得所屯兵馬五七千人沿河以張軍勢利五也今麟州轉輸東㪽斗粟費直千錢若因循不還則河東之民困於調發無有已時害一也以孤壘餌敵害二也道路阻艱援兵難繼害三也

卷一萬五千一百十八

且州之四面屬羌遭賊驅脅蕩然一空止存孤壘猶四支盡廢而首面心腹之獨存也今契丹又與西域共謀待冰合必攻河東若朝廷不思禦捍之計而修寧遠寨是求虚名而忽大患也况豐夏二州皆唐漢古郡一旦棄之一麟州何足惜哉帝請輔臣曰麟州古郡也咸平中嘗經寇兵攻圍非不可守今遂欲棄之是將退而以黄河為界也其寧遠寨宜諭偕速修復之　又云在麟州新秦縣舊名寒嶺咸平三年改今名慶曆二年為西賊所破尋修復

柔遠寨

在播州宣和三年廢　一在祥州政和四年置

充疑兖
廣南西路

來遠寨
秦鳳路通遠軍天禧元年置熙寧七年廢
安遠寨
在瀘州合江縣元豐三年廢　又在秦鳳路秦州天禧三年置
懷遠寨
在祥州政和四年置
靖遠寨
宣和三年以充州改
威遠寨
宣和三年以隆州改
卷一萬五千一百十八
肅遠寨
在秦鳳路秦州舊名長[illegible]大中祥符七年改
定邊平遠寨
在環州通遠縣天禧五年置
開平寨
在原州咸平元年置
通邊寨
在涇原路德順軍慶曆八年置
安邊寨
在涇原路鎮戎軍熙寧四年廢　一在潼州路淳熙十四年置

寧邊寨
舊暗利寨天聖元年改在施州
靜邊寨
在渭州平涼縣天禧二年修築
安疆寨
在慶州安化縣元豐五年以礓詐寨改　紹聖四年六月十五日環慶路經略司言修復安疆寨畢工詔防托蕃漢官各賜帛有差二十三日環慶路經略司言遣皇城使端州刺史權發遣本路鈐轄張存統制諸將人馬提舉修復安疆寨畢工詔張存特除西上閤門使依舊端州刺史權本路都鈐轄餘等第轉官減年支賜並依
卷一萬五千一百十八
安西城
例在湟州崇寧四年以當標城改
宋福寨
在澧州慈利縣天禧二年置
安豐寨
在撫州府谷縣慶曆年間修復
安夷寨
在瀘州江安縣舊名婆娑熙寧五年改
安穩寨
在南平軍熙寧八年置
遵義寨
在遵義軍宣和三年以遵義軍并遵義縣改

思義寨

在遵義軍宣和三年廢

思忠寨

在隆允州宣和三年廢

思安寨

在卭州大邑縣天聖七年置

思問寨

在忠州南賓縣咸平三年置天聖二年廢

武平寨

秦鳳路階州慶曆五年置

武寧寨

卷一萬五千一百一十八

在瀘州合江縣熙寧七年置元豐四年廢五年廢

陽武寨

在代州太平興國四年置

治平寨

治平四年閏三月十九日詔涇原路撥吳州新堡障賜名治平寨青鷄川新堡障賜名鷄川寨仍降詔奬宣撫使郭逵經畫之勤

靈平寨

元豐四年四月二十七日涇原路經畧使章楶奏昨進築平夏城靈平寨首先興臣議論并應副軍興官逐路主將兩城寨提舉官並功効顯著乞優賜推恩詔轉官

循資減磨勘并陞擢差遣有差　一在鎮戎軍舊好水寨紹聖四年改

承平寨

在豐林縣天聖六年置後廢慶曆五年復置

高平寨

在涇原路鎮戎軍慶曆二年置

西平寨

在澧州慈利縣天禧二年置

夷平寨

在施州熙寧六年置

倍平寨

卷一萬五千一百十八

在彰明縣熙寧九年置尋廢

定平寨

舊王家寨政和三年改並在莫州任丘縣

定安寨

舊馬村寨三年改

清平寨

在祥州政和四年置

大拔寨

在環州通遠縣元豐二年廢

樂從寨

在祥州政和四年置

宣威寨

在府州府谷縣嘉祐六年廢

永康寨

在彭州熙寧五年廢永康軍爲寨七年廢

樂舌寨

在長寧軍政和元年以從州改

青化寨

在豐林縣太平興國八年重修

長樂寨

在峽州景德元年置熙寧八年廢

長武寨

卷一萬五千一百十八

涇原路涇州咸平五年廢縣置

歸順寨

在戎州僰道縣皇祐五年廢

歸正寨

在南平軍隆化縣熙寧八年置

美利寨

純州安溪縣宣和三年改

永興寨

在施州熙寧六年廢

大通寨

在廣南路桂州興安縣雍熙二年置

乾興寨

涇原路在鎮戎軍乾興元年置

平樂寨

在火井縣慶曆八年置

安遠寨

在南平軍隆化縣熙寧八年置

延衆寨

在廣南路邕州元豐七年改爲富州

新化寨

在溪州大觀三年置

新安寨

卷一萬五千一百十八

在峽州景德元年置熙寧八年廢

熙寧寨

在渭州平涼縣熙寧元年六月十四日詔賜涇原路經畧使蔡挺以其建議築熙寧寨工畢副都總管張玉以護役勞特賜對衣金帶鞍轡馬一在涇原路鎮戎軍熙寧元年置

永寧寨

秦鳳路在秦州舊尚書寨至道三年改　一在府州府谷縣嘉祐六年廢　一在東路晉州臨汾縣開寶三年置　一在秦鳳路通遠軍建隆二年置　一在施州元豐三年置

綏寧寨
在涇原路原州慶曆四年置
順寧寨
涇原路保安軍慶曆四年置
常寧寨
邠州永壽縣熙寧五年自乾州來隸
和寧寨
舊雁頭寨政和三年改
定寧寨
舊父母寨政和三年改在保定軍
堡寧寨
卷萬五千一百十八
在豐州嘉祐七年置
延寧寨
在延寧軍宣和三年以延寧軍改
嘉會寨
舊亨州宣和三年改
魁頭寨
在雷州海康縣太平興國置
偏頭寨
隸火山軍嘉祐六年廢
腦子寨
在憲州靜樂縣咸平五年修

峽口寨
荆湖路郢州武岡縣大觀元年置
湯口寨
在鼎州熙寧七年廢
索口寨
在澧州慈利縣天禧二年置
王口寨
紹興十四年十一月十四日廣南西路安撫轉運提刑司言融州王口寨元係平州於紹興四年廢為王口寨本寨洞民凡有輸賦詞訴並赴融水縣理訴動經一月方始追人到案委是遲延乞將王口寨依舊改為懷遠縣改知寨為知縣差有材武膽勇武以充前所有理任任滿酬賞並乞依經畧司元奏得王口寨條例施行從之
卷一萬五千一百十八
臨口寨
在郴州蒔竹縣元豐八年置大觀元年改為縣
神木寨
麟州慶曆八年置在連谷縣
赤木寨
荆湖路邵州武岡縣元祐四年置
苦竹寨
紹興二年六月二十一日吏部言建州政和縣民謝安

等乞罷苦竹寨，尋下本路監司相度，得本寨巡檢下兵級不循紀律，騷擾居民，洎至賊發，望風潰散，委可省罷。從之。

慈竹寨

在滋州。大觀三年以慈竹壩寨改。

竹子寨

在彰明縣。熙寧九年置，尋廢。

梅子亞寨

北路在峽州。

桃源寨

在鼎州。熙寧七年廢。

卷一萬五千一百一十八

七葉寨

在彰明縣。熙寧九年置。

嵩平寨

在鄜延路延州延水縣。太平興國六年置。

橫楊寨

在麟州新秦縣。天禧四年置，治平元年再廢。

荔子寨

熙河路岷州。熙寧六年置。

米脂寨

隸綏德軍。元豐四年置。元符元年五月二十三日，鄜延路經畧司言：修復米脂寨畢工，綂制龍神衛四廂

都指揮使、吉州刺史王愍遷一官，回授子有官者兩人承受，各特遷一官；同綂制、四方館使、祁州團練使苗履遙郡防禦使，仍各賜銀絹各五十匹兩；朝散郎石丞等五人候本路進築城寨功賞畢日，併取旨；餘各等第推恩。

白芀寨

在龍川縣。皇祐三年置，元豐二年廢。

葭蘆寨

紹聖四年四月十一日，河東路進築葭蘆寨畢工，本路轉運司郭茂恂、呂仲甫各轉一官。係在石州，紹聖四年修復，元符二年陞為晉寧軍。

白馬寨

在涪州。大觀四年廢。

馬騌寨

熙河路在熙州。熙寧六年置。

馬鑑寨

在彰明縣。熙寧九年置，尋廢。

龍安寨

在綿州神泉縣。熙寧九年置。一在豐林縣，舊名龍田平，慶曆四年改。

烏龍寨

在隸大山軍，舊烏龍川北嶺寨，元符二年改。

白豹寨

仁宗康定元年環慶路總管任福言西界投來人杜文
廣近引路攻破白豹寨及指畫製造攻城雲梯委實誠
心投漢乞賜收錄詔從之

鹿角寨

在九龍縣熙寧九年廢

羊祇寨

在瀘州江安縣皇祐二年置熙寧七年廢

九羊寨

元符二年三月十七日涇原路經畧司言進築通峽盪
羌九羊寨石門堡畢工詔修築將吏各減年磨勘循資
及賜銀帛有差 卷一萬五千一百一十八

鳳麟寨

在隆兗州宣和年廢

鴈門寨

在代州太平國年年年置

全唐文 宋會要 天都寨古

元符二年四月十七日詔涇原路新築南牟會賜名西
安州宜差有材武諸邊環武吏知州事洒水平賜名天
都寨秋葦川賜名臨羌寨西安州戍守共以七千人爲
額仍招集馬軍蕃落一指揮步軍保捷一指揮天都臨
羌寨戍守各以三千人爲額仍各置馬軍蕃落一指揮
步軍保捷各一指揮逐州寨每年各支破公使探蕃等
錢西安州三萬緡天都臨羌寨各二千緡五月癸亥宰
臣章惇以涇原路建西安州及天都等寨諸路築據要
害邊面各控直相通畢工率百官賀於紫宸殿 天都寨 卷二萬二千一百十九

在涇原路鎮戎軍天聖元年修杏林堡改置 天聖寨

嘉定元年三月二十八日詔令鎮江府於樁管真州齎
鈔司錢內支撥交子六十貫付盱眙軍天長縣令埇樁
管專充修蓋天長縣屋劄付商碩疾速措置起蓋安淮
軍寨屋早得圓備毋或滅裂既而天長知縣商碩以所
降錢數支用不敷有請於朝詔令封樁下庫取撥兩淮
交子五千貫并行在會子庫五千貫並付盱眙軍天長
縣早已撥交子六十貫專充起蓋淮安軍寨屋使用仰
本縣日下差人前來請領須管如法蓋造候畢工日開
具收支細帳申樞密院 天長寨

朝天寨在隆兗州宣和三年廢 朝天寨

多星寨在誠州漢陽軍漢陽縣
雲内寨在忻州秀谷縣
長陽寨在峽州熙寧八年置
鵰陽寨舊張家寨政和三年改
渠陽寨元祐五年置黔江縣
相陽寨在夔州路黔江縣大中符符三年置
臨夏寨隸鄜延路舊羅容谷嶺寨元符元年改
東山寨在鎮戎軍咸平二年置
元符元年三月十七日詔西上閤門使張存遷東上閤門使成州團練使陞環慶路都鈐轄皇城使通州刺史張遷秦州團練使更轉一官回授有官子息皇城副使

補　卷一萬五十一百十九

兼閤門通事舍人种朴遷文思使以統制兵馬進築興平城橫山寨畢工兼接納李訛一行歸漢也餘次第推恩
元符元年五月二十一日環慶路經畧司言修築橫山寨通塞堡畢工詔如京使李浦以防托部役減二年磨勘　橫山寨
巴山寨在峽州景德元年置
樂山寨在荊湖路祁陽縣慶歷四年置熙寧六年廢
豐山寨崇寧三年置在誠州
神山寨在邵州武岡縣紹聖二年置
真宗大中祥符二年六月五日秦州張佶言昨於長鎚寨下大洛門各于口及弓袋口置水寨二不俟朝旨待罪詔釋之令佶詳具利害續圖以聞　長鎚寨

南峯寨在鄜延路延水縣太平興國六年置
勝岡寨在荊湖路道州江華縣慶歷初置熙寧六年廢
胡籠寨在合江縣熙寧元年置八年廢
海青寨舊巻姑寨政和三年改
河平寨舊尼姑寨三年改
三河寨舊三女寨三年改並在清河縣
寧河寨在熙河路河州寧城縣熙寧七年以香子城改
紹聖四年九月二十日鄜延路經畧呂惠卿言杏子河新寨修築畢工詔以平戎寨為名仍遣内臣押賜惠卿以下銀合茶藥　杏子河新寨

補　卷一萬五十一百一十九

融江寨在融州融水縣元豐七年置
安江寨在隆兇州宣和三年廢
臨江寨在熙河路岷州雍熙二年置隸秦州熙寧六年來隸
若水寨在誠州漢陽軍漢陽縣
獲水寨在火山軍熙寧三年置
七度水寨在南平軍隆化縣嘉祐八年修復
漢流寨在峽州景德元年置熙寧八年廢
秦鳳路秦州熙寧五年改為通遠軍皇祐五年閏七月二十三日詔古渭寨修城李權給保捷請受至和元年十一月十日秦鳳路經畧安撫司言修秦州古渭寨城　古渭寨

通渭寨秦鳳路通遠軍熙寧元年置以通遠軍改爲鞏州

涉灘寨秦鳳路階州慶曆二年置

竹灘寨元祐五年置在黔江縣

新灘寨在漢陽軍漢陽縣乾道四年五月二十四日置

白沙寨在荆湖路郴州熙寧六年置

慶元元年七月六日刑兵部言大理寺看詳湖南諸司審度郴州所乞將宜章黄沙寨移回安福驛劉委是經久利便欲從看詳到事理施行詔從之黄沙寨

首溪寨在荆湖路潭州熙寧六年廢

萬溪寨在勸朋縣熙寧九年置

卷一萬五千一百九

紹興二十九年四月一日户部狀准都省批下權發遣恭州張晦奏本州江津縣清溪寨與南平軍實爲表裏若南平障寨嚴密軍政整肅自保無虞則清溪關隘與土丁理宜整治已將清溪接南平軍界去處除民旅出入大路兩處存留置立鋪屋差人守戍外其私小路盡行斷塞以絶透漏無復行整擬土丁三百人乞下帥司將把截將二人畱實給帖先補充清溪寨把截將候把截每及七年無透漏與比附舊格量行陞轉至都知兵馬使止仍每年依南平把截給散衣襖本部尋關兵部看詳擬準紹興二十八年九月四日樞密院劄子夔州路奏南平軍白錦知堡夷官楊選族廳佐忠帶領夷人

自南平軍白錦堡楊大由私小路入恭州江津縣清流寨雁門殺虜人口合添屯防拓其雁門正係夷人出没隘口舊有把截將佐招安等同土丁把拓自仕招安死無人守把今自江津縣説諭自邊界至清溪寨主户荀炳自出户下土丁一百清溪寨

鎮溪寨在辰州熙寧三年置

收溪寨元豐六年置元祐三年廢

新泉寨

麻溪寨在峽州景德元年置

陽泉卓探寨並咸平二年置後廢在澧州石門縣

龕谷縣熙河路在蘭州元豐四年置

横谷寨在火山軍雍熙三年置

卷一萬五千一百十九

麻谷寨在鄜延路延水縣太平興國六年置

關峽寨荆湖路在郃州熙寧六年置

通峽寨在德順軍舊没烟前峽元符元年改

峯貼峽寨秦鳳路階州熙寧七年復修

向陽峽寨在汾州慶曆二年置

白崖寨在鼎州熙寧七年廢

土墱寨在代州太平興國六年置

石洞寨並咸平二年置後廢並在澧州石門縣天禧三年三月一日知澧州曹克己言本州石洞寨深在蠻界不當要路無所控扼屯集軍馬虚費芻糧望令毁拆止留兵卒五人守護有事宜馳報臺溪寨從之

石硖寨在代州太平興國六年置
黃石寨在鼎州元豐二年廢
大石寨在代州太平興國四年廢置
寧府寨在寧州府谷縣慶曆年間復修
錦州寨在誠州熙寧八年置
嘉定八年七月十一日知贛州楊長孺言本州瑞金縣正汀盜出入之路而汀州古城寨取瑞金最近欲乞改古城寨界寨為兩界寨庶使皆得統轄則汀盜有所畏憚不敢越界從之詳見諸州軍監門　古城寨
天禧五年八月十三日環慶總管田敏言勑修沿邊七城寨畢詔與緻等仍賜都監巡檢部役使臣繒帛七城寨

卷一萬五千一百十九

軍城寨雍熙六年置在定遠軍
銀城寨在麟州銀城縣慶曆五年置
隴城寨在秦鳳路秦州慶曆五年置
府城寨在慶州安化縣元豐二年廢
寧城寨熙河路在河州慶曆六年置
會溪城寨在辰州熙寧八年置
安甯寨在融水縣景德二年置
石門寨在祥州政和四年置
江門寨瀘州合江縣元豐四年置
弓門寨秦鳳路在秦州太平興國元年置
新門寨在原州至道二年置熙寧三年廢

崗門市寨在楚州鹽城縣乾道六年十二月二十九日置
銅安龍門寨在辰州熙寧八年置
石關寨在綿州神泉縣熙寧九年置
石嶺關寨在忻州秀容縣
麻亭寨在邠州永壽縣熙寧五年自乾州來隸
行廊寨在施州元豐三年置
神室寨麟州慶曆五年置在新秦縣
古樓寨在岳州華容縣嘉祐七年置
樓板寨在代州太平興國五年置
南坦寨河東路在舊七姑姐寨政和三年改

卷一萬五千一百十九

蔦店寨在渭州平涼縣咸平三年置
三橋寨河東路在舊大三橋寨政和三年改
橋村堡寨在韶州曲江樂昌乳源三縣乾道二年十月三十日置
大碉寨在瀘州江安縣至和二年置四年廢
華池寨環慶路在慶州木波之南華池寨華池頭天禧六年[illegible]慶[illegible]禎[illegible]池東西二寨
福田寨慶曆四年置熙寧五年廢
南田寨在瀘州合江縣元豐九年置
錫田寨荊湖路在道州江華縣慶曆初置熙寧六年廢
遂堰寨在純州宣和三年廢四年復
鹽井寨在邛州蒲江縣天聖元年置
鹽井隴寨在彰明縣熙寧九年置尋廢

飛井寨在涇原路德順軍政和七年以飛井堝置
西壕寨在原州端拱元年置
定川寨在渭州平涼縣太平興國八年置慶歷二年廢
寧川寨在景州政和十年置
閭川寨在熙河路岷州熙寧七年置
麻川寨在熙河路岷州熙寧七年置
沐川寨
嘉定四年十一月二十八日直祕閣成都府路提刑李
壁奏照對嘉定府峩眉犍爲兩縣控帶夷蠻列置寨堡
總十有九處久不脩葺因致頹圮自蒙恩司臬職在經
制邊防委官閱視燭工繕葺皆已節次了當外惟沐川
一寨隸屬犍爲視諸寨尤爲衝要照得本寨南與馬湖
卷一萬五千一百十九
夷都兩蠻部落對峙相距纔七十餘里東接叙州之商
州寨亦與兩蠻境界密邇於東西兩路利害相關竊嘗
考今寨即唐之沐源川自唐垂拱中遣峩眉鎮曹兵以
兵五千人逐去生獠始平其地咸通中南詔入寇伐木
開道踰雪坡奄至於此唐兵連衂是是遂陷嘉州以至
成都乾符元年南詔再入寇節度使高駢遣兵邀擊於
大渡河因築城以爲守沐川有城蓋始於此皇朝至和
元年儂智高判武傳智高自廣中將分兵向蜀朝廷命
郡縣發兵增戍後六年擢爲尉景思誼建議謂寨之地
在東西寨之外西山尤高下瞰寨中兵家所忌於是始
議別築廨山爲寨與今寨相對已而遽廢治平中虛恨

犯邊蜀帥張景元遣龍游簿范師道率兵來戍又增築
西寨未幾復廢故址猶存緣沐川一寨在嘉定境內迫
近城都實蠻夷入寇之要路頃歲邊警亦作本寨城辟
極爲苟簡寨內迫窄戍卒皆寄止寨外居民悉爲未便
嘗即遣官相視見得今寨前後有兩山前山舊建都廟
後山即景思誼所築西寨是也兩山實與今寨相連而
山脚峻峭便如城郭之狀殆若天設之險惟兩山谷口
有隘闕漏去處遂措置錢糧興工增建自下增高砌
行版築累土疊石與都廟西寨相兩山之高相齊聯絡
貫通包三山爲一大城周圍總三百一十五丈砌造敵
樓四座增建譙城舍及營舍其前來寨外兵丁今已盡
卷一萬五千一百十九
歸本寨駐泊可以增壯邊防震聾夷獠並已了畢謹繪
成小圖隨狀繳申尚書省伏乞施行從之同日壁又言
照對守邊之要莫先於土丁而募丁之策必先有以贍
其生然後可以責其力自到任凡管內寨堡闕丁去處
並行招集填補皆與優給資糧令來應募之數已自不
少內有一項因民訟陳訴犍爲平戎莊官田除見管人
丁百二十名上寨防拓外其餘頃畝多爲豪民富户侵
占歲月已深視爲己物遂致丁額不敷邊面闕人守禦
尋行追上逐户各據供認侵占不虛遂再遣官檢踏令
根括到前來侵占地段總計山田四百九十四坡水田
一千五百九十六畝家折租數總計米二十三百斛雜

觧在外以所管祖額数丁計新增到三百四十四名通舊管共計五百五十餘名逐一點閲妻皆少壯强勇堪以守邊已開具田段各出公據分給逐丁蠲免諸色官組自令耕佃贍給兼興朋立條約俾令分戍諸寨一一從長經畫務令永遠遵守又念前來民訟所訴侵占之家因循歲久間有使錢承充視同已業者一旦巻行拘没妻是失業可憐存措置繕錢支還逐戶總計二萬四千二百餘引别作帳冊隨狀繳申尚書省又契勘丁数既多若非差官一員統轄訓練郤恐紀律不嚴事藝不習緩急之間或誤驅使見議於本莊上下兩保之間建置堡柵爲會合教閲之所就差見駐劄撻爲縣嘉眉同巡檢一員提領堡事欲乞將嘉眉同巡檢貟闕許令銜兼帶知平戎堡教習土丁庶幾責任有歸總會有所可以久而不費廢賫西蜀無窮之利從之　沐川寨

卷一萬五千百十九

臺宜寨在澧州慈利縣天聖二年置

零陵寨天聖八年置熙寧六年廢

截原寨在原州太平興國元年置熙寧三年廢

崞寨在代州在太平興國四年置

毬場寨鄜延路延州延水縣太平興國六年置

東安寨在荊湖路永州東安縣天聖八年置

南安寨在豐林縣慶歷五年後修復

平南寨在忠州南賓縣咸平三年置天聖二年廢

綏南寨在利州路文州大觀元年置

靖南寨宣和三年以孚州改

紹興四年九月五日廣南西路經畧安撫轉運提刑司奏契勘西峯定南寨及應定寨安兩柵昨來慓黷吴懷等破蕩人民離散近方收復正是控扼去處難以廢罷外照峯一柵係在澄邁縣界却不是控扼黎賊去處今欲將照峯柵廢罷更不差置土丁守禦從之　西峯定南寨

通西寨在秦鳳路元豐五年改爲　吹　東龍堡元豐六年閏六月十四日熙河蘭會路制置司上增築定西城通西寨文武功狀詔五等皆賜銀絹第一等四人三百四兩第二等一人二百等三等六十六人百五十第四等一十三人百第五等二十七人七十

卷一萬五千百十九

平西寨在澧州紹聖四年置

定西寨秦鳳路秦州建隆二年置

西陘寨在代州太平興國四年置

金明寨在膚施縣熙寧五年廢縣置

銀川寨在鄜延路元豐五年置九月八日詔賜永樂城曰銀川寨先是鄜延路計議邊事徐禧等言已定永樂下牒作寨地形險固三面阻崖表裏山河氣象雄壯八月二十五日興工今月六日成畢凡二十萬工城去永樂上牒八里故銀川二十五里米脂寨五十里永樂盖以小川爲名城前正據銀州大川乞賜名故有是詔

金斗寨在隆兗州宣和三年廢
安碓寨施施州元豐三年置
六盤寨在渭州平源縣咸平三年置
鐮刀寨在豐林縣慶歷五年修復
元豐五年五月十二日上批代州諸寨蹈成蹊徑二十七處及瓶形寨地圖令河東經畧司指揮代州并準備提舉主管開壕立堠官候北界來計會即自團山子鋪以西分水嶺脊依畫圖商量取直開立壕堠其向西路成蹊徑處同行修治取令依舊不得展縮二十五日代州言據瓶形寨申有北人欲於瓶形寨地壕堠盡處取直向東往團山子過往當巡監押吉先說諭令回上批

卷一萬五千百十九

已晝圖付代州候北人來立壕堠准此施行即是聽其過往令却約攔乃是全不曉事而煩朝廷行遣啟侮夷狄宜令分析聽北人取直過往瓶形寨
桿杖寨在忠州南賓縣咸平三年置天聖二年廢
三盤堡寨在綿州神泉縣熙寧九年置
白塼寨在鼎州元豐二年廢
下鎮寨在火山軍慶歷元年置
榮懿寨在南平軍隆化縣熙寧八年自渝州來隸
詩渠寨在辰州天聖六年置
真成鎮寨在辰州天聖六年置
城步寨荆湖路在邵州熙寧六年置

茹越寨在代州太平興國四年置
買保寨在沅州元豐三年置六年隸誠州元祐六年廢熙寧二年復
小由寨元豐四年以小由長渡村堡改五年隸誠州六年復來隸七年復隸誠州尋廢
延貢寨在安仁縣慶歷三年置
咄步寨在欽州靈山縣至道三年間置
黑泊寨在鄜延路延州延水縣太平興國六年置
椤桄寨在豐林縣慶歷五年修復
桔槔寨熙寧元年廢
撥禮寨在歸州秭歸縣

卷一萬二千百十九

折疊寨在歸州巴東縣咸平二年置
宕昌寨在熙河路岷州熙寧七年置

諸寨雜錄

大中祥符二年十二月八日，樞密直學士知秦州李濬言：黑谷頗有閑田，今召得寨戶三百餘戶，戶三丁，計九百餘人，分住小洛門諸寨防邊。分住諸寨

大中祥符七年三月二十二日，荊湖北路轉運司言：管內漫水、烏速、盧溪、江口等寨最為衝要，已以木為城，難於固守，請令版築。從之。

四月十一日，知秦州兼荊原路安撫使曹瑋言：西路舊無壕塹，致蕃部屢有侵略，今規度得永寧寨西城掘壕至拶囉咙凡五十五里，已乞集廂軍寨戶赴役。二十二日，詔獎之，其董役使臣、將校並賜緡帛。版築城寨

卷一萬五千四百十九

大中祥符七年十二月二十二日，秦州張佶上大洛門新寨圖。先是佶欲近渭置場採木，蕃部聞之，即徙帳而去。佶亦能撫恤加賜，以答其歡心，蕃衆悔之，因叛卒鄉道，遂行鈔畧。佶深入掩逐，乃遁去。至是部落遣人求和，未之許，奏聽朝旨，從之。上新寨圖

天禧元年十月七日，秦州總管曹瑋等言：本州所修大小落門兩寨，元獻地人蕃官軍主禾星族郢成斯那等望補本族都軍主，月給錢三十。又當部正副軍主、都指揮使等雖各補職，未給稟祿，今請以新築三寨地基除

官廨營舍外，許民修舍納租錢以給其俸，並從之。給寨官俸

天禧五年七月七日，涇原路駐泊都監王懷信言：鎮戎軍累浚壕、築堡寨功畢。詔賜將士緡錢有差。浚壕築寨

天聖三年八月二十七日，鄜延路都鈐轄司言：昨準宣於平川創置城寨功畢。詔董役使臣、通邊一官，將校賜帛有差，蕃官本處支給茶綵，仍降宣撫諭。創置城寨

卷一萬五千百十九

全唐文　塞

宋會要　益建城寨

慶曆二年二月十六日環慶路都總管司請於柔遠寨東節義峰馬鋪寨擇地益建城寨以牽制賊勢涇原路又請於細腰城屬羌地內建寨以接應兩路出兵並從之十月二十五日詔涇州南有間路自宜祿縣徑至邠州宜令置城寨以守之

羅個峒寨

皇祐二年二月二十九日廣南西路鈐轄司請於邕州羅個峒置一寨以扼廣源州蠻賊從之

修置城寨　卷一萬五千一百二十一

治平四年閏三月三日神宗即位未改元陝西四路沿邊宣撫使郭逵言秦州青雞川蕃官首級藥厮哥等獻青雞川地土多辰城寨招置弓箭手本司體量若於青雞川南牟谷口修置城寨則秦州與德順軍沿邊堡寨相接足以斷賊來路已發兵夫修築去乞詔逵具所修青雞川一帶大小堡寨四至役人工料向去合用戍兵幾何件析以聞

約束堡寨

治平四年四月十八日詔秦州德順軍慶州近劄置雞川治平茘原等堡寨本為防扼邊界屬戶通行兵馬令逐路不得多招漢戶居止當切約束無令過一百戶

供給城寨

熙寧三年十一月二十四日詔近以河外城寨守具廢弛當職官吏乙等第責罰訖訪聞前後不惟城寨使臣因循緩有勤於職者亦多為監司沮止所乞兵匠物料不即應副雖欲自竭勢不可得令既懲勵因循俾小大必盡其力須宜開自達之禁以防壅塞可議立法進呈樞密院言欲令陝西河東經略轉運司今後如有城寨等處官吏申乞兵匠物料及應干戰守備豫事件疾速相度應副不當闕悮如累申無報許本處直具事因以聞從之

增置堡寨　卷一萬五千一百二十一

元豐三年八月四日湖南安撫使謝景温轉運副使朱初平判官趙楊言知邵州關杞乞於誠徽州融嶺鎮置城寨可絕邊患然興役動衆之初須當量差兵馬防托乞下沅州相度如合增置堡寨亦令乘此機會擇要害之地同時建立兩路協力兵勢益張城寨既成道路通達彈壓蠻猺不至生事從之仍差潭州駐劄京東第一將權駐邵州

建築城寨

元豐三年十一月一日荊湖南路安撫司言乞依湖北沅州例募禁軍同丁夫建築邵州溪峒城寨從之

修葺城寨

元豐四年三月二十七日樞密院言元祐中給賜城寨唯鄜延路米脂浮圖未曾修築將來秋冬西賊萬一國弱可乘機使次第修復須預計材植防城樓櫓并板築之具況見今修葺沿邊城寨及樓櫓之類若以此為名選將佐量帶兵甲領役兵於邊界採木及優立價直召漢蕃人戶於邊城寨中賣應用免致於近裏計置般運詔鄜延路經略使詳此密切準備一千二百步八百步城寨各一座六百步城寨二座合用材植樓櫓防城器具以至板築所須之物就近便處計造足備候將來乘機修復毋致闕誤仍具措置次第以聞

蠲城寨丁稅　卷一萬五千一百二十一

元豐四年四月七日知沅州謝麟言準詔置托口小由古城奉愛四寨既築四寨其黔陽縣等並在腹裏合減戍兵五百五十人防托新寨乞置博易務四寨民性頑獷幸各安居已曉諭赴所屬寄納弓弩欲它為買之溪江產麩金欲募人淘采中賣以業游手并乞蠲城寨身丁稅七年從之

修建城寨

元豐四年四月九日樞密院言蘭州近修復金城關繫就浮橋涇原進築古高平沒煙峽城寨下瞰天都不遠尚未與熙河邊面通徹如將來涇原舉動進築天都鍬鑁川蕭磨移氈等處又須兩路聲勢相接乃可為肘臂

宜更自熙河安西城東北青石峽口青南訥心東冷牟至會州以來相度遠近修建城寨仍自會州入打繩川建置堡寨直與南牟會相接即與涇原互相照應詔令章楶鍾傳究心體訪山川地里遠近與控扼要害合修築處如何舉動可保全勝具狀以聞

新建城寨　卷一萬五千一百二十七

元豐四年四月二十一日沿邊安撫公事張楶言前石門好水河新建城寨乞創置將副各一員以涇原第十一將兼提點兩城寨及格置漢蕃弓箭手為名石門城差官八員知城一員以大使臣充都監監押共三員以大小使臣互充巡檢四員以小使臣充好水寨差官七員寨主一員以大使臣充都監監押共三員以大小使臣互充巡檢三員以小使臣充乞並以二年為一任除依本路極邊城寨官巡檢合得酬獎外每員更與特轉一官內將官陞路分都監副將陞正將如係正將差遣亦依正將例知城寨主陞副將兩城寨各乞置酒稅務官一員寨主簿各一員詔從之

相地建寨

元豐四年十一月九日涇源路轉運判官張太寧言自兜嶺以北山險可就嶺南相地利建一城寨使大軍自鎮戎軍截糧草至彼更於中路築立小堡以相應接如此則可省民力之半又言臣觀葫蘆河一川南北平坦

地皆沃壤若有堡寨可依則其田盡可募弓箭手廣令墾闢止以遣回空夫併力修築若堡寨既成則地基酒稅並可經畫資助軍費上批付盧秉曰張太寧奏乞城蕭關故城以為根蔕成効已見於熙河自城蘭州及展置戎壘之後羌人相繼降附者已數萬帳迨今效順接跡不絕卿其早圖為之

耕種五寨

元豐五年正月五日鄜延路經畧司乞以新收米脂吳堡義合細浮圖塞門五寨地置漢蕃弓箭手及春耕種其約束補職並用舊條又言新收五寨雖各據地利險阻然守具未全粮儲露積人兵無所存庇欲於側近那

卷一萬五千一百二十一　五

廂軍三二千應副工作及指揮轉運司粮儲但輸安寨堡候城寨可守則移運並從之

城寨省費

元豐五年二月十八日詔令延州沈括用兵未艾正當愛惜財用其城寨尤宜百端省費乃可萬全保據無虞當興事時節妄增城守兵馬一則傷財一則疲力令一方邊計恙責在卿一有闕誤必正典刑

四寨移用

元豐五年三月十三日詔鄜大經制瀘州夷賊林廣梓州路轉運副使苗時中詳度以新修腹裏武寧大硐開遠平夷四寨約新收樂共江門鎮溪梅嶺大洲五城對

行毀廢城守之具皆可移用可權留開封府界第四將兵馬防托其義軍弩手從軍已久並湖北雄畧隔路皆可遣歸

城寨住役

元豐五年六月五日上批涇原路進築城寨已降朝旨權住興役其李憲去年功賞未曾施行於是除憲景福殿使武信軍節度觀察留後仍賜銀絹各二千疋兩

可建一寨

元豐五年七月二十三日詔鄜延路見修六寨其長城嶺寨以西接連環慶路金湯白豹已指揮環慶路差二萬人並邊照應若別無興作即是虛勒軍馬令徐禧沈

卷一萬五千一百二十一　六

括計議其當進築城寨處與曾布議定以聞八月二十五日環慶路經畧使曾布言洛原故城可以建一城白豹和市可以建一寨宮馬川可以建一堡從之令李察應副候鄜延路兵勢相接方興版築

量置城寨

元豐五年八月二十四日權荊湖北路轉運副使趙楊等言巡歷至誠州城池樓櫓足以保民防患上江多星銅鼓羊鎮等團並至城下貿易可漸招撫置城寨及下荊湖南路安撫轉運司委知邵州關杞於蒔竹縣招諭芙蓉石驛未歸明人戶詔且令招納未得置城寨

進築城寨

元豐五年九月十四日鄜延路走馬承受公事楊元孫言新修永樂城畢九月七日沈括先部中軍右軍左虞候軍至米脂寨俟總管曲珍將四軍及選鋒至進築城寨又言進築城寨切不可遲西賊既失橫山非曉必須絕滅上批付沈括徐禧李舜舉若留兵三五千在銀川寨為戰守之備移大軍修築以次城寨如此措置有無利害詳度一面施行是月二十日城陷

分寨便利

元豐六年五月十三日西上閤門使果州刺史謝麟言先準朝旨撥托口小由貫堡豐山四寨并若水滄隸屬誠州緣沅州與誠州元自梅口江為界今因割移四堡

卷一萬五千一百二十一

七

遂以洪江口為界自洪江口至梅口江約三驛又從括口寨盧陽縣界至梅口江約四驛削取沅州封守附益誠州大廣不惟沅州戶賦人兵不足以成郡兼誠州見招納上和潭溪等洞自可以開托疆封兼結狼九衙等諸洞並在托口寨西南見隸沅州水陸道皆出托口寨設或溪洞入寇誠州地遠力不能制沅州又為托口等寨所隔難便措置或以生事乞以小由托口兩寨依舊隸沅州以大由築溪峒割隸誠州從之

寨主監押

元豐六年七月十二日河東沿邊安撫司言代州陽武等一十寨寨主監押每寨兩員乞許自本路經略安撫司及本司於大小使臣內擇一員保明申尚書吏部指差外一員即自吏部差注上批地接契丹界其事甚重宜特依所奏

新復四寨

元豐七年四月十三日鄜延路經畧司言準朝旨呂惠卿言新復四寨深在生界未有堡障應接若遣人牛耕種或見侵畧勢不萬全乞候地畢了日施行從之

新置堡寨

元豐七年六月十三日賜廣西路經畧司度牒二百道應副融州新招溪洞置堡寨

置寨防守

卷一萬五千一百二十一

八

元豐七年八月一日荊湖路相度公事所言王江一帶自大洑口以上接連檀溪諸蠻與今道路相接朝旨專委主管廣西經畧司機宜文字程節招納措置本處地里闊遠蠻已歸附須築一堡寨以為守備詔節言王江上流地名安口控扼諸峒其地寬平可建城寨然由王口而上經大洑口老江口皆生蠻猺團族唯以畧峒民板木為生令雖效順各有俸給若建城寨亦須兵威彈壓令欲沿江及中心嶺各治道路漸進先置堡鋪於吉老江量留兵丁以防鈔截粮道然後安和可以積功又言王江一帶團峒東由王口三甲西連三都樂土南接宜州安化北與誠州新招檀溪地密相鄰比熙寧中嘗

遣承制劉初領兵丁置寨於安口諸蠻併力殺傷官軍
自此蠻情愈更生梗令徧招納俐皆效順既當開道路
置堡寨驛鋪分兵丁防守乃為久安之計又緣事干兩
路與識州同時措置廢使諸蠻力有所分易為辦集從
之

寨主同事

元祐元年二月二十一日詔諸將兵在鎮寨非將官駐
劄者監鎮寨主依知縣法同管公事著為法

新踏寨基

元祐四年正月二十四日考功員外郎孫路言龕谷寨
新踏塞基有未便者三地形側峻南帶高阜戎馬可以
下臨一也土噪不可加板築二也寨基四新井皆在憤
狐河內滲水別無泉源緩急必見闕用三也詔劉舜欽
相度具利害以聞

卷一萬五千一百二十一

九

給賜四寨

元祐四年六月八日樞密院言擬答夏國詔交割永樂
陷沒人口計口支與賞絹仍將葭蘆米脂浮圖安疆四
寨給賜夏國從之詳見夏州門 十月十九日樞密院言
環慶路經略司奏準鄜延路經略司牒夏國指定十一
月十日交付人口卻欲同日受領四處廢砦切度夏國
必是其日放出人馬逼脅驚擾所棄地內住坐漢蕃弓
箭手散在郊野有窖藏斛食及土棚屋室枉致委棄雖

有護防人馬豈能周遍欲令便將棄地內漢蕃人戶先
次遷移將砦內官物亦行般運務於交送人口日前事
畢詔並依所乞其葭蘆米脂浮圖安疆寨外如有住坐
人戶亦合依此施行 紹聖元年五月十四日殿中侍
御史郭知章言先皇帝闢地進壤扼西戎之咽喉如安
疆葭蘆浮圖米脂四寨據高臨下宅險遏衝元祐初委
而棄之外示以弱實生戎心乞檢閱議臣章疏顯行黜
責給事中王震言錫地之事既往無及願告以親攬權
綱且罷畫疆之義三省樞密院同奏曰既以詔可令遽
絕之將生釁端不若令邊臣商議待其背約然後絕之
上曰朝廷不可以憚用兵向者大臣憚於用兵故錫地
以示弱章惇等因開列初議棄地者自司馬光文彥博

卷一萬五千一百二十二

十

而下凡十一人惇且言光彥博主之於內趙卨范純粹
成之於外故衆論莫能奪若孫覺王存葦皆闇不曉事
妄議計者耳至於趙卨范純粹明知其非便而首尾異
同以傅會大臣可謂挾奸罔上不可不深治也 七月
二十七日詔唐義問罷知廣州以御史來之邵言在元
祐中棄渠陽寨也 九月二十六日三省樞密院言諫
官張商英言昔廢渠陽寨及敗蠻賊日有本路轉運使
李湜牒轉運判官蘇泌同上表稱賀泌獨奏以謂渠陽
之患自廢軍為寨蠻情不安以至連綿用兵不已今首
惡未誅邊患未息理無可賀朝廷惡其異論遂改除知

虢州因死於官又知蘇州吳居厚言元祐初夏人再入貢日臣僚上章乞棄先帝所建城寨者中外不一獨本州前殿中侍御史林旦上疏極言城寨之不可棄者凡十事朝廷亦惡其異論遂罷御史令已物故乞各官一子上曰所言固當矣然各述所職恐難為一一推恩蓋論議固有不同且如乞復役法之類言者豈少哉但恐攀援不已宜謹此例也更宜檢尋故事章惇等奏曰更俟檢尋但恐無此比者　二年十月二十九日樞密院言環慶路經略使孫路奏請來春併力修復已給賜葭蘆米脂浮圖安疆四寨詔孫路令後凡事不得輕有舉動　三年九月七日樞密院言河南環慶路元祐中皆曾給賜夏國城寨基址見存可以經營檢視復行修建庶令彼界知我有舉動之意處處為備不敢併兵窺犯一路詔河東路經畧使與石州張搆知嵐州王舜臣同共相度舊葭蘆寨地形合修城圍地步大小及興築之際應合措置事條具以聞

卷一萬五千二百十一

點檢鎮寨

紹聖二年正月十八日樞密院言請沿邊城堡鎮寨應有公使錢處並依例萊供饋本處有職事官及犒設漢蕃使臣兵員如敢於例萊外輒有饋送并知而受者並坐違制委逐路經畧安撫鈐轄司逐季點檢從之

復修城寨

紹聖三年十月二十二日權發遣環慶路經畧安撫使孫路言準朝旨元祐中曾給賜夏國城寨基址見存可以復行修建本路安疆寨元祐四年內給賜夏國並以毀撤若復興築則邊面與鄜延德靖寨本路東谷寨東西相照最為要害須候春首賊中士馬羸弱遣將兵自大順城出界討蕩一面版築約二十日可以畢工詔孫路安疆寨修城材植器用并圍敵馬面樓櫓等宜定的確數目豫行計置毋有闕隙可乘出其不意興工修建務要神速

整葺城寨

卷一萬五千二百十七

紹聖四年二月二十八日涇原路經畧安撫使章楶言朝旨如善征泊伯不可進築更謀所以便利邊防者按善征泊伯去得勝寨百餘里水泉絕少役既深入地無控扼未見可城之利今相度本路熙寧寨對境没烟前峽懷遠寨對境後石門兩處地形便利可以建築夏賊謀寇邊之日久若非先事候情奪其腹心而使之益得以為計則我之費役愈大今乞於没煙前峽建城古高平上下建堡以接熙寧石門建寨福江川建堡以接懷遠及於去秋所破没烟寨子因其故寨整葺城守詔熙河秦鳳環慶路將佐能討擊捍禦防托進築成功當議比安西城優賞之

修葺城寨

熙聖四年三月二十七日樞密院言元祐中給賜城寨唯鄜延路米脂浮圖未曾修築將來秋冬西賊萬一困弱可乘機便次第修復須預計材植防城樓櫓并板築之具況見今修葺沿邊城寨及樓櫓之類若以此為名選將佐量帶兵甲領役兵於邊界採木及優立價直召蕃漢人户於沿邊城寨中賣應用免致於近裏計置般運詔鄜延路經畧使詳此密切準備一千二百步八百步城寨各一座六百步城寨二座合用材植樓櫓防城器具以致板築所須之物就近便處計造足備候將來乘機修復　闕誤仍具措置次第以聞

新築三寨

卷一萬五千一百二十一

十三

元符元年二月十四日樞密院言近降指揮令章楶鍾傳等候計置糧草及城守之具足備或乘春草長茂伺隙進築乞且依已降朝旨各於本路進築候有間隙即依朝旨施行續據鍾傳申到渭州與章楶論議正原等處進築無不合天都一帶無草候計置有備同共進築令涇原九羊谷熙河巔耳關逐路自合先次興築須於旬日之内了當其沒烟峽口至平夏城止二十里熙河青南訥心去巔耳關不遠斟酌機會乘此修築一面從長於行仍仰章楶於新築三城寨增置糧草足備可以興舉即關報鍾傳依所降朝旨會合三路兵將進築沒烟後峽正

原等處詔令章楶鍾傳遵依施行如逐路利害不同聽各具所見以聞　二月二十九日詔章楶候進築九羊谷了日乘勢於沒烟前口進築仍速同劉何李譓等計置合要防城器具及板築所須之物乘此機會務要神速成就仍先計會鍾傳相度次第聞奏

增築城寨

元符元年五月十八日涇原路經畧使章楶言已出師於沒烟前峽等處築城寨詔賜軍兵等錢有差

築寨賜物

元符元年六月十四日涇原路經畧司言進築沒烟前後峽兩寨畢工詔章楶已下等第賜物有差

卷一萬五千一百二十二

十四

築寨旌賞

元符二年四月二十五日鄜延路經畧司言近於安塞堡北威戎殄羌之門相視地名白落觜可以築城寨控扼賊馬尋指揮都鈐轄苗履等統制兵馬進築已畢賜名威羌今又築那娘山青高山并盧關寺㟥峯堡寨並畢其那娘山賜名殄羌其苗履等功狀應賞詔等第與轉官減年支賜

修築城寨

元符二年四月二十八日樞密院言近西人差使詣闕訃告兼附表狀謝罪朝廷雖未聽許緣諸路新舊城寨形勢利害不同其烽臺坐團口鋪及人馬斥候所至各

未經措置如涇原路進築天都南平會減猥即斥堠當葫蘆川東北及輕囉浪以外環慶路定邊城當自香桓樓羅嵛至安州界橫山寨即自之字平青崗峽至青遠軍界打疊會板井一帶熙河路修築東冷牟會州打繩川城寨即當至韋精川一帶及並黃河至堠至東西關堡及金城關以外皆是合要置峯臺堡鋪及人馬斥堠所至之處鄜延河東路亦合依此修築務要占據橫山及河南一帶形勝於邊防控扼有經久之利詔陝西河東逐路師臣妥近上兵將官從長按行修築其地名及與備邊新舊城寨相去遠近以圖來上

築寨畢工

[永樂大典]卷一萬五千一百五十　圭

元符二年五月十四日胡宗回言築白豹尾當嵛城寨畢工詔入役漢蕃兵人各賜錢有差　八月二十五日端明殿學士中大夫河東路經略安撫使知太原府林希為太中大夫資政殿學士以進築大和等棚堡寨畢工也朝奉大夫提舉江寧府崇禧觀孫覽為寶文閣待制知光州以前知太原進築烏龍神泉寨畢工也　二十六日保信軍節度發州延州管內觀察制置等使鄜延路經略安撫使兼知延安府呂惠卿特授檢校司空改武勝軍節度加食邑實封以進築暖泉寨金湯城畢工也

城寨不可棄

元符二年五月二十二日龍圖閣直學士涇原路經略安撫使兼知渭州章楶充端明殿學士客省副使高士敏為高陽關路鈐轄內殿承制吉先特授閤門通事舍人就差權發遣瀘州以上於楶中得先元祐中所上書言諸路城寨不可棄及既廢保甲而已減之兵額不復增幾急必致闕事故有是命

葺新城寨

元符二年八月十五日尚書省言熙河路撫納西蕃部族內邈川河南皆已歸漢詔賜錢八萬緡計置修葺新城寨材物芻糧

廢併城寨

[永樂大典]卷一萬五千一百二十　夫

元符二年七月十四日鄜延路經略司奏欲併廢順寧白草等寨詔從之將來更有似此可以廢併去處速具聞奏

收復城寨

元符二年閏九月四日詔鄯州湟州并河南北新收復城寨並隸隴右仍屬熙河蘭會

修築兩寨

元符三年八月二十三日三省樞密院同進呈胡宗回奏已修築尾吹隴朱兩寨欲令速於秋前畢唯留省章峽以俟來春衆皆云業已興工今欲止之無及矣曾布曰若聽修築亦便可絕西賊來路不爾若今秋更犯邈

川即愈勞費上曰今日邊事不可少有進退布曰誠如
聖諭一處退則諸路皆動揺矣

量廢堡寨

元符三年十月十四日敕荆湖南北廣南西路朝廷疆
理四海務在柔遠頃荆湖諸蠻近漢者無所統一因其
請吏量置城邑以撫治之後來邊城希功獻議創通融
州道路侵逼峒穴致生疑懼朝廷知其無用旋以裁減
而邊吏失於撫遏遂爾扇揺作過然按其地止是道路
蠻人因使臣劉宗閔焚毁舍屋寅緣生事殺生兵丁緣
此自疑不敢出首令宗閔已追官勒停外其湖北廣西
見作過楊晟臺等特免追討除存留守把兵丁外並罷

卷一萬五千一百二十一　十七

添屯兵馬其湖北所開道路創置多星收溪天封羅蒙
大由等堡寨並廢廣西湖南創置堡塞令經畧鈐轄司
量度准此

建築兩寨

崇寧三年七月二十五日中書省樞密院奏皇城使康
州刺史知施州史宗詠中丞樞密院劄子夔州路轉運
司奏昨被旨進築施州城寨令已建兩寨五隘七鋪開
拓地土疆界近五百里有功人乞推恩數内宗詠特與
轉一官回授與五服内有官親屬

復置寨主

崇寧五年九月三十日熙河蘭湟路經畧安撫使司狀

勘會葦州管下通渭縣元係守禦寨欲乞將通渭縣復
為寨依舊置寨主盟押各一員臣相度通渭縣委是控
扼淺井乩羅和市結珠龍化川子一帶賊馬來路逼近
西界若改復為寨委得經久穩便從之

築寨轉官

政和四年十二月十七日梓州路計度轉運趙遹奏戎
州石門馬湖新民納土興建祥州并有兩縣五寨畢工
及建築滋州仁懷縣官吏詔並特轉一官

築寨賞功

政和六年十一月四日詔御前差往宣賜陝西進築城
寨賞功官吏入内武功大夫惠州刺史李諒平貸西塲

卷一萬五千一百二十一　大

應副已轉一官賞功依例合轉一官將兩官併轉遥郡
團練使馮思永等四人各轉一官並不隔磨勘

版築諸寨

政和六年十二月十四日御筆熙河造邦三十餘歲而
居國未全比命偏師扼其襟喉乘勝版築以及諸路凡
二十餘堡寨拓地二百餘里宰執可轉一官劉正夫鄭
居中蔡京並回授有服親蕃依轉官例施行

關寨選官

政和七年三月十四日詔沿邊巡尉關寨武臣並樞密
院選曾歷邊任有方畧或戰功人充任滿無遺闕與酬
獎　六月二十四日涇原路經畧使席貢奏應副修築

寨多臺飛井塢兩新寨照管堡子七座烽臺十八臺了當契勘寨多臺已賜名威多寨飛井塢賜名飛井寨詔席貢與轉一官　八月二十日詔瀘南城寨招安把截將之類以年勞累遷都史官并舊官黄界巡檢等舊法須候立功方得遷轉及出官若不生事功何由立甚非緩靖之策令後如實歷五年滿日能彈壓邊界别無生事把安將合出官者特與出官舊官巡檢等與轉一官量增鹽䌽稍有生事重行典憲

措置城寨

政和八年七月二日樞密院言知瀘州龐恭孫申瀘南溪洞轉運副使盧知原措置邊城寨所管田土以學灘分爲兩等據見管勝兵揀選到彊壯堪任戰守一千四百九十一人并寄招到二伯三十五人收買耕牛農具起蓋茅舍安泊及借貸官錢粮米使得專一開墾令年夏麥成熟並皆安居有業分當赴軍城寨堡守禦隨逐禁軍教閲顯見職事優異欲望特將盧知原優與推恩外有軍城塞堡官亦乞一例量與减年或免短使詔盧知原特與轉一官其軍城寨堡官各減三年磨勘

卷一萬五千一百三十一　九

築寨被賞

政和八年八月十日陝西河東河北路宣撫使司奏平蕩仁多泉藏氐河兩軍城及進築晴夏制戎制羌三城寨了當陝西茶馬提舉轉運提刑等宜被賞典詔程唐

等七人各陞職二等仍轉一官

廢羅三寨

宣和四年十二月二十九日詔長寧軍武寧寧遠純州遈埧三寨元豐所至控扼要害之地前降廢罷指揮勿行從權潼川府路提刑鄭庭芬之請也

營寨置屋

建炎二年正月十日詔扈從一行軍馬見在揚州諸處劄寨處春雨淋漓及地卑濕潤暴露不便令揚州計會都統制官合用營寨地步於城中踏逐空地約度人數標撥營寨地基令逐軍將佐自築地基開通溝渠外設營寨墻圍分布行列搭蓋一體木柱梁棟竹椽起脊蓆屋務令堅厚可避風雨其合用材木令御營使司會計實數令户部支錢下諸處依市價收買所有折移沿流居養安濟屋宇充營寨内統制統領將佐等官居住令逐處依元間椽逐一記號移令使可卓立如内有椽棟等材植損爛比舊數少即令逐處補足起發

卷一萬五千一百三十一　二十

民自爲寨

建炎四年六月四日臣僚言切聞江北諸郡之民有誓不從賊者往往自爲寨栅群聚以守在和州則有雞籠二山寨麻胡阿育二水寨在廬州則有浮槎方山等寨在滁州則有獨山等寨每寨多至二萬餘家遇虜騎至則出没掩襲殺獲頗多自虜騎南渡以來不聞朝

廷詔執政擇可使三二人齎詔遍詣逐寨諭以恩意寨柵首領有功績者命鎮撫使保奏推恩從之

隨宜置寨

建炎四年八月二十一日權發遣南康軍甄采言本軍累經殘破蓋緣並無城池捍禦盜賊近城有廬山最是險隘可置寨柵乞隨宜措置山寨積穀聚財堅為死守之計詔依仰隨宜措置山寨積穀聚財仍遇有警急方許退保

險隘立寨

建炎四年九月三日臣僚言切見朝廷措置防秋衢信諸郡當江湖數路衝要雖奉指揮建立寨柵而計置未

卷一萬五千一百二十一 至

盡其間有方行修築而緩工靳其力未甚如法者或稍似牢密而他岐捷徑不能盡絕者徒殫民力無補國事乞差精彊諳練守禦之官前去諸郡以及江西同本路監司守臣令尉本村社長同與相視子細計畫必於危險之地始立隘柵倘有山徑之蹊必盡杜絕使人力必可守而兵勢必不能破者然後併工修築合眾備捍詔令衢信州守臣并逐路提刑司嚴切措置 十一月十四日樞密院言已降指揮令兩浙州縣官說諭土豪聚兵習武於險扼處置立寨柵庶幾保全鄉閭血屬令據探報金人侵犯通泰揚州宜差官前去相度檢察詔差樞密院幹辦官顏為前去浙西編修官王銍前去浙東編

詣照檢仍具逐旋照檢過數去處申樞密院

仍復舊寨

紹興四年九月十日廣西轉運提刑司言勘會平觀州因弊本路有害無益合行廢罷令相度欲乞依祖宗舊制罷觀州為高峰寨平州為王口寨詔平觀二州廢罷依舊為寨其兩州知州改知寨逐寨人兵令帥臣斟酌更與存留先具知寨及存留人數事狀聞奏 五年七月二十六日廣南西路經略安撫使李彌大言切謂朝廷廢罷平觀二州命令已行必不復置今乞於舊觀州高峰縣添置都巡檢一員正法一百人通本寨舊兵共五百人於舊觀州元置都巡檢廨宇處駐劄王口寨於

卷一萬五千一百二十一 二十一

舊平州宜良江口駐劄同巡檢改作都巡檢使更添正兵一百人通本寨舊兵共五百人並帶提舉諸堡寨盜賊公事從之

以縣入寨

紹興十一年九月一日荊湖南路安撫轉運提刑司言乞將武岡軍綏寧縣移入武陽寨為縣部移武陽寨入扶叢置寨仍將武陽寨元管軍兵三百人分撥在綏寧武陽岳溪三寨各以一百人為額彈壓防遏溪洞等使喚從之

關人戍寨

紹興二十六年十二月十三日臣僚言成都府夔州瀘

州路嘉敘黎雅等州有關城堡等寨屯戍人兵控制諸
蠻其知城寨言多是制置安撫司因私謁更互差權類
皆營私苟且不恤邊事欲乞嚴差辟之法定資任之制
上諭輔臣曰蠻夷桀黠從古而然唐以前屢被侵擾入
川蜀自太祖兵威撫定以大渡河為界由是不敢猖獗
然沿邊控禦兵官豈可非人湯思退奏曰欲下吏部措
置令本路安撫司選擇差官申制置司體量廢革前弊
上曰甚善

置寨彈壓

紹興二十七年六月十一日權發遣邕州田經言左右
兩江並是歸明羈縻州洞居止外通交阯諸蕃自來於

卷一萬五千一百二十一　二三

溪洞內置五寨鎮彈壓洞民每寨有都同巡檢知寨都
監主簿及兵級三四百人請受全籍知寨主管博易場
及溪洞苗米稅賦等應副支給及修葺城壁每官剗罷
各有酬賞惟知寨更添減年最為親民要職近來多是
士人及待闕官時暫權攝既不應賞格無所顧藉與溪
洞官典通同交易是致財賦匱乏支遣不繼兵級逃遁
十存二三城壁傾頹殆將過半乞行下本路帥司今後
知寨不許差人權攝須踏逐有材武廉謹人奏辟正任
中朝廷差注任滿候正官交替方得離任有事故者以
次官兼寨寨中所管稅賦仰本江都巡檢互相關防庶
可招填土兵修葺城壁以實邊而從之

修蓋寨屋

紹興三十年五月十一日詔已降指揮令李若川修蓋
江州寨屋其合用錢物仰將的確有窠名錢物支撥具
支過錢數申尚書省除破仍就用係官竹木如無即依
市價收買不得科數搔擾如違重行黜責　二十五日
詔霖雨積日諸軍營寨處有損漏及低下積水多處可
令三衙檢視關報兩浙轉運司目下計料修治具合用
錢申尚書省支降主帥常加存恤士卒毋令私役及抑
勒買賣科擾居民

為山水寨

孝宗隆興元年十月二十七日臣僚言淮上諸郡民兵

卷一萬五千一百二十一　二四

結集於州縣城郭者為山寨在外之鄉村者為水寨所
謂守領者多平時富豪精壯可以撼動一鄉者為之其
徒亦多驍健勇敢欲望行下都督府專委兩淮守臣各
括責本州山水寨首領姓名保明來上先次量補官資
專一衆集鄉兵俾之團結明立賞格次第遷補仍委守
臣嚴務鈐束一有緩急並令入城守禦以壯方面以助
軍聲荆襄邊郡亦乞行下制置司依此施行詔令江淮
都督府湖北京西制置司措置

請罷寨官

隆興二年二月四日直秘閣王晞言嘉州一帶邊寨祖
宗以來選差土豪把截號為寨將其後乃置寨官尊務

棓刺多於蠻界探取蜜蠟紅桑蠻人所不能堪竊謂寨官可罷依舊祇令土豪寨將統率防捍詔四川安撫制置司同監司限一月看詳 乾道元年八月九日廣南西路經畧安撫司言宜州管下恩立寨帶溪寨及昌化軍延德寨皆因一時申請令帥司舉辟判司簿尉文學等官充以二年為任任滿與循兩資别無職事不曾到寨止干求州縣在外居止任滿希求酬賞欲將宜州昌化軍四寨主簿四員省減今後更不差置從之

置寨駐劄

乾道二年十月三日詔韶州樂昌縣平石巡檢改稱韶州曲江樂昌乳源三縣巡檢移於橋村壥置寨駐劄先是廣東諸州言韶州管下險遠每有盜賊劫奪鄉民更無蹤跡可尋其巡尉亦憚山行巡警不到若抵界不置官兵彈壓久必生患乞改樂昌縣平石巡檢為韶州曲江縣樂昌乳源三縣巡檢移於橋村壥置寨柵招足土軍一百人專一往來三縣巡綽盜賊故有是命

卷一萬五千一百二十 二五

保險為寨

乾道四年三月二十一日知揚州主管淮南東路安撫司公事莫濛言楚州鹽城馬邏諸處有路可至通泰欲使居民保水險設為莊寨以自固上善其論詔可

分置守寨

乾道四年五月二十日荊湖北路安撫提刑轉運等司

一所下一本有荊南沙市鎮主管烟火兼酒稅元差武臣類多擾擾乞改差經任文臣從之

奏

言本路管下地分闊遠港汊甚多緩急盜賊切發卒難會合艱於擒捕契勘通濟口大江一帶正蜀中綱運及上下客旅經由之處公安縣雖有巡尉巡檢係轄江陵公安兩縣兼於江陵縣置寨水陸闊遠竊見峽州見有蜀江沿江巡檢二員又有歸峽州荊門軍三州都巡檢使一員境內盜賊肅靜今相度欲於數內乞移蜀江巡檢一員將帶所管土軍器仗於荊南沙市置寨卻移江陵公安兩縣巡檢并土軍於公安縣置寨與石首監利潛江三縣巡檢接連往來巡警自監利縣魯家洑入沌內至漢陽軍通濟口一去水路約七百餘里並無巡檢彈壓盜賊無以畏憚今相度欲乞於沌內地名新灘向下沿流荒遠處創置巡檢寨一所其巡檢乞以漢陽軍通濟口至魯家洑沌內巡檢新灘駐劄為銜招置土軍五十人巡船三隻專切往來沌內巡警捕捉盜賊從之

卷一萬五千一百二十 二六

相度置寨

乾道四年六月十一日兩浙路轉運判官劉敏士言湖秀州巡檢射村置寨去城止四十五里元非要害闊遠去處竊見本州菁村南通德清縣西通安吉縣係私商往來之地兼村疃廣闊盜賊多有之就移湖州射巡檢於菁村置寨庶幾可以覺察盜賊巡捕私商詔令兩浙西路即憲司同相度經久利便聞奏

廣西七寨

乾道四年八月十四日吏部言廣西宜州德勝融丈村融州臨溪宜州堰江臨衝五堡主管堡事邕州遷隆鎮融江樂善融江通道瓊州西峯宜州帶溪思立安遠一鎮七寨同管轄兵甲公事並見闕遠地元係本路辟差昨承乾道三年七月指揮送部使闕差注見差親民資序材武人令欲比附本部見使巡檢知寨條法破格注初任材武人次經任監當不應材武人從之先是權發遣容州楊堯弼奏乞將廣西見闕正官去處與破格差注一次至是吏部措置來上故有是命

置巡檢寨

乾道五年八月二十五日資政殿大學士知寧國府錢端禮言本府宣城縣轄下地名麻姑山地里空迥人烟希少往來兵卒因緣剽劫若不措置慮日後聚集滋蔓相度欲於麻姑山置巡檢寨一所於本府管界巡檢寨并徽州廣都巡檢寨兩處各撥二十人仍從本府添募土軍四十人專一巡察盜賊寨屋從本府於麻姑山相視衝要之所建立從之

卷一萬五千一百二十一

添補寨軍

乾道六年二月二十八日兩浙東路安撫司言紹興府餘姚縣沿海舊為海寇所擾自洋浦三山虎山眉山至烏山烏盆下蓋盜賊群聚遂成淵藪雖置眉山廟山三山寨經今數年卒無定論或從明州水軍差訓練官又

南一作西

復用指使或正副將之屬或為巡檢或別差外官或三年一替或一季一易以此私權黨親故殊非朝廷立寨之意雖謂之防海曾無一海船可以出洋浦或有劫賊明擊金鼓剽奪殺人三寨軍兵在岸遥望而已熟所差官兵多於諸寨抽撥且如衢婺二州軍人兩年一替其於海道全不諳曉本司昨曾申獲敕旨三寨以五百人為額乞降官錢萬貫打造海船六艘置造器械寨柵又臣僚奏請乞從安撫提刑司舉辟將官使之隨事措置以為永久之利選差上軍水軍便衢婺二州軍人樂於得歸令欲計會前後詔旨詳酌施行其眉山寨乞從安撫提刑司辟差統領官一員其三山廟山各差將官隸之眉山寨召募諳知海道土軍以補足五百人數以三百人就眉山以二百人分屯三山廟仍改作本司水軍從之

卷一萬五千一百二十一

州縣置寨

乾道六年五月二十五日臣僚言自建炎迄紹興之季四十餘年閒未嘗一歲無圍屋之寇太上皇帝在位日久知民間疾苦得旨令江南諸司相度於險隘處置巡檢寨招土軍一百二十人置巡檢一員仍令州縣置寨屋以居土軍防遏盜賊而桴鼓稍稀陛下登寶位之初又申嚴行下非不嚴切而州縣不即奉行不虔點胥黷貨必得鄉民厚賄始議置立至於貧薄鄉村無從得賄其寨屋有至今未造者遂軍民雜處善良受害

南一作西

至盜賊不止欲望特詔江南提刑司取責州縣不置寨屋故違聖旨之罪以為慢令者之戒庶幾兵民各有攸處而盜賊少戢詔本路提刑司行下本州疾速修蓋如依前違戾按劾聞奏

理宜存恤

行下本路

移寨駐劄

乾道六年十二月二十九日詔楚州鹽城縣水陸巡檢移於本縣崗門市置寨駐劄以淮南路轉運諸司言崗門市去縣十八里舟船往來通接淮口別無官司彈壓恐私渡盜賊故也

補授寨官

乾道八年七月十八日措置兩淮官田徐子寅言被旨案視激犒淮東山水寨民兵臣令親往諸鄉團結之處詢審民情內有願改移它寨者並已各從其便緣內有一寨止民兵三四十人而總首首領三四名若一例補授誠恐泛濫今欲每縣乞選差總首一人特與一名目諸寨應管轄閱習忠勇民兵每一百人置首領一名特與借補名目如一寨不及百人者許更勸募候人數足方與推恩詔總首補進義副尉首領令本路安撫司借補守闕進勇副尉餘依

卷一萬五千一百二十七

二九

城外軍寨

淳熙二年正月八日淮西江東總領單夔言乞令建康馬司量撥軍兵三二百人於城外軍寨左近各置巡鋪遞夜巡警仍不妨教閱從之

幫築堡寨

淳熙二年七月二十一日詔殿前司選差統制官一員軍兵一千人修揚州城壁依古城舊基幫築堡寨從知揚州郭棣請也

詔廢水寨

淳熙八年七月十七日詔廢溫州城下水寨

奏辟寨官

淳熙十年七月二十七日詔瀘南沿邊城寨堡官并指使並許安撫司奏辟從守臣趙雄請也

條整山寨

淳熙十四年二月二十二日興州駐劄御前諸軍都統制吳挺言乞下階城等州常令修整山寨從之仍行下四州常令點檢遇有些小損動即時葺理

卷一萬五千一百二十一

三十

差置寨官

淳熙十一年七月二十八日四川安撫制置使留正言臣前具奏於黎州東南邊大渡河上修築要衝城差置寨官移兵屯守以為捍扼之計今已修築了當所有差知要衝城官乞行下本司作員闕奏差令成都府路轉運司應副請給所差官二年為任乞與依關外四州極邊體例推賞詔依仍精加選擇務要得人

創置營寨

紹熙三年六月二十四日廣西經畧司言相度邕賓州鎮鄉關口創置寨字令踏逐到寨基一所在韋村大路正屬兩州界尋常盜賊往来之地及創兩縣巡檢招收置軍兵六十人為額兩州各招三十人均認請給巡檢乞從邕州城外巡檢賞格仍將兩州指使各減一員以其所減補其所增從之

調兵守寨

紹熙三年六月二十七日權發遣萬安軍杜孝恭言乞將瓊州寨下土兵二十人移家屬改充調罵寨土兵為額有闕許令招填請受移就樂會縣支給其瓊州萬安軍所差廂軍各一十五人每三月一替就委樂會縣差撥土保丁改本寨木柵隨其地勢築作城堡其博敖地爛兩村民兵各有総轄無事則各輪差轄下民兵一二十人赴寨添同彈壓三月一替有警則各帶民兵赴寨聽從防遏從之

卷一萬五千二百二十一

差撥寨兵

紹熙五年閏十月十三日詔令福建安撫轉運提刑司先次於汀州寧化縣下土寨修蓋寨屋一百間候修蓋了畢於左翼軍見屯寧化縣四十人大隗福林駐劄五十人並盡數差撥前去下土寨屯戍其下土寨元分撥到三溪黄土兩寨五十人發歸寨仍疾速具合行事件及逐寨見屯人數并相去地里各若干畫圖貼說申樞

密院以諸司有請故也

建置營寨

慶元元年六月七日吏兵部言湖北安撫轉運提刑司審度靖州通判鄧友龍乞將零溪堡拘没何萬改嘉謀田土招置刀弩手就零溪建置營寨在彼駐劄仍乞改飛山巡檢知零溪堡兼充刀弩手訓練專一部轄教閱誠為利便今欲從逐司已相度事理施行從之

輪兵守寨

開禧二年七月十六日詔慶元府三姑山都巡檢復還寨於三姑山普明院舊基所管水軍土軍與岑江烈港兩寨軍兵分為兩番輪往屯泊每一季一替先是樞密院言慶元府三姑山正當海港之要衝昨嘗置都巡檢寨後來承平既久以三姑山去本府稍遠船運勞費遂遷寨於烈港是致三姑山闕兵船控扼近雖行下制置司輪差水軍五十人船一隻於三姑山拋泊卓望緣兵船頗少兼去來未定難以責任乞令依舊移都巡檢於三姑山置寨縱而臣僚復以為請下沿海制置司相度措置故有是命

卷一萬五千二百二十一

辟置寨官

開禧二年十二月九日寶謨閣待制知瀘州李寅仲言州舊為瀘南沿邊安撫使領瀘敘長寧軍三郡自元豐間乞第梗擾之後三郡所隸堡寨官皆沿邊安撫使辟

置寨使之任其責也至乾道六年從臣僚之請陞沿邊安撫使為潼川路安撫使自去沿邊之號而權任反輕又自淳熙八年從臣僚之請其堡寨官除制置司存留辟置外並送轉運司定差而安撫使俱不得與一旦緩急堡寨之官視帥府不相誰何其能否皆不預知於邊防豈不有誤且沿邊堡寨之官隄防蠻徼責固不輕任滿不至生事例陞一秩或減磨勘且富材武所以待之者又不輕矣今也多求緣故抽差居平不肖邊鄙之事任滿則覬沿邊之賞其間諸寨又有俸廪微薄歷數年而不得代者苟免無聊何以責其潔己寡過乞治邊堡寨官非有軍興不許抽差或因緣差出則任滿不許推賞其有任滿而轉運司無官注授者見任人過滿而不得代者許從安撫司權行差辟日後準此從之

卷一萬五千一百二十一

三十三

起立寨栅

嘉定六年五月二十八日樞密院言廣東經略安撫司申審度關防海寇事件元申肇慶府常於冬春之時有溫台明州白艚船盡載私鹽扛般上岸糶買村民因而劫掠家財已踏逐到廣州肇慶府兩界首起立寨栅每遇冬月差撥水軍官兵五十人前去把截至次年春盡減戍又廣州新會縣界有地名潮連山及雞灣官子渡正是溫台福建私鹽艚船入廣路及海寇藏泊劫掠地頭已各添置一寨往來巡捕海寇及溫台州等處鹽船

作過或有緩急兩寨互相應援元申海寇作過急出沒之地號上下川罟蜑頭屬新會縣亦是溫明州檣船入路委是要緊見措置起寨及於潮州水軍就撥六十人元申南雄州見令駐劄摧鋒軍止有百兵合添撥防拓已帖摧鋒軍統制於韶州第一將差撥官兵一百人前去元申河源縣雖有長吉寨翁源縣有東桃徑寨相去皆遠更合就龍南河源兩界之間平坑伍峒之南相度增置一寨撥摧鋒軍五十人駐劄本司差官前去相度贑客賊從來往緊要隘路合於惠州河源縣管下各添置一寨又合於地名雉公長壕及元弓嶺攔斷路開壕整用木樁寨本司支官錢委官剏造兩處寨屋并差官兵五十二人分烏石瀧嶺兩處正是江西龍南興廣之河源接界贑客出沒不常既置兩寨相望把拓設有賊盜自可會合擒捕元申番禺縣流溪里合移置巡檢一寨兼管烟火屯駐土軍五十人外以防贑寇之入內彈壓峒民作過本司差官相度贑客賊徒往來緊要隘路合於地名赤崗村興福寺及官家舊莊基堪置烟火巡檢寨又於地名庵村堪置摧鋒軍駐劄兩寨相望緩急可以應援本司支錢委官架造庵村寨差撥官兵前去駐劄及於赤崗村起造寨屋又委官相度詳議到廣州有右一廂兵馬添監右一廂兵馬監押右三廂兵馬都監共三廂所管界分坊巷次第連接已將右一廂地分

卷一萬五千一百二十一

三十四

分而為二東以屬兵馬監押兼管西以屬兵馬都監巡
捕部合省併右一廂兵馬添監一員充流溪里赤崗巡
檢兼烟火職事又於廣州管下諸巡檢寨見管兵數多
處抽到土軍前去隄防韻壓峒民毋致阻險作過從之

移寨隄備

嘉定六年十一月二十一日潼川府路安撫司言照對
前政安撫李寅仲奏瀘州合江縣與南平軍白錦堡楊
光榮族連接舊有大小兩溪皆在蕃界遠來大溪兩傍
有九支邊埧青山安溪綏遠仁懷等寨足以隄備惟小
溪至重慶府平易空曠絕無一戍以為防閑竊謂仁懷
堡邊埧寨可省其一移置於小溪之隘口安溪所管知

卷一萬五千一百二十

三十五

寨都監二員亦可省其一移駐於小溪俾之彈壓防控
自後逐司委官相度到邊埧寨仁懷堡向來建築各是
控制夷蠻難以移置外相視得小溪地名大魚灣一處
照見隘口黃越二村夷人出沒要衝之地又照得附近
安溪一寨管知寨知押二員合移監押一員就所置小
溪新寨駐劄抽本縣所管戍兵五十名移駐小溪新寨
防戍所有官兵請受並從舊處支給委是經久可行已
得指揮依相度到事理下瀘州措置建築合江縣小溪
新寨量移軍兵五十人於新寨屯駐防拓遂委官相視
據申邊埧其地皆平無可守之險殊失建築本意又去
隘口十里太為迫近惟地名張平泉者高廣十餘里前

有對溪之險而兩山相束下瞰溪流不啻千仞上有嶽
小溪水泉清冽可供食用土壤甚沃亦有稻田可為永
遠之計又差官前往地頭建築了畢寨廨倉敖甲庫一
一差備已差安溪寨監押前去新寨駐劄守把并下瀘
州差兵員一百名防戍所有安溪寨監押員闕押員闕
乞行住罷別立新寨員闕併乞頒降寨名招以平泉寨
為名其合差知寨一員令潼川府路安撫提刑司公共
選辟一次

益置海寨

嘉定七年十月二十日權知慶元府兼沿海制置司公
事程覃言本司淮樞密院指揮仰措置防捍海道見得

卷一萬五千一百二十

三十六

控扼北來緊切形勢全在慶元府昌國縣管下海洋三
姑山蓋山東海船乘風而來必先經由三姑然後分路
或入浙東或入浙西紹興年間所以於三姑山置都巡
檢寨及於烈港岑江兩處各置指使並係三姑寨通
以橫江水土軍六百三十八人為名額當時有管巡船
三十六隻今之三寨海船軍器十無其一今來正當防
海之時乞將三姑都巡檢并烈江岑江兩指使三寨徹
徼溫州城下水寨倒並撥隸本司水軍仍聽慶元府統
轄每歲自十月初一日為始不問有無邊警制置司定
當更輪巡檢指使一員部領分撥三寨軍兵二百五十
人前去三姑山出戍卓望仍於水軍差撥官兵五十人

揍為三百人其戰船器甲但干應敵之具盡於定海關撥前去及仰統制統領選差將佐撥發訓練官兵五十人數內日逐申嚴金鼓水教一次遇夜宿船防把並兩月一替候來年三月初一日春和放散歸寨至十月仍舊所是寨官與三寨軍兵合聽水軍差去將官彈壓庶得脉胳相貫於海洲襟喉之地常有兵船倚伏萬一賊舟侵犯工伴戍卒便可在三姑山之前一面邀擊以待大軍兵艦相繼而出不至蕩然全無限隔寔為利便及體訪得三姑山孤立海心即無浦汊隈避風浪開禧年間所撥寨兵并水軍共五百三十人在彼防拓除三礁裏冬月僅可擺布戰船五隻攤載水軍三百人外白餘寨兵雖有昌國縣差到船隻拋在中嶼緣此處隔涉砂塗軍人上下不便少有著船況民間十艚率皆淺窄但可載人而已緩急亦難出戰今相度三姑山既不可多泊軍艦只得且摟三百人并戰船五隻前去出戍此外卻有己遣發卓望水軍一百人戰船三隻自海驢礁神前山等處探報往來三姑不至單弱但軍人日逐亦當在山上閱習射藝更迭休息夜間下船宿泊合用戍屋卻當行下慶元府前去此山起蓋以備出戍官兵教閱之所詔並依每日添支鹽菜錢三十米二升仰本司照應支給施行　十二月六日沿海制置司言昨奉指揮移定海縣內巡檢寨仍舊駐劄烏崎頭連白峯指使寨

卷一萬五千一百二十一　三十七

并撥隸水軍仍聽慶元府統轄令契勘定海縣從舊係海內白峯管界三寨并尉司共四處分認鄉界巡捕盜賊搜檢銅錢禁物及承受府縣送下詞訴令來海內既還往烏崎除管界一寨外所有白峯尉司卻令與海內新遷烏崎寨重分界至所有定海港等處巡攔市舶物貨元在海內巡檢差劄內繫銜令來本寨既移屯烏崎合係定海縣尉名銜帶管乞從朝廷關報差注巡尉去處照應仍劄下本司以憑遵從施行又奉指揮分輪昌國縣三姑烈港岑江三寨軍兵出戍三姑山並撥隸水軍仍聽慶元府統轄令契勘昌國縣有管岱山三姑烈港岑江四寨并尉司共五處其分管海鄉事務及承受府縣送下詞訴等并合從舊若是水軍惟當教閱前後撥隸五寨軍兵武藝船水同共防把海道收捕盜賊如有相關諸寨事件其水軍並合具申本司行下庶得事理明白使縣道寨柵各有遵守從之

添置鎮寨

嘉定七年十二月二十八日詔令慶元府奉化縣添置戰崎鎮寨省罷本府酒官二員一員文武改差監戰崎鎮兼烟火公事一員武臣改差戰崎鎮寨巡檢令吏部依條格使闕　先是臣僚言戰崎袁村皆瀕大海商舶往來聚而成市習俗素悍富者關國出船藏納亡賴彊招客販貿者奪攘鬬毆雄霸一鄉動致殺傷欲乞置一

卷一萬五千一百二十一　三十八

尉司總事不專一照得慶元府在城都酒務有監官文資四員武職二員向來置比較瞻軍條省三務各立二員分管酒額固不為少後來既將三務併而為一所謂六監官因循不曾减省及照得本府西門外有都巡檢一寨額管軍兵一百二十人既不邊海止在城外巡警鄉村盜竊及承受追會事件而已欲於城下都巡檢寨分撥土軍五十人移屯戰崎只就漂溪職租地起蓋軍房以慶元府戰崎巡檢寨為名仍於都務監酒內選撥有材能文武官各一員並存監酒舊銜內文官帶兼管戰崎烟火公事武官帶兼充戰崎巡檢其俸給於見請數目各無增損庶幾彈壓得人姦宄屏息故有是命繼

卷一萬五千一百二十一　三九

而有言者以戰崎鎮考究漢書地理志會稽郡注所載有鎮亭有鮚埼亭其他皆屬奉化俗訛為戰崎於義殊失古意乞早賜改正尋詔令吏部將慶元府奉化縣戰崎鎮寨並改作鮚埼鎮寨

立寨置官

嘉定八年十月二十一日詔湖州歸安縣荷葉浦置立巡檢寨以本縣言荷葉浦水面宏闊寇盜出沒欲立寨置官專一警捕故有是命

廢罷冗寨

嘉定十五年七月二十七日臣寮言慶元之象山有寨曰東門蓋曩歲兵馬增夥以防海道也本寨官兵雖以

六十人為額然皆無正兵逐季撥之定海更替往來靡有固志每替兵一至如鼠擾然騷擾良民欺騙商旅村疃雖犬為之一空原夥立之始因日海道交會之地籍其防遏不知東門為寨深處內港東有臨門西有亭山南有牛亭北有比風四寨外環咫尺相望卒有緩急咄嗟可集何藉於東門數十無常守之卒乎有寨以來官吏肆暴民之罹害十室而九漁户竄徙客販不行夫置寨本以防盜而民之被擾過於被盜為害若此詎容不去乞將象山東門寨亟賜廢罷又照得台州之寧海港頭鎮去縣僅餘五里既有縣則鎮不當立加以官吏貪暴不顧三尺假征榷之名虐取無藝瀕海細民破產蕩

卷一萬五千一百三十　四十

業殆於非命者凡不知其幾昨者漕臣沈皡灼見其弊申奏廢罷陛下亟俞其請甚盛惠也但聞漕司每歲代納台州及通判廳四百餘千且朝廷既知鎮為一方之害而罷去之區區數百千止何足計而顧使惠歸於漕司每歲代納之錢乞下户部於台州通判廳經總制錢內特與除豁則百里之民歌舞陛下之賜曷有窮已詔從之

哲宗正史職官志知城寨主掌訓治戍兵完固防守以扞邊境受納賦稅聽居民之訴訟其小者專理之大則稟于所屬有兵馬監押專掌甲兵訓練之事主簿掌勾考簿書及通治民事 知城寨

元豐七年二月十七日詔陝西河東沿邊新舊城寨見闕官處委經畧司選舉才力使臣自今無得移見在官近裏及别委幹當違者監司體量以聞 選任寨官

紹聖四年四月二十一日沿邊安撫司公事章楶言前石門好水河新建城寨乞創置將副各一員以涇原第

十一將兼提舉兩城寨及招置漢蕃弓箭手爲名石門城寨官八員知城一員以大使臣充都監監押共三員以大小使臣互充巡檢四員以小使臣互充好水寨差官七員寨主一員以大使臣充都監監押共三員以大小使臣互充巡檢三員以小使臣充乞並以三年爲一任除依本路拘還城寨官巡檢合得酬奬外每人更與特轉一官内將官陞路分都監副將陞正將如元係正將差遣亦依正將例知城寨主陞副將兩寨各乞置酒稅務官一員寨主簿各一員從之 創置寨官

紹興二十六年十二月二十二日，左奉議郎、通判興化軍趙不猷言：切謂通判者號爲監郡，職在按察。在法外縣鎮寨每季通判點檢，其間或有苟賤不廉之人，但取常程文字一二備數，或事宴遊，多差夫力，或因土產廣行收買，又縱行（令）隨行公人乞取，謂之常例。縣鎮公吏因

點對城寨

緣徼取于民，所至紛然，民不安堵，則李點之法意安在哉？欲乞令監司常切覺察，如有違戾，按劾以聞。從之。按劾鎮寨

紹興三十二年七月十三日，孝宗即位未改元。吏部言：選人循轉止憑出身以來付身印紙，不曾指保陳乞。今欲乞將諸路州軍監縣鎮城寨正受朝廷付身選人，各經見任州軍陳乞，仍令本州委官點對，別無冒僞，保明申部施行。從之。

元豐五年五月二十六日鄜延路經略使沈括副使种諤言準朝旨條具制賊方畧仍畫一具所乞城山界事今者涇原方議進討賊未必敢舍巢穴而囤山界本路正當可為之時今具大意臣等歷觀前世戎狄與中國限隔者利害全在沙幕若彼率衆度幕入寇則彼先困我度幕往攻則我先困然而西戎常能為邊患者以幕南有山界之粟可食有山界之民可使有山界之水草險固可守我師度幕而北則須贏糧載水野次窮幕力疲糧窘利於速戰不幸堅城未拔大河未渡食盡而退必為所乘此勢之必然也所以興靈之民常晏然高枕

而我沿邊城寨未嘗解嚴者地利使然也今若能使幕南無粟可食無民可使無水草險固可守彼若贏糧疲師絕幕而南頓兵沙磧仰攻山界之堅城此自可以開關延敵以逸待勞去則追擊來則惜力治內之勢在我而委敵以空野堅城之不利又山界既歸於我則所出之粟可以養精兵數萬得虜之牧地可以蓄息戰馬鹽池可以來四方之商旅鐵冶可以益兵器置錢監以省山南之漕運彼之所亡者如此我之所得者如此而又絕和市罷歲賜驅河南之民聚食于河外彼將何以自贍更使之賂契丹結董氊乃所以交困之也山界既城則下瞰靈武不過數程縱使堅守必有時而懈沿邊修

戰備積軍食明斥候待其弛備從洮河之舟以塞大河下橫山之卒擣其不意此一舉可覆也兼梁氏與萌訛首為悖亂使一國之民肝腦塗地彼寧不猜怨獨以兵威劫束勢不得動耳急之則併力緩之則自相圖此曹操所以破袁紹也又言昨條具制賊方畧非謂展拓邊面而已蓋欲窮困賊勢窺其腹心須當盡據山界若占據山界不盡則邊面之患猶在沙幕尚為彼用若占盡山界則幕南更無點集之地彼若入寇須自幕北成軍而來非大軍不可如此當先擇險要之地立堅城宿重兵以為家計今按視塞北古烏延城正據山界北垠舊依山作壘可屯士馬東望夏州且八十里西望宥州不

過四十里下瞰平夏最當要衝土地膏腴依山為城形勢險固欲乞移宥州於舊宥州地平難守兼在沙磧土無所出先於華池油平築堡以接兵勢川路稍寬可通車運聚積糧草器具事事有備併力烏延先補山城城畢乃築平城此地膏美去鹽池不遠其北即是牧地他日當為一都會鎮壓山界屏蔽鄜延其銀夏州及可置鹽監鐵冶錢監馬牧因嶮控扼候烏延功畢漸次計置仍乞將塞門寨以北石堡背水油平羅幃鹽池一帶為中路隸宥州米脂浮圖葭蘆義合吳堡銀州一帶為東路隸綏德以金湯長城嶺德靖順寧寨一帶為西路隸保安軍除本路九將外更增置四將以新招土兵分

隸沿邊八將駐劄邊面次邊三將駐於金明青澗城延
州近裏兩將在鄜州河中府其沿邊八州榷貨客鹽自
賣交鈔本為禁止青白鹽立法將來青白鹽池既歸我
八州軍自可不食解鹽乞以鹽州隸本路就收鹽課應
副沿邊兼糴買糧草除新克復州軍各係創增課額外
舊來八州亦減得地里增饒錢貫萬數不少所有合計
備事除本路及轉運司可以那移外乞朝廷應副錢萬
緡廂軍萬五千人工匠千人遞馬百匹乞於近裏州軍
應副生熟鐵五萬觔牛馬皮萬張車二十乘本司及轉
運司備義勇保甲萬人應副以代禁軍有事役者又言
朝廷若定議城守山界即乞趣涇原兵馬牽制及本路

屢捷之後乘勢興修若遲留月日即恐西賊有謀費力
平蕩又稱將來興修烏延畢當復夏州則東西相控扼
山口其中路以東城寨盡在腹內來則制其衝去則斷
其後詔沈括所奏乞盡城橫山占據地利北瞰平夏使
虜不得絕磧為患朝廷以舉動計大未知利害之詳遣
給事中徐禧內侍省押班李舜舉往鄜延路審議可深
講經久所以保據利害以聞

金村堡

陝西環慶路慶州安化縣金村堡嘉祐元年修復元豐二年廢

鐵城堡

陝西熙河路岷州鐵城堡熙寧十年置

捺珠堡

熙寧元年八月十三日秦鳳路走馬承受公事王有度言秦州修舉利城捺珠堡役本州六縣義勇乞與免諸般科配三年權住令冬閱敎一次城下般運糧草材植義勇及弓箭手寨戶沿路身死者及量支孝贈錢詔義勇特與免二年科配因般運糧草及工役身死者每人孝贈錢二貫文弓箭手寨戶亦依此

卷一萬一千五百八十四　一

聳翠堡

荆湖路北路石泉軍聳翠堡政和八年以三隘堡改

山丹堡

熙寧三年二月二十八日秦鳳路經畧使李師中言廢山丹納迷乾川三堡增收秦州伏羌寨爲城從之

龍潭堡

荆湖路北路辰州龍潭堡元豐二年置

遮羊堡

陝西熙河路岷州遮羊堡穀藏堡並雍熙七年置內遮

羊堡尋隸通遠軍元豐元年復來隸

馬務堡

陝西熙河路岷州馬務堡雍熙六年自秦州來隸

馬川堡

元豐五年七月二十三日詔鄜延路見修六寨其長城嶺寨以西接連環慶路金湯白豹已指揮環慶路差二人並邊照應若別無興作即是虛勒軍馬令徐禧沈括計議其當進築城寨處與曾布議定以聞八月二十五日環慶路經畧使曾布言洛原故城可以建一城白豹和市可以建一寨宫馬川可以建一堡從之令李察應副侯鄜延路兵勢相接方興板築

卷一萬一千五百八十四　二

渭川堡

秦鳳路通遠軍三岔羊渭川堡熙寧五年自秦州來隸內七羊渭川堡元豐七年廢

南川堡

陝西熙河熙州當川堡南川堡並熙寧六年置

乾川堡

陝西秦鳳路秦州丹山納迷乾川堡並熙寧三年廢

安川堡

陝西熙河路熙州安川堡元符三年以臈哥堡改

鎮川堡

陝西東路麟州新秦縣鎮川堡慶曆二年置

隴城川堡

陝西秦鳳路秦州隴城川堡慶曆五年修

陝西熙河路河州西原堡北河堡並元豐三年置

北河堡

寧河堡

陝西東路大和彌川通秦寧河堡元符二年進築各附寨為名大和寨堡隸麟府路通秦彌川寧河寨堡隸嵐石路

東谷堡

陝西熙河路河州東谷堡熙寧七年置

瀾精谷堡　卷一萬一千五百八十四

陝西熙河路河州瀾精谷堡熙寧七年置　三

東關堡

陝西熙河路蘭州東關堡阜蘭堡元豐四年置內阜蘭堡七年廢　紹聖三年五月六日權熙河蘭岷路經略司公事游師雄言東關質孤勝如堡定遠城一帶舊管認巡檢地分除東關質孤堡北隔大河外並係占穩地形可以探望賊馬又定遠城與斗平堡通四道諸寨巡綽地分皆在口鋪之外並係自後巡馬所到乞並管認為界詔從之仍令經略司差人巡綽卓望令西人習知此處為界

西關堡

陝西熙河路蘭州阿干堡西關堡並元豐六年置內西關堡元祐元年十二月二十二日權發遣熙河蘭路經略安撫司公事劉舜卿言蘭州西關堡合行修築從之

園林堡

陝西鄜延路保安軍園林堡慶曆五年置

神木堡

陝西東路麟州銀城縣神木堡慶曆五年置

天村堡

荊湖路北路誠州大由天村堡元豐七年置

文村堡

卷一萬一千五百八十四

政和元年七月十一日詔平州依舊作王口寨融江文村潯江臨溪四堡寨並依舊隸融州廢懷遠縣改從州作樂古寨通靖鎮安百萬寨並隸允州　乾道四年八月十四日吏部言廣西宜州德勝融江文村融州臨溪宜州堰江臨衡五堡主管堡事邕州遷隆鎮融州樂善融江通道瓊州西峯宜州帶溪思立安遠一鎮七寨同管轄兵甲公事並見闕遠地元係本路辟差昨承乾道三年七月指揮送部使闕差注見差親民資序村武人令欲比附本部見使巡檢知寨條法破格注初任村武人次經任監當不應村武人從之先是權發遣容州楊堯弼奏乞將廣西見闕正官去處與破格差注一次至是吏部措置來上故有是命　四

涯村堡

荆湖路北路成州石家涯村堡元豐四年置元祐六年廢

零溪堡

荆湖路北路成州零溪堡政和三年置

牢溪堡

潼川府路滋州牢溪堡大觀三年置

安塞堡

元符二年四月二十五日鄜延路經畧司言近於安塞堡北威戎殄羌之門相視地名白落嶒可以築城寨控扼賊馬尋指揮都鈐轄苗履等統制兵馬進築已畢賜名威羌令又築那娘山青高山并盧關赤惺峯堡寨並畢其那娘山賜名殄羌其苗履等功狀應賞詔第等與轉官減年支賜

通塞堡

元符元年五月二十一日環慶路經畧司言修築橫山寨通塞堡畢工詔如京使李浦以防托部役減二年磨勘 陝西環慶路環州通遠縣通塞堡舊通塞路

木寨堡

荆湖路北路成州羊鎮堡木寨堡崇寧三年置

古寨堡

陝西環慶路鎮戎軍古寨堡元豐五年置

平安寨堡

陝西鄜延路延州豐林縣高頭平安寨堡汪慶歷六年置

酉溪寨堡

荆湖路北路辰州新興鳳伊鐵爐竹平不棲烏速騾子酉溪寨堡並熙寧九年廢

石泉堡

政和八年七月八日樞密言據知城都府孫義叟等奏建築石泉軍寨堡又討蕩過番賊了當保明到立功人承節郎高震等詔各轉官一資

荔原堡

治平四年閏三月二十三日陝西四路沿邊宣撫使郭逵言已令環慶路經畧使於馬蘭平修築堡寨及奏功畢賜名荔原堡先是環慶蔡挺奏准入內供奉官王中正傳宣押指揮自家地內如控扼及合修築堡寨令逐急相度修置本司勘會慶州華池鎮地界西北面四十里舊有鹽堆城控扼赤沙知忠兩川口遂差官密行相度到鹽堆城山嶺下臨不堪修築次南一里半地名馬蘭平三面險固可以修建堡柵盡圍以聞挺復以是事咨逵時鄜延路保安軍胡經臣李稔平二族亦修保障逵以兩路同時營築堡寨順為機會故不候朝旨令挺修建 治平四年四月十八日詔秦州德順軍慶州近劄置雞川治平荔原等堡寨本為防托邊界屬戶通行兵馬令逐路不得多招漢戶居止常切約束無令過一百戶

通津堡

陝西熙河路湟州通津堡崇寧三年以達南宗改荆湖路北路石泉軍通津堡政和八年以通牛堡改宣和三

年廢

通渭堡

神宗熙寧元年七月六日陝西經畧使韓琦已委秦鳳路副都總管楊文廣於擦珠谷修一大堡於近裏城寨差撥人馬防守候修畢即乞廢罷納迷山丹菜園白石了鍾五堡使臣軍兵及畢利川無主荒閑地土甚多見行封摽招置弓箭手從之仍詔納迷山丹堡正係秦州八古渭寨徑直大路蕃部往來至永寧寨解責鞍轡馬仰照切照管毋致梗澁及奏功畢賜名通渭堡賜文廣對衣金帶銀鞍勒馬餘賜各有差　熙寧二年二月八日秦鳳路經畧安撫使司言秦州甘谷城通渭堡至古渭寨一帶弓箭手耕種堡子已差官相度檢計功限修築次詔令詔孫永令委差去將官相度須量逐處地分所管人馬多少遇事宜保聚老小能容着得盡方為穩宜五年改為寨

卷一萬一千五百八十四

七

飛山堡

荊湖路北路誠州飛山堡大觀二年置

三城堡

元豐五年八月五日熙河蘭會路都大經制司言本路女遮川洛施吼洛宗三城堡未築已相度因今防秋興省財力而辦事已牒李察合圍結河東京西廂軍千九接續應副從之

阿原堡

陝西環慶路環州通遠縣阿原堡三年以阿烽源置

臨洮堡

陝西熙河路熙州臨洮堡元豐七年置

卭水堡　安夷堡

潼川府路遵義軍卭水堡安夷堡宣和三年以思州卭水縣安夷縣改

大洲堡

潼川府路瀘州合江縣鎮溪梅嶺大洲堡並元豐四年置

石門堡

元符二年三月十七日涇原路經畧司言進築通峽盪羌九羊寨石門堡畢工詔修築將吏各減年磨勘循資及賜銀帛有差　陝西環慶路德軍石門堡政和七年以石子門置

卷一萬一千五百八十四

八

潯江堡

廣南路西路融州融水縣臨溪文村潯江堡並元豐七年置

蓮城堡

紹興三年七月十五日福建路汀州言乞將蓮城堡創置一縣詔依以蓮城縣為名

羅溝堡

陝西環慶路環州通遠縣羅溝堡政和三年以火羅溝置

平隴堡

荆湖路北路石泉軍平隴堡政和八年以石壠堡改宣和三年廢

慶平堡通谷堡

陝西熙河路熙州慶平堡通谷堡並熙寧五年置

嘉平堡

荆湖路北路石泉軍嘉平堡政和八年以李平堡改

通平堡

荆湖路北路誠州通平堡政和八年置

卷一萬一千五百八十四　九

綏平堡

陝西熙河路湟州綏平堡崇寧三年以堡敦谷置

斗平堡

陝西秦鳳路通遠軍榆木岔熨斗平堡元豐五年置

古高平堡

陝西環慶路德順軍古高平堡元符元年置

耳朵城堡

陝西環慶路原州立馬城堡耳朵城堡並慶歷五年置

貼團城堡

陝西秦鳳路階州貼團城堡熙寧七年復修

東西口堡

陝西環慶路鎮戎軍東西口堡硝坑堡熙寧元年置

東水口堡

陝西環慶路鎮戎軍單東水口堡元豐四年廢

隴陽堡

陝西秦鳳路秦州尖竿隴陽堡並熙寧四年置

連雲堡

荆湖路北路石泉軍連雲堡政和八年以赤朱中路小堡改

凌霄堡

荆湖路北路石泉軍凌霄堡政和八年以七星關堡改

張義堡

卷一萬一千五百八十四　十

陝西環慶路鎮戎軍張義堡熙寧五年置　元豐元年六月十二日知鎮戎軍張守約言張義堡四面受敵易攻難守堡南一里有舊堡三面臨崖城兩重皆不受敵乞存新堡外更修繕舊堡移置倉草場及見任監押令主管上下兩城兵馬煙火遷廨舍於舊堡從之

達隆堡

陝西秦鳳路秦州達隆堡慶歷五年置

仁懷堡

潼川府路滋州仁懷堡宣和三年以滋州仁華縣改

數丈堡

荆湖路北路延寧軍數丈堡宣和三年以關改

善治堡
陝西熙河路湟州善治堡政和六年以丘護改
惠寧堡
陝西東路麟州新秦縣惠寧堡慶歷五年置
壽寧堡
荆湖路北路延寧軍壽寧堡宣和三年以寨改
武寧堡
潼川府路長寧軍武寧堡寧堡並宣和三年以寨改四
年復
威寧堡
陝西環慶路環州通遠縣威寧堡舊青川堡
【卷一萬一千五百八十四】　十一
安定堡
陝西鄜延路延州豐林縣安定堡注慶歷五年以馬蹄川置
肅定堡
陝西東路麟州連谷縣橫陽堡肅定堡並慶歷五年置
靜勝堡
陝西熙河路會州靜勝堡政和六年以接應堡改
靖化堡
陝西東路府州府谷縣西安堡靖化堡並慶歷年修復
靖安堡
陝西環慶路原州靖安堡慶歷五年置管八保曰中郭
普吃囉岔中嶺張嵓常理新勒雞川殺獐川　荆湖路

北路石泉軍靖安堡政和八年以鹿王堡改
中安堡
陝西環慶德順軍中安堡慶歷三年置
通安堡
荆湖路北路石泉軍通安堡政和七年以天尊坪堡改
宣和三年廢
啞兒堡
陝西秦鳳路通遠軍啞兒堡皇祐二年置元豐七年廢
女遮堡
元豐五年十二月熙河蘭會路走馬承受公事樂士宣
乞且罷來春修女遮堡令李憲相度以聞其後詔憲隨
力經營之　【卷一萬一千五百八十四】　十二
涼棚堡
陝西環慶路鎮戎軍信岔堡涼棚堡治平四年置
鎮鋪堡
元豐元年十一月二十八日荆湖南路安撫使謝景溫
言相度轉司乞以邵州武岡等為縣保丁於界上置鋪
堡其已發往關硤等寨弩手並就本縣差填所置鎮鋪
堡望辰州界並在百里內欲許保丁依條置器甲以備
保聚教習從之非蠻界百里內者不用此法
欄干堡
陝西東路麟州連谷縣欄干堡治平三年置

衡家堡

陝西環慶路環州通遠縣衡家堡舊麥涇堡

護橋堡

荆湖路北路石泉軍護橋堡宣和三年廢

索橋堡

荆湖路北路延寧軍索橋堡宣和三年廢

慈竹堡

潼川府路純州慈竹堡舊慈竹寨宣和三年改

床穰堡

陝西秦鳳路秦州床穰堡開寶九年置管小寨十一曰静邊臨川德威廣武寧遠長樵定川陝河安遠和戎鎮

《卷一萬一千五百八十》 十三

邊熙寧三年罷為鎮十年改為堡

蕉蒿堡

慶歷六年五月十九日詔環慶路經畧司比夏國人馬累至後橋蕉蒿堡十二盤開築舊堡其地雖然係漢界兵馬所得然夏國今納款稱臣不欲出兵拒絕其令彼土蕃戶住坐如故仍畫壕為界

賓草堡

熙寧三年三月十八日詔囉兀城宜令趙卨相度如不可令棄毀訖奏河東所報探西賊水軍恐於石州渡河令呂公弼過為之備撫寧失陷人令經畧司按寔具數聞奏囉兀城賓草堡令轉運司更不得運粮草前去

七麻堡

陝西秦鳳路秦州者達當七麻堡並熙寧五年廢

洛宗堡

開元豐五年十月十一日上批付苗授蘭州城壕至今未濬非久黃河氷合咫尺賊界於邊計極未便李浩所乞修洛施龍洛宗二堡雖已畫可聞本路禁軍累經和雇版築人力疲弊甚要休息且併工營葺蘭州及龕谷使有金湯之恃其二堡俟來春有餘力為之

護耕堡

紹聖三年九月十四日權發遣熙河蘭岷路經畧司公事王文郁言龕谷寨係極邊控扼衝要之地昨為之水

《卷一萬一千五百四十六》 十四

移於李諾平修建為定遠城廢為護耕堡今有四井見水居民千餘口更添屯人馬千餘騎可以給足合修完守禦以龕谷堡為名以勝如堡巡檢於龕谷堡置廨宇管幹龕谷勝如兩堡弓箭手公事兼道路巡檢差步兵四百人相兼守禦從之

廣吳堡

陝西秦鳳路通遠軍廣吳堡皇祐五年置元豐七年廢

神堂堡

陝西環慶路環州通遠縣神堂堡大觀二年置

隴諾堡

陝西秦鳳路秦州吹藏大甘隴諾堡並熙寧元年置

勝如堡

陝西熙河路蘭州勝如堡質孤堡並元豐五年廢

結阿堡

陝西熙河路熙州結阿堡熙寧七年置

横望堡

荊湖路北路石泉軍横望堡政和八年以赤朱堡改

圻候堡

陝西東路府州府谷縣河濱斥圻候堡並至和三年修

復

通會堡

陝西熙河路湟州通會堡元符元年以李厮堅谷口置

《卷一萬一千五百八十四》　十五

開光堡

陝西鄜延路膚施縣開光堡元符元年修築

開遠堡

陝西環慶路鎮戎軍開遠堡咸平元年置

寧遠堡

陝西環慶路鎮戎軍寧遠堡大中祥符三年置

太和堡

元符二年八月二十五日端明殿學士中大夫河東路經畧安撫使知太原府林希為太中大夫資政殿學士以進築太和等八堡寨畢工也朝奉大夫提舉江寧府崇禧觀孫覽為寶文閣待制知光州以前知太原進築烏龍

堡寨城壘　雜錄

神泉寨畢工也

大同堡

陝西熙河路湟州大同堡政和六年以接應堡改

會同堡

荊湖路北路石泉軍會同堡宣和八年以雨會堡改

三交堡

陝西東路火山軍三交堡舊三交川元符元年置

冶坊堡

陝西秦鳳路秦州冶坊堡太平興國二年置管小寨六日橋子古道永安四顧威寨李子熙寧四年廢罷五年復見為堡

《卷一萬一千五百八十四》　十六

堡寨　堡名

天禧五年七月七日涇原路駐泊都監王懷信言鎮戎軍浚壕築堡寨工畢詔賜將士緡錢有差　皇祐二年六月十七日判延州李昭亮請陝西沿邊小堡寨無使臣管勾者並更為鋪從之　嘉祐四年二月十日河東經畧安撫使孫沔請麟府州西安靖化宣威清塞百勝中候及鄭州橫戎神林忠寧肅定鎮川臨塞等十二堡寨使臣及兵馬粮草令旁近大寨番遣人守護之復創麟州西裴家堰寨積草以應接麟州詔存府州中候百勝寨麟州鎮川寨餘從之　治平四年閏三月三日神宗即位未改元陝西四路沿邊宣撫使郭逵言秦州青雞川蕃官

首級藥厮哥等獻青雞川地土多展城寨招置弓箭手本司體量若於青雞川南牟谷口修置城寨則秦州與德順軍沿邊堡寨相接足以斷賊來路已發兵夫修築去訖詔逐具所修青雞川一帶大小堡寨四至役人工料向去合用戍兵幾何件析以聞　治平四年四月十八日詔秦州德順軍慶州近轄置雞川治平蕩原等堡寨本為防托邊界屬戶通行兵馬令逐路不得多招漢戶居止常切約束無令過一百戶　元豐四年四月九日樞密院言蘭州近修復金城關繫就浮橋涇原進築古高平沒煙峽城寨下瞰天都不遠尚未與熙河邊面通徹如將來涇原舉動進築天都鍬钁川蕭磨移隘等

《卷一萬一千五百八十四》　十七

處又須兩路聲勢相接乃可為肘臂宜更牒熙河安西城東北青石峽口青南訥心東冷牟至會州以來相度遠近修築寨仍自會州入打繩川建置堡寨置與南牟會相接即與涇原互相照應詔令章楶鍾傳究心體訪山川地理遠近與控扼要害合修築處如何舉動可保全勝具狀以聞　元豐七年六月十三日賜廣西路經畧司度牒二百道應副融州新招納溪洞置堡寨　元豐七年八月一日荊湖路相度公事所言王江一帶自大湴口以上接連檀溪諸蠻與金道路相接朝旨專委主管廣西經畧司機宜文字程節招納措置本處地里闊遠蠻已歸附須築一堡寨以為守備詔節言王江上流地

名安口控扼諸峒其地寬平可建城寨然由王口而上經大湴口老江口皆生蠻猺團族唯以畧峒民板木為生今雖効順各有俸給若建城寨亦須兵威彈壓今欲沿江及中心嶺各治道路漸進先置堡鋪於吉老江量留兵丁以防鈔截粮道然後安口可以積功又言王江一帶團峒東由王口三甲西連三都樂土南接宜州安化北與誠州新招檀溪地容相鄰比熙寧中嘗遣承制劉初領兵丁置寨於安口諸蠻併力殺傷官軍自此蠻情愈更生梗令逼招納例皆効順既當開道路置堡寨驛鋪分兵丁防守乃為久安之計又緣事干兩路與誠州同時措置庶使諸蠻力有所分易為辦集從之　哲

卷一萬一千五百八十四　十八

宗元祐三年十月十四日勅荊湖南北廣南西路朝廷疆理四海務在柔遠頃荊湖諸蠻近漢者無所統一因其請吏量置城邑以撫治之後來邊臣希功獻議創通融州道路修（侵）逼洞穴致生疑懼朝廷知其無用旋已裁減而邊吏失於撫遏遂爾扇搖作過然按其地止是道路蠻人因使臣劉宗閔已追官勒停外其湖北廣西見作過楊晟臺等特免追討除存留守把兵丁外並罷添屯兵馬其湖北所開道路創置多呈收溪天封羅蒙大由等堡寨並廢廣西湖南創置堡寨令經畧鈐轄司量度准此　政和六年十二月十四日御筆熙河造邦三十餘歲而居園未全比命偏師扼其襟喉乘勝板築以

及諸路凡二十餘堡寨拓地二百餘里宰執可轉一官劉正夫鄭居中蔡京並回授有服親兼依轉官例施行

政和七年六月二十四日涇原路經畧使席貢奏應副使築寨多臺飛井塢兩新寨照管堡子七座烽臺十八座了當契勘寨多臺已賜名威多寨飛井塢賜名飛井寨詔席貢與轉一官

堡障

元豐七年四月十三日鄜延路經畧司言準朝旨呂惠卿言新復四寨深在生界未有保障應接若遣人牛耕種或見侵略勢不萬全乞候地畢了日施行從之　詔聖二年四月三日熙河蘭岷路經畧司言已與西人約日定疆界其通遠軍蘭州皆控邊要合保障十二處乞乘時修築詔候畫界畢先築珠龍川納迷川兩堡其餘以次鳩工毋失禦侮

卷一萬一千五百八十四

十九

堡鋪

元祐五年十月四日鄜延路經畧司言宥州移牒稱為畫疆界有詔漢界留出草地十里蕃界依數對留欲於蕃界令存留五里為草地夏國於所在五里內修立堡鋪令擬到回牒去朝廷務敦恩信特從所乞應見分畫界至處許於蕃界內存留五里空為草地漢界草地亦依此對留五里為兩不耕地各不得於草地內修建堡鋪從之

堡壘

紹興七年正月十八日吏部侍郎充都督府參議軍事呂祉言委官相度太平州採石渡建康府宣化渡靖安鎮措置修築堡壘防托已相視到逐處地形見委官措置修築契勘靖安鎮堡壘周圍長一千二百九十六步內七百三十步依山修築比之創築極省工力其採石渡周圍長六百五十四步有古城基址因仍接築地步工力比靖安鎮減一半詔令呂祉催促疾速修築

城堡

元豐四年八月六日荊湖北路轉運司言已招懷辰州上溪蠻當漸築城堡緣本屬生蠻地全藉兵威彈壓辰州雄畧指揮令戍桂州乞追回應副防托上批荊湖北路昨應副沅州謝麟於歸州蠻界置堡寨民力已困遠輸豈堪更有興作轉運司吏上承准朝命招安遂乃妄意謀立城柵若不嚴與誡約則希功小人浸淫越職為國生事已令高鑄分析後鑄上言昨與轉運孫頎權知荊南王臨同乞招諭上溪諸蠻量益戍兵所貴諸蠻即降遂謀築塞緣前奏已開陳故有此請詔釋之　紹聖二年正月十八日樞密院言請沿邊城堡鎮寨應有公使錢處並依例策供饋本處有職事官及犒設漢蕃使臣兵員如敢於例策外輒有饋送并知而受者並坐違制委逐路經畧安撫鈐轄司逐季點檢從之　紹興二

卷一萬一千五百八十四

二十

十六年十二月十三日臣僚言成都府夔州瀘州路嘉叙黎雅等州有關城堡等寨屯戍人兵控制諸蠻其知城寨言多是制置安撫使因私謁更互差權類皆營私苟且不恤邊事欲乞嚴差辟之法定資任之制上諭輔臣曰蠻夷桀黠從古而然唐以前屢被侵擾入川屬自大祖兵威撫定以大渡河為界由是不敢猖獗然沿邊控禦兵官豈可非人湯思退奏曰欲下吏部措置令本路撫司選擇差官中制置司體量庶革前弊上曰甚善

築立小堡

元豐四年十一月九日涇原路轉運判官張大寧言自兜領以北山險可就嶺南相地利建一城寨使大軍自鎮戎軍截糧草至彼更於中路築立小堡以相應接如此則可省民力之半又言臣觀葫蘆河一川南北平坦地皆沃壤若有堡寨可依則其田盡可募弓箭手廣令墾闢止以遣回空夫併力修築若堡寨既成則地基酒稅並可經畫資助軍費上批付盧秉曰張大寧奏乞城蕭關故城以為根蔕威効已見於熙河自城蘭州及展置戍壘之後羌人相繼降附者已數萬帳迨今效順接跡不絕卿其早圖為之

卷一萬一千五百八十六　二十一

衡家堡　陝西環慶路環州通遠縣衡家堡舊麥涇堡

威寧堡　陝西環慶路環州通遠縣威寧堡舊青川堡

按此二堡原稿無年月

邊州　府州　豐州　西涼

宋會要　府州

折氏世為雲中大族唐有折宗本者補振武緣河五鎮都知兵馬使宗本子嗣倫麟州刺史嗣倫子從阮自晋漢以來獨據府州控扼西北中朝賴之仕周至靜難軍節度兼侍中從阮子德扆嗣知州事世宗建府州為永平軍以德扆為節度亦嘗入朝後遣赴鎮其地險絕實捍西戎後朝廷疑其彊盛別置軍馬一司以視其舉動而後力弱非初置折氏居河西之本意也　太祖建隆元年正月加德扆檢校太師　六月德扆破河東沙谷寨斬首五百級　二年德扆來朝復遣赴鎮　乾德元年冬德扆敗太原軍數千于城下生擒偽將楊璘詔褒之　二年八月德扆赴行在假詔差弟禮賓副使德源押賜茶藥仍遣醫官一人往彼　九月德扆卒詔贈侍中以其子衙内都指揮使御勳為起復雲麾將軍汾州團練使權知府州事　三年加御勳府州防禦使　開寶三年二月太祖親征太原御勳不候詔朝行在帝嘉其意即以御勳為永安軍節度觀察留後及還厚賜遣之　四年十月以郊祀來朝畢遣還鎮　九年郊祀西洛復來朝未幾改鎮花海是年以府州馬步軍都指揮使折御卿為閑廄副使知府州御卿即御勳之弟太宗太平興國四年三月太宗征河東詔御卿與監軍尹憲領屯兵同攻嵐州又破苛嵐軍殺戮甚衆并擒偽軍使

卷一萬一千三

折令圖以獻又以嵐州偽憲州刺史霍翊檎偽將夔州節度使馬延中等七人以獻御卿以功遷崇儀使　六年府州外浪族首領来都等来貢馬　雍熙二年六月府州女乜族首領来母崖男社正等内附命還居若也族中　九月以崇儀使折御卿領成州刺史　端拱元年以六宅使誠州團練使知府州折御卿為府州團練使兼麟府濁倫寨廵檢使　淳化三年二月還御卿府州觀察使　四年四月御卿上言銀夏州管内蕃漢戶八千帳族悉来歸附錄其馬牛羊萬計　五年五月制授御卿永安軍節度充麟州兵馬都總管夏銀府綏都廵檢使　御卿世有功於朝廷尤能綏撫部伍西蕃頗

卷一萬一千三

憚之故有是寵　至道元年正月府州言契丹萬餘衆入寇節度使折御卿率兵擊敗於子河汊斬首五百級獲馬千匹虜將號突厥太尉司徒舍利死者二十餘人生擒吐渾首領一人大將韓德威僅以身免帝召使者於便殿問狀謂左右曰此戎小醜輕進易退朕常誡邊將不與爭鋒待其深入則分奇兵以斷其歸路因擊殺之必無遺類也今果如其言左右皆呼萬歲厚賜其使因遣內侍楊守斌往府州畫地圖来上因遣問御卿向者戎人從何而入御卿曰虜由山峽間細逕而入意臣出巡謀入剽掠臣先謀知之預遣內屬戎人邀其歸路因縱兵疾擊虜敗走塵起迷失本路人馬墜崖谷死者

相枕籍不知其數皆聖靈所及非臣之功帝甚嘉之十二月御卿卒詔贈侍中以其子惟正為洛苑使知州事　御卿被病虜諜知之韓德威為李繼遷所誘復率衆入寇以報子河汊之役御卿與疾而行德威聞其至頓兵不敢進會疾甚其母遣親信召御卿歸就醫藥御卿曰家世受國恩虜寇未滅御卿之罪也今臨敵安可棄士卒自便死於軍中是其分也翌日而卒　二年三月入內副都知宋思恭上言得府州管界五族大首領折突厥移狀稱父折文御授官告補充五族大首領今文御已士（死）府州以突厥移承父句當乞賜真命詔折突厥移授安遠大將軍依舊充府州管界五族大首領

卷一萬一千三

六月府州勒浪族副首領遇兀等百九十三人歸附貢馬七匹遇兀舊隸契丹淳化初遷族帳於府州界東至河百五十里南至府州三十里至是始来貢帝召見慰勞賜錦袍銀帶遇兀言部族多良馬今始来朝所貢未備帝曰吾嘉爾忠順之節慕化来歸固不以多馬為意也　七月以李繼出討賊遷賜麟府州兀泥族大首領突厥羅安女殺族大首領越都女女夢勒族大首領越移女女忙族大首領越置女女兒蔑兒族大首領党移没兒族大首領莫末移路乜族大首領移細乜族大首領慶元洛才族大首領羅保細母族大首領雞保也凡十族敕書指懷之　三年八月詔府州折惟正歸明以

其弟内園使惟昌代知州事兼麟府濁輪寨都廵檢使惟正少有狂易病不可治州事故命之十一月知府州折惟昌等奏臣父嘗奉詔歸投蕃部中有懷二者便令剪除未敢遵奉施行詔如有蕃部委實還背者依蕃法例行遣 真宗咸平二年八月河西蕃族叛戎黄女族長裳異保及府州叛去熟戶啜訛引繼遷之衆冦麟州萬戶谷進至松花寨知府州折惟昌與從叔同廵檢使海超弟供奉官惟信率兵赴戰于城會惟昌干中背墜馬官軍小衄海超惟信没焉奏至即日遣内侍齎閣賜金丹法酒錦袍金帶名馬器幣 九月繼遷之黨萬保移埋没入冦府州之埋井寨惟昌與洛苑使宋思恭西

卷一萬一千三

京左藏庫副使劉文質赴之戰于横陽川斬獲甚衆奪牛馬槖駝弓矢 十一月惟昌又與宋思恭劉文質發兵渡河破契丹界言泥扶黄太尉寨焚器甲車帳數萬計斬千餘級獲所虜生口三百餘詔書奬之 六年五月唐龍鎮上言鎮有貿易于府州者為州人邀殺盡奪貨畜乃詔府州自今許令互市竊加存撫 八月府州八族都校明義等言屢於麟州屈野川擊還賊及緣邊立大柵防過寇有克獲詔奬賚之仍令府州常以勁兵援助勿失機便 是月賜内園使折惟正祖母路氏詔書茶藥時惟正請告詣府州省覲帝聞路氏常訓于孫以忠孝之事故勞賜之 景德元年二月惟昌上言臣

與鈐轄張志言宋恭率兵入蕃界破賊寨獲人口牛馬槖駝衣甲旗鼓四萬餘又獲芻糧至麟州詔賜錦袍金帶勅書奬諭 閏九月北界破大狼水寨斬首俘獲甚衆是月詔府州自今勿擅發兵入唐龍鎮管内剽掠如蕃漢人亡逃在彼須追究者以聞當令遣還 二年八月詔府州蕃漢雜處號為難治宜令審官院銓司慎擇通州録事參軍 三年正月詔以文思使知府州折惟昌為興州刺史依舊知州事是年惟昌上言兀泥族大首領名崖從父威佑族為趙德明白池軍主密遣使諭名云德明雖外託脩貢然黠閲兵馬尤急處劫掠山界名崖以告帝嘉之降詔撫諭就賜名崖錦袍銀帶 大

卷一萬一千三

中祥符二年春惟昌表求赴闕許之 六月惟昌率所部首領名崖等四十七人來朝貢名馬帝親加勞問宴賜甚厚命中使館伴内侍副都知竇神寶檢校之及還賜内府物遣内侍宴餞于苑中 惟昌又上言先臣御卿嘗賜旗三十竿以壯戎容歲久故暗望别給賜從之 七年五月惟昌卒其母千乘郡太夫人梁氏乞令次子供奉官閤門祗候惟忠繼知州事詔可即以惟忠為六宅使知府州命入内供奉官張文質馳往獲葬所須官給 又録二子繼芳繼麟並為奉職弟借職惟宗為殿直姪繼猷繼符並借職 天禧元年七月詔府州置納質院 仁宗天聖五年五月十一日管句麟府路軍

馬王應昌言麟州界外西賊以水合渡河入嵐州劫掠竊慮異日或深入為寇乞下并代總管司令每至河凌合時差兵屯戍邏托以遏姦謀從之　慶曆元年八月麟州言元昊攻圍州城逾月麟府皆在河外因山險初轉運使文洎以麟州餉道回遠軍食不足乃按唐張說嘗領并州兵萬人出合河關掩擊党項於銀城大破之遂奏置麟州此為河外之直道自折德扆世有府谷即大河通保德舟楫鄜商以便府人遂為麟之別路故河關路廢而弗治洎將復之而卒其後子產侍為副使遂通道銀城而州有積粟可守故元昊知城中有備解圍而去復兵攻府州城中官軍六千一百餘人居民亦習

卷一萬一千三

兵善戰城東南各有水門崖壁峭絕下臨大河崖腹有微徑賊攀緣石壁魚貫而前城上矢石亂下賊死傷殆盡攻城化而士卒力戰傷者一千餘人賊乃引退　十一月管勾麟府路軍馬張亢言府州城外並無蕃漢居人盡為賊境戍守之人辛勤効命乞量支乾糧錢少以慰勞從之候路通即罷　四年四月八日帝謂宰臣曰等

曰麟州糧草勞民饋運人多上言乞廢此郡其利安在章得象等對曰麟州四面蕃漢人户為元昊所掠今無耕民河東之民困於遠饋欲遷麟州于府州近處其舊州改為城寨以減遠餉之費帝曰麟州不可便廢但量留守兵其餘軍馬退於府州近處別置一城以駐之牢

臣已下稱如聖諭則於邊事為便　十一月麟府州民吏僧道等詣闕請益兵以禦西賊召對于便殿賜茶綵以慰遣之僧道乃賜紫衣師號　嘉祐元年十二月以京使知府州折繼祖領康州刺史仍賜錢五十萬以繼祖改葬其父而請借月俸因以推恩也　二年二月二十七日龐籍言麟州屈野河西地土為西人侵耕非晉蹂踐苗稼則無由止絕然賊馬必却來漢界鈔盜常須添兵禦敵至時人户驚擾守邊將佐各加罪責乞降指揮從之　四年十二月知麟州王慶民上麟府二州圖五年九月遣中使齎詔撫諭知府州如京使康州刺史折繼祖初繼祖欲解去州事下知并州梁適體量而

卷一萬一千三

言折氏累世承襲知府州本族僅三百餘口其部緣邊蕃族甚衆凡犒勞皆以俸錢而所用不給於蕃部借斗耕蒔閑田以收穫之利歲贍公費且朝廷俾之承襲即與內地知州不同比年監司一以條約繩之尤為煩密以致內不自安遂欲解去乞容加撫存之故有是治

神宗熙寧三年六月河東安撫使馮京言　見麟府豐州所管蕃漢義軍人馬最處戰地所用衣甲例合自備然皆貧窶三州所管七千四百餘人馬一千四百餘疋今乞官為借支五分衣甲送管轄城寨每有事宜將官分給所貴可以應敵從之　四年十月錄故西州防禦使知府州折繼祖男

殿直克幇各轉一資孫可致可　　繼祖
嘗有　　府州繼祖請受其兄之子
之而有是命　　元豐元年二月七日文思使知
府州折克柔領忠州刺史以河東路經略使韓絳言克
柔承襲已及六年乞依折繼祖例優與遷官故也　六
月三日河東經略使韓絳言麟州銀戍寨熟戶蕃部命
子元入西界刺事為戎人所獲其子莽也已補十將令
逃歸乞與近上名目免追奪莽也恩命詔　元
[illegible]十將莽也免追奪　四年七月二十三日詔麟府都巡
檢使知府州折克行點兵三千選擇有官子孫部押隷
張世矩等以萬遵一奏乞克行領蕃兵別為一軍而朝
[illegible]卷一萬一千三
廷以克行守郡不可行故也　哲宗元符二年三月十
七日河東路經略司言知府州折克行捉到西界偽鈐
轄路令王皆保乃先歸順人供奉官移昇親兄雖係闘
敵擒獲緣王當誘脅招納之際乞令其弟移昇等保管
令王皆保止於府州居住存撫北界首領使圖歸順從
之　徽宗政和五年三月十日太原府路都監□府州
折可大奏伏覩皇太子受冊禮成伏聞凡宫闈大慶雖
郡邑小臣於法不許稱賀臣家亦嘗貢方物或遣母妻
入覲蓋祖宗眷遇特厚今欲乞將已俸進馬二十疋庶
効臣子之恭臣已將馬價錢赴州軍資庫送納訖切恐
有司不知有此體例不為收接伏望許令投進詔依所
乞

全唐文
宋會要　　豐州
豐州本河西蔵才族都首領王　居之契丹補左千牛
衛將軍太祖開寶二年率衆歸順又命其子承美為豐
州衛内指揮使四年七月命承美為天德軍蕃漢都指
揮使知豐州事以其父卒也　五年授承美豐州刺史
承美遣軍校詣闕上言願誘退渾突厥内附有詔襃
諭之　太宗太平興國五年閏三月承美上言每奉詔
勾招市馬令年已招勾千七百餘疋赴闕昨為契丹移
文當州蕃漢不得於中國進賣臣以本界屬中朝不當
得止契丹即發兵打刼當州西關以西蕃部三百餘帳
稿　卷三百四十三
七年二月豐州大首領黃羅外弟乙蚌等以良馬來
貢是月詔賜承美錦袍銀帶以其屢貢奉也　閏十二
月承美遣其弟承乂上言契丹日利月益沒細兀瑤等
十一族七萬餘帳内附斬首二千餘級獲僞天德軍節
度使　太及生口羊馬萬計以俘馘來獻賜承乂錦袍
金帶絹百疋　八年三月承美上言破契丹萬餘衆斬
首二千級追奔逐北百餘里至青塚降者三千帳獲鎧
甲數萬羊馬萬計　四月詔以承美為本州團練使又
以本州沒細都大首領越移為檢校太傅懷化大將軍
兀瑤為檢校太保歸德大將軍耶保移邈二族首領弗
香克浪買乞黨族首領蔵移並為歸德郎將賞功也漢

化元年七月藏才三都都判毁尾卒其子毁香因過曰來請命詔以父格授之二年十二日承美來朝詔遣復還本任四年正月藏才西族大首領羅妹等十八人來朝貢馬十八疋五年四月藏才東族首領崴羅毁先遣其子弟朝貢至道二年四月豐州河北藏才東族蕃部首領毁啫都判連埋伊也香埋也毁克泥等各還蕃部弟及男詣闕進奉真宗咸平二年十一月豐州河北藏才族以大首領旨賞羅等以名馬來貢五年六月二日賜豐州團練使王承美銀器百兩絹百疋茶三百觔承美自內屬止依蕃官例給俸至是麟府總管言其貧故有是賜八日以河北黑山北莊郎族寧遠將軍龍移為安遠

本書一百四十三

大將軍昧克為懷化將軍六年正月詔賜豐州龍移昧乞族真宗累覬邊奏云還賊慶為龍移昧乞所敗此族在黃河北數萬帳東接契丹北接達靼南至河與大梁小梁相連或號莊郎昧克並詔訛爾常以馬服藏才入貢是歲令有司差豐州推官張仁珪及藏蕃官乙毁訪其事因詔獎慰之月麟府路宋思恭上言王承美乞益屯兵望依所奏仍於三班選官充豐州監押帝曰是州本州補置土人以為扞禦令更益兵置官即與內地無異河東之人供饋勞止不可從也景德元年四月承美表請朝覲從之承美自帝踐阼未嘗入朝故也八月以承美為本州防禦使（承美守邊歲久故擢之）大中祥符二年正月

詔豐州防禦使王承美月別給錢五萬自承美奉土內屬以蕃官例賜祿至是特給焉四年正月豐州北藏才西族中族首領奴移攢全等遣其子羅兒埋保來貢馬五年豐州王承美請於州城內置文宣王廟從之五年十一月麟府路上言承美被疾詔遣中使押翰林醫官往視之日具增減之狀附驛以聞十二月詔以承美子文玉為防禦代知州事又贈承美恩州觀察使錄其子文寶為奉職孫德鈞為借職仍諭其妻折氏入謁禁中八年二月以左侍禁王文恭為供奉官文恭承美之嫡長子從仕離家十餘年承美卒時文恭監軍沂州初承美奏文恭之子懷玉為子改名文玉奏補殿直常以自

卷三百四十三

隨及是藏才族首領上言文玉曉軍政請以承襲蕃漢定議故從其請既而文恭表訴特詔遷秩九月賜知豐州王文玉錢帛米麵羊酒等以承美葬故也天禧四年三月以西頭供奉官知豐州勾當蕃漢事王文玉為內殿崇班文玉知州事八年特遷仁宗天聖二年二月麟府路上言內殿承制知豐州王文玉卒得其母樂安郡君太君折氏并職員蕃部衆狀乞以文玉長子餘慶勾當詔鈐轄高繼忠與府州折惟忠容切體量如王餘慶若未經歷即於文玉本家長成子弟中定名以聞既而蕃官王遵等乞差殿直王懷信知州事八月二十二日河東轉運使周好問與高忠等上言得折氏狀文玉初

卒衆情舉王餘慶承父任後承美孫天門關巡轄馬遞鋪殿直王懷信擅離本任到州造酒與教練使王勲聚會及於王遵家管役蕃漢殺犬立誓求於食祿兒男之内保舉一人令有三班奉職晋州監塩懷鈞兒文玉父婁當房親弟文誘男堪充知州所有孫男餘慶乞與一班行豐州監押又據文玉遺表稱長男餘慶素習武藝稍諳道理欲乞起復官資依例差知本州其第三男餘勝第四男餘應乞於三班安排第二男餘懿昨蒙補充齋郎不諳文墨亦望改授班行治王懷鈞轉右班殿直差知豐州餘慶授三班借職仍除合得請受外每月特增錢三貫文　三年八月右班殿直王懷信上言兄知

卷三百四十三

豐州文玉昨身亡之時蕃官首領舉臣繼領州事為府州折惟忠抑逼蕃官改差臣弟懷鈞竊緣懷鈞未甚歷事不知蕃漢人情勾當八月之中走却蕃漢七戶蔵才族不來進奉深慮蕃情不順望差官體量詔河東轉運使親往體量具詣實因依有無不便件析以聞康定二年八月詔以豐州危急發經路三萬人入界牽制而陜西都總管陳執中言豐州城壘極為隘陋亦無儲峙民居不及西面中等一寨西賊攻圍者恐設詭計以誘西路兵馬即詔本司更不令經原路出兵慶歷六年十月一日河東經畧安撫使知并州鄭戩言相度沙寧浪等四處並在故豐州南深在府州腹裏西人若以此為

界麟府必難守禦乞且依舊封疆去横陽河界詔以鄭戩所奏畫一面令張子奭候到彼與西人商議詳酌詔内元初除去諸處二字麟府豐州地界自合依舊全屬漢界別無分定如西人堅意不肯即將横陽河外昨因西人侵占耕種住坐處漢地三四十里定為禁地兩界各不居占如更不肯即說與西人假如元初不曾除去諸處二字只用所進誓書見令蕃官住坐中為界亦只可將横陽河外三四十里地中心為界再三商議不行即依鄭戩所請以横陽河界此外更不得別許近南立界近降附張子奭事節内豐州地界立作禁地一節更不施行（以上國朝會要）神宗熙寧三年六月河東安撫使馮諒言

卷三百四十三

麟府豐州蕃漢義軍指貧窶乞官為借支伍分衣甲從之（詳見府州）元豐元年九月十九日内殿承制王餘慶乞叙歸明繼襲主管豐州詔以為麟州都監候滿二年差知豐州　哲宗紹聖元年正月十八日樞密院言河東經畧司奏知豐州崇儀使張世永權府州靖化等寨巡防内殿承制張世京府州百勝寨主右班直張操私離州寨聚會遷葬詔世永操係遷葬各追一官世京非應差出官令河東路經畧司具事因以聞（以上續國朝會要）

全唐文

宋會要　西涼府　陽

西涼州也自唐末陷河西之地雖爲吐蕃所隔然其地亦自置牧守或請命於中朝天成中權知西涼府留後孫超遣大將拓拔承誨來貢明宗召見承誨云涼州者東距靈武千里西北至甘州五百里舊有鄆人二千五百爲戍兵及黄巢之亂遂爲阻絶超及城中漢戶百餘皆戍兵之子孫也其城今方幅數里中有縣令判官都押衙都知兵馬使衣服言語畧如漢人即授超涼州刺史充河西軍節度留後　初超卒州人推其土人折逋嘉施權知留後遣使來貢即以嘉施代超爲留後涼州

卷六十六百二十五

郭外數十里尚有漢民陷沒者耕作餘皆吐蕃其州帥失情則衆皆痛聚城內有七級木浮圖其帥急登之紿其衆曰爾若迫我我即自焚於此矣衆惜浮圖乃盟而捨之周廣順二年始以申師厚爲河西節度使師厚初至涼州奏請授吐蕃首領折逋支等官並從之顯德中師厚爲其所迫擅還朝廷貶涼州亦不復命帥今即吐蕃之别種也太祖乾德四年知涼府折逋葛支上言有廻鶻二百餘人漢僧六十餘人自朔方來爲部落刼畧僧云欲往天竺取經並送達甘州詔書褒答之　開寶六年涼州令步奏官僧吝遭驒通勝拉蹋二人求通道于涇州以申朝貢詔涇州令牙將至涼州慰撫之

太宗淳化二年權知西涼州左廂押蕃落副使折逋阿喻丹來貢　先是殿直丁惟清往涼州市馬惟清至而境大旱稔因爲其所留靈州命蕃落軍使崔仁遇往迎惟清又吐蕃賣馬還回過靈州爲党項所畧表訴其事因惟清至來年同入朝詔答之　四年閏十二月以西涼府都總管權知軍府事俞龍波爲保順郎將以阿喻丹死奏乞真命也　五年西涼府左廂押蕃落副使折逋俞龍波來貢馬　至道元年正月涼州吐蕃當尊以良馬來貢引對慰勞加賜當尊虎皮一歡呼致謝　二年七月折逋俞龍波上言蕃部頻爲繼遷侵畧乃與吐蕃都總管後臨機于會六谷蕃衆來朝且獻名馬詔厚

卷六十六百二十五

賜之　是年涼州復來請帥詔以殿直丁惟清領州事仍賜牌印　真宗咸平元年十一月一日河西軍左廂副使歸德郎將遊龍鉢來朝獻馬二千疋　遊龍鉢四世受朝命爲酋雖貢方物未常自行今始來朝河西郎古涼州東至故原州千五百里南至雪山吐谷渾蘭州界三百五十里西至甘州同城界六百里北至部落三百里周回平川二千里舊領姑臧神鳥蕃和昌松嘉麟五縣戶二萬五千六百九十三口十二萬八千一百九十二今有漢民三百戶城周廻五十里如鳳形相傳李軌舊治也皆龍鉢自述云　六日詔以龍鉢爲安遠大將軍　遊龍鉢詣崇政殿謝恩因言本土遣浮圖之

黄金五彩装飾令各賜之　三年十月授西涼府六谷
大首領折逋遊龍鉢等將軍郎將司戈　四年十月以
西涼府六谷大首領潘羅支為鹽州防禦使兼靈州西
南都巡檢使　先是知鎮戎軍李繼和上言潘羅支願
戮力討繼遷請授以刺史仍賜廩給又經畧使張齊賢
請封六谷王兼招討使靈州西面都巡檢使俟其立功
則授節鉞詔宰臣議其事咸曰潘羅支已為酋帥儻授
刺史則名品太輕未付節旄而先極王爵則典制非順
招討使號不可假於外夷請授防禦使俾兼都巡檢之
職從之　命殿直閤門祗候李抜辭假崇儀使為加恩
官告使殿直金會假從儀副使副之　十一月以西涼
卷六千六百二十五
府六谷左廂副使折逋遊龍鉢領宥州刺史又以其酋
六族首領褚下箕等三人並為懷化將軍　時西涼使
又言六谷分左右廂遊龍鉢為左廂副使崔悉波為右
廂副使朝廷所降符命龍鉢忠掌之族事與首領潘羅
支同共裁制朝廷方務綏懷故有是命　十二月以如
京副使宋沆為西京府安於蕃落使太常丞直集賢院
梅詢副之　沆等未行帝謂宰臣曰朕有盟會國煩與
吐蕃多反覆狼子野心之事今已議令王起等領甲馬
援靈州若難為追襲即靈州便可制置沆等不須遣止
差一使以會兵告之　閏十二月鎮戎軍李繼和上言
得潘羅支書見發兵討遷賊部下李萬山願得王師援

助詔繼和諭羅支朝廷有出師之期當即詔報宜整旅
以俟　五年十月潘羅支遣使上言李繼遷送鐵箭誘
臣部族已戮一人繫一人以聽朝旨詔褒之所繫戎人
聽自處置　十一月潘羅支貢馬千疋詔第給其直別
賜綵百疋茶百斤仍宴其部族　十二月西涼府與啰
通族各遣使來貢帝曰靈州河外賀蘭山則有小涼大
涼部族甚盛舊與賊遷修好朕慮其合勢為患近累得
邊奏知與繼遷有隙迭相攻掠今西涼啰通使來可召
問其委曲因其歸俾賫詔招諭令助討遷賊俟立功則
重賞之　六年正月涇原總管陳興上言潘羅支差啰
通族蕃官成逋馳騎至鎮戎軍乞會合天兵同討李
卷六千六百二十五
繼遷本軍遣人部送赴本司在道防禦過嚴至安國鎮
成逋奔竄墜谷而死其防送使臣尋梟首級以至帝覽
奏傷悼久之謂曰成逋乃啰通族泥埋之子而曾詣闕
皆召對與語厚加恩澤蓋念此人父子忠勤累與遷賊
鬪敵泥埋二子長即成逋次曰屈子如彼方之人皆畏
成逋蓋有材力而負智勇故也鎮戎軍防備太察遂致
奔逸及其死也忍又梟其首級即遣使臣乘傳披鞫仍
令渭州以禮葬之　二月以潘羅支為朔方軍節度使
充靈州西南都巡檢使　先是羅支遣蕃官吳福聖臈
進奉到闕賫蕃書奏狀且云潘羅支感朝廷恩信憤繼
遷倔彊結集人馬與之格鬪累奪到蕃人繼遷因此數

放西脇陣蕃入令悉收縶以聽朝旨又言繼遷鈔前令羅支附稱已納朝廷未知虛實羅支見集騎兵六萬乞會王師收復靈州願改一官量給衣甲帝召其使詢之又與宰臣參議帝曰賊遷未平常慮西鄙諸蕃益煩禦備只如契丹偽封繼遷西平王雖戎狄之命不足比數然便授之王爵今來朝廷授潘羅支亦空名耳遂有是命仍賜人馬鎧甲以吳福聖臘為安遠將軍收縶之人只委羅支便宜從之　三月以咩逋族首領錦州團練使泥埋為錦州防禦使充靈州河外五簇都巡檢使帝謂近臣曰泥埋與潘羅支自來同力討賊部族居止密爾河外又遣男成通逐告事宜墜谷而死可特與轉

卷六千六百二十五

改委以河外都巡檢之任庶與羅支犄角宣力也　四月十四日潘羅支遣使鐸論來貢且言六谷聚兵願會王師擊繼遷詔所請會兵如至烏白池鹽州已來即為進師　羅支屢請王師助擊賊時議以西涼去渭州限河路遠不可預約師期第詔令常為之備俟賊侵軼即命邊兵犄角至是復有此奏帝曰繼遷常在地近蹇山已東每來寇邊官軍才出到遠遁或六谷部族近賽捍禦與官軍合勢亦國家之利苟以為難必不敢復有陳請且不失其慊心也　二十四日以西涼府厮鐸蕃族首領兀佐馬家族首領渴東周家族首領厮郍叱的流族首領箇羅趙家族首領阿斯鐸嗟厮波日姜族首領鐸

論並為懷化郎將從潘羅支之請也　八月西涼府者龍族都首領遣使貢名馬十七疋帝以其常與潘羅支協力抗賊命優待之　十一月繼遷攻西蕃入西涼府知州丁惟清陷沒潘羅支偽降未幾集六合諸豪及者龍族合擊繼遷大敗中流矢死　景德元年正月遣使厮陁完押衙鄭延美以六谷蕃馬三十疋來貢且獻提厮陁完即潘羅支之甥也潘羅支又言洪元寺壞乞給工匠及賜金碧絹綵脩繕之詔以尚方工匠難以遠去除從其請　三月潘羅支上言本道蕃族首領閻藏請賜虎皮翻披從之（西蕃之俗受賜者族人推奉故有是請）　六月又遣其兄邦逋支入奏且言去年十一月二十六日與蕃賊李

卷六千六百二十五

繼遷戰大勝之然被刼都牌印官告衣服器械令以良馬修貢乞再頒賜且欲更率部族及回鶻精兵直抵賀蘭山討除殘孽願發大軍援助詔曰卿忠順朝廷保庇部族誓殲兇狂之黨益堅臣子之心遠率種人同拒遷賊戰鬪斯久殺獲頗多每念爾誠不忘朕意所乞會合大兵掩殺遷賊朝廷近知繼遷已死未經殯葬所以未欲討除今卿等既領師徒速平醜敵免為後患甚是良圖所乞會兵即緣地里稍遙月日未定今議候卿等才集諸族人馬起離西涼即差心腹人走馬來報涇原鎮戎軍總管司已令至時不候朝旨率兵前進至賊泊兩蘿關天都山已來牽制賊徒伏截道路賊界定須兩面

救應如此邀擊必可成功彼中諸事更觀審詳佇靜邊
隳永保富貴　時朝廷所賜潘羅支牌印告敕國信物
悉為繼遷所劫去至是羅支貢馬請別給賜從之　十
月十七日詔故西涼府六谷都大首領朔方軍節度靈
州管內觀察使處置營田押蕃落等使靈州西面緣邊
都大巡檢蕃羅支可追封武威郡王遣使賻䘏其家以
其弟廝鐸督為鹽州防禦使兼靈州西面緣邊都大巡
檢使　時押賜羅支國信使臣焦贊上言昨離渭州至
龕谷㘭家族問得都首領尊氈諸路族首領便嚼等言
去歲六月中李繼遷攻者龍族羅支率隨身百騎赴之
儀佇兵攻討繼遷而族帳養迷般嚼與日逋吉羅丹者
卷六千六百二十五
先自繼遷所亡歸者龍族因率其屬殺羅支於其帳者
龍凡十三族而六族附養迷般嚼及日逋吉羅丹西涼
府既聞羅支被害遂率龕谷蘭州宗哥覓諾諸族來攻
者龍六族六族悉投竄山谷臣先奉詔令沿路安撫諸
族蕃部其者龍六族已諭旨安集兼西涼府六谷首領
議立羅支之弟廝鐸督言廝鐸督明決平恕每會酋豪
設賜豆飲食必先畀者犯令雖至親不貸凡再率衆攻
繼遷部族虜獲甚衆頗有威名為一境所伏帝以遷賊
未平籍西涼為腹背故參入有襃贈之命而以羅支舊
秩授之　二十三日以廝鐸督為金紫光祿大夫檢校
太保靈州刺史充朔方軍節度靈州管內觀察處置營

田押蕃落使兼靈州西面緣邊都大巡檢使西涼府六
谷都大首領封西平郡開國侯食邑千戶　帝以遷賊
未平籍西涼腹背攻制遂以羅支舊秩悉授之　其年
涇原路言隴山縣王狸延三族歸順　二年二月廝鐸督
遣外生阿昔與涼州教練使貢入義以名馬來貢并具
興趙德明戰鬬所獲人馬之數來上帝召見慰諭優加
賜與　又言蕃帳周斯郁支有智勇久參謀議請授以
六谷都巡檢使帝以嘉獎之詔從其請賜茶綵　三月
二十四日西涼蕃部樣丹求市弓矢歸蕃有司舊例
弓矢兵器不入外國帝以其宣力西陲委之捍禦特令
渭州給賜仍別賜其酋廝鐸督　二十五日以潘羅支
卷六千六百二十五
子潘失吉為歸德將軍仍賜銀綵者龍七族悉補其首
領月給千錢　時廝鐸督又貢馬求易金綵修洪元佛
寺詔如所求賜之還其馬直　四年廝鐸督又遣使獻馬
二年四月西涼府蕃部州斯郁支為六谷都巡檢使
賜茶綵郁支有智勇戎人畏之廝鐸督言其久參謀乞
授此職故也　三年正月詔以西涼者龍族舍䆠波等
七人渭州黨宗族業羅並為檢校太子賓客本族首領
又以廝羅督嫡弟充凡延廝哥為安化郎將　五月西
涼府龕谷㘭家宗家者龍當宗章迷等十族對見進馬
犒以酒食賜與有差是月廝鐸督遣安化郎將路黎奴
來貢　黎奴病於館特遣尚醫視療及卒帝憐之厚加

鄜疑鄜

贈給時鐸督又遣人上言部落多疾乞賜藥物白龍腦犀角硫黃安息香紫石英之類凡七十六種并求弓矢皆可之藥同而名異者令譯人辨之而給來者感悅而去　是月詔加厮鐸督檢校太傅又以厮鐸督蕃部馬咸山渭龍刑家納逋水馬波乞當龕谷懶家小龕谷章家心山王家者龍諸族及李波逋等四十九人並爲檢校太子賓客兼監察御史充本族首領并郎將　六月厮鐸督遣蕃部波機延馬因上言積官俸半年未請乞就京給賜市所須物從之　七月令秦翰因便諭㦤西涼府厮鐸督令諸蕃部嚴斥堠以備趙德明以鄜延路總管石普入奏德明信約未定點集蕃部也　十二月

卷六千六百三十五

厮鐸督還吐蕃左右廂副使曰逋速鶻鷄等來貢馬且乞優給馬價犒設蕃部從之　四年五月厮鐸督遣兵六谷十八首領蘭逋赤等來朝貢且言感朝廷優䘏故擇名馬修貢命中使就禮賓院犒設之　是月渭州通事何忠至西涼府得厮鐸督印命令臣填書告朝廷諸事因詔自今並須蕃書用印無得以印紙給與諸色人令赴闕奏事　九月遣渭州指使皆職李仁義齎詔賜厮鐸督茶藥襲衣金帶其部下蕃族錫賚有差仍令約回鶻爲援以備趙德明時還臣有上言德明謀襲西涼及回鶻帝以六谷甘州久推忠順思撫寧之且以仁義諳西部事因遣使焉　十二月厮鐸督遣使來貢大中祥

符元年六月賜西涼府進奉僧法滿紫方袍　十二月二十三日厮鐸督遣蕃部厮鐸奴等貢馬　二十八日制加厮鐸督檢校太尉食邑千戶食實封三百戶　二年二月厮鐸督遣使來貢十一月又遣使貢馬五疋　三年五月賜覓諾族可領溫逋藥以所部瘴瘦從其請也十月厮鐸督及潘羅支男失吉又遣使貢馬有司言厮鐸督馬三疋估直百七十貫潘失吉馬三疋百一十貫帝曰厮鐸督與諸蕃不同常宜優獎所進馬每疋賜銀五十兩失吉馬共賜百五十貫仍賜錦袍銀帶衣着遣之　四年三月西涼府吐蕃潘毒石雞等來貢　九月涇原鈐轄曹瑋上言趙德明軍校蘇守信撫敵領兵攻西蕃乞當族其首領厮鐸督會諸族衆之大敗其衆

卷六千六百二十五

十月厮鐸督遣檀蘭逋覺來貢賜紫方袍　十一月以厮鐸督子爲懷化郎將　五年十一月厮鐸督遣其子來貢馬及求賜藥物　七年四月厮鐸督遣使來貢　十一月六谷蕃部來貢　八年五月厮鐸督遣蕃部欽盞等來貢馬　七月西涼府僧鸞訛夷羅來朝賜紫方袍　十月西涼府哥蕃部厮鐸督來貢馬十二疋其僧又獻馬三疋　天禧四年三月詔西涼府迴鶻自今貢奉並由秦州路秦州言蕃部阿厮鐸納款歸順　仁宗天聖四年正月苟龍族首領厮鐸督檢欽波遣蕃部厮鐸完於貢馬賜衣服銀帶遣之

全唐文

宋會要

契丹匈奴之種也世居潢水之南南距幽州千七百里本鮮卑之地君長姓大賀氏有八部唐光啓後其王欽德乘中原多故侵畧諸部達靼奚室韋咸被驅役由是放帳浸盛欽德政衰別部酋長邪律阿保機代其位先是八部互立爲主三年而代至阿保機遂怙强不受代後唐天成元年卒僞謚大聖皇帝次子元帥太子德光立二年始私建年號曰天顯陷營平二州晉祖起并州藉其兵勢割幽薊瀛莫涿檀順新嬀儒武雲應寰朔蔚十六州以報之又改元會同少帝末南牧渡河僞稱大遼死僞謚嗣聖皇帝兄突欲子永康王兀欲立號天授皇帝改元天祿立五年爲燕王述軋所殺述軋立虜衆不附共推德光子齊王述律立襲位殺述軋時周廣順六年也號天聖皇帝更名明改元應歷述律好睡國中目爲睡王自世宗平三關虜氣遂衰治平二年十二月改今國號太祖建隆二年十月詔北面諸州禁邊民無得出塞盜馬先是五代以來纂民盜戎人馬官給東頭供奉官劉琮爲西頭供奉官賜襲衣銀帶器幣　十一月契丹僞涿州刺史邪律琮以書遺知雄州孫全興詔全興以書答之書云琮濫受君恩猥當邊任臣無交於境外言則非宜事有利於國家專之亦可切思南北兩地

古今所同曷常不世載歡盟時通贄幣往者晉氏後主政出多門惑彼强臣忘我大義干戈以之日用生靈於是罹災今茲兩朝本無纖隙若或交馳一介之使顯布二君之心用息疲民重修舊好長爲與國不亦休哉琮以甚微敢干斯義遠布通悟洞垂鑒詳　八年三月二十六日契丹遣使附使克妙骨慎思等十二人奉書來聘其書稱契丹國詔東上閤門副使郝崇信至境上迎之及至館于都亭驛伯見崇德殿賜襲衣金帶鍍金皂羅帽烏皮靴器幣二百銀鞍勒馬其從者十二人衣服器幣有差　二十八日晉王及宰臣百官以契丹通好詣崇德殿稱賀帝謂宰相曰自晉漢以來北戎强盛蓋由中朝無主以至晉帝蒙塵乃否之極也今慕化而來亦由時運非涼德所致　先是涿州以來使嵩達于雄州孫全興稱克妙骨慎思至是啓書但云克慎思或云克是官號令姓氏與官俱未詳孰兩存焉　二十九日詔契丹使於講武殿觀諸殿騎士習射令其二從者異屋六條首里與衛士馳射毛毬截柳枝　三十日又宴於長春殿　七月遣西上閤門使郝崇信使契丹以太常寺丞呂端副之（是始與中國交聘）　八月契丹遣使左衛大將軍邪律霸德弓箭庫使堯盧骨通事左監門衛將軍王英來聘獻御衣一襲玉帶一御馬三并鞍轡帶甲馬五十賜冠帶器幣有差使副皆單錦袍襴衣

一襲金帶一衣着百尺銀器百兩金鍍銀鞍轡馬一皂羅銷金帽一鞾一通事衣一襲公服靴笏金帶幞頭絲鞵衣着五十匹銀器五十兩銀鞍轡馬一小底書表二人各紅錦袄襴金鍍銀帶銀器二十兩衣着三十匹軍将馬群蹋馬栈刺梅里等四十六人各中錦旋襴金鍍金帶絲鞵銀器十兩衣著二十匹又賜通事使人二十人各中錦旋襴銀帶銀器五兩衣着十匹書表已下隨从十二人錦襖銀帶銀器三兩衣着五匹因令從獵出郊及辞又賜衣服器幣以遣之　十二月契丹遣使耶律烏正禮賓使蕭護里國通事左千牛衛将軍陳延正進賀來年正月獻御衣一襲金帶一金鞍轡馬一銀花

卷五千二百五十七

三

鏤鞍轡馬一散馬七十匹烏𢧐等各獻朝見馬有差詔賜如八月惟副使減銀器五十兩通事止銀帶隨從又有舍利判官皮室通引之名所賜羌損前數時初平江南李煜至闕下烏正在館聞之各獻名馬弓箭為賀及入辞加賜金鞊鞢束帶皂花敧正袍暈錦紫綺綵器等物　九年正月幸北苑觀騎士與契丹國使騎射及辞又厚賜以遣之　二月契丹遣使耶律延頼來賀長春節獻御衣玉帶名馬二匹鞍勒副之散馬百匹白鶻二

十二月契丹遣使鞍轡庫使蕭蒲骨只及從人粘毛骨等奉慰書來聘修時禮也命引進副使田守奇宴勞於城外恩賜如例及還又加賜銀器二百兩衣着二百

匹　太宗太平興國二年正月契丹遣使蕭蒲泥禮王英等奉御衣金玉帶·玉鞍勒馬金銀飾戎仗及馬百匹來賀太宗皇帝登極又別奉御衣金帶鞍馬為賀正之禮是日對泥禮等於崇德殿及其從者凡八十二人賜衣帶器幣有差　四月又遣使鴻臚卿耶律敞等獻助山陵馬三十匹又獻御衣三襲金帶二御馬三匹黃金鞍勒副之金飾戎具一副　八月契丹小底迷訥辞還本國詔賜窄衣金鞊鞢銀器百兩衣着百匹　十月四日契丹遣使耶律阿摩里來賀乾明節獻御衣二襲金玉帶各一馬百匹　是月十二日車駕幸子城西北隅親衛士與其使騎射　十二月遣使太僕卿耶律迭列

卷五千二百五十七

四

禮賓副使王英以良馬方物賀正至上元召其使觀燈又宴崇德殿賜賚倍常及遂又命儀鸞副使孫宴送至境上別賜其使大衣着百匹大銀器百兩副使半之　三年十月遣使太僕卿耶律諧里副使茶林副使王琛等獻御衣二襲金帶弓箭金鞍轡鐵鞍轡各一御馬四匹散馬百匹來賀乾明節　是月帝畋于朱延頓因令諧里從獵帝射中走兎諧里等貢馬為賀及辞日加賜如例惟無大銀器而有漆器各一榑命供奉官閤門祗候王侁送至境上　十二月契丹遣使蕭蒲骨只等以良馬方物來貢賀明年正月時帝幸玉津園又召其使令觀羣臣習射　四年春車駕親征河東二月契丹遣

使耶律尚書挖剌梅里奉書閤起居對于行在所賜梅
里金帶銀鞍勒馬　三月石嶺關緫管郭進言契丹率
衆數萬騎寇石嶺關以援晋陽即出兵敗之　六月王
師親平河東七月下詔北征二十日車駕次東易州州
即戎人所立偽刺史劉宇率官吏開門迎王師乞降賜
以衣服錢帛慰撫之命宇為左驍衛將軍二十一日次
涿州又降之二十三日駐蹕幽州城南之寶光寺契丹
聞王師至不敢居城中凡萬餘衆屯于城北帝親率兵
乘之斬千餘級餘黨遁去契丹渤海兵三百餘人及范
陽軍三百餘來降名見賜錢帛撫之二十五日命諸將
分兵攻城契丹鐵林都指揮使右厢主李札盧存以部

下兵來降二十六日幽州神武廳直鄉兵四百餘人來
歸山後八軍偽瓷窯官三人以所授牌印來獻二十
八日契丹民百八相率以牛酒迎犒王師　七月三日
契丹偽建雄軍節度知順州劉廷素率官屬十四人來
降五日偽知薊州劉守恩與官屬十七人來降自王師
入虜境凡獲馬五千餘匹師傅城下定國軍節度宋偓
攻南面尚食使侯昭愿副之河陽節度崔彥進北面內
供奉官江守均副之彰信軍節度劉遇東面儀鸞副使
王賓副之定武軍節度孟元喆西面閑廐副使張守明
副之九十五月以士卒疲頓轉輸迴遠且虞戎至遂詔
班師　十三日命定武軍節度孟元喆判四方館事梁

迴深州刺史念金鍱左龍武將軍趙延進翰林使杜彥
圭軍器庫使藥可瓊屯定州河陽節度崔彥進西上閤
門副使薛繼興供奉官閤門祇候李守斌屯關南　是
月內侍趙守倫於幽州城外及緣路收得馬五千七百
餘匹又於遂城保州收得戎人敗散馬及槖駞萬餘匹
　八月一日契丹覿兒等二十八人來降悉賜以衣服
錢帛　五日西京留守中書令石守信責授崇信軍節
度使依前兼中書令彰信軍節度使劉遇責授宿州觀
察使坐以所部扈從親征行營失律故也又詔光州刺
史史珪責授定武軍行軍司馬坐攻范陽城逗撓故也
　九月五日詔忻嵐憲州緣邊諸寨不得縱軍士入蕃

界打刲以致引惹賊衆如入界打刲即於要路等截掩
殺若須酬賽者非有宣命無得出境　九日詔內衣庫
使張紹勍六宅副使何繼隆南作坊副使李神祐北作
坊副使劉承珪馬步軍副都軍頭錢俊李延照率兵屯
定州以備戎寇　十二日嵐憲巡檢王延貴言緣邊巡
檢使臣差八入北界刲掠利於羊馬無益朝廷若是蕃
寇擾動須要酬賽即具申奏乞春初會合兵馬掩殺及
起揭入戶庶邊界安靜從之　十月契丹朱寇關南劉
延翰崔彥進崔翰等三將會兵擊之遇于遂城西徐馳
二河間斬首萬二百級獲馬萬匹生擒酋長三人追奔
二十里餘老幼三萬餘口及兵器車帳攻具甚衆　十

一月四日代州言契丹於雁門西陘胡谷南川下寨折彥贇與都監董司愿劉緒巡檢侯美追擊之大敗獲鞍馬器仗甚衆　二十三日嵐州言破契丹千餘衆于三交口　二十五日忻州言破契丹數千衆斬首四十五級獲鞍馬鎧甲生擒十六人以獻關南又言破數萬衆斬首萬餘級獲橐駝五十三頭詔並以分給軍校　五年三月并代州潘美言契丹十萬衆寇雁門塞聚兵分水嶺臣令楊業董思愿侯美鄭貽達等率在外軍士救應與鬭大敗之殺僞節度使駙馬侍中蕭咄李生擒馬步軍都指揮使李重誨獲其鎧甲軍衆銀牌印記戎器甚衆　十月八日命萊州刺史楊重進沂州刺史毛繼

卷五千二百五十七　七

美率兵屯關南亳州刺史蔡玉濟州刺史陳廷山屯定州單州刺史盧漢贇屯鎮州皆以備虜寇也　二十四日命侍衛馬軍都指揮使米信東上閤門使郭守贇弓箭副使李斌儀鸞副使江鈞同護定州屯兵　十一月十三日車駕北巡十四日關南上言契丹萬餘衆來寇斬首三千餘級即日以河陽節度崔彥進爲關南兵馬總管十九日駐蹕大名雄州言戎遁皆遁還候徼警乃以十二日班師初帝欲乘勝討幽州已命保靜軍節度劉遇爲幽州西路行營壕寨兵馬總管陵州團練使田欽祚爲都監威塞軍節度曹翰爲東路行營壕寨兵馬總管登州防禦使趙延僊爲都監入命宰相召翰林學

士李昉扈蒙問事之可否昉等上言曰北虜微妖自古為寇秉秋犯塞往往有之一昨輒率腥羶來擾疆埸陛下櫛沐風雨衝冒嚴凝親御戎衣以攘民患蠢兹醜類畏威而逝因而翦之易於拉朽况幽薊之壤久陷匪人慕化之心倒垂斯切今若擁百萬横行之衆弔一方傒后之民合勢而攻指期可定其如大兵所聚轉輸是資况河朔之區連歲飛輓近經蹂躪尤極蕭然雖荐偶於豐穰恐不堪其調發屬盛寒冽益復疲勞况今虜寇宵奔邊陲寧肅若親巡塞下震耀戎容固足懼彼殘妖亦恐勞於大舉伏望申戒羽衛旋旆京師善養驍雄精加訓練嚴勅邊郡廣積軍儲講習武經繕修攻具佚府藏

卷五千二百五十七　八

之充溢洎閭里之富完朞歲之間用師未晚帝深納其說即下詔南歸　是年岢嵐軍言戎人二百六十餘戶老幼二千三百餘口來附并州又言戎人二百三十四戶五千三百餘口歸附　六年正月易州言破契丹數千衆斬首三百級五月平塞軍言契丹七千人騎來寇出兵掩殺逼奔數里殺賊奪鞍馬器甲甚衆　七月嵐州言戎人五十三戶三百六十三口歸附率兵迎之虜騎奄至因敗其衆斬首七級九月易州白繼贇上言契丹來寇逆擊於平塞北斬二千級獲人馬器甲牛畜甚衆　七年五月三交上言破契丹萬餘衆斬首二千級平其壘三十六俘老幼萬餘口又府州折御卿破契丹

萬餘衆於新澤寨斬首七百級生擒酋長百餘人又高
陽關崔彥進敗契丹於唐興口斬首二千級獲兵器羊
馬數萬計時虜衆三道來寇悉敗之　十月詔北邊州
軍曰朕受天景命奄宅中區以四海爲家視兆民如子
冀咸登於富壽豈輕舉於甲兵況與契丹本通鄰好昨
以河東劉繼元不遵朝化盜據一方念彼遺民行兹薄
伐朕所以親乘戎輅直抵晉郊素無黷武之心蓋切弔
民之意而契丹輕舉戈甲輒來救援一鼓既平於并壘
六師遂指于燕郊靡辭六月之征聊報東門之役雖彼
曲可見亦罪已良多今聞邊境謐寧田秋豐稔軍民等
所宜安懷無或相侵如今輒入北界剽略及竊盜所屬
卷五千二百五十七　九
州軍收捉重斷所盜得物並送還北界　十二月日利
月利没細兀瑶等十族附豐州王承美出兵迎之與虜
戰大敗走之事具豐州　是年明記卒其子常王隆緒
立才十三歲僞謚明記景宗孝成皇帝改元乾亨　八
年三月王承美又破契丹萬餘衆俘斬萬計　十二月
高陽關捕得虜口言虜中種族携貳慮王師致討頗于
近塞築城爲備帝謂宰相曰戎人以剽略爲務乃修城
壘爲自全之計蓋天亡之時也因委曲諭契丹良盛情
狀諭可討之計事具義兵　是年契丹改元統和尊母
蕭氏爲承天皇太后隆緒自號天輔皇帝　雍熙三年
正月命天平軍節度曹彬爲幽州道行營前軍馬步水

陸都總管率河陽節度使崔彥進三十餘將下詔三路
北伐契丹自三月王師入北境所在城邑多降　太平
興國九年知雄州賀令圖與其父岳州刺史懷浦及薛
繼昭劉文裕侯莫陳利用等相繼上言自國家伐太原
而北虜渝盟發兵以援非天威兵力決而取之則河東
之師幾爲遷延之役且虜主年幼國事決于其母寡大
將軍韓德讓寵幸用事國人疾之請乘其釁以取幽薊
又訪得隆緒與其母蕭氏在國中每歲冬月多居西樓
或幽州北廟城就新水每出漁獵常月餘乃還至春會
還樂河射鴨夏居炭山即上陘處有屋室宫殿蕭氏與
韓私通遣人縊殺其妻遂入居帳中同卧起如夫妻共
卷五千二百五十七　十
案而食隆緒所居毡帳相去百許步衛兵千餘人騎夫
三百人雜以藩漢女奴國事皆蕭氏與韓參決又近臣
醫工迪里姑及北大王孫弟子將軍二人部族有竊議
者爲其黨所告蕭氏盡殺之隆緒亦惡其事畏不敢發
然蕭氏亦常懼及禍每歲正月輒不食葷茹大修齋會
及造寺冀復獲福祐而天性殘忍多殺罰有機略其下
皆稟服焉帝聞之遂下詔三道進討曹彬崔彥進米信
自雄州入田重進趣飛狐楊業出雁門社期舉馬
五月曹彬之師與虜戰不利彬收餘衆宵涉巨馬河臨
易桀水榮馬奏至詔以諸將所領兵分屯緣邊諸郡召彬
彥進等赴闕留田重進守中山令潘美還代州美等上

言雲應寰朔州民五百戶及吐渾突厥三部落安落等族八百餘帳久困戎虜善接王師願移舊地南居忻代之境詔美與河東轉運使分置于河東管內計口給閑田為業永與租役如安置不盡即分于次南州縣不得複動務使安居至七月又詔樞密都承旨楊守一等往并代州起遣赴河南府孟曹汝潞等州給與空閑地土居佃充為永業　時潘美等以所部兵護送其人為虜所敗楊業陷焉事見出師門　十二月五日定州田重進言入虜界攻下岐溝關殺守城千餘人及獲牛羊積聚器甲甚衆　十二日瀛州言都總管劉廷讓率兵與虜遇于君子館接戰會天大寒王師不能彀弓弩虜騎

衆圍我軍數重廷讓先約別將李繼隆率精兵後殿緩急為救時已被圍繼隆引麾下兵退保樂壽廷讓力不敵全軍陷沒得麾下乜馬乘以遁與數騎獲免先鋒六宅使賀令圖武州防禦使楊重進陷焉　二十五日代州副都總管盧漢贇言北虜南侵臣率所部兵于土鐙堡掩襲斬首二千級獲馬千餘匹車帳器甲牛羊甚衆是冬又寇易州州遣强壯指揮使劉鈞等率兵襲岐溝關破之斬千餘級焚其積聚而還　四年正月十二日詔應幽州邊境背沒軍人等或因事疑阻或負過逃亡豈所願為蓋非獲已用推恩信特示招攜今後有能自北界脫身來歸朝廷者並不問罪依舊隷軍額如曾

受契丹補置者並與偽命職官仍令沿邊州縣隨處支賜衣服續食部送赴闕下　二十三日詔曰朕恢基丕圖撫綏四海不敢暇逸常懷戰兢幸屬書軌混同歲時豐稔而犬羊肆暴敢犯封陲俘掠人民焚蕩廬舍農桑廢業閭里為墟言念生民罹其荼毒為之父母實切痛傷宜覃雨露之恩以表君親之惠應行營將士因陣敵不利捐棄兵甲潰散者並不問罪各依舊兵籍收隷應沿邊城堡曾為契丹攻圍其中將校備禦有方功勞可紀者委逐處分析聞奏當加旌賞軍人歿于行陣及百姓被契丹殺害無主收瘞者所在破官錢理瘞軍人除賜贈外特支半年廩給死事使臣將校子孫並與錄

用應緣契丹入界草寇因而聚集及逃亡軍人曾行劫掠者並釋罪限詔書到一月許于所在陳首軍人依舊隷軍籍百姓並令歸農限滿不首即論其罪應經契丹剽掠處人戶雍熙三年以前逋欠租調並與除放仍更給復一年朕撫理失中委用乖當是使邊陲之俗陷于塗炭之災咎由眇躬禍及黎獻永言痛悼勿忘于懷先是自岐溝關敗諸將多坐黜免既而戎虜復入寇帝念無可遣者劉廷讓宋偓張永德先皆罷節鎮在環衛帝欲令擊虜自効因遣三人者分屯邊郡以禦之未幾廷讓又敗于君子館士卒前後死者數萬人沿邊諸郡創夷之卒不滿萬計皆無鬬計〔志〕河朔震恐悉科鄉民為兵

以守城皆白徒未嘗習戰鬪但堅壁自固不敢禦敵虜勢益振長驅而入連陷深祁德等數州殺官吏俘虜士民所過郡縣堅壁不下者悉俘取料村中士女大掠縱火所在篝金帛而去魏博之北民甚苦焉又冠定遠軍城中之少人心甚危知軍著作郎曹諫慮不能守殺數人乃定虜遂引去帝哀痛之故有是詔　端拱元年十月豐州王承美言契丹於州界多屯兵甲刼掠蕃部帳族驅虜人口當州漢兒隅在毛駞山東黑山內藏避至今三年無兵士救應契丹三次出兵捜伐臣皆殺退降詔獎美之　十一月定州郭守文李繼隆言北虜入冦與戰唐河敗之斬首萬五千級獲馬萬匹羣臣奉百寮

卷五千二百五十七　十三

詣崇德殿稱賀　先是大發兵戍鎮定高陽關郭守文入辭帝諭之以用兵聖畧云夫用兵者先須料敵知其强弱明于動靜賞罰必當但戢兵清野此大意也鎮定高陽關三處控扼來往咽喉道路若是蕃賊不顧前後容易矜驕則用兵掩殺萬不失一假如馬一指揮選取驍勇者弓箭鎗劍間雜分作十隊若十指揮即為百隊乃至四三四百隊亦准此例令于諸班內募願指揮者分充押隊若虜敢踰鎮定而來不要便殺但為詐怯連馳以閗朕當立發驛下精銳向北邀去彼事勢偷取蕃號必然穩便則分布隊伍縱兵亂殺若是得勝盡殺取若是未捷各歸城寨此百戰百勝之謀也苟隨機所見

別有控便亦不拘此至是契丹來冦中山守文與繼隆出精兵背城而陣蕃賊盡銳來薄我師繼隆號令將士一鼓而破之殺獲甚衆　二年正月詔問文武羣臣詢平虜之策吏部尚書宋琪上疏獻十策曰一契丹種族二料賊甚寡三賊來布置四備邊五命將六排陣討伐七和蕃八饋運九收幽州十滅契丹一契丹匈奴之別種代居遼澤中南界漢水西距邢山疆土幅員千里而近其王自阿保機始强盛因攻渤海死于遼陽妻述律氏生三男長曰東丹次曰德光德光犯闕而還死于殺胡林季曰自在太子東丹生永康代德光為主謀起軍南侵被殺于火神淀德光之子述律代立號為睡王為

卷五千二百五十七　十四

永康之子明記所篡明紀妻曰蕭氏蕃將守興之女今幼主蕭所生也番來虜主從下兵謂之大帳有皮室約三萬人騎皆精甲也為其爪牙國母述律氏頭下謂之屬珊有衆二萬是先戎主阿保機之牙將當是時年已老矣每南來時量分借得三五千騎述律常留餘兵為部族根本其諸大首領有太子偉王永康南北王于越謂國舅麻荅五押等大者千餘騎次者數百人皆私甲也別有奚霫勝兵亦萬餘人少馬多步奚其王名阿保得昔年犯闕時令劉琋崔廷勲屯河洛者也又有渤海首領大舍利高模翰步騎萬餘人並髠髮左衽好為契丹之飾復有近界韃靼尉厥里室韋女真党項亦被脅

屬每部不過千餘騎其三部落吐渾沙陀洎幽州管内
雁門已北十餘軍州部落漢兵合二萬餘衆此是石晉
割以賂戎之地也蕃漢諸族其數可見矣每虜主南侵
其衆不啻十萬虜主入界之時步騎車帳不從阡陌東
北一槩而行大帳前及東西面差大首領三人各率萬
騎支散遊奕百十里外交相伺邏謂之欄子馬戎主吹
角爲號衆即頭合環繞穹廬以近及遠只折木稍屈之
爲弓子鋪不設槍營壍栅之備武聞聲言斫寨之者皆
不實也每軍行聽鼓三伐不問昏晝一布便行未逢大
敵不乘戰馬俟近王師即競乘之所以新羈戰蹄有餘
力其用軍之術成列而不戰俟退而乘之多伏兵斷粮

下批　卷五千二百五十七　十五

道冒夜舉火上風曳柴饋餉自賫退敗無恥散而復聚
寒而益堅盖亞壃裏騎士之故此戎之所長也中原所
長秋夏霖霪天時也山林河津地利也槍突劍弩兵勝
也財豐山衆力强也乘時互用較然可知王師備邊破
虜之計每秋冬時河氷有軍州緣邊栅寨但專守境勿輙
侵漁令彼生詞尋戈有謂或戎馬既肥長驅入寇胡葦
萃至黑雲翳日朔雪迷空鞍馬相持氊裼之利所宜守
陴坐甲以逸待勞其騎士并屯於天雄軍貝州磁相以
來若分在邊城緩急難于會合近邊州府只用步兵多
屯弩手大者萬卒小者千人堅壁固守勿令出戰彼以
合國戎羯此以一郡貔貅雖勇懦之有殊慮衆寡之不

敵也國家别命大將總領前軍以通侵軼只于天雄軍
邢洺貝州以來設犄戎之備俟其陽春啓候虜計既窮
新草未生陳荄已朽蕃馬無力疲寇思歸逼而逐之必
自奔北前軍行陣之法馬步精卒不過十萬自招討已
降更除三五人蕃候充都監副戎排陣先鋒等臨事分
布所貴有權進戎之陣須列前後其前陣萬五千騎陣
身萬人是四十指揮左右梢各十指揮是二十將每指
揮作一隊自軍主都虞候指揮使押當每隊用馬突或
刀子槍百餘條並弓劍骨鎟其陣身觧鐙排之俟與戎
相搏之時無問厚薄十分作氣槍突交衝馳逐往來後
陣交進虜若乘我深入陣身之後更以有馬步人五千

卷五千二百五十七　十六

分爲十頭以橦竿鐙弩俱進爲迴避之舍也陣梢不可
輕動盖防横騎奔衝此陣以都監主之進退賞罰便可
裁決後陣以馬步軍八萬招討董之與前陣不過三五
里展梢實心布常山之勢左右排陣分押之或前陣擊
破虜寇後陣亦禁其馳驟輕進盖師正之律也故誓云
四伐五伐乃止齊焉慎重之誡也是以開運中晉軍犄
戎不啻支散三四年間雖德光爲戎首多計禁黠而無
勝晉軍之處盖并力禦之歟後以任人不當爲彦澤所
誤加將未殺獲驅擄之後聖人務好生之德設息兵之
謀雖降志以難甘亦和戎而爲便覩鋒背于盃利奉春
僅得其中策歷觀載籍前王皆然易稱高宗用伐鬼方

詩美宣王薄伐玁狁，是知戎狄侵軼，其來尚矣。然則兵為凶器，聖人不得已而用之。若精選使臣，不辱君命，通盟繼好，弭戰息民，此亦策之得也。臣每見國朝發兵，未至屯戍之所也，于兩河諸郡調民運粮，遠近騷然，煩費十倍。臣生居邊土，習知其事。況幽州為國北門，押蕃重慎，養兵數萬，計虜乃其常矣。每逢調發，惟作粮糗之備，入蕃旬浹，節軍食月費，每人給麵斗餘，盛之於橐以自隨；征馬匹給生穀二斗，作口袋飼秣，日以二升為限。旬日之間，人馬俱無飢色。更以衙官子弟戮力精勤之謂也。一月之粮，不煩饋運，俟大軍既至，定議取捨，然圖轉饟亦未為晚。伏以國朝大舉精甲，討除戎寇，靈旗所指，

卷五千二百五十七 十七

燕城必降。兩虜所趍往，或落其便。必若取雄霸路直進，未免有陽城之圍。蓋界河之北，陂淀坦平，北路行師，投戈散地，況軍行不離于輜重，賊來不測其深淺，必與迴轅西適山路。望令大軍會于易州，循孤山之北，漆水以西，挾山而行，援粮而進，涉涿水，並大房，抵桑乾河，出安祖寨，則瞰燕城，纔及一舍。此是周德威收燕之路。自易水距此二百餘里，並是沿山村舍，連延溪澗，相接樵薪汲水，我占上游。東則林麓平岡，非戎馬奔衝之地，內排槍弩步隊，寬王師備禦之方。然于山上列白幟以望之，胡馬之來，二十里外可悉數之也。從安祖寨西北有盧師神祠，是桑乾出水之口，東及幽州四十餘里。趙德鈞

作鎮之時，欲遏西衝，曾堰此水。況河次半有崖岸，不可往度，河壖平處築城護之，守以偏師，斷戎之右臂也。仍慮步奚為寇，可分雄勇兵士三五千人，至青白軍已來山中把截，此是新州大路嬀川之間，南出易州大路。其桑河屬燕城北隅，繞西壁而轉。大軍如至城下，于燕丹陵東北橫堰此水，灌入高梁河。高梁岸狹，桑水必溢，可于駐蹕寺東畋入郊亭淀，三五日弥漫百餘里，即幽州隔在水南。王師可于州北擊浮梁以通北路，戎騎來援，已隔水矣。視此孤壘，浹旬必克。幽州管內洎山後八軍，聞薊門不守，必盡歸降，蓋勢使然也。然後國家命重臣以鎮之，敦慶澤以懷之。奚霫部落當劉仁恭及男守光

卷五千二百五十七 十八

之時，皆刺面為義兒，伏燕軍指使，人馬驃土少劣於契丹，自彼脅從役屬以來，常懷骨髓之恨。渤海兵馬土地盛于奚帳，雖僶俛事虜，俱懷殺主破國之怨。其薊門洎山後雲、朔等州，沙陁、吐渾元是割屬，咸非叛黨。此蕃漢諸部之衆，如將來王師討伐，雖臨陣擒獲，必貸其死命，補置存撫，使之懷恩，但以罪契丹為名。如此則雜虜之心願報私讎，契丹小醜，剋日殄平。其奚霫、渤海之國，各選重望親嫡，封冊為王，仍賜分器、鼓旗、車服、戈甲，優而遣之，必竭赤心，永服皇化。俟克平之後，宣佈守臣，令於燕境及山後雲、朔諸州厚給衣粮料錢，別作禁軍名額，召募三五萬人，教以騎射，隸于本州。此人生長塞垣，諳

練戎事乘機戰鬭一以當十乘得奚虜渤海以為外臣乃守在四夷也然自阿保機時至于近日河朔戶口虜掠極多並在錦帳平虜亦通柳城遼海編戶數十萬耕墾千餘里既殄醜虜悉為王民釋左衽以服衣冠去腥而慕聲教願歸者俾復舊貫懷安者因而撫之申畫郊圻列為州縣則前代所建松漠饒落等郡未為開拓之盛也戶部郎中張洎上疏曰夫禦戎之道有三策焉前代聖賢論之詳矣繕修城壘依憑險阻訓戎聚穀分屯塞下來則備禦去則勿追策之上也偃革櫜弓卑辭厚禮降王姬而通其好輸國貨以結其心雖屈萬乘之尊暫息三邊之伐策之次也練兵選將長驅深入擁戈鋋

卷五千一百五十七　十九

而四戰決勝負于一時策之下也國家自戎馬生郊邊防受敵兵連禍結累戰于茲邯鄲被蹂踐之虞上谷失藩籬之固飛芻輓粟千里騷然丁壯斃于轉輸膏血塗于原野尚賴聖君宵旰廣運宸謨自今夏已來方隅稍定糗糧以濟城邑粗安然而胡虜之情變詐難測慮朔風漸勁塞草具腓乘大漢之苦寒率穹廬之醜類南下燕趙復恣憑凌勝敗存亡未可量也況河朔之地杼柚其空邑里丘墟黎元蕩析倘後日之戰復有殺將覆軍之禍趙魏鎮定疇能守之人心一搖天下之事去矣國家失薊北關塞之險亡控守之處是上策不能舉也頓兵平野與匈奴轉勞弊已甚勝負未分是下策不足恃

也審觀天下形勢憂患未已唯與之通好或可解紛今山東諸侯近不交戰訪聞匈奴休兵息馬已還其庭宜因此時舉通和之策夫屈伸變化與道汙隆轉危就安聖人之務也昔漢高祖奮布衣起豐沛誅暴楚滅強秦不五七年平定天下而雄圖大略自軒昊已降未見其倫以天子之尊惟有魯元一女及出師朔野困于白登爰從說士之詞遂舉和親之策迨及文景承先代之業開太平之基至道興行兆民胥悅海內田賦三十而稅一太倉之粟紅腐而不可食內府之錢貫朽而不可校亞夫賈誼為謀議將帥之臣二十年間天下刑措巍巍功業與三代比崇及其大照甘泉軍屯細柳則飾宗室

卷五千二百五十七　二十

之女出嫁單于夫以高帝之雄才文景之淳化豈力之不足而德之不至也而與之通好者蓋視夷狄猶禽獸耳安肯耗竭中國事無用之虜傷害仁義與蛇豕爭鋒乎前代論夷狄之侵譬猶蚊虻之螫驅之而已豈求功業于其間哉觀興冊之遺文審安危之大計惟聖人能之結好息民正在今日儻或上天悔禍醜類懷仁奉大國之歡盟息邊城之烽燧誠宗社之福也夫盛衰之理有數存焉聖賢因之以定其業昔者隋季版蕩唐室勃興高祖太宗肇升天位英衛房杜為佐命之雄而頡利可汗邊犯京邑太宗躬枉車駕以敦其夙好廣輸財貨以厭其心貪歲月苟更犬羊寖弱李靖以數萬之衆擒

而滅之此王者蒙垢俟時殲强敵之明效也今契丹嬰臣僵軸犯雖司晨卑于閉幽權移于母后于越强大地處于嫌疑犬羊之衆雖繁攻奪之形已兆況滔天滑夏極惡窮凶以人事言之歲紀未周冒頓之謀必興于廬帳矣國家暫時降屈以濟艱屯而取乱侮亡其則何遠若契丹恃憑種落張皇侵暴逆天悖理不奉綏懷然聖人屈己濟物之誠已彰灼于天下矣疏奏頗采用之

七月大將李繼隆送蜀来入威虜軍虜將于越率衆萬騎来邀我師為都巡檢使尹繼倫襲破于唐徐二河間殺其大將一人號皮室者虜相也衆大驚挠于越棄善馬遁其下相蹂踐死者無數　十一月以契丹偽命南

卷五千二百五十七　二十一

大王兄子耶律昌時領涿州刺史　淳化元年十月遣寄班殿直張明至定州諭旨都總管李繼隆曰若將来北虜入寇朕當親討勿以為慮繼隆上奏曰建師行師乃舊國（家）之舊制臨陣忘死蓋臣子之常規豈有身握中權坐食豐祿不念扞城而禦侮更煩清蹕以省方夙夕自思啟處無措如臣者碩昧有素材智淺闇獲執干戈以備將帥臣之幸也而自犬戎肆孽邊邑多虞陛下不以臣乏治兵之謀枉以疆事臣敢不講求軍志震耀戎容奉揚天聲以遏外侮然臣奉辞之日曽瀝愚衷誠以蟲蟻之妖必就鯨鯢之戮臣子之分死生以之望不議於親巡庶靡勞于天步今者遽聆聖誨將決巽行長驅

組練之師徐按和鑾之馭宣威朔野問罪穹廬然則睿畧縱横宸嚴震疊克平多壘將在匪朝然而一人既行百司景從千乘萬騎雷動風趍郡縣供饋以斯勤次舍驅馳而甚遠況乃窮荒殘孽醜類微妖責在帥臣決期殄戮臣雖驽弱誓死為期仰望鴻慈特寢鑾議是歲虜亦不敢大為邊患　十二月四日契丹偽官室种来奔授順州刺史种自言虜相室昉之子也　二年虜遣人至雄州求通好總管劉福以聞帝遣中使麥守恩謂之曰朕以康民息戰為念固無辞于屈己後有来使當厚待之勿拒其意既而使不復至　至道元年正月首領韓德威率數萬騎誘近蕃勒波馬尾族自振武入寇大

卷五千二百五十七　二十二

敗之　先是虜與賊遷相結以窺邊境帝密授神筭于府州折御卿為之備至是御卿率輕騎邀擊之大敗其衆于子河汊勒波等族乗虜之乱詐為府州折御卿之兵衆大驚擾死者十六七悉委其輜重涉河而遁虜將號突厥大尉司徒舍利一人德威僅以身免勒波等族既與虜有隙悉欵塞内附令御卿將兵迎之分處于河南自撫州抵平夏帳幕連屬數百里凡得精甲萬餘騎帝謂左右曰此戎輕進易退常誡邊將不得與爭鋒待其深入則分奇兵以斷彼歸路因而擊之必無遺類今果如吾策左右呼萬歲　三月新羅人二人自契丹来歸入見崇政殿各手持大螺如五升器稱在契丹十一

年教令學此有五十人同技常令吹之其聲重濁奮厲大率如調角問其曲云是單于復小弄契丹每軍行則吹此詔各賜衣服緡錢使隸軍籍　四月虜數千騎寇雄州為何承矩所敗梟其鐵林大將一人　二年六月伦党族首領迎羅信及長嗟黃乜三人詣府州內附云春初契丹將韓五押領兵來剽略遂與戰殺獲多又擒大將妲達舊居山後今乞渡河居于勒馬尾族地詔安撫之各賜錦袍銀帶器幣等　真宗咸平元年正月定州部送投來契丹骨初等三人詔賜錦袍銀帶緡錢給田處之　二月以契丹國太妃迴國軍將劉忠補外州鎮將賜緡綵怒孥其屬三十餘人歸順故也　七月契

丹于越王下五寨監使馬守玉與其弟祖子寨使守琛離用寨使王知遇等百七十五人挈族來歸帝召見因問守玉事于越月廩幾何對歲給粟百斛亦虛名耳暴斂重役不任其苦詔賜衣服銀帶給田處之　二年四月北大王帳下左教練使楊贇挈其族歸順賜緡帛補外州鎮將給田處之　九月契丹數萬騎來寇三路先鋒田紹斌石普與知保州楊嗣逆擊敗之于康良路殺二千餘人斬五百級獲馬五百匹　十二月二日下詔幸河北督諸將進戰事具親征門　十日知冀州張旻敗契丹于城南殺千餘人奪馬百餘匹　十四日威虜軍言戎人來寇官軍擊敗之殺其首帥部下潰散　十

八日左侍禁閤門祗候衛居寔自府州馳騎入奏東州駐泊宋思恭與知州推惟昌鈐轄劉文質等入契丹五合川破振黃太尉寨盡殺虜衆焚其車帳千五百餘所獲戰馬牛羊萬計鎧甲弓劍千事賜居寔錦袍銀帶束帛還供奉官就賜思恭等錦袍金帶立功將士并升擢之蕃部首領有功者賜物有差　三年正月六日戎人寇河間王師不利高陽關都總管康保裔力戰數十合援兵不至保裔沒于陣三路都總管傅潛都鈐轄張昭允坐逗撓不出師貸死流房通二州虜兵縱掠過去　十二日高陽關貝冀路總管原本缺名遣寄班侍禁郭鈞馳騎入奏今月十九日領兵追契丹至莫州東三十里

大破之斬首萬餘級獲所虜老幼數萬鞍馬器仗不可勝紀餘寇遁逃出境宰臣率百官稱賀六月詔曰天寓所臨是惟王土雖戎倫于益俗久隔皇化顧念赤子孰非吾民如聞邊隅頗縱驚擾殊乖綏懷之義寧忘矜恤之心自今緣邊百姓不得輒入北界剽略違者所在捕繫具獄以聞　九月契丹偽應州節度使蕭轄剌肯頭姪招鶻虫哥判官吳拾得歸順以肯頭為右領軍衛將軍嚴州刺史賜名懷忠招鶻為右監門衛軍賜名從化虫哥為右千牛衛將軍賜名從順吳拾得為右班殿直賜名忠諒仍各賜冠帶銀帛緡錢鞍馬　十二月契丹稅木監使黃顒茶酒監使張文秀閤城使劉繼隆張顒

各挈其屬歸順賜冠帶袍笏舍于歸明班院顒等皆予
越之族也　四年七月二十五日契丹王子耶律隆慶
下内四支班首兼北宫都博田鳳容及其弟從壽來歸
補鳳容三班奉職　十月北面前陣鈐轄張斌言破契
丹于長城口殺獲甚衆漸近戎首伏騎大起三路統帥
未及進前陣兵少退保威虜軍　十一月北面王顯言
前軍與契丹遇大破之殺二萬餘人獲其僞命大王統
軍鐵林相公等十五人首級得僞印二鈕以羽林軍爲
文杖甲馬甚衆首領遁去餘衆號慟于野先是詔增高
陽關三路騎兵二萬爲前鋒又命將五人各騎（領）騎兵三
千陣于先鋒之前别命秦贊領萬人居莫州頓安軍爲

奇兵以備邀激荆嗣領萬人斷西山之路繪圖以示行
營諸將會斥候者言戎人首領尚在炭山乃急徙定州
來幾數萬已塞故大兵不得進擊議者惜之　閏十二
月北虜僞閤門使冠卿子用和繼忠歸順以用和補三
班奉職繼忠補外州鎮將又有李紹隆者同時來歸補
三班奉職　五年正月契丹貴將蕭繼遠清（觀）吏劉澄張
家挈族歸順並補三班借職　四月以契丹入寇令邊
臣日具事宜飛驛以聞三日一遣指使入奏是歲虜騎
稍侵掠邊界皆所在擊（縉）走之　七月契丹大林寨使王
昭敏等歸順賜衣服帛帛補昭敏鎮將餘于許州給田
居之　六年正月知雄州何承矩言北界賊馬傷殺候

望兵士等馬二匹又僞新城都監師文熙諭新城九村
民恐有虜掠臣已諭令少出入其権場商旅如常詔曰
御戎綏境再議権場許其往來通乎貨易守臣之意蓋
在綏邊犬戎之心屢聞背惠往事非遠明驗可知汝等
亦宜熟察前後端由深詳胡虜情志但慮終難馴致尤
須過作堤防至于遠違言詞未可便爲誠寔但興領其
來意常須辨彼姦謀動須機宜即副朕倚初承矩言議
興権場將以漸通懽好而戎狄無厭或肆兇醜帝慮承
矩輕信頗弛邊備故有是詔　二月契丹平州牙校韓
守榮北宰相親吏劉延鳳張希正來歸並補三班借職
　四月三路都總管王超言契丹南冠發步兵千五百

赴定州望都縣南遇賊逆戰殺戮其衆賊併攻南偏出
陣後焚絶糧道人馬渴乏將士被重創賊圍不解衆寡
非敵二十詰旦副總管王繼忠陷沒臣等即引兵還州
詔發河東廣鋭兵三指揮由土門趨鎮定邀擊之虜衆
遁去　七月契丹僞供奉官李信來歸補供奉官賜器
幣冠帶信具道中國事以聞信云明紀四子長即隆緒
也今年三十三次隆慶今年三十一次隆裕小名南（高）二
僞吴王今年二十五幼曰鄭哥早夭三女長曰燕哥今
年三十四適蕭氏弟北宰臣留住哥僞駙馬都尉次曰
長壽奴今年二十九適氏姪東京留守悖野次曰延壽
奴今年二十七適野母弟肯頭延壽奴出獵爲鹿觸死

蕭氏即謚肯頭以御葜明記妻蕭氏令年五十蕭氏二
妹長適齊王偽稱太后來曾封冊王死自稱齊妃領兵
三萬屯西鄙驢駒兒河西捍達靼盡降之因謀率其衆
奔骨歷札國結兵以篡蕭氏蕭氏覺之遂易其兵以領
幽州次適趙王王死趙妃因會飲寘毒蕭氏為婢所發
配殺之國中所管幽州漢兵謂之神武控鶴羽林驍武
等約萬八千餘騎其偽命將帥契丹九女奚南北皮室
當直舍利及八部落舍利山後四鎮諸軍約十萬八千
餘騎內五千六百餘耆衙戎主九萬三千九百餘即八
冠兵也　其國自幽州東行五百五十里至平州又五百
五十里至古遼陽城即號為文法使印八角而圓又東
南接高麗又北至女真東踰鴨江即新羅也　景德元
年正月北面上言契丹奚王及偽南宰相皇太妃令公
各率兵四萬餘騎自鑿城川抵涿州聲言修平塞軍及
故城容城帝曰胡人利於野戰繕完城壘或非其意第
詔將帥謹斥候治方田又諭王超等以便宜從事押陣
使臣悉稟超節度　是秋板給軍都監鄖律吳欲來降
補三班奉職又林牙使攝推官劉守益及其兄恕相繼
來降　九九二十四日北面言契丹與其母舉國入
寇統軍順國王撻覽引兵掠威虜順安軍保州三路總
管等帥兵禦之敗其前鋒斬偏將獲印及旗鼓輜重翌
日攻北平總管田敏擊走之又東侵保州振武小校孫

卷五千四百五十七　二十七

密領十卒探虜事中路遇虜前鋒密等依林木發以待
戎人下馬以短兵格鬬密射殺十數人又殺其軍校獲
所佩右羽林軍使印虜進攻州城又不利而北自是虜
主與母并統軍之兵合勢以攻定州王師陣于唐河厲
兵蓐食以待之其輕騎為我裨將所擊遂率衆東駐陽
城淀　二十八日岢嵐軍言虜騎數萬來寇率兵擊敗
之俘獲甚衆翌日再至又擊走之　十月四日府州折
惟昌言準詔率所部兵自火山軍入契丹朔州界前鋒
大很水寨殺戮甚衆生擒四百餘人獲馬牛羊鎧甲數
萬計　六日北面上言戎主與母率衆至唐河三路都
總管王超按兵以待既而不接戰緣胡虜河而東虜遂
南熾攻瀛州詔威虜岢嵐軍保州莫州北平寨領兵深
入北境腹背縱擊以分其勢　二十五日威虜岢嵐軍
保州莫州北平寨並上言擊破契丹羣臣奉賀　二十
六日契丹遣人以前殿前都虞候王繼忠奏乞許通和
詔以殿直曹利用為閤門祗候假崇儀副使往荅其意
先是虜自唐河敗後即遣小校李興等四人持信箭
以王繼忠詣莫州石祖且致密奏願通和帝召宰臣議
因曰朕每念往昔全盛之世無不以和戎為利朕即位
之初呂端等建議欲因太宗上僊命使告訃次則何承
矩請因轉戰之後達意邊臣朕以為誠未交通不可彊
致嘗念自古獯鬻為中原彊致〔敵非懷〕嘗念之以至德威之以

二十八

大兵則獷悍之性詎能柔伏今語德則比屋之俗尚婉
可封言威則戎捷邊功未復燕土此奏雖至亦恐未誠
畢士安等曰陛下以至仁撫天下況近歲契丹歸款之
人皆言其國聚謀常以聖德兼備精于求理軍國雄富
常慮一旦舉兵遠復燕境今既來寇封略銳氣屢挫雖
欲罷去且恐無名今亟勤請諒必非妄帝曰卿等所言
但知其一未知其二彼以無誠請盟固其宜也然得請
之後必有邀求至于利衆從人安民屈己時遣使命遺
之貨財所可慮者關南之地曾屬彼方以是為求必須
絕議朕當治兵誓衆躬行討擊遂以手詔諭繼忠曰朕
君臨大寶子育羣氓常思息戰以安人豈欲窮兵而黷

卷五千一百五十七　二十九

武邊防之事汝素備知向因阿孫炬上言乞差使往其
時亦允所奏今覽封疏深嘉懇誠朕富有寰區為人父
母若諧偃革亦協素懷儻有審實之言即附邊臣聞奏
至是繼忠有奏至乞早遣一使來賜商議又以手詔募
神勇軍士李斌賫赴虜寨時議擇使持書帝曰既須忠
義之人亦須粗有識畧然不必拘其位秩樞密王繼英
等曰曹利用常承受延州奏事可與恐選遂有是命
十一月一日北面上言虜衆急攻瀛州晝夜鼓譟大設
攻具負板秉燭驅虜人秉城城上發矢石巨木擊之皆
墜戎主與母復鼓衆四面急擊矢發如雨虜為城兵所
殺者三萬餘人傷者倍之圍遂解獲鎧甲兵矢數百萬

既而遊兵又逼冀州知州王嶼擊走之戎人攻瀛州城
攻城戰具皆制度精妙鋒鋩銛利梯衝竿牌悉被以鐵
城上掛版方數寸集矢二百餘　十八日以車駕北巡
命李繼隆石保吉等為馬前東西排陣使事具親征門
二十日駕前排陣使言契丹遣門人孫崇等齎王繼忠
奏狀至詔督利用往彼時利用已充使至天雄知府王
欽若鈐轄孫全照留不遣虜又敗衂遂令繼忠為奏曰
昨十月六日石普差人送到手詔北朝日候朝廷使者
今尚未至乞早差人至此商量見今頓兵不敢虜劫必
望聖慈早降宣示免臣失信遂有是詔　二十一日車
駕次長垣契丹又遣使李興以王繼忠奏至乞早自澶

卷五千一百五十七　三十

州別遣使至免成稽緩詔以前意答之　二十二日詔
滑州張秉齊州馬應昌濮州張晟部率丁夫鑿河水
二十四日散直張皓自貝州齎王繼忠奏狀至行在皓
道出契丹寨為胡騎所引至虜主及母車帳之前面諭
者久之且令赴天雄召曹用利既而利用未至張皓獨
還其國主及母賜皓袍帶館設加等命繼忠以狀來奏
具言契丹不敢劫掠以待王人帝曰戎人雖有善意國
家以安民息衆為念固已許之然彼尚率醒獷深入吾
土又河冰已合戎馬可度亦宜過為之備朕已決成算
親厲全師況狄人貪惏不顧德義若盟約之際別有邀
求當決于一戰殄茲醜虜可再督諸路將帥速會駕前

仍命樞密陳堯叟乘傳赴澶州北寨密諭將帥整飾戎
容以便宜從事　十二十五日李繼隆等言戎寇過天雄
犯德清軍抵澶州北直犯大陣圍合三面輕騎由西北
隅突進大運軍既成列戎騎止而不進臣等分伏劫弩控
其要害有戎帥異其旗幟出行軍伏弩齊發殪之見其
數十百輩競前與曳而去戎師悉遁去所害者即順國
王撻攬也有機勇所領皆銳兵及是戎人喪氣胡騎漸
北至夕但時命輕騎來窺大將軍　二十八日曹利用
至自契丹與其使左飛龍使韓杞同至　十二月一日
對韓杞于行宮之前殿杞入跪授書函于閤門使捧以
升殿內侍副都知閻承翰受而啟封宰臣等讀訖乃命

卷五千二百五十七

三十一

杞升殿跪奏云國母上問聖體是日杞入辭賜鞍馬襲
衣金帶器幣復命利用同往初利用至虜中待之甚勤
戎母見于行車中親與飲食設橫板于軛上布食器戎
主與其臣重行而坐屢慰勞利用及與杞偕至界州求
關南地為言帝以事在前朝不許因謂宰臣曰朕初覽
繼忠密奏即與卿等共議為民屈已誠所不辭但慮以
關南地為求今果有此卿等以為如何宰臣等曰臣等
欲望禮遺信使答其來書且言關南久屬朝廷不可擬
議或歲與金帛助其軍費以固懽盟帝曰朕守祖宗之
基不敢失墜所言關南之地事極無名必若固守朕當
決于一戰所念河北居人重有勞擾或歲以金帛濟其

不及朝廷之體故無所傷可復其來書令曹利用與韓
杞口述諭事不必形諸翰墨也利用再至契丹帳數沮
給地之議接伴高正遠曰今歲引眾而來本謀關南之
地若不遂所圖則本國之人負媿多矣利用答以稟命
專對有死而已如其不恤後悔尚以割地為言則地不
可以歸兵亦未息矣國主及母聞之即令繼忠見利用
且道修好之美且言早結懽盟再遂通通好契丹所慮大
朝于沿邊創築城池開移河路廣浚濠壍舉動甲兵敢
望聖慈特賜鑒悉　五日曹利用與契丹使右監門衛
大將軍姚東之自戎帳齎書至命西京左藏庫使獎州
刺史李繼昌假武衛大將軍持答書及誓約與東之報

卷五千二百五十七

三十二

聘初韓杞與東之入見日各言其母附達起居而不述
其主帝曰此必母專其政人不畏主詢于利用其言亦
同仍云聞聽之間蓋由其主不惠如是繼昌之行宜亦
致書其母又以其國主并母先以御衣食味方物為信
因繼昌之行亦各送衣服藥味金器以答之時東之又
因接伴使附奏已議通和北朝方收眾歸國頗慮沿邊
諸州出兵邀擊望降詔約束詔如其請戒諸路總管諸
州軍不得輒出兵馬　九日北面上言契丹未即出塞
頗縱游騎擾擾鄉閭貝州天雄軍居民驚移入城詔高
陽關總管曹璨率所部取貝冀路赴瀛州以保州路總
管寧州防禦使張凝為沿邊巡檢安撫使洛苑使李繼

和為副使六宅副使王㥄鈞入內殿頭李㥄岳為都監
選天雄屯軍二萬為璪後以躡戎寇如敢肆掠即所在
合勢翦戮仍賜王繼忠詔諭其事若有採騎遊兵請即
抽取仍聞諸頭寨猶帶老小前去流離愁歎誠可憫嗟
共守和平即宜歸復命澶州馬鋪小校華斌齎詔以往
十五日張凝等言戎人採騎各團給北不敢侵掠
十八日李繼昌與契丹西上閤門使丁振奉其國主及
母誓書見于行在繼昌言虜中人情無不忻懌館設之
禮益加優厚其宴會勉遵漢儀而多雜虜法左衽之革
動成褻慢上之人雖欲變之而俗不可易也帝曰比欲
令振隨至京師優加禮遇又以裁歸華轂百司庶務各

卷五千二百五十七　三十三

涉勤勞思與休息宜就此賜宴即令朝辭是日宴于行
宮振辭歸國命東上閤門使曹利用送至境上　二十
二十詔錄契丹誓書盟約頒河北河東諸軍　二年正
月七日詔諭緣邊知州軍等令各遵守契丹誓書約束
不得輙與境外往還規求財利　十一日岢嵐軍請修舊
方田火山軍請築月隄帝以違契丹誓約不許詔緣邊
諸州軍契丹來獻雉兎求酒食者遣使齎至河外給之
二月十日瀛代州送投降奚契丹九人赴闕詔以請
盟後者付總管司還之因詔沿邊州軍自今得契丹牛
馬所在移牒還之漢口自契丹來歸者給資粮遣復本
貫其所乘馬縱之勿令入境違者論其罪　二十五日

命開封府推官孫僅為契丹國母生辰使始通信使也
時議草國書令樞密學士院求兩朝遺草十內省悉得
之凡所與之物皆約舊制而加增損國母書外别致書
國主問候而已自是至國主卒其禮悉如此例僅等迴
具言自入境所過州縣刺史迎謁命幕職縣令父老送
于馬前捧卮獻酒民庶以斗焚香迎引家置盂杓漿水
于門令接伴使察從人中塗所須即供應之所至民無
得鬻食物受錢違者全家處斬行從芻秣之事皆命人
掌之戎主歲避暑于含涼淀聞使至即來幽州具館舍
供帳接待之禮甚厚將延見有巫者一人乘馬抱畫鼓
于驛門立竿長丈餘以石環之上掛羊頭胃及足又殺

卷五千二百五十七　三十四

犬一以杖柱之巫誦祝詞又以醯和牛糞灑從者于是
國母慶延坐宴會張樂及辭賚以器服雜物馬五百餘
匹自郊勞至于餞飲所遺皆親信詞禮恭恪以致勤厚
之意　四月詔河北河東沿邊州軍凡契丹遣人至者
優加犒設茶絹之外仍給袍帶時諸郡將吏至北界館
待甚厚故加禮以荅之　五月二日雄州何承矩言契
丹新城榷場都監劉日新致書遺璮羊酒果詔承矩受
之荅以藥物又嘗令拒馬河南百姓以麞兎來獻承矩
報以醪酒真宗以謂疆臣間遺固亦無嫌易令厚其酬
荅　六月詔雄州契丹請榷場求市馬者優其直以與
之　十月遣太常博士周漸假太府卿右侍禁閤門袛

候郭盛假西上閤門使爲契丹國主生辰使職方郎中
直昭文館韓國華假秘書監衣庫副使丘守節假西上
閤門使爲契丹國母正旦使秘書丞張若谷假將作監
内殿崇班郭允恭假引進副使爲國主正旦使自是歲
以爲常　十一月二十九日國母遣使左金吾衛上將
軍耶律留寧副使崇祿卿劉經來賀承天節奉書致御
衣七襲金玉鞍勒馬四匹散馬二百匹錦綺春肉羊鹿
舌酒果國主遣使左武衛上將軍耶律委演副使衛尉
卿張肅致御衣五襲金玉鞍勒馬四匹散馬二百匹錦
綺弓矢鷹鶻等對于崇德殿留寧委演戎人也以戎禮
見賜以遼冠窄袍金鞢䩞蕭燕人也以華禮見賜以幞
卷五千二百五十七　三十五
頭公服金帶並加襲衣器帛鞍馬又賜隨行舍利已下
衣服銀帶器帛有差宴于長春殿酒五行而罷初留寧
等將見接伴李宗諤引令式不許佩刀至上閤門留寧
等欣然解之既而曹利用以聞帝曰戎人佩刀是其常
禮不須以此禁之即詔其自便留寧甚善喜劉經等謂宗
諤曰聖上推心置入腹中足以示信遐邇也又舊制舍
利從人惟上等入見自餘拜于殿門之外帝悉許其入
見及節日上壽班在諸衛上將軍之下大將軍之上自
此凡使至如此例　十二月國母遣使保靜軍節度使
耶律乾寧副使宗正卿高正國主同遣使左衛大將軍
耶　主右金吾襲或五襲七件紫青貂鼠皴被或銀

鼠鵝項鴨頭納子塗金銀裝箱金龍水晶帶銀插副之
錦緣帛皺皮鞾金玦束帛白熟皮鞾鞵細錦透背清平
内製御様合線縷機綾共三百匹塗金銀龍鳳鞍勒紅
羅抑金線繡方韉二具白楮皮黑銀鞍勒氊韉二具綵
褐楮皮鞍勒海豹皮韉二具白楮皮裹肋鞦二條紅羅
金銀線繡雲龍紅錦器仗一副黄樺皮纏楮弓一紅錦
袋皂鵰翎羱角骲頭箭十青黄雕翎箭十八清法麴麪
酒二十壺蜜曬山果十楝蜜漬山果十楝蜜匣烈
山梨柿梨四倈蜜罐榛栗松子郁李黑郁李麪棗楞梨
棠梨二十箱麪秔麋梨炒十椀蒸芰白鹽十椀青鹽十
箱牛羊野豬魚鹿臘二十二箱御馬六匹散馬二百匹
卷五千二百五十七　三十六
其正旦御衣三襲鞍勒馬二匹散馬一百匹其母又致
御衣綴珠貂裘細錦刻絲透背合線御綾羅綺紗縠御
様果實雜炒臘肉凡百品水晶鞍勒新羅酒青白鹽國
主或致戎器賓鐵刀鷙禽曰海東青之類是歲帝以禮
物宣示近臣又出祖宗朝所獻禮物示宰相其制頗朴
拙今多工巧蓋幽州有織工耳自後使至必以所獻綺
帛分賜中書樞密院及以果實脯臘賜近臣三次又遣
庖持本國異味前聖節一日就禁中造以進御賜膳夫
衣服銀帶器帛戎使初至都亭驛各賜金花銀罐器錦
衾褥朝見日賜大使金塗銀冠皂羅氊冠衣八件金鞊
鞢帶烏皮鞾銀器二百兩綵帛一百疋鞍勒馬各折匹

巾衣七件金帶象笏烏皮鞾銀器一百兩綵帛一百疋
鞍勒馬各一疋其從人上節十八人各練鵲錦襖及衣
四件銀器二十兩綵帛三十疋中節二十八人各寶照錦
襖及衣三件銀器十兩綵帛二十匹下節八十五人各
紫綺襖及四衣四件銀器十兩綵帛二十疋並加金塗銀
帶上中節又加綵䩞就館賜生餼大使羝粟各十石麵
二十石羊五十法酒糯酒各十壺副使羝粟各七石麵
十五石羊三十法酒糯酒各十壺承天節各賜別衣一
襲遇立春各賜金塗銀鏤幡勝春盤又命御帥就玉津
園伴射弓賜來使銀飾箭筒弓一箭二十其中的又賜
窄袍衣五件金束帶鞍勒馬在館遇節序則遣近臣賜

卷五千二百五十七　三十七

設辭日長春殿賜酒五行賜大使盤球暈錦窄袍及衣
七件銀器二百兩綵帛二百疋副使紫花羅窄袍及衣
六件銀器二百兩綵帛二百疋並加金束帶雜花羅綾
百疋從人各加紫綾花絁錦袍及銀器綵帛將發又賜
銀器瓶合盃沙羅注椀等契丹主生日朝廷所遣金酒
食茶器三十七件衣五襲金玉帶二條烏皮白皮鞾二
兩紅牙笙笛䇿篥柏板鞍勒馬二匹纓複鞭副之金花
銀器三十件銀器二十件錦綺透背雜色羅紗綾縠絹
三千疋雜綵二千疋法酒三十壺滴乳茶十斤岳麓茶
五斤鹽蜜果三十罐乾果三十籠其母生日約此數焉
正旦則遺以金花銀器白銀器各二十件雜色羅綾紗

縠絹二千疋雜綵二千疋　三年十二月契丹使耶律
阿括有疾不入帝遣醫官副使霍炳等診視之時阿括
不赴得上壽及齋筵深自懟恨帝曰所差醫官止令診
脉處方如有藥餌令自和合其使副又須求藥餌得即
對面服之雖相示不疑然悠久或有不可療者自今朝
廷宜以醫官隨行則彼亦必使醫官同至也　是月契
丹使蕭漢寧至時元日會朝賀漢寧自言不習漢儀願
不給朝服副使吳克昌等亦言與大使同敘班難衣朝
服詔聽自便　四年四月接伴契丹使王曉等言嘗使
契丹其國臣寮每見即競來趨揖詢問朝廷臣寮舊曾
奉使至其國者動靜安否臣具實對之認其工下情寔

卷五千二百五十七　三十八

無精粗其契丹人使到闕有嘗奉使契丹者乞詔諭亦
許令趨揖詢問其安否所貴示之無間人得歡心從之
時內殿崇班高繼忠亦有此請並可其奏　是歲戶部
員外郎直集賢院李維等使契丹還上虜中事且言虜
主見漢使強服衣冠事已悔中雜胡騎出射獵官屬隨
帳自辨器械糗糧蓄法極嚴死者必屠害憸毒虜者嘗
云契丹乃禽獸非同漢人可以文法治也　四月莊穆
皇后上僊帝謂宰相王旦等曰后崩合遣使赴告契丹
否旦等曰命使赴告或令邊臣錄告之皆可帝曰於禮
宜赴告然每歲命使頗聞供億勤至今若遣使則自茲
兩國凡有大故各須馳傳交馳益增煩擾矣乃詔邊臣

侯北境遣人詗闞即録詔報之仍諭兹意 十一月河
東轉運使言唐龍鎮來璘、未美等為西路契丹所掠美
即璘之季父久依府州與未懷正同族不相能故懷正
召戎破之以報怨樞密陳堯叟曰璘美等亦窮而欵塞
早者常持兩端且非富强之族但據險阻恐為覦望朝
廷征之則趣河之東地曰東壍契丹加兵則趣河之西
地曰西壍界卒騎兵所不能及詔候契丹使至以其事
諭之 是月契丹使耶律元至又令庖人來獻蕃食蕃
俗家猳狸那發士得之如大鼠唯供母主至是挈數頭
至日飲以羊乳帝許其餱告進入擇味佳者再索之使
大感悅 是年麟府路言契丹率兵捕賊至境上恐謀
卷五千二百五十七 三九
侵軼帝曰此疑之過者遣內臣視之果報盜馬舍利而

遼下

遼史拾遺附錄卷二
宋會要 永樂大典卷第五千二百五十七卷
真宗大中祥符元年正月北面之、

真宗大中祥符元年正月北面言契丹置館于拒
馬河北以候朝使 二月戶部副使宋搏使契丹還上
虜中事且言契丹所居中京在幽州東北城壘卑小鮮
居人夾道多蔽以垣墻宮中武功殿其主居之文化殿
母居之又有東西掖門然蕃夷性不檢每宴集有不拜
而懈惰者 六月以都官員外郎孫奭假秘書少監使
契丹諭以今年十月有事于泰山仍不煩遣使時議者
以東封大禮必須差發六師恐契丹猜慮遂議差使諭
意帝曰如聞朝廷每命使持禮往彼皆自界首差使副
接伴逐程每命使人專備館餼國主必自遠而至躬親

延接頗為勤至勞費當今爽至雄州日先以文字達之
武上差人于界交領或至本國契丹果止差人至界河
交領書信若本國報書亦只雄州交領乃得報云封禪
大禮何勞告諭其禮物屢違誓文不敢輒受帝曰異域
常能固守信誓良可嘉也　十一月契丹使左武衛上
將軍蕭永等來賀承天節宴于長春不舉樂以將奉冊
謁廟故　二年二月二十五日入契丹使還前殿前都
虞候王繼忠附奏獻名馬法錦銀鼠貂鼠被褥椓檽酒
器坑㙞賀封禪禮畢詔荅賜之　五月邊臣言契丹為
黑水所侵而遁時雄州言契丹改築新城宰臣王旦曰
契丹所納誓書有無刱修城池之言樞密陳堯叟曰彼

卷五千二百五十七　四十

先違誓修之亦此之利也帝曰豈若遺利而敦信乎且
以為如是當有漸也宜令邊臣遣人告其違約以止之
則撫御遠俗不失其懽心也　十月帝以御筆所記事
示宰臣曰送闌馬帝曰雄州奏得闌馬送契丹又奏近
有盜馬以歸投者其馬亦止稱闌遺送北部然則彼亦
知其紿也宜諭雄州更有若此者當閱實以還之無涉
欺誕　十二月二十四日雄州言得涿州報契國以其
母蕭氏以十二月十二日卒遣使天成軍節度使耶律
信寧來告哀時契丹賀正使在館詔館伴諭之集賢校
理張象中閤門祗候薛貽廓馳驛迓詔廢朝七日擇日
制服　二十八日耶律信寧至命太常博士贊引請西

上閤門使受書進內博士命祠部員外郎直集賢院石
中立太常博士直史館劉諧與禮直官同贊引又命李
維曹利用館伴其使令中書門下樞密院三司使學士
知制誥已上就都亭驛吊慰寔曾姑等又令寔曾姑等
就開寶寺設位奠哭成服又令禮院為定成服儀注禮
直官引使副北向設香酒拜跪成服畢哭三奠焚紙馬
改服吉服還驛其制大使副使麄布頭冠帽斜巾方裙
大袖袴絹襯衫青經桐杖上中節麄布斜巾襴衫袴絹
襯衫青經下節麄布袜子四䙆衫袴青經　三年正月
契丹使偶起等言所進國母禮物本國以母亡懇辭不
受　閏二月詔河北河東緣邊安撫司候契丹國母葬

卷五千二百五十七　四十一

日令沿邊州軍于其日前後各禁音樂三日仍移文契
丹界令知朝旨　是月河東緣邊安撫司言北人王貴
舉族來歸欲送還之帝曰蕃法亡者悉孥戮之況契丹
誓書逋逃之人彼此無令停匿可令本州遣歸北境勿
移牒部送　六月雄州李允則言契丹界累歲災歉闕
食多于近邊市糴詔本州出廩粟二萬石出糶以濟之
是歲契丹相韓德讓死韓久專政有智畧契丹畏服
自蕭氏卒繼以韓死虜主闇弱其弟隆慶尤桀黠衆心
附焉言事者請因遣使特加恩隆慶帝曰講信修睦務
有大體如其未法遂加恩命豈柔遠之道耶　七月雄
州言契丹國主以其母喪殯顯州日三時沃奠四月葬

于州北二十里五月台所部南北大王夾室乙室頻畢太師奚室韋黑水女真等賦車二十乘于幽州載戎器將伐女真高麗時契丹又殺其臣邢抱朴台劉晟代知政事又台隆慶隆慶反側辭以避暑不從輒繕完兵器遣親信以私書交結國中貴倖其親信錄書來告雄州訴其戎主不能叶睦親族國人思漢帝曰此必隆慶教為之容諭邊臣沮其意凡契丹有所調發先下令使自辦兵器駝馬粮糗故其鈔畧所得不補所失又索境內漢口有罪者配軍曰驍武人皆嗟怨不為用　九月十一日契丹遣臨海軍節度蕭昌頒給事中室程奉其母遺書及遺物玉釧琥珀瓔珞碼碯瓶盤犀玉壺良馬等

卷五千一百五十七

上又遣左武騎上將軍蕭善寧左領軍衛大將軍張崇濟獻御衣文犀帶名馬弧矢等來謝賻禮以國母遺留書禮亦令于閤門通進人使入見　十一月六日契丹以本國將征高麗遣右監門衛大將軍耶律寧奉書來告時議以朝廷前遣孫奭告東封契丹館奭于境上但有報書今其使來當遣使接伴亦以方守前約如監欲赴闕即從其請乃以殿中侍御史趙稹假給事中馳赴雄州逆之知制誥孫僅假中書舍人東上閤門使白文肇館伴初耶律寧至涿州李允則止之寧言奉國命以機事馳報不敢駐允則即遣使臣伴送赴闕及至又以寧遠來因之特放起居兩日朝辭日就驛賜御筵又同

赴玉津園射弓其例并雜物鞍馬弓箭悉賜之　十日知樞密院王欽若言將來契丹賀承天節正旦使赴闕未審舉樂不帝曰此當諭雄州不須先聞但依例自界首音樂迎接悉依自來體例如彼使不欲聽樂之時即以令來特禮慶賀即與迴謝禮信持送遺留事體不同無緣已入朝廷封境難以止絕諭之　十七日雄州言頃年契丹加兵女真女真衆裁萬人所居有灰城以水沃其壁凝凍冰離城三百里焚其積聚其人散居山林以待之契丹至則城不可攻野無所取遂退兵女真即出襲敗之殺傷甚衆今契丹趣遼陽城言征高麗且涉女真之境女真衆雖少契丹必不能勝仍畫圖以獻契

卷五千一百五十七

丹以西樓為上京遼陽為東京在中京正東稍南又云契丹習俗既葬必守墳戎國主欲守其母墳聲言征高麗駐遼陽城也帝謂王旦等曰契丹征高麗萬一高麗窮蹙戎歸于我或來乞師何以處之旦曰大顧其大者契丹方固盟好高麗貢奉累歲不至帝曰然可諭登州如高麗有使來乞師即語以累年貢奉不入不敢達于朝廷如有歸投者第存撫之亦不須以聞　十二月一日雄州言契丹與高麗戰敗衄帝曰戰者危事蓋不得已非可好也　二十日河東沿邊安撫司言契丹于朔州南再置榷場　是月接伴契丹使張崇中等言戎使以此月十二日本國母喪朞欲易服舉哀詔衆中至日

蕃夷二之六

於所到處預令三番使臣逐寺院設位祭奠行慰禮若欲易服舉哀即諭以赴朝廷慶賀不便仍住樂一日

四年正月以開封府推官太常丞李階假衛尉少卿爲詔諭契丹以規祀汾陰令至境上付其疆吏

四月十二日入契丹使李迪言今月二十日迴至雄州緣契丹國王親督兵伐高麗以是久駐中京其弟隆裕丞相韓德讓相繼而死高麗之戰兵敗多不還者

五月十六日邊臣言契丹征高麗官屬多戰沒乃取幽薊閒嘗干任進及稍知書者以補其缺又遣使歸取介胄萬計其弟隆慶不給蓋相疑閒也

五年七月六日知雄州李允則言契丹議築武清安次涿州城是正違誓約待其

卷五十二百五十七　四四

興功而言則必恥于中輟乃詔允則因使北境者諭之既而允則言彼國聞命即罷其役

六年知制誥王曾充使還上契丹事曾上七事契丹改統和三十一年爲開泰元年以幽州爲析津府國主弟隆裕卒隆裕初封吳王後封楚國王初奉使者止達幽州後置中京又至中京或西京淀北安州炭山屯泊自雄州白溝驛渡河四十里至新城縣古督亢亮之地又七十里至涿州北度涿州范水劉李河六十里至良鄉縣度盧孤河六十里至幽州爲號燕京子城就羅郭西南爲之正南曰啟夏門内有元和殿洪政殿東門曰宣和城中防門皆有樓有閔忠寺本唐太宗爲征遼陣亡將校所造又有開

蕃夷二之七

泰寺魏王耶律漢寧造建皆邀朝使遊觀城南門外有于越王廨爲宴集之所門外永平館舊名碣石館請和後易之也即桑乾河出北門過古長城延芳淀四十里至孫侯館後改爲望京館稍移故處望柘谷山五龍池過温餘河大夏城坡西北即西京爲避暑之地五十里至順州東北過白嶼河北望銀冶山又有黃羅螺盤牛闌山數十里至檀州自北漸入山五十里至金溝館將至館川原平廣謂之金溝淀國主嘗于此過冬自此入山詰曲登陟無復里堠但以馬行記日而約其里數過朝鯉河亦名七渡河九十里至古北口兩旁峻崖中有路僅容車軌口北有鋪彀弓連繩本落陽防扼奚契丹

卷五十二百五十七　四五

之所最爲隘束然幽州東趣營平州路甚平坦自頃犯邊多由斯出又度德勝嶺盤道數層俗名思鄉嶺盤八十里至新館過雕窠嶺偏搶嶺四十里至卧如來館蓋山中有臥佛像故也過烏灤河東有灤州因河爲名又過墨斗嶺亦名度雲嶺長二十里許又過芹菜嶺七十里至柳河館河在館旁西北有鐵冶多渤海人所居就河漉沙石鍊得鐵渤海俗每歲時聚會作樂先命善歌舞者數輩前行士女相隨更相唱和回旋宛轉號曰沓鎚所居屋室皆就山牆開門過松亭嶺甚險峻七十里至打造部落館有蕃戶百餘編荊籬鍛鐵爲兵器東南行五十里至牛山館八十里至鹿兒峽館過蝦蟆嶺九

十里至鐵漿館過石子嶺自此漸出山七十里至富谷館居民多造車者云渤海人正東望馬望山山多鳥獸材木國主多于此打圍八十里至通天館二十里至中京大定府城垣卑小方圓纔四里許門但重屋無築闍之制南門曰朱夏門內通步廊多坊門又有市樓四曰天市天衢通闤望闕次至大同館其北正門曰陽德閶闔城西內西南隅岡上有寺城南有園圃宴射之所自過古北口即蕃境居人草庵板屋亦耕種但無桑柘所種皆從壠上蓋虞吹沙所壅山中長松鬱然深谷中多燒炭為業時見畜牧牛馬槖駝尤多青鹽黃豕亦有挈車帳逐水草射獵食止糜粥粆糒 是歲翰林學士晁迥龍圖閣待制查道充使至長泊及還上虜中風俗迥言長泊多野鵝鴨戎主射獵飲帳下騎擊扁鼓繞泊驚鵝鴨飛起乃縱海東青擊或覩射焉戎人皆佩金玉錐號殺鵝殺鴨錐每初殺獲即拔毛插之以鼓為坐遂縱飲最以此為樂又好以銅石為槌以擊兔每秋則不禓衆呼鹿射之夏月以布易氈帳藉草圍棊雙陸或深澗張鷹 是冬契丹使與高麗告奏使相繼而至帝問宰臣王旦曰四方入會皆所以尊王室也彼自有隙朝廷無所憎愛起居宴會並合同處帝然之 九年樞密直學士薛映直昭文館張士遜充使至上京及還上虜中境界上京者自中京正北八十里至臨都館又四十里

至松山館又七十里至崇信館又九十里至廣寧館又五十里至姚家寨館又五十里至咸寧館又三十里度潢水石橋旁有饒州蓋唐朝嘗于契丹置饒樂州也今渤海人居又五十里至保和館度黑水河七十里至宣化館又五十里至長泰館館西二十里許有佛寺民舍云即祖州亦有祖山山中有阿保機廟所服鞾尚在長四五尺許又四十里至臨潢府自過崇信館即契丹舊境蓋其南皆奚地也入西門門曰金德內有臨潢館子城東門曰順陽入門北行至景福門又至承天門內有昭德宣政二殿皆東向其氈廬亦皆東向臨潢西北二百餘里號凉淀在漫頭山南避暑之處多豐草掘丈餘即有堅冰 天禧元年二月補新羅人洪橘鮮為應天府都知兵馬使賜衣服緡錢橘鮮仕本國為承旨國主遣其詐遁入契丹探機事以歸朝廷故也 四年知制誥宋綬充使始至木葉山及還上虜中風俗山在中京東微北自中京過小河唱叫山道北奚王避暑庄有亭臺由古北口北至中京北皆奚境奚本與契丹等後為契丹所併所在分奚契丹漢人渤海雜處之奚有六節度都省統領言語風俗與契丹不同善耕種步射入山采獵其行如飛凡六十里至羖䍽河館過惠州城二重至低小外城無人居內城有瓦屋倉廩人多漢服七十里至榆林館館前有小河屈曲北流自此入山少人居

七十里至訥都烏館蕃語謂山為訥都水為烏七十里至香子山館前倚土山臨小河其東北三十里即長泊泡涉沙磧過白馬淀九十里至水泊館度土河亦云撞水聚沙成墩少人烟多林木其河邊平處國主曽北過冬凡八十里至張司空館七十里至木葉館離中京皆無館舍但宿空帳欲至木葉三十里許始有居人尾舍及僧舍又歷荊榛荒草復度土河木葉山本阿保機葬處又云祭天之地東向設氊屋題曰省方殿無階以氊藉地後有二大帳次北又設氊屋題曰慶壽殿去山尚遠國主帳在氊屋西北望之不見嘗出三豹甚馴馬上附胡人而坐獵則以捕獸俗喜罩魚設氊于河冰之上

塞掩其門鑿冰為竅舉火照之魚盡來湊即垂鉤竿罕有失者迴至張司空館聞國主在土河上罩魚以魚來饋是歲隆慶卒隆慶初封常王及請盟改梁王後封秦國又加秦晉國王隆裕有子宗業封廣平王為中京留守改幽州幽都縣為宛平縣其衣服之制國母與蕃臣皆胡服國主與漢官即漢服蕃冠戴氊冠上以金華為飾或加珠玉翠毛蓋漢魏時遼人握冠之遺象也額後垂金花織成夾帶中貯髮一總服紫窄袍加義襴繫鞊帶以黃紅色條裹革為之用金玉水晶碧石綴飾又有紗冠制如烏紗帽無簷不擫雙耳額前綴金花上結紫帶末綴珠或紫帛幅巾紫窄袍束帶大夫或綠巾綠花

窄袍中單多紅綠色貴者被貂裘貂以紫黑色為貴青色為次又有銀鼠尤潔白賤者被貂毛羊鼠沙狐裘弓以皮為弦箭削樺為簳韉勒輕駛便于馳走以貂鼠或鵝項鴨頭為扞腰蕃官有夷離畢參聞國政左右林牙掌命令惕隱若司宗之類又有九行宮每宮置使及總管掌領部族有永興積慶洪義昭敏等名　乾興元年二月仁宗已即位未改元真宗崩遣崇儀副使薛貽廓假引進使告哀　六月契丹遣殿前都點檢崇義軍節度使耶律三隱翰林學士工部侍郎知制誥馬貽謀充大行皇帝祭奠使副左林牙左金吾衛上將軍蕭日新利州觀察使馮延休充皇太后弔慰使副右金吾衛

上將軍耶律寧引進副使姚居信充皇帝弔慰使副三隱等至有司預于滋福殿設大行皇帝神御座又于稍東設御座祭奠弔慰使副並素服由西上閤門入陳禮物于庭中閤門舍人贊引三隱等詣神御座陛下俟薦卷舉哭外殿西階上香奠茶酒馬貽謀跪讀祭文退俟皇帝皇太后昇座日新等以次升殿進書賜襲衣冠帶器幣鞍勒馬有差日新等復詣承明殿俟皇太后昇座進問聖候書祭奠所陳有金香奩瓶盞注碗茶合匕筯銀鼠裘金龍帶御衣五襲塗金縷玉鞍勒馬三匹刻絲器仗弓矢大燭等弔慰所獻素羅綾白毛綾罽黑綵播絲絹布萬五千匹其國后又以珠珥雜寶瓔珞玉釧衣

三襲納以銀飾箱以獻乃命戶部郎中直史館劉綃容省副使曹璨為皇太后迴謝禮信使副入工部郎中趙賀內殿承制閤門祗候楊承吉為皇帝迴謝禮信使副皇太后遺國主國后衣各三對銀裝衣箱各一鞍轡各三鞚各一纓絡二國主加靴二兩龍腦滴乳茶各三十斤酒各二十瓶以諸雜菓子及銀器各二千兩金器各三百兩錦綺透背色羅紗縠絹衣著各三千匹御馬各二匹皇帝遺國主亦如皇太后之數惟加金帶　是月命度支副使戶部郎中薛田來染院使李餘懿使契丹送大行皇帝遺留禮物禮物有金飾瑇瑁飲食灌器象牙摽車渠注碗碧車渠琥珀枑白玉翠石茶器衣五襲

卷五千四百五十九

通犀碾玉帶金飾瑇瑁樂器金飾七寶瑪瑙鞍勒馬玉鞭飲器皿一事錦綵三千疋御酒名果又命兵部員外郎任中行崇儀副使曹珣告皇帝登寶位禮物有金塗箱一具衣五襲餘如生日之贈賜　十月契丹使遣左彧高單行刑部尚書耶律僧隱副使高州觀察使韓格等奉書獻御衣鞍馬來賀登寶位賜襲衣冠帶器幣鞍馬有差　仁宗慶歷元年十二月代州言契丹舊封界在蘇直等見耕之地而近輒移文欲以故買馬城為界慮侵有侵耕不便詔本州諜諭之　二年三月契丹特遣宣徽南院使歸義軍節度使蕭英翰林學士右諫議大夫知制誥同修國史劉六符來議關南事見于紫宸殿

其書曰粵自世修惟契時遣使軺封圻殊兩國之名方冊紀一家之美蓋欲洽于綿永固將有于披陳切緣瓦橋關南是石晉所割迄至柴氏以代郭周興一旦之狂謀掠十縣之故壤人神共怒廟社不延至于貴國祖先肇創基構尋與敝境繼為善鄰暨乎太宗皇帝紹登寶位于有征之地才定并汾以無名之師直抵燕薊羽召精銳禦而獲退遂致移鎮國雖兵南北王府內外諸軍彌年有戍境之勞繼日備渝盟之事始終反覆前後諳嘗切審專命將臣往平河右炎涼屢易勝負未聞兼李元昊于北朝久已稱藩累曾入貢克保君臣之道實為甥舅之親設罪合加誅亦宜垂報過者郭稹特至杜防

卷五千四百五十七

又迴雖具音題而但虞詐牒已舉殘民之伐曾無忌器之嫌營築長堤堵塞隘路開決塘水添置邊軍既潛稔于猜嫌慮難敦于信睦儻思久約共遣疑懷曷若以晉陽舊附之區關南元割之縣俱歸當國用康黎人如此則益深兄弟之懷長守子孫之計緬惟英晤深達悃悰適值春陽善綏沖裕　先是歸明人梁濟世本涿州人嘗主文書虜帳下一日得罪來歸具言將有割地之請及虜使至仁宗發書以示輔臣色皆不動使者亦疑其事已泄後事定乃錄濟世一官　四月遣知制誥富弼西上閤門使符惟忠持書報契丹書曰昔我烈考章聖皇帝寶有基圖惠養黎庶與大契丹昭聖皇帝弭兵講好

通聘著盟迨于纘承共循謨訓邊陲安堵垂四十年茲者專致使臣特貽緘問以瓦橋內地晉陽故封受石氏之割城述周朝之復境繫于異代安及本朝與自景德之初始敦鄰寶之信凡諸細故咸不寘懷況太宗皇帝親駕并郊匪圖燕壤當時貴國亟發援兵既交石嶺之鋒遂舉薊門之役義非反覆理有因緣元昊賜姓稱藩稟朔受祿忽謀狂僭俶擾邊郵將議討除已嘗聞達杜防郛積傳導備詳又此兩征豈云無報聘軺旁午屢聞疾恙之辭慶問交馳未諭睽親之故忽窺異論良用惘然謂將軫于在原返致譏乎忌器復以營築堤埭開決陂塘昨緣霖潦之餘大為衍溢之事既非疏導當稍

善防豈蘊猜嫌以虧雍穆至于備邊隘路閱集兵夫蓋邊臣謹職之常乃鄉兵憑籍之舊在于貴境寧撤戍兵一皆示于坦夷兩何致于疑阻顧惟歡契方保悠長遽興請地之言殊匪載書之約信辭至悉靈鑒孔昭兩地不得交侵緣邊各守疆界誓書之外一無所求期在久要弗違先志諒惟聰達應切感思甫屬清和妙臻戩穀

七月再遣知制誥富弼恩州團練使張茂實使契丹請平請地之事　八月契丹遂遣樞密副使耶律仁先劉六符持誓書來見書曰謹按景德元年十二月七日章聖皇帝誓書與昭聖皇帝誓書每歲以絹二十萬疋銀一十萬兩以助軍旅之費更不差使臣專往北朝只令

三司差人送至雄州交割緣邊州軍各守疆界兩地人戶不得交侵或有盜賊逋逃彼此無令停匿兩朝城池各依舊存守淘壕完葺一切如常即不得創築城隍開拔河道誓書之外各無所求質于天地神祇告于宗廟社稷子孫共守傳之無窮有渝此盟不克享國昭昭天鑒當共殛之昭聖皇帝復答云孤雖不才敢遵此約當告于天地誓之子孫苟渝此盟明神是殛嗚呼此文可改後嗣何述今以兩朝修睦三紀于茲邊鄙用寧干戈載偃追懷先誓炳若日星緜祀已深敦好如舊且關南縣邑本朝傳守日久懇難依從每年更增絹十萬疋銀十萬兩南界帳淀除已前開畎者並依舊外自今各不

得添置其現在堤堰水口逐時決泄壅塞量差兵夫即便修壘疏導及非霖潦別致漲溢更不關報南朝河北緣邊州軍北朝自古北口以南軍兵民夫除見管數依常教閱無故不得大有添屯如有事因即令逐州軍移牒關報其自來承例更戍及本路移屯不得在關報之限兩邊逃過諸色人並依先朝誓書外各不得更似前來容縱停留者恭惟二聖威靈在天顧茲纂承各當遵奉共循大體無介小嫌且夫守約為信善鄰為義二者闕一罔以守國皇天厚地實聞此盟無或廢墜以速殃咎其盟文藏于宗廟副在有司餘並依景德統和中兩朝誓書顧惟不德必敦是盟苟或食口有如前誓　十

宋史仁宗作七月二十四日

月契丹使林牙保大軍節度使蕭偕來報徹兵見于紫
宸殿　四年三月監察御史裏行李京言近聞契丹築
城于代州西北而接代郡西交元昊廣袤數百里盡徙
緣邊生户及豐州麟州被虜人口居之使絶歸漢之路
違先朝誓書為賊聲援其蓄計不淺况國家前年方修
河北緣邊故蒲城蒲陰城再盟之後尋即罷役請下河
東安撫司詰其因依或因賀乾元節人還責以信誓使
罷修一城以破未然之患從之　十月二十四日契丹
遣延慶宮使耶律元衡等來告舉兵攻夏州及遣同修
起居注余靖持書報之　五年正月契丹遣林牙彰聖
軍節度使耶律宗睦來告討夏州人回　二月右正言

卷五千二百五十七　五十四

知制誥余靖言昨聞西人與契丹約和尋復侵掠必恐
契丹兵忿不解若又遣使來以告西討則將命者不絶
蠹耗財用無有盡時臣今奉使契丹欲先諭以元昊反
復小臣其去就不足為兩朝重輕設忽有携叛亦是常
事彼此只于邊上関報更不專遣使臣從之　是月詔
送伴契丹使劉陟北界近築塞于銀城侵漢界十里其
以誓約諭使人令毀去之　是月契丹遣林牙保靜軍
節度使耶律翰林樞密直學士王綱來獻西征所獲馬
三百匹羊二萬口又獻九龍車一乘見于紫宸殿　十
月詔河北緣邊安撫司械送契丹駙馬都尉劉三嘏過
涿州以北界累移文請也　是月以北人安忠信李文

吉並為三班奉職准南監當仍賜忠信銀三百兩文吉
百兩初文吉等初為契丹刺史雄州至是來歸特錄之
皇祐元年二月河北緣邊安撫司言昨北界侵振銀
城數移文不報請因虜使來諭以誓約之意促令毀去
從之　三月契丹遣樞密副使蕭惟信復來告西征
是月契丹遣殿前副點檢忠正軍節度使耶律荅彰德
軍節度使趙東之來告西征還　四年五月詔學士院
自今荅契丹書仍舊称大宋大契丹初契丹賀乾元節
書至乃去其國號止稱南朝北朝下兩制臺諫官議而
以為自先帝講和以來國書有定式不可輕許之其後
復有書乃稱契丹如故　八月補易州民李秀為三班

卷五千二百五十七　五十五

差使殿侍始秀為雄州探事有邊民遁入契丹以告秀
畏罪來歸特補之　九月契丹遣忠正軍節度使同中
書門下平章事蕭德翰林學士吳湛來告西事平　至
和元年四月契丹國母遣歸德軍節度使蕭知微永州
節度觀察留後王澤國主遣保安軍節度使耶律防殿
中監王謙等來賀乾元節因以虜主繪像為獻且請御
容許之未及往而告哀使至遂罷去年契丹使蕭德來
言虜主每謂通好五十年思會南朝皇帝昨令竊寫得
天表恐未能髣髴故交馳繪像使若相見庶篤兄弟之
情至是虜主卒遂不報　八月二十六日詔北朝差告
哀使耶律元亨赴闕朕以大契丹文成皇帝講修前世

之好継息兩朝之民信幣交持使軺相騁憧憧道路垂五十年睦然兄弟之情確乎金石之固忽聆哀訃良用震悼冥中感悼之深以示敦和之至宜特輟視朝七日兼禁在京音樂七日以輟朝日為始其河北河東縁邊州軍亦禁樂七日仍擇日舉哀成服禮官具儀帝成服于内東門幕殿　十一月詔河北縁邊州軍契丹葬日不得作樂　十二月契丹遣左宣徽使左金吾衛上將軍蕭運翰林學士給事中史館修撰韓運來獻遺留物　嘉祐元年三月契丹遣順義軍節度使蕭佶左諫議大夫王行己來謝自真宗卒朝廷累遣使令佶等來謂之都謝使也　二年正月詔以河東地界圖示契丹人使初蕭扈等來賀正乃言武陽寨天池廟侵北界土田二府按代州陽武寨舊以六蕃嶺為界康定中北界人戸鼎再支蘇直等南侵嶺二十餘里本州累移文朔州朝廷以南北和好務存大體正令代州別立石峯為界比年又過石峯之南尋又開塹以為限天池廟本屬寧化軍橫嶺鋪慶歷中書有北界人杜思榮侵耕冷泉谷近年亦標石峯詔館伴使王洙以圖及本末諭之　四月以北來人趙二南為蔡州司士參軍馬錫為茶酒班殿侍京東安撫司指使仍各賜田二頃　六月以北來人部永言為鄧州司士參軍給月俸仍賜田二頃　是月契丹遣使再求御容即遣翰林學士胡宿禮賓使李

李綖往報之初契丹累求真宗皇帝及帝御容乃遣權御史中丞張昇等行令諭以後持新虜主繪像來即與之前月又遣蕭扈等且言不敢違朝廷命是以置于篋中令賀正使吳中復等交致之　三年正月雄州言契丹國母蕭氏去年十二月二十七日卒蕭氏真宗之母洪臺之宋母也　二月殿中丞趙至忠上契丹國俗官稱儀物錄至忠本虜人熟知其國中事　是月契丹遣林牙慷德軍節度使使蕭福延以國母喪來告哀帝為發哀于内東門幄殿宰臣率百官詣横門外進名奉慰輟朝七日　五月契丹遣使獻其國母遺留物繼以契丹國母葬以聞詔特輟視朝一日　六年三月以北人武珪為下班殿侍以上所畫契丹廣平淀受禮圖武珪本鎮州陷虜多年頗知虜中之事為沿邊安撫使指使至是因獻圖特錄之　八年三月英宗即位未改元仁宗崩契丹國母遣使林牙左金吾衛上將軍蕭福延觀書殿學士尚書禮部侍郎同修國史張嗣復國主遣昭德軍節度使蕭遜給事中王籍為祭奠使左驍騎上將軍耶律達衛尉卿昭文館學士劉霖安東節度使耶律行四方館使韓東慶為弔慰使　四月命契丹賀乾元節使耶律穀等進書奠梓宮見英宗于東階七月契丹使祭大行皇帝于皇儀殿遂見帝于東廂帝慟哭久之羣臣慰于殿門之外契丹自景德講和中國厚給以恩

信至是使人言及大行輀出㳺　英宗治平元年十月
二十八日定州安撫司言差人監送北朱人韓高睬上
京詔韓高睬特與借職仍賜公服靴笏差淮南州軍監
當　二年三月知代州劉永年言梅迴瓶形兩寨地土
水泉為契丹置鋪侵據數喻未聽望許臣量出兵馬示
必爭之勢詔令經畧安撫司喻地分巡檢城寨使臣常
行視拒止之　是月代州言契丹侵西徑寨地殺守兵
三人嵓嵐軍又言契丹爭神林塢等地界殺弓箭手二
人詔河東經畧司令雄州牒涿州禁止　四月太原府
代州管內鈐轄專管勾麟府軍馬王慶民與契丹議畫
牧羊峯地以樺泉堆鮮枝溝為界賞蕃漢將吏有差

十二月館伴契丹使馮京等言契丹使牒稱南界侵大
池等處地請以聞詔京等告以本州結好務在悠久北
朱疆土圖證具存恐被邊臣隱昧故時有辯爭請北朝
戒飭令各務安靖　是月雄州言得涿州牒報契丹國
改為大遼國　三年九月命國信使副郤必盧戩因諭
大遼國令飭邊吏自守如故約初雄州城下來路蒔柳
至遼界上後多死知州李仲祐蒔補之遼新城吏以為
生事帥數百騎盜至城下及初約遼人不得漁界河中
至是漁不止故命諭之　治平四年六月三日神宗已卽位未改元以英宗崩大遼國主與其國主母遣祭奠弔
慰使奉寧軍國節度使蕭禧等並入奠皇儀殿是日上

御殿之東幄禧等進慰書入見退賜御筵于都亭驛命
參知政事吳奎主之　八月十八日光祿卿史炤奉使
河北迴言體訪得戎主恐冬初至燕京欲去易正牛陵
固安等縣界打圍乞密下沿邊防托詔河北沿邊安撫
司常切體探暗作隄備　九月十九日大遼遣彰信軍
節度使蕭恭順廣州防禦使耶律好謀副使崇祿少卿
董庠賀皇帝登極　二十三日樞密院言順安軍探得
戎主見在燕京住坐敎造軍器及河北緣邊奏皆云見
修涿易二州城及添兵馬增葺器甲廣致糧草二州最
為近緣戎主在燕京未聞有遷徙日月恐別生事可密
令諸路體察事因聞奏詔令河北沿邊安撫司密切差

人體探　神宗熙寧七年二月大遼國遣泛使蕭禧議
地界命天章閣待制韓縝樞密副都承旨張誠一為館
伴而報其書曰辱使指來況函封歷陳二國之和有
若一家之議固知鄰寶深執信符獨論邊鄙之臣嘗越
封陲之守欲令移徙以復舊常切惟兩朝撫有萬宇豈
重尺土之利而輕累世之驩況經界之間勢形可指方
州之內圖籍具存當遣官司各加復視儻事由夙昔固
難徇從或誠有侵踰何恡改正而又每戒疆吏令遵誓
言所諭創生之事端亦皆境候之細故已令還使具達
本因緬料英聰洞垂照悉臘和方季保育是祈時復差
韓縝往報聘之　三月十九日大遼國注遣泛使林牙興

復軍節度使蕭禧來致書見于崇政殿書曰爰自累朝而下講好以來互守成規務敦風契雖境分二國克保于離穌而義若一家共思于悠永事如聞于違越理須至于敦陳具蔚應朔三州地田一帶疆土衹自早歲曾遣使人止于舊封俾安鋪舍庶南北永標于定限往來悉絕于姦徒洎攬舉申輙有侵撓于全屬當朝地分或營修戍壘或存止居民皆是守邊之冗員不顧睦鄰之大體妄圖功賞深越封陲今屬省巡遂令按視備究端實諒難寢停至于縷細之緣由分白之事理已具聞達盡合拆移既未見從故宜伸報爰馳介馭特致柔緘遠亮周隆幸希詳審據侵入當境地里所起鋪形之處合

卷五千二百五十七　六十

差官員同共檢照早令毀撤却于久來元定界至再安置外其餘邊境更有生創事端委差去使臣到日一就理會如此則豈惟疆場之內不見侵踰兼于信誓之間且無違爽懿實便穩顒俟准依　二十五日命太常少卿劉忱河東計會經畧司所差蕭士元呂大忠與大遼國差來職官同共商量地界　二十六日大遼國信使蕭禧辭是日對于崇政殿上宣諭曰蔚應朔三州地界將差職官與北朝職官就檢視定奪雄州外羅城係仁宗皇帝嘉祐七年因舊修葺元計料六十餘萬工至今已是十三年總用過五萬餘工即非創築城隍有違誓書又不是近年事北朝既不欲如此今示敦和好更不

令接續增修白溝館驛待差人檢示如有創生添益樓子箭窓等並令拆去如有創生屯泊兵級並令抽回郭庠事朝廷自來約束邊臣不令生事如昨來趙用擅入全屬北朝地分雄州職官十餘人並已重行停降今來郭庠侵入全屬南界地分兼先放箭射傷巡人理須應敵況北朝近差巡馬已是創生事端其郭庠等并其餘細故並循常例別無違越無可施行禧奉詔而退　四月六日大遼主與其國母遣使來賀同天節　八年二月二十二日詔代州西陘寨主內殿崇班秦懷信移合入差遣以契丹議地界于大黃平即車場溝口施帳幕在懷信所部不即時約闌故也　三月七日大遼國主

卷五千二百五十七　六十一

再遣林牙興復軍節度使蕭禧來致書因曰昨馳一介之輶傳議復三州之舊封事已具陳理應深悉期遵誓約各守邊陲至如創生事端侵越境土在彼則縱有于此則曹微乃者蕭禧才回韓縝隨至若承函翰備認誠悰言有侵踰理須改正期見和成之義且無違拒之辭尋命官僚即行檢照于文驗則甚為顯白具鋪形則盡合拆移迺覽所司之奏陳載詳兹事之縷細謂劉忱等雖曾會議未見準依自夏及冬以日逮月或假他故或飾虛言殊無了絕之期止有遷延之意若匪再憑緘幅中遣使人實慮說曲以相蒙固營端倪而具達更希精覽選亮至懷早委邊臣各加審視別安戍壘俾返舊常

一則庶靡奧于鄭惟一則表永敦于世契俛或未從擗割仍示稽違在往復以難停保悠長而豈可微陽戒候善圖為宜　八月命輔臣對資政殿命尚書兵部郎中天章閣待制韓縝西上閤門副使樞密副都承旨張誠一乘驛往河東計會北朝所差官彰親詣地頭和會商量地界疾速結絕訖奏　四月五日大遼泛使蕭禧等辭于紫宸殿置酒垂拱殿答遼主换以報書書曰兩朝繼好六載于茲事師故常誼存悠久比承使指諭及邊陲已約官司偕從辨正當守封圻之舊以需事實之分而信介未通師屯先集侵焚堠戍傷射巡兵舉示力爭殊非和議至欲當中獨坐位特改于臣工設次横都席尤難于賓主數從理屈繼就睹言且地接三川勢非一概輒舉西京之偏説要該諸寨之隈封壤索文憑既無據驗欲同案視又不準從職用乖違滋成濡滯切意有司之失措曾非與國之本謀致枉軺車再垂函問重加聘幣弥見懽悰然論疆事之侵盡置公移之爾證述邊臣之議獨尤病告之愆期深認事端多非聞達重念合天地之界神之聽共立誓言守祖宗疆土之傳各全生聚不啚金繒之巨萬貪壤地之尺尋特敘辨論使無侵越而行人留館必于分外以要求樞府受辭期以興師而移析豈其歷年之信約遂以細故而變渝已撥興圖遥為申畫仍令職守就改溝封遐冀英聰洞加照悉初

卷五千二百五十七　六十二

朝廷遣劉忱蕭士元詣河東理辨疆界而契丹亦令蕭素梁頴會于境上忱以疾不即至又命呂大忠代上元素頴頗出鞬未肯見忱等一日蕃酋引兵萬衆入代州界焚鋪屋與官軍相射既而素頴徑入横都谷施帳幕邀忱等相見忱等不往又欲設次于西陘東谷忱等以侵地愈深不許徑會于大黄平凡三四見議北界不能決初指蔚應朔三州分水嶺土壠為界忱等偕素頴行視無土壠乃但云以分水嶺為界蓋山皆有分水嶺槩言分水嶺為界則至時可以南取此黠虜之微意也與忱等相持久之復遣禧來命韓縝王師約館伴禧既見致國書又其出國劄子一通以進其指如去年也且以忱等遷延為言縝等日與禧論難禧但執以分水嶺為界然亦不别白何處為分水嶺也詔諭以兩朝和好年深今既欲委邊臣各加審視尚慮忱等所奏未得周悉已改差縝張誠一乘驛諸境上和會商量令禧以北歸報禧不受命又遣内侍李憲賚詔示之許以長連城六蕃嶺為界而禧尤不從報議如初上不得已議先遣沈括報聘于是樞密院言本朝邊臣照見用照證長連城六蕃嶺為界公牒六十道多是北界聲説関口把鋪等處捉賊或交蹤並在長連城六蕃嶺之北今禧所執與素等同全無照驗文字欲令沈括等到北朝日將見用照驗文字一一聞達北朝工遣使者持示禧禧乃辭去括

卷五千二百五十七　六十三

侯禧去乃行故事使者留京師不過十日禧全以三月
庚子踰朞不肯行與續等爭論或至夜分留京師幾一
月　七月十八日以四方館使滎州刺史李評往河東
與分畫地界是冬復台韓縝李評赴闕賜對縝等受旨
而往遂受界至　九年四月六日遼主與其國母遣使
耶律潮來賀同天節見于紫宸殿以聞遼國母之喪罷
置酒初雄州言大遼國母蕭氏以三月六日卒是日潮
等已對詔已聞大遼國母服藥罷垂拱燕及歸館合以
涿州公牒示之乃宣諭輟同天節上壽罷大燕令潮等
成服于開寶寺福聖院詔宰相以下及從官往慰仍學
士院撰大遼主書令國中遣使乃致感惻之意　八月

九日北朝遣林牙懷化軍節度使蕭質副使翰林侍讀
學士諫議大夫知制誥同修國史成堯錫為遺留使續
又遣長寧軍節度使耶律英太常少卿韓君儀為都謝
使　元豐元年五月十二日詔械走投漢界北人王善
及其妻子蒙塞耳目至代州牒送北界以上批緣邊所
收西北界闌遺人口當送還者並蒙塞耳目故也　十
二月五日定州路安撫司言北界人于惟孝因傳達廣
界事為北人收捕甚急及歸明朝廷憫其累報北事
及嘗告捕北界刺事人李景等特推恩詔于惟孝與三
班差使江南指使　二年三月九日錄北界人程詮程
臣為三班借職程景三班差使李弼送襄州賜地二頃

月支錢千米一石以詮等嘗為邊臣刺虜事及嘗告獲
姦細事覺來歸定州安撫使乞推恩故也　二十五日
雄州言北界民戶以差配擾攘併有驚移涿州乃移文
言南界縣官以兵馬遮約不令應役請速遣回詔雄州
具報生侵越擾攘因依報之及戒兩縣巡防候北界差
使消息即諭驚移人民歸業既而上批兩輸戶迸移令
出榜安慰還業　十月四日錄北界歸明人武備為下
班殿侍江南東路指使備嘗為邊臣探虜中動靜事泄
懼罪來歸故錄之　十二月二十二日錄北界人翟公
僅為三班借差江南指使以定州路安撫司言公僅屢
泄契丹事懼禍挈妻子來歸故也　三年正月二十一

日詔北朝賀同天節使過界如在大行太皇太后百日
外聽作樂　三月十一日詔遼使所過州軍迎送賜燕
許聽樂至開封府界不作樂以大行太皇太后喪制故
也　五月十五日河東緣邊安撫司乞移牒止約北人
緣邊創置鋪屋上批如北人于分畫壕堠之北修建城
池即是有違誓書若止增鋪屋毋得止約或止于土門
以東接真定府界以南侵犯增鋪屋壕堠即先諭以理
不從即約闌出界續詔若北人果有創增本界未有鋪
屋聞防虞相度增置先畫圖以聞　四年二月十二日
右正言知制誥王存言切見遼人覘中朝事頗詳而邊
臣刺遼事殊疎此邊臣事閒不精也臣覘知雄州劉舜

卿議論方畧宜可任此當少假以金帛聽用間于繩墨之外詔舜卿具所資用以聞舜卿乞銀千兩金百兩詔三司給之　八月十二日詔王中正將來大兵出界慮遼人亦遣兵攻討或爲援助或于境上自防若與諸路兵相遇即先遣使臣説諭或移文以夏國内亂罔制國主不知存亡朝廷回賜賀同天節并遣使賜生日等物無人承受鄜延路累牒問宥州皆不回報近又累犯邊朝廷遣兵問罪與北朝不相干涉如阻隔進兵或先犯官軍方得應敵令中正密掌之　五年五月四日詔遼人不可禮同諸蕃付主客掌之非是可還隸樞密院　十一月八日河東路經畧司言府州火山軍申黄河内

有北界人舡漂至河濱斥堠堡已收救得詔牒還北界　十二月十七日接伴使吳安持言遼使緣邊事節並如舊准例送樂人馬一匹不至臣等侯前路言及詔安持等所不送馬勿問　六年六月十二日廣信軍言北界西南面安撫司累牒問置教場已移牒所指乃村民庄院曲爲兩朝通慢之意已令廢毀看詳庄院深在當界腹内就使是村民習射之所築立牆院修置射垜於信誓全非違礙焦于貴司了無干涉豈煩較辨回牒稱自兩朝通好以來戒約緣邊州路不得拗生事端今起築教場練習軍伍有違信誓深不便穩請速毀廢及青問生事官吏重加誡斷詔覰其來牒辭理已屈勿更回

報　七年五月十二日雄州言主管覘事馬僕探北界事有驗詔與三班差使　哲宗元祐三年四月二十五日河東路經畧司言北界步騎七百餘人侵犯枛溝界及府州河濱斥堠堡有西賊百餘騎襲獲一騎推驗是北人詔曾布推問來歷牒送北界　四年十一月十七日河北緣邊安撫司言滄州巷沽寨收到北界八舡係涿州人口孫文秀等捕魚值風入海若依指揮刺充廂軍緣非賊徒姦細朝廷推示恩信綏服四夷之令監赴雄州牒送北界從之　七年正月十一日秘書省校書郎送伴使呂希績等言耶律迪死于滑州賜下食餐器幣賻贈等就差知通利軍趙齊賢假中大夫充監護使

詔遣内供奉官王遇馳驛治喪事特賜迪黄金百兩水銀龍腦以殮　紹聖元年閏四月二十六日樞密院言瀛州通判徐興宗名與北朝廟諱偶同因遼使問即權更易詔後爲例　九月七日樞密院言河北沿邊安撫司奏勾當事人北界將仕郎國子監直講田仲容願歸附詔與三班借職　四年八月二日詔高陽關界河北同巡檢王溥榷塲徐昌明霸州刀魚巡檢楊極劉家渦黄金寨巡檢賈嵒知霸州李昭玘通判侍其瑈權通判寇毅並先次差替仍于瀛州供荅以遼人入霸州榷塲殺傷兵卒又盜拆橋梁昭玘等失措置溥等不即救援故也　元符二年三月十二日遼國泛使左金吾衛上

將軍簽書樞密院事蕭德崇副使樞密直學士尚書禮部侍郎李儼見于紫宸殿齎國書其畧云粤維夏臺寔乃藩輔累承尚主迭受封王近歲以來連表馳奏称南兵之大舉入西界以深圖懇求救援之師用濟攻伐之難理當依允事貴解和蓋念遼之于宋情重祖孫夏之于遼義隆甥舅必欲兩全于保合豈宜一失于綏存而况于彼慶歷元豐中曾有披闡為侵止退寧謂輒違先旨仍事遠征倘蔽議以無從慮爭端而有自則于信誓諒繫謀惟與其小不忍以窮民兵羅困弊曷若大為防而計國世固和成蓋其意止為夏國遊說欲息兵及還故地云　徽宗崇寧四年五月十一日遼使蕭良等欲

辭三省進呈答書上曰夷狄不足與較當務含容繼好息兵以生靈為念聞新戎主多行不道國人怨之不如洪基若不答其意恐遣使來已令所築蕭關銀州即是已正削北之罪可於國書明言之北虜于夏人唇齒相依亦為已謀非特為西夏故也上又言夷狄遣使及西陲未靖異端之人洶洶肆此以搖動政事朕常置乙巳占在側每自仰占天象以為儆戒近者見月犯壘陣占云主兵尤當鎮靜以應之　政和六年八月二日詔河北沿邊安撫使和詵等曰北虜不道結釁女真窮兵毒民又復練卒選兵備器械與夏人合從恐動中國已來帥臣殊無遠慮聞此探報輒有所陳起釁造端邀功

生事貽禍邊鄙何日拜寧曾不思百年誓好明如日星南北生靈皆朕赤子凡百舉措當務持重無開邊隙如違國有常憲朕不汝貸仰師臣具知委以聞　七年二月二十七日詔朝廷與北界和好今踰百年近者沿邊累奏北界討伐女真渤海久未帖定可依慶降處分約束沿邊不得妄動亦不得增添人馬別致驚疑先是建中靖國元年耶律延禧即位號天祚改壽昌七年為乾統元年天祚不道諸部皆潛附女真奠阿骨打欲叛契丹天祚改乾統十一年為天慶元年天慶四年秋八月女真遂叛集諸部甲馬二千犯混同江東之寧江州時天祚射鹿慶州秋山聞之不以介意遣海州刺史高山

壽統渤海子弟軍千人討之九月二十三日渤海遇女真軍大敗攻破寧江州獲奚契丹甲馬三千天祚以蕭奉先弟殿前都點檢嗣先師奚契丹禁軍土豪五千餘人十月屯出河店臨白與寧江州女真對壘女真潛渡混同江掩契丹未陣擊之嗣先兵潰其骨肉輜械牛羊金帛悉為女真所得復以兵追殺百里獲甲馬四千天祚自兩戰之敗謂蕭奉先不知兵台宰相張林吳庸付兵十萬人使討之于是分四路而並進獨涑流河路一軍深入遇女真交鋒稍却走還其壁都統斡离不朶者以為漢軍遁即領契丹奚兵棄營而奔翌日漢軍尚三萬餘惟將作少監武朝彥為都統再與女真戰遂大敗

餘三路聞之各退保其城數月間盡爲女真攻陷所過
千里蕭然天慶五年春天祚下詔親征八月率蕃漢兵
十餘萬出長春路命蕭奉先爲御營都統耶律章奴副
之期必滅女真女真乘契丹未陣三面急擊之天祚親
臨陣戰三合野皆橫屍軍中望天祚御旗西南向即隨
之而潰女真亦不急追徐收所獲輜重牛馬而已天祚
晝夜馳五百里退保長春州是歲朝廷遣羅選侯益等
使契丹滯留兩月不見天祚而還天慶六年春天祚募
渤海武勇馬軍高永昌等二千人屯白草峪備女真會
東京留守蕭保先爲政嚴酷渤海素驕而犯者不恕東
京者渤海故地自阿保機耶律德光力戰二十餘年始

得之建爲東京正月朔夜渤海十數人踰垣入府問留
守所在稱軍變請爲備保先出刺殺之是夜有戶部使
大公鼎者本渤海人頗剛明聞亂權行留守事與副留
守渤海高清臣集諸營奚漢兵捕渤海十數人斬之或
告永昌等曰在城渤海誅矣于是渤海因之焚刦爲亂
遂據本京推高永昌爲主號大渤海國皇帝改元爲應
祚自顯州進軍渤海止以遼河三叉黎樹口爲備張琳
遣羸卒數千疑兩路重兵間道趍遼州渡河直入瀋州
渤海始遣騎兵迎敵凡數月三十餘戰渤海稍却退保
東京忽女真聲言來援渤海期五月二十七日至瀋州

琳不以爲然是日軍馬忽至將軍驚曰女真至矣悉奔
入城女真隨入據城殺戮殆盡女真初援渤海已而復
相攻渤海大敗永昌遁入海女真遣兀納波勃堇以騎
三千追斬于長松島其潰散漢兒軍多聚爲盜契丹不
能制由茲沿邊衆奏北界未定朝廷遂有是約束　宣
和四年三月遼國宰相張琳立燕王耶律淳爲天錫皇
帝廢天祚爲湘陰王遣知宣徽南院事蕭撻勃也樞密
副承旨王居元使副告謝朝廷上以天祚見在夾山燕
王安得立不受而還之先是女真陷契丹五十餘城據
遼東長春兩路遂用楊朴策求契丹封冊天祚遂立阿
骨打爲東懷皇帝女真云雖稱我大金皇帝兒郎已不

然我提兵取上京矣既而女真破上京又陷中京天祚
自燕京奔雲中留宰相張琳李處温與燕王守燕京天
祚入夾山數日命令不通處温與蕭幹挾怨軍國藥師
等謀立燕王燕王者秦晉國王耶律淳於天祚爲從叔
守燕十二年得人心號燕王又謂之久大王處温等師
燕京數萬人入燕王府勸進淳出遠以赭衣被之淳慟
哭再三力辭不得已即位號天錫皇帝以保大二年爲
建福元年遂廢天祚爲湘陰王以燕雲中平上京遼西
六路燕王主之沙漠以北西南西北路兩都招討府諸
蕃部族天祚主之猶稱保大二年遼國自此分矣故云
八月二十五日遼國常勝軍都管押諸衛上將軍郭

藥師上表與其下萬人以涿易州來降有旨送秘書省
二十九日北虜偽后蕭氏及四軍大王蕭幹遣其臣
永昌宮使蕭容昭文館直學士韓昉等奉表稱藩乞援緩
師童貫蔡攸以其上表稱臣不納土斥回而以其表聞
先是政和七年秋女真蘇州漢兒高藥師曹孝才等
率其親屬以大舟浮海來登州備言女真攻契丹數年
奪其地已過遼河之西登州守王師中以聞詔蔡京童
貫等措置因屢遣使約女真夾攻契丹取燕雲舊地往
來會意皆主童貫及代州奏女真軍馬已到山後平定
州縣朝廷遂遣童貫為陝西河東河北路宣撫使勒兵
十五萬巡邊續遣蔡攸為副使貫初至雄州令趙良嗣
卷五千二百五十七　七十三
草書差歸朝官張憲趙忠諭耶律淳禍福淳得書執二
人斬之貫知游說不效遂募武翼大夫閤門宣贊舍人
馬擴自雄州齎軍書及勑牒入燕京招諭淳亦甚懼遣
大石林牙蕭昌曾領騎二千屯新城种師道裨將楊可
世乃將輕騎數千欲直取之至闌溝甸為大石林牙所
敗淳益師二萬餘人渡白溝挑我軍我軍遇之又北於
是童貫以為契丹尚盛未可圖且欲再修好上亦詔班
師還諸將分屯貫攸自瓦橋關莫州回河間府是年七
月二十也六日也忽中山府詹度奏耶律淳死燕人越境
而來者皆以契丹無主願歸土朝廷為言朝廷猶豫未
決間太宰王黼力主再興師之議于是悉諸道兵二十

萬期九月會三關詔貫攸毋歸異議者斬而伐燕之議
成矣八月常勝軍管押諸衛上將軍郭藥師遂以涿易
州來降蕭太后聞常勝軍降遂遣人奉表稱臣蕭太后
者淳妻秦國妃也淳死蕭幹立為皇太后遂即位改建
福元年為德興元年天祚後下詔降為庶人云　五年
十月六日中書省尚書省言耶律延禧為尊號天祚內
外文字不合稱呼詔令禁止　二十二日收復山前郡縣
並各賜名仍建置官吏皇帝御宸殿文武百官稱賀
二十九日臣僚言仰惟陛下兵不血刃盡復燕雲故地
宜命儒學之英吐辭摛藻封山刊石建隆碣以鋪張宏
休揚厲偉績垂億萬年臣不勝大願詔委王安石中　六
卷五千二百五十七　七十四
年正月十四日詔擇日遣官奏告宗廟社稷御紫宸殿
受賀偽四軍大王夔離不首級依典送大社頭庫夔離
不者奚人一名蕭幹王師初招撫燕人幹首拒命及燕
京陷幹與蕭太后出奔至松亭關議所立國于是列陣
而分契丹軍從蕭后林牙歸天祚天祚殺蕭后奚渤海
軍從蕭留奚王府幹遂僭號大奚國神聖皇帝改元天
嗣奚人餓幹領衆出盧龍嶺攻景州陷薊州寇掠燕京城
王安中命郭藥師領兵破之又大戰峯山獲耶律德光
尊號寶檢契丹塗金印幹大敗奚渤海軍皆失其家歸
怨于幹其部白德哥殺之傳首河間安撫使詹度上之
故有是詔　閏三月七日文武百僚太傅王黼等言伏

覩獲撿玉偽寶及慶歷誓國書許拜表稱賀　先是灘
奏切以耶律氏自阿保機盜據北土五季之微悖逆日
彰以强間天下藝祖膺天明命奄有四海志在恢復而
日不暇給累聖紹休專以柔馭至慶歷中擕敢忤天之
命妄以関南縣邑爲請暴横不遜有淺視中原之心仁
宗皇帝繼好息民爲之特增歲幣乃致要盟别立載約
使車旁午来易誓文至詞盡理窮方少聽命然誓書所
著必欲本朝具言别納金贈之儀用代賦與之物乃始
甘心是時中國威靈可謂屈矣抑惟陛下天錫勇智既
服萬方師不踰時兵不血刃盡復燕雲境土如取諸掌
夔禹不傳首之後俘石晋所上撿玉又獲其偽寶令者
疆圉之臣復以慶歷誓書國書來上天地闓懌星日增
輝垂廟社無疆之休快祖宗累世之憤伏望聖慈宣付
秘書省并所獲撿玉偽寶許率百僚拜表稱賀所有慶
歷誓書國書伏乞藏之寶文閣以示無窮詔從之　七
年三月十二日詔燕雲歸朝官本務優恤且嘉其内附
之誠致命以官資使就禄仕然並令釐務則簽書管幹
職事使當任責法令既非素習一有差失詿誤與見任
官同罰或罷免并有合解官持服之人無所歸甚可矜
憫可歸朝官改注州縣等職任並特免釐務見任人依
此其請給人從等並依釐務官支破候經滿兩三任通
曉文法願釐務者長吏官司保明注釐務差遣其各丁

卷五千二百五十七　七十五

蕃夷二之三六

憂者若未經滿一任並聽免解官持服以稱撫懷保養
之意燕雲新邊官並仍舊　四月八日太師廣陽郡王
童貫言昨遵奉睿訓措置北事撫定燕山府涿易檀順
景薊州及河東路先取朔寧府武州與大金計議交割
雲中府路州郡已獲定約外契丹舊酋僭稱天祚自前
年竄于夾山之外稍稍團聚借聚鄰國欲謀再舉小蕃
小鞨鞣之屬憑藉聲勢潛有結約窺伺朔武新邊去歲
八月陛下躬授睿筭令臣駐兵河東以時措置修整武
備賊兵兵犯邊前後斬獲甚衆至今年正月契丹舊酋
離夾山與大金迎戰兵敗引餘衆走竄南来朔武對境
小鞨鞣處藏泊遺人齎偽詔勑誘歸附新民又手書文
字通耗欲来歸朝臣依奉睿旨務敦大金信約而不受
移牒大金西南西北兩路都統所照會舊酋藏泊去處
仍遣河東路都統制李嗣本領兵捍邊劄下沿邊統制
官等不得妄有招納日夕整馬爲必取之計舊酋初欲
南来先遣雜類並邊刦掠累次爲朔寧府州大山寧化
將佐設敗探知沿邊軍聲甚盛回徨滯泣遂以二月十
九日昏夜北走二十七日準大金西南西北兩路都統
所牒稱昏主已出首前來此蓋兩朝通懽所致牒臣照
會其李嗣本及統制官下軍兵斬獲小蕃雜類四千八
百五十一級内首領秘王渾龐提點劉忠廉等二十三
名皆是小鞨鞣下總兵用事謀黠之人並已梟首劉慶

卷五千二百五十七　七十六

蕃夷二之三七

離等十四名皆是舊酋帳前腹心招兵聚衆之人亦皆
就縛奪到鞍馬器械牛羊等無數焚蕩巢穴積聚粮草
淨盡其契丹主耶律氏今已滅亡先是天祚計窮遂投
西夏人雖舅甥國畏女真之強不果納迺走小勃律復
不納乃夜回欲之雲中未明遇諜者婁宿軍且至天祚
驚遁值天微雪車馬皆有轍迹為適所及先遣近貴諭
降未復婁宿下馬跪于天祚前因捧觴而進遂俘以還
封海濱王處之東海上於是始滅亡去　光堯皇帝紹
興四年正月十四日詔臨安府收買木綿虔布各一百
疋資治通監并節要各一部小龍鳳茶一斤令三倫作
書送耶律紹文高慶裔其支過錢數申尚書省下戶部

支還　十年九月十日明堂赦契丹渤海漢兒等本屬
大遼祖宗以來為兄弟之國講好修睦幾二百年邊鄙
之民不識兵革後女真用兵遂致彼此交鋒互相殘殺
殊可憫傷應上件諸族前來歸投者仰諸路帥司以禮
接納　三十一年十月詔契丹與我為三百年兄弟之
國頃緣奸臣誤國招致女真俾罹其毒朕既移蹕江南
而遼家亦遠徙漠北相去萬里音信不通今天亡北虜
使自送死朕提兵百萬收復中原惟尓大遼豪傑忠義
之士亦宜協力乘勢殲厥渠魁報耶律之深讎將來事了
定通好如初

全唐文

宋會要

女貞東北別國也蓋渤海之別種本姓拏唐正觀中靺
鞨來朝中國始聞女真之名契丹謂之慮真地多山林
俗勇悍善射能為鹿鳴以呼群鹿而射之食生肉飲糜
酒醉或殺人不能辨其父母衆為縛之俟醒而解獸多
野狗野牛驢之類行則以牛馱物遇雨張生牛革以禦
之所居以樺皮為屋今有首領三十分領其衆地多良
馬常至中國貿易舊隸契丹今歸于高麗人皆勁勇弓
矢精于契丹故契丹至則敗焉太祖建隆二年八月其
國遣使嗢突剌朱來貢名馬十二月遣使使栰鹿猪逆

海來貢方物三年正月遣使只骨來貢方物三月遣使
女古來貢方物四年正月遣使來貢方物八月復遣使
來獻名馬是下詔登州曰沙門島人戶等地居海嶠歲
有常租而女貞遠隔鯨波多輸駿足當風濤之利涉假
舟檝以為勞言念辛勤所宜蠲復自今特免逐年夏秋
租賦麴錢及緣科雜物州縣差徭止令多置舟檝濟渡
女貞馬來往其在舟檝木自前抽納今復給與主駕人
力九月遣使來貢名馬五十六疋乾德二年首領恚達
理并侄阿黑哥首領馬撒鞋并妻梅倫並遣使獻馬及
貂皮三年九月遣使來貢并齎定安國王烈萬華表以
聞五年馬撒鞋及首領所姑來貢馬是年女貞來寇白

沙寨略官馬三匹民百二十八口詔止其貢馬者不令還來幾首領渤海那三人入貢奉木該言三十東部落令送先被為惡女真所虜白沙寨人馬詔書切責前後累之罪而嘉其効順之意先留貢馬女真志令放還六年首領祈達渤來貢馬又有鐵利王子五戶并母及子弟連沒六溫迪門沒勿附其使貢馬布腽肭臍紫青貂鼠皮太宗太平興國六年遣使來貢方物雍熙四年首領遣國人阿那諳登舟上言本國為契丹以書招誘令遣使持書詣州詔書嘉答之淳化二年首領羅野里鷄等上言契丹怒其朝貢中國去海岸四伯里置三栅栅置兵三千絕其貢獻之路故汎海入朝來發兵與三十首領共平三栅若得師期即先赴本國願聚兵以俟帝但降詔撫諭而不為發兵（其後遂歸高麗）真宗大中祥符二年三月國人忞柳渤海為風飄船至登州詔給資糧放還三年契丹征高麗道由女真女真復與高麗合兵拒之契丹大衰師而還先是契丹伐女真女真衆裁萬人弓失精勁又有灰城以水沃之為堅冰不可上距城三里燔其積聚設伏於山林間契丹既不能攻城野無所取遂引騎去大為山林之兵掩襲殺戮女真衆雖少契丹必不能敵七年遣將軍大千機隨高麗使入貢（事具高麗）八月遣首領阿盧太隨高麗使郭元入貢天禧元年遣首領隨高麗使徐訥入貢首領自言女真之外又有五國

卷一萬九百十六

曰鐵勒曰賁訥訥曰玩突曰怕忽曰咬里沒皆與女真接境訥乂上言女真蕃長入見官賜錢三千黃錦袍一承天節紫綾袍一傔從門見錢二千承天節紫綾袍一伏緣女真素無差降昨高麗國定以為蕃長傔從名目望許令赦赴殿宴及賜予如蕃長之例從之又有國人鶻者渾河盧先還本國逢渤海戰不得往至是遣歸蕃仍給裝三年十二月首領汝淳達等復至自言昨各以本土馬來貢塗中淹久皆已死失詔特給其直

卷一萬九百十六

神宗元豐元年七月五日上批：昨朝廷以交蠻犯順，令廣州選募奉職劉富齎詔往真臘國宣喻，聞往來海上亦頗勤勞，可量酬賞。候有保明別取旨。初，客省申以富齎詔賜真臘國主及管押本國貢物上京，未敢發遣。中書擬送客省發遣歸本路，不擬賞，故令別聽旨。徽宗政和六年十月九日，詔真臘國人使鄒祝摩僧可等一十四人赴闕進奉，其引伴官唯務興販，可令尚書省立法。其真臘國人使仰沿路州軍疾速催發，依程赴闕，仍抑各具到發月日、住程因依申尚書省。十二月二十一日，真臘國進奉使奉化郎將鳩摩僧哥、副使安化郎將摩君明稽嗯見于紫宸殿。二十五日，拱衛大夫、康州防禦使、直睿思殿梁平等奏：據真臘國進奉使鳩摩僧哥狀：萬國遠蕃，以投聖化，今已朝見訖，然而尚拘夷服，未稱區區嚮慕之誠，欲望許賜所服朝服。伏覩盛事，未之前聞，伏望聖慈宣付史館，以彰盛德之美。詔送祕書省。七年三月七日，真臘國進奉使奉化郎將鳩摩僧哥、副使安化郎將摩君明稽嗯辭于紫宸殿。宣和二年十二月四日，真臘國進奉人使奉化郎將摩臘富、副使安化郎將摩臘富、副使安化郎將摩禿防、授官沙斯底忍辭于紫宸殿。以上續國朝會要（國朝會要無此門）光堯皇帝建炎三年正月十日，制大同軍節度、雲州館內觀察處置等使、金紫光祿大夫、檢校司空、持節雲州諸軍事、雲州刺史兼

（以上《永樂大典》卷一萬二千六百六十五）

蕃夷三之四

御史大夫、上柱國、真臘國王、食邑二千四百戶、食封一千戶金裒賓深，可特受檢校司徒，加食邑（壬）一戶、實封四百戶。（以郊祀加恩也。）

（以上《永樂大典》卷一萬二千六百六十五）

蕃夷三之五

宋會要

回鶻

回鶻本匈奴之别裔，在天德西北娑陵水上。後魏號鐵勒，唐初號特勒，後稱迴紇。其君長曰可汗。宋史列傳：自貞觀以後朝貢不絕。至德初出兵助國，討平安史之亂，故最朝恩礼最重。然而特功横恣，朝廷雖患其邀求無厭，然頗姑息聽從之。元和中改為回鶻。會昌中其國衰亂，其相馺職者擁外生將龐勒奔安西，既而回鶻為幽州張仲武所破，龐勒乃自稱可汗，居甘沙西州，無復昔時之盛。五代皆來朝貢。宋史：後唐晉漢周皆遣使朝貢。後唐同光中，冊其國王仁美為英義可汗。仁美卒，其弟仁裕立，冊為順化可汗。先是唐朝以公主下嫁，故回鶻

卷二萬一千二百九十九

一

世謂中朝為舅，中朝每賜答詔亦曰外甥，五代同之。宋北盟録：迴鶻皆長髯高鼻，以匹帛纏頭，散披其服。晉天福中封其國主仁裕為奉化可汗。裕卒，其子景瓊嗣。太祖建隆二年十二月，景瓊遣使來貢方物。三年四月，何都督等四十二人以方物來貢。乾德二年正月，遣使趙黨誓等四十七人來貢玉百團、牛尾一株、白犛牛尾六十株、貂鼠皮百一十張、玉珠子五百三十五顆、碎玉百二十五段、玉蹀躞子百一十事、馬六十五、駞十九。宋史：乾德二年遣使貢玉百團、琥珀四十斤、犛牛尾、貂鼠等。三年四月，遣使張都督來貢馬十、駞七十、玉七團、琥珀二百二十九斤、硇砂四橐、犛牛尾四十株、毛褐五十段、

白氎布三十段、白石二塊、玉鞍轡一副、貂鼠皮五十張。十一月，遣僧法淵貢佛牙及琉璃器、琥珀盞。十二月，甘州回鶻可汗遣使孫夜落與沙州、瓜州同入貢馬千匹、駞五百、玉五百餘團、琥珀五百斤、硇砂四十斤、珊瑚八枝、毛褐千匹、玉帶、玉鞍等。開寶元年十一月，殿直郜岳自西北蕃押甘州迴鶻及于闐、沙州使人各貢駝馬方物。是年，其國宰相鞠仙越亦遣使來貢馬。太宗太平興國元年冬，遣殿直張璨齎詔諭甘沙州迴鶻可汗外甥，賜以器幣，招至名馬美玉，以備車騎琮横之用。五年閏二月，甘沙州迴鶻可汗夜落紇密礼遏遣使宋史：裴溢的等四人以橐駞、名馬、珊瑚、琥珀為貢。宋史：雍熙元年四月，西州回鶻與婆羅門僧永世、波斯外道阿里烟同入

卷二萬一千二百九十九

二

貢。雍熙四年八月，合羅川回鶻第四次太子遣使來貢鍮石。端拱元年九月，回鶻都督石仁政、麽囉王子、邈拏王子、越黙黄水州巡檢四族並居賀蘭山下，無所統屬，諸部入貢多由其地。麽囉王子自云向為靈州馮暉阻絕，由是不通貢奉，今有內附意，各以錦袍銀帶賜之。至道上年十月，甘州可汗附達怛國貢方物，因上言願與達靼同率兵助討李繼遷，優詔答之。真宗咸平元年四月，甘州回鶻可汗王遣僧法勝等來貢。宋史：咸平四年可汗王禄勝遣使曹萬通以玉勒名馬、獨峯無峯橐駝、賓鐵劍甲、瑠璃器來貢。萬通自言任本國樞密使，本國

東至黃河西至雪山有小郡數百甲馬甚精習願朝廷
命使統領使得縛繼遷以獻因降詔祿勝曰賊遷凶悖
人神所棄卿世濟忠烈義篤勇勢繼上奏對備陳方略
且欲大舉精甲就覆殘妖拓土西陲獻俘北闕可汗功
業其可勝言嘉所深不忘朕意今更不遣使臣一切委
卿統制特授萬通左神武軍大將軍優賜祿勝器服景
德元年九月甘州夜落紇遣進奉大使宣徽大師寶藏
副使李緒判官都監將軍迴紇引領進奉充都總管結
諾等百二十九人來貢　是秋詔關西京迴鶻人有久
任京師者無得私買蕃部係禁香藥違者論其罪時三
司言迴紇等有犯即斷兵真宗曰外蕃遠來貢奉不知

卷二萬千一百九十九　三

中國條法若深加刑辟恐失懷遠之道遂令先具罪狀
以聞閏九月甘州夜落紇及沒孤寧相以方物戰馬來
貢四年十月甘州夜落紇遣尼法仙等二人來朝獻馬
十疋且乞遊代州五臺山從之　是年夜落紇遣僧翟
大秦來獻馬十五匹欲於京城建佛寺祝延聖壽求賜
名額不許大中祥符元年鎮戎軍上言夏州万子等軍
主領族兵趨迴鶻迴鶻設伏要路示弱不與鬥俟其過
奮其擊之勦戮殆盡其生擒者回鶻驅坐於野悉以所
獲資糧示之曰爾等狐鼠規求小利我則不然遂盡焚
而殺之惟万子軍主挺身遁走帝曰回鶻嘗殺繼遷世
為讎敵甘州使至亦言德明侵軼之狀意頗輕視量其

兵勢德明未敢也四月夜落紇遣使來貢帝曰寶物公
主即夜落紇之母本族事必咨母而後行今之所賜宜
有加也遂賜公主黃金器夜落紇香藥金帶九月夜落
紇上言趙德明來侵率衆拒之德明屢敗乘勝追之越
黃河　十一月以東封夜落紇寶物公主及沒孤公主
娑溫宰相以寶貨藥橐驝名馬遣使姚進等十二人來
貢詔專遣使館設優定支賜俟車駕還京赴宴訖遣迴
十二月以夜落紇為特進忠順保德可汗王寶物公主
為賢明寶物公主夜落紇嘗言本道禦押趙德明蕃寇
乞朝廷發兵遣孔目官一人至本道詔諭以德明恭順
朝命且虞公吏至彼擾擾第遣使白方進偕往又乞賜

卷二萬千一百九十九　四

介胄一副以壯威容並從之二年二月宋史東封礼成
以可汗王進奉使姚進為寧遠將軍寶物公主進奉使
曹進為安化郎將賜以袍笏遣還蕃宋史又賜夜落干
介胄時夜落紇本道二尼嚮慕聲教思欲贍礼今隨貢
奉使赴闕望賜紫衣亦從其請三年十一月六日甘州
迴鶻僧法光來貢十四日礼賓院上言迴紇裴福等課
二十人請詣汾陰陪位從之十八日以甘州進奉使蘇
兀羅為懷化司戈行首安進為懷化郎將二十日甘州
迴鶻可汗夜落紇遣左溫宰相何居祿越樞密使翟符
守榮安殿門等來貢十二月五日補甘州孔目官張倫
為供奉官賜袍笏銀帶時寶物公主沒孤氏上言倫在

多其管勾乞補職官又言近被病始愈國中不産香藥
及小兒藥冷病藥望賜之又發願修寺並無金粉并求
賜粧粉錢房卧金銀盤之類詔並從其請十二月補秦
州秖楊知進為三班借職知進累入蕃接送甘州使故
也宋史是年龜茲國王可汗遣使李延福副使安福監
使翟進來進藥香花蘂布名馬獨峯駝大尾羊玉鞍勒
琥珀玉石等四年正月甘州進奉使翟符守榮等宋史
三十人請從祀汾陰從之禮成詔以翟符守榮為左神
武軍大將軍安殿民為保順郎將餘皆賜冠帶器幣及
回詔賜可汗王衣着五百匹銀器五百兩軍錦旋襴金
腰帶寶物公主衣着四百匹銀器三百兩左溫宰相衣

着二百疋銀器百兩又召其使出御劄子以銀瓶器金
首飾賜之二月遣使來貢宋史其年夜落紇遣使貢方
物四月回鶻安密貢玉帶宋史秦州回鶻安密獻玉帶
於道左賀祀汾陰禮畢六月甘州進奉回紇安進請登
聞上言昨齎本國可汗王表詣闕蒙賜錦袍銀帶錦綵
還過渭州入西蕃界為賊所刼詔別賜與之八月夜落
紇遣使奉表詣闕十一月夜落紇遣使康延美王言敗
趙德明蕃寇立功首領望賜酬賞詔付空名司戈司階
郎將官告十道使承制補署五年五月八日夜落紇寶
物公主遣使以寶貨橐駝馬來貢十四日甘州使安進
獻玉一團馬三疋廻紇白進獻馬上疋六年十二月回

鶻遣使來貢御馬二十疋八年九月禮賓院譯語官郭
敏自甘州回以可汗王表來上先是夜落紇累與夏州
接戰每遣使入貢輒為德明所掠自四年後宗哥諸族
皆感朝恩多遣人防援以至既而宗哥族唃廝囉復與
夜落紇因求婚遂為仇敵至是表文曰忠順保德甘州
回鶻外生可汗王臣夜落紇言臣在州與九宰相諸部
落不住與西涼府人蘇守信鬥殺見令人戶平安寶物
公主於大中祥符六年二月疾亡為蘇守信刼亂奏報
遲違所貢遺物續次附進去年十一月中蒙差通遜
事梁謙賜臣寶鈿銀匣歷日及安撫詔書臣並捧受訖
蓋為西蕃贊普與立遵方用兵馬道路未開臣所有朝

貢禮物前去未得伏乞皇帝阿舅恕罪今因郭敏回京
望賜贊普立遵物色安撫開路卻令郭敏接引臣本部
人使其蘇守信臣亦不欲與日逐相殺不敢負背皇帝
阿舅伏乞聖恩照燭所有契丹即目與臣本部斷絕並
無消息先是咸平末夏州破西涼府知府丁惟清沒焉
夏州令蘇守信領兵七千馬五千於彼巡覘故此奏及
之十月學士院言西蕃唃廝囉昨依蘭逋叱例並降勑
書甘州可汗王自來用金花綾紙銀裝匣封裹詔如舊
例既而借職郭敏上言可汗王詔書銀匣立遵見之且
言我吐蕃大如可汗王如何無匣遂令賜可汗詔改為
宣命十一月回鶻阿囉等來貢九年五月秦州言奉職

楊知進自甘州回初知進以大中祥符五年正月與譯人郭敏伴送翟符守榮般次赴甘州緣路為浪家祿厮結家乞平家尹家所鈔奪之角門及和斷至八月十九日達甘州行李平安在甘州為嗗厮囉與可汗不叶於宗哥阻截道路嗗厮囉欲娶可汗女為妻而無聘財可汗不許遂相為仇敵以是留止甘州至八年五月先遣敏還今年三月可汗遣首領李吉等九人送知進歸漢境二十九日至宗哥見僧立遵已還俗娶蕃部十八人為妻嗗厮囉又娶立遵姪女蕃部言立遵御下嚴暴蕃家不樂即目天旱族人多飢死上有質帳三二千時郭敏以捕借職復賫賜汗器幣宋史九年遣郭敏賜宗哥詔書并甘州可汗器幣入蕃為立遵所邀留及止李吉等遣回鶻語可汗曰楊奉職在甘州住五年今郭借職去若更留住則又煩朝廷取接令可汗急寫領賜物表來兼取所賜物當遣李吉等回立遵又語知進曰秦州大人部領軍馬直入樛囉唓來深慮部落有鬬諜者回州自為告言且令蕃漢依舊作一家即不擬進奉也又令蕃部党失畢後隨知進來獻馬且送知進境上十二月甘州回鶻夜落隔歸化及寶物公主宰相索温守貴等遣使都督翟福等來貢馬及玉香藥賜衣冠器幣緡錢有差夜落隔歸化表云父夜落紇今年三月淪謝九宰相諸部落首領奉臣為迴紇王子勾當昨臨事務

惟望朝廷照燭作宗哥李遵送馬百匹與贊普王子定問公主已許與沒孤宰相家公主為親訖所有西涼府蘇守信已卒見有義男羅理勾當本州自臣父即世凡差東西四姓部落頭首領兵於西涼府相殺踐其帳舍百餘殺賊二百餘人奪到鞍馬牛羊不少契丹即日多益兵馬於沙州往來未知何計使即目斷絕天禧元年三月以夜落隔歸化為懷寧順化可汗王賜襲衣金帶器幣鞍勒馬四月秦州曹瑋請自今甘州進奉人回止於秦州選牙校同共齎送國信物往彼不煩朝廷遣使伴送從之二年二月甘州可汗王夜落隔歸花遣都督安信等入貢歸化泊其相索温守貴並表言與西蕃贊普王子為親四年三月九日夜落隔歸花遣使來貢物二十一日令甘州迴紇進奉自今並於秦州路出入十二月甘州迴遣使朝貢宋史四年又遣使同龜茲國可汗王智海使來獻大尼羊初回鶻西奔族種散處故甘州有可汗王西州有克韓王新復州有黑韓王皆其後焉仁宗天聖元年五月甘州夜落隔通順遣使阿葛之王文貴來貢方物六月詔甘州迴紇外甥可汗王夜落隔通順特封歸忠保順可汗王二年五月甘州可汗王遣使都督翟信等十四人來貢方物馬三疋黄胡綿紬白㲲等宰相索温守貴又貢馬二疋三年二月迴紇趙福貢馬二十疋三月秦州迴紇紫衣僧法會以乾元節

貢馬十疋因詔秦州自今如有似此僧進奉者不須發遣詣闕四月甘州可汗王公主及宰相撒温訛進奉馬乳香賜銀器衣著金帶暈錦旋襴有差五年八月甘州可汗王寶國夜落隔使安萬東等一十四人來貢方物宋史六年二月遣人貢方物神宗熙寧元年七月二十九日回鶻國可汗遣使來貢方物且言乞賣金字大般若經詔特賜墨字大般若經一部十月九日詔回鶻國進奉人候南郊畢進發元豐七年六月一日詔就臺勑右班殿直皇甫旦上初詔李憲擇使臣計會阿里骨同諭回鶻達靼令發兵深入夏境憲選旦押回鶻達靼首領赴闕命齋詔還諭董氊阿里骨出兵旦入蕃不得前

卷二萬一千一百九十九　九

又妄奏獲賊功狀故命追旦等赴獄宋史六年復來補其首領五人為軍主歲給綵二十匹神宗問其國種落生齒几何曰三十餘萬壯可用者几何曰二十萬明年勑李憲擇使聘阿里骨使諭回鶻令發兵深入夏境憲以命殿直皇甫旦往不得前而妄奏功狀詔逮旦赴御史獄抵罪然回鶻使不常來徽宗宣和三年十月八日臣寮言回鶻因入貢往往散行陜西諸路公然貿易久留不歸者有之恐習知沿邊事害及往來經由夏國傳播不便乞除入貢經由去處其餘州軍嚴立發禁從之邵伯温聞見錄初回鶻風俗朴厚君臣之等不甚異故衆志專一勁健無敵自有功於唐唐賜遺豐腆登里可

汗始自尊大築宮室以居婦人有粉黛文繡之飾中國為之虛耗而虜俗亦壞如耶律德光既汙中土而有之且死其母猶不哭撫其屍曰待我國中人畜如故然後葬汝蓋為之華夷也有或反此非其福也洪浩松漠紀聞　回鶻自唐末浸微本朝盛時有入居秦川為熟戶者女真破陝悉徙之燕山甘涼瓜沙舊皆有族帳後悉羈縻于西夏唯居四郡外地者頗自為國有君長其人卷髮深目眉修而濃自眼睫而下多虬髯土多琴瑟珠玉帛有兜羅緜毛氈絨錦注絲熟綾斜褐藥有腽肭臍硇砂香有乳香安息篤耨善造宿鐵及鉚烏金銀器多為商賈于燕載以橐駝過夏地夏人率十而指一

卷二萬一千一百九十九　十

必得最上品者賈人苦之後以物美惡雜貯毛連中注毛連以羊毛緝之單其中兩頭為袋以毛繩或線封之有甚粗者有間以雜色毛者則輕細　然所征亦不貲其來浸熟始厚賂稅吏密識其中下品俾指之尤能別珍寶蕃漢為市者非其人為儈則不能售價回紇奉釋氏最甚共為一堂塑佛像其中每齋必刲羊或酒酣以指染血塗佛口或捧其足而嗚之謂為親敬誦經則衣袈裟作西竺語燕人或俾之祈禱多驗婦人類男子白皙著青衣如中國道服然以薄青紗羃首而見其面其居秦州時女未嫁者先與漢人通有數子年近三十始能配其種類媒妁來議者父母則曰吾女嘗與某人

其人既以多為勝風俗皆然其在燕者皆久居業成能以金相瑟瑟為首飾如釵頭形而曲一二寸如古之笄狀又善結金線相瑟瑟為珥及巾環熟錦熟綾紵絲線羅等物又以五色線織成袍名曰剋絲甚華麗又善撚金線別作一等背織花樹用粉縵經歲則不佳惟以打換達靼率兩歲金國肆青皆許西歸多留不反今亦有目微深而鼻不虬者蓋與漢兒通而生也

卷二萬一千二百九十九

十一

全唐文

宋會要

高昌

延德初至達靼之境頗見晉末陷虜之子孫咸相遮迎獻飲食問其鄉里親戚意甚悽感留旬日不得去延德之所述云　八年其使安首盧與達靼使來貢　九年五月西州回鶻與波羅門及波斯外道阿里煙朝貢錫賚有差館於禮賓院西州進奉使易難具道本國王稱號服飾習尚風俗城邑道里一如龜茲國其婆羅僧號永世亦具道本國事（事見天竺雍熙四年中）　真宗景德元年六月西州回鶻遣使延金福以良玉名馬方物來貢（餘詳前傳）

卷六千二百九十一

全唐文

宋會要

龜茲回鶻之別種也其國主自稱師子王戴寶裝冠著
黃色衣與宰相九人同理國事每出其宰相著大食國
錦綵之衣騎馬前引常以音樂相隨其妃名阿廝迷著
紅羅縷金之衣多用珠寶嚴飾其身每年一度出宮遊
看國城有市井而無錢貨但以花蘂布平換博買米麥
瓜果與中國無異西至大食國兩月程東至夏州三月
程或稱西州回鶻或稱西州龜茲又稱龜茲回鶻其實
一也太宗太平興國元年五月西州龜茲遣使易難與
婆羅門波廝外道來貢真宗咸平四年二月大回鶻龜

卷一千七十六　一

茲國安西州大都督府單于軍尅韓王祿勝遣使曹萬
通奉表貢玉勒名馬獨峯無峯橐駝賓鐵劍甲琉
璃器鍮石缾等萬通自言任本國樞密使本國東至黃
河西至雪山有小郡數百甲馬甚精習願朝廷命使統
領使得縛繼遷惡黨以獻因降詔祿勝曰賊遷凶悖人
神所棄卿世濟忠烈義篤勇勞繼上奏封備陳方略且
欲大舉精甲就覆殘妖拓土西陲獻俘北闕可汗功業
其可勝言嘉嘆尤深不忘朕意今更不遣使臣一切委
卿統制特受萬通金紫光祿大夫檢校太師左神武軍
大將軍兼御史大夫上柱國封譙縣開國子食邑五百
戶萬通入辭帝召至便殿諭之曰歸語可汗王得所奏

事備觀忠蓋今賜暈錦衣一襲金帶一金花銀酒器二
百兩錦綺綾羅二百匹以貢奉物價三十萬優給之初
回鶻西奔族種散處故甘州有可汗王西州有克韓王
皆其後也六年六月六日龜茲國僧義修來獻梵夾菩
提印葉念珠舍利賜紫方袍束帶十一月遣使來貢景
德元年五月遣使白萬進來貢六月遣使金延福來十
月度龜茲國石報進為僧從其請也三年五月以白萬
進為懷化司戈大中祥符三年閏二月國王可汗遣使
李延勝副使安福等貢乳香二百四十九斤花蘂布二
疋硇砂三百七十一斤獨峯橐駝一大尾白羊十五李
延勝貢馬十疋玉鞍勒金玉二百一十二斤李安福貢

卷一千七十六　二

琥珀四十斤鍮石十二斤監使翟進貢乳香六十九斤
鍮石二斤胡黃連十四斤判官曹信貢乳香七十六斤
都監楊嘉貢乳香三十九斤僧智圓貢琥珀四十五斤
鍮石四十六斤黃河居住行頭蕃部蘭逋征捉郎進馬
二疋四年以李延勝為左屯衛將軍六年六月秦州上
言回紇懷化司戈蘭逋質遣弟室臘丹賚狀諸州稱押
領龜茲進奉般次為蕃部阻隔且寓逋質家供奉官劉
渥以疾先出蕃望別差使迎接般次兼賜逋質官告朝
議以盡依所請慮蕃部告求無厭止令秦州就差使臣
并譯語官取接出蕃仍諭逋質候般次至京當議恩澤
劉渥前奉使龜茲者還京而卒詔官給供帳什物並賜
其家隨行公人悉優賚十一月尅韓王遣使李延慶等三十六人來朝

貢方物玉六十團橐駝名馬弓箭鞍勒香藥等優詔答之天禧元年四月尅韓王智海遣使張復延貢玉及馬香藥六月張復延等貢先天節玉一團馬一疋玉鞍轡一四年十二月可汗師子王智海遣使來朝貢大尾白羊預明年賜錦五年七月殿直白萬進上言昨龜茲使延福等皆詐為外使邀冀恩賞及乞賜經藏金像等物詔泰州曹瑋詰問延福具萬進所陳詔免罪所賜物納官自今西州甘沙州進奉人使更一二年不許赴闕乾興元年五月仁宗即位未改元龜茲國僧華嚴自西天至以佛骨舍利梵夾為獻仁宗天聖二年四月可汗王智海遣使來貢橐駝馬玉乳香景祐四年六月遣大使李延貴副使

（卷一千七十六）　三

李沙州入貢康定元年四月遣使來貢神宗熙寧四年九月遣大使李延慶副使曹福等入貢五年二月遣進奉使盧大明篤都等入貢

于闐

十月三日客省言于闐國進奉使羅阿廝難撒温等有乳香三萬一千餘斤為錢四萬四千餘貫乞減價三千貫賣於官庫從之　元豐元年六月九日詔提舉茶場司于闐進奉使人買茶與免稅於歲額錢內除之十月二十八日于闐貢方物四年正月又入貢十二月二十五日詔熙河路經略司指揮熙州自今于闐國入貢唯齎國王表及方物聽赴闕毋過五十人驢馬頭口準此餘物解發止令熙州秦州安泊差人主管賣買婉順開諭除乳香以無用不許進奉及挾帶上京并諸處貿易外其餘物並依常進貢博賣二年十月十三日熙河路

（卷四千八百十）

經略司言于闐國來貢方物而無國主表章法不當納已諭使去詔如堅欲奉貢可聽之　三年正月二十七日于闐國大首領阿令顛顙温等來貢方物三月二十六日詔于闐國進奉使所賣乳香償以見錢其乳香所過官吏失察令轉運司劾罪十月九日熙州奏于闐國進奉般次至南川寨稱有乳香雜物等十萬餘斤以有違朝旨未敢解發詔乳香約回　六年正月十日中書省奏鴻臚寺狀于闐國進奉人安泊驛舍踏逐禮賓院今來禮賓院有西南蕃進奉人所指占乞指占都亭西驛中位及東位安泊詔于闐國般次辛未有期到京及至闕下西南蕃蠻人當已辭去可只令於禮賓院安下

五月一日于闐貢物見于延和殿上問曰離本國幾何
曰四年在道幾何時曰二年從何國曰道由黄頭回紇
草頭達靼董氊等國又問曰留董氊幾何時曰一年達
靼有無酋領部落曰以乏草粟故經由其地皆散居也
又問道由諸國有無抄略曰惟懼契丹耳又問所經由
去契丹幾何里曰千餘里四日詔于闐國大首領畫到
達靼諸國距漢境遠近圖降付李憲署有朝旨委憲遣
人假道董氊使達靼故也十九日熙河蘭路制置使司
言西賊犯蘭州破西關虜略和雇運糧于闐人并橐駝
詔虜略于闐人畜令制置司優恤之八年九月十八日
哲宗即位未改元　于闐國遣使入貢十月十八日貢使為大行

卷四千八百十

皇帝飯僧追福降敕書獎諭十一月十二日因進馬賜
錢百有二十萬十二月六日特賜進奉人錢百萬　哲
宗元祐元年閏二月二十二日詔賜于闐國王衣一襲
腰帶器幣有差二年正月十二日詔于闐國黑汗王貢
方物回賜外餘不以有無進奉悉加賜錢三十萬二月
十四日詔回賜外更加元豐八年例賜金帶錦袍襲衣
器幣。五月二十一日遣使入貢八月十六日詔修立回
賜于闐國信分物法十月七日詔于闐國歲遣貢使雖
多止一加賜別裁定十三日詔于闐國使以奉章至則
間歲一入貢餘令於熙秦州貿易三年三月二十五日
于闐國差使入貢九月八日詔熙河蘭會路經略安撫

司因于闐進奉人回以元祐二年十月十八日歲一解
發赴闕朝旨丁寧說諭令報本國　四年五月二十八
日于闐國貢使李養星阿點魏哥貢方物八月八日詔
李養星阿點魏哥等進貢御馬已回賜內黎撒囉瞎征
等依此後毋為例十月三日尚書省言于闐國進奉人
到闕不得過一百日從之六年六月二十一日遣使貢
方物七月二十八日熙河蘭岷路經略安撫司言于闐
國進奉人三蕃見在界首內打廝蠻冷移四唱廝巴一
蕃已准朝旨特許解發外今來兩蕃進奉人緣已有間
歲許解發指揮欲只令熙秦州買賣訖約回本蕃從之
十二月七日遣使入貢　紹聖三年七月十四日遣人

卷四千八百十

進貢方物四年二月八日遣使入貢押伴所申進奉人
羅忽都盧麥譯到黑汗王子言緬藥家作過別無報效
已差人馬攻甘沙肅三州詔押伴使臣候人使朝辭日
諭以黑汗王忠嚮朝廷甚喜若果能破三城必更厚待
徽宗大觀元年正月二十四日樞密院奏皇城使康
州刺史李祥等狀先差祥押新通路于闐賀恩人使赴
闕其知鳳翔府王吉甫通判王仰並不應副排辦若不
特賜誡勵切慮日後人使過往轉致懈慢有失朝廷來
遠之體詔並放罷二年十一月二十四日遣使入貢
政和八年八月八日遣使入貢　宣和六年九月二十
七日遣使貢方物餘同宋史外國傳

拂菻國

拂菻神宗元豐四年十月六日拂菻國貢方物大首領你廝都令廝孟判言其國東南至滅力沙北至大海皆四十程又東至西大石及于闐王所居新福州次至舊于闐次至約昌城乃于闐界次東至黄頭迴紇又東至達靼次至種樞又至董氊所居次至林擒城又東至青唐乃至中國界西至大海約三十程其王名滅力伊靈改撒國地甚寒王服紅黄衣以金線織絲布纏頭每歲遇三月入佛寺燒香坐紅床人舁之首領皆如王之服或青綠緋白粉紅褐紫亦名纏頭跨馬城市田野各有首領主知之每歲唯夏秋兩得俸給金錢胡錦穀帛

卷一萬一千五百六十四

以治事大小有差刑罪輕者杖五七十重者一二百大罪戚以毛囊投之海土屋無瓦產金銀珠胡錦牛羊馬獨峯駝杏黎糖千年棗巴攬子大小麥粟麻以蒲桃釀酒音樂彈胡琴箜篌吹小觱篥擊偏鼓拍手而歌戲舞不務戰鬬事小止以文字往來詰問事大亦出兵以金銀為錢無穿孔面鑿彌勒佛名背鑿國王名禁私造其言語與滅力沙同至是貢鞍馬刀劍珠哲宗元祐六年四月十九日詔拂國王別賜其帛二百匹銀瓶襲衣金束帶

交趾

交趾本南越之地唐交州總管也至德中改安南都護府梁貞明　是專有其地送款於末帝因授承美節越時劉陟擅命嶺表遣將李知順伐承美執之乃并其土宇後有楊廷藝紹洪皆受廣南劉氏　州節度使紹洪卒州將吳昌岌遂居其位昌岌以其弟昌文　初昌文死其叅謀吳處玶峰州刺史矯知廷藝　楊暉牙將楊景碩等爭立管內十二州大亂部民　是楊廷藝以牙將丁公著攝驩州刺史兼御蕃都督公　之至是部領與其子璉同率兵三萬人遂其黨擊敗處　部民德之乃共立部領為交州帥號曰大勝王部領率　年

卷一萬一百二十三

一

命璉為節度使　太祖開寶五年閏二月詔海門遣舟船通道六年四月丁璉遣使來貢方物璉僞襲己丑年矣聞太祖　表內附是月制曰權交州節度使丁璉乃祖以來世為享　三萬過亂略於一方因權節制之師遂有日南之地而能　僞邦洎嶺表之盪平獻封章而內附仍備充庭之禮遠傾向日之　朝恩以旌効順可特進檢校太師充靜海軍節度管內觀察處置南都護　御史大夫上柱國封濟陰郡開國公食邑一萬戶食實　推誠順化功臣六月以交州進奉使鄭琇王紹祚並為銀　左散騎常侍兼御史大夫上柱國八年五月璉又遣使　來貢謝恩八月七日制曰丁部領生

使字下有缺誤可據卷九百三十七校補

帖跕鳶之鄉屬　慕華風常思内附屬九州混一五嶺
廓清遂達　蕃之志錫乃父列土之封秩以維師疇
之井賦用褒耆德豈限　介爾遐壽可授特進檢校太
師上柱國封交阯郡王食邑一　封一千户〔朝廷以璉再修職貢〕
〔時議崇寵其父故也〕十三日命鴻臚少卿高保緒爲丁部領官告
國信使左監門衛率府率王彥符副之　太宗太平興
國二年十二月璉遣使以方物來貢賀皇帝登極五年
月命供奉官盧襲使交州時丁部領洎璉皆死璉弟
璿尚幼嗣　度行軍司馬權領軍府事大將黎桓擅權
因而立黨甚盛漸　於別第舉族禁錮之代總其衆太
宗怒議舉兵而伐之八月　敕所稟威靈戡殄顧乃跕

卷一萬一百二十三

二

鳶之境來歸輿地之圖刻兹一方　五嶺唐末離亂區
内剖分遂爲僭僞之邦因成聾瞽之俗及番禺　始領
唯稽首以稱藩頗善兵而自固事之大禮當如是乎弔
民之行蓋不自已宜龔行於天討用不變於蠻陬宜以
蘭州團練使孫全興八作使張璿左監門副將軍崔亮
爲陸路兵馬總管自邕州路寧州刺史劉登軍器庫副
使官閤門祗候王僎爲水路兵馬總管自廣州路分
往進討十　江巨瑝王紹祚以方物金銀器五百兩通
犀六株連盤　物犀十四十株象牙百株絹萬疋來貢
上表曰臣世　朝奬辭處　制於蠻陬修職貢於牢旅
屬私門之溥祐值　駿奔敢稽於助祭茅土世及未預

於守藩臣父先　璉俱荷國恩忝分閫寄謹保封略罔
敢怠違汗馬之勞未及臣堂構將壞線裳未除管内將
吏軍民藩酋耆耋等共權軍旅之事臣懇辭數四請逼
愈堅比候參陳又慮稽洞蠻獠猾之民倘不洵其情恐
因而生變臣謹已攝節　行軍司馬權領軍州事伏望
錫以真命令備列藩慰微臣忠藎之心　賓延之典克
紹遺業因撫遠夷銅柱之虛庶宣御海之力象闕效
獻琛之誠唯陛下俯憐其愚未加以罪詐遣牙吏江巨
瑝王紹　上獻又管内將校軍民藩酋耆耋等請以丁
璿節度使襲父兄之　末上朝建業興師討之奏入不
報也六年十一月交州行營總管　團練使孫全興誅

卷一萬一百二十二

三

鞍轡庫使陳欽祚責授慶州團練副使八作使　授磁
州團練副使左監門衛將軍崔亮責授嵐州團練副使
皆坐交阯　用兵失律故也〔自王師進討其冬破戰兵萬餘衆斬首二千餘級令王師賊萬人留於白藤江東口斬首千餘級獲戰艦二百艘甲　仁寶率　全興等頓兵花步七十日以俟錢澄仁寶累促　路多羅村不過賊復擾迴花步桓詐降以誘仁寶仁寶遂爲其所　馳奏其事遂詔班師還使執劾澄湜撰登尋病死撰州全興至闕亦以下吏坐誅也州市〕七年二月丁璿
王師致討謝罪故也〔黎桓懼朝廷終於行討誠致復以璿爲名表〕　月黎桓
自稱權交州三使留後遣軍將趙子爱等進奉通犀
五粘犀二十九株象牙百根乳香二百斤絹萬疋孔雀
尾百　璿與其母楊氏率管内吏民將校以三使印綬
推臣領　上帝賜詔書曰卿識名内積智勇衆資撫下

有恩臨　能斷海隅　所宅心連營之卒莫不稟命丁
璿方在童幼未練攻　蠻陬所繫尤重丁璿亦深識事
體俯徇衆心卿又　爭權領事務請命朝廷封略以安
職貢無闕忠節亮之節鑒　趙子愛等皆言卿倜儻有
謀變通無滯盡力于氏乃心闕庭　坦蓋是迫於衆情
事不獲已且非顧爲閫之嘉歎想見泯彩雖　節亦何
何以加蓋欲成卿之美名故諭令旨丁氏傳襲三世保
據一　受其倚毗又爲其心膂蓋是徇邦人之請固無
負丁氏之心朕且　爲統帥之名卿居副貳之任剸裁
制置悉繫於卿丁璿長大有　成立卿之忠讜輝映古
今朝廷推恩亦又何恡若丁璿　映童心未悛然奕世
相承恩浹氏庶又嘗紹襲屢易炎涼　降同士伍事既
非便居亦靡安詔到卿宜遣丁璿母子列其周親盡室
歸朝當　其禮遇只俟丁璿到闕便當授卿節旄凡茲
兩途卿宜審處其丁璿到京必示優禮令遣供奉官張
宗權齎詔注彼諭旨當深悉朕意亦賜璿詔書諭旨焉
宗權假閤門副使又命題迦仁聲假是先時桓已專據地卒不聽命通事　是月桓上言
占城國水路象　所部兵擊走之俘斬千計九月桓又
遣使貢金酒器二十　具犀角象牙各二十株羅綃二
年二月桓遣進奉使張紹馮　來貢賀乾明節金鏨鶴
銀爐犀牙百株絹萬疋賜其使衣一襲　馬等三年九月
遣使牙將司馬常來獻金器一百兩銀器五百十株犀

卷一萬一百二十三　四

三十坐十月制權知交州三使留後黎桓可金紫光祿
大夫檢校太保使持節都督交州諸軍事安南都護充
靜海軍節度交州內管內觀察處置等使上柱國京兆
郡侯食邑三千戶仍號推誠順化功臣桓累遣使來求
節鎮遂以授之命左補闕李若拙充加恩官告國信使
乃假銀　書監以　子禮記博士李覺爲副假太中大
夫光祿卿賜紫金魚　元年四月黎桓進封開國公檢
校太尉加食邑千戶實封五百戶命戶部郎中　員外
郎直史館李度充官告國信使閏五月黎桓遣使朝貢
淳化元年五正月制加黎桓特進食邑一千戶食實封
四百戶　至十一月猶夾衣揮扇同前宋史十月黎桓遣使都
知兵馬使阮伯簪等來貢寶裝龍鳳　倚子一關金裝
玳瑁檐十二紅羅綉龍鳳傘一關金裝玳瑁柄犀三十
株象牙四十株絹萬疋紬布各[illegible]千疋四年二月制封
桓爲交阯郡王命度支則順　官國子博士王則順殿
中丞御書院祗候李居簡充官告國信　則順　光祿
大夫光祿卿上柱國居簡假銀青光祿大夫祕書上柱
國五年十月桓遣使費崇德來貢至道元年五月詔勅
廣　張觀採訪使陳士隆坐先奏交州黎桓爲亂兵所
殺丁璿復闕桓性本兇狠其後特阻山海廣爲寇害失藩臣禮至道元年張觀爲廣轉運
使其欽州如洪鎮監押御略美上言交阯戰船百餘艘寇如洪[illegible]氏叔傑度去其頁桓所管蘇茂州民以
鄉兵五千寇邕州所管祿山都巡檢大擊走之太宗志在撫寧荒服欲不問罪艱又言風聞桓爲丁氏所

卷一萬一百二十三　五

逐擁衆人如山海間失其所據故以鈔掠自給令桓已死周上表稱士隆與高品武元吉偵其事桓實尚存而傳聞之誤未幾有大賈交阯回具言桓如故遂詔問狀觀會病卒士隆等是夏命工部員外郎直史館陳堯叟充廣南轉運使因賜黎桓書堯叟遣攝海康尉李建中齎往先是欽州如洪咄步如昔三鎮皆瀕海交州潮陽鎮民卜文勇等殺人并家亡命至如昔鎮鎮將黃令德等匿文勇桓令潮陽鎮將黃成雅將牒來捕令德固不遣用是海賊連年標掠是堯叟至如昔詰得蔵匿之由乃盡擒復凡男女老小百三十口召潮陽吏付之成雅得其人以狀請堯叟桓遂一章感恩其言己約溪洞不復動矣七月遣主客郎中直昭文館李若拙以詔書國信美玉帶建中至交州桓待之禮甚薄因附表起居且言劫如洪乃海賊與未竟蛋爾執蛋人不曉華言者二十七人送轉運使桓表至即遣若拙往使出郊迎詞氣頗慢謂拙曰嚮者劫如洪送轉運乃外境蠻賊爾皇帝知否倘交州構叛則先廣州次及閩中諸郡豈止如洪鎮而已若拙從容答曰主上聞如洪被寇始未能辨然以足下拔自安南牙校授之節鉞理合忠盡豈有他志洎執送海賊其事甚明然大臣合議以爲朝廷以建節帥以寧海表今既海賊爲亂乃是交州力不能獨制宜發精兵數萬會交州軍捕擊海賊俾絕後帝慮交州不測朝旨或至驚駭不若尋委足下故不將然避海賊犯邊守臣之罪也聖人寬貸恩過父母未即誅責自今顧恭稟朝化肅寧張海因北望頓首謝三年四月制加黎桓兼侍中進封南平王以登寶位覃恩也九月桓遣都知兵馬使阮紹恭副使趙懷德來貢金銀七寶裝交椅一銀盆十犀角象牙五十株紬絹布萬疋詔曰以方物薦於萬歲殿之靈座仍許紹恭等行拜奠之禮桓又上表自陳境接占城一二年間隣部騷動掠近郊之稅戶侵逼鎮之馴良累發兵航往彼禦捍朝貢深負憲章詔優答之仍賜帶甲細馬真宗咸平元年九月馴象四二年十二月制加黎桓効忠功臣食邑一千戶實封四百戶二月桓遣節度行軍司馬黎

紹副使何慶常以馴象一象二七寶裝金餅一來貢謝加恩黎紹何慶常各進象牙二優賜之五年十一月制加黎桓保節功臣食邑一千戶實封四百戶六年三月欽州言交州効誠場民及頭首八州使黃慶集等挈其屬四百五十餘口入居州界勇步江烏士村詔遣使慰撫之令還本道四月交州民四百餘戶來投欽州至海岸本路轉運使即準詔慰諭遣還本路九月廣南西路轉運使言得交州迎候官　人使黃成雅狀黎桓附奏自今朝廷加恩使乞至本道貴睹天人以光海先是桓每因加恩以貢奉爲名過有率歛故朝廷每有綸命止令轉運使召種吏賜之至是桓復有是請景德元年六月二十三日桓遣其子攝驩州刺史明提來貢對於崇政殿且言每降恩旨又是驛遞至當道今特遣息男貢獻望降使慰撫遐俗二十八日以明提爲金紫光祿大夫檢校太保驩州刺史上柱國京兆縣開國男食邑三百戶二年正月詔上元節日賜交州進奉使黎明提錢令與占城大食使觀燈宴飲是月賜黎桓印本藏經令進奉使賫還本道從其請也二月以工部員外郎邵曄假光祿卿爲交州安撫國信使既行以交州國亂　安撫使三年三月詔廣州別賜交州進表使黎明提筭錢十五　十斛續給館券是年桓卒立中子龍鉞兄龍庫財而走又殺龍鉞而自立龍廷兄明護率扶蘭寨攻戰門提以國亂不能駐廣州知州高紳罷給館券真宗聞之有是命六月知廣州凌策言準詔以交阯兵亂令與緣

海安撫轉運使邵曄舒貢同經度便宜以聞尋至白州過廉州部送到交阯歸明頭首黄慶集黄秀蠻音三人百姓千餘口且言黎桓既死諸子爭立各集人馬散設寨柵官屬離析人民猜懼慶集等以不伏驅率戮及親卒今奔走來告乞量出兵馬平定交州慶集等願為先鋒克日攻取臣等會議若朝廷允所奏止乞以廣南諸州屯兵益以荆湖　十三二千人水陸齊進立可平定帝曰桓繼修職貢亦常遣其子入覲海隅寧謐不失忠順今聞其死未能弔恤遽伐其喪甚無謂也乃詔策等依前詔安撫務令謐靜其黄慶集計口給廩食時服閑田合補充職名者條列以聞當優與處分仍令曄貽書交州諭以朝廷威德如自相魚肉久無定位偏師問罪則無遺種矣明護懼即奉龍廷主軍事七月五日邵曄上言黎龍廷公牒至自稱静海軍節度觀察處置等使檢校太尉開明王請以八月遣弟入貢臣以龍廷未受真命輒有稱呼不敢回報帝以窮荒異俗不識事體但詔曄諭令削去偽官方得入貢（時黎明提尚駐廣州及詔曄以其國事狀龍廷奏報諭明提令其自擇去就願歸則給人船給資糧錢送之）二十二日邵曄上邕州至交州水陸路及控制宜州山川四圖帝以示近臣曰交州瘴癘宜州險絶若興兵攻取死傷必多且祖宗開疆廣大若此當慎守而已何必勞民動衆貪無用之地如照臨之內忽有叛亂則須為民除害也（曄又言交州首領黄

八

慶集等先避亂歸化種族稍多若此複遣之慮遭屠戮望賜恩秩乃受三班借職柳州監税）四年三月以工部員外郎邵曄為兵部員外郎以安撫交阯事畢奬之七月十一日權安海静海軍節度觀察留後黎龍廷遣其弟峯州刺史明昶副使安南支使殿中丞光成雅等來貢龍廷表乞賜九經及佛經一藏從之十七日制　黎龍廷檢校太尉静海軍節度使安南都護封交阯郡王賜推誠順化功臣改名至忠又贈故静海軍節度使南平王黎桓中書令追封南越王賜介帛羊酒為之賻禮（舊制初授交州者惟加節鉞未賜爵土帝以遠俗朝廷恩命方可鎮服時命之）十八日以安南進奉使峯州刺史黎明昶為金紫光祿大夫檢校司空使持節峯州諸軍事峯州刺史夫夫兼御史大夫上柱國京兆郡開國男食邑三百戶副使節度支使黄鉞　中丞知安南支使騎都尉賜金紫魚袋（從明昶以乞降制命求赴崇政殿）　大中祥符元年正月以天書降制加至中　戴功臣食邑　戶九月高州上言真臘商賈二人為交州所逐迷道至州境欲配隷　帝曰遠方之民窮而來歸當諭本州給時服緡錢遣人伴送境上放還本國十二月制授至忠依前檢校太尉同中書門下平章事安南都護交阯郡王充静海軍節度觀察處置等使加食邑一千戶食實封四百戶散官勳如故二年五月二十七日廣南轉運使上言欽州蠻人刼海口蜑戶禾米如洪寨主殿直李文真以輕兵汎小舟襲逐中流

九

矢死。詔安南捕賊（明年執狀稱，三足以獻）。十二十八日，廣南轉運使何亮言：交州每移牒緣邊州軍，皆俟奏報及申轉運使司，稽緩致失機事，望自今令逐處詳酌行訖以聞。從之。十二月，至忠又遣推官阮守疆貢馴犀一、犀角二十、象牙四十、金銀器、紋繡等。帝以犀遠至違性，將還之，慮逆至忠意，令俟使回縱之海。書至忠又表求賜甲冑具裝，從之（至忠又請轉運使來於邕州互市，帝以頻海之民數患交州侵寇，仍前止許廉州及如洪寨互市。帝蓋為邊陽控扼之所，今或直趨內地，事頗非便，路本路以舊制諭之）同。三年二月，廣南轉運使何亮言：交州黎至忠苛虐不法，衆心離叛，其卒也，一子才十歲，弟明提、明昶用兵爭立，大校李公蘊率土人逐而殺之。公蘊年始三十六，至忠最所親任，嘗令以黎為姓，既而自領州事，稱安南靜海軍權留後，且移文言見率方物奉貢，請降制命。帝曰：至忠不義而得，公蘊尤而効之，益可惡也。即詔亮安撫邊民，察視機事以聞（時至忠所遣使猶在京師，帝令以其狀諭之，知欲行服亦聽，使人聞之，掩泣而已）。二月，制授權靜海軍留後李公蘊特進、檢校太傅、安南都護、靜海軍節度、觀察處置等使、交趾郡王，食邑三千戶，食實封一千戶，兼御史大夫、上柱國，特賜推誠順化功臣，仍賜襲衣、金銀帶、器幣。十二月，公蘊遣使節度判官、長州刺史梁任文，副使觀察巡官黎再嚴來貢方物，賀親祀汾陰后土。又表乞賜大藏經及御劄八禮法書，從之，仍賜大梁御製御書一百卷軸及降詔書示諭。四年正月

以安南進奉使梁任文為朝奉大夫、殿中丞，充安南靜海軍節度判官、上騎都尉，賜紫金魚袋；副使黎再嚴為朝散大夫、大理寺丞，充安南靜海軍節度推官、飛騎尉，賜紫金魚袋（任文等從祀汾陰禮成，方回本道）。五月，以汾陰恩，制加公蘊同中書門下平章事，食邑一千戶，食實封四百戶。又以其使梁任文為國子博士，黎再嚴為太子中舍人。五年四月，公蘊遣使進奉使、演州刺史　刺史陶慶　來貢犀角三十株。　羅等對于崇德（等表乞赴諸，仍命使臣館）之。五月，以安南進奉使李　美為檢校　陶慶大為朝奉大夫、太常丞。其從隸有道病死者，所給俐物附還。賜　十一月，以聖祖降，制加公蘊開府儀同三司，食邑七百戶，實封三百戶，加翊戴功臣，賜器幣、鞍馬，遣使賚至境上召公蘊子弟付之。七年二月，以奉使制加公蘊保節守正功臣，食邑一千戶，實封四百戶。七月十日，詔應交趾、占城、大食、闍婆、三佛齊、丹流眉、賓同隴、蒲端諸國遣使奉　，在差使臣接伴赴闕，郵傳供須，務令豐備（時交趾入貢，沿路無使臣管勾，且舍供給鹵莽，故有是命）。十七日，公蘊上言：鶴拓蠻萬衆於本州界立寨，將圖本道，臣發人騎與戰於芳林林州界，賊衆大敗，斬首、生擒主軍楊長惠及蠻黨人馬。遣節度支使馮振、左都押衙李皋詣闕貢馬六十疋，獻捷。召見崇德殿，賜冠帶、器幣、馬有差。八月，公蘊遣使知唐州刺史陶碩、副使節度副使吳懷嗣以方物入貢（公蘊

又言往年本國人使因盜用錢物逃于廣州頻朝廷差人及于州居民恐自後人使往來本處居民疑慮不與本綱交易且求賜介胄及大藏經從之　九月以陶碩為金紫光祿大夫檢校司徒使持節順州諸軍事順州刺史兼御史大夫上柱國充安南靜海軍節度行軍司馬仍封德化縣開國男食邑三百戶吳懷嗣為銀青光祿大夫　司空使持節澄州諸軍事澄州刺史兼御史大夫上柱國充安南靜海軍節度副使仍封京兆縣開國男食邑三百戶

十五日廣南西路轉運使言交趾賊泊如洪寨江口已戒邕賓州巡檢使臣防護邊境詔止於界上　無或生事十二月廣南轉運使高惠連言交州寇欽州及如洪寨　畜甚衆詔惠連移牒交州追索之先是交州狄獠張婆看避罪來欽州稱以重顯召之至中路復拒馬都巡檢藏鈞遂令如洪寨禱以申覡知兵事因捕伏獠欲焚寇欽周詔諸州自今不得誘召蠻獠及行寨禱以致生事

卷一萬廿百二十三

十三

元禧元年二月以上聖號禮畢進封公蘊為南平王加食邑千戶實封四百戶二年五月賜公蘊道藏經從其請也三年八月公蘊遣弟鶴來貢犀角象齒洎方物十二月制加公蘊檢校太尉食邑千戶實封四百戶　仁宗乾興元年已即位未改元四月制加公蘊檢校太師公蘊遣進奉長州刺史李寬泰都護副使阮守疆來貢方物七月三司言交州進奉使李寬泰等各進貢方物白鑞紫礦玳瑁瓶香等賈人計價錢千六百八十二貫詔回賜錢二千貫以優其直示懷遠也又廣州納干桂心皮五十三百斤價錢千七百貫文

詔依估價回賜天聖二年十二月制加公蘊食邑一千戶實封四百戶仍賜忠亮功臣五年十二月制加公蘊食邑千戶實封四百戶及賜宣德功臣六年三月三司言作坊物料庫估交州進奉人使納貢香藥價錢三千六十貫詔回賜錢四千貫五月廣南西路轉運司言交州李公蘊令男弟領衆使壻申承貴為鄉導入省地打劫累行根逐並不放還人口慮久遠終為邊患令量添差本城教閱兵士與都同巡檢使臣部領會合照應諸溪洞壯丁以取索劫去人口為名捷便去除惡黨宣下本路更切勘會申承貴若委實拒抗占留劫去人口不便送還即與邕州同共體量如須合剪除收取劫去人口

卷一萬一百二十三

十三

仰預先探候蠻人不作枝梧即候所奏施行六月廣南西路轉運司言探候得交州李公蘊卒長子開天權留後事開天弟開國亦蓄兵甲勢必爭立乞於邕欽廣三郡稍益兵民以備非常詔本司督勾桂宜州等巡檢都監張斌領所部兵士就近防把候彼郡寧靜即依舊七年四月安南靜海軍權知留後事李德政言臣父公蘊以六年三月三日薨閩管衆佐將仕耆壽請臣權領州鎮見遣使入貢次詔遣廣南西路轉運使張頻為弔贈使贈公蘊侍中追封南越王尋授德政官如蘊初命惟加檢校太尉慶歷五年十二月詔廣南東西路轉運司募人入交阯以刺照兵事宜如得實即優賞之六年三

月帝謂輔臣曰如聞交州李德政近舉兵占城慮漸富謀為五嶺患宜下廣西轉運司預經制以聞於是樞密院檢自唐以來通交阯水陸道路自一十六處令轉運使杜杞密遣人行視要害之處置兵戍而備禦之十一月二十五日交阯李德政遣其陪臣獻馴象適在館未及朝見帝既獵亦召令扈從仍賜以紫袍塗金帶每野次置酒勞從官仍許預坐翌日賈昌朝等奏事帝因曰交阯使人昨日特令召見所以示來遠之意也皇祐二年四月廣南西路轉運司言交阯發兵捕廣源州賊儂智高其衆皆遁伏山林詔本路嚴備之四年十二月知桂州余靖言交阯令歲當入貢屬儂智高叛道阻不

卷一萬一百二十三

十四

通求移文乞會兵討賊而朝廷久未報觀其要約甚誠令許令助討除縱未能盡滅其黨亦可使益相離貳已於邕欽州備萬人糧以待之詔安南靜海軍給緡錢二萬令起兵候賊平更以三萬緡賞之續詔廣南西路轉運司比交阯李德政上表願發兵助討儂智高緣已遣宣撫使狄青行令移文止之（後賊平特賜德政器幣）至和二年十一月安南道李日遵遣人告其父南平王德政卒仍進奉遺留物及獻馴象十詔賜絹布各五百匹羊五十口麵五十碩酒五十瓶及乃贈德政為侍中南越王（德政公緼子也天聖六年六月公緼死自稱權知留後事七年四月來告喪乃命押交州進奉使桂州卅中軍使毛仙琦見各賜紫官絁衫子絹汗衫絹夾襖四兩白成銀腰帶絹二疋錢二十襆頭絲鞋交州進奉使供備庫使吳廷）

（盝賜衣一對一十五兩渾鍍銀腰帶衣着卄三疋銀器三十兩幞頭鞾笏鞍轡馬交州進奉盤綱李紹育賜紫羅窄夾四襆絹五疋錢五千書狀官賫文賫賜紫羅窄夾四襆絹五疋錢五千孔目官應元吉防援官行首杜延資都衙杜義常押衙吳餘慶各賜紫羅窄夾四襆絹三疋錢五千通引官行首萬言張通引官石延貴知客陳利譬李全淑衙官行首李智成各賜紫官絁窄夾四襆看象公人范承犁已下一十人各賜襆紫官絁窄夾四）嘉祐三年六月交阯貢麒麟詔止稱異獸以答之（初本國稱貢麒麟狀如水牛身被肉甲鼻端有角食生芻果瓜必先以杖擊羊然後食至而樞密使田況以為非麒麟但稱異獸以報其國使殊俗無能我欺也）五年七月廣南西路經略司言交阯與申峒蠻人寇邊詔知桂州蕭固赴邕州與轉運使宋咸提點刑獄李師中同議掩擊之七年正月交阯郡王李日尊上表言嘉祐五年管下申峒蠻遂逃戶以致騷動省界及得安撫使余靖牒其首領五人率道已

卷一萬一百二十三

十五

行處置方遣人入謝續得占城國報余靖與廣南西路兵甲起占城國兵同入本道令特馳告闕庭詔兩路經略司未得輒舉兵且聽交阯貢奉至京師八年正月八日交阯貢馴象九治平三年四月十七日詔交阯郡王李日尊差人進奉到闕所有國信依嘉祐四年進奉例支賜神宗治平四年（已即位未改元）正月賜交阯郡王李日尊衣一對金腰帶一條銀匣盛銀器二百兩絹三百疋馬二疋金鍍銀鞍轡一副纓複十二月知桂州張田言訪聞知廣源州劉紀雖臣屬李日尊然聞與盧豹有隙乃儂智高之殘黨見在廣源州日夕陰相圖害今有意歸明如來投省地欲乞斬豹持首與交人樞密院言盧

豹既是智高殘黨今為劉紀不容窮逼來投自合誅戮
不須更送首級與交阯況朝廷無送俘馘與外夷之禮
其劉紀若委州來歸勢當且受然不須招納緣紀來郎
廣源自當別有首領未必可保其心若紀有向漢之心
不若因而撫存從之 神宗熙寧元年十一月二十六
日交阯郡王李日尊上表以進奉綱運為廣南江南州
軍將公事覼縷人從艱阻道途及稱綱官魏仲和放縱
隨行人騷擾州縣多重科受記乞指揮水陸二路州
軍依舊例接待綱運責免邀難住滯事詔日尊所言進
奉綱運司從便於水陸路前來赴闕及指揮各處經過
州軍依久例接待仍仰本道嚴切約束不得輒有違

卷一萬一百二十二

十六

越二年二月八日南平王李日尊上表占城國久闕貢
奉臣親率兵討之虜占城王降詔答之九月一日詔交
州進奉使崇儀副使郭士安特除六宅副使東頭供奉
官陶宗元授內殿崇班以初朝貢特推恩也三年十二
月十六日廣南西路經略司言交阯使人李繼元上京
進奉令其兵丁劫掠省地乞候送還所劫人口等乃許
進奉詔如交阯進〔奏〕奉到來依例引伴赴闕 四年十月八
日制推誠保節同德守正順化翊戴功臣靜海軍節度
觀察處置等使開府儀同三司檢校太尉同中書門下
平章事安南都護上柱國南平王食邑一萬戶食封三
千八百戶李日尊加食邑一千戶實食封四百戶仍賜

推誠忠亮保節同德守正順化翊戴功臣五年三月十
四日交阯李日尊卒廣西經略司以聞以廣西轉運使
康衛為弔贈使六年四月制以交阯李乾德為靜海軍
節度觀察處置等使安南都護交阯郡王仍賜衣帶銀
器交州進奉李懷素加西京左藏庫副使段延壽加內
殿崇班並從舊制 八年十二月五日廣南西路經略司
言交阯以舟師駐湖陽鎮謀以兩路入寇欽廉州一本云文
比二十一日以交阯入寇攻陷郡縣殺傷吏民詔廣南
路經略司嚴為守禦之備置安南路經略司預經制其
事將討蕩其巢穴也 九年二月二日以知太原府宣徽
南院使郭逵為安南道行營馬步軍都總管本道經略

卷一萬一百二十二

十七

招討使知延州趙卨副之龍神衛四廂都指揮使燕達
為副總管十年二月二十五日安南道經略招討使郭
逵等奏王師以去年十二月十一日舉兵出界討伐是
日破大里隘各路賊黨望風逃潰二十一日抵富良江
未至交州三十里賊以精兵乘舡逆戰我師奮擊大破
之斬偽大將洪真太子其餘驅擁入江溺死不知其數
乾德上表乞修貢如初遂收復廣源門蘇茂思琅等州
先後降賊將劉應紀共一百九十人飛捉以聞宰臣吳
充等詣閤門拜表賀同日賜交阯郡王李乾德詔曰省
所上表念臣年幼詔迴宣撫招討休散兵馬願依舊入
貢并奏謝過尤不復更敢侵犯省地事具志卿撫有南

交世受王爵而乃背德奸命竊發邊疆臨遣師干襲行天討兵薄城邑迺始自歸朕惟卿方在稚年政非己出侵犯州郡豈其本謀引咎抗章辭迫意切已勅將吏關爾自新務刷往愆祇順王命保安厥服豈不善歟可從所請自今依入貢所有克復州縣已令安撫司各遣人畫定疆界無輒侵犯昨虜略省地人口亦並送還夫順命者膺長福負國者多後虞勉思所從以保寵祿元豐元年正月九日交阯郡王李乾德上表田言伏蒙賜詔詔從臣所請自今復貢職已令安撫司各差人畫定疆界毋得侵輒侵犯臣已奉詔遣人獻方物乞賜還廣源桄榔等州縣詔候進奉人到闕別降疆事處分閏正月

卷一萬一百二十三　十八

二十二日廣南西路轉運司言昨退交人表以犯廟諱及送還人口發使入貢事令交人並已悛改經略司幹當公事楊元卿未肯收接恐致猜阻詔元卿等速受表附遞以聞入貢使人發遣赴闕其畫定疆界送還人口別聽處分三月二十五日西京左藏庫副使前安南道行營戰棹都監楊從先言昨在交阯東涇港口久不聞大兵消息遂差効用樊寔等往占城交阯兩界刺事乃論占城無援交阯恐交賊逃遁今以兵把截令據寔等狀稱占城遣蕃兵七千扼交賊要路得其國主木葉蕃書回牒見在潭州刺院乞取索看詳優獎之所貴風勸外夷詔湖南轉運判官趙楊繳進蕃書牒本其樊寔等

仍發遣赴闕五月二十五日上批交人進奉赴闕緣今年入寇之後理當羈防其沿路及到闕出入當差人監視等事可不下廣南西路經略司及在京押伴所速具以聞內沿路事有奏稟不及在京經略司一面施行六月三日荊湖北路轉運司言交人進奉赴闕慮雇人夫不足乞優估雇錢差借從之自今經歷路分並准此九月二日交阯貢方物十二日詔交阯郡王李乾德省所上表乞還廣源州門州蘇茂州桄榔縣等處但以邕欽廉三縣無辜之民遭劫遷陬久失鄉井宜盡送廣南西路經略司交割候人口歸復省地其廣源思琅等處與甲當議邊復隸交州管屬所稱為首亂首領顧押就界

卷一萬一百二十三　十九

首斷遣何以對朝廷可如　同日詔新差廣南西路經略安撫使兼知桂州曾布至桂州交割州事管　趙卨作舊充經略安撫使以樞密院言安南邊事垂畢須令趙卨首末　措置故也十六日詔交阯與占城為仇國其起居及內燕聽回避如顧趙燕亦聽交人與占城使遇朔並赴文德殿分東西立望日交州使副入垂拱而占城赴紫宸殿起居大燕交人坐東朵殿上占城坐西廡時占城使副乞避交人客省以聞故也二年十月四日詔內殿承制賓州駐泊都監劉洪安徙潭州不簽書公事賜田三頃洪安自交阯來降廣西經略司乞徙官湖南也十三日廣南西路經略司言交阯歸所略二百

二十一人詔納之廢順州以其地界交阯知郭逵伐交阯首下廣源州思琅州等詔以廣源州為順州置官吏發兵戍守元豐元年秋李乾德遣使人入貢且以廣源等州為請詔能歸所略邕欽廉三州人口當還其地至是以其地與之然廣源州舊隸邕管羈縻本非交阯有也三年門九月九日詔靜海軍節度使安南都護交阯郡王李乾德以明堂禮成加食邑實封四年六月二十七日交阯郡王李乾德上表言昨遣使人陶宗元等朝貢為廣州禁制窒塞綱運不同向時令遣禮賓副將使梁用律著作郎阮文陪等水路入貢乞降朝旨依舊進奉詔廣州悉準舊例毋得邀阻差人內使臣一員押伴仍先降詔諭之七月二十五日廣南東路轉運司言西路關報交人入貢乞令自荊湖路詔交人如欲水路赴闕令廣南西經略司指揮須依舊行水道毋行紛改八月十六日廣西經略司言交阯入貢百五十六 舊制增五十六人上批宜令據令已到人數赴闕令後 詔廣西經略司指揮自令有賜安南詔命令欽州 至界首迎接乃得 之五年六月二十二日交阯郡王李乾德獻犀象藍各五十又言廣源州管下古旦峒首領儂勇及本峒民戶叛入邕州累牒邕 為施行詔儂勇元非交阯所管歸明在交阯未納降以前自是省戶理難給是德乾再以儂勇為請詔復拒之 同日廣南西路轉運副使吳潛言昨聞交州累來取索右江戶口臣與諳知安南事人測度蠻情皆言三五年間必為邊患乞訓練廣西土丁戒勑

卷一萬一百二十二 千

邊備詔吳潛條析措置以聞八月詔賜交阯郡王李乾德釋典一大藏所有示諭詔書 寫進納六年六月四日廣南西路經略使熊本言已差提舉左江都 奉官閤門祗候成卓等至永平寨約安南定地界依詔以計議辦 至所為各從之九月三日廣南經略司言幹辦公事譚拨言陶宗元等稱廣源州

卷一萬一百二十三 千

交阯

二年五月二十六日，交州南平王李乾德言乞釋典一大藏，詔印經院印造賜之。徽宗大觀元年十月八日，詔静海軍節度觀察處置等使、開府儀同三司、檢校太師、同中書門下平章事、安南都護、上柱國、南平王李乾德加食邑一千戶、食實封四百戶，仍賜推誠佐運保節忠亮同德崇仁宣力守正順化懷恭贊治翊戴功臣，勳封如故。閏十月十日，詔交阯進奉人乞市書籍，法雖不許，嘉其慕義，可除禁書、卜筮、陰陽、層(曆)筭、術數、兵書、勑令、時務、邊機、地里外，許買。政和元年五月四日，交州遣使入貢。五年三月十五日，詔：遠人來王，拊存宜厚。比聞交州入貢，邕管遵用新禮，致陶信厚等不肯就位，可取會自邕至南京舊儀詳定以聞。十一月九日，詔令微(後)交州進奉人經過州軍，知州更不復禮。八年十月七日，詔燕瑛乞委官措置交阯和市，稍寬其禁，以昭仁不異遠之意。交人自熙寧以來全不生事，良用嘉尚，可依所奏，差燕瑛、燕廣西轉運副使王蕃措置通其交易，務得其心，毋或阻抑，違具嗣(聞)奏。燕瑛候了日罷，仍先諭交人知委，不得別致驚疑。宣和元年十二月九日，制以南平王李乾德為檢校太師、守司空、同中書門下平章事、安南都護、充静海軍節度觀察處置等使、南平王。中興光堯皇帝建炎元年十月三十日，詔令廣南西路經略安撫

卷一萬一百二十三

一

司約束沿邊州軍，不得停受安南逃戶，如違重寘典憲，仍令本路監司常切覺察。以交阯郡王李乾德上表稱本道邊民作不義走入省地居住不少，被省地官典藏隱詐稱無有，乞指揮戒約，故有是命。四年十二月二日，廣南西路經略安撫司言：安南都護府牒見備方物綱運，取今秋上京進奉。詔令本司婉順説諭，為邊事未寧，免使入到闕，所進方物除華靡之物更不受，餘令界首交割，差人押赴行在，回賜令本路轉運提刑司於應管錢內取撥，依自來體例計價優與回賜，仍具方物名件并章表入急遞(設)進，候到令學士院降勑書回答。紹興二年三月八日，制推誠佐運保節忠亮同德崇仁宣力守正順化懷恭贊治安信謹度承命濟美建勳奉義敦禮揭休翊戴功臣、静海節度觀察處置等使、開府儀同三司、檢校太師、守司空、同中書門下平章事、安南都護、上柱國、南平王、食邑二萬伍千戶、食實封九千八百戶、贈侍中、進封南越王李乾德男陽煥，可特授静海軍節度觀察處置等使、特進、檢校太尉兼御史大夫、安南都護、上柱國，進封交阯郡王，食邑三千戶，食實封一千戶，特賜推誠順化功臣。以乾德死，陽煥承襲，故有是命。五年閏二月一日，制加陽煥保節功臣，食邑一千戶，食實封四百戶。八年三月二日，詔安南進奉，令廣西經略安撫司説諭，免使人到闕，所有綱運除華靡之物更不收受，餘令界首交割，差人押赴行在，回賜令本路轉運提刑司於應管錢內

卷一萬一百二十三

二

取撥依例回賜差本路轉運副使朱芾充吊祭使賜絹布各五百匹羊五十口麵伍十碩酒五十瓶紙五十束冥錢五十辦冥綵五十束冥金銀五十鋌並令轉運司應副所進綱運名件并章表入急遞投進候到令學士院降勅書諭其子天祚以廣西經略安撫司言交阯郡王李陽煥死男天祚承襲以陽煥遺表綱遣使上京進奉故有是命六日制賜贈陽煥開府儀同三司追封南平王十四日制交阯郡王李陽煥男天祚可特授靜海軍節度觀察處置等使特進檢校太尉兼御史大夫安南都護上柱國特封交阯郡王食邑三千戶食實封一千戶仍賜推誠順化功臣九年六月二十七日廣西經略安撫司言探得李乾德有妾生一子奔入大理國

冒養改姓趙名智之自號平王知陽煥死天祚為郡王大理國遣還見在安南龍令州馱河駐劄要與天祚交割王位天祚領兵戰敵又探得趙智之差人賫金五十兩象一頭稱欲進奉借兵本司已密令沿邊溪洞首領如有文字到即婉順說諭約回及探知安南州郡盡降智之惟變人不伏相敵勢相敵勢力不及情願歸明朝廷已行下邀處不得接納選壯丁差土官管押前去把隘外詔令廣西帥司措置隄備及行下沿邊州軍多方婉順說諭約回不得接納引惹生事十年十月十二日制加天祚崇義功臣仍加食邑一千戶食實封四百戶十三年正月十九日制加天祚懷忠功臣仍加食邑食

實封十四年六月八日廣南西路安撫使司言欽州申繳到安南靜海軍牒今兵戈已息乞進奉請行在所稱賀本司契勘安南進奉昨蒙朝廷指揮免人使到闕其所貢方物只就界首交割令本路轉運提刑司應付回賜詔依所例施行優與回荅十月八日制加天祚保信功臣仍加食邑食實封十七年九月十八日廣南西路經畧安撫司言承安南靜海軍牒欲差正副使等部押章表方物詣行在所稱賀詔令本路經略司依紹興十四年已降指揮仍優與回荅十一月二十五日詔加天祚獨德功臣仍加食邑食實封十二月二十六日宰執言交阯郡王李天祚大禮加恩例賜鞍馬等上宣諭曰

給賜外國鞍韉以示懷遠之意可令文思院如法製造二十年二月二十九日交阯貢馴象十二十一年二月一日制加天祚安遠功臣仍加食邑食實封二十五年六月九日禮部言安南遣使進奉許令赴闕令檢會典故驛舍以懷遠驛為名回賜例物檢定名件數目宣賜押伴官二員乞令客省預申朝廷差官所進方物表章閤翰苑降詔回荅進奉物色計價回賜其人使在驛遇大禮陪位稱賀并車駕行幸四方館差承受引押起居從之七月二十八日制加天祚食邑食實封進封南平王以進貢加恩也同日詔賜天祚衣一襲六件金花銀器二百兩御仙花金腰帶一條銀匣盛衣着二百匹鞍

轡一副令吏部差使臣一員管押前去廣西經略司交
割并馬二疋下經略司應副（以禮部言天祚進封南平王依舊例合賜故有是）
命八月二十三日禮部言檢會元豐六年于闐國進奉
人使起闕詔於起發前一日就驛賜御筵令來交阯入
貢欲依上件體例於起發前一日就驛賜御筵從之二
十六年二月二十六日尚書省言將來安南入貢使副
所至州軍館舍飲食昨占城經過州軍雖有體例其安
南理宜優厚詔令沿路帥漕司行下經由州軍照條例
優厚排辦應副仍委知通點檢務令整肅三月二十七
日詔安南賀昇平綱常貢綱每綱各許五十人到闕其
朝見支賜件數內使副鞾改作履一十五兩銀腰帶改賜
金衣著五十匹銀器三十兩鞍轡令造銀閒鍍鞍三銀
作子監綱絹一十匹內錢五千改作銀器五兩並依占
城判官例賜一十兩金花銀腰帶絹寬汗衫小綾夾襪
頭袴幞頭絲鞋孔目官防援官行首都衙常押衙各絹
七匹內錢二千改作銀器五兩絹汗衫絹勒帛絹夾襪
頭袴幞頭麻鞋通引官行首通引官知客衙官行首看
詳公人各特賜絹汗衫絹勒帛絹夾襪頭袴幞頭麻鞋
絹五匹其使副朝辭並依占城使副已賜例監綱書狀
官並依孔目官例防援官行首都衙常押衙並依防援
官例其通行官行首通引官知客衙官行首看詳公人
各特賜銀五兩絹三匹四月十三日尚書省言交阯入

貢在法合差夫馬稱應州縣因緣爲姦却致擾擾詔令
經過州縣據實報夫馬之數每夫日支雇錢一百文於
係省錢內支給仍令逐路帥臣監司覺察如有違戾按劾
聞奏六月三日戶部言將來安南人使到闕其國王
封爵使副加恩并回答禮物外別有賜予等事檢准天
禧三年交阯李公蘊貢方物加公蘊檢校太尉食邑一
千戶食實封四百戶乾興元年又貢方物加公蘊檢校
太師令來李天祚見係推誠順化崇義懷忠保信嚮德
安遠承和功臣靜海軍節度觀察處置等使特進檢校
太尉兼御史大夫安南都護上柱國南平王食邑一萬
戶食實封三千八百戶合依公蘊典故加檢校太師食
邑一千戶食實封四百戶更加功臣二字其合行給賜
禮物紫羅夾公服熟白小綾勒帛大綾夾袴紅羅繡地
夾抱肚三襜金花銀二百兩御仙花金腰帶一條重二
十五兩五十兩銀匣韉衣著二百匹鞍轡一副馬二疋
其使副加恩依熙寧十年典故各轉一官并進奉物色
候見數計價回答詔並依給賜禮令有司製造七月二
日詔加天祚食邑一千戶食實封四百戶仍加禮功臣
同日尚書省言交阯進奉人見辭例物朝見十五兩金
帶一條衣著五十匹銀器三十兩朝辭銀器五十兩衣
著三十匹今來進使進貢賀昇平與常貢事體不同兼
止有正使一員見辭例物理宜分別詔朝見金帶增作

二十兩銀器增作五十兩依着依舊朝辭依着增作五十匹銀器依舊八月十一日詔安南進奉人使到闕除令賜燕設外可更於玉津園特賜一燕差右司郎中汪應辰借左朝奉大夫紫章服充押燕官二十一日交阯國王李天祚遣太平州刺史李國以右武大夫李義武翼郎郭應五進貢金器一千一百三十六兩真珠百顆沉香等一千斤翠毛五百隻盤龍等雜物綾絹五十匹馬十駟象九賀昇平二十六日制加天祚檢校太師仍加食邑一千戶食實封四百戶仍加歸仁功臣以貢方物加恩也九月六日詔安南人使回程可差元押伴官伴送前去仍令沿邊漕臣行下逐州軍依來程應副不

卷一萬一百十三

七

得滅裂二十九年三月二十四日制加天祚食邑一千戶食實封四百戶仍加協恭功臣四月九日兵部言交阯郡王每遇大禮加恩並依例給賜國信禮物寬衣一對二十五兩金帶一條五十兩銀匣盛細衣着一百疋馬二匹金花銀器二百兩衣着一百匹金鍍銀鞍轡複全詔依例給賜令文思院如法製造仍下廣南西路經略安撫司一面應副馬二疋給賜施行　紹興三十二年十月二十六日壽皇聖帝即位未改元制李天祚加食邑一千戶食實封四百戶仍加繼美功臣隆興二年九月十三日李天祚遣使尹子思鄧碩嚴等貢金器百兩銀器百五十兩象牙三十株熟香五百斤箋香千斤以上即位加恩故遣

使來謝使人自界首除使歸廣西經略司差官押貢物赴闕乾道元年三月十七日廣西經略安撫轉運提刑司言奉旨回答安南方物價錢八千餘緡檢照紹興二十五年李天祚進貢不曾回賜從之六月八日制天祚加食邑一千戶食實封四百戶仍加遵度功臣四年正月七日制李天祚加食邑一千戶食實封四百戶仍加履正功臣六年十二月十八日制李天祚加食邑一千戶食實封四百戶仍加彰善功臣九年六月李天祚遣使尹子思李邦正貢方物御乘象罽絨一沉水香等二千斤馴熟杜象十八頭御乘繡主輦等上即位天祚即遣使入貢邊吏以聞詔使歸國至是懇誠備至上錄其善意許焉至館於懷遠驛禮部以安南使久不至移客省詢訪土俗人物圖畫衣執一依指例十月二十九日樞密院言交阯差中衛大夫尹子

卷一萬一百十三

八

思管押賀登極及差承議郎李邦正等管押進奉大禮綱赴闕所有押伴官并起發前一日就驛賜御筵押宴官依例合差內侍從之十一月十二日點檢闕門簿書公事趙友仁等言被旨充交阯進奉大禮綱押伴官今依體例條具交阯使副等如有押伴私覿乞令臨安府差市令司看估價直回答物帛臨時市買應副送到私覿物色繳進交阯使副如陳乞寺院燒香及觀看臨時取旨交阯使副自到驛至起發遇有請覓物色令監驛使臣審實約度應副及有所市買並兩相交易不得私便折博買賣從之十二月十三日廣南西路經略安撫司言安南紹興二十六年入貢帥臣曾往使人館舍報謁

除參司及特排外餘大排謝會辭府朔旦等茶酒並准物價折送要人云云

仍移庵茶酒臣謂本司經略諸蠻安南等道皆係經撫其陪臣過本司無敵體之禮恐於今日國體未是遂檢照政和五年指揮交阯進奉經過州軍更不復禮後不曾銜改即是紹興二十六年失於照用今遵依舊制令尹子思等赴本司參謁叙致寒温罷即以門狀當廳展還更不報謁次日亦不移庵止折送蠻人亦以為利官司頗省繁縟之費輙已排入案沓為將來定規從之同日知靜江府充廣南西路經略安撫司言安南進奉使副尹子思等公文依稟赴程起發所有經由以北州軍有門迎大排辭送管設之類乞一併折其委可以省減稽留搔擾繁縟之費除已備牒經由前路州軍照應施行

九

卷一萬一百十三

從之　同日廣南西路經略安撫司言安南差使副尹子思等進貢方物二十二日到靜江府依紹興二十六年例差借兵級上十五人及差防護兵級五十三人往邕州交替從之

續會要

安南（詳交阯。淳熙元年二月一日改賜今名。）淳熙元年正月二十二日引見安南赴闕進方物綱運使并押進奉大禮象綱使副二十四日往天竺燒香可令臨安府於下天竺寺排辦素食冷泉亭供應茶酒二十六日賜宴玉津園二月一日詔安南入貢禮意可嘉令有司討論賜國名典故以聞於是特賜安南國名制南平王李天祚特授依前官

封安南國王加食邑一千戶食實封四百戶加守謙功臣依大禮加恩例給賜國信禮物寬衣一對金帶一條銀匣威細衣着一百匹馬二匹金花銀器二百兩衣着一百匹金渡銀鞍轡複安南進方物綱進奉人員安南中衛大夫充赴闕進方物綱運使尹子思進奉大禮象綱人員一員安南承議郎充管押進奉大禮象綱使李邦正一員安南忠翊郎充管押進奉大禮象綱副使阮文獻於見今官上擬轉一官從禮兵部請也二月三日詔安南進奉人過有監綱書狀身故各特賜孝贈絹三十匹都衙通引以下身故各特賜孝贈絹一十五匹戶部支給其逐人見辭分物令祗候庫特與給賜四日押

卷一萬一百二十三

伴安南進奉梁衎言安南入貢所過州縣差夫數多竊見自靜江府水路可至容州北流縣兼有回脚鹽船若量支水脚和雇無不樂從又自北流遵陸一百二十里至鬱林州自有車戶運鹽牛車可以裝載自鬱林州水路可至廉州其處亦有回脚鹽船自廉航海一日之程即達交阯若由此途則從靜江而南二千餘里可以不役一夫而辦自臨安至靜江其間節次亦有可通水路去處併乞行下逐州隨宜措置詔逐路帥司詳所陳事理隨宜施行既而尹子思等言歸程如用永平寨路即當四五六月間正是夏天雨水漲溢乞依例由欽州水路以歸詔令逐路帥司詳所陳并今年二月四日指揮

隨宜施行三月六日又詔安南使副回程有沿路批支
私覿折送貿易等銅錢緣錢在法不許出界令廣西經
畧安撫司將安南使副應隨行見錢並依市價以銀兩
或匹物折支不得虧損五日詔安南大禮加恩制告并
給賜禮物已差官就驛使副代授令尹子思等附帶前
去所有今次入貢到闕賜國名告制并給賜禮物一就
差官就驛使副代授亦令尹子思等附帶前去七日詔
安南人使入貢已到闕廣西經畧司差押伴官左從事
郎梁衍承節郎黃章保義郎董忠衍各與轉一官資內
選人比類施行　二年八月七日禮部言安南國請印
乞以安南國王之印六字為文上曰彼來有請所當給

卷一萬一百十三　十一

賜印之制度大小務令適中小則非體大則恐僭令禮
部檢照舊制奏聞既而禮部言比附樞密尚書省印方
二寸仍給牌皆以銅鑄塗金下所屬鑄造依賜曆日禮
例令學士院修撰勅書封題請寶降付禮部關吏部差
小使臣一員齎赴廣西經畧司給賜從之三年六月一
日經畧司言安南國牒蒙朝廷給降下安南國王牌印
一複并勅書一匣並黃絹封裹御寶全本國見已排備
進謝章表方物綱運欲依例差人管押赴行在投進詔
本司將入貢之物以十分為率止受一分就界首交割
優與回賜章表先次入遞前來候到令學士院降勅書
回答三年八月二十四日宰執奏賜安南國曆日合降

勅書緣李天祚薨其子未有封爵欲作賜安南國王嗣
子龍翰勅書從之　四年正月二十八日廣南西路經
畧安撫司言安南國差朝散郎李邦正忠翊郎閤門祗
候阮公亮等管押遣進章表章表方物綱運依紹興八
年前來欽州交割方物二十兩章表銀匣一副五十兩金廝羅三十面共一百五十兩銀廝鑼
一十三面都共六百五十兩象牙七十株都共一千六觔犀角三十座都共三十五觔二兩本司已
牒欽州依自來體例如法管待犒設發遣回本國仍先
次將章表專差人齎來本司以憑齎赴行在投進其方
物赴本司經撫庫寄納候到計價優與回賜續差人管
押赴朝廷送納從之同日廣南西路經畧安撫司言安
南國稱奉回降指揮將入貢之物以十分為率止受一

卷一萬一百十三　十二

分就界首交割乞依例盡數差官管押赴行在投進詔
廣西經畧安撫司以十分為率收受之五分三月十四日
制安南國王李天祚男龍翰可特授靜海軍節度觀察
處置等使特進檢校太尉兼御史大夫上柱國特封安
南國王食邑三千戶食實封一千戶仍賜推誠順化功
臣賜物依紹興八年例製造給賜初封給賜禮物衣帶
鞍馬等學士院封題請寶降勅書交付所差使臣寬衣
一襲紫潤羅夾公服一領小綾寬汗衫一領勒帛一條
熟白綫綾寬夾袴一腰紅羅軟繡夾三襜一條抱肚一
條五二十五兩御仙花金腰帶一條一百兩金花銀沙鑼
二面五十兩銀腰帶匣一具細衣着一百匹盛告匣銀

間金鍍銀裝用銀一十二兩金一錢三分鏁鑰紅絲條
金白絹面子一箇槐黃綢夾複一條鞍轡金銀鍍作子
一副係一百兩料金鍍平鈒花橋尾一具係二十五兩
料金鍍銀紅毛纓五兩料紫羅繡大小鞭面韉一枚乾
紅地纖成戲獸夾韉複一條渾銀鑿鐵胎嘶蹬一副打
角夾絹黃複一條舊來遇封拜交阯郡王依格合賜四
尺五寸以上馬二疋廣南西路見係買馬去處乞下經
略安撫司一面排辦同所賜物色前去給賜從戶兵部
申乞施行五年十月進謝表方物詔使人免到闕餘依
淳熙三年六月一日已降指揮六年五月九日承信郎
監賀州太平嚴銀錫場葛極言經略司差委前去欽州
卷一萬四百十三
十三
移文安南國差官前來界首說諭取還風飄船客吳汝
弼等一百二十三人今已半年以上緣係二年為任今
與外國計議係是重難所差出月日乞與通理考任從
之十月一日明堂加李龍翰食邑一千戶食實封四百
戶仍加秉信功臣散官勳如故九年明堂加食邑同仍
加守義功臣十二年郊祀加食邑同仍加奉國功臣十
五年明堂加食邑同仍加履常功臣七年五月十三日
進謝表方物詔收受三分外所有章表續行投進十二
月二十六日謝賜國名牌印及謝襲封章表禮物令赴
左藏庫送納廣南西路安撫司以章表二函用黃羅絹
護封差人先齎赴行在投進外方物送經撫庫寄收喚

集牙人估直紐計數目一謝賜國名牌印綱金斷鑼五
面共重二百五十兩雜色綾紗絹五十匹沉香二十斤
熟香一千斤箋香一千斤謝襲封綱金斷鑼五面共重
二百五十兩銀斷鑼二十面共重一千兩九年閏十一
月十一日廣西經略安撫司言安南國已排辦章表
方物稱以今冬發使赴行在投進上曰象乃無用之物
經由道路重擾吾民不受其入貢之物以十分為率止
受一分就界上交割厚與回賜章表令入遞來降敕書
回答　淳熙十六年五月二十七日詔推誠順化秉信
守義奉國履常功臣靜海軍節度觀察處置等使特進
檢校太尉兼御史大夫上柱國安南國王食邑七千戶
卷一萬一百十三
十四
食實封二千六百戶李龍翰可依前特進檢校太尉充
靜海軍節度觀察處置等使兼御史大夫安南國王加
食邑一千戶食實封四百戶仍加懷德功臣散官勳如
故紹興元年十一月四日廣西經略司言安南國修章
表備土宜賀今上皇帝登極差官詣承平寨詔入貢物
以十分為率止受一分就界首交割二年五月二十六
日本司言檢準舊例紹興中壽皇登極南平加恩故隆
興二年彼國貢獻進謝物朝廷盡行收受今若來受十
一之數卻恐本國致疑禮部勘當乞下本司照應隆興
體例全行收受從乾道元年三月十七日指揮更不回
賜從之二年十二月十九日詔靜海軍節度觀察處置

等使特進檢校太尉兼御史大夫上柱國安南國王食邑八千戶食實封三千戶李龍翰可依前特進檢校太尉充静海軍節度觀察處置等使兼御史大夫安南國王加食邑一千戶食實封四百戶仍加謹度功臣散官勳如故紹熙五年九月八日詔給賜安南國王李龍翰寬衣一對金帶一條金花銀器二百兩衣着一百匹細衣着一百匹馬二疋金渡銀鞍轡一副以該遇登極加恩依例給賜　十一月六日詔推誠順化秉信守義奉國履常懷德謹度功臣静海軍節度觀察處置等使特進檢校太尉兼御史大夫上柱國安南國王食邑九千戶食實封三千四百戶李龍翰可充静海軍節度觀察處

卷一萬[illegible]百十五　十五

置等使兼御史大夫安南國王加食邑一千戶食實封四百戶仍加思忠功臣散官勳如故以該遇登極加恩故也是年明堂加食邑同仍加濟美功臣慶元三年郊祀加食邑同仍加勤禮功臣六年明堂加食邑同仍加保節功臣嘉泰三年郊祀加食邑同仍加歸仁功臣開禧二年明堂加食邑同仍加崇謙功臣嘉定二年明堂加食邑同仍加協恭功臣慶元三年四月十一日都省言每歲頒降安南國初書曆日係吏部差短使使臣管押前去近據廣西轉運司申慶元三年曆日管押使臣竹端到司遲滯合行措置詔今後頒降安南國初書曆日於樞密院使臣內依名次差撥管押前去須管依程限赴

廣西運司交割毋得稽滯仍令本司具已到月日先次申尚書省嘉定五年五月二日廣西經略安撫司言安南國牒本國王李龍翰於嘉定四年三月十三日薨謝詔差廣西運判陳孔碩充弔祭使其弔祭儀儀物令本路轉運司照淳熙三年已加兩等支賜體例應副　二十八日詔推誠順化秉信守義奉國履常懷德謹度思忠濟美勤禮保節歸仁崇謙協恭功臣静海軍節度觀察處置等使特進檢校太尉兼御史大夫上柱國安南國王食邑一萬六千戶食實封六千二百戶李龍翰特贈侍中依前安南國王餘如故八年二月二十九日詔安南國王李龍翰男昊旵特授静海軍節度觀察處置

卷一萬[illegible]百十六　十六

等使特進檢校太尉兼御史大夫上柱國特封安南國王食邑三千戶食實封一千戶仍賜推誠順化功臣賜物依淳熙四年例製造給賜初封禮物衣帶鞍馬學士院封題請寶降勑書交付所差使臣寬衣一襲紫潤羅夾公服一小綾寬汗衫一勒帛一熟白綫綾寬夾袴一紅羅軟繡夾三襜一抱肚一御仙花金腰帶一金花銀沙鑼二銀腰帶匣一細衣着一百匹盛貯匣一銀閙金鍍鎖鑰紅絲條全白絹面子一襖黃絹夾複一鞍轡金銀鍍作子一金鍍銀平級花橋尾一金鍍銀紅毛纓紫羅大小韉面鞊一乾紅地織成戲獸夾鞍複一渾銀裹鐵胎銜鐙一打角夾絹黃複一舊來遇封拜安南國王

依格合賜四尺五寸以上馬二疋廣南西路見條買馬去處乞下經略安撫司排辦同所賜物色前去給賜從兵部所請也先是嘉定五年廣西經略司言安南國王李龍翰身薨其子昊旵合行襲封令禮兵部討論申尚書省至是始降制焉後以謝表不至遂輟加恩

上

卷一萬一百二十三

十七冊

下

蕃夷四之五七

全唐文

宋會要

大理國

徽宗政和六年四月詔大理國入貢儀制令尚書省別行措置其經由路分各差監司一員專一管勾排辦應干支費並從官給不得搔擾　十二月二十三日大理國遣使貢方物　七年五月五日詔大理國王段和譽可雲南節度使金紫光祿大夫檢校司空上柱國大理王加食邑一千戶實封五百戶制曰朕紹承先烈綏御多方惟聲教之所加俾克畏慕顧舟車之所至靡不和寧彼外蕃真居南服能嚮風而慕義宜孚號以示恩大理國王段和譽躬稟沈雄性資忠孝居茂勤王之略允懷敵愾之心臨遣使人恪修臣職奉珍致貢輸着於多儀款塞來庭益彰於誠節式厚懋功之賞不忘柔遠之仁授以命書增其官秩充峻將族之寵紹開王爵之封申衍爰田併敦真食於戲辦諸侯之命朕既加以王靈殿天子之邦爾其奮於武衛無替厥服永孚于休　十三日大理國進奉使天駟爽彥賁李紫琮副使坦綽李伯祥見於紫宸殿四月十二日辭於紫宸殿二十五日廣州觀察使管勾押伴大理國進奉人使黃璘奏先奉聖旨令於賓州置局接納大理入貢差官吏引伴續準御筆與承議郎直祕閣廣南東路轉運副使徐惕同押伴赴闕其大理使到闕押伴官係入內侍武節大夫尚食典御何似

卷一萬三百五十三

蕃夷四之五八

通臣契勘大理國朝貢其應干合行事件並已創集别無遺闕詔何伯通徐惕各轉一官　二十八日湖北路提舉學事徐行奏據鼎州申押伴大理國進奉使到州聞學校文物繁盛乞詣州學瞻拜宣聖知州張察同使人押伴官到學使人祇揖諸生及謁殿如儀陞堂謁見諸生又問御書閣乞觀皇帝御製舉首讀遍以分叩頭要迎齋觀看每至一齋皆頂禮伏望宣付史館詔送秘書省　六月二十八日都省言檢會五月八日大理國入貢囬元陳請接納及管押官廣州觀察使黄璘已轉一官囬授詔黄璘長男暉係奉議郎前充廣南西路書寫機宜文字勾當大理入貢可轉兩官第二男昨係閤

卷一萬三百五十三

門宣贊舍人轉一官第三男暕係從義郎閤門祇候除閤門宣贊舍人光堯皇帝紹興三年十月十三日廣西縣撫諭明槖奏大理國欲進奉及賣馬事上諭宰執曰令買馬可也進奉可勿許安可利其虛名而勞民乎朱勝非奏曰異時廣西奏大理國入貢事可為監當時言者深指其妄黄璘以是獲罪上曰遐方異域何由得實彼云進奉實利於貿販但令帥臣邊將償其馬直當償則馬當繼至庶可增諸將騎兵不為無益也　六年七月二十七日廣南西路經略安撫司奏威遠寨界首郊用譚昴等接到大理等人使進奉表章國信及象馬已備酒食粮米迎待管設約五月五日到横山寨詔大

理國所進方物除更不收受外餘令本路經略司差人押赴行在其囬賜令轉運提刑司於應管錢內取撥依體例計價優與囬賜章表等入遞投進候到令學士院降勅書囬答　九月二十八日翰林學士朱震言乞密諭廣西帥臣凡是買馬去處並擇謹密可信之士勿遣輕儇生事之人務使羈縻勿絶邊疆安靜異時西北路通則漸減廣西賣買馬之數庶幾消患於未然詔廣西帥臣提點買馬官常切機察不得因此致生邊患　以上中興會要

乾道會要無此門

卷一萬三百五十三

全唐文

宋會要　占城蒲端

占城國在中國之西南汎海南去三佛齊五日程陸行至賓陀羅國一月程其國隷占城焉東去麻逸國二日程蒲端國七日程北至廣州兩日程東北至兩浙一月程西北至交州兩日程陸行半月程其地東西七百里南北三千里南曰施備州西曰上源州北曰烏里州國無城郭有百餘村村落戶三五百或至七百亦有縣鎮之名土地出產箋沉香檳榔烏樠木蘇木白藤黃蠟吉貝花布絲綾布白氎布藤簟貝多葉簟金銀鐵鋌等物五穀無麥有秔米粟麻子官給種一斛計租百斛果實

卷八千一百十六　一

有蓮甘蔗蕉子椰子鳥獸多孔雀犀牛畜產多黃牛水牛而無驢亦有山牛不任耕耨但殺以祭鬼將殺令巫祝之曰阿羅和及拔譯之云早教他託生民獲犀象皆輸于王國人多乘象或軟布兜或於交州市馬頗食山羊水兕之肉其風俗衣服與大食國相類無絲蠶以白氎布纏其胸垂至於足衣衫窄袖撮髮為髻散垂餘髾於其後互市無緡錢止用金銀較量錙銖或古貝錦定博易之直樂器有胡琴笛鼓大鼓樂部亦列舞人其王腦後髽髻散披古貝衣戴金花冠七寶裝瓔珞為飾服脛皆露躡革履無襪婦人亦腦後撮髻無笄梳其服及拜揖與男子同王每日午坐禪椅或出遊看象采獵觀

漁皆數日方還近則乘軟布兜遠則乘象或乘一木杠四人舁之先令一人持檳榔盤前導從者十餘輩各執弓箭刀槍手牌等其民望之膜拜一而已日或一再出每歲稻熟王自刈一把從者及羣婦女競割之其王或以兄為副王或以弟為次王設高官凡八員東西南北各二分治庶事無俸祿令其所管土俗資給之別置文吏五十餘員有郎中員外秀才之稱分掌資儲寶貨等事亦無資俸但給龜魚充食及免調設而已又有司幣廩者十二員主軍卒二百餘員皆無月俸勝兵萬餘人月給秔米二斛冬夏衣布各三疋至五疋每夕唯王升牀而卧諸臣皆寢于地暮親近之臣見王即胡跪而禮

卷八千一百十六　二

稍睞遠者但拱手而已其風俗每歲十二月十五日城外縛木為塔王及人民以衣物香藥置於塔上焚之以祭天人有疾病旋采生藥服食刑禁亦設枷鏁小過以四人拽伏於地藤杖鞭之二人左右互朴量其罪或五六十至一百當死者繩係於木用棱槍舂喉而殊其首若故殺刼殺令象踏之或以象鼻捲擲于地象皆素習將刑人即令豢象之人以數諭之悉能曉焉犯姦者男女共入一牛以贖罪負國王物者以繩拘於荒塘物充而後出之其國代宰與中國通周顯德中其王釋利因德漫嘗遣使來貢　太祖建隆元年十二月其王釋利因塔蠻遣使莆訶薩布君等以方物犀角象牙來貢二

年正月其王釋利因陀盤遣使蒲訶散等來朝表章書于貝多葉以香木函盛之貢犀牙龍腦香藥孔雀四大食瓶二十使廻賜賚有差仍以器幣優賜其主　三年九月遣使來朝貢象牙二十二株乳香十二百斤　乾德四年三月其王悉利因陀盤遣使因陀玢李帝婆羅使副白不羅低冬來朝貢牯犀一株象牙二株白㲲二十條哥縵三十五條繡哥縵一對親色哥縵十四合弁雜藥物等王妻波良僕瑁男茶羅继占謀律秀瓊等又各貢犀角象牙龍腦玳瑁香藥其進奉使副又各進奉犀象方物賜衣服金帶銀器鞍馬被褥巾屨有差六月遣還本國　七月江南國主李煜上言占城國使入貢

卷八十一百十六

三

道出臣國遣臣犀角一株象牙二株白龍腦三十兩蒼龍腦十斤乳香三十斤沉香三十斤煎香七十斤石亭脂五十斤白檀香百斤紫礦五十斤荳蔻二萬顆龍腦後三斤檳榔五十斤藤花簟四領占城狐班古縵二段闍婆馬禮偃鸞國古縵一段闍婆沙剜古縵一段闍婆繡古縵一段大食繡古縵一段大食縵錦古縵一段占城繡水織布五疋闍婆沙剜錦繡古縵一段以其物來上詔曰遠夷述職欽我文明經行既歷於彼邦贄聘遂脩於常禮煩持信幣遠至上都深認忠勤即宜收領令後更有禮幣不須進來　九月遣使李咩來貢巨象一其色青蠻人控之能摇鼻跪膝命以金鞍飾之置都亭

驛京城士庶觀者闐街李咩等又獻象牙香藥賜來使器幣錢帛之服遣之　五年遣使李咩李被瑹來貢　開寶三年遣使來貢雌象一　四年悉利多盤副國王李耨王妻郭氏男蒲路鷄波羅等並遣使來貢　五年三月其王波美税遣使蒲訶散來貢方物　六年四月其王悉利盤盤印茶遣使布你齊等來貢六月其波美美税楊布印茶遣使貢方物　七年正月其王波利税褐茶遣使來貢孔雀繖二西天烽鐵四十斤九年遣使來陀利陳陀野等來貢　太宗太平興國二年二月其王波美税楊布印茶遣使李牌副使李麻𨚗判官李𤼵奉方物越諾布四段龍腦二斤雜香藥十斤丁香五十

卷八千一百十六

四

斤煎香二十五斤來貢　三年五月其王與其男遣智遣使來貢　四年十二月遣使李木吒哆來貢　六年三月交州黎桓言欲以占城俘九十三人獻于京師帝令廣州止其俘存撫之給衣服資糧遣還占城詔諭之　七年閏十二月占城遣使秉象入貢方物詔留象廣州豢養之　八年九月遣使來獻馴象能拜伏詔畜於京畿之寧陵縣　雍熙二年二月其主施利陀盤吳日歡遣使婆羅門金歌麻來獻龍腦玳瑁象牙越諾無名異賜衣服冠帶鞍轡馬且訴為交州所侵詔答令其保國睦鄰　三年三月其王劉繼宗使李朝仙來貢通犀二株生白龍腦十斤速香五十斤丁香五十斤籛香二

百斤沉香百八十斤朝仙又進牙二株白龍腦十斤九
月儋州言占城國人蒲羅遏爲交州所逼率其家百餘
口內附　四年廣州言雷州鬬送占城夷人使當李娘
幷其族百五十人來歸詔分隸南海清遠二縣　端拱
元年正月遣使來貢方物使者往東郊遊看就賜酒食
以勞之　十一月廣州又言占城夷人忽宣等族三百
一人來附　淳化元年十月新王楊陀排自稱所生佛
逝國楊陀排遣使李臻副使蒲訶散來貢進馴犀及螺
犀十株象牙十五株牋沉香一斤白龍腦二斤山得雞
三十三斤其使副又獻螺犀藥犀象牙沒藥胡盧巴龍
腦白荳蔻及薔薇水賜襲衣巾帶被褥靴笏器帛有差

卷八千一百十六　五

表訴爲交州所攻國中人民財寶皆爲所略帝賜詔黎
桓各令保境　三年十二月其王李陀排遣使李良甫
副使亞麻羅婆低來貢螺犀藥犀十株象牙二十株煎
香三十六斤白龍腦一斤四兩絞布六段檳榔十三斤
山得雞六十四斤椰子五十顆其使副又獻象犀螺犀
玳瑁煎香等賜其王白馬二疋兵器等占城喜白馬故
以賜之本國僧淨戒又獻金龍腦金鈴銅香爐如意等
各優賜之　元道元年正月其王楊波占遣使李波珠
來貢楊波占表云李良甫廻伏蒙聖慈賜臣細馬二疋
旗五面銀裝劒五口銀纏槍五條弓弩各五張及箭等
戴恩感懼稽首稽首臣生長外國曼遠天都竊承皇帝

聖明威德廣大不憚介居海裔遣使入朝皇帝不棄蠻
夷小國曲加優賜然臣自爲土長聲勢尚卑當時外蕃
頗相侵撓況以前庶民如芥隨風星散流離各不自保
近蒙皇帝賜臣内閑馹駿旗幟兵器等隣國聞之知臣
荷大國之寵而各懼天威不敢謀害今臣一國安寧流
民來復若非皇帝天德加護何以至此臣之一國仰望
仁聖覆之如天載之如地臣思惟鴻恩不淺且自天子
之都至臣所居之國涉海綿邈不啻數萬里而所賜之
馬及器械等並安全而至皆聖德所及自前本國進奉
未嘗有旌旗弓矢之賜臣今何幸獨受異恩此蓋天威
廣被壯臣土疆臣雖隕身無以上報兼臣貢使往復[illegible]

卷八千一百十六　六

給備之恩重如岳不可具陳今特遣專使李波珠副使
李訶散判官李磨勿等進奉犀角十株象牙三十株玳
瑁十斤龍腦二斤沉香百斤夾箋黃熟香九十斤檀香
六十斤山得雞一萬四千三百隻胡椒二百斤簟蓆五
前件物固非珍奇惟表誠懇臣生居異域幸遇明時不
貴殊珍惟重良馬倘皇帝念及外國不罪懇求使介而
歸願垂頒賜臣之幸也兼臣本國元有流民三百散居
南海尋曾奉旨許令放還今有猶在廣州者本國舊有
進奉夷人羅常占見在廣州乞詔廣州盡數點集具籍
以付常占令造舶船乘便風部領歸國冀得安其生聚
以實舊疆至於萬里感恩一心事上臣之志也帝覽表

遣使奉職曹令贇詣廣州詢問願還者悉付波珠使廻
復賜白馬二疋遂為常例　三年三月二日遣使朝貢
五月其王楊甫恭毗施離遣使李補良押陀羅潘思來
貢其使又國王盈卜皮紫室訶哩撥為　真宗咸平二年
二月其王楊王俱毗茶逸施離遣使朱陳堯副使蒲薩
陁婆判官黎姑倫以犀牙玳瑁香藥來賀皇帝登極賜
堯等冠帶衣褥有差　景德元年九月遣使奉方物來
貢且求賜良馬二疋馬面二副介冑弓劒鎗旗等詔並
給之　二年四月遣使來貢　四年五月遣使布祿爹
地加等奉方物來貢其國王表函籍以文錦奇香詞曰
景德三年五月十七日占城國王臣楊普俱毗茶室離

卷八千一百十六　七

頓首死罪言臣聞二帝封疆南止屆于湘楚三王境界
北不及於幽燕仰屬昌時實邁往跡伏唯皇帝陛下乾
坤授氣日月儲英出震居尊承基御極慈惠敷於天下
聲教被於域中業茂前王功芳但后蒼生是念黃屋非
心無方不是生靈有土兼為臣妾真風遍布霈澤周行
凡沐照臨共增悚忭臣生于邊鄙幸襲華風蟻垤蜂房
聊為遂性龍樓鳳閣尚阻觀光再念自假天威獲全封
部鄰無侵奪俗有舒蘇每歲拜遣下臣問寧上國蒙陛
下恩霈行葦福及豚魚特因廻人頒賜戎器臣本王惟
望闕焚香懽呼拜受心知多幸曷答洪恩聖君既念於
賓王微懇肯忘於述職今遣專信臣布祿爹地加副信

臣除逋麻瑕珈耶判官臣皮霸坻一行人力等部領土
毛遠充歲貢雖表菁茅之禮嘗懷魯酒之憂虔望睿明
甫寬譴戮專信臣等廻日軍容器仗耀武之物伏願重
加賜賚蓋念忝為臣子合告君親服飾車輿威儀斧鉞
不敢私制唯望恩頒干冒冕旒不任死罪布祿爹地加
言本國舊隷交州後奔于佛逝去北舊所七百里許使
還賜物甚厚　大中祥符元年遣使陁傍亞聲來貢會
于泰山之下禮成授其使奉中郎將　三年四月其王
施利離霞離卑麻㾓遣使朱淳禮來貢其王又言每蒙
宣賜皆是白馬不宜度土乞黃赤色馬二疋甲馬馬面
並以銀花裝及渾鍍金劒手劒五口金鋼射甲箭百五

卷八千一百十六　八

十隻銀桶鎗五條錯絲轉光旗五口白樺弓五張銀裝
器械五副金線扎弩五枝鋸刀二條並從其請　四年
十一月遣使蒲薩多婆副使蒲多波底判官陳義來貢
象牙六十二株螺犀十一株藥犀二十九株玳瑁三百
片沉香五十斤煎香三百五十斤黃熟香二百一十斤
帶枝丁香三十斤荳蔻六十斤其役又進熟龍腦三十
兩沒藥八十斤紫礦四百七十斤肉荳蔻二百斤胡椒
二百斤沒藥三十斤紫礦百斤其王又言本國地毛不
壯土產無精常思奇異而供王每欲珠珍而作貢所以
特遣使使遍詣鄰蕃昨於三佛齊國得金毛獅子一其
獅子本出天竺國彼人豢養今以馴良傳來大食又至

三佛齊蕃語謂之號猫唐言謂之師子令遣專使詣闕
上進是日再見于便殿命舁師子之檻以出本國二蠻
人引獅子出檻其狀正黄色首班而身純視之可畏偃
仰于地馴狎久之命養于玉津園十一月八日召近臣
館閣官于崇政殿觀獅子帝曰其使稱跨越山海求之
而獲本國之量賜器帛二蠻人乞留苑中豢養之五年
二月帝愍其懷土命厚給資量放歸本國　七年正月
遣使來貢　八年二月遣使來貢　五月其王上表遣
腹心人波輪訶羅帶充專使劉公簡充副使判官防援
人犀牙玳瑁乳沉煎香荳蔻檳榔等來貢　波輪訶羅
帶自言有親弟陶珠頃以交州侵奪交州令押象到闕
令至京師得與弟相見願將回本國從之仍賜陶珠衣
物繒錢等　閏六月賜占城國王鎗旗弓弩器甲馬從
所請也　天禧二年九月其王尸嘿排摩惵遣使羅皮
帝加等以象牙七十二株犀角八十六株玳瑁千片乳
香五十斤丁香花八十斤荳蔻六十五斤沉香百斤箋
香二百斤別箋一劑六十八斤茴香百斤檳榔千五百
斤來貢羅皮帝加言國人請廣州或風漂船至石堂則
累年不達矣使還詔賜其王尸嘿排摩惵銀四萬七千
兩器仗鞍馬等　仁宗天聖七年五月國王楊卜俱室
離遣叱達巴李菩薩等奉表進生鳳一隻犀三十株象
牙七十株玳瑁二百四十五片乳香二千斤木香七百

八十斤其表以鳳表王者之瑞冀應聖人之運也　八
年十月遣進奉使李菩薩麻瑕陁瑟表獻禮物入見於
崇政殿所獻木香七百斤犀角四十餘株玳瑁四百餘
片乳香二千斤象牙八十株　慶曆元年九月廣南東
路轉運司言商人邵保至占城國見軍賊鄂隣等百餘
人覊縻在其國中詔本路選差使臣二人齎詔書器幣
賜占城國王覇致賊酋于闕下餘黨令就戮之占城已
嘗獲送鄂隣所虜軍民又降是詔　二年十一月國主刑
卜施離值星霞弗遣使獻馴象三　皇祐二年正月國
主俱舍唎波微收羅婆麻提楊卜貢象牙二百一犀牛
角七十九齋表二通一以蕃書一以中國書　五年四
月遣蒲思馬應來貢方物賜紫羅寬衫小綾寬汗衫大
綾夾襪頭袴小綾勒帛一十兩金花銀腰帶幞頭絲鞋
衣著十疋紫綺被褥氈一副副使良保賜紫羅寬衫子
小綾寬汗衫大綾夾襪頭袴八兩金花銀腰帶幞頭絲
鞋衣著五疋判官滚鼻賜紫羅寬衫子絹寬汗衫小綾
夾襪頭袴八兩金花銀腰帶幞頭絲鞋衣著三疋防援
官一十人各賜紫官絁衫子絹汗衫絹夾襪頭袴絹勒
帛幞頭麻鞋衣著二疋至閏七月辭蒲思爲應賜紫羅
窄袖子小綾窄汗衫小綾勒帛銀器一十兩衣著二十
疋副使良保賜紫羅窄衫子小綾窄汗衫小綾勒帛銀
器七兩衣著一十四疋判官滚鼻紫羅窄衫子銀器五

兩衣著一十疋防援官一十人各賜銀器三兩衣著五疋　嘉祐元年閏二月遣使蒲息陁琶來貢方物　二年正月八日詔廣州賜占城國進奉使蒲息陁琶銀千兩以舟行至太平州江岸䑔沉其行李特賜之　六年九月遣使頓琶等持獻馴象　七年正月廣西安撫經略司言體量得占城真臘二國與交趾爲隣素不習兵戰常苦侵軼而占城日近頗修武備以抗交趾見繇廣東路入貢京師望以恩信撫納之　五月遣使頓琶尼來貢方物詔賜其國王施里律律茶盤麻帝楊溥白馬二從其求也以上國朝會要　神宗熙寧元年六月四日遣使蒲麻勿等貢方物賜物有差奉占城蕃王楊卜尸

利律陁般摩提婆表乞買騾馬一二疋將回本土看翫詔特賜白馬二疋開花鞾銀鞍轡一副所有騾令就廣州取便收買麻勿特授歸德郎將　四年九月遣大使李蒲薩麻瑕陁琶副使婆王麻可箄離判官鈷巴必吰入貢　五年五月二十二日占城國進奉琉璃珊瑚酒器并龍腦及藥物乳香丁香蓽澄茄紫礦等詔迴賜外特賜銀二千一百兩宋史七年交州李乾德言其王領兵三千人幷妻子來降以正月至本道　九年二月二日詔占城真臘二國久爲交趾寇擾今王師伐罪可乘機會協力蕩除事平之日當優爵命厚加酬賞仍聞彼國戶口多爲交趾所俘已令招討司候到彼檢梏遣還惟

占城舊土勢難復歸本國亦當詔令赴闕撫以厚恩仍遣容州節度推官李敎三班奉職羅昌皓齎敕書賜二國藥物器幣有差　四月十四日降詔書分物賜占城真臘國王及真臘國將師司馬極以問罪交趾戰棹經其國且俾助順討逆也　八月十二日遣使靈保麻遐鈸囉底亞尼律等二十一人貢奉使言本國東抵大洋海發船去諸國南抵真臘國計一月日程别無水路南抵真臘國港十八日程西北國交州四十日程並是山路水路尸可一十七程所治一百五處差人主守如州縣之類本國主見年三十六歲凡出入裝束著大食錦或川法錦大衫頭戴七寶裝成金冠身上纏七條金裝

就瓔珞脚踏紅皮履撞蕎子打涼傘從人執鎗牌圍遶約有五百餘人左右有十八婦女執金盤合衆載檳榔喫前面動蕃樂迎引　元豐元年三月二十五日前安南道行營戰棹都監楊從先言昨差劾用樊寔等往諭占城毋援交趾今據寔等狀稱占城遣蕃兵七千扼交賊要路得其國主木葉蕃書回牒詔繳進蕃書牒本其樊寔等仍發遣赴闕　九月十四日三班奉職羅昌皓言昨齎敕書禮物往占城國令盡占城至交趾地圖上批昌皓不憚艱危遠使絕域雖不能成九授命之功然勤勞海道亦不秋獎宜轉一官十六日詔占城與交趾爲仇國其起居及内燕聽迴避以占城使副乞避故也

列傳云後兩國入貢占城使者乞避交人詔遇朔日朝文德殿分東西立望日朝交人入垂拱殿而占城趨紫宸大宴則東西坐哲宗元祐元年十月十五日禮部言占城國進奉大使布靈息弛琴蒲麻勿等乞續進物從之　十二月三日續進犀犛等詔回賜錢二千六百緡　七年二月四日占城國酋領表言應大朝討蕩交趾乞率兵協力掩襲詔交趾見今入貢不絕臣節難議興師令學士院候將來降占城國敕書依此回答時占城交趾有舊怨故以表言至是不從　三月五日詔占城國進奉使良保故倫軋丹副使傍木知突為保順郎將　徽宗崇寧三年六月十一日遣使入貢　四年六月十一日遣進奉使蒲薩逵琶副使古論思唐判官力占琶入貢

卷八千一百十六　十三

大觀三年七月十二日遣使入貢　政和五年八月八日禮部言福建路提舉市舶司狀本路昨自興復市舶已於泉州置來遠驛及已差人前去羅斛占城國說諭招納許令將寶貨前來役進外令相度欲乞諸蕃國貢奉使副判官首領所至州軍並用妓樂迎送許乘輪或馬至知通或監司客位俟相見罷赴客位上馬其餘應干約束事件並乞依蕃蠻入貢條例施行本部尋下鴻臚寺勘會據本寺契勘福建路市舶司依崇寧二年二月六日朝旨納納到占城羅斛二國前來進奉內占城先累赴闕進奉係是廣州解發福建路市舶申到外有羅斛國自來不曾入貢市舶司自合依政和令詢問其國遠近大小強弱與已入貢何國為比奏本部勘會今來本司並未曾勘會施行詔依本司所申其禮部並不勘當郎官降一官人吏降一資　六年三月六日占城國蕃主楊卜麻疊言昨蒙封臣金紫光祿大夫遙授廉白州刺史臣身縻化外不霑祿食欲得薄授大朝俸給壯觀小蕃從之　宣和元年十二月九日詔以占城國王楊卜麻疊為檢校司徒使持節琳州諸軍事琳州刺史兼御史大夫充懷遠軍節度使琳州管內觀察處置等使占城國王自是每遇郊恩輒降制加封邑以上續國朝會要　光堯皇帝建炎三年正月十日內降制曰門下得大横之兆式帝命於九圍推神策之占候陽明於

卷八千一百十六　十四

七日升煙泰時登就吉儀孚號明庭誕敷沛澤懷遠軍節度琳州管內觀察處置等使金紫光祿大夫檢校太保使持節琳州諸軍事琳州刺史兼御史大夫上柱國占城國王食邑五千戶食實封二千一百戶楊卜麻疊躬懷德善世載忠勞推虎落之雄邁城池金湯之固導騂旄之節書山河帶礪之盟屬予巡甸之初適在當郊之歲一時文軌方丕冒於海隅萬里梯航諒心存於魏闕奉禋祠於奠璧效方物於貢琛進陛梲位之聯申衍爰田之食於戲戎祀國之大事追臻奏假之成蔚哻王之藎臣用介龐鴻之祉克祗猷訓茂對寵光可特授檢校大傅加食邑一千戶食實封四百戶是年遣使延貢

又遇大禮故加恩也紹興二年三月八日制加懷遠軍節度琳州管內觀察處置等使金紫光祿大夫檢校太傅使特節琳州諸軍事琳州刺史兼御史大夫上柱國占城國王楊卜麻疊食邑五百戶食實封二百戶自後郊祀加恩並倣此紹興二十五年其子鄒時巴蘭嗣立貢方物求封爵詔授以來父官　八月十四日宰執奏廣東經略司言占城國計置馴象進獻上曰祖宗時每遇大禮須用此謂之六引今見有馴象若其未至姑俟之可也　二十一日提舉福建市舶鄭震奏占城國遣使齎到進奉表章方物并書信上宰相見聽候指揮繳納禮部太常寺討論到占城國進奉典故天聖八年十月遣使貢獻禮物入見於崇政殿皇祐五年四月遣使來貢今欲依羅殿國王羅部貢已降指揮令近上二十三人赴闕仍令本司差熟事使臣引伴前來宰臣秦檜奏欲依所請內獻宰臣等物乞說諭不當創例上曰可依討論典故施行其書信宛順說諭不須創開新例

卷八千一百十六　十五

九月二十五日尚書省言將來占城國進奉人到闕其朝見使欲給紫羅寬衫小綾寬汗衫大綾夾襪畐袴小綾勒帛十兩金腰帶幞頭絲鞋衣著三十疋紫綺被褥氈一副副使紫羅寬衫小綾寬汗衫大綾夾襪頭袴小綾勒帛七兩金腰帶幞頭絲鞋衣著二十疋判官各紫羅寬衫絹寬汗衫小綾夾襪頭袴十兩金花銀腰帶幞

頭絲鞋衣著十疋防援官各紫官絁衫紫絹汗衫絹夾襪頭袴絹勒帛幞頭麻鞋衣著七疋朝辭使紫羅窄衫子小綾窄汗衫小綾勒帛銀器五十兩衣著三十疋副使紫羅窄衫子小綾窄汗衫小綾勒帛銀器三十兩衣著二十疋判官各紫羅窄衫子銀器十兩衣著十疋防援官銀器七兩衣著五疋從之　十月二日禮部言占城國已降指揮許令入貢檢准舊例進奉回賜外別賜翠毛細法錦夾襖子一領二十兩金腰帶一條銀器二百兩衣著絹三百疋八十兩鬧裝銀鞍轡一副其馬令騏驥院預行椿辦給賜從之　十一月十四日占城蕃首鄒時巴蘭遣部領薩達麻滂摩加奪滿翁都綱以次

卷八千一百十六　十六

凡二十人到闕入見貢附子沉香一百五十斤沉香三百九十斤沉香頭二塊一十二斤上箋香三千六百九十斤中箋香一百二十斤箋香頭塊四百八十斤箋香頭二百三十九斤澳香三百斤上速香三千四百五十斤中速香一千四百四十斤象牙一百六十八株犀二十株玳瑁六十斤暫香一百二十斤細割香一百八十斤翠毛三百六十隻蕃油一十鐙烏里香五萬五千二十斤　二十八日禮部言占城國入貢回答敕書制度乞依學士院檢坐到交趾國進奉方物給降敕書體例從之中興禮書十月二日禮戶兵部言准都省劄勘會占城國已降指揮許入貢其使副已到泉州竊慮非晚到闕所有合回賜錢物及應合行事件劄副禮部等處檢具申取朝廷指揮逐部勘會除就懷遠驛安泊

及令客省定賜例物等項目并依得交趾體例施行外
所有其餘合行事件開具下項　一鴻臚寺條諸蕃夷
進奉人回乞差楊擊防護兵士并相度合用人數關步
軍司差今來占城國入貢到闕回程合差權擊防護兵
士發依條下委軍司差撥三十人內節級一名赴本驛
交割從至路安府界即令以次州軍差人交替令押伴
所于來起發已前預報沿路州軍差人在界首祗候交
管　一主客條例占城國進奉回賜外別賜翠毛細法
錦夾襖子一領二十兩金樓帶一條銀器二百兩衣著
絹三百匹白馬一匹八十兩鬧裝銀鞍轡一副下戶工
部令所屬計料製造送客省樁辦依自來條例回賜其
馬令騏驥院給賜詔依八日客省言將來占城國進奉
使副到闕在驛禮數儀範今條具下項　一進奉使副
與押伴官相見其日進奉使副到驛歸位次客省承受
引譯語赴押伴位參押伴復作押伴問遠來不易參訖
譯語作進奉使副傳語押伴官訖退客省承受同譯語
入進奉使副位次使副起立與客省承受相見揖訖客
省承受作押伴官回傳語進奉使副遠涉不易喜得到
來少頃即得相見次客省承受引首領赴押伴位參復
作押伴問遠來不易參訖退客省承受次傔人從參押
伴客省承受喝在路不易參訖退譯語賚進奉使副名
銜分付客省承受轉押伴訖復請押伴傳銜分付譯語

卷八千一百十六

十七

訖少頃客省承受引押伴官同進奉使副陞廳對立客
省承受互展狀相見訖揖各赴坐點茶畢客省承受喝
入卓子五盞酒食畢客省承受喝撤卓子次點湯畢押
伴官進奉使副相揖畢分位　一習朝見儀其日候閤
門差人赴驛教習儀範同客省承受先見押伴訖計會
譯語請進奉使副服本色服次客省承受同譯語引教
習儀範入相揖教習朝見儀訖相揖畢退朝辭准此
一朝見其日五更客省承受計會譯語請進奉使副上
馬次押伴官與進奉使副相揖畢行馬首領于門外上
馬至待漏閣子下馬俟開內門押伴官進奉使副上馬
至皇城門裏宮門外下馬至殿門外幕次待班其首領
已下步行入皇城門俟閤門報班引進奉使副出幕次
入殿朝見拜數禮儀並如閤門儀俟朝見畢閤門引進
奉副使出殿客省承受揖引歸幕次客省承受引伴賜
舍人押伴官進奉使副對立相揖畢客省承受贊坐點
茶畢客省承受喝入卓子酒食畢客省承受喝撤卓子
點湯畢客省承受引伴賜舍人與進奉使副相揖畢伴
賜舍人先退次押伴官進奉使副相揖畢引至宮門外
上馬首領已下步行出皇城門外上馬歸驛朝辭准此
　在在驛客省簽賜節料節儀其日候客省承受齎到
賜日管押所賜節料等到驛客省承受先報押伴訖於
該廳前望闕鋪設所賜物客省承受引進奉使副立定

引進奉使副拜賜目跪受訖次引首領以下所賜目跪
受賜訖退　一御筵其日候賜御筵天使到驛請司拜
獅消客省承受取進奉使副名銜轉押伴省訖納天使
復取賜押延天使傳言分付譯語少頃客省承受引天
使押伴官進奉使副降階對立定客省承受先引押伴
官望闕謝恩如儀畢歸依位立次引進奉使副謝恩畢
如儀畢引依位立天使與進奉使副相揖畢天使先退
次押伴官與進奉使副相揖畢引押伴官進奉使副陞
廳席後立客省承受撥首領已下謝恩如儀訖赴席後
立客省承受上廳贊揖赴坐點茶畢行酒俟酒食畢客
省承受喝撤卓子點湯畢引首領下已下謝恩客省承
受贊席復立候首領已下謝恩如儀畢客省承受引押
伴官進奉使副降階對立定先引押伴官謝恩如儀畢
引依位立次引進奉使副謝恩如儀畢引依位立審使
承受引天使依前位立進奉使副令譯語跪執謝表拜
訖進奉使副以表跪授天使訖引依位立與天使相揖
畢天使退次押伴官進奉使副相揖畢引分位　一起
發日進奉使副與押伴官相別其日就驛酒食五盞畢
客省承受引押伴官進奉使副對立定客省承受互展
狀相別訖分位客省承受引首領已下辭押伴差如參
押伴儀畢次伴送使臣交割起發前去　同日詔占城
進奉人到闕在驛主管諸司官就差監驛官與臨安府

十八

排辦事務官同共管幹疾速施行　二十八日四方館
言將來占城國進奉人到闕遇大禮其使副并大小首
領並合赴赴郊壇陪位及登門肆赦稱賀訖依　十一
月一日客省言潮梅州建轄馬遞鋪押伴占城奉使韓
全狀今月十二日押伴進奉人到建州約十一月六日
到闕及會問使副已下職位姓名稱呼等第下項一進
奉使部領姓蒲名達麻呼部領是宮資一進奉使副滂姓學名加奪呼滂是
官資一判官姓滿名都綱呼大盤是官資一滿翁圖翁伊翁加龜翁邈翁徐
亞辛沙喝尼眾已上八名係在蕃幹辦事執人一翁儒翁鎮翁麼娛蚪亞
哪不隊班兒麻麥日罕以上九名係觀隨防護禮物人點剳下押伴所使
遠驛臨安府疾速排辦　三日客省言占城國入貢其
進奉人排貌到闕令具合行排辦事件下項一款乞候
進奉人到闕客省就驛置局主管事務一今來進奉人
候報到皇國門日分客省承受同合用人從鞍馬等出
城幕次內計會引伴使臣祇備使用候入城到驛與押
伴相見茶湯畢排辦酒食五盞訖分位所有相見酒食
五盞令在驛御廚翰林司臨宜供應排辦其城外幕次
令臨安府于經由入國門外側近去處釘設排辦一所
有朝見日分欽乞領本有取到進奉人將來具奏取旨
前見及朝辭日分依此施行所有皇城門外待漏幕次
什物等欲乞從本省閣報儀鸞司排辦釘設一進奉人
起發日就驛排辦酒食五盞押伴送官相別訖進奉人

交付伴送使臣起發前去所有酒食五盞令在驛御廚翰林司排辦供應詔依五日客省言據押伴占城進奉使臣韓全申到進奉人姓名共二十人并譯語二人本省契勘押伴并進奉人合用鞍馬共二十四匹乞下馬軍司差撥詔依六日客省言占城蕃使部領薩達麻狀昨蒙蕃王遣同綱首領陳惟安領首奉物色并章表前來本朝進奉竊念達麻等係化外不諳天朝禮儀全藉綱首陳惟安逐年興販本蕃譯語至熟正音兩通兼與蕃王知熟今次既諭蕃王前來進奉方物表內明指陳惟安引進雖有譯語隨行竊慮傳聞不盡禮節乞達兼緣貢奉物色亦是陳惟安同共齎領前來欲乞申明朝廷取旨放令陳惟安同達麻等入驛宿泊庶圖引進及傳聞言音候指揮詔依九日客省言占城進奉使薩達麻等已于今月六日到驛訖所有朝見日取聖旨詔用十三日十一日客省言占城使副見辭係宣贊舍人引揖拜跪緣言語不通見有隨行譯語二人乞下皇城司給入殿門號并增殿號各一道隨逐進奉人入殿譯語并赴國壇階位立班詔依十三日詔占城進奉使薩達麻等入見命客省官賜酒食于殿門外如儀十五日學士院狀報尚書省准御封降下客省奏到占城國王鄒時芭蘭章表今本院降詔回答當院連勑自來未曾行過占城國詔勑書外所有交趾國進

本方物等止是給降勑書用五色銷金綾紙書寫進呈請寶降下用黃綃夾複裹定用間金鍍銀裝匣盛鎖鑰紅綠絛封全仍將錦裹再用黃綃夾複封裹白綃面簽上題寫勑交趾郡王姓名請寶降下方行發付禮部前去所有今來回答占城國詔即未敢便依交趾國用勑書及封裹體例及契勘交趾占城國自渡江以來未曾遣使到闕所有今來回賜勑書如封裹進呈了當即未當依大金遣使到闕體例于使副朝辭前進納候朝辭日御前給賜唯復從本院齎赴懷遠驛押伴官處交付取旨朝廷指揮後批送禮戶部看詳申尚書省二十八日禮部言准批送下學士院連到占城國王章表今本院降詔回答送部看詳尋行下太常寺看詳本寺契勘今來降詔回答勑書制度除本寺即無典故該載外今看詳欲依學士院檢坐到交趾國進奉方物給降勑書體例制度候封題進呈訖送學士院關送客省交付押伴所令使副一就附帶前去詔依十六日賜占城進奉使薩達麻等御筵于懷遠驛二十一日戶部言太府寺申占城人使到闕所有回賜錢物准紹興二十五年十月二日指揮候見得所進物色價直剗刷參酌應副其人使雖到行在緣所進物色尚在泉州並未起發依熙寧六年指揮今後諸蕃進奉如有進貢物色令本寺看估計價下所屬回賜今將所進香貨名色下所屬看

估紐計得香貨等錢十萬七千餘貫本寺剗刷回賜物帛數目乞下所屬支給關報客省回賜今具下項一占城進奉到物沉香九百五十六斤附子沉香一百五十斤箋香四千五百二十八斤速香四千八百九十斤象牙一百六十八株三千五百二十六斤澳香三百斤犀角二十株玳瑁六十斤暫香一百二十斤細割香一百八十斤翠毛三百六十隻番油一十埕烏里香五萬五千二十斤一回答數目錦三百五十匹生川綾二百匹生川壓羅四十匹生樗蒲綾四十匹生川剋絲一百匹雜色綾一千匹雜色帛一千匹熟樗蒲綾五百匹江南絹三千匹銀一萬兩詔依二十二日客省言占城進奉人到闕別賜國信物色翠毛細法錦夾襖子金腰帶銀器等已下所屬製造訖乞送祇候庫打角學士院封題請寶訖附客省關送押伴所詔依同日客省言福建市舶司差到使臣韓全等八人押伴占城進奉人到闕四日可就差伴送前去詔依二十六日鈐轄鈞容直所言占城入貢起發前一日就驛賜御筵依例係九盞御次合用樂人作樂緣今降指揮內止令鈞容直隨宣量度差撥令乞差本班五十人作樂祇應其合用勾曲念語令本院應制製撰詔依今後准此二十七日客省言今具下項一押伴占城進奉人使臣韓全等八人并譯語二人已就差伴送前去特與等第賜錢一次使臣韓全一百貫與占射差遣一次令吏部擬譯語二人斷前一名各五十貫手分一名三十貫軍兵五人各十一五貫並令戶部支給一占城進奉人到闕押伴官與依館伴金國使副例減半支銀綃各一百匹兩充狀買私覿客省官置局主管與依國信所主管官例減半每員支銀絹各二十五匹兩並令戶部支給其當行房分折食錢合隨每廊依金國人使到闕例減半支給詔依同日客省言占城蕃進奉使薩達麻等狀欲乞早賜發遣本省契勘所有朝辭日取聖旨擬今十二月三日朝辭二十八日客省言占城進奉人回程其沿路差破遞馬宿泊飲食等並乞依引伴來程體例詔依

十二月六日宰執奏禮部兵部狀占城國赴闕進奉其國王并進奉人封爵今檢會占城國蕃王楊卜麻疊初封崇寧三年授懷遠軍節度觀察留後金紫光祿大夫檢校司空使持節琳州諸軍等琳州刺史兼御史大夫上柱國占城國王食邑一千戶食實封五百戶今來鄒時芭蘭係初承襲未有

官封乞依楊卜麻疊初封官爵除授給賜禮物銀絹各一千匹兩寬衣一對二十兩鍍金帶一條細衣著一百匹金花銀器二百兩衣著一百匹其進奉人薩達麻依國朝會要大中祥符元年本國遣陁傍亞聲來貢會于泰山候禮成授其使奉華郎將熙寧元年遣蒲麻等等貢方物特授麻勿歸德郎將上曰可並依此例前日有司失于檢舉昨問客省亦不知此例便可行遣恐失遠人歸附之意其合賜禮物令有司限三日排辦一切足備薩達麻與補歸德郎將　九日制曰推恩以保四海式昭博愛之仁建國而親諸侯厥有疏封之典肆誕敷于命綍用敷告于廷紳占城蕃首鄒時芭蘭節槩沉雄

器懷明果春言懿德守信順而不渝奠爾海邦由忠勤以自厲克輯寧于南服尤嚮慕于中朝茲修實贄之儀遣屆陽郊之祀有嘉誠款爰煥寵章錫以山川畫付土疆之舊授之旄節聿臨將閫之嚴視爵秩于憲臺衍圭腴于井賦以定甸畿之列以隆千里之瞻於戲率由典常既恪修于臣職永為藩輔尚永衛于王家往迪令猷益綏純嘏可特授紫金光祿大夫檢校司空使持節琳州諸軍事琳州刺史充懷遠軍節度觀察留後兼御史大夫上柱國占城國王食邑一千戶食實五五百戶

紹興三十二年十月二十六日（壽皇聖帝即位未改元） 制鄒時芭蘭加食邑五百戶食實封二百戶　壽皇聖帝乾道元

年六月八日制鄒時芭蘭加食邑五百戶食實封二百戶（中興禮書乾道三年十一月二十八日提舉福建路市舶司程祐之言本司元勸發占城蕃與眾綱首陳應等船已回船分載正副使楊卜薩達麻等并隨行人計一十二名已照應入貢體例差官引伴于來遠驛安泊其附到進貢乳香象牙沉箋香等數目合與紹興二十五年指揮許令將所貢物貨計綱隨逐進奉人使赴闕及據使副薩達麻等齎到本蕃首鄒亞娜表章蕃字一本唐字一本及唐字物貨數一本又據大食國烏師點等狀本國得財主佛記霞囉池各備寶貝乳香象牙等赴大宋進奉到占城國外洋暫駐有占城蕃首差土生唐人及蕃人打駕小船拖引佛記霞囉池等入占城國拘管將進奉寶貨盡數般上只擬得乳香象牙與烏師點等卻差他國蕃人作己物前來進奉又將人命殺害委實痛傷欲乞備申朝廷施行候指揮勘已降指揮據所貢物以十分為率許進奉一分餘數依條例抽買奉聖旨進奉一物色既有爭訟難以收受可給還令程祐之說諭以理遣回所有其餘物貨令市舶司斟量依條抽買）

乾道四年正月七日制鄒時芭蘭加食邑五百戶食實封二百戶　三月四

日詔禮部開具紹興三十五年答占城詔書制度送尚書省先是占城蕃首鄒亞娜遣使楊卜薩達麻等貢方物詔受其獻十分之一使人免到闕既而福建市船司言大食國人烏師點等訴占城所貢即所奪本國上以爭訟卻之至是宰執進呈答占城國詔書直學士院答敕洪邁奏宜用崇寧故事白背金花綾紙匣襆而李燾引紹興二十五年嘗受其貢答詔只用麻紙況今進貢非誠卻而不受豈宜更優其禮上曰李燾之論有理可檢二十五年案呇如有可據即用近例　九日中書門下省言勘會提舉市舶程祐之乞降詔旨開諭占城備悉入貢向化之意所進物貨以大食有詞不欲收受已

盡收買儳支價錢見拘大食人宜盡放還本國令學士
院降詔既而臣寮言占城故王既死鄒亞娜承襲若以
禮入貢則當議封爵既大食爭訟難即降詔乞令程祐
之以大食爭訟從市舶司牒報其因俟再貢如禮然後
賜敕書降告命從之　乾道七年閩人有泛海官吉陽
軍者飄至占城見其國與真臘乘象以戰無大勝負乃
說王以騎戰教之弓弩騎射其大王悅具舟送之吉陽
厚賫隨以買馬得數十疋以戰則克　淳熙元年七月
三日詔占城國使人免到闕令泉州如法管待表章令
先次入遞前來俟到令學士院降敕書回答福建路市
舶張堅言占城國奉使楊卜薩達麻翁畢頓付使教領

離力星翁令判官霞羅日加益王遲惻到本司齎出蕃
首鄒亞娜表章一通并進奉物數一本共一銀筒稱碩
赴朝見故有是詔既而十二月二十三日學士院言乾
道三年占城鄒亞娜進奉稱為占城嗣王令鄒亞娜既
未曾正授朝廷封冊難以便稱國王有旨令學士院以
占城嗣國王稱呼回答　二年九月十日詔占城國蠻
王輒通書瓊管遣人船過海南買馬官司禁約怒回輒
劫略人物令帥臣張栻草書付瓊管司回答諭以中國
馬自來不許出外界令還所掠人口等自今不得生事
仍令張栻以書藁繳申朝廷知吉陽軍林寶慈令王三
傻指引占城國人公然買馬規圖厚利令本司疾速取

勘具案聞奏　三年三月五日福建路提舉市舶司奏
占城蕃主事官館寧齎到蕃首鄒亞娜表章一牙匣詔
學士院降敕書回答　七月十三日廣西總路安撫司
言瓊管司申準差齎書前占城取回被虜人口除病死
外見存八十三人録白到占城申牒內乞三司數奏行
下特與本蕃通商本司檢坐見行條法牒瓊管司移文
占城稱朝廷加惠外國各已有市舶司管主交易海南
四郡即無通商條令仰遵守敕條約束張栻行下瓊管
司遵依自來條法體例施行　淳熙四年五月以舟師
襲真臘請和不許殺之遂為大讎　慶元己未真臘大
舉入占城初嘗奉表來降至元殺戮無噍類更立真臘
人為主

天竺後漢通焉即漢時身毒國鄯辰曰毒國篤麥奇曰一名天篤初張騫
使大夏見邛竹杖蜀布問曰安得此大夏人曰吾賈人往身毒國市之即
天竺也或云摩伽陀或云婆羅門在葱嶺之南去月氏東南數千里地方
三萬餘里其中分為五天竺一曰中天竺二曰東天竺三曰南天竺四曰
西天竺五曰北天竺地各數千里城邑數百南天竺際大海北天竺距雪
山四周有山為壁南面一谷通為國門東天竺東際大海與扶南林邑鄰
接但隔小海而已西天竺與罽賓波斯相接中天竺據四天竺之間其都
城周迴七千餘里北臨禪連河云昔有婆羅門領徒千人肄業於樹下樹
神降之遂為夫婦宮室自然而立童僕甚盛於是使役百神築城以統之
經日而就此後有阿育王復役使鬼神累石為宮闕皆雕文刻鏤非人力
所及阿育王頗行苛政置炮烙之刑謂之地獄今城中見有其迹焉國並
有王漢時又有捐毒國去長安九千八百里去都護治所二千八百里南
與葱嶺相連北與烏孫接衣服類烏孫隨水草故塞種也顏師古曰捐毒
即身毒身毒則天竺塞種即釋種也蓋語音有輕重也島夷志畧云居大
食之東隸秦國之主去海亡百餘里地平田沃氣候不齊俗尚古風男女
身長七尺目小項長手帕擊額編髮垂耳穿百縫衣民以藤皮織鞋以綿
紗結襪仍時穿之示其執禮也不善煮海食仰他國民間以金錢流通使
用有菌長地產沙金駿馬貿易之貨用銀青白花器斗錫酒色印布之屬
路史發揮佛之俗篇云昔老子西游出關過於天竺教胡人為浮屠厥後
其徒更相推衍流傳而失實爾從月氏高附國以西南至西海東至盤起
皆身毒之地有別城數百城置長有列國數十國置王雖各小異而俱名
身毒扶南傳云舍衛國隸屬天竺伽尸國一名波羅奈國一名皮波羅奈
斯國竺法維佛國記云波羅奈國在伽維羅越國南千四百八十里釋法
盛歷國傳云其國有稍割牛其牛黑色角細長可四尺餘十日一割否則
病或致死人服牛血皆老壽國人皆壽五百歲牛壽亦等於人亦天竺屬
國都臨恒河一名伽毗黎河靈鷲山胡語曰耆闍崛山山是青石頭似鷲
鳥竺法維佛國記云在摩竭提南亦天竺屬國也其時皆屬月氏月氏殺
其王而置將命統其人俗修浮圖道不殺生飲酒遂以成俗地卑濕暑熱
其國臨大水乘象而戰其人弱於月氏漢武帝遣使十餘輩出西南指求
身毒為昆明所閉莫能通和帝時數遣使貢獻後西域反畔乃絕桓帝延
熹二年四年頻從日南徼外來獻世傳明帝夢見金人長大項有光明以

問羣臣或曰西方有神名曰佛其形長丈六尺而黃金色帝於是遣使天
竺問佛道法遂於中國圖畫形象焉楚王英始信其術中國因此頗有奉
其道者後桓帝好神數祀浮圖老子百姓稍有奉者後遂轉盛至魏時中
國人始祝髮為僧吳時扶南王范旃遣親人蘇勿使其國從扶南發投拘
利口循海大灣中正西北入歷灣邊數國可一年餘到天竺江口逆水行
七千里乃至焉天竺王驚曰海濱極遠猶有此人乎即令觀視國內仍差
陳宋等二人以月氏馬四匹報旃勿積四年方至其時吳遣中郎康泰使
扶南及見陳宋等具問天竺土俗云佛道所興國也人敦龐土饒沃其王
號茂論所都城郭水泉分流繞於渠塹下注大江其宮殿皆雕文鏤刻街
曲市里屋舍樓觀鐘鼓音樂服飾香華水陸通流百賈交會奇玩珍瑋恣
心所欲左右嘉維舍衛葉波等十六大國去天竺或二三千里共尊奉之
以為在天地之中晉鳩摩羅什譯出衆經沙門慧叡才識高明常隨羅什
傳寫羅什每為慧叡論西方辭體商略同異云天竺國俗甚重文制其宮
商體韻以入管絃為善至是不復通焉唯宋文帝元嘉五年天竺伽毗黎
國王月愛又遣使奉表獻金剛指環摩勒金環寶物赤白鸚鵡各一明帝
泰始二年又遣使貢獻以其使主竺扶大竺阿珍並為建威將軍元嘉十
八年蘇摩黎國王那羅跋摩遣使獻方物孝武孝建二年斤陁利國王
釋婆羅那鄰陁遣長史獻金銀寶器後廢帝元徽元年婆黎國遣使貢獻
此數國皆事佛道凡此諸國皆天竺之屬也梁武帝天監初天竺王屈多
遣長史竺羅達奉表獻瑠璃唾壺雜香吉貝等物國臨大江新陶源出崑
崙分為五江總名恒水其水甘美下有真鹽色正白如水精後魏宣武帝
時南天竺遣使來獻駿馬云其國出獅子貂豹揮两昆反橐駝犀象有火
齊如雲母而紫色列之則薄如蟬翼積之則如紗縠之重沓有金剛似紫
石英百練不銷可以切玉瑇瑁金銅鐵鉛錫金縷織成金罽白疊㲮㲪能
音塔㲪音登又有旃檀鬱金蘇合甘蔗諸果石蜜胡椒薑黑鹽西與大秦
安息交市海中或至扶南交趾貿易多珊瑚珠璣琅玕俗無簿籍以齒貝
為貨尤工幻化丈夫致敬極者舐足摩踵而致其詞家有奇樂倡伎其王
與大臣多服錦罽王為螺髻於頂餘髮翦之使短丈夫翦髮穿耳垂璫俗
皆徒跣衣重白色怯於鬭戰有弓箭甲矟亦有飛梯地道木牛流馬之法
有文字善天文算歷之術其人皆學悉曇章書云是梵天法書於貝多樹
葉以記事隋煬帝志通西域遣裴矩應接西蕃諸國多有至者唯天竺不
通帝以為恨唐武德中其國大亂中天竺王尸羅逸多練兵聚衆所向無

畝象不解鞍人不釋甲居六歲而東西南北四天竺國之君皆北面臣之天竺王姓乞利咥氏亦曰刹利世有其國不篡殺稻歲四熟禾之長者沒橐駝婦人項飾金銀珠瓔珞死者燔骸取灰建窣堵或委野中及河餌鳥獸魚鼈無喪紀謀反者幽殺之小罪贖錢不孝者斷手足劓耳徙邊有文字善步歷學為梵天書貝多葉以記事國中處處指曰佛故跡也信盟誓傳禁呪能致龍起雨會唐浮屠玄奘至其國尸羅逸多召見曰而國有聖人作秦王破陣樂試為我言其為人玄奘粗言太宗神武平禍亂四夷賓服狀王喜曰我當東面朝之貞觀十五年自稱摩伽陀王遣使者上書帝命雲騎尉梁懷璥持節慰撫尸羅逸多驚問國人自古亦有摩訶震旦使者至吾國乎皆曰無有戎言中國為摩訶震旦乃出迎膜拜受詔書戴之頂復遣使者隨入朝詔衛尉丞李義表報之大臣郊迎傾都邑縱觀道上焚香尸羅逸多率羣臣東面受詔書復獻火珠鬱金菩提樹二十二年遣右衛率府長史王玄策使其國以蔣師仁為副未至尸羅逸多死國人亂其臣那伏帝阿羅那順自立發兵拒玄策時從騎纔數十戰不勝皆沒遂剽諸國貢物玄策挺身奔吐蕃西鄙檄召隣國兵吐蕃以兵千人來泥婆羅以七十騎來玄策部分進戰茶鎛和羅城三日破之斬首三千級溺水

死萬人阿羅那順委國走合散兵復陣師仁禽之俘斬千計餘衆奉王妻息阻乾陀衛江師仁擊之大潰獲其王妃王子虜男女萬二千人雜畜二萬降城邑五百八十所東天竺國王尸鳩摩送牛馬三萬饋軍及弓刀寶纓絡於是天竺響震城邑聚落降者五百八十餘所遂俘阿羅那順以還太宗大悦因謂羣臣曰夫人耳目玩於聲色口鼻耽於臭味此乃敗德之源若婆羅門不劫掠我使人豈為俘虜耶昔中山以貪寶取斃蜀侯以金牛致滅莫不由之拜玄策朝散大夫是時就其國得方士那羅邇娑婆寐自言壽二百歲云有長生之術太宗深加禮敬館之於金飈門內造延年之藥令兵部尚書崔敦禮監主之發使天下採諸奇藥異石不可稱數延歷歲月藥成服竟不効後放還本國又使者走婆羅門諸國所謂畔茶法水者出石臼中有石象人守之水有七種色或熱或冷能銷金鐵人手入輒爛以橐駝髑髏轉注瓠中有樹名咀賴羅葉如黎生窮山崖腹前有巨虺守穴不可到欲取葉者以方鏃矢射枝則落為羣鳥啣去則又射乃得之其詭譎類如此後術不驗聽還不能去死長安太宗之葬昭陵也刻石像阿羅那順之形列於玄闕之下五天竺所屬之國數十風俗物產畧同有迦沒路國其俗門東門以向日王玄策至其王發使貢以奇珍異物及

地圖因請老子像及道德經那揭陀國有醯羅城中有重閣藏佛頂骨及錫杖貞觀二十年遣使貢方物高宗時盧伽逸多者東天竺烏茶人亦以術進拜懷化大將軍乾封三年五天竺皆來朝天授三年東天竺王摩羅枝摩西天竺王尸羅逸多南天竺王遮婁其拔羅婆北天竺王婁其那那中天竺王地婆西那並來朝獻景龍四年南天竺國復遣使來朝景雲元年復遣使貢方物開元三年西天竺遣使瞿曇悉誠來朝貢八年南天竺國遣使獻五色能言鸚鵡其年南天竺國王尸利那羅僧伽請以戰象及兵馬討大食及吐蕃等仍求有以名其軍玄宗甚嘉之名軍為懷德軍使者曰蕃夷惟以袍帶為寵帝以錦袍金革帶魚袋并七字賜之九月南天竺王尸利那羅僧伽寶多枝摩為國造寺上表乞寺額勅以歸化為名賜之十一月遣使冊利那羅伽寶多為南天竺國王遣使來朝十七年六月北天竺國三藏沙門僧密多獻質汗等藥十九年十月中天竺國王伊沙伏摩遣其大德僧勃來朝貢獻方物二十九年三月中天竺國王子李承恩來朝授游擊將軍放還天寶中累遣使朝獻乾元末河隴陷沒遂不復至

晉家浮圖經云臨倪國其王生浮圖浮圖太子也父曰屑頭耶母曰莫耶浮圖身服色黃髮青如青絲始莫耶夢白象而孕及生從母左脇出生

而有髻墮地能行十步此國在天竺城中天竺又有神人名沙律昔漢哀帝元壽元年博士弟子景盧受大月氏王使伊存口授浮圖經曰復立者其人也臨蒲塞桑門伯聞疏問白聞比丘晨門皆弟子號也浮圖所載與中國老子經相出入蓋以為老子西出關過西域之天竺教胡為浮圖紱屬弟子別號合有二十九不能詳載故畧之諸家記天竺事多錄諸僧去明道要之流傳記謎皆依據不經不復悉纂也已具序畧注中至周廣順三年西天竺僧薩瓓多等十六族來貢名馬宋乾德三年滄州僧道圓自西域還得佛舍利一水晶器具葉梵經四十夾來獻道圓天福中詣西域在塗十二年住五印度凡六年五印度即天竺也還經於闐與其使偕至太祖召問所歷風俗山川道里一一能記四年僧行勤等一百五十七人詣闕上言願至西域求佛書許之以其所歷甘沙伊肅等州焉耆龜茲於闐割祿等國又歷布路沙加濕彌羅等國並詔諭令人引導之開寶後天竺僧持梵夾來獻者不絕五年四月西天僧蘇葛陀以舍利一水晶器及文殊花來獻六年賜西天僧彌羅等四人紫衣八年冬東印度王子穰結說囉來朝貢天竺之法國王死太子襲位餘子皆出家為僧不復居本國有曼殊室利者乃其王子也時中國僧至其國因隨而至焉太祖令館

於相國寺善持律爲鄰人之所傾鬱財施盈溢衆頗嫉之以其不解唐言即僞爲奏求還本國許之詔既下曼殊室利始大驚恨衆僧諭以詔旨不得已遲留數月而後去自言詣南海附賈人船而歸終不知所適至二十九日西域中印土僧鉢納摩利來朝以佛舍利塔一脖禘一爲獻太平興國五年五月中天竺國僧囉護囉來獻香藥萬七千斤貝多葉梵經一軸七年益州僧光遠至天竺以其王沒徙曩表來上并獻佛頂印大小六菩提貝多葉各七上令天竺僧施護譯云近聞支那國內有大明王至聖至明威力自在每慙薄幸朝謁無由遙望支那起居聖躬萬福光遠來蒙賜金剛吉祥無畏坐釋迦聖像袈裟一事已披掛供養伏願支那皇帝福慧圓滿壽命延長常爲引道一切有情生死海中渡諸沉溺今以釋迦舍利附光遠上進又譯其國僧統表詞意亦與沒徙曩同施護者烏塡曩國人北印度西行十二日至乾陁羅國又西行二十日至曩誐羅賀羅國又西行十日至嵐婆國又西行十二日至誐惹曩國又西行至波斯國得西海自北印度行百二十日至中印度中印度西行三程至呵囉尾國又西行十二日至迦囉挐俱惹國又西行十二日至摩羅尾國又西行二十日至烏然泥國又西行二十五日至羅囉國又西行四十日至蘇囉荼國又西

卷二萬九千八百七十八

行十一日至西海凡中印度行六月程至南印度又西行九十日至供迦挐國又西行一日至海自南印度南行六月程得南海皆施護之所述云八年僧法遇自天竺取經回至三佛齊遇天竺僧彌摩羅失黎語不多令附表願至中國譯經上優詔召之法遇復募緣製龍寶蓋袈裟將復往天竺表乞給所經番國敕書遂賜三佛齊國王遐至葛古羅國主司馬佶芒柯蘭國主讚怛羅西天王子謨馱仙書以遣之雍熙中衛州僧辭澣自西域還與胡僧密恒羅奉北印度王及金剛坐王那爛陀書來又有婆羅門僧永世與波斯外道阿里煙同至京師永世自言本國名利得國王姓牙羅五得名阿喏你嚩衣黃衣戴金冠以七寶爲飾出乘象或肩輿以音樂螺鈸前道多游佛寺博施貧乏其妃曰摩訶你衣紬縷金紅衣歲一出多所振施人有冤抑候王及妃出游即迎隨申訴署國相四人庶務並委裁製五穀六畜果實與中國無異市易用銅錢有文漫圓徑如中國之制但實其中心不穿貫耳其國東行經六月至大食國又二月至西州又二月至夏州阿里煙自云本國王號黑衣姓張名哩里沒用錦綵爲衣每遊獵三二日一還國署大臣九人治國事男子以白疊布爲衣婦人豪富者著大食國錦綺貧下止服氎布種陸田而無稻糯土宜絲蠶羊馬果實無錢

貨以雜物貿易永世阿里煙太平興國九年與西州回鶻同來淳化二年五月南天竺那蘭陁寺僧補陁羅吃多以釋迦佛舍利來獻賜紫方袍館於太平興國寺至道元年天竺僧迦羅挐扇以佛頂骨來獻詔賜紫衣館於太平興國寺二年八月有天竺僧隨舶至海岸持帝鍾鈴杵銅鈴各一佛像一軀具葉梵書一夾與之語不能曉大中祥符三年九月中天竺僧覺稱法戒來獻金剛座菩提葉梵夾舍利覺稱又作讚聖德頌以獻詔傳法院譯其文賜紫方袍加以束帛天聖三年九月西印度僧愛賢智信護等來獻梵書經各賜紫方袍束帛五年二月僧法吉祥等五人以梵書來獻賜紫方袍景祐三年正月僧善稱等九人貢梵經佛骨及銅牙菩薩像賜以束帛熙寧五年三月本征進天竺僧二人詔令押赴傳法院明年四月二十三日詔以使臣引伴往五臺山從其請也仍給遞馬驛

卷二萬九千八百七十八

宋會要 大食

真宗咸平元年八月詔曰欶大食國王先差三麻傑託
舶主陁離於廣州買鍾除納外少錢千三百餘貫事卿
撫馭一方恭勤萬里汎海常修於職貢傾心遠慕於聲
明所市洪鍾雖虧估價以卿素推忠懇宜示優恩特免
追收用隆春注所欠鍾錢已降敕命蠲放故茲示諭二
年閏三月遣蒲押提黎來貢象牙四株揀香二百斤十
年秉白沙糖葡萄各一琉璃瓶薔薇水四十瓶賀皇帝
登位六月遣其判官文茂來貢三年三月遣使穆吉鼻
朝貢其還也詔賜其舶主陁婆離銀二千七百兩交倚

卷二萬五百二十二

水灌器金鍍銀鞍勒馬六年六月其王阿彌遣使婆羅
欽三摩泥等來貢方物是歲承天節其使與蒲端三佛
齊使皆在館詔賜襲衣仍預大宴祥符九年十一月大
食蕃客截沙蒲黎以金錢銀錢各千文來貢且求朝拜
天顏詔入內侍省引對崇政殿優給其直遣之天禧元
年六月詔大食國蕃客麻思利等回示物色免緣路商
稅之半三年五月遣使蒲麻勿陁婆離副使蒲加心等
來貢仁宗天聖元年十一月入內內侍省副都知周文
質言沙州大食國遣使進奉至闕緣大食國北來皆汎泒
海由廣州入朝今取沙州入京經歷夏州境內方至渭
州伏慮自今大食止於此路出入望申舊制不得於西

蕃出入從之乾興初趙德明請道其國國中不許至是
恐為西人鈔略故令從海路至京師至和二年十月首
領蒲沙乙貢方物嘉祐元年四月首領蒲沙乙入貢方
物五年正月首領蒲沙乙貢方物援沙乙武寧司階其
男霞佛乞以銀合上乾和節香詔許之還其銀合 以上
國朝會要 神宗熙寧三年十二月二十四日遣使來貢
賜器服飲食有差五年六月二十一日詔大食勿巡國
進奉使辛押陁羅辭歸蕃特賜白馬一疋鞍轡一副所
乞統察蕃長司公事令廣州相度其進助修廣州城錢
銀不許六年十月五日大食陁婆離慈進奉都蕃首保
順郎將蒲陁婆離慈表男麻勿將貢物乞賜將軍之名

卷二萬五百二十二

仍請以麻勿自代詔蒲麻勿與郎將餘不行十二月十
六日大食俞盧和地國遣蒲囉詵來貢乳香等詔香依
廣州價回賜錢二千九百貫別賜銀二千兩元豐四年
六月二十三日廣南東路經畧司言大食層檀國保順
郎將層伽尼請備禮物諸闕謝恩上批多給舟令赴闕
七年四月二日大食貢方物哲宗元祐三年十一月大
遣人入貢四年四月九日詔大食麻囉抜國貢使加立
特授保順郎將十一月二十五日進貢方物徽宗政和
六年二月二十二日詔今後蕃夷入貢並選差承務郎
以上清彊官押伴依程行無故不得過一日因而乞取
置買以自盗論抑勒阻節入貢人者徒二年仍令所在

州單覺察先是大食國進奉差廣州司户曹事蔡蒙休押伴在路住滯靈買人使香藥不還價錢有旨蒙休先次勒侍令提刑司置司推勘具案聞奏故有是詔六月二十七日遣使入貢以上續國朝會要光堯皇帝建炎三年三月七日宰臣進呈張浚奏大食國遣使進奉珠玉寶貝等物已至熙州上宣諭曰大觀宣和間茶馬之政廢川茶不以博馬惟市珠玉故馬政廢缺武備不修致胡虜亂華危弱之甚今若復捐數十萬緡貿易無用珠玉曷若惜財以養戰士宜以禮賜賄而謝遣之乃詔張浚並不得受量度支賜以答遠人之意紹興元年十一月二十六日提舉廣南路市舶張書言上言大食遣

卷二萬五百三十二

蒲亞里進貢大象牙二百九株大犀三十五株見收管廣州市舶庫象牙各係五十七斤以上依例每斤估錢二貫六伯文約用本錢五萬餘貫數目稍多難以變轉乞起發一半將一半就便搭息出賣給還詔揀選大象牙一百株犀二十五株起發赴行在准備解笏造帶宣賜臣寮使用餘從之四年七月六日廣南東路提刑司言大食國進奉使人蒲亞里將進貢回賜到錢置大銀六百錠及金銀器物疋帛被賊數十人持刃上船殺死蕃牧四人損傷亞里盡數刼奪金銀等前去已帖廣州火急捕捉外乞施行詔當職巡尉先次特降一官開具職位姓名申樞密院其盜賊令安撫提刑司督責捕盜

蕃夷四之九三

官限一月須管收獲如限滿不獲仰逐司具名聞奏重行黜責六年八月二十三日提舉福建路市舶司上言大食蕃國蒲囉辛造船一隻般載乳香投泉州市舶計抽解價錢三十萬貫委是勤勞理當優異詔蒲囉辛特補承信郎仍賜公服履笏仍開諭以朝廷存恤遠人優異推賞之意候回本國令說諭蕃商廣行般販乳香前來如數目增多依此推恩餘人除犒設外更與支給銀綵以上中興會要壽皇聖帝乾道四年大食進貢方物初大食遣烏師點等齎寶貝象牙乳香等入貢舟至占城為賊所奪訴於福建路市舶上令以理遣回

卷二萬五百三十二

蕃夷四之九四

宋會要

蒲端

蒲端在海上，與占城相接，未嘗與中國通。真宗咸平六年九月，其王其陵遣使李𢓜罕、副使加彌難來貢方物及紅鸚鵡。景德元年正月，詔上元節夜中使命押伴蒲端使觀燈宴飲，仍賜緡錢。五月，遣使李𢓜罕等來貢方物。九月，有司言：「蒲端使多市漢物金銀歸國，亦有旗幟之類。遠人不知條禁，望令開封府戒諭市人，無得私製。」從之。四年六月，王其陵遣使已絮漢等貢玳瑁、龍腦、帶枝丁香、丁香母及方物，賜冠帶、衣服、器幣、緡錢有差。八月，蒲端國使已絮漢上言：「伏見詔賜占城使鞍轡馬、二大神旗、二望，如恩例沾賚。」有司言：「蒲端在占城之下，若例賜之，恐無旌別，望改賜雜綵小旗五。」從之。大中祥符四年二月，國主悉離琶大遐至又遣使李于窔以金板鐫表，奉丁香、白龍腦、玳瑁、紅鸚鵡來貢。時祀汾陰后土，命其使至行在。又獻崑崙奴一，帝憫其異俗離去鄉土，命還之。時又有三麻蘭國主娶蘭遣使貢瓶香、象牙、千年棗、偏桃、五味子、薔薇水、白沙糖、瑠璃瓶、馱子，勿巡國主烏惶，蒲婆羅國主麻勿和勒並遣使貢瓶香、象牙，皆海上小國也。六月，詔以李于窔爲懷化將軍，又以三麻蘭國使亞里白地爲柔遠將軍，蒲端羅國使亞蒲羅爲奉化郎將，皆以從祀推恩也。七月，李于窔等奏大國

卷三千九百九十七

之奏乞賜旗幟鎧甲以耀遠方，從之。

卷三千九百九十七

全唐文

宋會要 闍婆國

太宗淳化三年八月明州言闍婆國遣使乘大船求貢方物其使自言中國真主聲教所被本國航海脩貢十二月其使陁湛副使蒲亷里判官李陀邢假澄等至闕下其貢物象牙十株真珠二斤半雜色絲絞三十六段吉貝織雜色絞布五十六段檀香四千四百二十三斤玳瑁檳榔盤二面犀牙金銀装覇劍十二口藤織花簟席四十領白鸚鵡一雜色綉花銷金絲絞八段七寶檀香亭子一陁湛又進大玳瑁六十七斤藤織花簟席二十領丁香十斤白龍腦五斤先是朝貢使汎海船六十日至明州定海縣掌市舶張肅先驛奏其使服飾之狀與嘗來入貢波斯相類 光堯皇帝建炎三年正月十日制懷遠軍節度琳州管内觀察處置等使金紫光禄大夫檢校司空使持節琳州諸軍事琳州刺史兼御史大夫上柱國闍婆國王食邑二千四百户實封一千户悉里地茶蘭固野可特授檢校司徒加食邑一千户食實四百户（以南郊禮成加恩也） 紹興元年七月二十日提舉廣南市舶張書言上言闍婆蕃首勤堅附到蕃信與廣州知州并提舉市舶官未敢收受詔不許如願中賣即依數支還價錢不得兩有虧損二年三月八日制如悉里地茶蘭固野食邑五百户食封二百户（以南郊禮成加恩自後大禮加食邑

實封恩數並同此） 十七年十一月二十八日宰執進呈真臘闍婆國王降制加恩上曰日後郊祀外國加恩可令先次檢舉庶知朝廷不忘懷遠之意是日制加悉里地茶蘭固野食邑實封如前 紹興三十二年十月二十六日（壽皇聖帝即位未改元） 制悉里地茶蘭固野加食邑五百户實封二百户壽皇聖帝乾道元年六月八日制悉里地茶蘭固野加食邑五百户食實封二百户四年正月七日制悉里地茶蘭固野加食邑五百户實封二百户六年十二月十八日制悉里地茶蘭固野加食邑五百户實封二百户

宋會要 真里富國

嘉定九年七月二十日真里富國不知立國始於何年
其國在西南隅東南接波斯蘭西南與登流眉爲隣所
管聚落六十餘處土産象牙犀角土蠟降真番油麤香
荳蔻烏紋木等其主所居倣佛殿皆用金器唐朝紅綿
爲幕國主所服以白爲尊帳用白羅銷金官僚朝見俛
首合掌以爲至禮帳蓋用乾紅爲之其次用茜紅又其
次用紅斑其下用青凡有移文黑皮爲冊白粉成書其
聚落處各有主管官僚所用惟銀器并以花絹爲幕俗
好佛法凡有不平之訟則往靈驗寺對飲佛水平安者
爲實疾病者爲虚民所樂者緋紅羅絹瓦器而已博易
衣食皆用碎鉛其所用緋紅羅絹瓦器之類皆本朝商
舶齎到彼博易欲至中國者自其國放洋五日抵波斯
蘭次昆崙洋經真臘國數日至賓達椰國數日至占城
界十日過洋傍東南有石塘名曰萬里其洋或深或淺
水急礁多舟覆溺者十七八絕無山岸方抵交趾界五
日至欽廉州皆計順風爲則謂順風者全在夏汛一季
南風可到若回國須俟冬季北風捨是則莫能致也慶
元六年八月十四日慶元府言真里富國主摩羅巴甘
勿丁恩斯里房麾蟄立二十年遣其使上殿官時羅跛
智毛檐勿盧等齎表其表係金打卷子國主親書黑字
貢瑞象二及方物象牙二十株犀角五十株土布四十

條詔本府以禮館待方物令人管押前來其象留於穩
便處飼養別聽指揮綱首蒲德脩言自今年三月離岸
五月二十二日從本國海口放洋幸遇南風晝夜行舟
六十日到定海縣十月一日宰執進呈次上曰真里富
國金表已見之甚可笑止是金打小卷子又於木皮上
別寫一卷其狀屈曲皆不可曉盛書螺鈿匣子又折一
足弊陋之甚内有數斤纈絺此必海上一小國如一小州
之類謝深甫等奏番字一體絕類琴譜竟不知所言何
事方欲下慶元府令譯而來上曰可令譯來既而本府
言蒲德脩等并譯語人吳文蔚將金表章辯譯表文所
有木皮番字一軸據蒲德脩等譯語即係金表章副本
意一同恐大朝難辨識金表字文本國又令南畢國人
書寫番字參合辯照至是奏上焉十五日詔令學士院
回答勑書并支給紅緋羅絹一千匹緋纈絹二百匹等
第回賜本國進奉人發遣回國其瓦器令慶元府收買
給賜同日詔沿海制置司津發真里富國瑞象二赴行
在嘉泰二年九月十二日真里富國進瑞象二隻及兜
羅綿一十段象衣大布二條詔令沿海制置司津發赴
行在仍令駝坊差軍兵二人前去同行管押開禧元年
八月二十三日真里富國進獻瑞象一隻象牙二枝犀
角十株詔令慶元府以禮館待本國所遣官取所進表
并象牙犀角差人管押前來仍詢問表文如係番書就

行仔細辯譯及約計所進物價申尚書省以憑支降回賜所進象令沿海制置司計置津發赴行在譯表文云悉哩摩稀陀囉跋囉吽小心消息心下意重知有大朝日日瞻望新州近大朝新欽差一將安竺南孛囉差出來同大朝綱首拜問消息回文轉新州已知大朝來去今差一將出來不敢空手有雄象一頭象牙一對共重九十二斤犀角一十隻共重一十一斤盡進奉大朝望乞回消息意要欲知大朝年年進奉不絕十月間可發回文差到人四月初九日出港分付去行在進奏院相公悉哩摩稀陀囉跋囉吽送納既而本府言已照慶元六年例支給米麵酒館待番官外所進象在海遭風大浪擺損四脚兼伏熱不食水草身死所是象牙并表文黃封印記差人管押投進詔令學士院回答勅書賜紅綿纈羅一百匹紅綿纈絹一百匹仍更給降緋纈絹五十匹賜所遣來人令本府等第支散以禮館待發遣回歸仍責委綱首說諭本國所遣官海道遠涉今後免行入貢

宋會要

佛泥國

蕃夷傳佛泥國神宗元豐四年八月二十八日佛泥國遣使來朝佛泥不與中國通者九百餘年至是方入貢以上續國朝會要國朝中興乾道會要無此門

渤海國

渤海高麗之別種後唐天武初為契丹阿保機攻扶餘
機下之改扶餘為東丹府命其子突欲留兵鎮之保機
死渤海王復攻扶餘不能克周顯德中其首崔烏斯等
三十人歸化自後不通中國太宗太平興國四年太宗
征幽州渤海酋帥大鸞河率小校李勳等十六人部族
三百騎來降詔以鸞河為渤海都指揮使六年七月賜
烏舍城浮渝府渤海琰府王詔曰朕奄有萬邦光被四
表無遠弗屆無思不服惟契丹小醜介於北荒糺合姦
兇侵撓邊鄙朕昨提銳旅往征幷明而契丹舉國興師
犯闕為寇邊吏來告我伐用張尋於涿鹿之墟破其十
萬餘衆斬首數萬級奪車帳萬餘乘全國將帥卷乘勝
長驅深入收碣石之舊壤焚龍庭之故墟攘除腥膻廓
清氛祲聞爾渤海國爰從前代本是大蕃近年以來頗
為契丹所制侵漁爾封略塗炭爾人民無協比之恩有
并吞之志朕聞汝迫於兇醜屈膝事之讒慝滋多誅求
無藝雖欲報怨力且不能今靈旗破虜之秋是汝國復
讎之日所宜盡率部族來應王師俟逆黨翦平當大行
封賞幽薊之地入於朝廷朔漠之外悉以相與汝能効
順朕不食言今遣使諭意渤海大國近年役服於契丹
至是帝將發師大舉故先令告諭俾之發兵為應也淳
化二年以渤海國不通朝貢詔女真發兵攻之凡斬一

級賜絹五匹為賞徽宗政和八年五月二日臣僚言登
州與渤海相望熙寧中巡檢每季下北海駝基島駐劄
以駝駝名為界自北朝通好不曾根理深慮渤海相近
一作過則駝基寨孤立乞以來（未）島嗚呼島為界并欽島添
置卓望兵令戍官往來巡邏詔令指畫聞奏不得希功
生事　政和八年五月十五日知明州樓异言依詔措
置打造高麗坐船一百隻今已畢功契勘高麗綱梢工
每月支粮一石二斗別無營運欲乞於舊請外添米一
石梢手添米六斗從之十月三日高麗國進奉使正奉
大夫禮部尚書鄭克永副使中奉大夫試尚書刑部侍
郎李之美進奉都鈐轄兼押物中亮郎金英美見於紫
宸殿十七日知明州樓异言檢准高麗入貢救請應用
什物之類輒充他用者以違制論因而損壞論如棄毀
官物法所有盜賣典借及知情典借賃之人若依賞盜
法則比之他用條為輕欲乞於高麗入貢敕文添修盜
賣典借及有字號知情典賣借賃之者嚴立罪賞專條
詔依三日立法大抵憲象中國之度服章亦有紫緋淺
緋綠及牙笏金銀魚之制餘俗與高麗契丹畧等幽州
節度府與相聘問自營平距京師蓋八千里而遠梁開
平元年王大諲譔遣王子來貢方物二年三年及乾化
二年俱遣使來貢後唐同光二年遣王子來朝又遣姪學
堂親衛大元謙試國子監丞三年及天成元年俱遣使

入貢進兕口女口先是契丹大首領耶律阿保機兵力雄盛東北諸蕃多臣屬之以渤海土地相接常有吞併之志是歲率諸蕃部攻渤海國扶餘城下之改扶餘城爲東丹府命其子突欲留兵鎮之

[illegible]來萬十千季王

三[illegible]

蕃夷四之一〇五

宋會要 蕃夷志

瓜沙二州

瓜沙二州本漢敦煌故地自唐天寳末陷於西戎大中
言刺史張義 以州歸順詔建沙州為歸義軍以義軍
以義潮為節度使州人曹義金為長史義潮卒義金遂
領州務後唐同光中又來修貢即授歸義軍節度義金
卒子元忠嗣周顯德二年來貢自稱留後世宗命以節
度使檢校太尉同中書門下平章事鑄印賜之太祖建
隆二年十一月元忠洎瓜州團練使曹延繼並遣使貢
至勒勒馬三年正月制推誠奉義保塞功臣歸義軍節
度瓜沙等州觀察處置管勾營田押蕃落等使特進檢
校太傅同中書下平章事沙州刺史上柱國譙郡公食

卷五千七百七十

邑一千五百戶曹元忠可依前檢校太傅兼中書令使
持節沙州諸軍事行沙州刺史充歸義軍節度使瓜沙
等州觀察處置管勾營田押蕃落等使加食邑五百戶
實封貳伯戶散官勳如故又以瓜州團練使曹延敬為
本州防禦使檢校司徒封 食邑三百戶仍改名
延恭（即元忠之子也）太宗太平興國五年元忠卒三月其子延
祿遣使裴溢的名似四人來貢玉圭玉盤玉樾波斯寶
氈安西細氈茸褐斜褐毛羅金星礬等四月詔贈元忠
敦煌郡王制權歸義軍節度兵馬留後金紫光祿大夫
檢校司空兼御史大夫上柱國樵縣男曹延祿可檢校
太保歸義軍節度瓜沙等州觀察處置營田押蕃落等

使又以其弟延晟為檢校司徒瓜州刺史延瑞為歸義
軍衙內都虞候母進封秦國太夫人妻封隴西郡夫人
八年遣都領令厶頗德入貢淳化二年沙州僧惠崇等
四人以良玉舍利來獻並賜紫方袍館於太平興國寺
至道元年三月延祿遣使朝貢制加特進檢校太尉五
月延祿遣使來貢方物乞賜生藥臘茶供帳什物弓箭
鐃鈸佛經及賜僧圓通紫衣並從之十月延祿遣使
上表請以聖朝新譯諸經降賜本道從之真宗咸平二
年二月遣人進貢玉團馬二疋四年制進封延祿譙郡
王五年八月權歸義軍節度兵馬留後曹宗壽遣牙校陰
會遷入貢且言為叔歸義軍節度使延祿瓜州防禦使

卷五千七百七十

延瑞將見害臣先知覺即投瓜州蓋以當道二州八鎮
軍民自前數有冤屈備受艱辛衆意請臣統領兵馬不
期內外合勢便圍軍府延祿等知其力屈尋自盡臣為
三軍所迫權知留後兼差弟宗以權知瓜州訖文表求
降旌節制遏藩戎朝廷以其地本羈縻而世荷王命歲
修職貢乃授宗壽金紫光祿大夫檢校太保使持節沙
州刺史兼御史大夫歸義軍節度瓜沙等州觀察處置
押蕃落等使封譙郡開國侯食邑一千戶賜竭誠奉化
功臣宗檢校尚書左僕射御史大夫知瓜州軍州事宗
壽子賢順為檢校兵部尚書衙內都指揮使妻紀氏封
濟北郡夫人宗壽即延祿族子養教之也景德元年四

月宗壽遣使以良玉名馬來貢，且言本州僧惠藏乞賜師號，龍興、靈圖二寺修像計金十萬箔，願賜之；又乞鑄鍾匠及漢人之善藏珠者至當道傳授其術。詔賜惠藏師號，量給金箔，餘不許。四年五月，宗壽遣瓜、沙州節度上司孔目官陰會遷等三十五人詣闕貢玉團、玉印、乳香、硇砂、橐駞、名馬，詔賜錦袍、金帶、器幣，酬其直，仍降敕書示諭所乞藥物、金箔，量賜之。閏五月，沙州僧正會請詣闕以延祿表乞賜金字經一藏，詔益州寫金銀字經一藏賜之。大中祥符七年四月，以歸義軍兵馬留後曹賢順為本軍節度使，弟賢惠為檢校刑部尚書、知瓜州，歸義軍掌書記宋慶融為檢校工部員外郎，導引歸義

卷五千七百六十

軍進奉主蕃部落大首領遏嵬為檢校國子祭酒、兼監察御史，以其遣使以母氏及國人陳乞故也。賢順又表乞金字藏經、洎茶藥、金箔，詔賜之。仁宗天聖元年閏九月，沙州遣使程來著等貢方物、乳香、硇砂、玉團等。景祐四年六月，沙州大使楊骨蓋、副使翟延順入貢。康定元年四月，沙州遣人入貢方物。二年二月，沙州遣大使安諫支、副使李吉入貢。慶曆二年二月，沙州北亭可汗王遣大使密副使張進、寒和延進、大使曹都都、大使翟入貢。皇祐二年四月，沙州符骨篤末似婆溫等來貢玉。十月，沙州遣人來貢方物。

全唐文

續會要

雅州西山野川路蠻者，亦西南夷之別種也，近界諸蠻。隋唐世奉中國，其後不能自通。太平興國三年正月，雅州遣牙校趙仁從復送西山野川路蠻首領馬令膜等十四人，以名馬、犛牛、虎豹皮、詩騎來貢，并工唐朝勅書告身凡七通，咸賜以冠帶，其首領悉授以官，及錦袍、銀帶、器幣以遣之。大中祥符二年十一月，雅州砂平路羅蛩州蕃部首領王阿黎等十八人來貢馬二十七匹、犛牛二。砂平羅蛩蠻自昔未嘗來貢。三年正月，詔以首領王子野黎為懷化司戈。雅州沙平界蠻僧以土物并馬來貢，乞賜命服以耀遠方，詔從其請。

卷四千三百五十五

元豐二年三月十九日，廣西經畧司言：延衆鎮右千牛衛將軍張智常、請致九道白衣富順州李聚門等內附，詔遣智常右監門衛將軍。哲宗元符三年五月二十八日，詔雅州碉門寨蕃部元壽承襲懷化司戈。

蕃夷　安化州舊撫水，天禧中改賜今名。在宜州南，有縣四，曰撫水，曰京水，曰多逢，曰古勞。唐隸黔南。其酋皆蒙姓，同出有上、中、下三房。民有區、廖、潘、吳四姓，亦種水田，採魚，其保聚山險者雖有畬田，收粟甚少，但以藥箭射生，取鳥獸盡即徙宅，處無羊馬桑柘。地曰帝峒，五十里至蕭村，川原稍平，合五百餘家，夾龍江居，種稻似湖湘。中有樓屋戰棚，衛以竹柵，即其酋所居。兵器有環刀、標牌、木弩，善為藥箭，中人大叫，信宿死，得邕州藥解之即活。太宗雍熙中，撫水蠻數寇邊境，掠取人戶畜產，詔書招安，補其酋蒙令地殿直，蒙令劄奉職。淳化元年三月十六日，詔近蠻峒州郡：今後不得擅差人入峒蠻。以廣南西路轉運司言融州因奉朝旨招安撫水等州吏擅招安識州，恐並緣生事也。真宗咸平二年，其酋數為寇盜，詔今後令邊臣驅逐出境。六月，詔廣南宜、邕、欽、廉、融等州知州，自今在任能綏撫蠻夷捍其桀者，代還日，當議優獎；如致生事，重行朝典。十月，宜州部送溪峒蠻酋之被擒者三十人入見於崇政殿，帝詰責之，對曰：蠻陬小民，非敢擾攘邊鄙，但飢寒所迫耳。帝顧左右曰：昨不欲盡令勦絕，若縱殺戮，即無噍類矣。釋其罪，賜錦袍、冠帶、銀帛，戒勵而遣之。四年正月五日，撫水州蠻酋蒙漢誠等二十三人來朝，進納環刀、標槍四十六事，各授以官，賜錦袍、銀帶、匹帛、器物有差。三月三日，撫水州蠻酋蒙瑛等三十六人來朝，納兵器毒藥，誓不犯邊，並加賜賚，授官有差。十一月十七日，宜州蠻酋蒙頂等六十五人來朝，輸器甲百七十事，賜賚有差。二十六日，撫水州蠻蒙慶瑋等七十二人來朝，輸甲四百事。十一月，撫水鎮寧州蠻酋蒙填等五十人來貢，輸器用百八十三事。景德三年七月，宜州上言：撫水州蠻屢為寇擾，其酋長今詣州自陳，願得赴闕朝貢，以謝前過。詔本州喻旨，如能以向來所鈔貨產悉還部民，即聽入朝。大中祥符六年，首領指揮使蒙但挈族來歸，詔徙於桂州，給田處之。九年三月，宜州言撫水蠻寇天河寨，詔潭州都監內殿崇班李守睿當往招撫之，如敢違拒，即發兵掩殺。四月，廣南轉運使喻獻可言：宜州董元已不善綏撫，昨蠻人飢來貿鹺糧，公縱主者尅削纖量，及求入貢，復蹙沮其意，遂使忿恚為亂。今潭州都監李守睿頗有武幹，望以代元已。從之。五月，以東染院使、平州刺史曹克明為宜、融、桂路、柳、象、邕、欽、廉、白等州巡檢安撫使，內殿崇班王文慶、殿直閤門祗候馬寶、入內東頭供奉官楊守珍為同巡檢，并安撫都監，兼管勾溪峒事。發潭州駐泊虎翼兵三百人以從，歲給公用錢三十萬。時宜州巡檢軍士與蠻鬭頗有

傷中，宰臣言蠻衆無行陣，非敢與官軍敵，但潛伏山林路要，施藥箭，以是軍怨。音詔諭，曾不悛革，近又鈔融州扇陽等寨，害巡檢樊明，許望臣與曹克明等以便宜掩擊。從之。十三日，宜州言蠻人圍思立寨，監押劉斌率兵拒逐之，又因懷遠軍官吏困守乃遁。八月，樞密使王欽若言：宜州蠻人昨五月初出招安，不旬日即叛擾，夷性無厭，冒知多釋其罪，故急則來歸，緩則叛去，望令喻獻可、曹克明等自今俟得蠻人情實，即遣悉以虜口資財被劫家歃血重誓，即許招安，如已招安再有驚擾，即責克明等再往捕討。從之。二十九日，廣南西路轉運使言：撫水州蠻圍懷遠軍治思立寨，官吏軍校固守城壘無虞，詔獎之，仍賜鹽絲緡錢。九月，曹克明言：蠻人雖伏罪，其虜鈔人口器械悉未歸納，望益兵討之。詔曰：昨省所奏，請用澄海軍，仍募丁壯可以平賊。又喻獻可言：蠻人去邊上三二日程，若募強壯，兼發精兵掩襲，速可平定。朝議尚慮其輕敵，續遣禁軍濟之，且與寨甲兵兇當慎害近者關風。汝等期以九月率兵入討，又令九州巡檢開路候蠻人出，即悉留之，騰說如此，後必為備，動關利害，無失機防。苟道路艱於進兵，但擒其首領，索所鈔生口，因而撫之，亦汝之功。初，克明與守珍領入樟嶺路，文慶、玉趨宜州西路，又令宜、桂都巡檢程化鵬取樟嶺頗西古牢隘路會合。化鵬過蠻於上房西水口，擊破之。文慶、玉至如門圍，為蠻所扼，不能進，克明、守珍乃過橫浪恩得寨，召山獠嚮道，門路進師。蠻依篁竹間時出戰，鬭輒敗走。旬餘上黃泥嶺於杉木隘路，溪谷險遠，蠻據要害，以拒官軍，自辰至午，大潰，其黨遂過霸茫賊吏峒，乃入中房前村。克明等頓兵下寨中，夕，群蠻大譟，課擊鉦鼓，攻寨甚急，出兵擊之，傷殺頗衆，因縱火焚其廬室積聚。自此恐懼，竄入山谷。又緣龍江南岸而東，至昏暮過石峽隘險，士不並行，蠻復連弩北岸，克明遣猛士步涉與鬭，至即退走。寨于下房博賀村，克明設伏寨外，其夜蠻衆復大集，遇伏發，與寨兵合擊，追斬殆盡，殊勝捷，山悉得馬牛享士卒。克明等知其窮蹙，乃曉諭恩信，許其改過，於是首帥蒙承貴等面縛詣軍，自首克明，原加犒宴，且數責之，皆俯伏謝罪。及聞詔旨赦令，勿敢莫不泣下，北望稱萬歲。帝以夷性無厭，習知朝廷多釋其罪，故急則來歸，緩則叛去，乃詔克明等諭以悉還所掠漢口資畜，即許要盟。承貴等感悅，舉詔乃歃猫血立誓，自言如山摧、龍江西流，不敢復叛。克明等師還宜州。蠻人納器甲凡五千數，須還虜漢地者七百餘口。詔分置廣西及荊湖州軍，給以田糧。十一月三日，以知歸化州殿直蒙肚為密州別駕，蒙燮為海州

都押衙各支請授給與係官田土仍遣使臣引伴往彼蒙文質文格甘堂並照西龍登業等州牢城及屯田務蒙貽本撫水州人以寇刼放罪補為殿直其子見任撫水州貽常令男文質及妻弟甘堂往來詢朝廷宣化與撫水接連頗為淤便次子文格近與巡檢使相宜蒙貸先曾吾賊已補路州都押衙至是本路轉運使請發遣赴闕故有是命二十七日詔宜融環鎮懷遠等州軍壯丁後討撫水蠻者委曹克明備加撫諭有顯效者加行酬賞天禧元年三月以撫水州監州蒙令豐為司戈以率屬歸順也四月曹克明等上討蠻得功將士凡千八百一十六人並等第遷職賜器帛緡錢官吏應奉軍須者詔獎之曹克明既知桂州命馬玉為宜融巡檢都監以歷翼雄勇禁軍千人隸之如蠻寇有警取忠敢軍應援討之是月克明又言撫水中上房知州蒙懷珌等請詣闕貢奉及鍮刀標等願計一二十人赴闕從之五月詔改撫水州為安化州撫水縣為歸仁縣京水縣為長寧縣仍給安信軍印一紐從首領蒙承貴之請也自是間歲朝貢不復為邊患矣十二月曹克明捕獲撫水蠻賊首蒙禮并其黨部送赴闕詔隸濟州衙前　仁宗寶元元年正月廣南西路鈐轄司言安化州蠻平去年安化州蠻蒙光日等叛殺官吏至是始平之　慶歷元年十二月安化州遣蒙

卷一萬九千六百七十一

懷順蒙光月蒙光夜入貢三年十二月安化州蠻來貢物六年十二月安化州蠻蒙光速等貢方物皇祐五年正月十三日宜州言安化州蠻刼掠兵丁少不能禦詔宜撫使狄青相度旨揮至和二年十一月安化州蠻來貢方物以知州蒙全會補三班奉職嘉祐元年正月廣南西路安撫司言融桂等州蠻人楊光端等一百三人內附三年閏十二月安化上中下三州及地退鎮蠻人來貢方物六年十二月安化州蠻來貢物以上國朝會要治平四年六月二十三日神宗已即位未改元廣南西路安撫司言乞今後宜州安化州蠻將板木入中依元定價支賜不得退嫌合支酒食鹽菜等並破係省錢充詔宜州每年添公使錢三百千神宗元豐五年六月十一日上批宜州主管緣峒安化三州連歲荐饑加以去年大雪凍斃耕牛殺羅世念等結集刼掠若不乘時委官宣布恩惠廣為賑濟則一方生靈枉被俘戮可審議選官措置乃差權判湖南路轉運使朱初平廣南西路轉運副使馬默仍賜斛斗二萬石又詔朝廷之意非欲取其地但欲省地及蠻蜑各免飢殍侵略之災毋得輒有開拓招納別致生事九月十二日知沅州謝麟言安化州羅世念作過已立賞禽募并具分進取安化州利害從之仍詔在京驍騎兩指揮并江南東西將兵一千五百人福建路

三

將兵二千人並赴宜州以聽進師麟又奏泌遠保甲欲自効者衆乞量給錢米從之仍詔麟且以方畧措置未得進討其兵馬等勿遣後世念等出降以世念為內殿承制十一月二日知誠州謝麟言接納安化州歸順蠻人利害上批邊情在遠朝廷不見利害之實委謝麟等便宜措置無致生事徽宗崇寧元年九月二日廣南西路安撫轉運提舉常平司言契勘融州武陽羅城鎮舊係兩縣接近蠻界各差使臣兵甲戍守防扼昨熙寧八年經畧劉彝以為腹裏奏廢自後蠻情窺覘別無控扼安化蠻人於元符建中靖國初結集入融柳州界燒刼居民殺害巡檢使臣兵丁乞就武陽縣舊基建寨以武陽為名舊羅城縣建為陽城堡從之二年月二十九日廣西經畧司言宜州溪峒中安化三州一鎮蠻賊蒙光有等結集作過將官黃恍等部領軍馬到地名卸甲嶺吳村寨等處與賊鬬敵得功內有合推恩人詔四方館使文州團練使董恍特除康州防禦使廣南西路兵馬都監依舊東南第十二將文思副使蕪閤門通事舍人党光嗣特轉皇城副使依舊蕪閤門通事舍人供備庫副使儂沔特授左藏庫副使內殿崇班儂昌特授西京左藏庫副使大觀二年九月十一日黔南經畧安撫使張莊言據安化上三州一鎮山河土地盡獻納朝廷上州周

卷一萬九千六百七十一

圍三千五百餘里戶一萬人六萬五千永為主民寨臣上表稱賀三年八月二十四日權發遣融州程鄰言昨承朝旨前去黔南路撫諭安化三州一鎮歸順新民所有原差到一行官屬等委實勤勞欲乞特賜推恩詔管勾文字劉章徐塵中並與轉一官更減二年磨勘萬遇劉恭祖李杲程昇並與改合入官準備差使段永忠張閏陳聖用李師雄丘諒並與轉一官第一等人吏五人內勞効最優者一名與三班差使餘四人並與三班借差第二等人吏與軍將第三第人吏各支賜絹十五疋　光堯皇帝紹興三年五月十四日廣南西路經畧安撫司奏安化賊蒙全劒等八百餘人到替義寨燒毀屋宇即時下縣寨差撥兵丁前去會合併力逼逐賊人已回巢穴詔令本路帥司選差兵將前去措置併力掩殺須管日近勦除無令滋長十八日廣西路經畧安撫司奏安化縣將蒙全劒蒙八旺等結集三千餘人入省地作過官兵與賊鬬敵其賊敗回巢穴契勘蠻人自元符初出犯省地至崇寧間蒙朝廷東南第八將黃恍領將兵前來同本路兵丁扁行掩殺方得寧息今若不重立賞格募人捉戮切恐將來大段猖獗詔令本路帥司疾速催督所遣兵將掩殺出界早要平息候事畢即開具實立功人姓名保明申樞密院取旨推恩二十九年七月五

四

日詔加安化上州三班借差銀青光祿大夫檢校國子祭酒兼監察御史
上柱國蒙自臨等七人勳階及賜錢帛有差先是廣南西路經略司奏宜
州溪峒司保明安化三州一鎮進奉及覘進附進凡四百八十八人乞依
例加恩自臨等乃首領也兵部勘會特有是命三十年七月十四日詔安
化中州三班借差銀青光祿大夫檢校國子祭酒兼監察御史上柱國蒙
光坤蒙全漢蒙全見等四十人各加勳階有差以兵部言廣西經略安撫
司奏為安化三州一鎮蠻人等進奉合加官勳並合命詞給告勅故有是
命以上中興會要孝宗皇帝乾道二年十月十日詔田忠佐特授銀青光
祿大夫檢校散騎常侍知溪峒安化州兼監察御史飛騎尉以忠佐父彥
古身故乞承襲從夔路帥臣保奏也。

卷萬二千六百七十

五

宋會要　西南蕃

西南蕃漢牂牁郡地也唐置費珍莊琰播郎牂夷等州
王建據西川由是不通中國後唐天成二年牂牁朝化
亦嘗來朝孟知祥鎮蜀後不通朝貢　太祖乾德四年
七月西面前軍都總管王全斌言西南夷首領兼寧州
刺史董暠等上章內附八月南州遣人上章請歸化并
進銅鼓一面斑布一疋方物等　五年六月知西南蕃
南寧州蕃落使龍彥瑫遣使順化王子始來貢詔授彥
瑫歸德將軍南寧州刺史蕃落使又以順化王子武才
為懷化將軍武才弟若啓為歸德司階武龍州部落王
子若隘東山部落王子若差羅波源部落王子若臺訓

卷四千二百六十

州部落王子若從雞平部落王子若冷戰洞部落王子
若磨羅母咪部落王子若母石人部落王子若藏並為
歸德司戈九月順化王子武才等來朝貢馬及方物
開寶二年七月武才等百四十二人來貢以武才為歸
德將軍使人乞賜武才鈿函手詔以舊制所無不許
四年三月龍彥瑫卒其國人詣渚州以武才及八刺史
狀請以彥瑫子漢瑭為嗣詔授漢瑭南寧州刺史兼蕃
落使　八年八月西南蕃三十九部順化王子若發等
三百七十七人來貢馬百六十疋丹砂千兩賜若發冠
帶器幣　太宗太平興國三年八月夔州蠻任郎政等
來貢方物　五年八月西南蕃王龍漢瑭遣順化王子

心馳來貢馬二疋、朱砂二十兩、牛黄一𦞂。又都甲頭王子若從并諸州蠻録事司馬趙才勝等七百七十四人共進馬二百九十匹、朱砂二千三百五十兩、草豆蔻十二萬枚、蓽撥百六十觔。　六年六月十一日，以保州刺史董奇死，命其子紹重繼為刺史。二十三日，以銀青光禄大夫、檢校工部尚書、權知保州軍兼御史大夫、上柱國、隴西縣開國男、食邑三百户董紹重為檢校司空、使持節保州諸軍事、保州刺史，散官、勳、封如故。保州在成都西四百五十里，唐開元中所置，亦羈縻之郡。紹重則部人之自相承襲者，繼來請命，朝廷皆因而授之，示懐遠也。　七年三月十三日，詔黎州造大船于大渡河

卷四千二百六十

以濟西南蠻子朝貢者。二十一日，戎州言蕃酋德化將軍董春惜貢馬二疋。　雍熙二年八月，奉化王子以慈等三百五十人來貢方物。九月，蕃王龍漢璿自稱權南寧州事兼蕃落使，遣牂牁諸州都甲頭趙文橋率種落百餘人來獻馬八十五疋、朱砂、蒟醬各四十觔、草豆蔻三萬顆，并上僞蜀孟氏所給符印，請降真命以安遠俗。招授漢璿歸德將軍、南寧州刺史，刻印賜之；趙文橋并押客張漢遷、甲頭趙再海並百懐化司戈。　端拱元年三月，黔州上言：龍漢璿乞開道通中國，且効貢奉，從之。　二年四月，漢璿貽書富州，向通漢乞朝貢，通漢以聞，從之。　淳化元年八月，漢璿遣其弟漢興來朝，貢馬二

疋、朱砂十兩。又都統龍漢琓及行人謝再殊亦各貢名馬、朱砂、氊、罽、草豆蔻等。　三年十月，蕃王龍漢興遣順化王子若榮等來貢馬五十九疋、朱砂二百六十兩、草豆蔻二萬顆。都統龍漢繞、刺史龍光顯、龍光盈及順化王兩澤亦來修貢。　至道元年十月十八日，西川招安使王繼恩等言：將羈州都押衙梁延暉等狀，刺史董忠意卒，今依蕃部故例，定忠意親弟忠義堪任勾當，已給牒差知羈州。詔特授銀青光禄大夫、檢校工部尚書、使持節羈州諸軍事、羈州刺史兼御史大夫、上柱國。二十八日，蕃王龍漢繞遣使龍光進率西南牂牁諸蠻來貢方物。帝召見其使，詢其地理風俗，譯對曰：地去宜州

卷四千二百六十一

陸行四十五程，程無理[?]，但晨發至夜謂之一程。人尚耕種，亦有五穀，多種秔稻，以木弩射麞鹿充食。每三二百户為一州，州有長。其刑罰止用鞭扑，殺人者不償死，盡入家財以贖。國王所居地，郭無壁壘，官府惟短垣。帝曰：古稱牂牁蠻，今見之矣。天生四夷，或闡彼中亦僣命官司，有稱僣大夫者，此可笑也。令又作本國歌舞，一人吹瓢笙，如蚊蚋聲，良久，十數輩連袂宛轉而舞，以足頓地為節。詢其曲名，則曰水曲。其使十數輩從者千餘人，皆蓬髮，面目黧黑，狀如猿猱。使者衣虎皮氊裘，以虎尾插首為飾。是日並賜冠帶、銀帛，詔授漢繞寧遠大附軍西南蕃官內招討使保順將軍，龍光盈、龍光顯並為安

化大將軍光盈仍爲管內都統使龍光進等二十四人
並授將軍郎司候司階司戈其使從者有甲頭王子若
刺史判官長史馬長行傔人七等之名其使者許赴崇
德殿上壽宴坐　真宗咸平元年九月龍漢璓遣使懷
化將軍牂牁都首領謝再殊等九百九十八人來貢詔
賜衣服金帛有差仍御前賜卮酒慰勞之十月授龍光
腆等百三十人官秩有差　二年九月都首領張文黙
等來貢名馬六十五疋朱砂八百八十兩又山子一重
十六兩草豆蔻二萬枚詔賜錦袍襲衣銀帶幞頭銀瓶
絲鞋等　五年五月漢璓遣使率部蠻千六百人馬四
百六十疋并藥物布帛來貢厚賞遣還　六年四月知

卷四千二百六十

金州錢濟請招誘溪峒名豪帝以其生事不報　景德
元年正月詔廣南西路轉運使自今西南蕃牂牁諸國
遣使朝貢欽親至闕廷者勿抑其意仍發兵援送之時
轉運使言得西南蕃牒先准龍光進等赴闕進奉道遠
人馬多死自今止令至宜州就給恩賜當蕃無于宜州
受賜之禮必取來年三月朝貢願至闕下故有是命二
年正月詔保霸州刺史董紹重董忠義自今歲賜紫綾
錦袍先是知益州張詠上言紹重等皆世襲刺史望賜
冬服真宗曰蠻取首領假以名秩若以內地牧守之制
當賜錦袍又慮戎人無厭請求不已況維茂知州止賜
綾袍可如此例四年以保州刺史董紹重卒毋命其子

霸爲檢校工部尚書知保州三月西南蠻羅甕井都指
揮使顏士龍來貢士龍種落迥阻未嘗來朝今始至詔
館餼賜與如高溪州例十二月詔益州諭緣邊居民
無得採伐林箐以爲道路與蠻人交爭先是嘉州犍爲
縣民因伐木開道路與南蠻相傷殺任中正言此縣當
險當雲南要路請要置戍兵三百以武臣爲駐泊監押
帝以蜀郡久安不欲生事因有是詔　大中祥符元年
二月瀘州上言江安縣蠻殺傷內屬夷人巡檢任賽領
兵追捕爲蠻賊所害　二年正月賜犂州印一紐是州
西南夷之地初內屬也四月遣內殿崇班閤門祗候侍
其衛承傳詣戎瀘州招撫夷人自任賽遇害之後夷人

卷四千二百六十

不自安遂集衆爲亂雖屢示招誘侵擾不已遂令與轉
運使本州長吏諭以禍福如尚敢拒命即名集酋首以
威讋之如能悛心咸釋其罪苟迷執不改須至加兵即
與鈐轄等經度以聞又令樞密院召前梓州路轉運使
李士龍詢其便宜士龍言瀘州江安縣最當要衝望徙
富順監監押宋貴知縣仍給精兵三百人從之七月詔
諭侍其衛曰如聞黎州夷人尚未寧靜宜諭以恩信多
設方畧制禦之無使生事侍其衛至夷人即首罪來歸
殺牲爲誓及案行鹽井夷人復拒之乃率部兵百餘生
擒其首領三人斬首數十級而部下被傷者數二十人
遂還黎州又以衣服紬布誘降蠻斗婆門者行按誅其

罪帝以召而赦之是違招安之日即降是詔戒止八月
二日以文思副使知慶州孫正辭爲黎雅等州水陸都
巡檢使東染院副使環慶駐泊都監張繼勳副之又以
侍其衛爲同巡檢許就近量發騎軍仍以曹利用討廣
南賊賞罰格付之侍其衛上言蠻人僻在巖險未即首
罪尚集徒黨拒捍望發兵三五千與近界巡檢並赴淯
井監脅誘如尚敢陸梁即因而討之故燕命正辭繼勳
仍發陝西兵嘗經戰陣者付之遣陝西轉運使李士龍
乘傳與正辭偕行供給軍須又以春夏瘴毒令西面緣
邊將士計程以冬初到彼帝又言蠻性甚獷悍往者丁
謂夔州招撫每有戒諭並令歃血爲盟置鐵石柱以誌

卷四十二百六十

其事條制甚多樞密院可錄其事示正辭等蠻人不赴
招安者多以逃竄有蠻斗引深入藏避遣人就招諭之
十二月孫覇議分三路入夷境(從其)趣淯井且言卬部蠻
深憤瀘州夷人相殘乞舉兵戎討帝曰卬部夷谷有成
功必過有覬望不若令其自守也明年正月詔曰如聞
瀘州三月即苦瘴毒若戎人尚懷旅拒及至中春且令
分屯兵馬仍賜以解瘴藥二月孫正辭等上言安撫戎
人悉以平定蠻羅忽餘等素來忠赤防援井監然至今
捕叛爲惡蠻人未已乃遣內侍郝昭信賫詔諭忽餘等
獎其向化且諭以爲惡蕃部令朝廷既已釋放勿須更
有邀叛且慮正辭等軍還岩穴或有嘯聚又命史崇貴

留戎瀘管勾軍馬因下詔曰昨遣孫正辭招撫夷人已
而聞兵入溪峒積聚廩庾多經焚蕩彼雖蠻貊然亦吾
民慮其乏(食)宜委轉運使貸其口糧無使(失)其所正辭
爲西染院使侍其衛轉內殿承制仍閤門祇候其隨行
使臣軍校及夔州牙校各第功而賞之所部禁廂軍及
蕃送護援兵健白芀土兵並賜緡錢二十三日龍漢璁
遣軍府南衛使進奉部領龍光璁及諸州刺史長史司
馬祿事司戶監押部落等千二百四十五人來貢賀東
封光璁等各貢馬朱砂鐶賜錦袍銀帶衣着錢有差許
赴含光殿秋宴九月詔加漢璁金紫光祿大夫寧德大
將軍又以龍光璁爲懷化大將軍順化王子羅羽多爲

卷四十二百六十

安遠大將軍及龍光璁並爲保順郎將進奉勾押官龍
以香爲安化司候進奉監勾事方定壽等四人並爲保
順司候刺史方漢昌等百一十人並爲安化司戈　三
年四月詔戎瀘州夷人前歲爲梗蓋淯井監深在溪峒
官司少人往來致(茲)稔惡宜令江安縣監官量分兵巡
警之七月益州任中正上言羈縻霸州刺史董忠義卒
事當繼襲緣尚幼請以從弟延早領州事帝曰夷治落
中父亡子繼朝廷舊制蓋杜其僥倖使知定分今易此
例必貽後患乃與其子許以近親左右之　四年四月
茂州郭用之上言蕃族首領耆老董鄰等頃年侵擾今
相率于州北刑牛犬爲誓不復侵犯州界四月峽路鈐

轄慕容德琛挩為亂夷人王羣体等至闕下帝曰蠻夷
不識教義向之為亂亦守臣失于綏撫並免死分隸江
浙遠地六月知覇州董仕喆為其巡檢使董延早所殺
先是董忠義卒轉運使囯言其子幼不任事及是遂令
依例以其子承襲焉　五年正月賜西蕃者龍族都首
領捨欽波印一初者龍族帳甚大久歸誠向化故從其
請　六年五月夔州路轉運司言西南蕃遣二百餘人
詣闕修貢詔許其牙職至京餘令以所貢輸黔州是年
峽路鈐轄王貽遜上言晏州多剛縣夷人斗望行牌率
衆刦淯井監奪鹽井殺駐泊借職平言大掠資畜知瀘
州江安縣奉職文信領兵趨之遇害民皆驚擾走保戎

卷四十二百六十

州將轉運使寇瑊即令諸州巡檢會江安縣集公私船
百餘艘載粮甲張旗幟撃銅羅鼓吹自蜀江下抵清浮
壩置營柵招安近界夷族諭以大兵將至勿與望等同
悪等幾納溪藍順州刺史史介松生南八姓諸團烏蠻
獨廣王子界南廣溪移悦等十一州刺史李紹安山後
高鞏六州及江安界娑婆村首領並來乞盟立竹為誓
門刺猫狗雞和酒飲之誓同力討賊瑊乃揭榜許以官
軍至不殺其老幼給賜衣幣酒食七月詔遣內殿崇班
王懷信乗傳與轉運使寇瑊等体諒招誘綏撫方畧三
日一具事宜以聞瑊言斗望等屢為寇抄特寛赦不悛
悪令請發嘉眉州兵捕翦以震懼之九月詔懷信為嘉

眉戎瀘等州水陸都巡檢使閤門祇候康[illegible]符承訓為
都同巡檢使及發虎翼神虎等兵三千餘人令與瑊商
度進討蠻人非同惡者倍加安撫無使驚擾帝語樞密
使陳堯叟曰徃特孫正辭討蠻有虎翼小校率衆冒險
者三人朕志其姓名令以配懷信正辭嘗料簡鄉丁號
白芀子兵以其[illegible]山川險悪遂為鄉道今日亦令懷信
名慕又使臣宋貢屢規畫溪峒事中適機要以貢知江
安縣與懷信等議事十一月懷信康訓分領昌溪昌順
監白芀子弟六千餘人緣溪入合灘至生南界斗滿村
遇夷賊二千餘人擊之殺傷五百人奪校槍藤牌會夢
奴衆保塞夷黨三千餘分兩道張旗幟呼來逼寨柵懷

卷四十二百六十

信出擊皆潰散進壁娑婆遇夷二千于羅募村又破之
進至斗行村上屏鳳山連破四寨一日三戰俘馘百餘
人奪資粮五千碩鎗刀什器萬數焚羅固募斗引等三
三十餘村廬舍三千逼（區）懷信又引兵至斗行村追擊遇（過）
羅盧射僕二百餘人燒其欄棚千數分遣部下于羅箇
頪羅能落遝等村及龍嶐山掩殺大獲戎具斬首級及
重傷投崖死者頗衆燒舍數千及積穀累萬兩道兵于
淫灘置寨懷信議遣康訓部壞塞卒修淫灘路以度大
軍俄為夷賊所邀戰不利訓巔于崖死之懷信引兵急
擊大敗追斬至淫灘峽寨于晏口瑊與符承訓偵知賊
謀欲乗夜擊晏江馳報懷信即自淫灘拔寨赴之比至

晏江北山夷衆萬餘已自南東合勢逼懷信寨懷信殺
强弩環寨射賊職等螯衆（衆）衆高册援夷人大懼而卻合
擊破之死傷千餘人明年正月其酋斗望三諸分衆來
鬬又為官軍大敗射殺數百人溺江水死者莫計夷（軍）人
震讋詣軍首服牛羊銅鼓器械職等依詔撫諭還淯
井夷首斗望及諸村首領悉赴監自陳願貸死永不犯
盜邊境因殺三牲盟誓詞甚懇苦即犒以牢酒感悅而
去七年二月懷信上言夷人寧息請置淯井監壕柵并
許近界市馬從之八月西南蕃進奉都部領龍光進以
下千五百人來貢方物名馬入見崇德殿賜器幣有差
九月西南蕃龍光漉等百五十八人並加恩十月詔西

卷四千二百六十

南蠻人朝貢迴應隨行兵仗令有司為驛遞至蠻界給
付先是蠻人以捨槊自隨在道被酒用迫脅驛吏故有
是命　七年三月六日戎瀘州巡檢王懷信言瀘州溪
峒悉已寧（寧）靖淯井監舊無城隍請發瀘州軍士浚壕築
城又近界蠻人赴監鬻馬者請比戎州給直市之從之
八年二月夔州路轉運使上言黔州西南客州蕃族張
聳進遣使貢馬詔令近上二十三人赴闕自餘優與例
物令歸本（本）族　閏六月又言張聳進貢奉至中路為南寧
州龍漢璘部領人馬劫截獲馬三十一疋朝貢人員五
十九人餘悉迴走見今遞相讎殺實阻貢路詔降敕書
安撫之　九年二月宜（宜）州上言西南蕃遣使貢奉詔以

頃歲詣闕朝貢在道踐毀傳舍擾費居民令廣南轉運
使與宜州知州相度如因欲闕即令首領三二十人同
來自餘納所貢物擾賜遣歸　天禧三年十月詔益梓
利夔州路緣邊居住夷人或有銅鼓銅器並許依舊于
夷界內使用州縣不得搔擾先是富順監州始姑鎮夷
人家有銅鼓子孫傳秘號為豪族有司按法當以違制
論帝念遠俗而有是詔　四年二月歸德大將軍知靖
蠻軍節度蕃落等使檢校太師守蕃王龍光瀧言昨大
中祥符六年二月內差武寧將軍龍光進等部領進奉
入京迴蒙恩賜臣官告詔書敕諜三（等）道紅中錦旋襴襖
子一領十兩渾渡鹿兒銀腰帶一條銀器三十兩衣着

卷四千二百六十

三十疋　轉遣臣歸德大將軍職員令差安化將軍兼節
度副使檢校太傅龍光掟等部領入京進奉乞加依前
將軍職員官告詔書敕牒銀器衣着等物並從之七月
廣南轉運使上言西南蕃千三百人詣闕進奉已令駁
侍羅節部送赴京詔遣使臣二人馳驛護送勿令煩擾
部民　仁宗天聖二年正月保州刺史董霸卒益州得
保州七部三州都押衙董晃等狀稱董霸有親長男繼
遷請補知州從之　四年九月西南蕃王龍光瀧遣使
進奉都部領龍光漉等來貢馬百六十疋朱砂七十三
觔鑞八十五領賀皇帝登極（極）又蕃僧丈過亦進馬及朱
砂乞賜戒牒紫衣從之　景祐三年十一月西南蕃龍

光辨等來貢方物　康定元年十一月西南蕃進奉蠻人部領龍光琇入貢　慶曆二年十一月以瀘州烏蠻王子得益所居為姚州仍令有鑄印給之初本州言管下溪峒羈州定州高州奉州淯州宋州納州晏州投附州長寧州十州皆自唐以來及本朝所賜州額今烏蠻所居族最盛旁有舊姚州廢已久烏蠻累使人詣州願得州名以長夷落故許之　四年四月梓夔路兵馬鈐轄司言瀘州淯井監夷人攻三江寨詔秦鳳路捉賊司發兵一千人及選使臣三人馳往捕擊之五月二日瀘州言得烏蠻王子得益言蒙賜州名乞降黄敕令子孫永以鄉化從之七月十二日梓州路轉運司言瀘州教

卷四千二百六十

練使生南招安府史發誘降淯井監夷賊斗教等請並補為三班差使殿侍淯井監一路招安巡檢從之是月梓州路轉運司言夷賊寇三江寨淯井監指使散值王用等領衆擊走之　五年十一月二十五日宜州西南蕃進奉蠻人首領龍以特以下七百一十九人來獻方物賜罷帶有差　六年七月西南蕃遣支散副使龍延慶都管副使龍以約蕃王太子龍以欽管押副使龍以帳引進判官莫仁即都同使龍以列觀察龍以勢都進副使龍以狼諸州副使龍以緋部領龍以特都押副使龍以乾都押使龍以會監進副使龍以輪入貢　皇祐元年二月梓夔州路安馬鈐轄司言淯井監蠻萬餘人

内寇詔知益州田況發旁郡士卒令梓夔路鈐轄宋定親捕討之至四月夷人平十月詔夔州路湊南州夷落豪戚自今歲令走馬承受傳詔撫問之　二年正月二十五日西南蕃王龍光淮男承寅武寧大將軍知靖蕃軍蕃落節度使檢校太尉龍以蠻進馬仍進香爐香合朱砂詔賜錦袍銀帶衣着二月一日礼賓院言西南蕃進奉部領龍以芳等乞知恭外蠻人四十人每人絲五疋廻蕃詔各支賜三疋　三年三月前知益州田況言淯井監夷人連年以圍監城水陸不通傷害人命始因監戶貿晏州夷人錢而毆傷斗落妹致夷衆憤怒欲來根[illegible]知瀘州張昭信勸諭既以聽服而本監服擊婆然

卷四千二百六十

村夷人細令等殺長寧州落占等十人是以激成叛亂本路及益州路鈐轄司合官軍泊白芀子弟近二萬人援之戰歿者甚衆兵民飢死者殆千餘人蓋由本監不得人致此請自今令轉運鈐轄司奉官為知監監押代還日特遷一資從之　致和元年四月利州路轉運司言蕃部寇文州詔益州梓夔鈐轄秦鳳路總管司嚴備之仍令階州撫綏歸屬蕃部毋令結連以為邊害　二年三月西南蕃龍異靜順化蕃羅以達等入貢以其進奉守領等九十三人為大將軍至郎將八月西南蕃首領張漢陞王子羅以崇等來貢方物　嘉祐二年二月三日梓夔路鈐轄司言三里村夷人斗還等百五十人

冦清井監長寧州人斜益先以其事來告本監尋率衆
捕斬七十餘級請加賞之詔賜斜益錢二百千及錦袍
銀帶五月西南蕃鵝州遣人來貢馬　四年十月十七
日西南蕃進奉人張漢羽等七十人朝貢賜對見衣物
腰帶　六年十月九日梓州路轉運使言今後淯井監
夷人作過許令本司與鈐轄司公共處置從之　八年
七月十四日西南蕃牂牁都進使龍延曠等來貢方物
八月三日西南蕃進奉使張王恭國使張示等貢馬優
賜答之九月西南蕃石自品押貢奉石光陳等入貢賜
物有差　治平四年十二月二十四日神宗即位未改元西南
蕃奉華將軍知靜蠻軍蕃落使守天聖大王龍異闍等
卷四千二百六十
并從人二百四十一人見進銀香爐香匙香合朱砂馬
鐙等各頒衣袍襖腰帶分物有差詔以龍異闍為武寧
將軍安化將軍龍異王龍普頂並為奉華將軍懷遠將
軍龍延同為保順將軍保順郎將龍延湧為安化郎將
未受官人宋聲有龍延特等並為保順郎將　神宗熙
寧元年正月二十一日西南蕃靜蠻軍節度使守蕃王
方弁現等并從人九十七人見進奉朱砂鐙馬等各賜
衣着袍襖腰帶分物進奉都部轄龍延通並各賜罷帶
有差　六年三月十六日西南蕃都統石光陳以下六
十三人入見賜幞頭衣服腰帶絲鞵分物有差　四月二
日西南龍蕃羅蕃方蕃石蕃八百九十人進奉詔道路

遐邈往復甚勞如願于緣邊納所進物更不須赴
闕即以回賜物與朝見所賜并緣路管劵與之五月西
南蕃知靜蠻軍天聖大王龍異闍等二十六人順化王
子羅元昌已下二十六人西南蕃安遠上將軍靜蠻軍
節度使守六蕃大王方以暹以下十七人西南蕃進奉
都部轄使龍以萬已下四百五十五人各貢方物並賜
帛有差　九年七月四日成都府利路都鈐轄司言知
蕃界霸州董永錫言先自七歲為父患將呈朝宣賜牌
印等付以收掌相承管勾州事先降權州文牒賜又蒙
降宣敕官告承父官位令永錫病不任事顧令男孝忠管
勾從之　十年九月二十一日西南蕃王張光通進馬
卷四千二百六十
一疋鐙一蕃優詔答之仍賜紅中錦旋襴銀腰帶衣着
二十疋　元豐元年二月二十三日知瀘州任伋言納
溪寨蠻酋望箇怒等乞請受上批可量與請受以羈縻
之七月一日詔討納溪夷賊以西上閤門使忠州團練
使涇原路總管韓存寶都大經制瀘州納溪夷賊公事
仍于渭州及涇原路選下蕃土兵五千內馬軍一千及
差經戰門使臣二十員隨行俟賊衆嘗感丐命即許自
新如軍馬未集以前請降村團並點集强壯令自備器
仗隨大軍討賊或勾集不從即除老小婦女外盡行誅
討應本路兵官並聽存寶節制粮草錢帛委梓州轉路
運使髙秉判官程之才隨軍計置不得與軍事其提點

刑獄穆珣令歸本司先是珣言納溪寨去瀘州纔三十
里而羅苟村夷賊在寨之西南又纔五里八姓五十餘
村夷族千户内近漢之地稍平于進兵爲易其後則林
箐深阻難以總過皇祐中嘗出驚刼殺傷官兵跳梁踰
年乃乞打誓令人托事起端燔燒民舍侮官軍乍出
乍没以伺邊隙昨雖時有夷人乞降然狡獪未可取信
邊人驚惑未敢復業近準朝旨令招安將婉順開諭夷
人以見收通蘇三七根究施行毋得復為寇然而醜類
凶悍不識恩信輒復烏合蟻聚侵迫納溪鑠水若不加
誅以絶後患則烏蠻生界觀望為害不細欲望遣親信
之臣授以審算俾專處置行營軍事而轉運鈐轄經制

卷四千二百六十

仍于陝西路就近差押虎保捷等五七指揮以備呼使
然後搗其巢穴殲殄種類據險要以立堡寨籍保伍以
教耕戰使被邊諸夷竭蹶聽命而烏蠻遠懾聞之莫不
破膽誠為上策朝廷因其言故命存寶出師蘇三七者
納溪寨居民初與羅苟夷日持意競魚苟諛毆殺之夷
訴于寨而江安縣檢驗其屍夷情忿怨謂漢殺我人官
不償我骨價又暴露我夷人由是為寇也八月四日都
大經制瀘州夷賊韓存寶言乞自起發令本道毋得使
人招納夷賊雖有降者且令説諭候經制官到日指揮
從之十月二十六日韓存寶言梅始詰胡斗但十村首
領斗箇撒等降乞打誓詔夷賊逃遁山林委存寶更多

設方畧討蕩仍呼名甫望箇怨晏子等或遣人説諭令
分布手下得力人及羅勇等村因生熟夷逼逐討捕夷
賊每一名一級支絹二十疋如首級數多當議優轉職
名并照會七月一日詔除老小婦女外依此指揮施行
二年正月十二日梓夔路鈐轄司言知歸徠州甫望
箇怨死請以其子乞弟承襲從之　三年四月十四日
梓夔路鈐轄司言本路都監禮賓使王宣等與蠻賊乞
弟戰于羅牟村全軍敗没二十六日詔令轉運司致祭
賜其家錢絹贈宣等官録子孫有差初轉運司及韓存
寶經畫羅苟夷争不償骨價事乞弟遣其親信至納溪
寨欲率兵助王師軍前遣三班楊舜之報以不用重兵

卷四千二百六十

約能撫遏諸夷擒獻羅苟餘黨當有厚賞乞弟皆如約
存寶既平羅苟遂不予賞又不置江適保栅以制烏蠻
是歲乞弟率晏州夷六千餘攻戎瀘州界及江安縣諸
夷焚聚落作木契刼以輸税擁兵江安城下責存寶所
許之賂江安城守不可得數日乃去知瀘州喬叙使人
邀之打誓前遣王宣守江安乞弟誓畢即率衆圍羅箇
牟箇貢税不入羅箇牟熊本所團結熟夷也故奉職任
光秀來江安告急宣恥不預誓江安令何宗範復以言
激之遂及戎瀘等州同都巡檢使王謹言江安縣駐泊
都監郭晏恩以兵會羅箇牟蠻與夷合大戰謹言晏前
死宣與其子琥血戰同死一軍皆没十七日梓州路轉

運司言體量乞弟等三月詔乙赴納溪寨立誓歸順羅
箇牟村夷止為收藏乞弟奴婢有任光秀妄以生南羅
牟村為省地報王宣以蠻人侵犯致輕易出兵陷沒緣
羅箇牟村夷熙寧七年後方量納官稅不同省地熟夷
納二稅役錢詔羅箇牟村夷既納稅賦即是省地熟户
見在圖籍並係熟夷不委所奏有此異同今不獨為王
宣接戰所因緣蠻又遠地界事令轉運鈐轄司審定以
聞五月二十四日詔蠻人如歸徠州乞弟作過傍近蠻
族或兩屬夷如能斬獲乞弟首若願歸徠州即與本州
刺史月給茶綵若願授漢官與內殿承制賜銀千兩絹
千疋或能捕斬以次頭首即弟賞其乞弟下蠻人如自

能殺獲乞弟首及以次頭首亦準此降敕榜于夷人出
入要路及還招安將等深入夷界曉告之六月二十一
日上批付韓存寶昨討瀘州羅胡苟姓夷其招納夷族
止令自守村囤捕斬賊黨未審驅領隨軍今日用兵與
前事異若猶用舊令則大軍深入或為後患囤宜改圖
將來進討凡敕榜招安村囤並擇有力首領質其骨肉
于瀘州或外寨仍量留守兵然後責令點集族下勝兵
丁壯為大軍先驅明與要約若討賊斬首有功依漢軍
賞如不用命持意兩端身并同屬皆斬七月十二日梓
州路提點刑獄成南仲乞下江安縣招誘斗蓬夷令與
敢勇人程舜元等謀斬乞弟他夷盡行除蕩詔委南仲

如獲乞弟首白身人除遙郡刺史有官者比例增賞及
賜銀絹五千斗蓬夷如委向順意欲與官軍協力即供
大軍進討關報韓存寶毋得一例除蕩二十五日詔聞
乞弟自歸巢穴修置戰具多結夷人或慮非時衝突省
地王光祖已移軍近裏委韓存寶候各適通行軍馬擇
近日起發至瀘州天氣尚熱即分屯近郡審度進討八
月四日詔令韓存寶選人告諭夷族如能向順即將老
稚監質點發丁壯令作先鋒如獲乞弟首級並依官兵
推賞若不用命推意兩端即行誅翦惡乞弟黨與不堅
則易為攻取若未遇乞弟先殺夷人稍致一兩族疑懼
則人人皆有鬪心或協力拒捍官軍或相為耳目以資

寇利令存寶全以重兵威勢彈壓須使夷狄自相攻討
盡獲首惡覆其巢穴即為全功　四年正月七日詔以
部軍都虞候英州刺史環慶路副都總管林廣為都大
經制瀘州夷賊公事以韓存寶逗撓怯避故以廣代之
三月二十一日夔州路走馬承受王正臣言南平軍管
下播州夷界巡檢奉職楊光震於遮勒各小節田路口
遇乞弟商領宋阿訛鬬敵斬獲阿訛等三人首級本軍
乙送瀘州經制蠻事司上批宜專遣使厚賜金帛爵命
其後南平軍言光震斬獲阿訛等首級非偽乃命賞之
二十八日林廣言阿生等送乞弟降狀來肯身至瀘州
八月一日詔學士院降敕榜付林廣曉諭許乞弟出降

當免罪如乞弟送執如故即行誅殺上因曰自來邊探多不得實如瀘南興師人多言旁邊百里内林菁險阻道路難進今得走馬奏大兵至落始兜村乃有良田萬頃頗多積穀其林菁乃在數百里外去邊百里之間探報尚且如此乃知傳聞多不足信昔趙充國願至金城馳上方畧馬援聚米為山川蓋傳聞不如一見爾 八月十一日彭孫言及瀘州合江縣納溪九枝池為便路討乞弟從之 二十二日詔中書降敕榜曰西南蕃羅氏鬼主下蠻首領沙取以狀來言今落莫部已與沙取議乞弟投降事其有都掌已遣人往諭降人稱我止依十州例與我稅賦更不以兵隨乞弟及沙取令蒲城等家来

卷四千一百六十

言若乞弟不降即領都掌等往掩殺令沙取若能諭乞弟早降朝廷當厚加爵賞如未肯降沙取能掩殺赴官與逐處部族都大頭領悉加重賞委沙取撫諭都掌等部族頭領早出投降即依十州例令輸稅賦及厚賞錦袍銀綵等 九月二十六日詔林廣言乞弟送降狀前後反覆必無降意但欲遷延月日以款師期令相度降去敕榜如未可分付更不須齎送速進兵平蕩 五年二月四日詔昨興師誅乞弟今既蕩平巢穴即與擒捕乞弟同功其使臣軍兵等第除留戍守外餘各遣歸林廣候措置新立堡寨畢回本任初廣失乞弟於納江去年十二月十九日也軍十萬皆無人色官吏噎嘿不食乃

令進寨追賊軍行無日不雨雪刁斗無聲二十八日次老人山形皆刀劍立次黑崖然桂為薪上鵶飛不到山正月七日次歸徠州軍皆凍墮指留四日求乞弟不得麦文昞問廣軍事當如何廣曰已如朝旨蕩賊巢穴雖不獲元惡亦當班師待罪文昞乃出去年六月所受家語云將来大兵深入討賊期在梟獲元惡如已能破其巢穴城守要害雖未得乞弟萬一粮道不繼亦聽班師軍中皆呼萬歲曰天子居九重明見萬里外乃定計明日班師是月癸丑次江門自納江之後暴師凡四十日乃築樂共城江門寨梅令山席帽溪堡西達淯井東通納溪上下底蓬堡已在其腹中矣皆茵時中程之才

卷四千一百六十

初為韓存寶先事畫策者也 四月十七日林廣言乞第巢穴已平給賜後蕃羅氏鬼主乞給知羈縻歸徠州銅印從之 七月二日廣西經畧司言西路張蕃貢奉乞添至三百人詔具合增數以聞其後本司奏故事以七十人為額不可增遂罷 二十四日詔乞弟逃竄其地已賜羅氏鬼主鋪永令知歸徠州及令楊光震兄弟并沙取落務婁等蠻會合掩襲所獲夷戶令自為主如獲乞弟即依朝旨推賞令瀘南安撫司常舉行 十二月十一日右騏驥副使知瀘州張克明言瀘州地方千里夷夏雜居近者白崖囤落婆遠等生夷並為王民供租賦或相侵犯未有條約一以敕律繩之或以生事欲乞應瀘州

生羌如與華人相犯並用敕律同類相犯即此付黔州
蠻五等罰法從之二十五日西南龍蕃首領過蠕使龍
已達并部落廖各等三百七十六人入貢詔西南龍蕃
進貢使龍已達補保順將軍餘六十餘人各補將軍郎
將有差　七年七月十一日尚書李部言西南程蕃乞
貢方物舊不注籍如許入貢乞從五姓蕃例從之令夔
州路轉運司相度比附一姓人數解發八月三日樞密
院言蠻乞弟昨棄巢穴而遁今聞無所依止詔王光祖
遣人招諭乞弟許出降與免罪補名目于近邊幹當是
歲乞弟死二十二日尚書刑部言南蕃進奉人石以定
過汝州襄城其下毆擊市人及自毀敕黃詔敕書不別
給止令汝州具喧競毀敕書因依連所毀敕送廣西經
畧司騰牒送界首官司付本蕃其指揮使臣回日下大
理劾罪九月五日西南龍蕃貢方物十二月二十四日
瀘南緣邊安撫司言新收生界八姓羅始党一帶送納
兩江夷族願作七姓團結為義軍乞敕字支例物從之
哲宗元祐元年十二月十四日樞密院言殿中侍御
史呂陶言昔瀘州乞弟入寇始因采囊一髭骨償事至
毫末而邊吏貪功覬賞擅行殺戮以至敗軍覆將騷動
一方再煩朝廷命師西討公私之費其數不貲初林廣
統領大兵深入巢穴及到乞弟住處止有茅屋數間賊
亦遁去終不能獲其後以王光祖為瀘南安撫意欲生

卷四千二百六十

致賊酋經營數年亦無所得今瀘州內外屯兵萬餘作
為聲勢欲致此賊其策亦疏矣萬兵之費饋運日勞雖
無寇至坐耗民力臣以謂乞弟之存亡遵順不足上煩
朝廷應宜一切置而不問惟徙重兵內郡以省橫費戒邊
臣守疆場示不必取之意要以歲月當有成効今春瀘
南傳乞弟已死又云相次投降乃是招安將軍輩為之
辭以要小利皆不足信按今年正月瀘南安撫司走馬
承受王伯虎權安撫使李琮奏蠻賊乞弟為患已死新
立蠻頭領阿機等親手刻到[illegible]牌乞降本司已出給信
劄文字許令投降朝旨知瀘州張克明與梓州路運判
李傑同管勾詔令張克明李傑依呂陶所奏如阿機等
寔降即行接納不得信縱招安將等妄入生界虛稱招
誘搖動人情但務靜守及禦邊有備其阿機等降與不
降即不繫利害　二年五月十四日禮部言西南蕃泰
平軍遣石蕃以定等齎表裝鞍馬砂鑪等來貢元豐著
令西南五姓蕃每五年許一貢今年限未及合具表裁
詔特許入貢八月十一日西南羅蕃遣人入貢十五日
西南蕃遣人入貢二十五日西南張羅蕃三蕃遣人入
貢十月二十一日西南龍張蕃遣人入貢　三年正月
十九日詔西南石蕃進奉人特令門見閏十二月二十
一日西南蕃遣人入貢　四年十月五日西南程蕃遣
人入貢十一日龍蕃遣人入貢　五年四月二十六日

卷四千二百六十

詔以西南龍蕃進奉人安化大將軍龍以利為安遠大將軍保順郎將龍延舜等為安化郎將奉化郎將龍以委等為武寧將軍龍延閒等為保順郎將　十二月二十五日樞密院言瀘州張克明奏請應瀘州新投降招附生界夷人今後如與漢人相犯並乞依漢法施行若是同類相犯乞比附黔州見行蠻人條制以五刑立定錢數量減數目斷罰入官從之　六年八月二十二日詔今後押伴諸蕃使臣不許先次發遣須候進奉人朝辭就路復令管押以歸　八年二月二日詔西南龍蕃進奉人安化將軍龍以挐等舊有官者遞遷一等其未霑真秩者並補官　紹聖四年五月二十八日瀘南沿邊

卷四千二百六十

安撫司言蕃官播夷界都巡檢楊光榮與弟文瀚不和光榮勢弱欲倚漢界為重乞以播州東南北分作兩面並權充都巡檢楊光榮楊文瀚仍望以檢校祭酒名目降告施行從之仍各與帶銀青光祿大夫檢校國子祭酒兼監察御史武騎尉先是南平軍言管下蕃官左班殿直權管勾播州夷界都巡檢楊光榮乞獻納播州疆土遂招瀘南沿邊安撫司指揮南平軍不得擅誘楊光榮叔姪等獻納地土若遂人因事同出官即與和解務要安靜既而再乞作兩面分官故有是命　元符元年二月四日詔蕃官內殿崇班龍金為內殿承制西南龍蕃進奉人奉化郎將龍延解為武寧郎將安化郎將龍

文涉等七人為奉化郎將保順郎將龍延丕等二十六人為安化郎將龍延朱等二十人為保順郎將龍以高為歸德將軍龍以諫等九人為寧遠將軍龍以古等四人為安遠將軍龍延噲等十二人為懷化郎將龍延明等九人為武寧郎將龍延閣等十七人為奉化郎將龍延信等十六人為安化郎將龍延洪等五人為保順郎將　四月二十八日詔西南羅蕃進奉人龍延蹇為歸德大將軍龍延會為安遠大將軍龍以卯為歸德將軍龍以闔為寧遠將軍龍延特龍以徽二人並為武寧將軍羅以增等二十二人並為奉化郎將龍延覓等九人並為安化郎將羅元衆等七人並為保順郎將　二年二

卷四千二百六十

月一日詔西南牟韋蕃進奉人安化郎將韋公㒵等十二人並特授奉化郎將保順郎將韋公市等十五人並特授安化郎將西南牟葦進奉韋公利等四十三人並特授保順郎將　徽宗崇寧四年三月三十日廣西經略使王祖道言牂牁夜郎首領獻納王江古州一帶地土建築平允從之三州群臣拜表稱賀　大觀二年八月二十五日詔西南夷赴涪瀘南平軍納土歸順三州地理遼遠瀘州又隸梓州路相望隔越撫納勞徠守佐之臣未必能辨其事新附之民初歸王化苟失其情使其心悔非率服蠻夷之道除涪州已差龐恭孫外瀘州差趙遹南平軍差崔子堅前去專一措置仍疾速施行

九月一日，荆湖北路提點刑獄張為言：據下溪州首領
任漢崇等狀：伏聞皇帝恩臨萬姓，九夷八蠻皆歸慕大
化，各願將管界東西四程、南北五程見佃地，即請税承
納，餘盡獻入官。又據夔州轉運司：南平軍有夷人木攀
族首領趙泰等大姓木攀樂慕聖化，自改姓趙。今來泰
等伏聞今聖有德有威，四海夷族盡有歸順之人，與兄
弟叔姪將帶一部族，情願獻土歸化，見耕佃土地請税
作漢家百姓，其餘土地名人耕佃管界東西五程、南北
六程，周匝一十八程。又言：據南平軍有播州夷人楊光
榮同孫楊光[illegible]狀：所管係唐朝所遺地，唐州平生户一
萬餘家，乞獻納朝廷。又夔州狀：據州蕃首部指揮使楊

卷四千二百六十

文貴等狀：近年以來，聞今上皇帝聖德聖慈，百姓貧窮
者官破衣糧，養治病患之人官破粥藥療疾。文貴等久
限外界，無路得達。今涪州乞依例獻納田土。又據黔南
路總管張莊言：據寬樂州、安砂州、譜州、四州、七源州縣
先次納土歸明，皇化各得安穩。本州頭首宿老衆共和
議，願將所管州縣歸明納税，伏望憫念，永為王民。計二
萬人，一十六州、三十三縣、五十餘峒，幅員之廣又一萬
餘里，不名自來，及齎到印記三十四顆及具地圖以聞。
宰臣等上表稱賀。　三年六月八日，詔以瀘州人王忠
順納土所建州曰純州，縣缺所建州曰滋州，倚郭縣曰
承流，缺灘縣、新化寨、慈竹寨、牢溪堡並隸瀘南。　政和

蕃夷五之三五

三年二月十五日，詔瀘南納土夷人主首斗箇林、皇甫
部李世恭並特與承信郎、充巡檢，賜公服靴笏；張永順
夫、晨箇當、打凍婆唱並特與進武校尉、充同巡檢，賜紫
羅衫。從本路緣邊安撫司請也。十一月十五日，詔戎州石門、馬湖
一帶新民納土，建置祥州，分布縣寨統隸。十二月十七
日，知成都府龐恭孫言：據光祿大夫、檢校工部尚書、知
保州董舜咨等狀：情願將保州所管一州并二十六大
首領下地土獻納入官。詔董舜咨特與正任戎州團練
使，賜公服靴笏、二十兩金渡銀腰帶，令大官東庫支降，
及仰吏部差小使臣一員齎告并所賜衣帶等付龐恭
孫交割給賜，其董舜咨候受告訖，令赴闕朝見。　五年

卷四千二百六十

三月十四日，手詔：瀘南夷人久失撫綏，近者侵犯疆陲，
[illegible]邊臣緩慢，失于備禦，又樂共城都監滿虎擅殺已降
七十餘人，致夷心疑阻。令梓州路轉運使趙遹同安撫
鈐轄賈宗諒招納脅從，唯首謀勿[illegible]，如熟户新民能率
衆討蕩，致一方安帖，其酋長當與正任刺史，餘人並降
二等推恩，不得妄行誅殺。四月二十七日，詔瀘南小醜
帥臣失于綏撫，侵擾邊疆，監司坐視不以上聞，賈宗諒
除名勒停，轉運、提刑司官各降兩官。五月七日，梓州路
計度轉運使趙遹言：晏州夷人結集瀘州長寧軍管下
羅始党等諸族共一百餘村作過，今已措置安帖。緣東
接純州管下新民黃斗箇林等族，次接祥州管下新民

蕃夷五之三六

蕃夷五之三七

皇甫世忠李世恭時世欽胥永寧張永順惠世謹王永懷乞永義等村族令來至覓賊投降了當並無新民一村一族一名附從作過又更黄斗簡林助宋殺蠻把隘燒回赤忠歸宋誠可嘉尚乞將首領先次推恩其純滋梓州長寧軍管下新民大小首領及親族蠻衆共乞支破提舉常平司封樁錢二萬貫令臣措置優加犒設承信郎黄斗簡林乞與轉兩官管勾本族公事除每月料錢外支食錢五貫文更不依祿令添給保義郎祥州南面管界同巡檢皇甫世忠保義郎祥州北面管界同巡檢李世恭承節官管勾石門新民本族公事時世欽承節郎管勾馬湖新民本族公事胥永寧承節郎管勾南

卷四千十八　真六

廣新民本族公事張永順承信郎惠世謹承信郎王永懷承信郎乞永義已上乞與轉一官料錢依祿令外每月更增添支錢二貫依舊不請添支驛料修武郎純州南面管界同巡檢王忠順秉義郎純州北面管界同巡檢羅永順已上各乞與轉一官依祿令請給詔從之九月七日梓州路轉運司言晏州蠻族羅氏鬼首呂告向化詔補武畧郎西南蕃都大巡檢使十二月二十三日手詔頃晏蠻弗順騷動蜀土趙遹將漕屢貢封章乞行天討亶書問對至于再三抗議不回每中机會迄無敗事生擒卜漏拓地千里一方底定蕃蠻震疊遹特除延康殿學士　六年十二月三十日太師魯國公蔡京等

蕃夷五之三八

言伏覩瀘南招討統制使趙遹奏攻討晏州蠻焚燒落漲圍等錢糧倉廩合屋約至萬間獲致孳生糧斛不可計數其巢穴悉已焚蕩乞拜表稱賀從之　七年八月二十日手詔瀘南城寨招安把截將之類以年勞累遷都史并蕃官蠻界巡檢等舊法候立功方得遷轉及出官若不生事功何由立甚非綏靖之策今後如寔歷五年滿日能彈壓邊界别無生事招安將合出官者特與出官蕃官巡檢等與轉一官量增鹽綵稍有生事重行典憲　光堯皇帝建炎二年三月十六日瀘南安撫使黎揆言武功郎紀總自知播川城之後把拓邊界又說諭知白錦堡楊維聰改過親身赴播川城公參今播州

卷四千二百六十

城一帶並皆寧肅本官已移知威州伏望優加旌賞詔紀總特與兼閤門宣贊舍人　紹興六年八月二十七日何慤上言西南蠻每歲之秋夷人以馬互市關場博易厚以金繒蓋羈縻之術條法具存本司常慶其獘滋甚互市歲馬虧損常直沮格揀退致馬不售則或委棄殺食而去深恐因緣積忿邊隙寖開乞申敕有司悉循舊規庶幾貿易悠久蠻夷各得其所從之　十四年四月二十六日廣南西路經略安撫使司言西南蕃今春起發進奉本司契勘紹興十一年以前諸蕃前來進奉並依安南已得指揮先使人到闕只就衡山寨依例管設發回今來未審合與不合發赴行在詔令廣南西路

經畧安撫司倍支回賜依舊例發回六月十二日廣南西路經畧安撫司言西南大張蕃南寧州武泰軍欲差人馬前來進奉詔本路經畧安撫司倍支回賜依舊例發回　十七年六月三日兵部言據瀘南沿邊安撫司由武翼大夫忠州刺史西南蕃都大巡檢使落抵自换名目以來把拓邊界別無誤事欲依政和八年已降指揮蕃官夷界巡檢如寔歷五年任滿能彈壓邊界別無生事與轉一官量給塩綵從之　三十年九月四日瀘南沿邊安撫司言武經大夫忠州刺史西南蕃都大巡檢使落抵事故乞令男判獳承襲兵部勘當落抵承襲父呂告初補武畧郎充西南蕃都大巡檢使每年支塩

卷四千二百六十

一千斤綵絹四十疋從之　三十二年四月二十二日瀘南沿邊安撫使王蓧上言判獳自父落抵來事故以前先次管幹巡檢職事一十二年本族夷衆各相順伏別無生事乞特與依父職名轉行詔判獳特與轉武經大夫忠州刺史充西南蕃都大巡檢使　壽皇聖帝乾道四年十二月二日夔州路鈐轄安撫司言思州地在極邊東西南三界接連溪峒夷人其守把溪峒隘口依條許子孫承襲欲望將本州年老事故使臣依珍州南平軍等處條例許子孫承襲班行微小名目差令把拓所冐緩急得人從之　六年三月二十五日瀘南安撫司言木州寨舊例年支蠻人犒設紬一十九疋三丈并

豬酒茶塩等近劉顯等于乾道三年擅與蠻人增添絹一百十疋茶四百二十五斤并豬酒塩等次年蠻人遂欲用為久例顯又擅立誓書寫合用大數有永遠支給之文竊慮遂然減落别致生事户兵部勘會欲照應已增數目應副仍令本司嚴行束約已後年分不得擅增從之四月二十三日詔田承遂承襲父田彥仁敘州銀青光祿大夫檢校國子祭酒兼監察御史武騎尉以彥仁自陳年老乞令承遂承襲從本路帥臣保奏也　七年三月十四日四川宣撫使司言武經大夫忠州刺史西南蕃部大巡檢使判獳係羅氏鬼主西南蕃主之後該遇登極赦恩乞與男曉措一名蔭補官職契勘判獳

卷四千二百六十

彈壓所管溪峒蕃蠻并山南十州部族逐年赴長寧軍中馬同曉措把拓邊面別無隱惹透漏亦不缺中馬之數備見忠順詔判獳男曉措特與補承信郎　八年五月六日以權商州土刺史韋文豹為銀青光祿大夫檢校國子祭酒充商州土刺史兼監察御史武騎尉潼川路帥司言韋文豹先以父俊彥亡差權已及三年蠻衆馴服伏乞依條許令承襲故有是命　十一月二十一日修武郎措川城白錦知堡楊進進獻戰馬五十疋并綱帖馬十疋差寔信人管押赴四川宣撫司交納詔楊進特轉一官

續會要　西南蕃

熹改喜

淳熙五年二月二十五日，詔知威州侯英先次放罷，知茂州成戣差知威州，奉議郎呂凝之差知茂州，文林郎廖唐英特與循一資。成都等路安撫制置司言：懷嘉會寨申，嘉上蕃蠻于威州中路打劫知州侯英之子所帶錢粮等物，攸冦威州，累月不息。知茂州成戣前知威州，稍得蠻漢之情，臣遂移戍戣前去韜知威州，選文林郎鈐轄司幹辦公事廖唐英同督兵將及土兵適江討捕，尋執其酋，遂皆迎降。体究到知威州侯英到任以來不恤邊事，專事貪污，乃以私錢呂買茶貨賣入生蕃，侵奪諸蕃之利，以致蕃蠻怨亂。望將侯英亟賜降黜，以為邊吏貪污之戒。其成戣乞故知威州，茂州不可闕官，奉議郎呂凝之累任極邊，欲辟充知茂州。廖唐英乞特賜旌賞，故有是命。

八年四月十八日，詔湖北提刑司將蠻人阿白等馬様計價優與回賜，其蕃蠻一行人令沅州犒設發回，說諭自今不須前來中馬，務在邊境寧靜，毋致生事。仍取問沅州經令入界因依。湖北提刑司張沆言：沅州若溪知寨申，有郡武軍客人吳汝霖深入西南蕃，引到羅鬼國頭角人朱文彪、勝文昌九十七人，馬様八匹，到寨稱是進貢，乞依邕州橫山寨則額置立官場，逐年博馬，買錦綵帛鹽。并探到前項蠻人已入沅州界內安泊放也。既而西北提刑司体究到前知沅州呂援、見任守臣呂勝已放令吳汝霖引接羅鬼國人入界中賣馬。詔呂援降一官，呂勝已降兩官放罷。續詔若溪寨官降兩官放罷。部武軍百姓吳汝霖等往沅州入蕃人界招引羅鬼國入馬，中賣生事，決配二千里。

五月一日，詔沅州傜人出沒作過，令本路安撫司差神勁軍二百人前去彈壓，候秋間發回，仍令本州招土丁二百人于控扼處置寨防托，以沅州守臣聽吳汝霖放入傜人中馬生事故也。

嘉定九年七月二十日，詔武經大夫、忠州刺史阿永男祥承襲充西南蕃部都大巡檢使。以瀘川安撫司言：長寧軍申，阿祥始祖沙取因朝廷差充統軍，蠻推服，并收反賊立功，特補禮賓使。男驚偽承襲，降到內殿崇班、西南部都大巡檢使。次高祖堯所承襲，次呂告承襲，于政和年內收復晏州夷賊，給降武略郎。後緣本蕃遺漏沙取驚偽堯所呂告所授告命照札不存，次落祇承襲，特補武經大夫、忠州刺史、西南蕃部都大巡檢使。次阿祥翁晉唐承襲，次阿祥父阿永承襲。本軍照得晉唐、阿永兩世乞行承襲，緣未及朝廷給降真命，皆銜恨而死。比蓋前時本軍失于不再三力請之過。今阿祥係阿永親男，別無合承襲之人，九世相傳，即非詐冒，兼每年春冬赴官中馬，止請鹽采，並不曾添幫作給料錢。今來阿祥累代承受官資，係朝廷特與酬獎，即無異同，故有是命。

宋會要

黎峒唐故瓊管之地在大海南去雷州岸泛海一日其地有黎母山黎人居焉舊說云五嶺之南人親夷獠朱崖環海豪富兼并役屬貧弱婦人服緦絻績木皮為布陶土為釜器用瓠瓢人飲石沫又有酒樕以安石榴花着甕中即成酒俗呼山嶺為黎居其間者號曰黎人弓刀未嘗離手弓以竹為絃今儋崖萬安皆與黎為境其服屬州縣者為熟黎其居山峒無征徭者為生黎亦時出與郡人互市焉真宗大中祥符二年十一月瓊崖等州同巡檢王釗言黎母山蠻遞相讎劫准前條約不敢擅領軍馬直入掩襲即委首領捕捉到為惡蠻人悉還剽奪貲貨及償命之物飲血為誓放還溪峒悉已平靜詔曰朕常誡邊臣無得侵擾外夷若自相殺傷有本土之法苟以國法繩之則必致生事羈縻之道正在於此五年五月萬安州言黎峒夷人互相殺害巡檢使臣領兵深入掩捕軍士有被傷者帝曰朕累有宣諭蠻夷相殺傷止令和斷不得擅發兵甲致其不靈可令本路轉運使察舉以聞至和元年五月廣南西路經略司言昨送黎賊符護奴婢十人還峒中而符護復以所留瓊岸州巡檢三班借職慕容允則及軍士五十六人來歸允則遣病已卒詔軍士悉貸之以上國朝會要神宗元豐三年十二月二日瓊管體量安撫朱初平言海北之民占請黎

人田黎人無所耕種恐致生事乞禁止令四州軍兵備全少若招誘生黎籍成保甲與黎人相雜分耕教習武藝足以枝梧邊寇從之　哲宗元祐三年正月十三日廣南西路東門峒黎賊傷害兵官詔經略司俟朱崖軍使崔諮到面諭依近旨革舊弊開示恩信令生黎洒然知有所赴想能改過自新者厚撫恤之若姦狡反覆即密以厚賞募熟黎斬首以來或誘出傍近隊報官軍擒捕具施行方略以聞　徽宗政和七年八月十六日詔黎人久為瓊管邊患今其入貢頗有慕義之心沿路券馬請給可令所部監司守臣加等給賜所到州犒設務令豐備授衣月近特賜錢五百貫令置寒服俟到闕日先具數申尚書省於榷貨務支幞頭帽子公服腰帶給賜八年六月二十九日廣南西路經略司言知瓊州郭曄申黎賊王居想等結集登邁臨高兩縣界作過差將領李忠將帶將兵渡海與郭曄同共措置捉殺攻擊巢穴斫獲頭級賊人懼怕請命投降已行撫定遣歸着業邊面寧帖立功人乞推恩特詔每獲一級與轉一官兼重傷更轉一官以上續國朝會要　光堯皇帝紹興三十年十二月四日廣西運判鄧酢上言瓊州臨高縣黎人王文滿劫掠作過酢前任知瓊州日因定南知寨劉薦借文滿銀馬香錢等不還致結連西峒黎首王永聞等攻破定南寨虜劫劉薦男等入峒本州已將劉薦送獄根勘追

出銀馬香錢交還文滿後復犯省地虜殺居民遂遣官部土丁分頭攻殺文滿并走竄伏深峒燒蕩巢穴斫薙賊級生擒黎賊王用賓等立賞收捕文滿及將文滿田盡給軍前有功之人均分耕種訖乞將定南知寨劉薦重賜施行詔劉薦別降指揮施行外廣西經略提刑轉運司多出文榜撫存歸業人戶量行賑濟以上中興會要壽皇聖帝乾道二年十二月二十四日廣南西路經略轉運司言欲行下瓊管及三年守倅多方措置婉順說諭黎人示以朝廷德意歸命使之自新退復省地如能說諭收復省地黎人安帖不引惹生事量功効大小立為賞典如任內有侵犯省地或失省民亦重責罰其先省民逃亡在黎峒之人仰守臣措置多出文榜委曲招誘令復鄉業自乾道元年以前應欠官私稅租債負並與除放復業已後田租科料與依條減放五年如無田可以歸耕許令指射官中空閑地從便耕墾亦免五年稅賦省民既皆還業黎人勢自安帖侵陷省民自然回復詔從之其賞罰依邵州條制施行初言者建議黎獠與省民常為侵誘恐積久為害欲給空名黎人承節郎告四道付瓊管安撫司應諸黎所素服能改過自新盡復田業者請司嚴實給付令彈壓諸峒詔以其言下本路諸司以為非便因別議來上而有是命六年四月八日成忠郎奏辟就權萬安軍事同主管本路巡檢孫滋成忠

郎萬安軍兵馬監押楊獻各特減一年磨勘借補承節郎王平王利學借補進武校尉符安節借補進義副尉符安禮借補進義校尉張禹能各特補守闕進勇副尉鄉貢進士蔡震借補進義副尉楊獻各特與補進勇副尉皆以撫諭招誘水口綱黎人賊王用休功也九年八月十九日瓊安撫司言措置招諭樂昌縣黎人峒首等出參回村協力於舊來基址起復縣宇興條寨柵省民歸業除已將招撫黎人王日存王承福陳顏等權差次借補官資欲俟彈壓及五年邊面寧靜從朝廷正行補授本司擬注海南寨柵差遣義兵統轄黃文廣累戰黎人有功欲乞補授名目下班祇應蔡有權多方撫諭有勞欲乞推賞樂會縣條新興復欲乞將澄邁縣巡檢權移駐劄控制黎民久陷歸業省民欲乞放免三年六料二稅及日前懲負公私債負皆原置詔黃文廣特補下班祇應王日存王承福陳顏並特補承節郎蔡有權特轉承信郎權移巡檢駐劄令諸司從長審度餘從之

宋會要

哲宗元祐四年六月禮部言邈黎國般次冷移四抹栗米等齎于闐國黑汗王并本國蕃王表章貢奉緣自來不曾入貢請比附于闐國進奉條式從之今後更有似此而不依解發條乞貢並說諭許就本處交易訖令歸本國以上續國朝會要國朝中興乾道會要無此門

宋會要　瓊州府峒　黎峒

光堯皇帝紹興三十年十二月四日廣西運判鄧酢上
言瓊州臨高縣黎人王文滿刼掠作過酢前任知瓊州
日因定南知寨劉薦借文滿銀馬香等不還致結連西
峒黎首王承閏等攻破定南寨虜刼劉薦男等入峒本
州已將劉薦送獄根勘追出銀馬香錢交還文滿後復
犯省地虜殺居民遂遣官部土丁分頭攻殺文滿竄走
竄伏深峒燒蕩巢穴所獲賊級生擒黎賊王用賓等立
賞收捕文滿及將文滿田盡給陣前有功之人分耕種
訖又唐故瓊管之地在大海南去雷州岸泛海一日其
地有黎母山黎人居焉又黎峒風俗云五嶺之南人親
夷獠朱崖環海豪富兼并役屬貧弱婦人服緦緶績木
皮爲布陶土爲釜器用瓠瓢人飲石沐又有酒椒以安
石榴花着甕中即成酒俗呼山嶺爲黎居其間者號曰
黎人弓刀未嘗離手弓以竹爲弦今儋崖萬安皆與黎
爲境其服屬州縣者爲熟黎其居山峒無征徭者爲生
黎亦時出與郡人互市焉又壽皇聖帝乾道二年十二
月二十四日廣南西路經畧轉運司言欲行下瓊管及
三年守倅多方措置婉順説諭黎人示以朝廷德意歸
命使之自新退復省地如能説諭收復省地黎人安帖
不引惹生事量功効大小立爲賞典如任内有侵犯省

地或失省民亦重責罰其先省民逃亡在黎峒之人仰
守臣措置多出文榜委曲招誘令復鄉業自乾道元年
以前應欠官私税租債負並與除放復業已後田租科
料與依條減放五年如無田可以歸耕許令指揮官中
空閑地從便耕墾亦免五年税賦省民既皆還業黎人
勢自安帖侵陷省民自然回復詔從之

續宋會要

淳熙元年八月一日詔承節郎王日存等許子孫承襲
瓊州言據日存等狀祖父居薩元係入貢蒙恩補成忠
郎至宣和年被諸黎作過侵犯占據省民近蒙安撫司
差人入洞撫諭諸黎出恭祗受犒賞及借補官資回洞
彈壓招遣久陷百姓歸還省額田土蒙恩補承節郎已
望闕謝恩祗受訖乞保受如遇事故許子孫承襲故有
是命四年十二月七日詔保義郎博吉知寨權巡檢蓋
昊進依收捕猺賊陣亡官兵體例推恩廣西經畧司言
萬安軍管下黎人王利孝等侵犯省地本軍差昊進前
去把截兵力孤少被黎賊殺死委是忠勇乞特推恩故
有是命八年六月二十三日詔王氏襲封宜人瓊管司
言承襲宜人三十六洞都統領王氏狀祖本化外昨於
皇祐熙寧間歸順王化彈壓三十六洞黎人捍禦隘口
正係瓊管喉舌之地緣氏三代受朝廷告命及至母黄
氏承襲彈壓邊界寧靜至紹興二十年内因瓊山百姓許

益結集作過，却依黎法俵箭逼脅諸生洞入火母親黃氏不敢失墜親往諸洞說諭化外黎人各皆安靜莫肯同徒至乾道七年五月十九日準勅告瓊管守臣言汝以健婦自將羣盜寧息旌以褒律嗣其母封弗懈益虔培埴後福可特封宜人黃氏祗受統領歸化生熟黎徭弗令侵犯省地令氏祖父母及母黃氏自受官爵封號以來逐月俸給不曾請領惟藉朝廷敕旨撫遏諸洞於乾道四年內母黃氏具狀投瓊管司緣為年邁別無兒男只有一女乞與依條承襲故有是命十二年二月四日詔保義郎陳升之減磨勘三年樞密院進呈廣西經畧安撫司奏權瓊州王佩申今年正月樂會縣管下白

卷一萬三千八十一　三

沙洞主黎人王邦佐等聚集黎人五百餘賊作過及與地爛陳詰讐殺即時出給旗榜差升之部領兵校前去撫諭各得寧靜及捕獲殺人軍賊林智福等乞賜推賞上曰黎人聚集作過萬一撫諭不定必須獲罪故與減三年磨勘以旌賞之淳熙十六年十一月二十三日詔瓊州澄邁縣人黃弼守寨有勞與補承信郎差專一彈壓本界黎峒先是瓊管司奏本州宣和年間創置西峯定南為兩寨以阻阨黎人元差知寨并同管轄四人一年推賞凡用四官得之者反以為憂為其水土惡弱竊見澄邁縣大寨舊係王宜人鎮遏一帶黎峒朝廷錫封旌表令其姪黃弼守寨歷年沉勇有謀遠近推服欲望

特補一承信郎名目令專一彈壓黎峒請給並依正官自此不必更行堂除知西峯寨人故有是命紹熙四年四月五日詔郴桂衡道諸州溪峒徭戶不係省民者並免隨稅均納夏秋免役錢從桂陽軍之請也　紹熙五年七月七日登極赦湖南北辰卲州徭人昨因饑荒輒入省地作過雖已行招捕竊慮餘黨尚懷反側自赦書到後應干日罪犯一切不問並行赦原各仰歸業同日赦辰卲州徭人昨因饑荒輒入省地作過已據湖南北諸司見行招捕竊慮省地居民逃避未盡歸業并人戶因官司調發般運錢糧守把關隘或致耕種失時荒廢田土雖已賑恤尚慮未能週遍可令逐路監司委州縣更切當實

卷一萬三千八十一　四

厚加賑恤嘉定九年五月四日詔宜人王氏女吳氏承襲充三十六洞統領職事以廣西經畧瓊管司言據澄邁縣譚官村父老謝汝賢等稱大寧寨與權承襲宜人吳氏並隣於嘉泰二年宜人王氏年老乞將邑號及三十六洞統領職事與嫡女吳氏承襲彈壓經管一十餘年管幹邊面肅靜黎民安居吳氏繳到母親王氏告命及保官委保寔係故王氏嫡女向上別無合行承襲之人係在條限之內故有是命

宋史

宋會要

黎州諸蠻

八年懷化將軍勿尼等六十餘人來貢下
賜冠帶器幣有差八月

太平興國二年遣使以名馬來貢乞頒正朔
黎州沐牙將侯進部送詣闕詔賜錦衣塗金銀帶有差九月

八年蠻主弟牟昂等來貢
貢馬黎州推官張輅部送赴闕九月

雍熙三年勿尼等復來貢馬

雍熙三年九月十二日勿尼等遣使來貢詔加勿尼檢
校吏部尚書賜勅書錦袍銀帶襲衣銀器時又有蠻王

卷四千二百三十四

子李奉忠附勿尼使獻馬亦賜勅書器幣端拱二年七
月勿尼遣使將軍離魚以官告銅印來馬二百疋
至道元年五月詔加歸德大將軍牟昂檢校司徒王子
懷化將軍少益為保順將軍王叔副使懷化司階離襪
為懷化郎將皆以其輸誠內附也真宗大中祥符九年
五月山後兩林三十七部落王李阿善遣使來貢
天禧二年八月阿善遣將軍畢熱等百五十人來朝貢
犀象莎離毯馬等神宗熙寧三年八月二十七日大渡
河南邛川山前山後百蠻都首領苴尅貢賀登位馬三
疋犀一座勅書褒賜器幣衣帶九年五月二十四日權
梓州路轉運使陳忱措置瀘州淯井監山前後十州納

溪後藍順宋納四州并安樂武都等夷人輸款納租把
拓邊界賜書褒諭淳熙元年正月九日詔黎州界吐蕃
種落侵犯邊境訪聞邛部川都鬼主崖䊷率衆從後掩
殺追走備見忠効令四川宣撫司斟量功勞保明聞奏
特與旌賞仍擬定合推轉是何官職申樞院五月十三
日詔崖䊷弟崖示爲次與吐蕃見陣力戰身死崖示特
與贈修武郎其子勿普特與補承節郎以四川宣撫使
司參議官趙彥傳申崖示與吐蕃力戰身死有子勿普
乞與備補進义副尉故有是詔二年七月七日詔黎州
係與蕃蠻接境凡有邊防事件自合申帥憲司近有蕃
蠻出參其本州專擅接納縱遣一面和斷知州秦嵩放
罷令制置提刑司選差公廉有才力人八月五日詔制
置使范成大於本路諸州軍係將不係將禁軍內均選
強壯作兩番每番七百人分上下半年於黎州屯戍委
制置司置辦衣甲軍器等差有智勇兵官一員統轄訓
練與輪戍大軍三百人同其防托成大奏奉御筆體究
黎州邛部川崖䊷部又兄弟爭殺事令探聞五月二十
九日有兩林蠻王弟龍畏首領崖來等同部又率人馬
三四百來攻邛部川之籠甕城不克虜掠牛羊千餘崖
䊷遣人追逐殺三人部義等復歸兩林崖䊷見守籠甕
自圖照得崖䊷部又兄弟相攻未已臣已行下黎州嚴
切隄備并遣發吏戍西兵前去守把故有是詔二十日

詔前知黎州守文紹直特送千里外州軍編管秦嵩會
令四川制置司疾速取勘以范成大言黎州申五月六
日安靜寨押到蕃部首領奴兒結等九名還納所虜漢
口周往係等三十九名乞再行打誓依舊入省地互市
本州已將入口津送歸業其奴兒結等亦支犒設發歸
部訖照得本朝故事蕃、作過若欲復通須還虜去人
口如何但得三十九名便與打誓通和故也七年八月
八日樞密院編修官李嘉謀言黎州邊面近則有曰邛
部川曰河南蠻曰女兒城蠻曰青羌曰吐蕃曰五部落
遠則有大小雲南州之三邊大抵諸蕃環列今乃獨以
馬跋曰至太守之庭量度分寸較計毫末被既押玩太
守始有輕蔑內侮之心自今宜令通判專任市馬太守
專任邊事沿邊土丁迺是邊地根本其出入山坂耐習
瘴霧與夷俗同今若欲漸復土丁宜加意存卹黎州邊
境瘴癘特重每歲秋夏間椒花始開煙瘴盛作而欲歲
使兩郡之兵久屯其間豈為長策莫若以土丁代戍則土
丁生理未全緩急難恃又況黎州過大渡河外彌望皆
是蕃田每漢人過河耕種其地及其秋成十歸其一謂
之蕃租土丁之耕蕃地者十有七八竊見蕃部所經殘
掠去處久例多逃田今宜措置以若干畝召募土人為
軍春秋量給衣賜止刺手背謂之土軍勿與州郡軍士
相參即其土豪以為頭首黎州州城三面斗絕獨有北

門一路通入內郡此實郡治咽喉竊見黎州北門外山
自相公嶺而下始慢而微平州城即居其址（趾）嶺上既極
高峻春秋復有積雪非久屯之處今宜令去城一二里
間缺嶺之勢措置一寨以備非常詔市馬一事通判專
任外餘札與守臣龔總相度措置施行二十三日四川
制置司申已措置戒約黎州土丁自今不得與蕃蠻爭
競上曰如此州專仰土丁長蕃蠻之桀驁可諭制置司
令分曲直毋得一偏十月十六日黎州五部落蠻納降
欲進馬三百匹并獻珊瑚等乞盟詔樞密院發金字牌
卻其獻止許互市八年閏三月二十四日詔墨崖與承
襲叔父崖戩官爵金紫光祿大夫行懷化校尉充大渡
河南邛部川山前山後都鬼主黎州中邛部川蠻王蒙
備身故有男墨崖七歲不能任事推立蒙備弟崖戩承
襲自承襲後數年交爭內自儺殺馬路緣此不通崖戩
身故之後方是寧息通行推立墨崖承襲官資今已十
九歲乞降告命故有是詔六月二十四日詔四川安撫
制置陳峴黎州小擾之後措置已為詳備訓練兵將激
厲土丁整葺器械自可臨時破敵如或倉卒必假調發
大軍一州已被殘擾軍至則禹人退伏巢穴勞師無功
邊帥常蹈襲而不悟今更當預擇良將以備緩急之用
卿宜體此毋忽可就用金字牌條具回奏同日詔四川
制置司遂路帥臣將見任路鈐都監付等逐一依上銓

量如有庸謬不任職之人別無差遣從制置司選官奏差塡替責以常切訓練軍兵整葺器械備禦悞事制置與本路帥臣次第任責俟有勞效賞亦如之以樞密院言昨黎州蕃部作過賈和仲成光延無謀失利顯是帥臣平時不能銓擇兵將官以致倉卒悞事理宜申飭故也七月二日詔黎州將本州人戶税米估錢每石並與裁減三貫內土丁之家已經裁減者更與兩貫其所減數從四川制置司那融每歲支下黎州補充支遣先是制置使陳峴奏黎州極邊重山複嶺物產荒薄又經去歲騷動民力彫乏理宜優恤契勘本州米價每石不過五六千而百姓税米自來不令輸納本色却每石估錢一十三貫文除土丁之家曾經紹興三十年裁減只作八貫文理納外其餘税戶至今仍納一十三貫文實爲重困故有是命八月八日詔自今黎州屯戍土軍禁軍等並聽黎州守臣節制其西兵遇有邊事亦聽本州守臣節制樞密院編修官李嘉謀言邊事利害任專則成功權分則敗事今黎州小寇制置司措置捍禦而後有他司牽制是制置司事權不專也制置司遣西兵於黎州而或不委黎州節制是黎州事權不一也自今乞以黎邊而專委制置司措置諸司皆稟命而後行凡制置司所遣兵將至黎州亦當委黎州太守節制庶幾上下協心事權不分易於成事故有是詔十一年十二月六

日進呈留正事措置事宜王淮等奏沈黎之南有三正等乞先治其易者蓋猎五部落然如五落往者豈得謂之易上曰往者五部落事自是措置失宜所以黜責吳總等十五年七月九日詔四川制置司趙汝愚可除龍圖閣直學士其守禦將官關具職位姓名保明聞奏以汝愚等據黎州盤陀知寨魏澤中探得奴兒結并弟三開正妻皆死其族屬尚有遺種及隣近諸羌昨來結連作過者恐尚懷反側已下本州乘此事機隨宜撫定今據黎州申部將常顯安靜知寨魏大壽部領青羌老宿賴苗珍羌村主失落托等引領到降青羌失落盤廉八三開後妻敉蒙曳男鸋落耶等并白水來歸業人王文有王文歡王念一王仁有等四名執降旗赴州本州已斟量支犒發遣回部仍各與標撥田段給牛犂種子常切存恤各令安業故有是命

邛部川蠻

賜牟昂等衣服銀帶錢帛有差詔太平興國四年八月諾驅遣其子阿道來朝貢詔授阿道懷化將軍其副使傔從各加官遣之至道三年九月詔曰昨邛部川蠻朝貢有華人亡入其境者亦與偕來意冒賞賜自今如有此類宜令益州馬知節辯認壁革之咸平二年又言俟趙勿姿迴欲再遣將軍牟具進奉詔賜弓二箭

十許其貢奉仍降敕書諭之大中祥符元年
仁宗景祐五年五月十一日大渡河南邛部川蠻入貢
乞三年一次上京進奉詔令五年慶曆四年正月十六
日黎州言邛部川百蠻都鬼主黎滅初秋令將軍阿濟
等上京進奉從之五年四月邛部川遣進奉大副使趙
離姑大副使又施大副使賈祖大副使任進哥將軍阿
濟入貢神宗熙寧四年九月邛部川蠻遣將軍卑即已
下十四人入貢元豐三年三月二十八日詔故懷化校
尉大渡河南邛部都鬼主苴尅男韋則為懷化校尉大
渡河南邛部川都鬼主光堯皇帝紹興十二年六月六
日嘉州上言虛恨蠻人歷階等領衆侵犯中鎮等寨虜
掠寨將茹大猷等入蕃部防拓累年耗費不貲今都王
歷階遣蠻將軍葉遇等二百八十六人送還茹大猷并
土丁人等於界首波恩神堂前折箭將都王歷階頭牟
皮甲手刀御納設誓永不侵犯為國藩籬如是三年邊
界寧靜乞如歷階官爵本州以等第激犒鹽茶并給都
王歷階錦袍鍍金銀腰帶幞頭紫袍填補進武校尉綾
紙付葉遇等皆望闕山呼謝恩並已發回蕃部詔候及
三年邊界寧靜本路帥司保明聞奏當議推恩二十七
年四月十九日成都府路鈐轄司上言嘉州中鎮寨連
接虛恨蠻部族先據都王歷階歸降蒙朝廷補官今歷
階年老退都王名目與其子蒲底乞補授官資詔蒲底

補承信郎候及三年邊界寧靜取旨

風琶蠻

景德三年八月十一日曩莪遣使烏栢等來貢犀角象
牙鹽師子莎蘿幔青緋間色莎蘿幔莎蘿鞍複莎蘿勒
帛莎羅花毯白莎羅白氈黑犎牛青羊等烏栢又獻馬百
三十匹賜冠帶錦袍綿帛有差二十四日詔授曩莪歸
德將軍烏栢歸德郎將又以大副使懷化司階蘇屈等
三人為歸德司階卑瑰等十三人為懷化司階小副使屈
苴等二十九人為懷化司戈時烏栢等入貢上言咸平
初已霑朝命原再加官秩故有是命仍乞以所乘馬貿
易於京師并從之其押伴黎州教練使樊裕邕州都押
衙費衆盈亦加檢校官遣之九月詔給風琶蠻使冬衣

保塞蠻

保塞蠻在黎州之西南頗以善馬來市太祖開寶六年
四月黎州上言保塞蠻七十餘人自大渡河來歸真宗
大中祥符二年八月益州上言邛部川蠻殺保塞蠻貢
馬蠻十八人即移牒黎州得報稱邛部川與山後兩林
素有讎隙殺保塞蠻者乃大渡河外蠻也因下詔本州
蠻自今不得與河外蠻相侵擾本州及巡檢使臣不入
輒入溪峒邀功生事哲宗紹興元年十二月十三日樞
密院言嘉州犍為縣有黎蠻逼近寨下詔令本路鈐轄
司體量事因以聞光堯皇帝紹興二十六年正月二十
九日新知黎州唐秬朝辭進對奏云臣所治黎州控制
雲南極邊在唐為患尤甚自太祖皇帝即位之初指輿

地圖棄越嶲不毛之地畫大渡河為界邊民不識兵革垂二百年昨蒙遣鍾世明裕民川蜀鐫減虗額人受其賜吏乞降詔撫諭庶幾蜀民扶老攜幼共聞德音上曰卿嘗上書論列頗首久之二十七年十一月十七日都大提舉茶馬司言黎州蠻甲頭李靚等報青中馬蠻客崖遇將帶王子俔等自己馬錢雇大渡江土丁十五人擔擎請到馬價錦絹等前歸到大渡河南在蠻界被漢人四十餘人持刃將崖遇殺死并殺傷蠻奴劫奪財物本州已收捉賊首漢人張大二姑并其徒伴二十六人根勘本司行下黎州將追到贓物日下給還仍將賊徒盡實根勘本州遂勒牙子揚實等說諭蠻人崖䖍同水尾村人户商量賠還價錢訖今照得此事係因蠻人牽馬中賣被邊民過境界劫殺中賣蠻人劫取錢物六千餘貫情理兇惡今來部一面用夷法和理斷非惟引惹生事兼恐有礙馬政顯見本州知通率意妄作措置失當詔知州唐秬通判陳伯強並放罷令本路提刑司將行兇為首人一名特決脊杖十五送千里外州軍編管餘人釋放今後并依見行條法施行壽皇聖帝乾道元年閏正月二十三日詔以黎州管下邛部川蠻都王崖襲承襲兄蒙備金紫光禄大夫行懷化校尉充大渡河南邛部川山前山後都鬼主從四川宣撫司請也五月十八日詔罷黎州知州宇文紹直生青羌中馬不支價

錢致憤怒作過侵犯省界後遣推官黎商老等諭說因致陷沒也八月二十八日試右諫議大夫兼侍講蘇嶠言沈黎青羌侵擾邊郡戕殺官吏夷人尚未退聽内郡調兵運糧人情不安其黎州見今調兵運糧防守次第乞專委本路帥憲司務令民夷安輯上寬西顧之憂從之九月七日步保武安軍節度使四川宣撫使虞允文言青羌首領奴兒結等二十餘名赴黎州謝罪就將馬入中邊還被虜人口權州事王昉輒多支金帛便行發歸意在貪為己功更不計顧黎州近蕃非止一族日後做傚滋長邊患無以示懲詔王昉降兩官罷黜十月二十五日樞密院言黎州土蕃近復寇邊乃青羌之別族見過三衞直攻虎掌寨距步可到城下城中坐觀無以禦之詔四川宣撫司火急行下城都府帥司差撥將兵二千人選差諳練邊事有心力智勇兵官往黎州屯戍捍禦

全唐文

宋會要

儂氏廣源州蠻也其先韋黄周儂四氏為州首領互相劫掠唐邕管經畧徐申撫之遂定自交阯竊據而州多服役之地在邕管西南鬱江之源其巖險峻深産黄金丹砂頗有邑居村聚椎髻左言善戰鬭輕死好亂初知儻猶州儂全福殺并三州之地而卒為交阯所虜其妻阿儂遂嫁商人生智高年十三即殺其父阿儂更嫁特磨道儂夏卿而智高冒姓儂氏奔雷火洞復據儻猶為交阯所拔交阯釋之以知廣源州又以廣火頻婆四洞及思琅州屬之然内怨交阯頗刼掠其地僭稱南天國改年瑞景久之求内附既未得請遂寇廣南仁宗皇祐元年九月廣南西路轉運司言廣源州蠻寇邕州詔江南福建等路兵備之十二月遣入内東頭供奉官高懷政往邕州與本路轉運使督捕蠻賊

三年二月廣南西路轉運司言廣源州蠻首領儂智高請内屬詔本路轉運使提點刑獄鈐轄司具利害以聞三月廣南西路轉運司言儂智高奉表獻馴象及金銀詔轉運司鈐轄司止作本司意答以廣源州本隷交阯若與其國同貢奉即許之四月智高率衆五千沿鬱江東下四年五月智高破邕州殺知州陳珙通判王乾祐廣西兵馬都監張立及官屬四人兵死者千餘人智高入州閲所上金函怒謂珙曰我請内屬一官以統攝諸黨汝不以聞何

也珙言已奏而不報索奏檢又不獲遂扶出珙病目不能視臨被殺猶求効用不聽遂殺之智高僞建大南國置參政二員改端懿元年是月智高陷横貴龔潯藤梧六州知州張仲回李珤張序李植江鎡棄城而遁又陷封康二州知州曹覲趙師旦死之又陷端州知州丁寶臣亦棄城遁遂圍廣州前二日有告急者知廣州仲簡不聽又不為備及賊暴至爭先入城後至者皆附賊官軍出陣不利凡圍五十三日乃去六月詔同提點廣南東路刑獄内殿崇班閤外祇候李樞與知桂州崇儀使陳曉同捉殺蠻賊仍令轉運鈐轄司發兵應援之命知潭州余靖為廣南西東路安撫使知桂州閤門通事舍人曹修為同體量安撫經制賊盜七月命知桂州余靖經制廣南東西路賊盜事是月詔廣南有販糧食以資蠻寇者其首處死從者配嶺北牢城舟車沒官以樞密院言蠻賊徒黨無慮二萬人計日食米五百碩非有資其糧餉者則勢不可留犯者請法外處之故也是日蔣偕擊智高于路田軍敗南恩州巡檢楊逵南安軍巡檢邵餘慶權宜駐州巡檢馮岳西路捉賊王興萇用和死之八月詔廣南東路同體量安撫經制賊盜楊畋以遣將佐兵甲既集當相形勢緩急一舉而撲滅之恐賊乘風下海緣海州及瓊管之地厚戍以兵則勢不足失備又乘隙而至如能斷其海路則不以月日淹速計也所請康定中行軍約束及賞罰格令令降下

其欲差官刪定模印事非應速及須檢法官亦可於轄
下選之朝廷既令節制諸將其軍旅戰陣之事自當從
長處決毋用中覆是月改新知泰州孫沔為荊湖南路江
南西路安撫使內園使陵州團練使入內侍省押班石
全彬副之詔沔等若軍中須人任使聽於江南東路抽
差九月智高入昭州知州柳應臣棄城州有山山有數
穴其大皆容數百千人民逃其間悉為賊焚死十月以
宣徽南院使彰化軍節度使狄青為荊湖南路宣撫使
都大提舉廣南經制賊盜事是月狄青言自儂智高寇
嶺南而諸將專用步兵以抗衆高履險之賊故每戰必
敗請下鄜延環慶涇原路擇蕃落銳軍曾經戰陣者各

五十人仍逐路遣使臣一員押赴行營從之是月智高
陷賓邕二州程東美宋克隆棄城而逍是月詔廣南將
佐皆稟狄青節制若孫沔余靖分路討擊亦各聽節制
十一月詔知桂州余靖所招九溪峒蠻願助王師者恐
蓄姦謀陰與賊合其與狄青孫沔常防察之是月廣南
西路走馬承受公事李道宗言聞交阯將發兵二萬人
谿水路入助王師以討儂智高是月詔廣州魏瓘廣東
轉運使元絳凡守禦之備毋得苟且為之若民不暫勞
則不能以久安其廣州城池當募蕃漢豪戶及丁壯併
力修完之若無捍敵之計但習水戰寇至。而鬪非完策
也時智高還邕據州日採木造舟而揚言復趨廣州也

十二月廣南西路兵馬鈐轄陳曙擊智高軍敗於金城
驛是月知桂州余靖言交阯今歲當入貢屬儂智高叛
道阻不通累移文乞會兵討賊而朝廷久未報覩其要
約甚誠若許令助討除縱未能盡滅其黨亦可使益相
離二已於邕欽州備萬人糧以待之詔安南靜海軍給
緡錢二萬令起兵候賊平更以三萬緡賞之五年正月
詔廣西轉運司交阯請發兵助討蠻賊緣已遣宣撫使
狄青行宜移文止之二月狄青言領兵至邕州陣于歸
仁鋪賊皆執大盾標槍騎將孫節為前鋒死之青麾蕃
落兵張左右翼出其後急擊大破之智高遁去詔狄青
梟黃師宓等首于邕州城下以其餘築京觀于歸仁鋪

詔廣南西路兵馬都監蕭注邕貴欽橫潯賓龔七州都
巡檢使王成廣南西路兵馬都監于震同追捕智高其
有能獲智高者除正刺史同立功人以次甄賞之五月
三日廣南西路經略使余靖言智高逃入外界蔵避詔
靖乘此機會募人擒戮無令淹久却致嘯聚十二月廣
南西路安撫司言大理評事黃汾三班奉職黃獻珪邕
州司戶參軍石鑑道州進士吳舜舉捕獲儂智高母并
其子弟四人于特磨道詔護送京師以獻珪為左班殿
直鑑舜舉並為大理寺丞汾為衛尉寺丞至和元年六
月益利路鈐轄司言得黎州申儂智高自廣源州遁入
雲南詔本道應蠻人出入要路皆預擇人備禦之十一

月權御史中丞孫抃言西川屢奏儂智高收殘兵入大理國謀寇黎雅二州請下知益州張方平先事經制以安蜀人從之二年六月戮儂智高母於都市智高反偽稱皇太后天資慘毒嗜小兒肉每食必殺小兒智高攻陷城邑皆其謀也及智高敗奔大理國而保特磨道依其夫儂夏卿收殘衆得三千餘人習戰騎欲內寇石鑑等發峒兵掩襲擒至都下給食養飼以招降智高父之傳智高死遂并其弟智光及二子繼宗繼封戮之　嘉祐二年四月邕州言火峒蠻儂宗旦入寇五年十月知潭州王罕言在廣西日見儂宗旦嘯聚其衆又數出摽掠恐終為邊患請下本路設策招安從之七年十月廣

西經畧安撫司言知火峒忠武將軍儂宗旦知溫悶洞三班奉職儂日新願以所領雷火計誠諸峒內屬却給省地歸樂州永為省民詔宗旦等各遷一官仍以耕牛鹽綵賜之十二月廣南西路經畧司言廣源州蠻儂平儂亮儂夏卿自特磨道來歸英宗治平二年七月九日以知順安州忠武將軍儂宗旦為右千牛衛將軍宗旦本智高族人所居日火峒嘉祐二年知桂州蕭固招之內屬以為忠武將軍補其子日新為三班奉職後以盜邕州稅至是宗旦與李日尊劉紀有隙畏偪知桂州陸詵等因使人說之遂棄其州內徙故有是命治平四年八月六日神宗即位未改元　知桂州張田言得欽州石鑑狀蠻

賊儂智高猶在大理國及嘗往來蜀中如聞與大理結親聚集蠻黨制造兵器訓習戰鬬不可不為朝廷慮乞密詔廣西經畧安撫司并東西兩川鈐轄司常切過防詔令石鑑體問鑑奏智高作過經今已十五餘年恐是蠻人詭詐詔廣南西路經畧司更切差人探候如智高果在亦勿致張皇神宗熙寧二年二月廣南西路經畧安撫司言訪聞儂智高見在特磨道已令知邕州陶弼密切探候暗作隄防詔更切探候虛實聞奏仍令諸處常切隄備九月四日又言據外界古勿峒頭首賫到儂智會文狀願歸明只乞在本峒居住不敢於省地作過乞賜與官爵其餘頭首亦等第與名目詔儂智會除右

千牛衛將軍依舊知古勿峒儂進安與保順郎將依舊同知古勿峒仍各賜錦袍金塗銀帶其餘首領等有恩賜令本司勘會聞奏十月又言蠻人忠武將軍儂平保明儂智會歸明其智會已授左千牛衛將軍却在儂平之上乞如儂平官爵詔平為保明儂智會歸順與轉本監門衛將軍十一月五日詔儂宗旦儂日新胙因張田奏為置在沿邊不便已移洪州監當此州控扼二廣之衝訪聞宗旦徒類萃在任所者甚衆況此輩盡是智高殘黨使聚居要地密邇廣南道實為非便令分隸近北諸路三年正月二十六日廣南西路經畧使潘夙言廣源州儂智高殘徒盧豹黎順黃仲卿歸明乞各與左班

殿直，於省地溪峒順安州居住，從之，仍加檢校官。六年四月三日，廣南西路經畧司勾當溫杲言：詔補儂宗旦、儂智會等以將軍官，緣夷人不知此官，欲乞一近上班行或副使。詔宗旦、智會並與供備庫副使，宗旦桂州都監，智會知歸化州，日新充邕州監押。元豐二年五月九日，廣南西路經畧司言：順州蠻叛，知歸化州文思副使儂智會率丁壯千二百餘人應援，乞推賞。詔智會為宮苑副使。六月七日，廣西提點刑獄劉宗傑言：知邕州劉初申，監涑州奉職黃榮高等下頭首斬知宮闕峒儂智春，并執其妻子，乞加優賞。上批：可下曾布速具有功人姓名，比優例取旨。智春先為內殿崇班，與知武陵峒麻

卷六百四十

七

順福合謀攻順州兵敗，復趨交阯求援，至是平之。三年正月二十九日，詔給歸明人宮苑副使儂智會全俸，以智會年老有功也。哲宗元祐二年六月二十二日，權知桂州兼主管廣南西路經畧司苗時中奏：儂順清占奪任峒，與梁賢智父子互相持害，請將順清并家屬就湖南近裏州軍編管，依例給田土。樞密院言：任峒元係儂順清父祖主管，雖因梁賢智父子占奪不當，私相讎殺，及與廣源州楊景通交通，已該登極大赦，請特依歸明人例，與茶酒班殿侍，其家屬令廣南西路經畧司差人押送道州，給賜田土，羈縻，無令出入。從之。

宋會要

南蠻傳

嘉定元年，郴州黑風峒猺人羅世傳寇邊，飛虎統制遣寧戰沒，江西湖南驚擾，知隆興趙希懌、知潭州史彌堅共招降之。二年，李元礪、羅孟二寇江西，江攻破龍泉縣，李再興戰歿。元之江州駐劄都統制趙疑亦戰死。初，吉州獲賊長七人，繫獄，土豪王從龍為賊畫策，賂吉守李綑得縱還，賊遂無所忌，有佚押隊者領兵戍龍泉境上。元礪復用從龍計，推牛釃酒以犒官軍，賊至，官軍皆醉，狼狽敗走。寇之初起甚微，賊伺知議論不一，故玩侮官

卷四千二百三十二

軍，方江西力戰則求降湖南，湖南戰則求降江西，牽制王師，使不得相應援。其後命工部侍郎王居安知隆興，擒獲之，溪峒畧平。會要：嘉定三年二月五日，江西兵馬鈐轄司言：照得李元礪等聚衆結集作過，本司出榜招諭上戶充隊官，招集鄉丁防扼鄉井，如能戮力向前勦捕，與推賞補校官。督捕贛州勦到本州充孝寺僞僧陳法安受歸朝書，僧李福興說誘入湖南賊徒內招賊前來贛州興寧縣賄賂順甲役人品，衣等圖為內應作亂。來賊間陳法安道過陽官劉天祐、劉國賢統率鄉丁到來，捉下陳法安根問，通說因依，經贛州陳論，進李楠興下獄，皆有實蹤，已並第處斬。若非劉天祐首獲陳法安道敗其情，則一郡生靈實遭塗炭。方劉天祐賊未平，難從常格推賞，理宜特與。仰民本司作補劉天祐、劉國賢承節郎，已給降真命，被受訖。劉天祐、劉國賢各特補承節郎，並差充江西兵馬鈐轄司準備差使，日後更不作闕。三月十四日，詔劉禹特補承信郎，劉鼎、鄧鄧、鄧扶當身並特補進義校尉，以廣東經略言禹等收捕郴州九峯洞賊首功，故有是命。四月二日，詔武功大夫、來南等六將、贛州駐劄魏澄追五官勒停，送藤州編管，寄理陳節郎、贛州寧都縣青源追遠，捡五有功，追毁出

身以來文字除各勒停送夔州編管以江西提刑李珏言峒賊犯南安軍南康縣境澄等縱敵擁兵先遁以致昭設平將殘破縣邑故有是命七月三日詔江州都統制趙遷特贈武翼大夫與兩子恩澤更與一名進義付尉以江西提刑李珏言遷補峒賊鬪死故有是命嘉定四年八月七日直秘閣成都府路提刑李壘言照得董蠻夷都兩部族今春前來作過目下雖已退伏巢穴然夷情狡獪未易測量竊恐秋冬復出侵犯且前時殺掠官兵丁民甚數過多罪亦不容輕赦與勸夷都兩部族上衆嘉定之初襲為下違敘州之宣化在嘉定則有請稅吏編之寨在敘州則有中島互市之場故嘉定敘州兩處邊事相關至切若使此一心互為救應則雖有小警亦可旋即底定若一有乖剌不相為謀則意外之虞蓋未易言紹興乾道間夷都兩犯利店淳熙十三年九月馬湖與夷都合懲羅焉照得兩蜀邊面舊來體例凡邊蠻賊作過必先止其歲犒絕其互市發兵措戍議將守或議攻討或先令州處夷將分明開諭俾歸還所虜人口及隘遷已死人育借盾膝請命乃赦其罪與還吏敦如中立信誓自今以後永不犯邊方與放行歲犒及通互市漸次撤警班師各伏處漢安于無事蓋蠻賊生理所資悉仰給於漢若歲犒既止要定而互市又絕于敘南則其部族之內即自窘困自然悔恨懷不自安

卷四千二百三十一

前後官司區處之善皆無出于此淳熙十三年趙汝愚任四川制閫日凡所施行案牘具在猶可舉行今春制置大使司區處亦是與趙汝愚已行過事宜一同竊謂已見之效所當先者莫若止歲犒絕互市之為急所有嘉定府諸寨歲犒已令截日住行支給似聞蠻賊已自悔退然若不絕其互市則猶未足以制其死命但互市之權實在敘州而敘州以不屬本路之故便懷觀望有秦越肥瘠相視之意於互市一事全然不肯任責妄亂中陳巧作推避兼訪聞馬湖初破利店之時即以所掠商之物公然將出貿易於敘州之境敘之邊民利於贏十百之利上下共事故不樂於互市之絕雖已累次移文敘州禁約其本州終是不奉行滅裂近據閫報稱馬不來互市已久不待而自絕然本司遣人密往察視則本州雖公言止絕其實私下貿易交通一切如舊如是則蠻賊何由悔罪屈服請降以歸所虜之人欲乞速下敘州守臣須得與嘉定府同共以管邊事協力一心不可各分彼此陰拱坐視致失事機仍委自守臣督責夷將前去蠻都明行開諭俾歸所虜人口并陪還骨價及款首縛作過之人以贖前愆侵犯之罪如不遵從尚敢負固狠抗則便須截日將公私互市悉嚴行禁絕不得徒為文具仍訓勒義兵揀選犀銃與嘉定之兵相為犄角或當乘機進討亦須必取萬全庶幾中國之威一伸小醜

自然知畏遯隱可保百年安靖西南幸甚又契勘利店舊寨在溪瀘江之南今春董蠻夷都兩族紀邊合力攻破焚蕩殺掠為居甚慘前來本司及嘉定府見得此寨已是賊殘不欲後於故地備築運移建本寨於籠江之北後來詳問乃知舊寨舍展汛峭等州沿邊谿洞去處委監司守臣相度係具衆工通融財賦招募壯勇之人充弓弩手耕食其地責以捍禦蠻繇武官給室廬耕具貸以種糧口食仍於農隙數練兵事此策一行非惟邊靡事謠而蠻綠之悉惣夫從之八月二十五日知興元府充利路安撫四川制置大使安丙言黔州接境思州係夷族世襲近田氏互爭承襲於黔州省地給撥本州兵額絕少備漢軍弱夷蠻無所畏忌以致殺傷省民又敘州係適放夷蠻互市之地漢蕃雜係全籍兵官彈壓又天水軍係敘州郡敘對邊境所管關堡比賊邊都尤為緊切雖有出戍將佐守禦例皆半年一更各懷去營之意令將內郡閑慢近上兵官遷於三州屯駐以作壁援以警戎心於官司則無侵損竊見夔路所管兵馬都監一員在重慶府駐劄重慶係內郡又有提刑置司都監絕無職事乞令移司黔州分重慶禁兵百名前去以鎮夷俗成都等路第三付將一員禁州駐扎近移之嘉定府擬為令乞移志叙州駐扎專一彈壓漢蕃互市亦不失為嘉定輔車之勢利路兵馬都監一員見在隆慶府

卷四千二百三十一

劍門關駐扎止是機察姦細搜撿禁物本處有駐泊都監二員并劍門知縣幹當關事兼有御前後軍屯駐前有昭化縣後有隆慶府相去不遠實衛要地其兵馬都監乞還於天水軍湫池堡駐扎量帶本關禁兵五十名前去更乞令湫池堡駐扎兵馬都監兼管把邊界兵用心教閱照管邊面實為經久利便所有官兵月糧請給仍就置司州郡支給從之

七年臣僚復上言辰沅靖三州之地多接溪峒其居內地者謂之省民熟戶山徭峒丁乃居外為捍蔽其初區處詳密立法行事悉有定制峒丁等皆計口給田多寡闊狹疆畔井井擅鬻者有禁私易者有罰一夫歲輸租三斗無他繇役故皆樂為之用邊陲有警衆庶雲集爭負弩矢前驅出萬死不顧比年防禁日弛山徭峒丁得私售田田之歸於民者常賦外復輸稅公家因資之以為利故謾不加省而山徭峒丁之常租仍

虛掛版籍，責其償益急，往往不能聊生，反寄命猺人，或導其入寇，為害滋甚。宜敕湖廣監司檄諸郡，俾循舊制，毋廢，庶邊境綏靖而遠人獲安也。會要七年三月十六日，臣僚言：竊見辰、沅、靖三州內地，省民居其中，外則為熟戶、山猺，又有所謂峒丁，接近生界，迤邐深入，圍峒甚多，平時省民得以安居，實賴熟戶、山猺與夫峒丁相為捍蔽。朝廷初區處詳密，蓋提防曲盡，故立法有溪峒之專條，行事有溪峒之體例，無非為綏邊之策。一生界有警，侵擾省地，則圍結熟戶、山猺與夫峒丁操戈挾矢以捍禦之，不費郡縣斗糧尺兵，冒萬死一生而樂為用，蓋本朝成憲有以使之然也。大抵熟戶、山猺、峒丁有田，不許擅鬻，不問頃畝多寡，山畬闊狹，各有界至，任其耕種，但以丁各係籍，每丁量課米三斗，悉無他科配。熟戶、山猺、峒丁樂其有田之可耕，生界有警，極力為衛，蓋欲保守田業也。近年以來，生界猺獠出沒省地，而州縣無以禁戢者，皆緣不能遵守良法，有以致之。蓋峒之專條，山猺、峒丁田地並不許與省民交易，蓋慮其窮困而無所顧藉，不為我用。今州郡護不加意，山猺、峒丁有田者悉聽其與省民交易，利於牙契所得，而又省民得田輸稅，在版籍常賦之外，可以資郡帑泛用，而山猺、峒丁之米掛籍自如，催督嚴峻，多不聊生，往往奔入生界溪峒，受顧以賭口腹，或為鄉導，或為徒伴，引惹生界出沒省地，騷擾不已，害不勝言。臣所目擊者三郡而已，其他湖廣邊郡去處未必不皆然。乞明敕湖廣監司行下諸郡，凡屬溪洞去處山猺、峒丁不得擅與省民交易，犯者科以違制之罪，仍以其田歸之，庶幾山猺、峒丁有田可耕，各安生業，不致妄生邊釁，實綏靖遠民之長策。從之。十一年八月二十九日，臣僚言：嘗觀仁宗慶歷六年，張方平言：西北二虜為患，故於守禦用心，至於蠻猺作梗，衛家嶺外，而交趾路接谿峒，理須經略。且言唐室蕃戎之變，尋復寧定，其後安南蠻寇侵擾，因有虔勍之禍，則知事起細微，禍生所忽。今言武備者，類於兩淮、荊襄介意，若夫二廣土曠人稀，州之大者城池甲兵僅足自保，小州荒僻，兵力單微，熟與為守。況嶺南山高海闊，盜賊民猺雜處，中州姦民貸刑配隸於此，萬一饑荒，相嬾州郡，胡以待之？臣恐廣人每備西北，不知禍起東南。國朝以契丹、元昊為憂，不知儂猖獗。臣近見淮甸版築薦興，更戍日增，北虜垂亡，淮漢義勇民兵嘗收禦虜之功，獨廣南城隍摧圮不修，諸兵赴死不填，春秋教閱一郡不及百人，皆平時役使奔走之人，設遇迎送押綱，所存無幾，雖有鄉兵、義丁、土丁，實不足用。若城內外民米嘗以義丁、土丁法編之，城不足

卷四千二百三十一

守民不知兵，緩急豈不誤事？乞於嶺南要害城當修者葺理，鄉井民兵置籍，委官春秋教之，內外之民或柔或月點集，賞其能，罰其怠，使倉卒可以相衛。郡有城池，民兵又皆練習，可以息蠻猺侵掠之患，播四十州民於久安之域。從之。

卷四千二百三十一

此注在五年二字下 十月詔下三字空白 全宋

全唐文 宋史列傳 南蠻

乾德三年五溪團練使洽州刺史田處崇上言湖南節度馬希範建敘州潭陽縣為懿州署臣叔父萬盈為刺史希範卒其弟希萼襲位改為洽州願復舊名詔從其請會要仍鑄印以賜處崇十二月詔溪州宜充五溪團練使刻印以賜之會要鑄五溪都防禦使印賜本州十月詔溪州團練使彭允足為溪州牢城都指揮使溪州義軍都指揮使彭允贄為衛州牢城都指揮使珍州錄事參軍田思曉為博州牢城都指揮使允足等溪峒酋豪據山險持兩端故因其入朝而置之內地開寶元年珍州刺史田景遷言本州連歲災沴乞改為高州從之八年景遷卒其子衙內都指揮使彥伊來請命即以為刺史會要是年梅山峒蠻聞江南用兵乘間寇邵州武岡潭州長沙九年獎州刺史田處達以丹砂白石英來貢會要正月邕州上言得廣源州首長坦綽儂民富狀言管內左江谿峒七源州狀稱廣源州武勒州南源州西農州萬涯州覆和州溫州弄州古佛峒八耽峒凡十首領以嶺南日偽命詔勅十道來獻願比七源州內附輸賦稅為思琅州蠻叢塞不得通願朝廷舉兵誅思琅州使得比內屬之人詔授坦綽儂民富金紫光祿大夫檢校司空兼御史大夫上柱國仍令廣南轉運使除道以招來之八月以梅山峒蠻左甲首領苞漢陽右甲首領頓漢凌率衆寇劫商人於潭邵州界屢遣使招諭寇暴不止遣客省使翟守素發潭州兵擊之下詔曰汝等保於溪峒守在封陲況霜露之所均罔聲名之攸暨據忘覆育敢恣睢盱毒我齊民撓茲戎索亦常誅譸尚或逼留既討虎之難斷當鯨鯢之盡戮今遣馬步大軍恭行天討尚念迷途之肯宜推祝網之心更示招攜庶鄉悛改若能知非效順相率歸降特與矜容更不問罪尚或拒命猶或執迷便當分布大軍同此並進剋期殲

卷四千二百二十九

蕃夷五之七三

殄谷勢剪除若火燎原不可嚮爾當諭好生之旨勉思轉禍之言無蹈駭機自貽後悔漢陽猶保險拒命守素進兵討平之太平興國二年懿州刺史五溪都團練使田漢瓊以其子弟十二人來貢詔並加檢校官以獎之三年夷州蠻任朗政等來貢會要四年十峒首領楊蘊送款內附五年三月誠州十峒首領楊通寶來貢以通寶為誠州刺史七月南州刺史向行猛遣使以方物來貢七年詔辰州不得移部內馬氏所鑄銅柱八年綿溪敘富四州蠻相率詣辰州言願比內郡輸租稅不許懿州刺史田漢瓊錦州刺史田漢希上言願兩易其地詔從之會要溪峒之首來請命也

又以知敘州舒德郛為刺史

雍熙元年黔南言溪峒夷獠疾病擊銅鼓沙鑼以祀神鬼詔釋其銅禁會要四年十二月詔宜融柳等三州蠻界人戶曰朕撫臨萬國安養遠人唯推濟活之恩各遂舒蘇之性前知州贊善大夫侯汀上分朝寄全昧正經莫能綏懷但務侵擾致蠻人之結集入州境以驚騷燒盜民居勞動師旅由汀濫政致人罹災用示誡懲已行降黜汝等體茲朝旨各務安居樂皇風保其生業若或不遵撫諭敢倡狂必議勤除永去巢穴史淳化元年知晃州田漢權言砂井步夷人粟忠獲古晃州印一鈕來獻因請命以漢權為晃州刺史又以五溪諸州統軍鶴州刺史向通漢為富州刺史從其請也會要十一月誠州刺史楊政巖遣使以方物蜀馬錦紬寇錦犀甲來貢亦溪峒之首也二年誠州楊政巖卒其子衙內指揮使通瑒表請命詔以為誠州刺史是年詔荊湖諸州不得擅遣衙吏及禁僧道舉人擅官等輒入溪峒是年荊湖轉運使言富州向萬通殺皮師勝父子七人取五藏及首以祀魔鬼朝廷以其遠俗特令勿問三年晃州刺史田漢權錦州刺史田保全遣使來貢會要四年閏十月詔富州刺史檢校左僕射向通漢特授檢校司空至道二年上親祀南郊富州刺史向通漢上言聖人

卷四千二百二十九

蕃夷五之七四

郊祀恩浹天壤臣雖僻處遐荒洗心事上伏望陛下察臣勤王之誠因兹郊禮特加真命詔加通漢檢校司徒進封河内郡侯會要開國侯加食邑五百戶參知政事寇準上言通漢已嘗真命今此奏述全以罔冒真宗曰徼外蠻夷能慕風化宜且從所請向去制置可也八月通漢又言父母妻姑及弟婦今遇郊禮追行封贈詔惟父母妻備例授之咸平元年通漢又言請定租賦真宗以荒服不征弗之許會要詔曰汝遠遵朝闕繼上封章欲於賦落之田重定賦輿之數雖忠勤之備覩諒推種之異宜前典甚明難遵什一乃誠可尚有煩再三當體綏懷更加安撫所請宜不允一通漢累表請定税常以荒服不征且慮姦謀漫叛故拒之閏三月以下溪州刺史彭允殊為右千牛衛將軍致仕以其姪文勇為刺史會要允殊老疾陳乞荆湖轉運使張素上言而有是命三年高州刺史田彥伊遣子貢方物及輸兵器四年其酋向君猛又遣弟君泰來朝上溪

卷四千二百二十九

州刺史彭文慶來貢水銀黃蠟五年正月天賜州蠻向永豐等二十九人來朝夔州路轉運使丁謂言溪蠻入粟實緣邊砦柵頓息施萬諸州饋餉之弊會要十月丁謂言施州蠻人向者侵擾邊鄙委逐族首領會兵討除已獲寧靜自後於州南界要害處建寨柵益戍兵兼與置屯田贍給不煩輦運其招到先叛去者蠻人頭首譚仲通等三十餘人乞補職名帝曰蠻人亦不可姑息太過當諭轉運使給帖補充寨將比來溪峒蠻人每有歸投及殺賊得功押來赴闕皆過乞恩澤不惟遐遠空成往復至於道路頗有害民無厭請求虛有糜費可諭謂自今蠻人委實得功只在彼量加支賜若或補職名即條奏以聞不須發來赴闕帝常遣使問謂如何去蠻人久遠之患謂言若所委之官不邀功伐不妄生事常以安靜為勝一依前後詔條撫理制置即蠻人不敢久遠為非帝曰邊境不寧多因首臣生事國家條制甚明苟奉而行之必無事矣六年二月丁謂言黔州高蠻族頗有善馬請致館設給帛每歲收市從之四月詔禁蠻人市牛入溪峒六年四月丁謂等言高州義軍務頭角田承進等擒生

此注左移以耕種句下

此注左移[illegible]之患句下

此注左加己封句下

蠻六百六十餘人奪所略漢口四百餘人會要又詔謂規畫久遠蠻人不知為非謂言若委得其官不邀功不生事以安靜為勝乃可五月荆湖轉運使王贄上言近溪峒田先以蠻人侵擾禁其墾殖今邊境安靜民復耕蒔已遣官檢覆置籍請令依舊輸租詔蠲常賦之半七月南高州義軍指揮使田彥強防虞指揮使田承海來貢施州叛蠻譚仲通等三十餘人來歸會要詔悉補寨將仍自今蠻人殺賊有功詔加賜賚合補職者具名以聞勿須部送赴闕景德元年高州五姓義軍指揮使田文鄯來貢會要二年正月十二日峽路都監侯延賞上言施黔州等溪峒七百餘戶歸業悉以器及峒印假命符牒送官夔州路降蠻首領皆自署職名請因而命之上不許第令次補牙校會要十九日知敍州舒君旺來朝有司言溪峒刺史舊例並不許入對自餘拜於殿門外詔君旺特令入對溪峒刺史卒其男皆代領刺史君旺以其初命故且令知州而入對特依刺史例是歲辰州諸蠻攻下溪州為其刺史彭

卷四千二百二十九

儒猛擊走之會要十五日以故懿州刺史田漢希男漢能為檢校太子賓客知懿州四月帝謂宰臣曰富州刺史向通漢於辰州溆浦縣譚州益陽縣廣市土田或言謀劫內地此為次舍之備可就命交州安撫使邵曄侯經其地熟察情偽及圖利害以聞五月夔路轉運使薛顏等言投蠻人首領皆以自補職名請因而命之帝曰向者川峽屢擾多擅補巡檢將領桀驁縱恣今蠻酋所補復有此名不可從也第令次補牙校十二月荆湖北路言溪峒團練使彭文綰送還先陷漢口五十人詔授文綰檢校太子賓客知中彭州會要辰州洛浦峒州衙內指揮使田允足來貢賜錦袍銀帶器幣有差三年溪州刺史彭文慶率溪峒羣蠻來貢會要并獻方物帝顧文慶曰爾善於綏輯自今盍須用心又謂諸蠻曰自此勿更為過犯者不赦賜錦袍銀帶器帛有差先是溪峒蠻或時擾邊自文慶總領不敢為非故也又高州諸名豪百餘人入貢會要二十四日夔州轉運使薛顏遣侍禁韓令珪押高州新附蠻首八十九人來貢水銀蠟燭麝香藥連土布花葦花幕等四年五月以高州刺史田

彥伊子承賓為寧武郎將，高州土軍都指揮使田思欽為安化郎將。會要：閏五月四日，詔應溪峒諸處每年進奉及差人到闕，令後溪峒諸處除刺史、知州已上名目人非泛進奉依舊例供申樞密院外，其常例進奉人員限五日內將物色進納，一面伏報閣門見辭，閤門勘會合支例物，於逐庫取索宜賜，如該說不著名目，仰比類節次施行，不得邀難住滯，違者勘斷。仍每遇冬月所支官絁衫子，即支紫小綾錦旋襴，其皂紬衫子即支皂紬錦絁襴。溪峒諸處進奏人員衙內都指揮使、都教練使并諸色目都指揮使、指揮使、指安巡檢使副，各賜官絁彩子，四兩銀要帶，絹夾袴，絹二疋，麻鞋。都押衙、都部領、大將、單將、承引官、都知兵馬使、子城使，各賜紫官絁衫子，絹夾袴，錢一千。散從官、步奏官、子弟、傔人，各賜皂絹衫子，錢一千。富州刺史向通漢差來衙內都指揮使、指揮使、都教練使，各賜紫官絁衫子，四兩銀帶，絹夾袴，幞頭，絲鞋，絹二疋。軍將各賜紫官絁衫子，絹夾袴，錢一千。散從、步奏官、子弟、傔人，各賜皂紬衫子，錢一千。七月，南州料事龔允進等四十二人來貢白布、班布、犀角、麝香、朱砂、黃蠟、虎皮等。

大中祥符元年三月，知元州舒君強、知古州向光普並加銀青光

卷四千二百二十九

祿大夫、檢校太子賓客。會要：兼監察御史、武騎尉、知州事，皆轉運使乞加真命故也。四月，補澧州慈利縣土丁都指揮使陳士洪為三班借職，充本縣土丁都指揮。以荊湖轉運使許逖言其在邊御蠻有功故也。

八月，黔州言磨嵯洛浦蠻首領龔行滿等率族二千三百人歸順。會要：是族自唐以來未嘗歸化者。九月，高州、順州貢奉蠻人入辭，帝諭曰：「各安部族，勿相侵擾。」有自陳親族為鄰峒所殺，求往復讎，帝曰：「事往矣，勿復論。」咸拜而退。

十月，溪峒諸蠻獻方物於泰山。會要：十月，東封泰山，溪峒諸蠻並來貢方物，詔以人數稍多，命使臣專於岳下館待之。十二月，辰州大峒猺蠻大都頭覲進武及峒主首領覃絫圖等以方物來貢。二年六月，敘峒雲三州衙內指揮使舒寶、舒富、向由等來貢端午水銀，賜銀帶、衫袴、鞋、絹有差。

三年，澧州言慈利縣蠻相讎劫，知州劉仁霸請率兵定之，上恐深入蠻境使其疑懼，止令仁霸宣諭詔旨，遂皆感服。會要：十月，以前富州刺史向通漢為起復雲麾將軍。通漢亡母晉安郡太君黃氏贈江陵郡太君。

四年，安遠

順南、永寧、溷水州蠻首田承曉等三百七十三人來貢。會要：十二月，夔州路轉運使言：「近置暗利寨，有為惡蠻能率屬歸投者，望補其首領職名，月給食鹽。」從之。五年二月，洛浦峒刺史田仕瓊來貢溪布三百匹，磨嵯峒主張萬錢貢溪布三百匹，賀承天節。八月，荊湖轉運使陳世卿言：「澧州慈利縣蠻人侵擾漢土，臣已率兵逐歸溪峒，復置武口寨控之。其首下溪州刺史彭儒猛願歲修貢職，望降詔慰獎。」從之。時又詔閤門祇候史方至澧州同相度侵占漢地蠻人。先是，方嘗經度其事，亦稱便利。至是荊湖轉使司有請，故復命之。九月，詔荊湖北路、夔州路轉運司：令後溪峒進到戶口，當議量多少支賜，吏不降真命，及不令置立州名，仍分析合與支賜蠻人久例物色等第，開坐以聞。以閤門祇候史方奏：彼溪峒將署過戶口，卻為進貢邀恩，及乞創立州名，党真命，便頒遂時進奉，每所貢甚微，所費極大，故有是命。

五年，詔：昨許溪峒蠻夷歸先劫漢口及五十人者特署職名，仍聽來貢。會要：十月，夔州路轉運使上言：「轄下蠻峒日前因結搆為非，發兵擒戮，始致寧靜，仍歸我所略人口。本州準所歸人口數及五十人者，亦許量置州名，補置名目，及許差人貢奉。」帝曰：「如聞此亦非便，其間遠僻蠻峒連接漢戶之處，亦有旋虜充數以邀錫賚，自今嚴行禁止之。」

卷四千二百二十九

其年，夔蠻千五百人乞朝貢，上慮其勞費，不許。會要：是月，溪峒蠻人請赴闕朝覲者千五百人，朝議以道遠往來，公私勞費，遂令轉運使定奪以聞。除令上京奏裁外，餘止就放犒設，量行支賜遣之。又令使臣一人沿路押伴，鈐轄齋肅，無致擾人。因詔蠻人有來貢者，選使臣一人部押，先須搜索兵刃器械，每程與驛官同給驛料，如犒過蠻人不致違越，理為勞績，不即鈐轄，即行責罰。若牙校部送者，與遷一資，仍與優犒。差遣或與蠻人同為違越，亦當停削。又詔施州溪蠻朔望犒以酒肴。會要：閏十月四日，荊湖轉運使陳世卿言：「前請於澧州慈利縣置澧州武口二寨，令蠻人悉歸溪峒。」詔獎之。

閏十月，五溪蠻向貴升及磨嵯洛浦蠻來貢。會要：十二月，溪峒蠻張文喬等八百人來朝。

六年，夔州蠻彭延暹、龔才晃等來貢。會要：六年四月，五溪蠻向彥勝、田進戎等來貢端午水銀。辰州溪峒都指揮使魏進武率山猺數百人數寇城砦，朝廷不欲發兵窮討，乃降詔招諭。會要

十月知荆南軍府朱巽言辰州盧溪縣土丁都頭魏進武等率山猺數百侵擾溪寨已遣本州監押部兵掩襲帝以本州官不可並出乃令留一員在州仍降詔諭武等令還溪峒如有所訴委本州裁酌施行若無故嘯聚即便宜掩遏件析以聞　七年二月荆湖轉運使上言魏進武已招赴盧溪縣請罪詔分屯諸軍止留五百人戍縣境　三月詔辰州張綸於盧溪縣建道場五晝夜仍令蠻潔致祭

七年，進武詣吏請罪，署為三班借職、監房州稅，仍賜裝錢。會要進武自言房州接歸峽山路頗通蠻界乞移他所遂改於淮南　八年二月邕州上言得知思恩州儂承政狀乞歸化供輸詔轉運使相度如經久不致生事即從其請

八年，詔中彭州彭文綰歲賜錦袍。會要又賜下溪州刺史彭儒猛獎諭以辰州言其捕獲蠻寇故也　九年八月詔溪峒蠻人因朝奉遣回者並令發州路轉運使斷會貢方物者人賜綵三匹鹽二十斤無方物者人綵二匹鹽半斤其道上首領即加賜二兩銀椀一物　天禧元年閏四月二十八日知辰州錢絳言正月二十七日與供備庫副使李守元入內供奉官江德源等入下溪州收破寨柵斬蠻人六十九級降老幼千二百二十人收器械甚衆招獲彭儒猛男仕漢等部送赴闕

卷四千二百二十九

天禧元年，溪州蠻寇擾，遣兵討之。會要十一月以辰州溪蠻為梗再遣侍禁閤門祇候劉永崇入內供奉官江德源馳往安撫如敢拒命即發鼎州戍兵討之

二年，辰州都巡檢使李守元率兵入白霧團，擒斬蠻寇，降其首。知辰州錢絳等入下溪州，破砦柵，斬蠻六十餘人，降老幼千餘。刺史彭儒猛亡入山林，執其子仕漢等赴闕。詔高州蠻捕儒猛來獻者，厚加賞典。會要二年正月江德源上言辰州都巡檢使李守元部白丁會諸蠻入白霧團討擊生擒蠻寇十五人斬首萬級獲器甲二百招降首領董文千王文象等二百餘人詔高州蠻如能捕儒猛來獻者當量其功或授刺史賜州頭牌印其次第與補置給賜許其進奉　二十六日上溪州衙內指揮使曾文足等一百八十九人進奉其賜衣服腰帶麻鞋分物文足等乞比去年冬月例支賜錦衣卒不肯受詔所有分物卻令於逐庫送納聽並　四月補下溪州蠻彭仕漢為右班殿直彭儒霸儒聰並為三班借職各賜衣冠緡帛

其年，儒猛因順州蠻田彥晏上狀本路自訴求歸，轉運使以聞，上哀憐之，特許釋罪。會要五月六日夔州路轉運使上言得順州蠻田彥晏等狀具言彭儒猛哀訴求順嚮乃下詔曰懷遠之方推恩必厚念咎悔過抑有典常下溪州彭儒猛負釁通逃久因羅依其子仕漢等已束身歸服並列班秩儒猛亦遠陳誠懇深足哀矜俾均在宥之仁式啟自新之路宜特釋其罪仍加錄用今高州等處諸族蠻人以此招諭如挈屬來歸願給田耕蠻許從所便願還溪峒亦聽其請詣諭之人亦以等第加酬獎　是月彭儒猛表納所掠人口器甲等詣辰州通判劉仲象各至明灘歃血為誓賜錦袍銀帶遣之

富州刺史向通漢率所部來朝，貢名馬等物。會要十五日富州刺史向通漢率所部九十二人來朝貢名馬丹砂銀裝劍槊兜鍪錦牌賜通漢襲衣金帶靴笏器幣鞍勒馬其子光澤孫守忠甥張處厚門客鄉師說都知兵馬使黃德文已下各賜衣冠器幣有差　二十一日向通漢表乞日奉朝請以面天顏帝以其遠人且復時暑特令五日一起居　六月十一日又上五溪地里圖一乞留京許之　十三日乃以通漢為檢校太傅本州防禦使依前五溪州都防禦使增食邑封加保順功臣所納疆土復賜之以其子光澤為右班殿直孫守忠為三班借職甥張處厚為殿侍門客進士鄉師說同學究出身　初本路以富州本是蠻界不可建置郡縣及以吏部統轄為請故通漢赴闕復有是命　七月通漢再表乞留京師詔不許以通漢子殿直光澤監鼎州稅孫借職守忠巡轄荆南鼎州馬遞鋪並從其請也　又言自今賜冬服使臣望許至臣本州所冀部落得識使命從之及入辭特賜襲衣金帶通漢本青州人唐僖宗朝陷在溪峒因母疾不茹葷迨今三十年言語與中華無異所居與辰州接境時王師討彭儒猛之叛通漢表請納土入覲設優禮之　十二月補辰州牙校田保崇為三班奉職賜公服靴笏銀帶緡錢　初下溪州彭仕漢為盜保崇往執而出之故有是賞　三年二月十一日辰州言富州防禦使五溪都防禦使向通漢卒詔賜緡帛羊酒命其子光舜襲知州事　十三日知辰州張綸上言下溪州蠻彭儒猛非自為非結誓之後顏恭事命而州民多在市侵淩望委州將覺察從之　十八日知富州向光舜卒請以向通漢第二子光塞繼知州事許其進奉從之　六月命內殿崇班閤門祇候張綸赴辰澧鼎州安撫格撫蠻人知辰州吏方知澧州曹克已辰澧鼎州都監巡檢使柴忠荆南駐泊都監趙遞同其事　十二月富州蠻首向光澤表乞納土帝曰得既何用必其親族不相容爾當令轉運使察之泊奏至果如聖慮遂不許

卷四千二百二十九

初北江蠻酋最大者曰彭氏世有溪州州有三曰上中下溪總二十州皆置刺史而以下溪州刺史兼都誓主十九州皆隸焉謂之誓下州會要五年十月荊湖北路轉運使上言知上溪州彭君保卒請令其弟君佑代知州事望降真命從之天禧七年遂以其弟仕羲貢方物明道初仕端死復命仕羲為刺史累遷檢校尚書右僕射自允殊至仕羲五世矣仕羲有子師寶景祐中知忠順州會要仁宗天聖元年二月知夔州史方上言順州蠻田彥晏承恩等結構作過攻施州寨邊寨見集施黔州義軍令差都指揮使年漢卿秦施照等捉殺到溪峒子弟奪器甲甚衆詔獎之其得功人賞以贖錄閏九月夔州轉運使刁湛上言順州田彥晏等各以臨過納命已送先略生口器甲入官望不授以刺史立給知州告身自今依元定人數許令進奉詔授寧遠將軍依前知順州仍名彥晏等親赴邊寨飲血設誓彥晏初攻破施州寨邊寨刁湛召令歃血結誓乞指過許令依舊往詔釋其罪所欠全銀匹帛粟米特與放免所欠戶口即責近限送官湛上言特降勅書獎之二年正月都進奏院言有武寧州教練使吳知福等赴京獻當州本屬下溪州管下昨有安撫使入峒安撫起立武寧州名令奉知本州彭士罕押寨副使彭文述差押進奉賀正溪布上京院司勘會自來下溪州管下別無武寧州進奉名目未敢依例收接表券詔都進奏院客省開門依溪峒諸州逐年四節進奉例施行五月十四日荊湖北路轉運使上言知古州向光普置佛寺一區乞賜寺額及依富州例歲度行者二人詔以報國為額每歲度行者一名二十二日知辰州劉永崇上言補黔州判官年坦久在溪峒鈔奪貢奉閶諸蠻首令擒赴闕望與散參軍安置詔黥面配京東州本城收管四年二月夔州路溪峒歸順蠻人田思欽等三百二人來貢方物時夔州路轉運使得溪峒諸州狀即遣赴闕樞密院奏蠻人入貢人數非少本路並不奏稟朝旨輙令赴闕乞行剃胡轉運使差官取勘從之三月樞密院言溪峒蠻人每年一次上京進奉人數不少例皆被恩訪聞往來經擾官私欲下夔州路轉運使只作在被意度向喚高順等諸州頭首審議以蠻人進奉涉路衝寒多有死乞自今或只將進奉土貢物納於施州貢表詣闕其差來蠻人依元定數即載施州給賜例物發回溪峒如得德使即令蠻人連書文狀取候朝旨若願得食鹽亦聽

就近取射數目比折支與若蠻人堅欲詣京買賣即許每十人內量令三二人上京從之八月夔州路轉運使王立等上言臣差人喚到安遠天賜州南州順州保順州向萬勇等審問願依今年條約如遂州欲得上京貿易每三年一次於元定數十人內量差三二人上京惟高州刺史田承進一族六州未有申報況已有天賜等州體例欲望一例降詔令自天聖四年為始從之六年七月辰州言知溪峒忠順州彭儒贊擬般得職人羅萬強等乞依上溪州義軍都指揮使彭文貴等例支賜紅中錦襖腰帶充賞更支賜鹽三百斤從之十月夔州路轉運使言溪州蠻人高州刺史田彥晏等乞加恩命從之八年四月詔邕州今後鈐轄所管溪峒州縣人戶令各守地分安居不得牙相劫略本處小事及輸稅遷延只州司移文委本州縣勾當人員催遣不得差人入峒或事須追問即選差衙前往彼勾當仍鈐轄不得接便妄行威勢搔擾取索良口錢物充下擒發遣如違勘逐不虛當科違制之罪景祐二年五月知桂州田丙言宜州管下鎮寧州蠻莫陵等七百餘人內寇詔遣西京作坊使郭志高閤門祗候梁給熙補討之廣南西路轉運司復言蠻賊莫陵邊人軍敵爭田互相讎殺其衆才百餘人而宜融柳州同巡檢凌仲舒妄言七百人今既請降已勒誓狀放還鎮寧州詔莫凌等嘗殺害官吏而轉運司擅釋之并仲舒妄增賊數並令勒罪特詔轉運使諭瓘宜州蠻莫陵等既請降宜令還所略人戶若不從命即併兵追討之六月廣南西路提刑司言高寶州蠻猺陳友明等寇海上遣左侍禁閤門祗候侍其沭右侍禁米光審捕討之三年正月辰澧鼎等州五溪十峒巡檢安撫使張綸言蠻酋修貢如故仍賜還所略民遣官與盟刻石于境上先朝辰州溪峒蠻彭氏內寇以綸知辰州綸至築遂山驛路賊不得通乃遣去又修新興寨夔并導泉以便民徙滑州未幾蠻復入寇敵命綸往馬二月廣南西路轉運司言邕州申峒蠻掠思陵州馮詳峒生口及殺登梳鎮將等已會兵追擊之慶歷元年十二月湖南溪峒知徽州楊通漢貢方物三年九月湖南轉運司言桂陽監蠻傜內寇詔發兵捕擊之事具師四年二月廣南鈐轄司言宜州蠻區希範領衆破環州又破鎮寧州路本路轉運鈐轄司亟發兵捕擊之即毋得深入四月以京西轉運使度部員外郎杜杞為刑部員外郎直集賢院廣南西路轉運按察使兼安撫使命討宜州叛蠻續詔出榜有獲區希範區正辭蒙趕者每一名賜錢三十萬鹽千斤錦襖子銀腰帶明年三月杞至環州討殺蠻賊區希範區希範環州思恩縣人嘗舉進士試禮部景祐五年應募從官軍擊安化州叛蠻既而詣登聞求錄用下宜州而知州馮伸已言其妄

賞朝廷遂編管全州未幾軼遁歸與其族百餘人謀為亂將殺神已據廣西一方建大唐國推白崖山首蒙趕為帝叔區正辭為奉天開基建國桂王自為神武定國合公桂收凡偽補三十餘人慶歷四年正月十三日領衆二千餘人破環州刼州印以環州為武成軍又破帶溪塞下鎮寧州及普又寨宜州捉賊李德用出韓婆嶺擊卻之復偽將崔盈譚護二人希範遂入保荔波峒間出拒官軍明年轉運使杜杞大領兵至環州使人誘其黨六百餘人絡與之盟飲以藥酒因得盡擒殺之後三日得蒙趕區希範區丕續等十數人醢賜諸溪峒皇祐元年四月改邕州管內溪峒波州為安平州三年正月以辰州溪峒彭師寶知上溪州仍令乾元節貢獻如舊師寶仕義之子自慶歷四年絕其貢舉至是課役本路納款求知上溪州故特命之三月十七日荊湖南路安撫司言部州溪峒中勝州舒光銀陳述殺賊勞乞賜中勝州名額如不許止乞依舊例賜鹽一千斤絹一百匹為酬其從之五年八月湖南安撫司言部州溪峒舒光銀擇賊有勞請於本峒置中勝州從之至和元年正月廣西南路轉運司言昨送黎賊符護奴婢十人還峒中而符護復以所留瓊崖州巡檢三班借職慕容允則及軍士五十六人來歸允則道稱已卒詔軍士悉貸其罪是月廣西路經畧司言融州大邸峒首領楊光朝內附

九月四日夔州路轉運都監司蔣貴等言乞施州管下元進奉蠻人向永詞等乞與量蠻人進奉仍與永嗣降賜真命歸明州都巡檢名目勅告付與從之二年正月荊湖北路鈐轄轉運司言知龍賜州彭師黨以其族來歸詔本路常加存撫之仍議所與官及所居處授田頃畝之數以聞是月邕州言蘇茂州蠻內寇命廣南西路經略安撫司發兵捕擊之十七日詔荊湖北路都鈐轄轉運司體量蠻人彭仕義即目結集蠻軍多少詔往何處作過仍具控扼經久利害以聞十月荊湖北路轉運司言下溪州蠻彭仕義舉衆內寇詔本路發兵捕擊之嘉祐元年三月廣南西路安撫司言融桂等州蠻人楊克端等一百三人內附八月詔湖北路鈐轄司下溪州刺史彭仕義侵擾邊境為患不已其相度招安之九月知荊南府魏瓘荊湖北路轉運使王綽知辰州賓舜卿並奏彭仕義遣衙內指揮使卑師明欲歸款須令自賁降表至澧州始行撫納之其十三州刺史進奏宜與減落五七州仍具處置況第閒奏三年八月荊湖北路轉運司言已招安彭仕義省本路軍馬仕義蓋盤瓠之種所居即漢黔中唐彭氏之地其俗阻五溪歷代荒論不常唐末諸酋分據其地自置刺吏而彭氏素育溪州晉天福五年有彭志愁者出冦侵錦進圖灃州湖南節度馬希範討不能下遂與志愁約和而五州酋豪既未盟

乃立五桐柱為界其後子孫多世襲之國和彭氏納牌歸順許通市易成平中降真命賜管下二州名詔貢奉京師至景德中有彭文慶者來貢方物真宗嘗面戒之後有彭儒植彭文綰彭仕漢等繼以修貢仕義祖父五世襲下溪州刺史兼都誓主其諸州將承襲也率蠻酋共議子孫若弟姪覲蠻之當主者其州名文移辰州州史保明止中鈐轄司然後以聞而賜勅告印牌每溫江望拜闕庭而受恩其州有上中下溪龍賜中順保靜感化永熟安遠新給富來寧南順高等州每州有押案副使及校史皆自補置之至聖和二年任義納其子上溪州師賓之妻師賓乃與其子師黨投辰州告其父之惡且言特有謀叛於是知辰州宋守信與通判賈師熊轉運使李肅之共議領兵丁數千人入峒討伐即以師寶蕩之蠻道兵既至而仕義適入峒不可得官軍戰死者十六七後蠻祿數侵省地不復可謝聞遣諭以朝廷之意使復立誓詐通貢奉輙慢命不從乃遣三司副使參文思副使賓舜卿侍御史朱處約轉運使王綽經制討伐之事大領兵問罪令減去五七州貢奉然後詐以殴過自歸而仕義自陳本非有侵軼不順之狀因以子悖逆而守信等攅伐無章頗以二十州舊地復育奏永以蠻化既又遣殿中丞雷簡夫往議而至是以所掠兵丁共五十一人械甲千八百九事并蠻衆七百人赴誓

場飲血就降而遣師寶知龍賜州戒勿殺而荊湖之間遂無事五年六月廣南西路經畧司邕州甲峒等處蠻賊五千餘人內寇詔邕州發兵攻討之十一月湖南安撫司言舊制溪峒知州卒令其酋領推所當承襲者許進奉為知州溪撫過蠻人及五年即表捷勅告今郎州溪峒知徽州楊光倩承其父通漢已及七年無他過請援以真命從之十二月廣南西路轉運司言甲峒蠻冦置州詔安撫使余靖等發兵捕討之七年八月開封府言得知下溪州彭仕義狀乞與同誓二十州每歲入貢令權貨務使錢五百貫下景州市諸物歸峒從之　八年八月二十五日知辰州段繼文言石馬崖容圍人戶為溪州蠻彭仕義所據臣陝請諭使按辰州為漢錢緣集邊事須錢物乞特賜錢付臣支用詔賜錢五百千　治平四年十一月二十九日神宗即位未改元郎州管下溪峒知中勝州舒光銀進表乞管內舒光財等同隨例進奉及乞給春詔許舒光財進奉春與舒光銀等共給六道十二月荊湖北路都鈐轄轉運司言乞今後降下溪州刺史彭仕義勅告與依舊於光祿大夫工帶全紫二字以蠻人不曉品秩累許除落金紫二字不滿真所望也從之　神宗熙寧三年八月十五日辰州言權發遣下溪州事彭師晏言退納嗒溪地土乞承父仕義知州名額州司歐乞放行進奉及遣明溪寨通望連雲

兩堡，却於憲溪口北岸築一堡，差明溪寨兵馬監押一貢并兩堡兵丁守把湖其要害絕蠻人侵古省地便利詔令本路鈐轄轉運司定奪聞奏判御北路轉運司言點峒下溪州軍衙并警下諸州保明故判史彭仕義男師晏承充下漢州知州并師倖承任富州知州內師倖依例進奉候五年撫過手下蠻民別無過犯方與保明奏降真命勅告並從之

師暴祖儒猛父仕義世為下渠州判史仕義贖縣鷘數侵盜省地邊民不安於辰州界憲漢起鋪嘉祐中雷廚夫賣辯鄉受命指妄令任義歸所侵地不肯以兵丁逐之暫去復來八年知州殺繼文遣指揮曹振等以東觀千人攻之不克至是為其子師緣所殺師綠自稱權發遣下溪州既賊其父知衆不伏專為暴虜賊殺不辜虜其婦女奪諸州貢物其兄師晏結同巡檢彭仕選都指揮使周允禁等攻圖師緣殺之并其黨田忠財等三十餘人皆死納誓表并歸憲溪地因辰州以聞之

十一月二十七日知辰州張崇義言知下漢州彭師晏退任義侵地築堡已畢仍乞以鎮漢寨為名從之仍賜勅書獎諭及賜器幣

四年二月十八日夔州路轉運司言討殺叛賊李光吉并破本人新寨等詔夔州路拱殺夷賊梁承秀李光吉王究等一行軍兵土丁各等第與特支仍遣使傳宣撫問

光是渝州南州巴縣夷稅戶李光吉王究梁承秀三族各有

卷四千二百三十

北客數十家侵害漢戶人莫敢言轉運使孫抒判官張說奉詔窮討累月乃戴隸始復賓化縣屬著作佐郎章惇經制凡得三族之地云

五年二月十六日辰州言知下漢州彭師晏乞納馬皮白務峒地土依例轉判史政支逐年衣襖色顏加食鹽并乞毋妻進邑號詔彭師晏與下溪州判史毋妻並與邑號其衣襖食鹽令鈐轄轉運司相度依自來體例施行

七月遣中書檢正官祀書丞集贊校理章惇往荊湖南路察訪始經制蠻事也

閏七月二十一日以東作坊使石鑑充荊湖北路鈐轄兼知辰州因辰州布衣張翹上書言南北江蠻襄弱可郎縣之朝廷以廣西兵馬鈐轄劉策知辰州即圖之策如祖請遣真子圖上方署未樂策卒乃遣鑑始用事於南北江也

十月章惇發檄喻皆閑梅山道而蠻從爭闕道路以候得其地東起寧鄉縣同徒嶺西抵部陽白沙寨北署益陽四里河南止湘鄉佛子嶺

六年六月南江洞永晤等歸明二十五人并補授以官

九月二日荊湖北路轉運司言辰州南江將官楊萬與蠻闕敵有詔楊萬運兩資余遷資減磨勘

六日辰州南江歸明漢峒硤州軍于頭首指揮使向真贈內殿崇班以章惇言真說喻蠻人有勞後為蠻舒光旦等驅署并屠其家也

十月一日融州外界蠻人乞開通道路杪剳人口建置州縣城寨從之

是月詔許施刑蠻人詐

將金銀估實直錢數典當糧米知及七年不收贖即行變轉初補州變人例因災傷量以全銀倍估其直貿米于官官司不能莫止至是始令估實直以易之

二十七日知桂州沈起言已差兵甲防抵蠻賊竊處辰州討賊將卒不分蠻賊曾與不曾作過一例殺發乞下章惇鈐東從之

十二月十二日孫瀘奏詔諭北江下溪州判史彭師晏內附具地里四全戶口數日以閑詔令章惇相度處置十三日熊本言相度瀘州納溪寨烏蠻出入道路令添兵防花及移路分都監瀘字就徒從之

八年正月二十一日權發遣荊湖南路轉運副使蔡燁言招諭到蠻人舒光旦楊歲堅乞各補一官支俸許居依舊漢峒詔舒光旦與右班殿直楊晨堅與借職餘並從之

閏四月五日知沅州謝麟言招到溪峒草呼吉誠等州二十三州峒二千七百一十九到九千四百九十六丁情願出納課米量支食鹽遂州知州仍乞補授班行詔楊光補右班殿直楊昌進等五人並補奉職楊歲堅等十六人並補三司軍濟候納到課米即給以鹽

八月十五日蔡燁言據全州并部州關峽寨言招諭到未歸明平水等三十圖峒頭首楊晨進等乞歸明依例出給課米獻納器甲所納課米乞依前來歸明圖峒體認展限從之

十二月千三日荊湖北路轉運使孫溝言沅州招納僞地林錦等十三州歸明得戶三千

卷四千二百三十

九十丁六千四百四十一逐州分認歲入課米以監酬之州界遠者六十里近者四十里請補知州等官詔授地林錦州楊昌蠻等十三人為班行軍將溝又言古誠州楊昌衙等願罷進奉授官請補昌衛右班殿直弟姪男等十人為三班奉職借職差使下班殿侍土軍都頭並從之

九年五月二十四日熊本言權梓州路轄運使陳沈措置到瀘州消井監山前後抬州納溪後藍頎送納四州安樂武都等夷人輸款納租把拓邊界賜忱褒詔

十一月一日荊湖北路轉運司言勘會漢州歸明人戶奏得不曾作過又本處去歲亦是災早今年併值霖兩僉權失時乞依依州所奏詐令南江富古等州不作過人例候五年滿日起納丁身稅米發之

元豐元年四月七日權發遣荊湖北路轉運判官馬誠言體問山徭丁先鋒初因雛殺地客主聽其後沈大卑等乘貂紐署見令堡險遷徒不常官軍難於追逐臣已立賓招補乞止令湖南差兵防截追逐赴本路出降詔荊湖南路安撫司曉諭徭賊於北路授首仍多差兵丁防截如已在南路歸窮即安存奏聽旨

十八日馬誠言徐賦丁先鋒等納木郛乞降詔誠如旨領實願降聽收木郛母遂人招嗅

二年四月十八日廣南西路經署司言順安州貢峒等舊隸崑州昨宣撫司因收復廣源分隸順州乞還舊隸從之

五月九日廣南西路經畧司

言頻州蠻叛內殿崇班知吉弄峒零崇槩討平之及知歸化州文思副使儂智會率丁壯千二百餘人應援乞推賞詔崇槩爲供備庫副使智會爲宮苑副使　六月十九日鼎州言都監向世溫自陳歸明及三考乞再任上批江南諸向首出歸明最爲忠順可依所乞　四年四月七日謝麟言招納溪峒中勝等州首領楊箴嚮等乞補授名目詔乞補奉職人與三班差使借職與下班殿侍與軍將守闕軍將麟又言准詔置托口小由古誠奉愛四寨既築四寨其黔陽縣等並在腹裹合減戍兵五百五十人防托新寨乞賜傳易庶務四寨民性頑獷幸各安居已曉詔赴所屬寄納刀弩欲官爲買之溪江產麩金欲募人淘米中賣以業游手并乞蠲城寨身丁稅七年從之　八月詔河北轉運副使賈青相度新建溪峒徽誠州隸屬湖南湖北於河路爲使以聞後青具道里以聞乃詔誠州治渠陽隸荊湖北路徽州爲蒔竹縣隸湖南邵州　六月一日前湖北路轉運使孫頎等言乞於辰州會溪城量益戍兵五七百人漸招納上溪諸蠻差知辰州張麟臣通判柳縣措置從之　二十六日權荊湖南路轉運副使朱初平言徽誠州歸明團峒應未見城寨以前有相讎殺及他訟並令以溪峒舊法理斷訖乞自今有侵犯並須經官陳訴如輒擅相讎殺並依漢法處斷其有逃避即官司會合掩捕及本處收

卷四千二百三十

發施行從之　十二月十七日相度新建徽州朝散大夫賈青言準朝旨下朱初平奏令臣相度新建徽誠州乞格納元屬溪峒地分道路以至地里遠近並附入州縣圖籍令縣邑城寨常切開廣於新城地買官田及許百姓置田其少牛具種粮之類聽結保赴官借貸並如初平所奏從之　五年正月二十六日客省副使知辰州謝麟言本州旁近戶口或遠隸池州具有封疆不足城守乞增額戶口山川并降屬縣名額詔沅州新修貫保托口小田豐山堡寨係控扼蠻疆形勢之地宜以頻渠河買堡寨爲治所合置渠陽縣隸誠州仍以麟知沅州主管沅誠州沿邊安撫公事又以西京左藏庫副使閤門通事舍人周士隆知誠州置兵馬監押職官司戶參軍各一員並令謝麟舉官一戶誠州官任滿依沅州酬獎　三月十九日湖北都鈐轄司言準詔取聞沅州龍賜古監三州知州押棠并頭角人等各不願補班行依舊進奉從之　七月二日廣西經畧司言知宜州王奇與賊鬭失利賊兵還守大江回穴諜知溪峒蒙承想萬餘人欲攻恩立寨已戍和斌據險拒之詔就差知沅州西上閤門使謝麟經制宜州溪峒事宜州軍在前者並聽麟節制委麟選官權領沅州　八月二十四日權荊湖北路轉運副使趙楊等言巡歷至誠州城池樓櫓足以保民防患上江多星銅鼓牛鎮等團並至城下貿

蕃夷五之八七

易可漸招撫置城寨及下荊湖南路安撫轉運司委知邵州關杞於蒔竹縣招諭芙蓉石驛未歸明人戶路且令招納未得置城寨十一月十二日知誠州周士隆言準朝旨招納上江多星銅鼓潭溪上和鵝公兩路溪峒所有西道胡耳寨溪等處大牙相入切慮犒賞不及或不虞生事乞下謝麟措置或許本州撫納詔趙楊相度及荊湖南路轉運司言邵州界溪四團人戶表通曉等乞歸明詔聽招納二十八日詔誠州西路胡耳塞溪等處更不候趙楊相度依荊湖北路都鈐轄司所奏令城州一面撫納　六年正月三日荊湖南路轉運司言邵州蒔竹縣樣近芙蓉石驛未歸明溪峒各願納土乞增賜公使錢詔賜錢千緡　二十日經制宜州溪峒西上閤門使知沅州謝麟言昨具狀乞潛師討蕩建置城邑奉詔接納羣酋不得進兵巧以方畧措置遂選差將官進屯控要縣寨招降元謀賊首羅世念并遂峒頭領種族四千八百人貴所叙溪峒都巡檢使印赴軍前納衣甲器械二萬并生界思廣峒酋長具到人峒戶千四百二十七口六千二百六十三納土歸順其禁黠酋首已付有司聽朝旨措置詔謝麟領果州刺史減磨勘三年皇城使潞州刺史帶御器械和斌領榮州團練使知安化州及思廣等五十二峒首領羅世念爲內殿承制蒙承想蒙全聖蒙光仲蒙光趙並爲西頭供奉官蒙全吽

卷四千二百三十

蒙令件蒙懷思蒙光速潘曹並爲右侍禁潘全劍爲奉職並給俸與春冬衣初安化上中下三州及北遐鎮月赴宜州公參及中賣板木宜州歲四管設及三歲聽蠻人二百九十四輸所貢兵械於思立寨本州支荅賞物及其道費補知州奉職監州借職有官還一資其班行引加勳皆宜州溪峒司施行前知宜州錢師孟通判曹覿擅裁損例冊減食不如舊買板木不及價賞荅貢物估價斷其實還補文字至五年不給故自五年三月侵掠省地經畧司聞致惡狀而宜州但以山稻不稔溪峒大雪牛羊多死爲言經畧司亦不能察也其五月効用前如京使費萬戰死六月知宜州王奇戰死事聞詔以麟兼經制溪峒事以覿師孟屬吏馬世念兄弟兄姪百六人補西頭供奉官右侍禁披帶琙下班殿侍令麟分擧於廣南荊湖路監當物務及指使　四月一日湖北路轉運司言誠州潭溪峒直抵廣西都懷寨若通北路中徽融州實可扼三路溪峒之咽喉望下廣西協力經營詔熊本應副毋得請張致失機會　五月十三日西上閤門使果州刺史謝麟言先準朝旨撥托口小由貫保豐山四寨并若水倉隸屬誠州緣沅州與誠州元自梅口江爲界今因割移四堡遂以洪江口爲界自洪江口至梅口江約三驛又從托口寨盧陽縣界至梅口江約四驛削取沅州封守附益誠州太廣不惟沅州戶賦

蕃夷五之八八

人兵不足以成郡兼誠州見招納上和潭溪等峒自可
以開死驅封兼結狼九衙等諸峒並在花口寨西南見
赫沅州水陸道皆在花口寨設或溪峒入寇誠州地遠
力不能制沅州又為花口等寨所隔難使措置或以生
事乞以小由花口兩寨依舊隸沅州以大由等溪峒割
隸誠州從之 六月三日諮部州芙蓉石歸等團峒歸
明蠻頭首等與補名目人數並依熙寧九年諮納三州
一鎮蠻例 十月十八日詔補潭溪峒歸明大首領楊
成想等二人為三班奉職餘補差使二人下班殿侍九
人軍將牙職二百九人以荊湖北路轉運司言招納晟
想等千一百二十四戶獻納器械乞歲入課來比三州
一鎮也後考其實元課來乃於所給奏內除留入官為
課來之直使若歸誠輸力兩實以利諸致之三州一鎮
亦皆賴比 十二月三日詔潭溪歸明人楊晟像為右
班殿直楊成嚮為三班奉職楊昌畢為三班借職復湖
北路轉運司言歲嚮大首領禁黠能用其眾以為左班
興直 七年四月十五日詔右侍禁劉詔遷一官減磨
勸二年權誠州軍事推官陳尚能為宣德郎軍大將蔡
義轉三班借職右班殿直楊昌光王戰楊晟緣各游磨
勘二年李開減六年名募進士梁傳郎州司士參軍李
藏並為三班差使楊晟敢等十五人授左古班殿自者
七人奉職者三人借職者五人楊晟臺別賜絹五十支

兵支賜有差以湖北轉運都鈐轄司言招納西南一帶
漢峒并開路畢功也 二十五日知荊南徐順降職獎
諭賜銀絹二百轉運副使趙楊轉運判官高轉知誠州
周士隆各遷一官以招納潭溪上和等處歸明人及開
道通廣西融州王口寨功畢也 十二日降詔獎諭知
桂州熊本賜銀絹三百廣南西路經署司主管機宜文
字程節遷兩官幹當公事程遵彥知融州溫果都巡核
劉穿賓王口寨監押社臨各遷一官餘遷官減磨勘年
賜絹有差以招納廣西潯融王江溪峒蠻并閑路功畢
也 六月二十三日權知誠州周士隆言進詔酬賞招
納溪峒開修道路有功人等劉錫田延邀何廣各賜絹
三十以錫等路沛危險極為勞苦田延邀乞與改官劉
錫何廣乞各與名目令在新路堡寨幹當詔延邀遷一
資錫下班殿侍廣軍將 八月一日判湖路祖度公事
所言王江一帶自大湰口以上接連壇溪諸蠻與令道
路相棲朝音專委主管廣西經累司機宜文字程節招
納措置本處地里闔遠蠻已歸附須築一堡寨以為守
備諳節相度節言王江上流地名安口控抿諸峒其地
寬平可建城寨然由王口兩上其大溢口老江口皆生
蠻傜國族唯以累峒民板木為生令雖殺順各有傣給
若建城寨亦須兵威彈壓令欲沿江及中心償各治道
路漸進先置堡鋪於吉老江量留兵丁以防鈔截糧道

蒸後安口可以即功又言王江一帶團峒東由三口三
甲西連三都樂土南接宜州安化北與誠州新招檀溪
地寨相鄰比熙寧中嘗遣承制劉初領兵丁買寨於安
口諸蠻研力殺傷官軍自比蠻情愈更主使令偏招納
例皆效牆既當開道路置堡寨驛鎮分兵丁防守乃為
久安之計又緣事千兩路頃與誠州同時措置庶使諸
蠻力有所分易為辦集從之 十月一日詔湖南部州
武岡縣滅將下防花弩手二百以其錢種募工人入溪
峒從鈐轄司請也 八年二月三日詔部州芙蓉右驛
淳城等峒已修寨鋪其歸明戶及元首地百姓如省地
法應婚姻出入與貫買田格佃客並德從使從知部州
關祀請也 五月二十四日荊湖北路鈐轄轉運司言
辰州江外生蠻曹任穩等乞納土歸明望許依辰州熊
皋所申事理招納詔荊湖北路不得妄有招納致生邊
事 皆宗元裕元年正月二十八日廣南西路經署安
撫司言宜州溪峒司申莫世思乞差人進奉詔許進奉
更不令赴關其表狀仰收接投進所進物令本司椿管
以聞 八月十八日詔令後朱崖萬安昌化今經署轉
運司同奏舉大使臣充軍使兼溪峒巡檢到任得替並
轉一官 二年七月十二日改誠州為渠陽軍從荊湖
北路都鈐轄轉運提刑司請也 十二月二十七日詔
湖北轉運副使李茂直溪峒非元謀為首及徒伴脅從

聽其出入各令以謀補送為首之人起官給貫以樞密
院言天材諸峒蠻侵掠邊戶故也 三年正月十三日詔
湖北轉運副使李茂貞渠陽蠻已歸順人賊酋即拘留
餘惎撫遣人使歸招未順服者即酋長終無向化意其
撫舊今以從事 三月二日詔變州路轉運司諭施州
蠻田忠進以朝吉被罪仍根百日聽經官陳首若及一
年能彈覆蠻衆不復作過即次第保奏特與真命 七
日天村蠻冠多星堡詔胡田核實以間若因官吏侵擾
生事及不犯堡寨有所殺署即行撫納若無故嘯聚自
謀作過即立賣募人捕殺務得首惡及合謀者其餘徒
衆喻以放罪使被疑沮自解靜不久立仍令李茂直同
措置以聞 四月八日廣西路經署司言驗州蠻來仁
催渠陽軍蠻楊晟臺等結集往來於兩路為民惠已督
兵將討湯詔勿進兵深入擇其喝率首惡之人立賞募
人補殺 五月十五日改邕州懷化峒為州 先是知
峒零崇槩納土自順州廢郎棄巢穴歸省地朝延錄其
功梭以使額而有是命 七月十二日詔皇城使漢州
刺史廣南西路兵馬鈐轄張整內殿承制閭門祇候知
融州溫昌各降三官張鑿就潘差監江州稅湯昌就差
監歙州茶鹽酒稅右侍禁權部州臨口寨主鍾仲仁左
侍禁管勾融州臨溪堡事兼地分同廻發社震各降兩
官衢替仍令後各不得差允廣南荊湖路差遣整壽巫

撞軒蠻人楊進新等十九人仲仁震坐誘致進新等以
邊事未寧時免究治　八月二十二日詔東頭供奉官
施州歌羅寨主辛則追三官江南西路監當以誘挨羌
人安有殺戮詐求功賞數也　十月十四日勅荊湖南
北廣南西路朝廷經理四海務在柔遠頃前湖諸繼近
漢者無所統一因其請吏量置城邑以撫治之後來邊
臣希以獻議創通融州道路侵逼峒穴致生疑懼朝廷
知其無用旋以裁減而邊吏失於撫過遂爾扇擢作過
從按其地止是道路蠻人因使臣劉宗閔奨數合壘貪
緣生事殺傷兵丁縣此自疑不敢出首今宗閔以逭官
勒停外具湖北廣西見作過楊晟臺等特絶謀討除存
留守把兵丁外並羅添屯軍馬其湖北所開道路劄置
多星收漢天村羅蒙大由等堡寨並麼廣西湖南劄置
堡寨令經略鈐轄司度量准此　十一月十九日樞密
院言湖北都鈐轄唐義問奏多星堡金穀屋字報毀治
盡其城閭若存舊址即虜蠻人聚集為姦谿苗時中謝
麟唐義寨以齋羅堡寨城壁量度毀撤其沅州渠陽寨
光糜堡寨如有城壁尚存者亦相度施行訖以聞　十
二月三日樞密院言荊湖北路羅家蠻擄財物燒慮舍
　民被其害稼唐義問累奏移廢城寨已畢而蠻情不
體寬恩侵犯不已若不隨宜討赦恐益後患欲令義問
及程節開析措置以聞如諸蠻尚潛狀屯結即選將討

卷四千二百三十

揣仍告諭歸明圖峒蠻人毋輒驚擾從之　四年正月
二十七日荊湖北路都鈐轄轉運司言蠻賊冠澧州慕
鏁鋪毀遣下文字意望路安給賜真命券歷若崖其計
恐遠近蠻人觀望欲名正副都頭單文懿等并都誓主
彭任誠嚴行約東如更遠漏蠻人入省地作過者詔勤
住半年或一年請受庶幾邊境不致生事從之　七月
二十七日樞密院言部州蠻人作過已令湖南安撫鈐
轄司處置處去部州遥遠諳制湖南路安撫謝麟體度
蠻事如尚未寧息即交割準州公事與以沈官量帶兵
甲前去部州專一措置候事平日歸任繼而謝麟言部
州關硤城步真良等處圖峒元謀作過首首楊晟進等
四十三人投降上批等第補授奉職至軍將充江浙僻
郡措置土軍將校隨處羈管十一月四日溪峒知堡靜
州彭儒武押案副使彭任貴知永順州彭儒同押案副
使彭任亮知渭州彭師聰押案副使彭任順各進貢興
龍節冬至正旦節溪布有差　十七日溪峒知龍賜州
彭允宗押案副使彭允全知監州彭任明押案副使彭
儒勇知吉州彭儒崇各進奉興龍節冬至正旦節溪布
　六年正月二十五日夔州路轉運司言施黔州蠻人
入貢乞就本州投納貢布止具奏狀聞奏仍厚為館設
從之　二月二十二日詔以今供備庫使誠州刺史楊
昌達知誠州供備庫副使楊昌壽同知誠州自令知州

關還同知州充無即以前知州子孫充同知如無子孫
令知州於同知州族內選擇忠順勝方之人令荊湖北
路都鈐轄司遇有闕即保明以聞三月二十七日詔自
今誠州知州同知州合承襲人知州與供備庫使誠州
刺史同知州與供備庫副使五月十二日樞密院言作
溪陽貫堡寨罷戍之後慮有遣民尚在漢峒令荊湖北
路都鈐轄司奏忠順蠻官招致並邊縣寨給公據津遣
歸鄉其蠻官據招到人奄名支賞錢十貫仍以盟絲充
　七月十三日三省樞密院言通判沅州賀準奏本州
蠻漢雜居相犯則漢人獨被刑而歸朗入止罰諸賞益
未當乞將沅州誠州蠻漢人相犯主定年限一斷以活
下本路監司相度劉沅州歸明人除附近城寨及與漢
人獮居處若有相犯或有相侵合以法今從事外有濟
陽寨歸明人并去城寨至遠蠻人欲依沅州一州勅除
體盗賊人放火請罯人以上罪并情理寬惡者送本州
按治餘並令本縣寨斟酌罰贖吏使二三年取首從之
　八月二日賜朝奉郎直龍圖闕專切措置荊湖北路
邊事唐義問銀絹一百匹兩以濮陽貫堡寨成護須居
民出漢無慶也　二十二日詔故銀青光祿大夫檢校
國子祭酒知溪峒新遠州四洪紡長男恩遷緣父政官
　閏八月八日夔州路轉運提刑梓夔路兵馬鈐轄司
言今後施州清江建始兩縣防托人戶每遇輸差在諸

卷四千二百三十

寨除防托外其本寨官員將校等如敢輒役使並科遣
制之罪赦降法官不原許被役人陳告如合要修城寨
申取轉運司指揮從之　七年正月一日樞密院言永
州蠻徭田之糧食出沒劄赦除已賑濟外都詔安撫鈐
轄司募勇敢效用人及饒諭徭衆能自相捕須格給賞
應合添使臣處選有才畧三兩員量帶兵甲於要害處
格殺毋得妄誅從之　十二月二十八日荊湖北路都
鈐轄唐義問言渠陽蠻連年作過朝廷發近兵討蕩已
畫江立界令雖寧結然不可便情無事不為預備請令
後蠻人結集頓雖巢穴入羅即量事勢遣機殺逐出累
若在漢峒自相雖殺但令城塞密為防備毋輒出兵慶
護若改犯歸明雜落不侵者地只令沅州綠揚愚同例
量事大小文斗酒鹽條令自稿名鄰近閬峒收助啟逐
從之　八年正月二十三日樞密院言湖北轉運副使
喻陟知沅州余下奏本州邊而寧帖夷漢安居今據湖
北鈐轄司奏余下申楊晟好等結集溪峒歐併揚廣同
案相慮緣邊官吏初作無事泊結集溯戚隱庇不得方
立賞遂捕欲令指揮沅州令後如有蠻人作過並須覺
簽提備不得隱庇養成邊惠從之　紹聖元年閏四月
二十七日詔西京左藏庫副使成草為久在南方與漢
峒首首及誅州知州等接熟恐家相交結肩雄邊事可
添差徐州兵馬都監　二年七月八日詔供備庫副使

秦世章等轉官減年有差以荊湖南路安撫司言其補
殺永州黃裹峒徭賊有勞故也　八月五日詔左朝奉
大夫前知永州劉蒙撫遁蠻人有術各安生業減一年
磨勘　元符二年二月二十四日詔故銀青光祿大夫
檢校國子祭酒知溪峒新遠州軍州兼監察御史田思
遷長男彥伊特許承襲徽宗崇寧元年十一月四日樞
密院言知邵州黃克俊奏知溪峒徽州楊光衙等乞如
元豐以徽州為蒔竹縣并誠州各創置城寨詔克俊核
實如委忠順即依所乞　二年正月五日中書省言辰
沅溪峒並以納土改誠州為靖州徽州為蒔竹縣　四
年八月六日廣南西路經略使王祖言奏王江古州等
處歸順自懷遠軍至古州南西至安化北至靖州廣袤
二千餘里乞置提舉溪峒官二員詔從之仍以平州為
名　大觀二年九月一日太師尚書左僕射兼門下侍
郎魏國公蔡京等言據黔南等路奏安化上三州一鎮
山河土地盡獻納朝廷上州周圍三千五百餘里戶一
萬人六萬五千永為王民又思廣峒蒙光明等獻納土
地周圍計一千五百里戶八百人九千餘又落安知峒
程大法等獻地周圍二千五百里戶八千人四萬五千
餘又都丹團黃光明獻納土地周圍二千餘里戶七千
餘人四萬餘以上計五萬一千一百餘戶二十六萬二
千餘人幅員二萬九千餘里各款塞聽命已相度例置

州縣又據靖州西道路諸蠻楊再立獻納土地二百七
十五人計七狀周圍三千餘里戶四千五百人一萬一
千又辰州蠻人覃都管罵等三十五團圍人各納土輸
出貢周圍六百餘里三千餘戶及涪州夷人駱世華歸
順中華地土東西計六程南北五程情願請稅承輸未
耕之地並乞入官幅員一千一百餘里至涪州一十三
程漢夜郎地分唐屬黔中措置建立州縣城寨又上夷
州首領任應舉乞將所管夷州四縣進納入官與置州
縣輸納稅賦又下夷州首領任漢宗等各願將所管東
西四程南北五程見佃土地即請稅承納餘盡獻入官
又南平軍夷人木攀族首領趙泰等獻土歸化見耕佃
土地請稅作漢家百姓其餘土地名人耕佃管界東西
五程南北六程周西十八程又播州夷人楊光言所管
條唐朝所建地唐州平生戶一萬餘家乞獻納朝廷又
寬樂州安矽州請州四州七源州縣先次納土歸明願
將所管州縣納稅永為王民計二萬人一十六州三十
三縣五十餘峒幅員之廣又一萬里及青到印記三十
四類及具地圖以聞上表稱賀　政和三年三月二十
九日武經大夫新差權發遣廣南兩路都監權發遣賓
州黃遠奏伏自陛下登寶位以來尤著意於南方而夜
郎牂柯之民一旦盡歸王化俾遠人皆有蟻慕之心故
邕州管下右江化外之人咸欲歎塞歸明願為王民馬

遷自右江溪峒州縣與外界蠻發地都相接煙戶相望
僅五十餘處凡省地州縣邊環外界進還深入共四百
五十餘處州蠻落疆封周蠻萬里臣與管下州縣峒首
領情願將本國印記并諸州縣銅印記地土及首領戶
口獻納盡歸皇化乞依特麾道富州例給賜官班家換
印記與臣依舊部轄營下州峒首領住堂永為省民守
樂邊疆遂年將鎮馬赴官中賣禀聽州寨綫急使喚如
向去臣與管下首張犯朝廷恩徭在陞甘受誅戮伏望
朝達早縣差元陳獻自把等州邕州進士貴光敗并上
隆州黃遠等前來引接臣并管下首領前去赴廣西經
署司聽徒指揮詔令王覺與黃遠同共措置　七月六
日詔辰州升為溪峒沿邊安撫今知州兼領　四年七
月四日臣僚言湖南沿邊之地與徭人相接其城寨巡
尉官乞從安撫司選擇武勇曉兵法能訓練士卒者為
之勿以由職胥吏充選從之　六年七月二十日詔晏
州卜漏沅州黃安俊定邊軍李吡彬父子皆內附歸順
累世受恩一旦叛逆隱犯城寨殺傷袁民興師致討克
渠授首可令逐州梟首七日函于甲庫永為叛賊之戒
　宣和四年六月六日臣僚言五溪郡縣闢自先朝中
更元祐廢罷比雖興復然徭賊廣肆跳梁蓋緣荊南鈐
轄司去邊遠難以彈壓政和六年九月詔以荊湖北路
荊南歸峽安復州荊門漢陽為荊南路帶都鈐轄治荊

南以鼎澧岳鄂辰沅靖為鼎澧路帶都鈐轄治鼎州其
未分路已前徭賊雷平周等連年出沒致煩朝廷興師
自分路後至今並無邊事比者靖州五漢楊虽實作過
緣帥司在荊南去邊既遠又隔大江難以應援賴提舉
刀弩手司唐懿諷發應副遂致賊不救滋蔓是則保路
分路利害相遠乞依已降處分為兩路從之　光堯皇
帝建炎四年九月二十六日樞密院言守闕進義副尉
劉九狀昨隨父納土歸明九條頤領只作小兒排行稱
吁令蒙樞密院收留亮使臣額乞改正作劉暴名字從
之　紹興二年九月四日赦四川沿邊溪峒蠻恪處恐
非時差使致有失所仰帥臣嚴切約束守臣及主管官
司常加存撫務在閩卹遠人加非時報有科率極發並
擾新以聞　十月四日監察御史明橐言溪峒歸明官
應湖南邊郡及二廣皆有自崇觀以來肯數寇多當時
務要優卹於是添差州郡指使及添差酒稅之類本不
取其才及諸州措置溢寨闕人把抚又盡令管押兵夫
所管押是鄉民其歸明官生長溪峒初無覺民之意亦
不習朝廷法令貪婪無厭賴皆權等無所赴想謀者缺
令帥臣轄其姓名間州縣官三年一易與去尸循舊漆
差罷其管押兵夫之事欲望劄付二廣湖南帥臣遍行
措置務令適宜既不致歸明官失所致怨亦無使遠給
民受害詔令廣南荊湖路帥臣限五日措置聞奏

興四年辰州言歸明保靜南渭永順三州彭儒武等久欲奉表入貢詔以道路未通俾荊湖北帥司慰諭免赴闕遣人持表及方物赴行在仍優賜以答之會要紹興四年四月二十四日辰州言歸明保靜南渭永順三州彭儒武等狀於建炎元年差人員賫上貢文表到澧州爲道路未通且令回峒至今八年乞放行進奉詔令荊湖北路安撫司行下本州婉順說諭爲道路未可前來特免赴闕止就辰州交割所進物色估價優與回賜其合用錢本州應管轉運提刑司錢內取撥所有章表進奉細色差人押赴行在九月詔荊湖南北路溪峒頭首土人及主管年滿人合給恩賜俾各路帥司會計數實以聞會要九月十五日詔應荊湖南北路溪峒頭首土人內有子孫依條合行承襲職名差遣之人及主管年滿之人合得恩賜之類並仰逐路帥司疾速取會諸實保明奏聞五年七月四日夔州路安撫司言思州元係田祐恭兄弟地土政和中賜名思州宣和中改爲務川城紹興二年依舊改爲思州差田祐恭知州外乞依川峽宣撫司已行事理給降思州勅額其餘只依務川城體例更不增官置吏從之十年承信郎琴州溪峒楊進韜等率族屬歸生界五百餘戶疆土三百餘里獻累世所造兵器及金爐酒杯各一求入覲詔本路帥司敦遣以會要今年秋間前進奉一行吏不破官行路費朝旦一次詔依今本路帥司津遣中十五年前知全州高禪言猺人今皆微弱昔官每縱人深入畧其財物遂致乘間竊發宣詔與溪峒接壤州郡毋侵猺人帝從其言會要二十二年十一月十八日南郊赦應荊湖廣南路溪峒頭首土人內有子孫依條合承襲職名差遣及主管年滿人合得恩賜之類並仰逐路帥司疾速取會諸實保明奏聞二十四年擒楊正脩及其弟正拱送理寺獄鞫治斬之會要八月十八日權知靜江府呂愿忠言竊見紹興九年帥司亦嘗招誘化外蠻人數十人至本府日久閒闕往返在道死者幾半而未至者不相響應其事遂寢今次諸蠻至靜江者幾萬人臣止令擇其渠率七百七十八人至靜江勞

以酒食中喻朝廷威德莫不歡欣鼓舞已而列於庭下奏夷樂胡跳獻鶴再三酬祝云誓堅嚮化之心不復敢萌他志子子孫孫世爲王民旁郡之民來觀者數十萬聞咽衢路比其出塞更無一人疾病廟社之福天實相之乞寶付史館從之二十六年八月十五日戶兵部言珍州遵義塞沿邊管界同巡檢楊詮以蕃馬十正今男震詣闕遣貢所有合得回賜乞下本路灃司以係省錢參酌一面回賜詔依楊震補進武校尉九月十八日權發遣融州張希道言沿邊溪峒猺人漸被聖化之久近聞多因博易之隙不得均平甚者誣以結違作禍擅興捕促妄生事端布求實典怨致人情不寧乞嚴切應工溪峒沿邊州縣常令優加德卹以體恵綏懷遠之意從之二十八年七月楊進京等復求入貢詔以道遠慰諭之會要二十八年七月二十四日詔武岡軍管下溪峒首領楊進經等乞進貢朝見可令本軍婉順說諭路遠不須赴闕所貢物當官依實估價所還不得少有虧損仍於物價上更與優支五分其錢令本路轉運司於上供錢內疾速應付貢物附綱起發十一月二十三日勅應溪峒日前有詞訴向追未到或已到兩干證鹼人未足致結絕未得禁繫日久情實可矜並與原放三十一年五月九日夔州路兵馬鈐轄司奏故楊銓妻任氏乞將故翁楊文錫納土初補官資依楊選例與楊震承襲於見今進武校尉上殿轉承節郎從之同日兵部言進武副尉權珍州綏縣同巡檢任安壽承襲故父任應祐而補承信郎於安壽見任進義副尉上轉校從之壽皇聖帝隆興二年四月二十七日右正言尹稿言湖南州縣地界多與溪峒蠻猺差互連接以故省民與猺人交結往來以田產擅生交易其間豪構大姓規免科役多以產業寄隱猺人戶下內虧國賦外滋邊隙破望下湖南安撫司於逐州選差辦吏親諸所屬州縣將省地與猺人相連舊有界至處明立封擬自今不許省民將田產典賣與猺人及私以產業寄隱並許鄉保四鄰陳告以其田王給與告人若官吏更不械察停降決酌已前賣入猺戶田等難以遠行改追祇令買籍如有猺人情願退還所買省地田產者州縣以官錢代支元價仍明出榜文委曲曉諭從之乾道元年正月一日南郊赦書制湖廣南路溪峒頭首土人內有子孫依條合承襲職名差遣及主管年滿人合得恩賜之類並仰逐路帥司疾速取會諸實保明聞奏二年六月一日詔沿邊如有溪峒侵擾先將本地分官委帥憲司體究重作行遣從知沅州曾連奏請也連後言溪峒侵盜苟發所部蹤飭檢捕正許以功贖過吏不推賞事下刑部以為法不可行遂寢三年五月十三日瀘南沿邊安撫司言瀘州

江安縣南北兩岸夷人有犯斷罪不一自今江安縣南岸一帶夷人有犯十惡及殺傷人罪至死者悉依漢法餘仍舊法施行刑部契勘續降紹興三十一年十月勅旨夔州路所部州軍自今熟夷同類自相殺傷罪至死者於死者上減等瀘州夷人與夔路夷人一同欲依紹興三十一年十月夔州路已得旨於死罪上減等從流罪不至死並依本俗專法餘公邊漢峒有熟夷人亦乞破此施行從之六年徭人楊再形等嘯聚數千人犯沅州界七年二月四日詔判南差官軍五百人前往彈壓初徭人因與省戶爭二人傷死知州孫叔傑歛以兵巡行破其寨柵十三奪還省地數十里名耕佃於是徭人結連為邊患諸司以聞調常德府戍兵三百人且差官說諭又慮其不服也及更差官軍一二千人宰臣虞允文奏曰守臣貪功生事致變峒作過今所仇視惟守臣若易孫叔傑徭人自定亦須量發官軍示以兵力然後與打誓刺誓面畢上令就近選守臣有才力者往代之且令開示恩信諭以禍福徭各安業勿貽後悔克家曰殺當如此施行更須以官軍臨之彼方肯退聽上然之七年三月一日詔沅州守臣孫叔傑放罷其後叔傑再追三官若溪知寨樊光遠追四官並勒停以光遠妄疑徭人叔傑用謀言遂開邊隙死者甚眾於是守臣葉行己撫諭復業事聞故有是命十一月二十六日權發遣

卷四千二百三十

沅州兼沿邊溪峒巡檢使葉行己言委判官魏昌衍等往波州省地撫諭賞犒楊再敗等刑牲歃血面立誓狀回歸民夷各已安業詔葉行己特轉兩官其後言者論元降詔旨令諭再敗等躬赴官稟命行己乃遣吏往渡州非首禪本意且單辭難憑乞下湖北路諸司覈實保明以聞從之

嘉泰三年前知潭州湖南安撫趙彥勵上言湖南九郡皆接溪峒蠻夷叛服不常制馭之方豈無其說臣以為宜擇素有勇智為徭人所信服者立為酋長借補小官以鎮撫之安邊之上策也帝下其議既而諸司復上言往時溪峒設首領峒主頭角官及防遏指揮等使皆其長也比年往往行賄得之為害滋甚今宜一新蠻夷耳目如趙彥勵之請所謂以蠻夷治蠻夷策之上也帝從之會要淳熙元年九月二十八日詔前宜州溪峒都巡檢使常恭追兩官勒停送江州編管以樞密院言在職輒敢交通異域傳送申奏妄亂陳獻事

端故有是命十月十三日詔知思州田汝弼依田汝端例特與轉一官以吏部言從義郎知思州田汝弼稱前任思州都巡檢通管州事在任九考合理三任乞將任滿賞減半轉官貼得思州係溪峒承襲州軍其兄田汝端知思州兩任酬賞特轉兩官故有是詔三年四月九日詔靖州界徭人姚明教等侵擾省地作過令荊鄂駐劄明椿選差有智勇才幹兵官一員統押精銳官兵一千人疾速前去措置會合屯戍官兵等彈壓掩捕通逐出界務要邊境日下寧靜仍令明椿面授方畧嚴行戒飭使之遠遁功效當議同推優賞其或退懦寡謀亦與主帥同罰八月十三日湖北提刑司言靖州博米之弊徭人用米博鹽四斤折錢一貫約米一石其所散鹽不特雜和沙泥又且減免斤兩其所米不精大斛多量又且加耗費乞下靖州每歲博糴止得差官置場用錢買鹽從民間情願兩平博易不得糶有科數又科鹽之弊每歲計錢買鹽發下屬縣寨堡不問已經減魁折閑每發定要認作三百斤每斤要錢二百五十文足鹽價既高大秤斤兩多雜沙泥無人肯買不免科率徭峒頭首人分抑眾徭俵鹽納錢又丁米之弊徭人每丁歲納三斗三升謂之身丁米今則應係徭人並令就州城納來其間有去城百餘里往返等候動經數日而所納米加增斛面多收耗剩每米一石納得三斗三升或又高估

卷四千二百三十

價直折納縣不銷鈔時常追呼被擾乞下靖州將得鹽料擾見丁米止得各就近屬縣寨堡從便平量給鈔毋得多收斛面耗剩及勒令折錢之類如違並以違制科罪從之十一月十二日南郊赦沿邊蕃部溪峒間因州縣失於撫循致有侵犯省界作過雖已招捕平定尚慮心懷疑畏或逃竄山谷令帥司給牓諭以赦恩寬宥各令復業以前罪犯一切不問其舊來通博買去處並從其便日後委守臣常加存撫仍約束所部官吏毋得少有科擾以綏懷之意四年二月十七日詔湖南北四川廣州軍應有溪峒去處務先恩信綏遠毋弛防閑毋襲科擾毋貪功而啟釁仍委逐路帥憲臣常切覺察從湖北提刑周嗣武請也十八日臣僚言辰沅靖三州蠻大抵散居諸洞莫相統攝初無叛背之意以沿邊州縣作過之吏與姦猾小人因事逃入洞中多方扇誘遂致侵擾省地乞令有司檢照條制凡捉獲及告首謀入溪峒之人與不能防閑而致越免者比常法外厚立賞罰詔敕令所看詳立法五月二十日詔瀘州安溪寨夷巡檢故王道華男王阿八之姪王鑾承襲道華元補職名王阿八狀曾祖王募越賜名忠順於大觀三年內將本族父祖已業田土獻納朝廷歸順初補從義郎主管本地分南岸一帶巡檢職事宣和五年身亡祖父王道華承襲紹興三年奉敕補承信郎至祖父初故父王

士宗未曾承襲隆興二年身死阿八當承襲以見惠國疾不願承襲兼亦無長成兒男令將祖父王道華元補官職乞與的親姪男王鑒承襲幹當依舊彈壓故有是命七月二十四日詔承節郎差充承襲管轄衡州常寧縣溪峒事李昂霄男當年特與陞轉進義副尉同共管轄日後承襲兵部照得李昂霄祖父李明與李世和元係溪峒頭首因開拓業山為通王民供納省稅補三班差使後來衡州奏世和狀稱守把三十餘年因鎰人雷師結集黨侵入地分係男李才勳提獲雷師了當若令管轄溪峒仍乞補班行名目許令承襲得首李世和轉兩官李才勳特與補進武校尉今李當年己因收捕李金賊黨補守闕進勇副尉與李才勳事體頗同依法合承襲故有是命六年九月十六日明堂赦應荆湖廣南川峽等路溪峒頭首十一人內有子孫依條合承襲職名差遣及主管年滿人合得恩賜之類並仰逐路帥司廣速取會詣實保明聞奏八年五月八日詔衡州常寧關管下溪峒之民毋得於省地創買產業王民池著者亦不許與溪洞以山林隴畝相為貿易稍有違戾即寘于理守令不能遵奉條令者坐以除籍為民之罪如溪祠之民願以所置產業繁與省民者聽仍令郎剃史糾察以聞臣僚言溪洞之民往往於洞外買省地之田以為己業役省地之民以為耕夫而歲以租賦輸之於官

卷四千二百三十

官吏慮其生事而率其輸租於我則因循而不敢問遂致其田多為溪洞所有其民多為溪洞所役故有是詔六月二十六日詔靖州屯戍官兵聽守臣節制其錢糧令廣西漕臣如期支撥毋得分下州軍臣僚言靖之為州障重湖蔽二廣實南服之要區凡溪洞近連川廣遠接生界不知其幾千百稍失控制羣獠並起崇寧進寨之初幾拓軍人共三千人建炎以來朝廷於都統司或帥司差撥二百人屯戍知非州郡所轄輕擾守臣驗擾居民通從蠻獠私與交易或有所犯州郡須先關白所屬主帥得報方敢斷治亦已後時乞特降指揮應屯戍官兵令受守臣節制上曰所論亦佳靖屬湖北何故仰給廣西趙雄等奏曰靖本溪洞四面皆蠻獠神宗時始開創為誠州元祐間嘗廢尋復為軍徽宗朝改為靖州與桂府為鄰故令廣西轉運司應副錢糧近歲漕司闕之始就諸州科撥所以不能如約令當戒漕司止就本司支故有是詔七月十八日臣僚言瀘敘皆接蠻免敘州管下石門馬湖生蠻許赴官中賣蠻馬優支價直本以恩結而設官駐兵捍禦乃為戚伏蓋石門馬湖生蠻所居巢穴皆在蠻江上源通嘉眉瀘敘蜀江常年中馬操舟順流直抵敘州城下朝廷為蠻通水路附近置橫江一帶寨蠻江口置鎮水巡檢控把自敘至瀘南安邊司邊蜀江三百里南溪縣置駐泊兵馬都監江安縣納

溪寨皆置都巡檢各有戍兵上下相接把拓處防蠻人衝突作過甚為良法比年以來逐處正官往往避事多是計會上司抽差別兼優等職事請給並皆帶行使任滿就賞批罷本洲却差權官既所請不給不為久計代人負荷又無賞典是至職事弛廢乞嚴賜指揮不得斬有抽差便常加意邊防以備不洞其餘沿邊州軍永乞依此施行從之九年五月二十四日詔知雅州宋德邁禁經知縣馮儼並籍記姓名旌擢王思恭特補進義副尉以四川安撫制置使陳峴言防聞榮經若蒋填自乾道大年以蕃人部素富耶出分巖千卜畜皮蘭真結銀提等初為砂平巖州兩族爭閑瀞入苦蒋現居住後來節次贈添創開平路裁種茶苗古據險臨起禁峒固戰朔蒼高弓前遂成巢六亦有漢人為之佐助臣照得推州紫經縣西接沉黎北連碉門雖名極邊其實近裏昨来五部落等每至碉門互市因有此為隔並從山後經行邊西曲折易以闊防今赦索等乃於山間省地上鑿成小路横旦二百餘里停藏諸羌往來不絕若不措置深恐囊懷既久為害實深行下雅州并禁經縣相度差人說論撥遣前須著人歸部續獨州申乞出給妻曲付苦蒋填安邊把截將借補進武校尉王思恭多方說諭侯起遣了日特為保奏給降真命尊一任責把截苦蒋填一帶邊面臣遂從所申給劄付王思恭如果能撥歸

卷四千二百三十

部族棧閣新路當議保奏推恩王思恭同共親兄子姪等起遣蕃人部索歸部實是宣力有勞乞將王思恭補王名給降付身其雅州知州宋德邁又榮經知縣馮儼皆素有吏能令其臨事不苟措置詳密亦乞籍記旌擢故也十一月十四日三省言田祖周家敢收買省地田產蕃區向歛恭不令出官與譯汝翼節次體殺不伏安撫司追呼理合依法窮治今來為能悔過聽從母冉氏訓諭將買過省地歸納詔帥漕司曉諭田祖周限指擇到日將向敵恭解發赴安撫司今後不得侵買省地及與省民妄有爭競如敵違把董作施行其歸納到田土特與給還元價冉氏元封攜人特加三等邑號與封恭人十年四月五日詔湖南廣西帥縣知度其入漢洞小路非舊有者從宜窒塞所有移置巡檢約束征稅各從長措置以全州奏本州密通溪洞其民本無姦乃將以平居無事失於防閑四方亡命華為淵藪相與出沒則致變亂如往歲民間武岡楊再興近年桂陽陳峒其始皆出於此朝廷法禁非不嚴密監司州郡非不奉行而不能禁止者蓋客旅苟避征稅多取閑道游手不逞之徒在外作過自知無所逃遁及諸路強盜之貸命者洞配廣南或中道亡逸或至配所相與結黨逃竄往往皆取小路亡入洞中雖備坐條法禁止黜接連廣遠私溪小徑非一有自靜江府興安縣大通虛而入者搖迴

揚興舊峒止其項年出沒之路又有自邵州石限經武岡軍新寧金溪洞而入者又有自永州東安而入者又有自武岡軍八十里山口而入者皆可以徑至溪洞既經涉鄰州地里臣以一州約束不能行於界外乞措置室塞就附近巡檢司分差兵卒於路口屯戍將闕慢巡檢移置路口駐剳專一把截故有是命五月十六日夔路安撫司言楊妫乞承襲祖父楊文錫納土初官脩武郎分差充珍州遵義寨沿邊管界都巡檢職事從之十二月二十一日夔路安撫司言據珍州故秉義郎楊文奉男識妻任氏積文奉於大觀中以所管播州五縣田土進納文奉身亡故夫誠於淳熙七年十二月內帶領家丁義軍迴邏被主夷猜箭射充止有男霰見年三十歲所管蕃蘿守把九溪十洞五蕃夷撫實是懇替乞聽淳熙九年明堂赦承襲衣奉納土初官秉義郎從之同日臣僚言叙州既外控蠻夷而城之內外僰夷萬餘又動以萬計與漢人雜處其熟戶居省地官莊者多爲義軍子弟而慶符一縣與來附一驛迺是政和新納土其夷人田地即不許與漢人私相交易近來多是他州容避或官員士庶因而寄居貧併夷人之田聞有詞訟豪民行路計竊上下譯者從而變其情誅求屈抑無可赴許一旦不勝其情羣起而爲盜賊乞申嚴條法不許漢人役買夷人田地及嚴責州縣應夷人詞訴務盡其情

無事之時常加撫恤勿令失所詔四川制置司及本路帥司監司嚴行覺察如州縣尚有違戾按劾以聞十一年四月十一日詔瀘州安溪寨故進士夷官承直郎王募弱孫男鎮許承襲與補承信郎以潼川府路安撫司奏請也十二月六日詔承節郎思州石南知堡田祖周轉一官進士偶恩免文解一次以夔州路轉運司言田汝弼男田祖周母子兄弟能聽馮思說盡將買到黔江縣田土歸納入官吏不請領償錢要見悔過自新恭順可嘉乞補田祖周及元說諭進士馮思少賜推賞故有是命十二年七月七日樞密院言兵部申湖南安撫司奏楊世後乞承襲父楊進通初補承信郎官資詔楊世後許承襲與補承信郎二十八日詔知巽峒安副州田彥武男承政特授銀青光祿大夫檢校國子祭酒忠循特軍知漢峒安副州軍州事克寧邊寨東路沿邊溪洞把截外夷都巡檢副使兼監察御史武騎尉以夔州路兵馬鈐轄安撫司言施州保明夷官田彥武爲衰老不堪守把邊面乞令承政生前承襲故有是命十四年十二月三日詔歸明官承信郎就差茂州威戎軍把截一十七村蕃族邊面事董公純男忠義承襲官職以茂州申公純自陳承襲補官把截邊面已及二十餘年別無遺漏生事兼年僅六十竊應管幹有失枝榰乞合長男忠義承襲故有是命紹熙二年十一月二十七日南郊

敕應副湖廣南川峽等路溪洞頭首土人內有子孫係依合承襲職名差遣及主管年滿人合得恩賜之類並御逐路帥司疾速取會諸寶保明聞奏三年三月十八日廣南西路經署安撫轉運提點刑獄言照對宜州蠻賊蒙令堂莫文察等作過不一逐司措置外木路敘貝州宜州光爲緊要蓋緣西接南丹北溪安化弟蘇荔波五圍南接水地州三過旺諸洞地勢介辭壁情狡詐最難控取自來朝逐給生料券歲計鹽數萬斤錢數十緒按月夫撤以維其心隨山川險沮列置險柵五十餘廉王丁將兵分蕃戍守以扼其路令蠻賊徒賞漸衆園打山寨出沒不時竊見本路副總管新兼知饑林州沙世堅素有豁鈐累有邊撤立功羣蠻畏服裹歲安化蠻酋蒙光漸等作過破宜州思立等寨經累司繳沙世堅枚補當陣殺獲蠻酋納劍請降結立信誓累年寧帖本司相度欲令世堅兼知宜州不惟目前蠻賊可使退歸果穴向去措劃必能爲慈遠安邊之利從之五月一日詔楊轍承襲與補承信郎南平軍播川城同巡檢以夔州路安撫司奏轍條楊後嫡親姪可以承襲故有是命四年七月二日詔進勇副尉權州河池縣尉吳珙恩立寨將領吳宗孟各與轉兩資以廣西經略安撫司奏珙孟宗彈壓諸蠻擒殺蠻賊乞與補轉官資故有是命紹興五年七月二十五日詔王天麟許承襲與補承信郎達

州安谿寨南岸一帶巡檢以潼川路安撫司言天麟後王鑒妫親長男隨侍巡歷請知夷情合條本人承襲敍有是命九月十四日明堂赦應制湖廣南川峽等路準洞頭首土人內有子孫依條合承襲職名差遣及主管年滿人合得恩賜之類並御逐路帥司疾速取會詣實保明聞奏自後郊祀明堂大禮赦亦如之慶元四年正月九日廣西經署安靖司言宜州徐賊蒙洞來康等出犯省地李劫官蠻作過差發官兵丁劫人等前去收捕并招降了當一兩次立第一等功陳禮等二十七人兩次立第一等第二等功區先等三十人兩次立第一等第二等功楊境等四人一次立第一等功吳鈷等八十八人乞推賞詔陳禮等各特與補轉一資嘉泰三年正月十二日前知潭州湖南安撫趙彥廟言湖南九鄙苛與漢洞相樓其地關遠南接二廣北連詞右其人狼子野心不能長保其無事或因錢鍾或因饑怨或行胡掠或呈殺傷州縣稍失堤坊則不安巢穴越界生事爲害不細爲令日計莫若平居無事之時擇其土豪爲徭人所信服者爲總首以任彈璽之貴潛以取之凡細微爭闕止令總首彈黨開諭勸解自無浸淫之惡蓋總昔者語言嗜好皆與之同朝多相接啓姻相適習知其利害審察其情偽而其力足以惠利之每遇饑歲別糴業流賑其田之徭人莫不感悅而聽從其言若先借補以小

小名目使得藉此以榮其身而見重於鄉曲彼必自愛措而盡忠於公家如此則其從民之衆可坐以致之然亦須五年彈壓委有勞效然後正補以所借之官所捐者虛名所得者實利安邊之策莫急於此詔令本路諸司相度措置條具既而本路諸司言趙彥勵奏請諸峒乞置總首此控制蠻徭之上策也所謂總首者必擇其平日知慮出於羣蠻之右者而為之無事則使之相安有事則責之彈壓今諸州所申谿峒亦各有長官惟其名之不同或謂之首領或謂之峒主或謂之頭角官或謂之防遏使指揮使不一而足上件色目近年以來不為弊或有貪緣差或以賄賂得名存實亡萬一狼子野心不安巢穴竊恐為總首者不足以鈐制若非朝廷申明行下一新蠻徭之耳目使為之酋者各知勉勵以供其職其有庸懦無能者許從州郡擇衆所推服者易置之保明申帥司核實借補以小小官資數年之後委有勞效所借之官錫以真命其身既榮頗知自愛邊陲有警責之彈壓彼必奔走奉命之不暇所謂以蠻徭治蠻徭其策莫急於此趙彥勵所請委是經久可行乞下本路監司道守施行從之四年六月十九日臣僚言竊見蜀之邊夷當為邊患而莅於提刑司者在嘉定屬邑一曰眉則有虛恨蠻曰犍為則有夷董蠻嘉祐間虛恨一寇邊歷治平熙寧以迄紹熙入寇無虛歲政和間其酋

卷四千二百三十

以狀來乞博易有旨許寨將帽其侵邊始創為茶鹽等犒賞蠻酋因以為例歲邀求名曰年計給與之末復因其寇掠提刑司措置令還所掠保護蕃達等四寨支犒銀布茶鹽錫鑄之屬各有差謂之四寨貼補間一給之而寨將之私賂不與焉然猶時有侵掠迄今有首崖烈之尚未打誓夷都董蠻初以土豪侵據地險朝廷命歲與之賂名曰索稅所給不過生細茶鹽歲持三印紙如券初在江南其寨下所管田膏腴接畛幾數十畝自舊寨攻破新寨移築之後土丁死亡資散存者皆無固志於是向來耕墾之田悉成荒野極為可惜又思前人建寨於此不為無說蓋欲接連籬鵠沐川威寧白崖諸堡互為聲援可相救應今移築新寨於江北固保目前之安但使有一江之阻其籬鵠諸寨不免形勢孤絕氣脈間斷緩急救應比昔尤難且小夷今春東虛洪緒突攻破此寨其氣方張大言虛喝殊有輕漢之心今移築新城於江北舊城遂廢不修似大示中國之怯形益長醜類之驕氣又夷心貪婪無厭他時便指舊寨之地為已有或重有邀索尤費應對今來措置將舊寨重行修築其利有三可以護江南之耕者使恃以無恐晝則力作田上暮則入保寨中數千畝之田不至荒弊此其利一也連接籬鵠諸堡不失殊之勢互為聲援緩急可相策應此其利二也他時新舊兩城對峙相為犄角首尾

相殺腹背擊敵此正兵家之要策又可以張中國之威被小夷之膽此其利三也緣前來初得於傳聞謂舊寨居南山之湍蠻賊來攻乘高下瞰矢石雨注則在兵家是為死地不容不移及屢遣人審視乃知寨地去山向遠弓弩箭力所不能及況蠻弓射不遠三四十步尤不足畏蓋今春此寨之徹歸城中守備太弛營寨又不應後蠻賊祠聞俯力攻破乃將士之譚非城之罪也除已一面差官調兵前去興工修復仍就委御前後軍統領劉維寄一銳意點檢務令工役堅壯墺以守禦約九月內一切了畢真於邊面委為有補總上件事實係西南備禦之要不容不以上聞歐乏下大路轉選司自丁差注判店寨官今通嘗新舊兩城仍所入御庶育有所歸兩城相維不至療壞實為長久之利從之

五年臣僚上言辰沅靖等州舊嘗募民為弓弩手給地以耕俾為世業邊陲獲保障之安州縣無轉輸之費比年多故其制寖弛徭蠻因之為亂沿邊諸郡悉受其害比申朝廷調兵招捕曠日持久蠻夷習玩成其猖獗之勢其如楊晟臺李金姚明教羅孟

卷四千二百三十

二李元礪陳廷佐之徒皆近事之明驗也為今計者宜講舊制可紓饋餉之勞而得備禦之實其安邊息民之長策歟

會要五年六月二十八日臣僚言恭聞祖宗盛時於辰沅靖等州應近蠻徭谿峒去處募民為弓弩手耕置其地以為永業全籍捍禦蠻徭縣官不費供億厥後此制寖弛不復耕墾舊額空存每遇蠻險為梗沿溪諸郡皆破其害遠及申奏調發大兵動經三兩月餘而猖獗漸久內地蕩然故大者如楊晟臺李金姚明教及近者羅孟二李元礪陳廷佐之徒掠平民侵擾州縣為害不細為令之計莫若講明舊制不失寓兵於農之意坐省餽餉而得備禦之實乞取去猜不如意觳非救湯其拔邊寨苟欲無事增給茶鹽絹色等數益廣泜乾道間冠利店歲寧生聚之為一空淳熙間莚籠鵠頫年為患掠邊民以為貿臣嘗考其故年計等支犒官司歲絡下寨收買既弊於州郡之失時又獎於寨俯之侵用因循欠闕無以示信以致蠻夷滯留寨下動輒生釁臣已行下嘉定府相度勿給其錢從本府先斯計置當鵠渦色發下諸寨仍與蠻夷約定受犒之時毋今久留境上貽患邊民不惟中國誠以可恃抑足以陰折夷落猖獗之心乞令嘉定府常切遵守從之

全唐文

宋會要

唃廝囉

唃廝囉漢名佛兒始於鄯州城起立文法漸為蕃部歸
順赴宗哥城居住為其妻族納斯結等竊誘往邈川城
温逋奇所住坐又十餘年因入貢　朝廷封廝囉充寧
遠大將軍愛州團練使三男瞎氊磨氊角董氊住坐以時入貢
馬　真宗大中祥符七年知秦州張佶置大落門新塞
先是佶欲近渭置採木場蕃族鬪之即徙帳去佶不能
遂撫之戎人輒悔因嚮導紗劫信深入掩擊悉敗走既
而求和佶不許時宗哥族立遵唃廝囉温逋奇等帳族
甚盛勝兵六七萬與夏州抗敵希望朝廷恩命佶奏請

卷五千六百今六　一

拒絕涇原曹瑋又言宜厚廝囉以拒德明也　五月二
十五日以渭州蕃族首領唃廝囉為殿直充巡檢使先
是廝囉率帳下來歸給以土田未及播種且求俸給贍
用故有是命八年二月宗哥族唃廝囉立遵温逋斯木
羅丹並遣使貢馬充賜行李物色茶藥詔估其直得錢
七百六十萬詔賜袍笏金帶器幣供帳什物茶藥有差
凡有金七千兩他物稱是時宗哥立文法聚衆數十萬
請討夏州以自効帝以為戎人多詐慮緩急侵寇及騷
熟户乃命曹瑋知秦州兼兩路沿邊安撫使以備之
八月二十九日曹瑋上言唃廝囉所部劉王叔遣帳下
青波來告近遣西涼廝鐸督部兵十萬掩殺北界部落

勝捷續遣人獻首級次是冬侍禁楊承吉使宗哥還言
蕃部甚畏秦州近邊丁家馬家二族人馬頗衆甚依倚
朝廷又唃廝囉以立遵為謀主立遵貪而虐好行殺戮
其下恐懼近築一城周迴二里許興役之際無他號令
但急鼓則增土緩則下杵不日而就夷人稟畏如此其
地東至秦州永壽塞九百一十五里東北至西涼府地
五百里西北至甘州城五百里東至蘭州城三百里南
至河州城四百一十五里又東至龕谷五百五十里西
南至青海四百里又東至新渭州千八百九十里承信
以圖來上　十月宗哥蕃部廝鐸督遣使求貢　九年
三月宗哥唃廝囉立遵遣使來獻馬五百八十二疋詔

卷五千六百今六　二

賜器幣總萬二千計以答之十二月十七日以宗哥族
李遵為保順軍節度使仍賜襲衣金帶器幣鞍勒馬鎧
甲遵一名立遵一名郢成蘭逋叱佐唃廝囉裁制蕃族
多恣陵暴至是屢祈恩典且求贊普之號瑋言遵所
求無厭不可悉許唯恩命俸給望依廝鐸督例宰臣王
旦曰贊普戎王也立遵既求贊普唃廝囉居立遵之上
而無所求蓋妄自尊大之甚也臣以為彼既求恩不可
不納但當為之制節故有是命　天禧三年二月宗哥
唃廝囉李遵遣蕃僧景遵等十八人來貢　四年宗哥唃
廝囉復作文法詔遣近臣巡邊察其變詐　仁宗天聖
年中知秦州王博文遣右都押衙李文素等入蕃往邈

川招誘唃廝囉羌人入漢上京進馬乞官職，詔除寧遠
大將軍、愛州團練使。景祐二年十二月二十一日，除
唃廝囉保順軍節度觀察留後，依舊邈川首領。寶元
元年十二月二十三日，詔賜唃廝囉綵絹十疋、角茶十
斤、散茶十五百斤。二年二月五日，賜角廝囉詔曰：朕
以昊賊僭狂，侵擾邊境，卿資忠濟勇，効順輸誠，授任高
牙，保我西畧。憤茲醜類，嘗議翦除，相得傳聞，共深讎嫉。
所宜早興師旅，往襲空虛，乘彼未還，拔其根本，父子竭
力，殄族抗渠。今正其時，機不可失。今來昊賊犯邊，卿俟
詔到日，連領手下軍徑往賊界，同共翦除殺戮。如能有
心蕩滅得昊賊，即當授卿銀、夏等州節制，仍羌心腹人

卷五千六百八十六　三

賫起發兵馬日數文字報與緣邊經畧安撫司，以憑發
兵應援，仍賜襲衣、金帶、絹二萬疋。四月十二日，保順
軍節度、邈川大首領唃廝囉男瞎氊、磨氊角各賜襲衣、
金帶、銀幣、茶茗諸物及銀裝胡床、銀水鑵等，仍月給綵
絹十五疋。時已授團練使俸料，恩賚并有加賜。康定
二年正月十八日，授唃廝囉檢校太保、充保順、河西等
軍節度使。慶歷七年五月二十八日，臣僚上言：唃廝
囉子瞎氊別作一城住坐，欲絕往來進奉之路，恐與元
昊相通。亦慮夏國有結親之好，乞賫詔敕存撫。知秦州
梁適亦言角廝囉父子欲依例只作經畧，苟意度差人
量賫信物以存撫為名，因便令體量探事宜及招買鞍

蕃夷六之三

馬，從之。皇祐五年十二月，賜西蕃磨氊角進奉人蕃
部首領衣服、銀帶有差：磨氊角下芭溫、度祝廝給四，每
李氏下兩西離叱臘丹物、阿廝因、男欺丁下納兒剝蕃
官李田子訥兒下李凡氊羅遵、蘭氊邊朱下訥下亦
麻蕃官李郢成下彪逋各賜紅團花大錦夾旋襴銀帶、
銀器五兩，依着十匹；蕃部從人四十五人各賜榮小綾
錦旋襴銀帶。進奉首領紫衣僧遵闌氊結逋、首領紫衣
僧沈遵、首領紫衣僧黨遵叱臘青各賜紫衣三件、銀器
五兩、衣着十疋。嘉祐三年五月，以西蕃恩州團練使
磨氊角子乞瞎撒欺丁為順州刺史。十月，以故西蕃
獎州團練使瞎氊子瞎欺丁丁木征為河州刺史、瞎欺

卷五千六百八十六　四

丁兀錢為本族都軍王瞎吳叱為軍主。四年十二月，
詔唃廝囉進奉首領赴殿宴，升其坐近北一間。初，秦鳳
路經畧司言：唃廝囉首領每到闕遇宴，坐館下，而見夏
國人使坐朶殿上，意頗不平，故特升之。八年三月，遺賜
西蕃唃廝囉金束帶、盤毬暈錦衣、銀器二百兩、白絹二
百匹、角茶、散茶各百斤。治平四年正月遺賜準此。八
月十五日，秦鳳路經畧司言西蕃唃廝囉蕃僧馬取逋
廝鷄死，有姪蕃僧僧結巴承襲紫衣，從之。英宗治平
元年六月十四日，秦鳳路經畧司言：西蕃唃廝囉進奉
首領沈遵太師乞換漢官，其沈遵元係磨角下蕃僧，每
月支綵一疋，乞與換本族正軍主，請受依舊，從之。十

蕃夷六之四

七日詔喃厮囉每（原本缺）大綵一百疋角茶二百斤散茶三百斤子董氊加防禦使每月添大綵五疋角茶五斤散茶十斤　七月以西蕃瞎氊子瞎欺丁木征爲河州刺史初木征爲瞎藥鷄羅所誘据近塞青唐族立文法至是内附故命之　二十一日秦奉路經畧司言喃厮囉首領蕃僧曹遵等齎到蕃字尋譯數内陳乞李波機瞎乞加官職俸錢樞密院勘會見係本旋軍主令進貢乞量加職名請受詔李波機瞎轉本族副都軍主每年添大綵三疋散茶一十斤十月十九日秦鳳路經畧安撫司言邈川瞎氊男結尾郍征陳乞官職奉錢詔爲副軍三月給茶綵有差　十二月二十三日西蕃保順軍

卷一千六百八十六　五

節度使董氊乞所屬蕃官叱臘䫻等二十三人官職請俸詔以登極推恩特與遷轉及月賜茶綵有差　以上國朝會要

宋會要　吐蕃

治平四年二月（神宗即位未改元）涇原路經畧司言西蕃首領拽羅鉢鳩令結等二人前後共招呼過順漢不順漢蕃部共三百余帳歸投西界又于静邊寨招誘人户其蕃部喝裝與芭撒鳩令光以告廵檢弓箭手指揮使麻英掩捕獲之喝裝等乞早與補職詔喝裝補都虞候仍賜錢五百千麻英授下班殿侍三班差使充弓箭手廵檢芭撒鳩令光軍補軍使仍各賜錢百千其蕃部襖子腰帶茶綵令經畧司依例支給拽羅鉢鳩令信斬首徇于軍九日詔西蕃邈川首領保順軍節度使檢校司空董氊除檢校太保閏三月陜西路緣邊宣撫使郭逵言秦州青雞川蕃官首領藥厮哥願獻青雞川地土乞修展

卷四千二百五十八

城寨招置弓箭手本司已于青雞川南路年谷口脩置城寨從之　四月經原路經畧司言德順軍静邊寨界熟户蕃部都虞候角撒與西賊相敵捉到部落于四十九人所奪到人頭駱駝弓箭等乞優與酬奬詔角撒六十人第功遷一資至三資其功微者賜束帛茶俟再有功以聞被害之家常加存恤　九月二十九日樞密院言原州所管蕃部内明朱溅藏最係大族訪聞約有數萬昨李若愚已團結到一千三百余人欲令新差知原州高遵裕與种古更切團結逐族壯人馬聞奏從之　十二月二十三日詔董氈入貢使人回賜依治平元年

賜喃廝羅例其妻賜銀器五十兩衣着百疋　神宗熙寧元年二月封西蕃邈川首領董氈母奉化縣君心氏為安康郡太君以其子都軍主欺丁磨彪蘇南蘭逋叱為錦州刺史董氈父卒推恩起復故也　八月秦鳳路走馬承受王有度言生户延廝鐸并青唐家首領余龍琦等與熟户相殺延廝鐸累冠邊今又勾引青唐族劫掠熟户藥令家等族帳緣青唐一族人馬頗衆竊慮別生邊患詔本路經畧使孫永相度撫遏早令安靜仍具經久處置事狀以聞　二年六月洮州木征進奉首領張訥兒潘等辭于崇政殿詔諭已令秦州放瞎廝鐸心歸本族仍降詔諭木征先是鐸心作過質于秦州十餘年木征上表云是妻父今年老乞放還故有是命　三年十二月二十二日以西蕃邈川首領保順軍節度使董氈討擊西界作過人有功賜詔獎諭并衣帶鞍馬先是秦鳳路言昨夏人聚兵犯環慶諜報西蕃董氈嘗乘虛深入其境虜獲甚多朝廷令韓縝叅驗既而上批蔡挺所奏董氈事與縝探報頗同可賜詔獎激之仍遣使臣押賜故有是命　四年九月二十四日賜董氈加食邑一千户實封三百户　五年五月九日以青唐大首領俞龍珂為西頭供奉官俞龍珂與其凡瞎藥皆為木征腹心上方經畧河隴命王韶招懷之因舉衆内附初議龍珂官賞王安石曰恐當令緣邊安撫司議其輕重

卷四千二百五十八

若朝廷即與官賞過當恐諸族觀望各有覬覦兼恐久遠難于駈誘文彦博曰近者悦遠者来若撫之過厚則舊蕃部或不樂矣上曰事勢大小自不同安石曰誠如此令俯已事力豈龍珂之比上曰俯已止四百户龍珂號為十萬家縱甚少亦必數萬于是上從安石言下安撫司而有是命仍寵以勲階賜姓包名順　八月三十日詔秦鳳路緣邊安撫司曉諭木征限一月降放罪仍優與官爵不從即多設方略擒討仍并以内殿崇班告及錢五十緡募人捕送　九月一日以西蕃邈川首領保順河西軍節度使喃廝羅孫結吳延征為禮賓副使充鎮洮軍洮河西一帶蕃部鈐轄仍選差會蕃語得力使臣一名充隨行指使　初秦鳳沿邊安撫司奏諸將破筆令城有木征弟結吳延征手下大首領等二十餘人出来公叅已據力量補職名厚撫遣之因言延征可遂與一官使統部族足收其用故從之　十月二十三日以知通遠軍右正言集賢殿脩撰王韶為龍圖閣待制熙河路都總管經畧安撫司兼知熙州以克復洮岷之功也以西上閤門使榮州刺史高遵裕知通遠軍兼權熙河路總管先是上謂執政曰王韶初經制鎮洮異議紛更之際而高遵裕能協力欲與一都鈐轄名目何如王安石曰縱與權總管亦無害蔡挺曰若如此即當罷知通遠軍蓋自来無總管離帥府而知州軍者上曰

卷四千二百五十八

有事宜即出駐劄使知軍亦何妨安石曰總管知軍與鈐轄何異亦不須論舊例有無也故有是命　六年八月八日熙河路經略司言邈川温訥支郢成四乞授官給俸詔除莊宅副使充邈川一帶蕃部都廵檢使並依漢官請受温訥支郢成四住河州之北所管二十八部族有兵約六萬四千人西接董氊南距黄河乜家族東界摎家族北隣夏國所居至河州西驛今與夏國通和董氊即不相往来其先嘗授中朝歸德將軍閤河州既下遣次首領華兒河馮等四十三人請命及以同句當本族楊征溪心為供奉官侍禁蕃部同廵檢加賜階勲降告敕以命之

卷四千二百五十八

二十二日王韶言木征子乃丁叱乞與補一官詔補三班奉職賜姓錢名懷義　十二月二日熙河路經畧司言招納河岷洮州蕃部須優給請受使遠人向慕副兵馬使料錢五百文軍使七百副指揮使八百指揮使一貫都虞候一貫五百文副軍主二貫軍主二貫五百副都軍主二貫七百都軍主三貫並從之　二十六日詔以岷州都首領瞎吳叱洮州都首領巴氊角並為崇儀副使董谷為禮賓副使瞎吳叱岷州巴氊角洮州董谷河州蕃部鈐轄瞎吳叱等皆木征弟也王韶招納内附至是引見于延和殿故有是命　七年三月十四日詔見留秦州蕃官瞎吳叱等令王中正等常加安存照管　四月三十日熙河路經畧使王韶

表言四月十二日有西蕃王子河州大首領瞎木征詣軍前乞降已于十九日就軍前受降訖詔木征及母妻子令王韶李憲發遣赴闕走馬承受長孫良臣引押優厚支錢令緣路供給初韶赴闕還在道聞景思立敗疾馳而西會兵于熙州以三月九日度洮翌日破耳金于結河川口斬千餘級進軍寧河討蕃族于鋪心把離等谷復斬千餘級釋河州圍走鬼章等三萬餘人木征竄入南山十七日諸將領兵旁南山焚族帳通路至河州　四月十四日師自河州閻精穀出踏白城西與蕃賊戰斬千餘級十五日進至銀川破賊堡墻七千餘帳斬二千餘級十六日分兵北至黄河西至南山復斬千餘

卷四千二百五十八

級又遣將領兵入踏白城葬祭陣亡將士十七日回軍吉河進築珂諾城前後斬七千餘級燒二萬餘帳獲牛羊八萬餘口木征率酋長八十餘詣軍門降上批西河路自恢復以來征戍饋餉人頗勞苦今木征已降邊事寧息宜曲赦本路以知熙州資政殿學士左諫議大夫王韶為禮部侍郎觀文殿學士依舊兼端明殿龍圖學士賜絹三千仍官其子内園使燕達為西上閤門使英州刺史秦鳳路總管照管軍馬事宜東頭供奉官李憲奇昭宣使嘉州防禦使賞降木征之功也　六月二十一日詔賜木征姓趙名思忠為榮州團練使母壽安郡君郢成結賜姓李封遂寧郡太夫人月賜脂粉錢三十

千妻俞龍七為安定郡君結施乎為仁和縣君又名其弟董谷曰繼忠結吴延曰濟忠瞎吴叱曰紹忠巴鏝角曰醇忠巴鏝抹曰存忠又賜其二子忠長邦辟勿几凡名曰懷義次盖凡名曰秉義並為右侍禁首領結成抹阿里骨並為東頭供奉官先是木征在河州歸窮屈膝比至上樹之祿其母妻而官其二子至是辭去異顏識上恩信抃蹈而去　十二月二十六日入内供奉官李翊言護趙思忠一行至新安驛阿里骨毆傷麻宗道詔阿里骨追所授官仍令熙河路經畧司相度決罰捌貿阿里骨及至熙河高遵裕斬之　八年三月四日熙河路言招呼到杓吹通族首領朳哥比吒詔補奉職充巡

蕃四十二百五十八

檢　五月十五日蕃僧李巴鐙補三班長使本族蕃巡檢巴鐙在黄河北居所領部族頗多接連夏國地分聞為外界所誘迫以職名羈縻之從洮西安撫司所請也　十月一日詔以青唐蕃部并蕃兵隸岷州從洮東安撫司請也　九年正月九日熙河路經畧司奏河州首領郎結鏝鬼驢叱適巴角言鬼章令結鏝等攻河州結鏝等心欲内附與甥欺巴温同謀殺鬼章未發而鬼章覺走歸塔南城結鏝率本族首領百二十一人来降上批結鏝等相率出降仍斬不順蕃部首級及同謀殺鬼章不克河州雖已犒賞恐未足酬其忠順皷動衆心可優與官賞庶山後諸羌聞風相率内附河州邊備稍得

解嚴乃以郎結鏝為内殿承制其餘首領補班行及蕃官有差　二十二日熙河路經畧司高遵裕言邈川温溪心見欲来降諜知夏人已在邈川之北若温溪心畏其迫逐而来拒之則非平日懷撫之意納之則夏人必有詞不敢專決詔温溪心及受夏國奉給之人可勿招納　十年六月十四日合州防禦使趙思忠卒號瞎欺丁木征木征蕃中語謂大頭顏嘉祐中除河州刺史熙寧初王韶領洮河安撫司李憲為之助自古謂寨接青唐武始郡招納蕃部與通市易募人營田遣僧智緣啗木征以厚利因以兵往未能得其妻領會有詔能捕獲木征者除内殿崇班賜錢五千緡又數出兵擾之敲其老

蕃四十二百五十八

弱前後數千級所焚燒帳族以萬數納降大首領十餘皆其腹心也又擒其妻子輒不殺與官故木征以七年四月来降盡復洮河二州地方二千里捷書至朝廷以為大慶詔内節度推官數年至樞密使李憲自走馬承受至統帥皆發跡于此自用師熙河歲常費四百餘緡至七年以来財用出入少可會歲常費三百六十萬緡于是木征賜今姓名方引對思忠時上名包氏俞龍七許以蕃服及二子皆上殿勞問又詔思忠包氏聞汝夫婦不相能自今當和睦思忠不能奉詔乃詔思忠居熙州包氏俞龍七居河州八年以為秦州鈐轄不管職事思忠乃因經略司自言乞管勾熙河路蕃部經略司以

為不可詔于熙河二州給地五十頃乜氏俞龍七各十
頃十年遼合州防禦使卒贈鎮洮軍節度觀察留後
官給葬事許以牌印從葬以其子左侍禁懷義為內殿
承制右侍禁秉義為內殿崇班十月十四日鬼章董氈
使人進貢令寓止同文館十一月二十三日以西蕃邈
川首領董氈都首領青宜結鬼章為廓州刺史阿令骨
為松州刺史大首領披藏党令結等四人並與郎將小
首領一人與副軍主特用進奉首領赴闕例也十二月
八日詔西蕃董氈已遣使朝貢舊條秦州解發今既違
熙河一道委本路帥府解發并給茶彩十二日西蕃邈
川首領董氈進珍珠乳香象牙玉石馬詔依例估價特
卷四千二百二十八
回賜銀綵及添賜錢仍賜對衣金腰帶銀器衣着茶等
仍加功臣食邑移鎮除舊請外歲添賜大綵四百疋角
茶二百散茶二百斤其鬼章及首領等所進亦依估價
外添賜錢訖都管首領青宜結鬼章特賜十五兩金束
帶法錦襖子器幣各五十及阿骨並特除刺史每月各
支大綵十疋角茶十斤散茶二十斤制西蕃邈川首領
保順軍節度洮州管內觀察處置押蕃落等使開府儀
同三司檢校太傅使持節洮州諸軍事行洮州刺史兼
御史大夫上柱國常樂郡開國公食邑七千一百戶食
實封一千七百戶董氈可特授依前檢校太傅使持節
鄯州諸軍事行鄯州刺史兼御史大夫西平軍節度鄯

州管內觀察處置押蕃落等使仍舊西蕃邈川首領加
食邑一千戶賜推誠順化功臣　元豐元年四月二十
一日熙西河路遣使臣押賞儀使岷州蕃部鈐轄趙紹
忠赴秦州經畧司知管毋得輒縱出城七月二十五日
詔昨西蕃董氈遣首領朝貢忠款可嘉差供奉官郭英
齎詔慰諭及賜對衣金帶銀器衣着各三百令熙河路
經畧司依治平二年差使臣賜制告例經畧司更送大
細法錦五疋大綵五十疋細末散茶各五十斤　八月
二日詔知岷州种諤集蕃官出詢兒溫及祿尊衆論所
犯凌逋處斬妻田田產並賜包誠子年十五以上配廣
南牢城十四以下聽隨行哥吳補三班奉職賜絹二百
卷四千二百五十八
錦袍帶各一結金遷兩資賜絹百疋先是熙寧中鬼章
犯境詢兒溫祿尊首率部族叛附鬼章邊事寧息來降
今又陰附董氈鬼章諤言恐為邊患上董氈所與祿尊
蕃字故誅之八日入內高品李殼言編排賜董氈等物
乞下所屬供赴資善堂編排從之董氈賜詔鬼章賜勑
二十二日秦鳳路經畧使呂大防言欲選差人量齎茶
綵以回答為名付鬼章令說諭約束河囉日令毋得輒
集人馬誘脅階州熟戶從之九月十五日熙河路走馬
承受長孫良臣言郎鬼兩族共六百餘人雖從來借地
耕種終非已有乞于河州或南州寨側近根括空閑及
弓箭手逃田內標撥二十頃分給從之二年三月一日

董氊遣景青宜党令支等來貢方物十四日詔賜董氊錢一千二百緡銀綵各千對衣金帶銀器衣着等補進奉大首領景青宜党令支珍州刺史劉男丹結古扶州刺史餘有官者遷一資未命者補職名有差歲增大首領大綵十七足小首領五足散茶各十斤以經制熙河邊防財用李憲言景青宜党令支叙述和斷之勞故也六月十七日董氊貢奉大首領景青宜党令支等辭上名過殿陛諭曰歸告董氊所遣貢奉人甚恭恪今已許汝納款此後可數遣人來任便交易又聞部落子欲侵汝疆境祖父土田宜善守勿失八月一日鄜延路經畧使呂惠卿言蕃部屈里乜党西入乙都報西界點集入寇日賊果于是日自滿堂川入大會平殺傷防田人馬兵官李浦等逼逐出塞詔增給乙都綵銀各百屈里乜綵百

卷四千二百五十八

三年正月二十九日熙河路經畧司言邈川城主溫訥支郢成遣首領阿等款塞乞補官職詔補訥支郢城為會州團練使邈川蕃部都巡檢使溫溪心為內殿崇班溫聲臘抹為右班殿直並邈川蕃部同巡檢阿萬為本族副軍主僧祿尊為祿廝結族都虞候月給茶帛有差六月七日詔補邈城主會州團練使溫訥支郢成收溪心弟阿令京為西頭供奉官溪心男廝波溫弟阿羅為右班殿直族弟溪巴溫為三班奉職妹壻搭令波為借職月給茶綵有差熙河路言訥支郢成款塞自附

請錄其族人及酋首也十五日擢熙河路經畧司趙濟言董氊欲建一城來求鐵器且及援兵諭濟諭以朝旨修城鐵器已令應副先共數采至修城時當令經略司遣兵照管七月十一日熙河路走馬承受公事樂士宣言鬼章以蕃字與劉昌祚云我言勿興土功及更修岷州城欲往岷州理會及聞鬼章大集兵馬未知所向上批宜令經略司具析鬼章書無禮且不遜何以不奏仍即結其侵越生事及募人往探虛實嚴責並邊城寨日夕備之閏九月二十七日董氊遣人入貢四年七月二十二日上批已指揮熙河路都大經制司經道攻西賊巢穴或北取涼州與董氊兵會董氊知九月二日熙河路經畧司言董氊首領李叱納欽等入貢稱董氊遣首領洛施軍篤喬阿公及親兵首領抹征尊等以七月十六日部三萬餘人赴党龍耳江鐵南及隴朱珂諾等處擊夏國十一月十九日李浩言蘭州節次招討西使盤軍司管轄順夏國西蕃剡毛鬼駒耳金星囉述等四部族大首領蕃鈴轄樂熟等二百三十餘戶千餘口尋攜設等弟支給例物各令歸族內有會川人戶權給官地住坐已申熙河路都大經制司乞第與補職名詔送熙河路都大經制司五年二月八日詔董氊首領結隣死其朝辭物給其子董訥支蘭氊增賜絹百足十五日詔昨遣師問罪夏國其西蕃董氊亦遣親信首領部勒兵

卷四千二百五十八

馬來濟軍威事功可見董氊見議策勲其立功首領亦當推賞姦苗投遣人因般次告諭董氊阿令骨鬼章二十一日詔西蕃邈川首領西平軍節度押蕃落等使董氊封武威郡王賜金束帶一銀器二十兩色絹紬三千歲賜增大綵五百疋角茶五百斤阿令骨為肅州團練使鬼章甘州團練使心年欽氊伊州刺史各賜金束帶一銀器二百兩綵絹三百進奉使李叱臘欽鄜州刺史增歲賜茶綵有差青宜結鬼章止稱鬼章阿令骨稱阿骨稱阿里骨三月五日詔肅州團練使阿里骨聞在羌中居鬼章之右蘭州之戰又能竭力督勵諸酋堅約不回可除本州防禦使十七日熙河經畧司言董氊阿里

卷四千二百五十八

骨使以蕃字來告夏人通好已拒絶之且訓整兵馬以俟入討詔苗授李憲師行有期即預以告四月十五日詔李憲近聞夏人復遣間使許董氊斫龍以西地求平及契丹亦繼有使人到青唐深慮為夏賊成和近阿里骨累請師期未報恐羌情生疑姦者乘隙壞約可于秋初遣與一期日遣人賜問上件事實令董氊勿聽契丹言與夏國和其他斟酌諭之八月三日以董氊進奉人景青宜充令支為瓜州團練使阿里骨為静州刺史各增賜茶綵賞軍前功也九月二十三日押賜董氊官告使种誼等上討夏國有功首領詔上等十三人與本族都軍主次等下等十八人並與副都軍主歲給茶綵有

差是歲又賜董氊阿里骨鬼章及有功首領銀絹有差六年七月十三日熙河蘭會路制置司言蕃部當支扶盧稱夏國與董氊書欲同入寇詔李憲拊當支扶送董氊阿里骨令自處置八月六日詔聞契丹遣人使夏國及宗哥處是西人干求契丹欲因和解董氊可下李憲選使開諭董氊阿里骨以契丹與宗哥相去極遠利害不能相及令堅守前後要約協力出兵攻討西賊十二月三日詔李憲得録詔董氊阿里骨蕃字觀其情辭忠智兼盡傾中國食禄士大夫存心公家者不過如此紬繹再三嘉美無已兼爾所回委曲頗中事情甚得朝廷欲命之意昔六谷首領羅支厮鐸督輸忠朝廷協力擊

卷四千二百五十八

賊後終成奇功殺李繼遷于三十九井當時朝廷報賞甚厚今董氊阿里骨既効誠如此宜更激勉使深入賊境求如上功以稱朝廷撫厚之意七年二月十一日熙河蘭會經畧司言董氊遣人以蕃書來已回蕃書約令引兵深入摩臧緬藥家詔朝廷知董氊事力不能大抗西賊但不與夏人結和已于邊防有助委李憲自今所與蕃書不須過當督責三月二十三日詔李憲昨奏鬼章送馬十三疋乞買寫經紙事紙可就賜之而還其馬六月三日賜董氊阿里骨所部人傷中絹千疋十二月十八日董氊進奉大首領鏘撒四死于都亭驛詔賻絹百疋仍與朝辭例物附給其家八年四月十一日詔西

蕃邈川首領河西軍節度使檢校太傅武威郡王蕃董
氈改檢校太尉哲宗元祐元年正月二十五日董氈還
人入貢二月十二日樞密院言董氈文字稱彼疾且死
其蕃族國王事已令男阿里骨管勾按治平三年董氈
承襲唃厮囉進奉赴闕依例除官詔銀青光祿大夫檢
校工部尚書使持節肅州諸軍事肅州刺史充本州防
禦使兼御史大夫上柱國阿里骨可起復冠軍大將軍
右金吾衛大將軍員外置同正員檢校司空使持節涼
州諸軍涼州刺史充河西軍節度使涼州管內觀察處
置押蕃落等使西蕃邈川首領封寧塞郡開國公食邑
二千戶食實封五百戶十八日三省樞密院言董氈負
蕃四十二百五十八
死欲依例支賜從之二十三日樞密院言董氈死近緣
到阿里骨蕃字差人進奉今詳蕃字皆阿里骨自言之
辭即不見青唐自阿里骨管事後蕃情有無不順事跡
其自來在董氈左右親信任事之人及內外主兵首領
有無信服阿里骨指揮欲令趙濟選差曾往青唐使臣
押入蕃支賜宣諭使臣令自入界體訪情寔以聞從之
阿里骨除官制誥并每年所支茶絹及支賜衣帶等候
趙濟奏到取旨閏二月二日禮部言董氈等首乳香及
溫溪心貢偏牛合回賜詔並增二分賜之其阿里骨近
奏到進奉首領等仍並依董氈改賜例支賜十八日權
主管熙河蘭會路經略安撫司公事趙濟言譯到阿里

阿里骨蕃字乞通和事詔趙濟候阿里骨再來說及細
藥家乞通和事令就鄜延路說諭三月十六日戶部言
熙河蘭會路經略司奏繳到阿里骨奏董氈還表進奉
乞行回賜詔董氈更不支賜其阿里骨依元豐五年所
降指揮增賜絹百疋同日趙濟言準朝廷差使臣令訪
青唐事尋選奉職髙陞押賜親見阿里骨坐董氈廳從
來應事董氈之人盡事阿里骨兼問得首領蕃部等並
各服從詔許承襲仍除節度使每年支賜茶絹衣帶等
並依二月十二日所得指揮四月七日賜阿里骨襲衣
金帶銀器茶綵又賜大首領李賒囉抹沈河當令緡錢
二萬九千五百有四十六月十六日誡約西蕃邈川首
蕃四十二百五十六
領河西軍節度使阿里骨詔曰昨得卿父董氈文字稱
身有重患且死蕃家國土事已教男阿里骨管勾朕以
卿祖考忠順朝廷世受封爵已降制命令卿襲封及賜
衣帶文綺請受等卿繼世之初人情未一固當推廣恩
信忠養一方今聞卿自主管以來頗峻刑殺部族之衆
諒不遑寧雖出傳聞未忘憂惕卿宜以繼承為重以仁
厚為先無恃寵榮務安種落副朝廷所以封立之意思
前人所以付與之心二十一日兵部言董氈鬼章進奉
大首領李賒羅抹等各乞官職詔李賒羅抹補充本族
副軍主餘並依元豐七年故例大首領已有軍制職名
之人轉兩資其小首領各轉一官二年四月六日洮東

沿邊安撫司言鬼章男結吭齪(一作挀)遣人馬入寇詔熙
河蘭會路經畧使劉舜卿委曲開諭務令悔悟或已嘗
深入即速選將領精兵仍追趙醇忠包誠包順等隨事
應敵不得少失機會六月二十六日詔以邈州領結藥
為三班奉職 結藥位次溫溪心統衆五千嘗遣蕃部
怯陵出漢報鬼章築洮州城事為阿里骨所得慮謀泄
領妻子歸順故有是命八月二十一日以西蕃首領伊
州刺史心牟欽氈為銀州團練使溫溪心為瓜州團練
使各增月給茶綵及賜銀絹有差以不從鬼章犯邊及
密報機事故也二十八日熙河蘭會路經畧司言今月
十九日岷州行營將官种誼收復洮州生擒西蕃大首

卷四千二百五十六

領鬼章青宜結詔首惡已擒應隨順犯邊羌戶令劉舜
卿告諭安存免罪依舊住止願率衆入漢者收納犒設
等第以聞鬼章西蕃大首領也桀黠有智謀數為邊患
至是與夏人解仇為援築洮州居之舜卿遣洮東安撫
种誼破其城擒送闕下九月十二日詔劉舜卿先撫納
河南生羌若講朱末可下即先以禍福曉諭阿里骨若
郎結氈能招撫鬼章舊部族土地即視鬼章官祿推賞
十月二十八日詔鬼章易檻車護送大理寺劾治以聞
引見日準別因例押入殿十一月十三日以鬼章入獻
于崇政殿結犯邊狀以罪當誅死聽招其子及部屬歸
附以自贖十二月二日樞密院言西蕃鐵南城首領凡一

征聲延舉其家內附昨阿里骨數欲遣使入貢宜乘此
獎護聲延密諭阿里骨令與溫溪心同謀併力以拒青
唐兼許聲延招諭未附舊族過河北主領舊地從之三
年正月二十四日詔阿里骨已差人奉表詣闕謝罪令
邊將無出兵仍罷招納四月二十一日阿里骨遣人入
貢七月四日賜阿骨詔曰惟爾祖先世篤忠孝本與夏
日日尋干戈亦惟恃我朝廷爵秩之隆用能保爾子孫
黎氏之衆肆朕命爾嗣長乃師而自承襲以來疆酋外
擅爾弗能禁恣其所為遂據洮城以犯王略陰連夏賊
約日寇邊朕愍屬羌之無辜出納偏師而問罪元惡俘
獲餘黨散亡山後底平河南綏服朕惟率酋豪而捍疆

卷四千二百五十八

埸乃爾世功叛君父而從仇讐豈其本意庶能改過來
恩加兵果因物以貢誠願洗心而効順爾既知悔朕復
何求已指揮熙河路更不出兵及除已招納到部族外
住罷招納依舊許般次往來買賣及上京進奉爾宜約
東種類共保邊陲八月五日阿里骨遣人入貢二十四
日以西蕃大首領鬼章為陪戎校尉九月八日樞密院
言鬼章已除陪戎校尉今阿里骨并溫溪心進奉人合
赴起居乞令鬼章當日先于前殿門謝令進奉人纂次
覲見別日赴內東門謝從之二十二日制阿里骨可落
起復特授金紫光祿大夫依前檢校太保使持節涼州
諸軍事涼州刺史充河西軍節度涼州管內觀察處置

押蕃落使仍舊西蕃邈川首領加食邑一千户食實封
三百户勳封如故四年五月四日知熙州劉舜卿言廓
州主魯尊遣立章來欲焚析河橋歸漢樞密院言羌惟
恣暴萬一彼已露蹤復如瓦征聲延棄地領衆來降
受之則阿里骨已通貢我有納叛之名不受則河南諸
羌怨漢拒已二者徒開邊隙詔舜卿如他日魯尊果欲
避禍投漢即差人撫諭為阿里骨已通貢難以收留當
諭阿里骨不得雠害如此則阿里骨無由歸曲于漢又
不致峻阻河南諸羌歸附之情七月二十四日樞密院
言阿里骨妻溪尊勇丹已封安化郡君男溪邦彪籛弟
蘇南納支並為銀青光禄大夫檢校國子祭酒兼監察

卷四千二百五十八

御史武騎尉充本族都軍主鬼章男結吡捉為銀青光
禄大夫檢校工部尚書鎮州刺史月給茶綵有差令以
進奉人未到請給宣告下經畧司差人特入蕃令阿里
骨給付仍别寫蕃字告諭結吡捉已有恩命之意從之
八月十七日樞密院言鬼章已除陪戎校尉請給官屋
二十間月支食料錢三十緡春冬衣絹各十疋冬衣綿
三十兩并時服馬一疋給薪蒭令開封府推判官一員
提舉從之十二月二日西蕃阿里骨并溫溪心下大小
首領軟驢脚四等補職名請受有差（以進奉到闕推恩也）五年四
月八日詔鬼章男蘇南結為右班殿直仍月給茶綵（以能撫帖部族故也）
八月二十八日詔遣陪戎校尉鬼章于秦州居

住六年二月二十八日詔西蕃阿里骨男都軍主溪邦
彪籛為化外庭州團練使邈川首領瓜州團練使溫溪心
男巴溫為化外勝州刺史同管勾邈川部族月等第支
茶綵有差仍令范育告諭阿里骨使知優恩及諭朝廷
特與巴溫除官以破阿里骨姦謀之意四月四日熙河
蘭岷路經畧安撫使范育言西蕃阿里骨蕃字乞賜熟
銅五十斤詔賜千斤令育諭阿里骨熟銅於漢法條禁
止為爾恭順朝廷特賜之意五月十五日阿里骨遣溫
溪心入貢六月二十六日阿里骨進馬一百七十九疋
詔户部逐疋估價於都數内增二分賜之七月二日熙
河蘭岷路經略使范育言阿里骨蕃字稱鬼章年老若

卷四千二百五十八

在者乞遣回已死即付骸骨詔以阿里骨恭順朝廷結
吡捉代管勾部族寧靜特從所請令西京焚鬼章屍收
骸骨付進奉人其鞍馬錢物等並給還仍令育諭知閔
八月十二日詔西蕃阿里骨進奉大首領三十人與副
軍主小首領已有職名人與轉一資未有職名人與都
虞候溫溪心下小首領依此推恩九月二十六日詔
阿里骨進奉人李阿溫瓏諭藥四並充本族副軍主溪
鐔仍充本族都指揮使結吡充本族軍主吡納党支令
結麻令一緰並充本族副軍主仍並為銀青光禄大夫
檢校國子祭酒兼監察御史武騎尉七年四月十二日
范育言昨擒鬼章日同時獲首領十人賞廝門四人病

厮心牟温雞東厮雞二人已得首賜阿里骨餘四人内
龍適了安在岷州已順處羈管令阿里骨差來人乞龍
適了安等詞意恭順欲依所乞遣還從之六月二十二
日熙河路經畧司言西蕃洗納等族背阿里骨奔夏國
回紇兩界往来謀取董氊姪溪巴温兒董蘭為主又蘭
州沿邊安撫司探到董氊姪瞎養叱兒自西海率吐蕃
回紇人馬去青唐城一二百里駐兵有洗納心牟龍適
三族歸之阿里骨遣弟扶麻姪結叱叱等率兵追捕為
瞎養叱兒所敗又聞瞎養叱兒及洗納心牟龍適族名
之欲以繼董氊其阿里骨自承襲以来元非種姓部族
頗懷不服據探報如此深恐西賊乘此釁隙援助瞎養

卷四千二百五十六

叱兒遂窺青唐即于邊防非便詔范育審探的實預為
謀畫密具方畧以聞八月二十八日熙河蘭岷路經畧
司言得錢南族供備庫副使凢征聲延狀聞阿里骨恐
温溪心向漢以邈川献與夏國方使人召溪心令赴青
唐又阿里骨疑心牟族党叛已殺其大首領溪論兒驢
彪等三人阿里骨方憂内潰欲陰結夏賊自固萬一溪
心為阿里骨拘留或如驢彪等陰有殺害夏賊来之以
襲取邈川則西夏底界遂至河州從此漸窺河南諸羌
為患不小詔范育約度温溪心如未往青唐即以句當
别事為名差人至溪心處仍以所聞作帥臣意密委差
去人面諭溪心令自謹備以防他虞并令范育相度若

夏賊果攻邈川救之則限河不救則溪心素忠于漢雖
以坐觀不為應援又失邈川益生邊患宜深計熟慮預
為方畧密具以聞同日范育具到洮州青藏等處脩城
招納河南部事樞密院言阿里骨近界乞漢家久遠不
侵占蕃家地土文字經畧司已委曲回荅云汝但不於
漢家作過漢家自是於汝蕃家别不生事方西夏未順
曰嚴邊備若先自違約招納河南生羌不惟失信于蕃
狄又與西蕃生釁徒使兩賊相藉合謀腹背為患詔范
育疾速誡約沿邊不得擅便招納西蕃部族如有密諭
誠款之人即仰多方存撫以意羈縻婉順發遣依舊住
坐九月六日樞密院言昨熙河經畧司奏乞招納河南

卷四千二百五十八

部族朝廷以阿里骨未失臣節已降指揮不得擅便招
納近聞阿里骨稍于河南增屯兵馬疑惑邊官頗漏招
納事意致其驚猜漸為防備緣自聞青唐不寧熙河未
嘗與阿里骨通問又前令開諭阿里骨本路亦以謂未
可遣人前去意因此隔絶情意不通若阿里骨審知熙
河已曾招其部族又有瞎養叱兒之釁復又西賊拘質
其使從此合謀未為安便檢詳元祐元年内為阿里骨
與其首領不和亦曾降詔戒約今可依此詔令范育將
先降下開諭指揮祇作帥臣意隨宜增損别以句當事
為名遣有心力善辯之人往諭阿里骨大約欲包容瞎
養叱兒招安洗納等族早致安帖無致緬藥窺伺生心

如今其知漢憂已西無疑熙河招納之意則於今日邊
情爲便十二月三日西蕃邈川首領河西軍節度使阿
里骨授特進加食邑食實封八年正月十一日熙河蘭
岷路經畧安撫使范育言阿里骨遣人以蕃字各求立
文字約漢蕃子孫不相侵犯得朝旨令諭之阿里骨已
如所諭約永不犯漢復求漢如已要結臣再三計之邊
防重事恐害久遠事機欲且作逃避之意許爲奉達樞
密院以阿里骨既自要結永不犯漢若無文字荅之恐
慮自疑閑隙欲令范育報阿里骨云汝但子孫久遠常
約束蕃部永無生事漢家子汝蕃界自無侵占從之紹
聖元年正月十五日樞密院言蔣之奇奏昨遣人至青
唐諭阿里骨釋温溪心仍舊統巴溪温邈川不聽詔再
以蕃字書使人齎諭阿里骨四月九日樞密院言押伴
阿里骨進奉人大首領納麻抹氈令譯語言阿里骨乞
朝廷別與一稱呼名字兼董氈時曾賜涼繖文倚紗羅
等亦乞給賜詔押伴人說諭當日董氈得賜應有所因
自求蕃家請事並屬熙州經略司今所乞無例不敢申
奏五月十八日詔阿里骨進奉人大首領納麻抹氈沈
党征注㲉充本族副軍主小首領部指揮使溪氈充本
族軍主指揮使小首領副指揮使阿驢充本族都指揮
使小首領軍主結吼副軍主阿家比納結逋充本族軍
主小首領都虞候党征斯雞已氈並充本族副軍主仍

卷四千一百五十八

並授銀青光祿大夫檢校國子祭酒兼監察御史武騎
尉八月十五日知熙州蔣之奇言阿里骨襲取温溪心
後溪心姪温阿明亡入西夏欲借兵復讎令諜報夏賊
點集或去往西蕃收邈川西蕃常爲備禦之計臣欲因
其不安遣人諭阿里骨若夏人果犯漢界即令出兵牽
制若犯西蕃即本路亦興出兵應援詔從之二年十一
月二十四日上批熙河路蕃官包順誠李忠傑趙懷義
趙永壽累立戰功可經畧司差使臣管押乘驛兼程赴
闕欲略與慰勞遣還貴以後効三年正月六日詔阿里
骨男銀青光祿大夫檢校工部尚書使持節庭州團練
使溪蘇南邦彪錢爲使持節鄯州防禦使阿里骨弟銀
青光祿大夫檢校國子祭酒武騎尉充本族都軍主蘇
南納支爲使持節西州刺史十九日軍頭司引見蕃官
四方館使岷州防禦使包順包誠若汨沒移及其男包
用包海戩逋馳射廷下賜袍帶器幣有差賜若汨沒移
姓趙名忠順男成逋名嗣勤二十九日詔進奉人阿里
骨大首領副主渴蕃納余龍充本軍副都軍主寨官捉
作洗京比囉廝雞並充本族副軍主三月十七日樞密
院言阿里骨近差人修貢朝廷恩撫優厚訪聞日近妄
傳熙河路欲招納青唐并河南部族慮其疑懼詔令熙
河蘭岷路經畧司嚴切誠約沿邊官司各令知朝廷撫
遇阿里骨之意十九日詔授西界蕃官左班殿直歷逋

卷四千一百五十八

浪兎如欲歸漢許環慶路經畧司接納仍與供奉官充巡檢四月十三日鄜延路經畧使呂惠卿言投來蕃部米吃多詐投南界體探城寨人馬詔米吃多特處斬十八日軍頭司引蕃官東上閤門使雄州防禦使李忠傑米吃多等呈試武藝詔李忠傑李阿埋各與一官内李忠傑回授與兒男阿埋賜名世恭加遥郡刺史七月二十九日詔阿里骨累據熙河路經畧安撫使等奏及近進奉漏失納余龍到闕累以夏人情狀傳報朝廷事具悉卿嗣有封域世為蕃垣而能屢覘敵情密陳邊計嚮風助順益見忠勤宜示寵存載加勞賚今差禮賓使李宇供備庫副使王師中充撫諭使副往彼撫問及面諭朝廷旨意

卷四千二百五十八

又敕溪蘇邦彪錢蘇南訥支心牟欽氊結吭捉久陪藩翰忠順有聞蓋體眷存往圖報稱其賜賚等並依元豐四年賜董氊等禮例九月十三日西蕃邈川首領河西軍節度押蕃落等使阿里骨卒阿里骨董氊養子也其母長年瞎通嘗給事氊故養阿里骨為子及長為都管首領熙寧十年氊遣使來貢詔以為和州刺史元豐四年出師問罪夏國氊集六部族兵十二萬分三路軍會明年詔以氊為河西節度使武威郡王阿里骨為肅州團練使氊病内侍何里骨外委鬼章阿里骨擅事在毳中居鬼章右蘭州之戰能竭力督勵諸酋堅約不回進本州防禦使元豐六年氊病革亟召諸族首領至青唐城謂曰吾一子已死

惟阿里骨母事我當以種落付骨諸酋皆服從既卒骨遂居青唐領事自是屢通貢獻卒年五十七詔以其子瞎征承襲十一月二十四日詔賜西蕃阿里骨孝贈絹五百匹羊百口酒五十瓶其羊酒並以絹充仍脩寫蕃字差慣熟使臣一名管押入蕃十二月二十一日熙河蘭岷路經畧司提點熙河蘭岷等路漢蕃弓箭司言昨于紹聖二年五月岷州管下衣彪族首領當征結等四十户投西蕃結吭捉據熙州蕃官防禦使溫玉將到當征結等文字欲出漢逐司看詳阿里骨新卒其子方接續管勾毳情初定蕃中管兵首領惟結吭捉最為雄盛其父昔為岷南所擒蕃夏賊正多方邀結之際若來此時

卷四千二百五十八

接納恐生邊隙已宛轉令說諭當征結等爾等舊屬漢户因事逃避朝廷已放罪即目為阿里骨有事若便出漢擾動蕃情候事定別有信令歸漢從之仍照史以恩意羈縻安當征結勿絶來意四年正月五日詔故西蕃邈川首領河西軍節度使押蕃落等使阿里骨男鄯州防禦使兼御史大夫上柱國瞎征起復為冠軍大將軍檢校司空使持節涼州諸軍事涼州刺史充河西軍節度涼州管内觀察處置押蕃落等使西蕃邈川首領特封寧塞郡開國公五月十一日朝奉郎安師文言近沿邊脩築城塞西賊舉衆入寇涇原敗衄而去今因于熙集漸以窮蹙竊聞諸路廣行招納切中事機向日歸明

米智用久已向漢爲夏國各有把截卓望口鋪無緣遂
達中土後因事至邈川先與溫溪心下小首領到熙州
家諭歸順之意後闖家閑行歸漢闖邈川與吐蕃部落
雜處又斫龍譂朱城等處日有博易人情狎熟乞委熙
河經畧司差諳曉蕃情使臣告諭邈川首領及蕃商等
如能誘引夏人歸順每名優給茶綵如此則右廂之人
必由吐蕃而至者甚衆然自來吐蕃與西夏心相睽貳
外示和好更乞密行經畫詔熙河蘭岷路經畧司密切
從長相度施行六月二十三日熙河蘭岷經畧司言趙
醇忠母李撒耳君言孫男永壽等陷夏國請令永壽弟
永順永吉管勾族分仍請錄永壽男阿陵承襲官爵永
福永保二人吏侯三年不出請令與弟承襲詔阿陵特
與內殿崇班仍賜名世長差充本族巡檢先支與請給
候及格正行管勾餘依李撒耳君所請十一月二十八
日又言蕃官已順狀先尋訪到邈川大首領溫溪心孫
結施溫今年三十二歲有官職詔結施溫爲內殿崇班
元符元年二月十五日詔浚細游成寧特與內殿崇班
差充本族巡檢賜銀絹錢各二百其餘同出漢人合補
與名目者斟量高下以空名宣劄補塡訖以聞從熙蘭經畧司請也
四月二十二日詔西蕃瞎征下進貢大首領已有職
名人與轉兩資未有職名人與副軍主小首領已有職
名人與轉一資未有職名人與都虞候每年各支茶綵

有差五月九日詔瞎征進奉大首領納麻抹鐘小首領
阿驢等並爲銀青光祿大夫檢校國子祭酒兼監察御
史充本族副都軍主軍都指揮使二十一日熙河蘭岷
路經畧司言歸順部落子大首領鬼名姚參乞特補西
頭供奉官帶本族巡檢從之二十九日樞密院言蕃官
三班奉職都囉漫丁等乞改賜姓名詔賜姓都內囉漫
丁名懷順都囉漫娘昌名懷忠七月三日涇原路經畧
司言昨到部落子訛山等二十二人歸漢桉訛化唱山
乃妹勒都逋親隨得力背嵬能幸人歸附望特與補一
殿侍名目從之七日瞎征下進貢首領藺氈尺雖等辭
令大首領少留上命中使宣諭及賜戰袍一內副使仍
賜束帶及詔瞎征進貢人爲第一次遣首領赴闕特添
賜錢千緡其進貢馬仍回賜錢帛八月七日熙河蘭會
路經略司言蕃官已順引邈川大首領溫溪心男巴溫
子巴訥支來歸詔巴訥支爲內殿崇班又涇原路經畧
司上歸明部落子戩丁功狀詔戩丁爲三班借職十月
三日又言歸附大首領等乞優加職任詔呂永信爲甘
州團練使涼州一帶蕃部都巡檢鈐轄仍候引見日賜
牌印對衣金帶鞍轡馬妻藺征陽封會寧郡君仍候引
見日賜冠帔男成凪爲西頭供奉官仍賜名良嗣細尚
輕丁理爲供備庫副使卓羅右廂一帶蕃部巡檢二年
正月十九日詔西蕃邈川首領河西軍節度使起復冠

軍大將軍檢校太保瞎征落起復授金紫光祿大夫仍舊西蕃邈川首領。六月二十六日，洮西沿邊安撫司言：西蕃青宜結毛遣人報說欽波結蘇南巴乞旗號欲來降。詔孫路詳朝旨措置，毋失机會。八月二十一日，熙河蘭會路經畧司使孫路言：宗哥大首領等獻納本城，已令王贍差使臣同蕃官李蘭氊納支帶漢蕃人馬前去占守。又據李蘭氊訥支稱：青唐心牟欽氊青歸論征等來請心白族歸漢，已差都鈐轄王愍領兵赴宗哥城應接招納。又言李蘭氊訥支稱：青唐遣人往迎瞎養吼爲王，又緣瞎征已還在外，萬一瞎養吼乘虛領衆徑入青唐，則其勢方盛，必未肯歸漢。今青唐勢已離貳，瞎征決須歸順，若及此時更添人馬速往宗哥，張耀聲勢，大事必集。詔經畧司令王贍且在邈川、宗哥、青唐城已來招納部族，及具措置事件申本司相度施行。二十七日，樞密院言：王贍等申招納青唐王子瞎征并大首領旦夕歸乞降，招納恩賜瞎征與舊官，仍賜對衣、金帶、銀器、細絹，溪巴溫與瞎征一等推恩，第一等如心牟欽氊、結吼皴之類與正任刺史，次與遙郡刺史至左侍禁，各賜金帛袍帶有差，餘人該說未盡者並令經略司奏聽朝旨比類推恩。九月十九日又詔龍拶如能歸附，並準此推恩。閏九月三日，宰臣章惇劄子：據熙河蘭會路經畧安撫使胡宗回申，青唐新偽主龍拶及大首領結吼皴、心牟欽氊率諸族首領并

在城蕃漢人部落子、回鶻等并契丹、夏國、回鶻偽公主等並出城迎降。詔熙河蘭會路經畧司候隴拶到熙州館舍，供帳優加禮待，其餘大小首領各令隨溪巴溫、隴拶及瞎征作兩番赴闕。瞎征差入內供奉官黄經，隴拶差入內供奉官李穀，並前去熙州照管進發，務從優渥。二十二日，樞密院言：胡宗回奏迎收復青唐所有偽王子應干僭擬乘輿服御之物、金銀佛像，本司已指揮王贍差使臣管押赴闕，及瞎征先進真珠一袋并偽國印、朔方軍節度使等印共四十四面二匣。詔經畧司選差使臣管押赴闕。十月九日，知鄯州王贍奏：有大首領結吼皴、心牟欽氊、蘭逋叱、巴金符、心牟冷麻、欽捉剥、兵龍氊、隴逋驢、廝鐸搭、捉馬洛等九人于洗納阿結家謀遣逐族首戶入城，欲于閏九月九日夜內外相應，復奪青唐城，已將結吼皴等處置訖。詔除瞎征、隴拶及不曾謀叛合赴闕人依前降指揮發遣赴闕，其邊廝波結兄弟係反叛人，結吼皴之子已首先歸漢，仰經畧司監管并家屬交付提點赴闕所管押赴闕。十六日，録故蕃官皇城使朱守貴男再榮為右侍禁，再立為三班借職，孫順朝、順明並為三班借職。十九日，詔欽波結特授供備庫副使，充講朱等四城巡檢；角蝉特授東頭供奉官，充本族巡檢；毋尊麻特支賜銀絹各三百匹兩，令李穀一就照管赴闕朝見。先是，青唐蕃賊約一萬餘騎圍閉公鐳

鑿城欽波結角蟬率鬼驢族伏混臆谷出不意與官軍相為表裏攻退蕃賊其欽波結與角蟬迺邊廝結之子方率衆解圍城中粮盡其母尊麻出窖麦以餽官軍母子兄弟向漢故有是命二十二日詔邊廝波結特授供備庫使遙郡刺史令李穀一就管押赴闕（先是收復河南邊廝波結首獻四城故有是命）十一月三日入內供奉官李穀言奉詔照管王子瞎征等赴闕瞎征龍㧞并邊廝波結欽波結角蟬首領乞賜忠順等旗使知朝廷恩寵瞎征隴㧞以忠順餘外忠勇及心白為三等仍等第賜以銀䙆帶且貸其罪令闕朝見又選見留諸族首領歸順立功之人權補管勾部族及帶巡檢給與請俸將來與正補管勾從之七日詔青唐蕃部已廝雞與東頭供奉官充本族巡檢已廝鐸等並與右侍禁野鐘等並與右班殿直邠通等並與指揮使已廝雞等首能率神波族向漢掩擊作過部族經畧司以功狀聞故有是命二十三日熙河蘭會路經畧司言邈川管下新歸順朴心族首領已把吒青宜賒羅溪令下族蕃部邦鐘與蕃賊鬬敵射死甚多詔已把吒與左侍禁青宜賒囉與左班殿直邦鐘與右班殿直並差充本族巡檢十二月十六日樞密院言西蕃自喃廝囉以來向化効順世受朝廷封爵緣董氊無後致河里骨叉子相繼篡奪今部族逼逐瞎征出漢雖已立隴㧞其隴㧞尋亦歸降緣已溫隴㧞並係喃廝囉房

蕃夷六之三五

族即非本族子孫按右騏驥使趙懷義在河州乃喃廝囉之嫡長曾孫於董氊最為親的種姓詔隴㧞依已降朝旨除河西節度使差知鄯州軍州事充西蕃都護仍依府州折氏例世世承襲知鄯州應鄯州管下部族並令仍舊管勾其趙懷義除廓州團練使同知湟州軍州事兼湟州管下部族同都巡檢使其逐處城寨除通接鄯湟等州道路處令熙、河蘭會路經畧司精加葺治量差兵馬戍守其餘並令王瞻隴㧞王厚趙懷義同相度分布與近上心白首領管勾內如青歸論征捨欽角四之類向漢有功之人速具功狀等第以聞當議依格優與官賞三年正月十一日又言知湟州王厚保明蕃商洛吳并小首領廝鐸鐘與多羅巴人會戰奪還所虜漢人户及生擒蕃賊獲馬旗等乞優與推恩洛吳與東頭供奉官差充本族都巡檢廝鐸鐘鈐令結蔦臆令結角蟬並與三班借職各賜銀帛有差十六日又言昨以青唐瞎征嗣立國人不順故迎董氊姪溪巴溫欲復其國姓既而國亂溪巴溫瞎征不能自立遂出降故溪巴溫之子隴㧞乘間入青唐稱王子邊臣欲因有其地及渡河據邈川以重兵臨之故隴㧞亦出降既而部族多叛復軍殺將今又引兵圍鎋城上謂曾布曰事須卿等措置布云臣等固不敢不盡力然蕃情未安未敢保其事近已降詔旨以隴㧞為河西節度使令如府州折氏

蕃夷六之三六

世世承襲知鄯州庶蕃情稍順服事已如此但且隨宜
營救持重而已上曰善二十四日樞密院呈邊奏上曰
陝西路轉運判官秦希甫奏比論鄯州難守致胡宗回
怪怒乞行迴避并前後臣僚論鄯州棄守利害不同等
事偹錄下宗回希甫須管公共協力體度邊情具果決
指定可守可棄事狀聞奏如有可守之理而輕議廢棄
或不可强守而妄稱可守致誤措置當重典憲如挾私
避事故相違戾亦根究理曲之人竄黜仍令宗回同計
置般運粮草二月二十一日三省樞密院同呈知熙州
胡宗回奏鄯州利害詔令王贍以心白首領分治青唐
訖引兵歸湟州相度隴拶于熙州或岷州住坐仍諭溪

卷四千二百五十八

巴溫或小隴拶令依舊主管青唐當議與河西留後邉
王愍姚雄往鄯州同共措置王贍聽王愍節制如違依
軍法施行仍指揮熙州帥臣盡以兵馬交付王愍二十
二日詔秦希甫更不合同共相度鄯州事二十四日以
蕃官嵬名阿埋昧勒都逋二人為率府率充渭州都監
三月四日以青唐同管國事青歸論征為内藏庫使邉
鄯刺史餘各命官至殿直奉職有差時大首領心牟欽
氊等背叛獨青歸論征與其黨堅守為朝廷誅討叛者
故優奬之十八日引見隴拶等隴拶一班契丹公主一
班夏國回鶻公主次之瞎征一班邉廝波結并族屬首
領次應族屬首領各從其長以次起居僧尼公主皆蕃

服蕃拜並謝冠服謝訖賜酒食横門外是日宰臣執政
侍從官宗室戚里正任以上皆侍立以契丹公主錫令
結牟為國太夫人夏國公主金山回鶻公主青迎結牟
董氊姊瞎几牟並為郡大夫人董氊姊党征丹瞎征青
属大母掌扒令並為郡太君董氊女結成丹瞎征妻尊
寧夏國公主女瞎杉並為郡君瞎征女藏安哥婦瞎氊
溪角廝彪邦彪錢妻尊溪結邉廝波結妻結施心拶把
拶沈兼錢妻瞎毛巴女廝雞並為縣君大首領四人隴
拶舅瞎里結為里賓副使充本族都巡檢瞎征長男瞎
氊溪角廝彪邦彪妻妹沈兼錢故邉廝波結下将彪林
並為内殿承制本族都巡檢同日詔問隴拶以何術招

卷四千二百五十八

溪巴溫隴拶云溪巴溫先遣臣出漢亦欲相繼而來為
郎阿章所制不果若朝廷放阿章罪而招之必易為力
諭云已有放罪招唤指揮隴拶云如此待到岷州便遣
人說與若不從即以兵馬取阿章頭來諭以招誘得来
為善不須殺也問何故必欲往坐岷州隴拶云無他欲
與已順趙懷義家部族相依耳二十一日西蕃偽王隴
拶可特授持節涼州諸軍事涼州刺史充河西節度涼
州管内觀察處置等使知鄯州軍州事兼管内勸農事
上柱國特封武威郡開國公食邑二千戶食實封五百
戶又西蕃邈川首領河西軍節度使檢校太傅上柱國
寧塞郡開國公瞎征特授依前檢校太傅持節琳州諸

軍事琳州刺史充懷遠軍節度琳州管内觀察處置等使加食邑伍伯戶勳封如故隴㧊特依漢官給俸於岷州住坐暗征于鄧州居住給茶綵而已四月五日三省樞密院同進呈熙河路奏姚雄追還王贍以下兵將同河州及附帯到青唐物數己支三偽公主以下粧粉錢特支秦鳳路洮州首領遒撒孝贈六日賜西蕃偽王河西軍節度使知鄯州隴㧊姓名為趙懷德五月五日以蕃官隴遒撒次男栋令為右侍禁承襲本族巡檢徽宗建中靖國元年三月十二日詔以河西軍節度使趙懷德知湟州應首領部族三偽公主並從請給仍舊盡賜見在粮草委之招納携叛鎮遏邊境許以戎索從事或

卷四千二百五十八

願歸青唐别差人主管邈川亦聽從使其元置守臣及官吏將惫追還除存留湟州城壁樓櫓外沿路堡塞並令毀撤仍命復州防禦使姚雄知熙州委以措置并諭溪巴温知之二十一日樞密院劄子據姚雄奏青唐邈川始因王贍貪功生事招誘羌酋收復窮遠之地費財勞神連歲不解至于顛危幾陷兩路軍馬煩朝廷遣兵救應僅能完師而還兼據臣僚奏王厚王贍自入據青唐邈川其董氊暗征所有珍寶應付庫之物並不置收支歷仍一面給散將士衆私焚燒却青唐元管簿籍及大首領心牟欽氊等九人既已處置逐家財產亦不見下落又檢會臣僚奏王贍王厚初領兵入邈川青唐贍

等即時開府庫以給散將士為名尋打疊犀玉之類用駱駝裝載出蕃并寺内有金佛三尊皆帶珠子瓔珞並係贍等分張本路體量到王厚令人般珠子六布袋又打角金鏡匣金瓶等物般往熙州本家詔王贍追毀出身以来文字除名勒停免真決不刺面配昌化軍牢城永不放還王厚責授賀州别駕郴州安置仍下逐處各遣差使臣一員兵級十人管押前去崇寧元年五月十五日鄯州言新歸明蕃官懷遠軍節度使瞎征因患身亡特賜賻贈絹布有差十一月五日制西蕃溪賒羅撒可特授金紫光禄大夫檢校司空持節鄯州諸軍事鄯州刺史充西平軍節度使鄯州管内觀察處置押蕃落等

卷四千二百五十八

使西蕃邈川首領上柱國特封燉煌郡開國公食邑二千戶食實封五百戶十二月二十九日臣僚奏仰惟哲宗用王贍等謀議不煩一甲不費一鏃坐致青唐邈川之衆籍其土地甲兵而有之前日權臣挾愛憎之私情遂一偏之曲說以欺罔朝廷盡委而棄之更以他罪戮及贍之身臣聞樞密臣安燾唱其說韓忠彦曾布佐其意蔣之奇又從而和之朝廷不追正當時主議棄地權臣之罪而顯黜之則無以伸往昔之冤詔除李清臣身亡已追貶龔夬張庭堅除名勒停編管外韓忠彦曾布安燾蔣之奇范純禮責降有差二年二月七日青唐大首領趙蘭氊廝雞貢方物七月二日青唐納土百官入

賀十二月二十七日制西平軍節度鄯州管内觀察處置等使金紫光祿大夫檢校司空上柱國燉煌郡開國公溪賒羅撒特授檢校太保加食邑一千戶食實封三百戶三年四月二十二日詔威州團練使熙河蘭會路經略安撫王厚爲武勝軍節度觀察留後以其盡復青唐故地也以集賢殿修撰熙河路都轉運使程之邵爲顯謨閣待制初遣之邵於河湟州椿錢粮如期辦給故賞之二十七日詔西蕃歸順婦人瞎比年蘭氈草卒封安化郡夫人以歸次龍支能效順顯助官軍故也蕃官皇城使撥廝結特授白州刺史以納土故也大觀二年五月十九日詔左正議大夫知樞密院事張康國爲右

續　卷四千二百五十八

光祿大夫左銀青光祿大夫門下侍郎何執中爲金紫光祿大夫左正議大夫中書侍郎梁子美尚書左丞林攄同知樞密院事鄭居中並爲右光祿大夫以收復洮州溪哥城加恩也政和五年十二月二十七日處分邊防司奏據隴右都護中議國夫人蘭氈氈卒身亡係故趙懷德姑其親姪女阿堅乞承襲邑號准兵部符別無似此條法詔特許承襲光堯皇帝建炎元年六月二十七日詔錢蓋依舊爲陝西經制使先是蓋在靖康間嘗建議河外湟鄯之地於朝廷無毫髮利而歲費不貲爲中興患不若求青唐之後而立之使撫有其舊部以爲藩臣有益麻党征者故王之子素爲國人信服黨封立

之必得其力至是朝廷用其策遣蓋爲使賞告賜益麻党征措置湟鄯事因調發五路軍馬赴行在故有是命紹興六年三月二十六日成都府等路安撫制置使席益奏訪聞吐蕃首領益麻党征賜姓名趙懷恩者見在閬州宣撫司令來一司減罷竊慮無處收係乞令本司存卹收管仍降金字牌處分從之

續　卷四千二百五十八

全唐文　宋會要　歷代朝貢

太祖建隆元年三月十二日，河南李景進賀登極絹二萬疋、銀一萬兩、長春節御服金帶、金器一千兩、銀器五千兩、綾羅錦綺一千疋。十三日，吳越國王錢俶進賀登極銀三千兩、絹五千疋。七月二十九日，李景遣其臣禮部郎中龔慎儀來貢乘輿服御物，又貢賀平澤潞金器五百兩、銀器三千兩、羅紈千疋。（玉海：九月癸卯，三佛齊國貢方物。）十二月二十三日，偽泉州節度使留從効遣其掾黃禹錫間道奉表稱藩，貢獅子犀帶一、龍腦香數十斤。（玉海：十二月，占城以方物犀角象齒來貢，表章書于貝多葉。山堂考索：十二月壬辰，占城國王釋利因塔蠻遣使貢物。女真國建隆朝貢不絕。）

全唐文

二年正月十八日，彰義軍節度使荆南高保融貢黃金器、錦綺、珠貝、龍文佩刀。（山堂考索：正月月子，占城遣使貢物。）二十二日，李景貢長春節御衣、金帶、金銀器皿，謝恩賜生辰金器二千兩、銀器一萬兩、綾羅錦綺三千段。（玉海：五月，三佛齊入貢。山堂考索：五月乙丑，三佛齊遣使來貢方物。）九月一日，江南李煜遣其臣戶部尚書馮謐來貢金器二千兩、銀器二萬兩、綾羅繒綵三萬疋，仍上手表陳叙襲位之意。十一月十三日，沙州節度使曹元忠、瓜州團練使曹延繼遣使貢玉鞍勒馬。（玉海：十一月，三佛齊貢象牙、孔雀。）十二月四日，于闐國王李聖文遣使貢玉圭一，盛以玉匣，本國摩尼師貢琉璃器二、胡錦一段。（山堂考索：十二月壬辰，回鶻可汗景瓊遣使貢物，自是甘州回鶻貢良馬、美玉、珊瑚、琥珀之類不絕。玉海：十二

月壬辰，回鶻景瓊貢方物。甲午，于闐王李聖文遣使貢玉圭，是年靈武、五蕃貢名馬。）三年（山堂考索：正月庚辰，女真使只骨來貢。）三月五日，三佛齊國遣使來貢。（玉海：四月庚子，西州回鶻阿督等四十二人貢方物。）七月二日，李煜遣其臣客省使謝賜生辰國信，貢金器二千兩、銀器一萬兩、胡錦綺羅綾計一萬疋。（山堂考索：八月辛亥，女真國遣使鹽突刺來貢名馬。）九月十七日，占城國遣使貢象牙、乳香。（玉海：九月丙子，占城遣使朝貢。十一月丙子，三佛齊貢方物，對廣政殿，賜其使冠帶器幣，還賜以錦綵銀器。高麗王昭遣使來貢。）十二月二十三日，三佛齊國王釋利烏耶遣使李麗林、高麗國王王昭遣使廣評侍郎李興祐等來貢方物。四年（宋史世家：二月，高繼冲獻錢五萬貫、絹五千疋、布五萬疋，復遣王崇範貢金器五百兩、銀器五千兩、錦綺二百段、龍腦香十斤、錦綉鞍韉二百事。）四月十九日，荆南節度使繼冲進助宴白金五千兩、金器五百兩、絹二千疋、金銀香龍二、紫羅雲鳳頷三十、龍鳳柱衣二十、白羅花株屏風十。九月二十日，女真國遣使貢名馬。十月十九日，錢俶遣使貢銀一萬兩、犀牙各十株、香藥一十五萬斤，供奉金銀、真珠、玳瑁器數百事，助南郊。乾德元年（玉海：元年，女真遣使來貢方物。八月癸巳、九月戊辰，並遣使貢名馬。）十一月十八日，李煜貢賀南郊禮畢銀一萬兩、絹一萬疋，賀册尊號絹萬疋。二年正月八日，回鶻遣使貢玉、琥珀、犛牛尾、貂鼠皮等物。（玉海：貢珠玉、貂皮、駝馬。）二月二十八日，李煜貢助改葬安陵銀一萬兩、綾絹各萬疋，別貢銀二萬兩、金銀龍鳳茶酒器數百事。三年（玉海：正月，高麗獻錦罽刀劍。）二月二日，李煜貢長春節御衣二襲、金酒器千兩、錦綺羅縠各千疋、銀器

全唐文

五千兩，錢俶貢長春節御衣一襲、金酒器三百兩、銀器二千兩、羅綺三千疋。四月五日，回鶻遣使貢方物。（玉海：四月，回鶻貢馬十疋，玉、琥珀，犛牛尾、白氎布、玉鞍轡。）十四日，李煜貢賀收復西川銀五萬兩、絹五萬疋。十一月七日，西川回鶻可汗遣僧法淵貢佛牙及琉璃器、琥珀盞。二年二月十二日，甘州回鶻可汗、于闐王及瓜沙州皆遣使來朝，貢馬、橐駞、玉、琥珀。（玉海：十二月，甘州貢馬十疋，珊瑚、玉帶、玉鞍。乾德四年二月，于闐貢方物。三月，占城貢犀、象、白氎。六月遣還。九月庚申，貢巨象一，其色青，飾以金鞍。都李曙都入緞觀。是年回鶻來貢。）置。開寶元年（山堂考索：是年四月甲辰，占城遣使貢物。）二月二十二日，大食國遣使貢方物。（山堂考索：是年大食國遣使貢方物，自是貢奉商船往來不已。）二年六月二十一日，李煜遣其弟從謙貢茶藥器幣，以助車駕北征。（玉海：是年十月，印部川蠻入貢。）十一月二十二日，回鶻、于闐國皆遣使貢方物。（玉海：十一月，回鶻貢

全唐文

馬。是年于闐貢玉。山堂考索：是年黎州山後兩林蠻子勿兒部落將軍離然以狀白黎州，求入朝貢，詔答之，使至，賜以器帛，自是朝貢不絕。）三年（山堂考索：是年四月丁卯，三佛齊遣使來貢方物。）九月十八日，女真國遣使齊安定國王烈萬表并貢方物。（玉海：是年占城貢象，至九年凡七來貢。）四年四月二日，三佛齊國遣使貢方物。（玉海：貢水晶、火紬。是年六月，大食國入貢。山堂考索：是年七月庚子，大食國遣使來貢。）十一月一日，李煜遣其弟從善、錢俶遣其子惟濬以郊禮來貢。（玉海：是年于闐貢疏勒舞象。山堂考索：是年于闐國僧吉祥以其王書來上，自言破疏勒，得舞象一，欲以為貢，從之。）五年三月十二日，占城國王波美稅遣使蒲訶散來貢方物。四月一日，三佛齊國王釋利烏耶遣使貢方物。八月三日，高麗國王王昭遣使貢方物。六年二月十二日，錢俶進長春節塗金銀騎鹿仙人一對，三千兩，色綾五

千疋，御衣一襲，犀帶一條，金器五百兩，乳香二千斤。兩浙節度使錢惟濬進長春節渾金渡銀獅子一對，一千兩，細衣段十疋，乳香二千斤。又進宮池銀裝花舫二，金酒器一副，金香獅子一，金香合一，金托裹琥珀椀十、碟子二十，金稜牙茶床子十，金稜紅藤盤子一，金渡銀果子十，釘龍鳳翠花十株，金稜七寶裝烏紋木椅子、踏床子，金銀稜寶裝床子十，銀裝椅子十，金稜秘色甆器百五十事，銀稜盤子十，銀裝籠子十。（玉海：是年三月，大食國入貢。）四月二十一日，占城國王悉利盤陁印茶遣使貢方物。（玉海：是月交阯丁璉貢方物。山堂考索：是年五月甲寅，交阯丁璉遣使朝貢。六月辛卯，占城遣使貢物。十二月庚午，女真遣使貢方物。是年涼州令步奏官僧吝氊聲、逋勝彌二人求通於涇州，以申朝貢。）七年正月十

全唐文

一日，占城國王波利稅褐茶遣使貢方物。三月十五日，三佛齊國王釋利烏耶遣使貢方物。八月三日，錢俶遣行軍司馬孫承祐來朝貢。十月九日，李煜遣絹二十萬疋、茶二十萬斤、買宴絹萬疋、錢五千貫、御衣、金帶、金銀器用數百事。聞將舉兵，故有是獻。閏十月十三日，李煜遣使貢銀三萬兩、絹五萬疋，以王師傅其城，懼而來告。十一月二十九日，大食國遣使貢方物。八年（玉海：是年正月大食貢。）二十一日，靜海軍節度使安南都護丁璉遣使以犀象香藥來貢。八月十九日，西南蕃三十九部順化王子若廢等以馬、丹砂來貢（山堂考索：是年十二月戊辰，三佛齊遣使來貢）方物。九年二月二十二日，錢俶與其子鎮海鎮東等軍節

度使惟濬平江軍節度使孫承祐等來朝對於崇政殿
俶進朝見銀二萬兩絹三萬疋謝恩差皇子遠接及賜
茶藥銀二萬兩絹二萬疋賜俶衣一襲玉帶一金器千
兩銀器三千兩羅綺三千段玉鞍勒馬一館於禮賢宅
即以其宅及器皿床帳帟幕賜之其日宴於長春殿俶
進上壽酒器金五百兩銀器千兩綾羅二千疋絹五千
疋賀平昇州銀二萬兩絹三萬疋乳香二萬斤又銀五
萬兩錢十萬貫綿百八十萬兩茶八萬五千斤犀牙二
百株香藥三萬斤翌日又進御衣一襲文犀帶一銀香
囊七枚銀香象一隻銀浴斛二對銀笠子千頂共重五
萬兩渾金茶酒器二十事共重一千八百兩玉海是月契丹賀長
春節獻御衣名馬二疋鞍勒副之馬百疋白鶻二三月二日俶進助郊禮銀十
萬兩絹五萬疋乳香五萬斤四日俶辭宴於講武殿賜
襲衣玉帶錦綺綾絹共八萬五千疋金器二千兩銀器
三萬兩玉勒馬一疋散馬百疋又進藥物一金合重四
百五十兩香藥二十銀合重四千兩白乳茶三百斤端
午銀器千兩衣段千疋綾二千疋白乳香千斤并銀裝
扇簟席等其子惟濬銀千兩綾千疋絹二千疋四月三
十日大食國王珂黎拂遣使蒱希密來貢方物六月四
日錢俶進謝朝覲日蒙恩禮殊等銀三萬兩絹萬疋謝
回日賜藥茶銀三千兩賜進奉使錢惟治襲衣玉帶塗
金鞍勒馬器幣及賜從行群吏衣服鞍馬器幣有差時

全唐文

帝幸西京回進賀車駕還京助宴銀三千兩上壽金酒
器一副重百兩塗金銀香獅子五枚并臺牀重千兩銜
香一金合重五十兩又進教坊諸司絹二千疋明州節
度使惟治進塗金銀香獅子并臺重千兩金銀香鹿一
對重千兩塗金銀鳳孔雀并鶴三對重三千兩白龍腦
十斤金合重二百兩大綾千疋寶裝合盤二十隻鷺器
萬一千事內千事銀稜俶又進謝加恩銀五千兩絹五
千疋謝令男惟濬押送加恩官告銀萬兩謝男已下加
恩乳香萬斤又銀四萬兩絹四萬疋綿三十萬兩七月
十三日泉州節度使陳洪進遣其子漳州刺史文顥奉
表乞朝覲貢瓶香萬斤象牙二千斤白龍腦五斤八月
一日錢俶進射火箭軍士六十四人十月俶又進馴象
玉海是年九月高麗王王伷貢罽錦漆甲白氈太宗太平興國元年玉海是年五月龜茲遣使
來貢十一月二十一日錢俶奏謝恩不允奏請添常貢
物色絹二萬疋綿十萬兩二年正月八日俶進賀登極
御衣通犀帶及絹萬疋又黃金并玳瑁器金銀稜器塗
金銀香臺龍腦檀香龍床銀果子水精花等又銀萬兩
絹萬疋綿三十萬兩乾薑五萬斤大茶萬斤犀十株牙
二十株乳香五十斤雜香藥五千斤二月二日俶進黃
金桃菜器四黃金錯刀四銀桃菜器二十玉海是年二月甲午契丹遣使
貢御服金玉帶玉鞍勒馬金銀飾戎仗馬百疋來賀上登極別貢御服金帶鞍馬為賀正之禮閏二月回鶻貢
橐駝名馬山堂考索是年二月丁未占城來貢方物三月三日俶進金銀食奩二

全唐文

紅絲絡銀榼四銀塗金釦越器二百事銀匣二四月陳
洪進銀千兩香二千斤乾薑萬斤葛萬疋生黃茶萬斤
龍腦蠟面茶等是月大食國遣使蒲思郝副使摩呵末
判官蒲羅来貢七月一日錢俶進翠毛六百斤七夕乞
巧樓子緣用雜物裝飾銀共六千兩閏七月俶又進翠
毛六百斤淡鰲千頭截臍魚五百斤謝恩賜羊馬紬二
五萬疋絹三萬疋其子惟濬進金器五百兩銀器五萬
兩木香五百兩荔枝十瓶八月二日山後兩林蠻王
卑躲副使牟蓋兒主祖等以名馬来貢五日陳洪進来
朝對於崇政殿進見銀萬兩絹萬疋謝允朝覲絹千疋
香千斤謝降使遠加勞問絹千疋香千斤謝遠賜茶藥

絹千疋香千斤謝迎春苑賜宴絹千疋香千斤謝差人
船絹千疋香千斤幣帛二千疋塗金鞍勒馬一疋錢二
百萬其子文顥進絹千疋又進賀登極香萬斤牙二千
斤又乳香三萬斤牙五千斤犀二十株共重四十斤蘇
木五萬斤白檀香萬斤白龍腦十斤木香千斤石膏脂
九百斤阿魏二百斤麒麟竭二百斤沒藥二百斤胡椒
五百斤又進貢納后銀千兩綾千疋又謝賜都亭驛安
下乳香千斤謝追封祖考及男己下加恩乳香萬三千
斤又進通犀帶一金匣百兩白龍腦十斤金合五十兩
通粘犀一株金合百兩粘犀四株金合二百兩真珠五
斤玳瑁五斤水晶碁子五副金合六十兩乳香萬斤九

月六日陳洪進貢助宴銀五千兩乳香萬斤泉州土產
葛二萬疋乾薑二萬斤金銀器皿二千二百兩綾二千
疋九日錢俶進獻菊花金籃四隻二百兩銀籃二十隻
九百兩功臣堂酒圓蓮寶等十三日陳洪進進銀萬兩
錢萬貫絹萬疋謝恩乳香二萬斤牙二千斤錢俶進賀
納后銀器三千兩色綾三千疋金器三百兩金香獅子
一座并紅牙床金香合金香毬共五百兩銀鸞鳳二對
銀香囊二銀合子三百銀裝箱十共重五千兩並塗金
其子惟濬進銀器二千兩色綾千疋二十日勃泥國王
向打遣使施弩副使蒲亞利判官哥心来貢龍腦玳瑁
白檀象牙二十九日錢俶進塗金銀火爐一十隻重千

五百兩十月十五日黎州山後兩林蠻遣其使離魚以
馬九疋犀二株来貢賀登極十七日錢俶進銀三萬兩
絹二萬疋紬二萬疋綿五十萬兩犀二十株牙千五百
斤乳香五千斤蘇木三萬斤大茶三百龍乾薑十萬斤
修歲貢謝賜生辰物銀萬兩絹萬五千疋乳香三千斤
賀冬銀二千兩絹二千疋上壽酒金器百兩銀十兩其
子惟濬進謝賜生辰銀五千兩粘犀二株牙七百斤乳
香三千斤賀乾明節檀香雕千佛萬菩薩一龕金銀臺
座御衣粘犀帶并御衣段百疋金器五百兩衣段四千
疋色綾二千疋乳香三千斤銀香龍一對并臺重三千
兩助宴絹萬五千疋及上壽酒金銀器用等并塗金銀

鳳一隻重二千兩又綿五萬兩乾姜五萬斤大茶萬斤
腦源茶二萬斤并器用香藥等修常貢又銀萬兩絹萬
疋綿萬兩犀十株牙十株其子惟濬賀開樂進銀香囊
六隻共萬四千兩銀裝鼓二銀共三千兩白龍腦十斤
金合重二百兩十一月陳洪進貢賀開樂乳香五千斤
乘瓶千斤玉海是年十月辛酉契丹獻良馬方物十二月二十五日高麗國
王王伷遣子元輔以良馬方物兵器來貢二十七日交
州丁璉遣使以方物來貢二十八日錢俶進瓶香二萬
五千六百斤白龍腦三十一斤象牙八十六株藥犀十
株木香阿魏玳瑁紫礦共四百四十斤玉海是年高麗國貢馬十二匹
交阯貢方物三年正月九日西山野州路蠻首領馬令膜等
全唐文
來朝貢名馬犛牛虎豹皮麝臍二十二日錢俶遣浙東
觀察推官盛預馳表言以二月二十八日離本道赴朝
覲是日對豫於崇德殿三月遣其子惟濬至宋州以來
迎省二十一日對平江軍節度使孫承祐於崇德殿承
祐俶之姻也俶將至遣承祐先入奏事帝優其禮即命
護諸司供帳勞俶於郊郊又命齊王廷美宴犒俶於迎
春苑二十五日俶來朝對於乾德殿賜襲衣玉帶金銀
器玉鞍名馬錦綵萬疋錢千貫是日宴俶於長春殿宰
臣諸王節度使劉鋹李煜咸與賜兩浙從事崔仁冀杜
叔蕭黃夷簡裴祚襲衣金銀帶器幣鞍馬有差玉海是年三月
沙州曹繼贊子進棟貢玉鹽賓鐙四月二日俶進銀五萬兩錢五萬貫

絹十萬疋綾二萬疋綿十萬兩牙茶十萬斤建茶萬斤
乾姜萬斤瓷器五萬事錦緣席千金銀飾畫舫三銀飾
龍舟四金飾烏樠木御食案御床各一金樽罍醆斝各
一金飾玳瑁器三十事金釦藤盤二金釦雕象俎十銀
假果十株翠花真珠花三叢七寶飾食案十銀樽罍十
盞十盞斝副焉金釦瓷器百五十事雕銀俎五十密假
果翦羅花各二十株銀釦大盤十銀裝鼓二七寶飾胡
琴五絃箏各四銀飾箜篌方響羯鼓各四紅牙樂器二
十二事乳香萬斤犀象各百株香藥萬斤蘇木萬斤山堂
考索是年五月乙未占城國來貢方物八月辛未交州蠻仕湖政等來貢十月二日高麗國
王王伷遣使貢方物兵器四年八月二十八日邛部川
全唐文
首領年昂諸族鬼主副使離襪等各貢方物九月二十
五日山後兩林蠻主歸德將軍勿兒都鬼主遣王子祚
遇來貢名馬十二月一日占城國遣使椊吒哆以方物
來貢拓拔首領拓拔曰榮遣所部酋長拓拔良七十六
府大首領勒浪屈遇遣所部蕃官折木等並來貢五年
閏三月二十六日甘沙州回鶻遣使裴溢的名似等來
貢橐駝名馬珊瑚琥珀良玉六月七日高麗國王王伷
遣使貢方物二十日南州刺史向行猛遣使貢方物山堂
考索是年八月甲戌西南蕃主龍瓊琚遣其子羅若從并諸州蠻七百三十四人以方物名馬來貢六年
三月十一日高昌國遣使安未成貢方物玉海是月稱西州師子王
來貢山堂考索是年三月丁巳高昌國王阿廝蘭漢始自稱西州外生師子王遣部首麥索溫等來貢方物

四月二十四日高麗國遣使貢方物玉海是月貢名馬罽錦白氎弓劍山堂考索是年八月韃靼國來貢十一月八日女真國遣使來朝貢道出安定國齎其國主烏玄明表來上玉海是年十二月高麗國貢騂角弓漆甲大箭馬五十疋是年回鶻來貢府州咩浪族貢馬七年二月五日豐州大首領黃羅并弟乞蚌來貢良馬玉海是年三月交阯丁璿貢方物九月八日權知高麗國事王治遣使金全貢方物閏十二月一日占城國遣使乘象入貢方物詔留象廣州畜養之八年五月十五日交州權三使留後黎桓遣牙吏來貢方物玉海貢適犀孔雀尾八月十日山後兩林蠻王子牟昂等來貢方物名馬九月十五日權交州三使留後黎桓遣使貢方物十八日吐蕃戎人來貢名馬二十二日占城國來貢

全唐文

馴象玉海占城國二年至八年六入貢是年九月交阯貢金器十一月二十一日三佛齊國遣蒲押　羅貢方物玉海貢適犀大食錦翅諾布琉璃瓶是年回鶻來貢九年五月三日西州回鶻與波斯外道來朝貢玉海是年十月高麗國貢馬遣國人入學十二月貢罽錦龍鳳鞍弓甲御馬二山堂考索是年西州龜茲遣使來貢自是可汗王克韓皆遣使貢良玉名馬橐駝大尾白羊乳香等物雍寧元年山堂考索是年五月壬子西州回鶻與波斯外道各遣使來貢十一月一日高麗國王王治遣使貢方物玉海是年大食國入貢二年二月七日權交州三使留後黎桓遣牙校張紹等貢方物二十二日占城國王施利陁般吳日歡使婆羅門金歌麻貢龍腦玳瑁象牙越誤無名異三佛齊國船主金花茶以方物來貢玉海是年二月交阯貢金龜鶴賀乾明節山堂考索是年八月癸巳西南蕃奉化王子以慈等三百五十人來貢九月十八日

西南蕃王權南寧州事兼蕃落使龍漢璿使牂牁諸州酋長趙大橋等率種落百餘人來貢方物名馬十月十九日黎州邛部川蠻王子阿鄀等以方物良馬來貢三年三月十九日占城國王劉繼宗遣使李朝仙來貢通犀象龍腦丁香箋香沉香九月二十九日權交州三使留後黎桓遣牙將朝貢四年八月二十一日合羅川回鶻等四族首領遣使朝貢端拱元年閏五月十二日交州節度使黎桓遣使朝貢宋史是年三佛齊國貢佛經紬青木函琥珀青紅白水晶紅黑木槵子念珠各一連進納螺鈿花形平函毛籠一納法螺二口葛籠一納螺杯二口染皮二十枚金銀蒔繪筥一合納髮鬘二頭又一合納參議正四位上藤佐理手書二卷及進奉物數一卷表狀一卷及金銀蒔繪硯一筥一合納金硯一鹿毛筆松烟墨金銅水瓶鐵刀又金銀蒔繪硯一筥一合納繪扇二十枚蝙蝠扇二枚

全唐文

螺鈿梳函一對其一納赤木梳二百七十其一納龍骨十橛螺鈿書案一几一白細布五疋鹿皮籠一納貂裘一領螺鈿鞍轡一副銅鐵鐙紅絲鞦泥障倭畫屏風一雙石流黃七百斤玉海是年十一月高麗貢馬二年山堂考索是年四月辛未西南蕃王龍漢璿貽書五溪都統向通漢約入貢十二月二十九日三佛齊國王遣使蒲押陀黎以方物來貢宋史是年邛部川蠻貢馬犀角象牙羱羊封羊淳化元年玉海是年正月三佛齊貢方物五年六月南丹州刺史莫洪皓遣其子淮通以方物來貢玉海是年十月占城貢馴犀高麗貢馬漆弓漆甲及神麴倚博交阯貢龍鳳織十二月四日占城國王楊陁排遣使李臻副使蒲河散來貢馴犀螺犀象牙蠟沉香龍腦山得雞沒藥胡盧巴白豆蔻薔薇水十四日高麗國王王治遣使貢方物山堂考索是年十二月甲寅黎州山後兩林蠻貢方物名馬是年越州貢蜀馬錦犀角二年玉海是年二月高麗貢方物八月二十四日邛部川

八行注第一行五年二字當作正文　玉海以下作注

蠻王諾驅遣其子牟昂以方物良馬犎牛來貢（玉海：是年沙州獻良玉）三年八月十八日闍婆國遣使婆羅欽乘大舶以方物來貢（玉海：是年八月丁丑，闍婆遣使航海修貢，十二月至闕下，貢象齒、珠貝、白鸚鵡。是年十月高麗貢馬、秦甲、細箭。是年十月錦州貢方物。山堂考索：是年八月庚午，西南蕃王龍漢璿遣其弟漢興以方物良馬來貢。九月乙卯，又遣使以名馬方物來貢）十二月二十一日占城國遣使李良莆、副使亞麻羅婆低來貢螺犀、藥犀、象牙、煎香、龍腦、絞布、檳榔、山得鷄、椰子（山堂考索：是月戊子，西南蕃遣使以名馬方物來貢。玉海：四年十二月，鹽州戎人巢延渭貢馬。五年玉海：是年二月癸卯，南海商人獻吉貝布、畫海外蠻國及猩猩圖、玉帶）三月十日大食國船主蒲希密以方物來貢（玉海：是年四月大食入貢。十一月癸溪、晃、欽、懿等州入貢）至道元年正月二十八日銀州觀察使趙保吉遣左押衙張浦以良馬橐駝來貢（玉海：是年正月占城王楊波占遣使來貢。山堂考索：是年正月戊午，占城遣使李波珠來貢方物。丁巳，涼州蕃當尊以良馬來貢）二月一日大食國船主蒲押陁黎以方物來貢　九月一日西南牂牁諸蠻貢方物（玉海：是年六月勒浪族貢馬）二年十月十七日甘州可汗附達怛國貢方物　三年三月二十日大食賓同隴國各遣使朝貢（玉海：是月占城入貢）八月二十二日邛部川都王諾驅來貢，遣其子阿醉來貢　九月八日交州南平王黎桓遣使阮紹恭、副使趙懷德來貢　真宗咸平元年四月八日黎州山後風琶蠻王烏帕遣使貢馬、白地紅苑婆羅毯　九日甘州回鶻可汗王遣僧法勝來貢　十四日夏州趙保吉遣弟宥州團練使繼瑗來貢橐駝名馬　九月八日南平王黎桓獻馴象四（山堂考索：是年九月

全唐文

壬申，西南蕃王龍漢璿遣使龍光腆并率牂牁諸蠻千餘人來貢。玉海：是月交阯獻馴象。十月古州向通展來朝貢珠及馬）十一月一日河西軍左廂副使歸德將軍折逋游龍鉢來朝貢馬　二年二月十五日沙州節度使曹延祿遣使貢美玉良馬　二十八日占城國王楊甫俱毗茶逸施離遣太使陳堯、副使蒲薩陁婆、判官黎姑倫來貢犀牙、玳瑁、香藥　六月二十七日大食國蕃客蒲押提黎遣其判官文戍來貢　九月十九日邛部川蠻帥部的等來貢文犀名馬　十一月十五日豐州河北藏才八族大首領皆賞羅等來貢名馬（玉海：是年交阯獻犀牛。三年十一月高州蠻入貢）四年二月（玉海：是月龜茲貢玉勒馬、名馬、獨峯橐駝、賓刀、琉璃器）六日南平王黎桓遣使貢馴象、犀、棚、七寶裝金瓶　四月十五日回鶻可汗王祿勝遣使曹萬通來貢玉鞍、名馬、獨峯無峯駝、賓鐵劍甲、琉璃器　六月二十日上溪州刺史彭文慶等來朝（玉海：是月上溪州貢水銀、虎皮、花布）七月三日丹流眉國主多須機遣使打古馬、副使打臘、判官劄皮泥來貢　十一月十七日宜州蠻酋蒙頂等來朝，輸器甲百七十事　二十七日撫水州蠻蒙皮璋等來朝，輸器甲四百事　二十八日龜茲國遣使來貢　十二月十日撫水鎮寧州蠻首蒙填等來朝，輸器甲百八十三事（山堂考索：是年閏十二月，涼州畢寧族首領唱鄰半祝貢名馬。玉海：是年大食入貢）五年（玉海：是年正月天賜州蠻來貢。山堂考索：是年四月戊戌，西南蕃王龍漢璿遣使來貢）八月十一日權歸義軍節度使留後曹宗壽遣牙校陰會遷來貢（玉海：是月邛部川貢犀象名馬）十一月三日六谷首領

全唐文

潘羅支等来貢馬(玉海是月河西潘羅支貢馬五十疋十二月西凉府與咩逋族入朝貢)六年八月十二日，西凉府者龍津都首領遣使貢名馬。二十九日，高麗國王王誦遣使李宣古来貢。九月三日，三佛齊國遣使来貢。五日，大食國貢方物，蒲端國獻紅鸚鵡。十一日，南平王黎桓遣使黄成雅来貢。先是，桓每加恩即以貢奉為名，過有賦斂。帝聞之，遂罷遣使，止令疆吏賜綸告。至是懇請降使及入貢，特許之。十月二十五日，高州義軍指揮使田彦强、防指揮使田承海等来貢(玉海是年十一月甲午龜茲入貢十二月西天竺貢方物七年十二月高麗王詢遣使奉貢)。景德元年正月十六日，詔廣南西路轉運司：自今西南蕃牂牁諸國遣使朝貢，欲親至闕庭者，勿抑其意，仍發兵援送之。時本路言得西南蕃牒，先准詔龍光等赴闕貢奉，道遠人馬多死，自今只令至宜州，就給恩賜。緣當蕃無於宜州受賜之禮，願至闕下，故有是命。十八日，高州五姓義軍指揮使田文鄯等来貢(山堂考索是月丙申西凉府龕谷嫩家宗家者龍當宗章迷等十族並来貢物)。二月十二日，言泥族拔黄太尉遣其子獨崖来朝貢(玉海是年四月回鶻八貢)。五月一日，蒲端國王其陵遣使李亞罕等来貢。十日，西州龜茲國回訖白萬進来貢。二十四日，歸義軍節度使曹宗壽遣使来貢。六月十一日，南平王黎桓遣其子攝驩州刺史明提来貢。十五日，西州回鶻遣使金延福来貢(玉海是年六月高昌貢良玉名馬)。七月(十)十三日，西凉府六谷都首領潘羅支遣使貢良馬。九月

全唐文

二十八日，占城國王楊甫毗茶逸施離遣使来貢(玉海是年閏九月回鶻貢馬)。十月十五日，南平王黎桓遣其子攝驩州刺史明提来貢。二年二月二十日，西凉州府六谷首領厮鐸督遣其甥呵昔教練使賈仁義来貢(玉海是年四月占城入貢瓜沙曹宗壽貢良玉名馬)。九月八日，夏州趙德明遣都知兵馬使白文壽来貢(玉海是年十二月環慶二族貢馬)。三年二月一日，溪州刺史彭文慶率溪洞諸蠻来貢。五月一日，夏州趙德明遣兵馬使賀永珎、賀守文来貢(玉海是月河西入貢山堂考索是月壬寅西凉府六谷首領厮鐸督遣其安化郎將路黎奴貢物)。六月七日，德明又遣左都押衙賀永珎来貢。八月十一日，風琶蠻王曩[illegible]遣將軍烏伯来貢(玉海貢犀象犎牛青羊及馬)。十一月十三日，定難軍節度使西平王趙德明遣使貢名馬、散馬、橐駝，以謝朝命。十二月一日，高溪州蠻酋来貢。十一日，西凉府六谷大首領厮鐸督遣使来貢(玉海是年大食入貢十二月高向通漢貢名馬丹砂銀裝劍鞘)。四年三月九日，西南蠻羅𥮉井都指揮使顏士龍等来貢。十六日，夏州趙德明遣牙吏貢馬、橐駝，謝給俸廩。五月八日，大食、占城國遣使来貢(玉海是年五月瓜沙貢玉印名馬河西厮鐸督貢名馬)。閏五月，詔溪洞等處除刺史、知州已上非時到闕，進奏院申樞密院，外其常例進奉人員到京，限五日進納，仍具職位人數報閤門，依例見辭，更不供申樞密院，閤門支賜例具劄子進呈取索宣賜。六月十八日，蒲端國王其陵遣使已絮漢来貢(玉海是月貢玳瑁龍腦)。二十一日，夏州趙德明遣

全唐文

使貢馬助修莊穆皇后園陵。七月十七日，權靜海軍節度觀察留後黎龍廷遣使來貢。玉海是月交阯黎龍廷修貢請賜十月回鶻貢馬山堂考索是年七月乙丑朔南州蠻龔允進等來貢六年日本國天台寺延歷寺僧寂照等八人來朝貢佛經像等物大中祥符元年七月四日，命知制誥周起、閤門祗候侍其旭編排東封詔進奉。先是，朝陵沿路士庶貢物，候有司給賜頗至稽滯，及是命起等主之。十三日，濮州舉人郭鄩等四百六十二人以車駕東巡狩，進粟豆二千石、草四萬圍。帝曰：「鄩等意雖可嘉，然納之即諸路蓋以為貢，益成煩擾。」可優給其直，仍諭京東州軍民不得復然。十九日，三佛齊國王思離麻囉皮遣使李眉地、使副蒲婆藍、判官麻訶勿來貢。玉海是年四月回鶻入貢山堂考索七月丁丑三佛

齊來貢九月十五日，邛部川蠻都王阿遁遣將軍趙勿娑等貢名馬、犀角、象牙。十月十九日，大食、占城國遣使貢方物。大食蕃客李麻勿獻玉圭，長尺二寸。麻勿自言五代祖得自西天屈長者，傳云謹守此俟中國聖君行封禪禮即馳貢之。十一月十二日，甘州回鶻可汗夜落紇、寶物公主及沒孤公主、娑溫宰相各遣使來貢。十五日，宗哥族大首領溫逋等遣使來貢。玉海是月回鶻以東封獻名馬山堂考索是月壬申宗哥族嘶囉族貢名馬十二月十三日，辰州大洞桔獠蠻大都頭魏進武及洞主首領覃眾圖以方物來貢。西涼府廝鐸督遣蕃部廝鐸奴貢馬。二年二月十二日，西涼府六谷都首領廝鐸督遣使來貢。玉海是年三月己巳于闐貢良玉及玉鞍勒馬

山堂考索于闐國王黑韓王遣回鶻羅廝溫等以方物來貢廝溫跪奏曰臣萬里來朝獲見天日願聖人萬歲與遠蕃作主四月，詔諸蕃貢物並令估價酬，如聞左藏庫減抑所直，日曰潤官，自今宜禁之。山堂考索是年四月甲寅占城遣使來貢玉海是年六月惟昌率蕃部來朝貢名馬八月十二日，西南蕃龍漢璓遣使來貢。十一月十二日，雅州砂平路羅崮州蕃部阿黎等來朝貢名馬、犎牛。山堂考索是月壬戌西涼府六谷首領廝鐸督遣使貢物是年十二月癸未交阯貢馴犀一上令縱之海濱三年正月十三日，交州黎至忠遣使來貢。閏二月二十一日，龜兹國遣使貢良馬、獨峯橐駞騾羊。玉海貢馬玉鞍勒是年三月授李公蘊交阯郡王以祀汾陰陞貢四月五日，占城國主毗茶室離遣使來貢。十一月二十日，甘州回鶻遣左溫宰相何居錄越、樞密使翟守榮來貢。四年二月十七日，

甘州回鶻可汗夜落紇遣使來貢，蒲端國主悉離琶大遐至、三麻蘭國船主聚蘭、勿巡國船主蒲加心、烏惶蒲婆眾國麻勿和勒、大食國使陁婆離、延州諸族軍暮犀埋並詣行在朝貢。玉海是月大食貢象齒錦綉琉璃鍾勿巡貢瓶香象齒山堂考索是年三月丙申西涼府土蕃毒石鶻等來貢四月九日，夏州趙德明遣使來貢。秦州回鶻安密等貢玉帶，並賀汾陰禮畢。五月二十四日，蒲端國主悉離琶大遐至遣使以金版鐫表，奉丁香、白龍腦、玳瑁、紅鸚鵡來貢。六月一日，西天竺僧智軍來貢梵夾、菩提印、佛骨并舍利。十月三十日，西涼府六谷都首領廝鐸督遣僧蘭氊單來貢。十一月玉海是月庚午朔占城獻師子色黃其王言於三佛齊國得金毛獅子一首斑而身純黃命養于玉津園五日，占城國主楊

七年二字當作正文玉海以下作注

普俱毗茶室離遣使貢獅子象牙螺犀玳瑁沉香煎香
帶枝丁香荳蔻没藥紫礦十二月二十一日溪洞安遠順
南永寧濁水等州蠻來貢五年(山堂考索：是年二月丁未，洛浦磨山差洞蠻酋
田仕瓊等貢溪布。玉海：是年四月交趾貢方物)五月八日甘州回鶻可汗主夜
落紇寶物公主遣使以寶貨橐駝馬來貢(玉海：是月獻馬及玉)閼
十月十三日五溪蠻向貴升等來貢(山堂考索：是年十一月辛酉，西涼府
六谷首領厮鐸督遣其子來貢)六年正月四日高州蠻人來貢二十一
日西天金城國僧悲賢般尼國僧寂賢來朝貢梵夾菩
提印名馬(山堂考索：是月乙巳，夔州徼外蠻覃如綰等來貢)二月九日夔州蠻
彭延選等來貢(山堂考索：是年三月壬子，夔州蠻人龔才晃等來貢)八月二十九
日西南蕃都總管龍光進已下千五百人來貢方物名

全唐文

馬十一月二十七日龜兹國遣使李延慶等來朝貢玉
六十團橐駝弓箭鞍勒香藥十二月三日回鶻遣使來
貢御馬(七年玉海：是年正月占城入貢。山堂考索：七月丁巳，西涼府六谷首領厮鐸督遣使來貢)八
月十六日交趾郡王李公蘊遣知唐州刺史陶碩等來
貢十一月十七日六谷蕃部來貢十二月十五日權知
高麗國王詢遣居奏使御事工部侍郎尹證古與女貞
將軍大千機等來貢金銀線織龍鳳鞍馬八年二月十
五日占城國遣使來貢十七日黔州西南寧州蕃族張
聲進遣使來貢西南蕃首領角厮羅立遵溫逋欺木羅
丹蠻遣牙吏貢名馬五月六日占城國王遣使劉公佐
貢犀牙玳瑁乳沉煎香荳蔻檳榔十七日西涼州節度

蕃夷七之一九

使厮鐸督遣使貢馬九月二日注輦國使娑里三文副
使蒲加心判官翁勿來貢以盤捧真珠碧頗黎升殿布
於御座真珠衫帽真珠象牙乳香香藥(山堂考索：是年九月己酉，注輦
國王羅茶羅乍遣使婆里三文等來貢真珠衫帽各一及真珠象牙香藥等。先是，有船商抵其國，告以天子東
封西祀，其王曰：十年來海無風，古老傳云如此則中國有聖人，故遣使入朝。其使者又以盤捧真珠碧玻璃升
殿布於御座前，降殿再拜，譯者道其言曰：願以表遠人慕化之意)十一月二日回鶻可
羅等來貢二十七日高麗進奉告奏使御事民官侍郎
郭元與東女真首領阿盧太來貢九年正月十二日資
政殿學士晏殊言占城龜兹沙州邛部川蠻至有挈家
入貢者請如先朝故事令館伴訪其道路風俗及繪人
物衣冠以上史官從之二十日西蕃唃厮囉立遵等貢

全唐文

謝恩馬四月二日命禮儀院修四夷述職圖時注輦國
遣使來貢判鴻臚寺張復繪其風俗衣冠為圖以獻帝
曰二聖已來四夷朝貢曾無虛歲豈止此耶故命重修
焉七月七日祕書少監知廣州陳世卿言海外蕃國貢
方物至廣州者自今犀象珠貝揀香異寶聽賫持赴闕
其餘輦載重物望令悉納州帑估價聞奏非貢奉物悉
收稅算每國使副判官各一人其防援官大食注輦三
佛齊闍婆等國勿過二十人占城丹流眉渤泥古邏摩
迦等國勿過十人並來往給券料廣州蕃客有冒代者
罪之緣賜與所得貿市雜物則免稅算自餘私物不在
此例從之九月七日邛部川山前後百蠻都王黎吹遣

蕃夷七之二〇

三年二字當作正文小堂考索作注

歸德將軍趙勿婆貢犀角犎牛婆羅鍾十二月九日甘
州回鶻夜落隔歸化及寶物公主牢相索溫守貴並遣
使貢馬及玉香藥天禧元年四月二日三佛齊國王霞
遲蘇勿吒蒲迷遣使奉金字表貢珠象牙梵夾經崑崙
奴二十六日龜茲國尅韓王智海遣使貢玉及馬香藥
等六月二十九日龜茲國進奉使張復延等貢賀先天
節玉鞍勒馬玉海是月三佛齊國以先天節獻香十一月癸亥高麗入貢對崇政殿獻金犀帶山堂考索是年九月丁未宗哥族角廝羅族貢名馬十二月十九日高麗國遣使
御事刑官侍郎徐訥率女真首領来貢罽飾漆紵御衣
金犀帶騾馬刀布貂鼦二年山堂考索是年正月三佛齊貢龍涎一塊三十六斤
真珠一百一十三兩珊瑚一株二百四十兩犀角八株梅花腦版三片梅花腦二百兩琉璃三十九事金剛鑽

全唐文

三十九箇猫兒眼指環青瑪瑙指環大真珠指環共一十三事膃肭臍二十八兩番布二十六丈大食糖四瑠璃瓶大食棗十六瑠璃瓶薔薇水一百六十八斤賓鐵長劍九張乳香八萬一千六百八十斤象牙八十七株共四千六十五斤蘇合油二百七十八斤木香一百一十七斤丁香三十斤血竭一百五十八斤阿魏一百二十七斤肉荳蔻二千六百七十四斤胡椒一萬七百五十斤檀香一萬九千九百三十五斤箋香三百六十四斤
二月二日甘州可汗王夜落隔歸化遣都督安信来貢
八月十九日黎州山後兩林百蠻都王李阿善遣將軍
甲熱等来貢馬犀象婆羅鍾玉海是年九月占城入貢三年山堂考索是年二月
丁酉宗哥族唃廝羅族遣使来貢四月庚午三佛齊國王霞遲蘇勿吒蒲迷遣使来貢南蠻序署天禧二年富州刺史向通漢率所部来朝貢名馬丹砂銀裝劍槊兜鍪彩綷等物詔賜襲衣金帶鞍勒馬并其子光澤以下器幣有差特許通漢五日一朝五月二日大食國遣使蒲麻勿陁婆離
副使蒲加心来貢八月一日交州李公蘊遣其弟鶴来

貢象牙犀角方物十一月十七日高麗國遣禮賓卿崔
元信率東西女真首領来貢罽錦衣褥烏漆甲金飾長
刀匕首罽錦飾鞍馬紵布藥物十二月二十八日女真
國遣使汝涥達来貢馬玉海是年回鶻入貢四年二月三日注輦
國遣使琶欄得麻烈呧来貢真珠象牙山堂考索是年十二月丁亥龜茲可汗王智海甘州回鶻各遣使来貢智海仍貢大尾羊二七月五日西南蕃千五
百百人来貢五年九月二十二日權知高麗國事王詢
遣使韓祚等来貢　仁宗乾興元年玉海是年四月交趾貢方物十
一月七日即位未改元宗哥唃廝囉立遵遣使進馬　天聖
元年山堂考索是年二月戊戌宗哥族唃廝羅族歲一入貢五月二十九日甘州
可汗王夜落隔遣使副王阿葛之王文貴貢方物六月

全唐文

十九日秦州回鶻趙福獻馬并銀纓鈸自是每歲来貢九月十
九日沙州大食國遣使翟来著等貢方物閏九月二十
二日歸義軍節度使曹賢順貢乳香硇砂玉十一月二
十三日入内内侍省副都知周文質言沙州大食國進
奉到闕體問大食國人使自泛海至廣州令取沙州路
入貢經歷趙德明地分至渭州伏慮今後只於此路出
入喻使人令後只自廣州路入貢更不得於西蕃出入
仍乞向西州軍不得放過從之二年三月十七日龜茲
國王智海等貢獨峯駝五香藥雜物玉海是年四月龜茲貢橐駝馬玉五月回鶻貢馬後再入貢六月六日甘州可汗王貢馬胡錦白疊十
二月十六日宗哥唃廝囉要遵遣来貢三年正月二十九

日知溪州趙君佐貢溪布虎皮三月十三日甘州可汗
来貢乳香硇砂琥珀白玉馬十八日回鶻僧貢馬詔秦
州令後蕃僧進貢止絶不得發遣十二月四日于闐國
黑韓王遣大首領羅面千多奉表貢玉鞍轡玉鞦轡校
具白玉胡錦乳香硇砂獨峯駝四年正月十八日者龍
蕃部首領廝鐸督来貢馬八月十四日詔溪洞諸州蠻
人進奉令後只於逐州交納貢物給賜價錢每二年一
次許首領至京因便買賣仍自今年為始先是每年至
京而安遠天賜州并南州順州官族尚萬勇等乞只就
施州納下貢物請領例物價錢更不逐年上京因令高
州刺史田承進等依此着為定例九月十五日宜州蠻
部龍光瀧来貢良馬朱砂（南蠻序畧天聖四年歸順等蠻田思欽等以方物来獻時来者三百一人而夔州路轉運司不先以聞詔劾之既而又詔安遠天賜保順南順等州蠻貢京師道里遼遠而罹寒暑之苦其聽以貢物留施州所賜就給之願入貢者十人聽三二人至闕下首領聽三年一至京師）

全唐文

五年八月二十五日甘州可汗王寶國夜落隅遣使貢
乳香硇沙十月二十七日交州南平王李公蘊遣使驩
州刺史李公顯貢金銀紗羅犀角象牙絹紬布桂皮六
年二月十五日甘州可汗王寶國夜落隅遣使副督都
貢玉琥珀乳香（山堂考索是年八月丁丑三佛齊國王室離疊華遣使蒲押陀羅歇及加盧等来貢方物）十月七日三佛齊國遣使蒲押陁羅歇来貢方物
七年（玉海是年五月占城奉表進鳳以為鳳表王者之瑞應聖人之運）六月二十一日
龜茲國遣金烏搭名鈍噎似呉索溫等来貢方物十月

二十七日溪州蠻彭仕端仕義等来貢溪布自是歲来
貢十一月一日黔州蠻舒延蠻繡州蠻向光緒等来貢
水銀綿紬自是歲来貢（玉海是月六谷蕃部来貢）十二月三日波州
田政聰田政遷等来貢水銀自是歲来貢八年（玉海是年二月河西宗哥城唃厮囉遣使貢馬）十月十七日占城國陽補孤施離皮蘭
德加拔麻疊遣李蒲薩麻瑕駞琵来貢木香犀玳瑁乳
香象牙十一月八日邛部川都蠻王黎在遣卑郎離減
等来貢犀馬牛羊十五日龜茲國遣使李延慶貢玉帶
真珠玉越斧團牌花蕊布金渡鐵甲乳香硇砂馬獨峯
駞大尾羊沙州遣使貢玉玉版黑玉玉鞦轡真珠乳香
硇砂梧桐樏黃礬花蕊布白褐馬十二月十三日高麗
國王詢遣御事民官侍郎元穎奉表貢金器劚龍衣劚
褥銀裝長刀斫刺刀劍刀劚鞍轡布人參香油鞍轡馬

全唐文

進奉使獻馬銅器琉黃青鼠皮貑皮（玉海自後不朝貢蓋四十三年）九
年正月十八日龜茲國王智海遣使李延慶等貢硇砂
乳香名馬沙州遣使米興僧法輪等貢珠玉名馬（玉海是年三月河西貢馬五百八十三疋）十年三月二十六日黎州言得太渡河
南邛部川山前山後百蠻都王黎在狀乞每三歲一詣
闕貢詔諭以地遠令每五七年一次貢（東齋記事天聖中新羅人来朝貢因往國子監市書是時直講李畋監書庫新羅人遣畋松子發之類數種日生芻一束其人如玉畋荅以其有官守不敢當使還之日中心藏之何日忘之於是使者起而折旋道不敢者三新羅箕子之國至今敦禮義有古風焉）
明道二年（山堂考索是年三月丁酉邛部川蠻黎在三歲一入貢）十月二十一日

注輦國王尸離囉茶印陁囉注囉遣使蒲神陁離等以
泥金表進真珠衫帽及真珠象牙陁離仍請用夷禮以
申嚮慕之心乃奉銀盤於殿跪散珠於御榻下而退
景祐元年閏六月十三日黎州言邛部川蠻乞詣闕貢
奉詔候及五年聽入貢玉海是年十一月辛亥交阯李德政獻方物及象二二年五
月十三日交州南平王李德政遣廣州刺史何遠奉表
貢金銀沙羅象牙犀角大絹紬布十一月二十日西南
蕃遣龍光辯等來貢方物四年正月九日龜茲國遣使
李延貴貢花蕊布褐乳香硇砂玉獨峯駞馬沙州遣使
副楊骨蓋靡是貢玉牛黄碁子褐綠黑皮花蕊布琥珀
乳香硇砂梧桐律黄礬名馬三月二十五日判鴻臚寺

全唐文

宋郊言請自令外夷朝貢並令詢問國邑風俗道途遠
近及圖畫衣冠人物兩本一進内一送史館委修撰官
依傳題紀從之玉海是年六月龜茲入貢山堂考索是年十一月癸亥宗哥族唃廝羅族入貢
五年五月十一日大渡河南邛部川山前山後百蠻都
王忙海進犀馬倍酬其直賜襲衣銀帶衣著有差又乞
三年一到闕進奉詔以五年許之寶元元年三月十一
日詔外夷入貢所過州縣令巡檢縣尉援送之二年三
月二十三日唃廝囉遣李波未裏瓦等來貢方物康定
元年玉海是年四月龜茲入貢七月十五日右正言知制誥吴育言
外夷入貢乞選用官屬使知外夷之務并採集古今事
迹風俗情狀如有贊問悉以條陳詔史館檢討王洙等

檢尋典故以聞二年十一月十五日北亭可汗奉表貢
玉乳香硇砂名馬十二月八日西蕃磨氊角來貢馬慶
曆二年五月二十二日唃廝囉貢馬乳香硇砂銀鎗鐵
甲銅印銀裝交椅十一月十七日占城國王邢卜施離
值星霞弗奉表貢象牙犀角馴象煎香象兜錦褥三年
三月十六日交州南平王李德政遣節度副使杜景安
三班奉職梁材監綱范有仁奉表貢象而還十二月四
日安化州蠻來貢四年正月九日西南蕃磨氊角遣使
來貢方物十月一日黎州邛部川山前山後百蠻都鬼
主牟墨遣將軍阿濟等獻馬犛牛大角羊犀株莎羅毯
十一月十四日瞎氊等遣蕃僧貢名馬五年正月二十

全唐文

一日施州溪洞蠻田忠顯等貢土布黄連二月六日夏
國遣使丁笃囲聿則來貢御馬長進馬橐駞自是歲來
貢玉海是年四月邛部川入貢七月十二日三司言夏國唃廝囉差
人詣闕進奉慮於延秦州鎮戎軍沿路收買陝西糧草
交抄乞行禁止如違賣者并牙人嚴斷没入之告人每
一抄賞錢五千以犯人家財充從之十一月十七日宜
州西南蕃龍光捷以下遣使奉表貢朱砂氊馬銀香爐
合匙六年二月三日西蕃瞎氊磨氊角遣使貢方物三
月十一日邈州首領唃廝囉遣使來貢方物四月九日
夏國遣使貢大石樣金渡黑銀花鞍轡金渡黑銀花香
爐合御馬長進馬橐駞自是歲來貢九月二十四日樞

寄院言新羅國近年不來進貢欲遣德州軍事推官高
師説詣登州與知州劉渙寄切商議如有彼國商客因
迴本道可以致達言意却通貢奉切在慎寄不得漏泄
從之十二月五日交趾遣使祕書丞杜文府副使左侍
禁馮昌黯貢馴象七年正月二十六日管勾交州進奉
人使所言乞下開封府告諭諸色行人不許與交州人
買賣違禁物色書籍從之十月七日磨禮國遣使僧藺
禮等貢方物十一月五日編敕所言今後交州進奉人
使經過州軍只委知州職官接坐其通判都監更不許
相見從之八年十月二日南蕃塗勃國遣使奉表貢佛
金骨真珠雕佛西天佛犀牛頭連犀象牙表云塗勃修

全唐文

行國王臣思蒙孫打南俾頓首大宋皇帝陛下臣思蒙
本國修行禁求佛理每切常臻於正教傾心可慕於空
門伏聞大宋皇帝陛下德應三乘功明大道聖恵遠超
於南土宸嚴廣布於華夷是以臣思蒙遠𨀧金闕遥想
旌墀身屬邁年無由頓首臣思蒙收得西天佛金骨及
西天佛樹枝連葉并西天佛一篋元是西天僧將到蕉
本國犀牛頭一箇連犀一株尾一條犀四株臣思蒙發
遣弟打欽賫赴廣州進獻伏乞天慈俯賜鑒納謹進譯
到興塗勃國蕃王元是丹蒲朧每年發船歸大地今特
將書求拜大朝官家我聽聞道是大朝官家修行我州
府有聖佛重佛是重家一般特將來興塗勃國佛一篋

犀牛頭一箇連犀一株又犀四株蕃王修行年老聽聞
大朝官家修行辨心禮拜打欽元是我弟特差親弟來
廣州送納乞回二十九日西南蕃大留國王于龍異璔
等來貢皇祐二年正月十二日西南蕃主龍光瀧來貢
硃砂馬氈銀香爐合匙十八日占城國俱舍利波微收
羅婆麻提楊盈卜遣使奉蕃唐書表二通來貢表云進
上皇帝天下府國土不如大朝國土無有國土得似大
朝官家國土自來官家州府不曾有失脫帝王自來坐
大朝管得天下州府帝王所有行遣公事依王法所行
每年常放赦罪人帝王似釋迦年尼佛一般諸道州縣
府每年發進奉大朝官家盈卜孝順小心官家爲遥年

全唐文

交州來探占城國纔成又來刼奪至是占城國遥年要
來進奉收拾不辦今年畧有些小儀信進上帝王願官
家萬歲乞止約交州不要來奪占城州府交州屬官家
所管自我占城國亦係大朝官家所管交州遠括占城
如同遠括大朝一般如斷得交州一年不來我便大段
年年來進今進上蕃唐表二道十九日入內內侍省請
自今應有化外進奉蠻人到闕如不在禮賓諸處安下
者乞令內供奉石全育提點所貴均一不至遠人失所
從之四月八日沙州符骨篤末似婆溫等來貢玉閏十
一月二十八日西蕃瞎氊遣使來貢方物十二月十五
日唃囉嘶遣使來貢方物三年二月四日廣源州首領

儂智高奉表獻馴象及生熟金銀詔轉運鈐轄司止作本司意答以廣源州本隸交趾若與其國同貢奉即許之四年（山堂考索是年正月癸巳龜茲國沙州並遣使貢物）十月十二日沙州遣使来貢方物五年四月四日占城國遣使蒲思馬應来貢方物十一月二十一日占城貢到沉香九百五十六斤附子沉香一百五十斤箋香四千二百五十八斤速香四千八百九十斤象牙一百六十八株三千五百二十六斤澳香三百斤犀角二十株玳瑁六十斤暫香一百二十斤細割香一百八十斤翠毛一百六十隻番油一十埕烏里香萬五千二十斤至和二年八月十八日西南蕃首領張漢陛王子羅以方物来貢十月二十六日大食國首領来貢方物十一月四日占城國遣使滿息沙陁琶来貢生象犀牛十一日安南道李日尊遣使告其南平王卒仍奏遺留物及馴象十来貢十二月廣南安化州蠻来貢方物嘉祐元年正月十二日西蕃磨氊角首領来貢方物閏三月十七日占城國遣使来貢方物四月大食國首領来貢方物二年正月八日詔廣州賜占城國進奉使蒲息陁琶銀千兩以舟行至太平州江岸崩沉其行李特賜之二月十三日西蕃首領瞎氊遣使来貢方物五月十八日西蕃鵜州遣使来貢馬十二月五日西平州黙南道王石自品遣首領貢方物三年六月二十八日交趾遣使貢異獸二初本國稱貢麒麟

狀如水牛身被肉甲鼻端有角食生芻果瓜必先以杖擊然後食既至而樞密使田況言昨南雄州僉判尚書屯田員外郎齊唐奏此獸頗與書史所載不同尚非麟則朝廷殆為蠻夷所詐又知虔州尚書比部員外杜植亦奏廣州嘗有蕃商辨之曰此乃山犀爾謹按符瑞圖麒麟仁獸也麕身牛尾一角角端有肉今交趾所獻不類麕身而有甲必知非麟但不能識其名昔宋泰始末武進有獸見一角羊頭龍翼馬足父老見而亦莫之識蓋異物雖中原或有之爾雅釋獸麕大如麃牛尾一角騶如馬一角麐麕身牛尾一角又兕似牛一角青色重千斤然皆不言身麟甲廣志云符拔如麟皮有麟甲此雖近之而形乃如牛又恐非是故在外之臣屢有章奏辯之然不知朝廷本以遠夷利於朝貢以示綏徠非以獲麟為瑞也請宣諭交趾進奉人及回降詔書但云獸得所進異獸不言麒麟足使殊俗無我欺又不失朝廷懷遠之意乃詔止稱異獸後又詔令呼豹牛宣付史館閏十二月五日安化上中下三州及北遐鎮蠻人来貢方物四年十二月七日唃嘶囉遣人貢方物五年正月二十八日大食國首領蒲沙乙来貢方物六年九月二十一日占城國遣使貢馴象十二月二十六日安化州蠻貢方物七年五月二十二日占城國遣使頓琶尼来貢方物八年正月九日交趾遣使貢馴象（玉海是年八月于闐貢）

九年六月九日西南蕃牂牱首領龍以烈等貢方物八
月三日西南蕃張王石自品等来貢方物二十六日于
闐國遣使来貢方物　英宗治平元年正月十二日于
闐國遣使羅撒温来貢獨峯駝詔還之其已給價錢更
勿追三月一日押伴于闐國進奉所言羅撒温等朝辭
特賜錢五千貫文今如賜見錢慮以買物為名未肯進
發欲望以絹綫錦充從之仍詔將所賜疋帛內二分與
有進奉人一分與無進奉人四年七月八日神宗即位未改元
西南蕃王石自品遣使石光陳奉表貢朱砂氊馬十二
月十二日西南蕃奉華將軍知靜蠻軍蕃落使守天聖
大王龍異閭来貢銀香合匙朱砂馬氊　熙寧元年正
欽磨文
月二十一日西南蕃靜蠻軍節度使守蕃王方異琨等
来貢朱砂氊馬六月四日占城國楊卜尸利律陀般摩
提婆遣使蒲摩勿等貢方物蒲麻勿乞市買騾馬歸本
土詔賜白馬一疋銀鞍轡一副騾令就廣州收買而還
七月二十九日回鶻可汗遣使来貢方物二年九月一
日詔交州第一次朝貢其使人可特與推恩進奉使崇
儀副使郭士安特除六宅副使東頭供奉官陶宗元授
內殿崇班三年六月十七日西南蕃捍蠻軍節度使守
蕃王張漢興等奉表賀貢朱砂氊馬八月二十七日大
渡河南卬部川山前後百蠻都首領苴尅奉表貢馬犀
玉海是年八月丹流眉入貢　十二月二十四日大食國遣使来奉表

来貢珊瑚金裝山子筆格龍腦真乳香象牙水晶琉璃
器錦罽藥物玉海是年高麗来貢四年二月十四日于闐國黑汗
王遣大首領翟進奉表貢珠玉珊瑚翡翠象牙乳香木
香琥珀毯布碙砂龍塩藥物鐵甲馬七月五日層檀國
遣使層加尼防援官郍蘼奉表貢真珠龍腦乳香琉璃
器白龍黑龍涎香猛火油藥物八月一日高麗國遣使
金悌奉表貢御衣腰帶金器弓刀鞍轡馬銅器布紗紙
墨人參硫黃松子香油玉海是年九月龜玆入貢十月六日樞密都
承旨李評言諸國朝貢乞別置一司揔領取索諸處文
案會聚照驗須為法式從之仍令管勾客省官領之五
年二月二日大回鶻龜玆可汗王遣使盧大明督都奉
金庫文
表貢玉象牙翡翠乳香花蕊布宿綾碙砂鐵甲皮圍牌
馬刀劍四月西南龍蕃羅蕃方蕃石蕃八百九十人入
貢詔以道路遥遠往復甚勞如願於沿邊納所進物更
不須赴闕即以回賜物與朝見所賜并沿路館劵與之
五日大食勿巡國遣使辛毗陁羅奉表貢真珠通犀龍
腦乳香珊瑚筆格琉璃水精器龍涎香薔薇水五味子
千年棗猛火油白鸚鵡越諾布花蘂布兜羅綿毯錦襆
蕃花簟六日占城國遣使奉表貢龍腦乳香丁香紫礦
華澄茄胡椒回香六月二十七日客省言諸蕃進奉人
送管勾使臣等土物欲除送押賜及傳宣使臣物受而
不答外仍比舊數不相遠者並聽準例收從之仍禁不

得輙有計會十月二十二日本國僧成尋獻銀香爐木槵子白琉璃五香水精紫檀琥珀裝束念珠青色織物綾十二月二十六日于闐國黑韓王遣使奉表貢玉胡錦玉鞦鞍轡馬乳香木香膃肭臍金星石花藥布玉海是年交趾貢象六年三月二十一日交州遣使供備庫副使李懷素東頭供奉官陂延壽來貢方物五月六日西南蕃知靜蠻軍天聖大王龍異閣順化王子羅元昌來貢方物八日西南蕃安遠上將軍靜蠻軍節度使六蕃大王方以達來貢方物七月三日大食國陁婆離國遣使蒲麻勿等來貢真珠玻璃金飾壽帶連鍱轡臂釧念珠龍腦乳香象牙千年棗琉璃器藥物七年正月二十六日高麗國遣使金良鑑盧旦奉表來貢御衣腰帶金器紅罽裀褥鞍馬紙墨弓刀幞頭紗色羅綾生中布人參松子香油二月三日于闐國遣使阿丹一難奉表貢玉乳香水銀安悉香龍鹽硇砂琥珀金星石九年八月二日大理國遣使奉表貢金裝碧玕山氊罽刀劍犀皮甲鞍轡十二日占城國遣使靈保麻遐鈦囉底亞尼律來貢方物十一月二十一日高麗國遣使工部侍郎崔思訓奉表來貢御衣腰帶金器色羅綾幞頭紗鞍轡馬弓刀紅罽褥紙墨銅器生中布人參松實香油黃漆藥物十年四月八日于闐國黑汗王遣使羅阿廝難撒溫奉金表貢玉胡錦鞍轡馬乳香木香翡翠琥珀安悉香龍鹽鵬

舌香胡黃連六月七日注輦國蕃王地華加羅遣使奇囉囉奉蕃唐表二通來貢真珠龍腦通犀象牙乳香金線織錦琉璃器薔薇水藥物是日入見使副以真珠龍腦登陛跪而散之謂之撒殿既降上特遣內侍詢勞之

宋史熙寧中闍婆國使人入貢方物中有摩娑石一塊大如棗色黃微似花藥石又無名異一塊如蓮的皆以金西野之問其人真偽何以爲驗使人云摩娑石有五色石色雖不同皆蘆黃汁磨之汁赤如丹砂者爲真無名異色黑如漆水磨之色如乳者爲真廣州市舶司依其言試之皆驗方以上聞世人斋摩娑石無名異頗多常患不能辨真偽小説及古方書如艶炙論之類亦有説者但其言多怪誕不近人情天聖中予伯父吏書新除明州章獻太后有旨令于舶船求此二物内出銀三百兩爲價直如不足更許于州庫貼支終任求之竟不可得醫蕃環家有白摩娑石色如糯米糍磨之亦有驗環以治中毒者得汁栗殼許入口即差

宋會要

元豐元年閏正月二十五日本國通事僧仲回來貢方
物六月九日詔提舉茶場司于闐進奉使人買茶與免
稅於歲額錢內除之七月二十五日詔昨西蕃董氊遣
首領朝貢忠款可嘉宜差供奉官郭英賫詔慰諭及賜
對衣金帶銀器衣着各三百令熙河路經畧司依治平
二年差使臣賜制告例經畧司更送大細法錦五疋大
綵五十疋細末散茶各五十斤九月二日交趾國貢方
物十六日詔占城與交趾為仇國其起居及內燕聽回
避如願赴燕亦聽交人與占城使遇朔日並赴文德殿
分東西立望日交州使副入垂拱占城赴紫宸殿起居
至大燕交人坐東朶殿上占城坐西廡時占城使副乞
避交人客省以聞故也十月二十八日于闐國貢方物
十二月二十五日詔熙河經畧司指揮熙州自今于闐
國入貢唯賞國王表及方物聽赴闕毋過五十人驢馬
頭口準此餘勿解發止令熙州秦州安泊差人主管賣
買婉順開諭除乳香以無用不許進奉及挾帶上京并
諸處貨易外其餘物並依常進貢博賣二年六月十七
日董氊貢奉大首領景青宜党令支等辭上召逼殿陛
諭曰歸告董氊所遣貢奉人甚恭恪令已許汝納欵此
後可數遣人來任便交易又聞部落子欲侵汝疆境祖

蕃夷七之三五

父土田宜善守勿失十八日詔高麗恐今歲九月間遣
使入貢可豫選引伴官二員令於明州少待其至迺命
內殿崇班閤門祗候宋球假通事舍人左班殿直閤門
看班祗候焦顏叔假內殿崇班詔貢使或是王子即以
衢州通判胡援代顏叔引伴并差人內省使臣一員主
管諸司七月三日三佛齊詹畢國使來貢方物九月十
九日西南龍蕃來貢方物二十九日西南羅蕃方蕃來
貢方物十月一日西南石蕃來貢三年正月十七日詔
高麗國王每朝貢回賜浙絹萬疋須下有司估准貢物
乃給有傷事體宜自今國王貢物不估直回賜永為定
數二月十四日高麗國使柳洪以國主之命貢曰本國
所造車賜詔答之洪以禮諸侯不貢車不敢與貢物同
進館伴使以聞詔許之乃進三月十三日知南丹州莫
世忍貢銀香師子一馬七降敕書答之賜錦袍銀帶閏
九月二十七日董氊遣人入貢十月九日熙州奏于闐
國進奉般次至南川寨稱有乳香雜物等十萬餘斤以
有違朝至未敢解發詔乳香並約回四年六月二十三
日廣南東路經畧司言大食層檀國保順郎將層伽尼
請備禮物詣闕謝恩詔宜多給舟令赴闕二十七日交
趾郡王李乾德上表言昨遣使人陶宗元等朝貢為廣
州禁制窒塞綱運不同向時今遣禮賓副使梁用律著
作郎阮文倍等水路入貢乞降朝旨依舊進奉詔廣州

蕃夷七之三六

釗珠十二月十七日蔦羅國進奉使崔思齊副使李子威等百三十五人給馬刀下

悉准舊例毋得邀阻差入內使臣一員押伴先降詔諭之七月二十五日廣南東路轉運司言西路關報交人入貢乞令自判湖路詔交人如欲水路赴闕令廣西經略司指揮須依舊行水道毋得輒改八月十六日廣西經略司言交趾入貢百五八十六人比舊制增五十六人詔宜令據今已到人數赴闕今後准此二十八日佛泥國遣佛入貢十月六日佛菻國遣你廝都令廝孟判貢鞍馬刀見賜物有差二十五日西天大天國僧迦羅吃哆乞宣取所遊歷諸處畫名山百花圖及御馬等詔令於內東門司投進五年二月二十四日渤泥國遣使入貢六月二十二日交趾獻馴犀二犀角象齒各五十

全唐文

七月二日廣西經畧司言西路張蕃貢奉乞添至三百詔具合增數以聞其後本司奏故事以七十人為額不可增遂罷十二月二十五日西南龍蕃首領遏轄使龍以達并部落廖各等凡三百七十六人入貢六年正月十三日層檀國貢方物五月一日于闐國貢方物閏六月四日詔陝西河東經畧司夏國奉表辭禮恭順朝廷已降回詔許通常貢誡約邊吏無輒出兵除自來邊界依舊戍守外其新收復寨止於三二十里巡綽防拓毋得深入仍詔押伴夏國使人王震以此意說諭使副先是閏六月一日夏國主秉常奉表乞修職貢故降是詔十二月二十二日樞密院言夏國尚未以時入貢慮緣

邊不能禁止人私與西界交易詔陝西河東經畧司申飭法令毋得私縱七年四月二日大食國貢方物七月十一日尚書禮部言西南程蕃乞貢方物舊不注籍如許入貢乞從五姓蕃例從之令夔州路轉運司相度比附一姓人數解發九月五日西南龍蕃貢方物八日三佛齊國貢方物十一月十二日詔以于闐國進馬賜錢百有二十萬十二月二日還于闐國黑汗王所進師子仍賜銀絹六日特賜進奉人錢百萬八年五月二十一日知龍賜州彭允宗等四人各遣人修貢九月十八日于闐國遣使入貢（山堂考索是年十一月壬寅于闐進馬）十二月五日夏國遣人入貢六日夏國主秉常言母氏臨終屬臣曰世

全唐文

受朝廷封爵恩禮備至今雖邊事未已屬纘之後宜奉遣留物以進示不忘恭順之義雖瞑目無恨臣謹遣進遺馬白駝詣闕二十一日大食國遣人入貢（續通鑑長編元祐元年二月庚辰夏國主秉常遣使入貢詔學士院降詔答之先是秉常母死朝廷遣使賻贈至是入貢故也）哲宗元祐元年正月二十五日董氈遣人入貢閏二月二十一日高麗國祐世僧統求法沙門僧釋義天等十人朝見進奉皇帝興龍節祝聖壽佛像并金器等詔學士院降詔獎諭四月知龍賜州彭允宗知監州彭士明並遣人進奉賀端午節溪布十五疋六月十六日夏國遣使創祐訛囉聿寨進貢十月十五日禮部言占城國進奉大使布靈息馳琴蒲麻勿等乞續進物從之十一

月二十一日于闐國遣使入貢十二月三日戶部言占
城國進奉使蒲麻勿等續進犀犛等詔回賜錢二千六
百緡二年正月十二日詔于闐國黑汗王貢方物回賜
外餘不以有無進奉悉加賜錢三十萬二月十四日又
詔如元豐八年例更賜金帶錦袍䙱衣器幣四月五日
交趾遣使入貢五月十四日禮部言西南蕃泰平軍遣
石蕃以定等賫表裝鞍馬砂鑼等來貢元豐著令西南
五姓蕃每五年許一貢今年限未及合具奏裁詔特許
入貢二十一日于闐國遣使入貢六月二十六日詔西
平州武聖軍都統韋公意許依西南龍羅方石張蕃例
五年一貢以七十人為額貢物止納宜州計直恩賞館
金唐文
券回賜供給犒設等並準石蕃例從廣南西路經略司
請也八月十一日西南羅蕃遣人入貢十五日西南蕃
遣人入貢十六日詔修文回賜于闐國信分物法二十
五日西南張蕃羅方三蕃遣人入貢十月七日詔于闐
國歲遣貢使雖多止一加别賜裁定十三日又詔國使
以表章至則間歲聽一人貢餘令於熙秦州貨易二十
一日西南蕃遣人入貢三年四月二十一日阿里骨遣
人入貢六月十二日詔今後諸蕃國貢物估直與舊例
相近者並如例即所估高下增減不同申稟尚書八月
五日阿里骨遣人入貢十一月二十五日大食麻囉拔
國遣人入貢十二月十二日三佛齊貢奉人請以金蓮

蕃夷七之三九

花一十五兩真珠五兩龍腦一十兩依例撒殿從之閏
十二月五日三佛齊二十一日西南蕃並遣人入貢四
年四月五日于闐國遣使入貢五月二十八日于闐國
貢使李養星阿點䰢哥貢進方物六月八日夏國遣使
入貢（玉海是月邈黎國入貢方物）十四日禮部言邈黎國般次令移
四扶[illegible]迷等賫于闐國黑汗王并本國蕃王表章奉緣
自來不曾入貢請比附于闐國進奉條式從之今後更
有似此而不依解發條乞貢並說諭許就本處交訖令
歸本國八月八日詔于闐國進奉使李養星阿點䰢哥
等進貢御馬三匹回賜內黎撒囉瞎征等依此後毋為例
十月三日尚書省言于闐國進奉人到闕不得過一百
金唐文
日從之五日西南程蕃十一日龍蕃並遣人入貢十一
月四日溪洞知靜州彭儒武押案副使彭仕貴知永順
州彭儒同押案副使彭仕亮知渭州彭思聰知押案副
使彭仕順十七日知龍賜州彭允宗押案副使彭允金
知監州彭仕明押案副使彭儒勇知吉州彭儒崇各進
奉興龍節冬至正旦節溪布有差二十五日大食麻囉
拔國進貢方物十二月二日西蕃阿里骨并溫溪心下
大小首領軟驢脚四等補職名支請受有差以進奉到
闕推恩也五年二月二十一日于闐國遣使貢方物四
月二十一日學士院言諸蕃初入貢者乞令合屬安撫
鈐轄運等司體問其國所在遠近大小與見今入貢何

蕃夷七之四〇

國為此保聞奏厥待遇之禮不致失當從之以邈黎國初入貢故也八月五日西南龍蕃貢方物十二月五日高麗三佛齊遣人入貢六年（玉海是年四月甲午邛部川入貢）五月十一日阿里骨溫溪心入貢（玉海是年六月二十六日貢馬百七十九匹）十二月二十一日佛菻國遣使入貢七年正月二十六日羅蕃遣使貢方物二月二十八日熙河蘭岷路經畧安撫司言于闐國進奉二蕃見在界首內打廝蠻冷移四唱廝巴一蕃已准朝旨特許解發外今來兩蕃進奉人緣已有間歲許解發指揮欲只止熙秦州實買訖約回大蕃從之五月二十四日廣州貢大食國進奉火浣布詔寘之瑞物閣九月五日西南羅蕃遣人貢方物十一月一日西南龍蕃七日于闐國並遣使入貢十二月五日高麗國遣使入貢（玉海是月于闐入貢）紹聖元年正月二十四日夏國遣人入貢三月八日阿里骨遣人貢方物四月四日詔阿里骨進奉師子處失土性令留在熙州候進奉首領回日仍賜錢絹各三百匹兩閏四月二十五日西南張蕃遣人入貢五月四日于闐國遣使入貢十月二十八日三佛齊遣使入貢二年三月二十三日三佛齊遣使入貢四月九日韋蕃入貢人保順郎將韋公意等十六人並為安化郎將韋公掌等五十三人並為保順郎將八月十六日交趾遣使入貢十一月二十七日阿里骨遣人入貢三年五月七日樞密院言熙河蘭岷

奏于闐國進奉般次罷怒都盧麦等進事方物黑汗王阿怒都等織密蠲篤上表請自今般次不滿年月往来近事只是四曰詔于闐國進奉般次羅怒都盧麦一蕃令熙河蘭岷路經畧司接先次上

西南龍蕃遣人入貢十一日于闐國遣使貢方物四年十二月八日　接五日下

路經畧司先次解發赴闕仍權許不限人畜數目其餘見在熙州進奉般次令接續蕃次解發內不預赴闕只就本處買賣還本國者亦聽仍自今于闐每二年一次許賫本國蕃王表章赴闕進奉如止來熙秦州買賣即不限歲月事畢遣還仍令本司候有般次回蕃日再諭詔旨使本國知仍令學士院於回賜敕書內備載七月十四日于闐國遣人進貢方物十月六日夔州路轉運司言西南蕃進貢龍延高等三十七人到界首今准朝旨龍蕃進奉人更不令出南平章路未敢約回詔令夔州路轉運司婉順說諭龍延高等却回本蕃厚與犒設設訖計程給驛券依到闕人例仍令今後須依元額人年限只作一番由宜州路赴闕十五日熙河蘭岷路經略安撫使司言據洮西沿邊安撫司申發遣到龜茲師王國進奉大首領阿蓮撒羅等三人表章及玉佛等本國未嘗進奉欲許令於熙秦州買賣仍將賫到玉佛估價回賜錢物遣回從之又言大食國進奉般次迷令馬斤等賫到表章緣近奉旨于闐國已發般次未到熙州者表章進奉物令本司於熙州軍資庫寄納令者大食國乞赴闕進貢合取朝廷指揮詔依于闐已降指揮十一月五日于闐國遣使入貢四月三日又來貢方物元符元年六月二十七日詔高麗朝貢並依元豐條例施行元祐令勿用八月二日西南張蕃六日西南程蕃

並入貢方物二年二月二十一日大食國遣使入貢十
月二十四日知保靜州彭儒武押案副使彭仕貴知永
順彭儒同押案副使彭仕亮知渭州彭師聦押案副使
彭仕順各進奉溪布一十五匹　徽宗元符三年十月
二日即位未改元夏國主乾順使人來賀天寧節并貢方物
崇寧二年二月七日青唐大首領趙藺氈廝鷄貢方物
玉海是月九日滿甘入貢詔禮秩視注輦國　八月二十二日太府少卿吳黯
等劄子為于闐國進奉人將到解鹽鈔支給見錢乞應
外蕃入貢人所過州縣於法得與官私交易者不得用
鈔并三路香藥斛㪷等鈔折博令尚書省修保從之
大觀四年正月二十八日夏國遣使入貢五月四日詔

全唐文

諸西人入貢諸色人私有交易編攔使臣不覺察者徒
二年引伴官與同罪管勾行李馬馳臣使減一等並不
以赦降去官原減　政和元年十月十一日夏國遣使
入貢五年十月二十三日夏國遣使入貢六年八月十
三日臣寮上言訪聞廣南西路黃璘起請招納大理南詔
人使入貢經由本路專委轉運判官喬方應副自來合
行新路自邵州由新化等縣至鼎州舊路自邵州由潭
州至鼎州新路比舊路減程支給券米錢物料差夫馬
悉得省費喬方為見黃璘家在潭州湘鄉縣特為排辦
新舊兩路遞路正當農事之際差科搔擾顯屬觀望不
恤民力深失陛下寬恤之意詔湖南等路應副排辦道

路勞費可速住罷喬方可放罷與宮祠十二月二十一
日眞臘國遣使貢方物二十三日大理國遣使李紫琮
楊苛樣坦綽李百祥來貢方物三十日大理國王段和
譽奏臣累年以來嘗遣磨中羅道等處乞修朝貢至政
和五年五月已奉聖旨差廣州觀察使黃璘充第一等
奉使於賓州置局接納入貢令先遣臣布燮臣李紫琮
臣楊苛樣坦綽臣李百祥管押馬三百八十疋內有五
十匹係特進麝香牛[illegible]黃細氈碧玕山衣甲弓箭等詣
闕進獻詔令學士院修寫手詔頒降七年正月八日于
闐國遣進奉使馬紇年來阿黠撒羅副使大僧阿侯忽
倫來貢方物二月十三日大理國遣使天駟與彥賁李

全唐文

紫琮副使坦綽李百祥進奉三月十五日館伴王黼同
館伴范訥奏臣切惟陛下寵春三韓去年其王俁遣陪
臣李資諒李允繼歲入貢召同輔臣燕于睿謨殿中席
資諒永跂望清光躊躇感戀相顧涕泗被面淚墮酒中
見者為之太息伏望聖慈付之史館從之五月六日朝
散大夫王師伏奏伏見三國使者往還賜予燕勞儀式
咸有定制其餘蕃夷昨降指揮令勑令所編修朝貢令
式于今十年緣立法門類多未暇及此比年蕃國既多
法令固不可闕兼引伴皆小使臣與胥吏而已接見應
荅鄙俗不足副陛下待遇遠人之意欲定責限俾勑令
所先次編修從之八年八月八日于闐國遣使一年撒

温大僧忽都兎王来貢方物九月女真遣李善慶等賫
國書并北珠生金貂草人参松子来貢十月二十七日
高麗國遣使入貢　宣和二年四月十七日詔今後蕃
國入貢令本路驗實保明如涉詐偽以上書詐不實論
令尚書立法六年十一月二十六日詔羅殿國王羅唯
禮等入貢並依五姓蕃例　高宗（玉海建炎三年正月占城進貢加恩中興）
（禮書建炎三年八月一日交趾差官到奏謝勑書章表貢金厮鑼五面共重二百五十兩銀厮鑼二十面共重
一十兩）紹興二年閏四月三日高麗國王遣使朝散郎禮
部員外郎賜紫崔清從義郎閤門祗候沈起等一十七
人奉表入貢純金器三事共重一百兩注子一副盤盏
二副白銀器一十事共重一千兩金花盤一十隻匹大
全唐文
紙二十軸詔大紙四百幅滿花緊絲五十匹金花注絲
五十匹色大紋羅五十匹色大綾五十匹人参五百斤
共函二十三副各覆黄羅夾複惟清起各進奉白銀合
四副共重二百兩旱地紫花緊絲二匹金線注絲二匹
真紅大紋羅二匹真紫大紋羅二匹明黄大紋羅二匹
生大紋羅一十五匹生厚羅五匹人参二十斤大布二
百匹松子二百斤（宋史是年占城國王遣使貢沉香犀象玳瑁等荅以綾錦銀絹）六年
七月二十七日大理蒲甘國表貢方物是日詔大理蒲
甘國所進元物除更不收受外餘令廣西經畧司差人
押赴行在其回賜令本路轉運提刑司於應管錢内取
撥付本司依自来體例計價優與回賜内章表等先次

入遞投進令學士院降敕書回荅八月二十三日提舉
福建路市舶司言大食蕃客蒲羅辛狀本蕃係出産乳
香自就蕃造船一隻廣載迤邐入泉州市舶進奉抽解
乞比附綱首推恩詔蒲羅辛特補承信郎餘人依例搞
設外更量支給銀綵之類優加存恤十二年九月十八
日禮部太常寺言今討論自来外國誓書未見合於是
何去處收管謹按周禮大司寇凡邦之大盟約蒞其盟
書而登之于天府注云天府祖廟之藏又春官天府之
守職掌祖廟之守藏凡國之玉鎮大寶器藏焉今天府
之職其廢已久宜於禁中見今所藏寶玉府去處收藏
入内内侍省命官掌之從之（玉海十四年六月交趾天祚貢方物）十六年
全庫文
六月二十九日安南貢馴象十（玉海十七年交趾天祚貢方物二十年二月二
十九日貢馴象十）二十五年四月十九日西南小張蕃貢方物
是日知静江府呂愿忠言西南小張蕃起發人馬章表
方物等進奉詔令廣西帥司差點事使臣伴送前来仍
令禮部撿會到闕合行典故二十七日羅殿國貢名馬
方物是日知静江府呂愿忠言羅殿國王羅部貢及西
南蕃知矩州忠燕軍節度使趙以盛入貢進奉土産名
馬方物詔令近上人赴闕自餘優與例物令歸本族十
月十四日占城國進奉使部領薩達麻副使滂摩加奪
判官蒲翁都綱以次凡二十八到闕入見表貢附子沉
香一百五十斤沉香三百九十斤沉香二塊十二斤上

箋香三千六百九十斤中箋香一百二十斤箋香頭塊四百八十斤箋香頭二百三十九斤澳香三百斤上連香三千四百五十斤中連香一千四百四十斤象牙一百六十八株犀角二十株玳瑁六十斤暫香一百二十斤細割香一百八十斤翠毛三百六十隻蕃油一十墱烏里香五萬五千二十斤十一月二十九日真臘國羅斛國貢馴象（玉海是年十二月占城入貢）二十六年正月十四日交趾遣大中大夫周公明右武大夫李義等二十二人進奉賀昇平常貢兩綱方物賀昇平表章一匣一百二十兩數生金聖壽山一座五十五兩數粧寶金酒注一副五十兩數金粧真珠勸壽盃并盤一副七十兩數金香

爐一座四十兩數金香匣一副五十兩數金花瓶二口二百四十兩數金大果子楪并罩籠二十副一百七十九兩數間寶金七星匣子并金盤龍大匣盛一副一百二十兩數金盤龍沙鑼二面二百兩數御馬金鞍轡一副真珠一百顆用五兩數金瓶盛載沉香等一千斤翠毛五百隻綾絹五十疋共五角每角十匹御馬二疋長進馬八疋雄馴象三頭雌馴象二頭龍頭金銀裹木胎象鉤五柄粧象銅鐸連鐵索五副朱粧纏象藤條五副常進表章一匣雄象三頭雌象二頭金銀裹木胎象鉤五柄粧象銅鐸連鐵索五副朱粧纏象藤條五副二月二十五日詔諸國蕃如情實向化自欲朝貢仰帥司以

禮接納津發赴闕即不得擅便差人說諭入貢八月十五日詔提舉廣南市舶司卲及之輒敢沮抑蕃國進貢可放罷（玉海是年八月二十一日庚寅交趾賀昇平獻黃金器明珠沉香翠羽綾絹馬十象九）十二月二十五日三佛齊國進奉使司馬傑廚盧圖打根加越仲蒲晉副使馬傑囉嗏華離蒲遐邇判官司馬傑旁胡凌蒲押陁囉到闕朝見表貢龍涎一塊三十六斤真珠一百一十三兩珊瑚一株二百四十兩犀角八株梅花腦板三片又梅花腦二百兩琉璃三十九事金剛錐三十九箇猫兒眼睛指環青瑪瑙指環大真珠指環共十三箇膃肭臍二十八兩番布二十六條大食糖四琉璃瓶大食棗十六琉璃瓶薔薇水一百六十八斤賓

鐵長劍九張賓鐵短劍六張乳香八萬一千六百八十斤象牙八十七株共四千六十五斤蘇合油二百七十八斤木香一百一十七斤丁香三十斤血竭一百五十八斤阿魏一百二十七斤肉荳蔻二千六百七十四斤胡椒一萬七百五十斤檀香一萬九千九百三十五斤箋香三百六十四斤二十八日詔昨知廣州折彥質奏蒲晉久在廣州居住已依漢官保奏承信郎今來進奉可特與轉五官補授忠訓郎其蒲延秀可依昨引接占城入貢陳惟安例與蒲承信郎（宋史交趾傳紹興二十六年天祚遣李國等以金珠沉水香翠毛良馬犀象來貢）三十年十二月二十六日安南來貢方物是日廣南西路經畧安撫司言安南靜海軍差使

副押領小熟馴象等赴闕其所進章表等本司別差官管押赴行在投進詔令安撫司除象并華靡物不受餘只就界首交割仍約度進物多寡優與回賜章表先次入進前来候到令學士院降勑書回答三十一年正月六日安南貢馴象是日宰執進呈安南獻馴象令廣西回賜上曰蠻夷貢方物乃其職但朕不欲以異獸勞遠人兼獸失其土性可令帥臣詳與說諭如今後職貢不必以馴象入獻。孝宗紹興三十二年六月十三日登極赦比年以来累有外國遣使人入貢太上皇帝聖懷冲抑謙弗敢受況朕凉菲又何以堪自今諸國有欲朝貢者令所在州軍以禮諭遣毋得以聞　隆興二年四月十四日明州奏進武副尉徐德榮船自高麗入定海縣港称去年五月被旨差載國信往高麗國令回復有彼國人使內殿崇班趙冬曦左侍禁孫子高客軍[朴]將光通黄碩親隨趙鳳黄義永從得儒朴珪八人及國信在船聽旨詔令趙子浦差官且於定海縣管接詢問差發因依有無表章國信速先申尚書省六月二十一日廣西經畧司言南丹州莫延廩請入貢詔朕即位以来敦尚儉約例罷諸方貢獻或已至宜州界首可令本州量與犒設善諭遣回九月十三日臨安府言安南進奉方物籠櫃計三十二扛先以都亭驛權充安泊從之同日廣西安撫司言南平王李天祚該遇今上皇帝登極賜

加恩詔禮物等差官奏謝除正使尹子思副使鄧碩儼管設發回本道外所有章表方物令將官劉廣領押投進詔令進入其回答物并敕書令戶禮部照例施行貢金器百兩銀器百五十兩象牙三十株熟香五百斤箋香一千斤十月十二日詔答安南敕書依例令學士院給降　乾道三年十月一日福建路市舶司言本土綱首陳應等昨至占城蕃蕃首稱欲遣使副恭賫乳香象牙等前詣太宗進貢今應等船五隻除自販物貨外各為載乳香象牙等并使副人等前来繼有綱首吳兵船人賫到占城蕃首鄒亞娜開具進奉物數白乳香二萬四百三十五斤混雜乳香八萬二百九十五斤象牙七千七百九十五斤附子沉香二百三十七斤沉香九百九十[木箋]斤沉香頭九十二斤八兩箋香頭二百五十五斤加南香三百一斤黄熟香一千七百八十斤詔使人免到闕令泉州差官以禮管設章表先入進前来候到令學士院降敕書回答據所貢物許進奉十分之一餘依條例抽買如價錢闕申朝廷先次取撥供見實數估價定市舶司發納左藏南庫聽旨回賜十一月二十八日市舶司言綱首陳應祥等船回分載正副使楊卜薩達麻等并隨行人計一十二人賫到蕃首鄒亞娜表章蕃字一本唐字一本及唐物貨數一本差人譯寫委官臨對無增減外又據大食國烏師點等訴本國財主佛記

霞囉池各備寶具乳香象牙等駕船赴大宋進奉至占
城國外洋暫駐候風其占城蕃首差土生唐人及蕃人
招引佛記霞囉池等船入國及拘管烏師點等船衆盡
奪乳香象牙等作已物進貢詔進奉物色既爭訟難以
收受可給還令説諭以理遣回其餘物貨市舶司斟酌
依條抽買十二月七日禮户部言鄒亞娜乞以廣州丁
偉先年帶到物貨盡數添貢亦難收受乞令本路市舶
司一面以理説諭施行從之四年二月八日市舶司言
准已降旨給還占城國進貢一分物色餘令本司斟量
依條抽買緣本司未承指揮以前將一分進奉物色先
已起發乞改撥作抽買數照降本錢併以給還仍乞特
全唐文
降詔旨開諭占城已並令優價收買及令盡釋見拘大
食人還本國從之令學士院降詔三月九日臣寮言占
城故王既死鄒亞娜承襲若以禮入貢則當議封爵今
既有大食爭訟難以降詔乞令市舶司以爭訟事理牒
報其國俟再遣使人修貢如禮然後賜勑書降告命從
之九年正月六日廣南西路經略安撫司言安南牒稱
自來體例三年一進貢自紹興二十五年以後未有綱
運恐失忠孝怠於奉上之禮今皇帝登極禮合稱賀并
上國每有郊天及明堂大禮皇澤霶流常蒙降賜今將
差官管押方物乞稱賀登極及常貢綱運赴行在又自
去年遣鄭良佐至欽州願以方物入貢及稱賀登極本

州諭以近降旨諸國進奉無得以聞良佐歸後復遣右
都押衙陳青陳乞入貢雖已究轉諭還尚遣人前來未
已詔令廣西經畧安撫司將入貢物十分受一就界首
交割優與回賜先以章表入遞前来候到令學士院降
敕書回答仍令本司具所差官職位姓名取旨推恩五
月二十五日樞密院言沿海制置司津發綱首莊大椿
張守中水軍使臣施閏李忠賫到日本國回牒并進貢
方物等合行激犒詔綱首各支錢五百貫使臣三百貫
六月十一日廣南西路經畧安撫司言昨令安南買發
馴象十頭觀其移文意欲詣闕進奉大禮詔依五月七
日已降指揮候管押象人到以禮管設發回先是朝廷
全唐文
有旨收買牙象應奉大禮而安南奏請入貢今貢物十
分受一邕州及廣西經畧司恐疑誤買象事欲俟買象
有的耗方行關報其發到象盡行收受詔令經畧司候
買到止於邕州交割本司差養餵兵并使臣管押同防
護赴馳坊交納沿路無得擾擾餘依本司相度此五月
七日指揮也七月四日廣西經畧安撫司言安南都知
兵馬使郭進賫牒關報差使副管押稱賀今上皇帝登
極及進奉大禮綱運赴行在進呈稱賀登極綱運表章
一函金三百三十兩數御乘象羅我一副金四十兩數
裝象牙鞘一副金五十兩數裝象額一副金一百二十
兩數沙鑼二面金銀裹象鈎連同心帶五副金間銀裝

[illegible]象頷一副金銀裝纏象藤條一副銀四百兩數沙鑼
八面沉水香等二千斤馴熟大象五頭金鍍銅裝象脚
鈴四副裝象銅鐸連鐵索五副御乘象綉坐簟一面裝
象聳牛花朶一十六件御乘象朱梯一枚御乘象羅我
龍頭同心帶四條赴行在人員一員大使八名職員一
名書狀官一名都衙二名通引官四人知客五人象公
三十八人衙官從人其進奉大禮綱運方物表章一函雄
大牙象一十頭金銀褁象鈎同心帶五副銀頭朱竿象
鈎五副裝象銅鐸連鐵索一十副朱裝纏象藤條一十
副赴行在人員一員正使一員副使一十六名職員一
名監綱一名書狀官一名孔目官一名書表司一名行
首一名都衙二名通引官二名押衙二名教練四名知
客十人象公十五人長行防援官三十二人衙官從人
司欲權宜行下欽州如例排備管接界首聽旨及安南
乞差人押貢詣行在若許押進所有彼道人員數目及
管設儀制等事已有紹興二十六年例亦可參照詔依
仍令廣西經畧安撫使司差簽判已下曉識事體人伴
送前來應合行事本司日下關報沿路州軍速令排辦
若已說諭回歸即依乾道九年正月六日五月七日六
月十一日已降指揮仍先具知禀聞奏九月十日詔交
趾到闕應合行事件等並依紹興二十六年入貢前後
已得指揮施行二十五日中書門下言據學士院咨報

今安南進貢係兩綱各差使副所有回答敕書欲如例
修撰二道一回答賀登極綱一回答進奉大禮綱其回
賜及特賜等物名件並於回答賀登極綱敕書內具録
各用複匣封褁施行從之十月十五日客省言交趾入
貢其登極綱欲依昇平綱例大禮綱依常貢綱例內押
衙係職員名色欲比都衙例給賜見辭分物等使副合
賜履今改賜鞾從之十一月一日禮工部言交趾進貢
使副等臨安府以寺院隘狹乞以貢院充館舍仍照舊
懷遠驛屋宇數目并令來進奉到闕人數約計嚴整擗
截施行從之二日客省言交趾進奉人到闕乞依昨三
佛齊例差巡視親事官四人從之目令諸蕃入貢准此
同日詔差點檢閤門簿書公事充宣詞令趙友仁押伴
五日押伴入貢所言乞以押伴交趾賀登極入貢所為
名行移就用見提舉修內司承受提轄奉使朱記其餘
差人等並依紹興二十六年例或有私覿回答等乞具
數下臨安府關取施行並從之其大禮綱以押伴交趾
進奉大禮綱為名應合行事件亦依紹興例十二月十
三日廣南西路經畧安撫司言安南使副尹子思等稱
本道紹興二十六年入貢方物係是輕細今來進奉象
身所用供御羅我重大之器并有沉水香等二千斤所
用夫力除減省檐伏外實用七百五十人馬四十疋乞
比舊例增五十從之同日又言進奉使副等到本司除

公参大排茶酒外其餘禮數頗繁本司並行折算及說諭在路不宜稽遲已依稟趂程起發所有經由以北軍門迎大排辭送管設之類並乞一併折筭可省搔擾繁縟之費已備牒照應施行舊例帥臣往使人館舍報謁仍移庖茶酒七盞竊謂本司經略諸蠻安南等道皆係綏撫其陪臣無敵體之禮遂檢准政和五年交州進奉經過州軍更不復禮指揮令尹子思等赴闕本司參謁敘寒溫罷即以門狀就廳展還尹子思等降階揖謝而退次日亦不移庖折送還之自此可為定例及際參司并特排外其餘大排謝會辭府朔旦等茶酒悉准物價遞送官司省費蠻人亦以為利並從之　淳熙元年正

月二十二日安南遣中衛大夫尹子思奉表貢方物及押象綱使副承議郎李邦正忠翊郎阮文獻進馴象三年四月安南進謝賜國名牌印金鍍銀花章表函一副金厮鑼五面共重二百五十兩銀厮鑼一十面共重五百兩雜色綾紗絹五十匹沉香二百斤熟香一千斤箋香一千斤又謝龍封綱金鍍銀花章表函一副金厮鑼五面共重二百五十兩銀厮鑼二十面共重一千兩（玉海）是年占城進貢賜以錦綾銀銷五年正月六日三佛齊國進表貢真珠八十一兩七錢梅花腦板四片共一十四斤龍涎二十三兩珊瑚一匣四十兩瑠璃一百八十九事觀音瓶十青琉璃瓶四青口瓶六濶口瓶大小五環瓶二隻口瓶二

以下可不校

淨瓶四又瓶四十二淺盤八方盤三圓盤三十八長盤一又盤二滲金淨瓶二滲金勸盃連蓋一副滲金盛水瓶一屈卮三小屈卮二香爐一大小罐二十二大小盃三十三大小楪四大小蜀葵楪二小圓楪一番糖四瑠璃瓶共一十五斤八兩番棗三瑠璃瓶共八斤梔子花四瑠璃瓶共一百八十兩象牙六十株共二千一百九斤九兩六錢胡椒一千五百五十斤夾箋黃熟香八十五斤薔薇水三千九斤肉荳蔻八十斤阿魏二百三十斤沒藥二百八十斤安息香二百一十斤玳瑁一百五斤木香八十五斤檀香一千五百七十斤猫兒睛一十一隻番劍一十五柄（玉海慶元六年真里富國貢象）　理宗淳祐三年

安南國王陳日煚來貢加賜功臣號十一年再來貢景定三年六月陳日煚上表貢獻乞授其位於其子陳威晃度宗咸淳元年二月加安南大國王陳日煚功臣增安善二字安南國王陳威晃功臣增守義二字各賜金帶鞍馬衣服二年復上表進貢禮物賜金五百兩賜帛一百疋降詔嘉獎

玉堂紀事

春明退朝錄忠懿錢尚文自國初至歸朝其奉貢之物著錄行於時今大宴所施塗金銀花鳳狻猊壓舞茵蠻人及裝龍鳳鼓皆其所進也凡獻銀絹綾錦乳香金器瑇瑁寶器通天帶之外其銀香龍香象獅子鶴鹿孔雀

每隻皆千餘兩又有香囊酒瓮諸什器莫能悉數祥符
天聖經火多爇去今太常有銀飾鼓十枚尚存
宋北盟録

于闐皆小金花氊笠金絲戰袍束帶并妻男同来乘駱
駝氊兜銅鐸入貢

契丹國志

新羅國貢進物件金器二百兩金抱肚一條五十兩金
鈔羅五十兩金鞍轡馬一匹五十兩紫花錦紬一百疋
白綿紬五百匹細布一千疋麁布五千疋銅器一千斤
法清酒醋共一百瓶腦元茶十斤藤造器物五十事成
形人參不定數無灰木刀擺十箇細紙墨不定數日本

全唐文

國不論年歲惟以八節貢獻人使各帶正官惟稱陪臣
横進物件粳米五百石糯米五百石織成五彩御衣金
不定數契丹每次回賜物件犀玉腰帶二條細衣二襲
金塗鞍轡馬二匹素鞍轡馬五匹散馬二十匹弓箭器
仗二副細錦綺羅綾二百匹衣着絹一千疋羊二百口
酒果子不定數並令剌史以上官充使一行六十人直
送入本國契丹賜奉使物件金塗銀帶二條衣二襲錦
綺三十疋色絹一百疋鞍轡馬二匹散馬五匹弓箭器
一副酒果不定數上節從人白銀帶一條衣一襲絹二
十疋馬一匹下節從人衣一襲絹十匹紫綾大衫一領
西夏國貢進物件細馬二十匹麁馬二百匹駝一百頭

錦綺三百疋織成錦被褥五合蓯蓉硇石井鹽各一千
斤沙狐皮一千張兎鶻五隻本國不論年歲惟以八節
貢獻契丹回賜除羊外餘並與新羅國同惟玉帶改為
金帶勞賜人亦同諸小國貢進物件高昌國龜玆國于
闐國大食國小食國甘州沙州凉州已上諸國三年一
次遣使約四百餘人至契丹貢獻玉珠犀乳香琥珀瑪
瑙器賓鐵兵器斜合黑皮褐里絲門得絲帕里呵褐里
絲已下皆細毛織成以二丈為疋硇砂契丹回賜至少
亦不下四十萬貫

冲應真人
冲妙真人

全唐文

宋會要　封號真人

邛州靈應真人白鶴山盧舍那院神仙張四郎乾道元年八月封靈應真人

婺州金華縣赤松山寶積觀初平二仙淳熙十六年五月封冲應真人養素真人明州象山縣陶正白真人淳熙十六年十一月封冲應真人

合州赤水縣龍多山至道觀冲妙真人紹熙四年七月加封冲妙靈應真人

馮蓋羅淳熙元年九月封

卷二千九百七十五

一

大師

全唐文

宋會要定應大師

神宗熙寧八年六月詔南安巖均慶禪院開山和尚特加封號曰定應大師

宋會要勝力大師

神宗熙寧九年九月詔通惠示相大師特加賜今號

宋會要明妙應大師

舍山縣天寧慧宗禪寺慈濟定明妙應大師光堯皇帝紹興元年十月加法護二字

宋會要應感慈忍靈濟大師

大洪山崇寧保壽禪院應感慈忍靈濟大師真足光堯皇帝紹興三年二月特封圓通應感慈忍靈濟大師以知州李道言靈迹同大洪山神故也

卷九百三十五

宋會要普慈妙應大師

寧國府宣城縣壽昌寺妙應大師光堯皇帝紹興六年加普慈妙應大師以祈禱靈應本路諸司請也

宋會要應感靈悟惠濟慈勇大師

靈泉縣長松山嘉福寺應感靈悟惠濟大師紹興七年八月加封

宋會要妙應神濟大師

邵武縣神濟大師紹興二十四年八月加妙應二字以祈禱有應從郡人請也

宋會要佛應普濟大師

同安縣鹿苑寺佛應大師紹興二十四年八月加普濟二字以祈禱有應從郡人請也

宋會要法威慈濟妙應大師

建寧府崇安縣瑞巖禪院法威大師紹興二十五年八月加慈濟二字以祈禱有應從郡中請也孝宗乾道元年八月加封法威慈濟妙應大師

宋會要普惠大師

撫州府宜黃縣白土院饒氏菩薩孝宗隆興二年二月封普惠大師

宋會要靈感通濟廣惠大師

卷九百二十五

臨桂縣真教寺靈感通濟大師乾道二年六月加封靈感通濟廣惠大師

宋會要慈濟大師

臨桂縣陽窩山壽聖寺白鹿大師乾道三年四月賜額號慈濟大師

宋會要靈感靜應慈濟大師

西和州長道縣骨谷鎮廣福院靜應慈濟大師孝宗乾道三年八月加賜靈感靜應慈濟大師

宋會要靈應感濟大師

汀州南安巖壽聖院感濟大師孝宗乾道三年八月加靈應感濟大師

宋會要感慈靈濟大師

城北廣教院感慈大師孝宗乾道三年十月加封感慈靈濟大師

宋會要慈應大師

資教禪院僧令珪壽皇聖帝乾道八年三月封慈應大師

宋會要慧應大師

簡州東安護國天王禪院頭陀聖師施智通乾道九年十一月賜號慧大師

宋會要圓覺慧應慈感普救大師

遂寧府小溪廣利禪寺圓覺慧應慈感大師淳熙十六年九月加封圓覺慧應慈感普救大師

宋會要真慧妙應慈濟大師

卷九百二十五

漢州什邡縣慧劍禪寺真慧妙應大師紹熙四年六月加封真慧妙應慈濟大師

宋會要通林真覺慈應慧感大師

建康府蔣山太平興國禪寺通林真覺慈應大師紹熙四年八月加封通林真覺慈應慧感大師

宋會要昭應廣惠慈濟普利大師

安溪縣清水巖昭應廣惠慈濟大師嘉定三年四月加封

宋會要靈悟大師

臨安府富陽縣靈巖山靈巖大師嘉定四年十一月封
靈悟大師　宋會要慈潤大師
犍爲縣華嚴山寶乘禪院戈頭陀尊者嘉定五年八月
封慈潤大師　宋會要濟妙應圓照大師
邵武縣道人山瑞雲庵神濟妙應大師嘉定六年閏七
月加封　宋會要妙德慈慧通應大師
臨邛縣勝因院妙德慈慧大師嘉定七年九月加封

卷九百二十五

全唐文　宋會要正覺慈應普濟禪師
太平禪師院唐僧正覺慈應禪師隆興元年八月加賜
正覺慈應普濟禪師

卷九百二十四

禪師

宋會要 大師禪師雜錄

仁宗嘉祐七年十二月杭州靈隱沙門契嵩上傳法正宗記詔入藏敕仍賜號明教大師　大觀元年閏十月二十六日詔明州育王山寺掌管仁宗御容僧行可賜師號度牒各二道用為酬獎或願師將號換紫衣亦聽　宣和元年二月四日詔天下見住持長老可委逐州軍守臣取索姓名並賜師號如有師號者添兩字　三年二月二十七日詔解州防禦使鄭明之特與剃度為僧充僧職與師號管幹教門公事法名善因　建炎四年十月二十八日福建路轉運司言建州崇安縣管下新豐鄉呉屯里瑞嚴禪院有開山扣水和尚俗姓翁名藻凡遇水旱祈求輙應乞賜塔額師號詔以慧應塔為額六年加法威大師從轉運司請也　紹興元年六月二十四日詔以昭慈獻烈皇太后殯宮修奉香火泰寧寺更興度僧一名本寺知事僧並賜紫衣内住持人仍賜二字師號　四年十一月二十五日神武後軍統制充江南西路舒蘄州制置使岳飛言臣駐軍江州請到禪僧慧海住持江州廬山東林禪寺本僧禪學精通戒行孤潔欲望特與一佛心禪師師號從之　隆興元年八

全唐文

禪師　禪師　禪師

月二十八日詔臨安府徑山能仁禪院大慧禪師宗杲賜號普覺禪師塔以寶光為額先是上嘗賜宗杲御書妙喜庵以及御製賛誦宗杲死其徒了賢等請以宗杲所居妙喜庵奉御書於閣上臣乞賜師號塔額故有是命　二年三月十三日詔平江府呉江縣洞庭包山顯慶禪院慈受普照大師懷深追號慈受禪師賜塔以普明為額以其徒法駿等言師住持名山三十餘載行業顯著道路推重故有是命　乾道五年十一月二十二日召徑山住持僧藴聞對選德殿上問佛法藴聞以所學對上曰三教一也但門戶不同又一歲再造宣問合旨賜錢三千緡號慧日禪師　淳熙二年五月二十日詔前住潭州大溈山密印禪寺傳祖沙門守恵塔院可特賜妙明為額八月九日詔邛州南津勝因院楊樂和尚特封妙德大法師（十年九月二十二日加妙德慈慧大師皆以祈求有感從本路漕臣奏請也）　淳熙五年二月四日詔崇報功徳院住持僧崇粹賜號圓悟禪師以安徳軍節度使開府儀同三司充萬壽觀使趙伯圭言見住持先臣秀王崇報功徳院僧崇粹道行清高衲子歸鄉住本院已一十年山門整肅香火精虔院去先王墳塋不遠乞特賜一禪號從之　淳熙十三年五月八日詔雅州名山縣蒙頂山智炬院甘露大師特賜普恵大師（以祈禱感應從本州請也）十七日詔建寧府崇安縣瑞巖禪院慧應塔妙應法威慈濟大師賜妙應法

全唐文

大師

禪師

感慈濟普照大師以雨暘祈禱感應從本府請也十四年十二月詔懷安軍雲頂山惠應塔妙慧大師加封妙慧慈應大師以雨暘祈禱感應從本軍請也紹熙二年五月二十一日詔住持景德靈隱禪寺僧蘊東特與賜佛慧禪師九月二十七日詔徑山興聖萬壽禪寺僧寶印賜號慈辯大師塔名智光

全唐文

宋會要

紹熙五年正月一日慶壽赦僧尼道士女冠年八十以上並與紫衣已紫衣者與師號

卷三千九百三十一

全唐文

宋會要　僧道官

景德二年御便殿引對諸寺院主首詢行業優長者次補左右街僧官先是道官上令功德使選定遷補所置或非其人多致謗議故帝親閱試焉大中祥符二年十一月詔諸州僧道依資轉至僧道正者每年承天節前具所管僧道及寺觀分析為僧道正已來年月歲數名行有無過犯開坐以聞　三年閏二月命知制誥李維直史館路振直集賢院祁暐宿於中書出經論題考試左右街僧官而遷序焉八年七月詔令後諸州軍監僧道正有闕委知州通判於見管僧道內從上選擇若是

全唐文

上名人不任勾當即以次揀選有名行經業及無過犯為衆所推堪任勾當者申轉運司體量詣實令本州軍差補勾當訖奏候及五周年依先降指揮施行　天聖八年正月以僧道官闕詔開封府選試僧具名以聞五月開府封言勘會左右街僧正僧録管幹教門公事其副僧録講經論首座鑒義並不管幹教門公事詔令後左右街副僧録並同管幹教門公事　嘉祐七年二月二十四日開封府言左街道録陳惟幾等狀竊覩僧官每年遇聖節許令進功德疏自僧録至鑒義十人各蒙賜特敕祠部度一名係帳行者緣道釋二教遭聖辰祇應修崇事體相類唯道門人數最少乞依僧官體例從

之

崇寧元年五月四日詔僧道官免試超越職名補額外守闕鑒義之類自今雖奉特旨衝改舊條等指揮令省子細契勘具有礙是何條法聞奏更不施行　紹興元年六月二十一日詔前右街額外守闕鑒義寶月大法師訓係考試補僧官昨緣與慈孝寺整會常住地主勒令還俗已於宣和元年八月內復賓

全唐文

月大師依舊為僧自差充主管昭慈獻烈皇太后梓宮前道場並無遺闕可特與依舊充右街額外守闕鑒義五年正月十五日詔左鑒義德信特補右街副僧録主管教門公事令承替思彥住持圓覺院依舊崇奉太上本命香火　三十年七月六日中書詔皇后功德院住持天竺時思薦福寺慈授法盤大師子琳特與補右街鑒義　乾道元年七月二十五日詔凡以雨暘祈禱觀音必獲感應上天竺住持僧若訥特補右街僧録十月六日詔天竺時思薦福寺係壽皇太上皇后功德寺住僧右街鑒義子琳特補右街僧録監寺僧利宗特補右街鑒義

宋會要　披度普度度牒附

凡僧道童行每三年一造帳上祠部以五月三十日至京師童行念經百紙或讀五百紙長髮念七十紙或讀三百紙合格每誕聖節州府差本州判官錄事參軍於長吏廳試驗之國初兩京諸州僧尼六萬七千四百三人歲度千人平諸國後籍數彌廣江浙福建尤多至天禧五年道士萬九千六百六人女冠七百三十一人東京道士女冠共九百五十九人京東五百六十人京西三百九十七人河北三百六十四人河東二百二十九人陝西四百六十七人淮南六百九十一人江南三千五百五十七人兩浙二千五百四十七人荊湖千七

卷一萬四千七百六

百一十六人福建五百六十九人川陝四千六百五十三人廣南三千七十九人　僧三十九萬七千六百一十五人尼六萬一千二百三十九人　東京僧尼共二萬二千九百四十一人京東萬八千一百五十九人京西萬八千二百一十九人河北三萬九千三百三十七人河東萬六千八百三十二人陝西萬六千一百三十四人淮南萬五千八百五十九人江南五萬四千三百一十六人兩浙二千二百二十人荊湖二萬二千五百三十九人福建七萬一千八十人川陝五萬六千二百二十一人廣南二萬四千八百九十九人　景祐元年道士萬九千五百三十八人女冠五百八十八人僧三十八

讀經

萬五千五百二十八人尼四萬八千七百四十二人　慶曆二年道士萬九千六百八十人女冠五百二人僧三十四萬八千一百八人尼四萬八千四百一十七人熙寧元年道士萬八千七百四十六人女冠六百三十八人僧二十二萬七百六十一人尼三萬四千三十七人十年道士萬八千五百一十三人女冠七百八人僧二十萬二千八百七十二人尼二萬九千六百九十二人　大祖開寶六年四月詔自今諸路據僧帳見管數目七十人至百三十人每年放一人至百七八十人放兩人如廿十已下據見在數積累年歲候及前件分數依例放一人　太宗太平興國元年二月戶部郎中侯

卷一萬四千七百六

陟言沙彌童行剃度文牒每道納錢百緡自今望令罷納委處據名申奏于祠部給牒送逐處　詔祠部實封本州令長吏與本州判官給付　七年九月詔曰朕方隆教法用福邦家眷言求度之人頗限有司之制俾申素欲式表殊恩應先係帳沙彌長髮未剃度者並特於剃度祠部即給牒今後不得為例不得將不係帳人夾帶充數犯者當行決配　雍熙二年十月詔天下應係二年所供帳有名者並許剃度僧尼自今須讀經及三百紙差官考試所業精熟方許係籍　淳化二年十月詔五臺諸寺院今後每至承天節依例更不試經特許剃度行者五十人內二十人與真容院餘依等第輪次

此條原粘在本卷第十四前半頁第一行廿二人下

均分諸寺院

山堂考索：天禧二年八月，詔普度道士、女冠、僧尼，凡度二十六萬二千九百餘人。

山堂考索：二年，詔自今經業精熟者方許係籍。熙寧八年，在京僧九千七百三人，諸州軍僧一十九萬三千七百九十九人；十年，僧二十萬二千八百七十二人。

還俗

宋會要

至道元年六月，詔江南、兩浙、福建僧尼，今後以見在僧數每三百人放一人，仍依原敕比試念讀經紙，合格者方得以聞。不如此式而輒奏者，知州、通判職官並除名，干繫人吏、三綱、主首本犯人决配。僧尼死及還俗者，祠部畫時追毀訖，繳送祠部。應衷私剃度及買偽濫文書為僧者，所在官司點檢，許人陳告，犯者刺面决配牢城，尼即决還俗。先是，僧尼讀經止以三百紙為限，而無念誦者。是歲，太宗閱泉州僧籍，已度數萬餘，籍未度者猶四千餘，始定此制。明年，又詔淮南、川陝路並依此制。錦繡萬花谷：建隆初，詔佛寺已廢不得再興。開寶中，令僧尼百人許歲度一人。至道初，又令二百人歲度一人。先是泉州奏僧尼未度未四千人，已度萬數，天子驚駭，曰：「令一夫耕，十人食，天下安得不重困！」故立此制。

至道三年十一月二十三日詔台州天台山有五十四所寺院行者每遇承天節與度二十人 二十四日詔越州天章寺每年承天節度行者五人 卷一萬四千七百五 十二月詔嘉州峨嵋山白水普光王寺上下共六處寺院每年承天節與度五人 真宗咸平二年三月福州言兩浙僞命首僧二千九十四人准詔試經合格者給公憑爲僧不肯還俗欲望更不比試止勘會見在數給公憑仍舊爲僧從之 三年四月詔西京白馬寺兩院每年承天節時逐院度行者一人 四年四月詔在京并府界外縣僧尼道士女冠下行者童子長髮等今後實年十歲取逐處綱維寺主結罪委保委是正身方得係帳仍須定法名申官不得將小名供報尼年十五僧年十八方許剃度受戒道士女冠即依舊例十八許

受戒不得交互禮師擅移院舍如本師身亡或移居院宇即仰逐時申官候改正帳籍方得回禮師還移居處所有轉念經紙數卷數一準久例施行更不增減 五年十月詔天下有竊買祠部僞冒爲僧者限一月隸軍籍陳首釋其罪違者論如律少壯者隸軍籍 六年五月詔僧人等或全無出家文字及受業處簿籍主首法眷保明買得祠部者限一月內自首自首者放罪任便歸俗或出限不自首者依法斷遣仍勒還俗如內有自來曾作先惡過犯者即配軍 景德元年閏九月詔河北州軍監今後有北界過來僧人先取問住止鄉縣有無親的骨肉及召本州公人二人保明結罪文狀後仰長吏已下當面試驗經業如精精通仰具奏聞當議給 卷一萬四千七百六 與祠部依舊爲僧其不過經業者即令還俗分付本家如無親的骨肉者押來赴闕 二年九月詔福建寺院今年正月一日已前僞命例依僧尼真影出家童行許仍依舊附帳試經業外今後出家者並須禮見存僧尼爲師 先是知興化軍文鈞言本軍係帳童行五千七百八十八人內一千三百五人皆依僧影出家如違犯則本師照證故條約之 又詔河北緣邊諸州軍寨今後應是先落北界來歸僧人取問如不願出家者其隨身公憑并僧依逐處納下文字繳連納省僧衣本處收附願爲僧者並許披挂將帶歸鄉仍令本屬州軍呈

乞試驗經業兼令州軍勘會如經半年後不到者更不
得試驗爲僧其隨身文字僧衣即並納官內有試經業
不精通如志願爲僧者呂公人二人結罪保明以聞餘
依景德元年閏九月詔命指揮　十二月詔嘉州大像
凌雲寺每年承天節興度行者一人　三年十一月詔
曰老氏立言寶宗於衆妙能仁垂教蓋誘于羣迷用廣
化樞式資善利應天下僧尼道士係帳童行各于元額
十人外更放一人其寺觀院舍及僧道童行不及十人
者每院特放一人並取係帳年深從上者更不試經業
四年正月詔兩畿及孟鄭州僧尼道士係帳童行五
行內特放一人住房僧道不及五人者逐院特放一人

卷一萬四千七百六

二月詔西京右街崇德院每年特與度行者三人
月詔并州崇明寺舍利塔主啓麟每年承天節特與度
行者五人　七月詔西京永昌禪院今後逐年許剃度
行者五人仍勘會的實係帳月日編排逐年依上名
下次剃度不得攙越候度到行者並舊管僧人共五十
人爲額更不在此若今後額內有闕逐年遇承天節即
時剃度行者充填不得過五人兼依例逐年具帳通計
人數以聞不得將本院差出及遊禮諸處僧人使爲闕
額　十一月詔漣水軍僧澄因大師賜紫守堅今後每
年承天節特與度不拘係帳行者一人　大中祥符元
年九月詔嘉州凌雲寺每年承天節更特度行者一人

仍令本州勘會委是本寺行者方得給付　十月東封
畢詔兗州諸寺度童行各十人院各五人宮觀披戴各
十人汾陰亳州亦如之至朝壇陪位者各度弟子一人
十一月詔鄆州三學僧院逐年度行者三人　十二
月以東封禮畢詔天下僧尼童行除合放數外見係帳
童行每百人試驗經業特度二人不及百人處亦與二
人道士弟子在宮觀與一人披戴　二年正月二十九
日詔曰朕拜祝膺符升壇展禮遂行慶賜仰答神休爰
均雷雨之恩普及緇黃之衆冀因善利永福蒼黔應兩
京諸路州府軍監僧尼除準赦度人數外逐處係帳童
行每百人試驗經業精熟者更度兩人不滿百人處亦

卷一萬四千七百七

如之道士每宮觀特度一　三月詔嘉州白水普賢
寺黑水華藏寺中峯乾明寺三寺每年各度行者三人
五月詔右街福田院對換得景德寺大悲院仍依諸
院例每年試放行者一人　七月知開封府李濬言請
京城寺院宮舍僧繼主首者無得以童行係籍從之
八月詔舒州天柱山三祖乾明寺逐年承天節特度行
者三人　九月以吳國長公主出家詔天下僧尼道士
係帳童行每寺觀十人內度一人不及十人及住房各
禮師者亦度一人取係帳童深上名者更不試經業
十月詔天下寺觀曾賜得太宗御書處自今除天節比
試額定數外於見在童行外從上名特度一人　十二

月詔揚州建隆寺每年承天寺特興度行者一人　三
年正月詔遇天慶節天下宮觀道士係帳童行每十人
特放一人不及十人者亦放一人具住房禮師各剃童
行不及十人者亦放一人更不試經業　五月詔懷安
軍雲頂山大中祥符寺每承天節特興度行者三人，
七月詔瀛州感聖閣院係帳舊管行者每年承天節特
興從上各度二人順安軍靜雲寺經閣院係帳童行者
每二年承天節特興從上名度一人並不試經業　四
年五月詔福州雪峯山崇聖禪院每年承天節特興度
行者五人　五年十二月詔譚州衡嶽善果庵住持內
品僧守德下行者特興二年度一人　六年二月詔自
卷一萬四千七百六
今諸寺院童行令所在官吏試經業責主首僧保明行
止乃得剃度如是驗不公及保明失實者並寘深罪
先是歲放童行皆游墮不逞之民靡習經戒至有為寇
盜以犯刑者甚衆故條約之　四月詔定州開元寺講
經論修塔功德主演法大師賜紫希古每年承天節特
興度行者一人　六月詔開寶寺靈感塔福聖禪院主
紹龍知塔沙門守顧除逐年依例撥放七人外每年承
天節紹龍特興度行者五人守顧特興度行者一人
九月詔泗州僧正文秘每年承天節特興度行者一人
　七年十月詔兗州延壽寺十九院之中今後于逐院
內從上名輪係帳行者一人專切看管所貯御書經閣

還俗

候一年別無遺闕特與剃度　天禧元年詔道士童行
不由課試而披戴者自今五五年內不得離宮觀特賜
師號紫衣者三年內不得妄託假告出求省親者須計
程給假　八月十五日詔昇州蔣山太平興國寺歲度
行者二人給米百石　二年三月詔祖父母父母在別
無子息侍養及刑責姦細惡黨山林亡命賊徒負罪潛
竄及曾在軍帶瑕痕者並不得出家寺觀容受者本人
及師主三綱知事僧尼鄰房同住並科罪有能陳告收
捉者以本犯人衣鉢充賞其志願出家者並取祖父母
父母處分已孤者取問同居尊長處分其師主須得聽
許文字方得容受童行長髮候祠部方許剃髮為沙彌
卷一萬四千七百六
如私剃者勒還俗本師主徒二年三綱知事僧尼杖八
十並勒還俗時大理評事張師錫上言民有出家為僧
者父母皆羸老無依丐食他所故條約焉　五月詔應
今年閏四月終以前在京住房僧及五年以上者各興
弟子一人係帳俟至來年承天節依例試驗經業後不
得為例　三年八月三日赦書天下僧尼道士女冠見
係帳童行並興普度　二十八日命尚書右丞林特右
諫議大夫兼太子右庶子張士遜提舉祠部普度文牒
　先是諸州童行披剃祠部胥吏納賂啟倖有若市價
或十年不得文牒者故命特等主限發遣特等言舊例
移牒諸州取索籍名今請止以祠部見管天禧三年帳

出給文字權於館閣或經諸司抽差八人赴祠部併手
填寫發遣驛遞付逐州至日長吏以名以名籍恭驗其
逃亡還俗者咸毁訖以聞仍令諸州先諭寺觀勿得斂
錢行用州縣警舉犯者斷訖以聞又舊童行帳所作弊
楷改通注小有差誤即不給祠部從前啟此倖門邀納
賄賂今欲勘會止是小有錯誤非涉詐為即以空名祠
部下本州委知州通判勘會詣實填名給付訖奏仍令
祠部置簿抄上印押拘管候了日旬銷從之士遜為樞
密又令知制誥宋綬終其事凡度二十六萬二千九百
四十人道士七千八十一人女冠八十九人僧二十三
萬一百二十七人尼萬五千六百四十三人　十月河

卷一萬四千七百六

北緣邊安撫使劉承宗言僧人有從北走來者自今望
令勘會如不係兩地供輸人及近裏州軍因虜到北界
為僧來即令結罪保明委無虛誑試經申奏給與祠部
從之　時邊民有私度為僧隱于村院妄稱自北界走
來給祠部牒者故條約之　十一月詔三京及諸路州
軍委知州軍通判等據今來普度僧尼僮從逐處並與
開壇受戒如本處元無戒壇即發遣就近鄰有處受戒
併畢具逐州縣人數單名開坐入急遞以聞仍仰祠部
使出給戒牒空留受戒州軍名目候到本州軍書填仍
依發祠部例于提舉發遣普度祠部所送納堪會入遞
赴本州軍　四年四月提舉發遣普度祠部所言尚書

祠部印下白本祠部并封皮係慎鏞階銜繫書發遣本
官丁母憂祠部承例用木押字繫子發遣其白祠部并
封皮萬數不少並係三月終已前印下今來已是三司
併手書填若更候新判官員自新着字伏恐積壓住滯
欲乞委新判祠部馮元于慎鏞官位下面用鏞木押字
繫子發遣從之　六月開封府言去年準勅並令普度
即日到無係帳數案太平興國七年普度後至八年供
申重行編帳試經將來承天節望依此例從之　閏十
二月玉清昭應宮副使工部尚書兼太子詹事林特言
提舉發遣普度祠部了畢其普度戒牒若再令祠部書
填印押必恐展轉延遲今欲只從當所將天禧二年奏

卷一萬四千七百六

帳并逐處今來繳迴承領普度祠部內引據見在實給
過祠部人數寺院名額法名便書填戒牒用印并寫內
引不以遠近先後實封發往逐處給散所有合支用錢
物各依天禧三年十一月勅並從官給仍乞催從管于
天禧五年承天節前受戒給付戒牒訖仍具帳供報勾
銷文簿如有受得普度祠部未得受戒牒日前事故歸
俗身死其戒牒并祠部仰知州軍通判躬親勘會毁抹
大書因依具狀封迴赴本所送納從之　五年三月詔
自今在京寺院房廊住持僧及五年已上委實不是自
外暫來者令本寺三綱主首及僧司結罪保明每人許
判狀係行者一人候至承天節依例試經　先是樞密

直學士李濬言在京諸寺院多有外來僧人于寺院主首處僞作借錢借房文字冒稱住房僧人以圖收係童行入帳請自今應外來僧尼並不得收係童行詔從其請至是僧徒上言故降條約　仁宗天聖二年二月以真宗大祥詔在京寺觀等第特度童行其經行幸及所過亦特剃度　玉清昭應宮七人景靈宮會靈觀各五人祥元觀三人開寺塔下一人寺衆一人相國寺知殿一人寺衆一人太平興國寺天清寺景德寺顯寧寺顯淨寺顯聖寺報恩寺啓聖院定力院寶相院觀音院天壽院皇建院普淨院洪福院普安院等覺院奉先資福院鴻禧院長慶院護國院廣福院光教院乾明

卷一萬四千七百十五

寺崇夏寺崇真資聖院妙覺院上清宮太一宮建隆觀壽寧觀同真觀太和宮崇真觀各二人法濟觀龍華院美惠院南法濟院龍華院美惠院南法濟院西報恩寺香積院智度院萬壽院禪惠院永寧院廣濟院淨福院壽寧院東普濟院惠聖院惠濟院積慶院福聖院延祥院靈芝院普濟院廣濟院惠安院報恩院興教院福田院崇福院受釐院仁和院多慶院崇因院廣惠院妙法院衛王公主院惠民院開聖院淨慧院旌孝院崇國院報國院承天院各一人其曾經行幸處西京及永安縣南京兗州及奉符縣亳州及衛真符天雄軍澶州河中府慶成軍逐路各度二人行幸曾經過處開封府濮州

道釋一之二五

鄆州鄭州華州同州孟州滑州陝府各度一人　十二月尚書右丞集賢院學士馬亮言天下僧徒數十萬多游墮山礦隱跡爲僧結爲盜賊汚辱敎門欲望今後除額定數剃度外非時更不放度及常年聚試之際先委僧司看驗保識如行止不明身有雕刺及曾犯刑憲者並不得試經仍於逐年試帳前謄此條貫從之　三年四月開封府以乾元節請放寺觀童行千三百六十二人詔僧禮念經四卷已上讀八卷已上尼道士女冠禮念三卷已上讀七卷已上者爲格試　四年正月開封府以長寧節請放試到僧尼道士女冠童行及諸禪院撥放者三百八十九人止放三百人宰臣王曾等言剃

卷一萬四千七百十五

度太多皆墮農游手之人無益政化張知白曰臣任樞密日嘗斷劫盜有一火之中全是僧徒者仁宗曰自今切宜漸加澄革勿使濫也　五年九月樞密直學士李及言伏覩剃度僧尼崇奉法教其中修行者少違犯者多蓋由爲師者務收徒弟宮中無法以革其弊也乞自今欲出家者須父母骨肉捨施委本院保明行止申所屬州軍長吏呈驗仍須親知三二人委保無過犯委是尊親聽許即官給公憑然後得收名入帳試經日更勘會實有公據即得就試其實無骨肉者亦召三二人保明出給公憑方得收充行者　七年八月知道州陳亨言臣自到任後據降僧道童行祠部內道童二十五人

道釋一之二六

按本州四縣所管道士計七百六十九人放二十五人
又按先降敕命僧道每百人放行者一人以此披度是
元無定數條約欲乞自今依僧尼例每道士百人放一
人仍添續經紙數與僧童條同等庶勤經業兼免煩費
下荆湖南轉運使詳度以聞轉運言潭州管道士二百
九十人本州試道童二十二人除五人不合格及門引
不到外試到合格十七人當司相度若將道士每百人
依僧尼例放一人即潭州每歲合放三人所有不及百
人道士州吴放一人如此又放人全少宮觀闕人焚修
乞下祠部定奪據州郡大小道士數目酌中額定逐年
合放人數降下經久遵守詔令荆湖南北路今後道士

卷一萬四千七百六

每百人放童行二人不及百人放一人　八年三月詔
應男子願出家為僧道者限年二十已上方得為童行
若祖父母父母在須別有親兄弟侍養方得出家其先
經還俗或曾犯刑責負罪逃亡及景跡兇惡身有文刺
者並不得出家若係帳童行犯刑責者亦勒還俗寺觀
故違容受者人及師主三綱知事鄰房同住僧道並行
勘斷本師雖會赦仍勒還俗官司常行覺察許人陳告
以犯人衣鉢資財給賞不過五十千女子限年十五以
上方得出家雖年幼其尊長骨肉肯捨出家者亦聽
四月詔五臺山每年特敕度童行五十人并收掌御書
放度行者一人代州自來差量試經業自今後更不差

官只委本官司正量試經業具人數保明申冊繳連聞
奏下尚書祠部依舊例給度牒　至和元年二月詔乾
元節度僧尼自今兩浙江南福建淮南益梓利夔等路
率限僧百人度一人尼五十人度一人京師及他路僧
尼率五十人度一人道士女冠不以路分率二十人度
一人　英宗治平元年正月十七日詔壽聖節所賜師
號紫衣祠部以二百道為限舊例聖節所三百道而貴
妃修儀公主別有陳乞不在其數至是帝以謂聖節州
郡已度僧尼道士而別賜之數可減遂減為二百道而
貴妃修儀公主歲例所得者皆在其內更不別乞以上
宋會要　神宗熙寧五年十二月二十七日定應見任兩

卷一萬四千七百六

府親王長公主入內都知押班許陳乞守墳等寺額許
於十年內依見在例仍兩經聖節與度行者一名　八
年六月十六日詔增河南府超化寺歲增度僧二人賜
紫衣一人以上扺寺乃釋迦佛舍利所在於畿內最為
靈跡兩街隨獲嘉應聞歲止度僧一人願闕人修奉故
也　九年十月十七日詔賜開寶寺福聖禪院師號賜
紫衣共十人及度行者十人具主首僧智滿特授右街
守闕鑒義別與度弟子一名賜紫衣一名仍令自今本
院逐年隨御書牌撥放行者三人以增修慶壽崇因閣
畢功車駕臨幸推恩也　自熙寧八年至十年祠部共
給過天下僧尼道士女冠度牒二萬六千八百六十五

道八年九千一百八道九年八千三百六十四道十年
九千三百九十三道　撥放計九百五十九道同天節
一百五十五道太皇太后生辰一百道皇太后生辰五
十道皇后生辰二十五道韓汾冀三大長公主陳獨衛
三長公主生日各十五道及遇同天節並各得五道係
御前奏乞隨同天節例差降出德妃賢妃生日各三道
魏國安人保祐夫人張氏生日三道婕妤生日二道淑
壽延禧兩公主生日各四道婉儀才人充容生日各二
道皇子永國公生日各四道同天節在京并外州軍寺
院宮觀於内東門進奉功德疏迴賜計二百七十八道
元豐元年四月二十一日河州請慈濟院依大原府
卷一萬四千七百六
例二年度僧一人從之　七月九日詔故西天譯經三
藏試鴻臚卿日稱依法護例遺恩度七人慧辯院歲增
度僧一人　二年十月十七日詔在京宮觀寺院童行
年四十長髮童行年三十以上三帳及十年者度爲尼
道士令御藥院於啓聖院作大會以度牒授之以太皇太后不豫故也　六年八月一日詔崇信軍節度使任澤
賜墳寺爲旌孝禪院歲度僧二人紫衣或師號一人以澤仙遊大人母弟也　十二月二十九日太師潞國公致
仕文彦博言仁宗皇帝賜臣御書以泰軸甚大私家難
寶藏遂送功德院寶勝禪院安置因建閣奉安愈爲精
嚴每年乞特賜撥放童行一人從之　七年正月十四

日詔賢妃邢氏於奉先資福院側修佛寺賜名多慶禪
院歲度僧一人紫衣或師號一人　二月十日禮部言
湖州淨化寺懷化寺乞歲度僧二人從之　四月十二
日廣南西路經畧安撫司言融口石門溪洞新路側創
僧寺乞給度牒僧五道歲度僧一人從之　十七日荆
路相度公事所言邵州蒔竹縣威化寺乞許度僧詔三
年度一人　五月十一日詔皇后父祖墳寺左街資福
禪寺可除每年撥放外遇同天節度僧二人紫衣一人
　七月十六日詔雍王顥乳母孫氏奏報先禪院每歲
同天節度僧一人　八年哲宗已即位未改元二月十
九日詔太皇太后七月十六日生辰爲坤成節三京諸
卷一萬四千七百六
州比試撥放童行今年以大行皇帝梓宮在殯依乾興
元年乾元節故事惟開封府度僧道餘權罷其開封府
比興龍節興度三之一來年已後四京諸州軍府比試
撥放每二年與一名者四遇坤成節與一名三年與一
名者六遇坤成節與一名　哲宗元祐二年五月二十
四日開封府言將來坤成節已在從吉後請依長寧節
故事度僧道共三百人爲額從之　元符元年十月二
十日詔以皇太后久不豫普度在京僧尼　崇寧二年
十一月二十二日新知真定府呂嘉問奏天下建崇寧
禪院遇天寧節度僧賜紫衣所以崇佛乘祝聖莫功德
甚大切謂諸路極有真跡福地藍伽並未有撥度恩澤

永續灑掃者欲乞汝州香山慈壽禪寺襄州福聖院並
改賜天寧觀音禪院名額無遇天寧節撥放紫衣恩澤
各一名從之　大觀元年閏十月二十六日詔明州育
王山寺掌管仁宗御容僧行可賜師號度牒各二道用
爲酬奬或願將師號換紫衣亦聽　二年五月二日詔
道門近添試經撥放年額數内女冠試經舊額人數甚
微天下之大已度三十三人可通舊數增作七十人爲
額内在京畿三十人諸路四十人亦仰禮部依道士例
均撥　政和三年九月十四日蔡攸奏醴泉觀感通殿
佑聖真武靈應真君任牌乃陛下宸翰題寫殿額亦仁
宗皇御書乞並遇（成遇）誕天寧節許本殿披戴道士及紫衣
師號各一名從之　五年八月十日禮部言湖州中慈
感院靈感觀音聖像四方祈求或歲有水旱疾疫飛蝗
州縣祈禱感應乞依熙寧七年杭州上天竺靈感觀音
院體例並遇聖節特與撥放童行一名詔每二年特與
撥放一名　宣和元年正月十四日詔已降詔爲德士
所有寺院撥放試經進疏度牒並改作披戴爲德士
二月七日太宗正司言宗子公述願捨俗披戴八道從
之　二年九月二十一日詔天慶節試經撥放道童住
罷　三年二月二十七日詔解州防禦使鄭明之特與
剃度爲僧充僧職與師號管幹教門公事法名善因
五年八月二十七日提舉道錄院奏奉詔天寧節進疏

卷一萬四千六百六

道官自金壇郎以上各人所得特賜度牒許回授諸路
宮觀道童内道録院官并帶貼職人至大夫以下願度
在京宮觀道童者並聽　七年八月八日詔度牒紫衣
師號上展限二年限滿並行仍舊給降　十二月二十
二日詔應内外撥放試經特旨等度牒紫衣師號並仍
旧給降以上續宋會要　光堯皇帝建炎元年五月一
日赦應寺院宮觀有偏下撥放並許於所屬自陳保明
中禮部限三日給降其今歲乾龍節合撥放去處雖不
曾投進功德疏特與依例撥放試經者與額外添數一
次合就試一百人以下添一名一百人已上兩人三百
人以上三人同日赦應暴露遺骸許所在寺院埋瘞每
及一百人令所屬勘驗申禮部給度牒一道　四年二
月二十三日德音同紹興二年四十一月德音及二百
人給度牒一道　五年八月二十四日德音同仍許願
換紫衣者聽　二年八月二十四日禮部言諸州軍每
遇聖節宮觀道童試經依元豐法政和令合念道德等
經四十紙爲合格即無念過御解真經詔依元豐法
十一月二十二日赦勘會州縣曾經金人或羣賊經由
去處暴露遺骸令所在州縣委官監督收瘞仍召募寺
觀童行專管收瘞内命官量給錢於寺院内如法瘞埋
每及二百人給度牒一道如僧道願主管准此願請紫
衣或師號者計價比折度牒支給　三年六月二十七

卷一萬四千六百六

日詔行下東京禮部及諸路轉運使應寺院宮觀童行試經撥放及該遇聖節恩例等並權住條法全備日申取朝廷指揮　紹興元年三月四日詔賜參知政事秦檜墳寺每歲聖節撥放童行一名以移忠報慈禪院爲額從檜請也　六月二十四日詔以昭慈獻烈皇太后攢宮修奉香火泰寧寺更與度僧一名本寺知事僧並賜紫衣內住持人仍賜二字師號　九月十八日明堂赦應諸軍將校戰沒在法無妻年五十以上無子孫願爲女冠或尼者所屬具奏慮其間有未及之人官司以未應條法不許披戴披剃許所在州軍如有上件人年雖未及五十亦許具奏　四年九月十五日明堂赦十

以上卷一萬四千五百七十六

三年十一月八日南郊赦並同　三年九月七日陝西諸路都統制兼宣撫處置司都統制吳玠爲母劉氏墳寺乞賜名額詔以報功顯親院爲額仍歲給度牒一道　八月詔鳳翔府和尚原中興寺每歲許撥放童行一名外仍令寶雞縣特撥賜官田五頃從吳玠請也　六年四月九日尚書省言近年僧徒猥多寺院填溢冗濫姦蠹其勢日甚諸州每年經試其就試者率不過三四十人經業往往不通州郡姑息惟務足額蓋緣降度牒許人進納官中舊價百二十貫民間止賣三十千稍能營圖便行披剃誰肯勤苦試經顯見此科亦是虛設權住三分之一　十月七日詔新法綾紙度牒除撫給使用

外其餘今後更不給降應童行試經並權住三年仍自今年爲始其已前年分未給之數亦令住給　十二年二月二十三日詔延壽教院安厝故張賢妃靈柩可歲度僧一人　十三年六月八日三省言壽星寺乞每年撥放有礙昨降權住指揮上曰既有指揮權住且休放行朕觀昔人有惡釋氏者欲非毀其教絕滅其徒有喜釋氏者即崇尚其教信奉其徒二者皆不得其中朕於釋氏但不使其大盛耳獻言之人有欲多賣度牒以資國用者朕以爲不然一度牒所得不過一二百千而一人爲僧則一夫不耕其所失豈止一度牒之利若住撥放十數年之後其徒當自少矣　二十七年八月十八

卷一萬四千六百七十七

日禮部言勘會諸路州軍有缺不盡新法空名度牒紫衣師號並納到換給舊度牒等自紹興十年五月內承指揮住行換給將新舊度牒等並令繳申赴部自降上件指揮以來尚有全未開具及雖有申到見在數目未行申繳去處竊慮存留在外別生奸弊欲行下逐路運司遍下所部州軍盡數繳申赴部詔依仍限一月　先是宰相進呈諸州有給換不盡僧道度牒乞令盡數繳納尚書禮部上曰前日賀允中上殿朕問卽令僧道之數允中言道士止有萬人僧有二十萬朕見士大夫奉佛其間議論多有及度牒者朕謂目今田萊多荒不耕而食者猶有二十萬人若更給賣度牒是驅農爲僧且

一夫受田百畝一夫為即百畝之田不耕矣佛法自東
漢明帝時流入中國前代以來非不禁絕然終不可廢
也朕亦非有意絕之所以不禁度牒者正恐僧徒多則
不耕者衆耳況該等奏曰陛下宵旰圖治尤以農事為
先天下幸甚　十二年月十五日禮部侍郎賀允中言近
來僧道身死還俗避罪逃亡寺觀主首并州軍過限並
不繳申度牒及州縣人吏賣亡僧度牒與僧行洗改重
行書填欲乞下州縣遵依現行條限繳申若州縣寺觀
主首有違條限依法斷罪主首仍還俗許諸色人陳告
比依告獲私自披剃或私度人為僧道條格支賞如人
吏將亡僧度牒私自收剃及私度人若僞冒者告賞依

卷一萬四千七百六

前項格法倍之其童行告獲已有指揮許給度牒披剃
外緣改易書填唯是一般僧道深知弊倖如能告獲欲
支賞錢一百貫兼僧道供帳及判憑行游及每年納免
丁錢並令賫執度牒赴所屬州驗如當職官能用心驗
獲者欲依驗獲僞印法推賞仍令逐路轉運司每歲取
索帳狀照應年人數照磨身死及還俗避罪逃亡之人
有不申繳即根究依法施行從之　二十九年十二月
一日詔應僧尼道士女冠年八十已上並與紫衣已有
紫衣者與師號經所屬自陳勘會詣實保明奏聞　三
十一年十二月赦應僧尼道士女冠受到今國度牒並
經所屬陳乞換乞換給　三十二年三月六日詔嗣仁

皇后崇先顯孝功德院住持左街鑒義僧廣因下童行
圓照圓興二人特與剃度以上中興會要　壽皇聖帝
乾道元年正月一日南郊赦書僧道身死若還俗其度
牒紫衣師號往往不行繳納冒法承代在法赦後三十
日不改正者復罪如初並若降指揮應未曾繳納卻與
童行冒法披剃披戴之人限一月自首改正並與免罪
切慮因所立日限太窄及避罪未能盡行出首自令赦
到日除依法限三十日外更與展限一月許令首納免
罪改正限滿不首因事彰露復罪如初　三年十一月
六日六年十一月六日南郊赦書並同此例　六月六
日詔以上天竺觀音院祈禱感應賜空名度僧牒二道

卷一萬四千七百七

二十一日詔湖州馬墩鎮行者祝道誠賜度牒並給
紫衣剃度　以刑部侍郎方滋言先任兩浙漕臣被旨
收瘞運河遺骸道誠出力亡劬收瘞十二百六十有餘
勤實可取故有是命　八年二月三日詔賜建康府正
覺禪院僧普立童行彰普海度牒一道　以管幹皇兄
元懿太子道攢所香火已及三年援舊肯有書也　五
月二十八日知饒州王秬言奉詔賑濟飢民僧紹禧行
者智修煮粥供贍計五萬一千三百六十五人僧法傳
行者法聚煮粥供贍計三萬八千五百六十一人詔紹
禧法傳各賜紫衣行者智修法聚各賜度牒披剃　九
年閏正月十八日詔昭慈永佑陵攢寧寺每歲度僧一

人　紹興初以本寺焚修攢宮火詔度僧二人後罷度牒本寺因不復有請至是自言事下禮部乃引紹興七年應臣僚恩例許本院執奏指揮持之不決本寺復言係崇奉陵寢之所豈臣僚恩例事體可比特有是命

三月十五日詔叙州男子郭惠全給賜度牒一道披剃為以本州言惠全自少出家母死負土成墳孝節感著故有是命　以上中興會要

以、卷一萬四千七百六

景德三年八月諸王府侍講孫奭轉對請減修寺度僧真宗曰道二門有助世教人或偏見往往毀譽假使僧道畢時有不檢安可即廢也

崇寧二年十月九日詔崇寧寺觀並依十方住持其披剃并紫衣自崇寧二年天寧節為始如未有童行即仰所差主管僧道保的手下童行披剃崇寧三年以後即依此施行　大觀二年十月三十日詔大相國寺慧林禪院住持長老元正坐化賜絹三百疋錢三百貫賜寂照之塔看塔人間歲度僧一名

宋會要

建炎元年五月一日赦特旨還俗僧道許自陳與依舊為僧道令本州出給公據　紹興二十一年正月十一日上因還俗僧圓覺宗杲撰造聖旨偈妙喜禪皆藹祥謗讟之語誕謾無理鼓惑軍民此最害事宜嚴行禁止

宋會要

乾道元年四月四日詔僧道年六十以上并篤廢殘疾之人並比附民丁放納免丁錢自乾道元年為始仍令州縣榜諭　嘉泰三年拾壹月拾壹日南郊赦文在法僧道年六十以上及篤廢殘疾人本身丁錢聽免訪聞州軍却將依法合放免人仍舊催納深可憐憫兼近年給降度牒披剃至多若盡實根括入帳從實起發於額自無拖欠可令州軍今後並仰照應前項合免丁錢條法放免却從實根括新披剃僧道依等則送納不得過有多收仍令提刑司常切覺察毋致違戾自後明堂大禮赦亦如之

卷八千七百九十七

宋會要　開壇受戒

凡童行得度為沙彌者每歲遇誕聖節開壇受戒壇上設十座釋律僧首十闍梨說三百六十戒授訖祠部給牒賜之東京於太平興國寺置壇大中祥符三年賜名奉先甘露戒壇（後慈孝建大乘戒壇）諸州各置壇聽從地便往受京東四（青鄆徐登）京西六（河南許衮隨潁鄧）河北三（大名真定倉）河東五（幷路晉絳汾）淮南九（揚廬壽楚泗通泰舒蘄）江南十四（江寧宣歙池江太平饒信洪撫虔吉筠袁）兩浙十五（杭蘇明越湖閏常秀睦溫台衢婺處江陰）荊湖六（潭衡永郴全道）福建三（福泉漳）川陝七（益綿漢眉彭邛陵）太祖開寶五年二月詔曰男女有別著在禮經僧尼無間實紊教法自今尼有合度者只許於本寺起壇受戒令尼大德主之其尼院公

卷一萬五千六十五

院公事大者送所在長吏鞫斷小者委逐寺三綱區分無得與僧司更相統攝如違重寘其罪僧徒本教不許習他義自今無得習天文地理陰陽之學太宗太平興國八年八月詔自今後諸處中請祠部戒牒當職官交付本處進奏如後官訖具限以聞知後官等獲時如法封角遞赴本處訖具狀申報無下諸路轉運司及本屬轉運司州府軍監遍行逐處委長吏即時勾集給付訖分析申奏先是州市吏為募人以緡錢市取齎以至外郡賣得善價即付與之故命條約真宗大中祥符元年十月詔祠部戒牒並破官物書寫舊納官錢悉除之二年七月賜昇州崇聖寺戒壇名曰承天甘露是州僧德

明年八十習律為臨壇大德五十年長講經綸江左僧衆皆其受戒也所習律藏舊百三十卷德明刪補為十三卷每為人講說三年一周真宗召至屢對便殿求賜壇名故也天禧三年二月知越州高紳言當州僧尼既受戒還家即受父母拜礼伏以為臣為子忠孝之道居先在家出俗怙恃之情匪異苟乖斯道是曰亂倫且子於父母恩報皆一在儒書則曰昊天罔極在釋教則曰恩重莫報安可用小加大使卑逾尊蓋甌越之民僧俗相半溺於信奉忘序尊卑切見唐太宗正觀五年嘗禁僧尼受父母拜方今鴻化風行革除僥倖望敕特行戒止奏有違者重决罰從之十一月尚書右丞林特言請

卷一萬五千六十五

令諸路普度僧尼處開壇受戒如本處無戒壇即就鄰州有戒壇處祠部即出戒牒給付從之哲宗元祐元年年五月十二日詔坤成節依降勅命令開封度僧外諸州軍有戒壇處依在京開壇與沙彌受戒光堯皇帝建炎四年七月二十日中書門下省言已披剃披戴僧尼道士自來該遇天申節預前依例合行受戒天寧節未有指揮詔自今後天寧節與依例開壇受戒上祝道君皇帝聖壽紹興二年閏四月二十四日詳定一司勅令所言今參酌紹興法擬修下條諸未受戒僧尼遇聖節執度牒僧司驗訖本州出戒牒幷以度牒六念連粘用印仍於度牒內注給戒牒年月日印押給訖申尚書礼

部諸僧道歳當供帳官司前期取度牒驗訖聽供帳候申帳到州州委職官一員取度牒對帳驗實申發所屬其行遊在外者所在官司於度牒後連紙批書所給公憑（右並八紹興道釋令以紹興二月十八日尚書有批狀詳定）二年衝改本條不行諸僧尼遇開壇受戒及供僧道帳若度牒有僞冒失於驗認并帳不實經歷官司杖一百所供官減一等（右八紹興詐僞勅以紹興二年二月十八日尚書有批狀詳定）條約立詔仍先以施行先是吉州天寧節開壇受戒有僧僞作度牒守臣徐宇有請故至是立法（紹興三十二年壽皇聖帝已即位未改年）八月二十四日礼部言新制斥賣度牒已披剃披戴僧尼女冠除遇天申節受戒外未有條式乞遇會慶節依例逐州開壇受戒令都進奏院遍下諸路州軍於行從之

卷一萬五千六十五

道士受戒

徽宗宣和元年十月二十六日詔天下州府道士受戒並就神霄玉清萬壽宮殿下壇上在京道士只就在京神霄玉清萬壽宮

宋會要筆受譯經

太平興國七年六月譯經詔梵學僧筆受綴文七月詔左右街義學僧詳定十二月選梵學沙門一人爲筆受義學沙門十人爲證義其後以推淨爲梵學筆受自此其始也談苑曰譯經常以梵僧後令惟淨同譯經梵學筆受二人譯經綴文二人證義八人唐世翻譯有筆受官以朝臣爲之佛陀多羅之譯圓覺經也房融爲筆受是矣皇朝太宗始用梵學僧也

宋會要興化院

汞州興化禪院元符二年八月八日禮部言紹聖三年二月汞州木平山興化禪院西南出紅光有石塔七會高十五大上有巨室壓頂詔賜塔額日會慶

宋會要功德院

淳熙四年八月二十七日幹辦皇城司謝澄該遇皇后受冊許賜功德院乞將鎮江府丹徒惠王墳所皇后閤自行修蓋到僧菴二所乞以顯親勝果寺為額從之又慶元三年五月四日詔應臣僚已請到守墳功德院其家子孫並不得占據屋宇居止干預常住錢穀出入及差使人夫等如違許守僧經臺省陳訴其自蓋造及置到田產者非

宋會要傳法院

傳法院舊曰譯經院太祖乾德三年十二月滄州僧道圓詣西域還表獻貝葉梵經四十二夾道圓晉天福中往在塗十二年住天竺六年還經于闐與其使偕至太祖召問所歷山川道里賜紫衣器幣館于京寺四年三月僧行勤等一百五十七人請遊西域取經各賜錢三萬遣之自是往取經者頗眾咸平六年知開府陳恕言此輩多學問生疎受業年淺猥龐

卷一萬一千九百七十七

惡且自漢入蕃經由國土不少見少必生鄙慢望令僧錄司試問經業堪令去者送府覆驗真宗曰恕早曾乞廢譯經院然三教之興其來已久然代言之者多矣但存而不論可也此奏宜可之開寶七年知鄜州王龜從表上中天竺摩伽陀國僧法天河中府梵學僧法進所譯聖無量壽尊勝二經七佛讚詔法天等赴闕召見慰勞賜紫衣法天姓利地利徧通三藏與其兄達理摩拏叉多西印度僧尼囉南印度僧尼沒馱計哩帝等四人同造中國惟法天與其兄得達餘皆沒於路法天携梵經至鄜州偶河中梵學僧法進其詳經義始出己上經法進執筆迴綴龜從潤色之法天求詣五臺禮文殊遂徧遊江浙嶺表巴蜀許之太宗太平興國三年三月開寶寺僧繼從等自西天迴獻所得梵夾經等詔賜繼從等紫衣自是每獻者多詔賜方袍焉五年北天竺迦濕彌羅國僧天息災烏塡國僧施護至京詔賜紫衣又令天息災等與法天閱舊獻梵夾太宗崇尚釋教又以梵僧曉二方言遂有意於翻譯焉是年詔中使鄭守約就太平興國寺大殿西度地作譯經院中設譯經堂其東序為潤文堂西序為正義堂譯經僧以次分設堂室至七年六月院成召天息災等三人入院賜天息災號明教大師法天號傳教大師施護號傳教大師令以所賫梵本各譯一經上

進詔梵學僧法進常謹清沼等筆受綴文又命光祿卿楊悅兵部員外郎張洎潤色殿直劉素為都監悅等言天息災等所述自古譯經儀式將欲翻經於本院建立道場施護請於東堂面西粉布聖壇壇開四門梵僧四各主其一持秘密呪七晝夜又設木壇作聖賢位布聖賢字輪目曰大法曼拏羅迎請聖賢閼伽沐浴香花燈塗菓實飲食二時供養禮拜旋繞請祈民祐以殄魔障僧羅曰二時虔禱譯曰第一譯主當面正坐前梵學真左第二證梵義梵僧與譯主評量梵義第三證梵文梵僧聽譯主高讀梵本以驗差誤其右第四梵學僧觀梵夾當聽譯主宣讀書為隸字第五梵學僧筆受第六梵學僧刪綴成文第七證義僧參詳向義第八字梵學僧刊定字第九潤文官於僧眾南別設位參詳潤色譯僧每日沐浴嚴潔三衣坐具威儀整肅凡入法筵依位而坐不得紊亂翻譯應須受用悉從官給譯之日別設齋席譯文與御名廟諱同者前代不避於禮未允若變文避諱應妨經義今欲依國學九經書御名迴避諱但闕點畫詔御名不避餘悉從之七月十二日天息災上新譯聖佛母經法天上吉祥持世經施護上如來莊嚴經各一卷詔左街選京城義學僧百人詳定左右街僧錄神曜與諸義學僧以為譯場久廢傳演至難造興諍難天息災等即

卷一萬六千六百九十七

持梵本先翻義以華華文證之眾僧乃服詔入藏刻板流行十四日帝臨幸召譯僧坐慰諭給卧具幕繪綵什器等物悉度其院童行十人為僧增修佛殿經藏自是盡取禁中所藏梵夾令天息災等視藏錄所未載者翻譯之十二月詔選梵學沙門一人為筆受義學沙門十人為證義又賜大藏經以備撿閱自是每歲再三獻新經後每誕聖節五月一日即獻經皆召坐賜繒帛以其經付藏八年十月天息災等言臣竊以教法東流歷朝翻譯宣傳佛語並在梵僧而方域遐阻或梵僧不至則譯場廢絕望令兩街選童子五十人令習梵字學從之命高品王文壽集京城童行五百人選得惟淨等十人引見便坐詔送院受學惟淨者吳王李煜弟從鎰之子性穎悟口授梵章即曉其義徧識西域字歲餘度為僧手寫梵經以獻自後依法賢授學為梵學筆受賜紫衣號光梵大師大中祥符後令同譯經為試光祿卿是年詔改譯經院為傳法院又置印經院雍熙元年九月詔自今新譯經論並刊板摹印以廣流布二年帝覽所譯經詔宰相曰譯經辭義圓好天息災等三人及此地數僧皆深通梵學得翻傳之體遂詔天息災法天施護並朝散大夫試鴻臚少卿又詔譯經月給酥酪錢有差法賢年十二依本國密林寺達聲明學從父兄施護亦出家法賢語之曰古

聖賢師皆譯梵從華而作佛事即相與從北天竺國諸中國至燉煌其王
固留不遣數月因棄錫杖缽盂惟持梵夾以至仍號明教大師。一年十月
戊午御製新譯三藏聖教序以冠經首令刊石御書院真廟祇遹先訓雍
熙四年詔改名法賢累加試光祿卿朝奉大夫咸平二年繼作聖教序賜
之咸平三年八月辛謚慧辯法天初名達理摩華又多後改今名累試鴻
臚卿朝奉大夫轉光祿卿咸平四年五月辛謚玄覺施護十五依帝釋宮寺
僧悲賢學五天真草及師子于闐三佛齋闍婆文字累加試鴻臚卿朝奉
大夫又試光祿卿祥符三年九月天竺僧覺獻讚聖序六年八月叅政趙
安仁等纂集新經并所降制詔賜名祥符法寶錄丁亥御製賜八年閏六
月甲辰出太宗御製妙覺集五卷付院入藏天禧二年正月辛謚明悟後
又有法護者與法賢同國人依中天竺摩伽陀國堅固鐙宮寺解八轉音
聲法進者學梵書達梵義博究教典綴文婉約得古經格致令翻釋儀範
年二十五至京師賜方袍景德三年詔參證梵文號傳梵大師累試光祿
自其著定也其年詔應西天僧有精通梵語可助翻演者悉館于傳法院
自是梵僧至者悉召見賜以紫服束帛華僧自西域還者亦如之又自天
息災言聞陝西諸州頗有僧俗收藏梵夾望降詔購於以資翻譯從之是

年義學沙門知則上新譯無量壽經疏賜號演教大師其後獻新經者僧
司集義學僧詳定入藏十月帝作新譯三藏聖教序賜譯僧仍令應新譯
經逐部之首皆載之又令刊石御書院淳化四年五月詔西面緣邊及緣
階秦廣州應梵僧自天竺來及中國僧遊天竺還者所齎梵經並先具奏
聞仍封題進上五年詔所譯經寫二本一編入大藏一藏本院是年于闐
僧吉祥獻大乘秘藏經二卷詔法賢等定其真偽法賢等言吉祥所獻經
是于闐書體經題是大乘方便門三摩題經且非大乘秘藏經也其經中
文義無請問人及聽法徒眾非法印次第前後六十五處文義不正互相
乖戾非是梵文正本帝召見法賢等及吉祥諭之曰使邪偽得行非所以
崇正法也宜令兩街集義學沙門將吉祥所獻經搜檢前後經本對眾焚
棄從之至道元年沙州曹延祿乞賜新譯經給之真宗咸平二年真宗以
繼作聖教序賜傳法院帝曰法賢多上表章乞製序引屬諒陰之內不欲
措意禪服已除近方講思乞時賜也初刻石御書院法賢等累表求降付
院與太宗聖教序對三年九月始得請備威儀迎導以歸令于便殿安置
又有僧可升獻注解序對便殿賜束帛景德元年天竺譯經三藏法護入
貢梵經真宗召見便殿恩賜甚厚館於譯經院天聖末注輦國貢金葉文

竺字詔令翻譯之法護姓憍尸迦氏婆羅門之族累號普明慈覺傳梵大
師嘉祐三年卒謚曰演教大師益壽九十餘二年九月車駕幸傳法院大
中祥符三年九月中天竺僧覺稱獻讚聖頌令惟淨譯之覺稱請還詔遣
金襴袈裟置本國金剛坐及賜裝錢茶藥覺稱復作頌為謝帝嘉之六年
八月譯經潤文兵部侍郎趙安仁言準詔編修藏經表乞賜名題製序詔
以大中祥符法寶錄為名御製序給之錄凡二十一卷惟淨寫譯證義啓
沖修靜澄珠文一重珣商長同編次內侍李知和勾當安仁又請以太宗
及皇帝聖製編次東土聖賢集既成賜詔褒飾加金帛秘書監楊億常預
編修亦如賚焉八年閏六月內出太宗皇帝御製妙覺集五卷付傳法院
編入大藏天禧元年四月詔曰金仙垂教實利於含生具葉騰文是資於
傳譯苟師承之或異必邪正以相參既失精詳寖成訛謬而況葷血之祀
瀆於真乘厭詛之詞尤乖於妙理方增崇尚特示發明其新譯頻那夜
迦經四卷不得編入藏目令傳法院似此經文無得翻譯時中書閱此經
詞意與經教戾乃令傳法院詳之且請不附藏目故有是詔三年九月起
居舍人呂夷簡言故御史中丞趙安仁嘗刻圓覺道場禮懺榜觀法印板
望送傳法院附入經藏從之三年二月譯經三藏法護等請降御注四年

二章遺教經傳寫入藏從之四年二月祕演等請以聖製述釋典文章繼
注附大藏詔可是年以宰臣丁謂兼充譯經使潤文官常一員天禧中以
翰林學士晁迥李維同潤文始置潤文二員丁謂罷使從亦不常置天聖
三年又以宰相王欽若為之自後首相繼領然降麻不入銜又以參政樞
密為潤文其事浸重每生辰必進新經前兩日二府皆集以觀翻譯謂之
開堂慶曆三年呂夷簡罷相以司徒為使致仕即章得象代之自是降麻
入銜仁宗天聖四年潤文官翰林學士夏竦與僧衆上新譯經章義七十
卷是書大中祥符九年詔惟淨撰令潤文官趙安仁楊億刊定至是始畢
是年惟淨言藏乘名錄類例尤多令所流進凡有三錄僧智升撰即開元
錄圓升撰正元錄圓照續正元錄令請將皇朝經總成一錄詔惟淨合三
錄令續譯經律論西方東土聖賢集傳為之凡六千一百九十七卷八年
潤文官夏竦王曉上大藏經名禮懺經十卷初五臺山沙門崇夢撰進令
竦等詳定頌行景祐二年九月帝作景祐天竺字源序賜譯經院是書即
三藏法護惟淨以華梵對參為之凡七卷十月刑部尚書夏竦上奉詔撰
傳法院譯經碑銘詔本院刊石三年十二月譯經使呂夷簡潤文宋綬言
準詔續修法寶錄請依舊體御製序序曰自興國壬午距今乙亥五十四

載其首獻並內出梵經無慮一千四百二十八夾譯成經論凡五百六十
四卷譯者釋文釋華梵對傳句讀辯估棟之筆簡章伦之辭云云詔刊于
石賜名詔以景祐新修法寶錄為名是錄即自大中祥符四年以後至景
祐三年惟淨與法衆並預編纂寶元二年十一月二十五日傳法院言建
立譯經碑銘工畢詔官吏恩賚有差慶歷三年十月賜傳法院寺務司錢
五百千五年正月命宰臣章得象撰御製傳法院譯經碑後記三月二
十二日以傳法院新建御書西竺聲原字母碑殿為乾華殿皇祐四年正
月八日參知政事高若訥進樞密使詔仍兼同譯經潤文至和元年十二
月八日賜傳法院譯經三藏大師法護為普明慈覺傳梵大師法護西天
僧有戒行特以六字師號賜之神宗熙寧四年三月廢印經院元豐元年
七月九日詔故西天譯經三藏試鴻臚卿日稱賜謚曰闡教仍依法護例
遺恩度僧七人慧辯院歲增度僧一人十月三日參知政事元絳參定傳
法院新編法寶錄先是譯經僧日稱死同譯經僧慧詢等皆不能繼乞罷
譯場乃詔令在院習學續修寶元以後法寶錄候有通達義理梵僧依舊
翻譯而降因有是命二年六月十一日參知政事蔡確參定編修傳法院
法寶錄三年十月九日詳定官制所言譯經僧官有授試光祿鴻臚卿少
集
卷一萬八千二百六十七
卿者今除散階已罷外其帶少卿官名實有妨礙欲乞以授試卿者改賜
譯經三藏大法師試少卿者改賜譯經三藏法師其師號及請俸之類並
依舊詔試卿者改賜六字法師試少卿者四字並冠譯經三藏餘依舊五
年七月八日詔譯經潤文使同譯經潤文並罷自今令禮部尚書領之廢
譯經使司印孝熙二年二月二十三日傳法院智覺言本院原係東京右
街太平興國寺傳法院自詔興初間僧衆遁從車駕至此興建佛殿寺宇
乞賜太平興國傳法寺為額從之

全唐文
宋會要
應天院
西京應天禪院即太宗誕生之地景德四年二月真宗
每幸詔建院設太祖神御如啓聖制度吏部尚書張齊
賢翰林學士晁迥入內都知石知顒擇地天中祥符元
年又命翰林學士李宗諤與河南府王化基覆視二年
賜名杞汾陰迴幸院焚香又命禮賓副使賈文壽同修
天禧元年成凡九百九十一區令洪州僧智新住持寺
旁有驍勝軍營寺僧常請為馬廐真宗曰朕聞太祖生
於此營今營有二兩殆是乎二年又令增院常住錢日
三千每朔望士庶瞻禮焚香
卷一萬八千六百八十三

宋會要崇恩延福院

淳熙十四年二月十七日嗣濮王士歆言乞將臨安府在城蒲橋修蓋庵舍一所以崇恩延福院爲額從之

宋會要永寧崇福院

紹熙元年六月十四日詔故貴妃張氏墳所修蓋屋宇可特充本家功德院仍賜永寧崇福院爲額差僧法雲住持日後闕人從甲乙選請有戒行人焚修香火

宋會要奉先資福院

奉先資福院即安陵卜定乾德二年改卜五月詔就陵域置院設宣祖昭憲大后銅像太平興國二年命圓覺大師守篆主之真宗每行奉大禮必詣院又秦國夫人劉氏孫貴妃吳昭容代國公曹國長公主悉葬院側

宋會要百福院

建康府崇恩百福院即建康府江寧縣百福院紹興三十年七月十三日詔依左中大夫知建康府王綸所乞充本家墳寺賜是額以綸前係同知樞密院故也

宋會要普安院

普安禪院周顯德中建隆初賜額昭憲太后建佛殿端拱二年遣內侍鄭守均部兵卒以重建又造法華千佛地藏不動尊佛閣凡六百三十八區初元德太后攢宮在此院及改上又別起殿塑元德真容亦守冢住持守冢五臺僧跣足遊京城結庵此院卒賜謚明悟塔曰正慧

婺州惠安禪院紹興三十一年正月二十二日右朝奉大夫直秘閣主管台州崇道觀呂用中言父好問昨爲尚書右丞除資政殿大學士累贈太師令葬婺州武義縣惠安院之側乞充功德院賜是額

[illegible]院　宋會要

淳熙五年六月二十四日詔秀王墳庵在湖州府烏程縣以普明禪院為額

資聖院　宋會要資聖院

資聖院一在新并州城內天禧五年真宗以祖宗皆嘗親征為陣亡將士追福得袖虎三部落二營地遣內侍楊守信造凡七百二十區天聖初成賜名給田園太祖太宗忌日皆就建道場一在隆安坊初太宗第七女陳國長公主幼不茹葷許出家大中祥符二年八月制進封吳國號報慈正覺大師賜紫名清裕九月出居是院以教坊樂釋門威儀導送前一日車駕臨視初在建初坊後以追隘徙城西隆安坊

卷一萬六千六百[illegible]

仙林寺

十方寺

宋會要

紹熙元年五月四日直祕閣張鎡言乞以臨安府艮山門裏所居屋捨為十方禪寺仍捨鎮江府本家莊田六千三百餘畝供贍僧徒禮部太常寺擬慶壽慈雲禪寺為額從之

慶元四年三月十七日詔仙林住持慈恩宗教賜紫真教大師宗滿已降特補右街僧錄主管教門公事仍舊住持指揮更不施行　臣僚言伏覩指揮僧宗滿特補右街僧錄命下之日外議藉藉咸謂宗滿乃么庸釋耳安能工動冕旒護降中旨意有與之為地者若非左右之近習則必肺腑之懿親也陛下與之固不害于為治至于重煩內降三省施行給舍讀書乃為一緇黃之流委曲若此人其謂何臣觀國朝僧職有闕命兩街各選一人較藝而補今日僧官充牣都城未聞有清修之士可以厭服衆望者安得較藝而補哉近日有女冠李貞詠干犯天聽補左街鑒義中書繳奏隨即寢命未及兩日忽有宗滿希求僧錄可謂無忌憚之甚矣欲乞寢罷故有是命

上天竺靈感觀音寺

開寶仁王寺

宋會要

紹熙四年三月四日詔開寶仁王寺特與蠲免借官員指占從住持僧文坦請也

嘉定五年二月二十九日詔令兩浙轉運司取索上天竺靈感觀音教寺并徑山興聖萬壽禪寺砧基契照究見着實有無隱寄別人產業仍截自今降指揮日為限如日後如有增置田產並在蠲免之數其兩寺得免和買役錢之類令所隸官司各與消豁不得暗于其他人戶產上均攤如違許被害人戶越訴兼慮其他寺觀不體朝廷以兩寺係祈禱去處及有元降指揮援例陳乞源源不已重為民困今後如有似此之類並令給舍繳駁戶部執奏不得放行先是臨安府言上天竺靈感觀音教寺進狀乞下臨安嘉興平江府照紹興二十四年已降指揮將本寺和買役錢保正役次及科數並與蠲既得旨依而徑山興聖萬壽禪寺援以為請亦復從之臣僚言謂所降指揮但泛然蠲免初無限則其弊必至隱寄外人田產積久不已所免愈多則他人受害愈重故有是詔

十二年正月四日詔令封樁庫於見樁管度牒內支撥一十道付上天竺寺變賣價錢專充修造殿宇使用以住持僧善月言本寺係是朝廷祈禱去處殿宇經涉年深多有摧損今重行修換乞矜軫給賜故有是詔

宋會要　寺　東山太平禪寺

嘉定三年十一月一日詔懷安軍復建東山太平禪寺以本州鄉官士庶言祈禱感應從其請

宋會要　天台東教寺

慶元三年十二月十四日詔上天竺靈感觀音寺為係祈禱去處令永作天台教寺

卷一萬三千八百九

全唐文

宋要要

寄居僧寺

光宗紹熙四月十三日禮部言僧道經朝省陳祠乞將寄居寺觀官員士人起離内有無力蓋屋居住之人深可憐憫詔與展五年

[illegible]卷一萬三千八百[illegible]